Johannes Willms
Nationalismus ohne Nation

Johannes Willms

NATIONALISMUS OHNE NATION

Deutsche Geschichte
von 1789 bis 1914

claassen

1. Auflage 1983
Copyright © 1983 by claassen Verlag GmbH, Düsseldorf
Alle Rechte der Verbreitung, auch durch Film, Funk und Fernsehen,
fotomechanische Wiedergabe, Tonträger jeder Art,
auszugsweisen Nachdruck oder Einspeicherung und Rückgewinnung
in Datenverarbeitungsanlagen aller Art, sind vorbehalten.
Gesetzt aus der Palatino der Fa. Hell
Satz: Dörlemann-Satz, Lemförde
Papier: Papierfabrik Schleipen GmbH, Bad Dürkheim
Druck und Bindearbeiten: Richterdruck, Würzburg
Printed in Germany
ISBN 3 546 49695 7

Für Reinhart Koselleck

INHALT

VORWORT

>>Es kennzeichnet die Deutschen,
daß bei ihnen die Frage ›was ist deutsch?‹
niemals ausstirbt.<<

FRIEDRICH NIETZSCHE

Dieses Buch handelt von der Vergeblichkeit der deutschen Geschichte
im 19. Jahrhundert; es schildert eine Epoche, von deren Ende nur noch
wenige sehr alte Menschen eine aus eigener Anschauung gewonnene
Vorstellung zu erinnern vermögen. Für die meisten ist diese Zeit heute
tiefste Vergangenheit. Wie auch anders, da alles, was damals von den
Menschen politisch erhofft, erstritten und erlitten worden ist, so offensichtlich vergebens war, ja schlimmer noch, in unserer Epoche, im
20. Jahrhundert, zu Unheil und Vernichtung wurde. Im Guten wie im
Schlechten stellte das 19. Jahrhundert die Voraussetzungen für jenes
Deutschland bereit, von dem Thomas Mann 1945 bemerkte, daß ihm
>>sein Bestes durch Teufelslist zum Bösen ausschlug<<.

Das 19. Jahrhundert war die Epoche, in der die Deutschen den Traum
von einer einigen deutschen Nation in Freiheit zu träumen begannen.
Dieser Traum blieb eine Herausforderung, die von der politischen
Wirklichkeit des Deutschen Reichs, das Bismarck mit >>Blut und Eisen<<
schuf, nicht erfüllt wurde. Das Deutsche Reich Bismarcks, das einst
nicht wenigen als *die* Vollendung der deutschen Geschichte erschien, ist
heute eine verblaßte Erinnerung. Keine Irredenta, kein versprengter
Haufen hält sein Andenken gewaltsam wach. Nein, für die Vergeblichkeit der deutschen Geschichte im 19. Jahrhundert bedarf es, so möchte
man meinen, in dieser zweiten Hälfte des 20. Jahrhunderts keiner wort-
reichen Beweisführung mehr. Die Tatsachen sprechen eine allzu beredte
Sprache. Wohl aber gilt es, nach den Gründen und Ursachen dieser Vergeblichkeit zu forschen und zu fragen, Gründe und Ursachen aufzudek-
ken, die nicht nur in unserer Epoche, sondern vor allem auch in jener
des 19. Jahrhunderts zu vermuten sind.

Der Nationalismus ist der große historische Mythos der Moderne, den die Französische Revolution gebar und der seine Signatur auch der deutschen Geschichte im 19. Jahrhundert aufgeprägt hat. Die nationalistische Ideologie, die das Recht der »Nationen« postuliert, sich als souveräne Staaten mit einer ihnen je eigenen »nationalen Individualität« zu etablieren, war derart erfolgreich, daß das Phänomen des »Nationalstaats« heute als eine gleichsam historische sprich »natürliche« und mithin selbstverständliche Tatsache angesehen wird. Dieser historische Determinismus beherrscht auch die Sicht auf die deutsche Geschichte im 19. Jahrhundert.

Der Nationalismus behauptet die »objektiv« vorgegebene Realität einer »Nation«, das heißt die Existenz einer Bevölkerung, deren Zusammengehörigkeit sowohl durch die Gemeinsamkeit ihres »Lebensraums« wie auch dadurch bestimmt ist, daß ihre Mitglieder in einer Reihe nur ihnen gemeinsamer kultureller oder ethnischer Merkmale übereinstimmen. Indem der Nationalismus die »Nation« als eine *voluntaristisch* gesetzte Wirklichkeit schafft, ist er zugleich aber auch stets bestrebt, dieses Manko zu vertuschen. Deshalb betont er die scheinbar natürliche Gemeinsamkeit vorpolitischer Traditionen kultureller, geschichtlicher, sprachlicher, religiöser oder ethnischer Natur, die von ihm als a priori vorhandene konstitutive Merkmale der »nationalen Identität« ausgegeben werden. Mit dieser Historisierung, die zugleich eine *Objektivierung* der voluntaristisch gesetzten Wirklichkeit der »Nation« darstellt, gelingt es dem Nationalismus, das Ziel all seines Strebens als »Schicksal« oder als »Notwendigkeit« gesellschaftlich und damit auch politisch zu immunisieren.

Der Nationalismus ist zweierlei: Er ist zunächst eine von einer gesellschaftlichen Minorität oder »Elite« getragene politische Bewegung, die vorrangig das Ziel verfolgt, Macht zu erringen und auszuüben, und er ist zum weiteren eine Ideologie, die dazu bestimmt ist, die Unterstützung anderer gesellschaftlicher Gruppen, vorzüglich der »unpolitischen Massen«, für dieses Ziel zu erhalten.

Der Nationalismus als eine politische Bewegung entfaltete sich erst im historischen Kontext der Moderne, als deren kennzeichnendes Merkmal das Auseinandertreten von Privatsphäre und Öffentlichkeit, von Gesellschaft und Staat angesehen werden kann. Seinem Charakter nach steht der Nationalismus in Opposition zu dieser Moderne, insofern er bestrebt ist, jene Kluft zuzuschütten und Staat und Gesellschaft in eine neue Einheit zu überführen. Als diese neue Einheit figuriert dem Nationalismus die politische »Nation«, deren eigentliches Wesen sich in der im »Nationalstaat« konzentrierten *Macht* nach außen, der Souveränität, erfüllt. »Allein in erster Linie«, so meint Jacob Burckhardt in den *Weltgeschichtlichen Betrachtungen* weit über seine Zeit hinausschauend, »will die Nation (scheinbar oder wirklich) vor Allem Macht; das kleinstaatliche Dasein wird wie eine bisherige Schande perhorrescirt, alle Thätigkeit für dasselbe genügt den treibenden Individuen nicht; man will nur etwas Großem gehören und verräth damit deutlich, daß die Macht das erste, die Cultur höchstens ein ganz secundäres Ziel ist. Ganz besonders will man den Gesamtwillen nach außen geltend machen, andern Völkern zum Trotze.«

Der Nationalismus als politische Doktrin und Bewegung trat als eine die wirklichen Bewegungsabläufe beeinflussende Kraft in der deutschen Geschichte im 19. Jahrhundert erst relativ spät in Erscheinung. Recht eigentlich muß man feststellen, daß der Nationalismus als Folge der vermeintlich nationalstaatlichen Einigung Deutschlands durch Bismarck weitaus bedeutsamer war denn als Ursache. Dem deutschen Nationalismus, der deutschen Nationalbewegung eignete bei der Reichsgründung lediglich eine akzessorische Funktion: Der Nationalismus lieferte die nachträgliche Legitimation für eine Schöpfung, die so, wie sie entstanden war, seinen eigenen Intentionen völlig zuwiderlief. Mit anderen Worten: Der deutsche »Nationalstaat« und die deutsche »Nation« wurden durch das Faktum der Reichsgründung von 1871 keineswegs erfüllt, sondern durch diese erst zu einem Problem, das, weil es damals nicht gelöst wurde, seither unlösbar geworden ist. Die Misere des deutschen Nationalismus fiel von da an immer mit diesem zusammen, was aber nicht zu verhindern vermochte, daß er weiter existieren wird und muß, solange es eine deutsche Geschichte gibt.

Bismarcks tollkühner Versuch, mit der Reichseinigung »von oben« die politische »Nation« und den deutschen »Nationalstaat«, jene wahrhaft revolutionären Gebilde, zu vereiteln, die Preußen, dessen Interessen er sich einzig und allein verpflichtet wußte, notwendigerweise verschlingen würden, ist völlig mißlungen: Der Mythos der »Nation« wurde nicht von der Wirklichkeit des Bismarckreichs verzehrt, sondern politisch in dem Maß erinnert, wie das Deutsche Reich immer weniger jener zentrifugalen Kräfte Herr werden konnte, die von den tiefgreifenden sozioökonomischen Wandlungsprozessen der »industriellen Revolution« freigesetzt wurden. Im unerfüllten Mythos der »Nation«, im »Nationalismus ohne Nation«, der schließlich seinerseits dieses Deutsche Reich verschlang, scheint sich die Vergeblichkeit der deutschen Geschichte im 19. Jahrhundert zu erweisen.

Kann Geschichte aber vergeblich sein? Verhält es sich nicht vielmehr so, daß jene vermeintliche Vergeblichkeit der deutschen Geschichte im 19. Jahrhundert im Lichte unserer Erfahrung nichts anderes ist als ein perspektivischer Irrtum, Konsequenz und Ergebnis einer auch nur noch historischen Sinngebung, die uns Heutigen mit Notwendigkeit als sinnlos erscheint!?

Es gibt keine endgültige Geschichte. Rankes berühmte Maxime, Geschichte so zu schreiben, »wie es eigentlich gewesen«, verrät eine Sicherheit, die wir längst nicht mehr besitzen. Jede Geschichtsschreibung ist ihrer Zeit und den diese prägenden Erfahrungen verhaftet; jede Geschichtsschreibung von Rang ist mithin Programm, kann folglich auch nicht »sine ira et studio« ausgeführt werden. Dies leugnen zu wollen wäre Torheit.

Ein weitverbreiteter Irrtum wähnt, Geschichte sei allein das, was gewesen ist. Wenn es sich wirklich so verhielte, dann wäre jede Beschäftigung mit Geschichte völlig sinnlos, wäre diese lediglich museales Relikt, ein Stück altes Ägypten, an dessen kunsthandwerklicher Fertigkeit sich die Öffentlichkeit allenfalls noch ergötzen könnte. Nein, Geschichte ist nicht nur das, was gewesen ist, sondern auch das, was ist, ja sogar das, was sein wird. Geschichte ist nicht tot; sie lebt, indem sie in mannigfacher Weise unser aller Leben prägt; Geschichte erfüllt sich in uns und wird auch noch nach uns sein, wenn das, was uns heute beschäftigt und umtreibt, wenn wir selbst nur noch Vergangenheit sind.

*

Die Maßstäbe, nach denen ein Historiker urteilt, die Farben und Proportionen, mit denen er seinen Stoff gestaltet, sind beeinflußt von seinem Talent, seinen Erfahrungen und seinem Temperament. Was Geschichtsschreibung ist hat Bernhard Guttmann einmal in einer schönen Analogie folgendermaßen ausgedrückt: »Man nannte das Kunstwerk ein Stück Natur, gesehen durch ein Temperament. Anklingend ließe sich sagen, ein Buch Geschichte sei aus dem Grabe aufsteigendes Schicksal, nacherlitten in einem Charakter.« Geschichte ist trotz aller überpersonalen Faktoren, die ihren Verlauf mit beeinflussen, vor allem Menschenwerk; sie zu erzählen, sie zu interpretieren nicht minder. Eine »objektive« Geschichtsschreibung ist und bleibt Fiktion. Mehr nicht. In seiner radikalen Einseitigkeit, in der Parteilichkeit seiner Perspektive fühlt sich der Verfasser des vorliegenden Buches der Schopenhauerschen Maxime verpflichtet, daß erst durch die Geschichte ein Volk sich seiner selbst vollständig bewußt wird. Dazu einen Beitrag zu leisten, erheischt das Ethos des Historikers, verlangt sein »Beruf«, von dem Johann Gustav Droysen am 12. Dezember 1865 an Heinrich von Treitschke schrieb: »Einem Volk das Bild seiner selbst geben, ist der Beruf und die Pflicht der Historiker, und zumal einem so irregeleiteten, gedankenlos faselnden und toastenden Volk, wie unser deutsches ist.«

Die vorliegende Darstellung wurde von vornherein als Thesengeschichte konzipiert, das heißt, sie erhebt keinerlei Anspruch darauf, die Totalität der Geschehensabläufe und der Ereignisse der deutschen Geschichte im 19. Jahrhundert vor ihrem Leser auszubreiten. Es wäre dies sowieso ein unmögliches Unterfangen, dem auch eine wesentlich umfangreichere Abhandlung als diese nicht gerecht werden könnte. Der Historiker muß, ob er dies nun offen eingesteht oder es stillschweigend tut, aus der Überfülle vergangener Ereignisse und Gestalten, aus all jenen Zeugnissen und Büchern, die sich vor ihm zu wahren Gebirgsmassiven auftürmen, nach bestem Wissen und Gewissen eine Auswahl treffen. Jede Geschichtsschreibung ist deshalb zunächst bestimmt durch diesen Prozeß einer stetigen Auswahl, stellt mithin eine ganze Kette von Einzelentscheidungen dar, die der Historiker trifft, um die Fülle des Stoffs, in der er sonst ertrinken würde, sinnvoll zu reduzieren. Keineswegs aber darf es schiere Willkür sein, mit der der Historiker dieses Geschäft des Sichtens und Sortierens betreibt; vielmehr orientiert er sich dabei an dem, was Jürgen Habermas als das »erkenntnisleitende Interesse« bezeichnete. Aus diesem »erkenntnisleitenden Interesse« gewinnt der Historiker seine These, seine List der Vernunft, um sich solchermaßen die Bedingung der Möglichkeit zu verschaffen, Einsicht in die verwirrende Vielfalt all dessen zu bekommen, was war. Die These ist für den Autor wie für seinen Leser gleichsam der Faden der Ariadne, mit dessen Hilfe sie beide durch das dunkle Labyrinth der Vergangenheit wieder sicher zur Helle ihrer Tage gelangen.

Keineswegs also hat der Autor alle Quellen und Darstellungen, die für die von ihm geschilderte Epoche von Belang waren, durchgesehen, gelesen und ausgewertet; er hat vielmehr nur einen kleinen Bruchteil all jener Zeugnisse, die für sein Thema relevant waren, eingesehen und für sein Werk benutzt; die Anmerkungen geben im einzelnen Rechenschaft davon. Der Laie mag ein solches Verfahren bedenklich finden, während der Fachkundige seine überlegene Kenntnis dadurch zu beweisen suchen wird, daß er darauf aufmerksam macht, diese oder jene wichtige Quelle oder Darstellung sei vom Verfasser nicht »angezogen« worden. Doch gemach. Auch wenn die Quellenvergötzung, in der die Fachhistorie bisweilen gerne »indulgiert«, fast so alt ist wie diese selbst, beweist dies wenig. Gewiß doch: Ohne ausreichende Quellenkenntnis ist Geschichtsschreibung nicht denkbar. Aber das einzelne Dokument ist bestenfalls ein Steinchen im großen Mosaik einer Epoche, und die genaueste Quellenkenntnis wird bei der Schilderung einer Zeitspanne von mehr als einhundert Jahren nur einzelne Akzente etwas anders setzen, die eine oder die andere der handelnden Figuren in ein anderes Licht tauchen können. Überdies läßt sich für vieles und nicht selten gerade

13

für das, was der Historiker als entscheidend erkennt, keine Quelle, kein positiver Beleg finden, der eindeutigen Aufschluß gäbe. Die bekannte Kontroverse über die unmittelbaren Ursachen, die zum Ausbruch des Ersten Weltkriegs führten, anläßlich der sich noch vor wenigen Jahren die Gemüter der Fachwelt erhitzten, ist dafür nur ein Beispiel. Und außerdem: Keine Quelle, auch nicht die umfangreichste politische Denkschrift Bismarcks beispielsweise, gibt alle jene Überlegungen wieder, ist nicht schwarz auf weiß ein Katalog all jener Motive, die den, der sie abfaßte, bei seiner Niederschrift bewegten und umtrieben. Jedem Zeugnis, sei es nun ein Aktenstück, ein Brief, ein Memorandum, eine Tagebucheintragung, eine Rede oder ein Lebensbekenntnis, muß der Historiker deshalb mit Mißtrauen gegenübertreten; erst durch seine kritische Interpretation werden die Quellen »zum Sprechen« gebracht. Dies zu leisten ist sein Handwerk.

Wäre Geschichte nichts anderes als die Summe dessen, was in allen Quellen zu finden ist, dann wäre sie auch nichts anderes als antiquarisches Gerümpel. Im übrigen gilt Goethes skeptische Maxime: »Die Pflicht des Historikers ist zwiefach: erst gegen sich selbst, dann gegen den Leser. Bei sich selbst muß er genau prüfen, was wohl geschehen sein könnte, und um des Lesers willen muß er festsetzen, was geschehen sei. Wie er mit sich selbst handelt, mag er mit seinen Kollegen ausmachen; das Publikum muß aber nicht ins Geheimnis hineinsehen, wie wenig in der Geschichte als entschieden ausgemacht kann angesprochen werden.«

Die vorliegende Darstellung der deutschen Geschichte im 19. Jahrhundert ist zum weiteren auch lediglich auf eine Schilderung des politischen, wirtschaftlichen und sozialen Geschehens dieser Epoche beschränkt; alle kulturhistorischen Bezüge wurden konsequent ausgeklammert. Der Verfasser entschloß sich dazu, nicht weil er etwa der »Kulturgeschichte« keine Bedeutung beimäße oder dieser gar sein Interesse nicht gälte, sondern aus dem genau gegenteiligen Grunde: Er hält die Kulturgeschichte dieser Epoche für ein viel zu wichtiges Thema, als daß er glaubte, sich damit bescheiden zu können, ihr, wie dies sonst bei vergleichbaren historischen Schilderungen üblich ist, im Rahmen seiner Darstellung eine letztlich bloß farbige Kulisse bleibende Bedeutung zu geben. Aber auch sonst war »Vollständigkeit« keineswegs sein Ziel und Streben. Die Plausibilität seiner Akzentsetzung, die Verteilung der Gewichte, die er vornahm, orientierte sich vor allem an seiner These, die ihn diesen oder jenen Personen, Bewegungskräften oder Ereignissen bisweilen eine andere Bedeutung zumessen ließ, als dies sonst der Fall ist. Ausschlaggebend dafür war ferner der Umstand, daß auch die Geschichtsschreibung nicht frei von »Moden« ist. Die Geschichte der deutschen Sozialdemokratie und im Zusammenhang damit die bismarcksche Sozialgesetzgebung oder die unmittelbare Vorgeschichte des Ersten Weltkriegs und die Kanzlerschaft Bethmann Hollwegs sind beispielsweise in den letzten Jahren ausführlich und kontrovers erörtert worden. Der Verfasser war deshalb um so geneigter, auf diese Einzelthemen nur insoweit einzugehen, wie ihm dies für das Verständnis des Ganzen absolut unerläßlich zu sein schien.

Die Verteilung der Gewichte, die Gliederung der Stoffmassen innerhalb eines erzählenden Geschichtswerks muß nicht zuletzt auch dramaturgisch-erzählerischen Gesichtspunkten genügen. Die Lektüre eines Buches sollte keinem Leser schwerer gemacht werden, als dies durch die Sprödigkeit und die Schwierigkeit des Stoffes unabdingbar erscheint. Das gilt namentlich für eine Geschichtsdarstellung, die weniger ein Produkt der Phantasie ihres Verfassers als der nüchternen Faktizität des Gewesenen ist. Der Autor hat sich deshalb auch stets darum bemüht, sich so einfach und so bestimmt zu äußern, wie dies der jeweilige Sachverhalt irgend zuließ.

Und noch ein Letztes bedarf einer Erklärung: Der Verfasser hat ausführlicher und häufiger, als dies sonst üblich ist, die Akteure der Zeit, wann immer sich dies als sinnvoll anbot, selbst zu Wort kommen lassen. Das Melos der Sprache einer versunkenen Epoche vermittelt eine eigene Sinnlichkeit, die dem Verfasser ein Genuß war, den er seinem Leser nicht vorenthalten wollte.

FRANKFURT AM MAIN, im März 1983   JOHANNES WILLMS

1. KAPITEL
Heiliges Römisches Reich

Das Reich, das Heilige Römische Reich Deutscher Nation, wie es zuletzt hieß, hat nie, wie man so sagt, eine »gute Presse« gehabt, weder in der zeitgenössischen Publizistik noch in der späteren Geschichtsschreibung, die im Reich nur Chaos, Verfall und politische Ohnmacht sah. Der schlechte Ruf, der dem alten Reich bis zum heutigen Tag anhaftet, hat mannigfache Ursachen. Als Hauptursache kann dabei gerade das gelten, was dem Reich seinen Charakter und die Garantie seines fast tausendjährigen Bestandes verlieh: seine Universalität. Diese Territorien und Konfessionen umspannende und übergreifende Universalität des alten Reichs ist heutigem Verständnis, das die Welt und die Wirklichkeit nur in nationalen Antagonismen oder in den Gegensätzen unterschiedlicher Gesellschaftssysteme zu erkennen vermag, derart fremd und unverständlich geworden, daß man gelegentlich sogar glaubte, das alte Reich als Hirngespinst, als »Phantasmagorie« abtun zu können.[1] Gegen diese Ansicht spricht allein schon seine Lebensdauer, die nicht allein durch das zähe Festhalten an einem Traum erklärt werden kann, sondern eben auch in der Wirklichkeit begründet gewesen sein mußte. Die historische Wahrheit über das alte Reich ist nicht einfach: Traum und Wirklichkeit, Ohnmacht und Größe sind in ihr in einer für heutiges Verständnis widrigen, ja geradezu widersinnigen Weise miteinander vermischt. Und noch etwas anderes war und ist geeignet, uns das Verständnis für das alte Reich einzutrüben: die Geschichtsschreibung der Neuzeit, deren Gegenstand der Nationalstaat ist.

Vor diesem Hintergrund wird nur allzu deutlich, warum die Geschichtsschreibung bis in unsere Tage hinein es unterlassen hat, eine umfassende Darstellung des Wesens und der Geschichte des Heiligen Römischen Reichs zu geben.[2] Die Frage, die Leopold von Ranke im fünften Band seiner *Preußischen Geschichte* aufwarf, »ob wohl unsere Reichshistorie jemals bis ins 18. Jahrhundert vordringen wird?«, blieb bis heute unbeantwortet.[3] Die Geschichte des Reichs verschwindet noch immer hinter der seiner Territorien, insbesondere hinter der Österreichs und vor allem der Preußens. Gerade die Bevorzugung Preußens, die sich aus der Bedeutung dieses Landes für die deutsche nationalstaatliche Geschichte im 19. Jahrhundert ergibt, war und ist Ursache für eine Reihe ärgerlicher Überzeichnungen und Verzerrungen.

Der Aufstieg Preußens zum Rang einer europäischen Großmacht vollzog sich im 18. Jahrhundert außerhalb, und das heißt völlig unabhängig vom Reich. Preußens Aufstieg unterlag gänzlich anderen Voraussetzungen und Konstellationen, als es die waren, die zur selben Zeit das Reich und seine Geschicke beeinflußten. Beide, Preußen und das Reich, waren nur sehr entfernt und auch nur sehr einseitig aufeinander bezogen. Denn die Existenz des Reichs in seiner verwirrend bunten Vielfalt war eine entscheidende Voraussetzung für den machtpolitischen Aufstieg Preußens, während umgekehrt das Reich auch ohne Preußen vorzüglich hätte existieren können. Insofern ist es völlig unhistorisch, den machtpolitischen Aufstieg Preußens zum machtpolitischen Niedergang des Reichs in Kontrast zu setzen. Aus einem solchen Vergleich ergibt sich dann das zwar einleuchtende, aber gleichwohl falsche Bild, daß in Preußen schon im 18. Jahrhundert all jene Kräfte in schöner vollzähliger Ordnung versammelt gewesen seien, welche die Zukunft der deutschen Nation und des deutschen Staates gestalten sollten, während das Reich als Hort finsterster Rückständigkeit, politischer Zersplitterung und biederer Unfähigkeit seinem unvermeidlich nahen Ende entgegendämmerte. Diese Anschauung – hier das moderne Preußen, da das heillos verkommene Reich – hat mit der historischen Wirklichkeit des 18. Jahrhunderts deshalb wenig oder nichts gemein, weil sie allzusehr von einer Erfahrung bestimmt wird, die erst aus dem Verlauf, den die Geschichte der Deutschen im 19. Jahrhundert nahm, gewonnen werden konnte. Die Sinngebung der preußischen Geschichte, welche die nationale Geschichtsschreibung des späten 19. Jahrhunderts in der Gründung des deutschen Nationalstaates zu erkennen glaubte, wurde gewaltsam der gesamten preußischen Geschichte übergestülpt. In der Reichseinigung erkannte diese Interpretation die Krönung der preußischen Geschichte schlechthin. Daß eine solche Deutung einer gerechten Behandlung und Darstellung der Geschichte des alten Reiches alles andere als förderlich war, liegt auf der Hand. Welchen Sinn hätte es auch gehabt, sich mit etwas auseinanderzusetzen, das für die weitere Entwicklung der Dinge erwiesenermaßen ohne Bedeutung gewesen ist? – Das Versäumte – diese Vernachlässigung der Geschichte des alten Reichs im 18. Jahrhundert – kann und soll hier nicht nachgeholt werden. Dennoch ist es angezeigt, das Wesen dieses Heiligen Römischen Reichs, das uns so fern zu sein scheint und das uns gleichzeitig aber auch um so vieles näher ist als jenes Preußen, dessen Aktualität heute wieder vielfach beschworen wird, in wenigen Strichen zu skizzieren.

Häufig ist zu lesen, das alte Reich sei im Jahre 1789 in genau eintausendsiebenhundertneunundachtzig selbständige Obrigkeiten und Territorien, Länder, Ländchen und Herrschaften zerfallen.[4] Die territoriale Zersplitterung, die dem alten Reich stets als sein Grundübel angekreidet worden ist, wird damit in ein hübsches, aber gleichwohl unstimmiges Zahlenspiel gekleidet. Denn tatsächlich dürften es fast eintausendneunhundert selbständige Obrigkeiten gewesen sein, in welche die politische Wirklichkeit des alten Reichs im Ausgang des 18. Jahrhunderts facettiert war. Genau läßt sich deren Zahl nicht bestimmen, da die territorialen und herrschaftsrechtlichen Verhältnisse im alten Reich durch Erbfälle beständig in Fluß gehalten wurden. Häufig liest man auch die Behauptung, das Reichsgebiet habe sich über die Zeit in immer kleinere Gebietsfetzen aufgesplittert. Auch diese Ansicht ist nicht zutreffend. Eher war das Gegenteil der Fall, eine zwar langsame, aber dennoch deutlich feststellbare Konzentration der Herrschaftsgebiete. Die Ursache für diese der gängigen Ansicht widersprechende Tendenz ist in der Primogeniturgesetzgebung zu sehen, die seit dem Ende des 15. Jahrhunderts so gut wie allgemeine Gültigkeit in Erbfällen hatte. Von den 405 reichsständischen Territorien, die in der Wormser Reichsmatrikel von 1521 genannt wurden, existierten im Jahre 1780 beispielsweise nur noch 314.[5]

Die Zahl von 1789 oder von rund 1900 selbständigen Obrigkeiten ist überdies geeignet, den durchaus falschen Eindruck zu erwecken, es habe sich dabei um Herrschaften von miteinander vergleichbarer machtpolitischer Bedeutung gehandelt. Dem war aber ganz und gar nicht so, denn die große Masse aller selbständigen Obrigkeiten, sieht man einmal von jenen 314 reichsständischen Territorien ab, die in ihrer machtpolitischen Bedeutung ebenfalls stark voneinander unterschieden waren, bildeten die für sich genommen unbedeutenden Herrschaften der Reichsgrafen, Reichsstädte und Reichsritter, die, wie Karl Otmar von Aretin zu Recht anführt, als Reichslande angesehen werden müssen, da sie ihre Existenz ausschließlich dem Reich verdankten. »Sie bildeten den Mörtel des Reichs zwischen den Quadern der größeren Stände.«[6] Insbesondere Mitteldeutschland galt als Zone größter Zersplitterung im alten Reich. Hier waren Herrschaftsgebiete anzutreffen, von denen Heinrich Heine nach einer Wanderung über die aufgeweichten Straßen eines solchen Ländchens spotten konnte, daß ihm das ganze Fürstentum an den Schuhsohlen klebengeblieben sei...

Die eigentliche politische Bedeutung dieser kleineren Reichsstände, deren Herrschaftsgebiet das ganze Reich durchzogen und die diesem das ihm im Kartenbild eigentümliche Aussehen verwirrender Buntscheckigkeit verliehen, bestand darin, daß sie die Entwicklung der größeren Reichsstände zu völliger staatlicher Souveränität verhinderten. Daß es lediglich Brandenburg-Preußen und Österreich gelang, sich schon lange vor der Auflösung des alten Reichs zu souveränen Staaten zu entwickeln, erklärt sich nicht zuletzt daraus, daß wesentliche Gebiete dieser Staaten außerhalb der Grenzen des Reichs und damit außerhalb des Geltungsbereichs der Reichsverfassung lagen, die den Status quo territorialer Herrschaft im Reich stets erfolgreich garantierte. Die Wirksamkeit der Reichsverfassung beruhte gerade auf der politischen Ohnmacht des Reichs. Und es war einzig und allein die Eifersucht, mit der die einzelnen Reichsstände über die Wahrung ihrer Rechte wachten, die den inneren Bestand und den Zusammenhalt des Reichs gewährleistete.

Das politische Wesen des Reichs ließ sich zu keiner Zeit über jene einfachen Leisten der aristotelischen Kategorien des Staatsrechts schlagen. Daran verzweifelte schon der Völkerrechtler des 17. Jahrhunderts, Samuel von Pufendorf, der in seinem 1667 erschienenen Werk *De statu imperii Germanici* zu dem Schluß gelangte, das Reich sei recht eigentlich ein Ungeheuer, ein »monstro simile«. Die Ansicht, das Reich sei ein Monstrum oder ein bloßer Schatten gewesen, während die lebendige Kraft der politischen Realität ihren Sitz in den territorialen Herrschaften gehabt habe, ist richtig und falsch zugleich. Sie ist richtig, insofern sie einen Prozeß beschreibt, und falsch, wollte sie das Bild eines Zustandes wiedergeben. Denn trotz der Ohnmacht, die für das Reich in seiner letzten Phase charakteristisch war, war es keineswegs ein leerer Traum, sondern immer noch eine in ihren Lebensäußerungen zwar matter und schwächer werdende, aber gleichwohl lebendige politische Realität, mit der man rechnen mußte, wollte man in Deutschland oder auch in Europa Politik machen.

Wäre das Reich wirklich nur noch Gerümpel gewesen, wie es eine weitverbreitete Anschauung behauptet, und wären es wirklich die territorialen Herrschaften gewesen, »welche ... alle politische Realität in sich aufsogen und darstellten« (Golo Mann), wie ließe es sich dann erklären, daß die Stände des Reichs, die einzelnen territorialen Gewalten bis zuletzt mit solcher Zähigkeit ihre Privilegien und ihre nackte Existenz gegen Kaiser und Reich verteidigten? Und auch die wechselvolle Reichspolitik, welche die beiden deutschen Großmächte Österreich und Preußen mit dem Ziel trieben, den Einfluß des jeweils anderen im Reich auszuschalten, kann sich ja kaum auf Hegels Einsicht gegründet haben, »was nicht mehr begriffen werden kann, ist nicht mehr«.[7] Der endgültige Untergang des Reichs war vielmehr das Ergebnis dieser Rivalität. Durch die beiden deutschen Großmächte ist das Reich in zwei Lager geteilt worden, eine Situation, welche die Verfassungswirklichkeit des alten Reiches vor eine unlösbare Aufgabe stellte.

Diese Verfassung war ein äußerst komplexes Konglomerat von Privilegien und Rechten, welche die Reichsstände zu unterschiedlichen Zeiten und bei unterschiedlichen Gelegenheiten dem Kaiser abgetrotzt oder abgehandelt hatten. Die Tatsache, daß J. J. Mosers *Neues Teutsches Staatsrecht*, das von 1766 bis 1775 erschien, zwanzig Teile umfaßte, zu denen noch 1781 drei Ergänzungsbände hinzukamen, gibt einen ungefähren Eindruck von dem Umfang, den seine Kodifizierung in Anspruch nahm. Im wesentlichen gründete sich die Reichsverfassung gegen Ende des 18. Jahrhunderts auf die folgenden Grundartikel: die Goldene Bulle, die Concordata nationis Germanicae, den Ewigen Landfrieden, die Wormser Reichsmatrikel, die Reichsexekutionsordnung, die Reichskammergerichtsordnung, die kaiserlichen Wahlkapitulationen, den Westfälischen Frieden, die Reichsfriedensverträge des 17. und 18. Jahrhunderts und die Reichsabschiede. Der für die Verfassung des Reichs wichtigste Grundartikel ist in den Bestimmungen des Westfälischen Friedens von 1648 zu sehen, mit denen die Koexistenz der beiden Konfessionen im Reich garantiert und so dessen politische Spaltung vermieden wurde. Die Reichsverfassung hatte seither den Charakter einer Friedensordnung. Daraus erklärt sich auch, daß die Reichsverfassung, die als allgemeinverbindliche Rechtsordnung nicht nur das Miteinander unterschiedlicher Konfessionen, sondern auch das Zusammenleben machtpolitisch höchst unterschiedlicher Obrigkeiten regelte, bis zum Ende des Reichs im großen und ganzen unverändert blieb. Seele und Sinn der Reichsverfassung war die Gewährung des Rechtsschutzes, der jedem Reichsstand und auch dem geringsten Reichsritter und dem ärmsten Reichsdorf seine Rechte gegen den mächtigeren Nachbarn sicherte, der oft nur zu gern sein Territorium arrondiert hätte. Wenn Hegel in seiner um 1800 entstandenen Schrift *Die Verfassung Deutschlands* spottet: »Wenn Deutschland als eigener, unabhängiger Staat, wie es allen Anschein hat, und die deutsche Nation als Volk vollends ganz zugrunde geht, so gewährt es immer noch einen erfreulichen Anblick, unter den zerstörenden Geistern die Scheu vor dem Recht voran zu erblicken«,[8] so scheinen selbst noch in diesem Spott die ganze Größe und die Tragik des alten Reichs auf. Denn die Größe des Reichs war es, bis zu seinem Ende unverbrüchlich an dieser Idee des Rechts, die der Kern seiner Verfassung war, festgehalten zu haben, während es gleichzeitig seine Tragik war, eben durch dieses Festhalten an der Idee des Rechts nicht zur Entfaltung von Macht gekommen zu sein.

Gelegentlich ist zu lesen, das Reich sei zu einer Reform unfähig gewesen. Dieser Vorwurf ergibt keinen Sinn. Denn jede politische Reform des Reichs, die Schaffung verschiedener, aus eigener Kraft lebensfähiger Mittelstaaten innerhalb des Reichsgebiets beispielsweise, wie sie dann im Ergebnis der napoleonischen Neuordnung Mitteleuropas entstanden, wäre mit dem Grundgedanken des Reichs, mit seiner Idee des Rechts nicht vereinbar gewesen. Der Vorwurf, das Reich sei zu einer Reform, die allein seinen Fortbestand hätte gewährleisten können, nicht fähig gewesen, ist aber noch in anderer Hinsicht unhaltbar. Denn das Reich war in seiner traditionellen Gestalt verfaßter machtpolitischer Ohnmacht gleichzeitig auch ein Garant für die Stabilität der europäischen Ordnung seit 1648. Diese Bedeutung, auf die nicht zuletzt Rousseau hinwies,[9] verlor das alte Reich erst mit Ausbruch der Französischen Revolution und deren Übergreifen auf Europa. Das Reich ging unter, als seine Garantiefunktion für die Stabilität der europäischen Ordnung überflüssig geworden war.

Benedetto Croce hat das 18. Jahrhundert einmal als das »dritte Zeitalter« nach dem perikleischen und dem der italienischen Renaissance bezeichnet. In der Tat scheinen zu keiner Epoche davor oder danach raffinierter Lebensgenuß, Kunst, Literatur und Philosophie in Deutschland so allgemein verbreitet und auf solcher Höhe gewesen zu sein wie in jenen späten Herbsttagen des alten Reichs. Gerade an den kleineren Höfen, aber auch in den vielgeschmähten geistlichen Territorien des alten Reichs entfaltete sich diese Kultur einer aufgeklärten, weltgewandten Humanität in schönster Pracht. Goethe, der zeit seines Lebens in der beschränkten Idylle des kleinen Weimarer Hofes alles in allem doch sehr glücklich war, definierte das Reich einmal als einen »Zustand, in welchem sich zur Friedenszeit jedermann wohlbefinden konnte«. Solches Wohlbefinden ist von einer späteren Zeit, welche in der bloßen Macht und Größe des Staates die Erfüllung aller Ideale erblickte, vielfach geschmäht worden. Wie unrecht die Kritiker des Reichs mit ihrem Urteil hatten, wissen wir heute. Gewiß, jene Jahre vor 1789, an die sich ein Friedrich Gentz später wie an einen verlorenen Schatz zurückerinnerte, waren nicht ohne Beschwernisse und Plage. Besonders das Landvolk hatte unter den Abgaben und Feudallasten zu leiden. In den Reichsstädten führten die Zünfte ein korruptes Regiment. Aber dies alles war nicht bloß dem alten Reich eigentümlich. Die Sozialordnung jenes uns heute als so fortschrittlich geschilderten Preußen des 18. Jahrhunderts war, wie noch beschrieben werden soll, weitaus kälter und bedrückender als jene patriarchalische Ordnung, die in den Territorien des alten Reichs galt. Ulrich Bräkers *Lebensgeschichte und Natürliche Abenteuer des Armen Mannes im Tockenburg* – der Autor kannte die sozialen Zustände im alten Reich ebenso aus eigener Anschauung wie die des friderizianischen Preußen – ist dafür eine aufschlußreiche Lektüre.

2. KAPITEL
Preußen und die Vernichtung Polens

In den Jahrzehnten vor Ausbruch der Französischen Revolution sah es
so aus, als wollten die Fürsten selbst Revolution machen. In seltener
Eintracht vernichteten die Herrscher von Rußland, Österreich und Preußen einen alten europäischen Staat, der sich wie kaum ein anderer Verdienste erworben hatte bei der Verteidigung des christlichen Abendlandes gegen die türkische Bedrohung. Der Widerschein der polnischen
Teilungen tauchte das alte Reich in das fahle Licht der Götzendämmerung. In der Komplizenschaft von Rußland, Österreich und Preußen,
die, von der Logik ihres revolutionären Tuns getrieben, in weniger als
25 Jahren Polen liquidierten, schien das Schicksal, dem das alte Reich
entgegenging, vorgezeichnet zu sein. Daß das Reich dann aber doch
nicht zwischen den beiden deutschen Großmächten Preußen und Österreich aufgeteilt wurde, verhinderte der europäische Siegeszug der Französischen Revolution.

Die Annexion von Polnisch-Preußen, wie in Preußen in leicht durch-
schaubarer Absicht jener polnische Gebietsstreifen genannt wurde, der
wie ein Keil Pommern von Ostpreußen trennte, hatte schon Friedrich II.
in seinem politischen Testament von 1752 als vordringliche Aufgabe angesehen, die es im Interesse einer Arrondierung und Konsolidierung
der preußischen Staaten zu lösen gelte. Die Verwirklichung dieses
Wunsches mußte aber, so sah es Friedrich, vertagt werden, bis Rußland,
das in Polen über den größten Einfluß gebot, in einer Periode der
Schwäche auf Preußens Unterstützung angewiesen sein würde. Diese
Situation, auf die Friedrich geduldig lauerte, schien sich 1768/1769 ein-
zustellen. Rußland war in einen Krieg mit der Türkei verwickelt, in dem
es rasch Fortschritte machte, die aber für Österreichs Machtinteressen
im südöstlichen Europa immer bedrohlicher wurden. Damit ergab sich
die Gefahr eines großen russisch-österreichischen Krieges, in den Preußen hineingezogen zu werden fürchten mußte. Um dies zu vermeiden,
verfiel Friedrich auf den Plan, Rußlands Annexionsgelüste anderenorts
zu stillen. Gleichzeitig galt es, Österreich an diesem Schacher zu beteiligen, um das politische Gleichgewicht zwischen den Mächten zu erhalten und sie überdies durch das feste Band der Komplizenschaft zu ver-

knüpfen. Außerdem wollte er, und darin ist die wirkliche Absicht dieses Planes zu erkennen, der Krone Preußens, die als »ehrlicher Makler« bei dem Handel fungierte, ebenfalls eine angemessene Entschädigung verschaffen. Der preußische Plan, der eine Aufteilung polnischen Gebiets unter den drei Mächten vorsah, wurde schon 1769 am russischen Hof erörtert. Aber weder in Petersburg noch in Wien zeigte man anfänglich Interesse, darauf einzugehen. Der Vorschlag stieß zunächst einmal auf Ablehnung. Die Gründe für dieses Desinteresse liegen auf der Hand. Denn sowohl in Petersburg wie in Wien war man sich dessen bewußt, daß vor allem Preußen der große Gewinner bei der von ihm vorgeschlagenen Aufteilung polnischen Gebietes sein würde, insofern es in Besitz eben jener Landbrücke zwischen Pommern und Ostpreußen gelangte, auf die es schon so lange mit kaum verhohlener Begehrlichkeit gestarrt hatte. Außerdem sah man in Petersburg in der Annexion polnischen Gebietes durch Rußland keinen rechten Sinn, da man sowieso überzeugt war, die Dinge in Polen zu kontrollieren. Und in Wien schließlich hatte man eine allzu feine Witterung für den Hintersinn, den Friedrich II. mit seinem Vorschlag verband, Österreich an der Aufteilung polnischen Gebiets zu beteiligen. Denn Österreichs Anteil an der polnischen Beute stiftete nicht nur für alle Fälle ein Gegengewicht gegen Rußland, sondern er bedeutete gleichzeitig auch, daß sich Wien in die Schmach teilte, die sich die Mächte mit dem Raub polnischen Gebiets aufluden. Dagegen aber sträubte sich Maria Theresia: »In dieser Sach, wo nit allein das offenbare Recht himmelschreiend wider uns, sondern auch alle Billigkeit und die gesunde Vernunft wider uns ist, muß bekennen, daß zeitlebens nit so beängstigt mich befunden und mich sehen zu lassen schäme. Bedenk der Fürst, was wir aller Welt für ein Exempel geben, wenn wir um ein elendes Stück Polen oder von der Moldau und Wallachei unser Ehr und Reputation in die Schanz schlagen.«[1] Es gelang Preußen dann aber doch, das Zaudern des russischen Hofs zu überwinden und Katharina II. für die vorgeschlagene Aufteilung Polens zu gewinnen. Mit dem separaten Teilungsvertrag, den beide Mächte am 19. Februar 1772 abschlossen, wurde Österreich vor die Wahl gestellt, der polnischen Teilung beizutreten oder sich die Gegnerschaft Preußens und Rußlands einzuhandeln. Trotz dieses ultimativen Ansinnens verwahrte sich Maria Theresia immer noch hartnäckig dagegen, »einen Unschuldigen zu berauben« und aus Gründen der bloßen Zweckmäßigkeit »die gleiche Ungerechtigkeit« zu begehen, die zwei andere verabredet hatten. Allein, ihr Mitregent, der spätere Kaiser Joseph II., überredete sie schließlich dazu, in einen Beitritt Österreichs zu dem Teilungsvertrag einzuwilligen.

Die erste Teilung Polens von 1772 lieferte ein Beispiel an Verlogenheit, dessen stilbildende Wirkung bis heute fortdauert. Dem ebenso schlichten wie verbrecherischen Vorgang des gemeinschaftlichen Landraubs an Polen, bei dem Preußen den Anstifter spielte, Rußland und Österreich eher unwillige Komplizen waren, wurde bereits im Petersburger Teilungsvertrag ein Etikett aufgeklebt, das den Handel »ehrlich« machen sollte: In dem Teilungsvertrag wird der Raub polnischen Gebiets als notwendige Maßnahme für die Befriedung Polens ausgegeben! Seither rauben und kriegen die Staaten nur noch zum Wohle der Beraubten und Bekriegten. Die französischen Revolutionsheere, die zwei Jahrzehnte später Europa mit Krieg überziehen sollten, rechtfertigten dies damit, daß sie der Menschheit die Errungenschaften der Revolution brächten.

Die polnischen Teilungen des 18. Jahrhunderts, an denen Preußen jeweils maßgeblichen Anteil hatte, sind kein Ruhmesblatt der preußischen Geschichte.[2] Das Exempel der ersten polnischen Teilung war, daß der Eigennutz der Staaten die verbrieften Rechte der Schwächeren mit Füßen treten konnte. Aber gerade die unbedingte Respektierung des Rechts war es, die nicht nur die Grundlage für den Fortbestand des alten Reichs seit dem Westfälischen Frieden von 1648 bildete, sondern auch das Fundament darstellte, auf dem die Staatenordnung der europäischen Monarchien beruhte. Die Monarchen, die eben dieses Rechtsfundament der europäischen Ordnung durch die Teilung Polens verletzt hatten, legten damit die Axt an die Wurzeln jenes Baumes, auf dessen Ästen sie allesamt saßen. Preußen, Rußland und Österreich gaben mit der polnischen Teilung von 1772 den ersten Anschauungsunterricht in Sachen Revolution.

Die erste polnische Teilung lieferte zudem einen Musterentwurf für die zukünftige Gestaltung des alten Reichs. Das Reich nach polnischem Vorbild aufzuteilen, dazu bedurfte es nur einer Verständigung zwischen Österreich und Preußen über die wechselseitigen Gebietsansprüche. Tatsächlich aber ist eine solche Verständigung, die von beiden Seiten immer wieder erwogen wurde, nie ernsthaft versucht worden. Das Mißtrauen und die Furcht, dabei vom anderen übervorteilt zu werden, erwiesen sich stets als stärker. Auch die Chance, die lange schwelenden Auseinandersetzungen um die bayerische Erbfolge nach polnischem Vorbild »beizulegen« und nach diesem Muster eine Neuordnung des Reichs einzuleiten, blieb ungenutzt. Nicht, weil man eine solche Möglichkeit nicht gesehen hätte. Im Oktober 1777 schrieb Prinz Heinrich von Preußen an Friedrich II.: »Wenn Du mein lieber Bruder und der Kaiser es gemeinsam plantet, ihr würdet Deutschland haben, ehe daß irgend jemand etwas gegen so überlegene Kräfte vermöchte.«[3] Und es war auch nicht der Respekt vor dem Reich, über dessen innere Schwäche man sich in Wien und Berlin keine falschen Vorstellungen machte, der beide Mächte vor diesem an sich logischen Schritt zurückhielt. Auch die Furcht vor einer Intervention Frankreichs, der traditionellen Garantiemacht der Buntheit deutscher Verhältnisse, spielte bei dieser Scheu keine Rolle: Frankreich war zu dieser Zeit zu sehr erschöpft und von inneren Wirren erschüttert, als daß es einen großen Krieg zur Verteidigung des Status quo in Mitteleuropa hätte führen können. Nein, der Grund, der Preußen und Österreich veranlaßte, diese Chance nicht wahrzunehmen, das Reich im letzten Drittel des 18. Jahrhunderts in schöner Eintracht und zu beiderseitigem Gewinn zu liquidieren, ist vielmehr in einem Umstand zu erkennen, dessen Bedeutung zu würdigen uns heute schwerfällt: Der Schwerpunkt der Machtinteressen Preußens und Österreichs war zu dieser Zeit eindeutig auf den Osten und Südosten Europas konzentriert. Hier lagen zwei große Reiche, Polen und die Türkei, deren beständig fortschreitender innerer Machtzerfall Rußland, Preußen und Österreich unwiderstehlich anlockte. Die Gier und die Eifersucht, mit der vor allem Preußen und Österreich beständig darüber wachten, daß sie nicht von dem einen oder einer Koalition von zweien bei der Verteilung dieser scheinbar bequemen Beute übervorteilt würden, machte sie blind für andere Entwürfe. Rußland, das von allen drei Mächten den längsten Atem hatte, ist Sieger geblieben in diesem Ringen um die Vorherrschaft in Osteuropa. Die Grenzen, die seit 1945 Europa in seiner Mitte von Nord nach Süd durchschneiden, sind das Ergebnis einer Entwicklung, die damals begann.

Preußens kometengleicher Aufstieg zu einer Macht von europäischem Rang vollzog sich, es ist darauf schon hingewiesen worden, vor allem außerhalb des Reichs oder, denkt man an die Eroberung Schlesiens durch Friedrich II., sogar gegen das Reich. Die Grundlage preußischer Machtstellung war die Armee, die in dieser Größe zu unterhalten die dauernde Anspannung aller Kräfte des weder mit natürlichen Schätzen noch mit Bevölkerungsreichtum gesegneten Landes verlangte. Friedrichs Toleranzpolitik gegenüber aus religiösen Gründen verfolgten Minderheiten, die er wie die Hugenotten und die Salzburger Protestanten in großer Zahl in den preußischen Staaten aufnahm, hatte in diesem Menschenmangel ihre materielle Wurzel. Daß aber eine solche Anspannung aller sozialen und wirtschaftlichen Kräfte, wie sie vor allem in der Zeit der schlesischen Kriege notwendig geworden war, auf Dauer den Ruin des Staates bedeutete, war abzusehen. Deshalb mußte Preußen, wollte es nicht mit seiner gleichsam hochstaplerischen Machtpolitik über kurz oder lang Schiffbruch erleiden, seine Operationsbasis verbreitern. Dies bedeutete für das merkantilistisch-absolutistische Staats- und Gesellschaftssystem Preußens, das aufgrund seiner sozialen Rahmenbedingungen nur eine geringfügige Produktivitätssteigerung zuließ, daß man expandierte. Weitere Gebiete und Untertanen sollten dem eigenen Einflußbereich einverleibt werden. Im Nordwesten, Westen, Süden und Südosten grenzte Preußen aber an so mächtige Reichsstände wie Mecklenburg-Schwerin, das Kurfürstentum Hannover, das in Personalunion mit der Krone Englands verbunden war, an das Kurfürstentum Sachsen und an Österreich. Der Versuch, sich hier auszudehnen, hätte – die schlesischen Kriege lieferten dafür den Beweis – einen großen europäischen Konflikt ausgelöst, aus dem Preußen wahrscheinlich nicht ein weiteres Mal als Sieger hervorgegangen wäre. Deshalb mußte Preußen seine begehrlichen Blicke nach Osten richten und hier seinen Land- und Menschenhunger stillen. Außerdem hatte es gar kein ausgeprägtes Interesse, sich nach Westen und Südwesten in das alte Reich hinein auszudehnen. Die »deutsche Mission«, welche Preußen nachgesagt wurde, ist eine nationale Legende. Denn erst, als im Zuge der europäischen Neuordnung durch den Wiener Kongreß Preußen für den Verlust seiner polnischen Erwerbungen im Osten im Reich mit Westfalen und dem Rheinland entschädigt wurde, begann sich der Schwerpunkt der preußischen Interessen ganz allmählich nach Westen zu verlagern.

Für Österreichs Orientierung nach Osten und Südosten können ganz ähnliche Motive angeführt werden. Die Schirmherrschaft über das Reich, welche die Habsburgerkaiser innehatten, war eher ein Hindernis als eine Stütze für die europäische Machtpolitik der Hofburg. Wie Preußen strebte deshalb auch Österreich danach, seine Machtgrundlage zu verbreitern, und wie Preußen tat es dies vornehmlich im Osten und Südosten. Am schleichenden Leichengift des zerfallenden osmanischen Großreichs auf dem Balkan, aus dem es sich bis zuletzt immer wieder Stücke herausriß, ist Österreich schließlich zugrunde gegangen.

Geht man von diesen Voraussetzungen aus, dann wird deutlich, daß die von Friedrich II. und seinen beiden Nachfolgern betriebene preußische Reichspolitik das Reich nur als ein Mittel ansah, Österreich im Osten in Schach zu halten, und daß sich Österreich andererseits dieses Umstandes immer bewußt war. Daran ändert weder die aufsehenerregende Verständigung etwas, die beide Mächte im Reichenbacher Vertrag von 1790 erzielten, noch die gemeinsam mit so großen Worten geschlossene Allianz, deren Ziel es war, die Französische Revolution zu bekämpfen.

Man kann es als das Verhängnis der deutschen Geschichte bezeichnen, daß Deutschland, das alte Reich, gleichzeitig Ost und West war. Der

Knoten dieses Verhängnisses wurde aber erst im ausgehenden 18. Jahrhundert mit den Teilungen Polens geschürzt, die entschieden weitreichendere Folgen hatten als alle anderen Entscheidungen der spätabsolutistischen Kabinettspolitik dieser Jahre.

Lassen sich die preußischen Erwerbungen im Rahmen der ersten polnischen Teilung noch notdürftig aus der Sicht der preußischen Staatsräson rechtfertigen, weil mit ihnen eine feste Landverbindung zwischen Pommern und Ostpreußen geschaffen wurde, so kann dieses Argument zur Erklärung des preußischen Anteils an der zweiten und dritten Teilung Polens nicht mehr ins Feld geführt werden. Es war dies nur noch schiere Raffgier, die sich nahm, was sie kriegen konnte, und die nicht danach fragte, was damit sinnvollerweise anzufangen war. Gleichwohl blieb Preußen auch bei der zweiten und dritten Teilung Polens die treibende Kraft.

Ein Anlaß, gegen Polen erneut vorzugehen, war bald gefunden. In Polen war es unterdessen zu einer tiefgreifenden Verfassungsreform gekommen, mit der die polnische Patriotenpartei das Ziel verfolgte, das Land politisch zu stabilisieren und seine territoriale Integrität gegen weitere Teilungsgelüste der Großmächte wirksam zu verteidigen. Die Verfassungsreform, die der polnische König Stanislaus August am 3. Mai 1791 vor dem polnischen Reichstag verkündete, sah vor, die bisherige Wahlmonarchie durch eine Erbmonarchie abzulösen.[4] Außerdem wurden die Einführung des Mehrheitsprinzips bei der künftigen polnischen Nationalversammlung, die parlamentarische Ministerverantwortlichkeit und eine erhebliche Stärkung der Befugnisse der Exekutive versprochen.

Hätte sich diese Reformverfassung durchsetzen lassen, wäre Polen eine moderne und konstitutionelle Monarchie geworden. Daß es dazu nicht kam, dafür trug man schon in Berlin und Petersburg Sorge, während man in Wien dieser Reformverfassung durchaus wohlwollend gegenüberstand. Der österreichische Staatskanzler Kaunitz hatte sogar vor, die neue polnische Verfassung sowie die Unverletzlichkeit des polnischen Territoriums durch die drei Teilungsmächte Österreich, Preußen und Rußland garantieren zu lassen. Während man diesem österreichischen Plan in Petersburg von Anfang an mit offener Ablehnung begegnete und ziemlich unverhohlen zu erkennen gab, daß man die polnische Frage auf andere Weise zu regeln gedächte – bereits im Sommer 1791 ließ der russische Gesandte in Wien die Bemerkung fallen, »jeder der beiden Kaiserhöfe habe seine Gegenrevolution auszuführen, der eine in Paris, der andere in Warschau«[5] –, wollte man in Wien vor allem Preußen in dieser Frage als Partner gewinnen. Tatsächlich gelang es der österreichischen Diplomatie, in den mit Preußen am 7. Februar

1792 geschlossenen Bündnisvertrag, der die gemeinsame Bekämpfung der Französischen Revolution vorsah, eine Klausel aufzunehmen, in der von der Integrität Polens die Rede war. Doch diese Worte waren nicht einmal das Papier wert, auf dem sie geschrieben standen; Friedrich Wilhelm II. dachte gar nicht daran, den Nachbarn im Osten unangetastet zu lassen. Vielmehr wiegte er sich in der Hoffnung, nach einem Waffenerfolg im Kampf gegen die Französische Revolution die Zustimmung des Kaisers zu weiteren preußischen Erwerbungen in Polen zu erhalten. Aber die Dinge entwickelten sich rascher und vor allem ganz anders, als sich dies Friedrich Wilhelm II. gedacht haben mochte. Und nicht zum letztenmal in seiner Geschichte entschied sich damals Polens Schicksal im Westen.

Am 20. Februar 1792 erklärte der französische Nationalkonvent den Alliierten Preußen und Österreich den Krieg, den diese nun, obwohl von ihm immer in großen Worten die Rede gewesen war, eher widerstrebend annehmen mußten. Die Fesselung Österreichs im Westen nutzte Katharina II. von Rußland sofort für ihre polnischen Pläne aus. Zwar war gerade sie es gewesen, die den Krieg gegen die Französische Revolution immer fleißig geschürt und nie versäumt hatte, in ihren Briefen ihrem Abscheu vor der »blutigen Kloake Paris« drastisch Ausdruck zu verleihen. Aber gleichzeitig hatte sie sich stets zurückgehalten, einen aktiven Beitrag zur Bekämpfung dieser Revolution zu leisten. Bereits im März 1792 teilte Katharina II. Friedrich Wilhelm II. mit, daß Rußland die polnische »Revolution«, wie die Reformverfassung apostrophiert wurde, als gegen seine Interessen gerichtet ansehe und man ihm deshalb die Einleitung gemeinsamer Schritte vorschlage. Einiges sprach dafür, daß Katharina II. sich auch mit einer Wiederherstellung des Status quo ante in Polen zufriedengegeben hätte, bei dem Rußland seinen alten Einfluß auf die inneren polnischen Angelegenheiten wiedergewonnen hätte; doch Friedrich Wilhelm II. witterte in diesem Vorschlag vor allem die Chance, sich endlich seine lang gehegten Annexionswünsche erfüllen zu können. Unter dem Datum des 12. März 1792 schrieb er seinen Beratern: »Rußland ist nicht weit von dem Gedanken einer neuen Teilung entfernt. Das wäre freilich das wirksamste Mittel, die Macht eines polnischen Königs zu beschränken, sei er nun erblich oder wählbar ... Wenn es gelänge, eine angemessene Entschädigung für Preußen zu finden, wäre der russische Plan der günstigste für Preußen, wohl bemerkt, daß Preußen dabei das ganze linke Ufer der Weichsel empfänge und diese weite, jetzt schwer zu deckende Grenze sich dann wohl abgerundet fände. Das ist mein Urteil über die polnische Sache.«[6] Bereits im Mai 1792 schuf Katharina II. in Polen ein Fait accompli, indem sie russische Truppen in das freie Polen einrücken ließ. Den Vorwand für diese Intervention lieferte ihr ein »Hilferuf« der konservativen polnischen Kräfte, die sich in der Konföderation von Targowitsch zusammengeschlossen hatten und die offen gegen die polnische Reformverfassung vom Mai 1791 Stellung bezogen. Innerhalb weniger Wochen war Polen von den weit überlegenen russischen Truppen überrannt, die Reformverfassung außer Kraft gesetzt.

Gegen diese neuerliche russische Unterdrückung der polnischen Freiheit begann, insbesondere unter dem polnischen Klerus und Adel, bald Unmut laut zu werden, regte sich offener Widerstand. Als im Herbst 1792 die Aussichten Preußens immer trüber wurden, im Krieg gegen die Revolution im Westen Danzig und Thorn im Osten zu erobern, bestand die preußische Diplomatie in Petersburg um so heftiger auf einer »Entschädigung« Preußens in Polen, die man nun auf direktem Wege zu erreichen suchte. Zur gleichen Zeit wurde auch immer deutlicher, daß die Konföderierten von Targowitsch bei weitem nicht jenen Rückhalt in der Bevölkerung besaßen, der es ihnen erlaubt hätte, das Land in Übereinstimmung mit den russischen Hegemonialinteressen zu regieren. Angesichts dieser Situation schien es Katharina II. letztlich doch ratsam zu sein, sich den preußischen Wünschen anzuschließen und eine weitere Teilung Polens ins Auge zu fassen.

Tief widerwärtig und in ihrer heuchlerischen Verlogenheit ein Vorbild für manch spätere Rechtfertigung offenkundigen Unrechts ist die »Deklaration Sr. Majestaet des Königs von Preußen, den Einmarsch der preußischen Truppen in Polen betreffend«, vom 6. Januar 1793, mit der Friedrich Wilhelm II. Preußens Intervention begründete. In dieser Erklärung werden die Konföderierten von Targowitsch unter anderem als die wohlgesinnten Beschützer der alten Regierungsreform, die Verteidiger und Anhänger der Reformverfassung dagegen als »Proselyten der abscheulichen jakobinischen Emissäre« bezeichnet. Es dürfe nicht geduldet werden, daß diese Minderheit des polnischen Volkes den Umsturz der öffentlichen Ordnung plane und immer aufs neue den preußischen Staat durch Gebietsverletzungen und auf andere Weise schädige und beleidige. Da ein zweiter Feldzug gegen Frankreich notwendig sei, könne nicht ein gefährlicher Feind im Rücken zurückgelassen werden. Deshalb habe sich Preußen mit den Höfen von Wien und Petersburg zur Intervention gegen die polnischen Aufwiegler vereinigt. Die Besetzung einiger großpolnischer Distrikte durch preußische Truppen sei also nur eine Vorsichtsmaßregel, um das eigene Grenzgebiet zu schützen, die Aufständischen zu zügeln und die öffentliche Ordnung wiederherzustellen.[7]

Diese Deklaration wurde am 16. Januar 1793 in Warschau übergeben. Wenige Tage später überschritten preußische Truppen die polnische Westgrenze. Am 23. Januar 1793 wurde in Petersburg der preußisch-russische Vertrag unterzeichnet, der die zweite polnische Teilung besiegelte. In diesem Vertrag verpflichtete sich Rußland, seine Truppen so lange mobilisiert zu halten, wie die Unruhen in Polen und Frankreich andauerten. Als Entschädigung für die dadurch entstehenden Kosten und Aufwendungen erhielt das Zarenreich einen Teil von Litauen sowie die gesamte polnische Ukraine, insgesamt ein Gebiet mit ungefähr drei Millionen Einwohnern. Preußen verpflichtete sich seinerseits, den Krieg gegen das revolutionäre Frankreich so lange fortzuführen, bis das im Bündnisvertrag vom 7. Februar 1792 gesetzte Ziel, die Niederwerfung der Revolution und die Wiederherstellung der legitimen monarchischen Ordnung in Frankreich, erreicht worden sei. Preußen wurde für die dabei anfallenden Kriegskosten mit dem zwischen Oder und Weichsel gelegenen polnischen Gebiet, dem späteren Südpreußen, entschädigt. Außerdem erhielt es die schon seit langem begehrten Städte Thorn und Danzig. Preußen erwarb damit in der zweiten polnischen Teilung ein Gebiet, in dem über drei Millionen Menschen lebten und das seiner Ausdehnung nach fast doppelt so groß war wie das Territorium, das es bereits 1772 annektiert hatte.

Das Vorgehen insbesondere Preußens gegen Polen stieß auf nahezu einhellige Empörung und Ablehnung. Der Brief, den der preußische Historiker August Wilhelm von Schlözer damals an den Grafen Hertzberg richtete, trifft den Nagel auf den Kopf: »Gott im Himmel, quo titulo juris [mit welchem Rechtsanspruch] werden Danzig und Thorn genommen? Führen die Kabinette das Droit de convenance ein, so ist alles recht, was die convention nationale thut ... Was wird die Nachwelt sagen?«[8] In der Tat, die Monarchen, die feierlich ausgezogen waren, die Revolution zu vernichten, handelten nicht minder revolutionär. Und obendrein machten sie sich noch, allen voran Preußen, der Lüge und Heuchelei schuldig. Otto Hintze und erst jüngst wieder Sebastian Haffner haben versucht, Preußens Handlungsweise gegenüber Polen mit dem Hinweis zu rechtfertigen, »daß der Gedanke des Nationalstaates, der seit dem 19. Jahrhundert das Staatsleben Europas beherrscht, damals noch nicht lebendig war«.[9] Dieser Einwand, so zutreffend er in sich ist, geht aber gleichwohl an dem Vorwurf, den man Preußen nicht ersparen kann, vorbei. Denn es waren die »heiligen Rechte« der Staaten, die sich auf die legitimen Ordnungen in ihrem Inneren gründeten, die hier mit Füßen getreten wurden. Und eben dies war ein wahrhaft revolutionärer Vorgang, der seine Entsprechung damals nur in der Hinrichtung Ludwigs XVI. fand.

Diese zweite Teilung Polens, die Rußland und Preußen unter sich ausgemacht hatten und bei der Österreich leer ausgegangen war, belastete die österreichisch-preußische Allianz im Westen schwer.[10] Von nun an herrschte nur noch Zwietracht zwischen den Verbündeten, die so feierlich ausgezogen waren, das Feuer der Revolution zu ersticken. Das Mißtrauen, das beide Verbündete fortan gegeneinander hegten, wirkte sich auch ursächlich auf den keineswegs erfolgreichen Verlauf ihrer Kriegführung aus. Man kann sogar sagen, daß Katharina II., die es Preußen zur Bedingung gemacht hatte, den Vertrag über die zweite Teilung Polens vom 23. Januar 1793 ohne ein vorheriges Arrangement mit Österreich abzuschließen, und die eben damit die österreichisch-preußischen Gegensätze zu verschärfen half, die Französische Revolution gerettet hat. Denn Frankreich war 1792/1793 durch innere Unruhen und Aufstände, durch Hungersnöte und eine andauernde Wirtschaftsmisere derartig geschwächt, daß es einem entschlossenen Vorrücken der Interventionstruppen kaum ernsthaften Widerstand hätte entgegensetzen können. Preußens Gier auf einige Fetzen polnischen Landes verschafften der Revolution in Frankreich jene Atempause, die es ihr ermöglichte, wieder zu Kräften zu kommen und die entschlußlosen und untereinander zerstrittenen Angreifer zu vernichten. Vom preußisch-russischen Vertrag über die zweite Teilung Polens vom 23. Januar 1793 führt eine gerade Linie über den Basler Sonderfrieden, mit dem Preußen aus dem Krieg gegen die Französische Revolution im April 1795 eigenmächtig ausschied, die dritte Teilung Polens, die im gleichen Jahr erfolgte, hin zum Frieden von Tilsit von 1807, mit dem sich Preußen Napoleon unterwerfen mußte und zu einer Macht dritten Ranges wurde.

Nachdem Preußen und Rußland jene polnischen Gebiete, die sie sich im zweiten Teilungsvertrag gegenseitig als »Entschädigung« zugestanden hatten, militärisch besetzt hatten, kannte ihr Übermut keine Grenzen mehr: Die Polen sollten nun noch feierlich ihre Zustimmung zu diesen Annexionen erteilen und damit gleichsam jene Hände segnen, die sie verstümmelt hatten. Am 9. April 1793 ließ die Zarin der polnischen Marionettenregierung eine Erklärung zukommen, in der es unter anderem hieß: Da von den Anhängern und Urhebern der Revolutionen vom 3. Mai 1791 noch immer auf geheime Komplotte gesonnen, ja, sogar den wahren Freunden Polens mit einer »Sizilischen Vesper« gedroht werde, habe von Rußlands und Preußens Monarchen der Beschluß gefaßt werden müssen, die Republik in engere Grenzen einzuschnüren. Die Nation möge das Geschäftliche der notwendigen Gebietsabtretungen auf einem Reichstag freundschaftlich erledigen.[11]

Nicht nur der blanke Zynismus der Macht, wie er in diesem Ansinnen hervortritt, den russisch-preußischen Annexionen den Schein der

Rechtmäßigkeit zu geben, sondern noch so manches andere, das sich im Zusammenhang mit den polnischen Teilungen ereignete, hat seither Nachahmer gefunden. Im Mai 1793 trat ein polnischer Reichstag in Grodno zusammen, der sich aber nach sechs Wochen trotz aller Versprechungen und Drohungen, mit denen man ihn einschüchterte, nicht dazu bereit fand, die preußisch-russischen Annexionen förmlich zu ratifizieren. Erst als der russische Bevollmächtigte erklärte, jede weitere Verzögerung dieser Ratifizierung werde unweigerlich einen neuen Krieg und den Untergang ganz Polens zur Folge haben, wurde der Abtretungsvertrag mit Rußland, das, wie es im Vertragstext hieß, »für seine Vermittlung zu Gunsten der Republik« gerechten Anspruch auf Entschädigung habe, unterzeichnet. Auf die Frage des russischen Bevollmächtigten, ob der Reichstag auch dem Vertrag mit Preußen zustimme, erfolgte keine Antwort. Daraufhin erklärte der russische Vertreter, daß auch der Vertrag mit Preußen als angenommen zu gelten habe, da kein Widerspruch eingelegt worden sei.[12]

Der nächste und fürs erste letzte Akt in der preußisch-polnischen Geschichte beginnt in Basel im April 1795. Über den Sonderfrieden, den Preußen am 5. April 1795 mit der Französischen Republik in Basel abschloß und mit dem es sich aus dem gemeinsam mit Österreich und dem Reich nur noch matt und lustlos geführten Krieg gegen die Revolution davonstahl, ist seither viel gestritten worden. Preußische Historiker, allen voran Sybel, bezichtigten Österreich des »Verrats«, während österreichische Historiker umgekehrt Preußen diesen Vorwurf machten. Dieser Historikerstreit über den Sonderfrieden von Basel ist nichts anderes als das späte Echo jenes Geschreis, zu dem betrogene Betrüger stets anheben, sobald sie entlarvt sind. Gemessen und gewogen stellt der Basler Frieden eher einen Verrat Preußens an seinen Bundesgenossen und an der gemeinsam mit diesen so feierlich beschworenen Sache dar. Preußen ließ sich in Basel von Eigennutz leiten. So hat es immer gehandelt, und darauf gründete sich auch seine Größe. Diesmal aber war sein Vorgehen nicht durch Ziele bestimmt, denen sein Staatsinteresse seit je verpflichtet war, sondern diktiert von Schwäche und Ratlosigkeit. Preußen war einfach dem Ende nahe: wirtschaftlich, militärisch, moralisch; aber nicht, weil es, wie immer wieder gesagt wird, von den Alliierten, von Österreich und dem Reich, nur mangelhaft unterstützt worden sei – das ist zwar richtig, gilt aber umgekehrt genauso –, sondern, weil es zu lange es selbst gewesen war, weil es zu lange und zu ausgiebig dem gefrönt hatte, was man später als sein »Lebensgesetz« bezeichnet hat: dauernd zu expandieren, ständig sich zu vergrößern. Zu tief war es bereits in die polnischen Angelegenheiten verstrickt, und aus diesem Sumpf gab es kein Entrinnen mehr.

In Polen waren im Frühjahr 1794 Aufstände ausgebrochen, mit denen Rußland nicht allein fertig werden konnte oder wollte. Jedenfalls wurde Preußen zur militärischen Hilfeleistung aufgefordert, der es auch nachkam. Die Kämpfe mit den Aufständischen gestalteten sich wechselvoll und erbittert. Eine von den preußischen Truppen im Juli 1794 begonnene Belagerung Warschaus mußte bereits im August ergebnislos beendet werden, da nun auch in Posen und anderen Städten Preußisch-Polens Aufstände ausbrachen. Der Brocken, den man in der ersten und zweiten polnischen Teilung verschlungen hatte, war, das begann man jetzt in Berlin allmählich zu ahnen, vergiftet gewesen. Die russische Gefahr, von der man meinte, sie sich durch den Erwerb polnischen Gebiets besser vom Leibe halten zu können, war nur noch näher gerückt, eine Erkenntnis, die man schon früher hätte gewinnen können, wenn einen die Gier nach Landerwerb nicht so verblendet hätte. Denn ohne massiven russischen Druck auf Polen wäre ja schon jener merkwürdige Vertrag, mit dem der Reichstag von Grodno durch sein Schweigen der Abtretung polnischen Gebiets an Preußen »zustimmte«, nicht möglich gewesen. »Ich bin hier«, schrieb der preußische Gesandte Buchholz damals, »ohne Beistand Rußlands völlig isoliert, habe also alles mit dem russischen Gesandten und durch ihn bewirken müssen, denn der Name ›Preuße‹ ist hier äußerst verhaßt, weil man uns die vorige und die jetzige Teilung Polens zur Last legt.«[13]

Rußland half, gab aber auch gleichzeitig zu verstehen, daß diese Hilfe nicht grenzenlos sei und daß es insbesondere seine Vormachtstellung in Polen mit niemandem teilen wolle. Das war deutlich, aber offensichtlich noch nicht deutlich genug. Denn in Berlin hegte man weiter die Illusion, daß man mit der Einverleibung polnischen Gebiets eine schöne Beute gemacht habe. Erst die Aufstände in Polen und in den ehemals polnischen Gebieten Preußens öffneten einigen die Augen zu der Einsicht, daß ein starker und autonomer polnischer Pufferstaat eine bessere Garantie der preußischen Grenzen gegen Rußland gewesen wäre als jene schimpflichen, das Recht mit den Füßen tretenden Annexionen polnischen Gebiets, auf die man sich eingelassen hatte. Der anonyme Verfasser einer Flugschrift aus dem Jahre 1794, die den Titel trägt *Versuch eines Beweises, daß die Kaiserin von Rußland den Westfälischen Frieden weder garantieren könne, noch dürfe*, spricht eben diesen Sachverhalt aus: »Wenn der russische Koloß über kurz oder lang unter seiner eigenen Größe erliegt, wenn er dann, da Polen nicht mehr der Schlagbaum ist zwischen uns und Rußland, nicht auf uns fällt, so werde ich mich freuen, zuviel gefürchtet zu haben.«[14]

Aber nun gab es für Preußen kein Zurück mehr. Aus den Aufständen in Polen, über die Rußland und Preußen erst im Herbst 1794 mühsam Herr werden konnten, zog man an beiden Höfen die Lehre, daß nur eine restlose Zerschlagung Polens, das heißt seine völlige völkerrechtliche Vernichtung, in Zukunft Ruhe gewährleistete. Bereits seit August 1794 hielt sich aus diesem Grunde General Tauentzien als außerordentlicher Bevollmächtigter Preußens in Petersburg auf, um dort über eine endgültige Aufteilung Polens zu verhandeln. Preußen verlangte dabei für sich alles Land zwischen Schlesien, Südpreußen und der Weichsel. Österreich, das man diesmal nicht völlig übergehen zu können glaubte, sollte nach den preußischen Vorstellungen mit einigen Woiwodschaften abgespeist werden. Nach der Aufhebung der Belagerung von Warschau verschlechterte sich aber Preußens Ansehen am Zarenhof rapide. Rußland gab Tauentzien schließlich sehr deutlich zu verstehen, daß man zwar mit dem preußischen Vorschlag, Polen vollständig aufzuteilen, durchaus einverstanden sei. Dies bedeute aber keineswegs eine Zustimmung zu den preußischen Gebietsforderungen. Vielmehr solle Österreich die Gebiete von Sendomir und Krakau erhalten, während Rußland sich mit dem Bug als seiner neuen Westgrenze zufriedengebe.

In dieser Situation, in der Preußen keinen Zweifel mehr haben konnte, daß es bei der endgültigen Aufteilung Polens leer ausgehen würde, entsandte Friedrich Wilhelm II. den Grafen Goltz nach Basel, damit dieser mit dem dortigen Geschäftsträger der Französischen Republik in Friedensverhandlungen eintrete. Tatsächlich war diesen offiziellen Friedensverhandlungen, die nun begannen, schon seit August 1794 eine Serie von Vorgesprächen vorausgegangen, eingefädelt von kriegsmüden preußischen Generälen der Interventionsarmee und ohne Wissen oder Billigung des Königs.[15] Bei diesen geheimen Unterredungen spielte unter anderem ein Weinhändler aus Zweibrücken namens Schmerz eine prominente Rolle, der erste Kontakte zu Vertretern der Französischen Republik geknüpft hatte. Insgesamt wirft diese Episode der Präliminarverhandlungen des Basler Friedens ein bezeichnendes Licht auf die miserable Moral der preußischen Truppen am Rhein. Man hat dafür, wenn man es nicht vorzog, die ganze Angelegenheit mit Schweigen zu übergehen, in der preußenfreundlichen Geschichtsschreibung stets so wenig aussagekräftige Argumente angeführt wie die Stimmung allgemeiner Friedensliebe, die im Reich wie in Preußen und damit eben auch in der preußischen Armee zu jener Zeit vorgeherrscht habe. Auch die Verbreitung des Gedankenguts der französischen Aufklärung, die eine Verfeinerung der kulturellen Gesinnung mit sich gebracht habe, die dem kriegerischen Geist abträglich gewesen sei, wird genannt. Das mag alles mehr oder minder bedeutsam gewesen sein. Naheliegend scheint aber doch vor allem, daß auch den preußischen Offizieren die ganze Sinnlosigkeit des Krieges im Westen in dem Maße zum Bewußtsein kommen mußte, wie sich ihr König im Osten bei der Aufteilung Polens an keinen anderen Prinzipien orientierte als an denen, die zu bekämpfen man sich im Westen totschießen lassen sollte. Das aber war selbst von einem preußischen Offizier zuviel verlangt.

Am 5. April 1795 wurde in Basel der preußische Separatfrieden mit der Französischen Republik unterzeichnet, in dem sich Preußen unter anderem von Frankreich ausdrücklich seine bisherigen polnischen Annexionen bestätigen ließ. Am 3. Januar 1795 war bereits in Petersburg ein geheimer Vertrag zwischen Österreich und Rußland geschlossen worden, der die endgültige Aufteilung Polens regeln sollte. Formell erklärte Österreich mit diesem Vertrag seinen nachträglichen Beitritt zu dem preußisch-russischen Teilungsvertrag vom 23. Januar 1793. Ihm wurde zum Ausgleich für seinen ihm 1793 vorenthaltenen Anteil an der polnischen Beute und gleichzeitig auch als »Entschädigung« für das an Frankreich verlorene Belgien ein umfangreiches polnisches Gebiet zugeschlagen, das von den Flüssen Bug und Pilica im Norden, Osten und Westen begrenzt war. Von all diesen Abmachungen erhielt man in Berlin erst im August 1795 Kenntnis, aber dank der Berichte des Generals Tauentzien aus Petersburg hatte man sich hier schon lange keine Illusionen mehr über die Haltung Rußlands in dieser Frage gemacht. Die waghalsige Rechnung, die man nun in Berlin aufstellte, ging tatsächlich auf: Durch den Frieden im Westen könne man im Osten stark genug auftreten, um seinen Anteil an der Vernichtung Polens abzubekommen. Rußland setzte sich gegenüber Österreich durch, das eine Beteiligung Preußens erbittert ablehnte. Der endgültige Teilungsvertrag vom 24. Oktober 1795 ließ Rußland bis zum Njemen und Bug nach Westen vorrücken, während Preußen sich mit dem noch verbliebenen Rest Polens, in dem die Städte Warschau und Bialystok lagen, begnügen mußte. Krakau, das Friedrich Wilhelm II. gerne bekommen hätte, wurde dagegen Österreich zuerkannt. Lediglich zwischen Beuthen und Tschenstochau erhielt Preußen noch einen Streifen Land, das sogenannte Neuschlesien.

Preußen haben die Zugewinne an Land und Leuten in Polen, auf die es so viel Zähigkeit, Eifer und Kraft verwandte, keinen Segen gebracht. Bis auf die erste Erwerbung von 1772 und die Städte Thorn und Danzig, die 1793 im Rahmen der zweiten polnischen Teilung hinzukamen, ist es Preußen nicht gelungen, sich diese Gebiete wirklich nutzbar zu machen. Otto Hintze urteilte darüber: »Die preußische Verwaltung vermochte ... das Land nicht mit deutscher Kultur zu durchdringen. Auch die Arbeit von Generationen hätte das wohl kaum vermocht. Der polnische Besitz war ein totes Gewicht an der preußischen Staatsmaschine.«[16]

Im Lichte unserer Erfahrung kommen wir heute nicht umhin, festzustellen, daß jene von Preußen in ganz entscheidender Weise geprägte Politik der drei Ostmächte, die dazu führte, daß der achthundertjährige polnische Staat von der Landkarte ausgetilgt wurde, erstmals ein Prinzip freisetzte, dem Preußen schließlich selbst und mit ihm jenes von ihm geschaffene Reich 150 Jahre später zum Opfer gefallen sind.

3. KAPITEL
Der Untergang des alten Reichs

Preußen war weitgehend außerhalb des Reichs, ja gegen das Reich zur europäischen Macht aufgestiegen. Und auch das politische Schwergewicht Habsburgs hatte sich nach dem Verlust Schlesiens immer weiter von den Grenzen des Reichs weg nach Osten und Südosten verlagert. Diesen Prozeß, der unter Maria Theresia erst richtig begann, wollte deren Nachfolger auf dem Kaiserthron, Joseph II., wieder umkehren. Sein Ziel war es, durch die Annexion Bayerns der traditionellen Machtstellung Habsburgs im Reich neues Gewicht zu verleihen. Solche Annexionsgelüste verschreckten aber insbesondere die größeren Reichsstände, die nur zu deutlich erkannten, daß sie eines Tages das Schicksal Bayerns würden teilen müssen. Sofort eingeleitete diplomatische Verhandlungen dieser um ihre Existenz bangenden Reichsstände mit dem Ziel, ein Verteidigungsbündnis zu gründen, scheiterten rasch an der Einsicht in ihre eigene Ohnmacht. Um so bereitwilliger griffen sie deshalb ein Angebot Friedrichs II. auf, das die Schaffung eines Fürstenbundes unter der Führung Preußens vorsah und mit dem die Reichsverfassung, sprich die »Libertäten« der Reichsstände, gegen den Zugriff des Kaisers wirksam verteidigt werden sollte. Dieser 1785 zustande gekommene Fürstenbund stiftete eine paradoxe Situation: Das Reich und seine Verfassung hatten nun auf einmal zwei Garanten. Und Friedrich II., der einstige Rebell gegen Kaiser und Reich, spielte die für ihn gewiß ungewöhnliche Rolle eines Beschützers des Reichs. Gleichzeitig barg diese Konstellation aber auch unübersehbar die Gefahr in sich, daß es über kurz oder lang zu einer Auflösung des Reichs kommen könnte.

Die politische Funktion des alten Reichs bestand darin, die friedliche Koexistenz ebenso zahlreicher wie in sich vielfältiger und nach ihrer Bedeutung wie Macht höchst unterschiedlicher Territorien und Gemeinwesen zu gewährleisten. Dieser ursprünglichen Aufgabe des Reichs entsprach der Charakter der Reichsverfassung, einer genau definierten und fixierten Privilegienordnung, die jedem Reichsstand seine Rechte garantierte.[1] Da in dem nun von Preußen inspirierten und geführten Fürstenbund lediglich die größeren Reichsstände organisiert waren — zunächst war dieser Bund nur ein engerer Zusammenschluß der drei norddeutschen Kurfürsten Brandenburg-Preußen, Sachsen und Hannover, denen sich nach und nach weitere vierzehn Fürsten anschlossen[2] –, wurde für die kleineren Reichsstände, die Reichsgrafen, Reichsstädte und Reichsritter, eine Gefahr sehr konkret, die sie schon seit zwei Jahrhunderten immer wieder erschreckt hatte: Sie befürchteten, das Reich könne zu einem föderalen Staatenbund einiger größerer zu völliger Souveränität gelangter Territorien umgestaltet werden, und alle anderen Reichsstände würden diesem Konzentrationsprozeß zum Opfer fallen.

Auf die Gründung des Fürstenbunds von 1785 reagierten die kleineren Reichsstände deshalb mit einer engeren Anlehnung an Österreich. Aber auch Habsburg hatte seinerseits ein eminentes Interesse daran, deren Existenzfähigkeit zu sichern. Denn nur sie verhinderten auf Dauer, daß sich die größeren Reichsstände zu vollgültig souveränen Herrschaften ausbildeten.

Der von Preußen ins Leben gerufene Fürstenbund zeigt aber auch deutlich, wie es in Wirklichkeit um die machtpolitische Bedeutung der einzelnen Territorien oder Reichsstände gerade in dieser Spätphase des alten Reichs bestellt war. Denn einzig die beiden deutschen Flügelmächte Preußen und Österreich waren in der Lage, selbständig politisch zu handeln. Das heißt: Allein Preußen und Österreich dürfen als die wirklich souveränen Staaten in Deutschland angesprochen werden, da nur diese beiden für sich bestehen und sich aus eigener Kraft behaupten und verteidigen konnten. Alle anderen Stände oder Territorien des Reichs dagegen waren in einem mehr oder minder großen Maß in ihrer politischen Existenz davon abhängig, daß sie in einem gleichsam wohltemperierten Klima lebten. Und dieses Klima wurde durch Reich und Reichsverfassung gewährleistet, deren Bestandsgarantie für ausnahmslos alle Reichsstände lebensnotwendig war. Deshalb spielte es auch keine Rolle, wer diese Garantieleistung übernahm. Selbst die katholischen Reichsstände hatten keinerlei Bedenken dagegen, daß im Fürstenbund das protestantische Preußen mit dem als Agnostiker geltenden Friedrich II. an der Spitze die Reichsverfassung und damit ihre jeweiligen Privilegien gegen die Expansionsgelüste des katholischen Kaiserhauses verteidigte. Mit Ausnahme von Preußen und Österreich teilten sich also alle übrigen Reichsstände ihre politische Realität mit dem Reich.

Ein weiterer Aspekt, der für das Ende des alten Reichs schicksalhafte Bedeutung erlangen sollte, wurde mit der Gründung des Fürstenbunds schlagartig deutlich. Bis dahin war es stets der Kaiser gewesen, der das Reich und seine Verfassung geschützt hatte. Dies war traditionell seine Aufgabe, sein Amt. Mit Joseph II. aber, einer gewiß ebenso seltsamen wie bedeutenden Herrscherpersönlichkeit, schickte sich dieses Kaisertum an, seine bisherige Aufgabe zu verraten und der Reichsverfassung durch die geplante Annexion Bayerns schweren Schaden zuzufügen, während sich andererseits der »Reichsverräter« Friedrich II. zum Protektor eben dieser Reichsverfassung aufwarf. Dieser merkwürdige Rollentausch der beiden deutschen Großmächte war mehr als eine bloße Finte der spätabsolutistischen Kabinettspolitik. Wenn Österreich seine traditionelle Beschützerrolle für das Reich aufgab, dann vor allem aus seinem Interesse heraus, die eigene Machtstellung in Europa zu erhalten und auszubauen, zumal Frankreich, jene andere Schutzmacht der Buntheit deutscher Verhältnisse, schon Jahre vor der Revolution weitgehend paralysiert war und deshalb keine Gefahr mehr darstellte. Preußen andererseits verfolgte im Gegenzug ganz verwandte Ziele. Es tat nur dies wesentlich geschickter und bei weitem nicht so unverhohlen wie Österreich. Preußen mußte aufgrund der österreichischen Annexionsgelüste im Reich die Einsicht gewinnen, es könnte künftig nur dann als europäische Macht eine europäische Politik treiben, wenn es zuvor den Einfluß Österreichs im Reich ausgeschaltet hätte. Die preußische Reichspolitik, die Friedrich II. mit der Gründung des Fürstenbundes einleitete, hatte nicht eine Neuordnung des alten Reichs zum Ziel, sondern vorrangig eine europäische Perspektive, in der das Reich lediglich Mittel und nicht Zweck war: Preußens Stellung als europäische Macht konnte nur dadurch erhalten und ausgebaut werden, daß es gelang, Österreich aus dem Reich zu verdrängen. Zur Gründung des Fürstenbundes bemerkte Friedrich II. deshalb sibyllinisch: »Allein die Liebe zu meinem Vaterlande und die Pflicht des guten Bürgers treibt mich in meinem Alter noch zu diesem Unternehmen.«[3]

Mit der Gründung des Fürstenbundes von 1785 wurde dem alten Reich und seiner Herrlichkeit das Grab geschaufelt. Der vorgebliche Zweck dieses Bundes, den Bestand des Reiches und seiner Stände zu garantieren, war allzu fadenscheinig: Reich und Reichsstände waren nur noch Objekte der großen Politik der beiden deutschen Flügelmächte. Sie liefen Gefahr, wie Goethe in seinem Tagebuch vorausschauend notierte, »zwischen den Orlogschiffen gequetscht zu werden«.

Diese Gefahr war den Reichsständen im Fürstenbund deutlich geworden. »Ihr Vertrauen zu Preußen reichte nicht weiter als ihre Angst vor Österreich«, bemerkte Treitschke treffend dazu.[4] Selbst so kleine Stände wie Weimar und Dessau, die sich dem Fürstenbund angeschlossen hatten, berieten insgeheim darüber, wie man sich am besten den preußischen Beschützer vom Leibe halten könnte.[5] Zahlreiche Pläne zu einer gründlichen Reform des Reichs wurden in jener Zeit erörtert. Die Schaffung eines Zollverbandes, der die einzelnen Reichsterritorien wirtschaftlich stärker miteinander verflechten sollte, wurde ebenso vorgeschlagen wie Militärkonventionen, die Stiftung eines einheitlichen deutschen Gesetzbuches und als krönender Abschluß des Ganzen ein Reichsverband. Karl August von Weimar – ihm diente Goethe als Minister – war einer der Eifrigsten bei diesem Pläneschmieden, das ergebnislos bleiben mußte, weil keine wirkliche Macht dahinterstand, sondern nur die Angst der Reichsstände, die um ihre Existenz bangten. Solange aber die Rivalität der beiden deutschen Großmächte um das Reich unentschieden fortdauerte und vor allem nur auf friedlichem, diplomatischem Wege ausgetragen wurde, gewannen die Reichsstände eine Atempause. Das Ende ihrer Galgenfrist kündigte sich an, als Österreich und Preußen am 26. Juli 1790 die Konvention von Reichenbach schlossen.

Diese Verständigung der beiden mächtigen Rivalen kam keineswegs ganz überraschend. Beide waren mit ihren politischen Plänen in eine Sackgasse geraten; beide erlitten eine erhebliche Schwächung ihrer Kraft, so daß ein Krieg zwischen ihnen um das Reich, auf den die 1785 eingeleitete preußische Reichspolitik unaufhaltsam zuzusteuern schien, für beide Mächte ein unkalkulierbares Risiko barg, vor dem Österreich wie Preußen zurückschreckten.

Die Gründe liegen auf der Hand, die Österreich im Juli 1790 bewogen, sich mit Preußen auszusöhnen, das noch im April Truppen an der böhmischen Grenze hatte aufmarschieren lassen, um in die habsburgischen Lande einzufallen. Der Krieg mit der Türkei (der letzte übrigens, den ein Habsburgerkaiser gegen das Osmanische Reich führen sollte und den Joseph II. im Februar 1788 mit den volltönenden Worten: »Die Zeit ist gekommen, wo ich als Rächer der Menschheit auftrete, wo ich es über mich nehme, Europa für die Drangsale zu entschädigen, die es einstens von den Türken erdulden mußte«,[6] begonnen hatte) erwies sich als schwere Bürde für Österreich. In dieses Abenteuer hatte sich Joseph II. geflüchtet, um jenen inneren Wirren zu entrinnen, die seine radikale Reformgesetzgebung insbesondere unter den Ständen Ungarns ausgelöst hatte und die er nur mit bewaffneter Macht einzudämmen vermochte. Außerdem hatte die europäische Stellung Habsburgs durch den endgültigen Verlust der österreichischen Niederlande, der in diese Zeit fällt, einen empfindlichen Stoß erhalten. Ein Krieg mit Preußen in dieser Situation um das Reich wäre für Österreich tödlich gewesen.[7]

Um so unverständlicher mag es deshalb auf den ersten Blick anmuten, daß sich Preußen dieser einmalig günstigen Chance begab, seinen österreichischen Rivalen aus dem Feld zu schlagen. Preußen gab sich statt dessen damit zufrieden, Österreich mit der Konvention von Reichenbach eine Demütigung auf diplomatischem Parkett zuzufügen; es zwang Habsburg, das eroberte türkische Gebiet wieder herauszugeben und den mit so großen Worten begonnenen Krieg gegen das Osmanische Reich ruhmlos zu beenden.[8] Die Motive für dieses Verhalten Preußens sind einigermaßen kompliziert und nur vor dem Hintergrund der politischen Situation im Reich und der Interessenlage der europäischen Mächte zu verstehen.

Die Lage im Reich war dadurch gekennzeichnet, daß der von Preußen angeführte Fürstenbund bei der durch den Tod Josephs II. im Frühjahr 1790 notwendig gewordenen Kaiserwahl aus einer Reihe von Gründen keinen eigenen Kandidaten vorschlagen konnte,[9] der mehrheitsfähig gewesen wäre. So mußte man die Wahl Leopolds II. zum Kaiser hinnehmen, galt er doch als entschieden »reichsfreundlicher« als sein »revolutionärer« Vorgänger auf dem Kaiserthron. Diese Wahl bedeutete de facto bereits die Auflösung des Fürstenbunds und damit das völlige Scheitern der preußischen Reichspolitik. Die Reichsstände schwenkten nun zu Österreich über, getreu der Erkenntnis, die schon lange ihr Handeln bestimmte und die der Kurfürst Max Franz von Köln einmal in die klugen Worte gefaßt hatte: »Wir brauchen einen friedlichen Kaiser, der das deutsche Wesen notdürftig zusammenhält; aber den Kleinen muß man die Illusion lassen, als ob sie auch an der Maschine mitzögen.«[10]
Die Wahl Leopolds bedeutete aber auch, daß Preußen einen Krieg nicht nur gegen Österreich, sondern auch gegen das Reich hätte führen müssen, ein Unternehmen, das weniger aus militärischen als aus politischen Rücksichten auf die Interessen der anderen europäischen Mächte aussichtslos erscheinen mußte. Denn Preußen hatte sich durch seine ehrgeizigen Annexionspläne, die es in Polen verfolgte, das offene Mißtrauen Englands eingehandelt, das seiner Reichspolitik bislang mit einigem Wohlwollen gegenübergestanden hatte, zumal es durch seine enge Verbindung mit dem Kurfürstentum Hannover ein stiller Teilhaber des Fürstenbundes war. Preußens offen zur Schau getragene Annexionsgelüste im Osten, die sich insbesondere auf den polnischen Hafen Danzig richteten, über den ein Großteil des englischen Handels mit Rußland abgewickelt wurde, führten zu einer Kurskorrektur der englischen Politik. Gleichzeitig entfremdete sich Preußen durch diplomatisches Ungeschick Rußland: In dem Bündnisvertrag, den Preußen im Januar 1790 mit der Türkei abgeschlossen hatte und mit dem ein gemeinsames militärisches Vorgehen gegen Österreich für das Frühjahr 1790 verabredet worden war, hatte sich Preußen auch verpflichtet, die türkische Forderung nach Rückgabe der von Rußland annektierten Krim zu unterstützen.
Nun wäre die wohlwollende Neutralität Englands in der Auseinan-

dersetzung mit Österreich sicherlich durch einen beherzten Verzicht auf die Danziger Annexionspläne wieder zu gewinnen gewesen. Und auch Rußlands Stillhalten in diesem Konflikt wäre durch glaubwürdigere Dementis jener unseligen Verpflichtung, die man gegenüber der Pforte eingegangen war, zu erlangen gewesen. Aber es kam in dieser Zeit ein drittes Ereignis hinzu, das in seinen Auswirkungen kaum abzuschätzen war und das dann tatsächlich die europäische Mächteordnung tiefgreifend verändern sollte: die Französische Revolution.

Letztlich war es wohl eben diese unkalkulierbare Bedrohung im Rücken Preußens, die Friedrich Wilhelm II. 1790 daran hinderte, gegen Österreich zu Felde zu ziehen. Die Französische Revolution bewahrte aber nicht nur Österreich vor seinem sicheren Untergang. Auch dem alten Reich verschaffte sie noch eine letzte Frist, ehe dieses dann von den politischen Bewegungskräften, die von der Französischen Revolution freigesetzt wurden, nach 1803 endgültig verschlungen und vernichtet wurde.

Mit der Konvention von Reichenbach wurde die politische Ohnmacht der Reichsstände förmlich festgestellt: Österreich erkannte jene Stellung an, die sich Preußen seit 1785 im Reich erobert hatte. Eine logische Folge dieser Situation wäre die Aufteilung des alten Reichs gewesen. Österreich hätte sich die süddeutschen Reichsstände unterworfen, während Preußen die nord- und mitteldeutschen Territorien in seine Gewalt gebracht hätte. Daß es dazu nicht kam, daß das Reich vielmehr in seiner ganzen Majestät und alten Größe unterging, daß sich auf seinen Trümmern eine Anzahl von Mittelstaaten unter französischer Treuhänderschaft erhob, die alle groß genug waren, eine eigenständige Politik zu treiben – das war ein Ergebnis der Koalitionskriege, zu denen sich Preußen und Österreich zusammenschlossen, um das revolutionäre Frankreich zu bekämpfen. Zunächst spielte Preußen sogar mit dem Gedanken, eine Allianz mit der französischen Revolutionsregierung einzugehen, um sich damit für alle Fälle ein Gegengewicht gegen Österreich zu verschaffen; Österreich seinerseits betrachtete die revolutionären Vorgänge in Frankreich mit Desinteresse. Doch es waren ausgerechnet jene Reichsstände, deren Schicksal sich durch den unglücklichen Ausgang der Revolutionskriege erfüllen sollte, die ein militärisches Vorgehen gegen das revolutionäre Frankreich forderten.[11] Anlaß für diese Forderung der Reichsstände war der Beschluß der französischen Nationalversammlung vom 4. August 1789, alle in Frankreich bestehenden feudalen Rechte und Lasten aufzuheben. Diese Entscheidung betraf auch die nominal nach wie vor zum Reich gehörenden Landschaften Elsaß und Lothringen. Hier wurde eine ganze Reihe von Rechten weltlicher wie

43

geistlicher Stände des Reichs verletzt, die nun unter Berufung auf die Reichsverfassung das Reich aufforderten, gegen Frankreich vorzugehen, um die früheren Verhältnisse wiederherzustellen. Geldabfindungen, die von der französischen Nationalversammlung als Entschädigung den in ihren Rechten und Ansprüchen verletzten Ständen angeboten wurden, wollten die weltlichen Stände akzeptieren; von den geistlichen Reichsständen dagegen wurden sie mit Empörung zurückgewiesen.

Der Kurfürst von Köln, Max Franz, ein Bruder des Kaisers, sah in diesen Verletzungen altehrwürdiger Rechte der Reichsstände, die vom Reich mit schweigender Duldung hingenommen wurden, prophetisch das ganze Ausmaß der Gefahren, die hinter solchem Tun und Geschehenlassen lauerten. In einem Brief an den Kurfürsten von Trier vom 23. April 1791 schrieb er: »Kommt es aber einmal so weit, daß auswärtige Mächte dem deutschen Staatskörper ein Land um das andere, eine Gerechtsame um die andere wegnehmen können, ohne zu befürchten, daß das Deutsche Reich sich deren dabei betroffenen Mitglieder annimmt, so ist es vorauszusehen, daß in wenigen Jahren von denen an auswärtige Staaten grenzenden Länder minder mächtiger Reichsfürsten nichts mehr übrig sein wird.«[12] Dem Reich drohte ein ähnliches Schicksal wie Polen. Und die Reichsverfassung bot nur so lange Schutz, wie es eine Macht gab, die sie garantierte und die ihre Mißachtung bestrafte. Aber weder Preußen noch der Kaiser machten zunächst Miene, den in ihren Rechten verletzten Reichsständen zu Hilfe zu kommen. Zwar trafen sich der Kaiser und König Friedrich Wilhelm II. im August 1791 auf Schloß Pillnitz bei Dresden, um über eine gemeinsame Strategie gegenüber Frankreich zu beraten. Aber das einzige Ergebnis dieser Zusammenkunft in Gegenwart zahlreicher französischer Emigranten, die nach Kräften das antirevolutionäre Feuer schürten, war eine großsprecherische Deklaration, in der die Revolution in Frankreich als verbrecherisch und als Auflehnung gegen jegliche göttliche und menschliche Ordnung und Moral gebrandmarkt wurde. Es waren selbstgerechte, gefühlsbeladene Reden, die man nach Frankreich schleuderte und die dort die revolutionäre Glut erneut entfachten. Frankreich wußte nun, daß es Preußen und Österreich in jedem Fall zu Gegnern haben würde.

Als Ende März 1792 auf Betreiben Preußens gemeinsam mit Österreich der erste Koalitionskrieg gegen Frankreich begonnen wurde, waren die verletzten Rechte der Reichsstände in Elsaß und Lothringen längst kein Thema mehr. Das Reich war in diesem Krieg, der noch einmal als Reichskrieg geführt wurde und an dem sich die Reichsstände durch die Stellung von Soldaten und Geld zu beteiligen hatten, völlige Nebensache. Offiziell wurde der Krieg geführt, um die in der Deklaration von Pillnitz enthaltenen Ziele zu verwirklichen. Die Revolution

sollte niedergekämpft, die alte, legitime Ordnung in Frankreich wiedereingesetzt werden.

In allen Kriegen sind die großen Ideen, die man zu verteidigen vorgibt,
und die altehrwürdigen Staatsformen, die es angeblich zu bewahren
gilt, stets nur Vorwände gewesen, um die wahren Interessen der Staaten
und ihre daraus resultierenden wirklichen Gegensätze zu verbergen.
Auch die Koalitionskriege gegen das revolutionäre Frankreich, in denen
auf seiten der Angreifer die sittliche und moralische Empörung total
mobil gemacht wurde – der Oberbefehlshaber der Interventionsarmee,
der Herzog von Braunschweig, versprach in einem Kriegsmanifest, das
sodomitische Paris in Schutt und Asche zu legen –, sind keine Ausnahme von dieser Regel.

Preußen und Österreich führten diesen Krieg vor allem, um, wie sie
meinten, rasch leichte Beute machen zu können. Schon bevor mit den
eigentlichen Kriegshandlungen begonnen wurde, genehmigte man sich
gegenseitig »Entschädigungen«, die aber keineswegs alle oder auch nur
zum größten Teil auf Kosten Frankreichs gehen sollten. Das besiegte
Frankreich sollte, so kam man überein, in jedem Fall die finanziellen
Aufwendungen der Alliierten für diesen Krieg tragen. Die eigenen Gebietsansprüche wollte man anderweitig befriedigen. In seiner Darstellung der Revolutionskriege bemerkt Ranke dazu: »An der Maas und an
der Seine wollte Friedrich Wilhelm II. Danzig und Thorn erobern.«[13] Es
waren Schachergeschäfte, über die die beiden deutschen Großmächte
insgeheim verhandelten; man suchte sich gegenseitig zu übervorteilen,
um sich schließlich in maßloser Gier zu zerstreiten. Im Juli 1792 schickten sich der gerade neu gewählte Kaiser Franz II. und Preußens Friedrich Wilhelm II. an, das alte Reich endgültig zu vernichten. In geheimen
Verhandlungen erklärte sich Preußen bereit, Österreich gleichsam für
das Linsengericht seiner Neutralität gegenüber den seit langem gewünschten preußischen Erwerbungen in Polen das Kurfürstentum Bayern zur Annexion zu überlassen. Wäre dieser Plan zur Ausführung gelangt, es wäre doppelter Verrat gewesen – ein Verrat am Reich und
seiner Verfassung und ein Verrat an der Politik Friedrichs II., deren
Prinzip es stets gewesen war, eine Ausdehnung Österreichs auf Kosten
des Reichs und insbesondere Bayerns unter allen Umständen zu verhindern.

Seinen besonderen Hautgout bekommt dieser Schacher durch den
Ort und die Zeit, da er geplant und verabredet wurde. Es geschah dies
im Juli 1792, als sich der hohe Adel des Heiligen Römischen Reichs
Deutscher Nation zu Mainz um seinen neuen Kaiser Franz II. versammelte. »Es war das Henkermahl des heiligen Reichs«, schreibt

45

Treitschke. »Noch einmal prunkten durch die engen Gassen des goldenen Mainz die Karossen der geistlichen Kurfürsten, das glänzende Dienergefolge von hunderten reichsfreier Fürsten, Grafen und Herren, die ganze Herrlichkeit der guten alten Zeit – zum letzten Male, bevor das neue Jahrhundert den Urväterhausrat der rheinischen Bischofsmützen und Fürstenkronen mit ehernen Sohlen zermalmte. Während dieser rauschenden Feste verhandelten die beiden Großmächte insgeheim über den Siegespreis.«[14]

Daß dieser ruchlose Handel schließlich doch nicht zustande kam, lag keineswegs daran, daß einen der beiden Kontrahenten plötzlich das Gewissen geplagt hätte. Der Grund war einzig und allein, daß Preußen sich weigerte, das Ländchen Ansbach-Bayreuth, in dessen Besitz es durch Erbfall gelangt war, dem von Österreich gewünschten bayerischen Gebietserwerb zuzuschlagen. In Berlin zeigte man sich über das österreichische Ansinnen »wahrhaft empört«, das von Preußen soeben, wie man betonte, »rechtmäßig erworbene« Ansbach-Bayreuth als Zugabe erhalten zu wollen.[15] Es war dies gut gespielte Entrüstung, diese verletzte Ehre Preußens, die durch die eigene politische Praxis längst verlorengegangen war, die dem alten Reich einen allerletzten Aufschub gewährte, ehe es still und unbeklagt verschied.

Uneins in den Zielen, die man nun eigentlich jenseits der feierlichen und volltönenden Deklarationen mit dem Kriege gegen Frankreich anstreben sollte, und einander nach so ergebnislosem, aber gleichwohl ehrlosem Handel zutiefst mißtrauend, zog man dennoch gemeinsam ins Feld mit der unbestimmten Erwartung, bei dem ganzen Unternehmen werde irgendwo und irgendwie schon ein Landgewinn herauskommen. So halbherzig dieser Krieg von den Alliierten begonnen wurde, so halbherzig wurde er auch geführt. Insbesondere Preußen machte gleich zu Beginn des Feldzugs einen kapitalen Fehler. Katharina II. von Rußland war, kaum daß der Krieg zwischen Frankreich und der Koalition erklärt worden war, in Polen eingefallen, um die »polnische Frage« in ihrem Sinne zu lösen. Bei Bekanntwerden des russischen Einmarsches teilte Preußen seine Armee. Mit halber Kraft kämpfte es im Westen, während es mit der anderen Hälfte seiner Truppen seine Ansprüche an der polnischen Beute im Osten geltend machen wollte. 1792 zeigte sich zum erstenmal, daß Preußens Eroberungsdrang weitaus größer war als seine Mittel, ihn zu befriedigen.

Der Feldzug gegen das revolutionäre Frankreich, den man sich als Spaziergang vorgestellt hatte, endete sehr bald ohne größere Schlacht mit einem völligen Fiasko. Die Revolution, die sich in ihrer Existenz bedroht fühlte, steigerte die Energien der Nation ins Unermeßliche. Die

Kanonade von Valmy am 20. September 1792 bedeutete die Wende. Goethe, der als Schlachtenbummler seinen Fürsten in den Krieg begleitet hatte, schmückte sich später mit der prophetischen Einsicht, die er noch am Abend eben dieses 20. September am Wachfeuer gegenüber preußischen Offizieren geäußert haben will: »Von hier und heute geht eine neue Epoche der Weltgeschichte aus, und ihr könnt sagen, ihr seid dabei gewesen.«[16]

Mit gleichem Recht hätte Goethe damals auch sagen können, von hier und heute sei der Beginn der deutschen Geschichte zu datieren. Denn vor der Französischen Revolution und vor den Revolutionskriegen und ihren Folgen für das Reich und Europa von einer deutschen Geschichte reden zu wollen ließe sich nur schwer begründen. Die Geschichte des Reichs war aufgrund seiner Universalität unentwirrbar mit der europäischen Geschichte, mit der Entwicklung Europas verbunden. Erst hier und jetzt begann sich eine eigene, eine nationale Geschichte Deutschlands herauszubilden.

Vom streng militärischen Standpunkt aus war die Kanonade von Valmy ein Gefecht, das unentschieden geendet hatte. Allein für die Moral der Interventionstruppen, die durch eine Ruhrepidemie, durch anhaltende Regenfälle, die das Lagerleben im höchsten Maße unerträglich machten, und durch die immer tiefer in das Bewußtsein des einzelnen Soldaten einsickernde Erkenntnis der ganzen Sinnlosigkeit des Krieges bereits schwer angeschlagen war, bedeutete Valmy eine Niederlage. Am 29. September 1792 befahl der Oberbefehlshaber der Interventionstruppen den Rückzug aus Frankreich, der Mitte Oktober abgeschlossen war. Gleichzeitig begannen nun die Armeen der Revolution mit dem Gegenangriff. Mitte September wurden Nizza und Savoyen von ihnen besetzt. Am 21. Oktober 1792 ergab sich die Reichsfestung Mainz den anrückenden Franzosen. Zwei Tage später fiel ihnen die freie Reichsstadt Frankfurt am Main in die Hände. Am 6. November 1792 wurde das österreichische Heer bei dem Dorfe Jemappes in offener Feldschlacht von französischen Truppen unter Dumouriez vernichtend geschlagen. Die habsburgischen Niederlande, das spätere Belgien, waren damit für immer für Österreich verloren.

Die Revolution, die man großmäulig hatte besiegen wollen, kam nun als Blut- und Strafgericht über das Reich, das so schwach war, daß es noch nicht einmal den Gedanken an Widerstand fassen konnte. Speyer, Worms und Mainz, Köln, Trier und Aachen ergaben sich kampflos den französischen Truppen. Alle jene Gewalten und Reichsstände auf dem linken Rheinufer, in das sich allein von Mainz stromabwärts nicht weniger als fünfzehn Erzbischöfe, Bischöfe und Äbte, fünfundsiebzig weltliche Fürsten und Grafen, zwei freie Reichsstädte und zahlreiche Reichsritter teilten, stoben auseinander wie eine Schafherde, die der Wolf zersprengt. Die politische Ohnmacht des alten Reichs, das hier im Westen, in der »Pfaffengasse«, wie das Reichsgebiet beidseits des Rheins spöttisch genannt wurde, sein universales Wesen noch am reinsten bewahrt hatte, wurde im Herbst und Winter 1792 offenbar. Die bayerische Pfalz erklärte sich für neutral und suchte sich so vor der Revolution zu retten. Es war dies ein Beispiel, das unter den anderen Reichsständen rasch Nachahmer fand. Am weitesten trieb man es in Mainz, wo man eine »Rheinische Republik« ausrief und wo man, wie Treitschke schrieb, »in ehrfürchtiger Scheu alle Kraftworte der Pariser Völkerbeglücker« nachsprach.[17]

Die Erfolge, welche die Revolution so leicht über das gegen sie verbündete Europa errungen hatte, steigerten nur ihre expansive Kühnheit. In die europäische Politik, wie sie im Herbst und Winter in Paris formuliert wurde, mischten sich Hasard und Verwegenheit. Am 19. November 1792 verhieß der Revolutionskonvent allen Völkern die brüderliche Hilfe Frankreichs, die für ihre Freiheit gegen feudale Unterdrückung kämpften. Und obwohl die Nationalversammlung feierlich den Eroberungskrieg geächtet hatte, trat man nun immer offener für die Beibehaltung der sogenannten »natürlichen Grenzen« ein, die man durch die territorialen Gewinne am Rhein, in den Alpen und den Pyrenäen erlangt hatte. Die damit eingeleitete französische Expansionspolitik entsprang dem neuen Grundsatz der Intervention, wie er erstmals im Kriegsmanifest der Alliierten formuliert worden war, die dann bei dem Versuch kläglich Schiffbruch erlitten hatten, diesen Grundsatz zu praktizieren. Die Französische Revolution verfolgte nämlich nicht nur die Okkupation fremden Gebiets, sondern war vor allem auch von dem Willen beseelt, alle hier vorherrschenden politischen und gesellschaftlichen Verhältnisse zu verändern. Die revolutionäre Kriegführung verdient deshalb nicht nur wegen des Einsatzes von Massenheeren und der Anwendung neuer Taktiken diese Bezeichnung, sondern vielmehr auch deshalb, weil die revolutionäre Umgestaltung der gegnerischen Ordnung nach französischem Muster ihr Ziel war. Das Dekret des französischen Nationalkonvents vom 15. Dezember 1792 machte alle Errungenschaften der Revolution wie die Abschaffung sämtlicher ständischer Privilegien, die Volkssouveränität und den Grundsatz von Freiheit, Gleichheit und Brüderlichkeit zum Gesetz, das in allen besetzten und eroberten Gebieten Gültigkeit haben sollte. Die Expansions- und Eroberungspolitik der Revolution ist deshalb stets damit gerechtfertigt worden, sie sei der Durchsetzung der universalen Menschheitsziele verpflichtet gewesen und keineswegs nationalen egoistischen Interessen.

Als am 21. Januar 1793 König Ludwig XVI. guillotiniert wurde, bemerkte Danton, Frankreich wolle Europa einen abgeschlagenen Königskopf als Fehdehandschuh hinwerfen. Diese Worte zogen einen Wechsel auf die Zukunft, denn die Offensive der Revolutionstruppen hatte sich am Rhein festgelaufen, das Blatt schien sich zu wenden. Preußische Truppen eroberten Frankfurt am Main und die meisten von französischen Truppen besetzten rheinischen Lande bis zum März zurück. Lediglich Mainz, das belagert wurde, behauptete sich bis zum 23. Juli 1793. Aber auch an anderen Fronten wurden die Franzosen zurückgedrängt. Am 18. März 1793 erfochten die Österreicher bei Neerwinden in den Niederlanden einen Sieg über Dumouriez, und bei Kaiserslautern wehrten die Preußen einen Entlastungsangriff erfolgreich ab, der von den Revolutionsgeneralen Hoche und Pichegru vorgetragen wurde.

Mit dem Zurückdrängen der Revolution wurden in den rheinischen Landen allenthalben auch die alten Herrlichkeiten restauriert. Man bewies damit nur die Unfähigkeit, dem Neuen im Interesse der eigenen Machterhaltung maßvoll Rechnung zu tragen. Die kurzzeitige Rückkehr der Reichsstände und die Wiederaufrichtung ihrer alten gesellschaftlichen, rechtlichen und politischen Positionen am Rhein aber war nichts anderes als das Schminken einer Leiche, bevor man sie zu Grabe trägt. Das Reich war gestorben. Die Kabinette von Berlin und Wien beschäftigten sich bereits insgeheim damit, ihm den Totenschein auszustellen.

Im Herbst 1793 kam die große Wende. Dank der von Carnot eingeleiteten umfassenden Reform der französischen Heeresorganisation, deren Kernstück die allgemeine Wehrpflicht, die »levée en masse«, war, erdrückten die Armeen der Revolution an allen Fronten die sich ihnen entgegenwerfenden, an Truppenstärke, Taktik und Kampfmoral weit unterlegenen Einheiten der Alliierten. Im Sommer 1794 okkupierten nach der Schlacht von Fleurus französische Truppen wieder die Rheinlande. Die Niederlande wurden im Januar 1795 in eine »Batavische Republik« von Frankreichs Gnaden umgewandelt. Unter dem Eindruck dieser Ereignisse im Westen und vor allem auch der drohenden Annexion Restpolens durch Rußland im Osten schied Preußen durch einen Separatfrieden, der am 5. April 1795 in Basel mit der Französischen Republik geschlossen wurde, aus dem Krieg aus. Dieser Friede von Basel, in dem Preußen das gesamte linke Rheinufer Frankreich preisgab und sich dafür die Neutralisierung ganz Norddeutschlands von der Mainlinie an einhandelte, ist gleichsam der Totenschein für das alte Reich: Mit diesem Frieden wurde die erste große Bresche in jene europäische Ordnung geschlagen, die durch den Westfälischen Frieden von 1648 geschaffen worden war und die mehr als alles andere den Bestand des alten Reichs garantiert hatte. Die späteren Friedensschlüsse mit Frankreich, der Frieden von Campo Formio, den Österreich aushandelte, und der Frieden von Lunéville, den »Kaiser und Reich« mit Frankreich schlossen, machten die Ordnung des Westfälischen Friedens endgültig obsolet. Was danach kam, war nur noch die geschäftsmäßige Abwicklung der längst beschlossenen Liquidation des alten Reichs. Das Reich war nichts anderes mehr als die Konkursmasse der bankrotten preußisch-österreichischen Großmachtpolitik in Europa.

Nach dem preußisch-französischen Friedensschluß von Basel erklärten zahlreiche süddeutsche Reichsstände, voran Württemberg und Bayern, ihren Austritt aus dem Reichstag und unterstellten sich freiwillig dem französischen Protektorat. Der Krieg, den »Kaiser und Reich« gegen Frankreich und die Revolution weiterführten, wurde nur noch von Österreich als einer europäischen Macht mit der von ihm erzwungenen Unterstützung einiger süddeutscher Reichsterritorien in Gang gehalten. Und nun wurde auch unmißverständlich klar, was sich seit dem bayerischen Erbfolgestreit und der preußischen Fürstenbundpolitik immer deutlicher abgezeichnet hatte: Das Reich war aus sich heraus nicht mehr lebensfähig, sondern es war in seiner Existenz auf einen starken, selbstlosen Beschützer angewiesen. Jetzt aber, da Preußen sich durch den Basler Sonderfrieden »in das Stilleben der norddeutschen Neutralität« (Treitschke) zurückgezogen hatte und eine Demarkationslinie das Reich durchschnitt, war es um dessen Einheit endgültig geschehen. Der württembergische Geheime Rat Karl Ludwig Freiherr von Woellwarth sprach dies in einem Gutachten vom August 1795 aus: »Es besteht, seit Preußen mit der Demarkationslinie vorgegangen ist, kein Reich mehr in corpore, das an dem leidigen Krieg mit Frankreich Anteil nimmt.«[18]

Der Sonderfrieden von Basel ist eine der großen verpaßten Chancen der preußischen Politik gegenüber dem Reich; denn das Ergebnis der zuletzt von Hardenberg in Basel geführten Verhandlungen eröffnete Preußen durchaus die Möglichkeit, einen allgemeinen Reichsfrieden mit Frankreich zu stiften. Preußen wäre damit zwangsläufig die Führungsrolle im Reich zugefallen. Artikel 11 des Basler Friedens enthielt nämlich die Bestimmung, auch alle jene Reichsstände sollten den Schutz der Neutralität genießen, die innerhalb einer Frist von drei Monaten die Vermittlung des preußischen Königs anrufen würden. Daß von dieser Möglichkeit wenn nicht sogar alle, aber doch die meisten Reichsstände Gebrauch gemacht hätten, kann bei der auch im Reich vorherrschenden Kriegsmüdigkeit kaum angezweifelt werden. Preußen hätte damit gute Aussichten gehabt, die einst mit dem Fürstenbund begonnene Reichspolitik auf neuer, wesentlich verbesserter Grundlage fortzusetzen. Und diese Politik, sorgfältig geplant und konsequent ausgeführt, hätte eben jene Perspektiven eröffnet, von denen der kurbrandenburgische Gesandte beim Reichstag in Regensburg, Johann Graf Görtz, in seinem Glückwunschschreiben an Hardenberg sprach: »Durch Ihren Artikel 11 ist der König in Wahrheit der Schiedsrichter über Deutschlands Geschicke geworden, und wenn unser Staat und Frankreich daraus den Nutzen ziehen, den des einen wie des anderen Interesse fordert, so wird der Wiener Hof auch nicht den Schatten eines Einflusses in Deutschland behalten; Frankreich wird alle Fürsten zu Freunden des preußischen Systems machen, und Preußen wird nicht zögern, mit Frankreich Hand in Hand zu gehen.«[19]

Der Gesandte sollte sich täuschen: Preußen zögerte. Die logische Ergänzung des Basler Friedens durch einen Bündnisvertrag mit der Französischen Republik, wie ihn der französische Unterhändler, Barthélemy, Hardenberg in Basel anbot, um gemeinsam gegen Österreich und Rußland vorzugehen, wurde von Friedrich Wilhelm II. kategorisch abgelehnt. Vor diesem wahrhaft revolutionären Verrat, mit dem man in Wien ganz sicher rechnete, schreckte der preußische König kleinmütig zurück. In einem vom 12. Mai 1795 datierten eigenhändigen Schreiben an den preußischen Gesandten in Wien, Lucchesini, teilte Friedrich Wilhelm II. diesem u. a. mit: »Mit größtem Vergnügen gebe ich Ihnen die Versicherung, daß ich mich keinesfalls auf ein Bündnis mit Frankreich einlassen werde; damit fallen alle Pläne, die einem solchen Bündnis zu Grunde liegen könnten, von selbst hinweg. Hoffentlich wird es Ihnen gelingen, den Verdacht, als ob ich mich an Frankreich anschließen wollte, in Wien sowohl in den Ministerien als im Publikum auszurotten – die Zukunft wird die Ungerechtigkeit des Argwohns zu Genüge beweisen.«[20]

Preußen, das vor dem Verrat im großen zurückschreckte, der allein seinem Handeln den Glanz und die Rechtfertigung politischen Erfolgs hätte verleihen können, hatte andererseits nicht die Kraft und den Willen, sich den Betrugsmanövern ebenso konsequent zu versagen, denen es sich dann im kleinen und vermeintlich geheimen hingab: In dem geheimen Zusatzabkommen zum Basler Sonderfrieden wurde auf besonderen Wunsch Friedrich Wilhelms II. die ursprünglich vorgesehene Neutralitätszone, die sich bis Nördlingen, also bis fast an die Donau erstrecken sollte, bis hinter den Main zurückgenommen. Ganz Süddeutschland war damit Österreich preisgegeben. Und die Aussicht, einen Reichsfrieden mit Frankreich unter preußischer Führung abzuschließen, rückte in weite Ferne. In dieses geheime Zusatzabkommen wurde auch die Bestimmung aufgenommen, Preußen solle Hannover militärisch besetzen, falls dieser mit der Krone Englands in Personalunion verbundene Reichsstand nicht freiwillig der norddeutschen Neutralität beitrete. Dies bedeutete: Preußen gab nicht nur das Reich preis, es verpflichtete sich außerdem dazu, auch andere Reichsstände zu zwingen, gleiches zu tun.

Die für das Ende des Reichs folgenreichste Bestimmung des geheimen Zusatzabkommens aber war die Entschädigungsregelung, die sich Preußen für die Abtretung seiner linksrheinischen Besitzungen an Frankreich ausbedungen hatte: Preußen ließ sich angemessene Kompensationen auf rechtsrheinischem Gebiet für seine linksrheinischen Abtretungen garantieren! Zwar war die Abtretung des linksrheinischen preußischen Besitzes an Frankreich, die in dem veröffentlichten Teil des Friedensvertrages enthalten war, durch die salvatorische Klausel eingeschränkt, daß sie nur bis zum Abschluß eines endgültigen Friedens mit dem Reich gelten sollte – eine Formulierung, welche die Möglichkeit suggerierte, daß dieser »endgültige Frieden« durchaus eine Wiederherstellung des territorialen Status quo ante mit sich bringen könnte; aber an das baldige Zustandekommen eines solchen allgemeinen Reichsfriedens zu so günstigen Bedingungen konnte nach Lage der Dinge niemand im Ernst glauben.

Ungeachtet dieser Situation war man in Paris darauf bedacht, die Besitzverhältnisse auf dem linken Rheinufer endgültig zu regeln. Ein Druckmittel, diese Ziele der französischen Politik durchzusetzen, waren die allzu rasch und deshalb ungenau ausgehandelten Neutralitätsbestimmungen für den norddeutschen Raum. Insbesondere die zeitweilig drohende Besetzung Hannovers durch französische Truppen gab den Anstoß zu neuen Verhandlungen. Nach preußischer Interpretation würde sie einen eindeutigen Bruch des Basler Friedens darstellen, gegen den man sich in Berlin ernstlich zur Wehr setzen wollte, eine Haltung, die in Paris nicht ohne Eindruck blieb. Von Frankreich wurden diese Verhandlungen mit folgendem Vorschlag eröffnet: Strikte Anerkennung der norddeutschen Neutralität gegen die bedingungslose Abtretung des gesamten linken Rheinufers an Frankreich. Zwar zierte man sich in Berlin noch eine ganze Weile und verwies auf die Bestimmung des Basler Friedens, daß über solch weitreichende Zugeständnisse nur in einem allgemeinen Reichsfrieden befunden werden könne. Schließlich willigte man ein, als der französische Unterhändler Preußen als »Entschädigung« für seine linksrheinischen Gebietsfetzen das reiche Fürstbistum Münster anbot. In dem Geheimabkommen vom 5. August 1796 wurde dieser Handel perfekt gemacht.

Es ist dies ein unerhörter Vorgang, der Folgen haben sollte. Preußen ließ sich durch das revolutionäre Frankreich mit einem Territorium des Reichs für erlittene Verluste »entschädigen«, an dem weder Frankreich noch Preußen irgendwelche Besitzrechte oder -ansprüche geltend machen konnten! Damit aber, daß Preußen sich auf diesen ebenso recht- wie ehrlosen Handel einließ, der sein Vorbild in den polnischen Teilungen hatte, gab es das erste Signal für jene ungeheure Ausplünderung der geistlichen Territorien, die mit der großen Flurbereinigung der Säkularisation, jener revolutionären Macht- und Vermögensumwälzung, ihren Höhepunkt und vorläufigen Abschluß erleben sollte.

Nach dem Ausscheiden Preußens war es allein Österreich, das den Krieg gegen Frankreich noch fortsetzte, ehe es am 17. Oktober 1797 mit Frankreich den Frieden von Campo Formio schloß. Unterdessen waren auch in Wien die Bestimmungen des geheimen preußisch-französischen Abkommens vom 5. August 1796 und die darin enthaltene Entschädigungsregelung bekannt geworden. Wien bekam dadurch die willkommene Ausrede geliefert, nun seinerseits in den Friedensverhandlungen mit Frankreich entsprechend zu verfahren. »Das preußische System hat in Paris gesiegt; es ist also auch für uns nicht mehr möglich, die Integrität des Reiches zu retten!« Mit solch scheinheiligen Klagen versuchte man in Wien allenthalben, wie der preußische Gesandte Graf Keller in seinem Bericht vom 19. September 1797 nach Berlin meldete,[21] die eigene Entschlossenheit zur geplanten bösen Tat zu rechtfertigen. Da Franz II. aber den Frieden nur in seiner Eigenschaft als König von Böhmen und Ungarn abschloß, standen ähnlich wie beim Basler Frieden alle Artikel, die das Deutsche Reich betrafen, unter dem Vorbehalt der letztgültigen Verabschiedung durch einen Kongreß, zu dem alle Reichsstände nach Rastatt eingeladen werden sollten. Österreich verpflichtete sich jedoch vorab, seinen ganzen Einfluß aufzubieten, die Zustimmung der Reichsstände zu den Geheimklauseln zu erhalten. Sollte darüber keine Einigung erzielt werden, das Reich vielmehr deswegen den Krieg erneuern wollen, dann werde Österreich nur das kleine, nach den Bestimmungen der Reichsverfassung vorgesehene Truppenkontingent stellen. Der Verrat war perfekt, allen Eventualitäten vorgebeugt.

In den geheimen Bestimmungen des Friedensvertrags von Campo Formio ging Österreich in seinen Zugeständnissen an Frankreich, was die Substanz und die Integrität des Reiches betrifft, wesentlich weiter, als dies Preußen in Basel getan hatte: Österreich überließ Frankreich nicht nur das gesamte linke Rheinufer bis Andernach mit Einschluß der Stadt und Festung Mainz, der wichtigsten des alten Reichs, sondern auch den rechtsrheinischen Brückenkopf Mannheim. Außerdem trat Wien definitiv seinen eigenen Streubesitz auf dem linken Rheinufer an die Französische Republik ab, ging also auch hier über das preußische Vorbild hinaus. Als Gegenleistung versprach Frankreich, Österreich beim Erwerb des Erzstiftes Salzburg und eines Stückes von Kurbayern (bis zum Inn) zu unterstützen. Damit war das förmliche Todesurteil über das alte Reich und seine Verfassung gesprochen. Denn wenn selbst der Kaiser, der von der Reichsverfassung zu ihrer und des Reiches Hüter bestellt war, eine solch eklatante Verletzung von Reich und Verfassung zu Programmpunkten seiner Politik erhob, dann konnten diese nicht länger Bestand haben. Die Säkularisation und mit ihr die völlige Auflösung des Reichs waren nur noch eine Frage der Zeit.

Der allgemeine Reichsfriedenskongreß, dessen Einberufung im Frieden von Campo Formio vereinbart worden war, wurde dem Regensburger Reichstag am 1. November 1797 durch kaiserliches Dekret angezeigt. Gleichzeitig wurden die öffentlichen Artikel dieses Friedens bekanntgemacht. Den Vertretern der Reichsstände wurde überdies versichert, daß man den Reichsfrieden mit Frankreich auf dem Anfang Dezember beginnenden Rastatter Friedenskongreß nur auf der Grundlage der vollen Integrität des Reichsgebiets und seiner Verfassung aushandeln wolle. Diese Versicherung war eine Lüge. Die beiden deutschen Flügelmächte Preußen und Österreich hatten ja beide schon, von Habgier und Schwäche getrieben, vor Frankreich kapituliert und durch den Verzicht auf das linke Rheinufer längst die Integrität des Reichs preisgegeben. Die Einheit des Reichs war nur noch eine Chimäre, und der Rastatter Kongreß, der auf dieser Grundlage verhandeln sollte, eine Farce. Die Parallelen des Rastatter Kongresses zum polnischen Reichstag von Grodno im Sommer 1793, als die polnischen Stände unter massivem russischem Druck dem Fait accompli der zweiten polnischen Teilung zustimmen mußten, sind unübersehbar; ein Mitglied der französischen Gesandtschaft soll sich, wie der preußische Gesandte Graf Görtz seiner Regierung am 7. Januar 1798 meldete, in Rastatt in eben diesem Sinne geäußert haben: Man sei ja doch, so dieser französische Diplomat, »zu nichts anderem zusammengekommen, als um zu *polonisieren*«.[22]

Die Vertreter der Reichsstände indes reisten im Vertrauen auf das Wort des Kaisers, die Integrität des Reiches sei die Conditio sine qua non für den Reichsfrieden mit Frankreich, mit einiger Zuversicht nach Rastatt. Ganz sicher war man sich aber nicht. Die Mitteilung, die Solms, der Vertreter der wetterauischen Grafen auf dem Rastatter Kongreß, in einem Brief machte, gibt die Stimmung und die Erwartungen der reichsständischen Vertreter zu Beginn dieses Friedenskongresses ganz gut wieder: »Von Säkularisationen wird hoffentlich keine Rede sein, denn sonst möchte wohl der Friede die Leichenrede des Deutschen Reichs werden, auch hoffe ich immer noch, daß die Französische Republik, was ihre Grenzen betrifft, eher dem Gutachten ihrer erfahrenen Soldaten als dem Wunsche der Menge folgen wird, die einstimmig behaupten, daß die Maasgrenze militärischer und sicherer ist als die des Rheines. Im Grunde beschränken sich die Wünsche der Wetterau und auch die meinigen auf das Stoßseufzerlein Falstaffs in den Weibern von Windsor: ›Ich wollt', es wäre Schlafensruhezeit, und alles wär' vorbei.‹ Nichts beweist mehr unseren traurigen Zustand als dieses, daß uns um jeden Preis das Ende wünschenswert scheint.«[23]

Und dieses Ende um jeden Preis war bereits besiegelt. Schon am 1. Dezember 1797 unterzeichneten die Vertreter Österreichs und Frankreichs in Rastatt einen Vertrag, den sie im geheimen am Rande des Kongresses ausgehandelt hatten. In diesem verpflichtete sich Österreich, die kaiserlichen Truppen bis zum 30. Dezember 1797 aus der Reichsfestung Mainz abzuziehen und die Stadt Frankreich zu übergeben. »Erforderlichen Falles sollen«, wie es im Artikel 10 dieses selbst vom österreichischen Kanzler Thugut als fluchwürdig bezeichneten Vertrags festgelegt wurde, »der Kurfürst von Mainz und das Reich mit Gewalt zur Räumung gezwungen werden.«[24]

Das Bekanntwerden dieses Vertrages, der die feierliche Erklärung des Kaisers vom 1. November als Lüge und Verrat entlarvte, löste unter den in Rastatt versammelten reichsständischen Delegierten Empörung aus, war doch damit über den Frieden und dessen Bedingungen, die erst noch beraten werden sollten, bereits entschieden. Napoleon jedenfalls, der nach Rastatt gekommen war, um die Verhandlungen mit den österreichischen Delegierten selbst zu führen, reiste unmittelbar nach Unterzeichnung dieses Vertrags vom 1. Dezember 1797 ab. Und sehr schnell wurde nun aller Welt deutlich, welche Macht es war, die über den weiteren Gang der Dinge im Reich entschied: Entgegen den vertraglichen Vereinbarungen schlossen französische Truppen Mainz sofort ein und forderten die Übergabe von Stadt und Festung bis zum 15. Dezember. Tatsächlich wurde Mainz dann aber erst am 30. Dezember 1797 von französischen Truppen besetzt. Auf diesen Tag datierte der Publizist Joseph Görres seine in höhnender Feierlichkeit abgefaßte Sterbeurkunde des Heiligen Römischen Reichs Deutscher Nation: »Am 30. Dezember 1797, am Tage des Übergangs von Mainz, nachmittags um 3 Uhr, starb zu Regensburg in dem blühenden Alter von 995 Jahren, 5 Monaten, 28 Tagen sanft und selig an einer gänzlichen Entkräftung und hinzugekommenem Schlagflusse, bei völligem Bewußtsein und mit allen heiligen Sakramenten versehen, das Heilige Römische Reich schwerfälligen Andenkens.«[25]

Aber ebenso wie Preußen, das sich nach dem Sonderfrieden von Basel nicht den ganz großen Verrat zutraute, indem es die Fronten wechselte und mit Frankreich ein Bündnis schloß, handelte auch Österreich 1797/1798 nur halbherzig. Zwar verübte es zweimal Verrat am Reich, blieb aber insofern inkonsequent, als es in der Folge auf die Früchte, die ihm dieser Verrat einbringen sollte, den Erwerb eines erheblichen Gebietes von Kurbayern und das gesamte Erzstift Salzburg nämlich, von sich aus verzichtete. Man tat dies einerseits, um nicht die Empörung der Reichsstände noch zusätzlich zu steigern, zum anderen aber auch deshalb, weil Frankreich nach dem für Österreichs Ansehen vernichtenden Vertrag vom 1. Dezember 1797 auf dem Rastatter Kongreß in der unanfechtbaren Situation desjenigen war, der alle Bedingungen diktieren konnte und sich diesem Erwerb Österreichs widersetzte.

Österreich hatte durch seine kopflose Politik alles verspielt. Innerhalb des Kongresses war es zu keiner politischen Initiative mehr fähig. Auch um die preußische Reputation war es unter den Vertretern der Reichsstände nicht besser bestellt. Daß der Rastatter Kongreß nun nicht einfach auseinanderlief, da die völlige Handlungsunfähigkeit der beiden deutschen Großmächte offenbar war und der Bankrott ihrer Reichspolitik sich nicht mehr länger hinter Geheimklauseln verbergen ließ, findet allein in den nackten Existenzsorgen der Reichsstände seine Erklärung. Diese handelten nach dem Motto: Rette sich, wer kann. Und ein jeder dieser reichsständischen Vertreter versuchte es auf die gleiche Weise, indem er sich schamlos der einzigen wirklichen Macht auf diesem Kongreß anbiederte. Frankreich diktierte fortan das weitere Geschehen. Am 16. Januar 1798 machte der französische Chefunterhändler in Rastatt, Treilhard, dem preußischen Delegierten die folgende Eröffnung: »Wir kommen, um Ihnen das Geheimnis der ganzen Komödie zu enthüllen. Wir sind ermächtigt zur Erklärung, daß die französische Regierung das ganze linke Rheinufer haben will und zur Entschädigung der betreffenden Fürsten Säkularisationen für notwendig erachtet.«[26]

Damit war das Prinzip, nach dem man verfahren wollte und über das man sich insgeheim schon einig geworden war, auch den anderen Reichsständen bekannt. Am 11. März 1798 stimmten die in Rastatt versammelten Reichsstände der Abtretung des linken Rheinufers an Frankreich prinzipiell zu. Und am 4. April wurde das Verfahren der Säkularisation, die Kompensation der linksrheinischen Stände mit rechtsrheinischem Kirchenbesitz also, von der Mehrheit der Deputierten für recht und billig anerkannt. Aber da man gleichsam auf legale Weise die geistlichen Territorien annektieren und ausplündern wollte, versah man diese Zustimmung mit der Einschränkung, »daß dabei mit allen denjenigen Maßregeln und beschränkenden Vorsichten eingeschritten werde, welche zur Erhaltung der Konstitution des Deutschen Reichs in jeder Hinsicht wesentlich erforderlich seien«.[27]

Selbst die offensichtlichste und eklatanteste Verletzung der Reichsverfassung sollte also noch im Einklang mit den Grundsätzen eben dieser Verfassung erfolgen! Die Kleinen ahmten nun den Schwindel nach, den die Großen vorgeführt hatten, indem diese stets ängstlich bemüht waren, ihre revolutionären Rechtsbrüche mit dem Mantel des von ihnen gebrochenen Rechts zu decken. Der große Ausverkauf des alten Reichs konnte beginnen. Die Reichsstände verloren Würde und Anstand. In die nackte Gier, zu überleben, sich zu bereichern, mischten sich Wahnvorstellungen. In seinen sehr lesenswerten Memoiren zeichnete Karl-Heinrich Ritter von Lang, der dem preußischen Gesandten beim Rastatter Kongreß, Hardenberg, als Sekretär diente, ein anschauliches und durchaus zutreffendes Bild jener Tragikomödie, mit der das alte Reich endgültig versank. »Die Bischöfe«, so erinnerte sich Lang, »fanden sich geneigt, . . . die Güter der Klöster preiszugeben; die Erzbischöfe glaubten, es könne zureichen, wenn man höchstens nur die Bistümer angreife und davon den drei geistlichen Kurfürsten zu einigem Trost auch eine kleine Vergrößerung durch die Lande von Salzburg, Münster und Fulda mit zukommen lasse; unter diesen endlich wollte Mainz in Gottes Namen zu allem ja sagen, wofern man dafür sorge, daß Mainz als ein deutscher Patriarch und Primas übrigbleibe. Denn ohne einen Archicancellarius Imperii per Germaniam werde man das liebe deutsche Vaterland doch nicht wollen bestehen lassen.«[28]

Die geistlichen Stände hingen der eitlen Hoffnung an, sich selbst durch Verrat an den nächstkleineren ihrer Brüder vor dem Verderben retten, ja sich womöglich sogar noch auf deren Kosten bereichern zu können. Zugleich hatte sich schon jeder größere weltliche Reichsstand im stillen bereits »irgendein Bistum oder einen Fetzen davon«, jeder kleinere irgendeine passend gelegene Abtei, jeder kleinste wenigstens einen geistlichen Schafhof zur Bereicherung und Abrundung des eigenen Besitzes ausgesucht.[29] Die Deliberationen der Ständevertreter über den »Reichsfriedenspazifikationsverhandlungsvertrag«, so der offizielle Titel jenes »Friedensvertrags«, dessentwegen man in Rastatt verhandelte, hätten sich vermutlich noch ins Unendliche ausgedehnt. Und vielleicht wäre der gallige Spott, den Görres in einer »Leichenrede«, die er im Januar 1798 im jakobinischen »Patriotenclub« zu Koblenz auf das alte Reich hielt und in der er forderte, »die Reichsdeputation in Rastatt soll ihre Sitzungen permanent erklären und sich dann mit Abschluß des Ewigen Friedens beschäftigen; jeder Artikel darf aber in nicht weniger als 50 000 Sitzungen abgetan werden«,[30] von der Wirklichkeit eingeholt worden. Aber unterdessen war der zweite Koalitionskrieg, den Österreich, Rußland und England gegen Frankreich führten, ausgebrochen. Dieser Krieg, der mit dem Frieden von Lunéville am 9. Februar 1801 beendet wurde, ließ sich zunächst für die Koalition ganz günstig an, endete aber schließlich mit einer Katastrophe. Zwar änderte sich durch seinen Ausgang nichts an der Machtverteilung der europäischen Staaten, und doch war alles hinterher ganz anders. Denn die Hoffnung der Alliierten, Frankreich durch eine gemeinsame Anstrengung noch niederwerfen zu können, war nun endgültig zerstoben. Selbst England schloß in Amiens mit Frankreich Frieden. Die Aufteilung des alten Reichs, die große Flurbereinigung, auf die man sich in Rastatt im Prinzip geeinigt hatte, konnte beginnen. Ein Reichsdeputationshauptschluß, zusammengesetzt aus Vertretern der Reichsstände, übernahm die Aufgabe eines Maklerbüros für jenen riesigen Grundstücksmarkt, der immer noch Heiliges Römisches Reich Deutscher Nation hieß.

Wie schon der Rastatter Kongreß, so war auch der Reichsdeputationshauptschluß nur eine Farce. Denn Frankreich und Rußland – letzteres in seiner Eigenschaft als Garantiemacht des Westfälischen Friedens von 1648 – hatten bereits am 11. Oktober 1801 einen Vertrag geschlossen, in dem eine gemeinsame und einvernehmliche Regelung der deutschen Frage vorgesehen war. Mit diesem Vertrag wurde festgelegt, daß das Reich nicht zwischen den beiden deutschen Flügelmächten Preußen und Österreich aufgeteilt werden dürfe. Vielmehr sollte, und dies war Talleyrands Gedanke, ein »Drittes Deutschland« geschaffen werden, das sich zusammensetzte aus einem losen Bund der größeren, zu völliger Souveränität gegenüber dem Kaiser gelangten Reichsstände. Es war dies ein Konzept, das mit einigen Modifikationen bis zur Reichseinigung von 1871 die politische Wirklichkeit Mitteleuropas prägte. Dahinter verbarg sich der Gedanke, daß diese neuen deutschen Mittelstaaten in enger Anlehnung an Frankreich ein wirksames Gegengewicht insbesondere gegen die österreichischen Suprematiebestrebungen im ehemaligen Reich bilden sollten. In diese Absicht der französischen Politik fügten sich jene Verträge, die Preußen, Bayern und Württemberg zwischenzeitlich mit Frankreich schlossen und mit denen sich die genannten Staaten durch umfangreiche Gebietserweiterungen »entschädigen« ließen. Österreich wurde dabei einmal mehr überspielt, und der Reichsdeputationshauptschluß hatte in seinen sich über fast zwei Jahre hinziehenden Verhandlungen nichts anderes zu tun, als die Kleinarbeit zu erledigen.

Zieht man eine Bilanz jener großen Flurbereinigung, der das alte Reich zum Opfer fiel, so lassen sich in der Detailfülle der zahlreichen Einzel- und Ausnahmeregelungen die folgenden Tendenzen aufzeigen. Hauptverlierer war zunächst Österreich, das seine traditionelle Vormachtstellung im Reich einbüßte. Ein weiterer Hauptverlierer waren auch die geistlichen Territorien. Unter den 112 rechtsrheinischen Reichsständen, die aufgehoben wurden, war nur ein weltliches Kurfürstentum (die rechtsrheinischen Gebiete der Kurpfalz), aber zwei geistliche Kurfürstentümer, Kurköln und Kurtrier, 19 Reichsbistümer und 44 Reichsabteien. Verlierer waren auch die Reichsstädte. Von den ursprünglich 55 reichsunmittelbaren Städten behielten nur noch sechs ihren alten Status: Hamburg, Bremen, Lübeck, Augsburg, Nürnberg und Frankfurt am Main. Alle anderen sanken zu Landstädten ab. Auch die Reichsritterschaft zählte zu den Verlierern. Zwar hatte dieses »Zaunkönigtum« noch eine letzte Gnadenfrist dadurch erhalten, daß der Kaiser auch weiterhin formell das Reichsoberhaupt blieb, aber das Menetekel war den reichsritterlichen Herrlichkeiten unübersehbar an die Wand geschrieben, war doch durch die Abtretung des linken Rheinufers an Frankreich vor allem die reichsunmittelbare Ritterschaft dieser Gebiete schwer geschädigt worden. Ihre Ansprüche auf Kompensation durch rechtsrheinischen Kirchenbesitz, die diese in der Folge beim Reichsdeputationshauptschluß geltend machten, wurden von jenem einfach mit der Bemerkung zu den Akten genommen, »so sehr auch die Reichsritterschaft zu bedauern sei, die Deputation finde sich gleichwohl nicht imstande, ihr eine Entschädigung zu verschaffen«.[31]

Die Ergebnisse des Reichsdeputationshauptschlusses sind gleichsam der Schragen, auf dem das alte Reich lag. Und als der Kaiser in Wien in den Vormittagsstunden des 6. August 1806 von der Balustrade der Kirche »Von den neun Chören der Engel« durch den Reichsherold verkünden ließ, er werde die Kaiserkrone niederlegen und fortan nur noch den Titel und die Rechte eines Kaisers von Österreich beanspruchen, wurde auch der klinische Tod des Reiches förmlich festgestellt, von dem längst das Bewußtsein gewichen war.

In seiner in den Jahren 1800 bis 1802 entstandenen Schrift *Die Verfassung Deutschlands* hatte Hegel bereits in der Einleitung bündig festgestellt: »Es ist kein Streit mehr darüber, unter welchen Begriff die deutsche Verfassung falle. Was nicht mehr begriffen werden kann, ist nicht mehr. Sollte Deutschland ein Staat sein, so könnte man diesen Zustand der Auflösung des Staats nicht anders als mit einem auswärtigen Staatsrechtsgelehrten Anarchie nennen, wenn nicht die Teile sich wieder zu Staaten konstituiert hätten, denen weniger ein noch bestehendes als vielmehr die Erinnerung eines ehemaligen Bandes noch einen Schein von Vereinigung läßt, so wie die herabgefallenen Früchte noch ihrem Baum angehört zu haben daran erkannt werden, daß sie unter seiner Krone liegen: Aber weder die Stelle unter ihm noch sein Schatten, der sie berührt, retten sie vor Fäulnis und der Macht der Elemente, denen sie jetzt gehören.«[32]

Hegel konstatierte damit den Zustand des alten Reichs und prognostizierte seine weitere Entwicklung; denn die größeren Reichsstände hatten in den Verhandlungen des Reichsdeputationshauptschlusses zunächst nur eine Möglichkeit gesehen, sich durch »Entschädigungen« zu bereichern, um so – gestützt auf diesen Machtzuwachs – ihre traditionelle Politik, den Einfluß des Kaisers im Reich weiter zurückzudrängen, erfolgreicher denn je fortzusetzen. Rasch aber erkannten sie, daß die Abrundung ihres territorialen Besitzes ihnen die Chance eröffnete, zu voller Souveränität zu gelangen. Damit hielt der Gedanke des souveränen Machtstaates, wie ihn Preußen und Österreich schon erfolgreich praktiziert hatten, seinen Einzug im Reich. Die dünne Eierschale, die das Reich und die Reichsverfassung zuletzt nur noch vorgestellt hatten, zerbrach und gab die Drachenbrut souveräner deutscher Mittelstaaten frei. Gleichzeitig wurde jener aufgeklärte Absolutismus spezifisch reichsständischer Provinienz geopfert, dessen Ideal sich unter der Schirmherrschaft von Kaiser und Reich in der patriarchalischen Verwaltung der Territorien erfüllt hatte. An seine Stelle trat die Staatsidee der unbedingten Souveränität nach außen, abgestützt durch eine eherne Zentralisierung im Innern. Alle bisher gültigen ständischen und landschaftlichen Sonderrechte wurden unerbittlich eingeebnet. Dieser revolutionäre Umsturz, der sich in der Verfassungswirklichkeit des Reichs vollzog, verurteilte auch alle jene Pläne zum Scheitern, die der Mainzer Kurfürst und letzte Erzkanzler des Reichs, Karl Theodor von Dalberg, für eine Erhaltung des alten Reichs unter der Schirmherrschaft eines napoleonischen Kaisertums hegte. Das Reich war eben nur noch die »Erinnerung eines ehemaligen Bandes«.

Die Vertragsurkunde, mit der am 12. Juli 1806 in Paris der unter der Kuratel Napoleons stehende Rheinbund gestiftet wurde, ist die Ratifikationsurkunde dieser »deutschen Fürstenrevolution«. Mit ihm sagten sich vier Kurfürsten und zwölf Fürsten gegen die französische Garantie ihrer Souveränität und weitere Gebietskompensationen – noch einmal wurden über siebzig kleine Fürstentümer und Herrschaften mediatisiert, welche die Flurbereinigung von 1803 überstanden hatten – in aller Form von Kaiser und Reich los. Kaum war das Reich aufgelöst, da verschwand es auch aus der politischen Wirklichkeit. Aber es lebte fort im »Traum vom Reich«, der sich zunächst mit harmlosen, bloß romantischen, bald jedoch mit nationalen und nationalistischen Elementen füllte, ehe er sich zum Alptraum der deutschen, aber auch der europäischen Geschichte entwickelte.

4. KAPITEL

Das napoleonische Deutschland:
der Rheinbund

Die Französische Revolution war ein Ereignis von europäischer Tragweite und Bedeutung. Insofern hatte sie auch beträchtlichen Einfluß auf die Entwicklung der Dinge im alten Reich, dessen schwache Existenz seit 1648 gleichwohl das europäische Gleichgewicht garantierte, indem es die zahllosen Ländchen und Länderfetzen, die den mitteleuropäischen Raum ausfüllten, zusammenhielt. Die Französische Revolution zerstörte das traditionelle Gleichgewicht der europäischen Mächte und gleichzeitig damit das alte Reich, das, seiner historischen Funktion entkleidet, anachronistisch geworden war. Indem die Französische Revolution den Wirrwarr der deutschen Kleinstaaterei beseitigte, das historisch Gewachsene mit einem Federstrich auslöschte, wurde sie auch zur Vollstreckerin der letzten Konsequenz, die in der ganzen bisherigen deutschen Geschichte angelegt war: Dadurch, daß die deutschen Fürsten zu uneingeschränkter Souveränität gelangten, vollendeten sie eine Entwicklung, die bereits im mittelalterlichen Vasallentum virtuell angelegt war.

Die Vernichtung des alten Reichs, die revolutionäre Umwälzung seiner gewachsenen politischen Strukturen vollzog sich in zwei Etappen. Die erste ist durch den Reichsdeputationshauptschluß vom 25. Februar 1803 markiert, der eine für die Verhältnisse des alten Reichs geradezu revolutionäre Zusammenballung von Macht und Besitz in den Händen einiger weniger zeitigte. Die Gewinner dieser ersten Runde der politischen Revolution in Deutschland waren die deutschen Mittelstaaten, die damit eigentlich erst in Erscheinung traten. Die zweite Etappe revolutionärer Umwälzung, die in dieser ersten bereits vorgezeichnet war, ist in der Gründung des unter französischer Ägide stehenden Rheinbundes zu sehen. Insbesondere die durch die Territorialgewinne der Säkularisation enorm vergrößerten süddeutschen Staaten Bayern, Württemberg und Baden wußten nur zu genau, daß ihre Macht auf tönernen Füßen stand und daß sie sich deshalb, wollten sie ihre Beute bewahren, an einen stärkeren Partner anlehnen mußten. Nach Lage der Dinge kam dafür aber nur Frankreich in Frage. Bayern machte den Anfang. Bereits am 25. August 1805 unterzeichnete es mit Napoleon einen Bündnisvertrag, in dem es Frankreich gegen die Zusicherung weiterer Territorialgewinne die Stellung einer Streitmacht von 20 000 Mann versprach. Baden schloß sich diesem Vorgehen am 5. September an. Württemberg folgte am 5. Oktober 1805.

Wie vorausschauend die süddeutschen Staaten mit dieser Politik handelten, zeigte sich schon wenig später, als Napoleon in der sogenannten »Dreikaiserschlacht« von Austerlitz am 2. Dezember 1805 die vereinigten österreichischen und russischen Armeen vernichtend schlug. Dieser Sieg bedeutete das Ende der gegen Napoleon gerichteten dritten Koalition. Und mit dem Frieden von Preßburg, am 26. Dezember 1805 zwischen Frankreich und Österreich geschlossen, wurde der Weg frei für eine Neuordnung der deutschen Verhältnisse im Sinne Frankreichs. Das wichtigste Ergebnis des Diktatfriedens von Preßburg war nämlich, daß Österreich völlig aus Deutschland herausgedrängt wurde; Österreich wurde gezwungen, Vorarlberg und Tirol an Bayern abzutreten, Baden und Württemberg teilten den Breisgau unter sich auf.

Um ihrer politischen Souveränität noch den letzten Glanz zu verleihen, nahmen die Kurfürsten von Bayern, Württemberg und Sachsen nach der durch den Preßburger Frieden erzwungenen Zustimmung des Hauses Habsburg auch den Titel und die Würden von Königen an, während Baden zum Großherzogtum avancierte. Außerdem traten Bayern und Baden durch Heiraten in enge verwandtschaftliche Beziehungen zum napoleonischen Kaiserhaus. All dies war aber nur ein Vorgeschmack von dem, was noch kommen sollte. Denn Napoleon wollte mehr, letzten Endes aber doch weniger, als viele Deutsche insbesondere nach der Vernichtung Preußens in den Schlachten von Jena und Auerstedt im Herbst 1806 von ihm erhofften. Nicht wenigen Zeitgenossen schien er der legitime Nachfolger Karls des Großen zu sein. Er war der Kaiser des gesamten Abendlandes und der Kaiser Deutschlands. Er galt als der Herr ihrer Geschicke und Lenker der Geschichte. Als Napoleon an der Spitze seiner Truppen in Berlin einzog, ließ sich Hegel vernehmen, der Weltgeist zu Pferde sei durch das Brandenburger Tor geritten. Nicht minder enthusiastisch beurteilte ihn Goethe im Gespräch mit Ekkermann, als er sagte, Napoleon sei dämonischer Natur gewesen, und dies »im höchsten Grade, so daß kaum ein anderer ihm zu vergleichen ist ... Dämonische Wesen solcher Art rechneten die Griechen unter die Halbgötter ... Sein Leben war das Schreiten eines Halbgottes von Schlacht zu Schlacht und von Sieg zu Sieg.«[1]

Napoleon hatte das alte Reich zerschlagen. Er hätte das Erbe Karls des Großen antreten können. Doch sein unstillbarer Ehrgeiz trieb ihn weiter. Sein Wollen zielte auf die Errichtung der französischen Hegemonie über den gesamten europäischen Kontinent. Und diese Herrschaft sollte von Dauer sein. Also galt es, zuvor den gefährlichsten Rivalen, England, auszuschalten. Diesem Ziel, dem Napoleon alles andere unterordnete, diente auch die Gründung des Rheinbundes, zu dem sich unter französischem Druck im Juli 1806 sechzehn deutsche Fürsten zusammenschlossen. Aber es war nicht nur dieses Drängen, das die deutschen Mittelstaaten den napoleonischen Absichten gefügig machte, sondern auch das Versprechen auf neue fette Beute. Bei der Bekanntgabe seiner Pläne für eine deutsche Fürstenkonföderation im Januar 1806 benutzte Napoleon als Lockmittel die Aussicht auf weitere Territorialgewinne. Die freien Reichsstädte Augsburg, Nürnberg und Frankfurt am Main sollten ihre Unabhängigkeit ebenso verlieren wie der Rest der kleineren weltlichen Reichsstände, die Reichsritter und Reichsgrafen, sofern sie noch nicht im Strudel des Reichsdeputationshauptschlusses untergegangen waren.[2] Darüber, wie diese neuen Gebiete aufzuteilen seien, kam es unter den deutschen Fürsten zu heftigem Streit, der häufig erst durch französischen Schiedsspruch geschlichtet werden konnte. Die souveränen Herrlichkeiten ließen in ihrer Gier nach Landgewinn jedes Augenmaß vermissen. Das Großherzogtum Baden beispielsweise hegte Hoffnungen auf ein in der Phantasie seines leitenden Ministers existierendes Königreich Helvetien.[3] Der Kronenschwindel, mit dem Napoleon begann, indem er ganze Königreiche unter den Angehörigen seiner Familie verteilte, hatte, wie es scheint, seinen Eindruck nicht verfehlt.

Grundsätzliche Einwände gegen den Rheinbund in seiner ursprünglich geplanten Form machten vor allem Bayern und Württemberg geltend, so daß Napoleon schließlich darauf verzichtete, die Mitglieder des Bundes einer eigenen Bundesversammlung unterzuordnen. Außerdem wurde die Verkündung eines Fundamentalstatuts des Bundes zurückgestellt, das die Oberhoheit Frankreichs über den Rheinbund in aller Deutlichkeit zum Ausdruck gebracht hätte.[4] Frankreich war hier zu Konzessionen bereit, denn diese Zugeständnisse betrafen mehr das Dekorum. An den wirklichen Machtverhältnissen im Rheinbund änderten sie nichts, da mit der Rheinbundakte ein unbedingtes militärisches Vasallenverhältnis jener sechzehn deutschen Fürsten festgelegt wurde, die sich dem uneingeschränkten Oberbefehl Napoleons unterwarfen.

Der Rheinbund war ein sehr zwiespältiger, wenn nicht gar zweifelhafter Erfolg für seine deutschen Mitglieder. Dadurch, daß sie ihren Austritt aus dem Verband des Deutschen Reichs erklärten, ging den deutschen Fürsten zwar ihr langgehegter Traum in Erfüllung, die volle politische Souveränität nach innen und außen zu erlangen. Aber durch ihre bedingungslose Unterwerfung unter den militärischen Oberbefehl Napoleons gaben sie Frankreich mehr, als sie je bereit gewesen waren, dem alten Reich oder dem Kaiser an »Unabhängigkeit« zu opfern. Die Untertanen dieser deutschen Fürsten, die zu Tausenden während des russischen Feldzugs Napoleons fielen, zahlten mit ihrem Leben die Zeche für die eitle Rangerhöhung ihrer Herrscher.

Die Teilhabe der deutschen Fürsten am von Napoleon gestifteten Rheinbund ist später insbesondere von der nationalliberalen Geschichtsschreibung des 19. Jahrhunderts als großer und schändlicher Verrat am Reich und an seiner Einheit gebrandmarkt worden. Dieser Vorwurf aber richtet sich an den falschen Adressaten, insofern die kleinen und mittleren deutschen Staaten eben nur dem Beispiel folgten, das ihnen die beiden großen, Preußen und Österreich, längst gegeben hatten. Im Bewußtsein ihrer Souveränität ließen sie für ihr politisches Handeln keinen anderen Maßstab gelten als den, den ihnen die nackten Interessen ihrer Staaten diktierten.[5] Und im Gegensatz zu Österreich und vor allem Preußen, die beide gezwungen wurden, unter den denkbar ungünstigsten Konditionen Frieden mit Napoleon zu schließen, zogen die rheinbündischen Staaten nur Vorteile aus ihrer Unterwerfung unter die französische Hegemonie. Es gelang allen, ihr Staatsgebiet erheblich zu vergrößern und zu arrondieren, so daß sie zu einer staatlichen Existenz aus eigener Kraft durchaus in der Lage waren. Und schließlich, und dieser Punkt ist häufig übersehen worden, schuf man mit den Rheinbundstaaten und den anderen unter direkter französischer Verwaltung stehenden deutschen Territorien die ersten Grundlagen für ein neues, modernes Deutschland; das »Dritte Deutschland«, wie es genannt wurde, war zwar in allen Stücken ganz dem gemäßigt revolutionären Vorbild des napoleonischen Frankreich angeglichen und auch völlig in die Pflicht der Interessen Frankreichs genommen, aber dennoch läßt es sich als nicht unerheblichen Fortschritt gegenüber dem bezeichnen, was zuvor gewesen war. Insofern spiegelt die innere Entwicklung jener deutschen Gebietsteile, die entweder unmittelbarer französischer Verwaltung unterstanden oder die wie die Rheinbundstaaten dem napoleonischen System in einem Vasallenverhältnis angehörten, getreulicher den Einfluß wider, den die Französische Revolution als soziale und politische Umwälzung für Deutschland hatte, als jene insbesondere von der modernen Geschichtsschreibung weit überschätzte Karnevalsposse der Mainzer Republik vom Herbst und Winter 1792/1793.

Das alte Reich war am vielfältigsten und buntscheckigsten in seinen westlichen und mittleren Teilen. Die kaum mehr entwirrbaren geistlichen und weltlichen Territorien und Herrschaften waren der vollkommene Ausdruck einer in Jahrhunderten gewachsenen feudalen Ordnung. Diese politisch-geographische Zersplitterung des Landes bedingte eine gesellschaftliche und auch wirtschaftliche Marginalisierung. Jede Herrschaft bildete einen eigenen sozialen und wirtschaftlichen Mikrokosmos, der sich selbst genügte. Diese Winkelidylle wurde mit der Säkularisation und der mit der Gründung des Rheinbunds einhergehenden weiteren Vereinfachung der Landkarte zerstört. Die politische Zentralisierung der Rheinbundära beendete jenen für das alte Reich charakteristischen Prozeß der Individualisierung des Landes, der durch die Verfassung des alten Reichs im allgemeinen und die sozialen Mechanismen der ständischen Ordnung in den einzelnen Herrschaften im besonderen wirksam verteidigt worden war. Das politische Prinzip, in dem sich gleichsam Seele und Geist der Verfassung des alten Reichs spiegelten, war auf die Bewahrung des Status quo ausgerichtet. Dieses Prinzip wurde praktisch dadurch erfüllt, daß jeder Reichsstand oder jede politische Gemeinschaft des Reichs eher geneigt war, den jeweiligen Konkurrenten zu schwächen als ihn zu dominieren. Damit entsprach es der durch die Verfassung des alten Reichs festgelegten institutionellen Ohnmacht des Kaisers. Er konnte über die einzelnen Territorien keine wirksame politische Kontrolle ausüben. Statt dessen nutzte er stets die ihm aus seiner Stellung erwachsenden rechtlichen und politischen Mittel, die einzelnen Stände und Territorien daran zu hindern, selbst Macht zu entfalten.

Dieses Prinzip, das für das Verhältnis der einzelnen Reichsstände und Territorien untereinander Gültigkeit besaß, bestimmte auch die politische Binnenstruktur eines jeden Standes oder Territoriums. Das heißt: Jeder Herrscher oder Standesherr war daran gehindert, eine uneingeschränkte Kontrolle über seine Untertanen auszuüben. Diese konnten jedem darauf abzielenden Versuch wirksam dadurch begegnen, daß sie sich entweder direkt an den Kaiser oder eines seiner Gerichte wandten oder ein benachbartes Territorium oder einen anderen Reichsstand um Hilfe baten. Dieses ausgeklügelte historisch gewachsene System von »checks and balances«, von politischen Gewichten und Gegengewichten verhinderte, daß mit der Ausnahme von Brandenburg-Preußen und Habsburg sich souveräne Machtstaaten innerhalb des alten Reichs etablierten.

Einen über das Ende des alten Reichs hinaus äußerst bedeutsamen Faktor stellen die Städte dar, die besonders im Süden und Westen die »soziale Geographie« des Reichsgebiets prägten. Die Städte führten zum großen Teil ein völliges politisches Eigenleben, in das von außen, das heißt von seiten des Kaisers oder des Landesherrn, gewöhnlich nur eingegriffen wurde, um einen innerhalb der Stadt schwelenden Konflikt beizulegen oder für die eigenen Interessen auszunutzen.[6] Die vom Kaiser oder dem Landesherrn zu unterschiedlichen Zeiten und bei unterschiedlichen Gelegenheiten gefällten Entscheidungen bildeten in ihrer Summe die verfassungsmäßigen Grundlagen des jeweiligen Stadtregiments. Als Folge dieses historischen Prozesses waren die städtischen Verfassungen keineswegs einheitlich, sondern mehr oder minder stark voneinander abweichend. Kaum weniger variantenreich als ihre Binnenordnungen gestalteten sich die Verhältnisse, die einzelne Städte zum Reich als Ganzem oder zu dem jeweiligen Territorium oder Landesherrn hatten. Für die Spätzeit des Heiligen Römischen Reichs gilt die Tendenz, daß der Kaiser die Privilegien der Städte immer häufiger gegen die Ansprüche anderer Stände verteidigte. Diese Politik gab dem Kaiser die in ihrer Bedeutung nicht gering zu achtende Möglichkeit, die Machtinteressen der Landesherren, die allesamt darauf aus waren, ihre Landeshoheit zu voller staatlicher Souveränität auszubauen, wirksam einzudämmen und damit insgesamt jenen Status quo zu bewahren, der für den Bestand des alten Reichs essentiell war.

Der Kaiser achtete in erster Linie auf die politische Integrität der reichsunmittelbaren Städte, also jener Reichsstädte, die im Westfälischen Frieden als unabhängige Reichsstände anerkannt und in dieser Eigenschaft direkt dem Kaiser unterstellt worden waren. Im westfälischen Friedensvertragswerk waren insgesamt 51 Städte als reichsunmittelbar aufgeführt. Darüber hinaus erstreckte sich die kaiserliche Fürsorge noch auf eine Fülle von Landstädten, die formell der politischen Oberhoheit eines Landesherrn unterstellt waren; in der Praxis lassen sich deshalb Reichsstädte und Landstädte nach dem Grad und der Art ihrer politischen Abhängigkeit kaum unterscheiden. Denn sehr viele Landstädte verfügten über eine ganze Reihe unterschiedlicher Privilegien und Exemtionen, so daß sie sich gegenüber dem jeweiligen Landesherrn in einem Unabhängigkeitsverhältnis befanden, das dem der Reichsstädte gegenüber dem Kaiser durchaus vergleichbar war. Mitte des 18. Jahrhunderts beispielsweise waren 176 bayerische Landstädte und Marktflecken »Träger von Hoheitsrechten und besonderen Gerichtsprivilegien«. Dabei handelte es sich keineswegs um administrative Befugnisse, die ihnen vom Landesherrn übertragen worden waren, sondern um seit Menschengedenken bestehende örtliche Vorrechte, die einzuschränken oder zu modifizieren für den Landesherrn praktisch unmöglich war.[7]

Diese mehr oder minder große politische Unabhängigkeit der meisten Städte des alten Reichs fand ihre Entsprechung in ihrer wirtschaftlichen Selbständigkeit. Mehrheitlich waren diese Städte – die großen Handelsmetropolen wie Frankfurt am Main, Nürnberg, Leipzig und die Hansestädte ausgenommen – wirtschaftlich autarke Einheiten. Sie waren marginalisierte oder isolierte Märkte, insofern sie nichts für den Export produzierten und auch nichts von außen einführten. Der innerstädtische Bedarf wurde vom hochdifferenzierten und spezialisierten Kleinhandel und vom Kleingewerbe gedeckt. Ursache für diese wirtschaftliche Marginalisierung der Städte war vor allem die territoriale Zersplitterung des alten Reichs und die daraus resultierende Vielzahl der Warenzölle, die Importgüter erheblich verteuerten.

Dieses in all seinen Einzelheiten längst nicht mehr überschaubare, aber immer noch funktionstüchtige Netz von Beziehungen und Abhängigkeiten, das die »Verfassungswirklichkeit« des alten Reichs vor allem in seinem westlichen und mittleren Teil kennzeichnete, wurde durch das Aufkommen einiger souveräner Mittelstaaten, die über ein geschlossenes Staatsgebiet verfügten, zerrissen. Denn diese Mittelstaaten boten ihrer ganzen Erscheinung nach all jene Voraussetzungen, die für die Erfüllung des aufgeklärten, bürokratischen und absolutistischen Staatsideals, wie es im Preußen Friedrichs II. und im Österreich Josephs II. bereits erfolgreich umgesetzt worden war, notwendig waren. Die politische Wirklichkeit jenes spätabsolutistischen Staatsideals aber war in allem das genaue Gegenteil der Verfassungswirklichkeit des alten Reichs. Statt der bisherigen Vielfalt verlangte dieses Ideal nun Uniformität, statt eingelebter Rechtsbräuche Rationalität, statt des Ideals der Bedarfsdeckung kleiner marginalisierter Gemeinschaften eine am Interesse des Staates als ganzem ausgerichtete zweckrationale Organisation der Wirtschaftsgesellschaft. Kurz: Die neuen Mittelstaaten erforderten eine zentralistisch gestraffte, nach überall gültigen Verordnungen und Gesetzen arbeitende Verwaltung des gesamten Staatsgebiets.

Das implizierte auch eine neue Vorstellung vom Bürger als eines in seinem Verhältnis zum Staat mit gleichen Rechten ausgestatteten Staatsbürgers, wie sie im Horizont des spätabsolutistischen Staatsideals angelegt war. Diese Vorstellung ist geeignet, den ganzen Umfang jenes Bruchs deutlich zu machen, den die Durchsetzung dieses Ideals gegenüber der im alten Reich gültigen Verfassungswirklichkeit darstellte. Eine Gesellschaft formal, das heißt gesetzlich gleichberechtigter Staatsbürger hatte nämlich die vollständige Einebnung der bisher geltenden ständischen Unterschiede zur Voraussetzung. Außerdem mußten die Aktivitäten der Staatsbürger mit den Interessen des Staates harmonisiert werden. In der Wirklichkeit der historischen Geschehensabläufe verlief dieser Prozeß der Umbildung der ständisch-feudalen Gesellschaft zu einer staatsbürgerlichen und damit tendenziell bürgerlichen und die Ablösung feudaler Abhängigkeiten durch eine allgemeine Verwaltung keineswegs parallel. Vielmehr waren es in Preußen wie auch in den späteren Rheinbundstaaten die Beamten der kameralistischen Verwaltung, von denen bereits gegen Ende des 18. Jahrhunderts die ersten Anstöße zu einer Reform der Gesellschaft ausgingen. Und es waren dieselben Beamten, die lange Zeit Träger und Verfechter dieser gesellschaftsreformerischen Ziele blieben,[8] ehe sie, und dies ist gleichsam eine Ironie der Geschichte, von eben jener bürgerlichen Gesellschaft, der sie gedient und die sie mitgestaltet hatten, politisch weitgehend entmachtet wurden.

Der Umstand, daß es Beamte waren, die im späten 18. Jahrhundert gesellschaftliche Reformen in Deutschland initiierten und diese bis zur Revolution von 1848 gegen vielerlei Rückschläge und Widerstände verteidigten, ist heutigem Politikverständnis völlig fremd. Eine Erklärung für dieses Umschlagen von Verwaltung in Reform enthält der Hinweis, daß es in den Rheinbundstaaten politisch notwendig war, die durch Säkularisation und Mediatisierung erworbenen neuen Territorien mit dem alten Kernland zu einem einheitlichen Staatsganzen zu verschmelzen.[9] Hinzu kommt, daß jene Anforderungen, die das napoleonische System an die von ihm in unterschiedlicher Weise abhängigen Staaten stellte, nur durch eine gestraffte zweckoptimierte Verwaltung erfüllt werden konnten, deren Funktionieren eine umfassende gesellschaftliche Reform voraussetzte. Diese Interpretation klingt plausibel. Und dennoch greift sie insgesamt zu kurz. Vor allem in Preußen, aber auch in anderen Territorien waren nämlich schon vor der Zeit napoleonischer Herrschaft in Deutschland Ansätze zur sozialen Reform vorhanden oder zumindest mit dem Ziel, eine staatsbürgerliche Gesellschaft zu schaffen, postuliert worden.

Ein Anstoß dafür, daß sich Verwaltung in Reform wandelte, ist in den technischen Veränderungen in jenem Bereich zu sehen, in dem eine auf den Staat ausgerichtete kameralistische Verwaltungstätigkeit auch in der ständisch gebundenen Monarchie seit je vorhanden war: bei den Krondomänen, bei jenen Ländern und Regalien also, die unmittelbar dem Herrscher unterstanden und aus deren Einkünften er nicht nur seinen Haushalt, sondern vor allem auch die Finanzierung jener politischen Ziele bestritt, für die er nicht die Unterstützung der Stände erhielt. Die erfolgreiche Durchsetzung wesentlich intensiver und ertragreicher Anbaumethoden in der Landwirtschaft, die nach der zweiten Hälfte des 18. Jahrhunderts aufkamen und die, wie die Fülle der einschlägigen Broschüren, die in jener Zeit erschienen, zeigt, von den in der Verwaltung der Domänen tätigen Beamten eifrig rezipiert wurden, hatte eine umfassende Reform der bäuerlichen Welt notwendig zur Voraussetzung.[10]

Ein weiterer Anstoß für den Wandel kameralistischer Verwaltung zu Reform ist vor allem aber auch darin zu erkennen, daß die Aufgaben der Beamten nicht selten mit der politischen Wirklichkeit des aufgeklärten Spätabsolutismus in den deutschen Territorien kontrastierten; denn dieser aufgeklärte Spätabsolutismus war, und dies im scharfen Gegensatz zu Frankreich und in abgeschwächter Form zu Preußen und Österreich, gerade dadurch gekennzeichnet, daß er nur einen äußerst geringen direkten Einfluß auf Handel und Wandel der Untertanen ausüben konnte. Dies bedeutete konkret, daß die staatliche Verwaltung weder sehr tief in die ständisch verfaßte Gesellschaft hineinreichte noch diese in irgendeiner Form ganz umfaßte: Wann und wo immer die Kameralisten versuchten, aus dem engbegrenzten Bereich, in dem sie ihr auf den Staat bezogenes Handeln uneingeschränkt auszuüben vermochten, auszubrechen und es auf andere Sektoren der Gesellschaft auszudehnen, wurden sie jeweils von den herrschenden ständischen Gewalten daran gehindert. Eine umfassende Reform dieser Gesellschaft, eine vollständige Einbeziehung aller Bereiche des sozialen und politischen Lebens in das staatliche Interesse war deshalb eine unverzichtbare Voraussetzung dafür, daß die Beamten sich mit ihren Ansichten erfolgreich durchsetzen konnten.[11]

Bei den Auseinandersetzungen, in welche die Kameralisten gegen Ende des 18. Jahrhunderts immer öfter mit den einzelnen Gewalten der ständischen Gesellschaft verwickelt waren, kommt aber noch ein sozialpsychologisches Moment ins Spiel: Die Beamten gehörten zu jenen »freischwebenden Elementen«, die sich in der historisch gewachsenen und genau definierten Sozialordnung der ständischen Gesellschaft nicht verorten ließen. Ihre nach ständischen Kategorien nicht fixierbare soziale Situation wurde dadurch noch weiter kompliziert, daß sie tendenziell antiständische Funktionen ausfüllten. Das Bestreben der Beamten, die ständische Gesellschaft zu reformieren, sie praktisch zu beseitigen und an ihrer Stelle eine Gesellschaft gleichberechtigter Staatsbürger zu errichten, wurde deshalb auch von der Überlegung mit beeinflußt, daß ihnen in dieser neuen Gesellschaftsordnung ein ihrer Selbsteinschätzung entsprechender sozialer Rang zufallen würde.[12] Wie rasch diese Blütenträume der Beamten gerade in der Zeit napoleonischer Herrschaft in Deutschland reiften, läßt sich an dem Schema einer politischen Soziologie ablesen, das Hegel entwarf. Hatte Hegel 1803 die Gesellschaft noch in zwei Hälften geteilt, in einen oberen Stand, der sich aus dem Adel, den Grundbesitzern und Offizieren zusammensetzte, und in einen unteren Stand, in dem alle anderen Mitglieder der Gesellschaft versammelt waren, so setzte er 1806 an die Stelle des Adelsstandes einen »Stand der Allgemeinheit«, in dem die Beamten die führende Rolle spielten.[13]

Die umfassende Reform der ständischen Gesellschaft, die außer den Beamten und ihren publizistischen Herolden niemand ernsthaft anstrebte, wurde erst durch die napoleonische Herrschaft erzwungen. Die nach 1803 in der Hülle des alten Reichs entstandenen neuen Mittelstaaten liefern für diese These zahlreiche Beweise. Denn obwohl sie ihre Existenz einer gleichsam revolutionären Umwälzung verdankten, wurde von diesen neuen Staaten das sehr komplexe Gefüge der alten territorialen Rechtsverhältnisse achtungsvoll respektiert.[14] Die Folge davon war, daß die äußerliche Vereinfachung der deutschen Landkarte mit einer ständig wachsenden Konfusion im Innern dieser neuen Mittelstaaten erkauft wurde. In einer stark vereinfachenden Skizze hat Willy Andreas den Umfang dieser Verwirrung am Beispiel Badens geschildert: »Im Kurfürstentum und späteren Großherzogtum Baden lagen die Territorien in buntem Gemenge. Neben den Stammlanden die Pfalz, Besitzungen von Nassau-Usingen, von Darmstadt und die österreichischen Vorlande, dazwischen Gebiete der oberrheinischen Fürstbischöfe, württembergische Tauscherrungenschaften, reichsunmittelbare Abteien und Stifte, ein paar Reichsstädte und die zahlreichen Miniaturstaaten der Ritterschaft; dazu kamen die Größeren unter den Kleinen wie Fürstenberg, Löwenstein oder Leiningen, das, kaum war es aus geistlichen und weltlichen Territorialfetzen zu einem künstlichen Gebilde zusammengeballt, schon wieder sein Eigenleben opfern mußte. Dieser zusammengewürfelten Masse entsprach eine fast ebenso große Mannigfaltigkeit der rechtlichen Verhältnisse. Es war eine echte Musterkarte der verflossenen Reichsherrlichkeit, auf der gemeines deutsches und partikulares, weltliches und geistliches Recht miteinander abwechselten. In den markgräflichen Kernlanden galten baden-badisches und durlachisches Landrecht. In den angefallenen Territorien herrschte österreichisches, württembergisches, solmsisches, pfälzisches, speyerisches, mainzer und würzburgisches Recht. Die Grafschaft Bonndorf besaß eine Landesöffnung, die Herrschaften Lahr und Mahlberg Statutenordnungen, Rötteln und die Stadt Wertheim Erbordnungen. In zahlreichen Städten blühten eigene Satzungen. Sonstige juristische Personen hatten ihre Statuta legalia. In einigen ritterschaftlichen Gebieten wurden die Rechte der größeren Landesherren angenommen, mit denen sie Lehens- und Dienstverhältnis verband. In anderen Teilen des Landes war der Besitz der Gesetzgebungsrechte strittig.«[15]

Die zu souveränen Mittelstaaten angeschwollenen ehemaligen Reichsterritorien waren, wie das Beispiel Badens zeigt, außerstande, ihre Beute zu verkraften, ihre Säkularisations- und Mediatisierungsgewinne zu integrieren und diese durchaus unterschiedlichen Territorien, Gebietsfetzen und Herrschaften zu einem Staat zu verschmelzen. Erst auf das kategorische Verlangen Napoleons hin wurde damit begonnen, Gebote und Gesetze zu vereinheitlichen. In den Bündnisverträgen, die Napoleon im Sommer und Herbst 1805 mit den drei süddeutschen Staaten Bayern, Baden und Württemberg schloß, war jeweils die Bestimmung enthalten, daß die Bündnispartner eine straff zentralisierte Verwaltung einzurichten und eine umfassende Rechtsreform einzuleiten hätten. Bei inneren Widerständen gegen diese Reformen wurde die Unterstützung Frankreichs versprochen.

Nichts zeigt deutlicher, wie es in Wirklichkeit um die Souveränität jener deutschen Fürsten bestellt war. Sie waren Herrscher von Napoleons Gnaden. Zu schwach, um aus eigener Kraft die notwendigen inneren Reformen einzuleiten, borgten sie sich die Macht dazu von Frankreich, das aus wohlerwogenen Eigeninteressen sofort bereit war, zu helfen, damit die deutschen Staaten ihre Verpflichtungen gegenüber Frankreich auch pünktlich erfüllen konnten. In der Gründungsakte des Rheinbundes von 1806 wurden diese in den Einzelverträgen mit Bayern, Baden und Württemberg enthaltenen Klauseln für alle Mitglieder des Bundes verbindlich erklärt. Gleichzeitig wurde festgehalten, daß alle kaiserlichen Gesetze, die die Beziehungen des Herrschers zu seinen Untertanen regelten, null und nichtig seien.

Ein vorzüglicher Maßstab für die Reichweite der in den Rheinbundstaaten eingeleiteten Reformen ist die Rezeption des Code Napoléon, dessen Übernahme der französische Kaiser nach der Niederwerfung Preußens und dem Frieden von Tilsit bei den Regierungen von Baden, Bayern und Hessen-Darmstadt »anregen« ließ. Der Code Napoléon war zuvor bereits in den linksrheinischen Territorien eingeführt worden, die seit der Jahrhundertwende von Frankreich annektiert worden waren, mit der Konsequenz, daß alle Privilegien der Stände aufgehoben wurden und damit auch die Ständegesellschaft, an deren Stelle nun eine Gesellschaft gleichberechtigter Staatsbürger trat. Diese gesellschaftliche Veränderung wurde durch eine einheitlich nach Instanzen geordnete zentrale Gerichts- und Verwaltungsordnung ergänzt und flankiert. Die Garantien, die der Code Napoléon zur Freiheit und Sicherheit des Eigentums enthielt, bewirkten eine umfassende Umschichtung und Umverteilung der zuvor durch die ständische Rechtsordnung weitgehend immobilisierten Besitz- und Vermögensverhältnisse. Damit wurde eine soziale und wirtschaftliche Bewegung in Gang gesetzt, von der entscheidende Impulse für die soziale und wirtschaftliche Emanzipation des Bürgertums angeregt worden sind.[16] Die sozialen Errungenschaften, welche die linksrheinischen Gebiete in den fünfzehn Jahren unter direkter französischer Verwaltung erlebten, wurden auch in der Restaurationszeit nach 1815 im wesentlichen beibehalten, als Preußen, Bayern und Hessen-Darmstadt diese linksrheinischen Gebiete unter sich aufteilten. Weniger nachhaltig waren die Reformen in den napoleonischen Modellstaaten Berg und Westfalen, in den rheinbündischen Mittelstaaten sowie in den von Frankreich erst spät annektierten norddeutschen Küstengebieten. Hier dauerte der französische Einfluß einfach zu kurz, um tiefere Spuren zu hinterlassen. Außerdem konnten die Hansestädte dem napoleonischen System wenig Geschmack abgewinnen, da sie durch die gegen England verhängte Kontinentalsperre erhebliche wirtschaftliche Einbußen erlitten.[17]

Die relativ geringe Wirkung der Reformen in den rheinbündischen Staaten, legt man die Rezeption des Code Napoléon zugrunde, war vor allem dadurch verursacht, daß Napoleon letztlich keinen festen Entschluß faßte, welche Funktion und Bedeutung dieser Staatenbund innerhalb des Grand Empire haben sollte. Ursprünglich hatte er die Absicht, die Staaten des Rheinbundes in politischer, wirtschaftlicher und rechtlicher Hinsicht derart zu harmonisieren, daß sie einen unter französischem Einfluß stehenden selbständigen und lebensfähigen Staatenbund in Mitteleuropa bildeten, der die beiden deutschen Flügelmächte Preußen und Österreich wirksam in Schach hielt. Doch er vertagte diese Entscheidung immer wieder bis auf die Zeit eines allgemeinen Friedens, der aber unter seiner Ägide nicht mehr eintreten sollte.

Die politischen Ziele, die Napoleon ursprünglich mit der Gründung des Rheinbundes verfolgte, hat der bayerische Staatsrat Anselm von Feuerbach in seinem »alleruntertänigsten Einleitungsvortrag das Bürgerliche Gesetzbuch für das Königreich Bayern oder die Frage betreffend: Was ist Bayerns Absicht bei seiner neuen Gesetzgebung?« vom 8. November 1809 vorzüglich geschildert: »Das schwankende zweideutige System des Gleichgewichts der europäischen Staaten ist dem System des entscheidenden Übergewichts, welches jetzt seiner Vollendung naht, gewichen. Das westliche Europa bildet ein System konföderierter Staaten, die sich um ihren Mittelpunkt Frankreich vereinigen. Dieser Verein ist im Sinne seines Stifters nicht ein bloßer Völkerbund, der durch das äußere Band der Verträge lose zusammengehalten wird, sondern ein wahres Staatensystem, welches zugleich innerlich verknüpft ist und in welchem Frankreich als der durch physische und geistige Macht überwiegende Staat, mit den Rechten des Protektorats bekleidet, den letzten Schlußstein bildet. Ein solches System kann nur dadurch Konsistenz gewinnen, daß alle konföderierten Staaten in ihrer äußeren Form, in den Hauptgrundsätzen der Staatsverfassung und Verwaltung sowie in den Prinzipien der Gesetzgebung, welche auf den Völkerverkehr Einfluß haben, sich dem Hauptstaate assimilieren und dadurch sowohl unter sich als im Verhältnisse zu diesem Protektoratsstaate jene Gleichförmigkeit herstellen, ohne welche ein steter Konflikt, eine ewige, dem Ganzen Gefahr drohende Reibung, eine unversöhnliche innere Feindseligkeit der Elemente die ruhige Einheit des Systems untergraben und zerrütten würde.«[18]

Ein weiterer Grund dafür, daß die in den Rheinbundstaaten eingeleiteten Reformen letztlich ein Torso blieben und von der nach 1815 einsetzenden Reaktion mühelos wieder beseitigt werden konnten, ist in der inneren Widersprüchlichkeit der beiden wichtigsten Instrumente der Reform, der Rheinbundakte von 1806 und dem Code Napoléon, zu sehen. Artikel 27 der Rheinbundakte sicherte beispielsweise den Standesherren den uneingeschränkten und fortdauernden Genuß ihrer feudalen Privilegien zu.[19] Diese Bestimmung stand in krassem Gegensatz zu dem antifeudalen Programm des Code Napoléon, dessen wichtigste Grundsätze die Freiheit und die Sicherheit des Eigentums sowie die formale Gleichheit aller Staatsbürger waren. Die zahlreichen Widersprüche, die sich aus diesem zentralen Gegensatz von revolutionärem Gesetzbuch einerseits und der Garantie feudaler Privilegien, wie sie die Rheinbundakte andererseits gewährte,[20] ergaben und die nur teilweise gelöst wurden – der Adel verlor beispielsweise seine Steuerprivilegien, auch die Leibeigenschaft wurde, wo sie noch bestand, aufgehoben –, erleichterten es der ständischen Opposition in den Rheinbundstaaten wesentlich, eine wirkliche Rezeption des Code Napoléon und damit eine Durchsetzung der übrigen Reformen zu verhindern.

Diese, in den einzelnen Rheinbundstaaten unterschiedlich starke ständische Opposition gegen eine Reform der Gesellschaft und des Staates und das allenthalben zu beobachtende Unvermögen der Beamten, sich gegen diesen Widerstand erfolgreich zu behaupten, ist die dritte und wichtigste Ursache dafür, daß die Reformen, wie in Sachsen und Mecklenburg, wo das altständische Leben einfach weiterlief, als sei nichts geschehen, entweder gar nicht erst begonnen wurden oder in unterschiedlichen Stadien steckenblieben. Mit am erfolgreichsten waren indes die Reformen der Rheinbundära in den drei süddeutschen Staaten Baden, Bayern und Württemberg. In diesen drei Staaten herrschten jeweils alteingewurzelte Dynastien, die weniger auf französischen Druck hin als in konsequenter Fortsetzung der Ideen des aufgeklärten Absolutismus den Aufbau einer neuen Staats- und Gesellschaftsordnung angingen. Aber auch hier differierten Methoden, Reichweite und Ziele der Reform erheblich. In Württemberg beispielsweise wurde 1805 das »alte Recht« des Ständeregiments einfach abgeschafft. König Friedrich regierte fortan als absoluter Monarch.[21] In Bayern dagegen wurde 1808 eine Verfassung verkündet,[22] eine darin vorgesehene repräsentative Versammlung aber nie einberufen. Auch die in Bayern ursprünglich beabsichtigte Übernahme des Code Napoléon wurde von der Adelsopposition Ende 1809 erfolgreich verhindert.[23] Statt dessen kam es 1813 zu einer fortschrittlichen Reform des Strafrechts. Dennoch wurde in Bayern während der Rheinbundzeit der Staatsaufbau insofern modernisiert, als durch eine Verwaltungsreform die politische Eigenständigkeit des altbayerischen, oberschwäbischen und fränkischen Kreises außer Kraft gesetzt wurde. Zentralbehörden wurden geschaffen, Regionalverwaltung und Gerichtswesen vereinheitlicht. Allein, diese Teilerfolge der Reform beim Verwaltungs- und Gerichtswesen bildeten einen merkwürdigen Gegensatz zur ständischen Sozialordnung, deren soziale wie politische Mechanismen sowohl auf dem flachen Land wie in den Städten beinahe unangetastet blieben.

In Baden schließlich wurde der Code Napoléon als Musterentwurf für ein eigenes Badisches Landrecht weitgehend übernommen. Durch eine Reihe von Einschüben und Zusätzen, welche insbesondere Ausnahmeregelungen für die Feudallasten betrafen, wurde der ursprüngliche Text aber so verwässert, daß die Rezeption des napoleonischen Gesetzbuches hier das genaue Gegenteil dessen bewirkte, was mit ihm beabsichtigt worden war: Feudale Abhängigkeiten wurden nicht nur beibehalten, sondern durch das neue Recht auch noch sanktioniert.[24]

Gemeinsam war den drei süddeutschen Staaten aber, daß ihre Souveräne zumindest zu Beginn der Rheinbundzeit den Willen hatten – wie dies im übrigen in der Verfassung von Bayern und im Einführungsgesetz des Badischen Landrechts explizit festgestellt wurde und es andererseits der Abschaffung des »alten Rechts« in Württemberg implizit war –, die ständischen, provinzialen, lokalen und feudalen Sonderrechte einzuebnen und statt dessen eine gleichförmige, zentralistische und nach rationalen Gesichtspunkten arbeitende Verwaltung aufzubauen. Aber alle diese reformerischen Anstrengungen scheiterten, obwohl sie bisweilen wie in Württemberg und Bayern mit aller Rücksichtslosigkeit unternommen wurden, nicht zuletzt daran, daß sie die Komplexität der gewachsenen ständischen und korporativen Strukturen nicht mit reformerischen Mitteln überwinden konnten. Dem Ende der napoleonischen Ära ging deshalb in den rheinbündischen Staaten im allgemeinen und in den drei süddeutschen Staaten im besonderen ein merkliches Erlahmen des reformerischen Eifers und Willens voraus. Allenthalben kehrte man zum Prinzip der lokalen Selbstverwaltung zurück, und zwar in dem Maße, in dem sich die Gefahr abzeichnete, daß die Staaten in dem Chaos zu versinken drohten, das der Versuch einer totalen kameralistischen Kontrolle gerade der sozialen Aktivitäten, die noch immer nach ständischen oder korporativen Mechanismen geregelt wurden, geschaffen hatte, während man auf dem flachen Land die ständisch-feudale Sozialverfassung einfach fortbestehen ließ.

Gerade auf dem lokalen Sektor, in den Städten und Gemeinden, war die kameralistische Verwaltung, der ein Mindestmaß an sozialer Uniformität unabdingbare Voraussetzung für den Erfolg ihrer Tätigkeit war, daran gescheitert, diese Uniformität herzustellen.[25] Die Städte hatten sich mit der zähen Verteidigung der verwirrenden Vielfalt ihres innerstädtischen Regiments erfolgreich dagegen zur Wehr gesetzt, daß ihre isolierten und individualisierten Interessen in die allgemeinen Interessen des Staates und der staatsbürgerlichen Gesellschaft integriert wurden. In den Frustrationen, welche die Verwaltungsreformer bei ihrem Zusammenstoß mit der bunten Vielfalt der städtischen Kleinwelt erlebten, zeigte sich überdeutlich, daß eine nach kameralistischen Prinzipien aufgebaute soziale Kontrolle die Disparität historisch gewachsener Zustände nicht überwinden konnte. Im Mißlingen der Reformen in den Rheinbundstaaten offenbart sich aber nicht nur ein Versagen des kameralistischen Prinzips, sondern mehr noch das Scheitern des aufgeklärten Absolutismus in Deutschland an seiner historischen Aufgabe.[26]

Die große Chance, die das Grand Empire Napoleons den Deutschen geboten hatte, nämlich die seit 1648 immer größer werdende »Verspätung« in ihrer staatlichen Entwicklung gegenüber dem übrigen Europa durch eine umfassende und entschlossene Modernisierung von Staat und Gesellschaft wettzumachen, blieb weitgehend ungenutzt. Die vielfältigen Kräfte ständischen Beharrens erwiesen sich allenthalben als stärker. In der Rheinbundära sind die großen Konfliktlinien, welche die deutsche Geschichte im 19. Jahrhundert prägen sollten, bereits in aller Schärfe zu erkennen. Und keine der beiden Seiten, die an diesem Konflikt beteiligt waren, weder die ständische Reaktion noch der bürokratische Liberalismus der Verwaltungsreformer, konnte die Entscheidung bringen.

5. KAPITEL
Reformzeit in Preußen 1795–1815

Preußen hatte sich mit dem Basler Frieden in das »Stilleben seiner norddeutschen Neutralität« zurückgezogen, und mit den Jahren mochte es scheinen, als sei es dort, auf den Lorbeeren Friedrichs II. ausruhend, sanft eingeschlummert. Ließ sich der Entschluß, in Basel Frieden zu schließen, noch mit der preußischen Staatsräson rechtfertigen, für die der preußische Anteil an der polnischen Beute und die drohende Erschöpfung der Staatsfinanzen letztlich doch gewichtiger waren als die mit so glühenden Worten beschworene Solidargemeinschaft der legitimen Mächte im Kampf gegen die Revolution, so ist für das hartnäckige Festhalten an dieser Neutralität auch während des zweiten und dritten gegen Frankreich geführten Koalitionskrieges keine andere Erklärung beizubringen als die, daß es Preußen an Mut und Entschlußkraft entschieden mangelte. Gewiß: Jene Jahre der beschaulichen Idylle norddeutscher Neutralität, die in die Katastrophe von 1807 einmünden sollten, sind gleichzeitig auch jene großen Jahre der idealistischen Philosophie und der klassischen Dichtung, die in der politischen Ruhe Nord- und Ostdeutschlands sich zur schönsten Blüte entfalteten. Nichts aber wäre so falsch, als gerade dieses Phänomen höchster Kultur dem irgendwie besonders gearteten Wesen des preußischen Staates zugute zu halten und zu behaupten, dessen spezifisches geistiges Klima habe den rechten Nährboden zu solcher Blüte abgegeben. In Preußen herrschte die Stickluft der Frömmelei und des Pietismus, also nicht gerade eine Atmosphäre, in der idealistische Philosophie und klassische Dichtung gedeihen. Nicht zuletzt der Xenienstreit dokumentiert, welche tiefe Kluft Weimar damals von Berlin trennte.

Preußen fühlte sich zu schwach, um seine Neutralität auf Dauer allein behaupten zu können. So kam es zu der in sich völlig inkonsequenten Politik, mit allen Seiten Verträge zu schließen. Zunächst mit Rußland am 3. November 1805 in Potsdam und dann, als Rußland und Österreich am 2. Dezember 1805 von Napoleon bei Austerlitz vernichtend geschlagen worden waren, mit Frankreich am 15. Dezember. In diesem Vertrag, den Haugwitz aushandelte, trat Preußen rechtsrheinischen

Streubesitz sowie Ansbach und die Enklave Neufchâtel an Frankreich ab. Als Gegenleistung erhielt es das von Napoleon besetzte englische Hannover. Ferner mußte es in ein förmliches Schutz-und-Trutz-Bündnis mit Napoleon einwilligen und alle Gebietsabtretungen, die Österreich in einem zukünftigen Frieden zugemutet werden sollten, von vorneherein anerkennen. Preußen gab für das verdorbene Linsengericht des englischen Hannover seine so lange gehütete Neutralität preis. Dieser in Schönbrunn geschlossene Vertrag kann als Muster politischer Verblendung gelten. Aber damit nicht genug. In Schönbrunn war verabredet worden, daß dieses Bündnis innerhalb von drei Wochen ratifiziert werden sollte, da Haugwitz nicht die notwendigen Vollmachten besaß. Friedrich Wilhelm III. tat dies am 4. Januar 1806 allerdings nur mit einer Reihe von Vorbehalten und Änderungen, so daß Haugwitz mit dem modifizierten Vertrag nach Paris reisen mußte. Napoleon hatte aber in der Zwischenzeit mit Österreich Frieden in Preßburg geschlossen und war deshalb alles andere als geneigt, auf die preußischen Änderungswünsche einzugehen. Vielmehr legte er jetzt seinerseits einen neuen Vertrag vor, den Haugwitz wohl oder übel akzeptieren mußte. Mit diesem Pariser Traktat vom 15. Februar 1806 schnitt Preußen weitaus ungünstiger als in den Vereinbarungen von Schönbrunn ab, denn nun mußte es sich dazu verpflichten, alle seine Häfen für den englischen Handel zu sperren und Napoleon in einem Krieg gegen Rußland Militärhilfe zu leisten.

Nach der Ratifikation dieses Vertrags am 25. Februar 1806 besetzten preußische Truppen Hannover. Preußen schien im Zenit seiner Macht zu stehen. Sein Territorium reichte vom Rhein im Westen bis zu Bug und Pilica im Osten. Doch der Schein trog. In Wirklichkeit war Preußen ein Koloß auf tönernen Füßen. Allein schon der Krieg mit England – ein stiller Handels- und Kaperkrieg –, der, wie vorherzusehen gewesen war, nach der Annexion Hannovers ausbrach, schädigte das Land und seine wirtschaftlichen Interessen erheblich. Das für Preußen in allen seinen Bestimmungen demütigende und ungünstige Traktat von Paris spiegelte getreulich die Einschätzung wider, die Napoleon von Preußen hatte, haben mußte. Denn in Preußen, und dies hatte die Außenpolitik Berlins seit 1795 immer wieder bewiesen, war man außerstande, am großen europäischen Spiel teilzunehmen. Statt dessen verschrieb man sich kabinettsrätlichen Varianten politischer Winkelzüge, wie sie einem Duodezfürstentum des 18. Jahrhunderts angemessen gewesen wären, aber nicht einem Staat, der sich selbstbewußt zu den Großmächten zählte. Tatsächlich aber trieb man in Preußen überhaupt keine aktive Politik, sondern wählte unter allen möglichen Varianten die schlechteste: Man verlegte sich aufs Abwarten in der Hoffnung, daß sich alle anderen und vor allem Napoleon das Genick brächen, daß Österreich und Rußland wenigstens nachhaltig geschwächt würden, so daß man selbst in unbeschädigter Größe über die Verteilung der Beute würde präsidieren können.

Nach dem 2. Dezember 1805, nach Austerlitz also, ließ sich diese politische Einfallslosigkeit des bloßen Zusehens und Zögerns nicht weiter durchhalten. Preußen schloß sich an den nach Lage der Dinge erweislich Stärksten an, aber auch dies nicht mit letzter Entschiedenheit. Man rechnete es sich als politische Klugheit an, sich insgeheim noch andere Optionen offenzuhalten. Außerdem wurde Berlin von dem gewiß unbehaglichen Gefühl geplagt, den betrogenen Betrüger abgeben zu sollen, denn Napoleon war mit London und Petersburg in Unterhandlungen getreten. Hinzu kam, daß die unterdessen bekannt gewordenen Bestimmungen des Traktats von Paris eine patriotische Aufwallung in der Öffentlichkeit verursacht hatten, die noch durch den Unmut der Handel treibenden Kreise über die schweren wirtschaftlichen Einbußen im Handels- und Kaperkrieg mit England einen kaum mehr überhörbaren kritischen Unterton erhielt. In den altständischen Kreisen, bei Offizieren und Junkern wurde immer lauter die Meinung geäußert, nicht der Friede, sondern Ehre und Unabhängigkeit der Nation seien das höchste Gut. Und junge Offiziere des als besonders vornehm geltenden Regiments Gens-d'armes wetzten ihre Säbel an den Stufen des französischen Botschaftsgebäudes Unter den Linden. Damit gab der berühmte preußische Leutnant seinen würdigen Einstand in die Geschichte ...

Am Hofe, im Kreis der phantasiearmen Kabinettsräte, die – ohne verantwortlich zu sein – die Politik des Königs mit unverantwortlichen Ratschlägen beeinflußten, wurde man von dieser Stimmung der Straße angesteckt und glaubte, Tatkraft demonstrieren zu müssen. Bereits im Juli 1806 wurden zwischen Berlin und Petersburg geheime Noten gewechselt, in denen man Rußland versicherte, daß man keineswegs gewillt sei, jene gegen das Zarenreich gerichteten Bestimmungen des Pariser Traktats zu erfüllen. Diese Erklärung beantwortete Petersburg mit einer Garantieerklärung für Preußen. Unterdessen wurde die Stimmung patriotischer Aufgeregtheit in Berlin durch Nachrichten und Gerüchte weiter geschürt, die von neuerlichen Demütigungen Preußens durch Frankreich wissen wollten. Insbesondere die Meldung des preußischen Botschafters in Paris, Napoleon sei bereit, England für den Preis einer Verständigung Hannover zurückzugeben, veranlaßte Friedrich Wilhelm III. zu dem fatalen Schritt, am 9. August 1806 die Mobilisierung des größten Teils der preußischen Armee anzuordnen. Gleichzeitig übersandte Friedrich Wilhelm Napoleon ein bis zum 8. Oktober 1806 befristetes Ultimatum, in dem er den Abzug der französischen Truppen von den südlichen Grenzen Preußens forderte. Das preußische Ultimatum blieb unbeantwortet. Daraufhin eröffnete Friedrich Wilhelm III. am 9. Oktober 1806 mit der Veröffentlichung eines Kriegsmanifests den Kampf gegen Napoleon, der schon sechs Tage später entschieden war, als Preußen und seine Verbündeten Sachsen, Braunschweig und Sachsen-Weimar in der Doppelschlacht von Jena und Auerstedt vernichtend geschlagen wurden.

Dieser Krieg gegen Napoleon gemeinsam mit einer mächtigen Koalition wäre *vor* Austerlitz ein Gebot preußischer Politik gewesen. Ihn dann aber *nach* Austerlitz und ohne nennenswerte Verbündete tatsächlich zu führen, war eine Narrheit. Napoleon hat dies so gesehen. Am 12. September 1806 schrieb er an Talleyrand: »Der Gedanke, Preußen könne sich allein mit mir einlassen, erscheint mir so lächerlich, daß er gar nicht in Betracht gezogen zu werden verdient.«[1] Der Gedanke war gewiß lächerlich, ihn auszuführen aber selbstmörderisch. Der politische und moralische Zusammenbruch, den Preußen nach Jena und Auerstedt erlebte und auf den jener Maueranschlag, den der Gouverneur von Berlin, Graf Schulenburg, anbringen ließ, daß Ruhe jetzt die erste Bürgerpflicht sei, ein bezeichnendes Streiflicht wirft, war die Quittung für eine langjährige Politik, der es an Versäumnissen und Fehlern wahrlich nicht gemangelt hatte.

Nach Jena und Auerstedt und trotz der nahezu kampflosen Besetzung fast ganz Preußens durch französische Truppen und des Einzugs Napoleons am 27. Oktober 1806 in Berlin war der Krieg noch nicht zu Ende. Zwar wurden sofort Verhandlungen aufgenommen, Napoleon nannte auch erste Bedingungen für einen Friedensschluß, die unter anderem die Abtretung allen Landes westlich der Elbe, den Verzicht Preußens auf alle Verbindungen mit anderen deutschen Staaten und Reparationen in Höhe von hundert Millionen Franc vorsahen. Auf all das wollte auch der inzwischen nach Küstrin geflohene preußische Hof eingehen. Aber Napoleon verlangte außerdem, daß Preußen ihn bei seinem geplanten Krieg gegen Rußland aktiv unterstützte. Auch damit erklärte man sich schließlich einverstanden. So kam es am 30. Oktober 1806 zur Unterzeichnung des Präliminarfriedens von Charlottenburg, der am 6. November 1806 vom König in Graudenz ratifiziert wurde, allerdings mit der entscheidenden Einschränkung, Preußen solle nicht zu einem Krieg gegen Rußland gedrängt werden. Ganz offensichtlich hatte Friedrich Wilhelm III. aus seinen leidvollen Erfahrungen mit dem Pariser Traktat keine Lehren gezogen. Napoleon akzeptierte diese Modifikation jedenfalls nicht. Er hatte unterdessen auch völlig das Interesse an einem förmlichen Friedensschluß mit Preußen verloren und bot jetzt nur noch den Abschluß eines Waffenstillstandes an, dessen wichtigste Bedingung war, daß ihm Preußen bis zur Weichsel als Aufmarschgebiet für den Krieg gegen Rußland zur Verfügung stehen sollte. Wäre Friedrich Wilhelm III. auf diese Forderung eingegangen, dann hätte dies den sicheren Bruch mit Rußland bedeutet, eine Konsequenz, die er stets mit List und Zähigkeit vermieden hatte. Im ostpreußischen Osterode, wohin sich der preußische Hof unterdessen begeben hatte, wurde deshalb am 21. November 1806 beschlossen, dieses Ansinnen abzulehnen und den Krieg gegen Napoleon wieder zu beginnen.

Diese Entscheidung des Königs, die Otto Hintze als von »unendlicher Wichtigkeit« beurteilte, da »die ganze Zukunft Preußens« davon abhängig gewesen sei,[2] wurde durch Nachrichten über das Zusammenziehen starker russischer Verbände in den russischen Gebieten Polens erleichtert. Zwar gelang es den Franzosen, Teile dieser Truppen Ende des Jahres nach Litauen abzudrängen, aber eine weitere Schlacht, die Anfang Februar 1807 bei Preußisch-Eylau in Ostpreußen eine russisch-preußische Armee den Truppen Napoleons lieferte, ging unentschieden aus. Unter dem Eindruck dieses halben Erfolgs gegen den Gott der Schlachten schlossen Friedrich Wilhelm III. und Zar Alexander am 26. April 1807 in Bartenstein ein Bündnis. Bereits am 28. Januar 1807 hatte Preußen außerdem in Memel Frieden mit England geschlossen, in dem es auf die Annexion Hannovers um so leichter verzichten konnte, als dieses Territorium längst in französischer Hand war. Gleichzeitig aufgenommene Verhandlungen über einen Subsidienvertrag mit England gelangten aber erst am 27. Juni 1807 zum erfolgreichen Abschluß, zu einer Zeit also, da alles bereits zu spät war. Denn schon am 14. Juni 1807 waren die russischen Truppen bei Friedland von Napoleon vernichtend geschlagen worden. Zar Alexander willigte nun sehr schnell in die ihm von Napoleon angebotenen Friedensverhandlungen ein, die am 7. Juli 1807 zum Abschluß des Friedens von Tilsit führten. Die wichtigsten Bestimmungen dieses Friedens waren: Der Zar erhielt freie Hand, das zu Schweden gehörende Finnland zu annektieren. Im Gegenzug verpflichtete sich Rußland, der von Napoleon am 21. November 1806 in Berlin verkündeten Kontinentalsperre gegen England beizutreten. Außerdem gab der Zar seine Zustimmung zu dem Plan Napoleons, Polen als Herzogtum Warschau wiederherzustellen, das von Sachsen in Personalunion regiert werden sollte. Die territoriale Ausstattung dieses neuen Herzogtums lieferte Preußen, das damit seine Beute an der zweiten und dritten polnischen Teilung wieder herausrücken mußte. Außerdem wurde Danzig zur freien Stadt erklärt, eine Bestimmung, die in merkwürdiger Parallelität zum Versailler Friedensvertrag von 1919 steht.

Napoleon hätte Preußen am liebsten wohl ganz beseitigt und von der Landkarte getilgt. Unter seinen Papieren fand man später den Entwurf einer Proklamation, die auf das Ende des Jahres 1806 datiert war und in der die Absetzung der Hohenzollerndynastie verkündet wurde. In Tilsit wurde Napoleon nur durch den Widerstand des Zaren an der Verwirklichung seines Planes gehindert. Wie schon einmal im Siebenjährigen Krieg und nicht zum letzten Male rettete das Zarenreich damals die Herrschaft der Hohenzollern und Preußen vor der sicheren Vernichtung.

Preußen blieb bestehen, aber um welchen Preis! Durch seinen erzwungenen Beitritt zum Tilsiter Frieden, der am 9. Juli 1807 erfolgte, willigte es in den Verlust der Hälfte seines bisherigen Staatsgebiets ein. Alle Lande westlich der Elbe gingen verloren; ebenso die geraubten Territorien der zweiten und dritten polnischen Teilung. Außerdem mußte sich Preußen demütigende Einschränkungen seiner Souveränitätsrechte gefallen lassen. Sein außenpolitischer Spielraum war eingeengt, und auch an der Kontinentalsperre mußte es sich beteiligen. Erschwerend kam noch hinzu, daß dieser aufgezwungene Frieden die Drohung weiterer Demütigung enthielt und Anlaß zu weiterem Unfrieden bot. Denn in der Königsberger Konvention, die am 12. Juli 1807 als Ergänzung zum Tilsiter Frieden unterzeichnet wurde, war vorgesehen, daß die französischen Besatzungstruppen erst dann aus Preußen abziehen würden, wenn alle Reparationen bezahlt worden seien. Über die Höhe dieser Reparationen wie über die Termine, an denen sie fällig werden würden, war jedoch in dieser Konvention ebensowenig etwas ausgesagt wie im eigentlichen Frieden von Tilsit. Napoleon behielt damit ein Mittel in der Hand, das es ihm, als er später schier unerschwingliche Summen forderte, zu erlauben schien, Preußen für alle Zeiten zu ruinieren.

Die Niederlage von Jena und Auerstedt besiegelte den Bankrott der Außenpolitik Friedrich Wilhelms III. Gleichzeitig bedeutete sie den völligen politischen, moralischen, sozialen und wirtschaftlichen Zusammenbruch jenes Preußen, das Friedrich II. mit allen seinen Unvollkommenheiten seinen beiden weniger befähigten Nachfolgern hinterlassen hatte. Die Ereignisse der Jahre 1806 und 1807 und die in und nach dieser Zeit angebahnten Versuche zu umfassenden Reformen der preußischen Gesellschaft müssen in der Perspektive dieses Bankrotts des friderizianischen Staates gesehen werden;[3] ohne diese Perspektive lassen sich jene Reformansätze und vor allem auch deren Scheitern, das für die weitere preußisch-deutsche Geschichte eminente Folgen haben sollte, sinnvoll nicht erklären.

Reinhart Koselleck eröffnet seine große Studie *Preußen zwischen Reform und Revolution* mit den Sätzen: »Das Erbe Friedrichs des Großen an die preußische Zukunft reichte so weit, wie es umstritten blieb. Die in den schlesischen Kriegen errungene Großmachtstellung war so eng an den Ruhm des Königs gebunden, daß sie seit seinem Tod eher eine Herausforderung war als politische Wirklichkeit.«[4] Das ist gut gesagt und gilt auch für die innere, die soziale und die politische Organisation des preußischen Staates, die eben noch weit davon entfernt war, jene Einheitlichkeit aufzuweisen, die ihr mit wohlmeinenden, aber falschen Pauschalurteilen attestiert wird, die die Qualität von Preußens Staatlichkeit und an dieser besonders die »unbestechliche Verwaltung und unabhängige Justiz, . . . religiöse Toleranz und aufgeklärte Bildung« zu rühmen wissen.[5] Eine solch vorbildliche »Staatlichkeit« Preußens war selbst unter Friedrich II. nie erreicht worden, und unter seinen beiden Nachfolgern hatte man sich eher noch weiter von diesen Idealen entfernt.

Brandenburg-Preußen war kein gewachsener Staat, sondern ein relativ junges, aus unterschiedlichen Landschaften und Landschaftsteilen, die jeweils einen unterschiedlichen Grad von Kultur aufwiesen, zusammengestückeltes und deshalb notwendig uneinheitliches staatliches Gebilde. Der buntscheckige Ursprung des preußischen Staates, dessen einzelne Teile ursprünglich keine andere Gemeinsamkeit verband als die Person des Herrschers und die im Laufe von anderthalb Jahrhunderten durch den Aufbau eines schlagkräftigen Heeres, des Beamtenapparates, des Steuerwesens und einer Rechts- und Justizorganisation stärker miteinander verklammert worden waren, spiegelte sich wider in seiner Bezeichnung. Denn Preußen hieß dieser Staat im 18. Jahrhundert noch keineswegs. So wurde er erst seit der Reformzeit bezeichnet. In Hardenbergs Denkschrift vom 12. Dezember 1807 wird gefordert: »Der ganze Staat heiße künftig Preußen.«[6] Zuvor galt als Preußen nur, was später »Altpreußen« genannt wurde: Die Provinzen West- und Ostpreußen, während man den gesamten Hohenzollernstaat gewöhnlich mit der Umschreibung »Alle Seiner Königlichen Majestät Provincien und Lande« belegte. Das 1791 gestiftete Allgemeine Landrecht erging beispielsweise für die »preußischen Staaten«. Die Ansicht, »die preußische Monarchie ist ein Aggregat von größeren und kleineren Staaten«, wie sie der Jurist Christian von Schlözer im September 1779 in einem Brief an den Minister von Zedlitz vertrat,[7] entsprach völlig der Wirklichkeit. Gleichzeitig kommt in ihr aber auch eine Auffassung vom Wesen der preußischen Monarchie zum Ausdruck, wie sie vor allem immer wieder von der ständischen Opposition gegen die Krone hartnäckig vertreten werden sollte.

Trotz der Anstrengungen, die die Hohenzollern bis einschließlich Friedrich II. unternommen hatten, ihren Staat und sein gesamtes Staatsleben zu vereinheitlichen, behauptete sich noch allenthalben die Heterogenität seines Ursprungs. So gab es beispielsweise in der obersten Verwaltungsbehörde, dem Generaldirektorium, einen Minister für Brandenburg, Pommern und Südpreußen, einen für Ost-, West- und Neuostpreußen, einen für Schlesien und einen für Ansbach-Bayreuth und die Enklave Neuchâtel. Diese Verwaltungsgliederung war insofern notwendig, als alle diese Provinzen und Ländchen ein unterschiedlich ausgeprägtes und geregeltes Staatsleben aufwiesen. So war das die Stellung von Rekruten bestimmende Kanton-Reglement jeweils unterschiedlich. Es gab Provinzen, die kein Kanton-Reglement hatten. In Schlesien galt eine andere Regelung als in Pommern und Brandenburg. Ähnlich verhielt es sich mit der vielberufenen religiösen Toleranz. Während die römische Hierarchie in Schlesien anerkannt war, galt dies für Brandenburg und Pommern nicht. Zoll und Akzise waren links der Weser anders als rechts des Flusses. Die Einheiten für Maße und Gewichte differierten im ganzen Staat.

Von besonderer Eigentümlichkeit ist die politische und vor allem auch die soziale Funktion der Stände im Staat Friedrichs II. Während in Schlesien, Westpreußen, Südpreußen und Neuostpreußen die Stände politisch völlig ausgeschaltet waren, behaupteten sie in den übrigen Provinzen ein Schattendasein. Noch Friedrich Wilhelm III. erkannte nach seinem Regierungsantritt 1797 in diesen Provinzen die alten Rezesse, also die den Landesherrn verpflichtenden ständischen Rechte, feierlich an, ohne daß diese Anerkennung andererseits irgendeinen Belang für die tatsächliche Gestaltung seiner Politik gehabt hätte. Auch von der Mitwirkung an der Verwaltung des Staates oder der Provinzen waren die Stände völlig ausgeschlossen. Dagegen übten sie in den unteren Verwaltungsgliederungen, in den Kreisen und Gemeinden noch einen beträchtlichen Einfluß aus. Daß ihnen diese Mitsprache belassen wurde, steht in einem unmittelbaren Zusammenhang mit den wichtigen sozialen Funktionen, die den Ständen gerade für die Gestaltung der gesellschaftlichen Ordnung von Friedrich II. zugewiesen worden waren. Otto Hintze hat das Wesen dieser ständisch-formierten Gesellschaftsordnung Friedrichs II. meisterhaft beschrieben: »Sein Kern [d. h. des sozialen Systems der friderizianischen Gesellschaft] besteht in einer eigenartigen Verteilung der Staatslasten auf die verschiedenen Stände, und dieser politischen Belastung entspricht eine ganz bestimmte wirtschaftlich-soziale Fürsorge. Der Adel liefert die Offiziere und die Spitzen des Beamtentums, bei denen es besonders auf das persönliche Auftreten ankommt; dafür wird er im ausschließlichen Besitz der Rittergüter erhalten und geschützt, dem bürgerlichen Kapital wird das Eindringen in den ritterschaftlichen Gutsbesitz verwehrt, es soll sich in Handel und Gewerbe betätigen, deren Betrieb dem Adel versagt ist. Der Bürgerstand in den Städten trägt in der Akzise den größten Teil der staatlichen Steuerlast; darum werden ihm die bürgerlichen Nahrungen ausschließlich vorbehalten: Handwerk und Handel, auch Bierbrauerei bleiben in der Hauptsache auf den städtischen Mauerring beschränkt. Der Bauernstand zahlt die Kontribution und stellt die Kantonisten für das Heer; darum soll er in unverminderter Stärke erhalten werden, und es wird aufs strengste darauf gesehen, daß keine bäuerliche Nahrung in andere Hände gelangt, vor allem nicht zum adligen Gutsbesitz eingezogen wird. Der Druck der Lasten ist bei diesem System der politischen Arbeitsteilung nach der ständischen Gliederung nicht ganz gleich verteilt; die einen zahlen mehr mit dem, was sie leisten, die anderen mehr mit dem, was sie sind.«[8]

Mirabeaus Bonmot, Preußen sei eine Armee, der ein Staat gehöre, ist insofern völlig zutreffend, als diese ganze friderizianische Sozialordnung mit ihrer an indische Verhältnisse gemahnenden und strikt undurchlässigen Einteilung der Stände nur dann zu begreifen ist, wenn man sie aus dem Blickwinkel militärischer Notwendigkeit betrachtet. Brandenburg-Preußen, diese an natürlichen Schätzen arme »Streusandbüchse« des Heiligen Römischen Reichs, war durch eine beispiellose Willensanstrengung seiner Herrscher und durch die dauernde und rücksichtslose Anspannung aller verfügbaren Kräfte in den Rang einer europäischen Großmacht aufgestiegen. Der Armee war dabei die wichtigste Rolle zugefallen. Ihren Belangen und Interessen war alles untergeordnet. Ein großes stehendes Heer war und ist ein kostspieliges Unternehmen. Schon aus diesem Grund waren ein effizientes Steuerwesen und eine nach rationalen Gesichtspunkten arbeitende zentrale Verwaltung unerläßlich. Beides vertrug sich aber schlecht mit politischen Geltungsansprüchen der Stände, die deshalb beizeiten beseitigt wurden.[9]

Wenn Otto Hintze aus seiner Darstellung der friderizianischen Sozialordnung das Fazit zieht, »die einen zahlen mehr mit dem, was sie leisten, die anderen mehr mit dem, was sie sind«, so gibt er damit treffend die tatsächliche Verteilung der Gewichte wieder, wie sie für den »patriarchalisch-staatssozialistischen Charakter des friderizianischen Polizeistaats« kennzeichnend waren.[10] Denn während die preußischen Monarchen bis Friedrich II. stets darauf bedacht waren, die gewachsenen ständischen Rechte und Indemnitäten einzuebnen, die Stände aber gleichwohl beizubehalten, um sie ihrer »patriarchalisch-staatssozialistischen« Sozialordnung dienstbar zu machen, so machte ein Stand davon eine bemerkenswerte Ausnahme: der Adel. Ihm wurden von der Krone nicht nur sämtliche Privilegien und Indemnitäten belassen; er verstand es auch, sich diese Vorrechte noch in einer Zeit zu bewahren, in der diese sozial längst völlig unwahr geworden waren.

Überall dort auf dem flachen Land, wo nicht ein der Krone unmittelbar zugehöriger Domänenbesitz war, schob sich der rittergutsbesitzende Adel zwischen Staat und Bauernstand. Die Bauern waren damit gleichsam Staatsbürger zweiter Klasse. In ihren Rechten und Pflichten waren sie Untertanen der Rittergutsbesitzer, der »Herrschaft«. Das Allgemeine Landrecht sanktionierte diesen Zustand, indem es von der Annahme der Regel ausging, daß jede Landgemeinde eine Gutsherrschaft habe.[11] Gutsherrschaften waren neben den Krondomänen auch alle Rittergüter, die vor allem den preußischen Provinzen jenseits von Oder und Neiße ihr besonderes Gepräge gaben. Die den Rittergutsbesitzern untertänigen Bauern sind diesen Treue, Ehrfurcht und Gehorsam schuldig, wie es auch das Allgemeine Landrecht forderte, das stets von der sozialen Wirklichkeit ausging. Der Gutsherr hatte sogar das Recht, eine Eidleistung auf Treue und Untertänigkeit zu fordern. Die Pflicht zur Treue band Gutsherrn wie Untertan gleichermaßen. Der Gutsherr war beispielsweise verpflichtet, seinen Untertan in wirtschaftlicher Not zu unterstützen, ihn vor Wucher und anderer Übervorteilung zu schützen, für eine christliche Erziehung seiner Kinder zu sorgen und den noch nicht Eingesessenen die Möglichkeit zu eröffnen, sich ihren Unterhalt zu verdienen.

In keinem Verhältnis zu diesem patriarchalischen Pflichtenkanon des Gutsherrn aber stand jene lange Reihe von geradezu menschenunwürdigen Verpflichtungen, die dem Untertan auferlegt waren. Die untertänigen Bauern durften den Gutsbezirk nicht ohne Zustimmung ihrer Herrschaft verlassen. Entlaufene Untertanen und deren andernorts geborene Kinder konnte der Gutsherr jederzeit zur Rückkehr zwingen. Die Untertanen mußten die Herrschaft um Genehmigung zur Heirat nachsuchen. Diese konnte verweigert werden, wenn die Braut wegen ihres Lebenswandels Anstoß erregt hatte oder wegen körperlicher Gebrechen, die es als möglich erscheinen ließen, daß sie ihre Arbeitspflichten nicht erfüllen konnte. Wer ohne herrschaftliche Erlaubnis heiratete, wurde mit Gefängnis oder Zwangsarbeit bestraft. Die Kinder der Untertanen durften ohne ausdrückliche Genehmigung der Gutsherrschaft weder ein Gewerbe erlernen noch studieren. Um Genehmigung mußte auch eingekommen werden, wenn die Kinder in andere Dienste treten wollten. Diese Genehmigung aber wurde jeweils nur befristet erteilt, in der Regel für ein Jahr. Die Herrschaft konnte bei Faulheit und Unbotmäßigkeit das Gesinde durch »mäßige Züchtigung«,[12] die Bauern und ihre Frauen durch Gefängnis oder Zwangsarbeiten strafen. Ohne Einwilligung der Herrschaft durften die Untertanen weder Schulden machen noch ihre Grundstücke verpfänden oder veräußern. Die Gutsherrschaft konnte den Verkauf verbieten, wenn ihr der Käufer nicht geeignet erschien. Mit gleicher Begründung wurde auch die Testierfreiheit der Untertanen eingeschränkt: Die Herrschaft konnte einem Erben die Annahme des vererbten Landes verweigern und statt dessen unter mehreren Miterben den ihr geeignetsten zum Haupterben einsetzen. Außerdem konnte sie einen Untertan zum Verkauf seines Landes zwingen, wenn dieser es schlecht bewirtschaftete, aufgenommene Darlehen nicht zurückzahlen konnte oder sich auch nur gegenüber der Gutsherrschaft aufsässig betragen hatte. Bei durch Alter oder Krankheit bedingter Arbeitsunfähigkeit konnte sie den Untertan veranlassen, sein Land einem anderen Bauern zu überlassen. War ein Untertan zu einer mehr als einjährigen Haftstrafe verurteilt worden, konnte sein Gut von der Herrschaft einem anderen Bauern übereignet werden. Außerdem hatte der Untertan seiner Herrschaft unentgeltlich die sogenannten Hand- und Spanndienste zu leisten, die – nach Tagen oder Ackermaß berechnet – auch durch bestimmte Tätigkeiten und Dienstleistungen oder durch Naturalien und Geldzahlungen abgegolten werden konnten. Die Entlassung aus der Untertänigkeit konnte in bestimmten, gesetzlich genau geregelten Fällen von der Gutsherrschaft gewährt werden. Der Gutsherr war aber nur dann verpflichtet, auch die schon dienstfähigen, über vierzehn Jahre alten Kinder der Entlassenen ebenfalls ziehen zu lassen, wenn der ihm dadurch entstehende Verlust an Arbeitskräften durch die Familie des neu eintretenden Untertanen ausgeglichen wurde. Lediglich die Untertanen, die es bei Ableistung ihres Militärdienstes bis zum Offizier brachten, waren mitsamt ihren Angehörigen frei.

Umfangreich waren auch die Steuer- und Zollprivilegien des Adels. In den meisten Provinzen war der Adel ganz von der Grundsteuer befreit, in den anderen zahlte der Grundherr einen wesentlich geringeren Prozentsatz als seine erbuntertänigen Bauern. In Schlesien beispielsweise wurde der Adel mit einem Grundsteuersatz von 28 ⅓ Prozent des Reinertrags belastet, während die Bauern 34 Prozent abführen mußten. Von der Akzise und den Zöllen war der Adel gänzlich eximiert.

Diese außerordentlichen Rechte und Privilegien des Adels fanden ihre Krönung darin, daß die Rittergutsbesitzer auf dem flachen Lande auch die einfachen Hoheitsrechte der niederen Gerichtsbarkeit wie der Polizeigewalt ausübten. Zwar versuchte der Staat schon seit Ende des 18. Jahrhunderts, die Patrimonialgerichtsbarkeit, der das Gesinde, die Bauern und Pächter, die Haus- und Wirtschaftsbediensteten der Gutsherrschaft unterstanden, durch die Schaffung von Kreisgerichten einzuschränken. Völlig beseitigt wurde die Patrimonialgerichtsbarkeit, die gutsherrschaftlicher Willkür den Schein des Rechts lieh, aber erst durch die Revolution von 1848. In der Praxis weitaus bedeutsamer als diese war jedoch die vom Gutsherrn ausgeübte Polizeiherrschaft und -gerichtsbarkeit, die es ihm zur Aufgabe machte, Vergehen – nicht Verbrechen – zu verfolgen und zu ahnden. Auch die vom Gutsherrn ausgeübten Polizeirechte wurden in der Revolution von 1848 kassiert – Bismarck bezeichnete dies damals als »ausschweifenden Unsinn ... jacobinischer Ideen« –, aber bereits 1853 hat man sie wieder eingeführt.[13]

Diese unerhörte Fülle von Vorrechten und Privilegien der Rittergutsbesitzer legten die Grundlage für die soziale und politische Machtstellung, über die der Adel in Preußen gebot. Demgegenüber waren die Städte, die ja einst gemeinsam mit dem Adel die ständischen Rechte gegen die Krone behauptet hatten, längst vom Staat mediatisiert, aufgesogen worden. Zwar tastete der friderizianische Staat die Zunftordnung nicht an, soweit diese das Wirtschaftsleben in den Städten regelte. Aber er nahm diese Zunftordnung in die Pflicht für das Staatsganze und unterwarf sie so seinen eigenen wirtschaftlichen Interessen.[14]

Auch die städtische Verwaltung stand völlig unter staatlicher Kontrolle.[15] Zwar erfreuten sich die Städte der auf dem Papier stehenden Rechte, ihre inneren Angelegenheiten frei und unbeeinflußt zu regeln, aber in Wirklichkeit übte der Staat mehr oder minder alle Gewalt aus. Die leitenden Beamten in den größeren Städten wurden vom König direkt ernannt. Magistratsmitglieder und andere städtische Beamte unterlagen einem Bestätigungsrecht der Krone. Amtsstellen, deren Inhaber nicht unbedingt eine juristische Ausbildung vorweisen mußten, wurden charakteristischerweise häufig an ausgediente Soldaten vergeben. Dem städtischen Magistrat, dessen Mitglieder auf Lebenszeit bestellt waren, oblag lediglich die städtische Polizei- und Gewerbeaufsicht, während die Kontrolle der städtischen Einnahmen und Ausgaben vom Steuerrat kontrolliert wurde, der ein Staatsbeamter war. Damit entschied der Staat und so letzten Endes der König über alle städtischen Aufwendungen und Ausgaben. Er hatte damit die Möglichkeit, ein Maximum der städtischen Einnahmen in die eigenen Kassen zu leiten. Das war der tiefere Sinn dieses sehr aufwendigen Verfahrens.

Seit Friedrich Wilhelm I. trugen die Städte überdies die Hauptbürde militärischer Einquartierungen in Friedenszeiten. Denn dort, wo es keine Kasernen gab, und das war in sehr vielen Städten der Monarchie der Fall, waren die Stadtbürger gehalten, die Soldaten aufzunehmen. Durch Lebensmitteltaxen mußten die Städte außerdem zur Verpflegung des Militärs beitragen, eine Maßnahme, die es dem Staat gestattete, den Sold niedrig zu halten. Hatte auch Friedrich II. die Mitwirkung des Militärs bei der Polizeiverwaltung der Städte abgeschafft, so war doch das Verhältnis zwischen Bürgern und den adligen, auf ihre Standesvorrechte bedachten Offizieren häufig äußerst unerquicklich. Oft war es deshalb gerade in den kleineren Städten unmöglich, einen geeigneten Bürger für das Amt des Bürgermeisters zu gewinnen, weil der örtliche Militärbefehlshaber sich ihm häufig überlegen dünkte und ihm dies auch stets zu verstehen gab.[16]

Diese Sozialordnung des friderizianischen Staates, die Max Lehmann als »ein immerwährendes Feldlager, der König als Feldherr, der alles sieht und alles anordnet, die Adeligen als seine Offiziere, die auch im Frieden darüber wachen, daß die Diensttuer, Beurlaubten, Eximierten des Bauern- und Bürgerstandes Ordre parieren und die ihnen zugemessene Portion von Arbeit verrichten«, kennzeichnete,[17] war schon zu Lebzeiten Friedrichs II. von einigen wenigen Reformwilligen in Frage gestellt worden. Stärken und Schwächen dieses gesellschaftlichen Systems, dem man den Aufstieg Preußens zu einer europäischen Macht verdankte, waren aber derart komplementär geworden, daß eben dessen Stärke auch die Schwäche dieser Gesellschaft bedingte. Goethe schrieb Ende Mai 1778 auf einer Reise nach Berlin an Charlotte von Stein: »Wenn ich nur gut erzählen kann von dem großen Uhrwerk, das sich vor einem treibt; von der Bewegung der Puppen kann man auf die verborgenen Räder, besonders auf die große alte Walze, FR [Fridericus Rex] gezeichnet, mit tausend Stiften, schließen, die diese Melodien eine nach der andern hervorbringt.«[18] Die Bemerkung ist zutreffend. Denn die Qualität der preußischen Gesellschaftsordnung war nicht zuletzt abhängig vom Format der preußischen Herrscher. Friedrich II. konnte noch nach der Maxime regieren: »Selon la forme de notre gouvernement, le roi y fait tout – gemäß dem Wesen unserer Regierung ordnet der König alles selbst an«;[19] seine Nachfolger vermochten dies nicht mehr.

Im Sinne dieser Maxime hat es auch während der Regierungszeit Friedrichs II. nicht an Reformansätzen und tatsächlich ausgeführten Reformen der preußischen Sozialordnung gefehlt. All diesen Reformen haftet aber etwas sehr Eigentümliches an: Im Gegensatz zu seinem Vater Friedrich Wilhelm I., der die einheitsstiftende Macht der Krone gerade durch das Zurückschneiden der Macht des Adels stärken wollte und diese Absicht noch in seinem politischen Testament von 1722 seinem Nachfolger empfahl, war Friedrich II. stets darauf bedacht, die Stellung des Adels innerhalb der preußischen Gesellschaft zu wahren und weiter zu befestigen. In seinen politischen Testamenten hat er die Erhaltung des Adels als eine der wesentlichsten Aufgaben eines preußischen Königs bezeichnet. Die ausgesprochen adelsfreundliche Einstellung Friedrichs II. stützte sich auf eine andere Maxime, die er aus Anlaß der von ihm verfügten, dem Adel günstigen Pachtbedingungen für Güter der königlichen Domäne so formulierte: Der Adel müsse auf jede Weise gekräftigt werden, denn dessen »Söhne sind es, die das Land defendieren; davon die Rasse so gut ist, daß sie auf alle Weise meritieret konservieret zu werden«.[20] Die bewußte Bevorzugung des Adels durch Friedrich II. stiftete jenes feste Interessenbündnis und unbedingte Vasallenverhältnis zwischen Krone und Adel, das für die weitere Entwicklung des preußischen Staates ebenso bedeutsame wie für die preußisch-deutsche Geschichte kaum weniger verhängnisvolle Folgen haben sollte. Denn sehr schnell schon geriet die preußische Krone in die Gefangenschaft ihrer adelsfreundlichen Politik. Sie wurde die Geister, die Friedrich II. in einem bestimmten Entwicklungsstadium des preußischen Staates gerufen hatte, nicht mehr los. Die adelsfreundliche Politik Friedrichs II. wurde in der Folgezeit zu einer noch schwereren Hypothek für den preußischen Staat als das nie wieder erreichte Vorbild, das er mit seiner Regierung gegeben hatte.

Die adelsfreundliche Tendenz seiner Politik wird gerade bei dem bedeutendsten Reformprojekt Friedrichs II. deutlich spürbar, beim Allgemeinen Landrecht, das allerdings erst nach seinem Tod fertiggestellt wurde und 1794 in Kraft trat. Insbesondere jene Bestimmungen des Allgemeinen Landrechts, die den Adel begünstigen, beruhten auf Anordnungen Friedrichs II.[21] Der Umstand, daß dieses Allgemeine Landrecht wenigstens bis zur Einführung des Bürgerlichen Gesetzbuches im Jahre 1900 und in einigen staats- und landesrechtlichen Teilen – das Allgemeine Landrecht umfaßte Straf-, Zivil- und Staatsrecht in einem – bis über das Jahr 1918 hinaus die rechtliche Grundlage der preußischen Sozialordnung darstellte, ist geeignet, seine große Bedeutung deutlich zu machen.[22]

Formal spiegelt das Allgemeine Landrecht jenes Dilemma wider, das sich beispielsweise bei der Übernahme des Code Napoléon im Großherzogtum Baden ergab: Von der gesellschaftlichen Entwicklung längst überholte oder ausgehöhlte soziale Zustände wurden rechtlich zementiert, weil einfach Bestimmungen und Grundsätze des alten Rechts ungeprüft übernommen wurden oder handfeste Interessen auf deren weiterer Gültigkeit beharrten. Andererseits enthielt das Allgemeine Landrecht aber auch eine ganze Reihe von Bestimmungen, die eine zukünftige soziale Ordnung anvisierten. Vergangenes und Zukünftiges waren in einer merkwürdigen Mischung vereint, so daß Treitschke mit Recht bemerkte, das Allgemeine Landrecht trage einen Januskopf.[23] Tatsächlich war es ein Monstrum und als solches durchaus gewollt. Denn im Gegensatz zu dem als Beispiel bereits erwähnten Badischen Landrecht, das in einer politisch wie sozial wesentlich schwierigeren Situation und in viel kürzerer Zeit entstand, wurde das Allgemeine Landrecht erst nach einer erheblich längeren Vorbereitungszeit erlassen.[24]

Wichtiger ist, daß das Allgemeine Landrecht zur Rechtsordnung in einem Staat bestimmt war, in dem die Stände politisch völlig eingeebnet waren, während ihnen an der Gestaltung der Sozialordnung so viel Anteil belassen worden war, wie es dem Staat gefallen hatte. Das heißt: In Preußen bestanden all jene Widerstände entweder gar nicht oder waren wesentlich weniger stark ausgebildet als die, mit denen die rheinbündischen Reformer sich ihrerseits noch auseinanderzusetzen hatten. Daß das Allgemeine Landrecht dennoch dieses Monstrum wurde, das Otto Hintze eher milde mit den Worten charakterisierte, daß in ihm »der Geist des aufgeklärten Despotismus der friderizianischen Epoche mit seinen wohlwollenden, humanen Tendenzen und seiner konservativen Sozialpolitik einen klassischen Ausdruck« fand,[25] läßt sich nur so erklären, daß es damit völlig den Absichten seines Initiators entsprach. Nach den Vorstellungen Friedrichs II. sollten nämlich im Allgemeinen Landrecht neben den herkömmlichen »besonderen Rechten«, das heißt den bislang gültigen Landesgesetzen, allgemeine, an der Vernunft orientierte Gesetze aufgenommen werden, und dies paradoxerweise so, daß die allgemeinen Gesetze den besonderen Rechten untergeordnet blieben, jene diesen gegenüber lediglich den Rang einer »gestuften Subsidiarität« behaupten konnten. Erst in der zeitlichen wie logischen Folge der Reformgesetzgebung nach 1806 gewann die Gesetzgebung des Allgemeinen Landrechts allmählich die Oberhand über die besonderen Rechte.[26]

In seiner ganzen Zwiespältigkeit ist das Allgemeine Landrecht ein getreues Spiegelbild seiner Zeit. Der Austausch neuer Gedanken und Ideen über die Grenzen Europas hinweg erreichte gerade in der Zeit der Aufklärung eine Intensität wie seither vielleicht nicht wieder. Dies blieb nicht ohne Folgen. Und vor allem in jenen Teilen des Allgemeinen Landrechts, die in die Zukunft weisen, manifestiert sich jener spezifisch geheimrätliche Liberalismus, der die Redakteure dieses Gesetzbuches beseelte und der von dem allgemeinen Ideengut der Aufklärung wie der Wirtschaftstheorie der Physiokraten durchtränkt war. Andere, gemessen an der sozialen Wirklichkeit der Zeit viel radikalere Gedanken durften zwar geäußert werden, blieben aber ohne Folgen. In seiner 1797 erschienenen Schrift *Metaphysische Anfangsgründe der Rechtslehre* wandte sich Immanuel Kant beispielsweise gegen die Erblichkeit des Adels und die Leibeigenschaft. Insbesondere die Erbuntertänigkeit erschien ihm geradezu als Absurdität. Andere Stimmen verlangten eine allgemeine Steuerpflicht, die völlige Aufhebung der Zensur, eine Liberalisierung von Handel und Gewerbe, eine Umgestaltung des Heeres und nicht zuletzt eine geschriebene Verfassung.

Neuerliche zaghafte Ansätze zu einer gesellschaftlichen Reform in Preußen gab es erst wieder nach der Thronbesteigung des 27jährigen Friedrich Wilhelm III. am Ende des Jahres 1797. Friedrich Wilhelm III. war in den Jahren vor seinem Regierungsantritt von dem Geheimrat Suarez, dem eigentlichen Schöpfer des Allgemeinen Landrechts, in den Staatswissenschaften unterrichtet worden. Diese Unterweisungen durch den liberalen Suarez hinterließen einen wenn auch bloß oberflächlichen Eindruck bei dem jungen König.[27] Immerhin vertrat Suarez in seinen Vorlesungen u.a. die Maxime, der weise Regent müsse seine Untertanen nicht als Maschinen, sondern als freie Bürger beherrschen und dafür sorgen, daß jeder seine Kräfte und Fähigkeiten nach eigener Einsicht und Neigung zur Beförderung seiner Glückseligkeit frei gebrauchen könne.[28] Dies muß zu dem allgemeinen Eindruck geführt haben, Friedrich Wilhelm III. sei gegenüber Reformen aufgeschlossen. So hat sich angeblich sein Minister Struensee gegenüber dem französischen Geschäftsträger in Berlin, es war der berühmte Sieyès, 1799 mit folgenden, häufig zitierten Worten vernehmen lassen: »Die heilsame Revolution, die ihr von unten nach oben gemacht habt, wird sich in Preußen langsam von oben nach unten vollziehen. Der König ist Demokrat auf seine Weise: Er arbeitet unablässig an der Beschränkung der Adelsprivilegien und wird darin den Plan Josephs I. verfolgen, nur mit langsameren Mitteln. In wenig Jahren wird es in Preußen keine privilegierte Klasse mehr geben.«[29]

Wenn dies tatsächlich so gesagt worden ist, dann kann es nicht ganz ernst gemeint gewesen sein. Denn noch nicht einmal die nach 1806 eingeleiteten Reformen wurden dem Inhalt dieser Worte auch nur annähernd gerecht. Dabei gab es sehr wohl schon vor Jena und Auerstedt auf den königlichen Domänen eine umfassende Reform. In der Zeit von 1799 bis 1806 wurden hier nach und nach rund 50 000 spannfähige und viele kleinere Bauern, die in erblicher Leibeigenschaft auf den Krondomänen lebten, zu freien Eigentümern erklärt. Der Zahl nach waren dies sogar mehr Menschen, als nach der sogenannten Bauernbefreiung in der Zeit von 1816 bis 1850 auf den Rittergütern frei kamen.[30] Die Befreiung der auf den Krondomänen lebenden erbuntertänigen Bauern wurde nicht zuletzt deshalb von Otto Hintze als das »weitaus Bedeutendste, was das alte Preußen auf dem Gebiete der agrarischen Gesetzgebung geleistet hat«, bezeichnet.[31] Weitergehende Pläne des Königs, auch eine Befreiung der leibeigenen Bauern auf den Rittergütern einzuleiten, scheiterten indessen am Widerstand des Adels und der Behörden.[32] Lediglich einige wenige ostpreußische Rittergutsbesitzer schlossen sich dem königlichen Beispiel freiwillig an. Allerdings wurde dabei der friderizianische Bauernschutz mißachtet: Als Abfindung für ihre

Entlassung aus der Erbuntertänigkeit mußten die Bauern ihr Land dem Gutsbesitzer überlassen. Das Elend war häufig der Preis dieser Freiheit.

Was sonst an Reformplänen namentlich von einer 1798 berufenen Finanzkommission vorgeschlagen wurde, blieb zumeist unerledigt liegen. Der Adel verhinderte erfolgreich, daß er, wie von der Kommission vorgeschlagen, ebenfalls Grundsteuer entrichten mußte. Statt dessen wurde eine Luxussteuer eingeführt. Eine vollständige Aufhebung des Zunftzwangs wurde zwar in der Kommission erörtert, dann aber doch wieder verworfen. Lediglich erörtert wurde auch eine Reform der Akzise, der städtischen Warensteuer, die auf dem flachen Land nicht erhoben wurde. Die Existenz dieser Steuer akzentuierte die scharfe Trennung zwischen Stadt und Land erheblich. Eine umfassende Reform der Regierung, die Ersetzung der unverantwortlichen Kabinettsräte durch kompetente, mit allen Vollmachten ausgestattete Minister, gelangte ebenfalls über das Stadium der Erörterung nicht hinaus. Nur bei der nachgeordneten Behördenorganisation entschloß man sich zur Einleitung einer durch den Geschäftsanfall dringend gebotenen Dezentralisierung.[33]

Trotz der zahlreichen Reformforderungen, die seit dem Tod Friedrichs II. in Preußen laut geworden waren und teilweise von einer vor allem in Ostpreußen wiedererwachten ständischen Bewegung aufgegriffen wurden, trotz schwerer Bauernunruhen, die insbesondere in den Jahren 1793 und 1794 in Schlesien ausbrachen und die nur durch härteste Repressionsmaßnahmen – ganze Dörfer mußten Spießruten laufen – niedergeschlagen werden konnten, trotz dieser Gärung und des drohenden Beispiels, das die Französische Revolution dem alten Europa gegeben hatte, ist in Preußen – sieht man von der Bauernbefreiung auf den Krondomänen ab – unter Friedrich Wilhelm III. bis zur Katastrophe von 1806 alles beim alten und damit beim schlechten geblieben. Denn die Tatsache, daß sich die friderizianische Gesellschaftsordnung überlebt hatte, daß sie in ihren sozialen Voraussetzungen sozial unwahr und damit zu einer Gefahr für den Bestand des Staates geworden war, diese Tatsache übersah niemand in ihrem ganzen bedrohlichen Umfang. Preußen, eingesponnen in das Stilleben seiner Neutralität, war mit sich selbst offensichtlich zufrieden. Man hielt sich für stark, ja unüberwindlich und rechnete sich als Klugheit an, nichts zu tun, da man so am besten die Fehler vermiede, welche die anderen begingen.

Wie unwahr aber die preußische Sozialordnung geworden war, wie schwach die Fundamente waren, auf denen sich der anscheinend so starke Staat erhob, wie sehr man sich bereits von den eigenen Grundsätzen entfernt hatte, dies soll an einigen Beispielen gezeigt werden. Die

Gutsherrschaft auf der Basis der Erbuntertänigkeit der Bauern, wie sie vor allem in den östlichen Provinzen der Monarchie bestand, hatte so lange eine gewisse Berechtigung, wie die Rittergüter in den Familien vererbt wurden und das Verhältnis von Herrschaft und Untertan ausschließlich naturalwirtschaftlich geregelt war. Längst aber war auf den Rittergütern die Naturalwirtschaft durch die Geldwirtschaft ersetzt worden, waren die Rittergüter auch mit Hypotheken belastbar und damit verkäuflich geworden. Gerade dem friderizianischen Staatsverständnis hätte es hohnsprechen müssen, daß Hoheitsrechte wie die Patrimonialjustiz, die den Rittergütern belassen worden waren, zu einer Ware wurden.[34] Auch das patriarchalische Verhältnis zwischen Herrschaft und Untertan war spätestens zu dem Zeitpunkt zerstört, als die Gutsherrschaften Warencharakter bekamen. Ebenso unsinnig geworden waren die Zwangsdienste, die Fronarbeiten, welche die erbuntertänigen Bauern der Herrschaft leisten mußten. In einer Zeit modernisierter Anbaumethoden führten diese Fronarbeiten – häufig bis zu sieben Tagen in der Woche – zu unverhüllter Ausbeutung der Erbuntertänigen.

Die Bauernunruhen im ausgehenden 18. Jahrhundert geben Zeugnis von der Unerträglichkeit dieser Verhältnisse. Seit Abschaffung des alten Rossedienstes und dessen Ersetzung durch die exklusive Vergabe der Offiziersstellen im Heer an Angehörige des Adels entbehrte auch deren Steuerfreiheit jeglicher Grundlage. Längst war die Unabhängigkeit des Adels als eigener Stand gefährdet, reichte die Zahl der Rittergüter nicht mehr aus, alle Adelsfamilien standesgemäß zu ernähren. Auch die Schaffung von Fideikommissen konnte das Problem nicht lösen, denn längst hatte sich eine Schicht landlosen und völlig verarmten Adels gebildet.[35] Gleichwohl blieben die alten Standesschranken erhalten, die einem Angehörigen des Adels verboten, einen bürgerlichen Beruf zu ergreifen. Das gesamte soziale Gefüge der preußischen Gesellschaftsordnung war ins Wanken geraten, aber doch nicht so sehr, daß es schließlich von alleine zusammengebrochen wäre.

Die Standesinteressen des Adels und das Interesse, das die Krone an der Erhaltung der von ihr geschaffenen militarisierten Sozialordnung hatte, ergänzten einander und erwiesen sich gemeinsam als stark genug, die erheblich geschwächten Strukturen wieder zu festigen. Alleine in dieser Perspektive enthüllt sich die zwingende Logik der tatsächlichen Geschehensabläufe: Erst mußte die friderizianische Armee, die Ziel und Quintessenz dieser Sozialordnung war, im Krieg vernichtend geschlagen werden, ehe die Notwendigkeit gesellschaftlicher Reformen von der Krone wie dem Adel überhaupt erwogen wurde. Jena und Auerstedt waren eben nicht bloß ein militärisches Debakel, das seine Ursachen in einer mangelhaften Führung der Truppen während des Kampfes hatte.

In Jena und Auerstedt stürzte vielmehr wie ein Kartenhaus jene längst hohl und inhaltsleer gewordene preußische Sozialordnung zusammen, eben weil ihre inneren Widersprüche auch und gerade auf dem Schlachtfeld offen zutage traten.

Die sogenannte preußische Reformzeit, wie die Jahre nach Jena und Auerstedt bis zum Tod Hardenbergs 1822 bezeichnet werden, ist schon häufig ausführlich geschildert worden. Dies hat nicht zuletzt seine Ursache darin, daß diese Zeit ebenso wie die Regierung Friedrichs II. oder dann später die Kanzlerjahre Bismarcks vorzüglich dazu geeignet war, in der preußisch-deutschen Geschichtsschreibung und in der von dieser bisweilen kaum zu unterscheidenden preußisch-deutschen Nationallegende einen besonderen Rang zu beanspruchen, weil sich hier die unterstellte Vorbildlichkeit der preußischen Geschichte und des preußischen Wesens in vermeintlich schöner Deutlichkeit aufweisen ließ. Daß diese zunächst von Stein und danach von Hardenberg mit manchen Veränderungen im Detail geplanten und angegangenen Reformen sich dann sehr schnell festliefen und im Widerstand der Gesellschaft steckenblieben, daß in der Restauration nach 1815 vieles wieder rückgängig gemacht wurde und manche alte und schlechte Einrichtung sich noch bis zur Revolution von 1848 und darüber hinaus behaupten konnte, all dies wird kaum genannt, geschweige denn ausführlich beschrieben. Die zutreffende Mahnung Droysens: »Überschätzen wir die Arbeit jener Jahre nicht. Ihr Wert liegt bei weitem nicht in dem, was sie erreichte, sondern in dem, was sie erreichbar glaubte«,[36] ist häufig übersehen und überhört worden.

Tatsächlich ist die umfassende Reform der preußischen Gesellschaft nach 1806 in all jenen Bereichen gescheitert, deren unmittelbare Kontrolle nicht der Staat selbst wahrgenommen, sondern anderen überlassen hatte. Das heißt: Der relative Erfolg der Reformen, mißt man ihn an den Absichten ihrer Initiatoren, entspricht genau dem Grad unmittelbaren Einflusses, den der Staat in den einzelnen Sektoren der Gesellschaft besaß. Die Reformen im vollen Umfang ihres Planungsansatzes zu verwirklichen gelang genaugenommen nur auf zwei Feldern: beim Heer und in der Verwaltung. Daß die Reform hier durchzusetzen war, während sie in anderen gesellschaftlichen Sektoren weitgehend paralysiert wurde, ist für die weitere Entwicklung Preußens und Deutschlands von erstrangiger Bedeutung. In den meist adeligen Offizieren des Heeres und den preußischen Verwaltungsbeamten, die häufig bürgerlicher Herkunft waren, aber vom Adel durch Angleichung ihrer Normen oder ihres Sozialverhaltens weitgehend aufgesogen wurden, hat sich in der Wilhelminischen Zeit das Ideal preußisch-deutscher Effizienz bis zur bramarbasierenden Genrehaftigkeit erfüllt. Heer und Beamtenschaft blieben damit auf ihre je besondere Weise die bewegenden Kräfte der preußisch-deutschen Geschichte. Andere soziale Kräfte, die im Zuge vor allem der »industriellen Revolution« nach oben drängten, das Bürgertum und die sozialen Unterschichten, die recht eigentlich erst durch das Scheitern der Reformen von 1806 freigesetzt worden waren, wurden konsequent von der unmittelbaren Teilhabe an der Macht ferngehalten und auf Bereiche abgedrängt, die ihnen lediglich eine gestufte und mehr oder minder indirekte Partizipation erlaubten.

Die Reformen beim Heer und in der Verwaltung können als Teilerfolge der Reformbewegung angesehen werden. Man wird ihr Gelingen aber eher für ein Unglück halten müssen, betrachtet man sie als das, was sie eigentlich sein sollten: Teilstücke einer umfassenden Gesellschaftsreform, die aus einer nach Privilegien und Vorrechten »abgeschichteten« Bevölkerung eine Nation formal gleichberechtigter Bürger machen sollte. Der Kern der preußischen Sozialordnung blieb erhalten, ihre alten Strukturen wurden nicht angetastet. Aber die Teilmodernisierung schuf jene anachronistischen Muster, aufgrund deren sich Preußen seine heute wieder vielgerühmte »Treue zu sich selbst« bewahren konnte – und dies selbst in einer Zeit gewaltiger Veränderungen wie der »industriellen Revolution«, durch die Preußen der Aufstieg von einer europäischen Mittelmacht zu einer Großmacht gelang.

Mißt man die innere Entwicklung Preußens und später die Preußen-Deutschlands an jener Vision einer Gesellschaft, wie sie der Reichsfreiherr Karl vom Stein in seiner großen *Nassauer Denkschrift* von 1807 entwarf,[37] die erst die geplanten Reformen als gesellschaftlich sinnvoll rechtfertigt, dann erhält man einen ersten Eindruck davon, was das Scheitern dieser Reformen bedeutete. Stein hatte die Vision einer sich selbst verwaltenden Gesellschaft mit monarchischer Regierung. Sein Ideal war die aktive Teilhabe der Staatsbürger an allen sie betreffenden politischen Entscheidungen. In der Annahme, Stein habe sich dabei auf demokratietheoretische Postulate gestützt, wie sie von der Französischen Revolution entwickelt worden waren, ginge man allerdings fehl. Steins entschiedenes Eintreten für Selbstverwaltung, für Modelle politischer Partizipation, fußte vielmehr auf einer Fülle praktischer Erfahrungen, die er während seiner Tätigkeit als leitender Beamter in der preußischen Provinzialverwaltung insbesondere der rheinisch-westfälischen Gebiete gesammelt hatte, die durch den Reichsdeputationshauptschluß an Preußen gefallen waren. Für Stein hatte sich hier erwiesen, daß der überbürokratisierte spätabsolutistische Staat, der in allen Bereichen des Lebens seine Untertanen bevormundete und jede Initiative hemmte, längst an seine Grenzen gestoßen und somit für die weitere Entwicklung des öffentlichen Wohls hinderlich war. Seinem Eintreten für die Selbstverwaltung war zweierlei implizit: die Umwandlung der ständisch abgeschichteten Untertanengesellschaft in eine staatsbürgerliche Gesellschaft vor dem Gesetz formal gleichberechtigter Individuen und sein Haß auf die kameralistische Bürokratie des Spätabsolutismus. In der *Nassauer Denkschrift* von 1807 heißt es über die Bürokratie noch verhältnismäßig milde: »In die aus besoldeten Beamten bestehenden Landescollegia drängt sich leicht und gewöhnlich ein Mietlingsgeist ein, ein Leben in Formen und Dienstmechanismen, eine Unkunde des Bezirks, den man verwaltet, eine Gleichgültigkeit, oft eine lächerliche Abneigung gegen denselben, eine Furcht vor Veränderungen und Neuerungen, die die Arbeit vermehren, womit die besseren Mitglieder überladen sind, und der die geringhaltigeren sich entziehen.«[38]

Diesem Mietlingsgeist der Verwaltung, meint Stein weiter, ließe sich durch eine Teilhabe der Stände an der Verwaltung auf provinzialer und lokaler Ebene wirkungsvoll entgegentreten. »Der Formenkram und Dienst-Mechanismus in den Collegien wird durch Aufnahme von Menschen aus dem Gewirre des praktischen Lebens zertrümmert, und an seine Stelle tritt ein lebendiger, fest strebender, schaffender Geist und ein aus der Fülle der Natur genommener Reichtum von Ansichten und Gefühlen.« Dies ist der eine Vorteil, den Stein sich von einer Partizipation der Verwalteten an der Verwaltung erhoffte. Einen anderen, noch größeren Gewinn dieser Partizipation sieht Stein darin, daß sich die Regierung auf eine wesentlich breitere und festere Loyalität ihrer Bürger stützen könne, von deren Sachkenntnis sie überdies auch noch profitiere: »Sie [d.h. die Regierung] wird ein gut gebildetes Organ der öffentlichen Meinung erhalten, die man jetzt aus Äußerungen einzelner Männer oder einzelner Gesellschaften vergebens zu erraten bemüht ist. Ist der Eigentümer von aller Teilnahme an der Provinzial-Verwaltung ausgeschlossen, so bleibt das Band, das ihn an sein Vaterland bindet, unbenutzt, die Kenntnisse, welche ihm seine Verhältnisse zu seinen Gütern und Mitbürgern verschaffen, bleiben unfruchtbar.« Die Vorstellung, die Stein mit dem Staatsbürger verbindet, ist in dieser Passage seiner Denkschrift bereits angedeutet. An anderer Stelle wird sie dann mit aller Klarheit ausgesprochen: »Es ist wirklich ungereimt zu sehen, daß der Besitzer eines Grundeigentums oder anderen Eigentums von mehreren Tonnen Goldes eines Einflusses auf die Angelegenheiten seiner Provinz beraubt ist.«

An Steins Partizipationsmodell sollten also nicht alle, sondern lediglich jene teilhaben, die sich durch Eigentum als vollgültige Staatsbürger ausgewiesen hatten. Die Besitzlosen sollten ausdrücklich keine politischen Rechte erhalten. Dennoch stellt Steins Vision, verglichen mit dem, was politische Wirklichkeit war, einen nicht zu gering zu veranschlagenden Fortschritt dar. Denn ausdrücklich, und dies war auch eine Frucht seiner praktischen Erfahrungen, lehnte er eine alleinige Mitsprache des Adels, wie sie dieser beispielsweise in allen preußischen Kreistagen besaß, kategorisch ab. Die Verwaltung könne nicht durch »eine auf kümmerlichen und schwachen Fundamenten beruhende Herrschaft weniger Gutsbesitzer« ersetzt werden. Es waren für Stein die Eigentümer schlechthin, die er für die politische Mitarbeit gewinnen wollte und deren Wirkung er so katalogisierte: »Belebung des Gemeingeistes und Bürgersinns, Benutzung der schlafenden oder falsch geleiteten Kräfte und der zerstreut liegenden Kenntnisse, Einklang zwischen dem Geist der Nation, ihren Einsichten und Bedürfnissen, und denen der Staatsbehörden, Wiederbelebung der Gefühle für Vaterland, Selbständigkeit und Nationalehre.« Als Eigentümer begriff Stein aber nicht bloß die Besitzer von Grund und Boden, sondern alle Kapitaleigner, denen er noch die »gebildeten Classen« zurechnete, auch wenn diese kein anderes »Eigentum« als ihre Bildung besitzen.

Weitere Einzelheiten seiner in der *Nassauer Denkschrift* niedergelegten Reformpläne sollen hier nicht erörtert werden. Wichtig ist in unserem Zusammenhang aber noch zweierlei. Zum einen ist Steins Reformplanung darauf angelegt, den »preußischen Staaten« eine einheitsstiftende Verfassung zu geben, mit der die interprovinzialen Unterschiede eingeebnet und dafür der Zusammenhalt und die Gemeinsamkeit des ganzen Staates wirksam befestigt werden. Das zweite ist die Behutsamkeit und die in ihr sich verbergende konservative Gesinnung, aus der heraus Stein seine Reformvorstellungen entwickelt. »Der Übergang aus dem alten Zustand der Dinge in eine neue Ordnung darf nicht zu hastig sein, und man muß die Menschen nach und nach an selbständiges Handeln gewöhnen, ehe man sie zu großen Versammlungen beruft und ihnen große Interessen zur Diskussion anvertraut«, heißt es in der *Nassauer Denkschrift*. Die von Stein als Träger staatsbürgerlicher Rechte und Pflichten vorgesehenen Angehörigen der besitzenden Klassen sollen also erst durch ihre Mitwirkung auf den unteren Ebenen politischer Administration zu jener Verantwortlichkeit erzogen werden, die sie dann über die lokale oder provinziale Partikularität hinaus in einer ständisch gegliederten Nationalversammlung für das Ganze üben sollen. Nichts zeigt deutlicher als gerade diese Passage der *Nassauer Denkschrift*, wie fern Stein einer Anlehnung an das »französische Vorbild« war.

Andererseits aber – und bezeichnenderweise ist diese Aussage in jenem Teil der *Nassauer Denkschrift* enthalten, in dem er sich mit möglichen Einwänden gegen sein umfassendes Reform- und Verfassungskonzept auseinandersetzt – hat Stein durchaus einen künftigen Wandel der von ihm projektierten staatsbürgerlichen Gesellschaft eingeplant, insofern dieses Gesellschaftsmodell stets offen sein sollte für den Fortschritt. »Die Regierung, weit entfernt Ursache zu haben, über den Einfluß der Klasse der Eigentümer aus einer mutigen, sittlichen, verständigen Nation etwas befürchten zu müssen, vervielfältigt die Quellen ihrer Erkenntnis von den Bedürfnissen der bürgerlichen Gesellschaft und gewinnt an Stärke in den Mitteln der Ausführung. Alle Kräfte der Nation werden in Anspruch genommen, und sinken die höheren Klassen derselben durch Weichlichkeit und Gewinnsucht, so treten die folgenden mit verjüngter Kraft auf, erringen sich Einfluß, Ansehen und Vermögen und erhalten das ehrwürdige Gebäude einer freien, selbständigen, unabhängigen Verfassung.«

Im Preußen des Jahres 1807 kam es aber, wie Ranke feststellte, weniger auf die Schaffung einer Verfassung an als auf die Reorganisation der Verwaltung.[39] Und diese Reorganisation der Verwaltung, die, von oben nach unten verlaufend, konsequent angegangen wurde, hat, wie Reinhart Koselleck feststellte, gleichsam als »Ersatzverfassung« fungiert.[40] Zum anderen muß gesagt werden, daß jene Kräfte der Gesellschaft, auf die Stein meinte, seine Verfassung gründen zu können, im Preußen der Reformzeit noch gar nicht in ausreichender Weise zur Verfügung standen: Jene breite Schicht politisch interessierter und unabhängiger Eigentümer, die außerhalb der alten noch bestehenden Stände zu bestimmen gewesen wäre. Diese heranzubilden war ja gerade das Ziel insbesondere der wirtschaftlichen Reformen, die in Gang gesetzt wurden.[41] Die Reformen gerieten aber damit just in jene Sackgasse, aus der es keinen »reformistischen Ausweg« gab und in der sie folglich steckenblieben. Denn der preußische Staat war, um die ihm von Napoleon auferlegten enormen Kriegskosten bezahlen zu können, zunächst völlig auf die Mitarbeit und die Zustimmung der alten, allein mit Vertretern des gutsherrschaftlichen Adels besetzten provinzialen Kammern und Ständeversammlungen angewiesen. Der Staat mußte auf diese ständische Unterstützung vor allem aus zwei Gründen rekurrieren: Zum einen waren die alten Stände durch den totalen Zusammenbruch von Heer und Verwaltung nach Jena und Auerstedt teils von sich aus, um das entstandene Vakuum zu füllen, wieder in neue Aktivität getreten, teils, weil Napoleon die ersten Kriegskontributionen provinz- oder kammerbezirksweise eintrieb und sich dazu vor allem an ständische Ausschüsse oder die Landtage wandte, welche die geforderten Summen aufbringen mußten. Zum anderen war die Höhe der von Napoleon schließlich geforderten Summen – 140 Millionen Taler – durch die Einnahmen aus dem regulären Steueraufkommen nicht zu finanzieren. Der Staat war gezwungen, neue Steuern umzulegen und, da diese nicht ausreichten, sich Kredite zu beschaffen. Beides aber konnten ihm nur die Stände bewilligen. Reinhart Koselleck hat das Dilemma, in das die Reformer dadurch gerieten, eindringlich beschrieben: »Der Staat war [...] auf die Hilfe der gleichen adeligen Stände angewiesen, die er, um noch andere Kräfte zu mobilisieren, ihrer herrschaftlichen Vorrechte beraubte. Das erzwungene Nahziel der Kreditgewinnung und das weitere Ziel der wirtschaftlichen Freizügigkeit standen sich gleichsam im Wege, ... Es ist Hardenbergs Verdienst, hier dem weiteren, wenn auch nicht sofort erreichbaren Ziel wieder die Priorität verschafft zu haben. Daß es nur auf Kosten der Stände erreichbar war, die auf ihre Steuerfreiheiten und Herrschaftsrechte pochten, schloß deren Mitarbeit am politischen Verfassungsbau aus. Mit anderen Worten, die Zusammenarbeit zwischen den Behörden und der Ritterschaft beruhte auf gegenseitigem Vorbehalt, und dieser Vorbehalt erstreckte sich vorzüglich auf die Planung einer gesamtstaatlichen Repräsentation.«[42]

Aber nicht nur jene Reformanstrengungen, die auf die Stiftung einer Verfassung und die Schaffung einer Nationalrepräsentation zielten, scheiterten an der Opposition insbesondere des Adels oder wurden doch zumindest durch dessen Widerstand in eine Richtung abgelenkt, die nicht mehr den ursprünglichen Absichten der Reformer entsprach. Besonders deutlich wird dies bei der sogenannten Bauernbefreiung, einer Reform, die zuerst begonnen wurde und deren Fehlschlag zu einer sozialen Katastrophe führen sollte.

Die Bauernbefreiung, die mit dem Edikt vom 9. Oktober 1807, »den erleichterten Besitz und freien Gebrauch des Grundeigentums sowie die persönlichen Verhältnisse der Landbewohner betreffend«, in Gang gesetzt wurde, sah vor, daß es nach dem Martinitag 1810 nur noch »freie Leute« in Preußen geben sollte. Formal stellt dieses Oktoberedikt nur eine Fortsetzung und Ausdehnung jener bereits 1799 auf den königlichen Domänen begonnenen Bauernbefreiung dar. Tatsächlich aber weicht es von diesem Vorbild in sehr bezeichnender Weise ab. Denn während man die Bauernbefreiung auf den Domänen zunächst damit begonnen hatte, eine Lösung für die »Regulierung« der Besitz- und Dienstverhältnisse zu suchen, das heißt Modalitäten zu finden, wie ein freies bäuerliches Eigentum geschaffen und gleichzeitig die alten Rechte abgelöst werden könnten, ehe man zur Erklärung der persönlichen Freiheit der Bauern schritt, verfuhr man jetzt genau umgekehrt. Man verkündete erst die persönliche Freiheit der Bauern und vertagte die »Regulierung« auf einen späteren Zeitpunkt. Für diese Umkehrung in der

Verfahrensweise lassen sich verschiedene Gründe anführen. Zum einen war durch die Aufhebung der Leibeigenschaft in den an Preußen im Osten und Westen angrenzenden napoleonischen Satellitenstaaten, dem Großherzogtum Warschau und dem Königreich Westfalen, ein Beispiel gegeben worden, das Preußen in einen gewissen Zugzwang setzte. Zum anderen, und dies kann als die eigentliche Absicht des Edikts gelten, sollte durch die Auflösung des Verhältnisses von Herrschaft und Untertan auch auf dem Lande der freie, eigenverantwortliche bäuerliche Unternehmer seine Tätigkeit entfalten, der nach den Prämissen der liberalen Wirtschaftstheorie von Adam Smith, welche die Reformen entscheidend beeinflußt hatten, jenen persönlichen Wohlstand zu erreichen trachtete, zu dem ihn seine Kräfte befähigten. Damit sollten die Prosperität und die Leistungskraft des ländlichen Wirtschaftsbereichs gesteigert werden, in dem zum Zeitpunkt der Reform noch rund 80 Prozent der arbeitenden Bevölkerung Preußens tätig waren. Diesem Ziel war auch die weitere zentrale Bestimmung des Oktoberedikts, »den erleichterten Besitz und freien Gebrauch des Grundeigentums ... betreffend«, verpflichtet. Denn damit wurde nicht nur eine vorher nicht gegebene völlige Liberalisierung und Mobilisierung des Grundstückhandels statuiert, die es jedermann ohne weitere Umstände ermöglichte, ein Rittergut mit allen ihm »anklebigen Rechten« zu erwerben, sondern es waren damit auch de facto alle bisherigen Standesgrenzen völlig beseitigt worden. Der Erwerb von Grundbesitz wie die Freiheit der Berufswahl standen nun den Angehörigen aller Stände zu.[43]

Die Gefahren, die in dieser radikalen Beseitigung der patriarchalischen Wirtschaftsbeziehungen auf dem flachen Lande und in deren Ersetzung durch eine dem Laissez-faire-Liberalismus verpflichtete Wirtschaftsordnung lagen, mit der konsequenterweise auch der friderizianische Bauernschutz beseitigt wurde, war den Reformern nur zu sehr bewußt. Um zu verhindern, daß die Kleinen von den Großen geschluckt würden, fügte vom Stein dem im wesentlichen von Theodor von Schön ausgearbeiteten Entwurf für das Oktoberedikt von 1807 die Bestimmung bei, daß eine Einziehung von Bauernland zum Rittergut oder die Zusammenlegung mehrerer kleiner Bauernhöfe zu einem größeren Gut nur mit Zustimmung der Verwaltungsbehörden und nach noch zu bestimmenden Normen erfolgen dürfe, die der Besonderheit einer jeden Provinz Rechnung tragen sollten. Einen Musterentwurf für diese Normen stellt die am 14. Februar 1808 für Ostpreußen erlassene »Verordnung wegen Zusammenziehung bäuerlicher Grundstücke oder Verwandlung derselben in Vorwerkland« dar. Sie bestimmte, daß von den vor 1752 bestehenden Bauerngütern die Gutsherren dann maximal die Hälfte ihrer Fläche einziehen dürften, wenn sie gleichzeitig die verbleibenden Restgüter zu größeren Bauernwirtschaften von vier bis acht Hufen Größe zusammenfügten und dafür jeweils einen Bewirtschafter nachweisen konnten. Alle nach 1752 entstandenen Bauernstellen sollten dagegen restlos eingezogen werden dürfen.[44]

Allein auch diese Bestimmung hatte lediglich provisorischen Charakter, da sie nur so lange gelten sollte, bis eine endgültige Regelung für die Ablösung all jener Pflichten und Rechte gefunden worden war, die das alte Verhältnis von Herrschaft und Untertan ausgemacht hatten. Das für die Bauern noch recht günstige Edikt, »die Regulierung der gutsherrlichen und bäuerlichen Verhältnisse betreffend«, vom 14. September 1811, das den Bauern freies Eigentum gewährte unter der Voraussetzung, daß sie je nach Rechtslage ein Drittel bis zur Hälfte ihres Landes an den Gutsbesitzer als Entschädigung abtraten, ist »in dieser Form überhaupt nicht zur Ausführung gelangt« (Otto Hintze). In die Praxis umgesetzt wurde statt dessen die für die Bauern wesentlich ungünstigere Deklaration vom 29. Mai 1816. Die Möglichkeit zum Erwerb freien Eigentums bei Entlassung aus allen Diensten und Verpflichtungen gegenüber dem Gutsherrn wurde mit dieser Deklaration lediglich auf die größeren Bauernstellen beschränkt, soweit diese schon bei Ende des Siebenjährigen Krieges mit bäuerlichen Wirten besetzt waren. Aber auch auf diesen Höfen sollte die »Regulierung« nicht automatisch, sondern nur auf Antrag erfolgen, was, wie Otto Hintze bemerkte, häufig unterblieb. Insgesamt sind auf diese Weise bis 1850 in den sogenannten altpreußischen Provinzen – ausgenommen sind Posen und Schlesien – rund 45 000 Bauernstellen in freies Eigentum verwandelt worden; in der Regel wurde hier ein Drittel oder die Hälfte des Bodens an den Gutsherrn abgetreten.[45] Alle kleineren Bauernstellen wurden in der Folge vom Großgrundbesitz aufgesogen, da mit dieser Deklaration vom 29. Mai 1816 der friderizianische Bauernschutz aufgehoben worden war, ohne daß eine andere Schutzklausel an seine Stelle trat. Dieses »Bauernlegen« setzte dann ein Landarbeiterproletariat frei, das den großen Gütern als Reservearmee billiger Arbeitskräfte zur Verfügung stand.

Die Junker, die adeligen Grundbesitzer, sind auf der ganzen Linie die Gewinner des Oktoberedikts von 1807 geblieben. Sehr schnell nach der ersten Schockwelle, die von der Katastrophe bei Jena und Auerstedt ausgegangen war und die das gesamte Gesellschaftsgebäude Preußens bis in die Grundfesten erschüttert hatte, zeigte es sich, daß der Staat nicht die Kraft hatte, den sich rasch wieder formierenden Widerstand des Adels zu brechen. Die stufenweise Zurücknahme der ursprünglich geplanten umfassenden Reform der agrarischen Sozialordnung belegt nachdrücklich, daß der grundbesitzende Adel gerade in der Reformzeit erheblich an Einfluß und innerer Festigkeit gewann. Seine politischen

Vorrechte, die Ausübung der Patrimonialjustiz und die Polizeiverwaltung auf dem flachen Land, sind in dieser Zeit nie angetastet worden. Die Liberalisierung und Mobilisierung des Grundstückhandels und damit verbunden die Aufhebung der wirtschaftlichen Standesgrenzen durch das Oktoberedikt von 1807 »öffnete«, wie Reinhart Koselleck bemerkt, »rechtzeitig das Ventil, um dem Adel wirtschaftliche Kräfte zufließen zu lassen, bevor seine Macht als Geburtsstand auf dem Lande untergraben war. Die Überschreitung der Adelsgrenze durch das Bürgertum tangierte nur mittelbar das ritterständische Herrschaftsverhältnis zur bäuerlichen Unterschicht. Gerade durch seine wirtschaftliche Gleichstellung mit dem Bürgertum konnte der Adel mehr Vorrechte in das neunzehnte Jahrhundert hineinretten, als es ihm sonst möglich gewesen wäre. Die Anpassung erfolgte also von beiden Seiten, wodurch der Adel auf die Dauer der Gewinner blieb. Die Reformen setzten mit anderen Worten so rechtzeitig ein, daß der Adel als Stand sich erhalten und kräftigen konnte.« [46]

Alle Versuche Steins und Theodor von Schöns, mit dem Oktoberedikt von 1807 und mit der Verordnung vom 14. Februar 1808 eine breite und wirtschaftlich gesunde Schicht mittelständischer und nichtadeliger Bauern zu schaffen, die ein wirksames Gegengewicht gegen die politische und wirtschaftliche Vorherrschaft der Junkerklasse auf dem flachen Land gewährleistet hätte, waren vergeblich. Eine mittelbäuerliche Schicht konnte aber auch in der Folgezeit nicht aus jenen durch das Regulierungsedikt von 1816 freigesetzten Bauern gebildet werden. Denn diese waren zumeist auf die schlechteren Böden abgedrängt worden und hatten durch die Landabtretungen zur Entschädigung ihrer einstigen Gutsherren oft nur bäuerliche Wirtschaftseinheiten, die keine ausreichenden Erträge brachten. Häufig kam noch hinzu, daß die Bauern in Zeiten von Geldknappheit zu Rentenzahlungen gezwungen wurden, die sie angesichts fallender Getreidepreise nicht leisten konnten. Die Folge waren Verschuldung bei Wucherern und Konkurs mit Zwangsversteigerung des bäuerlichen Besitzes, den nicht selten der einstige Gutsherr als Meistbietender erwarb. Der Staat, der die Rittergutsbesitzer durch die Gewährung billiger und langfristiger Kredite direkt begünstigte, überließ die mittelständischen Bauern völlig ihrem Schicksal. Bis 1843 bestand sogar für ehemalige Gutsbauern eine Verschuldungssperre: Sie durften nicht mehr als 25 Prozent ihres Bodens hypothekarisch belasten. Damit verhinderte der Staat letzten Endes erfolgreich, was ursprünglich ein Ziel seiner Sozialreform im agrarischen Bereich gewesen war: einen breiten, leistungsfähigen bäuerlichen Mittelstand.
Doch selbst unter diesen ungünstigen Voraussetzungen behauptete

sich die Schicht der freigesetzten Gutsbauern insgesamt erstaunlich zäh und erfolgreich. 1869 wies die preußische Bodenverteilung ein Verhältnis von 49 Prozent selbständiger Bauerngemeinden zu 45 Prozent Gutsbesitz aus. Rechnet man die westlichen Provinzen Preußens hinzu, so beträgt das Verhältnis sogar 56 zu 38 Prozent. Dennoch, und dies ist geeignet, das relativ vorteilhafte Bild dieser Zahlen erheblich zu trüben, muß festgestellt werden, daß alle diese ehemaligen Gutsdörfer noch immer von der früheren Gutsherrschaft politisch beherrscht wurden. Dies äußerte sich unmittelbar in dem Patronat, der Polizeigewalt und der niederen Gerichtsbarkeit, die nach wie vor von der Gutsherrschaft ausgeübt wurde, und mittelbar in der politischen Alleinvertretung des flachen Landes durch den grundbesitzenden Adel auf der Kreis- und Provinzialebene.

Der große Verlierer der Reform war jene Schicht der ländlichen Bevölkerung, die, soweit sie überhaupt schon vorhanden war, von den Reformern nicht wahrgenommen wurde. Zu einem sozial faßbaren Phänomen wurde sie erst später, insofern sie recht eigentlich ein Folgeprodukt der gescheiterten Reform war: die große Schicht der Landlosen, das Landproletariat. Diese Schicht setzte sich zum kleineren Teil aus dem Gesinde der Höfe und Güter und zum größeren Teil aus all jenen weiterhin dienstpflichtigen Kleinbauern zusammen, die von der »Regulierung« von 1816 ausgenommen worden waren und die deshalb auch kein freies Eigentum hatten erwerben können. »Die Absicht der Maßregel war«, schreibt Otto Hintze dazu, »diese kleinen Leute als Dienstfamilien für die Rittergüter in einer ähnlichen wirtschaftlichen Stellung wie früher zu erhalten. Aber den meisten von ihnen behagte dieses Los jetzt um so weniger, als ihre Nachbarn zu freien Eigentümern geworden waren. Sie gaben die dienstpflichtigen Stellen lieber auf; und da der Grundsatz des friderizianischen Bauernschutzes keine Gültigkeit mehr hatte, so stand dem Gutsherrn nichts im Wege, das frei gewordene Land einzuziehen und an Stelle dieser Kleinbauern Gutstagelöhner anzusetzen, die meist in Naturalien gelohnt wurden und durch lange Kontrakte gebunden waren.«[47] Dieser Vorgang, bei dem mehrere hunderttausend bäuerliche Kleinstellen verlorengingen, das heißt von den Rittergütern aufgesogen wurden, stellt tatsächlich nichts anderes dar als eine schleichende, vom Staat begünstigte Enteignung dieser Kleinbauern. Das Landproletariat, das sich aus diesen Depossedierten zusammensetzte, die sich dem bereits vorhandenen Heer der landlosen Büdner und Häusler zugesellten, wurde durch das sprunghafte Anwachsen der Landbevölkerung in der Zeit von 1810 bis 1848, das durch die Beseitigung der Heiratsschranken herausgefordert worden war, noch erheblich vermehrt. Der Staat schuf sich damit jenen Menschen, »der kein anderes Kapital hat als seine körperlichen Kräfte«, wie es bezeichnenderweise schon in einem Reskript vom 5. März 1809 heißt.[48]

Diese riesige Reservearmee billiger Arbeitskräfte konnte von den Gütern aber bald nicht mehr beschäftigt werden. Die Folge waren Lohnverfall und eine immer größer werdende Misere dieser Unterschichten, die sich nicht zuletzt in der Kriminalstatistik und in dem erschreckenden Ansteigen der Zahl von Kinderselbstmorden niederschlug.[49] Zuletzt suchte und fand dieses Massenelend der bäuerlichen Unterschicht ein Ventil in der riesigen, von Osten nach Westen verlaufenden Wanderbewegung, die dann in die Auswanderung nach Übersee einmündete.[50] Der Sog dieser massenhaften Landflucht führte in den Gebieten jenseits von Oder und Neiße zu einer tendenziellen Entvölkerung. Diese Entwicklung wurde zeitweilig noch dadurch beschleunigt, daß billiges Importgetreide die einheimischen Getreidepreise drückte, so daß die Löhne der Landarbeiter weiter sanken. Die deutschstämmigen Landarbeiter wurden, soweit sie es nicht von sich aus vorzogen, ihrer Not durch Abwanderung zu entrinnen, zunehmend von genügsameren polnischen Arbeitskräften verdrängt. Diese Entwicklung, die damals begann, fand in der Mitte unseres Jahrhunderts in jener riesigen Tragödie von Flucht und Vertreibung der Deutschen aus den Gebieten östlich von Oder und Neiße ihren Abschluß. Die historische Schuld daran müssen sich die preußischen Junker mit den Nazis teilen. Denn die Nazis waren es, die mit den verbrecherischen Mitteln der Massenvertreibung der polnischen Bevölkerung eine Entwicklung gewaltsam umkehren wollten, die mit dem Scheitern der Reform von 1807 begonnen hatte.[51]

6. KAPITEL
Der »teutsche« Traum

Die napoleonische Herrschaft über Europa hat mittelbar auch den weiteren Verlauf der deutschen Geschichte bis 1866 beeinflußt. Wenige Monate nach dem definitiven Ende des alten, des Heiligen Römischen Reichs war auch das friderizianische Preußen, jener scheinbar so festgegründete Staat, untergegangen. Hier wie dort brachen politische und soziale Strukturen zusammen, die sich längst überlebt hatten. Die Probleme in den jetzt souveränen deutschen Staaten des Rheinbunds waren vergleichbar mit denen in Preußen. Mit durchaus ähnlichen Mitteln versuchte man, Antworten zu geben auf die drängenden Fragen der neuen Zeit. Sowohl die Rheinbundstaaten als auch Preußen sahen sich durch Napoleon vor die Wahl gestellt, entweder unterzugehen oder ihre Gesellschaft zu modernisieren. Nirgendwo war diese Entscheidung notwendiger als in Preußen, das inzwischen auf das Format einer europäischen Macht zweiten Ranges geschrumpft war. Die Hälfte seines Staatsgebiets war verloren, und im Innern befand sich das Land in völliger Auflösung, während die Länder und Ländchen des übrigen Deutschlands sich mit dem Segen Napoleons noch einmal territorial vergrößert hatten. Ihre regierenden Fürsten waren zu wirklichen Souveränen aufgestiegen. Beides, die territoriale Vergrößerung wie der Aufstieg zur Souveränität, verlangte eine Änderung der bisherigen politischen und sozialen Zustände. In den neuen, gleichsam »künstlich« geschaffenen deutschen Mittelstaaten mußte eine neue künstliche Ordnung den Zusammenhalt stiften. Die treibende Kraft war dabei nicht etwa die Einsicht in die veränderten Verhältnisse, sondern der französische Druck, der auf den rheinbündischen Staaten lastete. Mit ihnen war etwas gänzlich Neues entstanden, das sich nun behaupten und bewähren mußte. Preußen dagegen war ein alter, ein angesehener oder auch gefürchteter Staat, der, wenn er noch eine Zukunft haben wollte, sich sofort und mit aller Entschiedenheit gründlich reformieren mußte. Dies muß man sehen, will man den in dieser Zeit mit Macht aufkommenden deutschen Nationalismus verstehen, eine Nachgeburt des preußischen Bankrotts von 1806.

Noch wenige Jahre vor Jena und Auerstedt hatte Goethe in den *Xenien* konstatiert: »Deutschland! Aber wo liegt es? Ich weiß das Land nicht zu finden . . .« Und ebenfalls in den *Xenien* hatte er den Deutschen noch den Rat gegeben: »Zur Nation euch zu bilden, ihr hofft es, Deutsche, vergebens; bildet, ihr könnt es, dafür freier zu Menschen euch aus.« – Es war dies das Programm des Weltbürgertums, in dem die Deutschen ihre zukünftige Mission finden sollten. Doch mit einemmal und ausgerechnet in Preußen, das an der »Qualität seiner Staatlichkeit« katastrophal gescheitert war, wurden zahlreiche Stimmen laut, die nicht nur vorgaben zu wissen, wo Deutschland liege, sondern auch welche Rolle es zu spielen habe.

Der Zusammenbruch Preußens, der Bankrott seiner sozialen Ordnung wurde illuminiert von der Götzendämmerung einer nationalrevolutionären Stimmung, die das Land in ein diffuses Licht tauchte. Am reinsten findet diese Stimmung ihren Ausdruck in Kleists Drama *Die Hermannsschlacht,* entstanden im Sommer 1808, in dem das Credo verkündet wurde, daß alle Moral und jedes sittliche Bedenken hinter dem Wohl der Nation zurückzutreten habe. Treitschke hat dieses Drama als »ein hohes Lied der Rache, eine mächtige Hymne auf die Wollust der Vergeltung« bezeichnet; und in der Tat ist in ihm schon ein Gran jener blutigen Narrheit enthalten, die den deutschen Nationalismus einer späteren Zeit auszeichnen sollte.

> »Ergeben! – Einen Krieg, bei Mana! will ich
> Entflammen, der in Deutschland rasselnd,
> Gleich einem dürren Walde, um sich greifen
> Und auf zum Himmel lodernd schlagen soll!«

Kleist war nicht der einzige, der in der Stunde der tiefsten Erniedrigung Preußens den Kampf, die Entfesselung des totalen Volkskrieges gegen Napoleon und »den schönen Tod der Helden« als den einzigen Ausweg aus Schmach und Düsternis leidenschaftlich pries. Ernst Moritz Arndt entwarf in seiner Schrift *Was bedeutet Landwehr und Landsturm?* das Konzept eines Guerillakrieges. Das Beispiel Spaniens, das sich in einem wütenden und mörderischen Volkskrieg gegen Napoleon erhoben hatte, diente dabei als Vorbild. Der Mangel an Ausbildung und Waffen sollte im »Landsturm« durch Heimtücke und Opferbereitschaft des einzelnen ersetzt werden:

»Der Landsturm besteht neben und außer der Landwehr aus allen waffenfähigen Männern ohne Unterschied des Alters und des Standes. Er ist bloß bestimmt, die Landschaft und den nächsten eigenen Herd zu beschützen, und wird nicht aus der Landschaft in entfernte Grenzen geführt. Wo der Feind ein- und andringt, da sammeln sich die Männer, stellen auf ihn, umrennen ihn, schneiden ihn ab, überfallen seine Zufuhren und Rekruten, erschlagen seine Kuriere, Boten, Kundschafter und Späher, kurz, tun ihm allen Schaden und Abbruch, den sie ihm möglicherweise tun können; welches ihnen durch die Kenntnis von Stegen und Wegen und von allen Gelegenheiten und Schlupfwinkeln möglich ist. Sie sind dem Feinde ein furchtbares Heer, weit furchtbarer als ordentliche Soldaten, weil sie allenthalben und nirgends sind, weil sie immer verschwinden und immer wieder kommen. Dieser Landsturm steht nur auf, wann der Feind da oder doch nahe ist; wann die Gefahr vorüber, so geht jeder, wie ihm gefällt, wieder in sein Haus, an seine Arbeit, an sein Geschäft. Er gebraucht alles, was Waffen heißt, und wodurch man Überzieher und Bedränger ausrotten kann: Büchsen, Flinten, Speere, Keulen, Sensen usw.; auch sind ihm alle Kriegskünste, Listen und Hinterlisten erlaubt, wodurch er mit der mindesten Gefahr bei Tag und Nacht den Feind vertilgen kann: denn der Räuber und Überzieher hat in seinem Lande nichts zu tun.«[1]

Arndt formulierte als Programm, was Kleist mit den berühmt-berüchtigten Worten gemeint hatte:

»Schlagt ihn tot! Das Weltgericht
Fragt Euch nach den Gründen nicht!«

Allein, auch dieser aus Patriotismus genährte, glühende Haß vermochte nicht, den Steppenbrand eines allgemeinen Volkskriegs gegen Napoleon zu entfachen. Einige preußische Offiziere wie Ferdinand von Schill unternahmen es, mit geringen Truppenkontingenten, mit »Freicorps«, gegen die ihnen weit überlegene französische Macht anzurennen. Diese eher von einem törichten Heroismus als von militärischer Klugheit inspirierten Unternehmungen wurden jedoch rasch erstickt, die gefangenen Insurgenten entweder hingerichtet oder auf die französischen Galeeren gesteckt. Bis auf den Freiherrn vom Stein, der 1808 aktiv an der Vorbereitung eines Volkskriegs gegen Napoleon beteiligt war, sahen die führenden politischen Köpfe Preußens keine Chance für die Entfesselung eines Guerillakrieges. Die Niederlage Österreichs, das in ähnlich verzweifelter Lage den Kampf gegen das Joch napoleonischer Bedrückung noch einmal aufgenommen hatte, und das Scheitern der Volksaufstände in Tirol im Jahre 1809 gaben ihnen recht. Nationalrevolutionärer Haß allein reichte nicht aus, den Eroberer zu bezwingen.

Aber gerade weil diese nationalrevolutionäre Gefühlsseligkeit sich nicht in Taten austoben konnte, sondern lediglich in einigen Verschwörerkreisen rhetorische Blüten trieb, erhielt der frühe deutsche Nationalismus jenen höchst eigentümlichen und widrigen Charakter einer seltsamen Traumtänzerei. Dabei amalgamierte er sich mit so mancherlei:

mit Naturbegeisterung und einer romantischen Idealisierung des alten Reichs. In einem mythisch-idealen Mittelalter, in einem Deutschland, das gleichsam in einer Zeit vor dem Sündenfall bestimmt wurde, erblickte man den Entwurf für die eigene Zukunft. Der Nationalismus jener Jahre war so bunt und vielfältig, weil er sich über seine eigene, tiefe Ziellosigkeit hinwegtäuschen mußte. Genau betrachtet war es ein nationaler Idealismus, der ins Leere lief. Denn jenseits der glühend ersehnten Vernichtung Napoleons war alles nur Schall und Rauch, wurde eine bühnenbildhaft aufgeputzte Vergangenheit als jenes Deutschland ausgegeben, das man bauen wollte. Treitschke stellte diesem »teutschen« Fiebertraum die Diagnose: »Ein durch unbestimmte historische Bilder erhitzter Enthusiasmus berauschte sich für die Idee eines großen Vaterlandes in den Wolken, das irgendwie die Herrlichkeit der Ottonen und der Staufer erneuern sollte . . .«[2]

Fichte wandte sich in seinen *Reden an die deutsche Nation* an, wie er in seiner ersten Rede programmatisch verkündigte, »Deutsche schlechtweg von Deutschen schlechtweg nicht anerkennend, sondern durchaus beiseite setzend und wegwerfend alle die trennenden Unterscheidungen, welche unselige Ereignisse seit Jahrhunderten in der einen Nation gemacht haben«.[3] Ein Fichte im Geiste Verwandter war der Freiherr vom Stein, der nach seiner Entlassung aus dem preußischen Staatsdienst jenes berühmte Bekenntnis ablegte, er habe nur ein Vaterland, dem er dienen wolle: Deutschland. – Deutschland, aber wo liegt es? Für Fichte in den Gefilden der Reinen und Ursprünglichen. Die Deutschen, an die er seine Reden richtete, galten ihm als das einzige noch urtümliche, noch unverdorbene Volk, als das »Urvolk« in einer korrumpierten Welt. Das war natürlich barer Unsinn; ein Vorurteil, das die Deutschen auch später nicht daran hindern sollte, sich für besonders »rein« und »ursprünglich« zu halten und gegen alle Gesetze der Zivilisation zu verstoßen. Fichte stand vor dem gleichen unlösbaren Dilemma, das auch den Reformern zu schaffen machte: Seine Reden setzten einen Zustand voraus, die gesellschaftliche Wirklichkeit des »Deutschen schlechtweg«, die keineswegs gegeben war, sondern erst noch geschaffen werden mußte. Fichtes Programm war einer umfassenden Nationalerziehung, der Heranbildung einer Gesellschaft verpflichtet, die dem nationalen Machtstaat, von dem er träumte, die sittliche Rechtfertigung verleihen sollte. »Der vernunftmäßige Staat«, so führte er aus, »läßt sich nicht durch künstliche Vorkehrungen aus jedem vorhandenen Stoffe aufbauen, sondern die Nation muß zu demselben erst gebildet und heraufgezogen werden. Nur diejenige Nation, welche zuvörderst die Aufgabe der Erziehung zum vollkommenen Menschen durch die wirkliche Ausübung gelöst haben wird, wird auch jene des vollkommenen Staates lösen.«

Alle Voraussetzungen für den Erfolg dieses Erziehungsprogramms sah Fichte im deutschen Volk gegeben, da dieses sich als einziges inmitten allgemeiner Korruption seine »Urkraft« bewahrt habe. Die Deutschen hätten deshalb geradezu die Pflicht, bei der notwendigen Erziehung der anderen Völker als Beispiel voranzugehen. Allein die deutsche Nation sei aufgrund der einzig in ihr noch unverfälscht und rein vorhandenen Anlagen imstande, die Welt vor dem sicheren Verderben zu bewahren. Später wurden diese Gedanken Fichtes auf die gräßliche Formel reduziert, die Welt müsse am deutschen Wesen genesen ...

Während Fichte die nationale Zusammengehörigkeit als ein Erfordernis der Vernunft deklarierte und durch die von ihm skizzierte Nationalerziehung jene Zwangsanstalt des vollkommenen Vernunftstaates verwirklichen wollte, verkündete Ernst Moritz Arndt das visionäre Konzept, den bestehenden (preußischen) Staat lediglich durch Reformen, durch ein ungehindertes Einströmenlassen der sittlich reinen und schöpferischen Kräfte des Volkes zu erneuern und zu festigen. In seinen 1812 entstandenen *Fantasien für ein zukünftiges Deutschland* vertrat er seinen reformerischen Glaubenssatz, daß ein Volk, das seine Freiheit damit beginne, alles Alte zu zerstören und dann zu meinen, es könne aus sich heraus alles wieder neu und herrlich errichten, niemals wirklich frei sein werde. Vielmehr müsse der neue Staat aus den bereits vorhandenen Elementen aufgebaut werden. Der klügste Gesetzgeber sei deshalb derjenige, der es verstehe, aus eben diesen Elementen die lebendigsten und nützlichsten auszuwählen und diese derart zusammenzufügen, daß ein gesunder und starker Körper daraus werde. Arndt verfocht damit wie auch in seiner anderen Schrift *Über künftige ständische Verfassungen in Teutschland* von 1814 das konservative Ideal eines Staates auf christlich-ständischer Grundlage, das sich aufs schärfste von jenem Staats- und Gesellschaftsmodell unterschied, das die Französische Revolution hervorgebracht hatte.

Aber weder Fichte noch Arndt, geschweige denn andere, die sich in jener Zeit in Wort und Schrift zu einer deutschen Nationalgesinnung bekannten, verbanden damit einen konkreten politischen Begriff vom Nationalstaat. Was sie dachten, redeten und schrieben, blieb bloße Gesinnung und letztlich politische Romantik. Dennoch: Dieses plötzliche Auftreten einer bisweilen recht engstirnigen und militant bramarbasierenden nationalen Gesinnung nach 1806 in einer Generation, die ganz dem Gedankengut kultureller Weltbürgerlichkeit verhaftet war, ist ein durchaus merkwürdiges, vor allem preußisches Phänomen. Es mangelte dieser Gesinnung an jeglicher Einheitlichkeit und Kohärenz, ja, sie wies geradezu gegensätzliche, widersprüchliche Ausformungen auf; ihre

Spannweite reichte von einem in seinen konkreten Perspektiven nur zu erahnenden Reichspatriotismus, dem eine irgendwie zu gestaltende nationale Einheit vorschwebte, bis hin zu einem dynastischen und damit partikularistisch-patriotischen Loyalismus. Zwischen diesen beiden Polen entfalteten sich die verschiedensten Formen einer mehr oder minder romantisch angekränkelten, in jedem Fall aber unpolitischen »Teutschtümelei« und bloßen Franzosenfresserei, die beide der nationalen Gesinnung jener Jahre einen widerwärtigen Anstrich verliehen.

Beides: Die beinahe exklusive Beschränkung dieser nationalen Gesinnung auf Preußen und ihre gleichzeitige inhaltliche Heterogenität legen den Verdacht nah, daß sie ein Vehikel für den Transport durchaus unterschiedlicher politischer Absichten waren. Eine solche Vermutung steht in striktem Gegensatz zu der Auffassung, die stets behauptete, daß der deutsche Nationalismus jener Zeit ein ursprüngliches und damit objektiv kulturelles Streben gewesen sei, das später von dem genialischen Realismus eines Bismarck politisch geformt und in den nationalen Machtstaat eingebracht wurde.[4]

Der »teutsche« Traum, jene Romantik der Nation, läßt sich plausiblerweise nur als ein idealistisches Komplementärphänomen der preußischen Reformzeit begreifen. Denn dadurch, daß die Reformen steckenblieben, rückgängig gemacht oder, gemessen an ihren ursprünglichen Intentionen, sogar in ihr Gegenteil verkehrt wurden, blieb auch der »Nationalismus«, der sie begleitete, unausgebildet, traumverloren und wirklichkeitsfern. Welche funktionale Bedeutung dieser idealistische Nationalismus für das Konzept der Reformer hatte, enthüllt nicht zuletzt Steins *Nassauer Denkschrift*, in der von einer Wiedererweckung des Gemeinschaftsgeistes und des Bürgersinns, von dem »Einklang zwischen dem Geist der Nation, ihren Ansichten und Bedürfnissen, und denen der Staatsbehörden, von der Wiederbelebung der Gefühle für Vaterland, Selbständigkeit und National-Ehre« die Rede ist.[5] Da die Absichten Steins und der anderen Reformer darauf abzielten, die bisherige sozial unwahr gewordene Gesellschaftsordnung Preußens zu beseitigen und an Stelle dieser marginalisierten, ständisch geschichteten Gesellschaft eine Nation formal gleichberechtigter Staatsbürger zu errichten, mußten auch die aufgelösten alten sozialen Bindungen durch neue Loyalitäten ersetzt werden. Während aber die sozialen Bindungen in der ständischen Gesellschaftsordnung vor allem durch individuelle Abhängigkeiten vermittelt wurden und sich in persönlichen Verpflichtungen materialisierten, entfielen all diese patriarchalischen Beziehungsmuster in der modernen staatsbürgerlichen Gesellschaft, die zu schaffen das Ziel aller Reformen war. Das Verhältnis des einzelnen zur Allgemeinheit wird in der staatsbürgerlichen Gesellschaft notwendig abstrakt, weil es nicht mehr durch persönliche Bindung, sondern durch Gesetze und Geldleistungen (Steuern) vermittelt wird. Hand in Hand mit der angestrebten formalen Gleichberechtigung der Staatsbürger und damit der Umwandlung der hochmarginalisierten ständischen Gesellschaft zur Nation wurden die Bindungen der Untertanen an »ihre Herrschaft« durch die extrem formalisierten Beziehungen des Staatsbürgers zum Staat ersetzt.

Dieser Prozeß wird von den unmittelbar von ihm Betroffenen häufig aber nicht als Befreiung von Willkür verstanden – in nicht wenigen preußischen Kreisen wandten sich beispielsweise gerade die Bauern gegen die Reformgesetzgebung, die ihnen die persönliche Freiheit von Leibeigenschaft verschaffte –, sondern vor allem als Mangel an Geborgenheit und Verlust an sozialer Identität erlebt. Ausgeglichen werden kann dieses Defizit durch eine nationalistische Ideologie, die es in Zeiten sozialrevolutionärer Umbrüche vermag, die soziale und damit die politische Reintegration des einzelnen in den Zusammenhang einer neuen Gesellschaftsordnung zu erleichtern und zu beschleunigen. Gerade die »jungen Staaten« liefern heute eine Fülle von Belegen dafür. Das Preußen der Zeit nach 1806 macht davon keine Ausnahme.

Stein schwebte ein nicht ganz klares Konzept eines deutschen Nationalismus oder besser eines »deutschen Reichspatriotismus« vor,[6] das lediglich insofern eindeutig war, als es die Grenzen des preußischen Staates überschritt und eine in ihrem genauen Umfang nicht näher definierte deutsche Einheit vorsah; er stimmte hierin mit anderen »Liberalen« wie Fichte, Humboldt oder Schleiermacher überein, die alle in mehr oder minder deutlichen Wendungen ein geeintes Deutschland als ihr politisches Ziel angaben. Dagegen blieb der nicht minder starke »Patriotismus« der konservativen und der Reform gegenüber feindlich eingestellten Kräfte partikular fixiert, sprich auf Preußen beschränkt.[7] Auf eine Faustformel gebracht: Politischer »Liberalismus« und ein auf die Errichtung eines deutschen Einheitsstaates abzielender nationaler Idealismus wuchsen auf demselben Stamme, während Konservatismus und einzelstaatlicher Patriotismus ihrerseits eine Einheit bildeten. Da aber nach 1815 die Blütenträume des Frühliberalismus, seine Wirkung auf nationaler Ebene entfalten zu können, durch das Metternichsche System einer der konservativen Observanz verpflichteten, strikt einzelstaatlichen Ordnung nicht reifen konnten, verlor der Zusammenhang von Liberalismus und Nationalismus rasch an Bedeutung und damit an innerer Kohärenz. Zwar läßt sich das stete Anwachsen liberaler Strömungen in der Gesellschaft zwischen 1815 und 1848 durchaus belegen, doch dieser Liberalismus blieb wegen der existierenden politischen Zersplitterung in seinen praktischen Erfahrungen und deshalb auch in seinen politischen Zielsetzungen im wesentlichen lokal und regional begrenzt.[8]

Hinzu kam noch, daß sich der Liberalismus wegen der allgemein herrschenden Repression nicht offen als politische Bewegung organisieren und artikulieren konnte, sondern seine Wirkung nur im Dämmer der Halböffentlichkeit kultureller Vereinigungen oder wirtschaftlicher Standesorganisationen wie Handelskammern zu entfalten vermochte. Dies alles führte dazu, daß der Liberalismus zwar Anhänger gewann, daß er aber weder in seiner politischen Organisation noch in der konsequenten Verfolgung nationalpolitischer Ziele als eine einheitliche Bewegung zu erkennen war, geschweige sich selbst als eine solche verstand. Daraus erklärt sich, was 1848 unübersehbar in Erscheinung trat: Der Liberalismus, der, wenn überhaupt, nur in seiner geheimrätlichen Variante an der Gestaltung der sozialen Wirklichkeit einen sehr begrenzten Anteil hatte, verknöcherte und verkapselte sich in lebensferner Dogmatik.

Ganz ähnlich erging es dem nationalen Idealismus. Die deutsche Nationalbewegung, die von diesem nationalen Idealismus getragen wurde, erhielt während der Befreiungskriege vor allem in Preußen mächtigen Auftrieb. Selbst der König von Preußen sah sich genötigt, diesem nationalen Idealismus seine Reverenz zu erweisen. In seinem berühmten Aufruf *An mein Volk*, mit dem er im Frühjahr 1813 den Krieg gegen Napoleon eröffnete, verhieß er als Ziel dieses Kampfes die Schaffung eines Deutschen Reiches, bei dessen Gestaltung den Wünschen des deutschen Volkes entsprochen werden sollte. Das waren gleisnerische Worte, die Schleiermacher in einer Predigt als die Rückkehr zur Wahrheit und zum freien Handeln feierte. In Wirklichkeit waren sie weder das eine noch das andere. Denn Friedrich Wilhelm III. mißtraute zutiefst jener deutschen Nationalbewegung, der für ihn der Ruch des Revolutionären, des Jakobinischen anhaftete. Aber Friedrich Wilhelm III. sah sich, wie er meinte, gezwungen, mit eben jener Revolution, die er fürchtete, gemeinsame Sache zu machen, um so ihrer Herr werden zu können. Dieses Kalkül ging auch auf. Zwar löste insbesondere sein Aufruf *An mein Volk* eine Welle der Begeisterung und des nationalen Idealismus in Preußen aus, aber letzten Endes waren es die alten wohlorganisierten Gewalten, die Staaten und die regulären Armeen, die Napoleon entscheidend schlugen, und nicht der Volkskrieg, der den Aufbruch der Nation zu sich selbst signalisierte, wie dies die Legende überliefert. Dennoch ist diese nationale Inbrunst der Befreiungskriege, so ungeordnet und geradezu todessehnsüchtig sie sich auch äußerte, bedeutsam; denn sie setzte jene Traumbilder und Gespinste frei, denen die Deutschen auf der Suche nach sich selbst beständig nachjagen sollten, ehe sie der Verblendung erlagen, daß das Dritte Reich das ihnen wahrhaft Gemäße sei.

Die Menschen in Deutschland, in Preußen schauten 1813 zum Himmel auf und erwarteten von dort das Heil, den gerechten Lohn für die erlittene Not und die gebrachten Opfer.

Der nationale Idealismus dieser Jahre wollte ein »teutsches Reich«, aber eines, das nicht von dieser Welt war. Man führte einen Krieg, der die Menschen adeln und veredeln sollte, auf daß sie würdig wären, diesem Reich anzugehören. Nein, nichts war umsonst gewesen. Die »Teutschen« wußten nun, wo »Teutschland« liegt – in den Wolken. Und das entsprach durchaus den politischen Gegebenheiten. Die Deutschen wußten nach 1815 nicht so recht, wer sie um ihren »teutschen« Traum, der sie im Kampf gegen Napoleon beflügelte, betrogen hatte. Tatsächlich waren es die Interessen aller Mächte, die gemeinsam Napoleon niedergerungen hatten, die einvernehmlich verhinderten, daß die Deutschen jene staatliche Einheit erlangten, von der sie träumten. Bereits im russisch-preußischen Vertrag von Bartenstein, der am 26. April 1807 abgeschlossen worden war, fand sich die Formel, daß eine der wichtigsten Voraussetzungen für das europäische Gleichgewicht die Unabhängigkeit Deutschlands sei. Sie sollte durch eine »fédération constitutionelle«, durch eine staatenbündische Verfassung, gewährleistet werden, gemeinsam kontrolliert von Preußen und Österreich. Damit war bereits der Grundsatz formuliert, nach dem dann die Neuordnung der deutschen Verhältnisse auf dem Wiener Kongreß vorgenommen wurde.

Eine andere Vorentscheidung für die deutschlandpolitischen Beschlüsse des Wiener Kongresses traf Österreich, das bereits am 8. Oktober 1813 mit Bayern einen Vertrag schloß. Bayern, das mit diesem Kontrakt aus dem Rheinbund austrat, sein Bündnis mit Napoleon aufkündigte und sich auf die Seite der antifranzösischen Koalition schlug, erhielt dafür von Österreich seinen gesamten territorialen Besitzstand sowie seine volle Souveränität garantiert. Ähnliche Verträge wurden am 2. November 1813 mit dem Königreich Württemberg in Fulda und mit den meisten der übrigen Rheinbundstaaten am 20., 23. und 24. November in Frankfurt am Main geschlossen. Alle Pläne, die darauf abzielten, die Zerschlagung des napoleonischen Staatensystems in Mitteleuropa zum Ausgangspunkt eines geeinten Deutschlands zu machen, waren damit hinfällig geworden. Treitschke und viele andere Historiker nach ihm haben in diesen Verträgen die Entscheidung dafür gesehen, »daß Österreich die Gestaltung der deutschen Zukunft in seiner Gewalt hielt«. Das ist durchaus zutreffend, aber man muß hinzufügen: In Preußen war das Interesse an einer nationalstaatlichen Lösung der deutschen Frage gleich Null, sieht man von jener Handvoll liberaler Reformer ab, deren Einfluß im Schwinden war und die dazu noch sehr verschwommene Vorstellungen hatten. Das Wiedererstarken Preußens ging einher mit einem Wiedererstarken des preußischen Partikularismus. Insbesondere der Adelsstand, der in der preußischen Politik wieder allein tonangebend war, sah in Preußen eher einen europäischen als einen deutschen Staat. Noch der »Junker« Otto von Bismarck äußerte gegenüber dem Journalisten Hermann Wagener im Revolutionsjahr 1848, man dürfe niemals zulassen, daß die preußische Monarchie ihre besondere Wesensart »in der faulen Gärung der süddeutschen Gemütlichkeit« verliere.[9]

Der Wiener Kongreß bescherte den Deutschen nicht jene Freiheit und Einheit, die einige erhofft hatten, die den meisten aber ziemlich gleichgültig gewesen sein dürfte, sondern einen Staatenbund 41 souveräner und untereinander formal gleichberechtigter Staaten. Das Ganze war offensichtlich ein Provisorium, auch wenn es einen Verfassungsvertrag gab, der pompös *Bundesakte* genannt wurde. Zentrales Organ dieses deutschen Staatenbundes, des Deutschen Bundes, war der Bundestag, der in Frankfurt am Main seinen Sitz hatte und in dem alle Bundesmitglieder durch einen bevollmächtigten Bundestagsgesandten vertreten waren. Aber dieser Bundestag war eine Farce, denn alle wichtigen, die Belange des Deutschen Bundes betreffenden Entscheidungen wurden zwischen den beiden deutschen Flügelmächten Preußen und Österreich vorab entschieden, ehe sie dem Plenum des Bundestages vorgelegt wurden. Dennoch hat der Deutsche Bund in der Zeit seines fünfzigjährigen Bestehens genau jenen Zweck erfüllt, der ihm in Artikel 2 der *Bundesakte* zugesprochen worden war, nämlich »die Erhaltung der äußeren und inneren Sicherheit Deutschlands und der Unabhängigkeit und Unverletzbarkeit der einzelnen deutschen Staaten« zu garantieren.[10]

Aus alldem wird verständlich, warum der »teutsche« Traum nach 1815 nur noch von der Jugend und einigen Schwärmern weitergeträumt wurde. Als ein Mythos, der die Massen in Preußen für den Kampf gegen Napoleon begeisterte, hatte er seine Funktion erfüllt. Als Traum schien er den Herrschenden fortan so gefährlich, daß sie die, die ihn weiterträumten, durch ihre Polizei und Gerichte verfolgen ließen.

Es ist nicht ohne eine gewisse Ironie, daß die Wiege der deutschen Burschenschaften, die den nationalen Gedanken im Metternich-Deutschland am Leben erhielten, ausgerechnet in Jena stand, das zum Großherzogtum Weimar gehörte und dessen leitender Minister der Weltbürger

Goethe war. Die ersten Burschenschaften wurden hier am 12. Juni 1815 gegründet. Ihr Programm war zunächst einer unbestimmten patriotischen Sehnsucht verpflichtet, die in dem Wahlspruch »Ehre, Freiheit, Vaterland« gipfelte. Trotz einiger Albernheiten – die Burschenschafter trugen eine Kleidung, die sie als »altteutsche Tracht« ausgaben, und sie waren auch sonst nicht frei von Schwärmereien für angeblich mittelalterliche oder germanische Ideale – hat doch die Burschenschaftsbewegung in der Zeit nach den Befreiungskriegen einen nicht gering zu veranschlagenden Anteil daran, daß deutsches Nationalgefühl und Freiheitsbewußtsein nicht völlig von der Reaktion und der Winkelidylle deutscher Kleinstaaterei verdrängt wurden. Als Farben ihres Bundes, die ein Symbol der deutschen Einheit sein sollten, wählten sie Schwarzrotgold, die Uniformfarben der Lützower Jäger, mit denen nicht wenige dieser ersten Burschenschafter in die Freiheitskriege gezogen waren.

Seit ihrer Gründung waren die Burschenschaften einem dauernden Prozeß innerer Gärung und Spaltung ausgesetzt. Von den politisch Gemäßigten trennten sich bald die vom »Turnvater« Jahn besonders beeinflußten radikaleren »Altteutschen«, die in Luther einen republikanischen Helden verehrten und dessen Lehre von der Freiheit eines Christenmenschen mit liberal-demokratischen Ideen verbanden. Ein auf der Wartburg von der Jenenser Burschenschaft am 18. Oktober 1817 veranstaltetes Treffen, mit dem man die Reformation und den Jahrestag der Völkerschlacht bei Leipzig begehen wollte, wurde unter das Motto gestellt: »Hauptidee unseres Festes ist, daß wir allzumal durch die Taufe zu Priestern geweiht, alle frei und gleich sind; Urfeinde unseres deutschen Volkstums waren von jeher drei: die Römer [d. h. die Franzosen], Möncherei [d. h. der Katholizismus] und Soldaterei [d. h. Preußen].« Während der »Welschenhaß« ein allgemeiner Grundzug des deutschen Frühnationalismus war, ist die scharfe Ablehnung des Katholizismus und alles Preußischen ein spezifisches Charakteristikum der Burschenschaften. Sie sahen in der katholischen Kirche wie im preußischen Staat jeweils Mächte, die zu unterschiedlichen Zeiten die Verwirklichung der nationalen Einheit der Deutschen verhindert hatten.

Den Argwohn der Regierungen zogen sich die Burschenschaften aber dadurch zu, daß sie während des Wartburgfestes in Nachahmung von Luthers Verbrennung der päpstlichen Bannbulle einige Schriften ihrer vermeintlichen Gegner dem Feuer übergaben. Die Anregung zu diesem Autodafé ging wohl auf einen Vorschlag Jahns zurück. Neben den Schriften der »schreibenden, schreienden und schweigenden Feinde der löblichen Turnkunst« wurden der *Kodex der Gendarmerie* von Kamptz, der *Code Napoléon*, Kotzebues *Deutsche Geschichte*, Hallers *Restauration der Staatswissenschaft* sowie eine Reihe weiterer Schriften, ein Ulanen-

115

schnürleib, ein Zopf und ein Korporalstock, alles Symbole der Reaktion und der Unterdrückung, verbrannt. Ausdrücklich wurden diese Utensilien als »Flügelmänner des Gamaschendienstes, die Schmach des ernsten heiligen Wehrstandes« bezeichnet.

Die brennenden Bücher auf der Wartburg schienen ein Fanal dafür zu sein, daß der Ausbruch einer jakobinischen Revolution im Namen Luthers kurz bevorstehe. Der Reichsfreiherr vom Stein tobte, als ihm das Ereignis zu Ohren kam, über »die Fratze auf der Wartburg«, und Niebuhr schrieb düster: »Freiheit ist ganz unmöglich, wenn die Jugend ohne Ehrerbietung und Bescheidenheit ist.« Aber auch in Wien und Berlin meinte man, in diesem Treiben die ersten Anzeichen nationalrevolutionärer Aktivitäten zu erkennen. Metternich erklärte dem preußischen Gesandten, es sei nun an der Zeit, »gegen diesen Geist des Jakobinismus zu wüten«.[11] Friedrich Wilhelm III. wies seinen Unterrichtsminister Altenstein an, alle Burschenschaften in Preußen zu verbieten. Er ließ ihn außerdem durch dieselbe Kabinettsorder vom 7. Dezember 1817 wissen: »Ich werde nicht den mindesten Anstand nehmen, diejenige Universität, auf welcher der Geist der Zügellosigkeit nicht zu vertilgen ist, aufzuheben.« Das Wartburgfest trug trotz dieser Repressionsmaßnahmen dennoch erheblich zur Verbreitung des Burschenschaftsgedankens in Deutschland bei. Bereits ein Jahr später hatten sich an vierzehn Universitäten Burschenschaften gebildet, die Abgesandte nach Jena schickten, wo am 18. Oktober 1818, dem Jahrestag des Wartburgfestes, die Allgemeine Deutsche Burschenschaft ausgerufen wurde, »gegründet auf das Verhältnis der deutschen Jugend zur werdenden Einheit des deutschen Vaterlandes«. Die rasche Verbreitung, welche die Burschenschaften an den deutschen Universitäten mit Ausnahme der preußischen und österreichischen, an denen sie verboten waren, erlebten, beschleunigte aber auch deren Zersplitterung und Radikalisierung. Vor allem die Burschenschaft der Universität Gießen zeichnete sich durch eine besonders radikal-republikanische Gesinnung aus. Was hier gedacht, geredet und gedichtet wurde, beispielsweise von Karl Follen, drängte zur Tat. In seinem *Neujahrslied freier Christen* finden sich die Verse:

»Freiheitsmesser gezückt!
Hurrah! Den Dolch durch die Kehle gedrückt!«

Am 23. März 1819 stieß der Burschenschafter Karl Ludwig Sand, der zum Kreis der Brüder Follen gehörte, dem gerade in Mannheim weilenden Literaten August von Kotzebue ein Messer in die Kehle. Die Tat erregte Deutschland wie kaum ein anderes Verbrechen. Kotzebue galt den Patrioten als Verräter und Spitzel des verhaßten Zarenregimes. Arndt nannte ihn eine in »Weimar ausgeheckte deutsche Schmeißfliege« von einer »alles beflatternden und beschmutzenden Beweglichkeit«. Der Mord an Kotzebue wurde von vielen gebilligt. Als man Sand verhaftete, rief er aus: »Hoch lebe mein deutsches Vaterland und im deutschen Volke alle, die den Zustand der reinen Menschheit zu befördern streben!«

Es ist in einem Staat immer etwas nicht in Ordnung, wenn es dem Täter zur Ehre gereicht, wegen eines politischen Verbrechens zur Rechenschaft gezogen zu werden. Sand wurde gefeiert und wie ein Heiliger verehrt. Als der Henker ihm auf der Mannheimer Richtstätte den Kopf abschlug, soll ein Aufschrei durch die gaffende Menge gegangen sein. Man tauchte Tücher in das Blut des Hingerichteten, die man später wie Reliquien aufbewahrte. Der Scharfrichter Sands, ein pfälzischer Patriot, baute sich aus den Balken des Schafotts ein Weinberghäuschen in seinem Rebgarten am Neckar. Und noch Jahre später sollen dort Heidelberger Burschenschafter geheime Zusammenkünfte abgehalten haben.

»Der dämonische Reiz des Unbegreiflichen verführt die Welt leicht, in den Urhebern schwerer Verbrechen einen Zug von Größe zu suchen«, bemerkte Treitschke zu den Reaktionen auf die Tat Sands, für die die Haltung des Berliner Theologieprofessors de Wette exemplarisch ist. In einem Brief an die Mutter Sands meinte de Wette zwar, die Tat sei »aus Irrtum hervorgegangen und nicht ganz frei von Leidenschaft«. Aber, so fuhr er fort, »der Irrtum wird aufgewogen durch die Lauterkeit der Überzeugung, die Leidenschaft wird geheiligt durch die gute Quelle, aus der sie fließt. Er hielt es für Recht, und so hat er recht getan; ein jeder handele nur nach seiner besten Überzeugung, und so wird er das Beste tun. So wie die Tat geschehen ist durch diesen reinen frommen Jüngling, mit diesem Glauben, mit dieser Zuversicht, ist sie ein schönes Zeichen der Zeit. Ein Jüngling setzt sein Leben daran, einen Menschen auszurotten, den so viele als einen Götzen verehren; sollte dieses ohne alle Wirkung sein?«[12]

Die Mordtat Sands wie deren Rechtfertigung durch den Professor der Theologie sind im höchsten Maße charakteristisch für den Gemütszustand jener, die Träger des nationalen Idealismus in der Metternich-Zeit waren. Da ihnen eine unmittelbare politische Wirkung versagt blieb, radikalisierten sie ihre Anschauungen und entfernten sich dadurch immer mehr vom sozialen und politischen Alltag. Der nationale Idealismus entledigte sich so rasch jeglichen politischen Gehalts und konstruierte sich ein Reich reiner Gültigkeit fernab der Realitäten. Die Einheit und Freiheit der Nation, die vorgeblich sein politisches Ziel war, gerann zu einer mystischen Größe, in der sich alles, was je in der deutschen Geschichte erstrebt worden war, wundersam ereignen sollte. Letztlich sah diese Erfüllung des »teutschen« Traums nichts anderes vor als die Vollendung der Reformation in einem wiedererstandenen, veredelten und starken Germanentum. Dieser Traum war monströs. Nietzsche sollte Luther später dafür in die Verantwortung nehmen, daß die von ihm angezettelte Reformation eine Wiederbelebung des Christentums mit sich gebracht habe, die den Sieg der Renaissance und damit den Sieg der heidnisch-antiken Wertsetzungen in Deutschland verhindert oder zumindest aufgehalten habe. Für Nietzsche war die Reformation nichts anderes als ein »Bauernaufstand des Geistes«. In ihr erkannte er den »energischen Protest zurückgebliebener Geister, welche die Weltanschauung des Mittelalters noch keineswegs satt haben«. Auch Marx, der in einem völlig anderen Erkenntniszusammenhang als Nietzsche stand, denunzierte das Vorherrschen eines durch und durch wirklichkeitsfernen, ja wirklichkeitsfeindlichen und damit zutiefst apolitischen »Geistes« in der Politik als bloße »Ideologie«, in der er ein Indiz für die ökonomische und gesellschaftliche Rückständigkeit Deutschlands erkannte.

In der Tat: In dem Maße, wie der »teutsche« Traum mit dem Steckenbleiben der Reform in Preußen und der politisch-sozialen Restaurationsbewegung in den ehemals rheinbündischen Staaten seiner funktionalen Bedeutung verlustig ging, verselbständigte er sich als Ideologie. Der Geist des Weltbürgertums, der die Epoche vor 1808 beherrschte, hatte die Bestimmung der Deutschen noch völlig in Kongruenz mit ihrer wirklichen Situation als eine europäische begriffen. Der nationale Idealismus markiert die radikale Abkehr davon, ohne daß sich an der wirklichen Situation der Deutschen, an ihrer europäischen Berufung auch nur ein Deut geändert hätte. Der deutsche Nationalismus blieb immer Ideologie. Deshalb konnte ihn auch die nüchterne Pragmatik der bismarckschen Reichsgründung von 1871 auf Dauer nicht zufriedenstellen. Seine wild wuchernden Wünsche und ausschweifenden Vorstellungen verlangten nach mehr, und deshalb war alles das, was war, letztlich nur schal und leer.

In der Mordtat des Burschenschafters Sand meinten die europäischen Staatsmänner, denen schon das Wartburgfest Grund zur Aufregung war, nun endgültig das Gespenst der Revolution erkannt zu haben. Rasches und energisches Handeln schien geboten, um den Schwelbrand zu löschen, ehe er sich ausbreiten konnte. Die Tat Sands gab den Anstoß zu den berüchtigten »Karlsbader Beschlüssen« von 1819, deren Weisheit sich darin erschöpfte, daß gegen den Geist der Revolution lähmende Friedhofsruhe verordnet wurde. Es folgte ein Verbot der Burschenschaften, an den Universitäten wurden Regierungskommissare eingesetzt, die die Gesinnung der Professoren überwachen und in eine »heilsame Richtung« lenken sollten. Wer sein Lehramt wegen der Verbreitung verderblicher Meinungen verlor, sollte an keiner anderen deutschen Universität Aufnahme und Anstellung finden. Auch Presse und Publizistik, ein anderer gefährlicher Herd der Unruhe und des revolutionären Geistes, wurden gegängelt. Alle Druckschriften unter zwanzig Bogenseiten Umfang unterlagen einer Vorzensur. Der Bundestag konnte außerdem Bücher und Zeitschriften auf den Index setzen, eine Maßnahme, die einen Eingriff in die Souveränitätsrechte der einzelnen deutschen Staaten darstellte. Weiterhin wurde beschlossen, eine gemeinsame, zentrale Organisation zur Bekämpfung der »demagogischen Umtriebe« zu schaffen. Daraus entwickelte sich der Bundesuntersuchungsausschuß, eine Art Geheimpolizei des Bundes, die mit Spitzeln und Denunzianten arbeitete und sich durch Anzeigen, Befehle und Verhaftungen über den ordentlichen Gang der Rechtspflege in den einzelnen deutschen Staaten hinwegsetzen konnte. Doch die praktische Wirkung dieses Apparats blieb beschränkt. Denn auf die Rechtsprechung in den einzelnen deutschen Staaten konnte diese Bundeszentralbehörde keinerlei Einfluß ausüben. Die Folge war, daß mehr oder minder liberale Richter in durchaus miteinander vergleichbaren Fällen zu völlig unterschiedlichen Urteilen kamen, ein Umstand, der die repressive Wirkung des Bundesuntersuchungsausschusses erheblich minderte. Der preußische Staatskanzler Hardenberg hatte diese »Gefahr« vorhergesehen und deshalb als Ergänzung zu der zentralen Untersuchungskommission ein eigenes Bundesgericht verlangt, von dem alle »Demagogen« abgeurteilt werden sollten. Am Widerstand des österreichischen Kaisers, der wohl den eigenen Richtern mehr vertraute als den zu bestellenden Bundesrichtern, scheiterte schließlich die Verwirklichung dieses Vorschlags. Gleichwohl berührt es merkwürdig, daß ein für die Verfolgung von »Revolutionären« eingerichteter Spitzel- und Denunziantenapparat die erste gesamtdeutsche Einrichtung war.

Die Karlsbader Beschlüsse richteten unendlichen Schaden an; sie vergifteten die Atmosphäre in den deutschen Staaten, sie »verwüsteten«, wie Treitschke schrieb, »die öffentliche Meinung von Grund aus«. Und der Historiker Michael Freund urteilte über sie: »Sie waren zu wenig, zu halb und bei aller Infamie zu schwächlich. Für ein so hartes Verfahren war alles zu milde. Sie schufen Feinde, ohne sie zu vernichten.«[13] Allenthalben machten sich Duckmäusertum und Opportunismus breit. In den ehemals rheinbündischen Staaten zog mancher nun für die neuen Zustände wenig schmeichelhafte Parallelen zur Franzosenzeit. Mochte man auch das napoleonische kalt-bürokratische Regiment, das den älteren gemütlichen Zuständen übergestülpt worden war, gehaßt haben, so

119

erkannte man doch nun die relative Milde dieser Herrschaft. Denn Napoleon hatte stets die Freiheit des Geistes und der Lehre an den Universitäten respektiert. Unter den Augen und Ohren französischer Spitzel konnten Fichte und Schleiermacher in Berlin unbehelligt ihre Reden und Predigten halten. Der halbverrückte »Turnvater« Jahn bekräftigte in der Hasenheide durch das Üben an Reck und Barren seine Vorstellungen vom wahren »Teutschtum«, das angeblich »wälscher« Tücke und Weichlichkeit überlegen war. Doch damit war es jetzt vorbei. Ernst Moritz Arndt verlor seine Professur für Geschichte an der Universität Bonn, die Predigten Schleiermachers wurden von der Polizei überwacht, eine Neuausgabe der Reden Fichtes an die deutsche Nation durfte nicht erscheinen. Und selbst der »Turnvater« Jahn schien den Demagogenverfolgern so gefährlich, daß sie ihn verhafteten und schließlich in Freiburg an der Unstrut internierten.

Treitschke hat beschrieben, wie Jahn während der Friedensverhandlungen in Paris auftauchte, »als er zum Entzücken der Gassenbuben in den Straßen von Paris umherzog, den Knotenstock in der Hand, beständig scheltend und wetternd gegen die geilen Wälschen. Das lange Haar, das dem treuen Manne einst nach der Jenaer Schlacht in einem Tag ergraut war, hing ungekämmt auf die Schultern hernieder: Der Hals war entblößt – denn das knechtische Halstuch ziemte dem freien Deutschen so wenig wie die weichliche Weste; ein breiter Hemdkragen überdeckte den niederen Stehkragen des schmutzigen Rocks. Und diesen fragwürdigen Anzug pries er wohlgefällig als die wahre altdeutsche Tracht. Welch ein Fest, als die Österreicher eines Tages die ehernen Rosse des Lysippos von dem Triumphbogen des Carrouselplatzes herabnahmen, um sie nach Venedig zurückzuführen; mit einem Male stand der riesige Recke neben dem Erzbilde der Victoria droben auf dem Bogen, hielt den deutschen Soldaten eine donnernde Rede und schlug der Siegesgöttin mit wuchtigen Fäusten auf ihren verlogenen Mund und ihre prahlerische Trompete. Seitdem kannte ihn die ganze Stadt; das Herz lachte ihm im Leibe, so oft ihn die Pariser mit feindseligen Blicken maßen und einander zuflüsterten: Le voila! Celui-ci!«[14]

Es wäre jedoch völlig falsch, im »Turnvater« Jahn nur eine Witzblattfigur zu sehen. War er es doch vor allem, der mit seinen Reden und Schriften der »Teutschtümelei« ihr widerliches Gepräge gab, der das »echt Volkhafte« der Deutschen in einer rohen germanischen Vorzeit bestimmte, die sich der Jahrhunderte deutscher Geschichte entledigt hatte. Jahns »Teutschtümelei« steckte voller Ressentiment und Haß, namentlich Fremdenhaß vor allem gegen alles »Wälsche«. Von ihm stammte der Vorschlag, die Grenze zu Frankreich mit einem mehrere Meilen tiefen Urwald zu sichern, in dem man wilde Tiere, Bären und

Auerochsen aussetzen sollte ... Jahn reicherte den deutschen Nationalismus in der Stunde seiner Geburt mit jenem Gift an, das sich später in der Hochzeit nationalistischen Wahns über ganz Europa verbreiten sollte. Bezeichnenderweise redete er zugleich auch einem primitiven Antisemitismus das Wort, eine Einstellung, die unter seinem Einfluß auch von weiten Teilen der Burschenschaftsbewegung übernommen wurde. Der brutale, zivilisationsfeindliche und damit humanitätsfeindliche Radikalismus Jahns ist von manchen Zeitgenossen durchschaut und angeprangert worden. Franz Grillparzers hellsichtige Satire aus dem Jahr 1820 *Korrespondenznachrichten aus dem Land der Irokesen* beispielsweise entlarvt die reaktionäre Inbrünstigkeit der Jahnschen Gedankenwelt. Allein, was hat Satire je gegen Narren auszurichten vermocht?!

Die Karlsbader Beschlüsse vernichteten die idealistisch-romantische Nationalbewegung keineswegs; sie verdrängten diese nur von der Oberfläche in unterirdische Tiefen. Das ist allemal das Gefährlichere. Die teutschtümelnde Schwärmerei wucherte fort in der Dunkelheit der Gemüter. Schließlich ging der »teutsche« Traum in die Diaspora, identifizierte sich mit der Sache anderer Völker, mit der der Griechen, die sich gegen die türkische Herrschaft aufzulehnen begannen, später mit der der Polen. Eine von Metternich verbotene Flugschrift sprach es aus: »Die Sache der Griechen, die Sache der Deutschen.« König Ludwig I. von Bayern wurde der Herold der »teutschen« Griechenlandromantik; seine Residenzstadt München schmückte er mit klassizistischen Bauwerken, und stets versicherte er, er wolle nichts anderes sein als ein »Teutscher«. Dabei blieben die »Teutschen« in ihrer Begeisterung für fremde Völker wie etwa die Griechen sich und ihren historisierenden Gespinsten treu. Der deutsche Philhellenismus galt nicht den wirklichen Griechen, in denen Metternich mit seinem spröden Realitätssinn ein Gemisch slawischer, albanischer und anderer ethnischer Elemente sah, sondern dem alten Hellas, den Ioniern und Dorern, von denen Benedetto Croce sagte, sie seien von der klassischen Philologie erfunden worden.

Die Karlsbader Beschlüsse, die in Preußen besonders konsequent angewandt wurden, zeitigten noch eine andere Folge. Hier hielt nun ein Regiment finsterster Reaktion Einzug. Dadurch wurde all jenen Hoffnungen irreparabler Schaden zugefügt, die beispielsweise Hardenberg, Gneisenau und Humboldt daran knüpften, daß Preußen durch die »Liberalität der Grundsätze« die Rolle der zur deutschen Einheit führenden Macht einfach zufallen werde. Gneisenau entwickelte diesen Gedanken in einem an Hardenberg gerichteten Brief vom 15. Mai 1814. »Eine gute deutsche Konstitution zu entwerfen«, so bemerkte er in durchaus realistischer Einschätzung der Situation, »die auf die Dauer durchgesetzt werden könnte, halte ich für unmöglich. Ich denke daher, daß man sich beschränken muß, für Preußen, das uns zunächst angeht, zu sorgen.« Preußen müsse, so Gneisenau weiter, vorab das Muster eines Staates werden, »dreifach glänzend durch das, wodurch allein Völker sich hervortun können, nämlich Kriegsruhm, Verfassung und Gesetze und Pflege von Künsten und Wissenschaften«.[15]

Gneisenaus Hoffnung einer »moralischen Eroberung« Deutschlands durch Preußen hat sich nicht erfüllt, weil die von ihm genannte Voraussetzung nie gegeben war: Preußen wurde niemals als ein liberaler Verfassungsstaat regiert. Und die endgültige Einigung Deutschlands war auch nicht das Ergebnis einer »moralischen Eroberung«, sondern dreier mit »Eisen und Blut« geführter Kriege. Nicht zuletzt deshalb hat die national-liberale Geschichtsschreibung die Karlsbader Beschlüsse als üble Ranküne Metternichs interpretiert, mit denen das arglose Preußen ans Gängelband der österreichischen Machtinteressen gelegt worden sei. In der Tat entsprachen die Karlsbader Beschlüsse eher den Interessen des Vielvölkerstaats, der den nationalen Gedanken, wo er sich zeigte, unnachsichtig bekämpfen mußte. Völlig unzutreffend ist dagegen die behauptete Arglosigkeit Preußens. Denn hier hatte sich der anfängliche Elan der Erneuerer längst gelegt, waren die liberal gesinnten Reformer von der erneut erstarkten reaktionären Adelspartei weitgehend aus der Macht gedrängt worden. Und die Junker, die nun wieder den Ton angaben, hatten weder ein Interesse daran, daß Preußen durch die Vollendung der begonnenen Reformen zu einer einheitlichen Staatsnation fortgebildet würde, noch an einer wie auch immer gearteten Ausdehnung Preußens nach Deutschland hinein. Sie konzentrierten sich vielmehr auf die Erhaltung des alten »provinziellen Sondertums« (F. Meinecke). Denn nur dieses, und das hatten sie mit aller Deutlichkeit erkannt, verhieß ihnen die wirksame Garantie ihrer sozialen und politischen Vorrangstellung, die in einem liberal regierten und zentralistisch organisierten Einheitsstaat notwendig eingeebnet werden würde. Schon damals trat jenes Dilemma zutage, das sich dann in der monströsen Reichsverfassung von 1871 materialisieren sollte. Die Interessen der Junker verhinderten nach 1815 so gut wie nach 1871, daß Preußen in Deutschland aufging.

Ein anderes Ereignis aber war es, das die Blütenträume auf »moralische Eroberungen« Preußens in Deutschland endgültig zunichte machte. 1830 brach in Frankreich die Julirevolution aus, und mit ihr schien ein neuer Völkerfrühling seinen Einzug in Metternichs Europa zu halten. Der Funke der Revolution sprang auf Belgien über, das sich von den Niederlanden, denen es vom Wiener Kongreß zugeschlagen worden war, losriß und als eigener Staat konstituierte. Auch im Deutschen Bund flackerten revolutionäre Feuer auf. In Braunschweig wurde der verhaßte Herzog Karl gestürzt, in Kurhessen bequemte sich der Herrscher, der immer noch den längst sinnlos gewordenen Titel eines »Kurfürsten« führte, endlich zu einer Verfassung, um so Schlimmeres zu verhüten. Auch in Sachsen wurde das illiberale, dem Zeitgeist trotzende ständische Regime in ein konstitutionelles umgewandelt. Aber das Ereignis dieser Monate, das die Gemüter der Deutschen wie kein anderes erhitzte, trug sich jenseits der Grenzen des Deutschen Bundes zu. Am 29. November 1830 brach in Warschau ein Aufstand der Polen gegen die russische Protektoratsmacht aus. Binnen weniger Tage waren alle russischen Truppen aus Kongreßpolen vertrieben. Dieser so erfolgreich begonnene Freiheitskampf der Polen löste in Europa, aber ganz besonders in Deutschland eine Welle des Mitgefühls aus. Doch die Begeisterung für Polen blieb trotz mancher tätigen Unterstützung – eine ganze Reihe deutscher Ärzte ging in polnische Lazarette, es wurden Gelder für die Aufständischen gesammelt, Hilfskomitees gegründet – letzten Endes doch nur idealistischer Überschwang: Niemand dachte damals noch irgendwann später daran, das Verhältnis von Deutschland zu Polen dadurch vernünftig zu gestalten, daß man auf die von Preußen oder Österreich annektierten eindeutig polnischen Gebiete verzichtete, um so die Schande der polnischen Teilungen, eine der schwersten Hypotheken des Spätabsolutismus, zu tilgen.

Der polnische Aufstand wurde schließlich niedergeworfen. Die russischen Armeen wären allein ohne die Hilfe Preußens, das so seine Mitschuld am Unglück Polens vergrößerte, nicht in der Lage gewesen, des Aufstandes so rasch Herr zu werden. Preußen aber meinte, aus Gründen der Staatsräson nicht anders handeln zu können, denn es sah durch den polnischen Aufruhr seine östlichen Provinzen, vor allem das fast rein polnische Großherzogtum Posen, das ihm vom Wiener Kongreß zugesprochen worden war, bedroht. Preußen optierte einmal mehr für das »tote Gewicht« seines polnischen Besitzes und verspielte damit seinen letzten Kredit in Deutschland. Heinrich Heine hat dies mit aller Schärfe konstatiert: »Es ist wahr, noch vor kurzem haben viele Freunde des Vaterlandes die Vergrößerung Preußens gewünscht und in seinen Königen die Oberherren eines vereinigten Deutschlands zu sehen gehofft, und man hat die Vaterlandsliebe zu ködern gewußt, und es gab einen preußischen Liberalismus, und die Freunde der Freyheit blickten schon vertrauensvoll nach den Linden von Berlin. Was mich betrifft, ich habe mich nie zu solchem Vertrauen verstehen wollen. Ich betrachtete vielmehr mit Besorgniß diesen preußischen Adler, und während andere rühmten, wie kühn er in die Sonne schaue, war ich desto aufmerksamer auf seine Krallen. Ich traute nicht diesem Preußen, diesem langen frömmelnden Kamaschenheld mit dem weiten Magen, und mit dem großen Maule, und mit dem Corporalstock, den er erst in Weihwasser taucht, ehe er damit zuschlägt. Mir mißfiel dieses philosophisch christliche Soldatenthum, dieses Gemengsel von Weißbier, Lüge und Sand. Widerwärtig, tief widerwärtig war mir dieses Preußen, dieses steife, heuchlerische, scheinheilige Preußen, dieser Tartüff unter den Staaten. Endlich, als Warschau fiel, fiel auch der weiche fromme Mantel, worin sich Preußen so schön zu drapieren gewußt, und selbst der Blödsichtigste erblickte die eiserne Rüstung des Despotismus, die darunter verborgen war. Diese heilsame Enttäuschung verdankt Deutschland dem Unglück der Polen.«[16]

Durch seine Mittäterschaft bei der Niederwerfung des polnischen Aufstands hatte sich Preußen vor der deutschen Sache restlos kompromittiert. Und nicht wenige meinten, im Untergang des freien Polen auch die endgültige Vernichtung des deutschen Traums von nationaler Einheit zu erkennen. Ludwig Uhland beispielsweise glaubte, die tiefere Ursache für die Vernichtung Polens in der nationalen Malaise der Deutschen bestimmen zu können: »Polen wäre nicht untergegangen, und diese alte Vormauer Deutschlands und des gesamten mitteleuropäischen Festlandes wäre nicht gefallen, wenn es eine freie deutsche Nation und ein machtbegabtes Organ deutscher Nationalgesinnung gegeben hätte.«[17]

Während die französische Julirevolution der liberalen Bewegung in den einzelnen Staaten des Deutschen Bundes mit Ausnahme von Preußen und Österreich einigen Auftrieb gegeben hatte und es dieser auch gelang, konstitutionelle Forderungen in den Einzelstaaten durchzusetzen, verursachte der polnische Aufstand eine die Grenzen dieser Einzelstaaten überspringende radikal-liberale Agitation. Wichtigstes Element dieser »gesamtdeutschen Bewegung«, in der sich die Ideen des Liberalismus wieder enger mit denen des Nationalismus verbanden, waren die nach 1831 gegründeten »Polenvereine« und die »Preß- und Vaterlandsvereine«. Schon die Namensgebung ist verräterisch. Die »Polenvereine«, die vornehmlich einem emotional und weniger politisch begründeten Engagement entstammten, dienten ähnlich wie die ältere Griechenlandbegeisterung lediglich als Ventil für die romantische Verstiegenheit des nationalen Idealismus. Die »Preß- und Vaterlandsvereine« signalisierten dagegen einen für die national-liberale Bewegung des Biedermeier charakteristischen Kompromiß zwischen jenen Kräften, die sich von einer uneingeschränkten Pressefreiheit die Herstellung einer liberalen öffentlichen Meinung und damit langfristig das Heil liberaler gesellschaftlicher Reformen erhofften, und jenen, die den Aufbau einer umfassenden vaterländischen Oppositionsbewegung anstrebten.

Für die politische Kultur im Deutschland des 19. Jahrhunderts ist im höchsten Maße charakteristisch, daß wegen der die Einzelstaaten überschreitenden politischen Repression, die in der Tat das einzige nationale Band war und blieb, diese liberale und nationale Oppositionsbewegung sich nicht als Partei organisieren konnte; sie blieb auf die vorpolitischen Felder der Vereinsbildung mit entsprechend geringem Organisationsgrad und Operationsradius verwiesen.

Das Hambacher Fest, das am 27. Mai 1832 auf der Burgruine Hambach in der Pfalz stattfand und zu dem sich alle Deutschen »zu friedlicher Besprechung, zu entschlossener Verbrüderung für die großen Interessen« versammeln sollten, ist ein Beleg mehr dafür, wie wenig entwickelt die nationale und liberale Oppositionsbewegung tatsächlich noch war.

Die danach sofort und entschlossen zupackende Reaktion – Bayern verhängte den Ausnahmezustand über die Pfalz – vereitelte eine Konsolidierung dieser Oppositionsbewegung. Die Herrscher und Könige, deren man sich mit glühenden Reden zu entledigen gedachte, hatten sich wider alle liberalen Hoffnungen einmal mehr als durchaus lebenstüchtig erwiesen. Auch der stärkste liberale Glaube vermochte es nicht, die grimmen Realitäten nach seinem Wunschbilde zu gestalten. Insofern ist auch das Hambacher Fest, das die französische Julirevolution von 1830 auf »teutsche« Art als gefühlsschwangere Versammlung unter freiem Himmel nachstellte, charakteristisch für die politische Kultur in Deutschland geworden: Die Revolution erschöpfte ihre Kraft in feierlichen Beschwörungen, und für den geregelten Ablauf von Veranstaltungen sorgten Ordner, die schwarzrotgoldene Armbinden trugen mit der Aufschrift: »Deutschlands Wiedergeburt.«

Wie gering die Voraussetzungen für eine große oppositionelle Bewegung im damaligen Deutschland waren, wird nicht zuletzt auch daran deutlich, daß jene Beschlüsse und Verordnungen, die vom Bundestag als Reaktion auf das Hambacher Fest erlassen wurden, kaum auf Widerstand stießen – und dies, obwohl mit ihnen wichtige konstitutionelle Errungenschaften und Freiheiten wieder abgeschafft wurden, die unter dem Eindruck der französischen Julirevolution von 1830 in den einzelnen Staaten eingeführt worden waren. Am 28. Juni 1832 verabschiedete der Bundestag die sogenannten sechs Artikel, mit denen die Mitglieder des Deutschen Bundes auf die unveränderte Gültigkeit von Artikel 57 der Wiener Schlußakte hingewiesen wurden, in dem statuiert worden war, daß die gesamte Staatsgewalt beim Oberhaupt des Staates liege. Damit wurden die Rechte wieder aufgehoben, welche die liberale Opposition für einige Landtage in den deutschen Staaten ertrotzt hatte, so zum Beispiel das Budgetrecht. Außerdem wurde für die Dauer von sechs Jahren eine Bundeskommission zur Überwachung der »ständischen Verhandlungen« eingesetzt, »deren Bestimmung sein wird, insbesondere auch von den ständischen Verhandlungen in den Deutschen Bundesstaaten fortdauernd Kenntnis zu nehmen, die mit den Verpflichtungen gegen den Bund oder mit den durch die Bundesverträge garantierten Regierungsrechten in Widerspruch stehenden Anträge und Beschlüsse zum Gegenstand ihrer Aufmerksamkeit zu machen und der Bundesversammlung davon Anzeige zu tun ...«.[18] Damit nicht genug: Der Bundestag verabschiedete am 5. Juli 1832 weitere repressive Maßnahmen, die unter anderem eine erneute Verschärfung der Zensur und ein Verbot aller Vereine vorsahen, die politische Ziele verfolgten. Auch Volksversammlungen, auf denen politische Reden zu erwarten waren, wurden untersagt, ebenso die Errichtung von Freiheitsbäumen oder das Tragen der Farben Schwarzrotgold. Ferner durften die Bundesstaaten politischen Flüchtlingen aus anderen Staaten des Deutschen Bundes kein politisches Asyl mehr gewähren; Asylbewerber mußten ausgeliefert werden. Um aber auch in Zukunft jedes Aufflackern des nationalrevolutionären Feuers im Keim ersticken zu können, sicherten sich die Regierungen der Bundesstaaten »gegenseitig auf Verlangen die prompteste militärische Assistenz zu«.[19]

Dieses reaktionär-repressive Maßnahmenbündel, auf das sich Preußen und Österreich zuvor schon in Geheimverhandlungen verständigt hatten, führte keineswegs zu der von manchen gewünschten, von anderen erwarteten »revolutionären Erhebung der Volksmassen«. Im Gegenteil: Es kam zu einer ersten großen Welle politisch begründeter Emigration und zu einem von vornherein aussichtslosen Versuch, eine Revolution in Deutschland zu entfachen. Nach Verhaftung oder Flucht der führenden Köpfe der liberalen Bewegung unternahm es ein in Frankfurt am Main im geheimen fortbestehender »Preß- und Vaterlandsverein«, eine neue zentrale Organisation der nationalen und liberalen Bewegung zu schaffen. Kontakte dieses Vereins mit den Burschenschaften, die sich in der kurzen Zeit des liberalen Frühlings nach der französischen Julirevolution in den deutschen Mittel- und Kleinstaaten wieder konstituiert hatten, führten dazu, daß ein am 27. Dezember 1832 in Stuttgart tagender Burschentag den folgenden Beschluß faßte:

»1. Der Zweck der Burschenschaften soll von nun an sein die Erregung einer Revolution, um durch diese die Freiheit und Einheit Deutschlands zu erreichen.

2. Die Allgemeine Burschenschaft soll sich dem Vaterlandsvereine anschließen.«[20]

Diese enge Verbindung zwischen dem Frankfurter Vaterlandsverein und den Burschenschaften gebar den Plan, durch einen Überfall auf die Haupt- und die Konstablerwache in Frankfurt am Main das Signal für eine allgemeine Volkserhebung zu geben. Obwohl dieses konspirative Vorhaben den Behörden durch Verrat bekannt wurde, gelang seine Ausführung zunächst. Am Abend des 3. April 1833 eroberten Burschenschafter, unterstützt von einigen Handwerksgesellen und geführt von polnischen Offizieren, die beiden Frankfurter Polizeistationen, ehe sie von ihnen weit überlegenen Truppen überwältigt wurden. Der »Frankfurter Wachensturm« blieb eher eine revolutionäre Posse. Er war nicht das Signal, das eine große Revolution in Deutschland hätte auslösen können. Dafür fehlten alle Voraussetzungen. Die Soldaten in den beiden Frankfurter Wachen ergaben sich zwar kampflos den Revolutionären, weigerten sich jedoch, zu ihnen überzulaufen, obwohl ihnen versichert worden war, wie es in einem Bericht über die Ereignisse heißt, »daß heute ganz Deutschland sich erhebe, daß zehntausend Bauern im Anmarsch seien, daß Freiheit und Gleichheit alles sei, was gefordert werde, daß man sie alle zu Unteroffizieren machen werde«.[21]

Die Ereignisse von Frankfurt boten den Regierungen den willkommenen Anlaß, die Schraube der politischen Repression noch um einiges weiter anzuziehen. Preußen war diesmal die treibende Kraft. Am 20. Juni 1833 beschloß der Bundestag aufgrund eines preußischen Antrags, eine Zentralbehörde für politische Untersuchungen einzurichten. Die Behörde bestand bis 1842 und stellte in dieser Zeit Ermittlungen gegen mehr als zweitausend Verdächtige an.

Daß es Preußen war und nicht Österreich, das sich mit der Forderung hervortat, noch schärfer als bisher gegen die liberalen und nationalen Kräfte vorzugehen, kann nicht überraschen. Denn in Preußen hatten längst Befürworter der Repression die Oberhand gewonnen, die in ärgster Weise die Gesinnungen gängelten und nur noch untertänigste Äußerungen größtmöglicher Staatsfrömmigkeit zuließen. Der alte Ranke hat später, auf seine Jugend zurückschauend, jene Zeit als die »halkyonischen Tage« bezeichnet. Bei diesem Urteil handelt es sich aber wohl um den bekannten Irrtum in der Perspektive, wie er fast allen Reden eigentümlich ist, die verklärend von »der guten alten Zeit« zu berichten wissen. Man flüchtete sich damals in die Künste und Wissenschaften, weil das politische Handeln verboten war. Das ist die Kehrseite der Schinkel-Zeit, und der Geist, der diese prägte, verrät sich in dem berühmt-berüchtigten Wort des preußischen Innenministers Gustav Adolf von Rochow, der sagte, die innere Verwaltung des Landes orientiere sich an »dem Maßstab der beschränkten Einsicht des Untertanen gegenüber der obrigkeitlichen Autorität«.

Mit den Bundestagsbeschlüssen vom 20. Juni 1833 war es noch nicht genug. Preußen und Österreich, die beiden reaktionären Flügelmächte des Deutschen Bundes, sahen jetzt ihre Chance gekommen, den ihnen äußerst mißliebigen Konstitutionalismus in den deutschen Mittel- und Kleinstaaten endgültig zu beseitigen. Preußen und Österreich einigten sich darauf, bevollmächtigte Minister der siebzehn wichtigsten Staaten des Deutschen Bundes zu einer Konferenz einzuladen, die im Januar 1834 in Wien beginnen sollte. Auf dieser Wiener Ministerkonferenz wurden u. a. die Verschärfung der Zensur, die Einschränkung der landesständischen Rechte und die Abschaffung des Geschworenengerichtes beschlossen.[22]

Danach lastete bleierne Ruhe auf den deutschen Staaten. Georg Büchner schrieb damals an einen Freund: »Die politischen Verhältnisse könnten mich rasend machen. Das arme Volk schleppt geduldig den Karren, worauf die Fürsten und Liberalen ihre Affenkomödie spielen. Ich bete jeden Abend zum Hanf und zu den Laternen.«[23] In Paris, in der Schweiz und später in London organisierten sich die politischen Flüchtlinge aus Deutschland. Es waren aber nicht nur Intellektuelle, Studenten, Professoren, Literaten, Advokaten und Journalisten, die sich im europäischen Ausland versammelten, sondern auch Kaufmannsgehilfen und Handwerksgesellen. In Paris beispielsweise konstituierte sich im Frühjahr 1832 ein »Deutscher Volksverein«, in dem Ludwig Börne als Redner auftrat und Heinrich Heine zeitweilig Mitglied war. Als zwei Jahre später die französische Regierung das Treiben der Emigranten einschränkte, wurde der Volksverein in den geheimen »Bund der Geächteten« umgewandelt, der die italienische Geheimgesellschaft der Carbonari zum Vorbild hatte. Der »Bund der Geächteten« entfaltete auch eine gewisse agitatorische Aktivität: Broschüren und Flugblätter wurden von Geheimkurieren nach Deutschland gebracht und verteilt.

Auch wenn diese Emigrantenorganisationen mit ihren agitatorischen Aktivitäten die Zensur und Polizeibehörden der Staaten des Deutschen Bundes ständig beschäftigten, so liegt ihr Wert doch nicht so sehr darin, daß sie liberale oder radikale Ideen verbreiteten. Bedeutsam sind diese Vereine vielmehr deshalb, weil sich ihre Mitglieder, begünstigt durch die erzwungene Isolation, in der sie sich befanden, rasch radikalisierten. In der europäischen Emigration wurde der deutsche Sozialismus geboren. Von hier aus schickte er seine Bannerträger in die übrigen Länder. Das *Kommunistische Manifest* von Marx und Engels erschien im Revolutionsjahr 1848 in London.

In der politischen Windstille, die nach 1830 in Deutschland herrschte, verflüchtigte sich auch bald der »teutsche« Traum. Die Kleinstaaterei war im Schutz des Deutschen Bundes prächtig gediehen. Der künstliche Partikularismus hatte schon längst an Tradition und Loyalitäten gewonnen und manche Bewährungsprobe bestanden. Als im Württembergischen Landtag einmal von den Rechten des deutschen Volkes die Rede war, meinte der Abgeordnete Ludwig Uhland, daß es ihm wäre, als ginge ein Gespenst durch den Saal, der Geist eines Erschlagenen. Der badische Liberale Karl von Rotteck prägte damals die seither vielzitierte Formel: »Lieber Freiheit ohne Einheit als Einheit ohne Freiheit.« Dieser Satz ist weniger Programm als Resignation. Er bringt die enttäuschten liberalen Hoffnungen auf eine kurze, griffige Formel. Das Konzept eines »Dritten Deutschland«, das unter Ausschluß Preußens und Österreichs das alte rheinbündische Deutschland als staatliche Einheit in Freiheit hätte organisieren sollen, hatte sich sehr schnell als Chimäre erwiesen. Gegen den Widerstand von Preußen und Österreich ließ sich kein geeintes »Drittes Deutschland« mit liberaler Verfassung durchsetzen. Und auch die Fürsten der Mittel- und Kleinstaaten, aus denen jene Einheit hätte geschaffen werden sollen, zeigten wenig Neigung, sich für ein so fragwürdiges Unternehmen zu opfern. Deutschland war in der Wirklichkeit nicht vorgesehen. Es war ein Traum. Mehr nicht.

7. KAPITEL
Politisches Biedermeier

Die Jahre zwischen den Befreiungskriegen und der Revolution von 1848 waren eine bewegungsarme Zeit. Zwar störten einige Ereignisse wie die französische Julirevolution, der polnische Aufstand und dessen brutale Niederschlagung etwas die Ruhe der Staaten. Aber dem Bürgerbehagen, das sich seiner erst so recht gewiß ist, »wenn fern hinten in der Türkei der Völker Scharen aufeinanderschlagen«, waren diese Geschehnisse eher ein angenehmer Kitzel. Es schien, als seien die Nationen von dem fast zwanzig Jahre dauernden Ringen mit der Revolution und Napoleon zu erschöpft, um noch etwas anderes zu ersehnen als Ruhe und Frieden. Und mit dieser Sehnsucht nach Ruhe und Frieden ging allenthalben ein Verlangen nach etwas Neuem einher. Die Prinzipien der Aufklärung und des Neuhumanismus, von denen die Politik der napoleonischen Zeit beeinflußt worden war, hatten ein tiefes Gefühl der Entfremdung, der Heimatlosigkeit hervorgerufen. Dieses Gefühl war so mächtig, daß auch all jene Wohltaten und kaum bestreitbaren Fortschritte oft übersehen wurden, die die Zeit des Umsturzes und der Revolution den einzelnen wie den Staaten gebracht hatten. Man war nur zu häufig freudig bereit, alle jene Errungenschaften und Fortschritte einer neuen Zeit über Bord zu werfen und zum Alten, zum Hergebrachten zurückzukehren, auch wenn es erwiesenermaßen das Schlechtere war. Ohne diesen in allen deutschen Staaten verbreiteten Konservatismus, ohne dieses zähe Festhalten am Überkommenen wäre die politische Restauration, die nach dem Sturz Napoleons einsetzte, nicht möglich gewesen. Daran zeigt sich deutlich, wie wenig tief die Ideen der Aufklärung und der Revolution in das breite Bewußtsein eingedrungen waren, wie wenig die Revolution es vermocht hatte, die tradierten Lebensformen zu ändern. Das alte Reich war nur äußerlich verschwunden; sein inneres Wesen behauptete sich immer noch. Das Festklammern an den überlieferten Ordnungen und der alten ständischen Willkür war gerade durch die Herrschaft eines aufgeklärten Spätabsolutismus, wie er in der napoleonischen Zeit in den neuen deutschen Mittel- und Kleinstaaten die Regel wurde, heftiger geworden. Die Bedrohung war erkannt, der Gegner, die zentralisierende, alles gleichmachende und uniformierende Beamtenherrschaft, welche die eingelebte Buntheit der sozialen und politischen Verhältnisse zerstören wollte, war ausgemacht. Man wußte, mit wem man es zu tun hatte, man wußte aber auch, wie man sich zur Wehr setzen konnte. Ohne den Druck napoleonischer Herrschaft schwang das Pendel zurück. Der konservative Publizist Joseph de Maistre definierte diese überall nach 1815 spürbare Pendelbewegung treffend nicht als »Gegenrevolution«, sondern als das »Gegenteil der Revolution«.

Die Restaurationsbewegung ging aber nicht so weit, daß alles wiederhergestellt worden wäre, was einmal gewesen war. Das alte Reich stand nicht von den Toten auf. Weder der Reichsadel noch die alte Kaiserherrlichkeit wurden wieder belebt. An dem System souveräner Mittel- und Kleinstaaten, wie es der Rheinbund geschaffen hatte, wurde nichts verändert. Sie blieben erhalten, obwohl es revolutionäre Schöpfungen waren. Lediglich jene Staaten, die wie das Großherzogtum Berg oder das Königreich Westfalen von Napoleon geschaffen worden waren und über die das Haus Bonaparte unmittelbar geherrscht hatte, wurden wieder in ihrer früheren Gestalt restauriert. In Braunschweig, Hannover und im Kurfürstentum Hessen ging diese Restauration mit einer geradezu hündischen Unterwürfigkeit der Bevölkerung einher. Dem Kurfürsten Wilhelm von Hessen-Kassel, einem der übelsten Herschergestalten jener Zeit, der seine eigenen Landeskinder zu Tausenden in den englischen Heeresdienst verkauft hatte und der auch weiterhin den leeren Titel eines Kurfürsten führte, spannten bei seiner Rückkehr die begeisterten Bürger die Pferde vom Wagen und zogen den »Landesvater« mit dem langen Zopf bis zum Schloß seiner Ahnen. Auch die Gebrüder Grimm gehörten zu jenen, die dem Kurfürsten Wilhelm, der alle Unarten kleinstaatlicher Mißwirtschaft und Willkür in seiner Person vereinigte, in Kassel mit freudigem Überschwang begrüßten, wie Wilhelm Grimm sagte, »nicht mit einem tobenden, für den Augenblick erregten Eifer, sondern wie jemand, der ein lang entbehrtes, von Gott wieder gewährtes Gut in die Heimat zurückführt«.[1]

Der Irrationalismus, ja der blanke Irrsinn, der aus diesen Worten spricht, mit denen die Wiederaufrichtung einer Dynastie begrüßt wurde, deren von keinem moralischen oder sittlichen Bedenken angekränkelte Willkürherrschaft das Land in ungeheures Leid und Elend gestürzt hatte, ist nicht nachvollziehbar. Hier tun sich Abgründe einer patriarchalischen Verblendung, einer sklavischen Anhänglichkeit auf, die freudig die gesetzliche Respektierung des Gemeinwohls und die Garantie der Menschenrechte für die längst vernichtete Fiktion vom Gottesgnadentum einer degenerierten Herrschaft aufgibt. Dieses Phänomen breiter dynastischer Anhänglichkeit, das sich hier offenbarte, sollte ein allen sonstigen tiefgreifenden Veränderungen trotzender Grundzug der politischen Kultur im Deutschland des 19. und des frühen 20. Jahrhunderts bleiben. Selbst die unterschiedlichen oppositionellen Bewegungen, mit denen sich Bismarck in dem von ihm geschaffenen »Neuen Reich« von 1871 auseinandersetzen mußte, gründeten zum Teil noch in dieser alten, irrationalen dynastischen Anhänglichkeit.

Das Pendel der Restauration schlug in jenen Staaten am weitesten aus, in denen zuvor besonders rigoros versucht worden war, fortschrittliche Verhältnisse durchzusetzen: in den ehemaligen napoleonischen »Modellstaaten«. In Hannover, das wieder an die englische Krone gefallen war, wurde die Verwaltung einem ständisch-feudalen Adelsregiment überlassen, das nach Kräften alle Neuerungen aufhob und die adelsständischen Interessen zur einzigen Richtschnur seines Handelns machte. Noch ärgere Zustände hielten im Kurfürstentum Hessen und in Braunschweig Einzug. Der hessische Kurfürst, der für eine kurze Zeit die Stände reaktiviert hatte, regierte schließlich wieder im Stil eines absoluten Herrschers des 18. Jahrhunderts, nachdem er alle Reformen seines »Verwalters Jérôme«, wie er sich auszudrücken beliebte, bis auf eine einzige abgeschafft hatte. Und diese eine Ausnahme betraf die Steuergesetzgebung, die ihm doch, wie er erkannte, mehr Geld in die eigenen Taschen brachte, als es das ältere System der Aussaugung des Landes vermocht hatte. Auch in Braunschweig entfaltete der hier wieder residierende Herzog einen Despotismus, der selbst bei den ganz auf Restauration gestimmten reaktionären deutschen Großmächten Preußen und Österreich heftiges Mißfallen erregte. In Sachsen und in Mecklenburg dagegen änderte sich nichts. Das altständische Regiment, das hier herrschte, eine Ordnung also, in der der Adel das Sagen hatte, Kleinbürger und Bauern aber alle Lasten trugen, wurde fortgeführt. Während sich aber im Königreich Sachsen trotz dieses versteinerten Ständeregiments eine moderne und solide gewerbliche Wirtschaft entwickelt hatte, spotteten die sozialen und politischen Zustände in den beiden Mecklenburg, in Mecklenburg-Schwerin und Mecklenburg-Strelitz, jeglicher Beschreibung. Denn hier hatte ein rücksichtsloses Adelsregiment, das sich im 17. und 18. Jahrhundert, von keiner landesherrlichen Gewalt gehindert, entfalten konnte, seinen ganzen Ehrgeiz darangesetzt, die Bauern »zu legen«. Die Folge dieser Politik war eine völlige Verarmung der Bauern und damit die Verödung des Landes. Als 1820 auch in Mecklenburg die Befreiung der Bauern von der Leibeigenschaft verfügt wurde, erhielten die wenigen noch übriggebliebenen Bauern lediglich ihre persönliche Freiheit, aber keinerlei Anspruch auf eigenen Grund und Boden zugestanden.

Völlig verschieden von den norddeutschen Staaten und den ehemaligen napoleonischen »Modellstaaten« war dagegen die Situation in den süd- und mitteldeutschen Staaten. Denn diese waren ja alle Produkte einer Revolution, der »Fürstenrevolution« von 1806. Sie alle mußten deshalb von einer stur restaurativen Politik, welche die altständischen Kräfte zu neuem Leben erweckte, das Ärgste für den Bestand ihrer souveränen Herrlichkeit befürchten. Eine Restauration im Sinne einer Wiederherstellung der alten Verhältnisse wurde hier von einer mächtigen ständischen Oppositionsbewegung gefordert, in der sich insbesondere die Reichsfürsten, aber auch die Angehörigen des niederen Reichsadels, die durch die »Fürstenrevolution« von 1806 mediatisiert und der staatlichen Souveränität unterworfen worden waren, zusammengefunden hatten. Der mediatisierte Adel schloß überdies wie beispielsweise in Württemberg Zweckbündnisse mit anderen altständischen Kräften, unter denen die Städte die wichtigste Rolle spielten. Diese sahen nun ihre Stunde gekommen, der zentralisierenden Politik rheinbündischer Zeit den Todesstoß zu versetzen.

Waren diese virulent werdenden altständischen Geltungsansprüche für die meist ungefestigte Integrität dieser Staaten schon bedrohlich genug, so trat von außen noch eine womöglich größere Gefahr an sie heran. Insbesondere die drei süddeutschen Staaten waren in noch unerledigte Gebietsstreitigkeiten miteinander verwickelt, so daß trotz der Rechtsgarantien der Wiener Bundesakte, mit denen die bestehenden staatlichen Grenzen anerkannt worden waren, die Befürchtung bestand, daß der eine dem anderen mit Gewalt nehmen würde, was er für sich beanspruchte. Außerdem plagte diese Staaten bis etwa 1820 – nachdem sich Österreich mit der Durchsetzung der »Karlsbader Beschlüsse« als die führende Macht im Deutschen Bund herausgestellt hatte und gleichzeitig sich in Preußen die von den Reformern gehegten Verfassungspläne als unrealisierbar erwiesen – die Furcht, daß sich Preußen an die Spitze einer deutschen Verfassungsbewegung stellen könnte, die mit revolutionärer Gewalt alle souveränen Herrlichkeiten beseitigte.

Gegen diese vielfältigen Bedrohungen von innen und außen, denen sich vor allem die drei süddeutschen Staaten nach dem Sturz ihres Protektors Napoleon ausgesetzt sahen, wurden von ihnen fast identische Maßnahmen ergriffen. Dies verwundert nicht weiter, weil die innere Situation dieser drei Staaten sehr ähnlich war. Denn trotz der während der Rheinbundzeit unternommenen forcierten Anstrengungen, durch soziale und politische Reformen die nach Tradition, landsmannschaftlicher und landständischer Zusammengehörigkeit sowie nach religiösem Bekenntnis völlig disparaten Landschaften zusammenzuschweißen, die nach 1806 erworben worden waren und die die alten Territorien zu souveränen Mittelstaaten aufgebläht hatten, war das Herrscherhaus immer noch das jeweils einzige feste, aber angesichts dieser Bedrohungen zu schwache Band, das die verschiedenen Landesteile zusammenhielt. So kam es, daß aus der blanken Not, die territoriale Integrität ihrer Staaten gegen mannigfache Geltungsansprüche zu sichern, die souveränen Herrscher einer Reihe deutscher Klein- und Mittelstaaten sich gezwungen sahen, ihren Ländern eine Verfassung zu geben, um durch Konzessionen an die ständische Opposition im Innern die Einheit und Unteilbarkeit ihrer Staaten nach außen zu sichern.

Am Beispiel des kleinen Herzogtums Nassau, das sich als erster deutscher Staat am 2. September 1814 eine Verfassung gab, lassen sich diese Beweggründe des fürstlichen Konstitutionalismus aufzeigen. Das Herzogtum war 1806 durch die Zusammenlegung von magerem alt-nassauischem Besitz mit fetten Säkularisationsgewinnen an kurmainzischem und kurtrierschem Gebiet an Rhein und Lahn gebildet worden. Außerdem zählte zu den Untertanen des Herzogtums der Reichsfreiherr Karl vom Stein, der als der politisch einflußreichste Mann unter allen ihrer Hoheitsrechte entkleideten Fürsten und Herren des Reichs galt und der deshalb als eine ganz besonders gefährliche Bedrohung für den souveränen Bestand des kleinen Herzogtums erscheinen mußte. Die nassauische Regierung tat deshalb alles, die Empfindlichkeit dieser Autorität zu berücksichtigen. Sie legte dem Herrn vom Stein nicht nur den Entwurf ihrer Landesverfassung vor, sondern sie akzeptierte auch alle seine Verbesserungsvorschläge, so daß das kleine Nassau eine ständische Konstitution nach englischem Vorbild erhielt.

Bedeutsamer als die Verfassung Nassaus oder die anderer deutscher Kleinstaaten wie Sachsen-Weimar sind für die weitere Entwicklung der deutschen Dinge vor allem aber die Konstitutionen, die in den drei süddeutschen Staaten Baden, Bayern und Württemberg in den Jahren 1818 und 1819 erlassen wurden. Jenseits aller Unterschiede, die diese drei Konstitutionen zwangsläufig im Detail aufweisen und die hier unberücksichtigt bleiben können,[2] lassen sich die folgenden grundsätzlichen Übereinstimmungen feststellen: Um die politische Einheit und Sicherheit ihrer Staaten zu gewährleisten, machten die Souveräne der ständisch-restaurativen Opposition im wesentlichen zwei Zugeständnisse: Sie opferten zum einen teilweise die Einheitlichkeit und die Zentralisation ihrer Verwaltung und begrenzten zum anderen deren Aktionsfreiheit. Konkret hieß dies, daß sowohl der mediatisierte Adel wie die Städte eine ganze Reihe ihrer alten Privilegien, Exemtionen und Selbstverwaltungsrechte zurückerstattet bekamen, die ihnen von der Verwaltung während der Rheinbundzeit genommen worden waren. Diese

Konstitutionen bedeuteten für die Bestrebungen der liberalen Verwaltungsreformer, deren Ziel es gewesen war, eine staatsbürgerliche Gesellschaft zu schaffen, einen Mißerfolg in Teilen, aber keine Niederlage, da es den ständisch-restaurativen Kräften in der Folgezeit nicht gelang, jene taktischen Siege, die sie in der Zeit von 1815 bis 1820 errangen, langfristig zu sichern und in strategische Vorteile umzuwandeln.[3] Die ganze Herrlichkeit altständischer Machtvielfalt wurde nirgendwo wiedererrichtet, während die Bürokratie nach 1820 emsig und erfolgreich daran arbeitete, das noch bestehende oder nach 1815 wieder restaurierte ständische Sondertum zu unterminieren und abzutragen.[4]

Mit dem frühen Konstitutionalismus der Jahre von 1815 bis 1820 ist ein hartnäckig sich behauptender Irrtum verknüpft, sofern in ihm ein erster politischer Sieg der liberalen bürgerlichen Kräfte gesehen wird. Mit diesem frühen »Liberalismus« hat es eine ähnliche Bewandtnis wie mit dem bereits geschilderten »nationalen Idealismus«. In beiden hat eine spätere Zeit mehr und anderes gesehen, als sie als Strömungen und Bewegungen in ihrer Gegenwart tatsächlich darstellten. Die Verfassungen, die in den süddeutschen Staaten 1818/1819 erlassen wurden, waren den Souveränen nicht von einer »liberalen bürgerlichen Bewegung« abgetrotzt worden, sondern die Souveräne hatten diese Konstitutionen ihren Untertanen oktroyiert. Hinter diesen Verfassungen stand deren Furcht, ihre Staaten im völligen Chaos versinken zu sehen. Sonst nichts. Und insgesamt stellten alle Konstitutionen, gemessen am Staats- und Gesellschaftsideal der rheinbündischen Reformzeit, einen Rückschritt dar. Zwar hatten sie alle eine Selbstbeschränkung der herrscherlichen Gewalt zum Inhalt, aber diese Selbstbeschränkung kam den Ständen zugute, die auf diese Weise wieder zu politischem Leben erweckt wurden und damit die Herausbildung einer durchpolitisierten liberalen und staatsbürgerlichen Öffentlichkeit verhinderten. Dies wird einsichtig, sobald man in die Einzelheiten geht. Die Verfassung, die beispielsweise Großherzog Karl August von Sachsen-Weimar-Eisenach seinen Untertanen 1816 verlieh und von der die Fama lange behauptete, sie sei die »liberalste« überhaupt gewesen, restaurierte lediglich die alte ständische Landesverfassung. Der sachsen-weimarische Landtag setzte sich aus Vertretern der einzelnen Stände zusammen, die auch als ständische Korporation der Landesherrschaft gegenübertraten. Neu oder »liberal« daran war die Zulassung der bäuerlichen Deputierten neben den adeligen Grundbesitzern und den Vertretern des städtischen Kleinbürgertums. Von einem einheitlichen Staat, von Staatsbürgertum oder gar staatsbürgerlichen Rechten war in dieser Verfassung indes nirgends die Rede.

Etwas anders lagen die Dinge in den drei süddeutschen Staaten. Hier hatten die Reformen der rheinbündischen Zeit trotz mannigfacher Widerstände Fakten geschaffen, die sich nicht so einfach mehr aus der Welt schaffen ließen. In Bayern beispielsweise wurde nach dem Sturz des leitenden Ministers Montgelas, der den bayerischen Ständen als die verhaßte Symbolgestalt kompromißlosen Reformwillens galt und der dem Land eine Verwaltungsorganisation nach napoleonischem Vorbild aufgezwungen hatte, eine Verfassung erlassen, die dem mediatisierten Adel privilegierte Möglichkeiten politischer Einflußnahme eröffnete. Hauptgewinner der Konstitutionsbewegung aber waren in Bayern wie in den anderen Staaten die Städte, die entweder durch die Verfassung selbst oder durch gesonderte Gemeindeedikte nahezu alle ihre alten Rechte und Privilegien zurückerstattet erhielten. Durch die Wiederherstellung der städtischen Selbstverwaltung und das damit verbundene Wiederaufleben der alten restriktiven Zunftordnungen und der sonstigen sozialen Restriktionen bildeten die Städte innerhalb der Staaten wieder eigene politische Einheiten, die nicht in den Staat als Ganzes integriert waren und damit auch nicht in seine Politik. Die in den einzelnen Verfassungen vorgesehenen ständischen Kammern oder Landtage konnten diese Integration ihrerseits aber auch nicht leisten, da sie weder eine wirkliche legislative Gewalt besaßen noch ständische Vertretungen darstellten, die aus ständisch-korporativen Interessen, die auf den unterschiedlichen Ebenen der Gesellschaft ihre Wirkung entfalteten, hervorgegangen waren. Das heißt: Zwischen der nach »außen« gegenüber dem Staat und der Gesellschaft völlig abgeschlossenen Welt der sich selbst verwaltenden Städte und den Landtagen oder Kammern auf Staatsebene gab es keine intermediären Vertretungskörperschaften,[5] welche die städtischen Sonderinteressen stufenweise mit den allgemeinen Interessen staatlicher Politik vermittelt hätten. Damit entfielen alle Voraussetzungen für eine wirksame Integration der Städte in das staatliche Leben. Auf eine Faustformel gebracht, kann man sagen, daß die Souveräne in der Absicht, die territoriale Integrität ihrer Staaten nach außen zu gewährleisten, gezwungen waren, deren innere politische Desintegration in einem beträchtlichen Umfang in Kauf zu nehmen. Die Verfassungen der nachnapoleonischen Zeit schufen also weder eine staatsbürgerliche Gesellschaft, noch konnten sie auf das »Bürgertum« als den »allgemeinen Stand« setzen. Diese Rolle hatten nach wie vor die Beamten inne, die, da der Verwaltungsaufbau der napoleonischen Ära weitgehend erhalten blieb, in ihren Auseinandersetzungen mit den ständischen Gewalten wieder an jenem Punkt anfangen mußten, von dem sie 1806 ausgegangen waren. Nur die Lage war inzwischen in einer Hinsicht grundverschieden: Beide, Beamte wie Stände, hatten einander kennengelernt und wußten nun aus Erfahrung, daß ihr Verhältnis von unversöhnlicher Feindschaft geprägt sein würde.

Ein Lehrstück besonderer Art ist die badische Verfassung von 1818, die von den Konstitutionen aller Staaten des Deutschen Bundes als die vergleichsweise »fortschrittlichste« bezeichnet werden kann.

Baden erhielt mit dieser von dem liberalen Beamten Karl Friedrich Nebenius entworfenen Verfassung ein Zweikammernsystem. Während in der Ersten Kammer nur Vertreter der Kirchen, des grundbesitzenden Adels und der Universitäten saßen, war die Zweite Kammer als Volksvertretung konzipiert: In sie wurden Abgeordnete des ganzen Volkes und nicht Vertreter einzelner Stände oder Korporationen entsandt. Dieser Zweiten Kammer wollte Nebenius eine sichere »bürgerliche« Mehrheit dadurch verschaffen, daß er das aktive Wahlrecht auf alle Bürger ausdehnte, während das passive Wahlrecht durch einen hohen Zensus eingeschränkt wurde. Außerdem wurden die Wahlkreise nach dem direkten Steueraufkommen eingeteilt, so daß insbesondere die Städte gegenüber dem flachen Land bevorzugt waren.

Alle diese Maßnahmen stellten aber lediglich eine verfassungspolitische Vorleistung dar, die erst eine wirklich staatsbürgerliche Gesellschaft und Öffentlichkeit mit Leben würde erfüllen können. An beidem aber mangelte es so lange, wie die Städte innerhalb des Staates ihre Eigenständigkeit behielten und nicht »verstaatlicht« waren. Die Klage, die der liberale Publizist Karl von Rotteck in seiner 1836 erschienenen *Geschichte der badischen Landtage* erhob, als er die »Illiberalität« geißelte, die sich immer dann in den Kammerdebatten zeige, wenn Belange der Städte erörtert würden, trifft diesen Sachverhalt genau. Rotteck führte dies auf »ein beklagenswertes Mißverständnis oder auf eine zeitweilige Spaltung zwischen der intellektuellen Führung und der Mehrheit der Kammer« zurück.[6] Das, was Rotteck als Mißverständnis bezeichnete, ist genaugenommen jener Graben, der die liberalen Ansichten einiger weniger »freischwebender Bildungsbürger« und reformerisch gesinnter Beamter, denen die Vision einer künftigen staatsbürgerlichen Gesellschaft vorschwebte, von den handfesten, noch ganz ständisch orientierten Interessen des Kleinbürgertums trennte. Über diesen Graben wurden in den dreißig Jahren zwischen 1818 und 1848 viele Brücken geschlagen, eingeebnet aber wurde er erst in der zweiten Hälfte des 19. Jahrhunderts. Das Bewußtsein jedoch, daß (städtische) Gemeinschaft und (staatsbürgerliche) Gesellschaft im Grunde einander feindlich gegenüberstehende Entitäten seien, hat sich noch lange erhalten und entscheidenden Einfluß für das Verständnis von Politik in Deutschland und damit für die weitere politische Entwicklung gehabt.

Dem »allgemeinen Stand«, den jene schmale, aber hochbedeutsame

Schicht nicht ständisch eingebundener Bildungsbürger und Bürokraten bildete, gelang es in zähem und stillem Kampf, den Städten in den zwanziger Jahren des 19. Jahrhunderts wieder eine ganze Reihe jener Privilegien zu entreißen, die diese in den Konstitutionen oder Gemeindeedikten der Jahre 1818/1819 erneut erhalten hatten. Aber dieser Geländegewinn, den die Verwaltung als Frucht langwieriger und komplizierter Auseinandersetzungen, die mit den scheinbar unpolitischen Mitteln der Verwaltungsgesetzgebung und des Steuerrechts geführt wurden, erzielte, wurde durch die Reaktionen auf die französische Julirevolution fast wieder völlig zunichte gemacht. Denn dieses der kleinstaatlichen Idyllik, die in Deutschland sich in aller Beschaulichkeit entfaltet hatte, so ferne Ereignis zeitigte hier gleichwohl erstaunliche Auswirkungen: Fast allen deutschen Klein- und Mittelstaaten, die in den Jahren von 1815 bis 1819 keine Verfassung erhalten hatten, wurden nun Konstitutionen oktroyiert. Alle diese Verfassungen sahen als Repräsentativorgane Kammern vor, deren Abgeordnete nach einem Zensus gewählt wurden, der in den einzelnen Staaten unterschiedlich hoch angesetzt war. Im Ergebnis oszillierten diese Kammervertretungen zwischen einem ausgeprägt altständisch-korporativen Charakter wie beispielsweise in Hannover und einer »liberaler« Vorstellung am nächsten kommenden Repräsentation aller »Staatsbürger« mit einer durch das Wahlrecht begünstigten »bürgerlichen« Mehrheit wie etwa in Kurhessen.[7] Die unstreitig »liberale« Prägung dieser Verfassungen – die von ihnen geschaffenen, mehr oder minder alle »Staatsbürger« repräsentierenden Kammern besaßen das Budget- und Steuerbewilligungsrecht – wird allerdings dadurch erheblich beeinträchtigt, daß überall im Gefolge dieser neuerlichen Verfassungsbewegung auch die rechtliche und politische Autonomie der Städte erneut und in vielen Fällen sogar umfassender als in der Zeit nach dem Sturz Napoleons garantiert wurde. Dieser Einwand mag paradox, wenn nicht geradezu unsinnig klingen: Ein hartnäckig gehegter Glaube will, daß das Recht auf städtische Selbstverwaltung, das einem autoritären Regime abgetrotzt wurde, einen Erfolg des politischen Liberalismus schlechthin darstelle. Dem wäre zuzustimmen, wenn die städtische Selbstverwaltung ihrerseits der Durchsetzung liberaler Ziele gedient hätte. Dies aber war nicht der Fall. Mack Walker bezeichnet deshalb die Verwechslung von städtischer oder lokaler Selbstverwaltung mit politischem Liberalismus zutreffend als einen »altehrwürdigen Irrtum der deutschen Politik und Geschichtsschreibung«.[8] Den Städten diente das ihnen entweder nach 1830 neu verliehene oder in seinem alten Umfang wieder gewährte Recht auf Selbstverwaltung nämlich nur dazu, ihre soziale und politische Abschottung gegenüber dem Staat zu verstärken und sich damit ihr »Sondertum« zu erhalten.

Die Städte und die bei jedem national-revolutionären Hauch, der die deutsche Windstille belebte, um ihre Thrönchen und Krönchen bangenden deutschen Fürsten bildeten eine häufig übersehene Interessenkoalition. Beiden ging es, wenn auch aus unterschiedlichen Motiven, um die Erhaltung des Status quo. Den Städten war es um die Bewahrung ihrer Privilegien, den Fürsten um die Garantie ihrer Souveränität zu tun. Indem diese den Städten ihre Privilegien in jeder Krise garantierten, die vermeintlich ihre Throne bedrohte, nach 1815, nach 1830 und wieder, wie noch zu zeigen sein wird, nach 1848, gelang es dem deutschen Zaunkönigtum, seine Existenz vor der liberalnationalen Bewegung zu retten. Politische Unrast und Geltungsansprüche, die der mittel- und kleinstaatlichen Staatsräson zuwiderliefen, wurden auf diese Weise wirksam lokal befriedigt und damit isoliert. Einer drohenden Radikalisierung, die auf eine in breiter Front vorgetragene Forderung nach Partizipation an der Regierung hinausgelaufen wäre, wurde so vorgebeugt. Mit anderen Worten: Je unbehelligter sich das städtische Bürgertum in seinen ureigensten Belangen durch staatliche Bevormundung fühlte, desto geringer war seine Neigung, eine aktive und verantwortliche Teilhabe an der Verwaltung des Staates und an der Formulierung seiner Politik zu fordern. Die staatliche Garantie städtischer Unabhängigkeit erwies sich so als ein stets wirksamer Schutz gegen die Revolution. Gleichzeitig aber blieb damit auch, und dies darf nicht übersehen werden, die Position der Bürokratie unangetastet, denn nur so lange, wie sich die Städte mit der staatlichen Garantie ihres selbstverwaltenden »Sondertums« begnügten, konnten sich die Beamten als der »allgemeine Stand« gerieren, dessen Interessen sich einzig und allein an den von ihnen definierten Inhalten des Gemeinwohls orientierten. Mit Zähigkeit verfolgte die Bürokratie so eine Politik, deren Erfolg in letzter Konsequenz ihren Anspruch aufheben mußte, der »allgemeine Stand« zu sein. Dieser Widerspruch, der sich hier einem späteren Beobachter offenbart, war den Akteuren der damaligen Zeit indes noch nicht bewußt. Niemand vermochte, so früh die sozialen und politischen Auswirkungen der »industriellen Revolution«, der die Politik des »allgemeinen Standes« so wirksam vorgearbeitet hatte, vorauszusagen. Die divergierenden politischen Interessen von Bürokratie und städtischem Kleinbürgertum wurden notwendig nur in einer historischen Perspektive gesehen: Das städtische Kleinbürgertum war, um Hegelsche Kategorien zu benutzen, der Bewahrung des je »Besonderen« verpflichtet, während das politische Interesse der Bürokratie dem »Allgemeinen« galt. Damit verlief der Interessengegensatz zwischen beiden scheinbar noch immer in jenen Bahnen, die während der Auseinandersetzungen zwischen den ständischen Geltungsansprüchen und den Souveränitätsinteressen der absoluten Monarchie vorgezeichnet worden waren. Dieser Sicht des Konflikts entsprachen deshalb auch noch ganz jene traditionellen Mittel, deren sich die Städte bedienten, um ihre »Besonderheit« gegen die Ansprüche der »Allgemeinheit« zu verteidigen. Indem die Städte die Ansprüche der »Allgemeinheit« in erster Linie als eine existentielle Bedrohung ihrer sozialen und damit auch ihrer politischen Integrität und Autonomie auffaßten, galt ihre Aufmerksamkeit zunächst und vor allem einer sozialen Abschottung nach außen, die durch drei Mittel gewährleistet wurde. Einmal durch das den Städten immer wieder erteilte Privileg, die Bestimmungen über die Verleihung des Bürgerrechts selbst zu definieren. Mochten sich die Bestimmungen des Bürgerrechts auch jeweils in ihren Details unterscheiden, so war ihnen doch die eine Absicht allgemein, eine »Übervölkerung« der Städte zu verhindern. »Übervölkerung« war nämlich gleichbedeutend mit einer Vermehrung der innerhalb der marginalisierten städtischen Wirtschaftsräume wirtschaftlich tätigen Subjekte. Die Folge einer solchen »Übervölkerung« wäre aus der Sicht des städtischen Kleinbürgertums gewesen, daß das labile Gleichgewicht des durch die Zünfte reglementierten und kartellierten städtischen Wirtschafts- und Soziallebens, das dem *Ideal der Bedarfsdeckung* verpflichtet war, durch eine nicht mehr zu zügelnde wirtschaftliche Konkurrenz vernichtet worden wäre.[9]

Das zweite wichtige Mittel, durch das sich die Städte nach außen abzuschotten suchten, ist deshalb in dem von ihnen stets mit Klauen und Zähnen verteidigten Privileg zu sehen, die in den Städten und den sie umgebenden »Bannmeilen« gültige Wirtschaftsordnung autonom zu regeln. Städtisches Bürgerrecht und städtische Wirtschaftsordnung waren deshalb stets aufs engste miteinander verzahnt, eine Verzahnung, die durch die städtische Selbstverwaltung als dritte Komponente politisch und institutionell garantiert wurde.

Alle diese Maßnahmen zur sozialen Abschottung der Städte gegen den Staat spiegeln jene ökonomischen Grundsätze wider, welche die sozialen Ideale des Bürgertums ausmachten. Diese ökonomischen Prinzipien waren in ihrer Essenz darauf gerichtet, die unternehmerische Expansion einzelner auf Kosten und zum Schaden anderer zu verhindern. Damit verbunden war die soziale Vorstellung, daß niemand mehr oder auch weniger haben sollte, als ihm nach seinem *standesgemäßen Bedarf* zustand. Diesem Ideal diente auch die durch Zünfte oder Gilden streng reglementierte wirtschaftliche und soziale Mobilität. Das Ideal der städtischen Sozial- und Wirtschaftsordnung war statisch; es konnte sich damit nur in einem rein lokalen Geltungsbereich entfalten. Diesen traditionalistischen Vorstellungen war das ökonomische Ideal diametral entgegengesetzt, welches die Bürokratie anstrebte, um der von ihr gewollten »staatsbürgerlichen Gesellschaft« die Existenzgrundlage zu verschaffen. Der Wirtschaftsraum, den der »allgemeine Stand« anvisierte, umfaßte den ganzen Staat, und dessen Wirtschaftsordnung war dynamisch und nicht statisch angelegt. Dies bedeutete: Der einzelne erzeugte ein Produkt, erwirtschaftete einen Profit, der größer war als zur Befriedigung seiner eigenen Ansprüche nötig, wie insgesamt das Produkt aller wirtschaftlichen Aktivitäten einen größeren Profit abwerfen sollte, als zur Bedarfsdeckung der Allgemeinheit benötigt wurde. Voraussetzung für die Erreichung dieses ökonomischen Ideals war, daß Kapital und Arbeit einerseits vor allem in den Wirtschaftsbereichen eingesetzt wurden, die den höchsten Profit versprachen, und daß andererseits weder die Mobilität der Bevölkerung noch die Expansion wirtschaftlicher Unternehmungen aus sozialen Rücksichten restringiert wurden.

Die tiefe Gegensätzlichkeit beider Vorstellungen wurde bereits frühzeitig erkannt, doch war man der Überzeugung, durch die Schaffung einer geteilten Wirtschaftsordnung diesen Gegensatz sozial und politisch vermitteln zu können. Der Württemberger Robert von Mohl beispielsweise machte in seiner 1832 veröffentlichten Abhandlung *Die Polizeiwissenschaft nach den Grundsätzen des Rechtsstaats* den Vorschlag, daß die marginalisierten, lokalen Wirtschaftsräume geschützt und erhalten bleiben sollten. Dies sollte sich aber nicht zum Schaden jener wirtschaftlichen Unternehmungen und Aktivitäten auswirken, die für die Allgemeinheit aus Gründen ihrer nationalökonomischen Bedeutung oder ihres schieren Umfangs wegen besonders wichtig waren.[10] Robert von Mohls Vorschlag, eine in handwerkliche Kleinfertigung und in industrielle Massenproduktion fein säuberlich unterteilte und nach Wirtschaftsräumen getrennte Wirtschaftsordnung aufzubauen, war nicht neu. Genaugenommen beschrieb er nur den Status quo der damaligen Wirtschaftsverfassung; denn bis etwa 1850 koexistierten beide Wirtschaftsformen nebeneinander, ohne daß die industrielle Massenproduktion und die von ihr geforderten neuen großräumigen Distributionsmethoden das lokale und ständisch gebundene Handwerk sowie den örtlichen Handel beeinträchtigten. Erst in den Jahren nach 1850 sollten die städtischen Wirtschaftsräume von dem Ansturm zweier Gewalten überrollt werden, über deren Vorboten man 1848/1849 noch einmal glänzend triumphierte: Industrie und Proletariat.

Die Liberalen, deren gesellschaftspolitische Ordnungsvorstellungen auf einen Horizont projiziert waren, in dem die ständische Gesellschaft aufgehoben war, sahen sich vor und nach 1848 in den süddeutschen Verfassungsstaaten einem Dilemma gegenüber, das sie nicht überwinden konnten. Es bestand, so paradox dies scheinen mag, eben just in diesen Verfassungen und den von ihnen vorgesehenen Repräsentativorganen der Gesellschaft, die aber nur dann im Sinne der liberalen Ordnungsvorstellungen wirksam werden konnten, wenn sie politische Organe einer staatsbürgerlichen Gesellschaft waren. Die Repräsentativvertretungen, die Kammern der süddeutschen Verfassungsstaaten, führten jedoch nur das kümmerliche Dasein von Schwatzbuden, die partikularistischen und ständischen Geltungsansprüchen ein Ventil boten. Sie waren letztlich traurige Karikaturen eines wirklichen Parlamentarismus. Indem sie diesen Charakter behielten, erfüllten sie genau jene Erwartungen, welche die Fürsten in die von ihnen oktroyierten Verfassungen gesetzt hatten: Sie stärkten und entwickelten den staatlichen Zusammenhalt und die Unabhängigkeit der einzelnen Ländchen und waren doch gleichzeitig keine Gefahr für das fürstliche Prinzip,[11] während sie andererseits den ständischen Kräften und Interessen hinlängliche Artikulationsmöglichkeiten boten und ihnen damit die Chance eröffneten, ihr politisches und soziales Sondertum zu behaupten und wirksam zu verteidigen.

Der Liberalismus hat diese politische Unfruchtbarkeit des süddeutschen Verfassungslebens nie wirklich überwinden und seinen Zwecken dienstbar machen können. Das lag daran, daß er selbst ein Produkt dieser Umstände war, die er, gestützt auf die Gewißheit des historischen Fortschritts, dessen Mandat er wahrzunehmen glaubte, verändern wollte. Seine Vision einer »staatsbürgerlichen Gesellschaft« wurde von dem Alptraum eines riesigen besitz- und bindungslosen Pöbels bedrängt, der alles überflutete und jegliche Ordnung unter sich begrub. In dieser Furcht gründet die politische Ambivalenz des deutschen Liberalismus, die nach 1848, als er aufgerufen war, eine konsistente, seinen Vorstellungen entsprechende politische und soziale Ordnung für Deutschland zu entwerfen, offenbar wurde und in der eine der Ursachen seines Scheiterns zu erkennen ist.

Für den weiteren Gang der deutschen Geschichte nach den Befreiungskriegen sollte der Umstand von besonderer Bedeutung sein, daß die beiden deutschen Flügelmächte Österreich und Preußen sich zunächst nicht zu »Verfassungsstaaten« entwickelten. Im Falle Österreichs war es offensichtlich, daß hier die Schaffung einer Verfassung mit »nationalen« Repräsentativorganen vor allem die zentrifugalen Kräfte des Vielvölkerstaates beleben würde. Deshalb war es ein Gebot staatsmännischer Klugheit, jeden Gedanken an eine Verfassung zu unterdrücken. In Preußen dagegen waren die Verhältnisse wesentlich komplexer. Mit dem Konzept, auf das sich die Reformen in Preußen gründeten, waren von vornherein zwei Ziele anvisiert worden: Die Reform des Staates und seiner Organe und damit verbunden eine umfassende Modernisierung der Gesellschaft und ihrer sozialen Ordnung auf administrativem Wege sowie zum zweiten die Integration von Staat und Gesellschaft, die durch eine Repräsentativverfassung gewährleistet werden sollte, für deren Funktionieren die vorherige Umbildung der ständisch abgeschichteten in eine staatsbürgerliche Gesellschaft unabdingbar war. In dieser doppelten Absicht der Reform war schon ihr Scheitern angelegt, insofern die Erreichung des einen Ziels unverzichtbare Voraussetzung für die Einlösung des anderen war und umgekehrt. Diesem Dilemma suchten die Reformer dadurch zu entgehen, daß sie der Reform des Staates und der damit verbundenen Modernisierung der Gesellschaft die zeitliche Priorität vor der Ausarbeitung einer Repräsentativverfassung einräumten. Die Absicht dieser Entscheidung war, die noch in ständischer Absonderung lebenden Untertanen mittels der segensreichen Arbeit einer reformierten und gestrafften Verwaltung zu »Staatsbürgern« zu erziehen.

Für dieses Vorgehen sprach noch ein anderes, für die Zeit nach 1807 wesentlich gewichtigeres Motiv: Die exorbitante Höhe der von Napoleon dem armen Land auferlegten Kontributionen forderte gebieterisch den Vorrang der Verwaltungs- und Wirtschaftsreform vor der Verfassungsreform. Doch gerade in dieser zeitlichen Priorität, die den Verwaltungs- und Wirtschaftsgesetzen unter dem Druck der äußeren Umstände eingeräumt wurde, ist der Grund für die Dauer und die anhaltende Wirkung dieser Reformen zu sehen, auch wenn diese in der Folge von den ursprünglichen Intentionen der Reformer abwichen.[12]

Die Einleitung einer umfassenden Verfassungsreform vor 1815 erwies sich aber sehr bald aus noch anderen Gründen als unmöglich. Denn die Verwaltungs- und Wirtschaftsgesetze vermochten nicht, jene von den Reformern in sie gesetzten Erwartungen zu erfüllen, die letztlich auf eine Einebnung der regional gebundenen ständischen Geltungsansprüche an den Staat hinausliefen. Die Wirkung der Reformgesetze konnte nicht bis zur Masse der Untertanen durchschlagen, weil es der preußischen Bürokratie auch nach 1807 nicht gelang, die vom Adel beherrschten regionalen Herrschaftsverbände der Kreisstände zu verstaatlichen. Dieses »verwaltungspolitische Versickern der Staatsmacht auf dem Lande« (R. Koselleck) ist die eigentliche Ursache dafür, daß die Verfassungsreform vor 1815 nicht ernsthaft erwogen wurde. Allzu deutlich zeigte sich nämlich, daß der »allgemeine Stand«, der die Vorbedingung für die Errichtung einer repräsentativen Verfassung darstellte, zu schmal war, ein solches Gebäude zu tragen. Und die Feststellung, die der preußische Staatsrat Theodor von Hippel in einem Verfassungsgutachten 1808 traf, hat bis über die Revolution um 1848 hinaus nichts von ihrer Gültigkeit verloren: »Eine Veränderung der Staatsorganisation in unserem Vaterlande wird nicht von vielen gewünscht werden, überhaupt nur von dem sogenannten Mittelstande, den politischen Neologen unter den Gelehrten, den Offizianten [d. h. den Beamten], dem mittleren Kaufmanne und dem bürgerlichen Gutsbesitzer. Diese allein wünschen Gleichheit der Rechte . . .«[13]

Hippel macht damit schon sehr früh auf eben jenes Dilemma aufmerksam, das die Reformer nie überwinden sollten: Da die ständische Schichtung nicht durch die Reformgesetzgebung abgelöst wurde, behielten die Stände und insbesondere der Adel auf lokaler und regionaler Ebene die Organisation und Kontrolle der politischen Willensbildung. Unter diesen Umständen war die beabsichtigte preußische »Nationalrepräsentation« sinnlos, da sie von den regional gebundenen ständischen Geltungsansprüchen paralysiert worden wäre. Bezeichnend ist in diesem Zusammenhang, daß es nur der Adel war, der nach dem Erlaß des ersten Finanzedikts vom 27. Oktober 1810 die Krone mit Eingaben und Bittschriften bestürmte, vor allen weiteren gesetzgeberischen Maßnahmen »eine konstitutionsmäßige National-Repräsentation« einzuführen.[14] Allerdings hatte die Krone selbst solche Wünsche und Vorstellungen provoziert, denn in diesem Finanzedikt war das erste öffentliche Versprechen des Königs enthalten, eine solche »National-Repräsentation« einzuberufen.[15] Daß es einzig der Adel war, der auf die sofortige Einlösung dieses Versprechens drängte, entsprang unmittelbar seiner Absicht, jede künftige Gesetzgebung im Sinne seiner Interessen beeinflussen zu können. Der Adel war, wie sich daran zeigt, schon vor 1815 der einzige Stand in Preußen, der auf die durch die Reform geschaffene neue Situation *politisch* reagierte und seine Opposition organisierte. Für die Fortführung der Reformen war dies fatal. Denn der Adel hätte, wären die Reformen vollendet worden, einen Großteil seiner ständischen Privilegien und damit seine gesellschaftliche Vorzugsstellung eingebüßt. Aus eben dieser Erkenntnis widersetzte er sich den Reformen im allgemeinen und der geplanten Verfassung im besonderen. In den Erwartungen, welche die Reformer an eine preußische Verfassung knüpften, erfüllten sich alle Ängste des Adels. Diese Erwartungen kleidete Christian Friedrich Scharnweber vor den nach ständischen Prinzipien gewählten Mitgliedern der »Kommission zur Regulierung der Provinzial- und Kommunalkriegsschulden« einmal in die Worte: »Durch die Repräsentation verschwindet der Provinzialismus, verschmelzen die verschiedenen Stände zu einer kräftigen Gesamtheit, es wird eine Nationalität gegründet . . .«[16]

Aus Preußen eine Nation zu formen, diese Aufgabe stellte sich nach 1815 zwingender denn je zuvor. Preußen hatte nämlich in West- und Mitteldeutschland sowie in Polen neue Provinzen und Territorien erworben, die sich nach ihrem inneren sozialen Gefüge, nach Tradition und Konfession wesentlich von den vergleichsweise homogenen preußischen Kernprovinzen unterschieden, auf die das Land nach 1807 geschrumpft war. In dem Maße, wie die sozialen, wirtschaftlichen und rechtlichen Bedingungen der in den neuerworbenen Provinzen vorhandenen Gesellschaftsordnungen von jener der kernpreußischen Provinzen abwichen, differierten auch die Erwartungen, die mit der versprochenen Repräsentativverfassung verbunden wurden. Im Westen der preußischen Monarchie, im Rheinland, war der Adel als politischer und sozialer Faktor weitgehend verschwunden; statt dessen gaben hier bürgerliche Honoratioren, Fabrikanten, Kaufleute und Beamte den Ton an, die nicht nur die Errungenschaften aus der Zeit der französischen Herrschaft, die Gleichheit aller vor dem Gesetz und die rechtliche Sicherung des Eigentums beibehalten wollten, sondern die darin auch ein Präjudiz für die künftige Regelung einer Verfassung sahen. Dagegen erwarteten im Osten die Polen die Erfüllung des ihnen in der Schlußakte des Wiener Kongresses gemachten Versprechens auf nationale Autonomie unter der Herrschaft der drei Teilungsmächte.

Diese unterschiedlichen Hoffnungen, die von einer politisch bewußten Öffentlichkeit in den neuerworbenen Provinzen an eine preußische Verfassung geknüpft wurden, erfuhren eine weitere Komplizierung durch die in den kernpreußischen Provinzen nach den Befreiungskriegen laut werdenden Wünsche. Das »Volk«, hinter seinem Herrscher geeint, hatte den Tyrannen Napoleon niedergerungen. Aus dieser liberalen Legende, die sich damals um die »Befreiungskriege« zu ranken begann, erwuchsen die unterschiedlichsten verfassungspolitischen Erwartungen. Übereinstimmung herrschte nur insoweit, als man glaubte, sich durch die in den Befreiungskriegen erbrachten Opfer das Recht auf eine Verfassung erworben zu haben. Nur wie diese auszusehen habe, welcher Art vor allem die innerhalb dieser Verfassungsordnung zu schaffende Volksvertretung sein sollte – bloß eine provinziell-ständische Repräsentation als das eine oder eine repräsentative Vertretung der jedenfalls besitzenden Klassen als das andere Extrem –, darüber gingen die Meinungen weit auseinander. Besonders verhängnisvoll für das Schicksal der preußischen Verfassungsfrage aber war, daß es innerhalb dieses Stimmengewirrs nur eine soziale Gruppe gab, die ihre eigenen Ziele mit der Verfassungsfrage verband und sich teilweise sogar über die alten Provinzgrenzen hinaus organisierte und geschlossen für ihre Interessen eintrat: der Adel.

145

Die altständische Adelsopposition gegen die Reformen war schon vor 1815 in den preußischen Kernprovinzen sehr homogen. Nach 1815 erhielt sie in den neuen preußischen Westprovinzen durch den mediatisierten Adel weiteren Zulauf. Auch dieser fürchtete eine preußische »Nationalrepräsentation« wie der Teufel das Weihwasser, da abzusehen war, daß er dadurch seine soziale und politische Sonderstellung gefährden und ihrer auf Dauer sogar verlustig gehen würde. Die Adelsopposition verlangte deshalb eine Restauration des altständischen Vertretungssystems in allen Provinzen der preußischen Monarchie, dessen Organe jeweils völlig vom Adel beherrschte Ständeversammlungen sein sollten. Eine Erfüllung dieser Forderungen hätte die in Preußen eingeleitete Staats- und Gesellschaftsreform von vornherein unmöglich gemacht. Gleichzeitig wäre der Staat, dessen Vereinheitlichung nach den Gebietserweiterungen nach 1815 vordringlicher denn je war, in seine alten ständisch-partikularistischen Einheiten zerfallen, die sich mit Ausnahme der Provinz Ostpreußen, wo der Landtag das Gebiet der gesamten Provinz umfaßte, nirgendwo mit den neuen Provinzgrenzen deckten.[17]

Angesichts dieser für die Absichten der Reform höchst gefährlichen Erwartungen der »Öffentlichkeit« reagierten die bürokratischen Reformer auf eine für sie höchst charakteristische Weise. Wie schon nach 1806/1807 räumten sie jenem Bereich ihrer reformerischen Tätigkeit Vorrang ein, in dem sie sich fürs erste vor gegenteiligen ständischen Geltungsansprüchen relativ sicher wähnen konnten: Sie wandten sich nach 1815 mit allem Nachdruck dem weiteren Ausbau und der Neugliederung der staatlichen Verwaltung zu, zumal es mit verwaltungstechnischen Mitteln die Aufgabe zu lösen galt, die neuerworbenen Provinzen mit den preußischen Kernlanden zu verschmelzen. Um aber auch nur dieses vergleichsweise bescheidene Ziel zu erreichen, mußten die Reformer beträchtliche Hindernisse überwinden, die ihren Ursprung in hartnäckig verteidigten und auf lokaler oder provinzialer Ebene vorgetragenen ständischen Geltungsansprüchen hatten; diese ließen sich nie völlig beseitigen, sondern wurden nur umgangen oder in den Behördenaufbau als Konsultativorgane eingegliedert, nachdem man ihnen feste Formen der Organisation zugestanden hatte.

Letzteres gilt namentlich für die nach 1823 geschaffenen Provinzialstände, die in jeder der acht Provinzen eingerichtet wurden und die unverbunden nebeneinander existierten. Bei ihrer Organisation wurde auf die alten Stände indes keinerlei Rücksicht genommen. Dennoch betonte man in den Stiftungsgesetzen, daß die Provinzialstände keine Repräsentation, sondern »Stände« im alten »deutschrechtlichen« Sinne seien, das heißt, daß ihre Vertreter lediglich die Interessen ihres Standes wahrnahmen. Die Zusammensetzung dieser Provinzialstände war derart geregelt, daß die Hälfte der Sitze dem ritterschaftlichen, ein Drittel dem städtischen und das verbleibende Sechstel dem bäuerlichen Grundbesitz zustanden.[18] Dieser Vertretungsschlüssel zeigt, daß der grundbesitzende Adel zum Nachteil der anderen Stände wesentlich bevorzugt wurde. Mochte ein solcher Schlüssel noch der tatsächlichen wirtschaftlichen und sozialen Bedeutung entsprechen, die dem Adel innerhalb der Gesellschaft in einem Großteil der kernpreußischen Provinzen zukam, auf die bestehenden Verhältnisse in der neuen Rheinprovinz Preußens war er nicht anzuwenden. Denn hier behauptete der grundbesitzende Adel lediglich eine marginale Rolle, während das Bürgertum und der freie bäuerliche Grundbesitz bei weitem überwogen.

In der Verwaltungspraxis und damit für die Formulierung der preußischen Innen-, Wirtschafts- und Handelspolitik waren die Provinzialstände aber von nur nachgeordnetem Rang. Ihre Funktion erschöpfte sich im wesentlichen darin, den ständischen Geltungsansprüchen ein Ventil zu verschaffen, damit diese nicht die stille Tätigkeit der Verwaltung störten. Unter diesen Umständen erhielt der nach 1815 zügig fortgeführte Behördenausbau, wie Reinhart Koselleck formulierte, den Charakter einer »verfassungspolitischen Vorleistung«, ja, die Bürokratie wandelte sich schließlich zu einem Ersatz der bis 1848 nie einberufenen »Nationalrepräsentation«, da die Beamtenschaft nach wie vor den »allgemeinen Stand« repräsentierte. Auch in der politischen Praxis waren es nicht die Provinzialstände, sondern vor allem die in den einzelnen Provinzen tätigen staatlich-bürokratischen Kreisregierungen, »in denen der Staat und die Gesellschaft in ihrer ganzen Vielfalt vermittelt wurden«.[19]

Mit der Schaffung der ständischen Provinziallandtage war die immer wieder in Aussicht gestellte Nationalrepräsentation praktisch zu den Akten gelegt worden. Ein solches Ende aber hatten die Reformer nicht beabsichtigt. Vielmehr dachten diese angesichts des Chaos unterschiedlicher und teilweise einander widersprechender Forderungen, die an die zugesagte Konstitution und Nationalrepräsentation gerichtet wurden, daran, Zeit zu gewinnen und eine Klärung der vielfältigen Wünsche herbeizuführen. Dieser Absicht diente die von Hardenberg verfaßte königliche »Verordnung über die zu bildende Repräsentation des Volkes« vom 22. Mai 1815,[20] die jenes berühmte königliche Verfassungsversprechen darstellt, »das in seiner Mehrdeutigkeit alle Möglichkeiten offenließ, nur eindeutig war in dem Versprechen selber, daß Preußen eine schriftliche Verfassungsurkunde erhalten werde«.[21]

Das königliche Verfassungsversprechen vom 22. Mai 1815 erfüllte für die Reformer zu diesem Zeitpunkt vor allem aber noch eine weitere Aufgabe: Es hielt ihre Option für eine Verfassung überhaupt offen, ein Umstand, der in seiner Bedeutung angesichts der immer engeren Beziehung des Königs zu reaktionären Adelskreisen nicht zu unterschätzen war. Zu dieser allmählichen Verschiebung der politischen Gewichte im Innern kam ein außenpolitischer Klimaumschwung. Preußen hatte als schwächste der fünf Koalitionsmächte den ohnehin schon schmalen Spielraum seiner inneren wie äußeren Bewegungsfreiheit durch seinen Beitritt zur »Heiligen Allianz«, der außer ihm noch die beiden konservativen Kaisermächte Österreich und Rußland angehörten, weiter eingeschränkt. Beide Mächte, die selbst verfassungslose Autokratien waren, hätten der Stiftung einer preußischen Verfassung, die in Verbindung mit den nationalrevolutionären Bestrebungen eine Gefährdung für den Deutschen Bund und damit für die gesamte machtpolitische Gewichtsverteilung in Mitteleuropa dargestellt hätte, nicht tatenlos zugesehen. Aber auch die »Verfassungsstaaten« Frankreich und England konnten einer solchen Entwicklung nichts abgewinnen, weshalb sie noch vor den beiden Autokratien gegen eine preußische Verfassung Stellung bezogen.[22]

Gleichwohl waren es weniger die außenpolitischen Rücksichten als die innenpolitischen Gegebenheiten, welche die Krönung der preußischen Reformen durch eine Verfassung verhinderten. Innenpolitisch waren es vor allem zwei Faktoren, die nach 1815 immer deutlicher hervortraten und die die preußische Verfassung vereitelten. Der eine Faktor war das bereits angedeutete Vordringen der reaktionären Adelsinteressen, die ihren alten Einfluß erneut geltend machten. In dem Maße nämlich, wie die Erinnerung an die Niederlage von 1806 verblaßte, zeigte sich auch Friedrich Wilhelm III. wieder geneigt, von den Reformen abzurücken und das alte Bündnis von Krone und Junkern zu erneuern. Franz Schnabel urteilte darüber: »Es ist ein Bündnis, das den geschichtlichen Charakter Preußens und Deutschlands im 19. Jahrhundert geprägt hat; nochmals kam ein Zeitalter, da in Deutschland ein Geburtsstand regierte.«[23] Die Wiederbelebung der alten anachronistischen Verbindung von Krone und Adel in Preußen hat schwerwiegende Folgen für die preußische und die preußisch-deutsche Geschichte im 19. Jahrhundert gehabt. Diese Folgen sind aber weniger in der Tatsache zu sehen, daß dieses Bündnis nach 1815 neu belebt wurde, als vielmehr darin, daß es so lange bestand und an ihm auch in völlig veränderten Zeitläuften mit Zähigkeit festgehalten wurde. Denn, und dies ist der zweite Faktor, für dieses Bündnis zwischen Krone und Adel gab es unmittelbar nach 1815 noch keine innenpolitisch brauchbare Alternative. Das Ergebnis, das die drei von der Verfassungskommission ausgesandten Minister, die bei den Notabeln der einzelnen Provinzen deren Verfassungswünsche erkunden sollten, zurückbrachten, war von deprimierender Eindeutigkeit für die von den Reformern gehegten Verfassungspläne. Hardenberg hatte ihnen vor ihrer Abreise noch einmal eingeschärft, daß die alten Landstände wahre Hemmräder in der Staatsmaschine gewesen seien und daß, da der jetzige Zustand nicht ohne großen Nachteil fortdauern könne, die Nation reif und würdig sei, eine dauernde Verfassung und Repräsentation zu erhalten.[24]

Hardenbergs unmißverständliche Absicht also war es, aus den bisherigen Reformgesetzen die verfassungspolitischen Konsequenzen zu ziehen.[25] Das Ergebnis der Befragungsaktion belehrte ihn eines Besseren, denn es war, wie Treitschke formulierte, »ein unfruchtbares Gewirr von alten Erinnerungen und unsicheren Wünschen«.[26]

Nun zeigte sich, daß insbesondere die liberale Wirtschaftsgesetzgebung die ständische Interessenschichtung nicht beseitigt, sondern eher noch gestärkt hatte. Das Problem für die preußischen Reformer war dasselbe, mit dem sich auch die reformwillige »politische Klasse« in den süddeutschen Staaten auseinandersetzen mußte: Die liberalen Wirtschaftsgesetze mußten die Reformer gegen den erbitterten Widerstand der Stände und deshalb notwendig unter Verzicht auf politische Liberalität durchsetzen; während umgekehrt die Liberalität der besitzenden und gebildeten Schichten, die sich in deren entschiedenem Eintreten für die Grundrechte wie Pressefreiheit, Steuerbewilligungsrecht und ein unabhängiges und unparteiisches Gerichtswesen politisch artikulierte, nicht auch deren Verzicht auf ihre jeweiligen ständischen Herrschaftsrechte und Privilegien einschloß, da auf diesen ständischen Vorrechten, die sich noch nicht in klassenmäßige umgewandelt hatten, ihre Position in der Gesellschaft beruhte. Wie in den süddeutschen Staaten, so blieben auch die Reformen in Preußen überall da politisch stecken, wo die Reform eine soziale Bewegung freigesetzt hatte, die den Interessen der noch ständisch fixierten Gesellschaft zuwiderlief. Damit aber wurde eine ständische Opposition reaktiviert, die eben just durch die Reform hätte überwunden werden sollen.

Bedeutsam für die weitere Entwicklung wurde, daß die liberale preußische Bürokratie bei der Verwirklichung ihrer verfassungspolitischen Absichten völlig und bei der Realisierung ihrer wirtschaftspolitischen Zielsetzungen teilweise von einer sich zwar immer weiter ausdifferenzierenden, gleichwohl aber noch ständisch fixierten Gesellschaft frustriert worden war. So zog sie sich ganz auf die stillen Wege einer Fortsetzung der begonnenen finanz-, verwaltungs- und zollpolitischen Reformen zurück. Diesem Rückzug nach 1823 war bereits eine entschiedene Entfremdung zwischen Bürokratie und »liberaler Öffentlichkeit« vorausgegangen. Denn schließlich waren es die Behörden, die in Preußen die wie vielleicht nirgendwo sonst mit dieser Schärfe gehandhabten Karlsbader Beschlüsse auszuführen hatte. Auch alle weiteren Maßnahmen, die in den folgenden Jahren von Staats wegen gegen den sich regenden patriotisch-liberalen Zeitgeist ergriffen wurden, häuften neuen Makel auf die Verwaltung, die etwas auszuführen hatte, das eigentlich gar nicht in ihrem Sinne war. Auf diese relativ früh vollzogene Abschottung und Entfremdung der Bürokratie von der »liberalen Öffentlichkeit« folgte ganz allmählich eine Umbildung des in ihr herrschenden Geistes. War sie in napoleonischer Zeit und danach eine den reaktionären Staat und die ständische Gesellschaft herausfordernde, dem sozialen und politischen Fortschritt verschriebene innerstaatliche Oppositionskraft gewesen, so wandelte sie sich nun langsam zu einer staatserhaltenden Macht, die das Bestehende gegen die politisch-partizipatorischen Ansprüche des Liberalismus verteidigte. In dem Maße, wie die wirtschaftsreformerischen Vorleistungen der Bürokratie von der gesellschaftlichen Entwicklung eingelöst wurden, ging die Bürokratie ihres Anspruchs verlustig, allein den »allgemeinen Stand« zu repräsentieren. Von da an fungierte die Verwaltungsorganisation nicht mehr als Verfassungsersatz, sondern verhinderte eine Verfassung.

In den Jahren 1823 bis 1848 entwickelte sich in Preußen ein politischer Dualismus, der sich später mit viel verhängnisvolleren Folgen in dem 1871 gegründeten Reich wiederholen sollte. Denn die politische Verfassung, die über die Ebene politisch weitgehend ohnmächtiger Provinzialstände nicht hinausgekommen war, und die wirtschaftliche Verfassung, die sich dank der von der Bürokratie erfolgreich fortgesetzten liberalen Wirtschafts- und Zollpolitik stürmisch weiterentwickelte und außerdem in ihrer Wirksamkeit längst die Grenzen der preußischen Monarchie überschritten hatte, traten immer mehr auseinander. Dieser politische Dualismus, der durch das Scheitern der politischen Reform und das teilweise Gelingen der wirtschaftlichen Reform entstanden war, hatte längst auch Eingang in die Bürokratie selbst gefunden: Das erneuerte Bündnis zwischen Krone und Adel zwang die Bürokratie einerseits dazu, eine restaurative Politik zu vertreten, die alles daransetzte, die politischen und gesellschaftlichen Folgen der von der Verwaltung andererseits weiterverfolgten liberalen Wirtschafts- und Zollpolitik zu neutralisieren. Beides aber gleichzeitig zu betreiben erwies sich immer mehr als unmöglich, ein Umstand, der nicht zuletzt bei den Provinzialständen offenbar wurde. Die für diese geltende Regelung der Wählbarkeit orientierte sich nämlich noch immer an einem »ständisch verschieden qualifizierten Grundbesitz« und geriet damit zunehmend in Widerspruch zur sozialen Wirklichkeit, die mehr und mehr vom Kräftespiel einer freien Wirtschaft geprägt wurde.[27]

Die mit Rücksicht auf das anachronistische Bündnis von Adel und Krone der Bürokratie aufgezwungene dualistische Politik schädigte deren Ansehen in der liberalen Öffentlichkeit auf die Dauer noch mehr, als es die polizeistaatlichen Unterdrückungsmaßnahmen in der Zeit der Karlsbader Beschlüsse vermocht hatten. »Die ›Polizei‹ und das ›Gericht‹ und die ›Administration‹ sind«, bemerkte Karl Marx 1843, »nicht Deputierte der bürgerlichen Gesellschaft selbst, die in ihnen und durch sie ihr eigenes allgemeines Interesse verwaltet, sondern Abgeordnete des Staates, um den Staat gegen die bürgerliche Gesellschaft zu verwalten.«[28] Diese These von Karl Marx beschreibt den Zustand treffend: Die Beamten waren nicht mehr der »allgemeine Stand«, als den sie sich zu Recht einst betrachtet hatten. Staat und bürgerliche Gesellschaft entfernten sich immer weiter voneinander. Der Staat tat alles, diese Kluft zu verbreitern, und unterließ alles, sie zu verringern.

Aber gerade dadurch, daß der Staat mit Rücksicht auf das Bündnis mit dem Adel die Gesellschaft in das ihr immer enger werdende Prokrustesbett ständisch-provinzialer Schichtung zwängte, beschleunigte er deren Umbildung zu einer Klassengesellschaft auf ökonomischer Grundlage. Dies führte einerseits zur Radikalisierung und Aufsplitterung der politischen Oppositionsbewegung. Andererseits aber blieb diese Oppositionsbewegung, da sie an ihrer freien Entfaltung gehindert wurde, in vorpolitischen Organisationsformen stecken. Die Provinzialstände machen dies deutlich: In ihnen bildeten sich wirtschaftliche Interessengruppen heraus, die aber, eben weil sie ständisch abgeschnürt und provinzial beschränkt blieben, sich nicht zu politischen Parteien auf überprovinzialer, auf nationaler Ebene entwickeln konnten. Gerade die politische Vertretung wirtschaftlicher Interessen auf nationaler Ebene aber war eine Tendenz, die, wie Karl Marx 1844 bemerkte, der Bourgeoisie notwendig innewohnte: »Die Bourgeoisie ist schon, weil sie eine *Klasse*, nicht mehr ein *Stand* ist, dazu gezwungen, sich national, nicht mehr lokal zu organisieren und ihrem Durchschnittsinteresse eine allgemeine Form zu geben.«[29]

Indem die Bürokratie in Preußen sich als Werkzeug der reaktionären Politik der Krone gebrauchen ließ, verzögerte sie nach Kräften eine Entwicklung, die sie einst selbst mit den von ihr begonnen politischen Reformen eingeleitet hatte und die von ihrer liberalen Wirtschaftspolitik weiter gefördert worden war: Sie verzögerte die Umbildung des Bürgerstandes zur politischen Klasse und damit die Entstehung der staatsbürgerlichen Gesellschaft.

Die soziale Bewegung, welche die Bürokratie durch ihre Reformpolitik entfesselt hatte und die in Preußen so gut wie in den rheinbündi-

schen Staaten auf eine Abschaffung der alten ständischen Gesellschaftsordnung abgestellt war, entglitt nach 1815 zusehends der Kontrolle des
Verwaltungsstaats. Zwar vermochte es die allenthalben zu Kräften ge-
langende ständische Reaktion, die schon begonnenen Reformen zu kopieren und jene, die wie die preußische Verfassung nur geplant waren,
gänzlich zu vereiteln; aber gleichzeitig gelang es ihr nicht, das Rad der
Geschichte wieder völlig zurückzudrehen und die soziale und wirtschaftliche Bewegung zum Stillstand zu bringen.

Der biedermeierliche Verwaltungsstaat lief Gefahr, durch diesen Widerspruch, der sich zwischen sozialer und wirtschaftlicher Bewegung einerseits und politisch-reaktionärer Erstarrung andererseits auftat, zerrieben zu werden. Dieser Vorgang ist im verfassungslosen Preußen
besonders deutlich ausgeprägt, da hier der sich tendenziell ständig verschärfende Widerspruch zwischen sozialem und wirtschaftlichem System auf der einen und dem politischen System auf der anderen Seite
nicht durch eine Vertretungskörperschaft, sondern nur durch die Bürokratie vermittelt werden konnte. Diese Vermittlungsleistung mußte die
Bürokratie auf die Dauer überfordern, da eine solche Vermittlung sich
praktisch nur durch eine eindeutige Parteinahme erfüllen ließ, die ihren
Anspruch, »allgemeiner Stand« zu sein, rettungslos kompromittieren
mußte. Der Weg, den die preußische Bürokratie nach 1815 auf wirt-
schafts- und zollpolitischem Gebiet einschlug oder fortsetzte, war deshalb darauf angelegt, diese eindeutige Parteinahme zu vermeiden. Unter
den obwaltenden Umständen aber hieß das vor allem, verfassungspolitische Zugeständnisse an die Stände zu unterlassen. Diese Strategie läßt
sich am Beispiel der preußischen Gewerbefreiheit, an der die Bürokratie
unbeirrt festhielt, exemplifizieren.

Wie die anderen Reformgesetze, so war auch das Edikt über die Gewerbefreiheit von 1810 vor allem aus der Not geboren worden, die Einnahmen des Staates zu verbessern, um die auferlegten Reparationen bezahlen zu können. Die Gewerbefreiheit war deshalb mit einer Änderung
des Steuerwesens verknüpft: Jeder, der Gewerbesteuer zahlte, durfte
ein Gewerbe frei ausüben, ohne daß Handwerkszünfte oder Kauf-
mannsvereinigungen, die nicht förmlich aufgehoben, sondern lediglich
entmachtet worden waren, hier restriktiv eingreifen und die Zahl der in
einem Gewerbe Tätigen beschränken konnten. Diese enge Verbindung
von Gewerbefreiheit und Steuerleistung enttäuschte aber bald die in sie
gesetzten fiskalischen Erwartungen. Das neue Gewerbesteuergesetz
von 1820 sah deshalb nur eine Besteuerung der besonders expansions-
trächtigen oder ertragreichen Gewerbe vor, während das Kleinhand-
werk, das durch die von der Gewerbefreiheit erzeugte freie Konkurrenz

häufig an oder gar unter die Grenze des Existenzminimums gedrückt worden war, unbesteuert blieb.[30]

Dieses modifizierte Gewerbesteuergesetz erfüllte die fiskalischen Erwartungen, die mit ihm verbunden worden waren, aufs trefflichste. Gleichzeitig aber wurde auch immer deutlicher, daß die durch die Gewerbefreiheit geschaffene freie Wirtschaftsgesellschaft soziale Mißstände begünstigte. Die Überfüllung der einzelnen Handwerkszweige, zu der es in Preußen kam, war ebenso eine Folge der schrankenlosen Gewerbefreiheit wie der explosionsartigen Bevölkerungsvermehrung, die vor allem in den überwiegend agrarischen Ostprovinzen Preußens während der Zeit von 1815 bis 1848 festzustellen ist.

Das Scheitern der Agrarreform, die erhebliche Bevölkerungsvermehrung und das hartnäckige Festhalten der Verwaltung an der einmal eingeführten Gewerbefreiheit drohten, nach 1820 eine soziale Katastrophe in Preußen heraufzubeschwören. Die noch äußerst schwach entwickelte, notorisch unterkapitalisierte und deshalb besonders krisenanfällige Industrie konnte bei weitem nicht all jene Arbeitskräfte aufnehmen, die in den Agrargebieten freigesetzt wurden. Außerdem hatte sie gerade in den Jahren nach 1815 eine Krise zu überstehen, die ihre rachitische Existenz beinahe völlig ausgelöscht hätte. Denn der deutsche Markt wurde nach der Niederlage Napoleons und der Aufhebung der Kontinentalsperre mit billigen Produkten, vor allem Textilien und Eisenerzeugnissen, der englischen Industrie überschwemmt. An dieser Situation änderte sich bis in die vierziger Jahre des 19. Jahrhunderts wenig; sie wurde eher noch bedrohlicher: Der immer weiter steigenden Zahl von Arbeitskräften stand ein nur langsam und geringfügig wachsendes Angebot von freien Arbeitsstellen gegenüber. Lohnverfall und Massenarbeitslosigkeit waren die Folge. Die vielen Kinderselbstmorde in Preußen sprechen eine beredte Sprache vom Ausmaß des sozialen Elends.[31]

Die Einführung und das zähe Festhalten der preußischen Bürokratie an der schrankenlosen Gewerbefreiheit, allen Klagen und Bitten der Städte und der als freie Verbände weiterbestehenden Zünfte und Gilden zum Trotz, werden häufig als »von entscheidender Bedeutung ... für die Entwicklung der Industrie« in Preußen apostrophiert.[32] Tatsächlich aber hatte die preußische Bürokratie nie ein konsistentes Industrialisierungskonzept entwickelt. Ja, eine planmäßige, staatlich geförderte Industrialisierung des Landes lag jenseits ihres politischen Horizonts. Sie allein aber hätte die Chance geboten, die soziale Misere zu beheben. Mit der Einführung der Gewerbefreiheit schuf die Verwaltung eine freie Wirtschaftsgesellschaft, die in der Folge sich selbst überlassen blieb. Der Staat entledigte sich damit jeglicher aktiven Wirtschafts- und Sozialpolitik, und dies ausgerechnet in einer Zeit, die gerade seine Tätigkeit auf wirtschafts- und sozialpolitischem Gebiet in besonderem Maße erfordert hätte. Die Entbindung der freien Wirtschaftsgesellschaft hätte nach 1815 nur dann hinsichtlich der Industrialisierung des Landes einen Sinn ergeben, wie dies immer wieder behauptet wird, wenn der Staat seinerseits durch massive Investitionen in Gewerbe und Industrie initiativ geworden wäre. Daß eben dies nicht geschah, ist weniger einem Mangel an Einsicht und Verständnis in die Zusammenhänge von wirtschaftlicher Entwicklung und sozialer Bewegung auf seiten der preußischen Bürokratie zuzuschreiben als vielmehr einem gewissen wirtschaftsliberalen Dogmatismus, mit dem zum einen die wirtschaftpolitische Parteinahme für die Interessen der Großagrarier, der Junker, nach 1815 verschleiert und damit zum anderen den obwaltenden reaktionären politischen Verhältnissen in Preußen resignativ Rechnung getragen wurde. Die innovatorische Rolle der preußischen Bürokratie hatte sich mit dem Scheitern der Reform nach 1815 verbraucht. Ihre gesellschaftlich legitimierte Funktion, »allgemeiner Stand« zu sein, war damit ebenfalls hinfällig geworden. Ihre soziale Weiterexistenz war nur dadurch möglich, daß sie sich mit eben jenem Staat aufs engste liierte, den zu verändern sie nicht vermocht hatte. Das Steckenbleiben der Reformen bei gleichzeitigem Fortschreiten der durch diese eingeleiteten sozialen Bewegung zwang die Bürokratie zu einem dramatischen Rollentausch, zu einer mehr oder minder offenen Parteinahme für eben jene sozialen Kräfte, die zu paralysieren ihr zuvor nicht gelungen war. Die Bürokratie wurde nach 1815 eine ebenso effiziente Stütze der reaktionären politischen und sozialen Zustände in Preußen wie zuvor nur das Militär und die Rittergutsbesitzerklasse.

Die trotz des Scheiterns der Reformen fortlaufende Wirtschaftsentwicklung, die ebenso wie die soziale Bewegung durch die Reformgesetzgebung angestoßen worden war, ließ sich wohl verzögern, aber nicht mehr ungeschehen machen. Der Versuch, die politischen Konsequenzen zu vermeiden, die spätestens seit 1840 aus diesen beiden Bewegungen zu ziehen waren, ist Ursache für die Revolution von 1848. Die Bürokratie wurde spätestens damals von einer Entwicklung zerniert, die sie selbst in Gang gesetzt hatte; diese mit der verfassungspolitischen Wirklichkeit zu vermitteln gelang ihr nicht mehr. Zwischen 1840 und 1848 wurden fast so viele Minister verschlissen wie in der Zeit von 1815 bis 1840 zusammengenommen.

Die häufig zu lesende Feststellung, die durch die Bauernbefreiung in Preußen geförderte Landflucht sei »für die Industrialisierung Preußens von großer Bedeutung« gewesen (U. P. Ritter) oder habe sich dort segensreich ausgewirkt, »wo ... moderne Entwicklungen der Wirtschaft und der Gesellschaft [gemeint ist die Industrialisierung] sich mit ihnen in gesundem Ausgleich verbanden«,[33] stellt zumindestens im Falle Preußens eine, gemessen an den tatsächlichen historischen Gegebenheiten, unzulässige Verkürzung und Verallgemeinerung des Sachverhalts dar. Denn zum einen ist es völlig unsinnig, die Förderung der Landflucht als Bereitstellung einer industriellen Reservearmee billiger Arbeitskräfte zu interpretieren, um dann diese im nachhinein gewonnene interpretative Einsicht als ein sekundäres Motiv für die mit der Bauernbefreiung ursprünglich beabsichtigte soziale Reform einzubringen; die Landflucht war nicht intendiert; sie stellte vielmehr ein weder planerisch vorhersehbares noch ein später steuerbares Problem des Scheiterns dieser Reform dar. Zum anderen kann von jenem »gesunden Ausgleich« zwischen Landflucht und moderner Entwicklung von Wirtschaft und Gesellschaft in Preußen kaum ernsthaft die Rede sein. Übervölkerung und Landflucht setzten in Preußen nach 1815 ein, während hinreichende industrielle Kapazitäten, welche dieses Überangebot an Arbeitskräften hätten aufnehmen können, erst nach 1860 zur Verfügung standen. Daß wirtschaftliche, also industrielle Expansion ein wirksames Mittel sei, um der sozialen Frage beizukommen, war schon damals ein unumstößlicher Glaubenssatz wirtschaftsliberaler Theorie. England lieferte hierzu das Anschauungsmaterial. Preußen hat diese Erfahrung nicht beherzigt, doch das hatte weniger wirtschaftliche als politische Gründe.

Ein erstes Beispiel, an dem sich zeigen läßt, welche wirtschaftlichen Interessen von der preußischen Bürokratie durchaus einseitig und zum Schaden anderer begünstigt wurden, liefert das preußische Zollgesetz von 1818. Mit ihm wurde ein von den üblichen Binnenzöllen freies einheitliches Marktgebiet geschaffen, das sich mit den Staatsgrenzen deckte. Dieser gegenüber den Zeiten davor wesentlich vergrößerte und einheitliche Binnenmarkt befriedigte nach dem wirtschaftsliberalen Credo die Interessen aller am Wirtschaftsprozeß beteiligten Kräfte, der sich entwickelnden rheinischen und schlesischen Industrie so gut wie der ostelbischen Gutswirtschaft und des gesamten überregionalen Handels. Tatsächlich aber war es gerade die vom Getreide-, Holz- und Wollexport lebende Gutsherrschaft, die von den niedrigen, fast freihändlerischen Grenzzöllen profitierte, die im Gesetz von 1818 festgeschrieben worden waren, während die noch in den ersten Anfängen steckende Industrie gegenüber den billig und massenhaft eingeführten Industriewaren aus England kaum konkurrenzfähig war. Importierte Industrieprodukte wurden nur bis zu maximal 10 Prozent ihres Wertes mit Zoll belastet, während für Kolonialwaren die Zollsätze zwischen 20 und 30 Prozent pendelten.

155

Die Klagen der rheinischen Industriellen, daß ihnen ein solch niedriger Zolltarif keinen ausreichenden Schutz gegen die englische Konkurrenz böte, wurden von der preußischen Bürokratie stets damit beantwortet, daß die Fabrikbesitzer eben durch diesen Konkurrenzdruck dazu gezwungen werden sollten, moderne Maschinen anzuschaffen und ihre Produktionsmethoden zu verbessern. Diese Auffassung sagt alles über die liberale Wirtschaftspolitik, wie sie von der preußischen Bürokratie nach 1815 in der Absicht verfolgt wurde, um sich den Anschein wirtschaftspolitischer Neutralität zu wahren. Indem die Bürokratie die gewerbliche Wirtschaft und die Industrie der völligen wirtschaftlichen Freiheit überantwortete, unterließ und verhinderte sie im Namen der nämlichen wirtschaftsliberalen Praxis alles, was zur Entfaltung von Gewerbe und Industrie staatlicherseits hätte unternommen werden können. Eine solche Abstinenz steht im krassen Gegensatz zu den zahlreichen wirtschaftspolitischen Vergünstigungen, welche dieselbe Bürokratie zur gleichen Zeit der ostelbischen Rittergutsbesitzerklasse einräumte.

Die ostelbische Gutswirtschaft war nach 1815 ebenfalls in eine wirtschaftliche Krise geraten. Der Getreideexport stockte, da der Hauptabnehmer England hohe Zollschranken errichtet hatte. Die Schaffung eines einheitlichen preußischen Zollgebiets durch das Zollgesetz von 1818 konnte hier jedoch nur bedingt Abhilfe schaffen, da dieser Binnenmarkt nicht ausreichte, die landwirtschaftlichen Überschüsse abzuschöpfen. Außerdem wurde die Absatzkrise bei Getreide durch eine Reihe guter Ernten noch verschärft. Damit aber nicht genug, erfolgte in dieser Zeit auch eine tiefgreifende Umgestaltung der landwirtschaftlichen Produktionsweise. Die bisherige Dreifelderwirtschaft wurde durch die neue Fruchtwechselfolge ersetzt. Hand in Hand damit gingen umfangreiche Rationalisierungsmaßnahmen, die von der Beschaffung neuen Geräts bis zur Veredelung der Viehrassen reichten. Ferner galt es, die nach dem Regulierungsedikt von 1816 angefallenen Entschädigungslande sowie auf andere Weise eingezogenes Bauernland in die bisherige Gutswirtschaft zu integrieren und zu bewirtschaften.[34] Dieser Strukturwandel der Gutswirtschaft während einer landwirtschaftlichen Absatzkrise erforderte Kapitalinvestitionen, die von den Rittergutsbesitzern damals nicht aufgebracht werden konnten.

In bezeichnender Abkehr von ihren sonst strikt beachteten liberalen Wirtschaftsprinzipien entschloß sich die Bürokratie zu einer direkten Kapitalhilfe für die Gutswirtschaft. Allein nach Ostpreußen flossen in den Jahren ab 1820 über drei Millionen Taler an staatlichen Hilfsgeldern, die teils als Geschenk, teils als langfristige Kredite zu einem extrem günstigen Zinssatz ausnahmslos den Rittergutsbesitzern zugute kamen.[35] Für die weitere Kapitalversorgung wurden außerdem eigene ritterschaftliche Kreditinstitute eingerichtet, deren Pfandbriefe sichere und gutverzinste Anlagewerte darstellten. Schließlich wurde die Klasse der Rittergutsbesitzer durch das antiquierte Steuersystem erheblich begünstigt. Das Grundsteuersystem ließ nicht nur die längst obsolet gewordene ständische Ungleichheit zwischen Stadt und Land, zwischen Herrn und Untertan weiterbestehen, sondern auch die alten Steuerexemtionen wurden beibehalten. Rund die Hälfte des gesamten Rittergutsbesitzes war von der Grundsteuer völlig befreit, während für die andere Hälfte ein wesentlich günstigerer Steuersatz als für anderen, etwa städtischen Grundbesitz zu entrichten war. Die Liberalisierung der Landwirtschaft machte so vor den altständischen steuerrechtlichen Privilegien halt, ein Umstand, aus dem die Ritterklasse unmittelbaren wirtschaftlichen Nutzen zog. Ebenso verhielt es sich mit der Klassensteuer, von der zwar fast alle Einwohner erfaßt wurden, darunter auch die Angehörigen des Ritterstandes. Ungerecht war aber der Steuerschlüssel, der die Oberschicht und die obere Mittelschicht äußerst günstig veranlagte, während die Unterschichten die Hauptlast des Klassensteueraufkommens zu tragen hatten.

Diese massiven direkten oder indirekten wirtschaftlichen Vorteile, deren sich die ostelbischen Gutsbesitzer erfreuten, blieben nicht ohne Einfluß auf das Investitionsverhalten des bürgerlichen Kapitals. In einem Bericht des preußischen Finanzministers an den König aus dem Jahre 1839 findet sich die bezeichnende Klage: »Die Kapitalisten sind hier nicht geneigt, industrielle Unternehmungen gehörig zu würdigen; ... jeder zieht vor, sein Vermögen, statt es der Industrie zuzuwenden, auf Hypotheken oder Staatspapieren anzulegen, um die Früchte derselben mit möglichster Sicherheit in Ruhe genießen zu können, und nur zum Ankauf von Landgütern sind einzelne bei dem jetzigen niedrigen Zinsfuße geneigt worden.«[36]

Tatsächlich waren es aber nicht nur »einzelne« Bürger, die ihr Kapital für den Erwerb eines Ritterguts aufwendeten. Eine Statistik aus dem Jahre 1857, die insgesamt einen Bestand von 12 399 Rittergütern nennt, verzeichnet nicht weniger als 5296 dieser Güter in bürgerlichem Besitz.[37] Bleibt noch zu erwähnen, daß nicht nur Profitanreize bürgerliches Kapital zum Kauf von Rittergütern verlockten, sondern auch der Umstand, daß ein bürgerlicher Erwerber eines Ritterguts alle an diesem noch »anklebigen« feudalen Privilegien erhielt. In der noch immer ständisch maskierten preußischen Klassengesellschaft bedeutete ein solcher Zugewinn an ständisch definiertem Sozialprestige einen nicht geringen Investitionsanreiz für das bürgerliche Kapital, das sich auf diese Weise

»nobilitierte«. Daran änderte wenig, daß die bürgerlichen Rittergutsbesitzer von ihren altadeligen »Standesgenossen« weiterhin politisch und sozial »geschnitten« wurden. Der alte Adel, so wußte bereits der preußische Staatsrat Kunth 1826 dem Freiherrn vom Stein zu berichten, rechne die neuen Ritter »zur Hefe des Volkes«.[38]

Die tendenzielle »Verbürgerlichung« des Ritterstandes blieb nicht ohne Auswirkungen auf die Gutswirtschaft: Durch den massierten Einsatz bürgerlichen Kapitals wurde die marode Gutswirtschaft langfristig saniert und ihre Anpassung an moderne geldwirtschaftliche Betriebsformen einer rationalen Gewinn-und-Verlustrechnung beschleunigt. Sozial gesehen aber führte das Eindringen des Bürgertums in den Ritterstand trotz oder auch gerade wegen der anfänglich bestehenden energischen und mit stolzem Hochmut vorgetragenen Ablehnung des Adels zu einer allmählichen Angleichung, zu einer Feudalisierung des bürgerlichen Rittergutsbesitzers. Denn auch dieser hatte ja Anteil an der Wahrnehmung hoheitlicher Rechte in der Polizeiordnung und der patrimonialen Gerichtsbarkeit auf dem flachen Lande, nachdem die Gemeinde- und Verwaltungsreform hier unvollendet geblieben war. Außerdem übte der bürgerliche Rittergutsbesitzer auch innerhalb der ständischen Organe auf provinzialer Ebene einen überproportionalen Einfluß aus. Die Ritterklasse wurde nämlich durch den Vertretungsmodus selbst in jenen Gebieten der preußischen Monarchie, wo, wie beispielsweise im Rheinland, der Rittergutsbesitz eine durchaus untergeordnete Rolle spielte, erheblich begünstigt. In seiner 1846 erschienenen Darstellung *Über Königtum und Landstände in Preußen* bemerkte Carl Wilhelm von Lancizolle bereits, das Rittergut verspreche »einen persönlichen, nicht bloß amtsweise gebührenden Anteil an der Beherrschung des Landes ... eine dermaßen umfassende und gesicherte politische Bedeutung, wie ... kein anderes Privatverhältnis, selbst nicht das des Industriellen und des geldmächtigen Bankiers, zu begründen vermag«.[39]

Während die Ritterklasse vielfältige wirtschaftliche Vergünstigungen erfuhr, unternahm die Bürokratie so gut wie nichts, die in den Kinderschuhen ihrer Entwicklung steckende Industrie zu fördern. Dabei befanden sich Industrie und Handwerk nach 1815 ebenfalls in einer Krise, vergleichbar jener, mit der die Gutswirtschaften zu kämpfen hatten. Denn auch Handwerk und Industrie erlebten eine tiefgreifende Veränderung der Produktionsmethoden bei gleichzeitiger Umstellung auf geldwirtschaftliche Betriebsformen. Auch dieser Strukturwandel erforderte erhebliche Kapitalinvestitionen, die aber aus den eigenen Erträgen und Gewinnen nicht aufzubringen waren, da der Markt mit billigen und qualitativ besseren englischen Produkten überschwemmt wurde. Wiederholte Bitten des Handwerks um staatliche Kreditförderung blieben erfolglos. Wirksame wirtschaftliche Schutzmaßnahmen für den gewerblichen Mittelstand, der zunehmend in die Zange von industrieller Massenproduktion und Überbesetzung der einzelnen Gewerbezweige geriet, unterblieben völlig. Die Ausweitung des preußischen Wirtschaftsraums durch die Gründung des Zollvereins im Jahre 1834 brachte zwar langfristig eine gewisse Erleichterung, konnte jedoch an der chronischen Strukturkrise des gewerblichen Mittelstands nichts ändern. Auch die modifizierte preußische Gewerbeordnung, mit der die Bildung freier und mit gewissen Vorteilen ausgestatteter Innungen ermöglicht wurde, die aber das Prinzip der schrankenlosen Gewerbefreiheit nicht tangierten, führte zu keiner Verbesserung der Lage.

Ebenso wie das mittelständische Gewerbe blieb auch die Industrie in jener für sie besonders schwierigen Zeit, da sie noch in den allerersten Anfängen steckte, sich selbst überlassen. Sie wurde sogar in ihrer Entfaltung dadurch behindert, daß man Genehmigungen zur Gründung von Industrieunternehmen von deren »gemeinnützigem Charakter« abhängig machte.[40] An dieser staatlichen »Zurückhaltung« bei der Industrieentwicklung läßt sich nicht deuteln, selbst wenn man jene wenigen, in ihrem Umfang wie in ihrer Wirkung weitaus überschätzten steuerpolitischen oder sonstigen Impulse, industrielle Investitionen anzuregen, berücksichtigt. Denn weder kann man die gewiß äußerst vorteilhafte Gewerbesteuer, deren Höchstsatz 260 Taler pro Jahr und Unternehmer betrug, als eine gezielte steuerpolitische Begünstigung der Industrie bezeichnen, da die direkten Steuern in dieser Zeit ausnahmslos sehr niedrig waren, noch darf man die handels- wie industriepolitischen Initiativen, die von dem Staatsunternehmen der Seehandlung unter der Leitung Christian von Rothers unternommen wurden, in ihrer Wirkung überschätzen.[41] Von entscheidender Bedeutung für die Industrieentwicklung in diesen Anfangsstadien der fabrikmäßigen Großproduktion war es auch nicht, daß der Staat in eigener Regie Modellindustriebetriebe gründete oder erste Initiativen für eine industrielle Raumordnung ergriff, indem er in bestimmten, vom privaten Anlagekapital vernachlässigten Gebieten der Monarchie Industriebetriebe in eigener Regie gründete. Diese Initiativen, die dem offiziellen Wirtschaftsliberalismus geradezu widersprachen, orientierten sich an den älteren merkantilistischen Vorbildern der staatlichen Manufakturunternehmen und dienten wie diese neben allgemein volkswirtschaftlichen Gesichtspunkten vor allem fiskalischen Absichten: Der Staat wurde zum Unternehmer, um sein Steuereinkommen zu erhöhen.

Dasselbe gilt für das zähe Festhalten an überkommenen staatswirtschaftlichen Produktionsformen im Bergbau und Minenwesen, die beide in einem seltsamen Gegensatz zu dem wirtschaftsliberalen Kurs stehen, der seit der Reformzeit von der preußischen Bürokratie gesteuert wurde. Bis 1865 behielt in Preußen, gleich, ob es sich um staatliche oder private Gruben handelte, der Staat die gesamte Betriebsführung der Bergbauwirtschaft einschließlich des Verkaufs, der Materialbeschaffung und der Regulierung der Arbeitsverhältnisse in seiner Regie, während die meisten Industrieunternehmungen der Seehandlung bereits 1848 in privatwirtschaftliche Hände überführt wurden. In dem einen wie dem anderen Fall aber waren fiskalische Überlegungen ausschlaggebend. Denn die Seehandlung mußte sich wegen Kapitalmangels, der aus verfassungspolitischen Gründen nicht aus Steuermitteln behoben werden konnte, von diesen Unternehmen trennen, während die Grubenindustrie mit ihren erheblichen Wachstumsraten – die Kohleförderung stieg von rund 300 000 Tonnen im Jahr 1800 auf 3,4 Millionen Tonnen 1840 und auf 6,7 Millionen Tonnen 1850 – dem Staat üppige Gewinne bescherte.

Als gezielte Industrieförderung wird man auch nicht, obwohl dies häufig geschieht,[42] die staatlichen Investitionen im infrastrukturellen Bereich, insbesondere beim Ausbau des Straßen- und Kanalnetzes, ansprechen können. Zwar kamen diese Investitionen auch der Industrie und dem Handel mittelbar zugute, aber ihre eigentliche Bedeutung war militärstrategischer Art. Und nicht zuletzt förderten gute Verkehrswege den engeren Zusammenhalt der weit auseinanderliegenden preußischen Provinzen. Nimmt man also alles, was gemeinhin unter dem Stichwort »staatliche Industrieförderung« rubriziert wird, und vergleicht man dann das Ergebnis mit jenen staatlichen Maßnahmen, die auf direktem oder indirektem Wege zur gleichen Zeit der ostelbischen Gutswirtschaft zugute kamen, dann wird das für sich selbst sprechende Mißverhältnis offenbar. Der gravierende Unterschied zwischen »staatlicher Industrieförderung«, wenn von einer solchen überhaupt die Rede sein kann, und der staatlichen Förderung der Landwirtschaft liegt auf dem Gebiet der Kapitalhilfen und der Kapitalinvestitionen; während direkte und indirekte staatliche Kapitalhilfen dem Agrarsektor zuflossen, Kapitalhilfen, die ihrerseits wiederum private Kapitalinvestitionen in diesen Wirtschaftszweig lockten, fehlten solche Anreize auf dem gewerblichen oder industriellen Sektor völlig. Aus dieser Zurückhaltung des Staates erklärt sich, daß vor 1840 nennenswerte Investitionen im Industriebereich in Preußen nicht getätigt wurden. Der Staat unterließ es nicht nur, hier mit gutem Beispiel voranzugehen; er unternahm auch nichts, Privatpersonen zu ermutigen, in der Industrie zu investieren. Ausschlaggebend dafür war auch hier die rein politischen Erwägungen entspringende ökonomische Bevorzugung des Großgrundbesitzes, dem angesichts der nach 1815 allseits herrschenden Kapitalknappheit möglichst alle vorhandenen Mittel ungeschmälert zufließen sollten. Noch 1844 klagte Rother, die Kapitalisten zögen es vor, »ihr Geld zu geringeren Zinsen, aber sicher und leichter nutzbar auf Grundbesitz und in öffentlichen Papieren anzulegen« anstatt es der Industrie zur Verfügung zu stellen.[43]

Darüber hinaus waren auch die Möglichkeiten privater Kapitalinvestitionen im industriellen Sektor eingeschränkt. Die einfachste Form für private Anleger, Geld zu investieren, bestand im Erwerb von Aktien. Ein für die ganze preußische Monarchie gültiges Aktiengesetz wurde aber erst Ende November 1843 erlassen. Vor diesem Gesetz war die Gründung von Unternehmungen auf der Basis von Aktienkapital von einem umständlichen staatlichen Genehmigungsverfahren und der Verleihung eines speziellen königlichen Privilegs abhängig, das aber in nicht wenigen Fällen dem Antragsteller verweigert wurde. Im wesentlichen scheinen es zwei Gründe gewesen zu sein, welche die Bürokraten veranlaßten, Anträge auf die Konzessionierung einer Aktiengesellschaft abzulehnen: Die Bedrohung bereits bestehender Gewerbe oder die Gefahr, daß die Aktiengesellschaft eine monopolistische Stellung am Markt einnehmen werde.[44]

Dem preußischen Aktiengesetz vom 9. November 1843 war die Rechtsregelung für Eisenbahngesellschaften vom 3. November 1838 vorausgegangen. Dieses Eisenbahngesetz brachte eine allgemeine Regelung des Konzessionsverfahrens und gewährte den einzelnen mit dem Bahnbau befaßten Gesellschaften eine Enteignungsbefugnis. Außerdem sicherte sich der Staat ein Vorkaufsrecht an diesen auf der Basis privaten Aktienkapitals gegründeten Gesellschaften.

Das preußische Eisenbahngesetz ist in mehrfacher Hinsicht bedeutsam. Zunächst markiert es den Beginn eines tiefgreifenden Sinneswandels, denn der preußische Staat hatte sich bisher aus unterschiedlichen Motiven dem Eisenbahnbau gegenüber abweisend verhalten. Bereits 1818 machte der preußische Regierungsrat Schiebel den Vorschlag, die Rheinmündung mit einem »railway« zu umgehen. Mitte der zwanziger Jahre des 19. Jahrhunderts wurde dieser Gedanke von dem rheinischen Industriellen Harkort wieder aufgegriffen.[45] Die Absicht, die dahinter stand, war jeweils, die niederländischen Rheinzölle zu umgehen. Und selbst in den dreißiger Jahren, als die ersten Konzessionen für den Bau von privaten Eisenbahnen vergeben wurden, drängten weitsichtige rheinische Unternehmer wie Hansemann und Mevissen oder auch der Nationalökonom Friedrich List, der bereits 1833 in genialer Voraussicht den Plan für ein deutsches Eisenbahnsystem entworfen hatte,[46] den preußischen Staat vergebens, den Bahnbau in staatliche Verantwortung zu übernehmen und ihn durch öffentliche Gelder rascher voranzutreiben. Staat und preußische Bürokratie verharrten weiter auf ihrer ablehnenden Haltung. Und der preußische König ließ die rheinischen Industriellen wissen, er hoffe, daß ihr Handelsstand aus eigener Kraft die Mittel für jene Bauten bereitstellen werde.[47]

In dieser Antwort verbarg sich eine delikate Verlegenheit, denn die preußische Bürokratie wußte nur zu genau, daß der Eisenbahnbau einen Kapitalaufwand erforderte, der unmöglich aus den jeweils zu erwartenden Haushaltsmitteln zu bestreiten war. Sowohl das Auflegen einer öffentlichen Anleihe wie die Erhöhung der Steuern, beides durchaus denkbare Mittel, um den Staat mit dem notwendigen Kapital zu versehen, waren nämlich in dem Staatsschuldenedikt Hardenbergs von 1820 mit der Verfassungsfrage gekoppelt. Dieses heikle Thema wurde jedoch stets ausgespart, und niemand wollte ohne Not daran rühren. Die Bewilligung von Steuererhöhungen oder die Auflage einer staatlichen Anleihe waren in diesem Edikt Hardenbergs an die Zustimmung des Vereinigten Landtags oder der Reichsstände gebunden, beides Organe, die nicht bestanden und deren Schaffung und verbindliche Beschlußfassung Preußen praktisch in eine konstitutionelle Monarchie verwandelt hätten. Mit anderen Worten: In der Frage des Eisenbahnbaus stieß die absolute Monarchie erstmals an die engen und starren Grenzen ihres eigenen politischen Systems, das ihr die völlige Freiheit politischen Handelns unabhängig von allen internen politischen Geltungsansprüchen gewährleisten sollte.

Der Sinneswandel der preußischen Bürokratie gegenüber dem Eisenbahnbau, wie er sich zunächst im Eisenbahngesetz vom November 1838 manifestierte, wurde nicht zuletzt durch das Vorbild der bayerischen Staatseisenbahnen angeregt. Bayerns König Ludwig I. war ein begeisterter Anhänger des Eisenbahnwesens. Seinen Architekten Leopold von Klenze sandte er nach England, Belgien und Frankreich, damit dieser das dortige Eisenbahnsystem studiere. Von dem bayerischen Feldmarschall Wrede ließ er sich den Plan eines bayerischen Eisenbahnnetzes entwickeln, das in der Festung Ingolstadt seinen Knotenpunkt haben sollte. Des Königs Lieblingsidee aber war der Bau einer großen Nord-Süd-Eisenbahnlinie, die von Lindau am Bodensee über Hof, Leipzig, Magdeburg bis nach Hamburg verlaufen sollte. Eine solche Bahnlinie, das war der durchaus ökonomische Hintersinn des phantastischen Unternehmens, hätte dem Zollverein ein stählernes Rückgrat eingezogen und den Hauptstrom des Warenverkehrs von Norden nach Süden, von der Elbe zum Bodensee gelenkt.

Das Bekanntwerden dieser bayerischen Pläne öffnete auch der preußischen Bürokratie und dem militärischen Establishment die Augen für die wirtschaftliche und militärische Bedeutung eines gut funktionierenden Eisenbahnnetzes.[48] Helmuth von Moltke, damals noch Major im Generalstab, trat zu Beginn der vierziger Jahre des 19. Jahrhunderts in den Verwaltungsrat der Berlin-Hamburger-Eisenbahngesellschaft ein. In einem Artikel, den er damals für die »Deutsche Vierteljahresschrift« verfaßte, erörterte er die Frage: *Welche Rücksichten kommen bei der Wahl der Richtung von Eisenbahnen in Betracht?* Auch andere Offiziere wie beispielsweise Generalmajor von Röder wandten sich in Denkschriften an die Regierung mit der Anregung, beim Bau künftiger Eisenbahnlinien auch militärstrategische Überlegungen zu berücksichtigen.[49]

Mit seinem Eisenbahngesetz vom November 1838 war der preußische Staat den Forderungen der rheinischen Industriellen teilweise entgegengekommen.[50] Gleichzeitig aber hatte damit der Staat auch auf jede Mitsprache bei der künftigen Entwicklung des Eisenbahnwesens verzichtet. Im gleichen Maße aber, in dem sich beim bürokratischen und militärischen Establishment Preußens die Einsicht durchsetzte, daß der Bau von Eisenbahnen von hervorragender volkswirtschaftlicher wie militärstrategischer Bedeutung sei, begann man, nach Auswegen zu suchen, wie man das Konzept des privatwirtschaftlich betriebenen Eisenbahnwesens beeinflussen und beschleunigen könne, ohne daß man deswegen verfassungspolitische Zugeständnisse machen mußte. Der Ausweg, den man fand, war charakteristischerweise finanzpolitischer, sprich vermeintlich unpolitischer Natur. Die stabile Haushaltslage des Staates erlaubte es Anfang 1842, alle zu fünf Prozent verzinsten Staatsschuldscheine, die als Kapitalanlage stark gefragt waren, einzuziehen; der Zinssatz der nach wie vor im Handel verbleibenden vierprozentigen Staatsschuldscheine wurde auf dreieinhalb Prozent gesenkt. Durch diese Zinsmanipulation schuf der Staat eine Voraussetzung dafür, die privaten Geldströme in andere Bereiche wie beispielsweise den Eisenbahnbau zu lenken. Zur gleichen Zeit verkündete der preußische Finanzminister den in Berlin tagenden Vereinigten Ausschüssen der Provinziallandtage, die Regierung habe zwar beschlossen, in den nächsten Jahren keine Eisenbahnen in eigener Regie bauen zu wollen; sie sei aber gleichwohl gesonnen, für das private Anlagekapital beim Bahnbau eine Zinsgarantie zu übernehmen. Eine solche staatliche Zinsgarantie war in der Sache zwar auch nichts anderes als eine Vermehrung der Staatsschuld, über die eben nur ein Vereinigter Landtag oder Reichsstände beschließen konnten. Allein, die Vereinigten Ausschüsse akzeptierten dennoch diese Entscheidung der Regierung, da ihnen vermutlich das Hemd näher war als der Rock, denn aus einer staatlichen Zinsgarantie für privates Anlagekapital ließ sich unmittelbar Nutzen ziehen, aus einer verfassungspolitischen Kontroverse aber kaum. Diese staatliche Zinsgarantie bedeutete nichts anderes, als daß der Staat für alle Verluste aufkam, während die Gewinne sämtlich ungeschmälert in die Taschen der privaten Anleger wanderten. Die Zinsmanipulation bei den Staatsschuldscheinen, die staatliche Zinsgarantie für private Kapitalinvestitionen beim Eisenbahnbau, das Bekanntwerden der phantastischen Gewinne, welche die 1839 eröffnete Bahnlinie Leipzig–Dresden abwarf, sowie das Aktiengesetz von 1843 führten zum Ausbruch eines wahren »Eisenbahn- und Aktienfiebers«: Das private Kapital, das sich, von einigen Ausnahmen abgesehen – das Gesellschaftskapital der Bahnlinie Leipzig–Dresden war 1835 binnen eines Tages gezeichnet worden –, zunächst sehr zögerlich verhalten hatte, floß nun in die Bahngesellschaften und in geringerem Umfang auch in die Industrie. »Der Tanz um das goldene Kalb«, schrieb Treitschke, »ward ganz schamlos. Männer aus allen Ständen, selbst Offiziere, berühmte Künstler und Gelehrte drängten sich täglich in das winklige Börsengebäude neben dem Dom, um mit den Aktien aller Länder zu schachern.«[51]

Der Run privaten Kapitals auf in- wie ausländische Industrie-, Gruben- und Eisenbahnwerte war derart heftig, daß sich die preußische Regierung gezwungen sah, das ständig steigende Spekulationsfieber durch einschneidende Maßnahmen zu dämpfen, da sie befürchten mußte, daß so der Landwirtschaft wie dem Gewerbe dringend benötigte Kapitalien entzogen wurden und diese Stützen des absolutistischen Staates unabsehbare wirtschaftliche Schäden davontrugen. Mit drei Verordnungen wurde das Aktienwesen deshalb einer engeren staatlichen Kontrolle unterworfen. Eine erste Verordnung, die am 11. April 1844 erging, regelte den Wettbewerb bei den Eisenbahngesellschaften durch eine Festsetzung der Preis- und Gewinnspannen. Mit einer zweiten Verordnung vom 24. Mai 1844 wurde der Nerv der allgemeinen Börsenspekulation getroffen: Alle Termingeschäfte bei in- und ausländischen Aktien wurden verboten. Am 22. April 1845 wurde schließlich noch eine Reihe von Normativbestimmungen erlassen, die eine substantielle Einschränkung des Aktiengesetzes von 1843 bedeuteten, insofern mit ihnen die Konzessionierung von Aktiengesellschaften wieder von Gemeinnützigkeitsvorstellungen, also von Erwägungen politischer Opportunität, abhängig gemacht wurden: Zukünftig sollten nur noch solche Aktiengesellschaften konzessioniert werden, die »an sich aus allgemeinen Gesichtspunkten nützlich und der Befürwortung wert« erschienen.[52]

In der politisch-ökonomischen Praxis bedeutete dies nichts anderes, als daß sich die Verwaltung damit ein Instrument zu schaffen suchte, um die weitere wirtschaftliche Entwicklung in ihrem Sinne und das heißt vor allem im Interesse der Erhaltung des bestehenden absolutistischen Systems politisch kontrollieren zu können. Die Folgen blieben nicht aus: Das private Kapital erlitt Verluste und zog sich von den Börsen zurück, an denen allenthalben über Geldmangel geklagt wurde.[53] Lediglich auf die privaten Kapitalinvestitionen beim Eisenbahnbau, dessen »Gemeinnützigkeit« auch bei der Bürokratie unterdessen außer Frage stand, hatten diese Verordnungen zunächst keinerlei spürbare Auswirkungen. Bei den Eisenbahnen stand der Staat aber vor einem anderen Problem, auf das so weitsichtige Männer wie Friedrich List und der rheinische Industrielle David Hansemann bereits in den dreißiger Jahren hingewiesen hatten. Sie hatten sich für den Bau von Staatsbahnen eingesetzt, da nur so die aus volkswirtschaftlichen oder auch militärischen Gründen notwendigen, für das private Anlagekapital aber uninteressanten, weil vorhersehbar unrentablen Linien gebaut werden konnten.[54] Diesem Problem versuchte die Bürokratie durch eine Kombination staatsunternehmerischer und finanzpolitischer Maßnahmen Herr zu werden, um ja nicht an die leidige Verfassungsfrage rühren zu müssen, auf die man beim Eisenbahnbau mit geradezu schicksalhafter Notwendigkeit stieß. Die 1842 eingeführte staatliche Zinsgarantie von 3 ½ Prozent für privates Anlagekapital bei den Eisenbahngesellschaften wurde nun damit kombiniert, daß sich der Staat selbst mit bis zu einem Viertel am Aktienkapital der Eisenbahngesellschaften beteiligte. Beide Maßnahmen wurden ergänzt durch die bereits erwähnte Eisenbahnverordnung vom 11. April 1844, die vorsah, daß alle Kapitalgewinne der Eisenbahngesellschaften, die über 5 Prozent lagen, in einen staatlichen Eisenbahnfonds eingezahlt werden mußten. Mit den Mitteln aus dieser Gewinnabschöpfung, die durch die Abführung von Einnahmen aus der Salzsteuer und anderen Steuerquellen aufgebessert wurden, konnte die Bürokratie in einem begrenzten Umfang auf dem Sektor des Eisenbahnbaus investitionslenkend eingreifen. Das heißt, der Staat konnte damit auch jenen Kapitalanlegern, die ihr Geld in eine wirtschaftlich nicht lukrative Strecke investierten, deren Ausbau aber aus Gründen des allgemeinen Nutzens gleichwohl wünschbar erschien, einen Zinsgewinn von immerhin noch 3 ½ Prozent garantieren. Staatliche Planung und privates Gewinninteresse wurden durch diese dirigistischen Maßnahmen noch einmal zwangsweise harmonisiert, ohne daß das Ceterum des Eisenbahnbaus, die Verfassungsfrage, aufkam. Damit waren aber auch alle Möglichkeiten einer staatlichen Wirtschaftspolitik innerhalb des verfassungslosen Zustands der preußischen Monarchie ausgeschöpft. Gerade beim Eisenbahnbau sollte sich dies schon wenig später zeigen.

Dem preußischen Eisenbahnsystem, das 1848 bereits 2363 Streckenkilometer umfaßte – 1844 waren es erst 861 Kilometer –, fehlte noch die aus militärischen wie politischen Gründen wichtige Ostbahnverbindung von Berlin über Landsberg, Bromberg nach Königsberg. Der Bau dieser Strecke war sehr kostspielig, und gleichzeitig versprach diese Strecke auch nicht sonderlich lukrativ zu sein. Das Bankhaus Mendelssohn, das die Ost-Bahn-Aktiengesellschaft gründen sollte, konnte wegen des akuten Geldmangels, der seit den im April 1845 ergangenen Normativbestimmungen zum Aktiengesetz an der Börse herrschte, die 40 Millionen Taler Gründungskapital dieser Gesellschaft nicht plazieren.[55] Daraufhin faßte das preußische Staatsministerium am 16. März 1847 den folgenschweren Beschluß, daß der Staat die Ostbahn in eigener Regie bauen müsse. Der demnächst zusammentretende Vereinigte Landtag sollte eine entsprechende Staatsanleihe bewilligen. Mit diesem Beschluß war die bislang von der Bürokratie so umsichtig vermiedene Verfassungsfrage aufs Tapet gebracht worden.

Die fortschreitende Entwicklung der Wirtschaftsgesellschaft, die sich auf die Dauer nicht aufhalten ließ, war Ursache dafür, daß die Gesellschaft insgesamt immer komplexer wurde. Das Festhalten an den alten Methoden einer bürokratischen Konfliktlösung durch den spätabsolutistischen Polizeistaat versagte zusehends. Gerade in der Eisenbahnfrage zeigte sich, daß der Staat auf die aktive Unterstützung der Wirtschaftsbürger in ökonomischen Fragen nicht verzichten konnte.

In dieselbe Richtung drängte auch die »soziale Frage«. Das soziale Elend der proletarisierten Unterschichten, das sich beispielsweise in den Hungeraufständen der schlesischen Weber entlud, ließ sich allein durch Repression nicht mehr bewältigen. Die soziale Not in Preußen, von der in den vierziger Jahren des 19. Jahrhunderts fast die Hälfte der Bevölkerung heimgesucht wurde, häufte so viel revolutionären Zündstoff an, daß sich der Staat, aber mehr noch die Schicht der prosperierenden Wirtschaftsbürger bedroht fühlte. Für den Ausgang der Revolution von 1848 sollte sich diese Konstellation als entscheidend erweisen. Denn je stärker die Besitzenden einen Aufstand der besitzlosen Massen fürchteten, um so eher waren sie bereit, sich mit einem Staat zu arrangieren, der ihnen zwar die politische Mündigkeit weiterhin verweigerte, aber die Sicherheit des Eigentums und die Freiheit weiterer wirtschaftlicher Entfaltung garantierte. Und dies ist in jedem Falle wichtiger gewesen als die Erfüllung weltanschaulicher Sehnsüchte.

In einem Aufsatz, der am 23. Januar 1848 in der »Deutschen Brüsseler-Zeitung« erschien, prophezeite Friedrich Engels der Bourgeoisie ihr künftiges Schicksal: »Wir können uns ... eines ironischen Lächelns nicht erwehren, wenn wir sehen, mit welchem schrecklichen Ernst, mit welcher pathetischen Begeisterung fast überall die Bourgeois ihren Zwecken nachstreben. Die Herren glauben wirklich, sie arbeiteten für sich selbst. Sie sind beschränkt genug, zu glauben, daß mit ihrem Siege die Welt ihre definitive Gestaltung bekomme. Und doch ist nichts augenscheinlicher, als daß sie nur uns, den Demokraten und Kommunisten, überall den Weg bahnen, als daß sie höchstens einige Jahre unruhigen Genusses erobern werden, um alsdann sofort wieder gestürzt zu werden. Überall steht hinter ihnen das Proletariat, ... kämpft also nur mutig fort, ihr gnädigen Herren vom Kapital! Wir haben euch vorderhand nötig, wir haben sogar hie und da eure Herrschaft nötig. Ihr müßt uns die Reste des Mittelalters und die absolute Monarchie aus dem Wege schaffen, ihr müßt den Patriarchalismus vernichten, ihr müßt zentralisieren, ihr müßt alle mehr oder weniger besitzlosen Klassen in wirkliche Proletarier, in Rekruten für uns verwandeln, ihr müßt uns durch eure Fabriken und Handelsverbindungen die Grundlagen der materiellen Mittel liefern, deren das Proletariat zu seiner Befreiung bedarf. Zum Lohn dafür sollt ihr eine kurze Zeit herrschen. Ihr sollt Gesetze diktieren, ihr sollt euch sonnen im Glanz der von euch geschaffenen Majestät, ihr sollt bankettieren im königlichen Saal und die schöne Königstochter freien, aber, vergeßt es nicht – ›der Henker steht vor der Türe‹.«[56]

8. KAPITEL
Soziale Bewegung und politische Reform

Eine Erfahrung prägte das politische Bewußtsein des Biedermeier in ganz entscheidender Weise: Aller Wandel und Umsturz sind Menschenwerk. Das Biedermeier trachtete danach, diese Erfahrung aus seinem Bewußtsein auszulöschen. Die populären Verse des Pastors Krummacher waren das Programm dieser Verdrängung:

> »Es sind erhaben ob Raum und Zeit
> Die Ritter der Gemütlichkeit.«

Der beschauliche Stillstand, die vollkommene gesellschaftliche Statik, in der sich Harmonie als Gemütlichkeit qualifiziert, war ein biedermeierliches Ideal, das man sich unter allen Umständen bewahren wollte.[1] Diesem biedermeierlichen Ideal implizit war die Vorstellung überschaubarer Kleinräumigkeit, Vertrautheit und Geborgenheit. Mit dem Fortschreiten der sozialen Bewegung aber traten die genrehaften Züge dieser biedermeierlichen Idyllik immer deutlicher hervor. Seit dem Ende der zwanziger Jahre des 19. Jahrhunderts wurde die biedermeierliche Gesellschaft vom Gespenst des Pauperismus, der Schreckenserscheinung einer verarmten und gesichtslosen Masse Mensch heimgesucht, deren Ansturm alle Gemütlichkeit zum Opfer fallen mußte. Der Pauperismus war eine Folgeerscheinung der rapiden Bevölkerungsvermehrung der Jahre von 1815 bis 1848, die von der biedermeierlichen Gesellschaft weder sozial noch wirtschaftlich bewältigt werden konnte. Denn es war nicht die Fabrikarbeit, die das Proletariat hervortreten ließ, sondern gerade der Mangel an Arbeitsplätzen im industriellen Sektor, der jene unterhalb des Existenzminimums dahinvegetierenden Massen schuf, die Marx und Engels als »Lumpenproletariat« charakterisierten. Die Wurzel dieses riesigen sozialen Problems wurde am Vorabend der Revolution von nicht wenigen Zeitgenossen erkannt. Der katholische Publizist Peter Franz Reichensperger beispielsweise schrieb 1847: »Die Krankheit liegt für Deutschland nicht in der zu dicht gewordenen Bevölkerung, nicht in dem Maschinenwesen und in dem Übermaße der Fabrikindustrie überhaupt, sondern sie liegt gerade in dem Mangel derjenigen Maschinen und Fabriken, welche unsern Arbeitern statt den englischen Arbeit und Verdienst schaffen.«[2]

Reichensperger erkannte in der preußischen Freihandelspolitik, in den niedrigen Außenzöllen die Ursache für den verglichen mit England noch geringen Grad der Industrialisierung: Billige Importe von Industrieprodukten, so lautete das in Reichenspergers Feststellung enthaltene ökonomische Argument, schaffen keine Anreize für den Aufbau von importsubstituierenden Industrien im eigenen Land.

Die sich insbesondere in der Mitte der vierziger Jahre durch eine Reihe von Mißernten noch zusätzlich verschärfende soziale Not der Unterschichten ließ den Schleier der Gemütlichkeit, den das Biedermeier über die gesellschaftlichen Verhältnisse zu breiten suchte, immer fadenscheiniger werden: Die tiefen und mit den Mitteln der biedermeierlichen Politik nicht zu versöhnenden gesellschaftlichen Gegensätze traten an die Oberfläche. Wie das Kaninchen auf die Schlange, so starrten damals viele wie gelähmt auf jenen Abgrund, der sich vor ihnen auftat und sie zu verschlingen drohte. Wilhelm Koenigs, ein Schwager des rheinischen Industriellen Gustav Mevissen, bemerkte in einem Brief vom 14. Januar 1847: »Jetzt wird allenthalben die öffentliche Aufmerksamkeit durch die steigende Not in Anspruch genommen. Man sucht zu helfen und zu lindern, soweit die Kräfte reichen, und empfindet bald die Ohnmacht seiner Leistungen. Denn mit dem Heilmittel scheint das Übel zu wachsen, und nach wie vor verfolgt uns das Gespenst der Armut. Ich fürchte, daß wir rascher einer gesellschaftlichen Revolution entgegengehen, als man geglaubt. Die beiden Notjahre bringen Tausende an den Bettelstab ohne Aussicht, je wieder zu Wohlstand zu kommen.«[3]

Zwei Aussagen sind all diesen Prophezeiungen gemeinsam: die Gewißheit des drohenden Untergangs der biedermeierlichen Welt und gleichzeitig die Erkenntnis der eigenen Ohnmacht, diesen Untergang noch rechtzeitig abzuwenden.[4]

Die Einsichten, die beiden Aussagen zugrunde liegen, die Gewißheit drohenden Untergangs wie die Ohnmacht, dieses Verhängnis abzuwehren, bildeten seit je die Pole, zwischen denen sich die biedermeierliche Weltanschauung bewegte. Die Paradoxie, die sich darin verbirgt, gab dem Biedermeier sein ihm eigentümliches Gepräge: Die durch die Reform angestoßene soziale Bewegung, deren unvermeidliche Folgen für die gesellschaftliche Ordnung sehr früh prognostizierbar waren,[5] ließ sich aufgrund der vorgegebenen gesellschaftlichen und politischen Rahmenbedingungen nicht rational steuern.[6] Bereits Hegel hat in seiner 1821 erschienenen *Philosophie des Rechts* diese Paradoxie vorhergesehen.

Der Pöbel, so schreibt Hegel, werde erzeugt durch »das Herabsinken einer großen Masse unter das Maß einer gewissen Subsistenzweise, die sich von selbst als die für ein Mitglied der Gesellschaft notwendige reguliert – und damit zum Verluste des Gefühls des Rechts, der Rechtlichkeit und der Ehre, durch eigene Tätigkeit und Arbeit zu bestehen – . . .«. Aber, so führt er in einem Zusatz aus: »Die Armut an sich macht keinen zum Pöbel: Dieser wird erst bestimmt durch die mit der Armut sich verknüpfende Gesinnung, durch die innere Empörung gegen die Reichen, gegen die Gesellschaft, die Regierung usw. . . . Somit entsteht im Pöbel das Böse, daß er die Ehre nicht hat, seine Subsistenz durch seine Arbeit zu finden, und doch seine Subsistenz zu finden als sein Recht anspricht. Gegen die Natur kann kein Mensch ein Recht behaupten, aber im Zustande der Gesellschaft gewinnt der Mangel sogleich die Form eines Unrechts, was dieser oder jener Klasse angetan wird. Die wichtige Frage, wie der Armut abzuhelfen sei, ist eine vorzüglich die modernen Gesellschaften bewegende und quälende.« Auf diese Frage gibt es aber, so Hegel weiter, keine befriedigende Antwort. Denn auch wenn die Gesellschaft die Mittel hätte, »die der Armut zugehende Masse auf dem Stande ihrer ordentlichen Lebensweise zu erhalten, so würde die Subsistenz der Bedürftigen gesichert, ohne durch die Arbeit vermittelt zu sein, was gegen das Prinzip der bürgerlichen Gesellschaft und des Gefühls ihrer Individuen von ihrer Selbständigkeit und Ehre wäre; . . . Es kommt hierin zum Vorschein, daß bei dem Übermaße des Reichtums die bürgerliche Gesellschaft nicht reich genug ist, d.h. an dem ihr eigentümlichen Vermögen nicht genug besitzt, dem Übermaße der Armut und der Erzeugung des Pöbels zu steuern.«[7]

Die aus diesem Dilemma resultierende politische Ratlosigkeit des biedermeierlichen Verwaltungsstaats führte zu einander widersprechenden und damit sich jeweils blockierenden politischen Strategien. Die Kompromißlösungen, die fallweise angesteuert wurden und die der Politik des liberalen Verwaltungsstaats in den Jahren von 1820 bis 1848 zunehmend den Charakter des Unentschiedenen und Inkonsistenten verliehen, mündeten angesichts der drohend heraufziehenden sozialen Krise schließlich in eine lähmende Aporie, die nur noch revolutionär durchbrochen werden konnte: Gerade dadurch, daß der Verwaltungsstaat des Biedermeier versuchte, mit einer zunächst bloß restaurativen, dann aber immer ärger werdenden reaktionären Verfassungs- und Standespolitik die politischen Konsequenzen seiner liberalen Sozial- und Wirtschaftspolitik wirksam zu verhindern, beschleunigte er die Krise, statt sie zu vereiteln. Von daher ergab sich geradezu zwangsläufig die in der liberalen Öffentlichkeit des Vormärz weitverbreitete Anschauung, insbesondere im verfassungslosen Preußen sei eine Lösung der durch die soziale Frage aufgeworfenen Probleme aufs engste mit einer Klärung der konstitutionellen Frage verknüpft.[8]

In der Tat war es dann auch die soziale Krise, die in Preußen die lange im verborgenen schwelende konstitutionelle Frage aufwarf. Gleichzeitig trat etwas ein, was Joseph Maria von Radowitz bereits 1830 erkannt hatte: Das Auftauchen sozialer Fragen spaltete die politische Bewegung in Parteien.[9] Da die Verfassungsfrage in der politischen Anschauung der liberalen Öffentlichkeit des Vormärz mit der sozialen Frage verknüpft war, geriet sie in den Strudel der Parteienkämpfe, die sich, wie von Radowitz vorhergesehen, an der sozialen Frage entzündeten. Gerade im Streit der Parteien um die Verfassungsfrage, welcher der Revolution von 1848/1849 in Deutschland ihr besonderes Gepräge geben sollte, ist deshalb die politische stets mit der sozialen Revolution aufs innigste verzahnt. Und in eben dieser Verzahnung von politischen und sozialen Fragen, die jeweils unterschiedliche und teilweise völlig gegensätzliche Geltungsansprüche an die Verfassung stellten, ist das Scheitern der Revolution bereits angelegt. In der Revolution von 1848/1849 wurden die latenten sozialen und politischen Widersprüche der Biedermeierzeit offen ausgefochten. Die Revolution von 1848/1849 eignet sich deshalb kaum als ein deutsches Schau- und Lehrstück der verpaßten Chancen und Möglichkeiten. Sie markiert vielmehr den Schlußpunkt der biedermeierlichen Entwicklung, indem sie sich darin erschöpfte, alle in dieser Entwicklung verborgenen Widersprüche mit einem Male bloßzulegen. Damit aber waren Kraft und Phantasie der Revolution erschöpft. Den alten Mächten, den deutschen Staaten und ihren Bürokratien fiel ganz automatisch wieder das Mandat zu, eine neue soziale und politische Ordnung zu definieren, um jenen tiefgreifenden Veränderungen Rechnung zu tragen, die eine andere, eine ebenso stille wie stürmische Revolution, die »industrielle Revolution« mit sich bringen sollte.

Die Gesellschaft im biedermeierlichen Deutschland und des Vormärz war politisch sehr stark fragmentiert. Diese politische Zersplitterung war nicht, wie die gängige tautologische Erklärung es deuten will, eine Folge der in Deutschland herrschenden Zustände der Viel- und Kleinstaaterei, sondern vor allem eine Konsequenz der nach wie vor gültigen ständischen Gliederung der Gesellschaft. Die soziale Ordnung des Vormärz war noch weithin eine vertikale und lokale, aber keine horizontale und nationale, wie sie für eine Klassengesellschaft auf ökonomischer Grundlage kennzeichnend ist. Die soziale Bewegung läßt sich zwar als eine Auflösungserscheinung der vertikal und lokal gegliederten ständischen Ordnung interpretieren, aber diese ständische Sozialordnung be-

171

hauptete sich gleichwohl weiterhin. Im Scheitern der Revolution von 1848/1849 offenbart sich nicht zuletzt, wie robust diese Ordnung immer noch war. Insofern sind Begriffe wie »bürgerliche Revolution« oder »liberales Bürgertum«, die von Marxisten wie Nichtmarxisten zur Kennzeichnung der Bewegungsabläufe wie der Träger der politischen Bewegung benutzt werden, mehr als fragwürdig. Denn von einer homogenen bürgerlichen Klasse auf ökonomischer Grundlage, der auch noch eine kohärente liberale Weltanschauung gemeinsam war, wie diese Begriffe suggerieren, kann nicht ernsthaft die Rede sein.

Unstreitig gab es im Vormärz »Liberale«, und es gab auch Ansätze zur Herausbildung einer bürgerlichen Klasse im streng ökonomischen Sinne. Die »Liberalen« waren aber weder in sozialer Hinsicht identisch mit der sich allmählich als Klasse herausbildenden Bourgeoisie, wenn man deren Angehörige als diejenigen definiert, die in der kapitalistischen Produktionsweise die Produktionsmittel besitzen, über sie verfügen und deren Wirtschaftsinteressen vor allem überregional waren, noch kann 1848 von einer Bourgeoisie auf nationaler Ebene die Rede sein, die Träger jener »bürgerlichen Revolution« gewesen wäre. Die Bourgeoisie im Sinne der eben erfolgten Definition war um 1848 in Deutschland eine Klasse, die noch im Entstehen begriffen war und deren politisches Bewußtsein sich erst zu bilden begann. Es war deshalb auch nicht diese sich formierende Klasse der Bourgeoisie, die das Programm der politischen Revolution von 1848 formulierte, sondern eine Schicht, die seit je aus der ständischen Ordnung herausfiel und die Hegel als den »allgemeinen Stand« bezeichnete: die Angehörigen der sogenannten Intelligenzberufe, Anwälte, Ärzte, Beamte, Richter, Journalisten, Schriftsteller usw. Diese vor allem waren es zusammen mit einigen großen Kaufleuten und Industriellen, die eine »politische Klasse« bildeten. Die Angehörigen dieser Klasse entfalteten, eben weil sie nicht ständisch gebunden waren, innerhalb der ständischen Gesellschaft einen außergewöhnlichen Einfluß, der weder ihrer ökonomischen noch ihrer zahlenmäßigen Bedeutung innerhalb der Gesellschaft entsprach. Ihr Einfluß rührte vielmehr daher, daß ihre übergreifenden, auf die Schaffung einer Allgemeinheit abzielenden Interessen, in der sie frei und ungehindert agieren konnten, die natürliche Zwergenhaftigkeit und das je lokale Sondertum ständischer Interessen transzendierten. Und es war die von dieser »politischen Klasse« entwickelte »Weltanschauung«, es waren deren »bürgerliche« Wertsetzungen, die das soziale Milieu der im allmählichen Umbruch zu einer Klassengesellschaft sich befindenden ständischen Gesellschaft zunehmend beherrschten.

Die »Weltanschauung« der »politischen Klasse« wurzelte in der Philosophie Kants, die in Deutschland der politischen Ökonomie eines Adam Smith den Weg bereitete, dessen volkswirtschaftliche Lehren von den Angehörigen der »politischen Klasse« bereits gegen Ende des 18. Jahrhunderts rezipiert und den deutschen Verhältnissen angepaßt worden waren. Adam Smiths Hauptwerk *The Wealth of Nations* erschien 1794 in einer zweiten, gegenüber der deutschen Erstausgabe von 1776 wesentlich verbesserten Übersetzung und wurde insbesondere von einer Reihe von Professoren, die an den Universitäten von Königsberg, Göttingen und Halle lehrten, rasch popularisiert.[10] Die zentrale These von Adam Smiths Volkswirtschaftslehre, die vom einzelnen angestrebte Profitmaximierung komme der gesamten Gesellschaft zugute, und deshalb solle der Staat nicht versuchen, durch Eingriffe in das Wirtschaftsleben das künstlich zu regulieren, was von der »Natur« aus so vorgesehen sei, ergänzte sich mit Kants Philosophie eines ethisch begründeten Individualismus, die als Lebenszweck die Selbstverwirklichung des Individuums durch eine von Vernunft und Bewußtsein geleitete »Selbstbeherrschung« definierte: Jeder sollte sein Leben nach seinen Vorstellungen einrichten. Und damit die Gesellschaft nicht in einem Chaos einander widersprechender Einzelwillen versinke, sollte die Lebensgestaltung des einzelnen sich an bestimmten fundamentalen Prinzipien wie etwa dem »kategorischen Imperativ« orientieren.

Eine solche Gesellschaft, deren Mitglieder gemäß ihrer Natur handelten und sich nur den fundamentalen Prinzipien der Vernunft unterwürfen, wäre eine wirklich »freie Gesellschaft«: Nur geleitet von den Gesetzen der »Natur« und nicht von der Willkür eines Despoten oder von der Diktatur unterschiedlicher Interessengruppen.[11]

In dieser »Weltanschauung« waren alle Argumente enthalten, die für eine politische wie eine wirtschaftliche Freiheit des einzelnen im Rahmen der nach den fundamentalen Prinzipien der Vernunft geordneten Gesellschaft sprachen. Dennoch wäre es zu idealistisch gesehen, wollte man allein in dieser Übereinstimmung zwischen Kantischer Philosophie und den ethischen Prinzipien der politischen Ökonomie des Adam Smith den wichtigsten Grund dafür erkennen, daß die Lehren von Smith jene rasche Verbreitung und Popularität erfuhren. Entscheidender für seine praktische Wirkung ist vielmehr eine andere Qualität des Smithschen Werks gewesen, über die Walt W. Rostow urteilte: »Heute besehen ist der *Wealth of Nations* . . . eine dynamische Analyse und ein politisches Programm für ein unterentwickeltes Land.«[12] Ähnlich ist auch Adam Smiths Hauptwerk damals beurteilt worden. Denn es war einzig und allein England, das sich gegenüber der Revolution behauptete, während das übrige Europa von Napoleon unterjocht worden war.

England, so schien es nicht wenigen, lieferte das Exempel für die Richtigkeit der Smithschen Lehren; es war der Beweis dafür, daß Freiheit, wirtschaftliche und politische Freiheit des einzelnen die Voraussetzung für den Wohlstand und die Stärke einer Nation bildeten. In diesem Zusammenhang spielt die Feststellung keine Rolle, daß diese Beurteilung Englands eine ganze Reihe von äußerst zählebigen Mißverständnissen einschloß. Die englische Gesellschaft, so wie sie die »politische Klasse« sah, war die Folie, auf der die Reformer ihre Ordnungsvorstellungen entwickelten.

Die Verwirklichung politischer und wirtschaftlicher Freiheit, die Schaffung einer »freien« Staatsbürgergesellschaft, das war nicht nur das Ziel der preußischen, sondern auch der süddeutschen Reformer. Daß die liberalen Reformen jedoch überall ein Torso blieben, daß insbesondere aber die wirtschaftsliberalen Reformen von relativem Erfolg gekrönt waren und daß vor allem das hier Erreichte weitgehend beibehalten und sogar fortgeführt werden konnte, während die politischen und sozialen Reformen sehr früh an den vielfältigen ständischen Widerständen scheiterten – das alles war Ursache für jene asynchrone Entwicklung des Biedermeierstaats, die durch die stetig fortschreitende soziale Bewegung einerseits und die vollständige politische Stagnation andererseits charakterisiert war. Das sichtbarste und gleichzeitig bedrohlichste Merkmal dieser asynchronen Entwicklung war die soziale Frage, der Pauperismus.

Für die »politische Klasse«, deren Angehörige zumeist Männer des praktischen Lebens waren, bedeutete gerade der Pauperismus eine Herausforderung, auf die sie eine pragmatische Antwort zu geben suchten. Es ist hier nicht der Ort, die zahlreichen und in der Regel sehr viel Sachkenntnis verratenden Erörterungen darzulegen, welche die Angehörigen der »politischen Klasse« dem Problem des Pauperismus in den dreißiger und vierziger Jahren des 19. Jahrhunderts widmeten;[13] bedeutsam ist hier allein die Feststellung, daß sie jeweils eine pragmatische Lösung dieses sozialen Problems anstrebten und daß sie nach ihren Erfahrungen und Beobachtungen bereit waren, ihr liberales politisches Programm zu modifizieren.

Dieser empirisch gewonnene Pragmatismus konnte in der damaligen Zeit mit ihrer Neigung zu weltanschaulicher oder ideologischer Gewißheit durchaus von erheblichem taktischem Nachteil sein. Der mittel- und langfristige und damit der strategische Vorteil des empirischen Pragmatismus der »politischen Klasse« aber war, daß er durch seine Flexibilität allen Ideologen und Ideologien überlegen war. Eben deshalb hatte er eine wesentlich zutreffendere Vorstellung von dem, was kommen würde, als jene gewiß imponierende Regeldetri des historischen Materialismus. Marx und Engels haben diesen Pragmatismus der »politischen Klasse« im *Kommunistischen Manifest* als »Bourgeoissozialismus« apostrophiert, mit dem versucht werde, »der Arbeiterklasse jede revolutionäre Bewegung zu verleiden, durch den Nachweis, wie nicht diese oder jene politische Veränderung, sondern nur eine Veränderung der materiellen Lebensverhältnisse, der ökonomischen Verhältnisse ihr von Nutzen sein könne. Unter Veränderung der materiellen Lebensverhältnisse versteht dieser Sozialismus aber keineswegs Abschaffung der bürgerlichen Produktionsverhältnisse, die nur auf revolutionärem Wege möglich ist, sondern administrative Verbesserungen, die auf dem Boden dieser Produktionsverhältnisse vor sich gehen, also an dem Verhältnis von Kapital und Lohnarbeit nichts ändern, . . .«[14] Marx und Engels haben damit sehr genau jenes Reformprogramm eines politischen Pragmatismus umrissen, dessen Träger sie als »Ökonomisten, Philanthropen, Humanitäre, Verbesserer der Lage der arbeitenden Klassen, Wohltätigkeitsorganisierer, Abschaffer der Tierquälereien, Mäßigkeitsvereinsstifter, Winkelreformer der buntscheckigsten Art« verhöhnten.[15]

In dem Maße, wie die soziale Frage den Bestand der noch ständisch organisierten Gesellschaft bedrohte, vermochte die »politische Klasse«, ihren Einfluß noch zu steigern. Ihr trauten all jene, die in tiefer Ratlosigkeit und Angst gefangen waren, noch am ehesten zu, einen Ausweg aus der Krise zu weisen. Dies mag ein Grund mit dafür gewesen sein, daß es fast ausschließlich Angehörige der »politischen Klasse« waren, die als Vertreter des Volkes in der Paulskirche, dem deutschen Nationalparlament, saßen und die hier ein politisches Programm entwickelten, das ihrer Vision einer gesellschaftlichen Ordnung, einer politischen und sozialen Allgemeinheit gerecht wurde und nicht ständischen Erwartungen, die nach wie vor der Bewahrung ihres je verschiedenen Sondertums verpflichtet waren. Die »politische Revolution«, das politische Programm der »politischen Klasse« scheiterte, als sich die ständische Gesellschaft von ihrem Schrecken erholte, den ihr die soziale Frage eingejagt hatte. Nachdem der Schrecken gewichen war, kam auch wieder das ständische Sondertum zum Vorschein. Die Bauern blieben, nachdem die Revolution die letzten feudalen Lasten, die sie noch bedrückt hatten, endgültig von ihren Schultern genommen hatte, »vor den Thronen stehen«; sie wurden konservativ. Wilhelm Heinrich Riehl bezeichnete sie als die »Kräfte der Beharrung«. Nur im Kleinbürgertum war noch Bewegung. Aber auch diese Schicht sehnte sich zurück in die Kleinwelt, wollte die Winkelidylle restaurieren, verteidigte erbittert ihre überwiegend regional oder lokal fixierten Wirtschaftsinteressen und vor allem ihr soziales und politisches Sondertum, das in den Städten überdauert hatte. Im Verlaufe der Revolution radikalisierte sich dieses Kleinbürgertum, es wurde geradezu rabiat. Es war der Geist einer »konservativen Revolution«, der das Kleinbürgertum, den gewerblichen Mittelstand in Wallung brachte. Die durch die soziale Bewegung induzierte Differenzierung des Kleinbürgertums, das Einsetzen seiner langsamen Umwandlung von einem Stand zur Klasse, führte zu einer politischen Polarisierung.

Bereits im Biedermeier begann sich das städtische Kleinbürgertum sozial und politisch abzuschichten. Selbst Wilhelm Heinrich Riehl konnte nicht umhin, die »zwiespältige Natur des Bürgertums« zu konstatieren. Er beschrieb damit jenen Prozeß, in dem der gewerbliche Mittelstand, das Bürgertum und Kleinbürgertum, das seinem schieren Umfang nach praktisch exklusiv den »dritten Stand« im vormärzlichen Deutschland darstellte,[16] als Folge der sozialen Bewegung an seinen unteren und oberen Rändern immer mehr auszufransen begann: Den Aufstieg in den oberen Mittelstand vollzogen jene Handwerker, denen es gelang, sich unter dem Druck der sozialen Bewegung von den Fesseln, die ihnen das ständische Ideal der »Nahrung« angelegt hatte, zu befreien und sich bei ihrer Wirtschaftsführung nur noch an Rentabilitätsgesichtspunkten zu orientieren. Andere Handwerker, vor allem zahlreiche Gesellen, denen der Aufstieg zum zünftigen Meister versperrt war, wurden durch dieselbe soziale Bewegung zum sozialen Abstieg in den »vierten Stand« verurteilt und damit ins »Proletariat« gezwungen.

Die proletarisierten Handwerksgesellen und die ebenfalls proletarisierten oder dieses Schicksal fürchtenden Handwerksmeister und nicht sosehr das eigentliche »Industrieproletariat«, von dem um 1848 in Deutschland noch kaum die Rede sein konnte, bildeten das sozial-revolutionäre Potential der 48er Revolution.[17] Eben diese Erfahrung steht hinter der Feststellung Wilhelm Heinrich Riehls: »Der Handwerker ist der konservative Mann als solcher unter den Stadtbürgern. Er wird aber nicht konservativ bleiben, wenn er verarmt oder verkommt. Gerade wegen der einflußreichen Stellung der Gewerbe im Bürgertum ist das materielle Gedeihen des Kleingewerbes eine Lebensfrage für die erhaltende Politik. Reichtum hat noch keinen Bürger zum Demagogen gemacht, desto öfter die Armut.«[18]

In Südwestdeutschland waren es neben den proletarisierten Gesellen vor allem die Bauern, die in Aufruhr gerieten. Seit den Tagen der Bauernkriege aufgestauter Groll über adelige Willkür schien sich hier entladen zu wollen. Mit den republikanischen Idealen, für die sie die Revolutionäre Struve und Hecker begeistern wollten, hatten die Bauern allerdings nichts im Sinn. »Der Bauer schiert sich in Revolutionszeiten«, bemerkte der skeptische Beobachter Riehl, »den Teufel um Grundsätze; was ihm für seine Verhältnisse im kleinen und großen vorteilhaft scheint, sucht er sich herauszuholen.«[19] Die Bauern standen auf gegen die feudalen Lasten und Abgaben, die sie noch bedrückten, gegen das Händler- und Wuchererwesen, das sie aussaugte. Man empörte sich gegen eine Zeit und eine Entwicklung, die man nicht verstand, von der man dumpf ahnte, daß mit ihr jetzt die Stunde und die Gelegenheit gekommen waren, alte Rechnungen zu begleichen. Man stürmte einige Schlösser von Grundherren, verbrannte die Akten, zog wohl auch hier und da in wilden Haufen, mit Mistgabeln und Sensen bewaffnet, in die Residenzstädtchen, erhielt von den entnervten Fürsten die Befreiung von allen Feudallasten zugesichert, ging dann wieder in die Dörfer und auf die Höfe zurück, säte und erntete und ließ sich von keiner Revolution mehr aus seinem bäuerlichen Behagen aufscheuchen.

Fast allerorten aber kam in den Märztagen des Jahres 1848 der »vierte Stand« in Bewegung. Aber dieser sozial-revolutionären Erhebung fehlten letztlich die innere Kohärenz, die Organisation, die intellektuelle Führung. Der revolutionäre Elan verebbte nach der Spontaneität der ersten Empörung. In Berlin verpuffte der Aufstand in der Frühlingsnacht des 18. März 1848. Der folgende Tag war ein Sonntag, und in den Stunden des Kirchgangs wollten auch die Revolutionäre nicht kämpfen... Im Grunde genommen war damit die soziale Revolution schon gescheitert; nicht nur in Berlin, wo damals schon das politische Herz Deutschlands schlug, sondern überall. Die soziale Revolution scheiterte nicht an der bewaffneten Macht der alten Staaten. Denn sofern diese überhaupt über eine nennenswerte militärische Streitmacht verfügten, wagte man nicht, diese entschlossen einzusetzen. Niemand konnte sich für die Loyalität der Truppen verbürgen, sobald es galt, auf das empörte Volk zu schießen, rekrutierten sich aus ihm doch die Mannschaften.

Die Revolution brach zusammen, weil es ihr an Zielstrebigkeit und Führung fehlte. Solange der Widerstand, den der bürokratische Staat des Biedermeier den unterschiedlichen und vielfältigen Kräften der sozialen Bewegung und der politischen Reform leistete, sichtbar und vermeintlich nicht zu erschüttern war, war er es, der den durchaus gegensätzlichen Interessen der Opposition eine gleichsam revolutionäre Kohärenz lieh. In dem Moment aber, als der bürokratische Staat in seiner Ratlosigkeit und unter dem Druck der Straße begann, Konzessionen zu machen und weitere Zugeständnisse zu versprechen, traten die Differenzen innerhalb der Oppositionsbewegung offen zutage.

Bereits am 9. März 1848 schrieb Max von Gagern unter dem Eindruck der Aufstände und Revolten in Südwestdeutschland an den preußischen Außenminister von Canitz: »Unsere westdeutschen Regierungen haben jetzt vor sich, wenn man will, gegen sich:

1. Die patriotische Revolution, die nationale, mehr oder weniger konstitutionelle, aber immerhin auf den deutschen Namen vertrauende.

2. Die Bauern mit ihren Lokalbeschwerden, ihrem lange verhaltenen Grimm gegen unsere gottvergessene Polizei und Bürokratie; diese plündern und sengen und brennen schon in mehreren Landstrichen und auf sie wirkt kein patriotisches Schlagwort mehr.

3. Die Proletarier der Städte, die rohen, seit Jahren verhetzten, wie wilde Tiere raubgierigen und auf Beute lauernden – doch nicht so schlimm als ihre Hetzer, die halbgebildeten Proletarier, die unter ihnen verteilt sind und die nur auf ein Signal warten, auf einen wunden Ort, wo sie ihre erste Werkstätte aufschlagen können.

Diese alle haben unsere Regierungen gegen sich: Nur unter schweren Bedingungen können sie die beiden ersten Elemente für sich haben – diese wollen wir ergreifen, erfüllen, weiter nichts.«[20]

Die Einsicht, die ein Zeitgenosse auf die Formel brachte, daß man revolutionär werden müsse, um die Revolution zu verhüten, daß man, um sich der »raubgierigen Proletarier« mit Erfolg erwehren zu können, selbst revolutionäre Zugeständnisse machen müsse, um so wenigstens eine politische Allianz der Bauern und der Kräfte der »patriotischen Revolution« mit den bestehenden Regierungen zu stiften, diese Einsicht war in den Märztagen des Jahres 1848 bei den Mitgliedern der liberalen Kabinettsregierungen wie bei den Vertretern der konstitutionellen, sprich gemäßigten Opposition gleichermaßen vorhanden. Überall in den deutschen Staaten wurden alte Regierungen umgebildet, konservative Minister durch liberale ersetzt. Baden ernannte sogar einen Mann der Opposition, den Liberalen Mathy, zum Ministerpräsidenten. Lediglich in Österreich und Preußen schienen noch die alten Gewalten die Zügel fest in der Hand zu halten. Doch am 13. März 1848 brach auch in Wien die Revolution aus, wurde der greise Metternich aus dem Amt gejagt. Bereits zwei Tage später sah es so aus, als habe die Revolution gesiegt. In einem kaiserlichen Erlaß über die Neugestaltung des politischen Lebens in der Donaumonarchie wurden eine Verfassung, die Abschaffung der Zensur, die Bildung einer Nationalgarde und die Einberufung eines Ständeausschusses angekündigt.

In der Nacht vom 18. zum 19. März 1848 wurde auch Berlin vom revolutionären Fieber angesteckt, obwohl man gerade hier nach den Ereignissen in Wien nichts unversucht gelassen hatte, eine solche Entwicklung in letzter Minute zu verhindern. Bereits am 6. März 1848 hatte der König mit der Bewilligung regelmäßiger Sitzungen des Vereinigten

Landtags eine Forderung der liberalen Opposition erfüllt, die er bislang stets abgelehnt hatte. Und noch am 18. März wurde ein königliches Patent veröffentlicht, in dem die Einberufung des Vereinigten Landtags auf den 2. April festgesetzt wurde. In diesem Patent hieß es unter anderem: »Die großen Ereignisse in Wien veranlassen den König, nicht allein vor Preußens, sondern vor Deutschlands – so es Gottes Wille ist – bald innigst vereinigtem Volke laut und unumwunden auszusprechen, welche die Vorschläge sind, die wir unseren deutschen Bundesgenossen zu machen beschlossen haben.

Vor allem verlangen wir, daß Deutschland aus einem Staatenbund in einen Bundesstaat verwandelt werde. Wir erkennen an, daß dies eine Reorganisation der Bundesverfassung voraussetzt, welche nur im Verein der Fürsten mit dem Volke ausgeführt werden kann, daß demnach eine vorläufige Bundesrepräsentation aus den Ständen aller deutschen Länder gebildet und unverzüglich berufen werden muß. Wir erkennen an, daß eine solche Bundesrepräsentation eine konstitutionelle Verfassung aller deutschen Länder notwendig erheische, damit die Mitglieder jener Repräsentation ebenbürtig nebeneinander sitzen.«[21]

Der preußische König, so schien es, wollte sich an die Spitze der nationalen, der »patriotischen« Revolution stellen. Alle Forderungen der nationalen und liberalen Kräfte sollten in ihm ihren Anwalt haben. Als am 18. März 1848 um 2 Uhr mittags dieses Patent sowie ein zweites, das die Zensur aufhob, veröffentlicht wurde, mußte sich der König mehrmals der jubelnden Menschenmenge auf dem Schloßplatz zeigen. Das alte, absolute preußische Königtum, so empfand es wohl die herbeigeeilte Masse, hatte in dieser Stunde endgültig abgedankt. Preußens Krone beugte sich der Revolution.

Aber war es ihr wirklich ernst damit? Setzte der König nicht vielmehr auf Zeitgewinn und die Gunst der Stunde? Berlin glich seit Tagen einem Heerlager. Die Garnison war mobil gemacht und durch Einheiten von außerhalb verstärkt worden. Wozu noch all diese Truppen, so fragten sich nicht wenige, nachdem sich der König bereit erklärt hatte, die revolutionären Rechte anzuerkennen? Sollte der endgültige Sieg der Revolution durch Waffengewalt verhindert werden? Einander widersprechende Gerüchte liefen um, die Ungewißheit der ständig anwachsenden Menge auf dem Schloßplatz über die wahren Absichten des Königs vergrößerte sich. »Das Militär zurück!« riefen die Versammelten immer drohender zu den Schloßfenstern hinauf. Dann erhielt eine Schwadron Dragoner den Befehl, die Leute auseinanderzutreiben. Mit blankem Säbel ritt die Schwadron plötzlich auf die Menge zu. Obwohl es so nicht befohlen worden war, sah alles nach einem Angriff aus. Panikstimmung kam auf. Plötzlich krachten zwei Schüsse. Die Menge schrie tausendstimmig

179

»Verrat!«, und die Dragoner hieben mit ihren Säbeln wahllos auf die wehrlosen Menschen ein. Niemand war verletzt worden. Aber wen interessierte dies schon im allgemeinen Chaos. Die Masse tobte vor Empörung. Das Wort »Meuchelmord!« pflanzte sich in Windeseile durch alle Straßen fort. Der Verdacht der Versammelten, der König wolle mit Waffengewalt zurücknehmen, was er zuvor feierlich versprochen hatte, verdichtete sich zur Gewißheit. Jedes Verhandeln, Erklärenwollen, Beschwichtigen erwies sich in dieser Situation als zwecklos. Der Aufruhr, durch neue Spekulationen und wilde Gerüchte noch in seiner Wut gesteigert, entfaltete seine eigene Dynamik. Keine Seite war zum Einlenken bereit. Eine Zurücknahme der Truppen mit der Möglichkeit, daß sich alles wieder beruhigt hätte, wurde als unvereinbar mit der Waffenehre abgelehnt. Der Kampf begann.

Die Auseinandersetzungen zwischen dem Militär und dem sich rasch bewaffnenden Volk, das sich hinter Barrikaden verschanzt hatte, dauerte bis gegen Mitternacht. Dann befahl Friedrich Wilhelm IV., der sich in sein Schloß zurückgezogen und den Dingen ihren Lauf gelassen hatte, daß die Soldaten nicht mehr weiter vorgehen, sondern nur noch ihre Stellungen behaupten sollten. In dieser Nacht verspielte Friedrich Wilhelm IV. seinen gesamten politischen Kredit, den er weniger aus eigenem Zutun als durch die Umstände erworben hatte. Er, der in die entscheidenden liberalen Konzessionen, wie es zunächst schien, in letzter Minute eingewilligt hatte, um die Revolution abzuwenden, verdarb durch seine Kopflosigkeit alles. Preußen hatte noch am Morgen des 18. März die einmalige Chance gehabt, sich an die Spitze der nationalen Revolution zu stellen, das revolutionäre Werk der deutschen Einigung unter seiner Führung und damit in seinem Sinne rasch zu vollenden. Denn Österreich und Frankreich waren durch eigene Revolutionen wie gelähmt, hätten nicht intervenieren können, und Zar Nikolaus von Rußland hatte Friedrich Wilhelm IV. bereits Anfang März wissen lassen, er solle die Kräfte Deutschlands sammeln und Preußen zur Exekutivmacht des Deutschen Bundes machen. Doch weil der Gedanke an die preußische Waffenehre höher rangierte als das Gebot politischer Klugheit, wurde eine günstige Gelegenheit vertan. Die Lage nach den Geschehnissen des 18. März kleidete der württembergische Gesandte in Berlin, Reinhard, in die klugen und prophetischen Worte: »Der König, der gestern noch ehrgeizige Pläne hegte als Führer Deutschlands, ist jetzt erniedrigt und gedemütigt wie kein deutscher Fürst, aber Preußen existiert noch in seiner ganzen Kraft.«[22]

Eben dies war die Chance und zugleich das Unglück der Revolution: Preußen existierte fort in seiner ganzen ungebrochenen Kraft, aber gleichzeitig war sein König zutiefst gedemütigt, als daß er sich noch mit seinem Land an die Spitze der Revolution hätte stellen können. Auf den König aber kam alles an; er war in dem verfassungslosen Preußen nach wie vor die wichtigste Person. Aber schwach und schwankend, wie Friedrich Wilhelm IV. nun einmal war, unterlag er mehr und mehr den Einflüsterungen seiner hochkonservativen Ratgeber, die gute Gründe hatten, von einer deutschen Mission Preußens das Ärgste für ihre eigenen Interessen zu befürchten. Preußen wurde so zum Felsen, an dem sich die Fluten der nationalen Revolution brachen; dadurch, daß es weder von der Revolution vernichtet wurde, noch diese Revolution entschlossen anführte, wurde Preußen zum Garanten des vorrevolutionären Status quo in Deutschland.

In Berlin aber sah man die Dinge zunächst noch in einem ganz anderen Licht. Nichts schien vertan und alles noch möglich zu sein. Am Morgen des 21. März 1848 erging die berühmte Proklamation Friedrich Wilhelms IV. *An Mein Volk und an die deutsche Nation,* in der es unter anderem hieß: »Deutschland ist von innerer Gährung ergriffen und kann durch äußere Gewalt von mehr als einer Seite bedroht werden. Rettung aus dieser doppelten, dringenden Gefahr kann nur aus der innigsten Vereinigung der deutschen Fürsten und Völker unter einer Leitung hervorgehen. Ich übernehme diese Leitung für die Tage der Gefahr. Mein Volk, das die Gefahr nicht scheut, wird mich nicht verlassen, und Deutschland wird sich mir mit Vertrauen anschließen. Ich habe heute die alten deutschen Farben angenommen und mich und mein Volk unter das ehrwürdige Banner des Deutschen Reiches gestellt. Preußen geht fortan in Deutschland auf.«[23]

Eine solche Rede war eine Frechheit. Der Mann, der aufs Ärgste gedemütigt worden war, beanspruchte nun die Führung in Deutschland. Der Württemberger Fallati sprach in einem Brief an den rheinischen Liberalen Mevissen von »Harlekinaden auf blutgetränktem Boden«.[24] Für viele war damit nicht nur die preußische Krone diskreditiert, sondern das monarchische Prinzip überhaupt. In den süddeutschen Staaten erhielten die »Radikalen«, die sich immer unverhohlener zur Republik bekannten, nach dem Berliner Märzaufruhr erheblichen Zulauf, während sich die »Gemäßigten«, die sich schon am Ziel ihrer konstitutionellen Wünsche wähnten, ein Scheitern ihrer Politik eingestehen mußten. Die Kämpfe auf den Barrikaden in Berlin beschleunigten die Polarisierung der revolutionären Bewegung. Der russische Gesandte in Berlin, Peter von Meyendorff, ein ebenso gescheiter wie zynischer Beobachter der deutschen Revolution, bemerkte bereits in einem Schreiben vom 27. März 1848 an den russischen Kanzler Nesselrode, mit dem Sieg von Bürgertum und Arbeitern über die Regierung sei der erste Akt der sozialen Revolution beendet. Der zweite beginne nun, indem der Bourgeois sein Eigentum, städtische und öffentliche Sicherheit in der Krone verteidigen werde, während das Proletariat radikaleren Zielen wie Lohnerhöhung, Angriffe auf das Eigentum, dem allgemeinen Stimmrecht und der Republik zusteuere. Auf die Dauer würden deshalb in dieser Auseinandersetzung die besitzenden und ordnungsliebenden Klassen den Sieg davontragen und damit die Revolution beenden.[25]

Diese Spaltung der oppositionellen Bewegungskräfte ist der Grund für das Scheitern der Revolution in den Märztagen 1848, in denen das monarchische Prinzip sich wie nie zuvor lächerlich gemacht und entlarvt hatte. Die Throne wären zu stürzen gewesen. Aber allenthalben breitete sich Angst vor den Konsequenzen aus. Die Radikalen waren insgesamt zu schwach, und auf ihre Gefolgschaft wirkte außerdem noch der paternalistische Zauber eines idealen Königtums. Und die »Gemäßigten« hielten still, nicht aus Ehrfurcht vor der Würde monarchischer Autorität, sondern weil sie in jenen Abgrund blickten, der sich vor ihnen in den tumultuösen Märztagen geöffnet hatte. In seinen *Lebenserinnerungen des Alten Mannes* schrieb Wilhelm von Kügelgen unter dem Datum des 18. März 1848: »Ob nun noch etwas zu retten ist? Ich weiß es nicht. Das Mißtrauen ist so groß, daß man keinem Versprechen mehr traut, wenn es nicht augenblicklich erfüllt wird. Es sind so viele Konzessionen gemacht worden, die gar nicht gehalten werden können. Ei, so wollte ich doch lieber den Tod gefunden haben an den Stufen meines Thrones, als mir ein Versprechen abnötigen zu lassen, das ich nicht halten kann! Doch bleibt nichts anderes übrig: Jeder gescheute und brave Mensch muß sich jetzt eng den Regierungen anschließen und die Autoritäten im Lande stützen, soviel als möglich, damit wir keiner Pöbelherrschaft und Barberei anheimfallen.«[26]

So oder ähnlich dachten die meisten »Gemäßigten«. Ihr Streben war, das Erreichte zu sichern. Und die Zugeständnisse, die unter dem Druck der Straße der Krone abgerungen worden waren, konnten gewiß nicht gering veranschlagt werden. Preußen beispielsweise war mit dem 19. März 1848 keine absolute Monarchie mehr. Der österreichische Gesandte in Berlin faßte das Ereignis in die Worte: »Preußen hört auf, der Staat Friedrichs II. zu sein.«[27] Der Vereinigte Landtag billigte in seiner ersten Sitzung am 2. April 1848 fast einstimmig eine Adresse, in der dem Ministerium das Vertrauen des Landes und dem König der Dank für die in seiner Proklamation vom 22. März 1848 gegebenen Zusicherungen ausgesprochen wurde, der künftigen Repräsentation des Volkes ein sieben Punkte umfassendes Verfassungsprogramm vorlegen zu lassen.[28]

Diese Dankadresse des preußischen Vereinigten Landtags ist ein Dokument der Anpassung und der Ergebenheit. Die Konservativen hatten resigniert. Die »Gemäßigten« wollten nicht mehr und wollten es vor allem auch nicht auf andere Weise erreichen als durch die gnädige Gewährung der Krone. Lediglich zwei Abgeordnete des Vereinigten Landtags sprachen sich gegen die Annahme dieser Dankadresse aus. Einer von ihnen war ein gewisser Otto von Bismarck: »Die Vergangenheit ist begraben, und ich bedaure es schmerzlicher als Viele von Ihnen, daß keine menschliche Macht im Stande ist, sie wieder zu erwecken, nachdem die Krone selbst die Erde auf ihren Sarg geworfen hat. Aber wenn ich dies, durch die Gewalt der Umstände erzwungen, akzeptiere, so kann ich doch nicht aus meiner Wirksamkeit auf dem Vereinigten Landtage mit der Lüge scheiden, daß ich für das danken und mich freuen soll über das, was ich mindestens für einen irrtümlichen Weg halten muß. Wenn es wirklich gelingt, auf dem neuen Wege, der jetzt eingeschlagen ist, ein einiges deutsches Vaterland, einen glücklichen oder auch nur gesetzmäßig geordneten Zustand zu erlangen, dann wird der Augenblick gekommen sein, wo ich dem Urheber der neuen Ordnung der Dinge meinen Dank aussprechen kann; jetzt aber ist es mir nicht möglich!«[29]

Allein, Bismarck irrte sich wie viele in diesen Tagen. Nicht die alten Mächte und schon gar nicht Preußen hatten sich in ihr Grab gelegt. Der Tumult auf den Straßen hatte sie lediglich betäubt. Als man langsam aus diesem Schwächeanfall erwachte, suchte man erst zu kalmieren, bis man wieder völlig bei Kräften war. Friedrich Wilhelm IV. ernannte nach den »tollen Märztagen« eine neue Regierung, an deren Spitze die beiden wichtigsten Männer der bisherigen »gemäßigten« Opposition traten: die beiden rheinischen Liberalen Ludolf Camphausen und David Hansemann. Das war ein geschickter Schachzug; denn diese beiden gemäßigten Männer fürchteten ebenso wie die Krone eine Fortsetzung, eine Radikalisierung der Revolution. Außerdem bedingte dieser plötzliche Wechsel von der Opposition in die Regierung eine Veränderung des Blickwinkels, eine gewandelte Auffassung davon, wie das evolutionäre Programm zu verwirklichen sei. Die politische und rechtliche Kontinuität galt es zuvörderst zu bewahren; die bürgerliche Sicherheit durfte durch nichts gefährdet werden. Reformen, um die Revolution zu vermeiden, das war nun mehr denn je das Programm der »Gemäßigten«. Die Liberalen waren Ehrenmänner. Sie hatten die unmißverständlichen Signale des Zeitgeistes gehört. Nun war es die Pflicht aller Einsichtigen, danach zu handeln.

Jener zweite Vereinigte Landtag, den die Regierung Camphausen/

Hansemann für den 2. April 1848 nach Berlin einberufen hatte, mußte vor allem ein Wahlgesetz für die vom König versprochene preußische Nationalversammlung beraten und beschließen, die dem Land eine Konstitution geben sollte. Man mag dies für unerheblich erachten, aber es hat im Zusammenhang des Ganzen doch eine eigentümliche Bedeutung. Denn dadurch, daß Friedrich Wilhelm IV. nicht einfach ein Wahlgesetz für die preußische Nationalversammlung aus eigener Machtvollkommenheit oktroyierte, sondern die Beratung und die Beschlußfassung eines solchen Gesetzes dem eigens dazu einberufenen Vereinigten Landtag anvertraute, wahrte er nicht nur die Legalität und die staatsrechtliche Kontinuität, sondern distanzierte sich damit auch gleichzeitig deutlich von der Revolution.[30]

Das war ganz im Sinne der »Gemäßigten«, die meinten, durch Vereinbarungen rasch ans Ziel ihrer nationalen Wünsche zu kommen. Eben diese Vorstellung, daß mit Entschlossenheit angegangene Verhandlungen mit den einzelnen deutschen Fürsten den Königsweg zur deutschen Einheit in Freiheit unter den obwaltenden Umständen eröffneten, stand auch hinter der Mission, die Max von Gagern in den letzten Märztagen des Jahres 1848 an die wichtigsten deutschen Höfe führte. Sein Auftrag lautete, die deutschen Fürsten dazu zu bewegen, sich freiwillig der Führung Preußens unterzuordnen, um so von sich aus einen entscheidenden Schritt hin auf die Vollendung der nationalen Einheit zu tun. Der Gedanke war bestechend und nach allem, was geschehen war, auch durchaus realistisch und erfolgverheißend. Der Revolution wäre so, was vor allem auch im Interesse der Fürsten lag, die populäre nationale Spitze genommen worden. Das Einigungswerk hätte auf legalem, konstitutionellem und vertraglichem Wege eingeleitet werden können. Am 23. März 1848, nur zwei Tage nach Veröffentlichung jenes gleisnerischen Aufrufs Friedrich Wilhelms IV. an *Die deutsche Nation*, hatte Max von Gagern eine Audienz am Berliner Hof. Gagern reiste im Auftrage einiger deutscher Fürsten, die bereit und entschlossen waren, dem preußischen König die Oberleitung in Deutschland anzubieten. Diese Mission wurde ausdrücklich von den beiden wichtigen süddeutschen Höfen in Karlsruhe und Stuttgart unterstützt; auch in München schien man diese Initiative zu begrüßen.

Der Zeitpunkt für Gagerns Unternehmung, so mochte es scheinen, hätte nicht günstiger gewählt sein können. Friedrich Wilhelm IV. bot sich nun die Chance, den Spott und die Schmach, die er sich durch sein Verhalten in den letzten Tagen aufgeladen hatte, mit einem Male vergessen zu machen, indem er den volltönenden Worten seines Aufrufs die Tat folgen ließ und die Initiative, die Max von Gagern zu ihm führte, an sich riß und sie zu seiner eigenen machte. Niemand hätte sich in Deutschland einer solchen Aktion widersetzt. Österreich war in revolutionärer Auflösung begriffen und weitgehend handlungsunfähig. Kein deutscher Fürst hätte den Mut und die Kraft besessen, seine Souveränität gegen die Woge nationaler Begeisterung zu behaupten, die ein entschlossenes Eingehen des preußischen Königs auf den Vorschlag Max von Gagerns unweigerlich ausgelöst hätte. Alle politischen Gegensätze zwischen »Radikalen« und »Gemäßigten« sowie zwischen diesen und den besonders in Preußen noch virulenten altständischen Sonderinteressen wären ebenfalls von dieser nationalen Woge weggespült worden. Die Liberalen und Konservativen hätten Friedrich Wilhelm IV. als dem Bändiger und Bezwinger der Revolution zugejubelt. Den Republikanern und Demokraten wäre er wenigstens als der Vollender des nationalen Programmteils der Revolution erschienen. Aber was gab Friedrich Wilhelm IV. in dieser einmaligen Situation Max von Gagern zur Antwort? »Nie ist mir«, so sagte er am 22. März zu Gagern, »nie ist mir in den Sinn gekommen, einen meiner Mitfürsten zu berauben, in einem seiner Rechte kränken zu wollen; ich strebe nach keiner Krone, der goldene Reif soll nie meine Stirne schmücken; wird, soll die Krone, Deutschlands Krone, erstehen, so muß sie Österreichs Herrscher zieren, und mit Freuden will ich das silberne Waschbecken dem Kaiser bei seiner Krönung halten.«[31]

Nichts, keine Rede mehr davon, daß Preußen und sein Herrscher an die »Spitze des Gesamtvaterlandes« treten werde. Alles, was er zwei Tage zuvor feierlich gelobt hatte, sei im Grunde nicht gesagt, sei so nicht gemeint gewesen – das ist der tiefere Sinn dieser Antwort, nach der der preußische König in dieser einmaligen Situation nichts anderes erstrebe, als dem deutschen Kaiser bei dessen Krönung das silberne Waschbecken zu halten …

Friedrich Wilhelm IV., der in seinen Entschlüssen häufig sehr zögerlich oder sprunghaft war, blieb sich jedoch treu in seiner Zweideutigkeit und Unzuverlässigkeit. In seinem Ekel vor der Revolution ließ er sich nie beirren. Zu sehr war er noch in der engen Gedankenwelt des fürstlichen Legitimismus befangen, als daß er die große Chance erkannt und ergriffen hätte, die sich ihm damals bot. Aber die »Gemäßigten« mußten weiter auf den preußischen König setzen, da sie nur zu genau wußten, daß der Schlüssel für den Erfolg ihres *evolutionären* politischen Programms in Berlin lag. Der Wille der Nation sollte den Widerstand des preußischen Königs brechen. Der Nation konnte sich auch ein preußischer König nicht versagen. Also war es an Deutschland, sich zu äußern.

Die Revolution wurde nun im Saal fortgesetzt. Aber jene, die dies besorgten, unterschieden sich in ihren politischen Zielen wie in ihrer sozialen Herkunft erheblich von denen, die noch auf den Barrikaden gekämpft hatten. Im Saal saßen fast ausschließlich Vertreter der »politischen Klasse«. Mit dem Zusammenbrechen der sozialen Revolution ging die weitere Initiative ganz an die Kräfte der politischen Revolution über, die sich ihrerseits sehr bald spalten sollten. Denn die liberale »politische Klasse«, deren revolutionäres Ziel die politische Einigung Deutschlands auf rechtsstaatlicher Grundlage war, und der bürgerliche Mittelstand, dessen konservative Revolution die Beibehaltung des ständischen Partikularismus auf ihre Fahnen geschrieben hatte, mußten über kurz oder lang den unüberwindlichen Gegensatz ihrer Ziele erkennen, der seit den Anfängen der von der napoleonischen Herrschaft erzwungenen Reformen vorhanden war. Damals aber wurden die unterschiedlichen Positionen verschleiert, indem die biedermeierlichen Regierungen an ihrer in sich widersprüchlichen politischen Strategie einer liberalen Wirtschafts- und Sozialpolitik, kombiniert mit einer autoritären und immer reaktionärer werdenden Verfassungspolitik, festhielten und damit die Konfusion und Krise der biedermeierlichen Gesellschaft vertieften.

»Politische Klasse«, mittelständische und kleinbürgerliche Interessen fanden in ihrer Klage an den bestehenden Verhältnissen sogar zueinander, ohne sich, solange die biedermeierlichen Regime die Macht behaupteten, darüber im klaren zu sein, daß jeder von ihnen das jeweils andere Gesicht dieser janusköpfigen Regime meinte: Die »politische Klasse« opponierte gegen die politische Reaktion, der sich diese Regime mehr und mehr verschrieben, ein Umstand, der auch viele Beamte gegen sie aufbrachte. Die Kritik des Mittelstands dagegen konzentrierte sich ausschließlich auf die liberale Wirtschafts- und Sozialpolitik der Regierungen, die von der »politischen Klasse« befürwortet wurde, in der das gewerbetreibende Bürgertum aber alle Ursachen der es bedrohenden sozialen und wirtschaftlichen Misere zu erkennen glaubte.[32]

Im Verlauf des revolutionären Geschehens der Jahre 1848/1849 ist dieser grundsätzliche und unversöhnliche Gegensatz zwischen »politischer Klasse« und gewerblichem Mittelstand nur bei einigen wenigen Gelegenheiten in seiner ganzen Schärfe und Tragweite in Erscheinung getreten. Die Gründe dafür sind relativ einfach. Es brauchte eine gewisse Zeit, bis sich beide des Umstandes völlig bewußt wurden, daß ihre Interessen in völlig gegensätzliche Richtungen führten. Zunächst indes überwogen die Gemeinsamkeiten, auch wenn diese nur scheinbar waren und in Wirklichkeit aus Mißverständnissen resultierten. Aber das zeigte sich eben erst später. Beiden war vor allem daran gelegen, die soziale Revolution zu vereiteln: Der »politischen Klasse«, weil sie in der sozialen Revolution eine Gefährdung des Erfolgs ihrer politischen Reform erkannte, dem Mittelstand, weil dieselbe soziale Revolution seine ängstlich gehüteten sozialen Besitzstände, sein städtisches Sondertum bedrohte.

Eine weitere wichtige »Gemeinsamkeit«, welche die Gegensätze von »politischer Klasse« und Mittelstand verwischte, war das Thema, das fast ausschließlich die Wahlen zum deutschen Nationalparlament im April und Mai beherrschte: die deutsche Einheit. Für diese politische Einheit der Deutschen traten zunächst alle Gruppierungen und Richtungen ein, sofern, aber dies zeigte sich erst im weiteren Verlauf der Revolution, das Konzept dieser angestrebten deutschen Einheit mit ihren jeweiligen ideologischen und konstitutionellen Forderungen übereinstimmte. Tat es das nicht, opponierten dieselben Gruppen heftig gegen die deutsche Einheit.[33] Das städtische Bürgertum, der Mittelstand, war beim Ausbruch der Revolution im März 1848 durchaus national gesinnt.[34] Denn der Mittelstand hielt sich selbst für die »Nation«, für das »Volk«, das sehr wohl wußte, was es wollte, welches seine Interessen waren, und das mit dieser Überzeugung den bestehenden Staaten und Regierungen kritisch gegenüberstand, weil deren politische Willkür den wahren Interessen des »wirklichen Volks« hohnsprach. Wilhelm Heinrich Riehl, der Kronzeuge dieses »Volks«, hat es gegen den Vorwurf der »politischen Klasse«, es sei ein »unpolitisches Volk« und trage deshalb die Schuld am Scheitern der Revolution, in Schutz genommen: »Die Deutschen sind kein unpolitisches Volk; sie sind ein entschieden und fast ausschließlich sozial-politisches. Der alten Schule, die bloß von den Verfassungsfragen einerseits, andererseits von der Conjecturalpolitik zehrt, will das freilich nicht in den Kopf ... Man belausche aber das deutsche Volk bis zum bildungslosesten gemeinen Mann abwärts, und man wird finden, daß Kleinbürger, Bauern und Tagelöhner in den Fragen der materiellen Interessen, des Gewerbelebens, der Gesellschaftsgliederung durchschnittlich ein gesundes Urteil, ja sogar einen vorweg festgeprägten Parteistandpunkt haben. Die Naturgeschichte des Volkes fassen sie mit instinktivem Verständnis vortrefflich auf. Sozialpolitische Parteien gibt es im deutschen Volke sehr entschiedene nach rechts und links, nicht künstlich eingeimpfte, sondern naturwüchsige. Das rein politische Parteiwesen ist dagegen noch niemals bei unserm gemeinen Mann angeschlagen ...« Wer sich davon überzeugen wolle, daß der Deutsche ein geborener Sozialpolitiker sei, so Riehl weiter, der könne dies in jeder Stadtschenke und Dorfkneipe tun. »Dort kannegießern die Leute bloß, sofern es sich um ein streng politisches Thema handelt, dagegen über die sozialen Gebrechen, Bedürfnisse und Forderungen ihres

Standes und Gewerbes, über die großen Tagesfragen der Arbeit, des Corporationswesens, der Gemeindeverfassung, der Familienzucht, der Sitte im öffentlichen Leben, über die naturgeschichtlichen Eigentümlichkeiten der sie umgebenden Volksgruppen sprechen solche deutschen Naturalisten der Sozial-Politik nicht selten wie ein Buch, oder vielmehr gescheiter wie ein Buch.«[35]

Das städtische Bürgertum trat unter der stillschweigenden Voraussetzung für die nationale Sache ein, daß der nationale Staat ihm die Gewähr dafür bot, daß mit ihm all jene einzelstaatlichen Gewalten, unter deren Willkür es zu leiden hatte, beseitigt wurden, und daß die konstitutionelle Gestaltung dieses nationalen Staates ganz selbstverständlich nach seinen Ideen und seinem Bilde erfolgte. Wilhelm Heinrich Riehl hat diese Vorstellungen in programmatischer Kürze formuliert: »Der Staatsmann soll alles anregen und fördern, was den Bürger dazu bringen kann, sich wieder stolz und behaglich in den Grenzen seiner gesellschaftlichen Stellung zu fühlen. Obenan steht hier ein möglichst reiches Maß sozialen Selfgovernments.«[36] Eben das war der springende Punkt: Das Bürgertum trat nur insofern für die Sache des nationalen Staates ein, als ihm dieser eine »individuellere Gestaltung« (Wilhelm Heinrich Riehl) der Gesellschaft in Aussicht stellte. Dies aber hieß nichts anderes als Erhaltung eben jener Vielfalt des städtischen Sondertums, die schon die liberale Wirtschafts- und Sozialpolitik der biedermeierlichen Regime blockiert hatte.

Das städtische Bürgertum setzte aber noch in einem anderen Punkt Hoffnung auf die politische Revolution: Sie sollte die mannigfachen Gefahren abwehren, welche die soziale Bewegung mit sich gebracht hatte. Denn insbesondere die Gesellen, denen der soziale Aufstieg zu zünftiger Meisterschaft versagt blieb, begannen, sich im Frühjahr 1848 teilweise unter dem Einfluß sozialistischer oder kommunistischer Agitatoren zu organisieren. Zwar schlugen erste Versuche, Arbeiterassoziationen auf nationaler Ebene zu gründen, zunächst noch fehl. Auch eine erste nationale Streikbewegung der Drucker scheiterte;[37] aber all dies genügte schon, um die diffuse Angst vor dem »Pöbel« zu potenzieren. Hinter der eher »gemütlichen« lokal oder regional begrenzten sozialen Revolution tauchte plötzlich das »Gespenst« einer nationalen und proletarischen Revolution auf. Die »politische Klasse« hingegen hielt die Zeit für gekommen, ihr Programm durchsetzen zu können; politische und soziale Reform sollten zusammen verwirklicht werden. Daß beide untrennbar miteinander verknüpft waren, hatte sie die aus der Aporie des biedermeierlichen Staates gewonnene Erfahrung gelehrt.

9. KAPITEL

Die politische Reform der Paulskirche

In den Märztagen des Jahres 1848 erreichte die Ratlosigkeit der Regierungen ihren Höhepunkt. Am 29. März faßte der Bundestag einen Beschluß, mit dem er die ganze Hinfälligkeit der alten Ordnung offen eingestand: Die deutschen Regierungen wurden aufgefordert, eine deutsche Nationalversammlung wählen zu lassen, deren Aufgabe es sein sollte, einem politisch geeinten Deutschland eine neue Verfassung zu geben. Dies war ein Appell an den politischen Sachverstand der Nation, einen Ausweg aus jener tiefen Krise zu finden, an der die biedermeierliche Welt zugrunde gegangen war. Denn die soziale Frage hatte allenthalben Probleme aufgeworfen, deren die einzelnen Regierungen nicht mehr mit den traditionellen polizeistaatlichen Methoden Herr werden konnten. Und mehr noch: Durch die soziale Bewegung wurde auch die nationale Frage gestellt. Die Aufgabe der verfassunggebenden Nationalversammlung war es also, das Programm einer politischen Reform auszuarbeiten, das einerseits das »Gespenst« der proletarischen Revolution bannen sollte, das heißt eine umfassende, sprich nationale Lösung der sozialen Frage beinhalten mußte und das andererseits auch eine Antwort im weitesten Sinne auf die deutsche Frage zu geben hatte.

Die Wahlen zur Frankfurter Nationalversammlung fanden in den einzelnen, dem Deutschen Bund angehörenden Staaten von etwa Mitte April bis Mitte Mai 1848 statt. Das ebenfalls in Frankfurt tagende Vorparlament hatte für die Abhaltung dieser Wahlen eine Reihe von Empfehlungen ausgesprochen, die durch einen Beschluß des noch amtierenden Bundestages vom 7. April 1848 zum verbindlichen Wahlgesetz gemacht wurden. Dieser Bundesbeschluß sah pro Land für je 50 000 Einwohner einen Abgeordneten vor. Kleinere Länder mit weniger Einwohnern sollten ebenfalls einen Abgeordneten entsenden dürfen. Die Wahlen erfolgten nach den Grundsätzen der Allgemeinheit und der Gleichheit. Voraussetzung für die Ausübung des aktiven wie passiven Wahlrechts, das allerdings nur für Männer galt, waren Volljährigkeit und Selbständigkeit. Was indes unter dem Begriff der Selbständigkeit zu verstehen war, blieb der einzelstaatlichen Definition überlassen. Dies führte zu erheblichen Abweichungen. Während beispielsweise in

Preußen, Hessen-Darmstadt, Nassau, Braunschweig und Schleswig-Holstein nur diejenigen als unselbständig eingestuft wurden, die Armenunterstützung aus öffentlichen Kassen bezogen, galten beispielsweise in Sachsen und einer Reihe anderer deutscher Staaten alle als unselbständig, die abhängig beschäftigt waren und Wohnung und Kost vom Dienstherrn erhielten. In Österreich, Württemberg, Hannover und Kurhessen waren prinzipiell alle Tagelöhner, Dienstboten und Handwerksgesellen von der Wahl ausgeschlossen. In Bayern wurde das aktive wie passive Wahlrecht sogar nur auf jene beschränkt, die eine direkte Staatssteuer entrichteten.

In den meisten deutschen Staaten waren also gerade die Schichten von den Wahlen zur deutschen Nationalversammlung ausgeschlossen, die mit der sozialen Revolution sympathisiert oder aktiv an ihr teilgenommen hatten. Der Umstand, daß in der Paulskirche die gemäßigten und konservativen Kräfte über eine solide Mehrheit verfügten, während die zum gleichen Zeitpunkt gewählte preußische Nationalversammlung einen wesentlich radikaleren Charakter aufwies, erklärt sich zumindest zu einem Teil aus diesem unterschiedlichen Wahlverfahren. Tatsächlich aber können bei dem geringen Grad der Politisierung des Volkes und der noch völlig unentwickelten politisch-ideologischen Differenzierung zwischen den einzelnen »Parteirichtungen« die Wahlergebnisse nur sehr bedingt mit den unterschiedlichen Wahlverfahren korreliert werden. Eine Fülle anderer Faktoren spielte für das Wahlergebnis eine Rolle. In Gebieten beispielsweise, in denen die sozialen Mißstände besonders kraß waren wie in Schlesien oder in der preußischen Provinz Sachsen, wo sich die soziale Frage also mit besonderer Dringlichkeit stellte, oder in Regionen, die wie die Pfalz und Baden auf eine gewisse »radikale Tradition« zurückblicken konnten, war die Politisierung der Wählerschaft weiter fortgeschritten als in anderen Teilen Deutschlands. In Schlesien, in der Pfalz und in Baden sowie in den größeren Städten wurden auch eher Radikale zu Abgeordneten gewählt als auf dem flachen Land, wo sich die Bevölkerung überwiegend für konservative Kandidaten entschied. Andererseits aber war die Spaltung in Radikale und Gemäßigte oder Konservative bei den Wahlen zur Nationalversammlung nur von relativ geringer Bedeutung, da sich diese Polarisierung mit der Ausnahme Badens und einiger größerer Städte erst im Laufe des Sommers 1848 ausbildete.

Bei den Wahlen selbst überwogen noch bei weitem die Erfahrungen und das Erlebnis der gemeinsamen Opposition gegen die herrschenden absolutistischen Regime. Die Folge davon war, daß die politisch-programmatischen Aussagen vage blieben. Jeder, der sich gegen den herrschenden Absolutismus erklärte – und wer tat dies nicht während des

Vormärz? –, bezeichnete sich als »Demokrat«, ohne diesen Begriff präzisieren zu können. »Demokrat« sein hieß, in Opposition zu stehen. Für die meisten der »Liberalen« des Vormärz bestand der Zweck der Wahlen deshalb auch gar nicht darin, politische Programme auszuarbeiten oder taktische und strategische Alternativen zu erörtern; ihre Hauptsorge war vielmehr, »gebildete Männer« zu nominieren, die den Willen und die Weisheit hatten, eine neue politische Ordnung zu entwickeln.[1] Und in der Tat: Die Männer, die von ihren Wählern in die deutsche Nationalversammlung entsandt wurden, erfüllten alle Voraussetzungen, welche die Bewältigung einer solchen Aufgabe an sie stellte.

Die Paulskirchenversammlung war ein Parlament der »Gebildeten«. Von den rund 812 Abgeordneten und ihren Stellvertretern lassen sich die Berufe von rund 768 zweifelsfrei feststellen. In absoluten Zahlen ausgedrückt: »Intellektuelle« und Angehörige freier, akademischer Berufe: 357, Beamte und Militärs: 312, wirtschaftlich Tätige: 99.[2] Mit anderen Worten: Vertreter des »tertiären Sektors« überwogen bei weitem Vertreter des »primären« oder »sekundären Sektors«, während die Verhältnisse in der gesellschaftlichen Wirklichkeit sich zu dieser Repräsentation des »Volkes« genau umgekehrt proportional verhielten. Die Masse der arbeitenden Bevölkerung Deutschlands (über siebzig von hundert) war um 1848 noch in der Landwirtschaft (primärer Sektor) tätig. Ein wesentlich geringerer Teil (etwa sechzehn von hundert) verdiente sich seinen Lebensunterhalt im Handwerk, in der Industrie oder im Kleinhandel (sekundärer Sektor), während höchstens drei von hundert im weitesten Sinne im Dienstleistungssektor (tertiärer Sektor) beschäftigt waren.

Differenziert man die Mitglieder des Paulskirchenparlaments nach den Kriterien ständischer Gliederung, dann dominieren die Angehörigen des »allgemeinen Standes«, wie ihn Hegel definierte: Staatsbeamte, »Intellektuelle«, akademische Freiberufler (Anwälte, Journalisten, Ärzte usw.), Industrielle und Großkaufleute stellten in der Paulskirche 679 der rund 812 Abgeordneten! Zu jenen 679 Abgeordneten muß man noch die 18 Offiziere unter den Paulskirchenabgeordneten hinzurechnen, denn auch diese müssen als Staatsbeamte angesehen werden. Ebenso verhält es sich mit den 46 Landwirten, die ausnahmslos Großagrarier, das heißt also landwirtschaftlich tätige Unternehmer waren. Dies ergibt dann eine Zahl von nicht weniger als 743 Abgeordneten, die als Repräsentanten des »allgemeinen Standes« gelten können, zu denen lediglich 21 Bürgermeister und vier Handwerker kamen. Bauern waren nicht vertreten. Das gewerbliche und städtische Kleinbürgertum war mithin völlig unterrepräsentiert, während eben jene Schicht, die, wie der preußische Staatsrat Theodor von Hippel schon 1808 bemerkt hatte, »eine Veränderung der Staatsorganisation« wünscht,[3] in der Paulskirche die Mehrheit bildete. Unbeschadet der sehr unterschiedlichen Wahlrechtsbestimmungen in den einzelnen deutschen Staaten waren von den Wählern also fast ausschließlich »gebildete Männer« entsandt worden, denen man offensichtlich die Fähigkeit zutraute, eine neue, nationalstaatliche Ordnung zu entwickeln.

Die Dominanz von Angehörigen einer Schicht, die in der sozialen und politischen »Verfassung« Deutschlands einen ganz bestimmten Ausschnitt und nicht einfach den bürgerlichen »Mittelstand« oder gar das »Großbürgertum« repräsentierten,[4] ist für die Arbeit der Paulskirche wesentlich aufschlußreicher als deren politische Differenzierung. Die Aufmerksamkeit, welche die Forschung gerade den sich erst herausbildenden politischen Fraktionen und Richtungen innerhalb der Paulskirche zuwandte, ein Interesse, das erst spätere Stadien des parlamentarischen Lebens in Deutschland rechtfertigen, hat sie den gewichtigsten Umstand, daß in der Paulskirche Vertreter einer sehr homogenen politischen (und eben nicht ökonomisch) definierten Klasse den Ton angaben, weitgehend geringachten lassen.[5] Dieses Übergewicht wirkte sich unmittelbar auf die eigentliche Aufgabe der Volksvertreter aus, auf die Formulierung einer nationalen Verfassungsordnung für Deutschland.

Das Selbstbewußtsein und die Einsicht in die Selbstverständlichkeit historischen Fortschritts, zwei Qualitäten, die sich die Angehörigen dieser »politischen Klasse« in zwei Generationen der Auseinandersetzung mit ständischen Geltungsansprüchen erworben hatten,[6] schlugen sich in der von ihnen geleisteten Verfassungsarbeit nieder. Ein für diese Haltung bezeichnendes Zeugnis ist in einem Brief zu finden, den der Historiker Johann Gustav Droysen, der Mitglied des dreißigköpfigen Verfassungsausschusses der Paulskirche war, Anfang Juni 1848 schrieb: »In Summa nur eine schnelle und kühne Zentralorganisation, und wir können zwar momentan Prügel bekommen, werden aber aus der Schweinerei einiger, freier, mächtiger hervorgehen, als Deutschland seit den Bauernkriegen je gewesen. Denn deren ungelöste Aufgabe müssen wir endlich lösen. In diesem Sinne gehen unsere ›Grundrechte des deutschen Volkes‹ als erster Teil der künftigen Verfassung sofort nach Pfingsten in die Versammlung.«[7]

In der dreißigsten Sitzung des Paulskirchenparlaments am Montag, dem 3. Juli 1848, legte der Verfassungsausschuß seinen Entwurf der »Grundrechte des deutschen Volkes« vor. Der Berichterstatter dieses Ausschusses, Georg Beseler, begründete die dem übrigen Verfassungswerk vorgezogene Einbringung des Grundrechtentwurfs damit, »daß bei der großen sozialen Bewegung, die ganz Deutschland ergriffen hat, von hier aus ein Wort darüber gesprochen werde, wo wir die Grenze finden, über welche diese Bewegung nicht hinausgeführt werden soll«.[8]

Der Entwurf der »Grundrechte des deutschen Volkes«, mit denen der programmatische Rahmen der noch in ihren Einzelheiten zu leistenden weiteren Verfassungsgesetzgebung abgesteckt wurde, hatte insgesamt 48 Paragraphen, die in 12 Artikel gegliedert waren. Neben den klassischen Freiheitsrechten der Freizügigkeit, Rede-, Presse-, Versammlungs-, Glaubens- und Gewissensfreiheit sowie der Erziehungs- und Unterrichtsfreiheit statuierten die Grundrechte die gesetzliche Gleichheit aller Bürger, die Unabhängigkeit der Justiz und die Unverletzlichkeit des Eigentums. Ferner sahen sie die Öffentlichkeit der Gerichtsverfahren, die Abschaffung noch bestehender feudaler Lasten, einen Schutz der nationalen Minderheiten in Deutschland ebenso wie für im Ausland lebende Deutsche vor. Außerdem sollte jedes deutsche Land Anspruch auf eine konstitutionelle Vertretung haben.[9] In der Debatte des Grundrechteentwurfs, die sich mit Unterbrechungen bis in den Dezember 1848 hinzog, waren vor allem drei Komplexe Gegenstand ausführlicher Erörterung: Die Paragraphen 1, 2 und 3 des Grundrechteentwurfs, die das Staatsbürgerrecht und das Recht auf Freizügigkeit aller Deutschen betrafen, der Paragraph 6, der vorsah, daß alle Standesprivilegien abgeschafft werden sollten, und die Paragraphen 11 bis 16 des Artikels III, die das Verhältnis von Staat und Kirche regelten.[10] Von besonderem Interesse sind vor allem die Paragraphen 1, 2 und 3 dieses Grundrechteentwurfs, insofern sie vor allem die Antworten der »politischen Klasse« auf die von der sozialen Revolution aufgeworfene Frage enthalten. Der Inhalt dieser drei Paragraphen lautete:

»§ 1 Jeder Deutsche hat das allgemeine deutsche Staatsbürgerrecht. Die ihm kraft dessen zustehenden Rechte kann er in jedem deutschen Lande ausüben. – Das Recht, zur deutschen Reichsversammlung zu wählen, übt er da, wo er zur Zeit seinen Wohnsitz hat.

§ 2 Jeder Deutsche darf an jedem Orte eines deutschen Staates Aufenthalt nehmen, sich niederlassen, Grundeigentum erwerben, Kunst und Gewerbe treiben, das Gemeindebürgerrecht gewinnen – vorerst unter denselben Bedingungen, wie die Angehörigen des betreffenden Staates, bis ein Reichsgesetz die zwischen den Gesetzen der einzelnen Staaten noch obwaltenden Verschiedenheiten völlig ausgleicht.

§ 3 Die Aufnahme in das Staatsbürgertum eines deutschen Staates darf keinem unbescholtenen Deutschen verweigert werden.«

Der Verfassungsausschuß, dem mit Robert Blum, Johann Gustav Droysen, Paul Pfizer, Robert von Mohl, Friedrich Dahlmann, Friedrich Römer, Georg Waitz und Friedrich Bassermann, um nur diese zu nennen, die einflußreichsten Männer der Paulskirchenversammlung angehörten, hatte bei der Ausarbeitung seines Entwurfs der »Grundrechte des deutschen Volkes« eng mit dem nicht minder bedeutende Mitglieder zählenden Volkswirtschaftlichen Ausschuß zusammengearbeitet.[11] Die Mehrheit beider Ausschüsse stimmte grundsätzlich darin überein, daß lediglich eine von jeder zünftigen Reglementierung und Beschränkung befreite Gewerbeordnung einen Ausweg aus jener Krise weisen könne, in die man immer tiefer zu geraten drohte, wenn man trotz des Wandels in der Wirtschaftsstruktur und der rapiden Bevölkerungszunahme an den alten und starren sozialen und rechtlichen Ordnungsvorstellungen festhielt. Jenseits dieses Meinungsgleichklangs ergaben sich aber zwischen den Entwürfen beider Ausschüsse einige Dissonanzen, die durch Minderheitsvoten und durch die Debatte insbesondere des Paragraphen 2 im Plenum der Paulskirche noch stärker herausgearbeitet wurden. Zunächst aber fällt auf, daß der Volkswirtschaftliche Ausschuß in der Frage der Gewerbefreiheit und dem damit unmittelbar zusammenhängenden Recht auf Freizügigkeit einen wesentlich rigideren Standpunkt als der Verfassungsausschuß bezog. In Paragraph 1 des Berichts, den der Volkswirtschaftliche Ausschuß »über die Bestimmungen, welche er aus dem volkswirtschaftlichen Gesichtspunkte in die Grundrechte des deutschen Volkes aufzunehmen beantragt« vorlegte, heißt es: »Jeder deutsche Reichsbürger hat das Recht, an jedem Orte des Reichsgebietes seinen Aufenthalt und Wohnsitz zu nehmen, Liegenschaften jeder Art zu erwerben und jeden Nahrungszweig zu betreiben. Die Bedingungen für den Aufenthalt und Wohnsitz werden durch ein Heimatgesetz, jene für den Gewerbebetrieb durch eine Gewerbeordnung für ganz Deutschland von der Reichsgewalt festgesetzt.«[12]

Beiden Ausschüssen muß bewußt gewesen sein, daß die Forderung nach einem allgemeinen Staatsbürgerrecht und die damit notwendig zusammenhängenden Rechte auf völlige Freizügigkeit und Gewerbefreiheit den politischen und wirtschaftlichen Interessen der Städte und des städtischen Kleinbürgertums diametral entgegengesetzt waren. Denn deren Politik zielte, wie skizziert, ganz auf die Bewahrung ihres sozialen und politischen Sondertums, das durch Gewerbeordnungen, Zunftordnungen, den ungehinderten Bevölkerungszuzug blockierende Bürgerrechtsordnungen und restriktive Heiratsbestimmungen garantiert wurde. Aber lediglich der Verfassungsausschuß gab sowohl durch die Formulierung des entscheidenden Paragraphen 2 wie durch dessen Kommentierung zu erkennen, daß er hier ein Problem sah, das gelöst werden müsse: »Es kommt hier in Betracht, daß nicht allein der Vorteil und die Bequemlichkeit des Einzelnen zu berücksichtigen ist, sondern auch das Recht und das Interesse der Gemeinden, deren selbständige Haltung und Ehrenhaftigkeit zu bewahren und zu heben eine der wichtigsten Aufgaben deutscher Staatskunst ist. Das freie Niederlassungsrecht kann aber nicht füglich eingeräumt werden, bevor die Gesetzgebung allgemeine Regeln darüber aufgestellt hat, in welchen Fällen die Gemeinde befugt ist, den Neuanziehenden zurückzuweisen, wie es ferner mit der Armenlast zu halten und wie das Recht der Gemeinden an ihren Gütern, Nutzungen und Stiftungen zu stehen kommen soll. – All dieses aber mußte einem künftigen Reichsgesetz vorbehalten bleiben; dem nächsten Bedürfnis konnte nur dadurch abgeholfen werden, daß jeder Deutsche in jedem deutschen Staate den Angehörigen desselben rechtlich gleichgestellt werde. Man verhehlte sich nicht, daß dadurch solche Staaten, welche wie z. B. Preußen, sehr liberale Gesetze über das Niederlassungsrecht u.s.w. haben, anderen gegenüber benachteiligt werden; allein zur Anbahnung freierer Zustände ward doch diese Übergangsperiode für unerläßlich gehalten.«[13]

In dieser Passage verrät sich die ganze Verlegenheit darüber, wie denn die Kluft zwischen der reformerischen Absicht und der jeweiligen sozialen und politischen Wirklichkeit, der Gegensatz von allgemeinem Staatsbürgerrecht und dem je besonderen Gemeindebürgerrecht mitsamt den beiden Rechten jeweils immanenten sozialen und rechtlichen Implikationen zu überbrücken sei. Das Versprechen, daß dieser Widerspruch durch ein künftiges Reichsgesetz vermittelt werden würde, konnte die Städte ebensowenig beruhigen wie die Bestimmung des Paragraphen 3, welche die fragwürdige Kategorie der »Unbescholtenheit« zur Voraussetzung dafür erklärte, daß einem Deutschen die Aufnahme in das Staatsbürgertum eines jeden deutschen Staates nicht verweigert werden dürfe. Absicht und Zielrichtung der drei Paragraphen des Entwurfs waren unmißverständlich: Staatsbürgerrecht ging vor (städtisches) Bürgerrecht und nicht umgekehrt. Für die Städte konnte es deshalb auch kein Trost sein, daß ihnen in Artikel IX des Entwurfs der Grundrechte die Selbstverwaltungsrechte in kommunalen Angelegenheiten zugesprochen wurden. Die Paragraphen 1 bis 3 des Grundrechteentwurfs verschafften all jenen »Mächten« ungehinderten Zutritt zu den Städten, gegen die diese immer neue und immer höhere Dämme errichtet hatten: der Masse der Pauperisierten und der wirtschaftlichen Konkurrenz.

Die Tatsache, daß durch die Proklamation des Grundrechts auf völlige Freizügigkeit das Sondertum der Städte hinfällig wurde, bedurfte nach Ansicht des Volkswirtschaftlichen Ausschusses »kaum einer Erläuterung«. In der Begründung zum Paragraphen 1 seines gutachterlichen

Berichts heißt es dazu einfach: »Abgesehen von den vielen politischen Gründen erfordert es [d.h. das Grundrecht der Freizügigkeit] unwiderleglich der notwendige Aufschwung eines wahrhaft nationalen Gewerbefleißes. Ohne dasselbe bleibt die naturgemäße Verbindung zwischen den verschiedenen deutschen Arbeits- und Kapitalkräften und die notwendige Ausgleichung zwischen Arbeitsbedarf und Arbeitsüberfluß gehemmt, ohne dasselbe verkümmern oft in den einzelnen Staaten die besten menschlichen Fähigkeiten, weil sie nicht die geeignete Stelle finden, an der sie ihre ganze Produktivkraft entfalten können, und gerade dem Übel, dessen Heilung die wichtigste Aufgabe der Gegenwart ist, dem Pauperismus, leistet nichts mehr Vorschub als eine engherzige Beschränkung der Freizügigkeit.«[14]

Damit prallten zwei völlig gegensätzliche Strategien aufeinander; denn während die Städte das Gespenst des Pauperismus in Übereinstimmung mit ihren traditionell lokal und ständisch fixierten wirtschaftlichen Interessen durch den weiteren Ausbau ihres Sondertums zu bannen suchten, vertrat die Mehrheit des Volkswirtschaftlichen Ausschusses die Auffassung, daß einzig durch eine Einebnung eben dieses städtischen Sondertums, durch die Herstellung der Freizügigkeit von Kapital und Arbeit, diese »wichtigste Aufgabe der Gegenwart« zu lösen sei. Und diese Lösung lag nach Ansicht des Ausschusses eben darin, statt der je vorhandenen marginalisierten Märkte einen nationalen Wirtschaftsraum zu schaffen. Deshalb, so wurde in der Begründung des Mehrheitsvotums weiter ausgeführt, sollte jedem das Recht eingeräumt werden, überall in Deutschland Gewerbe zu treiben, sobald er die im Reich gültigen Voraussetzungen für das Betreiben eines Gewerbes erfüllte. Damit aber »sind alle dieses Recht verletzenden Zunftprivilegien und Regierungsbefugnisse zur Erteilung von gewerblichen Konzessionen in den einzelnen Staaten aufgehoben«. Dies bedeute aber andererseits nicht, daß eine unbedingte Gewerbefreiheit eintreten solle. »Für das zukünftige Deutschland soll vielmehr ein gewerblicher Zustand begründet werden, in welchem die beiden schädlichen Extreme der Vergangenheit vermieden werden.« Zwar solle am Prinzip der freien Konkurrenz festgehalten werden, »um den regen Wetteifer der arbeitenden Kräfte und das Streben nach immer höherer technischer Vervollkommnung in Deutschland zu erhalten«, aber gleichzeitig müsse auch Sorge dafür getragen werden, »daß sich niemand unvorbereitet und unentwickelt in den Strudel der freien Konkurrenz stürzt und darin seinen Untergang findet«. Deshalb werde eine Gewerbeordnung erlassen, »mit der die Voraussetzungen für die Ausübung eines Handwerks geregelt« würden.[15] Lediglich eine Minderheit unter den Mitgliedern des Volkswirtschaftlichen Ausschusses – bezeichnenderweise Volksvertreter aus

Süddeutschland und den Hansestädten – trat in einem Sondervotum dafür ein, daß das Grundrecht der Freizügigkeit nicht absolut gelten solle, sondern nur so weit, wie die je besonderen Landesgesetze dies vorsähen. In der Begründung dieses Sondervotums heißt es: »Da es, ohne große Verwirrung und Unzufriedenheit hervorzurufen, mindestens in Süddeutschland nicht möglich sein würde, die bestehenden Gesetze über Ansässigmachung, Erwerbung und Verwendung von Grundeigentum und Gewerbebetrieb plötzlich abzuändern, und eine solche Abänderung der Partikulargesetzgebung auch geraume Zeit erfordert, so schlagen die Unterzeichneten vor, für jetzt die Gesetze der einzelnen Staaten bestehen zu lassen, alle Ungleichheiten aber aufzuheben, welche zwischen den Angehörigen eines Staates und denen anderer deutschen Staaten in irgendeinem dieser Staaten bestehen mögen.«[16] Die Unterzeichner dieses Minderheitsvotums erkannten durchaus zutreffend das Problem, und sie sahen auch die Schwierigkeiten, die eintreten würden, wollte man die bestehenden Verhältnisse schlagartig verändern. Die Angleichung der einschlägigen einzelstaatlichen Bedingungen wäre allerdings ein gesetzgeberisches Mammutunternehmen geworden, dessen Gelingen mehr als fraglich war. Jedenfalls vertrat die Ausschußmehrheit, die für die Verabschiedung eines Reichsheimatgesetzes und einer Reichsgewerbeordnung eintrat, stillschweigend diese Überzeugung.

Aber trotz dieser unterschiedlichen Auffassungen über den Grad wirtschaftlicher Freizügigkeit, den man durch die künftige Reichsverfassung garantieren wollte, wird deutlich, welche Lösung in der sozialen Frage von der Paulskirche favorisiert wurde. Die Erfahrungen seit 1815 hatten unmißverständlich gezeigt, daß dem Pauperismus nicht mit der Doppelstrategie von wirtschaftlicher Liberalisierung und Expansion einerseits bei gleichzeitiger Beibehaltung und Verstärkung der von den marginalisierten Wirtschaftsinteressen der Städte diktierten sozialen Restriktionen andererseits beizukommen war. Beide Konzeptionen, das lehrte die Vergangenheit, widersprachen einander und trugen dazu bei, daß sich die soziale und wirtschaftliche Lage immer mehr verschlechterte und die Gefahr einer großen sozialen Revolution wuchs. Wollte man ihren drohenden Ausbruch verhindern, war rasches reformerisches Handeln geboten. Dem Gespenst des Pauperismus, dem Aufbegehren der in die Anonymität der Armut abgesunkenen großen Masse, die lärmend die Einlösung ihres Rechts auf Arbeit forderte, wie Hegel es vorausgesehen hatte, konnte nur dadurch wirksam begegnet werden, daß man sich kompromißlos für die wirtschaftliche Freizügigkeit und Expansion entschied. Alle Verhältnisse, die diese Entwicklung behinderten, mußten deshalb schleunigst beseitigt werden. Von daher macht es durchaus einen Sinn, daß der Formulierung, Erörterung und Verabschiedung der »Grundrechte des deutschen Volkes« die zeitliche Priorität vor der übrigen Verfassungsarbeit eingeräumt wurde.[17]

Wie die preußischen Reformer in der Zeit nach 1806, so sahen sich auch die Männer der Paulskirche einer komplexen gesellschaftlichen Situation gegenüber, die sie durch die Stiftung einer neuen sozialen Ordnung zu entwirren suchten, zunächst vor die Notwendigkeit gestellt, bestimmte Prioritäten zu setzen. Die Entscheidung, welche Prioritäten gesetzt werden sollten, war rein politischer Natur. Und charakteristischerweise gingen die Männer der Paulskirche in genau der Weise vor, wie es die preußischen Reformer schon getan hatten: Der sozialen Reform der Gesellschaft wurde der Vorrang vor der politischen Reform des Staates eingeräumt. Diese Reihenfolge ergab sich aus ihrer jeweiligen Einschätzung der Situation. War es in Preußen 1806/1807 vor allem der Druck der napoleonischen Kontributionsforderungen, der die Priorität der sozialen Reformen erzwang, so war es 1848 das Gespenst des Pauperismus, die drohende Gefahr einer sozialen Revolution, die alle anderen Überlegungen zunächst als zweitrangig erscheinen ließ. Die soziale Frage, die durch die seit Beginn der vierziger Jahre anhaltende Wirtschaftskrise, die im Jahr der Revolution ihren Kulminationspunkt erreicht hatte, ständig verschärft worden war, brachte die in der Paulskirche Versammelten in erheblichen Zugzwang. Fanden sie auf die soziale Frage keine rasche und vor allem auch dauerhaft wirksame Antwort, dann hatten sie von vornherein ihre Aussichten verspielt, eine neue politische Ordnung für Deutschland zu schaffen.

Das Mitglied des Volkswirtschaftlichen Ausschusses Friedrich Ludwig von Rönne, der nach seiner Tätigkeit als preußischer Botschafter in den Vereinigten Staaten zum Leiter des neugegründeten preußischen Handelsamtes berufen worden war, machte eben diesen Zusammenhang in seiner Rede in der elften Sitzung der Nationalversammlung am 3. Juni 1848 deutlich: »Die neue Zeit hat uns des Großen und Herrlichen viel gebracht, allein sie hat auch Opfer verlangt. Handel und Industrie sind gelähmt, und Tausende von arbeitslustigen Händen sind jetzt unbeschäftigt. Hilfe ist hier nur von der Herstellung des Vertrauens zu erwarten. Nur dieses wird die zurückgezogenen Kapitale wieder zum Vorschein bringen, nur dieses wird die Spekulation von Neuem erwekken. An uns aber ist es, zur Herstellung dieses Vertrauens nach allen Kräften beizutragen. Das Volk hat uns hierher gesendet, um ein neues politisches Gebäude aufzurichten; aber dieses Gebäude soll begründet werden auf dem soliden Boden der verbesserten materiellen und sozialen Zustände. Ein bloß politisches Netz würde eben nur ein Netz sein, sehr zerreißbarer Natur, solange nicht die verschiedenen deutschen Staaten in ihren Bedürfnissen voneinander abhängig sind, solange nicht die materiellen Interessen auf das Innigste miteinander verkettet sind. Erst wenn dieses geschehen, wird die Einheit ein natürlicher und lebenskräftiger Organismus werden.«[18]

In von Rönnes Ausführungen wird aber auch unüberhörbar ausgesprochen, daß die Entscheidung, den Grundrechten die Priorität einzuräumen, nicht nur von den Umständen erzwungen wurde, sondern daß das Programm sozialer Reform, das die Grundrechte vorstellen, vielmehr eine entscheidende Voraussetzung für das Gelingen der anvisierten verfassungspolitischen Reform war. Die Priorität der Grundrechte ergab sich für die Männer der Paulskirche also auch zwingend aus der ihnen im Rahmen des ganzen Verfassungswerks zugedachten Funktion.[19]

Stimmte die Mehrheit der Paulskirche auch darin überein, daß einer konsistenten Antwort auf die soziale Frage der Vorrang gebührte, und war man sich auch quer durch alle Fraktionen darüber einig,[20] daß eine Lösung der sozialen Frage nur durch wirtschaftliche Expansion möglich sein würde, so differierten doch die Ansichten darüber erheblich, welchen Umfang diese Expansion haben müsse und dürfe. Diese Differenzen ergaben sich aus den unterschiedlichen Einschätzungen jener Schwierigkeiten und Widerstände, welche die Gewerbe und die Städte einer Verwirklichung der in den Paragraphen 1 bis 3 des Grundrechteentwurfs enthaltenen Reformvorstellungen in den Weg legen würden. So wirklichkeitsfremd und dogmatisch die Paulskirche insbesondere in »nationalen Fragen« auch argumentierte, so hellsichtig und illusionslos waren dagegen die Debattenbeiträge bei der Erörterung dieser drei Paragraphen. Kein Zweifel: Die Parlamentarier kannten aus eigener leidvoller Erfahrung den Gegner, mit dem sie es zu tun hatten, und dieses Wissen machte die Debatte der Grundrechte zu einer der kompliziertesten, gleichzeitig aber auch interessantesten, die in der Paulskirche geführt wurde.

Die Debatte, die sich sehr schnell auf den »Schlüsselparagraphen« 2 des Entwurfs konzentrierte, hatte im wesentlichen zwei inhaltlich eng miteinander verzahnte Schwerpunkte: Gewerbefreiheit und das Recht auf Freizügigkeit. Es waren dies jene zwei Speerspitzen sozialer Reform, die auf das Zentrum des städtischen Sondertums zielten. Und alle, die in dieser Debatte das Wort ergriffen, waren sich dieses Umstands nur zu sehr bewußt. Andererseits aber hegten nicht wenige Mitglieder der Paulskirche die gewiß idealistische Hoffnung, daß durch die bloße Proklamation des Prinzips der Freizügigkeit das Parlament bereits alles getan habe, um einen gründlichen Wandel in der sozialen Wirklichkeit einzuleiten. Das Minderheitsvotum des Volkswirtschaftlichen Ausschusses ist ein Beleg für diese Ansicht.

Einer der Unterzeichner dieses Votums, der Erlanger Professor Wilhelm Stahl, vertrat sogar die Ansicht, eine »allgemeine Gewerbsordnung« dürfe nicht von der Versammlung festgesetzt werden, »sondern von den Gewerben selbst«. Die Versammlung solle sich vielmehr damit bescheiden, ein »Assoziationsrecht« zu begründen, »und damit haben Sie dem Volke an die Hand gegeben, daß es selbst tun soll, was ihm gut ist. Ich glaube nicht, daß eine Versammlung wie die unsrige im Stande ist, ein Gesetz für das Gewerbswesen zu entwerfen. Ich glaube nicht, daß das Volk es wünscht.« Zur Begründung seiner Auffassung führte Stahl dann im weiteren aus, daß in zahlreichen Petitionen, die dem Parlament zugegangen seien, zwar eine einheitliche Gewerbeordnung für das Reich gefordert worden sei, allein das Problem wäre dabei aufgetaucht, daß »jeder Ort ... eine Gewerbeordnung, die für seine Verhältnisse paßt, zur allgemeinen deutschen Gewerbeordnung erhoben wissen [will]«. Diese Fülle durchaus unterschiedlicher Vorstellungen lasse sich nun nicht mit einemmal harmonisieren, sondern dies könne nur ganz allmählich geschehen. Eine Lösung dieses Problems könne nur die »Freizügigkeit« bringen. »Die Freizügigkeit für sich ist die Hauptsache und das Aufheben der Staatsschranken wird von selbst dahin führen, daß alle die Einigkeit suchen werden. Sollte durch dieses Hin- und Herziehen eine Benachteiligung der einzelnen Gemeinden stattfinden, so ist das eigene Interesse derselben die beste Triebfeder, in das Gewerbswesen eine Einigung hineinzubringen. Sagen Sie nicht: Man ist nicht freisinnig, wenn man den Partikulargesetzgebungen die Erlassung spezieller Gesetze über diese Gegenstände überläßt – nicht für die Regierungen, sondern für das Volk vindizieren wir diese Freiheit. Im Gewerbswesen gibt es keine Idee von einer Einheit, kein Gewerbsstand wird seine Interessen für die deutsche Einheit aufopfern; lassen wir also diesen Partikularismus bestehen, und streben wir dahin, daß diese Partikularitäten aus dem Bestehenden sich selbst ausgleichen.«[21]

Wilhelm Stahl sollte mit seiner Einsicht, daß »kein Gewerbsstand ... seine Interessen für die deutsche Einheit aufopfern« werde, durchaus recht behalten. Aber seine Schlußfolgerung, alles so zu belassen, wie es war, stieß auf den energischen Widerspruch der Ausschußmehrheit, die in der Stiftung einer allgemeinen Gewerbeordnung eine der wichtigsten Voraussetzungen für das Gelingen ihres Programms sozialer und politischer Reform sah. Der Wirtschaftswissenschaftler Bruno Hildebrand, ebenfalls ein Mitglied des Volkswirtschaftlichen Ausschusses, bezeichnete deshalb die Einführung einer allgemeinen deutschen Gewerbeordnung als das »dringendste Bedürfnis«. Wie Stahl wies auch er auf die Fülle von einschlägigen Petitionen hin, in denen er aber im Gegensatz zu Stahl gerade eine Bestätigung dafür erkannte, wie notwendig eine einheitliche Gewerbeordnung sei. Im übrigen, so argumentierte er weiter, seien »sehr verschiedene gewerbliche Zustände in Deutschland, Zustände, die sich geradezu widersprechen«, anzutreffen. »Wir haben deutsche Länder, in welchen noch die französische Gesetzgebung gilt, und Preußen, welches durch seine Gesetzgebung von 1810 und 1811 die freien Prinzipien des westlichen Europas aufgenommen hat; wir haben Länder, in denen strenge Zunftverfassungen herrschen, und wieder andere Länder, in denen die Befugnis zum Gewerbebetriebe von der Konzession des Staates abhängig gemacht ist. Diese dreifache Gewerbeverfassung ist gar nicht auszugleichen, sie ist so widersprechend, daß hier nur durch ein Reichsgesetz, d.h. eine allgemeine Gewerbeordnung geholfen werden kann.«[22]

Mit am schärfsten gegen die von Wilhelm Stahl vorgetragene Ansicht, daß sich die Gewerbe selbst eigene Ordnungen verleihen sollten, sprach sich der Stuttgarter Staatsrechtler Moritz Mohl aus. Mohl meinte, der Vorschlag Stahls führe geradewegs wieder ins Mittelalter zurück. »Die ganze Einrichtung des Zunftwesens ist aber heut zu Tage eine Einrichtung, welche dazu führt, daß weder die Leute, die in den Zünften sind, noch diejenigen, welche nicht darin sind, zum Wohlstand kommen können ... Man glaubt häufig, das Zunftwesen habe den Vorteil, die Gewerbe vor Übersetzung zu hüten. Meine Herren, das Zunftwesen hat gerade den umgekehrten Nachteil, die Übersetzung der Gewerbe herbeizuführen. Denn das Zunftwesen nötigt schon die Kinder in einem Alter, wo sie den Gegenstand gar nicht übersehen können, sich für ein gewisses Fach zu entscheiden; ein Knabe von 11 Jahren, ... soll schon für sein ganzes Leben ein Fach wählen; er kann nicht beurteilen, ob dieses Fach übersetzt ist oder es später sein wird, und seine Eltern sind oft auch nicht in dem Falle, es beurteilen zu können ... Das Zunftwesen, das nichts anderes ist, als eine gewisse Anzahl von Käfigen, in denen diejenigen, welche darin sind, für ihr ganzes Leben eingesperrt sind, hindert die Leute aus den brotlosen Gewerben wieder herauszukommen in lohnendere, weil alle zünftigen Gewerbe verrammelt sind gegen solche Übertritte.«[23]

Die völlige Freizügigkeit von Kapital und Arbeit, das war nach der Überzeugung der Mehrheit die einzige Lösung der sozialen Frage. Deshalb mußten alle Hindernisse, die diese Freizügigkeit beeinträchtigten, aus dem Weg geräumt werden. Gemeint sind damit vor allem die noch bestehenden Zunftordnungen. In der Steuerdebatte Anfang Februar

1849 in der Paulskirche stand das Verhältnis von Kapital und Arbeit erneut zur Diskussion. Carl Degenkolb, ein Kommerzienrat aus Eilenburg in Preußisch-Sachsen und Mitglied des Volkswirtschaftlichen Ausschusses, diagnostizierte in seiner Rede als die Ursache der sozialen Frage das Mißverhältnis von Kapital und Arbeit. »Bis zum Jahre 1839 war der Verkehr im steten Zunehmen, und das Kapital suchte mehr die Arbeit auf als umgekehrt. Wo das Vorwärtsschreiten aufhört, fängt der Rückschritt an: Seit 1840 ist der Umlauf träger geworden, Arbeit und Lohn geringer oder doch nicht mehr in gleichem Verhältnis mit der Bevölkerung steigend, und Mißbehagen ist an die Stelle des Behagens getreten.« Der Staat habe deshalb die Pflicht, »alle Beschränkungen, welche auf die Produktion nachteilig einwirken können, aus dem Wege zu räumen, neuen Erwerbszweigen Eingang zu verschaffen, die Absatzwege zu vermehren, kurz in aller Weise zu vermitteln und tätig zu fördern«. Degenkolb verwahrte sich entschieden dagegen, nach französischem Vorbild staatliche Arbeitsbeschaffungsmaßnahmen einzuleiten, wie es der Berliner Handwerker-Kongreß von der Nationalversammlung gefordert hatte. Denn: »Bedürfnisse schaffen die Arbeit, aber weder Bedürfnisse noch Arbeit lassen sich durch Dekrete schaffen, so wenig das Kapital sich zwingen läßt, der Arbeit in einer bestimmt vorgeschriebenen Weise zu dienen. – So wie man ihm Zwang antun will, zieht es sich empfindlich zurück und verweigert der Arbeit seine Unterstützung. Das freie Zusammenwirken des Arbeit- und Geldkapitals aber schafft die Bedürfnisse und je weniger sichtbar irgend eine zwingende Einwirkung ist, je unbeschränkter die Geschäftsbewegung und heiterer der Geschäftshorizont ist, desto williger trägt das Kapital seine Dienste selbst entgegen, indem es zugleich die Mittel gewährt, Bedürfnisse zu schaffen und zu befriedigen.«

Nicht durch direkte Eingriffe also sollte nach Ansicht von Carl Degenkolb der Staat das Wirtschaftsgeschehen zu beeinflussen suchen, sondern lediglich dadurch, daß er für die freie Entfaltung von Kapital und Arbeit günstige Rahmenbedingungen schuf. Dies könne insbesondere geschehen »durch Hinwirkung auf möglichste Zerstreuung der Fabrik- und Industrieanlagen und deren engere Verbindung mit der Landwirtschaft ... Die Industrie selbst wird besser gedeihen, wenn sie dahin geht, wo sie billige Arbeitslöhne und zur Benutzung Wasserkräfte, Kohlelager etc. findet. Dorthin wird sie willkommene Beschäftigung bringen, den Bodenerwerb heben, und dem Landbau nützen; durch Überführung von Arbeiten, die an Industriezweige gefesselt sind, welche keine Lebenskraft mehr haben, zu neuen und lohnenderen Arbeiten. Durch Unterstützung hinsterbender Zweige opfert der Staat nutzlos Kräfte, verlängert Pein und Druck der daran gebundenen Arbeiter.«[24]

Daß die von der Mehrheit der Paulskirche befürwortete Freiheit von Kapital und Arbeit sich aber nicht zur völligen Willkür des »Laissez-faire«-Kapitalismus auswüchse, dafür sollte ebenfalls durch die Schaffung einer einheitlichen Gewerbeordnung gesorgt werden. Der Nürnberger Arzt Johann Gottfried Eisenmann, der sich energisch dagegen verwahrte, als Abgeordneter »auf die Instruktionen eines engherzigen Spießbürgertums« verpflichtet zu sein, und der betonte, er achte das »Mandat des Volkes«, aber nicht das Mandat »einzelner Stände und Kasten, ob sie Aristokraten oder Bürokraten heißen, oder Zünftler«, sprach sich beispielsweise dafür aus, daß eine allgemeine Gewerbeordnung auch die Funktion haben müsse, die wirtschaftliche Unabhängigkeit des Handwerks gegenüber der Industrie zu gewährleisten. »Ich bin für die höchste Freiheit, aber nicht für unbedingte Gewerbsfreiheit, denn bei unbedingter Gewerbsfreiheit kann ich mit ein bißchen Talent alle Gewerbe vernichten ... Es ist eine große Kalamität, daß bis jetzt schon das Fabrikwesen zu tief in die Geschäfte der Handwerker eingegriffen hat, und wenn wir es versäumen, hier eine Scheidung vorzunehmen, so wird das Proletariat mit Riesenschritten vorwärts gehen. Ich achte die Fabriken, sie sind Zeugen der fortschreitenden Intelligenz, aber wie alles seine Grenze hat, so muß auch der Fabriktätigkeit ihre Grenze zugewiesen werden; denn was nützt es, wenn ich das Kleid um einen Gulden wohlfeiler erhalte, hundert Familien aber darüber nahrungslos werden?«[25] Aber selbst eine allgemeine Gewerbeordnung, die das Handwerk vor dem überlegenen Konkurrenzdruck der Industrie schützte, konnte nicht damit rechnen, von den Gewerben und den Städten kampflos akzeptiert zu werden. Denn die allgemeine Gewerbefreiheit konnte die ihr von der Mehrheit der Versammlung unterstellten wirtschaftlichen Vorteile nur entfalten, wenn sie von dem Grundrecht auf völlige Freizügigkeit ergänzt wurde, das jedem Deutschen gestattete, sich überall niederzulassen, Grundbesitz zu erwerben und seiner Arbeit nachzugehen. Ohne Gewerbefreiheit aber war das Grundrecht der Freizügigkeit ebenso sinnlos wie umgekehrt. Erst die gleichzeitige Verwirklichung beider Freiheiten, und diese Einsicht wurde im Laufe der Debatte immer deutlicher herausgearbeitet, garantierte jene schrankenlose Mobilität von Kapital und Arbeit, die ihrerseits nach der Mehrheitsmeinung unabdingbare Voraussetzung dafür war, jenes dynamische Konzept wirtschaftlicher Expansion zu verwirklichen, mit dem man die soziale Krise überwinden und die soziale Revolution endgültig vereiteln wollte.[26] Mit der Forderung nach völliger Mobilität des Faktors Arbeit rüttelte man aber an einem anderen Pfeiler, auf dem das Sondertum der Städte ruhte: dem Gemeindebürgerrecht.

Das Gemeindebürgerrecht erfüllte eine doppelte Funktion. Zum einen garantierte es die Absonderung der Städte von der übrigen Gesellschaft, und zum anderen begrenzte es nach innen den Kreis der Nutznießer am Gemeindevermögen und der gemeindlichen Armenpflege. Die Teilhabe am Gemeindevermögen wie am Schutz der Armenpflege begründeten »Eigentumsrechte« der Gemeindebürger, die von der Paulskirche im privatrechtlichen Sinne interpretiert wurden. Das heißt, es waren Rechte, welche die übergroße Mehrheit der Versammlung nicht antasten konnte und wollte, da sie sonst jenen »bürgerlichen« Rechtsboden verlassen hätte, auf dem stehend sie argumentierte. Indem man nun jenen ausschließlich den Gemeindebürgern vorbehaltenen Nießbrauch des Gemeindevermögens und ihren Anspruch auf Armenpflege privatrechtlich definierte, konnte man andererseits die Freiheit, zu arbeiten, sich niederzulassen und umzuziehen, öffentlich-rechtlich begründen. Voraussetzung dafür war nur, daß man beides fein säuberlich auseinanderhielt. Auf dieser Linie, die das städtische Sondertum in eine Sphäre des öffentlichen und in eine des privaten Rechts spaltete, meinte man das Problem lösen zu können: Die Freiheit, sich überall niederzulassen und seiner Arbeit nachzugehen, die das allgemeine Staatsbürgerrecht einschloß, sollte auf jeden Fall strikt getrennt sein von dem besonderen Gemeindebürgerrecht mit seinen vielfältigen privatrechtlichen Nutzungsansprüchen.[27]

Es war dies ein alter, oft angewandter Trick der »politischen Klasse«, politische Komplexitäten legalistisch zu vereinfachen, um so auftauchende Widersprüche miteinander vermitteln zu können. Die Widersprüche, die sich aus dem Zusammenprall von allgemeinem Staatsbürgerrecht und besonderem Gemeindebürgerrecht in der Praxis ergaben, waren aber nur scheinbar rein rechtlicher Natur. Tatsächlich stießen hier handfeste materielle Interessen aufeinander, die nur politisch vermittelt werden konnten. Die Männer der Paulskirche wußten wohl, daß das von ihnen geforderte allgemeine Staatsbürgerrecht das besondere Gemeindebürgerrecht auslöschen mußte. Andererseits aber konnten sie nicht, und auch das wurde erkannt, das Grundrecht auf Freizügigkeit proklamieren, die Ausführungsbestimmungen aber den einzelnen deutschen Staaten überlassen, wie dies im ersten Minderheitsvotum des Volkswirtschaftlichen Ausschusses gefordert worden war. Denn die Folge einer solchen Verfahrensweise wäre gewesen, daß in der sozialen Wirklichkeit alles beim alten geblieben wäre: Die einzelnen Staaten hätten sich durch ihre je besonderen Heimatgesetze wie die Städte durch ihre je besonderen Bürgerrechtsordnungen wirksam gegen den Zustrom ihnen unliebsamer Personen zur Wehr setzen können, deren Staatsbürgertum damit nur eine Leerformel gewesen wäre.

Moritz Mohl war einer der wenigen Abgeordneten, der aus dieser nahe-liegenden Einsicht auch die Konsequenzen zog. »Wir sind in Gefahr, eine Verfassung zu machen, welche uns in Deutschland eine Masse von heimatlosen Leuten schafft, die Staaten mit einer Menge von Staatsbett-lern und das Reich mit einer Masse von Reichsbettlern anfüllen würde.« Freizügigkeit und Gewerbefreiheit dürften nicht »die Schaffung von heimatlosen Leuten« zur Folge haben. Was, so fragt Mohl, tritt ein, wenn ein deutscher Reichsbürger von seinem Recht Gebrauch macht und in einem deutschen Staat dessen Staatsbürgerschaft erwirbt, sich in einer Gemeinde niederläßt, ein Gewerbe betreibt, ohne zuvor das Bür-gerrecht in dieser Gemeinde erworben zu haben; was geschieht dann, wenn dieser Mann in Armut gerät? Die Gemeinde, in der er sich nieder-gelassen habe, ohne deren Bürgerrecht zu besitzen, »würde nun nicht die Verbindlichkeit haben, ihn als Armen zu unterhalten«. Man könne ihn aber auch nicht in seine ursprüngliche Heimat abschieben, da er ja Staatsbürger des betreffenden Staates geworden sei. Er hinge also in der Schwebe zwischen der Gemeinde, welcher er nicht, und dem Staate, dem er als Staatsbürger vermöge seiner Aufnahme in die Staatsbürger-schaft angehörte. Er wäre also heimatlos und müßte vom Staat unterhal-ten werden.[28]

Moritz Mohl traf mit seinem Einwand den Nagel auf den Kopf. Denn das Problem, das jene Masse der »Heimatlosen«, der Pauperisierten dar-stellte, von denen der Unternehmer Friedrich Harkort 1849 sagte, sie seien stets bereit, »über anderer Leute Gut herzufallen«, und seien der Krebsschaden der Kommunen,[29] ließ sich nicht einfach dadurch aus der Welt schaffen, daß man die »Heimatlosigkeit«, den Pauperismus, gleich-sam verstaatlichte. Allein die Versammlung ließ es damit bewenden, daß sie lediglich das Prinzip formulierte, seine praktische Erfüllung aber der späteren Reichsgesetzgebung überantwortete.[30]

Aber auch dies genügte schon vollauf. Denn die Städte wußten nun, daß jene zwei Säulen, auf denen ihr Sondertum ruhte – die autonome Bestimmung des Bürgerrechts wie die autonome Regelung der Zunft- und Gewerbeordnung –, in höchster Gefahr waren. Daß die Städte diese Vernichtung ihres eifersüchtig gehüteten jahrhundertealten Sonder-tums, die von einer Versammlung des »Volkes« dekretiert worden war, nicht einfach hinnehmen würden, das war den Männern der Paulskir-che wiederholt und deutlich gesagt worden. Der badische Jurist Karl Mittermaier hatte bereits am ersten Debattentag, am 4. Juli 1848, eine drastische Warnung ausgesprochen und gefordert: Das Staatsbürger-recht muß enger formuliert werden, damit es von den Städten akzeptiert wird. »Wir haben Gemeinden in Baden, wo jeder Bürger 280 Gulden Bürgergenuß erhält. Totgeschlagen würden wir, wenn wir nach Hause kämen, mit einem Gesetze, wonach ein jeder Deutsche das Recht hätte, an einem solchen Genusse in jeder Gemeinde ohne weiteres teilzunehmen ... Das deutsche Reichsbürgerrecht, das Staatsbürgerrecht eines Einzelstaates und das Gemeindebürgerrecht müssen nebeneinander stehen und passend ineinander greifen.«[31]

Die eindrücklichste Warnung aber, die von jahrelanger unmittelbarer politischer Erfahrung in der Auseinandersetzung mit den Eigenarten des städtischen Sondertums zeugte, hörte die Versammlung gegen Ende ihrer langwierigen Debatte von dem früheren bayerischen Innenminister Hermann von Beisler. Das Grundrecht auf Freizügigkeit, so Beisler, sei zweifellos der »Idee der Freiheit« entsprungen. Allein, so schränkte er sogleich ein, »wenn die Freiheit eine Wohltat sein soll, so muß sie eine wohlgegliederte sein. Die Freiheit und das Recht des Reichsbürgers darf nicht das Recht des Staatsbürgers, nicht das Recht des Gemeindebürgers verschlingen.« Wenn die Versammlung mit einem Reichsbürgergesetz den Anfang mache, dann tue sie damit nichts anderes als »zentralisieren«. Ja, schlimmer noch, sie eifere eben damit dem Vorbild jenes Polizeistaats nach, über den man sich in eben derselben Versammlung häufig mit Abscheu geäußert habe. »Wenn wir Reichsgesetze machen über das Heimatsrecht, die Ansässigmachung, Erwerbung des Bürgerrechts, über das Gewerbewesen, so fangen wir damit an, Polizei zu machen in jedem einzelnen Staat, in einer jeden Gemeinde, in einer jeden Werkstatt.« Deshalb sei es viel angebrachter, die Rechte von unten, vom Gemeindebürgerrecht angefangen, bis nach oben zum Reichsbürgerrecht aufzubauen, statt umgekehrt zu verfahren. Außerdem scheine ihm eine reichsrechtliche Regelung der Niederlassungsfreiheit »zu tief in die partikularen Interessen einzugreifen. Die Bedingungen, unter welchen man einem Staate angehört, oder das Heimatrecht erwirbt, die Bedingungen, unter welchen man das Gewerbe ausübt, gehören nicht in die Grundrechte, das gehört in die Gesetze eines jeden einzelnen Staates. Bleiben wir doch, meine Herren, in jener höheren Region bei der Aufstellung der Grundrechte, welche sich über das partikulare Recht ausbreitet. In dieser Region werden wir die Sympathie des deutschen Volkes, die Sympathie zur Einheit Deutschlands erhalten.«
Beisler redete damit nicht einem bayerischen Partikularismus das Wort; seine politischen Sympathien galten vielmehr ohne Einschränkung der deutschen Sache. Aber Beisler besaß eine Qualität, die den allermeisten Angehörigen in der Paulskirche abging: Das, was er politisch wollte und wünschte, verstellte ihm nicht die Einsicht in das, was war. Beisler war Realpolitiker. Die leidvollen, an Frustrationen reichen Erfahrungen, die er in der Auseinandersetzung mit den auf ihr Sondertum er-

206

pichten bayerischen Städten und Gemeinden gewonnen hatte, hatten ihm den Blick für jene Schwierigkeiten geschärft, in welche die Versammlung unweigerlich geraten mußte, wenn sie die Schaffung der deutschen Freiheit in Einheit damit beginnen wollte, die Buntheit sozialer und politischer Verhältnisse in Deutschland mit einemmal zu bereinigen, das Sondertum der Städte zu beseitigen. Im Horizont der politischen Reform war ein solches Vorgehen durchaus plausibel, nicht aber in der politischen Wirklichkeit. Denn in dieser herrschten höchst reale Interessen vor, die von ebenso höchst realen Gewalten geschützt und verteidigt wurden, während die Versammlung auf die im wirklichen Leben nur sehr fragwürdige Macht bauen konnte, die im Glauben an die Richtigkeit ihrer Beschlüsse gründete.

Eine solche Macht aber war ein Nichts. Und eben das sagte Beisler der Versammlung: »Ich habe an dieser Stelle schon oft von der Souveränität des deutschen Volkes und respektive dieser Versammlung sprechen hören. Es hat mich manchmal bedünkt, daß viele diese Souveränität darum für so wichtig halten, weil sie glauben, daß die Regierungen nicht Kraft genug hätten, sich unseren Beschlüssen zu entziehen. Ich habe weder das eine, noch das andere zugegeben. Angenommen aber, es wäre an dem, die Regierungen hätten wirklich die Macht verloren, unseren Beschlüssen die Zustimmung zu versagen, so glaube ich, an dem Tage, wo wir einen Beschluß über das Heimatsrecht und das Heimatswesen fassen, der in das Recht vieler Stände eingreift, in die rechten Interessen und in die Vorteile der Gemeinden, an diesem Tage geben wir den Regierungen die Macht in die Hände, alle unsere Beschlüsse von der Hand zu weisen. Denn die Gemeinden werden sich gegen uns erheben und sich an die Regierungen halten, die sie in ihrem Rechte unterstützen werden.«[32]

Schon zweimal, nach 1815 und wieder nach der Julirevolution von 1830, hatten sich die deutschen Klein- und Mittelstaaten ihre Handlungsfreiheit und Unabhängigkeit dadurch erhalten können, daß sie dem politischen und sozialen Sondertum der Städte weitreichende Konzessionen machten. Beisler wußte das. Und seine Annahme, die deutschen Staaten würden sich gegenüber der 48er Revolution nicht anders verhalten, sollte sich bestätigen. Wollte man allerdings diese Erfahrung beherzigen, dann mußte man das ganze politische Programm sozialer Reformen aufgeben, das die »Grundrechte des deutschen Volkes« vorstellten. Das aber war unmöglich. Denn dies wäre gleichbedeutend damit gewesen, daß die Versammlung ihr Mandat dadurch verraten hätte, daß sie kampflos vor den Widerständen kapitulierte, die sich ihrem Reformprogramm in der politischen und sozialen Wirklichkeit entgegenstellten. Um diese Widerstände zu überwinden und um dem reformerischen Programm der »politischen Klasse« zum Durchbruch zu verhelfen, bedurfte es deshalb einer Macht, die revolutionär war, ohne aber die zentrifugalen Kräfte einer Revolution zu entfalten. Es mußte vorzüglich eine Macht sein, welche die Loyalitäten des Eigennutzes und die partikularistischen Interessen, kurz, jene »Bequemlichkeit der Unmündigkeit«, wie sie Carl Julius Weber in seinen *Briefen eines in Deutschland reisenden Deutschen* charakterisierte,[33] die dem Sondertum der Städte seine Stärke verliehen, vernichtete, ohne aber andererseits der Verwirklichung des Programms politischer und sozialer Reformen neue Hindernisse in den Weg zu legen. Diese Zaubermacht schien dem Nationalismus innezuwohnen. Er sollte der »politischen Klasse« zum Vehikel dienen, um ihrem Programm sozialer und politischer Reform den Sieg zu verschaffen.

Mit dem Nationalismus, den die »politische Klasse« sich als ein funktionalistisches Konzept für die Durchsetzung ihres politischen und sozialen Programms dienstbar zu machen trachtete, ließ sie sich aber auf ein Spiel ein, dessen Regeln und dessen Gefahren ihr völlig unbekannt waren. Die Folge davon war, daß die »politische Klasse« von einem Fiasko in das nächste taumelte. Sie entwickelte Vorstellungen, die jeglicher Vernunft und Einsicht in das entbehrten, was möglich und machbar war. Mit dem Nationalismus der Paulskirche wurde etwas angerührt, dessen Brisanz die »politische Klasse« nicht mehr kontrollieren konnte. Der Historiker Johann Gustav Droysen, ein prominentes Mitglied der Paulskirchenversammlung, machte damals die Bemerkung, wenn das Werk der nationalen Einigung nur gelinge, was schere dann die schmutzige Nachgeburt ... Eben diese schmutzige Nachgeburt war es, welche die weitere deutsche Geschichte vergiften sollte. Aber auch dieses, wie es nicht wenigen schien, stärkste Mittel des Nationalismus versagte. Denn der in der Paulskirche mächtig aufschäumende Nationalismus vermochte nichts gegen die »individualisierte« Weltanschauung des Bürgertums auszurichten. Diese gründete in sehr realen sozialen Interessen und Besitzständen, während jener Nationalismus bloße Phrase blieb. In den leidenschaftlichen Debatten, die in der Paulskirche über die »deutsche Frage« geführt wurden, wurde ein Nationalismus entwikkelt, dem die Nation fehlte.

10. KAPITEL

»Was ist des Deutschen Vaterland?«

Am 18. Mai 1848 traten die gewählten Vertreter des deutschen Volkes in der festlich geschmückten Paulskirche zu Frankfurt am Main zur konstituierenden Sitzung der ersten deutschen Nationalversammlung zusammen. Im Protokoll der Sitzung vom folgenden Tag, dem 19. Mai 1848, ist u. a. vermerkt: »Venedey: Meine Herren! Heute morgen ist ein Mann auf die Tribüne getreten und, ohne zum Worte gelangt zu sein, wiederum herabgestiegen. Es war der alte greise Arndt. Ich glaube, wir sind ihm schuldig, zu sagen, daß wir nicht gewußt haben, wer es gewesen.

Viele Stimmen: Auftreten! Auf die Tribüne! Arndt auf die Redner-bühne.

Arndt aus Bonn (mit ungeheurem Jubel und Beifallruf die Redner-bühne besteigend): Geschmeichelt fühle ich mich nicht, aber gerührt durch diese Anerkennung der Vertreter und Darsteller eines großen und ehrwürdigen Volkes, in dessen Gefühle und Gedächtnis ich wenig-stens von Jugend an gelebt und gewirkt habe. Was der Einzelne ver-dient und gewirkt, ist eine Kleinigkeit, er geht in der Million der Gedan-ken und der Gefühle, in der geistigen Entwicklung eines großen Volkes so mit, wie ein kleines Tröpfchen im Ozean. Daß ich hier stehe, ein Greis jenseits der Grenze, wo man wirken kann, war das Gefühl, als ich erschien – gleichsam wie ein gutes altes deutsches Gewissen, dessen ich mir bewußt bin. (Unermeßlicher Beifall unterbricht den Redner.) Daß ich erscheinen durfte unter vielen Männern, unter manchen Jünglingen, die ich das Glück gehabt habe, zu kennen, auch das ist wie ein gutes al-tes deutsches Gewissen. Wer an die Ewigkeit seines Volkes glaubt ... (Wird abermals durch stürmischen Jubelruf unterbrochen.)

Drinkwelder von Krems: Ich stelle den Antrag, dem ehrwürdigen Arndt für sein Lied ›Was ist des Deutschen Vaterland?‹ den Dank der Nation zu votieren. Es hat uns begeistert in der Zeit der Unterdrückung, und es hat uns vereinigt.

Soiron von Mannheim: Ich habe nur einen kleinen Verbesserungs-vorschlag zu machen. Wir wollen ihm nicht für sein Lied, wir wollen ihm überhaupt für seine Wirksamkeit für das ganze Deutschland danken. (Ein dreimaliges donnerndes ›Lebe hoch‹ erschallt in der Versammlung und auf der Tribüne.)

Jahn [der »Turnvater«] von Freiburg an der Unstrut: Geehrte deutsche Männer! Es war eine Zeit, in der wir uns erbaut haben an Arndts Liedern. Wir wollen ihn bitten, daß er zu seinem Schwanengesang noch ein anderes Lied dichte. Wir haben oft sein Lied gesungen: ›Was ist des Deutschen Vaterland?‹ – ich habe es ihm einmal als Zuschrift gesendet, und wir haben uns oft gefragt: Wo ist des Deutschen Vaterland? Und wenn nun nicht mehr Deutschland in Frage steht, so wollen wir ihn bitten, einen Vers dazu zu dichten, wie ihn die jetzigen Zustände Deutschlands erfordern. (Stürmisches Bravo.)«[1]

Der Vorgang, wie ihn das Protokoll wiedergibt, entbehrt nicht einer ergreifenden Symbolik. Allein der Vers, den der greise Arndt nach dem Wunsche des »Turnvaters« Jahn seinem Lied anfügen sollte, um die »jetzigen Zustände Deutschlands« auszudrücken, hätte nicht nur an das poetische Vermögen eines Ernst Moritz Arndt hohe Anforderungen gestellt, sondern auch an seine seherische Gabe. Denn was war Deutschland und vor allem, wo war es? Die Zeit, »wenn Deutschland nicht mehr in Frage steht«, war damals noch nicht gekommen; daran hat sich bis heute nichts geändert. Und die Frage, die Arndts Lied »Was ist des Deutschen Vaterland?« einst aufwarf, harrt noch immer einer Anwort; allerdings mit dem einen wesentlichen Unterschied: War sie damals eine Frage, auf welche die Antwort allen gewiß schien, so hat sie heute nur noch rhetorische Qualität, der lediglich der »Edelrost der Geschichte« eine sentimentale Würde und den Anschein des Großen wiewohl Vergeblichen verleiht.

Dem Gedanken, die Gestaltung des künftigen Deutschen Reichs einer Nationalversammlung zu übertragen, wurde erstmals am 5. März 1848 auf einer Versammlung von 51 Repräsentanten des politischen Liberalismus, die überwiegend aus den südwestdeutschen Staaten stammten, förmlicher Ausdruck verliehen.[2] In einer von diesem Gremium verabschiedeten Erklärung hieß es unter anderem: »Die Versammlung einer in allen deutschen Landen nach der Volkszahl gewählten Nationalvertretung ist unaufschiebbar, sowohl zur Beseitigung der nächsten inneren und äußeren Gefahren, wie zur Entwicklung der Kraft und Blüte deutschen Nationallebens.« Und weiter hieß es: ». . . daß baldmöglichst eine vollständigere Versammlung von Männern des Vertrauens aller deutschen Volksstämme zusammentrete, um diese wichtigste Angelegenheit weiter zu beraten und dem Vaterlande wie den Regierungen ihre Mitwirkung anzubieten.«[3]

Obwohl die romantische Formel von den »deutschen Volksstämmen«

verwandt wurde, bezog sich diese Deklaration auf das gesamte Gebiet des Deutschen Bundes. Das »Einladungsschreiben des Siebener-Ausschusses der Heidelberger Versammlung« vom 12. März 1848, mit dem »alle früheren oder gegenwärtigen Ständemitglieder und Teilnehmer an gesetzgebenden Versammlungen in allen deutschen Landen (natürlich Ost- und Westpreußen und Schleswig-Holstein mit einbegriffen)« auf den 30. März 1848 zum sogenannten Vorparlament nach Frankfurt am Main eingeladen wurden,[4] bestätigt dies. Problematisch daran war, daß lediglich Holstein dem Deutschen Bund angehörte, nicht aber Schleswig sowie Ost- und Westpreußen. Daß dennoch aus diesen Gebieten Abgeordnete zum »Vorparlament« entsandt werden sollten, um hier über Form, Umfang und Wahlmodus der geplanten deutschen Nationalversammlung zu entscheiden, lief auf eine De-facto-Erweiterung des Deutschen Bundes hinaus. Erschwerend kam hinzu, daß in all diesen Gebieten Spannungen und Rivalitäten zwischen dem aufkeimenden deutschen Nationalismus und dem Nationalismus anderer Völker herrschten. Im Osten, in Ost- und Westpreußen, lebten viele Polen. Im Südosten des Deutschen Bundes, in der Steiermark und in Kärnten, war es schwierig, eine Grenze gegenüber den hier ansässigen Südslawen zu ziehen; ähnliche Probleme ergaben sich in Südtirol mit den hier lebenden Italienern. In Schlesien, Böhmen und Mähren war eine Grenzziehung wegen der verschiedenen Nationalitäten völlig unmöglich. Im Westen dagegen lag die politische Grenze weit hinter der deutschen Volkstumsgrenze: Das deutschsprachige Elsaß und jene Teile Lothringens, in denen Deutsch noch die Verkehrssprache war, gehörten schon seit langem zu Frankreich. Im Norden schließlich, in den Elbherzogtümern Schleswig und Holstein, herrschte eine völlig unübersichtliche Situation. Dänischer Nationalismus stieß hier auf deutschen Nationalismus. Das Ganze wurde durch historische, staatsrechtliche und dynastische Probleme kompliziert, die durch besondere außenpolitische und ökonomische Interessen und Rücksichten noch zusätzlich an Brisanz gewannen.[5]

Durch diese mannigfachen Überschneidungen des deutschen Nationalismus mit den erwachenden nationalen Bestrebungen anderer Völker war das nationaldeutsche Einigungswerk der künftigen Nationalversammlung von vornherein mit einer schweren Hypothek belastet. Man ahnte zwar die Gefahren, die hier an den Grenzen des Deutschen Bundes heraufzogen, und suchte ihnen auch, wie noch zu zeigen sein wird, mit phantastischen Entwürfen zu begegnen; aber gleichzeitig war man von der Richtigkeit, ja dem heiligen Recht des eigenen Handelns derart überzeugt, daß man von Anfang an dazu neigte, die drohenden Konflikte geringzuachten, die aus den hochfliegenden, weit ausgreifenden

Plänen und den harten machtpolitischen Realitäten resultierten. Ende 1848 traten die über 500 nicht gewählten, sondern von dem »Siebener-Ausschuß« der Heidelberger Versammlung berufenen Abgeordneten des »Vorparlaments« in Frankfurt am Main zusammen. Die wichtigste Aufgabe dieses »Vorparlaments«, das kaum eine Woche tagte, war, die allgemeinen Grundsätze zu bestimmen, nach denen die Wahlen zur Nationalversammlung abgehalten werden sollten. Gleichsam nebenbei verabschiedete dieses »Vorparlament« aber auch den folgenden Beschluß:

»Schleswig, staatlich und national mit Holstein unzertrennlich verbunden, ist unverzüglich in den Deutschen Bund aufzunehmen und in der Konstituierenden Versammlung gleich jedem anderen deutschen Bundesstaate durch freigewählte Abgeordnete zu vertreten.

Ost- und Westpreußen ist auf gleiche Weise in den Deutschen Bund aufzunehmen.

Die Versammlung erklärt die Teilung Polens für ein schmachvolles Unrecht. Sie erkennt die heilige Pflicht des deutschen Volkes, zur Wiederherstellung Polens mitzuwirken. Sie spricht dabei den Wunsch aus, daß die deutschen Regierungen den in ihr Vaterland rückkehrenden Polen freien Durchzug ohne Waffen und, so weit es nötig, Unterstützung gewähren mögen.«[6]

Nicht nur ein Deutsches Reich wollte man errichten, sondern en passant die ganze politische Landkarte Mitteleuropas revolutionieren. Die Vernichtung Polens lastete als Fluch auf den deutschen Geschicken. Es war sicher moralisch konsequent, die Wiederherstellung Polens in Freiheit und Unabhängigkeit mit der deutschen Frage zu koppeln, doch es war eben auch politisch kurzsichtig. Denn die polnische Beute hatten sich gerade jene drei Mächte geteilt, ohne deren aktive Unterstützung oder ohne deren Wohlwollen sich die deutsche Einheit kaum verwirklichen ließ. Verband man die deutsche Sache mit der »heiligen Pflicht des deutschen Volkes zur Wiederherstellung Polens«, so mußte man sich jene drei Mächte zu erbitterten Feinden in der Sache machen, zu deren Gelingen man sie andererseits als Verbündete dringend benötigte.

Polen war die große moralische Belastung für das Werk der deutschen Einigung. Eine, wie sich bald zeigen sollte, unablösbare politische Hypothek aber stellte die Donaumonarchie dar, da vom Habsburgerreich nur die österreichischen »Erblande« dem Deutschen Bund angehörten, nicht jedoch die anderen Teile der Donaumonarchie wie Ungarn und die Lombardei. In Frankfurt hing man aber der Illusion an, die Bewegung der Völker werde dieses Erbe des universalen, des alten Reichs, das immer noch die machtpolitische Wirklichkeit in Mitteleuropa prägte, restlos beseitigen. Am 26. April 1848 legte der »Siebzehner-Ausschuß« – so benannt nach »siebzehn Männern des öffentlichen Vertrauens«, die am 10. März 1848 vom Bundestag beauftragt worden waren, den Entwurf eines Deutschen Reichsgrundgesetzes auszuarbeiten – seinen Verfassungsentwurf vor.[7] Zur Lösung des österreichischen Problems enthielt dieser Entwurf den fragwürdigen Vorschlag, daß Habsburg in dem neuen Reich (Bundesstaat) nur mit jener Hälfte seines Staatsgebiets vertreten sein sollte, die bislang schon dem Deutschen Bund zugehörig war, während die andere Hälfte (Ungarn und die Lombardei) nach eigenen Gesetzen regiert werden sollte. Der Vorschlag sah also nichts anderes vor als eine Spaltung des Habsburgerreichs, ein Gedanke, der sich praktisch nur durch die Entfesselung einer nationalen Revolution unter allen Völkern des Vielvölkerstaats hätte verwirklichen lassen, wie schon damals offenbar wurde. Denn daß man sich in Wien von der tiefen Ohnmacht, in die man durch die Märzrevolution gestürzt worden war, langsam wieder zu erholen begann und deshalb keineswegs geneigt war, in alles und notfalls sogar in die Selbstauflösung des Habsburgerreichs einzuwilligen, das hatte bereits eine Erklärung der liberalen österreichischen Regierung Pillersdorf vom 21. April 1848 gezeigt.[8]

Das österreichische Problem hatte aber noch ganz andere Dimensionen, insofern jene Hälfte des Habsburgerreichs, die dem neuen deutschen Bundesstaat angehören sollte, auch die »Länder der böhmischen Krone« umfaßte. Böhmen zählte von alters her zum Reich und damit auch zum Deutschen Bund. Deshalb sollten die Völker Böhmens nach dem Willen des »Vorparlaments« auch am Neubau des Deutschen Reichs teilhaben. Ausdrücklich war der Führer der »böhmischen Partei«, Palacky, zur Teilnahme am »Vorparlament« eingeladen worden. Dieser lehnte jedoch ab und begründete dies am 17. April 1848 mit den prophetischen Worten: »Rußland, im Innern fast unangreifbar und unzugänglich, hat schon längst eine drohende Stellung nach Außen angenommen und sucht, wenn gleich auch im Norden aggressiv, doch vorzugsweise nach dem Süden sich auszubreiten. Jeder Schritt auf dieser Bahn vorwärts führt zur Universalmonarchie, welche ich im Interesse der Humanität nicht weniger tief beklagen würde, wenn sie sich auch als eine vorzugsweise slawische ankündigen wollte. Die verschiedenen kleinen Völker an der zumeist bedrohten Südostgrenze Rußlands sind keines für sich mächtig genug, dem übermächtigen Nachbarn erfolgreichen Widerstand zu leisten; das können sie nur dann, wenn ein einiges und festes Band sie alle miteinander vereinigt. Die wahre Lebensader dieses notwendigen Völkervereins ist die Donau; seine Zentralgewalt darf sich daher von diesem Strome nicht weit entfernen, wenn sie überhaupt wirksam sein und bleiben will. Wahrlich, existierte der österreichische Kaiserstaat nicht schon längst, man müßte im Interesse Europas, im Interesse der Humanität selbst sich beeilen, ihn zu schaffen.«[9]

Selten ist eine Prophezeiung schrecklicher in Erfüllung gegangen. Der österreichische Vielvölkerstaat, jenes vom deutschen nationalen Idealismus erst halb erkannte, halb erahnte Problem, das sich vor einer nationalen Lösung der deutschen Frage auftürmte, galt den Böhmen, wie Michael Freund schrieb, als eine »Schöpfung der Vorsehung«. Und Palackys Antwort an das Vorparlament sprach mit Deutlichkeit aus, was sich die österreichische Regierung so zu dieser Zeit noch nicht zu sagen getraute: Österreich würde, ja mußte aus seinem eigenen Lebensinteresse heraus, das in Übereinstimmung stand mit dem Lebensinteresse seiner Völker, der große und unerbittliche Widersacher jenes deutschen Einigungswerks sein und bleiben, das die Paulskirche anstrebte.

In der Erklärung der Heidelberger Liberalen-Versammlung vom 5. März 1848 war der Passus zu lesen: »Die Deutschen dürfen nicht veranlaßt werden, die Freiheit und Selbständigkeit, welche sie als ihr Recht für sich selbst fordern, anderen Nationen zu schmälern und zu rauben.«[10] Die Böhmen verdeutlichten nun, daß sie ihre Selbständigkeit und Freiheit im Verband der Donaumonarchie gewahrt sahen. Österreich mußte Österreich bleiben und durfte nicht in Deutschland aufgehen. Diese Lösung aber konnte und wollte das »Vorparlament« des deutschen Volkes nicht gelten lassen. Prag war deutsch, wie konnte es böhmisch sein wollen?! Die hehren Prinzipien, von denen man sich bei seinem Handeln leiten lassen wollte, hielten der rauhen Wirklichkeit nicht stand; also ließ man sie einfach fallen und fand so langsam zum reinen Machtstandpunkt, ohne jedoch die Macht zu haben, diesen Standpunkt wirklich mit Erfolg vertreten zu können.

Auch im Falle der Polen war sehr bald schon überholt, was man sich doch als unverzichtbar gelobt hatte. Es sei die »heilige Pflicht« des deutschen Volkes, so lautete die feierliche Bekundung, bei der Wiederherstellung Polens mitzuwirken. Einen Atemzug zuvor war aber in derselben Erklärung und kaum weniger feierlich die Feststellung getroffen worden, Ost- und Westpreußen seien in den Deutschen Bund aufzunehmen;[11] sie sollten folglich zum künftigen Deutschen Reich gehören. In Westpreußen aber, das seit noch nicht einmal zwei Generationen preußische Provinz war, lebten zahlreiche Polen. Einerseits versicherte man ihnen, man wolle mit dazu beitragen, ihr Land in seinen ehemaligen Grenzen wiederherzustellen; andererseits verleibte man die preußische Beute an den polnischen Teilungen einfach dem künftigen Deutschen Reich ein![12] Für diesen eklatanten Widerspruch gab es eine phantastische Lösung. Der künftige polnische Staat sollte nicht auf Ko-

sten preußischen und alsbaldigen deutschen Staatsgebiets wiederaufge-
richtet werden, sondern vor allem Rußland und Österreich sollten ihren
Anteil an der polnischen Eroberung herausrücken! Es schwindelt einen.
Mit Österreich, so mochte man sich in Frankfurt noch im April und Mai
1848 einbilden, könnte man nach Belieben umspringen, da es durch anhaltende innere Unruhen jeglicher politischer Handlungsfähigkeit beraubt schien. Aber mit Rußland?! Wer in Deutschland wollte, konnte
sich mit Rußland anlegen, um Polen zu befreien? Weit und breit gab es
nur eine Macht, die dazu fähig gewesen wäre: Preußen. Aber Preußen
war das, was es war, nur geworden dank seiner zähen und unverbrüchlichen Anhänglichkeit, seiner Abhängigkeit von Rußland. Und dieses
Preußen sollte einen deutschen Revolutionskrieg für die Freiheit Polens
gegen Rußland führen?! Allein der Gedanke ist absurd; eine Politik, die
einen solchen Schritt auch nur erwog, hatte längst den Stammtisch mit
dem Tollhaus vertauscht.

Es waren jedoch nicht wenige der Liberalen von 1848, die ernsthaft einen Krieg gegen das despotische Rußland, einen nationalen Kreuzzug
gen Osten wollten. Das Kalkül politischen Irrsinns, das sie damit verbanden, speiste sich aus einer merkwürdig widrigen Mischung von historischen Analogien, vorpolitischer Prinzipientreue und innenpolitischer Spekulation. Im Grunde aber verbarg sich hinter dieser Konzeption nichts anderes als tiefe Ratlosigkeit, auf die Frage nach dem
Vaterland der Deutschen keine Antwort zu wissen. Diese, so hoffte man
damals, würde der Krieg gegen Rußland geben: Das neue Reich sollte
aus den Wehen eines großen deutsch-russischen Krieges geboren werden, aus einem Morast von Blut und Leiden sollte der deutsche Phönix
aufsteigen!
    In der in vieler Hinsicht denkwürdigen Unterredung, die Max von
Gagern am 23. März 1848 mit dem König von Preußen hatte, entspann
sich auch folgender Dialog:
    »Gagern: Ew. Majestät wollen mir in dieser feierlichen Stunde ein
Wort gestatten, das allerdings jedem amtlichen Auftrage fremd ist. Was
Ew. Majestät für die Rettung Deutschlands aus drohender Gefahr in
den letzten Märztagen getan und ausgesprochen haben, würde vor dem
18. März uns alle vereinigt und mit unseren Fürsten an der Spitze gegen
jede Bewegung von außen und innen sichergestellt haben. Wie die letzten Ereignisse von Berlin in unseren Ländern aufgenommen wurden,
können wir von hier aus nicht beurteilen. Nach meiner Kenntnis der
Stimmung der Parteien und nach meiner tiefsten Überzeugung kann
uns jetzt nur noch ein neuer, noch kühnerer Entschluß – ein auswärtiger Krieg, vor Anarchie und Auflösung bewahren. Aber nicht, . . ., ein

Krieg gegen Frankreich, der bei uns für jetzt unmöglich ist, sondern ein Krieg gegen Rußland.

König: Wie? eine Aggression gegen Rußland?

Gagern: Die Freigebung von Polen wird einen Krieg mit Rußland nach sich ziehen.

König: Aber Polen wird nie wieder erstehen, es ist ganz ruhig und die stärksten Maßregeln sind genommen.

Gagern: Bei dem Zauber, den der Gedanke der Nationalität jetzt übt, wie können wir da hoffen, der eigenen Nation eine stärkere Einheit zu geben und unsere eigene Nationalität zu behaupten, wenn wir andere unterdrücken und mißachten? Nur die Freigebung Polens kann Ew. Majestät und uns alle erretten.

König: Nie und nimmer mehr, bei Gott, werde ich den Degen gegen Rußland ziehen.

Gagern: Dann halte ich Deutschland für verloren.«[13]

Die Geschicke Deutschlands und Polens waren unstreitig auf vielfältige und zumeist unheilvolle Weise miteinander verflochten. Sie nun aber in einem Gewaltakt trennen und nach dem reinen Prinzip der Nationalität neu ordnen zu wollen konnte nur in eine Katastrophe münden. Der Krieg gegen Rußland, den nicht wenige Liberale predigten, den zu führen sich Friedrich Wilhelm IV. und seine Militärs aber zu Recht scheuten, hätte mit großer Wahrscheinlichkeit in einem Desaster geendet. Eine nationalstaatliche Einigung Deutschlands war damals und auch später nicht gegen Rußland, sondern nur mit seiner stillschweigenden Duldung möglich. Und diese Duldung war nur solange gewährleistet, wie die polnische Frage einerseits völlig ausgeklammert blieb und wie andererseits die nationale Einigung Deutschlands nicht auf nationalrevolutionärem Wege, sondern auf reaktionäre Weise erfolgte, wie später durch Bismarck geschehen. Der politische Preis, der 1871 bei der bismarckschen Reichsgründung für Rußlands Neutralität entrichtet wurde, bestand in der »Verpreußung« des Reichs und im Ausschluß Österreichs. Eine Reichsgründung auf deutscher, auf nationalrevolutionärer Grundlage, die unweigerlich das osteuropäische Völkergemisch mit dem nationalrevolutionären »Bazillus« infiziert hätte, wäre auf den erbitterten Widerstand Rußlands gestoßen.

In Rußland fürchtete man 1848 und genaugenommen bis zum heutigen Tage nichts so sehr wie ein unabhängiges Polen, für das die deutschen Liberalen aus Gründen des Prinzips nationaler Freiheit und Unabhängigkeit, das sie für Deutschland reklamierten, zunächst noch meinten eintreten zu müssen. Denn die Errichtung eines unabhängigen polnischen Staates hätte für Rußland fatale Folgen gehabt. Friedrich Engels hat dies in einer im Februar 1848 in Brüssel gehaltenen Rede angedeutet: »Die erste Bedingung für die Befreiung sowohl Deutschlands wie auch Polens ist die Umwälzung des gegenwärtigen politischen Zustandes in Deutschland, ist der Sturz Preußens und Österreichs, ist das Zurückdrängen Rußlands hinter den Dnjestr und die Dwina.«[14] Ein freies Polen, so schätzte es auch die russische Diplomatie im April 1848 ein, hätte Rußland aus Europa abgedrängt und seine weitere Entwicklung stark behindert.[15] Gegen eine solche Politik, daran ließ Petersburg keinen Zweifel, würde man sich stets mit aller Kraft zur Wehr setzen.

Trotz aller von den Liberalen bekundeten Prinzipientreue hatte der gegen Rußland wegen Polen beabsichtigte Krieg doch nur zweitrangige Bedeutung. Ein wesentlich wichtigeres Motiv war die jakobinische Überlegung, Preußen und seinen zaudernden König durch einen solchen Feldzug an die Spitze der deutschen Bewegung zu zwingen und gleichzeitig durch Konzentration auf den neuen Gegner die auseinanderstrebenden Kräfte zu einen. Unter dem Datum des 29. März 1848 schrieb der katholische Politiker Ernst von Lasaulx an Max von Gagern: »Daß auch hier [d.h. München] die Masse des Bayerntums gegen einen preußischen deutschen Kaiser sei, ersehen Sie aus den öffentlichen Protestationen; mehr Sympathie zeigt sich für einen österreichischen, die meiste für einen bayerischen deutschen Kaiser! Nur ein gemeinsamer auswärtiger Krieg, am liebsten ein russischer, kann diese partikularen Antipathien absorbieren und die bisherige Fiktion eines idealen Deutschlands in eine Realität verwandeln.«[16]

Daß diese heilige Pflicht, die Wiederherstellung Polens zu fördern, wie das Vorparlament noch Anfang April 1848 verkündet hatte, bloß deklamatorischen Wert besaß, zeigte sich sehr bald angesichts der weiteren Entwicklung in der preußischen Provinz Posen. Als Geste des guten Willens gegenüber Polen wie gegenüber den sich so polenfreundlich gerierenden deutschen Liberalen hatte Friedrich Wilhelm IV. am 20. März 1848 eine Amnestie aller in preußischen Gefängnissen einsitzenden polnischen Gefangenen des Aufstands von 1846 angeordnet. Gleichzeitig wurde versprochen, eine »nationale Reorganisation« Posens einzuleiten. Dies war eine gefährliche Ankündigung. Denn die Polen konnten sie nur so verstehen, daß Preußen nun endlich bereit sei, ein freies Polen zu schaffen. Als sich diese Hoffnung nicht erfüllte, kam es zu Aufständen, die erst am 10. Mai 1848 von den preußischen Truppen niedergeschlagen werden konnten.

Der nationale und gleichzeitig weltbürgerliche Idealismus der Liberalen von 1848 hatte mit dieser Niederwerfung des polnischen Aufstandes seine Unschuld eingebüßt. Welchen Sinn hatte es jetzt noch, im Namen dieses Idealismus und der in ihm wurzelnden Prinzipien eine nationale

Revolution entfachen zu wollen, die damit begonnen hatte, tatenlos zuzusehen, wie eine ihr verwandte Bewegung niedergewalzt wurde? Die Ereignisse in Posen im April und Mai 1848 waren der Auslöser dafür, daß die Mehrheit der Liberalen jene lang gehegten Ideale eines Weltbürgertums, das eine Verbindung von nationaler Politik mit allgemeingültigen Prinzipien anstrebte, zugunsten einer an den nationalen Interessen orientierten »Realpolitik« verabschiedete. Nirgendwo kam dies deutlicher zum Ausdruck als in der dreitägigen Polendebatte zwischen dem 24. und 26. Juli 1848 in der Paulskirche, als es darum ging, ob die ganze preußische Provinz Posen in das Deutsche Reich eingegliedert werden sollte oder nur jener Teil, in dem eine überwiegend deutschstämmige Bevölkerung lebte. Lediglich die kleine Gruppe Radikaler um Robert Blum trat damals noch dafür ein, aus Gründen der Gerechtigkeit und der Billigkeit auf das mehrheitlich polnische Posen zu verzichten. In seinem Debattenbeitrag sagte Robert Blum unter anderem: »Es gibt wohl kaum eine eigentümlichere Stellung, als diejenige ist, wo ein frei gewordenes oder frei werdendes Volk entscheiden soll über das Schicksal eines dem Untergang scheinbar gewidmeten Volks... Denen aber, die so sehr bereit sind, heute das polnische Volk in den möglichst tiefen Schatten zu stellen, ihm alle Tugenden abzusprechen, und alle Laster ihm anzuhängen, muß ich zurufen, sie sollen nicht vergessen, daß wir einen großen Teil der Schuld davon tragen. Das Volk ist seit achtzig Jahren zerrissen, geknebelt und unterdrückt, und wir haben es beraubt seiner inneren Kraft und seines Landes und seiner Selbständigkeit und Freiheit. Und wenn nach achtzig Jahren derjenige, den wir zu unseren Füßen niedergetreten haben in den Schmutz, schmutzig erscheint, dann wälzen sie die Schuld nicht auf ihn... Ist es die territoriale Auffassung der Dinge, die Sie bestimmt, wie das z. B. hinsichtlich Schleswig-Holsteins, der Slawen und Triests der Fall gewesen zu sein scheint? Warum sind Sie dann nicht von demselben Prinzip ausgegangen, wenn es sich darum handelt, ein anderes Volk zu beurteilen, dem eine Anzahl Deutscher einverleibt ist, wie uns eine Anzahl Dänen und Slawen und Italiener, und wie sie heißen mögen? Oder ist es der National-Gesichtspunkt, der Sie leitet? – Nun, dann seien Sie auf der anderen Seite so gerecht, und wenn Sie Posen durchschneiden, um die Deutschen zu reklamieren, so schneiden Sie auch Schleswig durch, geben Sie die Slawen los, die zu Österreich gehören, und trennen Sie auch Südtirol von Deutschland... Entweder das eine, oder das andere ist richtig, denn sich die Politik zurechtmachen in der Art und Weise, wie sie einem eben für den Augenblick paßt, das ist nach meiner Ansicht gar keine Politik.«[17]

Robert Blum hatte recht und unrecht zugleich. Aber er teilte den Irrtum, daß Recht und Unrecht unumstößliche Kategorien des politischen

Handelns seien, mit der Mehrheit der in der Paulskirche Versammelten. Denn weder das territoriale noch das nationale Prinzip waren hier ausschlaggebend. Entscheidend war in diesem Fall allein die Machtfrage und nicht die unverbrüchliche Treue zu Prinzipien. Allein, diese Einsicht, die mit ihrem Zynismus dem nationalen Idealismus, der die Paulskirche noch weithin beherrschte, fremd und geradezu feindlich war, begann sich langsam durchzusetzen. Die Rede, die der zur republikanisch-demokratischen Linken zählende Berliner Abgeordnete Wilhelm Jordan unmittelbar im Anschluß an die Ausführungen Robert Blums in der Paulskirche hielt, ist ein erstes, sehr frühes Beispiel dafür, daß sich diese Einsicht, daß in der Politik nicht Prinzipien, sondern Macht und Interessen entscheiden, langsam durchzusetzen begann: »Soll eine halbe Million Deutscher unter deutscher Regierung, unter deutschen Beamten leben, und zum großen deutschen Vaterlande gehören, oder sollen sie in der sekundären Rolle naturalisierter Ausländer in die Untertänigkeit einer anderen Nationalität, die nicht soviel humanen Inhalt hat, als das Deutschtum gegeben, und hinausgestoßen werden in die Fremde? – Wer die letzte Frage mit Ja beantwortet; wer da sagt, wir sollen diese deutschen Bewohner von Posen den Polen hingeben und unter polnische Regierung stellen, den halte ich mindestens für einen unbewußten Volksverräter . . . Polen bloß deswegen herstellen zu wollen, weil sein Untergang uns mit gerechter Trauer erfüllt, das nenne ich eine schwachsinnige Sentimentalität . . . Deutschland fürchtet niemand, braucht niemand zu fürchten. Was uns angeht, das wollen wir selber entscheiden, . . . Ich sage, die Politik, die uns zuruft: Gebt Polen frei, es koste, was es wolle, ist eine kurzsichtige, eine selbstvergessene Politik, eine Politik der Schwäche, eine Politik der Furcht, eine Politik der Feigheit. Es ist hohe Zeit für uns, endlich einmal zu erwachen aus jener träumerischen Selbstvergessenheit, in der wir schwärmten für alle möglichen Nationalitäten, während wir selbst in schmachvoller Unfreiheit darniederlagen und von aller Welt mit Füßen getreten wurden, zu erwachen zu einem gesunden Volksegoismus, um das Wort einmal geradeheraus zu sagen, welcher die Wohlfahrt und Ehre des Vaterlandes in allen Fragen oben anstellt . . . Unser Recht ist kein anderes, als das Recht des Stärkeren, das Recht der Eroberung. Die Übermacht des deutschen Stammes gegen die meisten slawischen Stämme, vielleicht mit alleiniger Ausnahme des russischen, ist eine Tatsache, die sich jedem unbefangenen Beobachter aufdrängen muß, und gegen solche, ich möchte sagen, naturhistorische Tatsachen läßt sich mit einem Dekrete im Sinne der kosmopolitischen Gerechtigkeit schlechterdings nichts ausrichten . . . Ich behaupte also, die deutschen Eroberungen in Polen waren eine Naturnotwendigkeit. Das Recht der Geschichte ist ein anderes, als das der

Compendien. Es kennt nur Naturgesetze, und eines derselben sagt, daß ein Volkstum durch seine bloße Existenz noch kein Recht auf politische Selbständigkeit hat, sondern erst durch die Kraft, sich als Staat unter anderen zu behaupten.«[18]

Das alles ist, man muß es noch einmal betonen, am 24. Juli 1848 in der Frankfurter Paulskirche gesagt worden. Wilhelm Jordans Rede enthielt alle Argumente, deren sich eine künftige nationale Machtpolitik bedienen sollte, um ihre imperialistischen Entwürfe zu rechtfertigen. Die Quintessenz all dessen ist die hybride Formel, am deutschen Wesen solle die Welt genesen. Doch die Fairneß gebiet, dem Redner Gerechtigkeit widerfahren zu lassen. Denn nicht ohne Anlaß kritisierte Jordan den politischen Idealismus der Linken, wenn er sie aufforderte, die europäische Politik Deutschlands nicht unter ideologischen Gesichtspunkten zu beurteilen und zu gestalten, sondern dabei allein die wahren Interessen des deutschen Volkes im Auge zu haben. Der Frieden in Europa sei nicht in Gefahr, wenn auch Deutschland zunächst nur seinen eigenen Interessen folge. Andere europäische Nationen handelten schon seit langem nicht anders. – Dem wird man auch heute gerne zustimmen wollen. Gleichzeitig aber muß man zu bedenken geben, daß mit den »wahren Interessen des deutschen Volkes« immer wieder Mißbrauch getrieben wurde, daß sie allzu häufig dazu dienten, eine Politik zu rechtfertigen, die letzten Endes jene »wahren Interessen des deutschen Volkes« aufs schwerste schädigte. Nicht nur der politische Idealismus der Linken, der weithin ohne negative Folgen blieb, neigte zu Übertreibungen, sondern auch und gerade jene »Realpolitik«, wie sie Jordan vertrat.

Man geht wohl nicht fehl in der Annahme, daß es diese Rede Wilhelm Jordans war, die den meisten Abgeordneten des deutschen Nationalparlaments den realpolitischen »Sündenfall«, ihre Abkehr von den bislang gehegten kosmopolitischen Idealen erleichterte. Mit 342 gegen 31 Stimmen wurde in der Paulskirche der Antrag verabschiedet, den weitaus größeren Teil der preußischen Provinz Posen in den Deutschen Bund aufzunehmen. Die »Freigebung« Polens, für die nicht wenige Liberale ihr Leben hatten opfern wollen, wurde als weltbürgerliche Phrase zu den Akten genommen. Weitaus fataler aber als der Verrat an den als »heilig« apostrophierten Prinzipien in der polnischen Frage waren die Auswirkungen der Krise um Schleswig-Holstein für das nationale Einigungswerk der Paulskirche. Ja, mehr noch: Der Ausgang dieser Krise im Sommer 1848 markierte unübersehbar den Anfang vom Ende der Träume und Hoffnungen all jener, die noch immer an einen baldigen und erfolgreichen Abschluß der deutschen Sache glaubten.

Statt des großen nationalen Einigungskrieges gegen Rußland, zu dem sich Preußen nicht bereit fand, kam auf die Paulskirche ein kleiner Krieg zu, den Preußen namens des »Frankfurter Reichs« gegen Dänemark führte. Es ging um die »meerumschlungenen« Elbherzogtümer Schleswig-Holstein – ein Konflikt, der sich weit besser als Exempel für die gesamte deutsche Frage eignete als die polnische Angelegenheit. Daraus erklärt sich auch, daß dieser Krieg eine derart große Resonanz in der »öffentlichen Meinung« Deutschlands fand und sich an ihm die nationalen Leidenschaften entzündeten.

Tiefere Ursache für die deutsch-dänischen Auseinandersetzungen um Schleswig-Holstein waren Schwierigkeiten, die sich beim Entwicklungsprozeß von dynastisch-territorialen Staaten zu Nationalstaaten ergeben hatten. Die Herzogtümer wurden in Personalunion vom dänischen König regiert, der Herzog von Holstein war, das zum Deutschen Bund gehörte. Während Holstein seiner Bevölkerung nach deutsch war, galt dies nur für den südlichen Teil Schleswigs, dessen nördliche Hälfte dagegen überwiegend von Dänen besiedelt war. Zu diesen historischen und ethnischen Komplikationen gesellten sich zwei weitere, verfassungsrechtliche, hinzu. Einer altehrwürdigen Bestimmung zufolge sollten die Elbherzogtümer niemals aufgeteilt werden, und zum zweiten galt in den Herzogtümern das Salische Erbfolgerecht, das nur eine männliche Herrschaftsnachfolge in der männlichen Linie gestattete. Da die männliche Linie des dänischen Königshauses auszusterben drohte, in Dänemark aber auch die weibliche Thronfolge anerkannt war, erhitzten sich an dieser Thronfolgefrage die nationalistischen Gemüter in Dänemark wie in Deutschland. Während die Dänen eine völlige oder doch sehr weitgehende Annexion der beiden Herzogtümer für Dänemark reklamierten, bestand man in Deutschland auf der uneingeschränkten Gültigkeit der Salischen Erbrechtsbestimmungen. Deshalb forderte man die vollständige Eingliederung beider Herzogtümer in den Deutschen Bund.

Die schleswig-holsteinische Angelegenheit hätte wahrscheinlich nie die Dimensionen eines großen Konflikts erreicht, bei dem es sehr bald um nicht weniger als um die Ehre der Nation ging, wenn sich nicht für jedermann deutlich hinter dieser Kabale die Gretchenfrage erhoben hätte, ob die deutsche Nation fähig sei, ihren Willen als Großmacht durchzusetzen. Dies berührte den Point d'honneur aller. Und daraus erklärt sich auch, daß in der deutschen Sache der Elbherzogtümer so gut wie alle deutschen Regierungen einschließlich der preußischen schon vor den Märztagen von 1848 mit der liberalen und nationalen Bewegung übereinstimmten. Gleichzeitig schien damit die Gefahr eines großen europäischen Konflikts zu wachsen. Denn die Zugehörigkeit der beiden Herzogtümer zur dänischen Krone war durch eine Reihe internationaler Abkommen garantiert. England, Rußland und sogar Frankreich hatten stets besonderen Wert darauf gelegt, daß die Herzogtümer zu Dänemark gehörten; der schmale Zugang zur Ostsee sollte auch nicht unmittelbar von einer Großmacht kontrolliert werden. Allerdings hatte die Ostsee um die Mitte des 19. Jahrhunderts längst ihre einstige Bedeutung für das Gleichgewicht der europäischen Mächte eingebüßt, ein Umstand, der nicht ohne Einfluß auf die weitere Entwicklung bleiben sollte. England war dank der rapiden Fortschritte bei der Kohle- und Dampfkrafttechnologie nicht mehr von Holzimporten aus Rußland abhängig, und der Schwerpunkt der russischen Exporte verlagerte sich infolgedessen von Holz auf Weizen. Damit verschoben sich auch seine wirtschaftlichen Zentren von den Ostseeprovinzen in die Ukraine. Für Rußland erlangten jetzt das Schwarze Meer und die Dardanellen jene Bedeutung, die einst Ostsee und Sund gehabt hatten. Aus dieser Sachlage wurde russischerseits bereits im Mai 1848 die Konsequenz gezogen, daß lediglich eine Veränderung des Status quo in Polen oder der Türkei die Interessen des Zarenreichs unmittelbar berührte und eine Intervention erforderlich machte. Im Falle Englands war die Situation etwas anders: Zwar hatte die Ostsee ihre einstige Bedeutung auch für England verloren, aber dennoch wünschte man in London nicht, an Nord- und Ostsee eine Großmacht zum Gegenüber zu haben. Der Status quo der Elbherzogtümer war deshalb nicht nur 1848, sondern auch später ein wichtiger Faktor für die Haltung Englands gegenüber der deutschen Reichseinigung.[19]

In den Märztagen des Jahres 1848 brach der lange schwelende deutsch-dänische Konflikt um die Elbherzogtümer offen aus. Am 21. März war die dänische Eiderpartei in Kopenhagen an die Regierung gelangt, welche die sofortige Eingliederung Schleswigs in den dänischen Staat verfügte. Am 24. März sagten sich die Stände der beiden Herzogtümer von der dänischen Krone los und bildeten eine provisorische Regierung, die erklärte, man wolle sich der Annexion Schleswigs durch Dänemark mit Waffengewalt erwehren. Außerdem richteten sie ein Hilfeersuchen an den Deutschen Bund. Nach Lage der Dinge war der Adressat dieses Hilferufs Preußen, das als einziger Staat innerhalb des Deutschen Bundes über die Machtmittel gebot, eine Bundesexekution auszuführen. Diesem Ersuchen konnte sich die liberale preußische Regierung unter dem Druck der öffentlichen Meinung nicht gut verschließen. Auch Friedrich Wilhelm IV. erkannte in einer energischen preußischen Unterstützung der deutschen Sache in Schleswig-Holstein seine große Chance, aus jenem Zwielicht herauszutreten, das durch die Entwicklung in Posen auf ihn gefallen war. Am 10. April 1848 überschritten preußische Truppen die Südgrenze der Elbherzogtümer. Ende April war Schleswig-Holstein fest in preußischer Hand. Als aber am 2. Mai preußische Truppen mit der Invasion Jütlands, einer Provinz, die unbestritten zu Dänemark gehörte, begannen, wurde die internationale Diplomatie aktiv.

Obwohl der russische Zar als erster mit groben Worten Friedrich Wilhelm IV. attackierte, war dennoch deutlich, daß Rußland keinerlei Neigung zeigte, wegen Dänemark einen Krieg anzuzetteln, den es anläßlich der preußischen Polenpolitik vermieden hatte. Bereits am 8. Mai unterbreitete der russische Außenminister und Kanzler Nesselrode den Vermittlungsvorschlag, Schleswig entlang der Sprachgrenze zu teilen, den nördlichen Teil dieses Herzogtums Dänemark zu geben und den südlichen an den Deutschen Bund.[20] Auf diesen Vorschlag hätten sich beide Konfliktparteien rasch einigen können, wenn sie nicht in ihren historischen, erb- und verfassungsrechtlichen Argumenten bereits so verrannt gewesen wären. Während Rußland seine Intervention mit diesem Versöhnungsangebot als erledigt betrachtete, griff nun die englische Diplomatie ein. Sie suchte insbesondere Preußen zu bewegen, entweder Frieden oder wenigstens einen Waffenstillstand mit Dänemark zu schließen. In einer Note vom 19. Mai 1848 unterbreitete der englische Außenminister Lord Palmerston den Konfliktparteien den russischen Teilungsvorschlag.[21] Während dieser Plan von der provisorischen Regierung der Elbherzogtümer wie von der dänischen Regierung mit Empörung zurückgewiesen wurde, signalisierte Preußen seine Bereitschaft, ihn zu akzeptieren; die preußischen Truppen wurden am 25. Mai 1848 hinter die nördliche Sprachgrenze bis Flensburg zurückgenommen.

Die »preußenfreundliche« deutsche Geschichtsschreibung begründete das Einlenken Friedrich Wilhelms IV. im dänischen Krieg, mit dem der deutschen Einheitsbewegung erneut ein schwerer Schlag versetzt und die Träumer auf den Boden der Tatsachen zurückgeholt wurden, stets mit dem massiven diplomatischen Druck Englands und Rußlands.[22] Aber von einem russischen Druck, sieht man einmal vom Poltern des Zaren ab, konnte keine Rede sein. Für Rußland war das Schicksal der Elbherzogtümer kein Casus belli.[23] Selbst von einem englischen Druck war eigentlich nichts zu verspüren. Palmerston beschränkte sich im wesentlichen auf dunkle Andeutungen, daß Rußland und Frankreich eine Veränderung des Status quo in Schleswig-Holstein nicht hinnehmen könnten und würden.

Außerdem bedeutete die Aufnahme ganz Schleswigs in den Deutschen Bund noch lange nicht die Vollendung der deutschen Einheit. Das zumindest war den europäischen Großmächten sehr bewußt, wenn auch nicht den deutschen Liberalen. Da aber den Kräften der nationalen und liberalen Bewegung die Auseinandersetzung um die Zugehörigkeit von Schleswig-Holstein zum Deutschen Bund als das Fait accompli der deutschen Einigung schlechthin galt, überschätzten nicht wenige von ihnen die europäischen Dimensionen dieses Konflikts. Aber auch die immerhin mögliche nationalstaatliche Einigung Deutschlands, von der nur die deutschen Liberalen noch annahmen, sie stünde kurz bevor, weckte 1848 kaum die Interventionsgelüste der anderen europäischen Großmächte. Zwar fühlten weder England noch Rußland oder gar Frankreich sich bemüßigt, den nationalen Aspirationen der deutschen Liberalen mit Sympathie zu begegnen. Doch dies ist noch lange nicht gleichbedeutend damit, daß sie entschlossen gewesen wären, eine nationalstaatliche Einigung Deutschlands mit Gewalt zu verhindern, wenn sie sich denn angebahnt hätte. Rußland stand der gesamten deutschen Entwicklung, solange Polen aus dem Spiel blieb und kein ausgesprochen nationalrevolutionärer Weg eingeschlagen wurde, ziemlich teilnahmslos gegenüber. Rußlands Blicke richteten sich ganz auf den schleichenden Zerfall des türkischen Großreichs. Frankreich, wenngleich traditioneller Garant der Buntheit deutscher Verhältnisse, war damals mehr daran interessiert, als republikanischer Staat nicht wieder von den europäischen Monarchien durch eine Erneuerung der Heiligen Allianz ins europäische Abseits gedrängt zu werden. Außerdem hielt man in Paris, wie in den anderen europäischen Hauptstädten auch, Österreich für die bei weitem stärkere deutsche Macht. Deshalb glaubte man, von einer deutschen Einigung unter preußischer Führung – bei Ausschluß Österreichs – nur eine Verschärfung des deutschen Dualismus erwarten zu können. England schließlich, der Wächter des europäischen Gleichgewichts, verfolgte 1848 gespannt die Entwicklung in Italien, zumal es die Stärke Frankreichs überschätzte und Italien, soweit es nicht von Österreich beherrscht wurde, zur französischen Einflußzone gehörte.[24] Kurzum, die Deutschen wären 1848 im Gegensatz zu der Zeit nach 1860 bei ihrem Einigungswerk weitgehend unter sich gewesen. Daß dieses Unternehmen 1848 scheiterte, ist deshalb auch nicht teilweise dem immer wieder angeführten wahrhaft ominösen Druck der europäischen Großmächte zuzuschreiben, sondern einzig und allein den deutschen Verhältnissen.

Der einsame Entschluß Friedrich Wilhelms IV., den »Bundeskrieg« gegen Dänemark durch die Zurücknahme der preußischen Truppen hinter die schleswigsche Grenze abzubrechen, läßt sich plausibel nur damit begründen, daß dem preußischen König das ganze dänische Abenteuer von Herzen leid war. Dazu kam, daß ihm die ganze deutsche Sache, für die ihn die Liberalen ständig zu gewinnen suchten, zuwider war. Die bösen Worte, die ihm sein Schwager, Zar Nikolaus, sagen ließ, mögen ein übriges getan haben. Nicht, daß er wirklich eine bewaffnete Intervention Rußlands wegen Dänemarks gefürchtet hätte; vielmehr hatte der Zar ihn, den legitimen Monarchen, bei seiner Ehre gepackt, seine Würde angesprochen. Und mit dieser Ehre und Würde war es unvereinbar, daß man mit potentiellen Königsmördern wie den Liberalen paktierte und Rebellen unterstützte.[25] Mit der dänischen Sache warf Friedrich Wilhelm IV. auch die deutsche endgültig hin. Die deutschen Liberalen brauchten noch ein Jahr, ehe sie aus ihren Träumen erwachten und das begreifen konnten. Zu sehr war der Erfolg ihrer Politik auf die aktive Unterstützung der deutschen Einigung durch Preußen abgestellt. Nur Preußen gebot über die Macht, die Liberalen lediglich über die Vision und die Worte. Jeder für sich aber war zu wenig.

Am 9. Juni 1848 hielt der Historiker Dahlmann – einer jener sieben Professoren der Universität Göttingen, die der König von Hannover einst von ihren Lehrstühlen hatte entfernen lassen, weil sie gegen die Aufhebung der hannoverschen Verfassung zu protestieren gewagt hatten – in der Paulskirche eine Rede über das Thema Schleswig-Holstein. Seine Ausführungen gipfelten in der Prophezeiung: »Glauben Sie ja nicht, daß diejenigen Männer, die jetzt so viel Redens davon machen, das ganze europäische Gleichgewicht werde erschüttert, wenn das ganze Schleswig, mit Holstein vereinigt, zum Deutschen Bunde tritt, daß diese Männer irgend Glauben verdienen. Nicht im geringsten wird dadurch das europäische Gleichgewicht nur irgend erschüttert, ja nicht einmal berührt ... Wenn Sie in der schleswig-holsteinischen Sache versäumen, was gut und recht ist, so wird damit auch der deutschen Sache das Haupt abgeschlagen.«[26]

Das war wohl wahr, allein die Paulskirche hatte nicht die Macht, das zu tun, was gut und recht ist ... Aber sie unterließ auch, was das Vernünftigste gewesen wäre, nämlich den russisch-englischen Vermittlungsvorschlag aufzugreifen. Niemand wollte über den Schatten der mit scheinbar unverbrüchlichen historischen und verfassungsrechtlichen Argumenten unterfütterten Position springen, die man in dieser Frage bezogen hatte. Man war fixiert aufs Ganze, ein großes Deutschland sollte es werden, und Schleswig war dazu der erste Baustein. So tat man das Dümmste, was man machen konnte: Man verknüpfte seine Ehre mit einer Sache, die nur durch die Macht, die man aber nicht hatte, entschieden werden konnte. In derselben Sitzung des Paulskirchenparlaments, in der Dahlmann seine Rede hielt, brachte der Abgeordnete Waitz, ebenfalls Professor an der Universität Göttingen, den Antrag ein, die schleswigsche Sache zur Angelegenheit der deutschen Nation zu erklären und den Krieg gegen Dänemark energisch fortzusetzen. Das Ganze gipfelte dann in der Forderung: »daß ... bei dem Abschluß des Friedens mit der Krone Dänemarks das Recht der Herzogtümer Schleswig und Holstein und die Ehre Deutschlands gewahrt und der Friede der Nationalversammlung zur Genehmigung vorgelegt werde.«[27]

Damit war nicht nur das Kriegsziel fixiert, sondern es waren auch die Bedingungen eines künftigen Friedensschlusses festgelegt. Jetzt gebot es die Ehre Deutschlands, beide Herzogtümer in den Deutschen Bund aufzunehmen, eine Maßgabe, die nach deutscher Auffassung durch den altehrwürdigen Grundsatz, daß beide Herzogtümer für »immer ungeteilt« sein sollten, unabdingbar war. Der Antrag erhielt aber nur dadurch die Zustimmung der übergroßen Mehrheit der Paulskirchenversammlung, daß der letzte Satz, mit dem bestimmt werden sollte, daß der »Friede der Nationalversammlung zur Genehmigung vorgelegt« werde, ausgeklammert und gesondert zur Abstimmung gebracht wurde. Damit handelte die Versammlung nach dem Vorbild des Pontius Pilatus. Sie verkündete Bedingungen, von deren Erfüllung für sie die Ehre Deutschlands abhing, wollte aber die Erfüllung dieser Bedingungen nicht kontrollieren! Bei der namentlichen Abstimmung votierten 275 von 475 Abgeordneten dagegen, daß dieser letzte Satz in die Erklärung aufgenommen wurde, die man zuvor gebilligt hatte.

Bereits mit dieser Entscheidung vom 9. Juni 1848 wurde unmißverständlich deutlich, daß die Mehrheit in der Paulskirche entschlossen war, ihr politisches Schicksal und damit das Deutschlands vertrauensvoll in die Hände Preußens zu legen. Die Revolution war beendet, und die Paulskirche versicherte mit ihrer Mehrheit, daß sie unter keinen Umständen gewillt sein werde, sie wieder zum Leben zu erwecken, um die ihr »heiligen« Ziele zu verwirklichen. Alles, was nach diesem 9. Juni 1848 noch Denkwürdiges in der Sache Schleswig-Holsteins und in der Sache Deutschlands von den Versammelten gesagt wurde, besitzt nur noch deklamatorischen Wert, so man es nicht vorzieht, es härter, aber zutreffender als bloße Posse zu bezeichnen. Und als nichts anderes läßt sich die weitere Behandlung des Themas Schleswig-Holstein durch die Paulskirche qualifizieren. Bereits am 2. Juli 1848 war zwischen Preußen und Dänemark im schwedischen Malmö ein Waffenstillstand vereinbart worden, von dem die Frankfurter Nationalversammlung nicht offiziell, sondern nur gerüchteweise und deshalb unvollständig Kenntnis erhielt. Diese Gerüchte veranlaßten eine Reihe von Abgeordneten zu Anfragen, über die am 10. Juli debattiert wurde. Der Abgeordnete Max Duncker, ein Historiker aus Halle, stellte den Antrag, daß angesichts des Beschlusses vom 9. Juni und »der sich häufenden Gerüchte über einen deutscherseits auf ungünstigen Bedingungen vorgenommenen Waffenstillstand« der Völkerrechtsausschuß beauftragt werden solle, »sich sofort die erforderliche Kenntnis der Sachlage zu verschaffen und in kürzester Zeit darüber Bericht zu erstatten«.[28] Duncker begründete seinen Antrag u.a. mit dem folgenden Argument: »Wären die Nachrichten [d.h. über den Abschluß eines preußisch-dänischen Waffenstillstandes] . . . wahr, so wäre die auswärtige Politik des alten Deutschland stärker gewesen, als die des neuen, so wäre die Politik des einigen Deutschland schwächer als ehemals die Politik des uneinigen Deutschland.« Der Vergleich war so übel nicht gewählt, wenn er auch all jene schmerzlich berühren mußte, die noch immer mit Worten die Wirklichkeit verändern wollten. Und das taten die allermeisten der in Frankfurt Versammelten, Duncker eingeschlossen. Das zeigte sich insbesondere im weiteren Teil seiner Rede, in dem er die Bedeutung Schleswig-Holsteins für die deutsche Frage unter einem neuen, für die zukünftigen, ausschweifenden nationalpolitischen Vorstellungen bezeichnenden Blickwinkel entwickelte. »Denken Sie daran, daß die Schleswig-Holsteiner die ersten sind unter den Stämmen, die durch die Unbill früherer Zeiten Deutschland entfremdet wurden, die nun aus eigener Kraft und freiem Entschluß zu dem gemeinsamen Vaterlande zurückkehrten. Wollen Sie, meine Herren, und Sie müssen es wollen, daß auch die Stämme deutscher Zunge am Ober- und Niederrhein, welche die Schmach vergangener Jahrhunderte von uns abgetrennt hat . . ., daß auch diese Stämme zu uns zurückkehren, so müssen Sie auch hier bei diesem Beschlusse, der als ein Präjudiz gelten wird, zeigen, was diejenigen zu erwarten haben, welche zu uns stehen wollen, welche hinübertreten zu dem gesamten Deutschland.«[29] Aus diesem Gedanken, der hier erstmals in dieser Deutlichkeit formuliert wurde, entwickelten sich dann jene furchtbaren und größenwahnsinnigen Träume eines deutschen Großreichs, das ganz Mitteleuropa umspannen sollte.[30]

Die Versammlung billigte den Dunckerschen Antrag, daß sich der Völkerrechtliche Ausschuß die erforderliche Kenntnis der Sachlage des gerüchteweise bekanntgewordenen Waffenstillstandes verschaffen solle. Außerdem beschloß man, »in Betracht, daß 1. uns bisher nur unverbürgte Gerüchte und nicht offizielle Zeitungsartikel vorliegen, 2. daß es gesetzlich nur dem Reichsverweser zusteht, im Einverständnis mit der Nationalversammlung über Krieg und Frieden zu entscheiden, und mit dem ausdrücklichen Vorbehalt, sofort energisch einzuschreiten gegen jeden notorischen Versuch, die Ehre Deutschlands in dieser Frage bloßzustellen – . . . zur motivierten Tagesordnung« überzugehen.[31]

Was sollte man auch anderes tun, außer darauf zu vertrauen, daß Preußen schon die »Reichszentralgewalt« und die Nationalversammlung respektierte, die feierlich die Ehre Deutschlands mit der schleswig-holsteinischen Sache verknüpft hatte ... In Frankfurt konnte man sich immerhin einige Tage in dieser Illusion wiegen, nachdem sich jener erste preußisch-dänische Waffenstillstand zerschlagen hatte. Sofort wuchs die Hoffnung, Preußen werden nichts unversucht lassen, um die Ehre Deutschlands zu wahren. Jedoch kurz danach, am 26. August 1848, schlossen Preußen und Dänemark in Malmö einen weiteren, auf sieben Monate befristeten Waffenstillstand. Dieser Vereinbarung zufolge sollten alle deutschen und dänischen Truppen abgezogen, die beiden Herzogtümer von einer gemeinsamen, von Preußen und Dänemark gebildeten Kommission mit dem dänischen König als Herzog an der Spitze verwaltet werden. Alle von der provisorischen deutschen Regierung erlassenen Gesetze wurden für nichtig erklärt, sofern man nicht ihre weitere Gültigkeit in einigen Ausnahmefällen vereinbarte. Die Waffenstillstandsbedingungen schließlich sollten nichts präjudizieren. Mit den Beratungen über eine endgültige Friedensregelung wollte man sofort beginnen.[32]

Preußen unterzeichnete diesen Waffenstillstand auch im Namen eines »Toten«, nämlich des Deutschen Bundes, der seit dem 28. Juni 1848 mit der Auflösung des Bundestages und der Übertragung seiner Kompetenzen an die »Reichszentralgewalt« formal nicht mehr existierte. Außerdem hatte Preußen großen Wert darauf gelegt, auch von der »Zentralgewalt« entsprechende Vollmachten für den Abschluß eines Waffenstillstandes mit Dänemark zu erhalten. Nach langwierigen Verhandlungen wurden diese gewährt, allerdings mit einer Reihe von Einschränkungen, welche die »Zentralgewalt« angesichts der einschlägigen Beschlüsse des Nationalparlaments notwendig zur Bedingung machen mußte. Der dann von Preußen abgeschlossene Waffenstillstand von Malmö erfüllte aber keine einzige dieser Auflagen. »Zentralgewalt« wie Nationalversammlung wurden durch diese preußische Handlungsweise völlig desavouiert. In den Augen Preußens waren sie nicht mehr als ein Popanz, während der Fortbestand des Deutschen Bundes durch dasselbe Preußen einfach behauptet wurde. Preußen zeigte damit, daß ihm die »Ehre Deutschlands«, mit welcher die Nationalversammlung den Ausgang der schleswig-holsteinischen Sache durch ihren Beschluß vom 9. Juni 1848 verknüpft hatte, völlig gleichgültig war.

Als ein Vertreter der »Reichszentralgewalt« am 4. September 1848 die Bedingungen des preußisch-dänischen Waffenstillstands von Malmö in der Paulskirche verkündete, hatte dies die Wirkung eines Donnerschlags. Die Versammlung war noch immer befangen von »dem träumerischen und gefährlichen Unsinn«, wie es ein englischer Staatsmann jener Zeit einmal bezeichnete, der Deutschland hieß. Vernünftig zu reagieren in solch einer Situation, in der alle Gemüter über den »preußischen Verrat« an der deutschen Sache aufs äußerste erregt waren – der Waffenstillstand von Malmö wurde nicht ganz zu Unrecht als »zweiter Friede von Basel« bezeichnet –, war dem Parlament nicht möglich. Und Vernunft hätte zunächst bedeutet, mit Ruhe und Besonnenheit die Sachlage zu prüfen und erst dann zu entscheiden. Immerhin wurde wenigstens der Ausschuß für völkerrechtliche und internationale Fragen damit beauftragt, für den kommenden Tag, den 5. September, der Nationalversammlung eine gutachterliche Beurteilung des Waffenstillstands vorzulegen. Der Historiker Dahlmann zeichnete in seiner Rede zunächst ein umfassendes Bild jener Mißachtungen, die sich Preußen gegenüber der »Zentralgewalt« und dem Parlament hatte zuschulden kommen lassen. Im weiteren Verlauf seiner Ausführungen aber wechselten Visionen, Forderungen, Drohungen und Beschwörungen einander ab, die nicht wenig dazu beitrugen, die ohnehin schon emotional aufgeladene Atmosphäre in der Versammlung noch weiter aufzuheizen. Dahlmanns Rede kulminierte in Parolen und plakativen Sätzen, die geeignet sind, Exempel für die über jeden Verdacht erhabene Gesinnung eines deutschen Patrioten und Professors abzugeben: »Diese neue deutsche Macht, welche, solange Deutschland besteht, noch nie erblickt ward, die ihren Mittelpunkt hier in der Paulskirche hat und über welche das Vertrauen des gesamten deutschen Volkes wacht, sie soll von Anfang her in ihrem Aufkeimen beschnitten, sie soll, wenn es möglich wäre, nach allen Seiten hin zerfetzt und endlich zerbrochen werden! Unterwerfen wir uns bei der ersten Prüfung, welche uns naht, den Mächten des Auslands gegenüber, kleinmütig bei dem Anfange, dem ersten Anblick der Gefahr, dann, meine Herren, werden Sie ihr ehemals stolzes Haupt nie wieder erheben. Denken Sie an diese meine Worte: Nie.«[33]

Die weitere deutsche Geschichte sollte noch zahlreiche Momente bieten, sich an dieses »Nie« zu erinnern. – Robert Blum zog in seinem leidenschaftlichen Debattenbeitrag die letzte, die radikalste Konsequenz: »Wäre über die deutsche Nation durch die Verhältnisse, wie sie vorliegen, in der ersten Zeit ihres Emporstrebens das Verhängnis der Vernichtung ausgebrochen, es wäre unendlich schmerzlich. Aber ertragen möchte ich es noch lieber, als mit Schmach [...] fortzuleben. Sie mag am Völkergrabe das Bewußtsein eintauschen, daß die Nachwelt sage: sie sei zugrunde gegangen, aber mit Ehre.«[34] Von der Ehre war schon so häufig die Rede gewesen: Sie war nur noch Gerede.
    Doch trotz der ungeheuren Emotionalisierung der Paulskirche erhielt

der Beschluß, »die Sistierung der zur Ausführung des Waffenstillstands nötigen militärischen und anderen Maßregeln« zu verlangen, nur eine magere Mehrheit von 238 zu 221 Stimmen. Dies war der zweite und zugleich der letzte parlamentarische Sieg, den die Linke in der Paulskirche errang. Preußen wurde damit der Fehdehandschuh hingeworfen. Eine leere Geste auch dies. Denn welche Macht hätte Preußen in die Knie zwingen können? Nur die der Revolution, die zu entfesseln sich aber die übergroße Mehrheit des Parlaments sehr wohl hütete. Jetzt müsse es sich zeigen, hatte Robert Blum in der Debatte verkündet, ob Preußen in Deutschland aufgehe oder Deutschland in Preußen. Eine durchaus richtige und zutreffende Frage, nur, wie dies geschehen sollte, eine andere. »Man kann einen Staat wie Preußen«, schrieb der Historiker Droysen im August 1848, »nicht über denselben Bundesleisten wie Nassau schlagen; er muß entweder zerstören oder zerstört werden, entweder auffressen oder aufgefressen werden; nur so lange man sich auf dem parkettierten Diplomatenboden des Völkerrechts bewegte, gingen solche Inkommensurabilitäten an: Seitdem das Volk mitspricht, muß weiteres folgen.«[35] Aber die Paulskirche konnte Preußen nicht auffressen, und Preußen wollte damals jedenfalls noch nicht Deutschland auffressen.

Aus dieser verfahrenen Situation boten sich nur zwei Auswege an, die aber beide kaum akzeptabel waren: Entweder Unterwerfung unter Preußen in der Hoffnung, soviel als möglich von den Errungenschaften der Revolution zu retten, oder aber die Entfesselung aller schlummernden revolutionären Kräfte, um mit diesen im Bunde Preußen und alle anderen Gegner der deutschen Einheit zu besiegen. Dieser Ausweg wurde von nicht wenigen Heißspornen auf der Linken befürwortet. Die Argumente, die Friedrich Engels in einem Artikel für die »Neue Rheinische Zeitung« dazu vorbrachte, sind durchaus repräsentativ. Gerade die Linke war es gewesen, die immer wieder energisch den deutschen Nationalkrieg gegen Dänemark gefordert hatte. Daß dieser Kampf aber nur der Zündfunke zu einem größeren Konflikt sein sollte, von dem sich die Linke die Fortsetzung der Revolution in Deutschland und ihre Vollendung erhoffte, das enthüllt Engels in seinem Beitrag: »Der dänische Krieg ist der erste Revolutionskrieg, den Deutschland führt. Und darum haben wir uns, ohne dem meerumschlungenen Schoppenenthusiasmus die geringste Stammverwandtschaft zu bezeigen, von Anfang an für energische Führung des dänischen Krieges erklärt.«
Eine Annexion ganz Schleswigs durch Deutschland versuchte Engels im weiteren so zu rechtfertigen: »Mit demselben Recht, mit dem die Franzosen Flandern, Lothringen und Elsaß genommen haben und Belgien früher oder später nehmen werden, mit demselben Recht nimmt Deutschland Schleswig: mit dem Recht der Zivilisation gegen die Barba-

rei, des Fortschritts gegen die Stabilität.« Der Skandinavismus im allgemeinen und das Dänentum im besonderen gehörten einer historisch noch derart weit zurückliegenden Entwicklungsstufe an; Deutschland sei »ihnen gegenüber sogar noch revolutionär und progressiv«. Denn die Dänen sind nach Engels ein Volk, »das in der unbeschränktesten kommerziellen, industriellen, politischen und literarischen Abhängigkeit von Deutschland steht. Es ist bekannt, daß die faktische Hauptstadt von Dänemark nicht Kopenhagen, sondern Hamburg ist ...«. Skandinavismus und Dänentum bestünden in nichts anderem als »in der Begeisterung für die brutale, schmutzige, seeräuberische, altnordische Nationalität, für jene tiefe Innerlichkeit, die ihre überschwenglichen Gedanken und Gefühle nicht in Worte bringen kann, wohl aber in Taten, nämlich in Roheit gegen Frauenzimmer, permanente Betrunkenheit und mit tränenreicher Sentimentalität abwechselnde Berserkerwut«. Nachdem Engels mit dieser wüsten Diatribe dem dänischen Volk jeglichen moralischen Anspruch, eine eigene, unabhängige Existenz zu führen, abgesprochen hat, kommt er mit der Antwort auf die selbstgestellte Frage »Und wer ist von Anfang an auf Seite Dänemarks gewesen?« zum eigentlichen Kern seiner Überlegungen: »Die drei kontrerevolutionärsten Mächte Europas: Rußland, England und die preußische Regierung. Die preußische Regierung hat, solange sie konnte, einen bloßen Scheinkrieg geführt – man denke ... an die Bereitwilligkeit, mit der sie auf englisch-russische Vorstellungen hin den Rückzug aus Jütland befahl, und schließlich an den zweimaligen Waffenstillstand! Preußen, England und Rußland sind die drei Mächte, die die deutsche Revolution und ihre erste Folge, die deutsche Einheit, am meisten zu fürchten haben: Preußen, weil es dadurch aufhört zu existieren, England, weil der deutsche Markt dadurch seiner Exploitation entzogen wird, Rußland, weil die Demokratie dadurch nicht nur an die Weichsel, sondern selbst bis an die Düna und den Dnjepr vorrücken muß. Preußen, England und Rußland haben komplottiert gegen Schleswig-Holstein, gegen Deutschland und gegen die Revolution. Der Krieg, der möglicherweise jetzt aus den Beschlüssen in Frankfurt entstehen kann, würde ein Krieg Deutschlands gegen Preußen, England und Rußland sein. Und gerade solch ein Krieg tut der einschlummernden deutschen Bewegung not, – ein Krieg gegen die drei Großmächte der Kontrerevolution, ein Krieg, der Preußen in Deutschland wirklich aufgehn, der die Allianz mit Polen zum unumgänglichsten Bedürfnis macht, der die Freilassung Italiens sofort herbeiführt, der gerade gegen die alten kontrerevolutionären Alliierten Deutschlands von 1792 bis 1815 gerichtet ist, ein Krieg, der ›das Vaterland in Gefahr‹ bringt und gerade dadurch rettet, indem er den Sieg Deutschlands vom Sieg der Demokratie abhängig macht.«[36]

An diesen Überlegungen von Engels wird man einiges für durchaus zutreffend erachten können, anderes dagegen scheint schief, und die Schlußfolgerung aus allem ist gespenstisch. Denn mit welchen Armeen wollte der »militärische Experte« Engels diesen Krieg gegen die Großmächte führen und gewinnen? – »Geisterarmeen« haben auch später nicht das Schicksal Deutschlands zu wenden vermocht... Und auch der historische Vergleich, der das Deutschland von 1848 mit dem Frankreich der Revolutionskriege von 1792 in Beziehung setzt in der Erwartung, auch Deutschland werde in der Lage sein, aus dem Nichts und der bloßen nationalrevolutionären Begeisterung ein riesiges siegreiches Heer zu schaffen, ist unsinnig. Daß die Paulskirche kein Revolutionskonvent war, hatte sie von Anfang an bewiesen. Daß eine revolutionäre Situation, wenn sie denn je in Deutschland in größerem Ausmaße vorhanden gewesen war, sich schon in den Märztagen des Jahres 1848 verbraucht hatte, war durch das Scheitern des Aufstandes, den Hecker in Baden anzuzetteln versuchte, offenbar geworden. Nein, die Paulskirche war ebensosehr eine Gefangene ihrer Träume wie der Situation, die eine Verwirklichung dieser Träume unmöglich machte. Es kam deshalb nicht überraschend, daß die Regierung der »Reichszentralgewalt« ihren Rücktritt einreichte, weil sie den Beschluß der Nationalversammlung vom 5. September, den Waffenstillstand Preußens mit Dänemark zu »sistieren«, nicht vollziehen wollte. Sie wollte nicht, weil sie nicht konnte, weil ihr die Machtmittel fehlten, einen solchen Beschluß durchzusetzen.

Die Paulskirche mußte mit diesem Dilemma leben, das sie sich selbst zuzuschreiben hatte. Und da sie ebenso schwach war wie die zurückgetretene Regierung, konnte sie ihre eigenen Beschlüsse nur revidieren: Sie mußte sich den durch Preußen in der schleswigschen Angelegenheit geschaffenen Tatsachen beugen. Bevor es aber zu dieser Kapitulation kam und auch, um vor sich selbst wenigstens einen Rest jener Würde zu wahren, die man sich gegenseitig immer wieder bescheinigte, nahm die Nationalversammlung erst noch zwei weitere Gutachten und Berichte über den Waffenstillstand von Malmö entgegen, ehe sie am 14. September 1848 in eine zweite dreitägige Debatte über dieses Thema eintrat. Von den Beiträgen in dieser Debatte, in der deutlich jene Stimmen überwogen, die zur Besonnenheit mahnten und verlangten, daß die Bedingungen anerkannt werden müßten, verdient vor allem die Rede Aufmerksamkeit, die Wilhelm Jordan hielt. Jordan war der einzige, der den Mut und die persönliche Integrität besaß, die frühere Schleswig-Holstein-Politik des Parlaments scharf zu verurteilen. Die Paulskirche, so hielt Jordan der Versammlung vor, habe, gestützt auf das Gefühl der eigenen Stärke, hochfliegende Pläne entwickelt; nun aber gelte es, auf den Boden der Realität zurückzukehren und mit der Situation fertig zu werden. Völlig unnötigerweise habe man »mit der Nationalehre va banque« gespielt. »Wenn man in diesem Sinne sagt, man habe gar keine Rücksicht zu nehmen, sondern nur auf die Ehre Deutschlands, dann, meine Herren, ... rennt man mit dem Kopfe gegen die Wand und nach dieser Auffassung würde es in ganz Europa keine Nationen mehr geben als ehrlose.« Nachdem Jordan den politischen Idealismus der Versammlung derart angeprangert hatte, demonstrierte er noch an einem anderen Beispiel, zu welchen Fehlschlüssen ein solcher politischer Idealismus verführen könne. Preußen handele in der schleswigschen Sache durchaus in Übereinstimmung mit der Mehrheit seiner Bevölkerung. In Preußen sei ein partikulares Nationalgefühl nach wie vor stark ausgeprägt. Und deshalb ergäbe sich für die Paulskirche zuvörderst die Notwendigkeit, dieses preußische Nationalgefühl zu bekehren und auch die Preußen voll und ganz für die deutsche Sache zu gewinnen. Jordan kam dann auf die Möglichkeit eines großen Krieges zu sprechen, um die Einigung Deutschlands zu beschleunigen. Einen solchen Krieg fürchte er nicht, auch erscheine es ihm als wahrscheinlich, daß man auf diese Weise am schnellsten die angestrebte deutsche Einigung erzielen könne. Aber, und diese Worte sollten nur zu bald bittere Wahrheit werden, ein militärischer Sieg Deutschlands werde »auf Kosten der Freiheit« gehen. Denn unweigerlich münde ein solcher Krieg in einen »Militärdespotismus, welchem wir dann unfehlbar verfallen«.[37]

Der Historiker der Revolution, Veit Valentin, bezeichnete den 16. September 1848 als den »schwarzen Tag« des Frankfurter Parlaments, weil »diese stolze Versammlung, die ganz aus ihrer Machtvollkommenheit heraus das neue Deutschland aufbauen wollte«, binnen weniger Tage in ein und derselben Sache erst nein, dann ja sagte.[38] Der idealistische Überschwang und die daraus resultierende Selbstüberschätzung der Paulskirche mußten an diesem Tag vor der Macht der Tatsachen kapitulieren. Mit 258 gegen 237 Stimmen wurde nun die Ablehnung des preußisch-dänischen Waffenstillstands verworfen. Ein weiterer Antrag, den vier Abgeordnete aus Schleswig-Holstein eingebracht hatten und in dem gefordert wurde, den Waffenstillstand zu akzeptieren, zugleich aber Verhandlungen über dessen Modifikation zu beginnen, wurde mit 257 zu 236 Stimmen angenommen.[39] Die Paulskirche hieß damit etwas gut, was sie zuvor noch als schändlich gebrandmarkt hatte. Der preußische Bevollmächtigte in Frankfurt, Ludolf Camphausen, meldete nach dieser Abstimmung seiner Regierung: »Der Sieg gehört zu denjenigen, deren man nicht viele erkämpfen kann, ohne zu verbluten.«[40] Daß Preußen damit der Paulskirche eine Niederlage bereitete, schadete nicht nur dem Ansehen des Parlaments, sondern auch der deutschen Sache. Auf längere Sicht aber war es ein Pyrrhussieg für Preußen; seine Reputation in Deutschland sank nun wieder in jene bodenlosen Tiefen, aus denen sie erst seit 1832 langsam emporgestiegen war. Preußen sei Hamlet, bemerkte noch in den letzten Tagen des alten Reichs ein Diplomat. Nie wisse man so recht, woran man mit ihm sei. Die Lösung dieses Rätsels ist einfach. Preußen war stets und zuerst Preußen. Daran hatte sich nichts geändert. Und daran würde sich auch nichts ändern. In der Geschichte der Deutschen aber haben die Versuche, dieses Rätsel zu lösen, tiefe Spuren hinterlassen.

Die Prosse, mit der die Paulskirche ihre Würde verspielte, hatte ein blutiges Nachspiel. Und recht eigentlich hat dieses blutige Nachspiel die Paulskirche noch einmal gerettet, denn es wurde ihr dadurch in einer Stunde, da es die in ihr so häufig beschworene Ehre geboten hätte, in aller Stille auseinanderzugehen, so etwas wie die schiere Notwendigkeit ihrer Existenz bescheinigt. Von einer Versammlung aber, die nur noch deshalb andauert, um Schlimmeres zu verhüten, ist nicht mehr viel zu erwarten.

Das Abstimmungsergebnis vom 5. September 1848, mit dem eine Sistierung des preußisch-dänischen Waffenstillstands beschlossen worden war, konnte die Linke in der Paulskirche als Sieg verbuchen. Sie wähnte sich damit ihrem Ziel näher, eine nationale Revolution und einen großen europäischen Krieg zu entfesseln, an dessen Ende dann die deutsche Einheit stehen sollte. Doch der Ausgang eben jener zweiten Abstimmung vom 16. September brachte Ernüchterung. Er bedeutete eine Niederlage für die Linke und ein Votum gegen die Revolution als einem Mittel zur Veränderung der herrschenden Verhältnisse, zur Erreichung der deutschen Einheit. Die Linke fühlte sich verhöhnt und verraten. Sie allein, so dachten nicht wenige aus ihren Reihen, hielt die Flagge des Patriotismus hoch. In Kreisen der Linken wurde erwogen, aus der Paulskirche auszuziehen; von einer Auflösung des Parlaments und von Neuwahlen war die Rede.

Am 17. September versammelte sich auf der Frankfurter Pfingstweide das Volk. Die Gemüter waren erregt, es wurden zornige Reden gehalten: Jene 257 Abgeordneten, die am Vortag für eine Anerkennung des Waffenstillstands votiert hatten, wurden als Verräter beschimpft. Ein Protestzug zur Stadt formierte sich; schwarzrotgoldene Fahnen, geschmückt mit einem Trauerflor, wurden ihm vorangetragen. Eine demokratisch-republikanische Volksbewegung schien gegen die Paulskirche aufbegehren zu wollen. Die zurückgetretene und lediglich noch geschäftsführende Regierung der provisorischen »Zentralgewalt« sah in dieser Entwicklung ihre Chance, ihren lädierten Ruf aufzupolieren. Alle Minister erklärten sich bereit, vollverantwortlich die Geschäfte so lange weiterzuführen, bis eine neue Regierung gebildet worden sei.[41] Und man war gewillt, zu handeln. Zum Schutz der Versammlung wurde die Mainzer Bundesfestung um Entsendung von Truppen ersucht. In der Nacht zum 18. September trafen rund zweitausend Österreicher und Preußen in Frankfurt ein. Sie nahmen Aufstellung auf dem Platz vor der Paulskirche. Unter den Versammelten wie draußen auf den Straßen war die Stimmung äußerst gereizt. Das preußische und österreichische Militär vor der Paulskirche empfand die Linke als Affront. Man verlangte Neuwahlen. Doch der Antrag wurde nicht zur Abstimmung zugelassen mit der Begründung, er sei nicht dringlich! Unterdessen formierte sich ein Demonstrationszug, der bis zur Paulskirche vordrang. Hier kam es zu Zusammenstößen mit den Soldaten. Einige Demonstranten wurden durch Bajonette verletzt, die Menge bald zerstreut. Alles in allem war kein großer Schaden entstanden, aber das, was geschehen war und durch rasch sich verbreitende Gerüchte dramatisch gesteigert wurde, genügte, um den Funken überspringen zu lassen. In der Stadt wurden Barrikaden errichtet. In Frankfurt, so schien es, ging es um das Schicksal der Revolution, die es zu verteidigen galt gegen das Militär, gegen Preußen, gegen die »Zentralgewalt« und gegen die Nationalversammlung, die sich jetzt nicht mehr scheute, sich jener Mittel zu bedienen, die bislang nur von den Herrschern gegen das Volk angewandt worden waren. Heinrich Laube – ein Augenzeuge des Geschehens – erkannte die tiefe Ironie des ganzen Vorgangs: »Es war die wunderlichste Lage einer Revolutionsschlacht, die man sich denken kann. Die Aufständischen fochten gegen Behörden, welche eben erst aus allgemeinem Stimmrechte der Nation hervorgegangen waren; es fehlte ihnen also ganz und gar der Schimmer und Duft eines gekränkten, zur Gewaltsamkeit gezwungenen Rechtsgefühls. Die Angegriffenen aber verteidigten sich mit Truppen, deren ursprüngliche Befehlshaber kurz vorher noch Widersacher der jetzt Angegriffenen waren, und – wahrscheinlich in Kurzem wieder sein würden.«[42]

Bis in die Abenstunden des 18. September tobte der Straßenkampf. Es war hessische, nicht preußische Artillerie, die gegen die Barrikaden eingesetzt wurde und die die Entscheidung brachte. Auf seiten der Truppen betrugen die Verluste an Toten und Verwundeten 6 Offiziere, 55 Unteroffiziere und Mannschaften; die Aufständischen hatten 33 Tote und 132 Verwundete zu beklagen. Es waren aber weniger diese Zahlen, die diesem Aufstand den Anstrich des Grauens gaben, als vielmehr eine gräßliche und völlig sinnlose Bluttat, der zwei Abgeordnete des Parlaments, Fürst Felix von Lichnowsky und der preußische General von

Auerswald, zum Opfer fielen. Lichnowsky, der im ersten der spanischen Carlistenkriege mitgekämpft hatte, überredete von Auerswald am Nachmittag des 18. September zu einem Ritt nach Nordosten vor die Tore der Stadt; er wollte dort Möglichkeiten erkunden, die Aufständischen zu umgehen und sie von hinten anzugreifen. In der Nähe des Friedberger Tores, in einem nur von schmalen Pfaden durchzogenen Gartengeviert, begegnete ihnen ein aufgeregter Haufe von Turnern, die die zwei als verhaßte »Parlamentskerle« erkannten und die beiden Wehrlosen jagten. Zuerst ergriffen sie den alten Auerswald und schlugen ihn tot. Lichnowsky konnte zunächst fliehen, wurde dann aber im Keller eines Gartenhauses, in den er sich geflüchtet hatte, entdeckt. Man beschimpfte ihn und heftete ihm einen großen Pappdeckel auf den Rücken mit der Aufschrift »vogelfrei«. Der Haufe beratschlagte, »wie man den Hund aus der Welt schaffen könne«. Ein Gemäßigter empfahl, ihn als Geisel zu behalten, doch er konnte sich nicht durchsetzen. Lichnowsky wurde anschließend so mißhandelt, daß er noch am Abend desselben Tages seinen Verletzungen erlag. Der Haufe, der diese schreckliche Bluttat vollbrachte, marschierte hinter einer roten Fahne her. Der Philosoph Arthur Schopenhauer bezeugte später vor einem Frankfurter Gericht: »Am 18. September ungefähr gegen halb ein Uhr sah ich aus meinem Fenster einen großen mit Mistgabeln, Stangen und einigen Gewehren bewaffneten Pöbelhaufen, dem eine rote Fahne vorangetragen wurde, von Sachsenhausen her über die Brücke ziehen, . . .«[43]

Dies war ein Vorgang von bleibender Symbolik. Die rote Fahne, die für Aufruhr und Empörung stand, war nun auch bei einem feigen Mord vorangetragen worden. Die Ermordung des Generals Auerswald und des Fürsten Lichnowsky hat dem Ansehen der demokratischen Linken und der republikanischen Bewegung mehr als alles andere geschadet. Wie heute nicht anders, offenbarte sich für die breite Öffentlichkeit gerade im Schicksal von einzelnen das eigentlich Symptomatische. Und gerade der gutaussehende, gewandte, gleisnerische Fürst Felix von Lichnowsky, ein Frauenheld und charmanter Causeur, ein Vertreter jenes weltläufigen Adels, wie ihn nur je die abendländische Aristokratie zur Rechtfertigung ihrer sozialen Vorzugsstellung hatte aufweisen können, war ein besonderer Liebling jenes Publikums gewesen, das angesichts seines Schicksals glaubte, um das eigene Leben bangen zu müssen. Ludolf Camphausen, der preußische Gesandte bei der »Zentralgewalt«, schrieb am 19. September an seinen Bruder: »Man kann sich nicht länger darüber täuschen, daß, wenn die Leute siegten, wir am Abend sämtlich massakriert würden.«[44]

Auf diesen 18. September reagierte die Mehrheit in der Paulskirche mit einem spürbaren Rechtsruck. Die Linke, die zumindest der geistigen Mittäterschaft bei dem Verbrechen geziehen wurde, war fortan entmachtet und isoliert. »Zentralgewalt« und Nationalversammlung aber hatten, ihren revolutionären Ursprung verleugnend, der Revolution, die sich gegen sie erhob, mit Waffengewalt getrotzt und Blut vergossen. Damit waren sie in den Kreis der »legitimen« Mächte aufgenommen. Aber auch das war nur eine Illusion. Denn »Zentralgewalt« und Paulskirche hatten sich lediglich geborgter Macht bedient. Seit dem Beschluß vom 16. September hing man mehr denn je vom Wohlwollen Preußens ab. Preußen aber hatte zu oft schon die Hoffnungen, welche die Paulskirche in es gesetzt hatte, verraten. Es war kein zuverlässiger Bundesgenosse. Dennoch mußte man auf dieses Preußen setzen. Und weil dem so war, bekamen die Pläne, die man für ein geeintes Deutschland schmiedete, nun einen Zug ins Grandiose, ins Phantastische. Erzherzog Johann, der Sohn des letzten in Frankfurt gekrönten Kaisers, den der Präsident der Paulskirchenversammlung, Heinrich von Gagern, weiland mit seinem berühmten »kühnen Griff« zum Reichsverweser und damit zum provisorischen Haupt jenes Deutschland berufen hatte, das die Paulskirchenversammlung erst noch begründen sollte, suchte die durch die Septemberereignisse gewonnene Autorität der »Zentralgewalt« zur Förderung der deutschen Sache zu nutzen. Seine Absicht war, die seiner Person durchaus wohlgesinnte deutsche Bevölkerung der habsburgischen Provinzen für den deutschen Patriotismus zu gewinnen, um so das durch die Slawenpartei gestützte österreichische Kaiserhaus unter Druck zu setzen. Letztlich liefen diese Pläne auf eine Aufteilung des Habsburgerreiches in seine ethnischen Bestandteile hinaus: Die deutschen Provinzen sollten in einem künftigen Großdeutschland aufgehen. Daß es ein Angehöriger des österreichischen Kaiserhauses war, der solche Pläne verfolgte, mag verwundern. Aber Österreich schien seit den Märztagen paralysiert und dem Ende nahe. Jetzt, so mochte man meinen, galt es nur noch, das Erbe zu vollstrecken. So erklärt sich wohl auch, daß die Paulskirche bislang zwar mit Verve in denkwürdigen Debatten um die Zugehörigkeit Posens und Schleswigs zum künftigen Deutschen Reich gefochten hatte, sich andererseits aber noch nie ausführlich mit dem dornenreichen Problem auseinandergesetzt hatte, welchen Anteil der Vielvölkerstaat Österreich an diesem Reich haben sollte. Das änderte sich erst, als sich die Nationalversammlung in ihrer einhundertsten Sitzung am 19. Oktober ihrer eigentlichen Aufgabe zuwandte: der Beratung der Reichsverfassung. In den Paragraphen 1, 2 und 3 dieser künftigen Reichsverfassung, deren Entwurf der Verfassungsausschuß der Paulskirche in fünf Monaten erarbeitet hatte, wurde die territoriale Gestalt des neuen Deutschen Reichs wie folgt bestimmt:

»Das Deutsche Reich besteht aus dem Gebiet des bisherigen Deutschen Bundes. Die Verhältnisse des Herzogtums Schleswig und die Grenzbestimmung im Großherzogtum Posen bleiben der definitiven Anordnung vorbehalten ...

Kein Teil des Deutschen Reichs darf mit nichtdeutschen Ländern zu einem Staate vereinigt sein. Hat ein deutsches Land mit einem nichtdeutschen Lande dasselbe Staatsoberhaupt, so ist das Verhältnis zwischen beiden Ländern nach den Grundsätzen der reinen Personalunion zu ordnen.«[45]

Die Juristen zumindest blieben eine bündige Antwort auf die Frage nicht schuldig, was denn des Deutschen Vaterland sei. Doch die Politiker in der Paulskirche ahnten dunkel, daß diese Antwort den Kampf mit Österreich voraussetzte. Aber kaum einer der Redner, der sich an der viertägigen Debatte beteiligte, in der diese Artikel des Verfassungsentwurfs behandelt wurden, berührte die doch naheliegende Frage, ob Österreich sich diesen verfassungspolitischen Beschlüssen der Paulskirche beugen werde. Die Abgeordneten blieben ihrer bisherigen Tradition treu und stritten mit großem Eifer darüber, ob lediglich – so sah es der Verfassungsentwurf vor – die österreichischen Gebiete des Deutschen Bundes oder ganz Österreich zu Deutschland gehören sollten. Jene andere Überlegung, die eine »kleindeutsche Lösung«, das heißt den völligen Ausschluß Österreichs aus dem künftigen Deutschen Reich vorsah, tauchte in der damaligen Debatte noch nicht auf.

Die Frage, ob ganz Österreich in das Deutsche Reich aufgenommen werden sollte oder nur dessen deutsche Teile, war ein Thema, an dem sich die ganze Realitätsferne politischer Professoren erwies. Schillers Wort »Jedes Volk hat seinen Tag in der Geschichte, doch der Tag der Deutschen ist die Ernte der ganzen Zeit« schien sich in den damals gehaltenen Reden zu erfüllen, die ein deutsches Imperium vorsahen, das von der Kanalküste im Norden bis zum Schwarzen Meer im Südosten reichen sollte. In der Frankfurter Paulskirche sind am 20., 24., 26. und 27. Oktober 1848 all jene messianisch-nationalistischen Wahngebilde eines germanischen Mitteleuropa aufgerufen worden, die sich in den Köpfen der Deutschen auf der Suche nach ihrer Identität fast einhundert Jahre lang halten sollten.

Auch dies ist ein Vermächtnis der Paulskirche an die deutsche Geschichte. Nie zuvor hatten sich Abgeordnete des deutschen Volkes so weit über die profanen Niederungen der politischen Wirklichkeit emporgeschwungen wie in dieser Debatte. Um so tiefer war dann der Sturz. Die Wiener Oktoberrevolution, bei der Kaiser und Regierung aus der Hauptstadt flüchten mußten, war innerhalb von nur vier Tagen (28.

bis 31. Oktober 1848) von Regierungstruppen unter dem Kommando des Fürsten Windisch-Grätz blutig niedergeschlagen worden. Vergebens hatte man in Frankfurt versucht, auf den Gang der Dinge in Wien mäßigenden Einfluß auszuüben. Bereits am 12. Oktober hatte der Reichsverweser den badischen Abgeordneten in der Paulskirche, Karl Welcker, und den Bevollmächtigten Oldenburgs bei der »Zentralgewalt«, Ludwig Mosle, zu bevollmächtigten Reichskommissaren für »alle österreichischen Gebietsteile des deutschen Bundesstaates« ernannt. Alle Zivil- und Militärbehörden wurden aufgefordert, den Weisungen dieser Reichskommissare Folge zu leisten.[46] Diese Vollmacht des Reichsverwesers für die beiden Reichskommissare basierte auf der Lebenslüge der Paulskirchenversammlung, daß nämlich alle partikularen Mächte beseitigt seien und einzig die Autorität der Männer der Paulskirche und der »Zentralgewalt« Geltung habe. Die beiden Reichskommissare machten vorsichtshalber gar nicht erst den Versuch, in das revolutionäre Wien zu gelangen, um hier ihre Mission zu erfüllen. Statt dessen begaben sie sich zum Fürsten Windisch-Grätz, der nicht begriff, wer sie waren und was sie wollten. Er verbat sich überdies jede Einmischung von außen und lehnte eine Einstellung der bereits gegen die Revolution eingeleiteten Maßnahmen als unmöglich ab; selbst der Kaiser könne in dieser Angelegenheit nichts tun. Denn, und dies wußten die beiden Reichskommissare, der Kaiser war schwachsinnig. Im übrigen, so fügte der Fürst mit beißendem Spott hinzu, habe Österreich noch Kraft genug und bedürfe deshalb nicht der Unterstützung durch badische oder oldenburgische Truppen.[47] Windisch-Grätz hatte die verdutzten Reichskommissare auf etwas hingewiesen, was in der Paulskirche längst in Vergessenheit geraten war: Österreich war noch eine Macht und fest entschlossen, sich als solche zu behaupten.

Die Linke in der Paulskirche aber glaubte, in der Wiener Oktoberrevolution die Morgenröte jenes Tages zu erblicken, an dem sich ihre republikanischen Hoffnungen erfüllten. Am 17. Oktober trafen in Wien vier Abgeordnete der Nationalversammlung ein – unter ihnen Robert Blum und Julius Fröbel –, um eine von 65 Abgeordneten der Paulskirche unterzeichnete Adresse zu überbringen, in der diese ihrer Sympathie für die Wiener Revolution Ausdruck verliehen. Von der Mehrheit war zuvor ein Antrag abgelehnt worden, mit dem der »heldenmütigen« Wiener Bevölkerung die feierliche Anerkennung des deutschen Parlaments ausgesprochen werden sollte ... Man wollte in Frankfurt mit einer Revolution nichts zu tun haben. Das ist die ganze Wahrheit, die sich in diesem Votum ausdrückte. Blum und die Seinen stürzten sich in Wien mit Worten und Taten in den Kampf für eine Sache, für die nach ihrem Empfinden in Frankfurt nur noch mit lauen Reden gestritten wurde. Allein – die Wiener Revolution war nicht das Fanal, das die große Umwälzung in Deutschland hätte auslösen können. Die Helden waren müde geworden, und längst waren die Kräfte der Reaktion auf dem Vormarsch. Deutschland schickte sich wieder an, ein Wintermärchen zu werden.

Die Gegenrevolution beschmutzte ihren Sieg in Wien mit einer Tat, die nachwirken sollte. Robert Blum, eines der fähigsten Mitglieder der deutschen Nationalversammlung, wurde von einem österreichischen Kriegsgericht am Abend des 8. November zum Tode verurteilt und am folgenden Morgen um 7.30 Uhr erschossen. Die Hinrichtung Blums hatte nichts mit Recht und Gesetz zu tun, auch wenn sich die Reaktion wie stets darauf berief: Es handelte sich vielmehr um einen politischen Mord. Es war die Antwort Österreichs an das Deutschland der Paulskirche. Mit Österreich konnte es von nun an keine Verständigung mehr geben. Robert Blum wurde zum Märtyrer der deutschen Revolution, als diese schon längst aufgehört hatte, an sich selbst zu glauben. Der Beschluß, den die Frankfurter Nationalversammlung am 16. November 1848 fast einstimmig faßte und mit dem sie gegen die Ermordung Blums protestierte und die »Reichszentralgewalt« aufforderte, die Schuldigen zu bestrafen, war nicht viel mehr als eine Pflichtübung und eine Verbeugung vor der Würde des Hohen Hauses, dem Blum angehört hatte. Niemand ist im Falle Blums strafrechtlich oder auf andere Weise zur Verantwortung gezogen worden. Die politischen Konsequenzen seiner Ermordung aber waren erheblich. Es sollte indes noch eine Weile dauern, bis dies auch in der Paulskirche erkannt wurde.

In Österreich nahm jetzt Fürst Felix zu Schwarzenberg, ein Schwager von Windisch-Grätz, die Zügel in die Hand. Schwarzenberg vollendete und sicherte, was Windisch-Grätz begonnen hatte: Er rettete die Habsburgermonarchie und gab dem Vielvölkerstaat ein neues Selbstbewußtsein. Am 27. November 1848 entwickelte Schwarzenberg vor dem österreichischen Reichstag, der aus Wien in den mährischen Ort Kremsier verlegt worden war, sein politisches Programm, das in wenigen Sätzen sämtliche großdeutschen Hoffnungen zerstörte: »Meine Herren! Das große Werk, welches uns im Einverständnisse mit den Völkern obliegt, ist die Begründung eines neuen Bandes, das alle Lande und Stämme der Monarchie zu einem großen Staatskörper vereinigen soll! Dieser Standpunkt zeigt zugleich den Weg, den das Ministerium in der deutschen Frage verfolgen wird. Nicht in dem Zerreißen der Monarchie liegt die Größe, nicht in ihrer Schwächung die Kräftigung Deutschlands. Österreichs Fortbestand in staatlicher Einheit ist ein deutsches wie ein europäisches Bedürfnis. Von dieser Überzeugung durchdrungen, sehen wir der natürlichen Entwicklung des noch nicht vollendeten Umgestaltungsprozesses entgegen. Erst wenn das verjüngte Österreich und das verjüngte Deutschland zu neuen und festen Formen gelangt sind, wird es möglich sein, ihre gegenseitigen Beziehungen staatlich zu bestimmen. Bis dahin wird Österreich fortfahren, seine Bundespflichten treulich zu erfüllen.«[48]

Schwarzenberg bedeutete der Paulskirche damit, sie müsse bei der deutschen Einigung auf Österreich verzichten. Denn der Vielvölkerstaat sei nicht nur ein Werk der Vorsehung, sondern seine Existenz beruhe geradezu auf den ausdrücklichen Wünschen seiner Völker und erfülle so genau jenes Prinzip, auf das sich die Paulskirche berufe. Außerdem seien seine Einheit und deren Fortbestand ein deutsches und zugleich ein europäisches Bedürfnis! Daß Schwarzenberg dann auch noch zu verstehen gab, daß er den Deutschen Bund nach wie vor als existent betrachte und daß Österreich zu seinen Bundespflichten stände, bedeutete nichts anderes, als daß er der Paulskirche jegliche politische Realität absprach. Das Programm Schwarzenbergs erfüllte sich nun Zug um Zug. Am 2. Dezember erzwang er die Abdankung des schwachsinnigen Kaisers Ferdinand und die Thronbesteigung durch dessen Großneffen, den gerade achtzehnjährigen Franz Joseph, der bis 1916 regieren sollte.

Österreich hatte damit ein Beispiel gegeben, dem Preußen nacheifern sollte. Seit dem Abschluß des Waffenstillstands von Malmö zeichnete sich ab, daß Preußen sich langsam von den Zielen der deutschen Revolution entfernte; ein preußischer Partikularismus, ein spezifisch preußisches »Nationalgefühl« begann, sich allenthalben wieder zu regen. Bereits am 17. Juli 1848 soll der König höchst eigenhändig die schwarzrotgoldene Kokarde, die er seit den Märztagen an seiner Uniformmütze trug, abgelegt haben. Preußen sollte Preußen bleiben – eben darauf besann man sich wieder. Das Militär, die Junker, aber auch andere Bevölkerungskreise dachten und fühlten so. Das Deutschland der Paulskirche war eine juristische Abstraktion, eine geschichts- und gesichtslose Paragraphenkonstruktion, während die lebendige Kraft des Gewordenen und Gewachsenen in den einzelnen Staaten wurzelte. Der Mensch aber kann sich für eine Sache nur begeistern, wenn sie anschaulich, sinnlich erfahrbar ist. Deutschland aber blieb abstrakt. Selbst die Abgeordneten der Paulskirche hatten keine rechte Vorstellung davon, was Deutschland eigentlich sei. Anschaulich aber war Deutschland nur in seinen Staaten. Das galt für Preußen ebensogut wie für das winzige Anhalt-Köthen. Aber weder in Preußen noch in Anhalt-Köthen konnte man Deutschland sehen, wenn man sich Preußen oder Anhalt-Köthen einfach wegdachte. »Das ganze Deutschland soll es sein« – lautete das Programm der Paulskirche, und jeder Abgeordnete hatte diese Losung auf einem Spruchband vor Augen, das in der Paulskirche hing. Allein – dieses Programm war nur der edle Wille zu einer blutleeren Abstraktion. Denn das Ganze ließ sich nur durch seine einzelnen Teile begreifen, und diese Teile erwachten jetzt zu neuem Leben. Und es war dieser neue Lebenswille, der sie in der Folge zwang, sich mit dem Eigensinn, der allem Lebendigen innewohnt, gegen das Ganze, in dem sie aufgehen sollte, zu behaupten. Die deutsche Einheit hätte sich nur noch erreichen lassen, wenn es der Paulskirche gelungen wäre, die deutschen Staaten zur Selbstaufgabe, zum Selbstmord zu überreden. Aber das wäre ein Verlangen gewesen, das selbst die rednerischen Talente, an denen es der Paulskirche nicht mangelte, überfordert hätte.

11. KAPITEL
Das Scheitern der »politischen Klasse«

In der Revolutionsbewegung von 1848 sind alle Paradoxien und »Ungleichzeitigkeiten« der Entwicklung der deutschen Dinge seit dem Ende des alten Reichs wie von einem Brennglas fokussiert versammelt. In den zahlreichen Darstellungen, die seither über die Revolution erschienen sind, ebenso wie in den vielen Mutmaßungen, die über die Gründe und Ursachen ihres Scheiterns angestellt wurden, hat man immer wieder versucht, die Komplexität des Vorhandenen weltanschaulich zu reduzieren. Während Karl Marx die Hauptschuld am Scheitern der Revolution der Weltfremdheit der »doktrinären Professoren« der Paulskirche zumaß, erkannte der Historiker Hermann Baumgarten diese in dem »theoretischen Eigensinn der Liberalen«. Heinrich von Treitschke und Friedrich Meinecke, beide glühende Verfechter der »realpolitischen« Lösung, welche die deutsche Frage durch Bismarck erfahren hatte, meinten dem »Wahnsinn« und der »Utopie« der Radikalen die Hauptschuld anlasten zu können. Jüngere, nach dem Zweiten Weltkrieg entstandene Darstellungen der Revolution von 1848 haben die Tendenz, nicht einzelnen Gruppierungen und politischen Richtungen die Schuld am Scheitern der Revolution zu geben, sondern dem »Bürgertum« insgesamt, das sich damals und später seinem historischen Beruf verweigert habe, da es ihm nicht gelungen sei, »sich im 19. Jahrhundert als Klassensubjekt mit eigenem Bewußtsein zu konstituieren, das in der Wahrung seiner eigenen Interessen in direktem Konflikt mit der etablierten Herrschaft der landbesitzenden Aristokratie handelt«.[1]

Allen Mutmaßungen über die Gründe, die zum Scheitern des Paulskirchenparlaments führten, ist die Grundannahme gemeinsam, daß bis zum Sommer 1848 alles möglich gewesen sei; zumindest bis zum Juni habe die Paulskirche den Handlungsspielraum besessen und die Handlungsautorität, sich durchzusetzen; von beidem aber habe die Versammlung keinen rechten Gebrauch gemacht, weil diese oder jene Gruppierung oder das gesamte Bürgertum versagt habe. Diese Annahme ist aber nichts anderes als eine altehrwürdige Illusion. Sie ist bereits von allen Gruppierungen der Paulskirche gehegt worden und hat sich aus dem Glauben genährt, allen einzelstaatlichen Gewalten in Deutschland und den von ihnen repräsentierten Gesellschaftsordnungen sei in den Märztagen bereits der Lebenswille gebrochen worden. Deutschland, so dachte man in Frankfurt, sei ein Klumpen Lehm, den der souveräne Wille der Nationalversammlung formen und mit Leben begaben könne. Dieser Trugschluß lieferte die Existenzbedingung der Paulskirche. Denn indem sie sich in ihrer gemäßigten Mehrheit gegen die Revolution stellte und diese bezwang, meinte sie, die Voraussetzungen dafür geschaffen zu haben, ihr Werk politischer Reform erfolgreich beginnen und vollenden zu können. Tatsächlich aber scheiterte die politische Reform der Paulskirche in eben dem Maße, wie es ihr gelang, die soziale Revolution zu verhindern. Bruno Bauer hat dies bereits 1849 so gesehen: »Die ganze Revolution war eine Täuschung. Aus dem *allgemeinen Pauperismus* hervorgegangen, ein blutiges Zwischenspiel der sanften *passiven Auflösung*, in der die Gegensätze der ganzen bisherigen Bildung absterben und in Verwesung übergehen, schien sie dem unbestimmten Etwas, dem die Sehnsucht der Völker nachstrebte, Blut und Leben einzugießen, Gestalt und Form zu geben. Allein die neue Gestaltung war den aufgelösten Kräften zu schwer – das Blut des März vertrocknete in der Dürre des Revolutionssommers oder es wurde von den Regierungen eingesaugt, die für einen Augenblick ihren Absolutismus damit stärkten und demselben den Schein der revolutionären Kraft mitteilten.«[2] Der Zusammenhang zwischen dem Scheitern der politischen Reform und der Vereitelung der sozialen Revolution erscheint im nachhinein einfach und plausibel. Denn nur die Macht der Revolution konnte die politische Reform vorwärtstreiben und zum Sieg führen. Die Märzereignisse sind dafür ein Beleg. Indem man aber die soziale Revolution erstickte, noch bevor diese die alten Gewalten wirklich beseitigt hatte, brachte man sich um jegliche Chance, die Ziele der politischen Reform zu erreichen.

Allein – der Zusammenhang von sozialer Revolution und politischer Reform stellte sich der Mehrheit der Akteure in der Paulskirche ganz anders dar. Für diese war es ein Gebot des politischen Pragmatismus, die soziale Revolution zu vereiteln, weil jedes Ereignis, das die politischen Kräfte polarisierte, den Erfolg der politischen Reform zu gefährden schien.[3] Diese Strategie zeitigte aber ironischerweise eine genau gegenteilige Wirkung: Bei dem Versuch, ihr Reformprogramm durchzusetzen, sah sich die »politische Klasse« auf einmal dem vereinigten Widerstand aller politischen und sozialen Kräfte gegenüber. Mit anderen Worten: Eine politische Polarisierung, die unvermeidlich in Revolution und Bürgerkrieg eingemündet wäre, konnte nur um den Preis der völligen Isolation der »politischen Klasse« verhindert werden, deren Programm damit zum Scheitern verurteilt wurde. Nach der Niederschlagung der Wiener Revolution durften die Mitglieder der Paulskirche weder ganz noch teilweise auf Österreich zählen. Um ein kleineres Deutschland, ein Deutschland ohne Österreich, zu schaffen, war man jetzt vor allem auf die Unterstützung Preußens angewiesen. In Frankfurt nahm man nun mit neuem Elan das Liebeswerben um Preußen auf. Doch Preußen war eine schnöde Schöne, der kein Freier gut genug schien und die längst wieder Gefallen daran gefunden hatte, sich selbst zu genügen.

In Berlin tagte noch immer jene preußische Nationalversammlung, die am 1. Mai 1848 zusammen mit den preußischen Abgeordneten für das Frankfurter Parlament gewählt worden war. Diese preußische Nationalversammlung bildete für die inzwischen wieder zu Kräften und Selbstbewußtsein gelangten alten reaktionären Kreise und Mächte Preußens einen Stein des Anstoßes. Und das nicht sosehr deshalb, weil diese Versammlung durch ihre bloße Existenz ständig an die Schwäche und Demütigung erinnerte, die diese Kreise und Mächte während der Märztage hatten erfahren müssen; das hätte man noch ignorieren können. Es war etwas anderes: Die Versammlung selbst war es, die von sich aus mit politischen Instinktlosigkeiten, mit Nadelstichen und Kränkungen dafür sorgte, daß sie zunehmend als lästig empfunden wurde. Zunächst ging alles noch ganz gut. Das Gesetz zum Schutz der persönlichen Freiheit, das die Versammlung verabschiedet hatte, wurde vom König ohne Zögern gegengezeichnet und veröffentlicht. Auch das Jagdgesetz, das in jeder revolutionären Gesetzgebung eine bedeutende Rolle spielte, wurde von der Krone sanktioniert, obwohl es den Adel und die grundbesitzenden Schichten bis aufs Blut reizte, da es die Aufhebung der Jagdrechte ohne jede Entschädigung vorsah. In der Debatte aber über den von einem Ausschuß vorgelegten Verfassungsentwurf für Preußen, die am 12. Oktober begann, überspannte die preußische Nationalversammlung den Bogen. Bei Beratung des ersten Artikels dieses Entwurfs, der vom Staatsgebiet handelte, wurde die Formel »von Gottes Gnaden« ersatzlos gestrichen. Dies war gewiß eine Leerformel, und die Versammlung hatte sich auch redlich den Kopf darüber zerbrochen, wie man das Vereinbarungsprinzip zwischen Krone und Volk, auf dem diese Verfassung basierte, zum Ausdruck bringen könnte. All das aber hätte hinter der Überlegung zurücktreten müssen, daß ein König wie Friedrich Wilhelm IV. mit seiner romantischen, mittelalterlichen Schwärmerei an nichts so sehr hing wie an diesem Gottesgnadentum. Den gleichen Mangel an politischem Fingerspitzengefühl offenbarte die Versammlung erneut wenige Tage später, als sie am 31. Oktober den Adel für abgeschafft erklärte. Auch die Beseitigung aller Amtstitel und

Orden wurde beschlossen. Mit einem Federstrich, aber ohne jede Ranküne im Herzen, glaubte diese Versammlung, »das noch recht lebendige, historisch gewordene Preußen des Landadels, der Geheimräte, der
Ritter vom Schwarzen oder Roten Adlerorden, dies von den Hohenzollern aus dem Nichts zusammengesparte, zusammenkommandierte, zu-
sammeneroberte Preußen« ersatzlos streichen zu können – nicht um
Preußen zu liquidieren, sondern um an Stelle des alten ein »neues Preußen im dunklen Bürgerrock, ohne Flitterkram und romantische Prunk-
stücke« (Veit Valentin) aufzubauen. Die Versammlung agierte ohne Psychologie, denn sie unterschätzte völlig, welch mächtige Triebfeder die
Eitelkeit für das menschliche Handeln darstellt. Das sollte sich rächen.

Die Ereignisse in Wien, wo mit Entschlossenheit eine Revolution niedergeschlagen wurde, verfehlten ihren Eindruck in Berlin nicht. Daß die
Krone und das Militär einen Staatsstreich planten, konnte seit Ende Oktober als ein offenes Geheimnis gelten. Unklar war jetzt nur noch, in
welche Richtung das Ganze gelenkt würde: Ob Preußen die Reichsver-
weserschaft usurpierte, sich mit der Paulskirche arrangierte, ganz Norddeutschland militärisch besetzte und die hier herrschenden Fürsten mediatisierte, oder ob Preußen sich auf sich selbst besänne, auf Deutschland verzichtete und sich mit der Restauration seiner alten Herrlichkeit
begnügte.

Am 2. November 1848 fielen in Berlin die Würfel: Graf Brandenburg,
ein Sohn Friedrich Wilhelms II. und der schönen Gräfin Dönhoff, der
»Bastard von Preußen«, wie ihn Friedrich Wilhelm IV. in Anspielung
auf Schillers »Bastard von Orléans« nannte, wurde preußischer Ministerpräsident. Brandenburg wußte, daß es seine Aufgabe war, die Revolution zu beenden. Er solle den Elefanten spielen, sagte er selbst einmal
von sich, der die Revolution zusammentrampelt.[4] Auch die Nationalversammlung, die gerade hochgemut den Adel, Titel und Orden per Beschluß abgeschafft hatte, ahnte, was die Stunde geschlagen hatte. Eine
Deputation begab sich zum König, um Auskunft zu erhalten, was dieser
Wechsel im Amt des Ministerpräsidenten zu bedeuten habe. Der König
hörte sich die vorbereitete Adresse der Deputation an und wollte, ohne
zu antworten, den Raum verlassen. Da sagte der Königsberger Abgeordnete Johann Jacoby, die Deputation sei nicht nur erschienen, um
ihm diese Adresse zu überreichen; sie wünsche überdies von ihm Auskunft über die Lage des Landes. Bereits im Gehen sprach der König ein
kurzes »Nein«. Jacoby rief ihm daraufhin die berühmt gewordenen
Worte nach: »Das ist das Unglück der Könige, daß sie die Wahrheit
nicht hören wollen!«[5]

Jacobys Satz machte rasch die Runde in Berlin. Eine Menschenmenge
feierte ihn am Abend mit einem Fackelzug. Die Situation war gespannt,

die Erregung groß. Berlin, so schien es für einen Augenblick, eiferte dem aufständischen Wien nach. Doch bereits am nächsten Tag, am 3. November, waren die Leidenschaften wieder abgekühlt. Der König antwortete auf die Adresse der Nationalversammlung: Graf Brandenburg werde sich der Förderung der konstitutionellen Freiheiten widmen. – Es wäre dies in der Tat ein Weg gewesen, den die Krone hätte einschlagen können, wenn sie ihn denn wirklich hätte gehen wollen. Aber unter dem Druck der Kamarilla, unter dem Einfluß seiner altadeligen und hochkonservativen Berater hatte der König sich längst anders entschieden. Noch aber zögerte er. Die Zeitschrift »Freischärler für Kunst und soziales Leben« erinnerte in diesen äußerlich so ruhigen Tagen an die Anekdote von Matthias Claudius, der wegen seines Liedes *Am Rhein, am Rhein, da wachsen unsere Reben* ein Faß Johannisberger zum Geschenk erhalten hatte und, als er ihn probierte, gesagt haben soll: »So also schmeckt Rheinwein?!« Genauso sei es in Deutschland mit der Freiheit gegangen, merkte die Zeitschrift dazu an.[6]

Des Königs Zaudern wurde schließlich durch das Drängen des Generals von Wrangel beendet. Bei der sich verschärfenden Herbstkälte sei es ihm unmöglich, die Disziplin der um Berlin nur äußerst unzulänglich in Scheunen biwakierenden Truppen weiter aufrechtzuerhalten. Am 10. November marschierte er mit seinen Truppen in Berlin ein. Und obwohl alles ruhig blieb, verhängte man am 12. November den Belagerungszustand. Der preußischen Nationalversammlung wurde erklärt, daß es ihr in Berlin an Freiheit zur Beratung fehle: Die Krone verlege deshalb die Versammlung in die Stadt Brandenburg und vertage sie bis zum Wiederbeginn der Sitzungen am 27. November 1848. Das Spiel war aus. Zwar erklärte die Nationalversammlung noch diese Entscheidung für ungesetzlich und beschloß fast einstimmig, in Berlin zu bleiben. Aber mit parlamentarischen Beschlüssen allein konnte man sich nicht gegen das Militär behaupten. In welchem Saal der Stadt sich die Abgeordneten auch zu ihren Beratungen versammelten, jedesmal wurden sie vom Militär auseinandergetrieben. Zu Gewaltanwendung kam es nie. Stets blieb es bei würdigem Protest der Abgeordneten. Am 15. November trat die preußische Nationalversammlung ein letztes Mal in Berlin zusammen. Ein Antrag, »daß das Ministerium Brandenburg nicht berechtigt sei, über Staatsgelder zu verfügen und Steuern zu erheben, solange die Nationalversammlung nicht ungestört in Berlin ihre Beratungen fortzusetzen vermag«, wurde debattiert und einstimmig angenommen. Danach ging die Versammlung auseinander. Wenige Tage nach Österreich hatte auch Preußen sich der Revolution entledigt. Ein anonymes Gedicht, das Ende November im Verlag der Deckerschen Geheimen Oberhofbuchdruckerei erschien, von der alle Gesetze und sonstigen amtlichen Schriftsachen gedruckt wurden, zieht das höhnische Fazit:

>»Also heulen durch das Land
Die unsaubern Geister,
Bis das Kreuz mit fester Hand
Drüber schlägt der Meister.
Bei dem ersten Trommelklang
Fahren sie davon mit Stank!
Gegen Demokraten
Helfen nur – Soldaten!«[7]

Beim Staatsstreich in Berlin gab es keine Opfer zu beklagen. Das alte Preußen hatte sich bei seiner Wiederkehr nicht mit dem Blut seiner Untertanen befleckt. In den Augen der Paulskirche, die Wien für ihre deutschen Pläne hatte abschreiben müssen, da die Revolution Österreich im Innern nicht zerbrochen hatte, bedeutete das schon viel. Außerdem war man durch den preußischen Staatsstreich die Berliner Nationalversammlung als lästige Konkurrenz los. Der Weg schien offen für eine kleindeutsche Lösung der ehemals »großdeutschen« Frage. Trösten konnte man sich außerdem mit der Volksweisheit: Dem Mutigen hilft das Glück. Der Präsident der Frankfurter Nationalversammlung, Heinrich von Gagern, jedenfalls war entschlossen, einen neuerlichen »kühnen« Griff zu wagen, als er am 25. November 1848 in Berlin eintraf.

Heinrich von Gagern hatte während seines Berliner Aufenthalts insgesamt drei Unterredungen mit Friedrich Wilhelm IV., deren Inhalt in den Grundzügen aus verschiedenen Quellen bekannt ist. Am prägnantesten ist die Schilderung, die einer der engsten Vertrauten des Königs, der hochkonservative Leopold von Gerlach, seinem Tagebuch anvertraute: »Gagern hat dem Könige geradezu die Kaiserkrone angeboten. Derselbe hat darauf erwidert, der von Aufruhr durchlockerte Boden Deutschlands sei nicht dazu geeignet, einen Kaiserthron darauf zu bauen. Österreich hätte sich noch nicht über sein Verhältnis zu Deutschland erklärt, wenn es dem aber auch, wie das Gerücht ginge, entsagte, so würde er, der König, doch noch ein Bedenken finden, sich darauf einzulassen, und keinesfalls würde er die Krone von dem Volke, sondern nur von den Fürsten annehmen. – Die Frankfurter Geschichte pfeift auf dem letzten Loch, und Gagern würde, . . ., nunmehr dahin arbeiten, daß die Fürsten dem Könige die Krone anböten.«[8]

Heinrich von Gagern war gewiß ein beredter Freier, aber Friedrich Wilhelm IV. entzog sich mit Entschiedenheit seinen Umarmungen. Noch im Dezember schrieb der König an seinen Freund und Ratgeber,

Josias Freiherr von Bunsen, den preußischen Gesandten in London, um ihn von dem Ansinnen Gagerns zu unterrichten, und legte ihm die Gründe seiner Ablehnung ausführlich dar: »Ich will weder der Fürsten Zustimmung zu *der* Wahl noch *die* Krone. Verstehen Sie die markierten Worte? ... Die Krone ist erstlich keine Krone. Die Krone, die ein Hohenzoller nehmen dürfte, *wenn* die Umstände es möglich machen *könnten*, ist keine, die eine, wenn auch mit fürstlicher Zustimmung eingesetzte, aber in die revolutionäre Saat geschossene Versammlung macht, ... sondern eine, die den Stempel Gottes trägt, ... *Die* [Krone] aber, die Sie – leider – meinen, verunehrt überschwenglich mit ihrem Ludergeruch der Revolution von 1848, der albernsten, dümmsten, schlechtesten, wenn auch gottlob nicht der bösesten dieses Jahrhunderts. Einen solchen imaginären Reif, aus Dreck und Letten gebacken, soll ein legitimer König von Gottes Gnaden, und nun gar der König von Preußen sich geben lassen, ... Ich sage es Ihnen rundheraus: soll die tausendjährige Krone deutscher Nation, die 42 Jahre geruht hat, wieder einmal vergeben werden, so bin *ich* es und meinesgleichen, die sie vergeben werden; und wehe dem, der sich anmaßt, was ihm nicht zukommt.«[9]

In seinen Unterredungen mit Gagern wird der König zweifellos dasselbe gesagt haben, nur ein wenig diplomatischer. Aber wie oft schon, so wird sich Gagern eingeredet haben, hatte dieser König »nein« und »niemals« gesagt, um dann doch ganz anderen Sinnes zu werden? Allein in seiner Ablehnung der Revolution und im Beharren auf seiner Legitimität war der König, ungeachtet seines sonstigen Schwankens, stets völlig intransigent. Das mochte zu diesem Zeitpunkt noch nicht so deutlich geworden sein. Außerdem mußte sich Gagern an die Hoffnung klammern, daß der König in der Frage der Kaiserkrone doch umzustimmen sei, denn es traf voll und ganz zu, was Leopold von Gerlach in seinem Tagebuch notiert hatte: »Die Frankfurter Geschichte pfeift auf dem letzten Loch.« Die Paulskirche konnte nur noch das preußische Gambit spielen; versagte sich Preußen, war die ganze Partie verloren.

Aus Preußen aber war nicht klug zu werden. Am 5. Dezember oktroyierte die Krone diesem Land, dessen verfassunggebende Versammlung sie kurz zuvor auseinandergejagt hatte, eine Verfassung, die nur mit geringfügigen Abweichungen jenen Verfassungsentwurf verwirklichte und in Kraft setzte, welchen die preußische Nationalversammlung beraten hatte![10] Das war nach dem Fall Wiens, der Niederschlagung des österreichischen Aufstands der zweite schwere Schlag in diesem Herbst, der die Hoffnungen der Paulskirche traf. Denn die Frankfurter Nationalversammlung hatte nichts unversucht gelassen, um zu verhindern, daß Preußen eine eigene Verfassung bekam; denn in Frankfurt befürchtete man zu Recht, daß ein preußischer Verfassungsstaat die deutschen Einigungspläne erschweren werde.

Aber die Frankfurter Nationalversammlung war zunächst einmal zu sehr mit sich selbst beschäftigt, als daß sie die neue Lage, in die sie durch das Wiedererstarken Österreichs und Preußens geraten war, ausreichend hätte analysieren können. Am 15. Dezember 1848 trat die seit den Septembertagen bestehende Reichsregierung Schmerling zurück. Zum neuen Ministerpräsidenten wurde Heinrich von Gagern ernannt, der sofort seinen Rücktritt vom Amt des Parlamentspräsidenten erklärte. Am 18. Dezember legte Heinrich von Gagern in der Paulskirche sein Regierungsprogramm vor.[11] Er versuchte, in seiner Regierungserklärung zunächst Klarheit in das Verhältnis zwischen der »Reichszentralgewalt« und Österreich zu bringen. Das Kremsier Programm der Regierung Schwarzenberg habe eine Antwort auf die in den Paragraphen 2 und 3 des Reichsverfassungsentwurfs implizierten Fragen dadurch gegeben, daß die österreichische Regierung erklärt habe, nicht dem deutschen Bundesstaat beitreten zu wollen. Diese Einstellung habe offensichtlich die Zustimmung des größten Teils der Bevölkerung Deutschösterreichs gefunden, das damit zwar »zu dem von der provisorischen Zentralgewalt repräsentierten Deutschland ... in einem unauflöslichen Bunde steht, in den Bundesstaat aber nicht eintritt«.[12] Gagern bat dann um die Ermächtigung der »Zentralgewalt«, mit der österreichischen Regierung Verhandlungen über die künftigen Beziehungen zwischen Österreich und dem geplanten deutschen Bundesstaat führen zu dürfen, dessen Verfassung jedoch nicht Gegenstand der Verhandlungen sein könne.

Damit war die große, für die Paulskirche so schreckliche Wahrheit zum erstenmal laut und öffentlich ausgesprochen worden. Österreich war nicht bereit, sich aufzulösen, um mit seinen deutschen Landen in einem künftigen deutschen Bundesstaat aufzugehen. Und die Paulskirche hatte keinerlei Mittel zur Hand, diesen Schritt zu erzwingen. Gagern forderte deshalb, man müsse auf Österreich verzichten, um den geplanten deutschen Bundesstaat wenigstens in kleinerem Umfang verwirklichen zu können. In wolkigen Worten äußerte er eine Erwartung, die 1866 auf ganz andere Weise als ursprünglich gedacht, mit Blut und Eisen, auf dem Schlachtfeld von Königgrätz eingelöst werden sollte: »Österreich wird also nach den bis jetzt durch die Nationalversammlung gefaßten Beschlüssen, wodurch die Natur des Bundesstaates bestimmt worden ist, als in den zu errichtenden deutschen Staatenbund nicht eintretend zu betrachten sein.«

Das Regierungsprogramm Gagerns gab in der Versammlung, die mehrheitlich noch immer großdeutschen Wunschträumen nachhing, Anlaß zu einer kurzen, jedoch äußerst erregt geführten Debatte. Schon hier zeigte sich, daß Gagerns Versuch gescheitert war, die durch die Erklärung der österreichischen Regierung von Kremsier geschaffene neue Lage rasch anzuerkennen und auf eine Beteiligung Österreichs am deutschen Bundesstaat völlig zu verzichten. Zwar wurde ein Antrag, Gagerns Regierungsprogramm wegen seiner flagranten Unvereinbarkeit mit den hohen Zielen der Paulskirche sofort zu verwerfen, mit knapper Mehrheit abgelehnt; aber Gagern erhielt auch nicht die für seine Regierung erbetene Vollmacht, auf diplomatischem Wege in Verhandlungen über die Gestaltung des Verhältnisses von Österreich zum Deutschen Reich zu treten. Vielmehr wurde die Einsetzung einer Kommission beschlossen, die ein Gutachten über die mit der Regierungserklärung Gagerns aufgeworfenen Fragen und Probleme anfertigen sollte. Dieser Beschluß verriet nichts anderes als die tiefe Verlegenheit der Versammlung in einer Frage, über die sofort hätte entschieden werden müssen. Statt dessen verlor sich der Ausschuß in wochenlangen Beratungen, die durch zwischenzeitlich eintretende Ereignisse schnell überholt wurden.

Mit der halben Ablehnung des Regierungsprogramms von Gagerns am 18. Dezember 1848 war die deutschlandpolitische Initiative der Paulskirche endgültig von Entscheidungen abhängig, die in Wien und Berlin, aber nicht mehr in Frankfurt getroffen wurden.[13] Und aus Wien kam prompt und eindeutig die Reaktion. In einer vom 28. Dezember 1848 datierten Note wies der österreichische Ministerpräsident, Fürst Schwarzenberg, mit aller Entschiedenheit die Gagernsche Interpretation der Kremsier Deklaration zurück: Wien sei nicht gewillt, sich von der Gestaltung des außerösterreichischen Deutschland ausschließen zu lassen. Denn: »Österreich ist heute noch eine deutsche Bundesmacht. Diese Stellung, hervorgegangen aus der naturgemäßen Entwicklung tausendjähriger Verhältnisse, gedenkt es nicht aufzugeben.« Eine »gedeihliche Lösung der großen Frage« wird nur »auf dem Wege der Verständigung mit den deutschen Regierungen, unter welchen die kaiserliche den ersten Platz einnimmt, zu erreichen sein«.[14] Österreichs Stellung in Deutschland, die das Ergebnis tausendjähriger Entwicklung sei, könne nicht Gegenstand von Verhandlungen sein. Außerdem behalte Wien sich seine Mitsprache bei einer künftigen Regelung der deutschen Dinge vor, an denen Österreich aber nicht ernsthaft teilhaben wolle! Als erste Regierung bestritt damit die österreichische der Frankfurter Nationalversammlung ganz unverhüllt das Mandat, aus eigener Machtvollkommenheit eine deutsche Verfassung zu schaffen.

Am 5. Januar 1849 legte Gagern diese österreichische Note, versehen mit einer ausführlichen eigenen Interpretation, jenem Ausschuß vor, der noch immer über eine gutachterliche Stellungnahme zu Gagerns Regierungserklärung vom 18. Dezember 1848 beriet. Gagern beharrte darauf, daß die Verfassung des deutschen Bundesstaates schon allein deshalb nicht Gegenstand von Verhandlungen mit einzelnen deutschen Regierungen sein könne, da dieses »Vereinbarungsprinzip« mit der Stellung der Verfassunggebenden Versammlung in Frankfurt unvereinbar sei.[15] Dieses Pochen auf der Souveränität der Nationalversammlung, die doch nur eine Fiktion war, sollte sich rächen. Gegenüber Österreich, das erklärtermaßen nicht mittun wollte, konnte man diesen Standpunkt vielleicht noch behaupten. In höchstem Maße töricht aber war es, daß die Paulskirchenversammlung meinte, sich auch mit Preußen nicht »vereinbaren« zu müssen, das doch der gewichtigste Teil des »engeren Bundes« werden sollte.

In der dreitägigen Debatte, die sich an die Vorlage des Gutachtens über Gagerns Regierungsprogramm am 11. Januar 1849 in der Paulskirche anschloß, ging es vor allem um die widersprüchliche Frage, die sich durch das Mehrheitsvotum dieses Ausschusses ergeben hatte: Man hatte sich für eine großdeutsche Regelung der deutschen Frage ausgesprochen,[16] ohne allerdings eine Lösung dafür anbieten zu können, wie die eklatanten Gegensätze zwischen der im Programm von Kremsier bekräftigten staatlichen Einheit und Unteilbarkeit Österreichs und der durch die Paragraphen 2 und 3 des Reichsverfassungsentwurfs geforderten Spaltung Österreichs überwunden werden konnten. Auch der Verlauf der Debatte zeigte, daß eine Lösung dieses Problems im Sinne des Mehrheitsvotums des Ausschusses lediglich in großimperialen Wunschträumen möglich schien. Immerhin wurde deutlich, daß eine Mehrheit der Versammlung Österreich weder mit Gewalt noch für alle Zeiten aus dem engeren Deutschen Bund heraushalten wollte. Diese Gruppe erkannte aber auch, daß von einer Teilnahme Österreichs am Deutschen Reich zum jetzigen Zeitpunkt nicht ausgegangen werden konnte. Auch Gagern beugte sich den noch vorherrschenden großdeutschen Vorstellungen, indem er versicherte, er werde bei den Verhandlungen mit Österreich, zu denen er ermächtigt werden wollte, insbesondere Möglichkeiten sondieren, den Paragraphen 2 und 3 des Verfassungsentwurfs zu unveränderter Geltung zu verhelfen.[17] Vor allem wegen dieser Modifikation, die den »Großdeutschen« die Illusion ließ, alles werde sich ihren Wünschen und Vorstellungen gemäß entwickeln, wurde Gagerns Regierungsprogramm von der Versammlung am 13. Januar 1849 angenommen; damit erteilte man der Regierung auch die erbetenen Vollmachten für ihre Verhandlungen mit Österreich.[18]

Tatsächlich aber war die Abstimmung vom 13. Januar 1849 auch ein Votum für die »kleindeutsche Lösung« Gagerns, der den Hohenzollernkönig Friedrich Wilhelm IV. von Preußen als deutschen Erbkaiser favorisierte. Die Chancen Gagerns, seine Vorstellungen vom »engeren Bunde« durchzusetzen, schienen Ende Januar gar nicht schlecht zu sein. Dem preußischen Kabinett Brandenburg war es zwischenzeitlich nämlich gelungen, Friedrich Wilhelm IV. davon abzubringen, nur gemeinsam mit Österreich nach einer Lösung für die deutsche Frage zu suchen.[19] In einer Zirkularnote an die preußischen Gesandten bei den deutschen Regierungen vom 23. Januar 1849 versprach man die preußische Unterstützung für Pläne, die auf einen »Zusammentritt der übrigen deutschen Staaten zu einem engeren Vereine, zu einem Bundesstaate innerhalb des Bundes«, hinzielten; andererseits wollte man für die »Aufrechterhaltung und Entwicklung des Deutschen Bundes – Österreich sowie das deutsche Gebiet der Niederlande und Dänemarks eingeschlossen« – eintreten und halte das eine mit dem anderen für durchaus vereinbar.[20] Insoweit stimmte die preußische Politik völlig mit der des Regierungsprogramms von Gagern überein. Allerdings wurde die Versammlung eindringlich aufgefordert, bevor sie in einer zweiten Lesung über die Annahme der Verfassung beschließe, einzelne Titel des Entwurfs mit den deutschen Regierungen zu beraten. »Wir glauben«, hieß es dazu in der Note, »daß dieser Vorschlag sich sowohl den deutschen Regierungen als der Nationalversammlung empfehlen werde, da wir auf beiden Seiten das ernstliche Bestreben voraussetzen, zu einer redlichen Verständigung zu gelangen ... Die meisten Regierungen ... haben niemals auf das Recht der Zustimmung verzichtet, und insbesondere ist dies von Preußen nicht geschehen. Wollte man diesen Gegensatz noch jetzt auf die Spitze treiben, so ist wohl niemandem zweifelhaft, daß nicht allein das Verfassungswerk nicht zu Stande kommen, sondern auch das deutsche Vaterland den gefährlichsten Krisen ausgesetzt und in seiner ganzen Entwicklung gehemmt werden würde.«

Gagern war willens, die Hand zu ergreifen, welche die preußische Regierung der Paulskirchenversammlung damit entgegenstreckte. Er hatte inzwischen das Problem erkannt, das sich für die provisorische »Zentralgewalt« ergeben würde, sobald sie sich vor die Aufgabe gestellt sah, die verabschiedete Reichsverfassung auch durchzusetzen. So war es ein Gebot politischer Vernunft, schon im Vorfeld, also noch vor der endgültigen Lesung des Verfassungsentwurfs in der Paulskirche, sich mit den einzelnen Regierungen über die Verfassung zu »verständigen«. In einem Schreiben an die Bevollmächtigten der einzelnen deutschen Staaten bei der »Reichszentralgewalt« vom 28. Januar 1849 forderte Gagern deshalb die einzelnen Regierungen dazu auf, sich zum in erster Lesung beratenen Verfassungsentwurf »in einer möglichst bestimmten Weise« zu äußern.[21] Preußen, das Gagern bei dieser Initiative unterstützte, gelang es, die Zustimmung von fast dreißig Regierungen zum Grundkonzept der Verfassung zu gewinnen. Lediglich gegen eine Reihe von Einzelheiten wurden Einwände erhoben.[22] Wesentlich schwerwiegender als dies aber war der Umstand, daß Österreich sowie Bayern, Württemberg, Sachsen und Hannover die geplante Reichsverfassung ablehnten.[23]

In den Augen der in der Paulskirche Versammelten aber wog die Ablehnung der Verfassung durch die vier deutschen Mittelmächte gering, denn die Hauptsache für sie war doch, daß sich Preußen unmißverständlich geäußert hatte. Alle Hoffnungen, die man trotz mancher Enttäuschungen in der Vergangenheit immer wieder an Preußen geknüpft hatte, schienen sich nun auf wunderbare Weise zu erfüllen. Preußen war bereit, sich an die Spitze Deutschlands zu stellen; alles war gewonnen.

Es ist menschlich verständlich, daß man in der ersten freudigen Erregung einiges in dieser preußischen Note anders las oder auf die leichte Schulter nahm, was bei genauer Prüfung diesen Überschwang hätte dämpfen müssen. So kam es, daß man sich in der Beurteilung der Note vor allem auf das versteifte, was man von Preußen schon immer erwartet hatte, während man jene Worte, die den lang gehegten, eigenen Vorstellungen nicht entsprachen, eher übersah. In der preußischen Note hieß es: »Preußen strebt nach keiner Machtvergrößerung oder Würde für sich selbst; ... Es wird keine ihm angebotene Stellung annehmen als mit freier Zustimmung der verbündeten Regierungen; es hält sich aber verpflichtet, sich bereit zu erklären, Deutschland diejenigen Dienste zu leisten, welche dieses im Interesse der Gesamtheit von ihm verlangen sollte, selbst wenn dies nicht ohne Opfer von seiner Seite geschehen könnte. Es wird dabei ebenso gern allem entgegenkommen, was ohne Gefährdung des gemeinsamen Zweckes, die Selbständigkeit und Unabhängigkeit der einzelnen Staaten zu erhalten geeignet ist. In Folge dieser Gesinnung kann ich es schon jetzt aussprechen, daß Se. Majestät der König und höchstdessen Regierung nicht der Ansicht sind, daß die Aufrichtung einer neuen deutschen Kaiserwürde zu der Erlangung einer wirklichen und umfassenden deutschen Einigung notwendig sei; daß wir vielmehr befürchten müssen, daß das ausschließliche Anstreben gerade dieser Form des an und für sich notwendigen Einheitspunkts der wirklichen Erreichung jenes Ziels der Einigung wesentliche und schwer zu überwindende Hindernisse in den Weg legen würde. Es dürfte wohl eine andere Form gefunden werden können, unter welcher, ohne Aufopferung irgend eines wesentlichen Bedürfnisses, das dringende und höchst gerechtfertigte Verlangen des deutschen Volkes nach einer wahrhaften Einigung und kräftigen Gesamtentwicklung vollständig befriedigt werden könnte.« Das war zwar alles diplomatisch formuliert, aber nichtsdestoweniger deutlich: Die deutsche Kaiserwürde zu erneuern sei für die Vollendung der deutschen Einheit nicht notwendig, im Gegenteil, sie sei eher hinderlich; statt dessen solle man lieber nach einer anderen Form suchen, in der das Einigungswerk seinen sinnfälligen Ausdruck fände.

Später ist immer wieder behauptet worden, Preußen habe sich in der Kaiserfrage nicht klar genug geäußert, habe durch die einschlägigen Formulierungen dieser Zirkularnote vielmehr nur seine Absicht zum Ausdruck bringen wollen, »sie [d. h. die Kaiserwürde] sei zu einer wirklichen Einigung nicht notwendig«. Damit aber, so diese Argumentation weiter, »lehnte die preußische Regierung die Kaiserkrone nicht durchaus ab, sondern stellte sie, wohlwollend und gewissenhaft, nochmals zur entscheidenden Diskussion«.[24]

Diese Ansicht ist irrig. Denn daß Preußen mit der Note vom 23. Januar die deutsche Kaiserkrone für sich ablehnte, steht außer Zweifel. Die Art und Weise, in der dies erfolgte, entsprach nicht nur den diplomatischen Usancen, sondern auch den politischen Gegebenheiten, denen Preußen mit der prodeutschen Wendung seiner Politik, die diese Note zum Ausdruck brachte, Rechnung tragen mußte. Eine deutsche Kaiserwürde, die nach dem Konzept des »engeren Bundes« notwendig an Preußen fallen mußte, hätte sofort einen schweren Konflikt mit Österreich, möglicherweise auch mit Bayern und einer Reihe anderer deutscher Fürstenhäuser zur Folge gehabt. Die föderalen Elemente des geplanten deutschen Bundesstaates wären weiter zugunsten der unitarischen Tendenzen geschwächt worden.[25] Bei der ersten Lesung des Verfassungsentwurfs, die am 26. Januar 1849 beendet wurde, konnten sich die Mitglieder der Paulskirche zwar darauf einigen, einen »Kaiser der Deutschen« als Reichsoberhaupt vorzusehen; dieser aber sollte weder Erb- noch Wahlkaiser sein.[26] Damit aber hatte die Nationalversammlung selbst in der zentralen Frage des Reichsoberhauptes alles offengelassen! Von Preußen unter diesen Umständen eine »klarere« Stellungnahme zur deutschen Kaiserfrage zu erwarten war zuviel verlangt. Preußen äußerte sich so klar, wie dies angesichts der Frankfurter Unklarheit möglich und seiner Bereitschaft, bei der Lösung der deutschen Frage tatkräftig mitzuwirken, förderlich war.

Die Entscheidung in der Kaiserfrage fiel nicht in Frankfurt, sondern in Wien. Am 7. März 1849 löste Kaiser Franz Joseph den Reichstag von Kremsier auf und setzte die Verfassung außer Kraft. Eine oktroyierte

Verfassung, die vom 4. März 1849 datiert war, legte die unauflösliche staatsrechtliche Einheit der deutschen und der nichtdeutschen Teile der österreichischen Monarchie fest. Damit war der großdeutsche Traum, den immer noch viele Mitglieder der Paulskirche hegten, endgültig ausgeträumt. So war es lediglich konsequent, daß sich die großdeutsche Fraktion in der Paulskirche auflöste und zum großen Teil in das Lager der erbkaiserlichen-kleindeutschen Fraktion überlief. Am 27. März 1849 entschied die Paulskirche in zweiter Lesung des Verfassungsentwurfs über die Kaiserfrage. Für die Übertragung der Würde eines Reichsoberhauptes an einen regierenden deutschen Fürsten sprach sich eine Mehrheit von 279 gegen 255 Stimmen aus; die Erblichkeit des Kaisertums fand dagegen nur eine äußerst schmale Mehrheit von vier Stimmen: 267 gegen 263. Am folgenden Tag kam es zur eigentlichen Kaiserwahl. Von den anwesenden 538 Abgeordneten stimmten 290 für König Friedrich Wilhelm IV.; 248 Abgeordnete enthielten sich der Stimme.

Am selben Tag wurde die Reichsverfassung amtlich verkündet. Der Ausschuß, der sich mit dem Problem des »Reichsgebietes« auseinanderzusetzen hatte, legte am 17. März 1849 sein Gutachten vor. Auf die Kardinalfrage, was des Deutschen Vaterland sei, gab es eine ebenso einfache wie für die Paulskirche ungenügende Anwort: Zum Reich gehöre, wer dazugehören wolle. Das Reichsgebiet solle erst festgelegt werden, wenn wirklich klar sei, welche Staaten und Territorien beitreten wollten. Im übrigen bestehe Deutschland aus den Staaten, die ihm freiwillig beiträten. Diese Antwort war zwar nicht dumm, aber eben doch nicht ausreichend. Gelegentlich war in den Debatten in der Paulskirche die Erwartung ausgesprochen worden, daß, wenn Deutschland erst einmal fest gegründet sei, auch andere Staaten und Gebiete wie die Niederlande, Belgien, das Elsaß oder die Schweiz, die einst irgendwann einmal vom Körper des alten Reichs abgefallen oder abgetrennt worden waren, in den Verband des neuen Reichs zurückstrebten. Aber solche Vertröstungen auf die Zukunft konnten nicht befriedigen. Denn die Nationalversammlung war zu ihrer Verfassungsarbeit vom deutschen Volk berufen worden. Darin drückte sich mit Bestimmtheit etwas aus, von dem man jetzt nicht sagen konnte, es sei letztlich unbestimmt, mehr oder minder zufällig, von einigen willkürlichen politischen Umständen und Grenzen abhängig, über die erst später letzte Klarheit zu erlangen sei.

Deutschland, das konnte nicht eine mehr oder minder beliebige Sammlung von Staaten sein, in die auf einmal der Wille gefahren war, sich enger zusammenzuschließen. Was aber sonst? Auch die Paulskirchenversammlung wußte es nicht präzise zu sagen. Deshalb flüchtete sie in jene Verlegenheit, gegen die sie sich einst aufgelehnt hatte, ehe sie in einem langen, schmerzhaften Prozeß die Erkenntnis gewann, daß die Realität durch noch so wohlmeinende Vorstellungen allein nicht zu verändern war. Im ersten Artikel der Reichsverfassung, der sich mit dem »Reichsgebiet« befaßt, heißt es lapidar:

»§ 1: Das Deutsche Reich besteht aus dem Gebiete des bisherigen Deutschen Bundes.

Die Festsetzung der Verhältnisse des Herzogtums Schleswig bleibt vorbehalten.

§ 2: Hat ein deutsches Land mit einem nichtdeutschen Lande dasselbe Staatsoberhaupt, so soll das deutsche Land eine von dem nichtdeutschen Lande getrennte eigene Verfassung, Regierung und Verwaltung haben.«[27]

Man glaubt zu träumen. Ringsumher hatte sich die Welt verändert, hatte Österreich zu seiner alten Macht zurückgefunden, doch die Mitglieder der Paulskirche taten so, als sei nichts geschehen. Mit einemmal war gut und richtig, was sie gestern noch für falsch erklärt und verworfen hatten. Das Gebiet des bisherigen Deutschen Bundes – das sollte Deutschland sein? Mit welchen Worten war doch von der deutschen Nationalversammlung gegen die schändliche Künstlichkeit dieses Deutschen Bundes gewütet worden, dessen Grenzen vom dynastischen Eigennutz und von der Willkür der Großmächte gezogen worden waren! Jetzt sollte in das Bett dieses Monstrums, dieses Wechselbalgs das Deutschland der Paulskirche gelegt werden!

Gewiß, der ursprüngliche Deutsche Bund wurde kurz vor dem Zusammentreten der Nationalversammlung um einige Gebiete erweitert. Ost- und Westpreußen sowie der größere Teil von Posen waren noch Anfang April vom Bundestag in den Deutschen Bund aufgenommen worden. Die Paulskirchenversammlung rechnete diese Territorien folglich zum Gebiet des »bisherigen« Deutschen Bundes. Aber weiterhin ungeklärt blieb die Bundeszugehörigkeit von Schleswig. Immerhin versprach die Verfassung hier Abhilfe. Völlig neu dagegen war die Situation jener Teile Österreichs, die auch zum Deutschen Bund gehörten. Die Paragraphen 1 und 2 waren zu einem Zeitpunkt formuliert worden, als man sich in der deutschen Nationalversammlung noch dem Wahn hingab, in seinen Entscheidungen souverän zu sein und deshalb auch die Macht und die Kraft zu besitzen, Österreich aufzuteilen und seine zum Deutschen Bunde zählenden Territorien dem neuen Reich einzugliedern, während die übrigen Gebiete der Donaumonarchie von einem habsburgischen Schattenkaisertum regiert werden sollten. Spätestens aber seit der Regierungserklärung Gagerns durfte sich auch in der Paulskirche langsam die Einsicht durchgesetzt haben, daß eben dies unmöglich war, da Österreich nie und nimmer einwilligen würde, fast die

Hälfte seines Staatsgebiets in ein Deutsches Reich einzubringen. Damit erhielten die Paragraphen 1 und 2 der Reichsverfassung einen anderen Sinn: Sie bestimmten nun den Ausschluß ganz Österreichs aus dem Deutschen Reich. In der Begründung, die der Verfassungsausschuß am 17. März 1849 zu diesen Paragraphen vorgelegt hatte, war diese Trennung so formuliert worden: Alle deutschen Gebiete sollten auch künftig zu Deutschland gehören, aber gleichzeitig wieder nicht: Deutschland und das Reich waren zweierlei. Die Antwort auf die Frage: Was ist des Deutschen Vaterland?, konnte nur Deutschland lauten. Das Reich jedoch, mit dem man sich nun bescheiden wollte, war nicht das ganze Deutschland, das es nach dem Willen der Paulskirche doch sein sollte. Zwischen dem Reich der »kleindeutschen Lösung« und Deutschland tat sich eine Lücke auf, in die nach dem Scheitern der Paulskirche alle unerfüllt gebliebenen Träume und Sehnsüchte einströmen sollten. Im »tausendjährigen und Großdeutschen Reich« des Adolf Hitler kulminierten diese Phantasmagorien: Es war die »schmutzige Nachgeburt«, von der der Historiker Droysen, ein glühender Anhänger der kleindeutschen Lösung, einmal sprach und hinzusetzte, jene schere ihn nicht, wenn diese nur gelinge.

Auf Deutschland hatte die Paulskirche verzichtet. Ihre Wahl fiel auf das Reich, eine pragmatische Entscheidung, die kaum zu tadeln ist. Denn was hätte sie anderes tun sollen? Diesem Reich, das nicht das ganze Deutschland war, sollte nun gleichsam als Trostpflaster ein Erbkaiser vorstehen, den der preußische König abgeben sollte. All dies hat etwas Operettenhaftes. Es war schon eine eigenartige Revolution, diese deutsche, die sich darin erschöpfte, ein erbliches Kaiserhaus zu proklamieren! Die Nüchternheit dieses Reichs wurde mit einer Kaiserkrone verziert, mit deren Glanz und Flitter sich alte Sehnsüchte verbanden. Lag auch der Untergang des alten Reichs mit seiner Kaiserherrlichkeit schon vier Jahrzehnte zurück, so hatten es viele Männer der Paulskirche doch noch erlebt. Etwas vom Licht des alten Reichs sollte auf das neue fallen. Dort, wo der Kaiser von Deutschland war, würde auch Deutschland sein . . .

Verhandlungen, Kompromisse, Vereinbarungen zwischen Berlin und Frankfurt waren jetzt nicht mehr möglich. Der König von Preußen konnte die ihm angetragene deutsche Kaiserkrone so, wie sie war, nur annehmen oder ablehnen, obwohl man auch in Frankfurt nur zu gut wußte oder hätte bemerken müssen, wie sehr er in seinem Innern diese Krone verabscheute; schließlich beharrte er unnachgiebig darauf, eine deutsche Reichsverfassung sei mit ihm und den anderen deutschen Fürsten zu vereinbaren. Auf »Kronenraub und Thronschwindel« (Bismarck) sollten das neue Deutsche Reich und die neue deutsche Kaiserwürde nicht gegründet werden. All das hätte Frankfurt aufhorchen lassen müssen. Doch gerade in der Kaiserfrage prallten die beiden Legitimismen hart aufeinander: Der dynastische Legitimismus, der sich noch immer auf ein längst fragwürdiges Gottesgnadentum berief, dabei aber über die reale Macht gebot, und der demokratische Legitimismus, der sich auf den Willen der Nation gründete und sich nur auf die revolutionäre Macht stützen konnte, eine Macht, die aber imaginär blieb, da man sie nicht gebrauchen wollte. Der Glanz der Kaiserkrone, so dachten nicht wenige, würde den preußischen König schon noch blenden.

Der Historiker Droysen äußerte bereits im Dezember 1848: »Es ist eine Freude zu sehen, wie die Kaiseridee sich ins Volk einfrißt: Es fühlt der Instinkt des Volkes, daß da eine Zukunft ist, und es erhebt sich an dieser Hoffnung. In Berlin ist man sehr gut disponiert, und ich habe allen Grund, mit großer Zuversicht weiter zu sehen. Wir haben die Anarchie bewältigt; jetzt bleibt dem Parlament nur noch eine Möglichkeit, etwas zu leisten; versteht es diese zu benutzen, so kann es das Heilvollste für Deutschland leisten; versäumt es das – nun, so ist das ganz gleichgültig, denn was wir auch beschließen mögen in dieser oder jeder anderen Sache, es ist dann vollkommen überflüssig; die Geschichte ist nicht mehr in der Paulskirche zu Hause.«[28]

Mit dem Angebot der deutschen Kaiserkrone an Preußens Friedrich Wilhelm IV. hatte die Paulskirche im Sinne Droysens gehandelt. Aber, und das war der große Irrtum der deutschen Nationalversammlung und des demokratischen Legitimismus: Damit wurde die Entscheidung aus der Hand gegeben, war die Geschichte, um das Wort Droysens aufzugreifen, in der Paulskirche nicht mehr zu Hause.

Das war die Situation, als am 2. April 1849 die »Kaiserdeputation« der deutschen Nationalversammlung in Berlin eintraf, um dem König von Preußen in aller Form und Würde jene Krone anzutragen, die dieser im vertraulichen Gespräch als »Schweinskrone« und »Wurstprezel« bezeichnete, die nicht von Gottes Gnaden sei, sondern »vom Meister Bäkker und Metzger« komme.[29] Am 3. April 1849, mittags um 12 Uhr, richtete der Präsident der Nationalversammlung, Eduard Simson, im Berliner Schloß im Namen des deutschen Parlaments die Einladung an Friedrich Wilhelm IV., »die auf ihn gefallene Wahl auf Grundlage der Verfassung anzunehmen«.[30] Es war dies ein feierlicher, ein so nie wiederkehrender Moment: Das deutsche Volk hatte sich einen Kaiser erwählt, doch der Herrscher, der für dieses Amt von den Vertretern des Volkes auserkoren war, wollte nicht so wie dieses. In seiner berühmten Antwort an die Deputation sagte Friedrich Wilhelm IV.: »Die deutsche

Nationalversammlung hat auf Mich vor Allen gezählt, wo es gilt, Deutschlands Einheit und Kraft zu gründen. Ich ehre ihr Vertrauen, sprechen Sie ihr Meinen Dank dafür aus. Ich bin bereit, durch die Tat zu beweisen, daß die Männer sich nicht geirrt haben, welche ihre Zuversicht auf Meine Hingebung, auf Meine Treue, auf Meine Liebe zum gemeinsamen deutschen Vaterlande stützten. Aber, meine Herren, Ich würde Ihr Vertrauen nicht rechtfertigen, Ich würde dem Sinne des deutschen Volkes nicht entsprechen, Ich würde Deutschlands Einheit nicht aufrichten, wollte Ich, mit Verletzung heiliger Rechte und Meiner früheren ausdrücklichen und feierlichen Versicherungen, ohne das freie Einverständnis der gekrönten Häupter, der Fürsten und freien Städte Deutschlands, eine Entschließung fassen, welche für sie und für die von ihnen regierten deutschen Stämme die entschiedensten Folgen haben muß. An den Regierungen der einzelnen deutschen Staaten wird es daher jetzt sein, in gemeinsamer Beratung zu prüfen, ob die Verfassung dem Einzelnen, wie dem Ganzen frommt, ob die Mir zugedachten Rechte Mich in den Stand setzen würden, mit starker Hand, wie ein solcher Beruf es von Mir fordert, die Geschicke des großen deutschen Vaterlandes zu leiten und die Hoffnungen seiner Völker zu erfüllen.«[31]

Die »Kaiserdeputation« der Nationalversammlung mußte diese Rede des preußischen Königs als eine kategorische Zurückweisung der ihm angetragenen deutschen Kaiserkrone auffassen. Zwar hätte sich die Paulskirche noch dazu verstehen können, dem freien Einverständnis der deutschen Könige, Fürsten und Reichsstädte »nachzuhelfen«, das Friedrich Wilhelm IV. als Vorbedingung dafür verlangte, daß er die Kaiserkrone für sich akzeptierte. In seinen Unterredungen mit dem preußischen König im Winter 1848 hatte Gagern ja eine solche Möglichkeit bereits augenzwinkernd angedeutet ... Aber jene andere Bedingung Friedrich Wilhelms IV., die von der deutschen Nationalversammlung verabschiedete Verfassung mit den einzelnen Regierungen der deutschen Staaten überprüfen und, wie nicht zu überhören war, in entschiedenen Punkten abändern zu wollen – das war zuviel. In ihrer Antwort auf die Ausführungen des Königs, welche die »Kaiserdeputation« am 4. April 1849 dem preußischen Staatsministerium zuleitete, wird dies ganz deutlich gemacht: »Die Einladung, auf Grundlage der Reichsverfassung die auf ihn gefallene Wahl anzunehmen, mußte in dem Augenblick als von dem König abgelehnt angesehen werden, in welchem Se. Majestät Ihre Willensmeinung dahin zu erkennen gaben, daß die von der verfassunggebenden Reichsversammlung in zweimaliger Lesung beschlossene Verfassung überall noch keine rechtliche Existenz und Verbindlichkeit habe, einer solchen vielmehr erst durch gemeinsame Beschlußnahme der deutschen Regierungen teilhaftig werden könne.

Unter dieser Voraussetzung wäre die Verfassung zwar wohl die Grundlage fernerer Beratungen der Regierungen, aber unmöglich die der gesetzlichen Gewalt eines Reichsoberhauptes abzugeben im Stande.«[32]

Was hier etwas kompliziert, aber unanfechtbar konstatiert wurde, lautete mit anderen Worten: Die Kaiserwürde war die Krönung des ganzen Verfassungswerks. Ohne einen Träger dieser Krone aber war die Reichsverfassung ein Stück Papier, und ohne die bedingungslose Anerkennung der Reichsverfassung konnte es auch keine Kaiserkrone geben. Mit der Ablehnung der deutschen Kaiserkrone durch Friedrich Wilhelm IV. war das Werk der Paulskirche gescheitert. Das Lächerliche erscheint hier mit dem Erhabenen aufs engste verschwistert. Erhaben kann man es schon nennen, daß eine Versammlung des Volkes sich daranmachte, ein neues Deutschland zu schaffen. Lächerlich aber war es, daß dieses kühne Unterfangen, das zu verwirklichen schon so viel geleistet worden war, durch ein einziges Wort eines gekrönten Hauptes zur Nichtigkeit wurde. Dadurch, daß die Mehrheit der Paulskirche sehr früh bereits der Republik und der Revolution eine Absage erteilt und sich ganz auf die demokratische Legitimation ihrer Souveränität verlassen hatte, war sie auf jenen Weg geraten, der sie nun dazu zwang, ihr Schicksal und das ihres Werks von der Antwort eines einzigen Mannes, des Königs von Preußen, abhängig zu machen. Aber Preußen, und das war der tiefere Sinn der königlichen Ablehnung der deutschen Kaiserkrone, wollte Preußen bleiben und nicht Deutschland werden.

Doch dies galt nicht nur für Preußen. Es ist die Tragik der Paulskirche, daß im Grunde niemand jenes wahrhaft »bürgerliche« Deutschland wollte, für das sie den Entwurf lieferte. Preußen gab mit seiner Ablehnung der Reichsverfassung und der Kaiserkrone nur das Beispiel, dem die anderen deutschen Staaten bereitwillig folgten. Hieran zeigt sich, daß das Konzept eines »dritten Deutschland«, eines Deutschland ohne Preußen und ohne Österreich, das im Laufe des 19. Jahrhunderts immer wieder durch die Köpfe geisterte, ohne realen Gehalt war. Denn den Staaten jenes »dritten Deutschland« mangelte es an politischem Willen und vor allem an der Kraft, dieses Konzept durchzusetzen. Sie konnten und wollten nicht von sich aus das Werk der Paulskirche aufgreifen und vollenden. Die bürgerliche Verfassungsordnung der Paulskirche stellte Anforderungen, denen die Qualität ihrer Staatlichkeit nicht gewachsen war: Die deutschen Klein- und Mittelstaaten wären bei dem bloßen Versuch, diese Verfassung durchzusetzen, innerlich zerbrochen. Dessen war man sich im »dritten Deutschland« nur zu sehr bewußt. Und gerade an der Tatsache, daß die Regierungen der einzelnen deutschen Staaten jegliche Reaktion auf die in der Paulskirche geführte Grundrechtsdebatte vermieden, die mehr als alle anderen hier behandelten Punkte ihre Staatlichkeit unmittelbar tangierte, ist dies abzulesen.

Damit ließen die einzelstaatlichen Regierungen wie stets in für sie schwierigen Zeiten dem städtischen Sondertum den Vortritt, sich zu artikulieren.[33] Und dessen Reaktion blieb nicht aus: Die traditionelle Gegnerschaft der Städte gegen zentralisierende Übergriffe der einzelstaatlichen Behörden richtete sich im Sommer 1848 voll gegen die Paulskirche. Friedrich Rohmers Aufsatz *Deutschlands alte und neue Bürokratie*, der im September 1848 erschien, kann als durchaus repräsentativ für die Reaktion der Städte auf die Grundrechtsdebatte in der Paulskirche gelten. Rohmer beginnt mit der Feststellung: »Vier Monate sind verflossen, seit die Revolution in Deutschland gesiegt hat ... Trotzdem läßt sich von allen Enden Deutschlands eine Klage hören, bald bescheiden, bald drohend, bald klar, bald ihrer selbst unsicher ausgesprochen, die alles in Frage stellt; sie lautet: ›Die Personen haben gewechselt, die Verwaltung ist die alte geblieben. Die Staatsgewalt, die früher stark war, ist jetzt schwach, aber der Geist dieser Gewalt ist der nämliche; die Bureaukratie, die vorgeherrscht hat, herrscht noch, ja, die Bureaukratie, die früher unter andern geherrscht hat, herrscht jetzt nahezu *allein*.‹«[34]

Friedrich Rohmer bestätigt damit explizit die Einsicht des städtischen Sondertums in seinen anfänglichen Irrtum, die Revolution werde es von der einzelstaatlichen Bürokratie befreien! Das Gegenteil war eingetreten: Durch die Revolution war die Bürokratie quasi zur Alleinherrschaft gelangt. Für die Städte war dies um so schlimmer, denn: »Wo ... die Beamtung [sic!] *herrscht* statt nur zu vollziehen, wo an der Stelle der leitenden Staatsmänner Bureaumänner stehen, da ist Bureaukratie: Und der Charakter der Bureaukratie ist der Formalismus, der die *Besonderheiten des Lebens* nach der *starren mechanischen* oder *abstrakten Regel* mißt, und vermöge dessen sie *überall* das *menschliche Gefühl* beleidigen muß, weil derselbe das Eingehen auf die individuellen Verhältnisse und die geistige und gemütliche [sic!] Würdigung der Fragen *ausschließt*.«[35]

Nach dieser Vorbereitung geht Rohmer zur Generalabrechnung mit der Paulskirche über: »Die ehemals ›liberalen‹ Führer des dritten Standes bedienen sich unter dem Schilde des Königtums der alten Bureaukratie, um die Revolution des vierten zurückzudämmen, und stürzen damit sich und das Königtum ins Verderben – denn die Bureaukratie ist das unaufhörliche Reizmittel der Revolution. Aber noch mehr. Wäre diese Verbindung der beiden Fraktionen – der doktrinär-radikalen und der absolutistischen – auch nicht vorhanden, wäre auch die alte Bureaukratie wie durch ein Wunder ausgetilgt: *Die Bureaukratie würde trotzdem fortdauern, weil jene Führer aus sich selbst nichts hervorbringen können als wieder eine Bureaukratie, wenn auch unter anderer Außenseite, – denn der Grundzug der*

Bureaukratie – der Formalismus – ist auch ihr eigenstes Wesen. Unglaubliche Täuschung eines großen Volkes! Der Formalismus der alten Bureaus soll ausgerottet werden, und zu diesem Behuf setzen wir an seine Stelle den neuen Formalismus der Advokaten, Professoren und Industrialisten, das heißt: der Schreibstuben, Studierzimmer und Comptoirs. Mit den Bureaukraten wollen wir aufräumen, und die Exekution übertragen wir, unter Vermittlung der Industrialisten, den Advokaten, die sich schon vom Bureaukratismus nähren, vor allem aber den Professoren, die uns die Bureaukraten erzogen haben. *Die Stubenregierung soll endlich fallen und um sie zu stürzen, wenden wir uns an die Stubengelehrsamkeit, aus der sie entsprungen ist.* Die Ideologie, die Pedanterie und die Schreiberei, die seit Jahrhunderten den Spott des Auslandes auf uns laden, haben wir satt, und um dem Ding ein Ende zu machen, heben wir auf die Stühle die Ideologen, Pedanten und Schreiber in *eigenster Person*. Die Folgen haben sich in Frankfurt offenbart ... Die alte Bureaukratie handelte im Amte absolutistisch, und im Herzen war sie den radikalen Anschauungen zugetan. Diese neue Bureaukratie – die ehemalige Opposition – trägt vor sich her die radikale Doktrin, in der Herrschaft aber pflegt sie in sich den ganzen absolutistischen Schlendrian. *Formalismus aber bleibt Formalismus und Bureaukratie bleibt Bureaukratie, mögen sie nun vom absolutistischen oder vom radikalen Standpunkt ausgehen.*«[36]

Dieser Schrift, in der zwingend dargelegt wurde, daß die Städte ihr Zweckbündnis aufkündigten, das sie zu Beginn der Revolution mit den Kräften der politischen Reform geschlossen hatten, um die alten, ihnen verhaßten Zustände in den einzelnen Staaten zu überwinden, wird kaum jemand in der Paulskirche besondere Aufmerksamkeit geschenkt haben. Aber andere Stimmen müssen den Abgeordneten um so schriller in den Ohren geklungen haben. Die zahlreichen Petitionen, die von einzelnen Gewerben aus so gut wie allen Städten Deutschlands an die Versammlung gerichtet wurden mit dem Verlangen, für je spezielle Beschwernisse allgemeine Abhilfen zu schaffen, konnte man noch, wie in der Debatte geschehen, als ein Argument dafür verwenden, daß beispielsweise nur eine für das ganze Reich gültige uniforme Gewerbeordnung angesichts der Fülle widersprüchlicher Forderungen eine Antwort geben könne. Anders verhielt es sich dagegen mit der Zunftbewegung und den Handwerkerkongressen. Bereits am 22. April 1848 verfaßten Vertreter von zweiundzwanzig Leipziger Handwerksinnungen einen offenen Brief, in dem sie gegen das »Wesen, wie es sich jetzt in Frankreich breit macht, den letzten Rest von Tüchtigkeit und Wohlstand untergräbt und gleichsam mit fliegenden Fahnen und klingendem Spiele über Preußen seinen Einzug in Deutschland hält«, protestierten.[37] Gemeint war damit natürlich die Gewerbefreiheit. Und das erste deutsche »Handwerkerparlament«, das am 15. Juli 1848 in Frankfurt zusammentrat, begann seine Beratungen mit einem »feierlichen, von Millionen Unglücklicher besiegelten Protest gegen die Gewerbefreiheiten«.[38] Das waren alles Hinweise darauf, daß die Städte sich nicht kampflos ihres Sondertums begeben würden. In der Paulskirche wurden sie ausnahmslos überhört, in den deutschen Einzelstaaten dagegen mit Aufmerksamkeit registriert. Erst nach der Veröffentlichung des Entwurfs eines Reichsheimatgesetzes, den der Volkswirtschaftliche Ausschuß am 2. Dezember 1848 vorlegte, begann der Paulskirche zu dämmern, welcher Widerstand sich ringsum im Lande formiert hatte: Die Gemeinden und die Regierungen der Einzelstaaten standen in einer Front gegen diesen Entwurf, der völlig mit dem Geist und den Buchstaben der Paragraphen 1 bis 3 der »Grundrechte des deutschen Volkes« übereinstimmte und der eben deshalb alle seit 1830 erlassenen einzelstaatlichen Heimatgesetze auf den Kopf stellte, die darauf abzielten, die »Heimatlosen« aus den Gemeinden und den Staaten fernzuhalten: Alle diese sollten nun in den Staaten und Gemeinden eine »Heimat« finden, sich niederlassen und ein Gewerbe ausüben können.[39] Die badische Regierung beispielsweise versandte eine Zirkularnote, in der sie vor den Folgen der in diesem Entwurf vorgesehenen Niederlassungsfreiheit warnte. Scharen von stellungslosen Gesellen und Fabrikarbeitern würden in die Städte strömen, Verschwörungen anzetteln und jedermann belästigen; denn kaum vorstellbar sei es, daß das Proletariat durch die Niederlassungsfreiheit verringert oder auch nur in seinen Wünschen befriedigt würde. Vor allem aber würde die völlige Gewerbefreiheit, die der Entwurf des Heimatgesetzes allen Gemeinden zur Pflicht machte, vielerorts zum Ausbruch einer sozialen Revolution führen; die Städte würden sich erbittert dagegen zur Wehr setzen; die Folge von all dem wären schreckliche und kaum zu dämpfende Tumulte.[40]

Entsprechend kühl war die Aufnahme, welche die noch kurz vor Weihnachten 1848 gesondert verkündeten »Grundrechte des deutschen Volkes« bei den deutschen Einzelstaaten fanden.[41] Bürgermeister Smidt, der Bevollmächtigte Bremens bei der Reichszentralgewalt, ließ diese wissen: »Es ist dieser Vorschlag [d. h. das Grundrecht der Freizügigkeit und Niederlassungsfreiheit] ganz dazu geeignet, in Deutschland Zustände herbeizuführen, welche durch ein ähnliches Gesetz in Frankreich bereits verwirklicht, und mit dem den Fortschritten des Kommunismus und Sozialismus die Wege gebahnt werden. Wenn eine Gemeinde jeden Proletarier zur Betreibung jedes Nahrungszweiges aufzunehmen und aufzuheimen genötigt ist, der nicht durch ein gerichtliches Erkenntnis für einen Vagabunden erklärt wurde, so müssen sich alle Anstrengungen jedes Staates und jeder Gemeinde, ihren Genossen hinreichende Arbeit und im Notfalle die erforderliche Unterstützung zu verschaffen, als vergeblich erweisen.«[42] Und auch wenn einige Regierungen wie die württembergische, die von Hessen-Darmstadt oder die badische durch ihre Vertreter bei der Zentralgewalt versicherten, man werde die Grundrechte uneingeschränkt publizieren, so besagte dieses gar nichts.

In der Paulskirche ließ man sich trotz der kühlen Aufnahme der Grundrechte, auf deren Formulierung man so viel Zeit und Energie verwandt hatte, nicht weiter beirren. Man schaute in jenen Tagen und Wochen nach Berlin, geblendet von der Annahme, daß alles gerettet sei, wenn der preußische König sich endlich dazu entschlösse, an die Spitze Deutschlands zu treten. Unter diesem Aspekt war die Petition ohne Belang, die 146 schwäbische Gemeinden im Februar 1849 an die Paulskirche richteten und in der verlangt wurde, die Führung im neuen Reich nicht Preußen zu übertragen.[43] In dieser Petition wie in zahlreichen anderen Bittschriften an die einzelstaatlichen Regierungen[44] wurde häufig die Forderung nach Schutz des städtischen Sondertums mit dem Begehren verknüpft, aus dem Zollverein auszutreten, ein Wunsch, der mit der »preußischen Gefahr« begründet wurde.

Die Regierungen in den deutschen Klein- und Mittelstaaten behielten ihre abwartende Haltung gegenüber der Reichsverfassung der Paulskirche so lange bei, bis sich Preußen in der deutschen Sache entschieden hatte. Kaum aber hatte der preußische König die deutsche Kaiserkrone am 28. April 1849 definitiv abgelehnt und gleichzeitig die endgültige Verwerfung der Reichsverfassung erklärt, da wurde allenthalben der politische Partikularismus wieder lebendig. Und wie schon nach 1815 und nach 1830, so war es auch nach 1849 das städtische Sondertum, das die Regierungen nun restaurierten, da es ihre Integrität und ihre Souveränität entscheidend zu befestigen half.[45]

Die Gründe für das Debakel der Paulskirche sind vielfältig und vielschichtig. Es wäre zu einfach, wenn man behaupten würde, die Unterschätzung des sozialen und politischen Sondertums, das sich die Städte außerhalb des preußischen Herrschaftsbereichs bewahrt hatten, sei die entscheidende Ursache gewesen. Dennoch läßt sich gerade an diesem Punkt die strukturelle Prädisposition für das Scheitern der Paulskirche verdeutlichen. Ihre Vertreter hatten es sich zur Aufgabe gemacht, die Aporie des biedermeierlichen Staates und der biedermeierlichen Gesellschaft zu überwinden, eine Aporie, die durch die Revolution nicht beseitigt, sondern nur in ihrem ganzen Ausmaß bloßgelegt worden war.

Diese Aporie war sowohl politischer wie sozialer Natur. Verneinte man die Revolution, deren Fortführung immerhin eine denkbare Strategie darstellte, um die biedermeierliche Gesellschaft aus ihrer Sackgasse herauszuführen, so blieb nur noch eine Möglichkeit, nachdem die beiden traditionellen Strategien biedermeierlicher Problemlösung, die der sozialen Abschottung und die der behördlichen Bevormundung, versagt und die Krise der Gesellschaft nur noch verschlimmert hatten: Das Programm, das mit der Reichsverfassung der Paulskirche im allgemeinen und den Grundrechten im besonderen entwickelt worden war. Es war dies ein in sich konsistentes Programm politischer Reform, das darauf abzielte, die traditionelle Buntheit des deutschen Volks- und Staatslebens zu einer politischen Nation umzuformen, in der sich die Prinzipien der demokratischen Selbstverwaltung mit denen der individuellen Freiheit und der Gleichheit vor dem Gesetz ergänzten. Daß eben dies der zentrale Gedanke dieses Programms politischer Reform war, läßt sich gerade daran aufzeigen, welche Funktionen die Städte und Gemeinden innerhalb des politischen Lebens der Nation erfüllen sollten. Ihnen sollte ihr bisheriges soziales und politisches Sondertum genommen werden, aber gleichzeitig sollten sie als sich selbst verwaltende politische Gemeinden weiterbestehen.[46] Ohne aber die autonome Bestimmung darüber zu haben, wer in den Verband der Gemeinde aufgenommen werden solle, war diese Verwaltungsautonomie für die Städte ein pures Nichts, ein Hohn. Wilhelm Heinrich Riehl sprach es mit Nachdruck aus: *»Aber nicht die politische Form, sondern der soziale Inhalt des Gemeindelebens war es, an welchem das Volk hing und noch hängt.«*[47]

Die Paulskirche scheiterte, weil die Gesellschaft, der dieses Programm zugedacht war, dessen Annahme verweigerte. Was heißt das? Die »Revolution« der Paulskirche war keine Revolution, wie sie von diversen Revolutionstheorien beschrieben wird,[48] um den Staat und seine Institutionen einer gewandelten Gesellschaft anzupassen; die Paulskirche formulierte vielmehr mit der Reichsverfassung ein Programm politischer Reform, das wie seine Vorläufer in den ehemals rheinbündischen Staaten oder in Preußen darauf ausgerichtet war, Konformität zwischen der vorhandenen Gesellschaft und der gesellschaftlichen Vision der »politischen Klasse« herzustellen.[49] Diese gesellschaftliche Vision reflektierte aber nicht nur die besondere Interessenlage der »politischen Klasse«, sondern sie war vor allem auch die Vision einer Societas civilis, einer genuin bürgerlichen Gesellschaft, in der das Ideal rationaler Konfliktbewältigung verwirklicht werden sollte.

Das Scheitern der »politischen Klasse« ist zu einem großen Teil darin begründet, daß sich ihre ganze Aufmerksamkeit auf die Verwirklichung dieser Vision einer »offenen Gesellschaft« richtete und sie dabei die Widerstände der noch immer ständisch geprägten bestehenden Gesellschaft, mit denen sie sich auseinanderzusetzen hatte, zu gering einschätzte. Die durch die Revolution ausgelöste Krise war noch keineswegs die Todeskrise der alten Gesellschaft gewesen. Das war der Irrtum der »politischen Klasse«, ein Irrtum, der gleichsam in ihrer besonderen gesellschaftlichen Situation angelegt war. Denn ihre Angehörigen, die 1848 das Programm gesellschaftlicher Reform entwarfen, waren keine Repräsentanten jener deutschen Gesellschaft, die um 1848 noch immer die soziale Wirklichkeit prägte und beherrschte; sie standen gewissermaßen außerhalb dieser Gesellschaft, die sie zwar kannten, aber die sie stets mit den Augen der »politischen Klasse« und durch die hegelsche Brille in der Gewißheit künftigen historischen Fortschritts sahen. Der Blick der »politischen Klasse« war deshalb nicht durch Realitätsblindheit getrübt; eher läßt sich auf Weitsichtigkeit diagnostizieren. Dieses »Leiden« wurde ihr bewußt, als sie sich das Scheitern ihres Programms eingestehen mußte. Bruno Bauer hat es mit Zorn ausgesprochen: »Ist das wirklich ein Volk, welches jene Männer in der Nationalversammlung und in den Kammern repräsentieren? Ist ein Volk vorhanden – kann von einem Volk die Rede sein, wenn zwei gleich ohnmächtige Parteien in niedriger Kleinlichkeit sich bekämpfen, wenn keine von beiden zum Siegen fähig, des Sieges würdig ist – keine die Kraft und die Männer erzeugen kann, *die ein Volk erst schaffen, indem sie den Haufen für eine geschichtliche große Arbeit gewinnen, vereinigen und zum Siege führen?* Ein Volk! Diese beiden Haufen, die sich wie zwei verschiedene Rassen gegenüberstehen, die entnervten und ratlosen Revolutionäre, die den Halt, der ihnen fehlt, den Sieg, den sie nicht mit eigener Kraft gewinnen können, die Zukunft, zu deren Eroberung sie zu schwach sind, von einem fremden Volk erwarten, den Ungarn, die für ihre Vergangenheit und pergamentenen Privilegien kämpfen, – auf der anderen Seite die dumpfe Masse, deren Stamm die Honoratioren, Beamten und Pensionärs der Landstädte im Sommer 1848 gebildet, besoldet und mit dem Knüttel bewaffnet haben – sind die ein Volk, ein eroberndes Volk, – das Volk, von dem ein Deutschland geschaffen und in die Geschichte eingeführt werden kann?«[50]

Aus seiner Perspektive, aus der Perspektive der »politischen Klasse« mußte Bruno Bauer den Sachverhalt genau so sehen: Die Repräsentanten waren da, aber es gab das Volk nicht, das sie repräsentieren sollten! In Frankfurt hatten sich Männer versammelt, die dieses Volk erst zu schaffen vermochten, »indem sie den Haufen für eine geschichtliche große Arbeit gewinnen, vereinigen und zum Siege führen«, aber der Haufen, der sich in zwei »verschiedenen Rassen« gegenüberstand, verweigerte sich. – In dieser Diagnose des eigenen Scheiterns ist der Kern jener Geschichtsphilosophie enthalten, welche die politischen Perspektiven wie das politische Handeln der Paulskirche bestimmte, ja, die recht eigentlich seit den Tagen der Aufklärung die »politische Klasse« als solche konstituierte: Die geschichtsphilosophisch gewonnene Gewißheit nämlich, daß erfolgreiches politisches Handeln den künftigen Gang der Geschichte erkennt und seine Entscheidungen jeweils diesen künftigen Erfordernissen anpaßt. Stärken und Schwächen eines solchen Politikverständnisses liegen auf der Hand: Es war die Stärke jenes politischen Konzepts, das dem Programm der »politischen Klasse« von 1848 zugrunde lag, daß es eine ziemlich genaue Vorstellung davon hatte, in welche Richtung der Prozeß politischen und sozialen Wandels gelenkt werden sollte, welche Ergebnisse er zeitigen und welche Anforderungen er stellen würde. Die Schwäche dieses Konzepts aber war, daß die »politische Klasse« viel zu früh und auch zu genau die künftige Entwicklung erkannte, noch ehe die »industrielle Revolution« die noch weitgehend ständisch und lokal sprich vertikal fixierte Gesellschaftsstruktur in eine horizontal gegliederte Klassengesellschaft umgewandelt hatte, in eine »bürgerliche« Gesellschaft also, in der die binnengesellschaftlichen Machtverhältnisse so umverteilt waren, daß sie in das Gehäuse paßten, das ihnen die »politische Klasse« mit der Reichsverfassung von 1848/1849 entworfen hatte.

Das Programm von 1848/1849 war zum Scheitern verurteilt durch diese von vornherein bestehende Diskrepanz zwischen »politischer Klasse« und »Volk«; durch die Diskrepanz zwischen der Absicht der Paulskirche, eine neue Gesellschaft für einen neuen Staat zu schaffen, und der höchst konkreten Aufgabe der sehr real existierenden Mächte, vorhandene Staaten in einer Zeit sozialer und politischer Spannungen zu regieren, also »Realpolitik« zu treiben, die fern aller Visionen Interessenkonflikte innerhalb der alten Gesellschaftsordnungen mit bewährten Methoden und Strategien auszugleichen versuchte. Man kann darüber spekulieren, ob diese grundsätzliche Diskrepanz zwischen dem Wollen der Paulskirche und der politischen und sozialen Wirklichkeit im Deutschland von 1848/1849 nicht hätte überwunden werden können, wenn das politische Wollen der Paulskirche von einer wirklichen Macht wie Preußen rückhaltlos unterstützt worden wäre. Doch diese Spekulation ist müßig. Denn es wäre kaum etwas Besseres, wahrscheinlich sogar unter größeren Opfern etwas Schlechteres dabei herausgekommen als jenes Reich, das Bismarck kaum mehr als zwei Jahrzehnte später mit »Blut und Eisen« schuf. Außerdem: Selbst wenn Preußen sich 1848/1849 mit seiner ganzen Macht hinter die Paulskirche gestellt hätte, dann nicht, um sich deren Bedingungen zu unterwerfen und der Reichsverfassung zum Sieg zu verhelfen, sondern nur um den Preis, daß sich die Paulskirche die Bedingungen Preußens zu eigen gemacht hätte. Das aber hätte mit Sicherheit einen deutschen Bürgerkrieg ausgelöst, einen Konflikt, den Bismarck vermeiden konnte, weil die »industrielle Revolution« die entscheidende Vorarbeit geleistet hatte.

1848/1849 scheiterte nicht die »bürgerliche Revolution«,[51] sondern die »politische Klasse« bei dem Versuch, einen Verfassungsrahmen durchzusetzen, innerhalb dessen sich eine künftige bürgerliche, eine politische Gesellschaft auf klassenmäßiger Grundlage hätte entfalten können. Es ist aber nicht der Rahmen, der sich den Inhalt schafft, sondern umgekehrt. Wilhelm Heinrich Riehl, der Soziologe des Biedermeier, bemerkte 1851 in einem Rückblick auf die Revolutionszeit: »Es ist dermalen sehr wohlfeil geworden, auf die ›Professoren‹ zu schelten. Man versteht darunter jene Politiker der Schule, welche, statt von der Tatsache des Volkslebens auszugehen, wie es nun einmal historisch geworden vorliegt, und statt von der jeweils gegebenen politischen Weltlage, von den allgemeinen Sätzen ihrer meinetwegen vortrefflichen Lehre ausgehend, das kranke öffentliche Leben kurieren wollten. Man vergesse nicht, daß diese Professoren bei dem gebildeten Bürgertum die Autorität ersten Ranges gewesen sind. Man vergesse auch nicht, daß fast alle die größten reformatorischen Geister des neueren Bürgertums von Luther bis auf Lessing und Goethe [sic!] gar viel und just nicht das Schlechteste von dieser Professorenart an sich gehabt haben. Nur vergessen die ›Professoren‹ der letzten Jahre über dem gebildeten Bürgertum die Gesamtheit der Gesellschaft; im Besitze so vieler Wissenschaften übersahen sie die ›Wissenschaft vom Volke‹, sie vergaßen, daß es auch noch Proletarier, Bauern und Edelleute gibt, und es war kein König von Preußen da, der sie, wie die Demokraten an die Existenz der Fürsten, an die Existenz dieser Mächte erinnert hätte.«[52]

Die Vision einer bürgerlichen Gesellschaft, wie sie den politischen Reformern von 1848/1849 vorschwebte, konnte sich nicht erfüllen: Jene bürgerliche Gesellschaft, die sich im Zuge der »industriellen Revolution« in Deutschland etablierte, prosperierte vorzüglich auch ohne den Verfassungsrahmen, den die »politische Klasse« als den ihr gemäßen 1848/1849 entworfen hatte. 1848 markiert Höhepunkt und Ende jenes Einflusses, den die »politische Klasse« ausgeübt hatte und dessen Voraussetzung die Existenz der ständisch fixierten Gesellschaft war. In dem Maße, in dem die ständische Gesellschaft in den Jahren 1850 bis 1870 durch die »industrielle Revolution« in eine Klassengesellschaft umgewandelt und zu einer politischen Gesellschaft wurde, die sich aufgrund ihrer unterschiedlichen Klasseninteressen politisch polarisierte, wurde der Einfluß der »politischen Klasse« verzehrt: Ihre Angehörigen verdingten sich nun als Wortführer der einzelnen Parteiinteressen.

269

Die Ablehnung der deutschen Kaiserkrone durch Friedrich Wilhelm IV. ließ die Revolution, die man bereits totgesagt hatte, noch einmal aufleben. Anfang Mai kam es zu Aufständen in der Pfalz. In Baden siegte die Revolution, die Republik wurde ausgerufen, und der Großherzog mußte in die Festung Mainz flüchten. Auch in Preußen, in Westfalen, im Rheinland, in Schlesien, in den thüringischen Staaten und in Sachsen kam es zur Rebellion. Die Unruhen in den preußischen Provinzen wurden von der Armee niedergeworfen. Auf Bitten der sächsischen Regierung stellten preußische Regimenter auch in Dresden wieder Ruhe und Ordnung her. Im Südwesten, in Baden und in der Pfalz, aber hatte sich unterdessen eine regelrechte Revolutionsarmee versammelt, ein bunter Haufe aus desertierten Soldaten, Bürgerwehr, Studenten und ausländischen Freischärlern, vorwiegend Polen. Den Oberbefehl hatte der Pole Miroslawski. Es berührt merkwürdig, daß es vor allem Polen waren, die für die Freiheit und Einheit Deutschlands kämpften und fielen ... Aber auch diese Revolutionsfeuer im Südwesten Deutschlands wurden sehr bald von preußischen Truppen ausgetreten. Danach sorgten preußische Standgerichte für Friedhofsruhe.

Preußen war ein schlechter Soldat der Revolution gewesen; dies hatte der Krieg mit Dänemark gelehrt. Preußen war andererseits aber ein vorzüglicher Soldat der Gegenrevolution. Das bewies es nun in Sachsen, in der Pfalz und in Baden. Den Reichspatriotismus, dessen vornehmster Gegenstand Preußen gewesen war, hatte Preußen nun selbst, wie Veit Valentin bemerkte, hingerichtet. Am 21. April 1849 ließ der König von Preußen in der Zweiten Kammer des preußischen Landtags seine Ablehnung der Reichsverfassung verkünden. Dies war lediglich eine Formsache, die den anderen deutschen Staaten signalisieren sollte, daß Preußen nicht mehr hinter den Forderungen der Paulskirche stand.

Bereits am 5. April hatte die Wiener Regierung die österreichischen Vertreter in der Nationalversammlung zurückgerufen; sie waren dort schon längst ohne Mandat. Nach der preußischen Erklärung vom 21. April folgten auch andere Regierungen diesem Beispiel. Am 30. Mai 1849 beschloß eine Mehrheit von 71 der insgesamt noch 130 in der Paulskirche versammelten Volksvertreter, zukünftig in Stuttgart zu tagen, wo dieses »Rumpfparlament« dann am 18. Juni 1849 von württembergischem Militär auseinandergejagt wurde.

In einem Brief an seine Frau, der vom 21. Mai 1851 datiert ist, schrieb der preußische Gesandte am wiedererstandenen Deutschen Bundestag zu Frankfurt am Main, ein gewisser Otto von Bismarck-Schönhausen: »Heut habe ich mir die Paulskirche angesehn. Sie ist noch ganz so eingerichtet, wie die Nationalversammlung sie verlassen hat, viel schwarzrotgoldne Fahnen und Draperien, sogar vier Lampen stehn noch auf dem Präsidialtisch; die St. Pauli Gemeinde scheint nicht aus Kirchgängern zu bestehen, denn sie haben ihr Gotteshaus bisher nicht reklamiert. Die Besucher pflegen sich je nach der Parteifarbe von den Schreibpulten von Auerswald und Lichnowsky, oder von denen von Blum und Trützschler (letzterer wurde in Mannheim füsiliert) Stücken abzuschneiden; die zeigende Donna wußte gar nicht, wes Geistes Kind sie aus mir machen sollte, wie ich von allen vier nichts haben wollte und ihr Messer ablehnte. Sie gestand mir übrigens, daß die Pulte schon mehrmals erneuert seien. Die Kirche ist zirkelrund und von roten Quadersteinen, so grabesstill über den leeren Bänken, daß man sich das Parlamentsgeschrei schwer vergegenwärtigen kann.«[53]

12. KAPITEL
Ersatz-Deutschland

In seinem Pariser Exil schrieb Heinrich Heine ein Gedicht, dem er die Überschrift »Im Oktober 1849« gab. Es beginnt so:

»Gelegt hat sich der starke Wind
Und wieder stille wirds daheime;
Germania, das große Kind,
Erfreut sich wieder seiner Weihnachtsbäume.«

Diese Verse treffen die Situation. Der »teutsche Traum« war wieder einmal ausgeträumt. Im Sommer und Herbst 1849 lebte er jedoch noch einmal auf. Wie einst für die Freiheit der Polen und der Griechen begeisterte man sich in Deutschland nun für die Freiheit der Ungarn, die sich 1849 gegen Österreich erhoben hatten. Aber auch das nationalrevolutionäre Feuer der Ungarn wurde von Österreich und Rußland rasch erstickt. Die alten Mächte behaupteten wieder die Ordnung in Europa; der Vulkan der Revolution war endgültig erloschen. Das »politische Biedermeier« schien seinen Fortgang zu nehmen, als sei nichts geschehen. Das aber war nur Täuschung, denn nichts blieb so, wie es gewesen war. Zwar war der Strom der Revolution, der gedroht hatte, alles fortzureißen, in das enge Bett zurückgedrängt worden, das ihm die dynastischen und partikularistischen Interessen wiesen. Aber jedermann wußte auch, daß die »natürliche« Bewegung einen anderen Verlauf hatte nehmen wollen.

Einer, der am empfänglichsten für diese Empfindung war, war der preußische König Friedrich Wilhelm IV. Das mag paradox klingen, denn ausgerechnet an seiner intransigenten Haltung waren ja die politischen Hoffnungen der Paulskirche zerschellt. Friedrich Wilhelm IV. hatte nie ein Hehl daraus gemacht, wie sehr er die Revolution haßte und verabscheute. Und sosehr sich die Paulskirche auch »antirevolutionär« gebärdete, sie blieb in seinen Augen doch stets eine verwerfliche Ausgeburt der Revolution, Höllengezücht. Aber Friedrich Wilhelm IV. war mit einer viel zu romantischen Phantasie begabt, als daß ihn nicht die Möglichkeiten fasziniert und angeregt hätten, die das Deutschland der

Paulskirche bot. Auch er wollte ein neues Deutschland, ein großes, starkes Deutsches Reich, das dem Glanz jenes alten, längst untergegangenen Reichs gleichkommen sollte. Wie dieses neue Deutsche Reich zu gestalten sei, davon hatte der preußische König ebenso präzise wie ausufernde und jede Wirklichkeit mißachtende Vorstellungen. Friedrich Meinecke hat sie beschrieben: »Sie sind das Werk zugleich einer luxurierenden Malerphantasie und einer symbolisierenden Geschichtsphilosophie. Man muß an die großen Kartons und Fresken der nazarenischen Historienmalerei denken, wie sie etwa Cornelius dem König liefern mußte, wo auf einer großen Fläche Gott Vater in der Höhe und in gläubigem Aufblick zu ihrem Könige Fürsten, Bischöfe, Ritter und Volk architektonisch gegliedert und sinnig und streng abgestuft erscheinen. Gott ist es, war der dominierende Gedanke, der die Kronen gibt und nimmt . . .«[1]

Zwar sollte, so malte es sich die Phantasie des Königs aus, die erbliche deutsche Kaiserwürde aus Gründen der tausendjährigen Tradition des Römischen Reichs an Österreich fallen; aber gleichzeitig plante er, auch die alte machtpolitische Ohnmacht des Kaisers zu restaurieren; denn die politische Macht sollten die Fürsten ausüben, aber beileibe nicht alle 34 souveränen Häupter, sondern nur die größeren unter ihnen, die neu zu bildenden »Reichsherzogtümern« vorstehen sollten. Für den preußischen König erdachte er sich das erbliche Amt eines »Reichserzfeldherrn«.[2] Die reiche Künstlerphantasie Friedrich Wilhelms IV. verlor sich ganz in der Ausgestaltung dieser pseudomittelalterlichen Reichsvisionen. Nichts davon wurde Wirklichkeit. Doch der historischromantische Zug seines Wesens zeitigte eine Erfindung, die seither zum Symbol alles Preußischen geworden ist: die Pickelhaube, die Friedrich Wilhelm IV. höchst eigenhändig entwarf und bei der Truppe einführte.

Künstler sind zumeist schlechte Herrscher und schlechte Künstler noch viel schlechtere Herrscher. Heinrich Heine hat dies aus der Ferne seines Exils viel schärfer erkannt als die meisten, denen diese Pläne des Königs vertraut waren:

»Ich habe ein Faible für diesen König;
Ich glaube, wir sind uns ähnlich ein wenig.
Ein vornehmer Geist, hat viel Talent –
Auch ich, ich wäre ein schlechter Regent.«

Nach dem Ende der Paulskirche hatten im rebellischen Südwesten Deutschlands und in Sachsen preußische Waffen die alte Ordnung wiederhergestellt. Der preußische König hielt nun die Stunde für gekommen, seine Pläne zu verwirklichen.

An jenem 3. April 1849, an dem Friedrich Wilhelm IV. die ihm angetragene deutsche Kaiserkrone ausschlug, wurde den deutschen Staaten
angezeigt, daß Preußen damit keineswegs auch auf jene Vormachtstellung in Deutschland verzichten wolle, die ihm von der Paulskirche zugedacht worden war, ja, daß man sogar entschlossen sei, eine Lösung
der deutschen Frage anzustreben. In einer Zirkulardepesche wurden die
deutschen Staaten aufgefordert, auf dem Wege der »Vereinbarung« eine
deutsche Reichsverfassung auszuarbeiten.[3] Auch dies waren, um das
Wort Fallatis zu wiederholen, »Harlekinaden«. Das »Ersatz-Deutsch-
land«, das der preußische König formen wollte, war gleichsam das Sa-
tyrspiel, welches das Drama der Paulskirche abschloß. Friedrich Wilhelm IV. hatte zwar die Revolution zutiefst verabscheut, aber auch seine
Lehren aus ihrem Scheitern gezogen. Und die wichtigste Lehre war die
Erkenntnis, daß mit Österreich im Bunde kein Deutsches Reich zu
schaffen sei: Friedrich Wilhelm IV. wollte das nationale Werk der Revolution auf seine Weise vollenden, ohne Revolution und ohne Nation –
zusammen mit den übrigen deutschen Fürsten. Auf diese Weise meinte
er, sich alle seine Träume erfüllen, die Revolution ein für allemal besiegen und gleichzeitig sein künstlerisch-romantisches Staatsideal verwirklichen zu können. Es war dies nicht nur zuviel auf einmal, sondern das,
was er wollte, stand auch in einem so eklatanten Widerspruch zu den in
der Wirklichkeit lebendigen Kräften, daß der bloße Versuch, dieses riesige Vorhaben zu verwirklichen, wie der reine politische Irrsinn anmu-
tete. Und dennoch ließ man nicht ab von dieser Idee.

Der eigentliche Architekt jenes Plans einer »Union« zwischen dem
von Preußen geführten Deutschland und Österreich war Joseph Maria
von Radowitz, den Bismarck in seinen *Gedanken und Erinnerungen* als
den »geschickten Garderobier der mittelalterlichen Phantasie des
Königs« charakterisiert hat.[4] Obwohl Radowitz seit Jahren einer der
engsten Vertrauten des Königs war, nahm er in der unmittelbaren Umgebung Friedrich Wilhelms IV. eine eigenartige Stellung ein. Der hochkonservativen Kamarilla, dem »Ministère occulte«, jenem Kreis vertrauter, aber unverantwortlicher Ratgeber, die sich um die Brüder Gerlach
scharten, gehörte er nicht an. Die Kamarilla begegnete ihm vielmehr mit
Mißtrauen, das nie ganz weichen sollte. Joseph Maria von Radowitz
stammte aus ungarischem Geschlecht und war katholisch. Beides genügte schon, um ihn der pietistischen und zur Frömmelei neigenden
Kamarilla zu entfremden. Ein übriges taten seine politischen, insbesondere seine deutschlandpolitischen Vorstellungen, die nicht allzu entfernt waren von dem Gagernschen Konzept des »engeren« und »weiteren Bundes«. Seine Vertrautheit mit dem König ergab sich daraus, daß
sich beide mit ihrer übersteigerten Vorliebe für alles Mittelalterliche als

im Geiste Verwandte kannten und schätzten. Und diese Gemeinsamkeit bedeutete für Friedrich Wilhelm IV. um so mehr, als er in seiner ganzen Umgebung niemanden sonst hatte, der seine Träume und Phantasien verstand. Daß Radowitz trotzdem während der Revolutionszeit nie mit einem Ministeramt bedacht wurde, hatte seine Ursache vor allem in der Abneigung der Kamarilla gegen seine Person und seine politische Haltung. Jetzt aber, da Preußen erklärt hatte, es wolle die von der Paulskirche verabschiedete deutsche Reichsverfassung nicht anerkennen, konnte auch ein Radowitz keinen Schaden mehr anrichten. Am 4. Mai 1849 wurde er »deutschlandpolitischer Beauftragter« der preußischen Regierung. Seine Aufgabe sollte es sein, gemeinsam mit den einzelnen deutschen Staaten und mit Österreich eine neue Reichsverfassung auszuarbeiten. Über die Schwierigkeiten dieser Mission machte sich Radowitz keine Illusionen. In seinem *Tagebuch* notierte er: »Ich sehe vollkommen ein, daß der Punkt, auf dem das Schicksal Deutschlands steht, ein fast verzweifelter ist, und zwar durch Schuld beider Teile. Ich mißbillige den Weg, der hierher führt. Ich sehe ein, daß der ganze Fortgang der deutschen Frage untrennbar an die Geschicke der inneren preußischen Frage geknüpft ist und daß diese sich in einem Stadium befindet, dessen Ausgang noch gar nicht abzusehen ist. Dabei verkenne ich keinen Augenblick, daß mein Name, ja meine ganze Existenz wieder in einen Strudel hineingerissen wird, an dessen Boden nach überwiegender Wahrscheinlichkeit für mich nur Verderben liegt.«[5]

Die innerpreußische Frage war zu dieser Zeit längst wieder in Bewegung gekommen. Am 27. April 1849 hatte in Preußen der »zweite Staatsstreich« stattgefunden, war die Zweite Kammer des preußischen Landtags aufgehoben worden, nachdem diese am 21. April 1849 die Reichsverfassung der Paulskirche als rechtsgültig anerkannt und sich damit in einen diametralen Gegensatz zur preußischen Regierung gestellt hatte, die auf Weisung des Königs am 28. April die endgültige Verwerfung der Reichsverfassung durch Preußen erklärte. Damit noch nicht genug: Am 10. Mai wurde der Belagerungszustand verhängt und am 30. Mai 1849, gleichsam als krönender Abschluß dieses Staatsstreichs auf Raten, die Abschaffung des allgemeinen und gleichen Wahlrechts und seine Ersetzung durch das Dreiklassenwahlrecht für die Wahl der Abgeordneten zur Zweiten Kammer verfügt. Mit dieser Wahlrechtsänderung fand die preußische Gegenrevolution, die mit der Berufung Brandenburgs ins Ministerium eingeleitet worden war, ihren vorläufigen Abschluß.[6]

Mit dem Staatsstreich hatte sich Preußen gleichzeitig auf eine konservative, gegenrevolutionäre Lösung der deutschen Frage festgelegt. Es war dies eine gewaltige Hypothek für jenes Vorhaben, welchem Rado-witz sich widmen sollte. Zwar war auch er davon überzeugt, daß es, wie er in seiner Denkschrift vom 12. Juni 1849 schrieb, »die große Aufgabe der deutschen Regierungen, ganz insbesondere der preußischen, ist, die Revolution zu enden«; aber ihm war nur zu sehr bewußt, daß die Revolution erst dann wirklich beendet sein würde, »bis neben dem Siege über die Demokratie auch die Verfassungsfrage für Deutschland abge-schlossen, bis eine politische Ordnung festgestellt ist, welche die Ein-heit der Nation innerhalb der möglichen und berechtigten Bedingungen verbürgt«.[7]

Ohne Revolution das politische Ziel dieser Revolution vollenden zu wollen, war entweder naiv oder politische Narretei. Aber der König und Radowitz waren dennoch davon überzeugt, daß es ihnen gelingen würde, Preußen ohne einen Schwertstreich die Macht in Deutschland zu verschaffen. Auf welche Illusionen sich ihre Zuversicht gründete, hätte ihnen aber schon der Umstand deutlich machen müssen, daß be-reits am 14. April 1849 achtundzwanzig deutsche Kleinstaaten in einer Kollektivnote ihre Bereitschaft erklärt hatten, die Reichsverfassung der Paulskirche bedingungslos anzuerkennen.[8]

Schwäche macht sensibel. Und diese deutschen Kleinstaaten sahen sich im April 1849 einer zweifachen Bedrohung ihrer souveränen Exi-stenz ausgesetzt. Die eine Gefahr war Preußen; die andere die soziale und politische Revolution im Innern dieser Kleinstaaten, deren dumpf-fes Grollen im Frühjahr 1849 allenthalben wieder zu vernehmen war. Mit der Anerkennung der Paulskirchenverfassung wählten diese deut-schen Kleinstaaten das in ihren Augen kleinere Übel, um sich der Me-diatisierung durch Preußen oder der Zerschlagung durch die Revolu-tion zu erwehren. Den Kleinstaaten saß die Furcht im Nacken, daß in dem Moment, in dem die Paulskirche am Ende war, in Deutschland die Anarchie ausbräche. Österreich war völlig von der Niederschlagung des Aufstands in Ungarn in Anspruch genommen und konnte deshalb we-der das Machtvakuum in Deutschland füllen noch die kleinen Staaten unter seinem schützenden Schirm versammeln. Blieb also nur Preußen, mit dessen Machtgelüsten man jedoch bereits überreiche Erfahrungen gesammelt hatte.

Auch die durchaus heterogenen Kräfte der sozialrevolutionären Bewe-gung, die sich im April 1849 wieder zu regen begannen und die klein-staatliche Idylle von innen bedrohten, traten vor allem deshalb für eine Verwirklichung der Reichsverfassung ein, weil sie in ihr in erster Linie ein Mittel sahen, Preußen wirksam in Schach zu halten. Denn in Preu-ßen erblickten die einen, die Republikaner und Demokraten, den Hort finsterster Reaktion, während die anderen, die noch ständisch gebundenen Interessengruppen von Kleingewerbe und Stadtbürgertum, in Preußen vor allem den Anwalt all jener Prinzipien fürchteten, die sie stets bekämpft hatten: Gewerbe- und Niederlassungsfreiheit.

Die preußische Gefahr stiftete damit ein zwar nur kurzfristiges, politisch aber dennoch sehr wirksames Bündnis zwischen zwei völlig entgegengesetzten Interessen, zwischen fürstlichem und ständischem Partikularismus einerseits und den Kräften der sozialen und politischen Revolution andererseits. In keinem der Ländchen, welche die Reichsverfassung anerkannt hatten, brach in den Maitagen des Jahres 1849 eine Revolution aus – Baden war die Ausnahme; hier hatten die Radikaldemokraten verhältnismäßig viele Anhänger. Aufstände und Revolutionen gab es dagegen in jenen Staaten, deren Regierungen der Reichsverfassung der Paulskirche die Anerkennung verweigert hatten: in der preußischen Rheinprovinz und in Schlesien, in der traditionell aufmüpfigen bayerischen Pfalz und vor allem im industriell schon weit entwikkelten Königreich Sachsen.

In Berlin aber dachte man sich die Lösung der deutschen Frage im preußischen Sinne als eine einfache Sache und verfiel dabei nur in den Fehler der Paulskirche: Man unterschätzte Österreich, die Zählebigkeit des kleinstaatlichen Partikularismus und vor allem die traditionelle Furcht des »dritten Deutschland« vor der Vormundschaft einer der beiden deutschen Großmächte. Nicht die Ablehnung der deutschen Kaiserkrone war der kapitale Fehler Preußens, sondern die Verwerfung der von der Paulskirche ausgearbeiteten Reichsverfassung. Nur im stillen Bündnis mit der Revolution hätte Preußen Erfolg mit seiner Deutschlandpolitik haben können. Allein die preußische Anerkennung der Reichsverfassung wäre geeignet gewesen, den Widerstandswillen der vier auf ihre eigene staatliche Kraft vertrauenden deutschen Königreiche, Hannover, Sachsen, Bayern und Württemberg, zu brechen. Preußen aber tat das genaue Gegenteil und gab damit seine letzte Trumpfkarte aus der Hand. Und dies nur, weil der preußische König mit geradezu pathologischer Entschiedenheit darauf bedacht war, auch den geringsten Anschein des Verdachts zu vermeiden, die preußische Politik sei eine Komplizenschaft mit der Revolution eingegangen. Dieses Motiv wird nicht nur durch jene ausdrücklich vom König autorisierte Erklärung enthüllt, mit der Graf Brandenburg am 21. April 1849 im preußischen Landtag ankündigte, Preußen werde die Reichsverfassung nicht anerkennen, sondern vor allem auch durch einen Erlaß des Außenministers Arnim vom 24. April an den preußischen Bevollmächtigten bei der »Zentralgewalt« in Frankfurt am Main, Ludolf Camphausen: Man habe, hieß es dort, in Berlin befürchtet, die deutschen Regierungen würden durch die inneren Unruhen in ihren Staaten und gegen ihren Willen dazu gezwungen, diese Verfassung anzuerkennen, wenn Preußen nicht sofort mit gutem Beispiel vorangehe und sie ablehne. Gleichwohl könne nicht der Vorwurf erhoben werden, das Werk der deutschen Einigung sei am Widerstand Preußens gescheitert. Preußen habe vielmehr wiederholt seinen guten Willen und seine Verständigungsbereitschaft gezeigt. »Wohl aber hätte uns, wenn wir länger gezaudert hätten, der Vorwurf treffen können, daß wir das Schreckbild der Revolution als einen moralischen Zwang über die wiederstrebenden Regierungen hätten benutzen wollen, um dieselben zur Annahme der preußischen Oberhoheit zu bewegen.«[9]

Die Politik des Königs und seines Beraters Radowitz in der deutschen Frage war letzten Endes eine »unpolitische Politik«. Ernst Ludwig von Gerlach urteilte in seinem *Tagebuch* über das politische Verständnis Friedrich Wilhelms IV.: »Ihm schweben immer nur (junkertümlich) die Fürsten und ihre Verhältnisse, nicht die wahre Lage der Dinge vor.«[10] Der bornierte Legitimismus, dem Friedrich Wilhelm IV. huldigte, vermochte in der Tat nur die Fürsten und ihre vermeintlich identischen Interessen zu erkennen und übersah dabei völlig, daß es in Wahrheit die Interessen der Staaten und der Völker sind, welche die Politik bestimmen.

Ludolf Camphausen wenigstens hatte bemerkt, daß mit der Erklärung des Grafen Brandenburg vom 21. April 1849 das ganze Spiel schon verdorben war. Am 24. April schrieb er an den Minister von der Heydt, damit, daß Preußen die Annahme der Reichsverfassung verweigert habe, enthebe es die Königreiche aller Sorge. »München, Stuttgart, Dresden, Hannover, besonders aber Wien können illuminieren.«[11] Und in seinem letzten Bericht in seiner Eigenschaft als preußischer Bevollmächtigter bei der »Zentralgewalt« machte er seinen Standpunkt mit kaum verhüllter Schärfe im Ton deutlich. An Arnims Erlaß vom 24. April anknüpfend, bemerkte Camphausen unter anderem: »E. E. bin ich zu Dank verpflichtet für die geneigte Mitteilung der Erwägungen, aus welchen das Ministerium einen veränderten Gang nötig erachtete. Es haben dieselben ein unzweifelhaftes Gewicht, wenn man sich stark genug fühlt, den Kampf mit der Revolution dem Frieden unter Zugeständnissen vorzuziehen. Zugleich liegt soviel Großmut in dem Entschlusse, die anderen Regierungen vor einem moralischen Zwange zu schützen, daß E. E. entschuldigen werden, wenn ich dem Drange nachgebe zu rechtfertigen, weshalb ich dieses Gefühl nicht teilte. Ich habe niemals annehmen dürfen, *daß die deutschen Fürsten sich völlig freiwillig und lediglich zum Zwecke der Einheit willen einem Bundesoberhaupte unterordnen würden.*« Und speziell zur Verfassungsfrage: »Als eine Unmöglichkeit habe ich zwar die Annahme der hiesigen Verfassung nicht angesehen; allein ich war mit dem Ministerium vollkommen einverstanden, daß deren Modifikation erstrebt werden müsse, und das Ministerium war mit mir einverstanden, daß zu ihrer leichteren Erlangung nicht in den Vordergrund treten müsse, die Verfassung *sei unausführbar, weil Preußen nicht wolle;* daß vielmehr in den Vordergrund treten müsse, *sie sei unausführbar, auch wenn Preußen wolle.*«[12]

Die Richtigkeit dieser politischen Einschätzung sollte sehr bald vom weiteren Gang der Ereignisse bestätigt werden: Ohne die »moralische Autorität« der Paulskirche, ohne die Drohung der Revolution im Hintergrund, mußte auch das Preußen Friedrich Wilhelms IV. bei dem Versuch, Deutschland politisch zu einigen, notwendigerweise scheitern, weil die politisch Verantwortlichen, allen voran der König und Radowitz, die deutsche Frage im Stil und mit den Methoden jener sterilen und dogmatischen Kabinettspolitik zu lösen trachteten, wie sie für die Zeit nach Friedrich II. kennzeichnend gewesen war.

Preußen wollte mit völlig untauglichen Mitteln etwas erreichen, was *so* damals noch nicht zu haben war: Preußen wollte nicht Deutschland, sondern die Macht in Deutschland, ohne dafür aber den Preis zu zahlen, daß Preußen in diesem Deutschland aufging. Preußen sollte unter allen Umständen Preußen bleiben, ein Staat der Junker und des Militärs, die wußten, daß ihre Interessen am besten von der preußischen Krone gewahrt wurden. Es war ein konservativer Abgeordneter, der am 21. April 1849 in der Zweiten Kammer des preußischen Landtags unmittelbar nach der Regierungserklärung des Grafen Brandenburg das Wort ergriff und diesen preußischen Standpunkt mit aller Deutlichkeit aussprach: »Die deutsche Einheit«, so sagte dieser Abgeordnete, Otto von Bismarck, damals, »will ein Jeder, den man darnach fragt, sobald er nur deutsch spricht; mit dieser Verfassung aber will ich sie nicht . . . Ich halte es daher für unsere Aufgabe entschieden widerstrebend, wenn wir die deutsche Frage dadurch noch mehr verwirren, daß wir in dem Augenblicke, wo Europa anfängt, sich von dem Taumel der Revolution zu erholen, den Frankfurter Souveränitätsgelüsten, die gerade um ein Jahr zu spät kommen, die Stütze unserer Zustimmung leihen. Ich glaube, daß gerade dann, wenn wir ihnen unsere Unterstützung verweigern, Preußen umso eher im Stande sein wird, die deutsche Einheit auf dem von der Regierung betretenen Wege herbeizuführen. Die Gefahren, welche uns dabei entgegenstehen könnten, fürchte ich nicht, weil das Recht auf unserer Seite ist, und sollten sie auch die gebräuchliche Ausdehnung eines Heckerschen Putsches um das Zehnfache übersteigen. Im schlimmsten Falle will ich aber, ehe ich sehe, daß mein König zum Vasallen der politischen Glaubensgenossen der Herren Simon und

Schaffrath herabsteigt, lieber, daß Preußen Preußen bleibt. Es wird als solches stets in der Lage sein, Deutschland Gesetze zu geben, nicht, sie von Anderen zu empfangen ... Die Frankfurter Krone mag sehr glänzend sein, aber das Gold, welches dem Glanze Wahrheit verleiht, soll erst durch das Einschmelzen der preußischen Krone gewonnen werden, und ich habe kein Vertrauen, daß der Umguß mit der Form dieser Verfassung gelingen werde.«[13]

Am 28. April 1849 forderte das Ministerium Brandenburg die Regierungen der einzelnen deutschen Staaten auf, Delegierte zu einer Konferenz nach Berlin zu entsenden, auf der eine Regelung der deutschen Verfassungsfrage beraten werden sollte. In einer Note vom 9. Mai umriß Preußen seine »Unions«-Pläne.[14] Der preußische Plan einer »Union« stellte im Grunde nichts anderes dar als jenes erstmals von Gagern in seiner Regierungserklärung skizzierte Konzept eines »engeren« und eines »weiteren« Bundes. Die von der kleindeutschen Mehrheit der Paulskirche einst favorisierte Lösung eines deutschen Bundesstaates unter Ausschluß aller österreichischen Lande wurde lediglich modifiziert: Die unitarischen Tendenzen der Frankfurter Reichsverfassung wurden durch eine Aufwertung der föderativen Instanzen in den Hintergrund gedrängt, und die im Frankfurter Verfassungsentwurf vorgesehene Machtfülle des aus allgemeinen Wahlen hervorgegangenen Parlaments sollte weitgehend durch eine Hegemonie der miteinander verbündeten Reichsfürsten ersetzt werden. Die Verfassung des deutschen Bundesstaates sollte durch eine Vereinbarung zwischen den Fürsten und der Volksvertretung abgesegnet werden. Die Regelung des Unionsverhältnisses zwischen dem deutschen Bundesstaat und Österreich war dagegen ganz im Sinne des Gagernschen Doppelbundes vorgesehen: gemeinsame Außen- und Wirtschaftspolitik bei völliger politischer und rechtlicher Autonomie beider Reiche nach innen.

Die Einfallslosigkeit dieses preußischen Plans steht seiner politischen Instinktlosigkeit nicht nach. Überall, in Sachsen, in Baden und in den eigenen Provinzen, dämpfte Preußen mit Waffengewalt die Revolution. Gleichzeitig versuchte man, den deutschen Fürsten einzureden, nur die Schaffung eines deutschen Bundesstaates unter preußischer Führung könne ihnen zukünftig Sicherheit vor der Revolution bieten. Tatsächlich aber ging man in Berlin von genau jener Annahme aus, die Camphausen in seinem letzten Bericht an Arnim als völlig phantastisch und abwegig gekennzeichnet hatte, daß nämlich »die deutschen Fürsten sich völlig freiwillig und lediglich zum Zwecke der Einheit willen einem Bundesoberhaupte unterordnen würden«. Preußen konnte die kleindeutsche Lösung nur auf zwei Wegen verwirklichen: Entweder es gebrauchte seine Macht, auf welche die einzelnen Staaten ja angewiesen waren, um der Revolution Herr zu werden; oder es ließ die Drohung der Revolution weiter wirken. Beides aber scheute der »gerade«, unpolitische Sinn des preußischen Königs.

Bereits am 16. Mai 1849 wurden die preußischen Unionspläne von der österreichischen Regierung Schwarzenberg verworfen. Damit war das Projekt schon hinfällig. Diese Einsicht vertrat zumindest Graf Brandenburg gegenüber Radowitz, ohne allerdings damit bei diesem durchzudringen.[15] Es wäre jetzt in der Tat für Preußen das Vernünftigste gewesen, diese Politik aufzugeben. Aber man hatte sich bereits zu weit vorgewagt, als daß man ohne erheblichen Gesichtsverlust wieder zurück konnte. Denn einen Tag vor der österreichischen Ablehnung der preußischen »Unions«-Pläne hatte Friedrich Wilhelm IV. in einer feierlichen Proklamation die deutschlandpolitischen Pläne seiner Regierung bekanntgemacht. Dies erfüllte einen doppelten Zweck: Einmal sollte das Verhalten Preußens gegenüber der Frankfurter Nationalversammlung gerechtfertigt werden; zum anderen galt es, die aus dieser Rechtfertigung abgeleitete deutschlandpolitische Initiative zu begründen: »Preußen ist dazu berufen, in so schwerer Zeit Deutschland gegen innere und äußere Feinde zu schirmen, und es muß und wird diese Pflicht erfüllen. Deshalb rufe Ich schon jetzt Mein Volk in die Waffen. Es gilt, Ordnung und Gesetz herzustellen im eigenen Lande und in den übrigen deutschen Ländern, wo unsere Hilfe verlangt wird; es gilt, Deutschlands Einheit zu gründen, seine Freiheit zu schützen vor der Schreckensherrschaft einer Partei, welche Gesittung, Ehre und Treue ihren Leidenschaften opfern will, einer Partei, welcher es gelungen ist, ein Netz der Betörung und des Irrwahns über einen Teil des Volkes zu werfen.«[16]
Diese Proklamation des preußischen Königs mußte in den Ohren der deutschen Fürsten wie die Ankündigung künftigen Unheils klingen: Die vermeintlichen Gefahren der Revolution für Deutschland, so folgerten diese, waren lediglich ein Vorwand, um die preußische Macht auszudehnen. Dieser Grundzug der preußischen Politik war den deutschen Staaten seit den Tagen des Fürstenbundes nur zu sehr vertraut. Sie hatten seitdem immer wieder dieselben Strategien angewandt, um sich dieser Bedrohung mit Erfolg zu erwehren. Die Ablehnung der preußischen Unionspläne durch Österreich signalisierte den deutschen Klein- und Mittelstaaten, daß sie bei ihrem Widerstand gegen die deutschlandpolitischen Pläne Preußens auf die Unterstützung eines mächtigen Verbündeten rechnen konnten.
Jene 28 deutschen Kleinstaaten, die am 14. April 1849 in einem kollektiven Akt die Reichsverfassung der Paulskirche angenommen hatten,

ließen Berlin wissen, sie fühlten sich nach wie vor dadurch gebunden; aus diesem Grund könnten sie der preußischen Einladung nicht Folge leisten. Am 17. Mai 1849 versammelten sich deshalb in Berlin lediglich die Vertreter der vier deutschen Königreiche Bayern, Sachsen, Württemberg und Hannover. Sehr rasch zeigte sich aber nun, was jedem schon vor Beginn der Verhandlungen hätte deutlich sein müssen: Die Vertreter der beiden süddeutschen Königreiche Bayern und Württemberg legten anfangs nur Desinteresse an den Tag, ehe sie verkündeten, vorerst nicht dem von Preußen geplanten Bundesstaat beitreten zu wollen. Diese Entscheidung dürfte den beiden Regierungen nicht schwergefallen sein. In München wie in Stuttgart war man weit von Preußen entfernt, Österreich aber um so näher. Anders war die Situation für Sachsen und Hannover. Sachsen hatte preußische Truppen zu Hilfe rufen müssen, um der Aufstände von Anfang Mai Herr zu werden. Und Hannover, das von seiner geographischen Lage her gleichsam in der preußischen Zange lag, glaubte nicht, sich offenen Widerstand gegen die »wohlmeinenden« Absichten des mächtigen Nachbarn leisten zu können. So kam es am 26. Mai 1849 zum Abschluß des sogenannten Dreikönigsbündnisses zwischen Preußen, Sachsen und Hannover. Nach den Vorstellungen von Radowitz sollte es der Kern des künftigen, von Preußen geführten deutschen Bundesstaates sein. Ausdrücklich war in Artikel 2 dieses Vertrages vorgesehen, daß der Beitritt »allen Gliedern des Deutschen Bundes« offenbliebe.[17] Doch dieser Kern des künftigen deutschen Bundesstaates war von Anfang an faul. Denn Sachsen und Hannover kündigten gleich an, man werde wieder aus diesem Bündnis austreten, wenn es allein auf Norddeutschland beschränkt bleibe und nicht wenigstens Bayern beiträte,[18] dessen Gewicht die übrigen süddeutschen Staaten nach sich ziehen werde. Aber Bayern, das war nur zu offensichtlich, verspürte weder die Neigung noch den Zwang zu einem solchen Schritt. Außerdem appellierten Sachsen und Hannover insgeheim und mit allem Nachdruck an Bayern, seinen Anschluß an das Dreikönigsbündnis zu unterlassen.

Nach Abschluß des Bündnisvertrages sandte die preußische Regierung am 28. Mai 1849 ein Rundschreiben an alle deutschen Staaten. In diesem legte sie noch einmal die Absichten des Bündnisses dar und forderte die anderen Regierungen zugleich auf, »sich unserem durch die Gefahren des Augenblicks hervorgerufenen Bündnisse anzuschließen und sich hierüber in kürzester Frist gefälligst erklären zu wollen«.[19] Das klang ultimativ, machte aber kaum Eindruck. Lediglich Baden entschloß sich am 4. Juni zum Beitritt. Über seine Motive konnte man sich aber in Berlin keine Illusionen machen; denn es waren preußische Truppen, die in Baden gegen die Aufständischen kämpften. Die badische Regierung wünschte sogar, daß die preußischen Truppen nach der Niederschlagung des Aufstands in Baden bleiben sollten. Diese Bitte verriet die wahren Motive Badens: Nicht die Revolution bedrohte den Bestand des Landes, sondern vor allem die expansiven Gelüste seiner Nachbarn Württemberg und Bayern, welche die Gelegenheit gekommen sahen, Baden zu liquidieren und sich die Beute zu teilen. Bereits Mitte Mai hatte der bayerische Ministerpräsident von der Pfordten gegenüber dem preußischen Gesandten in München entsprechende Andeutungen gemacht. Vor einer Wandkarte Süddeutschlands stehend, hatte er auf Baden gedeutet und gemeint, diese Wurst müsse verschwinden, wenn man künftig Ruhe in Deutschland haben wolle. Die nördliche Hälfte Badens sollte bei dem Handel an Bayern fallen, damit dieses endlich eine Landbrücke zur Pfalz erhalte, den Süden sollte Württemberg haben.[20]

Mit seinem Beitritt zum Dreikönigsbündnis gelang es Baden, seine territoriale Integrität zu wahren: Das Bündnis aber war für Baden lediglich Mittel, nicht Zweck. Ähnlich verhielt es sich mit dem Großherzogtum Hessen-Darmstadt, das ebenfalls am 4. Juni dem Dreikönigsbündnis beitrat, für sich aber die gleichen Einschränkungen reklamierte wie zuvor Sachsen und Hannover. Im Schutz dieser Vorbehalte, jedoch aus unterschiedlichen Motiven, traten im Laufe des Sommers die meisten der nord- und mitteldeutschen Fürsten dem Bündnis bei. Der Herzog von Braunschweig beispielsweise fürchtete wie Baden Annexionsgelüste seiner mächtigeren Nachbarn, während der Kurfürst von Hessen-Kassel aus Gründen des schieren persönlichen Eigennutzes den Eintritt ins Bündnis vollzog, hoffte er doch, sich so seiner liberalen Minister, der Kammern und des demokratischen Wahlgesetzes entledigen zu können; an ihre Stelle sollten willfährige Organe und untertänige Kreaturen treten, die ihm in der Frage der Zivilliste eher zu Willen waren. Kurz, der Erfolg, den die preußische Unionspolitik bis zum August 1849 erzielen konnte, war äußerst fragwürdig. Gleichzeitig wurden die Aussichten immer trüber, daß sich auf dieses Bündnissystem eine dauerhafte und erfolgversprechende Politik gründen ließe. Denn ringsum hatte sich die Situation völlig verändert. Mit Hilfe russischer Truppen war es Österreich gelungen, den Aufstand der Ungarn blutig zu ersticken. Österreich hatte damit die Hände wieder frei, und die Fürsten der deutschen Mittelstaaten begannen, erneut Morgenluft zu wittern. Am 12. Juli 1849 erklärte die Münchener Regierung definitiv, sie wolle dem Dreikönigsbündnis nicht angehören. In einer Zirkularnote an die bayerischen Gesandten in den deutschen Staaten hieß es, »daß Preußen keine anderen Absichten verfolge als rechtswidrige Vergrößerung der eigenen Macht«.[21]

Schon im Spätsommer 1849 hätte Preußen erkennen müssen, daß seine Pläne nicht gegen den Widerstand Österreichs durchzusetzen waren. Und Österreich strebte wieder zurück zu jener alten, vorrevolutionären Ordnung in Deutschland, die ihm seine traditionelle Vormachtstellung garantierte: Es wollte die Reaktivierung des Deutschen Bundes. Ein erster Schritt dazu war die Verständigung mit Preußen vom 30. September 1849 über die sogenannte Interimslösung, mit der die immer noch bestehende provisorische »Reichszentralgewalt« beseitigt wurde und eine österreichisch-preußische Bundeskommission die Funktionen einer vorläufigen Zentralbehörde übernahm.[22] Diese Lösung war bis zum 1. Mai 1850 befristet. Beide Seiten gaben sich der Hoffnung hin, die deutsche Frage bis zu diesem Datum in ihrem Sinne lösen zu können. Vor allem Preußen brachte sich dadurch in Zeitdruck. Am 19. Oktober 1849 setzte es im Verwaltungsrat der Union, in dem alle Mitgliedstaaten des Bündnisses vertreten waren, einen Beschluß durch, der für den 15. Januar 1850 Wahlen für eine konstituierende Versammlung des deutschen Bundesstaates vorsah. Dieser Beschluß veranlaßte Sachsen und Hannover, aus dem Dreikönigsbündnis auszutreten. Damit war der erste Schritt zur Gründung einer von Österreich inspirierten »Gegenunion« getan, die mit dem Abschluß des »Vierkönigsbündnisses« vom 27. Februar 1850, dem Sachsen, Hannover, Bayern und Württemberg angehörten, vollendet wurde.[23] Vorgeblicher Zweck dieses neuen Bündnisses der vier deutschen Königreiche, dem Österreich am 13. Mai 1850 beitrat,[24] war ebenfalls die Herstellung der deutschen Einheit, allerdings einer »großdeutschen« Einheit unter Einschluß aller österreichisch-ungarischen Territorien. Auch dieser Plan stellte nur die Wiederauflage eines alten phantastischen Planes dar, der sowohl von der »großdeutschen Fraktion« in der Paulskirche wie von der Regierung Schwarzenberg schon verfolgt worden war und der die Schaffung eines rund siebzig Millionen Menschen unterschiedlichster Nationalitäten umfassenden Staatenbunds in Mitteleuropa vorsah. Dieses Siebzigmillionenreich blieb angesichts der virulenten Nationalismen ein Phantasiegebilde, mit dem nur eine einzige wirkliche politische Absicht verfolgt wurde: die deutschlandpolitische Initiative Preußens erfolgreich zu paralysieren, indem man ihr nicht einfach Widerstand leistete, sondern ihr ein anderes Konzept entgegenstellte.[25]

Die deutsche Einheit war nur ein neuer Vorwand für die beiden deutschen Flügelmächte Preußen und Österreich, einander in ihren Rivalitätskämpfen um die Vorherrschaft in Deutschland zu übervorteilen. Und die deutschen Fürsten nutzten dies in der altvertrauten Weise aus, sich den »Schwindel ihrer Souveränität« zu bewahren. Die größeren unter den deutschen Fürsten, die vier Könige, hielten sich an Österreich, um ihre Unabhängigkeit gegenüber Preußen zu verteidigen, während die kleineren der deutschen Staaten auf der Seite Preußens standen, um sich ihrerseits gegen die Expansionsgelüste der Mittelstaaten besser behaupten zu können. Aber alle zusammen waren sie nur so lange verläßliche Bündnispartner der beiden deutschen Flügelmächte, wie diese ihre Interessen schützten.

Nach dem Scheitern der Revolution hatte man auch in den europäischen Kabinetten völlig das Interesse an der deutschen Sache, an den »querelles allemandes«, verloren. Die Ordnung der Dinge gestaltete sich wieder nach den Entwürfen der Diplomaten und Staatsmänner und nicht mehr nach den Vorstellungen eines expansiven Nationalismus. Diese Ruhe nach dem Sturm wurde noch einmal gestört durch das Wiederaufflammen des Konflikts um die beiden Elbherzogtümer Schleswig und Holstein. Ende März 1849 hatte Dänemark den Waffenstillstand von Malmö gekündigt. Am 3. April brachen neue Kampfhandlungen aus, in die Preußen widerstrebend hineingezogen wurde und an denen es sich deshalb auch nur mit dem größten Mißvergnügen beteiligte. An Bunsen schrieb Friedrich Wilhelm IV. damals, alles, was mit den Elbherzogtümern im Zusammenhang stehe, habe für ihn »Mumienfarbe und Aasgeruch«. Rußland und England übten auf Preußen wieder gemeinsamen Druck aus, hinter dem wie im Jahr zuvor auch diesmal keinerlei ernst zu nehmende Interventionsdrohung stand. Rußland entsandte zwar eine Flotte in die Ostsee, und England »drohte« mit seiner Neutralität, sollten Rußland und Frankreich wegen Schleswig-Holsteins intervenieren. Bei nüchterner Überlegung aber war das alles nicht sehr ernst zu nehmen. Denn der Zar konnte keinerlei Interesse daran haben, Friedrich Wilhelm IV. durch ein Eingreifen in Schleswig-Holstein in die Arme der deutschen Revolution zu treiben. Außerdem war Rußlands militärische Macht völlig von der »brüderlichen« Hilfe bei der Niederschlagung des ungarischen Aufstands absorbiert. Frankreich war mit seiner römischen Intervention befaßt und nicht in der Lage, auch nur einen Gedanken an Schleswig-Holstein zu verschwenden. Aber wie schon im Jahr zuvor, so genügte auch jetzt das Stirnrunzeln des Zaren, um Friedrich Wilhelm IV. einzuschüchtern. Am 10. Juli 1849 schlossen Preußen und Dänemark einen zweiten Waffenstillstand, der den dänischen Ansprüchen noch wesentlich weiter entgegenkam als jene erste in Malmö vereinbarte Waffenruhe.[26] Erneut hatte Preußen die deutsche Sache an Dänemark verraten. Die Empörung darüber war in Deutschland so groß, daß nur fünf Regierungen es wagten, diesen Waffenstillstand zu ratifizieren, mit dem der immer noch offiziell als »Reichskrieg« geltende Konflikt beigelegt wurde.

Radowitz jagte aber unterdessen völlig unbeirrt seinem Traumgespinst nach, Deutschland allein durch die freiwillige Zustimmung seiner Fürsten und gesalbten Häupter einigen zu können. Damit das Ganze aber einen Anstrich bekam, der der Zeit entsprach, sollte diese Übereinkunft durch ein Parlament abgesegnet werden, das von der Bevölkerung der einzelnen Mitgliedstaaten der »Union« gewählt wurde und am 20. März 1850 in Erfurt in der Augustinerkirche Luthers zusammentrat. Dieses Erfurter Parlament war eine merkwürdige, melancholisch stimmende Karikatur seines großen Frankfurter Vorbilds. Seine Abgeordneten waren auf der Grundlage des preußischen Dreiklassenwahlrechts gewählt worden,[27] das auf dem Steueraufkommen eines jeden Bezirks basierte. Die erste Klasse bildeten jene Höchstbesteuerten, die das erste Drittel des Steueraufkommens erbrachten; von der zweiten Klasse kam das zweite Steuerdrittel; die dritte Klasse umfaßte alle anderen, ob sie nun Steuern zahlten oder nicht. Jede dieser drei Klassen wählte unbeschadet der Zahl der ihr zugehörigen Wähler die jeweils gleiche Anzahl von Wahlmännern, die dann die Abgeordneten zu wählen hatten. Die Absicht dieses Wahlsystems war, die große Masse der Bevölkerung zugunsten der Besitzenden zu benachteiligen. Die Habenichtse galten als politisch unzuverlässig, wenn nicht gar als »revolutionär«; den Begüterten dagegen wurde eine politisch konservative, auf die Erhaltung von Ruhe und Ordnung bedachte Gesinnung unterstellt.

Das Erfurter Unionsparlament, das bei übrigens geringster Wahlbeteiligung zustande kam, war, was Wunder, ein zahmes, ein willfähriges Instrument, das jener ihm vorgelegten Verfassung ohne weitere Schwierigkeiten zustimmte.[28] Von den politischen Gruppierungen der Paulskirche waren die Radikalen und die Demokraten im Erfurter Parlament überhaupt nicht vertreten. Hier beherrschten die »Gemäßigten« die Szene, die sich bereits im Juni 1849 in Gotha getroffen hatten, um ihre Haltung gegenüber der deutschlandpolitischen Initiative Preußens festzulegen. Ergebnis dieser Beratungen war das sogenannte Gothaer Programm der liberalen Partei vom 28. Juni 1849; mit ihm wurde die Spaltung der Oppositionskräfte endgültig besiegelt,[29] die sich bereits im Vormärz angekündigt hatte. Die »Gothaer« verzichteten mit diesem Programm auf die »Freiheit«, um die »Einheit« zu gewinnen, wie sie meinten. Die Beweggründe der »Gothaer« für diese Entscheidung können nicht überzeugen, denn die Einheit hatte für die »Gemäßigten« schon von jeher unbedingte Priorität vor der Freiheit, barg doch die Freiheit Gefahren, die ihre ureigensten Interessen bedrohten.[30] Im Gothaer Programm heißt es dazu bündig: »Den Unterzeichneten stehen die Zwecke, welche durch die Reichsverfassung vom 28. März erreicht werden sollten, höher als das starre Festhalten an der Form, unter der man dieses Ziel anstrebte.«[31]

Die »Gothaer« gaben sich dann auch dazu her, der Erfurter Unionsverfassung zuzustimmen, obwohl von vornherein abzusehen war, daß diese »Taschenausgabe« (Michael Freund) der Frankfurter Reichsverfassung nur eine Totgeburt sein würde. Die eine Hälfte der Abgeordneten des Erfurter Parlaments stammte ausschließlich aus Preußen, die andere aus jenen deutschen Kleinstaaten, die es bislang noch nicht gewagt hatten, den deutschlandpolitischen Absichten Preußens offen entgegenzutreten. Die Grundlagen dieser Reichsverfassung von Preußens Gnaden waren einfach zu schmal und zu unsicher, als daß sie dem Gebäude, das auf ihnen errichtet werden sollte, Festigkeit hätten verleihen können. Die ganze Union war ein Kartenhaus, das der geringste Windstoß zum Einsturz bringen mußte.

So fragwürdig diese Verfassung auch war, sie hätte dennoch ein ganz brauchbares politisches Instrument abgeben können, wenn man nur gewillt gewesen wäre, es zu handhaben. Aber Friedrich Wilhelm IV. mangelte es wie immer an Mut und Entschlossenheit, und seine tiefempfundene Abneigung gegen alles, was nach Revolution roch, tat ein übriges. So kam es, daß man die Erfurter Union, auf deren Zustandekommen so viel Mühe verwandt worden war, einfach aufgab, ohne sich dafür von Österreich einen Preis zahlen zu lassen. »Die Union«, schrieb Leopold von Gerlach in sein Tagebuch, »ist ein schlechtes altes Pferd ohne Hinterteil, auf dem man sein Leben riskiert. Mein Rat war, es in die Karre zu verkaufen, wo man doch noch Geld dafür gekriegt hätte. Nächstens muß es zum Schinder, wo man noch bezahlen muß. Ich bin aber schon zufrieden, wenn man nicht den Hals darauf bricht.«[32]

Am 29. April 1850 gab Radowitz dem Erfurter Parlament den Abschied. Am 1. Mai lief die Frist für das österreichisch-preußische Interim über die provisorische Bundeszentralgewalt aus. Die Unionsverfassung, umgehend in Kraft gesetzt, hätte Fakten geschaffen, doch Friedrich Wilhelm IV. zögerte. Jetzt, da das Gebäude der Deutschen Union errichtet war, erwies sich das ganze Projekt als ein ungeliebter Wechselbalg. Alle waren dagegen: die Kamarilla, das Ministerium Brandenburg, das Verwicklungen mit Österreich und dem Vierkönigsbündnis fürchtete, und der König, dem die Erhaltung der russischen Freundschaft über alles ging, denn auch dem Zaren mißfiel das gesamte Unternehmen. Friedrich Wilhelm IV. verlegte sich deshalb aufs »Temporisieren«. Er ließ den verbündeten Regierungen die fertige Verfassung mit der Maßgabe zuleiten, diese möchten gefälligst einen endgültigen Beschluß fassen. Insgeheim aber hoffte er, »daß Erfurt durch Fäulnis oder durch eine Explosion sich auflöse«.[33] Preußen hatte die deutsche Sache damit endgültig zu einer Posse und sich selbst unsterblich lächerlich gemacht. Aber es kam noch schlimmer. Das Stück hat noch einen zweiten Akt, zu dem sich nun der Vorhang hob. Bereits am 19. April 1850 hatte Österreich seine Absicht verkündet, alle deutschen Regierungen nach Frankfurt einzuladen, um mit diesen zu einer Übereinkunft über die Wiederherstellung des Bundestages und des Deutschen Bundes zu kommen. Am 26. April gingen die Einladungen zu diesem Kongreß, der für den 10. Mai anberaumt war, an die einzelnen deutschen Regierungen und damit auch an jene Staaten, die in der Union zusammengeschlossen waren. In Berlin war dies Anlaß zu einer Kabale, die für sich spricht. Denn dem Innenminister Manteuffel, einem Mann der Kamarilla und Gegner der Union und ihres Erfinders Radowitz, wäre es beinahe gelungen, Friedrich Wilhelm IV. dazu zu überreden, der österreichischen Einladung Folge zu leisten und nach Frankfurt zu reisen. Radowitz, der völlig zu Recht seine gesamte Politik durch diesen Schritt gefährdet sah, stemmte sich mit aller Leidenschaft dagegen. Preußen, so argumentierte er auf der Sitzung des Ministerrats am 1. Mai, dürfe an dem Frankfurter Kongreß nicht teilnehmen, solange sich Preußen und Österreich nicht über eine Neugestaltung Deutschlands verständigt hätten. Einer solchen Verständigung stünden aber zwei völlig gegensätzliche Positionen im Wege: Österreich fordere die Aufnahme des gesamten Kaiserstaats in den wiedererrichteten Deutschen Bund, während Preußen von Österreich die Anerkennung des Rechts der deutschen Staaten verlange, sich in einer Union enger zusammenzuschließen. Wenn Österreich dem nicht zustimmen wolle, dann müsse eine schiedsrichterliche Entscheidung über die Vereinbarkeit beider Konzepte mit den Bundesverträgen gesucht werden. Einseitigen Beschlüssen Österreichs und seiner Bundesgenossen aber könne sich Preußen nicht unterwerfen. Und im Falle eines Falles müsse Preußen sich der Eventualität stellen, gewaltsam gegen bundesbrüchige Angriffe Österreichs vorzugehen.[34]

Durch die österreichische Gegenoffensive war die von Radowitz nur noch sehr zögerlich betriebene Unionspolitik zum Erliegen gekommen. Ja, die Gefahr einer schweren politischen Niederlage Preußens begann sich abzuzeichnen, die sich letzten Endes nur noch dadurch bannen ließ, daß man die Entscheidung in einem Krieg suchte. Eine militärische Auseinandersetzung mit Österreich aber wollte Friedrich Wilhelm IV. mindestens ebensosehr vermeiden, wie ihn andererseits das Argument von Radowitz überzeugte, daß ein Eingehen auf die österreichischen Forderungen für Preußen ebenfalls eine schwere politische Niederlage bedeuten würde. Der König suchte in dieser verfahrenen Situation nach einem Ausweg, den es nicht gab. Er klammerte sich deshalb an eine Ausrede, die Graf Brandenburg fand und die immerhin die Chance bot, Zeit zu gewinnen. Brandenburg sprach sich einerseits für das Konzept aus, das Radowitz vorgetragen hatte. Aber gleichzeitig gab er zu bedenken, daß nicht die Alternative Widerstand oder Unterwerfung zur Entscheidung stehe, sondern allein die Frage, ob man unter allen Umständen entschlossen sei, die Unionspolitik fortzusetzen. Das war so recht nach dem Geschmack des Königs, der sich nun sogar zu der Erklärung verstieg, »die Sache der Union nimmermehr fallen zu lassen«.[35] Das mochte er gut und gerne lauthals verkünden, denn insgeheim hoffte er mehr denn je, die Union werde sich in ein Nichts auflösen, und er werde jedenfalls nicht als derjenige dastehen, der Preußens Politik an Österreich verraten habe. Die Chancen, daß »Fäulnis« das ihre zur Beseitigung der Union beitragen würde, standen nicht schlecht; denn auch in Berlin konnte nicht verborgen geblieben sein, daß mit der österreichischen Einladung zu dem Frankfurter Kongreß alle jene Mitglieder der Union neue Hoffnungen zu schöpfen begannen, die sowieso nur noch mit halbem Herzen bei der Sache waren. Und das waren alle, Preußen eingeschlossen.

Vor diesem Hintergrund muß der auf der damaligen Sitzung des preußischen Ministerrats gefaßte Beschluß gesehen werden, der von Österreich einberufenen Konferenz der deutschen Regierungen durch einen »Fürstentag« der Unionsländer zuvorzukommen, der auf den 8. Mai 1850 in Berlin anberaumt wurde. Einerseits signalisierte man damit Österreich und den übrigen deutschen Staaten, man sei in Berlin nicht gewillt, sich den habsburgischen Forderungen zu unterwerfen. Andererseits ließ sich vor diesem »Fürstentag« hinlänglich Aufschluß über die innere Festigkeit der Union gewinnen. Der Hintergedanke, den man mit diesem »Fürstentag« verband, war, den Fäulnisprozeß der Union zu beschleunigen. Daß man sich in Berlin in dieser geheimen Absicht nicht getäuscht hatte, zeigte sich sofort: Hessen-Darmstadt erklärte sogleich, sich nicht mehr am weiteren Ausbau der Union beteiligen zu können. Auch der Herzog von Nassau ließ mitteilen, er wolle nicht kommen. Das war schon etwas, aber immer noch nicht genug. Als deshalb Friedrich Wilhelm IV. am 9. Mai den Fürstentag feierlich eröffnete, gab er den Versammelten unmißverständlich zu verstehen, wieviel ihm selbst noch an der ganzen Union gelegen war: »Ich rede keinem der verbündeten Herren zu, dem Bündnis treu zu bleiben, und werde es auch ebenso keinem der Herren verargen, wenn er aus Rücksichten der Landeswohlfahrt in dem Augenblicke die Chancen des Krieges nicht laufen will und aus dem Bunde ausscheidet.«[36]
Nun war es heraus. Der mit viel Gepränge inszenierte »Fürstentag« war nur ein pompöses Leichenbegängnis, mit dem die Union zu Grabe getragen wurde. Lediglich eine Minderheit der kleinsten und schwäch-

sten Mitglieder erklärte sich bereit, die Erfurter Verfassung annehmen zu wollen. Alle anderen machten diesen oder jenen Einwand geltend oder retteten sich in Ausflüchte. Radowitz, der die ganze Komödie nicht durchschaute oder auch nicht durchschauen wollte, mußte sich eingestehen, daß man in der Hauptsache gescheitert war. Und Leopold von Gerlach, den trübe Ahnungen plagten, daß damit noch nicht alles ausgestanden sei, schrieb unter dem 12. Mai 1850 an seinen Bruder Ernst Ludwig: »Und alles freut sich mit lächerlicher Naivität, daß der Bundesstaat sich nunmehr auflösen wird.«[37]

Aber auch die Frankfurter Konferenz vom 10. Mai 1850 war für ihren Initiator Österreich bestenfalls ein halber Erfolg: Von den 36 geladenen deutschen Staaten erschienen nur die Vertreter von zehn. Außer Österreich, das den Vorsitz führte und damit seine alten Rechte als Präsidialmacht des Deutschen Bundes wieder wahrnahm, und den vier Königreichen waren lediglich das von der Union unterdessen abgefallene Hessen-Kassel, Holstein, Luxemburg-Limburg, Hessen-Homburg und Liechtenstein zugegen. So war die Konferenz nicht wirklich handlungsfähig, aber doch bedeutsam in zweierlei Hinsicht: Mit ihr war der Deutsche Bund wieder von den Toten auferstanden; und Österreich zerstreute jeden Zweifel an seiner Entschlossenheit, die alte legitime Ordnung und das Bundesrecht in Deutschland gegen jedwede »revolutionäre« Neuerung verteidigen zu wollen.

Über den Umstand, daß in Deutschland zur gleichen Zeit zwei Konferenzen tagten, der Fürstentag der Union in Berlin und der Bundeskongreß in Frankfurt, die beide zwei völlig gegensätzliche Vorstellungen von Deutschland vertraten, ist in der Geschichtsschreibung viel Wesens gemacht worden. Ernst Rudolf Huber meint gar, damit sei »faktisch eine Spaltung Deutschlands eingetreten. Die zur Restauration des alten Staatenbundes entschlossenen Mächte des Frankfurter Bundeskongresses unter Österreichs Führung und die zur Bildung eines eigenen Bundesstaates entschlossenen Mächte der Erfurter Union [sic!] unter Preußens Führung standen sich drohend gegenüber.«[38] Das ist maßlos übertrieben. Jene längst in Fäulnis übergegangene Union hatte nichts, mit dem sie noch drohen wollte oder konnte. Berlin hatte nur den Ehrgeiz, sich ihrer ohne Gesichtsverlust und möglichst geräuschlos zu entledigen. Und auch die Frankfurter Konferenz stellte keine Drohung dar; dazu war ihre Basis viel zu schmal. Und längst schon ging es nicht mehr um Deutschland – Deutschland war eine revolutionäre Phrase –, sondern darum, wer die Vormachtstellung in Deutschland innehabe: Österreich, das immerhin einen historisch begründeten Anspruch darauf geltend machen konnte, oder Preußen.

Der einzigen wirklichen Drohung aber, die damals fühlbar und wirksam war, mußten sich die beiden deutschen Mächte gleichermaßen fügen: der russischen. Zar Nikolaus I. wachte aufmerksam darüber, was die beiden deutschen Flügelmächte in Deutschland trieben. Sein einziges Ziel war es, wieder jenen Zustand herzustellen, den die Beschlüsse des Wiener Kongresses geschaffen hatten. Ende Mai 1850 reisten sowohl Prinz Wilhelm von Preußen wie Schwarzenberg nach Warschau, wo Nikolaus zu diesem Zeitpunkt weilte. Der Zar verlangte, daß Preußen und Österreich ihre Händel beilegten und sich statt dessen zusammentun sollten, um die Revolution endgültig zu vernichten. Voraussetzung dafür aber sei, daß beide ihre Verfassungen verwarfen. Außerdem solle Preußen endlich Frieden mit Dänemark schließen. Im übrigen, so versicherte der Zar, werde er jene deutsche Macht unterstützen, die angegriffen werde. Aber, so fügte er sibyllinisch hinzu, Angreifer sei nicht immer nur der, der attackiere, sondern auch der, der Unruhe stifte.[39] Moskwa locuta, Moskau hatte gesprochen. Und in Berlin beeilte man sich, zu gehorchen und mit Dänemark zu einem Frieden zu kommen.

Dieser »Berliner Frieden« vom 2. Juli 1850, auch im Namen des Deutschen Bundes geschlossen, stellte der preußischen Unionspolitik den Totenschein aus, gab man doch damit Österreich die Bereitschaft zu erkennen, wieder zur Ordnung des Deutschen Bundes zurückkehren zu wollen.[40] Daß es dann zunächst noch einmal anders kam, war eine ganz besondere Leistung der Berliner Politik. Denn das Schicksal von Schleswig-Holstein besaß weit über das Lager der national Gesinnten hinaus einen beträchtlichen Symbolwert. Und gerade die reaktionären Kreise in Preußen, die Revolution und Nation in gleicher Weise verabscheuten und gegen beide den Grundsatz der fürstlichen Legitimität vertraten, mißbilligten andererseits aber auch die Auslieferung der beiden Elbherzogtümer an die dänische Krone, obwohl dies in völligem Einklang stand mit eben jenem Legitimismus, auf den sie sich sonst immer beriefen. Friedrich Wilhelm IV. geriet dadurch innenpolitisch in eine unmögliche Situation: Während er dem Zaren mit dem Berliner Frieden zu Willen gewesen war, überwarf er sich nun mit seinen innenpolitischen Parteigängern! Doch damit nicht genug: Preußen hatte mit dem Friedensschluß die beiden Elbherzogtümer an Dänemark gegeben, aber Dänemark konnte diese nicht in seinen Besitz bringen, da die hier mit dem zweiten Waffenstillstand eingesetzte Statthalterschaft den Friedensschluß nicht anerkannte und auf eigene Faust den Krieg fortsetzte. Der dänische König appellierte deshalb an die von Österreich nach Frankfurt einberufene Bundeskonferenz. Er konnte sich dabei auf Artikel 4 des Berliner Friedens stützen, in dem ihm zugestanden worden war, er könne »gemäß dem Bundesrecht um die Intervention des Deutschen

Bundes zur Wiederherstellung der Ausübung seiner rechtmäßigen Hoheitsgewalt in Holstein« nachsuchen. Dieses Hilfeersuchen gab jetzt Österreich die Chance, die Frankfurter Konferenz wieder als ordentliche Bundesversammlung zu konstituieren, ein Schritt, der am 2. September erfolgte. Am 3. September 1850 ratifizierte dieser erneuerte Bundestag auch im Namen des Deutschen Bundes den Berliner Friedensvertrag. Der Deutsche Bund war damit endgültig wieder von den Toten auferstanden – eine Ironie der Geschichte. Denn es war der Streit um eben diese Elbherzogtümer gewesen, der der deutschen Sache in der Revolution so viel Auftrieb gegeben hatte. Und die Beendigung dieser Auseinandersetzung erweckte nun wieder einen Bund zum Leben, der zwar Deutscher Bund hieß, aber dessen letzter Zweck es war, Deutschland zu verhindern.

Die Wiederherstellung des Bundestages durch Österreich bedeutete für Preußen eine empfindliche Schlappe. Radowitz stellte den König vor die Entscheidung, ihn und die Unionspolitik endgültig fallenzulassen oder aber energisch gegen das »widerrechtliche« Vorgehen Österreichs Front zu machen. Friedrich Wilhelm IV. entschied sich für Radowitz und ernannte ihn gegen den Widerstand der Kamarilla am 26. September 1850 zum preußischen Außenminister. Gleichzeitig erklärte er auf dessen Betreiben die Bundestagsbeschlüsse in Sachen Schleswig-Holstein für null und nichtig und bezeichnete die beschlossene Bundesexekution gegen Holstein als rechtswidrig. Preußen war, so schien es, zum Krieg gegen Österreich entschlossen – und dies wegen einer Angelegenheit, die für Friedrich Wilhelm IV. nur »Mumienfarbe« hatte und aus der ihn »Aasgeruch« anwehte!? Die preußische Politik war, so schien es, zur äußersten Inkonsequenz entschlossen.

Der sich im Spätsommer 1850 bedrohlich zuspitzende Konflikt zwischen Preußen und Österreich der Elbherzogtümer wegen wurde aber rasch von einer weiteren Krise in den Hintergrund gedrängt, welche die preußischen Machtinteressen viel unmittelbarer berührte: der berühmt-berüchtigte Verfassungskonflikt in Kurhessen, das Bismarck durchaus zutreffend nur als »Hurhessen« zu bezeichnen pflegte. Der kurhessische Verfassungsstreit schwelte seit dem Februar 1850. Damals sah der Kurfürst Friedrich Wilhelm von Hessen-Kassel, ein Herrscher, der alle Unarten seines Vorgängers übernommen hatte und diese noch übertraf, seine Stunde gekommen, um auf die ihm eigene Weise mit der Revolution abzurechnen. Das liberale Ministerium der Revolutionszeit wurde durch das reaktionäre Ministerium Hassenpflug ersetzt. Der neue Mann war eine Kreatur so ganz nach dem Ebenbild seines Herrn. Akut aber wurde die Krise erst durch die Weigerung der Landstände,

den Haushalt zu bewilligen. Nach zweimaliger Auflösung der Landstände und deren wiederholter Weigerung, den Etat zu bewilligen, verfügte der Kurfürst Anfang September einfach, daß Steuern und Abgaben ohne gesetzliche Grundlage weiter erhoben werden sollten.[41]

Ein solches Steuernotverordnungsrecht war in der Verfassung gar
nicht vorgesehen. Diese bestimmte vielmehr, daß »ohne landständische
Bewilligung weder in Kriegs- noch in Friedenszeiten eine direkte oder
indirekte Steuer . . . ausgeschrieben oder erhoben werden« dürfe.[42] Auf
den klaren Verfassungsbruch der Regierung antwortete das Land mit einer in der gesamten deutschen Geschichte beispiellosen Einmütigkeit:
Sämtliche Beamten traten zurück, die meisten Offiziere quittierten ihren
Dienst, und alle Bürger verweigerten die Steuerzahlung! Der Kurfürst
und sein Hassenpflug reagierten auf diesen zivilen Ungehorsam mit der
Verhängung des Kriegszustands, eine Maßnahme, die ebenfalls nicht
von der Verfassung gedeckt war. Doch auch dies fruchtete nichts, denn
die auf die Verfassung vereidigte kurhessische Armee kündigte unter
Berufung auf diese Verfassung den Gehorsam auf. Außerstande, sich
gegen den entschlossenen Widerstand seines eigenen Landes durchsetzen zu können, wandte sich der famose Kurfürst am 12. September
1850 an den gerade wieder lebendig gewordenen Bundestag in Frankfurt, damit ihm dieser zu seinen legitimen Fürstenrechten verhelfe. Obwohl die Rechtsgrundlagen, auf die sich der allgemein als geldgierig,
korrupt und sittenlos verschriene Kurfürst bei seinem Hilfeersuchen
stützte, äußerst fragwürdig waren, erklärte der Bundestag auf Betreiben
Österreichs, er sei bereit, »alle zur Sicherung oder Wiederherstellung
des gesetzlichen Zustandes erforderlich werdenden Anordnungen zu
treffen«.[43] Dies war eine Verhöhnung des Rechts und bedeutete praktisch, daß man dem Kurfürsten eine Intervention des Bundes in Aussicht stellte, um sein korruptes und gesetzloses Regime wiederzuerrich-
ten.

Österreich zwang den Bundestag mit dieser Entscheidung, »das
Werkzeug des Sultanismus zu werden und damit die übelsten Traditionen seiner vormärzlichen Zeit zu erneuern« (Friedrich Meinecke).
Österreich tat dies nicht, um einem von aller Welt verachteten Fürsten
wieder zu seinem »Recht« zu verhelfen, sondern nutzte die Gelegenheit
als Vorwand, im Kampf um die Vormachtstellung in Deutschland ein
für Preußen strategisch besonders wichtiges Feld zu besetzen. Kurhessen trennte nämlich das Kerngebiet Preußens von dessen rheinischen
Provinzen. In komplizierten Verträgen war deshalb 1834 ein Durch-
marschrecht preußischer Truppen auf zwei Etappenstraßen durch kur-
hessisches Gebiet vereinbart worden. Eine Intervention österreichischer
Bundestruppen in Kurhessen, die mit dem Bundesbeschluß vom 21.

September als möglich angekündigt worden war, bedrohte unmittelbar diesen preußischen Lebensnerv. Preußen protestierte deshalb sofort aufs schärfste und begann sogleich damit, Truppen an der Grenze zu Kurhessen zusammenzuziehen. Österreich antwortete darauf mit dem Abschluß der Bregenzer Konvention vom 12. Oktober 1850, in der es sich mit Bayern und Württemberg gegen eine preußische Intervention in Kurhessen verbündete.[44]

Beide Seiten gaben sich den Anschein, als seien sie nun wirklich zum äußersten bereit. Aber dies war nur Bluff, denn Preußen wie Österreich lebten in der Furcht des russischen Herrn. Graf Brandenburg und Fürst Schwarzenberg eilten erneut nach Warschau zum Zaren, jener Pythia der deutschen Politik im 19. Jahrhundert, um dessen Vermittlung zu erbitten. Das Ergebnis war die sogenannte Warschauer Übereinkunft vom 28. Oktober 1850, mit der Preußen in der Sache völlig vor den österreichischen Vorstellungen kapitulierte.[45]

Mit der Warschauer Übereinkunft begannen in der preußischen Politik wieder Augenmaß und Vernunft an Boden zu gewinnen. Als Graf Brandenburg das Berliner Kabinett am 1. November vom Ergebnis seiner Warschauer Mission unterrichtete, vermochten sich weder Radowitz, der schäumte und seinen Rücktritt einreichte, noch der Kronprinz durchzusetzen, der für einen Krieg gegen Österreich eintrat. Die Mobilmachung der preußischen Truppen wurde verworfen, obwohl gleichzeitig der Einmarsch bayerischer und österreichischer Truppen in Kurhessen gemeldet wurde. Wofür hätte man auch Krieg führen sollen? Für die Union, die man aufgegeben hatte? Sie war von Anfang an nur ein Papiertiger gewesen,[46] an dessen Stärke allein Radowitz glaubte. Und für Holstein, das man so häufig schon verraten hatte, oder für die zwei Etappenstraßen durch Kurhessen lohnte es sich noch viel weniger, gegen Österreich zu Felde zu ziehen. Außerdem hätte man auch Rußland gegen sich gehabt. Die ganze Überspanntheit der preußischen Deutschlandpolitik, die das Unvereinbare miteinander zu verbinden trachtete, begann jetzt, in sich zusammenzubrechen. Zwar ließ auch Preußen von Norden her doch noch Truppen in Kurhessen einrücken, um die Etappenstraßen zu besetzen. Aber gleichzeitig signalisierte man Wien, man wolle es damit nicht auf einen bewaffneten Konflikt ankommen lassen. Überdies beeilte man sich, Österreich den völligen Verzicht auf die Erfurter Union anzubieten, und versicherte gleichzeitig, man habe keinerlei Einwände gegen eine Bundesintervention in Kurhessen, sofern denn nur die preußischen Rechte auf ungehinderte Benutzung der Etappenstraßen gewahrt blieben. Aber Schwarzenberg wollte die in Berlin infolge einer tödlichen Erkrankung Brandenburgs eingetretene Regierungskrise ausnutzen und blieb hart. Erst müßten die preußischen Truppen aus Kurhessen abgezogen werden, ehe man an Verhandlungen denken könne, ließ er den Vertreter Brandenburgs, den bisherigen Innenminister Manteuffel, wissen. Das aber ließ das Selbstgefühl Friedrich Wilhelms IV. nicht zu. Am 5. November wurde die Mobilmachung befohlen. Am 8. November kam es zu der denkwürdigen »Völkerschlacht von Bronnzell«, wie Leopold von Gerlach sarkastisch bemerkte: Dabei wurden vier österreichische Soldaten verwundet und der Schimmel eines preußischen Trompeters bei einem Vorpostengeplänkel getötet. Es war dies das erste Mal seit 1778, daß Österreicher und Preußen aufeinander schossen.

Ein totes preußisches Pferd genügte, um Friedrich Wilhelm IV. wieder völlig anderen Sinnes werden zu lassen. Den preußischen Truppen in Kurhessen wurde befohlen, sich auf die Etappenstraßen zurückzuziehen und nur diese zu besetzen. Damit nicht genug, beantragte der preußische König beim Fürstenkollegium der Union die Aufhebung der Erfurter Verfassung. Das war zwar nur noch eine Formalie, denn von der Union konnte schon lange keine Rede mehr sein, aber dieser Schritt sollte Österreich deutlich machen, daß Preußen die alte, die vorrevolutionäre Ordnung in Deutschland wieder anerkannte. Friedrich Wilhelm IV. war völlig gebrochen, seine hochgemute Deutschlandpolitik ein Scherbenhaufen. Am 14. November 1850 schrieb er an seinen Vertrauten Bunsen in London: Wenn Österreich ihn dennoch zwingen werde, Krieg zu führen, dann werde er sich dabei nie und nimmer revolutionärer Mittel bedienen; er werde nie ein Bündnis mit Frankreich oder Sardinien schließen oder sich mit »Rothen oder Gothaern, mit Königsmördern und Kaisermachern« vereinen.[47] Die völlige Unterwerfung unter die österreichischen Ansprüche, zu der der König innerlich längst bereit war, konnte man nicht deutlicher ausdrücken. Jetzt aber wollte Fürst Schwarzenberg den Triumph, dessen er sich dank der russischen Unterstützung sicher wußte, bis zur Neige auskosten und Preußen eine möglichst umfassende politische und moralische Niederlage in Deutschland bereiten. Preußen sollte vor Österreich zu Kreuze kriechen, damit es ein für allemal eine Lektion erteilt bekam und die Gestaltung der deutschen Angelegenheiten zukünftig Österreich überließ.

Am 24. November stellte Schwarzenberg Berlin ein neues Ultimatum, mit dem er die vollständige Räumung der von preußischen Truppen besetzten Etappenstraßen in Kurhessen verlangte. Friedrich Wilhelm IV. war zum Äußersten entschlossen, um den Ausbruch eines großen Konflikts mit Österreich zu vermeiden. Manteuffel, der unterdessen zum preußischen Ministerpräsidenten ernannt worden war, wurde nach Olmütz zu Schwarzenberg entsandt, um einen Ausgleich um jeden Preis zu erreichen. Am 28. November trafen Manteuffel und Schwarzenberg im Gasthaus »Zur Krone« in Olmütz zusammen. Bei ihren Verhandlungen saß ein dritter mit am Tisch: Meyendorff, jetzt russischer Botschafter in Wien.[48] Bereits am folgenden Tag unterzeichneten Manteuffel und Schwarzenberg hier die »Olmützer Punktation«, deren wichtigste Bestimmungen waren, daß Preußen die Erfurter Union endgültig aufgab und seine Teilnahme am Deutschen Bund und am Bundestag zusagte. Außerdem erklärte Preußen seine Zustimmung zur Bundesintervention in Hessen und Holstein. Eine Entscheidung über die bereits von Österreich in Warschau geäußerte Absicht, den ganzen österreichischen Kaiserstaat in den Deutschen Bund aufzunehmen, sollte dagegen »Ministerial-Konferenzen« vorbehalten bleiben, die man nach Dresden einberufen wollte.[49]

Diese Punktation von Olmütz ist damals wie auch später unterschiedlich beurteilt worden. Friedrich Wilhelm IV. glaubte in ihr einen Triumph Preußens zu sehen, was sie ganz sicher nicht war. Die »deutsche Öffentlichkeit« und damit all jene, die sich von einem großen europäischen Konflikt noch immer eine Antwort auf die deutsche Frage erhofften, meinten in ihr eine schmachvolle Demütigung des preußischen Staates erkennen zu können, eine Ansicht, die ebenfalls nicht ganz zutreffend ist. Olmütz war in erster Linie der Offenbarungseid, der auf die längst schon bankrotte, von Radowitz inspirierte, großpreußische Deutschlandpolitik geleistet wurde. Olmütz war aber auch kein eindeutiger »Sieg« Österreichs, denn die Aufnahme des gesamten Kaiserstaats in den Deutschen Bund ist Österreich erfolgreich verweigert worden. Die Dresdener Konferenzen blieben hier ergebnislos. Statt dessen schlossen Preußen und Österreich am 16. Mai 1851 eine geheime Allianz, die für Österreich praktisch dasselbe bedeutete wie die Aufnahme des gesamten Kaiserstaats in den Deutschen Bund. Preußen garantierte mit dieser Allianz nämlich die Integrität ganz Österreichs. Die Allianz war »gegen die Revolution« gerichtet, die das simple Gemüt Friedrich Wilhelms IV. noch immer ängstigte, die aber für den österreichischen Vielvölkerstaat eine stete und sehr reale Bedrohung seiner Existenz darstellte, während sie für Preußen nur eine Chance gewesen wäre, seine Macht auf ganz Deutschland auszudehnen. Mit anderen Worten: Österreich allein hatte den Nutzen, denn Preußen garantierte für ein Nichts den gesamten italienischen Besitz der Habsburgerstaaten.[50]
Österreich hat vor wie nach Olmütz immer wieder vergeblich versucht, den von Preußen geführten Zollverein zu sprengen und ihn durch eine Zollunion zu ersetzen, die alle deutschen Staaten und damit

auch ganz Österreich umfassen sollte. Es war dies ein Plan, der vor allem an die Phantasie der »Großdeutschen« appellierte, aber an den realen wirtschafts- und handelspolitischen Interessen insbesondere der süddeutschen Staaten zerbrach. Sie hatten von dem existierenden Zollverein mehr Vorteile, als sie in jenem phantastischen Vorhaben ausmachen konnten, das ihnen einen Markt von siebzig Millionen Menschen verhieß. Aber auch die von Preußen mit Zähigkeit und überlegenem Geschick betriebene Zollvereinspolitik trug dazu bei, diese ausschweifenden österreichischen Pläne zu vereiteln.[51]

Zu fragen bleibt, warum Schwarzenberg diese Politik unterstützte, die vor allem durch den österreichischen Handelsminister Bruck inspiriert wurde. Denn Schwarzenbergs Deutschlandpolitik war mehr darauf angelegt, die Verwirklichung preußischer Pläne in Deutschland zu verhindern, als selbst deutschlandpolitisch initiativ zu werden. Schwarzenbergs gesamte Politik gehörte ihrem Charakter nach noch ganz der vorrevolutionären Zeit an: Sie war übernational europäisch ausgerichtet; die Eingliederung des Kaiserstaates in den Deutschen Bund erschien ihm eher als eine Frage der österreichischen Innenpolitik, mit der das deutsche Element innerhalb des Vielvölkerstaats alle anderen Nationalitäten zu Minoritäten gemacht hätte.[52] Man kann deshalb feststellen: Olmütz war kein Sieg Österreichs, insbesondere wenn man die Bestimmungen der Punktation an der politischen Entwicklung der nächsten Jahre mißt; Olmütz war lediglich ein Erfolg der Schwarzenbergschen Politik, ein Erfolg indes, dem keine Dauer beschieden sein sollte.

Der wirkliche Sieger von Olmütz hieß Nikolaus I. Ziel seiner Politik war es seit dem Ausbruch der Revolution stets gewesen, Österreich und Preußen wieder auf die vertragliche Grundlage der nachnapoleonischen Ordnung in Deutschland zurückzuzwingen. Eine solche stabile Gleichgewichtssituation in Mitteleuropa garantierte zusammen mit der »polnischen Leiche« im gemeinsamen Keller, der pathologischen Furcht des preußischen Königs vor der »Revolution« und der sehr realen, weil existenzgefährdenden Bedrohung des Vielvölkerstaats durch eben diese Revolution Rußlands Schiedsrichterrolle in der europäischen und der deutschen Politik.

Die Feststellung aber, allein Friedrich Wilhelms IV. geradezu pathologische Abneigung gegen die Revolution habe verhindert, daß Preußen schon damals seinen »deutschen Beruf« ergriff, bedarf ebenfalls der Einschränkung. Richtig ist, daß Preußen sich im Gegensatz zu Österreich immer tiefer nach Deutschland hineinfraß. Die preußische Zukunft lag in Deutschland. Aber jene Angst des preußischen Königs vor einer »deutschen Revolution« entsprach einer eigenen, sehr »preußischen« Logik. Preußen war nämlich gerade stark genug, der Revolution von 1848 Herr zu werden; aber es hatte noch nicht die Kraft, die Revolution »abzuschneiden« und dennoch deren letzte Ziele im Sinne und Interesse Preußens zu verwirklichen. Hätte Preußen 1848/1849, wie die Liberalen hofften, entschlossen seinen »deutschen Beruf« ergriffen, dann wäre die nationalstaatliche Einheit Deutschlands unzweifelhaft erreicht worden – allerdings um den Preis des Endes der spezifischen staatlichen Existenzform Preußens. Dieser Preis war zu hoch für Preußen wie für Österreich, dem man ja zugemutet hatte, sich der deutschen Sache wegen selbst zu spalten.

Es ist müßig, darüber zu spekulieren, ob die deutsche Geschichte einen anderen, einen besseren und glücklicheren Verlauf genommen hätte, wenn Preußen 1848/1849 auf sich selbst zugunsten der deutschen Sache verzichtet hätte. Kein Staat wird einen solchen Schritt aus freien Stücken tun. Und die Revolution wäre ihrerseits nicht stark genug gewesen, selbst wenn die Männer der Paulskirche den Willen aufgebracht hätten, sich ihrer zu bedienen, um Preußen in die Knie zu zwingen. Sie brauchten ein starkes und intaktes Preußen, um letzten Endes die Revolution überwinden und jene Ordnung aufrichten zu können, die ihnen vorschwebte und deren positiver Ausdruck die Frankfurter Reichsverfassung war.

Preußen ergriff seinen »deutschen Beruf« in dem Augenblick, als es sich im Besitz jener Kraft wußte, die es ihm gestattete, Deutschland zu begründen, ohne sich selbst dabei aufzugeben, ohne in jenem von ihm geschaffenen Deutschland aufgehen zu müssen. Und diese Kraft, die Preußen zwischen 1866 und 1871 die Verwirklichung des Deutschen Kaiserreichs ermöglichte, verdankte es nicht so sehr, wie dies die nationale Legende will, der politischen Potenz des Titanen Bismarck, sondern vor allem jenen vielfältig wirksamen Kräften der sozialen und wirtschaftlichen Bewegung, die sich in den Jahren nach 1850 zur »industriellen Revolution« in Deutschland zusammenballten. Die »industrielle Revolution« beseitigte jene vielfältigen Widerstände, an denen das Werk der Paulskirche gescheitert war. Und es war dann in der Tat Bismarck, der die sich überstürzende Entwicklung im richtigen Moment in eine Bahn lenkte, welche die reißenden Wasser sowohl den Mühlen der wirtschaftlich-industriellen Interessen wie jenen zuführte, die im Dienste der alten feudalistisch-militaristischen Mächte Preußens klapperten. Der Grundirrtum des bismarckschen Reichs aber war die Annahme, daß damit die soziale, wirtschaftliche und politische Revolution ein für allemal gezähmt worden sei und daß sich deren Bewegungskräfte in der steten Vermehrung des Ruhms und der Macht des preußisch-deutschen Reichs sinnvoll verzehren würden.

Bismarck hat in einer am 3. Dezember 1850 in der Zweiten Kammer des preußischen Landtags gehaltenen Rede die Punktation von Olmütz verteidigt, die zuvor von Abgeordneten der Linken als schmachvolle und entwürdigende Niederlage Preußens attackiert worden war, eine Auffassung, die auch im konservativen Lager weithin geteilt wurde. Es war dies Bismarcks erste wirklich große Parlamentsrede, in der er über den unmittelbaren Anlaß hinaus die Grundzüge seines Politikverständnisses offenbarte. Mit ihr deutete sich gleichzeitig auch seine politische Emanzipation vom Vorbild seiner ultrakonservativen Freunde und Gönner an: »Warum«, so fragte er eingangs dieser Rede, »führen große Staaten heutzutage Krieg? Die einzig gesunde Grundlage eines großen Staates, und dadurch unterscheidet er sich wesentlich von einem kleinen Staate, ist der staatliche Egoismus und nicht die Romantik, und es ist eines großen Staates nicht würdig, für eine Sache zu streiten, die nicht seinem eigenen Interesse angehört. Zeigen Sie mir also, meine Herren, ein des Krieges würdiges Ziel, und ich will Ihnen beistimmen. Es ist leicht für einen Staatsmann, sei es in dem Kabinette oder in der Kammer, mit dem populären Winde in die Kriegstrompete zu stoßen und sich dabei an seinem Kaminfeuer zu wärmen oder von dieser Tribüne donnernde Reden zu halten, und es dem Musketier, der auf dem Schnee verblutet, zu überlassen, ob sein System Sieg und Ruhm erwirbt oder nicht. Es ist nichts leichter als das, aber wehe dem Staatsmann, der sich in dieser Zeit nicht nach einem Grund zum Kriege umsieht, der auch nach dem Krieg noch stichhaltig ist. Ich bin der Überzeugung, Sie sehen die Fragen, die uns jetzt beschäftigen, nach einem Jahre anders an, wenn Sie sie rückwärts durch eine lange Perspektive von Schlachtfeldern und Brandstätten, Elend und Jammer, von hunderttausend Leichen und hundert Millionen Schulden erblicken werden. Werden Sie dann den Mut haben, zu dem Bauern auf der Brandstätte seines Hofes, zu dem zusammengeschossenen Krüppel, zu dem kinderlosen Vater hinzutreten und zu sagen: Ihr habt viel gelitten, aber freut Euch mit uns, die Unionsverfassung ist gerettet. Freut Euch mit uns, Hassenpflug ist nicht mehr Minister, ...«[53] Weder die holsteinische noch die kurhessische Sache noch gar die Verteidigung der Unionsverfassung seien ein für das Interesse oder die Ehre Preußens relevanter Kriegsgrund. Vor allem die Union, die nur ein »zwitterhaftes Produkt furchtsamer Herrschaft und zahmer Revolution« gewesen sei, könne schon gar nicht als Anlaß für einen Krieg in Betracht kommen. Denn wäre die Union wirklich zustande gekommen, dann hätte sie nichts anderes bewirkt als »eine Mediatisierung Preußens: nicht unter die Fürsten, sondern unter die Kammern der kleinen deutschen Staaten«. – Für Bismarck war Preußens Stunde in Deutschland noch nicht gekommen. Bis es soweit war, hatte man sich mit der anderen deutschen Macht, mit Österreich, zu arrangieren. Olmütz bedeutete für Bismarck den ersten Schritt in die richtige Richtung.

Mit der Punktation von Olmütz ist die deutsche Frage vertagt worden. Längst lautete sie auch anders, als sie sich der Paulskirche gestellt hatte: Wer wird die Macht in Deutschland haben, Österreich oder Preußen? Deutschland war nur noch das Glacis, das dem zufiele, der sich im Duell der beiden deutschen Flügelmächte als der Stärkere behauptete. »Was ist Deutschland?« fragte in jenen Tagen der Skeptiker Fürst Schwarzenberg. »Reden wir überhaupt nicht von Deutschland, es existiert nicht! Ich bin als Soldat und Diplomat immer auswärts gewesen und habe stets gefunden, daß es niemand kennt.«[54]

13. KAPITEL

Politische Reaktion,
»industrielle Revolution« und »Neue Ära«

Mit der Punktation von Olmütz brach Preußen nicht nur mit seiner bisherigen Deutschlandpolitik: Olmütz bedeutete überhaupt die Wende. Das Pendel schwang zurück, der Revolution folgte die Reaktion. Diese für die ganze bisherige deutsche Geschichte im 19. Jahrhundert charakteristische Bewegung war nur diesmal besonders heftig: So entschlossen reaktionär hatten die deutschen Regierungen noch nie reagiert wie jetzt nach 1850. In Wien machte man den Anfang, und Preußen beeilte sich, diesem Beispiel zu folgen. Damit war den übrigen deutschen Staaten und ihren Regierungen ein verpflichtendes Exempel gegeben.

Die Reaktion war in Preußen bereits mit dem »stillen Staatsstreich« vom November 1848, der Einsetzung der Regierung Brandenburg und der Auflösung der preußischen Nationalversammlung eingeleitet worden. Daß man in Berlin damals nicht schon dem Wiener Vorbild entschlossen nacheiferte und die Revolution mit aller Härte und Konsequenz bekämpfte, sondern ihr noch eine gewisse wohlwollende Duldung entgegenbrachte, für welche die oktroyierte Verfassung vom 6. Dezember 1848 ein Beispiel ist, stand in engem Zusammenhang mit der Situation Preußens innerhalb Deutschlands, die sich von der Österreichs doch erheblich unterschied. Österreich war seit der Niederschlagung des Wiener Aufstands für die Lösung der deutschen Frage im Sinne der Paulskirche nur noch eine Macht von peripherer Bedeutung, Preußen dagegen der Eckpfeiler dieser Lösung. Preußen und nicht Österreich sollte nach dem verfassungspolitischen Willen der Nationalversammlung in Deutschland aufgehen. Um aber eben dies zu verhindern, war es für Berlin zunächst das Klügste, die Integrität Preußens durch die Verleihung einer möglichst liberalen Verfassung zu wahren: Der durchaus liberale Charakter dieser oktroyierten Verfassung kann deshalb nicht als ein Beweis für die liberalen Absichten der damaligen preußischen Machthaber verstanden werden. Eine liberale preußische Verfassung schien ihnen vielmehr die beste Gewähr dafür zu bieten, die liberalen Verfassungspläne der Paulskirche zu durchkreuzen. In dem Maße aber, in dem die Autorität des Frankfurter Parlaments aufgezehrt wurde und die alten Mächte aus ihrer Betäubung erwachten, konnte

301

man in Preußen darangehen, diese Verfassung vom 6. Dezember 1848 im reaktionären Sinne umzugestalten. Eine erste, entscheidende Maßnahme war die Beseitigung des allgemeinen Wahlrechts und dessen Ersetzung durch das Dreiklassenwahlrecht, die am 30. Mai 1849 verfügt wurde. Von der auf der Grundlage dieses Wahlrechts gewählten preußischen Volksvertretung mit ihrer konservativen Mehrheit wurde dann die Verfassung revidiert und am 31. Januar 1850 als Staatsgrundgesetz verkündet.

Diese revidierte Verfassung war ein Kompromiß zwischen der gemäßigt konservativen und der gemäßigt liberalen Strömung. Wirklich zufriedenstellen konnte sie niemanden. Und Friedrich Wilhelm IV., der erst nach hartnäckigem Zaudern am 6. Februar 1850 den Eid auf diese Verfassung leistete, tat dies nur mit der ausdrücklichen Versicherung seiner Hoffnung, daß es auf verfassungsmäßigem Wege gelingen werde, dieses Staatsgrundgesetz »den Lebensbedingungen Preußens immer entsprechender zu machen«. Was dies bedeutete, erläuterte er durch den Hinweis, die historisch-politische Notwendigkeit verlange, daß in Preußen der König und nicht die Volksvertretung regiere.[1] Der König und die hochkonservative Kamarilla wären am liebsten zu den alten, vorrevolutionären Zuständen mit einer bestenfalls altständischen Verfassungsordnung zurückgekehrt. Allein, das Spiel, auf das man sich mit der Unionspolitik eingelassen hatte, verlangte, daß man gewisse Rücksichten auf liberale Veilletäten nahm.

Nach dem Bankrott der Unionspolitik und dem Offenbarungseid von Olmütz war man in Berlin durch keine Rücksichten mehr gehindert und verschrieb sich völlig der Reaktion. In der Sitzung des preußischen Herrenhauses vom 9. Januar 1851 gab Manteuffel die Parole aus: »Es soll entschieden mit der Revolution gebrochen werden.« Der Bruch mit der Revolution gestaltete sich aber nicht so, wie ihn sich die Ultrakonservativen wünschten, die alles beseitigt sehen wollten, was der Verwirklichung ihres Ideals eines christlich-germanischen Staatswesens im Wege stand. Die Verfassung blieb in Kraft, nicht zuletzt deshalb, weil sich der König durch seinen Eid an sie gebunden fühlte. Der gekrönte Narr, dessen rednerische Begabung sich auf seinen Großneffen Wilhelm II. vererbte, träumte statt dessen davon, den ihm verhaßten Konstitutionalismus durch dessen Selbstaufgabe in ein altständisches System zurückverwandeln zu können. Ein entsprechender Versuch, eine Generalrevision der Verfassung in altständisch-konservativem Sinne durchzusetzen, scheiterte jedoch im Januar 1852 am Widerstand der Zweiten Kammer des preußischen Landtags.

Die reaktionäre Politik, die das Ministerium Manteuffel 1851 in Preußen einleitete, läßt sich am besten dadurch kennzeichnen, daß sie versuchte, allen liberalen Veränderungen und Einflüssen mit Entschlossenheit entgegenzutreten. Die Reaktionspolitik in Preußen war also nur negativ bestimmt und aus dem Katalog reaktionärer Maßnahmen, die von der Regierung Manteuffel in den folgenden Jahren ergriffen wurden, läßt sich deshalb auch nicht auf eine in sich konsistente Politik schließen, von der man sagen könnte, sie sei positiv dem Programm einer »staatskonservativen Idee« verpflichtet gewesen.[2] Die preußische Politik der Reaktionszeit war eine Politik des bloßen Durchwurstelns, in der sich die ganze Ideenarmut und die starre Interessenfixiertheit des Hochkonservatismus verrieten.

Mit Ausnahme der Patrimonialgerichtsbarkeit der Gutsbesitzer beispielsweise wurden alle feudalen Herrenrechte wie die gutsherrliche Polizeigewalt und der besondere Gerichtsstand für den Adel, die im Januar 1849 aufgehoben worden waren, wieder eingeführt. Die alten feudal-ständischen Kreis- und Landtage, die mit der Kreis-, Bezirks- und Provinzialordnung vom 11. März 1850 kassiert worden waren, wurden ein Jahr später ebenfalls wieder reaktiviert. Die Rittergutsbesitzer erhielten damit in beiden Gremien ihre alten Vertretungsvorrechte zurück, das heißt, Kreis- und Landtage waren wieder exklusive adelsständische Repräsentativorgane. Im Zuge all dieser Maßnahmen erlangten auch die Rittergüter wieder ihre alte verwaltungsrechtliche Bedeutung. Kurz, auf dem flachen Land wurde nach 1851 das altständische Adelsregiment in seinem ganzen traditionellen Umfang restauriert. Zwischen dem platten Land und dem Staat etablierte sich erneut die »ritterständische Schotte«. Trotz heftiger Agitation des Adels blieb das Reformgesetz vom 2. März 1850 über die Befreiung des bäuerlichen Eigentums, mit dem die in napoleonischer Zeit begonnene »Bauernbefreiung« abgeschlossen wurde, von der Reaktion unangetastet. Dieses Gesetz ließ im Gegensatz zur bisher gültigen Regelung von 1816, mit der ja nur eine Befreiung der größeren, spannfähigen Bauernstellen vorgesehen war, nun auch alle kleineren Bauernstellen zur Regulierung zu, die nur Handdienste geleistet hatten. Zur Ablösung der gutsherrlichen Rechte bestimmte es, daß 41 Jahre lang durch die Vermittlung der Rentenbanken eine Geldrente bezahlt werden sollte. Im Interesse des Adels war es dagegen, daß das 1850 aufgehobene Institut der Fideikommisse 1852 wiedereingesetzt wurde.

Während die reaktionäre Politik Manteuffels den Einfluß der feudalständischen Kräfte auf dem flachen Land und innerhalb der Gemeinde-, Kreis- und Provinzialverwaltung restaurierte, wurde auf anderen Gebieten die Autorität des Staates mit äußerster Schärfe zur Geltung gebracht. Dies zeigte sich nicht zuletzt in jenem umfangreichen System obrigkeitlicher Bespitzelung und Denunziation, das der berüchtigte Berliner Polizeipräsident Hinckeldey aufbaute, um alle Kreise der Bevölkerung zu überwachen. Ein weiteres, sehr wirksames Mittel der Reaktion war das »Gesetz gegen die Mißbräuche der Preßfreiheit« aus dem Jahr 1851, das gestattete, jede der Regierung mißliebige Äußerung zu unterdrücken. Außerdem wurden neue, gegenüber früher wesentlich verschärfte Disziplinargesetze für Richter und Beamte erlassen, bei denen politische Zuverlässigkeit im Sinne der Reaktion als oberstes Kriterium galt. Die Wirkung dieser Disziplinargesetze war, daß der »Geheimratsliberalismus« endgültig verschwand. An seine Stelle trat der Typ des unbedingt zur Regierung haltenden Landrats, der das Bild des preußischen Staatsbeamten seither bestimmen sollte, immer stärker in den Vordergrund.[3] Mit am schlimmsten äußerte sich die Reaktion in Kirche und Schule. In beiden Institutionen breitete sich jene zutiefst widerwärtige Gesinnung völliger Obrigkeitsgläubigkeit aus, wie sie der protestantischen Orthodoxie schon seit je eigen war. Für Staat und Gesellschaft in Preußen hatte dies nachhaltige Folgen, wurde doch dadurch einem frömmelnd-pietistischen Kriechertum jeder Einfluß eröffnet.

Auch in den anderen deutschen Staaten begann mit dem Ende der Revolution eine Zeit der politischen Reaktion, die im wesentlichen in den gleichen Bahnen verlief wie in Preußen. Allenthalben wurden hier die liberalen »Märzverfassungen« revidiert. Hervorstechendstes Merkmal der Reaktionszeit in den außerpreußischen Staaten aber war, daß das politische, wirtschaftliche und soziale »Sondertum« der Städte in einem Umfang wieder restauriert wurde, wie dies während keiner der beiden früheren Perioden der Reaktion zu beobachten gewesen war.[4] Wie nach 1815 und 1830 erkauften sich auch nach 1850 die deutschen Klein- und Mittelstaaten ihre Stabilität nach innen und ihre Souveränität nach außen, indem sie den Städten und Gemeinden umfassende soziale, wirtschaftliche und politische Konzessionen machten.

Aber nicht nur in den einzelnen deutschen Staaten wurde die Revolution liquidiert, wurden ihre Spuren rücksichtslos ausgetilgt. Die Revolution hatte Deutschland schaffen wollen, die Paulskirche zu Frankfurt hatte gekreißt, aber letzten Endes noch nicht einmal das sprichwörtliche Mäuslein geboren. – Im Mai 1850 trat der Bundestag des Deutschen Bundes wieder in Frankfurt am Main zusammen, als sei nichts geschehen. »Der Bundestag war«, so urteilte ein Zeitgenosse, »ein so anerkannt totes Organ der Nation, daß man kaum mehr vor dem Gedanken zurückschreckte, ihn nochmals aus dem Schutt der Revolution auftauchen zu sehen.«[5] Für die preußischen Ultrakonservativen aber bedeutete der Wiedereintritt Preußens in den Deutschen Bundestag die endgültige Abkehr von der ihnen zutiefst verhaßten preußischen Deutschland-politik. Bereits am 6. März 1851 verteidigte Otto von Bismarck, der als Abgeordneter der äußersten Rechten im preußischen Landtag saß, den Bundestag gegen den Vorwurf des Krefelder Abgeordneten Beckerath, der gesagt hatte, daß sich diese Einrichtung die »Verachtung der Nation zugezogen« habe, mit den Worten: »Ich fordere den Herrn Abgeordne-ten für Krefeld auf, mir seit den Zeiten der Hohenstaufen irgend eine Periode in der deutschen Geschichte nachzuweisen, ... wo Deutsch-land größeren Ansehens im Auslande, eines höheren Grades politischer Einheit und größerer Autorität in der Diplomatie sich erfreut hat, als während der Zeit, wo der Bundestag die auswärtigen Beziehungen Deutschlands gelenkt hat.«[6] In Wahrheit aber stand der Deutsche Bund für das genaue Gegenteil all dessen ein, was Bismarck ihm hier nach-rühmte. Seine Bestimmung war wie die ganze Politik der Reaktionszeit, der er seine Erneuerung verdankte, bloß negativer Natur. Allein durch sein Vorhandensein sollte der Bundestag ein Aufkommen der deut-schen Frage verhindern. Und diese Funktion erfüllte er gründlich. Deutsch war am Deutschen Bund lediglich der Name – sonst nichts. Er war eine Schöpfung, mit deren Hilfe sich die deutschen Einzelstaaten durch eifrige Unterstützung Österreichs gegen Deutschland zur Wehr setzen konnten. Der Deutsche Bund wurde wieder zum Garanten der vorrevolutionären Buntheit der deutschen Zustände. Der Bundestag er-klärte die von der Paulskirche verabschiedeten Grundrechte feierlich für abgeschafft und räumte in seiner Gründlichkeit auch mit einem anderen Ergebnis der 48er Revolution auf: mit der deutschen Flotte, deren Grün-dung von der Nationalversammlung 1848 aus Anlaß des dänischen Krieges beschlossen worden war und deren Bedeutung weniger im Mi-litärischen als im Ideellen bestand. Die wenigen Schiffe dieser deut-schen Flotte waren zu einem erheblichen Teil durch öffentliche Spenden finanziert worden. Am 2. April 1852 faßte der Bundestag den ihm durchaus würdigen Beschluß, die Flotte aufzulösen, nachdem kein deut-scher Staat sie übernehmen wollte. Ein oldenburgischer Staatsrat na-mens Hannibal Fischer erhielt den Auftrag, die Schiffe im Auftrag des Deutschen Bundes zu versteigern.

Aber trotz dieser Umsicht bei der Liquidation des revolutionären Er-bes konnte es keine Rückkehr mehr zum alten, zum vordem Gewese-nen geben, auch wenn man emsig bemüht war, wieder alles so zu dra-pieren und zu arrangieren, wie man glaubte, daß es einst gewesen sei; denn während Deutschland wieder in seinen politischen Dornröschen-schlaf zu versinken schien, veränderte sich ringsum das Verhältnis der europäischen Mächte zueinander. In Frankreich wurde Napoleon III. durch einen Volksentscheid auf der Grundlage des allgemeinen Stimmrechts im Dezember 1852 zum Kaiser der Franzosen gekürt. Mit dem napoleonischen Kaisertum aber kündigte sich der Anfang vom Ende der »Heiligen Allianz« an. Zwar funktionierte der Mechanismus dieser sehr unheiligen »Heiligen Allianz«, in der Preußen, Rußland und Österreich seit 1815 das Prinzip des fürstlichen Legitimismus gegen die Revolution verteidigten, spätestens seit Olmütz wieder reibungslos, aber sehr rasch zeigte sich auch, daß diese Allianz nur so lange Bestand hatte, wie ihre legitimistische Begründung nicht in Gegensatz geriet zu den jeweiligen Machtinteressen ihrer Mitglieder.

Das Exempel lieferte der Krimkrieg, den Frankreich, England und die Türkei 1854 und 1855 gegen Rußland führten – ein Krieg, bei dem die beiden anderen Partner in der »Heiligen Allianz« neutral blieben, weil sie wie Preußen überhaupt keine oder wie Österreich zu viele Interessen auf dem Balkan hatten; denn Österreichs oberstes politisches Ziel mußte es sein, Rußland von der Donau, der Lebensader des Habsburgerreichs, fernzuhalten. Dies zu gewährleisten, überließ man in Wien aber England und Frankreich. Zwar vermied man damit, in einen Krieg mit Rußland verwickelt zu werden, handelte sich aber trotzdem die Feindschaft Rußlands ein, das sich mit seiner Neutralität im preußisch-österreichischen Krieg von 1866 dafür rächen sollte. England und Frankreich führten diesen Krieg aber keineswegs, um die Sicherheitsinteressen Österreichs in Südosteuropa zu verteidigen. Beiden war es vielmehr darum zu tun, die russische Hegemonie über Mitteleuropa zu beenden. England wollte diese Vorherrschaft durch ein »Konzert der europäischen Mächte« ersetzen, das ihm die größten Einflußmöglichkeiten auf dem Kontinent eröffnet hätte. Frankreich dagegen wollte die russische durch seine eigene Hegemonie ablösen, die sich auf die »Revolution der Völker gegen ihre Könige« gründen sollte. Beide Konzepte scheiterten, da sich sowohl Preußen wie Österreich hartnäckig dagegen verwahrten, die ihnen in diesen Plänen zugedachten Rollen zu spielen. Das Ergebnis der russischen Niederlage im Krimkrieg war deshalb nur negativ: Die russische Hegemonialstellung in Mitteleuropa war für ein Jahrhundert zerstört, aber dieses Vakuum wurde zunächst durch kein anderes Mächtesystem ausgefüllt. Diese europäische »Anarchie« bot jene Chance, die Bismarck ergriff: Der Ausgang des Krimkrieges schuf die entscheidenden machtpolitischen Voraussetzungen für die Errichtung des deutschen Nationalstaats durch Preußen.[7]

Die Niederlage Rußlands im Krimkrieg zeitigte aber auch eine unmittelbare Folge für die innenpolitische Situation in Preußen: Die reaktionären Kräfte verloren ihren wichtigsten Bundesgenossen. Ihre Tage waren gezählt, und Bismarck war einer der ersten, der daraus für sich die Schlüsse zog, indem er sich mit Entschiedenheit von seinen politischen

Freunden und der anachronistischen Starrheit ihrer legitimistischen Grundsätze abwandte.

Auch innerhalb des Deutschen Bundes war nur dem äußeren Anschein nach wieder alles beim alten. Denn im Gegensatz zu der Zeit vor 1848 sahen die beiden deutschen Flügelmächte im Deutschen Bund nur ein Instrument, das sie für ihre jeweils gegensätzlichen politischen Zwecke zu nutzen trachteten. Österreich war seit 1848 der große Widersacher Deutschlands. Um Deutschland zu schaffen, mußte Österreich zerstört werden. So wollte es die deutsche Revolution, die damit nur eine Wahrheit enthüllte, die auch ohne sie schon gegolten hatte: Österreich mußte aus seinem eigenen Lebensinteresse heraus Deutschland verhindern. Dafür schienen der Deutsche Bund und der Bundestag, in dem Österreich nach wie vor Präsidialmacht war, die geeigneten Instrumente. Demselben Zweck diente das von Schwarzenberg gegründete Bündnissystem mit den deutschen Königreichen. Und die Deutschlandpolitik Preußens hatte dieser österreichischen Politik noch in die Hände gearbeitet; denn Österreich war in den Augen des »dritten Deutschland« eine saturierte Großmacht. Seine Deutschlandpolitik wurde von dem Grundsatz beherrscht, den Status quo der politischen Buntheit und Ohnmacht des Deutschen Bundes nicht zu verändern. Österreich war wie in den besten Tagen des alten Reichs wieder die Henne, unter deren Fittichen die Küken der deutschen Klein- und Mittelstaaten Schutz suchen konnten vor dem raubgierigen preußischen Adler im Norden; denn, und dies war die andere Seite der Wahrheit, welche die Revolution enthüllt hatte: Preußens zukünftige Berufung war Deutschland. Ohne Deutschland war Preußen auf die Dauer verloren, mußte es zu einer Macht minderen Ranges absteigen. »Avilir la Prusse, après démolir« – Preußen erniedrigen, um es dann zu zerstören –, das war die Maxime der österreichischen Politik, wie sie Schwarzenberg in den Tagen von Olmütz formuliert haben soll. Und dieser Maxime folgte Wien im Deutschen Bund. Österreich behandelte Preußen im Bundestag mit Verachtung, und der preußische Bundestagsgesandte Otto von Bismarck sog daraus seinen ganzen Haß auf den Kaiserstaat.

Österreich hatte das Präsidium im Bundestag inne, der in stiller Tätigkeit über die politische Friedhofsruhe in Deutschland wachte. Aber Preußen war die führende Macht im Deutschen Zollverein. Und sehr schnell zeigte es sich, daß der Zollverein in der Auseinandersetzung um Deutschland die schärfere Waffe war. Denn der Bundestag und der Deutsche Bund waren ganz der Statik der politisch-dynastischen Verhältnisse in den deutschen Staaten verpflichtet, während der Zollverein gerade in den Jahren nach 1850 eine zuvor nicht geahnte Dynamik entfaltete. Die Einsicht, daß wirtschaftliche Interessen und Zusammenhänge Elemente sind, denen die Politik der Staaten Rechnung tragen muß, gehörte zwar seit eh und je zum Erfahrungsschatz der Politiker. In dem Maße aber, wie die industrielle Expansion, die Ausweitung der Märkte, die Steigerung der Produktion und in Folge alles dessen der Wohlstand und damit auch die Macht der Staaten und Nationen sich immer offensichtlicher als Funktionen ihrer wirtschaftlichen Prosperität erwiesen, beanspruchten auch die wirtschaftlichen Interessen der Völker im Vergleich mit früheren Zeiten eine immer größere Bedeutung im politischen Kalkül der einzelnen Regierungen. Die Paulskirche hatte als erste daraus die Konsequenz gezogen und den Versuch unternommen, ein politisch geeintes Deutschland nicht auf den Interessen der Fürsten aufzubauen, sondern auf den Wirtschaftsinteressen der »Nation« und damit auf den Interessen des einzelnen am persönlichen Wohlstand und an materieller Sicherheit. Die Paulskirche war mit dieser Einsicht und der aus ihr entwickelten Politik ihrer Zeit zu weit voraus und mußte scheitern. Jene Entwicklung aber, die von der Paulskirche antizipiert worden war, setzte nun gleichzeitig mit der politischen Reaktion ein.

Allgemein wird das Jahr 1850 als das Datum genannt, an dem die »industrielle Revolution« und mit ihr die kapitalistischen Prinzipien des Wirtschaftens ihren triumphalen Einzug in Kontinentaleuropa hielten. »Industrielle Revolution« ist ein schillernder, ein mehrdimensionaler Begriff. Mit ihm versucht man, einen Vorgang auf einen Nenner zu bringen, dessen strikt ökonomische Dimension man besser und zutreffender als eine Phase wirtschaftlicher Hochkonjunktur bezeichnen sollte, die durch das Zusammentreffen zahlreicher und in sich durchaus unterschiedlicher Faktoren ausgelöst wurde und die in ihrem Verlauf qualitativ neue Formen des Wirtschaftens freisetzte, die sich unter dem umfassenderen Begriff des Kapitalismus zusammenfassen lassen. Die andere Dimension der durchaus gauklerischen Bezeichnung »industrielle Revolution« meint die Einführung neuer Techniken und Formen des Produzierens zur massenhaften Erzeugung und Distribution standardisierter Güter. Eine dritte Dimension bezeichnet schließlich eine gesellschaftliche Umwälzung, die Umbildung des älteren, horizontal abgeschichteten und lokal oder regional fixierten Gesellschaftstypus durch die neue vertikal gegliederte und national organisierte Klassengesellschaft auf ökonomischer Grundlage, die entsprechend ihrer kapitalistischen Wirtschaftsordnung auch neue Formen politischer Herrschaft entwickelte, in denen die durch persönliche Bindung vermittelte Willkür, wie sie für den früheren, den ständischen Gesellschaftstypus charakteristisch war, durch Konsens (parlamentarische Demokratie) und

Rationalität (Rechtsstaatlichkeit) ersetzt wurde. Diese zugegeben knappe und deshalb schon anfechtbare Interpretation des facettenreichen Bedeutungsinhalts des Begriffs »industrielle Revolution« scheint dennoch geeignet, erste Zweifel an seiner analytischen, sprich instrumentellen Verwendbarkeit zu rechtfertigen; denn überspitzt formuliert: Die »industrielle Revolution« hat nachweislich nicht die Folge gehabt, die ihr Begriffsinhalt zumindest suggeriert; sie hat nicht die gescheiterte politische Revolution verschluckt, sondern diese vielmehr als einen Mythos konserviert.

Die Phase wirtschaftlicher Hochkonjunktur, die unzweifelhaft nach dem Ende der 48er Revolution in Kontinentaleuropa einsetzte, wird gemeinhin aus dem Zusammentreffen verschiedener mehr oder minder langfristiger ökonomischer und technologischer Entwicklungen mit einer Reihe eher zufällig vorhandener oder eintretender Faktoren erklärt. Als ein wichtiger *externer* Faktor für den wirtschaftlichen und industriellen Aufschwung in den Jahren nach 1850 wird dabei immer wieder die »law-and-order«-Politik der Reaktionszeit genannt, die eine innere und äußere Stabilität und eine wirksame Abwehr der revolutionären Gefahr garantiert habe.[8] Als die im eigentlichen Sinne wirtschaftlichen Ursachen dieser Hochkonjunkturphase wird auf ein ganzes Bündel von Faktoren hingewiesen: Die durch die rapide Bevölkerungsvermehrung gesteigerte Nachfrage nach Konsum- und mittelbar auch nach Investitionsgütern (Maschinen usw.) erzwang die Einführung fabrikmäßiger Produktionsformen, die eine massenhafte Erzeugung von Gütern gewährleisteten. Ein weiterer Faktor war die Verwendung neuer Technologien – sei es bei der Rohstoffgewinnung oder im Konstruktions- und Fabrikwesen –, die es ermöglichten, die Produktivität zu steigern. Die vermehrte Güternachfrage und das diese Nachfrage noch übertreffende Güterangebot erforderten eine Modernisierung der Distributionstechniken und -mechanismen, weil der Absatz von immer mehr Gütern die stetige Erschließung neuer und größerer Märkte ebenso verlangte, wie die Konkurrenz der Anbieter, die durch eine fast freihändlerische Niedrigzollpolitik auf diesen Märkten verschärft wurde, ihrerseits die Erschließung neuer und billigerer Rohstoffquellen (Kolonien) sowie neuer und gleichfalls billigerer Arbeitskräftepotentiale erzwang. Hand in Hand mit dieser Entwicklung erfolgten der Ausbau der nationalen und internationalen Transport- und Kommunikationssysteme, für die Eisenbahn, Dampfschiffahrt und Telegraph als Symbole stehen, und die Entwicklung und stete Verfeinerung des Börsenwesens, des Geld- und Kapitaltransfers durch Kredite, Anleihen und Banken.

Insbesondere die Kapitalakkumulation und die Kapitaldistribution können als Schlüsselfaktoren für diese Phase wirtschaftlicher Hochkonjunktur nach 1850 gelten. Das rapide Bevölkerungswachstum, das sich als Überangebot an Arbeitskräften und, wenn auch in geringerem Umfang, in einer sich stetig steigernden Nachfrage nach Konsumgütern und Nahrungsmitteln manifestierte, war schon vor der Revolution in Erscheinung getreten. Fabrikmäßige Produktionsmethoden vor allem im Bereich der Textil- und Montanindustrie gab es in größerem Umfang in Deutschland spätestens seit den dreißiger Jahren des 19. Jahrhunderts. Auch neue Erfindungen und Technologien waren in dieser Zeit schon für die Großproduktion nutzbar gemacht worden (automatischer Webstuhl, Dampfkraft usw.). Die technischen Grundlagen für eine Verbesserung des Transportwesens auf Schiene und Wasser wurden ebenfalls damals schon gelegt und erprobt. Auch der deutsche Binnenmarkt erfuhr durch die Gründung des Deutschen Zollvereins 1834 eine erhebliche Ausweitung. Kurz, die meisten Faktoren, die den wirtschaftlichen und industriellen »take-off« nach 1850 ermöglichten, waren schon vor diesem Zeitpunkt vorhanden, ohne daß ihr Zusammenwirken einen vergleichbaren Effekt verursacht hätte, weil der entscheidende Faktor, der die Kettenreaktion der sowohl intensiven wie extensiven wirtschaftlich-industriellen Entwicklung nach 1850 auslöste, früher noch nicht oder zumindest nicht in »kritischer Menge« vorhanden gewesen war: *das Kapital.*

Kapital wurde in Deutschland vor 1848 vor allem im Großhandel akkumuliert (Handelskapital), während die von der Industrie erwirtschafteten Kapitalprofite vor 1848 kaum ins Gewicht fielen, zumal die Minen- und Bergbauindustrie in großem Umfang staatlich kontrolliert war und der Staat hier die Kapitalgewinne zur Bestreitung seiner allgemeinen Haushaltsaufgaben abschöpfte. Die in der Landwirtschaft erzielten Kapitalgewinne wurden überwiegend »konservativ« angelegt, das heißt, sie dienten bevorzugt zu Reinvestitionen im landwirtschaftlichen Sektor oder zur Aufrechterhaltung der gewohnt standesgemäßen Lebensführung. Außerdem tat der Staat, wie das Beispiel Preußen zeigt, alles, um das Kapital im landwirtschaftlichen Sektor zu halten, indem er hier direkte Investitionsanreize (zum Beispiel Pfandbriefe der landwirtschaftlichen Hypothekenbanken mit einem staatlich garantierten günstigeren Zinssatz) schuf, oder er verhinderte und erschwerte die Gründung von Kapitalgesellschaften (Aktiengesellschaften). Daraus erklärt es sich, daß lediglich das Handelskapital in größerem und auch Rentenkapitalien in einem geringeren Umfang vor 1848 für spekulative Investitionen beispielsweise beim Eisenbahnbau aufgebracht wurden. Die Investitionen beim Eisenbahnbau vor 1848 können insofern als spekulativ gelten, als diese privaten Kapitalinversionen nicht durch die Erwartung unmittelbarer Profite aus den Eisenbahnen und den von ihnen erbrachten Transportleistungen gerechtfertigt waren, sondern vielmehr durch die spekulative Vermutung auf Profite, die durch Eisenbahnen den bislang lokal oder regional gebundenen Unternehmungen im Handel oder Manufakturwesen erwachsen sollten. Diese Spekulation erfüllte sich in der Tat glänzend, weil die Eisenbahnen eine zuvor in diesem Umfang nicht geahnte Steigerung der Güternachfrage auslösten.[9] Die Güternachfrage stieg in den ersten Jahren des Eisenbahnbaus vor 1848 jedoch nur linear, als von einem national geschlossenen Eisenbahnsystem noch nicht die Rede sein konnte und die Eisenbahnlinien lediglich Stichbahnen waren, die bestenfalls in einem Punkt zusammenliefen. In dem Maße aber – und dies war nach 1848 der Fall –, in dem die einzelnen Eisenbahnlinien miteinander verbunden wurden und die technischen Voraussetzungen (Spurweiten, Waggongrößen usw.) standardisiert worden waren, man also erstmals von einem sich immer weiter verdichtenden Eisenbahnnetz sprechen konnte, wuchs die Güternachfrage exponentiell.[10]

Der Eisenbahnbau war in dieser industriellen »take-off«-Periode auch ursächlich für eine Reihe weiterer Wachstumsstimulanzien, die hier wenigstens kurz angedeutet werden sollen. Der steigende Bedarf an rollendem und ruhendem Eisenbahnmaterial löste ein Wachstum der eisen- und stahlverarbeitenden Industrien aus. Das durch den Ausbau des Eisenbahnnetzes ständig wachsende Angebot an relativ billigen Transportkapazitäten für die Verbringung von Massengütern steigerte mittelbar den Ausstoß der Bergbau- und Hüttenindustrie. Der durch die Eisenbahnen erheblich beschleunigte Gütertransport über immer größere Strecken verursachte schließlich eine Verschärfung der Konkurrenz, die sowohl zu einer Vernichtung weniger leistungsfähiger Unternehmungen wie zu einer tendenziellen Vergrößerung der profitablen Betriebe führte. Der beschleunigte Ausbau des Eisenbahnnetzes so gut wie der Aufbau, die Entwicklung und Modernisierung von Unternehmungen der Montan- und Textilindustrie nach 1850 wurde durch Kapitalinvestitionen ermöglicht, die zu einem ganz erheblichen Teil von ausländischen Kapitalanlegern getätigt wurden. Andere Industrien spielten in dieser ersten »take-off«-Phase der Industrialisierung, die sich noch auf vergleichsweise bescheidenem finanziellem und technologischem Niveau entwickelte, bis etwa 1860 keine sonderlich ins Gewicht fallende Rolle (der Aufschwung der Maschinenbauindustrie setzte nach 1860, der der chemischen Industrie erst nach 1870 ein). Insbesondere französisches und englisches Kapital wurde in der Montanindustrie an Rhein und Ruhr, aber auch in Schlesien investiert. Weitaus folgenreicher als diese Investitionen ausländischer Anleger für den rasch verlaufenden

Prozeß der Industrialisierung aber waren die Entdeckung der riesigen Goldvorkommen in Kalifornien und Australien sowie die Erschließung der mexikanischen Silberminen zu Beginn der fünfziger Jahre des 19. Jahrhunderts. Die zügige Ausbeutung dieser Edelmetallvorkommen brachte eine ungeahnte Liquiditätssteigerung, die ihren Niederschlag in einer sprunghaft wachsenden Nachfrage nach Konsum- und Investitionsgütern in diesen Ländern fand, eine Nachfrage, die weitgehend durch den Import dieser Güter aus der Alten Welt gedeckt wurde. Die Folge dieses Exportbooms war, daß ein erheblicher Teil der überseeischen Edelmetalle in die Tresore der europäischen Zentralbanken strömte. Zwar erhielt England mit seinen am weitesten entwickelten Industriekapazitäten den Löwenanteil an diesen Edelmetallströmen, aber auch weniger entwickelte Volkswirtschaften wie die Frankreichs und Deutschlands profitierten von der Gold- und Silberschwemme. Die binnenwirtschaftlichen Konsequenzen dieser ungeheuren Vergrößerung der Edelmetallreserven in den einzelnen Ländern waren vielfältiger Natur, für die industrielle Entwicklung aber von entscheidender Bedeutung. Zunächst wurden die Währungen insgesamt stabilisiert, gleichzeitig konnte der Geldvorrat ausgeweitet werden. Und auch die Ausgabe von Papiergeld, die bislang durch das Mißtrauen der Bevölkerung gegenüber den als wertlos angesehenen »Assignaten« verhindert worden war, kam erst nach 1850 angesichts der Edelmetallmengen in den Tresoren der Zentralbanken, welche die Sicherheit dieses »wertlosen Geldes« garantierten, richtig in Gang. Der Banknotenumlauf der Preußischen Bank erhöhte sich im Zeitraum von 1850 bis 1870 von rund 18 Millionen auf fast 200 Millionen Taler.[11] Bedeutsamer noch als der gesteigerte Geldvorrat war die dank der Rediskontpolitik der Zentralbanken mögliche Ausdehnung des Kreditvolumens um ein Vielfaches seines bisherigen Wertes. Diese Kreditausweitung gab den Anstoß zur Gründung zahlreicher Banken, insbesondere von Investitionsbanken, die als Aktiengesellschaften vor allem die neuen Industrien mit Kapital versorgten.[12]

Das Zusammenwirken all dieser Faktoren führte rasch zur Bildung eines sich selbst stützenden wirtschaftlichen Kreislaufs, der die Wirkung der einzelnen an ihm beteiligten Kräfte jeweils wieder um ein Vielfaches steigerte. Nach 1850 begann in Kontinentaleuropa, in Deutschland, die »Blütezeit des Kapitals«, die Epoche eines in der wirtschaftlichen Prosperität gründenden Optimismus und eines zivilisatorischen Fortschrittglaubens, der die moralische Rechtfertigung lieferte für die in jenen Jahren mit aller Wucht einsetzende Eroberung der Welt durch die abendländische Kultur. Die europäische Bourgeoisie, welche die Trägerin dieses imperialistischen Credos war, wähnte sich mit Titanenkräften begabt: Alles schien ihr erreichbar, alles möglich.[13] Und in der Tat: Der Prozeß dieser stürmischen wirtschaftlichen und industriellen Entwicklung vollzog sich mit derart elementarer Kraft, daß ihn krisenhafte Einbrüche größten Ausmaßes nicht auf Dauer unterbrechen, sondern nur zeitweilig verlangsamen konnten.[14] Selbst die Weltwirtschaftskrise von 1857 bis 1859 war für die expandierende deutsche Volkswirtschaft im großen und ganzen nur ein reinigendes Gewitter, welches das Spekulationsfieber dämpfte und die meisten jener Unternehmungen vom Markt fegte, die nicht auf soliden Geschäfts- und Kapitalgrundlagen ruhten.[15]

Die Weltwirtschaftskrise von 1857 bis 1859 wirft auf die Situation der deutschen Volkswirtschaft jener Zeit ein bezeichnendes Licht. Zwar gibt die Tatsache, daß die deutsche Volkswirtschaft von ihr betroffen wurde, Aufschluß über deren relativ hohen Entwicklungsstand, der sich am Grad ihrer Verzahnung mit der Weltwirtschaft ablesen läßt. »Die Welt«, konstatierte die Handelskammer von Elberfeld in ihrem Jahresbericht für 1857, »ist ein Ganzes, Industrie und Handel haben sie dazu gemacht.«[16] Vergleicht man aber die Auswirkungen der Weltwirtschaftskrise auf die deutsche Volkswirtschaft mit den großen Konjunktureinbrüchen in den Vereinigten Staaten und England, dann muß man feststellen, daß die deutsche Volkswirtschaft glimpflich davonkam – ein Umstand, an dem sich ablesen läßt, wie rückständig und unentwickelt das deutsche Wirtschaftsleben andererseits doch noch war. Von der Weltwirtschaftskrise unmittelbar betroffen waren all jene Branchen, die wie die Eisenindustrie oder der Großhandel besonders stark exportorientiert waren. Die Krise in diesen beiden Wirtschaftsbereichen wirkte sich dann mit sehr unterschiedlicher Intensität auf die anderen Sektoren und Branchen aus. Da sowohl die Investitionsgüterindustrien wie der Großhandel besonders kapitalintensive Wirtschaftsbereiche waren, hatte deren Krise auch nachhaltige Folgen für die überbeanspruchten Geld-, Kapital- und Kreditmärkte. Die enge funktionale Verzahnung des Güter- und Arbeitsmarkts mit dem Kapitalmarkt, die zuvor ursächlich für den wirtschaftlichen Boom gewesen war, bewirkte nun das genaue Gegenteil: eine tiefe wirtschaftliche Rezession mit der für sie charakteristischen Phasenverschiebung. Während nämlich die Geld- und Kapitalmärkte bereits Ende 1857 zusammenbrachen und diese Märkte die Krise relativ rasch wieder hätten überwinden können, verlief der Prozeß von Rezession und anschließendem Wiederaufschwung bei den Güter- und Arbeitsmärkten wesentlich langsamer. Hier mußten erst alle Stadien des Liquidierungs- und Sanierungsprozesses von der Umsatzschrumpfung bis hin zur Insolvenzerklärung durchlaufen werden, ehe durch Dividendenkürzungen und Firmenzusammenlegungen die wirtschaftliche Talfahrt wenigstens gestoppt und in eine Phase der Stagnation und Stabilisierung übergeführt werden konnte. Die psychologischen Auswirkungen der Weltwirtschaftskrise, die sich in einem nachhaltigen Vertrauensverlust der Kapitaleigner manifestierte, trugen ebenfalls dazu bei, Umfang und Dauer der Rezession zu verstärken. Vor allem gegenüber jenen Wirtschaftsbereichen und Branchen, in denen zur Zeit des Booms das Spekulationsfieber besonders heftig grassiert hatte und die Krisenverluste konsequenterweise besonders groß waren, hielt nun auch das Mißtrauen der Kapitaleigner entsprechend lang an. Der Aktienmarkt verödete, und auch langfristige Kapitalanlagen insbesondere im Transportwesen und bei den Investitionsgüterindustrien wurden nur äußerst zurückhaltend getätigt. Insgesamt geriet der Unternehmenstyp der Aktiengesellschaft in »Mißkredit«. Die Folge war, daß sich die Entwicklung der Schwerindustrie und der weitere Ausbau des Eisenbahnnetzes bis zum Beginn eines neuerlichen Kreditbooms in den sechziger Jahren des 19. Jahrhunderts erheblich verlangsamten oder fast völlig zum Stillstand kamen.

Der weitaus größere Teil der deutschen Volkswirtschaft wurde dagegen von der Weltwirtschaftskrise kaum oder gar nicht betroffen. Die Auswirkungen der Krise auf die übrigen Branchen lassen sich als Variablen ihrer unterschiedlichen Kapitalintensität begreifen. Je geringer also ihre Abhängigkeit von den Geld- und Kreditmärkten war, desto geringer waren für sie die Folgen der allgemeinen Rezession. Der Anstoß zum Ausbruch der Weltwirtschaftskrise von 1857 ging von der Landwirtschaft aus, die dank der guten weltweiten Ernteerträge in diesem Jahr eine Überproduktionskrise erlebte. Ein Preisverfall auf den internationalen Warenmärkten war die Folge, das ganze Spekulationsgeschäft in Warenterminen brach zusammen.[17] Und trotz der schlechten Ernteerträge im Jahr 1858 fielen die Preise für Weizen und Korn weiter, ehe sie sich 1859 wieder langsam zu erholen begannen. Dieser Umstand macht deutlich, daß im gesamten Wirtschaftsleben der landwirtschaftliche Sektor noch immer von entscheidender Bedeutung war. Auch in ihrer Struktur unterschied sich die Krise der Landwirtschaft erheblich von der Rezession, welche die Investitionsgüterindustrien heimsuchte. Denn in der Landwirtschaft blieb die Wirkung der Krise im wesentlichen auf ein Sinken der Preise und der Erträge beschränkt. Bei den Investitionsgüterindustrien dagegen brachte die Krise neben Absatzschwierigkeiten auch die Vernichtung von Arbeitsplätzen und Produktionskapazitäten, was angesichts des verunsicherten Kapitals nur ganz allmählich wieder ausgeglichen werden konnte.

Im wertmäßig wichtigsten Produktionssektor nach der Landwirtschaft, dem Konsumgüterbereich, waren die Auswirkungen der Krise unterschiedlich. Am nachhaltigsten betroffen, weil am stärksten kapitalisiert und industrialisiert, war in der deutschen Volkswirtschaft vor allem die Textilindustrie.[18] Bezeichnenderweise wurden jene Unternehmen dieser Branche besonders arg geschädigt, die exportabhängig waren, während die Unternehmen, die ihre Produkte vor allem auf dem Binnenmarkt absetzten, von der Krise weitgehend verschont blieben. Daß der Konsumgütersektor die Auswirkungen der Weltwirtschaftskrise relativ wenig spürte, hängt aber nur zum Teil damit zusammen, daß auf dem Binnenmarkt eine relativ konstante Nachfrage herrschte. Entscheidend dafür war, daß der Konsumgütersektor, sieht man von der Textilbranche ab, überwiegend vorkapitalistisch organisiert war. Die Produktion erfolgte meist noch in handwerklichen oder bestenfalls manufakturellen Betriebsformen. Die Betriebe waren sehr klein,[19] die Kapitalausstattung und der Produktionsausstoß entsprechend gering. Außerdem versorgten diese Betriebe vor allem lokale und regionale Märkte mit einer relativ stabilen Nachfragesituation auch in Zeiten einer allgemeinen Rezession. Denn diese Märkte waren nach wie vor extrem marginalisiert und wurden nur sehr mittelbar von der makroökonomischen Konjunkturentwicklung beeinflußt. Die meisten Betriebe des Konsumgütersektors waren also weder über die Geld-, Kapital- oder Kreditmärkte noch über die Absatzmärkte ihrer Produkte unmittelbar mit den konjunkturellen Auf- und Abschwüngen verbunden, die für die entwickelte kapitalistische Wirtschaft charakteristisch sind.

Diese marginalisierten Märkte insbesondere für Konsumgüter behaupteten sich trotz des unbestreitbar rapiden Ausbaus und der stetig fortschreitenden Verdichtung des Eisenbahnnetzes, trotz der Erweiterung des Binnenmarktes (Zollverein) zu einem nationalen Markt (Deutsches Reich von 1871) und trotz der raschen Erschließung des Weltmarkts nicht nur weiter, sondern verschafften den auf ihnen tätigen Anbietern unabhängig von den Schwankungen der konjunkturellen Großwetterlage auch ein solides Auskommen. Dies ist ebenso häufig übersehen oder geringgeachtet worden wie die damit eng verbundene Tatsache, daß Handwerks- und Manufakturbetriebe, die für den Konsumgütersektor produzierten, fast bis zur Jahrhundertwende den Löwenanteil am gesamten gewerblichen Produktionsaufkommen (das heißt an der Güterproduktion ohne landwirtschaftliche Erzeugnisse) hatten. Dieses Verhältnis begann sich deutlich sichtbar erst in den Anfangsjahren des 20. Jahrhunderts zugunsten der Investitionsgüterindustrien und des Bergbaus zu verschieben. Gleichwohl aber behauptete sich jener Bereich der Volkswirtschaft, den man unter dem wenig glücklichen Begriff »mittelständische Wirtschaft« summiert, in einem bedeutenden Umfang.

Karl Marx hatte mit der »industriellen Revolution« die Erwartung verknüpft, daß sich – wie es im *Kommunistischen Manifest* heißt – die ganze Gesellschaft mehr und mehr in zwei große feindliche Lager, in zwei einander direkt gegenüberstehende Klassen aufspalte: In die Bourgeoisie, das heißt die Eigentümer an den Produktionsmitteln, die Kapitalisten, und in das Proletariat, die Habenichtse, die nichts anderes als ihre Arbeitskraft besitzen. Diese Erwartung hat sich so nicht erfüllt. Jene zahlenmäßig für lange Zeit noch weitaus bedeutenderen »Zwischengruppen« wie Bauern, Handwerker oder alle in den sogenannten freien Berufen Tätigen, die zwar auch Arbeitskräfte beschäftigten, aber gleichwohl noch selbst mitarbeiteten, erachtete Marx nur noch als Anomalien, die mit der weiteren Entwicklung des Kapitalismus verschwinden würden. Diese Einschätzung, die sich als falsch erweisen sollte, ergab sich für ihn zwingend aus der Logik seiner eigenen Theorie. Marx und mit ihm eine ganze Reihe seiner Zeitgenossen bezogen den Optimismus ihrer Fortschrittserwartung aus dem für sie überwältigenden Eindruck jener Entwicklung, die durch die »industrielle Revolution« in Gang gekommen war. Insbesondere Marx hat dabei die verändernde, die revolutionäre Macht der Bourgeoisie in der Epoche der »industriellen Revolution« weit überschätzt. Ausgerechnet im *Kommunistischen Manifest* findet sich der Beweis dafür. Auf nicht weniger als vier Seiten preist Marx die Leistungen dieser Klasse, deren sicheren Untergang er gleichwohl prophezeit. »Die Bourgeoisie hat . . . bewiesen, was die Tätigkeit der Menschen zustande bringen kann. Sie hat ganz andere Wunderwerke vollbracht als ägyptische Pyramiden, römische Wasserleitungen und gotische Kathedralen, sie hat ganz andere Züge ausgeführt als Völkerwanderungen und Kreuzzüge . . . Die Bourgeoisie reißt durch die rasche Verbesserung aller Produktionsinstrumente, durch die unendlich erleichterten Kommunikationen alle, auch die barbarischsten Nationen in die Zivilisation. Die wohlfeilen Preise ihrer Waren sind die schwere Artillerie, mit der sie alle chinesischen Mauern in den Grund schießt, mit der sie den hartnäckigsten Fremdenhaß der Barbaren zur Kapitulation zwingt . . . Mit einem Wort, sie schafft sich eine Welt nach ihrem eigenen Bilde . . . Die Bourgeoisie hat in ihrer kaum hundertjährigen Klassenherrschaft massenhaftere und kolossalere Produktionskräfte geschaffen als alle vergangenen Generationen zusammen.«[20]

Dieser hymnischen Einschätzung der unstreitig bedeutenden historischen Rolle der Bourgeoisie wird der beipflichten, der in den überpersonalen, sprich »objektiven« wirtschaftlichen Entwicklungen die exklusiven Gestaltungskräfte der Geschichte erkennt. Wer davon überzeugt ist, der wird dann allerdings sehr schnell vor dem großen Rätsel stehen, das ihm der weitere Gang der deutschen Geschichte aufgibt. Er wird feststellen, daß die Bourgeoisie, die ihm als die Vollstreckerin jener exklusiven Gestaltungskräfte der Geschichte gilt, zwar sehr bald immer mehr wirtschaftliche Macht besaß, die politische Ausformung dieser Macht aber nicht selbst vornahm, sondern anderen überließ, die man aber nicht als vom Kapital besoldete Sachwalter der politischen Interessen der Bourgeoisie ansehen kann, da diese nachweislich der Tradition vorbourgeoiser, vorkapitalistischer Interessen entstammten und diesen auch verpflichtet blieben. Daß Marx selbst die Bedeutung der »objektiven« wirtschaftlichen Entwicklung für die Gestaltung der Geschichte wesentlich differenzierter gesehen hat, kann und soll hier nicht weiter erörtert werden. Wichtig ist in diesem Zusammenhang lediglich die Feststellung, daß, ausgehend von Marx, die Bedeutung der »industriellen Revolution« und damit eng zusammenhängend die historische Rolle der Bourgeoisie in einer Weise überschätzt wurde, die deren wirklichen Anteil am historischen Geschehen verzerrt.

Noch zu Beginn des 20. Jahrhunderts, zu einem Zeitpunkt also, von dem gemeinhin behauptet wird, die kapitalistisch-industrielle Wirtschaftsordnung habe damals bereits ihre alle Wirtschafts- und Lebensbereiche umfassende Macht voll entfaltet, notierte Werner Sombart: »Im neuen Deutschland [das heißt im Reich von 1871] sind die Klassen der vorkapitalistischen Zeit ganz und gar nicht verschwunden. Auch von der ›neuen Gesellschaft‹ bildet zunächst das Kleinbürgertum alten Schlages einen nicht zu unterschätzenden Bestandteil. Zu diesem werden wir rechnen müssen alles, was handwerkerhaften Charakters geblieben ist. Also alle jene Wirtschaftssubjekte, die auf der Grundidee der ›Nahrung‹ ihre Existenz aufbauen oder aufzubauen das Streben haben. Deren ganzes wirtschaftliches Denken und Wollen von der Vorstellung beherrscht wird: Die Organisation des Wirtschaftslebens müsse derart sein, daß mittlere Persönlichkeiten mit eigenem Sachvermögen auf der Grundlage eigenen technischen Könnens durch Erzeugung oder Austausch einer nach Menge und Art von jeher bestimmten Warenmenge ihr gutes Auskommen finden. Wobei dann die Frage nach der konkreten empirischen Gestaltung der Wirtschaftsordnung im einzelnen verschieden beantwortet werden kann, nur daß wohl immer als gemeinsamen Zug die jenem Wirtschaftsideale entsprechenden Rechtssysteme den Grundgedanken der Bindung enthalten werden: Er wird sie von dem aus kapitalistischem Geiste geborenen Rechte, das auf der Idee der wirtschaftlichen Freiheit sich aufbaut, immer grundsätzlich unterscheiden.«[21]

Sombarts Charakterisierung des Handwerks durch den etwas altfränkisch anmutenden Begriff der »Nahrung« bezeichnet exakt das Unterscheidungskriterium von handwerklicher und kapitalistisch-industrieller Produktionsweise; denn diese ist ja gerade dadurch gekennzeichnet, daß bei ihr alle Entscheidungen dem obersten Ziel der Erwirtschaftung eines maximalen Profits untergeordnet sind, da aus der Höhe dieses Profits die Masse der neuen Kapitalakkumulationen stammt, Gewinne, die dann wieder zu neuen Investitionen, sprich zur Erzielung noch höherer Profite und so weiter eingesetzt werden. Demgegenüber verhält sich das Handwerk gleichsam statisch. Zwar hat es auch die Absicht, Gewinn zu erwirtschaften, aber nicht, um den Prozeß einer sich ständig steigernden Kapitalakkumulation zu beginnen, sondern lediglich, um einen »standesgemäßen« Lebenswandel finanzieren und darüber hinaus Geld ansparen zu können. Entsprechend defensiv verhält sich das Handwerk auch am Markt. Denn es trachtet nicht danach, eine größere Nachfrage zu schaffen – weder durch neue Produkte noch durch die Erschließung neuer Märkte. Das Handwerk insgesamt, weniger der einzelne Handwerksbetrieb, wächst deshalb nur in dem Maße, wie die Nachfrage auf seinen traditionell marginalisierten Märkten auf natürliche Weise (Bevölkerungszunahme) ansteigt, oder es schrumpft in eben dem Umfang, wie diese Nachfrage zum Beispiel durch Abwanderung sinkt. Aus alldem ergibt sich, daß der Handwerker in keiner Weise als Bourgeois, als kapitalistischer Unternehmer gelten kann.

Gleichwohl bleibt noch die Frage zu klären, warum sich eine solche, zum »Geist der Zeit« in so offensichtlichem Widerspruch stehende Wirtschafts- und Produktionsform wie das Handwerk mit dieser Zähigkeit behaupten konnte. Akzeptiert man die oben getroffene Feststellung, daß der »industriellen Revolution« und der von ihr angestoßenen Entwicklung der kapitalistischen Wirtschaft in Wirklichkeit in ihrer Epoche eine quantitativ geringere Bedeutung zukam, als dies häufig angenommen wurde und wird, dann hat man schon fast die ganze Antwort auf diese Frage. Hinzuzufügen ist, daß sich das Handwerk insgesamt gerade in der Zeit der »industriellen Revolution« einer soliden Prosperität erfreute. Ursache dafür war zunächst die Bevölkerungszunahme, die ihren Niederschlag in einer Steigerung der Nachfrage nach Konsumgütern fand. Zum anderen partizipierte auch das Handwerk an dem technologischen Wandel, der es ihm erlaubte, seine Produktivität zu steigern. Schließlich, und dies ist bereits angedeutet worden, war das Handwerk wegen seiner geringen Kapital-, aber hohen Arbeitsintensität und wegen seiner alleinigen Abhängigkeit von der Nachfrage auf marginalen Märkten längst nicht so krisenanfällig wie die erst in ihren Anfängen steckende Industrie. Dennoch ging die Bedeutung des Handwerks (gemessen an seinem Anteil am Bruttosozialprodukt oder an der Zahl der Beschäftigten) immer mehr zurück, aber keineswegs so rasch, wie nach den Prophezeiungen von Marx zu vermuten gewesen wäre. Die Handwerker bildeten wie die Bauern und die Großagrarier Ostelbiens eine Klasse, deren wirtschaftliche und damit auch gesellschaftliche Bedeutung langsam, aber gleichwohl sicher im Schwinden begriffen war. Die progrediente Abnahme ihrer wirtschaftlichen Bedeutung aber, und das ist der entscheidende Punkt, entsprach keineswegs dem Schwinden ihres gesellschaftlichen und politischen Einflusses. Dieser wurde vielmehr um so rabiater und letztlich auch immer wieder erfolgreich behauptet, je mehr sich ihre wirtschaftliche und soziale Bedeutung verringerte. Doch dieser Prozeß, und dies muß erneut betont werden, verlief beim alten Handwerkertum quantitativ wesentlich langsamer als qualitativ. Das Handwerk wurde qualitativ, also *sozial* viel schneller deklassiert, als dies seiner quantitativen, sprich objektiv ökonomischen Bedeutung innerhalb der Volkswirtschaft entsprach. Quantität aber wird spätestens bei Wahlen zu einem wichtigen Kriterium, dem jeder Politiker Rechnung trägt. Der nicht selten anzutreffende volkswirtschaftliche Widersinn der sogenannten »mittelständischen Politik«, mit der in der Regel zu Lasten der Allgemeinheit kostspielige Reservate für »mittelständische Interessen« geschaffen werden, findet hier seine Erklärung.

Eine ähnlich »fossile« Klasse wie die Handwerker stellten auch die Bauern, unter ihnen insbesondere die Großagrarier, die Junker, dar, die ebenfalls nicht von der »industriellen Revolution« hinweggefegt wurden, obwohl sie noch stärker als das Handwerkertum in Gegensatz zu all jenen Kräften und Prinzipien standen, die von der »industriellen Revolution« freigesetzt worden waren. So gut wie alles, was als ein Charakteristikum der vorkapitalistischen Produktionsformen im Handwerk gesagt wurde, gilt auch für den Agrarsektor, die wirtschaftliche Subsistenzgrundlage des Junkertums. Auch die Landwirtschaft wurde weniger kapital- als arbeitsintensiv betrieben, auch sie profitierte von den technologischen Innovationen der »industriellen Revolution«. Der Anteil der landwirtschaftlichen Produktion am volkswirtschaftlichen Gesamtprodukt nahm ebenso immer mehr ab, behauptete sich aber dennoch recht gut.[22] Und wie der Handwerker, so waren schließlich auch der Bauer und der Junker noch ganz von einem vorkapitalistischen, ständischen »Wirtschaftsgeist« beseelt, den Werner Sombart anschaulich geschildert hat: »Ausgangspunkt für das Dasein des Junkers ist sein Besitz an Grund und Boden, der in seiner Familie von Geschlecht auf Geschlecht überkommen ist . . . Die der Idee der *Classe féodale* gemäße Grundeigentumsordnung ist deshalb die Bindung des Eigentums . . . Der angestammte Grund und Boden bildet nun die Unterlage für eine gewohnt-standesgemäße Lebensführung des Besitzers und seiner Familie. Natürlich muß er zu diesem Behufe auch bewirtschaftet werden; das ist im Grunde schon ein Mißbrauch, aber es läßt sich nicht vermeiden. Das Wirtschaften selbst ist etwas, mit dem man sich selbst am liebsten gar nicht befaßt: Es wird vom Vogt und seinen Leuten besorgt. Es ist eine *ars sordida*, die sich für das niedere Volk und Krämerseelen schickt, nicht aber für den Junker. Dieser steht also auf dem Standpunkte, auf dem man nicht mit Wolle handeln oder Bänder ausschneiden und dabei ein vornehmer Mann sein könne. Nichts kennzeichnet die einzelnen sozialen Klassen besser als ihre innerliche Beziehung zur Wirtschaft: Der Bourgeois liebt sie, der Proletarier haßt sie, der Kleinbürger verehrt sie, der Junker verachtet sie.«[23] Mag diese Typologisierung des junkerlichen »Wirtschaftsgeistes« auch überpointiert sein, in ihrem Kern trifft sie zu: In der kapitalistischen Welt sui generis war der Junker ein noch viel älteres Fossil als der Handwerker.

Das Bild, das sich dem Betrachter der deutschen Zustände in den Jahren zwischen der Revolution von 1848 und der Reichseinigung von 1871 bietet, ist vielfältig. Alte Zustände insbesondere in der Sphäre der politischen Organisation der Gesellschaft sind merkwürdig vermischt mit neuen dynamischen Entwicklungen und Kräften im wirtschaftlichen und sozialen Bereich. Und die Kluft zwischen den Kräften und Entwicklungen, denen nach der festen Überzeugung nicht weniger Zeitgenossen die Zukunft gehörte, und der hartnäckigen Konservierung der alten politischen Verhältnisse, deren ganze soziale Unwahrheit sich schon in der Vergangenheit erwiesen hatte, schien sich immer mehr zu vertiefen. Der Sieg der Reaktion war im Scheitern der Revolution bereits virtuell angelegt. Aber nirgendwo gelang es der Reaktion, eine konsistente Politik zu formulieren und durchzusetzen, die alle Bereiche des gesellschaftlichen Lebens wieder nach den einst gültigen Idealen zu gestalten vermocht hätte. Zwar erreichte es die Reaktion überall, die Institutionen der vormärzlichen Zeit und ihrer Gesellschaft zu restaurieren, aber all dies konnte doch nicht einen völligen Stillstand der ökonomischen und gesellschaftlichen Entwicklung bewirken. Denn der grundstürzende Wandel, den die nach 1850 mit Vehemenz einsetzende »industrielle Revolution« im Wirtschaftsleben verursachte, hatte unmittelbare und für alle Zeitgenossen erkennbare Auswirkungen auf die Struktur der Gesellschaft. Der preußische Statistiker Friedrich Wilhelm Dieterici notierte 1855: »Die Industrie greift in neuester Zeit mit solcher Macht und solcher Bedeutung in die Verhältnisse des Lebens ein, daß eine Vergleichung mit früheren Zuständen kaum noch zulässig ist; das Fabrikwesen gestaltet die heutige Welt völlig neu.«[24]
Die von Dieterici konstatierte Veränderung ist weniger von quantitativer als qualitativer Bedeutung. Die Masse der Bevölkerung lebte noch

immer auf dem Land oder in kleinen Provinzstädten. Lediglich 5 Prozent der Bevölkerung wohnten 1871 in Städten mit über einhunderttausend Einwohnern. Dementsprechend herrschten auch noch die sozialen und politischen Ideale und Vorstellungen vor, die kennzeichnend sind für eine agrarische oder handwerkliche Gesellschaft und die sich vor allem in der Abneigung gegen jede Veränderung des Althergebrachten äußern. Diese traditionelle Prägung breiter Bevölkerungsschichten war eine entscheidende Voraussetzung für die an sich doch recht erstauliche politische Stabilität der reaktionären Regime, die sich eben nicht allein mit den vielfältigen Methoden politischer Manipulation oder polizeilicher Repression erklären läßt. Und entgegen der von Marx geäußerten Prophezeiung bewirkte der aufstrebende Kapitalismus nicht eine Vereinfachung des Klassenschemas, sondern das genaue Gegenteil: dessen Komplizierung. Neben den »alten Klassen«, die keineswegs untergingen, ließ er zwei neue entstehen: die Bourgeoisie und das Proletariat.[25]

So gut wie keine Auswirkungen hatten die qualitativen Folgen der »industriellen Revolution« zunächst auf das politische Leben. Am Beispiel Preußens läßt sich dies gut zeigen. Hier hat sich die »industrielle Revolution« im Vergleich mit anderen deutschen Staaten – eine Ausnahme ist Sachsen – besonders rasch entwickelt. Die Politik der Reaktionszeit wurde in Preußen in fast exklusiver Weise von den Hochkonservativen, der Kamarilla, beeinflußt, die treffend als »die kleine, aber mächtige Partei« bezeichnet wurden. Denn der große Einfluß, den die Hochkonservativen übten, war keineswegs durch deren politischen Rückhalt in der Bevölkerung gedeckt. 1852 gehörten den Hochkonservativen in der Ersten Kammer des preußischen Landtags von 166 Mitgliedern nur ganze 17 an, und in der Zweiten Kammer waren ihr von den 329 Abgeordneten nur 29 zuzurechnen. Ihren Einfluß verdankten sie einzig und allein der Tatsache, daß ihre »geistigen Häupter« wichtige Stellungen am Hof bekleideten, die es ihnen erlaubten, unter Umgehung des Ministeriums oder der Kammern direkt auf die Krone und deren Entscheidungen einzuwirken. Voraussetzung dieses Einflusses war die starke Stellung, die der König nach der revidierten Verfassung von 1850 besaß. Sie gestattete es ihm, die Kammern jederzeit aufzulösen, um dann, gestützt auf den Paragraphen 63 der Verfassung, von seinem Notverordnungsrecht Gebrauch zu machen.[26] Diese Verfassungsbestimmung war in den fünfziger Jahren indes nur von geringer praktischer Bedeutung, da es der Reaktion jeweils gelang, durch massive Wahlbeeinflussungen sich ihr gefügige Kammermehrheiten zu verschaffen. Deren Gesetzgebung und die Verordnungen und Ministerialerlasse, die zwar ohne Mitwirkung der Kammern ergingen, gleichwohl aber Gesetzesrang beanspruchten, trugen dann dazu bei, die Verfassungswirklichkeit den Vorstellungen der Ultrakonservativen mehr und mehr anzupassen. Der Liberale Eduard Lasker hat die Methode beschrieben, wie die Kräfte der Reaktion die Verfassung auf »legalem« Wege umgingen, sie aushöhlten und dann praktisch ihre Geltung außer Kraft setzten: »Verordnungen gingen wie Quartiermacher voran und bereiteten neue Gesetze vor; Ministerialerlasse folgten den neuen Gesetzen, gaben ihnen eine Deutung, welche man beim Werden der Gesetze nicht ausgesprochen, und zogen Folgerungen, an welche die Gesetzgebung nicht gedacht hatte. Das System bewährte sich vortrefflich und feierte in späteren Tagen seinen höchsten Triumph.«[27]

Das Preußen der Reaktionszeit war nur dem Scheine nach ein Verfassungsstaat. Man traute sich nicht, die Verfassung einfach durch einen Staatsstreich zu beseitigen, weil sich der König an seinen Verfassungseid gebunden fühlte; also setzte man sie auf »legale« Weise außer Kraft, indem man ihr die normative Bedeutung für die Gesetzgebung einfach absprach! Es war kein anderer als Bismarck, der hier den Ton angab. In der Zweiten Kammer des preußischen Landtags sagte er am 24. Februar 1851: »Ich weiß nicht, warum diejenige Gesetznummer, welche die Verfassung in der Gesetzsammlung trägt, heiliger sein soll, als die ihr nachfolgende oder vorhergehende, die sich, ich weiß nicht, auf welchen Dammzoll beziehen mag.«[28] Diese Verfassung aber, die für die Regierung nicht mehr war als ein Fetzen Papier und die zu mißachten sie ihre Beamten anhielt, war in Preußen bis 1918 gültig.

Die Jahre der Reaktion in Preußen wie in den übrigen deutschen Staaten waren eine Zeit großer politischer Sterilität. Der phantasiearme Hochkonservatismus, der einem vorgestrigen Ideal der Gesellschaft verpflichtet war, hemmte vieles, verhinderte im Grunde aber nichts. Die wirtschaftliche Entwicklung und mit ihr die soziale Umschichtung der Gesellschaft schritten weiter voran. Auch die ärgste Repression und die schamloseste Manipulation vermochten nicht, das Rad der Geschichte zurückzudrehen. Die aufsteigenden Kräfte der Industrie und des Kapitals und des mit ihnen verbündeten politischen Liberalismus waren zwar zu schwach, um sich allein durchsetzen zu können, aber auch den Kräften des Beharrens fehlte die Stärke, um ohne Hilfe Dritter die Grundlagen ihrer sozialen und politischen Machtstellung wirksam verteidigen zu können. In dieser Situation behaupteten die Fürsten und Monarchen zum letztenmal ihre alte, alle gesellschaftlichen Kräfte überragende Position. Von ihrer Entscheidung allein, so schien es, war abhängig, welche der beiden großen Kräftekonzentrationen in Zukunft die Oberhand behaupten würde: die des Fortschritts oder jene der Reaktion.

Die Epoche der Reaktion schien in Preußen mit der Regierung Friedrich Wilhelms IV., der 1857 in geistige Umnachtung fiel, zu enden. Am 7. Oktober 1858 trat sein Bruder, der bereits über sechzigjährige Prinz Wilhelm, die Regentschaft an. Einen Monat später, am 6. November 1858, entließ er das reaktionäre Ministerium Manteuffel und berief ein liberal-konservatives Ministerium unter Anton von Hohenzollern. Der Bruch mit der reaktionären Politik seines Vorgängers war deutlich. Weniger klar aber war, welchen Kurs der Regent statt dessen einschlagen wollte. Hierin liegt das Mißverständnis über die »Neue Ära«, wie die Jahre zwischen 1858 und dem Ausbruch des preußischen Verfassungskonflikts von 1862 bezeichnet werden. Zunächst jedoch deuteten alle Anzeichen darauf hin, als sei es in Preußen zu einem völligen Wechsel des Systems gekommen, als würde nun von dem neuen König ein »Neuer Kurs« eingeschlagen. Das »scheinkonstitutionelle« Regiment der Ultrakonservativen schien durch ein strikt konstitutionelles und liberales Regierungssystem ersetzt worden zu sein, das eine Ära liberaler und nationaler preußischer Politik einleitete. Die Wahlen zur Zweiten Kammer des preußischen Landtags, die im Spätjahr 1858 abgehalten wurden und die völlig frei waren von jenen massiven Beeinflussungen und Manipulationen à la Manteuffel, bescherten den gemäßigten Liberalen eine überwältigende Mehrheit. Die diversen Fraktionen der Konservativen schrumpften von 168 auf 47 Abgeordnete. Zwischen dem liberal-konservativen Ministerium Antons von Hohenzollern und der liberalen Kammermehrheit herrschte, so schien es nicht wenigen, weithin politische Übereinstimmung. Graf Schwerin-Putzar, einer der Führer der gemäßigten Liberalen, äußerte in einer am 22. November 1858 gehaltenen Wahlrede, das Ministerium habe unter seinen Mitgliedern Männer, mit denen er zehn Jahre lang im parlamentarischen Kampf Seite an Seite gestritten habe, die also in demselben Sinne und derselben Richtung wie er wirken würden. Er hoffe deshalb, auch zukünftig wesentlich mit diesen übereinzustimmen, und könne somit ihre Maßnahmen unterstützen, soweit sie der Zustimmung der Kammer bedürften, ohne deshalb ein »ministerieller« Abgeordneter zu sein und auf eigene Prüfung zu verzichten.[29] Das eben war der Irrtum. Denn das neue Ministerium war nicht die spiegelbildliche Umkehrung der ihm vorausgegangenen hochkonservativen Regierung, die völlig den Interessen und Ansichten der »kleinen, aber mächtigen Partei« entsprochen hatte; es war kein Ministerium, das die Erwartungen der Liberalen erfüllen sollte, indem es ihr Programm in Verwaltung und Gesetzgebung befolgte.

Die optimistische Erwartung, nun würden sich endlich all jene Hoffnungen erfüllen, welche die Liberalen trotz aller Enttäuschungen mit

Preußen verbanden, war in der Öffentlichkeit so stark, daß die Einsicht in den Irrtum, dem man damit verfiel, eine ganze Weile brauchte, um sich durchzusetzen. Die Liberalen klammerten sich zunächst an die Parole: »Nur nicht drängen.« Gemeint war damit, daß man die Arbeit der als liberal geltenden Regierung nicht durch Einreden behelligen dürfe, da ja ohnehin alles nun seinen rechten, liberalen Weg nehmen würde. Und wer wollte noch zweifeln, nachdem selbst der Prinzregent in seinem am 8. November 1858 verkündeten Regierungsprogramm die alte, den preußischen Liberalen so liebe Forderung aufgriff und sich zu eigen machte, als er sagte: »In Deutschland muß Preußen moralische Eroberungen machen durch eine weise Gesetzgebung bei sich, durch Hebung aller sittlichen Elemente und durch Ergreifen von Einigungselementen, wie der Zollverband es ist, der indes einer Reform wird unterworfen werden müssen. – Die Welt muß wissen, daß Preußen überall das Recht zu schützen bereit ist. Ein festes, konsequentes und, wenn es sein muß, energisches Verhalten in der Politik, gepaart mit Klugheit und Besonnenheit, muß Preußen das politische Ansehen und die Machtstellung verschaffen, die es durch seine materielle Macht allein nicht zu erreichen im Stande ist.«[30]

Das waren die alten, seit den Tagen der Stein-Hardenbergschen Reformen immer wieder an Preußen gerichteten Forderungen, die aber von der preußischen Politik 1815 ebenso wie nach 1848/1849 enttäuscht worden waren. Doch die gegenteiligen Erfahrungen schienen wie weggeblasen, als diese Postulate 1858 vom Regenten zum politischen Programm erhoben wurden. Preußen, so meinten nicht wenige, habe sich nun endlich dazu entschlossen, seinen liberalen und nationalen Beruf zu ergreifen. Das war, wie sich bald zeigen sollte, eine enthusiastische Überschätzung der »Neuen Ära«. Was der Regent wirklich beabsichtigte, war etwas ganz anderes. Zwar wollte er unzweideutig mit der politischen Praxis der Reaktionszeit brechen. Insbesondere der pietistisch-frömmlerisch verhüllte Scheinkonstitutionalismus im Innern sollte beseitigt und die Verfassung unbedingt respektiert werden. Denn Preußen wollte, und das war der Kern des gesamten Programms, in Deutschland moralische Eroberungen machen, aber nicht, um den Traum der »Kleindeutschen« von 1848 zu verwirklichen, sondern allein deshalb, damit Preußen in der Lage war, sich als eine von Rußland und Österreich unabhängige Großmacht etablieren zu können. Das Grundmotiv der preußischen Politik seit den Tagen des Fürstenbunds tritt hier wieder klar und deutlich in Erscheinung: Wann immer Preußen die Initiative zu einer Deutschlandpolitik ergriff, war deren Ziel nicht die Schaffung der deutschen Einheit, sondern die Sicherung der europäischen Großmachtstellung Preußens. Oder anders gewendet: Preußen wollte Preußen bleiben, ein Unterfangen, das ständig schwieriger, ja, immer widersprüchlicher in sich selbst wurde und schließlich im Bismarck-Reich von 1871 seine wahrhaft monströse Ausformung erhielt. Damit Preußen aber sich selbst treu bleiben konnte, durfte es vor allem eine Voraussetzung nicht preisgeben: die kompromißlose Bewahrung der sozialen Grundlagen des preußischen Staates. Preußen konnte sich nur als ein »konservativer Staat« behaupten. Von diesem seinem »Lebensgesetz« her mußte Preußen der unerbittliche Gegner des politischen Liberalismus sein und bleiben. In seiner Regierungserklärung sprach der Regent diese Selbstverständlichkeit preußischer Politik klar aus: »Vor allem warne ich vor der stereotypen Phrase, daß die Regierung sich fort und fort treiben lassen müsse, liberale Ideen zu entwickeln, weil sie sich sonst von selbst Bahn brächen.« Gerade auf »gesunden, kräftigen, konservativen Grundlagen« beruhe das Wohl der Krone und des Landes. »Wenn in allen Regierungshandlungen sich Wahrheit, Gesetzlichkeit und Konsequenz ausspricht, so ist ein Gouvernement stark, weil es ein reines Gewissen hat, und mit diesem hat man ein Recht, allem Bösen kräftig zu widerstehen.«

Mit diesem Programm versprach der Regent nicht mehr und nicht weniger als die unbedingte Respektierung der gültigen Verfassung und nicht einer anderen, nach liberalen Vorstellungen modifizierten. Die Absolutheit der Verfassung sollte anerkannt werden, aber gleichzeitig auch die politische Entscheidungsfreiheit der Krone. Mit anderen Worten: Das Parlament sollte das Geschäft der Gesetzgebung besorgen, die Regierung aber war ausschließlich Sache der souveränen Krone. Hier offenbart sich ein Irrtum des Regenten, der glaubte, Gesetzgebung und Regierung ließen sich auf Dauer und ohne Konflikte trennen. Die Liberalen dagegen hingen der ebenfalls irrigen Meinung an, daß sich mit der Zeit »die liberalen Ideen ... von selbst Bahn brächen« und damit auch die Regierung der parlamentarischen Kontrolle unterworfen werden würde. Der König wie die Liberalen erkannten ihren Irrtum erst, als es zu spät war, ihn auf einem anderen Wege als auf dem der Macht zu lösen.

Ehe es dazu kam, begeisterte ein anderes Ereignis die liberalen und nationalen Gemüter der Zeitgenossen und beanspruchte deren ganze Aufmerksamkeit: der italienische Einigungskrieg von 1859. Es ist schon etwas Merkwürdiges: Am Schicksal anderer Völker vermeinten die Deutschen stets, ihrer eigenen Geschicke gewahr zu werden. Nach den Polen, den Griechen und Ungarn waren es nun die Italiener, die den Anlaß dafür lieferten, daß man sich in Deutschland erneut wortreich mit dem verfahrenen Zustand der eigenen Nation befaßte. Um das geeinte Vaterland zu schaffen, gründete man diesmal einen Verein, den »Deutschen Nationalverein«. Mitte September 1859 kamen in Frankfurt am Main Liberale und gemäßigte Demokraten aus allen Teilen Deutschlands zusammen, um über ein Programm zur politischen Einigung Deutschlands zu beraten. Als einziges greifbares Ergebnis kam dabei die Gründung dieses »Deutschen Nationalvereins« heraus.

Es war dies ein seltsamer Verein, der sich keine rechte Klarheit darüber verschaffen konnte, was eigentlich sein Zweck sei. Denn die alles entscheidende Frage, wie das national geeinte Deutschland aussehen, in welchem Verhältnis es zu Preußen und Österreich stehen, kurz, ob die »kleindeutsche« oder die »großdeutsche« Lösung der deutschen Frage angestrebt werden solle, darüber schwieg sich das ansonsten hochtönende Programm aus, mit dem der »Nationalverein« der Öffentlichkeit seine Existenz kundtat. Erst im Laufe der nächsten Jahre setzten sich innerhalb des »Nationalvereins« dann jene durch, die eine »kleindeutsche« Lösung favorisierten.

Die deutsche Nationalbewegung, die durch den Widerschein des italienischen Einigungskrieges erneut zum Leben erweckt worden war, manifestierte sich vor allem in Schützen-, Turner- und Sängerfesten, die geradezu ein Charakteristikum der politischen Kultur in jenen Jahren wurden. »Brausende gesamtdeutsche Turn- und Sängertage wurden abgehalten, als ließe sich Europa durch Wellen am Reck in Schrecken versetzen und als sei das deutsche Vaterland herbeizusingen.«[31] Schillers hunderster Geburtstag am 10. November 1859 gab in allen deutschen Staaten Anlaß zu nationalen Demonstrationen. Liberalismus und Nationalismus, die seit dem Scheitern der 48er Revolution getrennte Wege gegangen waren, fanden wieder zueinander. Die Gründung des »Deutschen Nationalvereins« im Jahre 1859 ist dafür ein Zeichen. Neben dem »Nationalverein« entstand Ende der fünfziger und zu Beginn der sechziger Jahre noch eine ganze Reihe weiterer Vereinigungen auf nationaler Ebene, so zum Beispiel der »Deutsche Handelstag«, ein nationaler Zusammenschluß von Vertretern einzelner Handelskammern, und der 1863 gegründete »Juristentag«. Eine besonders wichtige Stellung erlangte der 1858 geschaffene »Kongreß deutscher Volkswirte«, der sich vor allem für die Einführung der Gewerbefreiheit und den Freihandel einsetzte. Die Erfüllung beider Ziele sollte die Voraussetzung sein für die Schaffung der wirtschaftlichen Einheit Deutschlands, aus der sich dann ganz zwangsläufig die politische Einheit ergeben würde. Der liberale Nationalökonom Max Wirth entwickelte 1859 den Plan eines Wirtschaftsparlaments innerhalb des Deutschen Bundes, das eine einheitliche Wirtschaftsgesetzgebung für alle deutschen Staaten schaffen sollte.³² Kaum realistischer als Wirths Vorschlag, der auf die vielfältigen Widerstände der um die Erhaltung ihrer Souveränität besorgten deutschen Mittel- und Kleinstaaten gestoßen wäre, war der Plan, den der Bankier Hansemann zur gleichen Zeit propagierte und Vertretern der preußischen und der bayerischen Regierung vortrug. Hansemann wollte den Zollverein in eine staatenbündische Organisation umwandeln, die umfassende Entscheidungskompetenz in rein wirtschaftlichen Fragen erhalten sollte. Unbeschadet dieser wirtschaftspolitischen Harmonisierung der Zollvereinsstaaten sollte gleichwohl das politische System des Deutschen Bundes beibehalten werden.³³ Hansemanns Plan offenbarte das ganze Dilemma der deutschen Frage, das sich auch nicht durch die »List der Idee« überwinden ließ, denn auf die Dauer konnte die wahrlich künstliche Unterscheidung in wirtschaftliche und politische Interessen nicht aufrechterhalten werden. Und solange der »Souveränitätsschwindel« der deutschen Fürsten nicht beseitigt war, mußten alle diese Pläne scheitern.

Aber auch die Unterstützung, die diese Vorhaben seitens der Öffentlichkeit erfuhren, war bescheiden genug und kam fast ausschließlich von den Angehörigen der »politischen Klasse«. Die seit 1858 jährlich stattfindenden Tagungen des »Kongresses deutscher Volkswirte« hatten in der Zeit bis 1865 nie mehr als 320 Teilnehmer, im Durchschnitt waren es sogar nur rund zweihundert. Auch der »Nationalverein« zählte auf dem Höhepunkt seines Einflusses im Jahre 1862 und trotz intensiver organisatorischer Arbeit nicht mehr als 25 000 Mitglieder, deren Zahl bis 1865 wieder auf rund zehntausend sank.³⁴ Man hatte das deutsche Volk im liberalen und nationalen Sinne politisch erziehen und dies über die Gründung einschlägiger Organisationen und parteimäßiger Gliederungen in den einzelnen deutschen Staaten erreichen wollen. Gemessen an diesen selbstgesteckten Zielen erscheint der Organisationsgrad, den der »Nationalverein« erlangte, als äußerst bescheiden. Hier offenbart sich der Geburtsfehler all dieser vaterländischen Organisationen.

Nicht eine breite und womöglich revolutionäre Massenbewegung wie 1848 sollte die nationale Einheit Deutschlands erzwingen, sondern diese sollte vielmehr die zwangsläufige Folge eines Prozesses wirtschaftlicher und politischer Evolution sein, den man im liberalen Sinne zu lenken gedachte. Waren erst einmal in allen deutschen Staaten liberale Parteien am Ruder, dann, so diese Idee, war die nationale Einheit nur noch eine Frage der einzelstaatlichen Verständigung. Das deutsche Volk würde sich so seine politische Einheit selbst geben, ohne daß diese Einheit mit dem Makel der Revolution und der Verletzung fürstlicher Rechte behaftet wäre.

Die »politische Klasse« träumte zum letztenmal den Traum von einer auf die Gemeinsamkeit der wirtschaftlichen Interessen gegründeten Einheit in Freiheit. Wie 1848 wurde dieser Traum auch jetzt wieder genährt von einer Überschätzung der eigenen Stärke. Trotz nicht unerheblicher Fortschritte bei der Entwicklung einer nationalen politischen Kultur und eines nationalen Bewußtseins verharrte das politische Leben im wesentlichen noch in seiner traditionellen Fragmentierung. Da die nationalen Organisationen letztlich viel zu schwach waren, die einzelstaatlichen, regionalen oder gar lokalen politischen Potentiale und Loyalitäten zu bündeln und hinter einem gemeinsamen überregionalen, sprich nationalen Ziel zu versammeln, konnte sich der Liberalismus nicht als eine politische Bewegung auf nationaler Ebene konstituieren. Vielmehr reflektierte er in seinen Ansichten und Forderungen die ganze Buntheit der sozialen, wirtschaftlichen und politischen Verhältnisse in Deutschland – jene stürmische wirtschaftliche und industrielle Entwicklung, die seit der gescheiterten Revolution von 1848 über Deutschland hereingebrochen war, hatte keineswegs eine Ausgleichung der Lebensverhältnisse in ganz Deutschland bewirkt. Genau das Gegenteil läßt sich feststellen: Die »industrielle Revolution« hatte nicht nur die Interessengegensätze der wirtschaftlich Tätigen akzentuiert und verschärft, die klassenmäßige Schichtung der Gesellschaft kompliziert und weiter polarisiert, sondern sie hatte auch das Entwicklungsgefälle zwischen den einzelnen Staaten und Regionen drastisch vergrößert. Vergleichsweise stark industrialisierte Regionen an Rhein und Ruhr, in Sachsen und in Schlesien unterschieden sich nun in weitaus stärkerem Maße als zehn Jahre zuvor von Regionen, in denen die traditionellen Produktionsformen des Handwerks und der Landwirtschaft noch unangefochten dominierten. Der rheinische Liberalismus war deshalb in einem wesentlich anders gearteten sozialen Erfahrungszusammenhang verankert als beispielsweise der badische. Diese durch die wirtschaftlich-soziale Entwicklung bedingten Unterschiede in der »liberalen Konfession« wurden durch eine Reihe institutioneller Faktoren wie unterschiedliche Möglichkeiten politischer Partizipation in den einzelnen deutschen Staaten, Wahlrechtsbestimmungen usw. zusätzlich beeinflußt.[35] Kurz, das nationale und liberale Erziehungsprogramm, dem sich der »Nationalverein« verschrieben hatte, war ein rein idealistisches Konzept, das sehr schnell an der Wirklichkeit zerbrach. Das scheinbar so fest gegründete und in sich vermeintlich so plausible Bündnis von Wirtschaftsinteressen, Nationalismus und politischem Liberalismus Ende der fünfziger Jahre des 19. Jahrhunderts zerfiel, als Bismarck den Interessen der Liberalen in der Wirtschafts- und Handelspolitik entgegenkam, ihnen aber die gewünschten innenpolitischen Reformen verweigerte.

Der italienische Einigungskrieg von 1859, in dem Österreich alle seine oberitalienischen Besitzungen bis auf Venedig verlor, das erneute Erstarken der liberalen und nationalen Bewegung in ganz Deutschland und das kaum mehr zu ignorierende Bestreben Preußens, die völlige politische Parität mit Österreich in der Führung des Deutschen Bundes zu erlangen, dies alles erweckte bei den leitenden Staatsmännern in den deutschen Klein- und Mittelstaaten die heftigsten Befürchtungen, hing doch deren souveräne staatliche Existenz davon ab, daß die »saturierte« Großmacht Österreich im Deutschen Bund unangefochten ihre Führungsrolle behauptete. Österreich aber war geschwächt. Und Preußen schien die Führung im Deutschen Bund an sich reißen zu wollen, indem es ein Bündnis mit den nationalen und liberalen Kräften einging, die ohnedies den Regierungen der einzelnen deutschen Staaten schon zu schaffen machten.[36] Gegen diese befürchteten Mediatisierungen im Zeichen eines von Preußen unterstützten deutschen Nationalismus setzten sich die deutschen Klein- und Mittelstaaten in den Jahren 1860 bis 1862 auf unterschiedliche Weise zur Wehr. An diesen letzten Endes erfolglosen Bemühungen zeigte sich erneut mit aller Deutlichkeit der in sich höchst widersprüchliche Charakter ihrer Existenz. Allein auf sich gestellt, waren sie viel zu schwach, um ihre Souveränität, auf die sie mit Stolz blickten, wirksam zu verteidigen. Also waren sie stets gezwungen, Rückhalt bei einer Macht zu suchen, die in der Lage und willens war, ihre staatliche Eigenständigkeit selbstlos zu garantieren. Bismarck nannte diese Situation zutreffend den »Souveränitätsschwindel der deutschen Fürsten«,[37] und in einem Brief an Otto von Manteuffel spottete er: »Es wird stets der Stein der Weisen für deutsche Politiker bleiben, die Macht der einheitlichen Zentralgewalt zu fördern und zugleich die Autonomie der einzelnen Staaten ungeschmälert zu erhalten...«[38]

Die Zeit, das wußte man in den deutschen Klein- und Mittelstaaten nur zu gut, arbeitete gegen sie und ihre Existenz. Der Deutsche Bund, der sie garantierte, war nur noch eine dünne Haut, die spätestens dann zerplatzen würde, wenn es zu einem europäischen Konflikt käme mit Preußen und Österreich als Gegnern. Einstweilen aber konnte der »Souveränitätsschwindel der deutschen Fürsten« fortdauern, da Preußen diese große Auseinandersetzung mit Österreich ängstlich vermied. Zwar antwortete Preußen im Dezember 1861 auf die insbesondere von Sachsen verfolgten Pläne einer Bundesreform, die eine Verstärkung des Einflusses der Mittelstaaten in der Leitung des Deutschen Bundes vorsahen, mit einem Gegenvorschlag, der das alte Programm des »engeren« und des »weiteren« Bundes erneut aufgriff. Aber gleichzeitig unterließ man in Berlin alles, diese Neuauflage der preußischen Unionspläne ernsthaft zu verfolgen. Daß Preußen sich erstmals seit der »Schmach von Olmütz« wieder in aller Offenheit zur Politik der kleindeutschen Lösung bekannte und damit zumindest indirekt die Hinfälligkeit des Deutschen Bundes bloßlegte, dies allein genügte schon: Die deutschen Staaten schworen den sächsischen Plänen ab und schlossen sich enger Österreich an, das nun seinerseits zu einer diplomatischen Offensive in der deutschen Frage überging. Österreich war dazu nicht schlecht disponiert, denn auch hier hatte man sich, wenn auch mit einiger Verspätung, der derzeit gängigen liberalen Mode angepaßt. Seit dem Februar 1861 hatte das Land wieder eine Verfassung.

Die österreichische Regierung Schmerling steuerte einen liberalen Kurs, der sich vor allem auf eine Bevorzugung der deutschen Elemente innerhalb des Vielvölkerstaats stützte. Die preußische Antwort auf die sächsischen Bundesreformpläne vom Dezember 1861 war vor diesem Hintergrund ein willkommener Anlaß, diesen innenpolitischen Kurs auch außenpolitisch durch eine »großdeutsche« Offensive zu ergänzen, die von den deutschen Staaten sofort unterstützt wurde. Binnen kurzem gelang es Österreich, eine Koalition mit einer Reihe der deutschen Klein- und Mittelstaaten zu schaffen, die sich in identischen Noten vom 2. Februar 1862 gegen die Vorschläge der preußischen Regierung vom Dezember des vorangegangenen Jahres verwahrten. Das Ganze ging aus wie das Hornberger Schießen. Die preußische Diplomatie war nur darauf bedacht, eine Neuauflage der Demütigung von Olmütz zu vermeiden, und unterließ alles, die wieder reaktivierten Unionspläne ernsthaft zu verfolgen. Die preußischen Liberalen hatten den deutschlandpolitischen Vorstoß Preußens vom Dezember 1861 enthusiastisch unterstützt, sahen sie doch in einer entschlossen ausgeführten nationalen Aktion vor allem die Chance, die Schwierigkeiten und Differenzen zu überwinden, die sich in ihrem eigenen Lager und mit der Regierung unterdessen ergeben hatten. Jetzt versandete zu ihrer Enttäuschung alles in einem diplomatischen Notenwechsel, den Österreich und Preußen noch eine ganze Weile in dieser Angelegenheit führten. Außenpolitisch bedeutete das Zurückweichen Preußens den Schlußstrich unter die »Neue Ära«; ihr innenpolitisches Ende sollte auf dem Fuße folgen.

Preußen, das sich ein zweites »Olmütz« ersparte, konnte aber nicht verhindern, sich ein weiteres Mal in den Widersprüchen seiner eigenen Politik zu verstricken, in Widersprüchen, die das Merkmal der »Neuen Ära« waren. Man hatte sich liberal kostümiert, um den längst maroden Konservatismus, dem die Reaktionszeit fast das Lebenslicht ausgeblasen hätte, noch einmal zu retten. Die »Neue Ära« war der Versuch gewesen, durch eine dosierte und kontrollierte Zulassung liberaler Einwirkungsmöglichkeiten den konservativen preußischen Staat zu regenerieren. Denn auch der spezifisch preußische Konservatismus war, soviel man sich auch auf ihn einbilden mochte, keineswegs ein Wert von ewiger Dauer, sondern mußte sich auch durch Erfolge beweisen und legitimieren. Daß er dazu aber allein nicht mehr fähig war, hatte die Reaktionszeit bereits bewiesen. Deshalb galt es, den Liberalismus vor den Karren des konservativen Staates zu spannen, da man ihn weder durch Ignorieren noch durch polizeiliche Repression oder sonstige Schikanen und Manipulationen aus der Welt schaffen konnte. Eben darin bestand der »Neue Kurs«, den der Regent im November 1858 verkündet hatte. Es war die Illusion der Liberalen gewesen, daß sich nun alles nach ihren Vorstellungen gestalten würde. In der Außenpolitik schien dieses Kalkül zumindest aufzugehen, denn Preußen duldete und unterstützte insgeheim sogar die liberale und nationalpolitische Agitation des »Nationalvereins«.[39] Mit seinem Vorstoß zur Reform der Bundesverfassung vom Dezember 1861 habe, so meinten nicht wenige Liberale, Preußen nun endlich jene Initiative zu einer Deutschlandpolitik ergriffen, die ganz auf der Linie ihrer Vorstellungen lag. Aber nichts trog mehr als diese Hoffnungen. Preußen wollte nie in einem nach liberalen Grundsätzen aufgebauten national geeinten Deutschland aufgehen. Es ging ihm allein um die machtpolitische Gleichstellung mit Österreich. Dafür aber war die Schaffung eines großpreußischen Staates oder ein von Preußen beherrschtes Deutschland die entscheidende Voraussetzung.[40] Deutschland hätte ohne Preußen und mit seiner ihm eigenen machtpolitischen Ohnmacht vorzüglich existieren können. Weder von Österreich noch von Frankreich drohte der Buntheit der deutschen Verhältnisse ernstlich Gefahr. Aber Preußen, so wie es war und wie es bleiben wollte, war existentiell mehr und mehr auf Deutschland, auf die Herrschaft über Deutschland angewiesen. Ohne Deutschland hätte Preußen auf Dauer nicht mehr die Rolle einer europäischen Großmacht spielen können. Und ohne diese Rolle war Preußen dazu verurteilt, weiterhin im Windschatten Österreichs und Rußlands zu segeln. Preußen lebte dabei stets in der Gefahr, selbst Schiffbruch zu erleiden, wenn sich diese beiden Mächte auf dem Balkan in die Haare gerieten. Deutschland aber konnte Preußen nur mit Hilfe der liberalen und der kleindeutsch gesinnten nationalen Kräfte bekommen. Diese mußten den Lebenswillen der Klein- und Mittelstaaten von innen heraus zerbrechen, mußten die Hinfälligkeit ihrer künstlichen Existenz bloßlegen. Damit dies gelingen konnte, mußte Preußen den liberalen und nationalen Kräften Konzessionen machen, die aber nicht so weit gehen durften, daß sich Preußen damit selbst in Frage stellte. Wie groß diese Konzessionen ausfallen durften, das aber war das Dilemma, in dessen Widersprüchen sich die

331

preußische Politik zwischen 1848 und 1850 wie in der »Neuen Ära« rettungslos verfing.

Preußen, das hatte die Zeit der Reaktion deutlich gemacht, konnte nicht einfach zurückkehren zu einem ständischen, christlich-germanisch illuminierten Staatsideal, das nicht einmal mehr politische, sondern nur noch pietistische Romantik war. Preußen konnte aber auch nicht, weil es sich treu bleiben wollte, das Preußen der Junker, der starken Monarchie, des siegreichen Heeres, ein moderner parlamentarischer Staat mit verantwortlichen Ministern und einer von der Volksvertretung kontrollierten Exekutive werden. Deshalb mußte etwas drittes gefunden werden. Und dieses dritte, der Wechselbalg des bismarckschen Reichs von 1871, wurde in der damals in Preußen sich zuspitzenden innenpolitischen Krise gezeugt.

Wie sehr die »Neue Ära« eine bloße Sinnestäuschung der Liberalen war, zeigte sich spätestens 1860. Zwar hatte die Politik des Wohlverhaltens gemäß der Parole »nur nicht drängen«, die für die liberale Mehrheit des Abgeordnetenhauses gegenüber der Regierung nach wie vor verbindlich war, keinerlei Früchte getragen; das völlig vom konservativen Adel beherrschte Herrenhaus, die Erste Kammer des preußischen Landtags, hatte sich allen innenpolitischen Reformforderungen der Liberalen hartnäckig verweigert. Aber diese Haltung, so mochte man sich trösten, würde sich schon noch ändern. Die Ernennung eines der führenden Häupter der preußischen Liberalen, des Grafen Schwerin, zum Innenminister im August 1859 schien diese Annahme zu bestätigen. Gar nicht in das Bild dieses nun mehrheitlich liberalen Ministeriums paßte dagegen die Berufung des erzkonservativen Generals Albrecht von Roon zum Kriegsminister, der den als liberal geschätzten General von Bonin im Dezember 1859 in diesem Amt ablöste. Diesem Wechsel gingen heftige Auseinandersetzungen im militärischen Establishment voraus. Für die Öffentlichkeit aber vollzog er sich in so geräuschloser und unauffälliger Weise, daß man ihn schließlich nur deshalb wahrnahm, weil mit ihm gegen traditionelle preußische Usancen verstoßen wurde, nach denen, wie Eduard Lasker bemerkte, »die Entlassung auch nur eines Ministers mit der Umständlichkeit einer Cabinettskrisis behandelt zu werden« pflegte.[41] Die Ernennung des konservativen Generals von Roon zum Kriegsminister, aus der so recht niemand schlau wurde, war ein ebenso stiller wie entscheidender Schachzug des Regenten, war doch der General von Roon zum Werkzeug ausersehen, die geplante Heeresreform, das Lieblingsprojekt Wilhelms, auszuführen.

In den Auseinandersetzungen um die Heeresreform entschied sich das Schicksal der »Neuen Ära«. Der Konflikt, der sich daran entzündete, verdeutlicht die Anfälligkeit jenes viel zu schnell gewachsenen Pflänzchens des politischen Liberalismus. Seit den Tagen des preußischen Heereskonflikts läßt sich das Elend des politischen Liberalismus in Deutschland datieren, dem es damals nicht gelang, jenes Stadium einer bloß weltanschaulichen Bewegung zu überwinden und sich zu einer politischen Partei mit festen programmatischen Grundsätzen zu entwickeln. Er blieb ein schwankendes Schilfrohr im Winde, der sich jedesmal, wenn er einer Belastung unterworfen wurde, in seine einzelnen Interessen zerfaserte.

Der Heereskonflikt weitete sich rasch zum Verfassungskonflikt aus. Dabei stand die Heftigkeit des Streits bald schon in keinem Verhältnis mehr zur Sache, um die es ging. Denn tatsächlich wurde die Notwendigkeit einer Vergrößerung und durchgreifenden Reorganisation des preußischen Heeres von kaum jemandem ernsthaft bestritten. Die Mannschaftsstärke des preußischen Heeres war seit der von Boyen inspirierten Heeresreform und Wehrgesetzgebung von 1814 unverändert geblieben. Trotz der Zunahme der preußischen Bevölkerung in der Zeit von 1820 bis 1860 von 10 auf 18 Millionen wurden alljährlich nur 40 000 Rekruten eingezogen. Die Folge war, daß immer mehr junge Männer nicht zum Militär einberufen wurden, während gestandene Familienväter weiter in der Landwehr Dienst tun mußten. Für eine Vergrößerung und Reorganisation der Armee sprach zudem, daß die Truppen der möglichen Gegner Preußens seit 1820 mit der Bevölkerungsentwicklung in ihren Ländern Schritt gehalten hatten. Sowohl die französische wie die österreichische Armee waren ihrem jeweiligen Mannschaftsstand nach im Jahre 1860 dreimal so stark wie die preußische. Eine Vergrößerung der preußischen Armee war deshalb ein Gebot der politischen Vernunft, dem sich auch die Liberalen nicht verschließen konnten. Und nicht zuletzt hatten der Krimkrieg und der italienische Einigungskrieg von 1859 hinlänglich gezeigt, daß die gemütlichen Zeiten der Ära Metternich in Europa endgültig der Vergangenheit angehörten. Um auch in Zukunft in Europa mitreden zu können, brauchte Preußen nach Ansicht des Regenten und seiner militärischen Berater nicht nur eine größere, sondern vor allem eine schlagkräftigere Armee. Mit anderen Worten: Die dem »Geist der Freiheitskriege« entstammende Reservearmee der Landwehr, die alle Gedienten bis zum vierzigsten Lebensjahr umfaßte und die entsprechend der Idee vom »Volk in Waffen« konzipiert worden war, sollte abgeschafft werden. Bereits im Juli 1858 sandte Roon dem Regenten eine Denkschrift über die Heeresreform, die sofort den Beifall Wilhelms fand. Roons Reformvorschläge wichen aber in zwei entscheidenden Punkten von jenen Plänen ab, die zu diesem Zeitpunkt bereits im preußischen Kriegsministerium diskutiert wurden. Zum einen verlangte Roon, daß der Militärdienst von bislang zwei auf drei Jahre verlängert werden müsse. Er begründete diese Forderung mit Argumenten, die sich völlig mit den Ansichten des Regenten deckten, der den größten Teil seines Lebens bei der Armee verbracht hatte. Er war nämlich der Meinung, zum Exerzieren eines Soldaten genügten einige Monate – aber das Ergebnis dieser Anstrengung seien lediglich exerzierte Bauern. Um einen Rekruten mit jenem Geist zu beseelen, der aus diesem erst einen Soldaten mache, um »das soldatische Wesen in seiner Totalität zu erzeugen«, sei eine Dienstzeit von drei Jahren fast noch zu wenig. Denn während der ersten Jahre werde der Rekrut von Dressur und Instruktion völlig übermannt. Erst im dritten Jahr bekomme er dann Sinn für die Würde des Soldatenrocks, für den Ernst seines Berufs, und erst dann entwickele er jenes Standesbewußtsein, ohne das eine Armee nicht sein könne.[42]

Eine Heraufsetzung der Mannschaftsstärke der Armee bedingte die Vergrößerung des Offizierskorps. Roon trat deshalb für eine Erweiterung oder Neugründung von Offiziersschulen und Kadettenanstalten ein, ein Vorschlag, der auch ganz im Interesse des preußischen Adels war, da die vorhandenen Offiziersstellen längst nicht mehr ausreichten, um allen Söhnen des ärmeren Adels ein standesgemäßes Unterkommen zu sichern. Den größten Nachdruck legte Roon in seinem Memorandum aber auf jenen Vorschlag, der praktisch auf eine Abschaffung der Landwehr zielte, die er als eine sowohl »politisch« wie »militärisch« falsche Einrichtung qualifizierte. Politisch sei die Landwehr eine unsinnige Institution, weil jeder Landwehrmann unter der gegenwärtigen parlamentarischen Regierungsform (!) ein potentieller Wähler sei und man deshalb die Landwehr nicht wie jede andere militärische Streitmacht einsetzen könne; der Regierung seien durch die Landwehr in einem gewissen Grade die Hände gebunden, da sie auf deren Wünsche und Ansichten Rücksicht zu nehmen habe. Militärisch sei die Landwehr überdies ziemlich wertlos, weil es ihr an Disziplin und vor allem an jener Eigenschaft mangele, die Roon als den »eigentlichen richtigen festen Soldatengeist« bezeichnete. Roons Vorschlag war, einen Teil der Landwehrformationen aufzulösen und auf Linienregimenter, die von Berufsoffizieren kommandiert wurden, zu verteilen. Die übrigen Landwehreinheiten, das »zweite Aufgebot« aus den älteren dienstpflichtigen Jahrgängen, sollten dagegen nur im Festungsdienst Verwendung finden.[43]

Diese Vorschläge des unpolitischen »Nur-Soldaten« Roon zielten insgesamt auf eine verstärkte Professionalisierung der preußischen Armee. Preußens Machtstellung in Europa, das war seine Überzeugung, konnte

nur gewahrt bleiben, wenn man sich auf eine gut trainierte, disziplinierte und professionell geführte Armee verlassen konnte. Diese Ansicht Roons, die der Regent rückhaltlos teilte, machte beide blind für die
politischen Widerstände, auf die diese Vorschläge in der mehrheitlich liberalen Zweiten Kammer des preußischen Landtags stoßen mußten, die
ja die Gelder für diese Erweiterung und Umorganisation der Armee zu
bewilligen hatte.

Am 10. Februar 1860 brachte die Regierung den Gesetzentwurf zur
Heeresreform, der ganz den Vorschlägen Roons entsprach, in der Zweiten Kammer des preußischen Landtags ein. Der Widerstand der liberalen Kammermehrheit gegen dieses Reformgesetz entzündete sich zunächst aber nicht an seinem Inhalt, sondern an den Kosten. Denn
während in der offiziösen Presse lediglich von einer Haushaltsmehrbe-
lastung in Höhe von 6 Millionen Talern die Rede gewesen war, sprach
der Finanzminister nun von Mehrausgaben von über 9 Millionen Talern
und gab überdies zu verstehen, daß sich diese Summe in den folgenden
Jahren noch weiter erhöhen könne. Die veranschlagten Mehrkosten, die
zu einem geringeren Teil durch Rückgriffe auf den Staatsschatz, zum
größeren Teil aber durch Steuererhöhungen finanziert werden sollten,
erschienen den Abgeordneten in jedem Fall als zu hoch. Und sehr
schnell wurde dieser Einwand Grundlage für Argumente, mit denen das
ganze Heeresreformprogramm in Frage gestellt wurde. Sowohl in der
dreijährigen Dienstzeit wie in der Abschaffung der Landwehr glaubte
man untrügliche Anzeichen dafür zu erkennen, daß sinistre Adelsinteressen die Armee zu einem Bollwerk der Reaktion und des strikten Ka-
davergehorsams gegen den liberalen Geist der Zeit ausbauen wollten.[44]

Zuerst wurden solche Verdächtigungen gegen den Gesetzentwurf in
der Öffentlichkeit laut, welche dann die Haltung der Liberalen im Landtag beeinflußten.[45] Die Kammermehrheit stimmte zwar im Prinzip einer
Heeresvergrößerung zu, hatte aber eine Reihe von Einwänden im Detail. Insbesondere sollten die veranschlagten Kosten um rund 7 Millionen Taler gesenkt werden. Diese Einsparungen sollten nach dem Willen
der Kammermehrheit dadurch erzielt werden, daß wesentlich weniger
neue Regimenter aufgestellt wurden, vor allem weniger Garderegimen-
ter, die wegen ihrer Exklusivität und ihres Dünkels besonders verhaßt
waren. Außerdem sollten die zweijährige Dienstzeit und die Landwehr
in alter Form und altem Umfang beibehalten werden. Angesichts dieses
Widerstands in der Kammer zog die Regierung ihren Gesetzesvorschlag
überraschenderweise zurück und verlangte statt dessen eine außerordentliche und einmalige Erhöhung des Wehretats um 9 Millionen Taler,
die für eine Verstärkung der Armee während der nächsten Monate verwendet werden sollte. Der Finanzminister von Patow verband dieses Er-

suchen mit der ausdrücklichen Versicherung, daß eine Entscheidung darüber nicht als ein Präjudiz für das spätere Votum der Kammer über die Reorganisation der Armee zu verstehen sei. Diese außerordentlichen Mittel würden lediglich dazu benutzt, bereits vorhandene Armeeeinheiten einschließlich der Landwehr zu verstärken.

Die liberale Kammermehrheit hielt sich auch diesmal an ihre Parole »nur nicht drängen« und bewilligte Mitte Mai 1860 die geforderten 9 Millionen Taler. Das aber war, wie sich bald herausstellen sollte, ein kapitaler Fehler.[46] Denn die Vermutungen und Befürchtungen, die in der Öffentlichkeit wie in der Kammer die Ansicht hatten entstehen lassen, daß die Gesetzesvorlage zur Heeresreform nur in stark abgeänderter Form, wenn überhaupt, passieren dürfe, hatte auf seiten des militärischen Establishments, der Kamarilla und beim Regenten alte Ängste geweckt. Zunächst waren die Militärs und der König nur empört darüber, daß ein Landtag sich anmaßte, in militärischen Dingen sachkundig zu sein, indem er seine Zustimmung zu Heeresvergrößerungen verweigerte, die König und Generalstab im Interesse der Sicherheit Preußens für unabdingbar hielten.[47] Bald aber tauchte der Verdacht auf, die Liberalen wollten nichts weniger, als die Armee ganz abschaffen, um danach um so leichter die Macht im Staate auf revolutionärem Wege erobern zu können.[48]

Der Konflikt zwischen militärischem Establishment und Krone auf der einen und der liberalen Kammermehrheit auf der anderen Seite in der Frage der Heeresvergrößerung verschärfte sich gleich zu Beginn des Jahres 1861. Friedrich Wilhelm IV. war gestorben, Wilhelm I. war zum König von Preußen gekrönt worden. Eine der ersten Maßnahmen des neuen Königs war es, die Fahnen jener neuen Regimenter, mit deren Aufstellung man ohne die Zustimmung der Kammer bereits begonnen hatte, am Grab Friedrichs II. zu weihen. Für die Liberalen, die bereit gewesen waren, die heimliche Heeresvergrößerung stillschweigend hinzunehmen, war diese Geste eine Provokation, wurde doch damit unmißverständlich klar, daß der König fest entschlossen war, auch gegen den Widerstand der Kammermehrheit die geforderte Heeresvergrößerung durchzusetzen. Aber dennoch fand sich bei den Budgetberatungen des Jahres 1861 die gemäßigt liberale Mehrheit in der Kammer erneut dazu bereit, ein zweites Mal außerordentliche Haushaltsmittel für das Militär zu bewilligen, nicht ohne jedoch darauf zu bestehen, daß in der nächsten Sitzungsperiode des Landtags endlich ein vollständiger Gesetzentwurf zur Heeresreform vorgelegt werde. Inzwischen war aber offensichtlich geworden, daß Krone und Militär sich in jedem Fall mit ihren Vorstellungen zur Heeresreform durchsetzen wollten. Von der Mehrheit der gemäßigten Liberalen spaltete sich eine Reihe von Abgeordneten ab, die nicht mehr gewillt waren, sich die Illusion der »Neuen Ära« um jeden Preis zu erhalten. Diese Abgeordneten gründeten die Deutsche Fortschrittspartei, die in den Landtagswahlen vom 6. Dezember 1861 einen großen Sieg errang. Ihre Abgeordneten bildeten die stärkste Parteigruppierung im neuen Landtag. Die Deutsche Fortschrittspartei vertrat in allen Fragen und insbesondere bei der Heeresreform ein wesentlich radikaleres Programm als die frühere Mehrheit der gemäßigten Liberalen. Damit waren alle Voraussetzungen dafür gegeben, daß der bislang politische Konflikt sich zu einem Verfassungskonflikt ausweitete. Beide Seiten ließen nun keinen Zweifel mehr daran, daß sie entschlossen waren, ihre Positionen zu behaupten und in keinen Kompromiß einzuwilligen.

Für die Militärs bestätigten sich mit dem Wahlsieg der Deutschen Fortschrittspartei die schlimmsten Befürchtungen. Der Ausbruch der Revolution schien unmittelbar bevorzustehen. Um das Schlimmste zu verhüten, wurden Pläne eines Staatsstreichs erörtert. Für alle Fälle wurden die Berliner Garnisonen verstärkt. Eine minuziöse Strategie zur Eroberung der Stadt, sollte diese in die Hand der Aufständischen fallen, wurde ausgearbeitet.[49] Die treibende Kraft hinter dieser Revolutionshysterie, in die sich im Laufe des Fühjahrs 1862 der König und das militärische Establishment immer mehr hineinsteigerten, war der Chef des Militärkabinetts, Edwin von Manteuffel. Manteuffel steuerte auf den Staatsstreich zu, weil ihm dieser die Erfüllung seiner ehrgeizigen politischen Pläne zu gewähren schien. Als dann im März die liberale Kammermehrheit erwartungsgemäß die Bewilligung weiterer Gelder für den Militäretat ablehnte, verlangte Manteuffel nicht nur die Auflösung der Kammer, sondern auch die Entlassung aller Minister, die liberaler Neigungen verdächtig waren. Sie sollten durch Männer mit ausgewiesen königstreuer, sprich reaktionärer Gesinnung ersetzt werden. Mit beiden Forderungen kam Manteuffel beim König durch. Und noch vor den für Mai 1862 angesetzten Neuwahlen zur Zweiten Kammer erwartete man den Ausbruch von Unruhen, die dem Militär den willkommenen Vorwand zum harten Eingreifen und zur Abschaffung der Verfassung gegeben hätten. Diese Spekulation, auf die Manteuffel alle seine Kalkulationen abgestellt hatte, ging aber nicht in Erfüllung. In Berlin blieb alles ruhig. Die Kassandrarufe Manteuffels erwiesen sich als völlig unbegründet. Unter diesem Eindruck begann der König, der sich von Manteuffels Revolutionsprophezeiungen hatte anstecken lassen, die Nerven zu verlieren. Seine ganze Situation schien ihm kompromittiert, und er sah für sich nur noch zwei Auswege: Entweder er überwand den Widerstand der Kammer, indem er ihr mit Konzessionen entgegenkam, oder er dankte ab. Eine Entscheidung für das eine wie für das andere aber wäre der Beweis für die Schwäche des Königtums gewesen, hätte das Ende des monarchischen und den Beginn des parlamentarischen Regimes in Preußen bedeutet.

Der Ausgang der Wahlen zur Zweiten Kammer im Mai 1862, der ein klares Indiz dafür war, wie tief der Konflikt zwischen Krone und Landtag bereits in das öffentliche Bewußtsein eingedrungen war, schien geeignet, die Fronten noch weiter zu verhärten. Denn obwohl man alle Register der Wahlbeeinflussung gezogen hatte, kehrte die Fraktion der Deutschen Fortschrittspartei stärker als zuvor in den preußischen Landtag zurück.[50] Gleichwohl signalisierten beide Seiten ihre Bereitschaft, den Konflikt zu entschärfen. Rasch verständigte man sich auf eine Kompromißformel. Die Kammer zeigte sich bereit, die Mittel für die geplante Heeresvergrößerung und die Heeresreorganisation zu bewilligen. Im Gegenzug sicherte die Regierung zu, die Wehrdienstzeit auf zwei Jahre zu beschränken. Diese Formel fand die Zustimmung des gesamten Ministeriums, stieß aber auf den erbitterten Widerstand des Königs. Er bezeichnete die dreijährige Dienstzeit als eine Gewissensfrage und versteifte sich darauf, lieber abdanken zu wollen, wenn er als König nicht nach seinem Gewissen regieren könne.[51] Diese Drohung des Königs spaltete das Ministerium. Während Roon den »Befehlen« seines Königs gehorchen wollte, reichten drei Minister ihren Rücktritt ein. Und als die kompromißlose Haltung des Königs der Kammer bekannt wurde, verwarf diese den gesamten Militärhaushalt, ließ ihn also auch nicht, wie bisher schon zweimal geschehen, als außerordentlichen Etat passieren. Aber auch jetzt kam es entgegen den Hoffnungen Manteuffels nicht zum Ausbruch einer Revolution. Der Gedanke daran lag den Liberalen fern. Sie vertrauten lieber einer parlamentarischen Waffe, die ihnen viel wirksamer erschien: Ohne ein ordentlich bewilligtes Budget, so das Kalkül der liberalen Kammermehrheit, könnte sich die Regierung nicht auf Dauer behaupten. Über kurz oder lang würde sie sich, um Gelder bewilligt zu bekommen, den Vorstellungen des Landtags beugen müssen. Diese Rechnung hätte aber nur in einem funktionierenden parlamentarischen System aufgehen können. Doch ein solches gab es in Preußen nicht. Preußen war, und eben dies zeigte der Verfassungskonflikt, lediglich ein scheinkonstitutioneller Staat. Die alten Gewalten, das absolutistische Königtum und seine adligen Vasallen, hielten noch immer das Heft in der Hand. Verfassung und Landtag waren lediglich modische Verzierung. Aber schon ihr bloßes Vorhandensein war lästig für ein frisch-fröhliches Regieren nach alter absolutistischer Manier.

Der preußische Verfassungskonflikt ist häufig als eine Auseinandersetzung zweier politischer Prinzipien gekennzeichnet worden, als ein Kampf zwischen dem der Idee des Parlamentarismus verpflichteten Liberalismus und einem verhärteten und uneinsichtigen Konservatismus, der sich um die Fahne des fürstlichen Legitimismus scharte.[52] Aus dieser Sicht ergab sich dann zwangsläufig die Frage, warum es den liberalen und parlamentarischen Kräften damals nicht gelungen sei, sich gegenüber den längst von der Geschichte zum Untergang verurteilten konservativ-legitimistischen Interessen erfolgreich durchzusetzen. Die Antwort scheint einfach: Die Kräfte des Beharrens waren immer noch im unangefochtenen Besitz all jener Machtmittel, die sie zur Verteidigung der inneren und äußeren Souveränität des Staates, wie sie ihn auffaßten, benötigten. Wenn es aber tatsächlich so unkompliziert gewesen wäre, dann muß um so mehr verblüffen, daß eben diese Kräfte des Beharrens nicht kurz entschlossen den ihnen lästigen Landtag und mit ihm das ganze Verfassungswerk abschafften und zu den ihnen gemäßen Formen eines rein feudalistischen Regiments zurückkehrten. Das Programm der »Neuen Ära« vom November 1858 mit seiner Ankündigung von »moralischen Eroberungen« Preußens in Deutschland, zu dem sich der König auch auf der Höhe der Krise immer bekannte, war durch den Konflikt selbst längst obsolet geworden: Das Preußen des Verfassungskonflikts bot ein zu trauriges Schauspiel, um sich noch im Ernst Hoffnungen auf »moralische Eroberungen« in Deutschland machen zu können. Und die Tatsache allein, daß Verfassung und Landtag nicht durch einen Staatsstreich beseitigt wurden, war kaum geeignet, Preußen in Deutschland neuen Kredit zu gewähren.

Nein, der Grund, warum Verfassung und Landtag in der Zeit des Verfassungskonflikts nicht einfach beseitigt wurden, wie dies einige vom Ehrgeiz zerfressene militärische Hitzköpfe verlangten, war genau derselbe wie zu Beginn der Reaktionszeit, als man auch nicht auf beide Institutionen verzichtet hatte. Denn ganz ähnlich wie die Liberalen hofften auch die Konservativen auf einen politischen Erziehungsprozeß des »Volkes«, der letztlich ein erneutes Ausbrechen der Revolution verhindern sollte. Mit der Vermittlung dieses Erziehungsprozesses war aber auch ein paternalistisch gewandeter Absolutismus überfordert, wie die Erfahrungen des »politischen Biedermeier« unmißverständlich demonstriert hatten. Die Komplexität der Gesellschaft überstieg bei weitem die bürokratischen Steuerungspotentiale dieses paternalistischen Absolutismus. Die Folge dieser Überforderung war die Revolution gewesen. Daraus hatte man die Lehre gezogen, daß politische Erziehung auch im konservativen Sinne institutionell vermittelt werden mußte, und zwar so, daß den zu Erziehenden gleichzeitig dosierte und kontrollierte Artikulations- und Partizipationsmöglichkeiten (Dreiklassenwahlrecht, Verfassung, Rechtssicherheit) gewährt wurden. Ganz in diesem Sinne verstanden die Konservativen deshalb die geschriebene Verfassung von 1850 – Bismarck hat diesen Standpunkt übertrieben vorgeführt – als ein wichtiges Gesetz, aber eben doch nur als ein Gesetz unter anderen, das der eigentlichen, der monarchischen Staatsverfassung und ihren ewigen Prinzipien unterworfen blieb und nur im Lichte dieser interpretiert werden konnte. Mit anderen Worten: Die geschriebene Verfassung hatte im Verständnis der Konservativen keineswegs eine normative, sondern lediglich eine subsidiäre Funktion.

Grundlage dieses »politischen Erziehungsprogramms« der Konservativen war die unerschütterliche Überzeugung, die Masse der Untertanen sei königstreu; ihr sei die Erhaltung der monarchischen Staatsform und ihrer Institutionen über den politischen Tageskampf hinaus ein Herzensanliegen. Diese Einschätzung entsprach auch, zumindest was die Landbevölkerung Preußens betrifft, den Tatsachen. Dementsprechend stützten sich die Liberalen nur auf die relativ schmale Basis der Gebildeten und Begüterten. Ein weiteres Handicap der Liberalen war, daß es ihnen nicht gelang, eine schlagkräftige und einheitliche Parteiorganisation aufzubauen, die es ihnen erlaubt hätte, breitere Wählerschichten zu politisieren. Liberale Politik war im wesentlichen Honoratiorenpolitik, ein Umstand, der sich nicht zuletzt an den jeweils äußerst geringen Wahlbeteiligungen ablesen läßt.[53] Entsprechend diffus blieben auch die programmatischen Vorstellungen der Liberalen. Aus ihrer Haltung im Verfassungskonflikt lassen sich einige Hauptforderungen herausfiltern, die wenigstens schemenhaft das Programm einer liberalen Politik zu erkennen geben:
- Erweiterung der parlamentarischen Kompetenzen;
- Verringerung der Macht des Königs;
- parlamentarische Kontrolle des Heeres;
- politisch-parlamentarische Verantwortlichkeit der Minister.[54]

Aber diese Forderungen wurden keineswegs von den Liberalen aller Schattierungen mit dem gleichen Nachdruck vertreten. Insbesondere die Gemäßigten hielten viel zu lange der Parole »nur nicht drängen« die Treue. Warum aber, und diese Frage muß gestellt werden, ließen die bürgerlich-liberalen Kräfte die Chance ungenutzt verstreichen, die sich ihnen mit dem Verfassungskonflikt bot, das »scheinkonstitutionelle« Regierungssystem in Preußen in ein wahrhaft parlamentarisch-konstitutionelles System umzuwandeln? Daß dies damals und später versäumt wurde, ist den preußischen Liberalen im besonderen und dem deutschen Bürgertum im allgemeinen von der Geschichtsschreibung immer als große Unterlassungssünde angekreidet worden. Die deutsche Geschichte, so wurde wiederholt gesagt, hätte einen anderen, womöglich glücklicheren Verlauf genommen, wenn sich das preußische Bürgertum seiner politischen Aufgabe gestellt hätte. Dieses »Versagen« aber hat seine guten Gründe. Denn wie 1848, so stellte auch später das »Bürgertum« keineswegs jenes politisch einheitlich handelnde Klassensubjekt vor, als das es immer wieder ausgegeben wird. Das »Bürgertum« als eine dem politischen Fortschritt aufgrund seiner eigenen Interessen notwendig verpflichtete Bewegungskraft ist ein Mythos. Denn die kapitalistisch-industrielle Entwicklung, die zur Herausbildung der Bourgeoisie als einer Klasse auf ökonomischer Grundlage führte, bedingte andererseits auch eine soziale Differenzierung des »Bürgertums«, insofern nicht alle »bürgerlichen Schichten« von dieser Entwicklung gleichermaßen erfaßt wurden. Handwerk, Manufaktur und Kleinhandel wurden keineswegs von Industrie und Großhandel geschluckt. Auch die Schicht des Bildungsbürgertums erlitt durch diese Entwicklung keine Einbuße. Im Gegenteil, sie vergrößerte sich im Zuge dieses übergreifenden Entwicklungsprozesses nicht nur quantitativ, ihr Einfluß auf die öffentliche Meinung steigerte sich um ein Vielfaches. Doch die mit der industriell-kapitalistischen Entwicklung einhergehende rasche soziale Differenzierung der Gesellschaft brachte zugleich den Verlust alter Gewißheiten und Geborgenheiten. In diesem Zusammenhang sei nur auf den platten Materialismus hingewiesen, der die geistigen Strömungen der Zeit prägte. Ihm zur Seite stand ein nicht minder blinder Fortschrittsglaube, der nach 1873 mit der großen Wirtschaftsdepression rasch einem Pessimismus schopenhauerscher Prägung wich, um dann in den alle Werte paralysierenden Nihilismus Nietzsches zu münden.

Die soziale Differenzierung der Gesellschaft materialisierte sich aber vor allem auch in einer Verschärfung der nunmehr unverhüllt hervortretenden und sich als politische Geltungsansprüche qualifizierenden klassenspezifischen Interessengegensätze. Die Zwangsharmonie der ständischen Sozialordnung, die nach 1848 allenthalben noch einmal erfolgreich restauriert worden war, wich mit dem Fortschreiten der »industriellen Revolution« immer mehr der Unordnung widerstreitender Interessen. Die Monarchie war die einzige Instanz, die in dieser Anarchie hinlängliche Gewähr für eine funktionelle Konvergenz bieten konnte, insofern sie vermeintlich über den »Parteien und Interessen« stand und sie aus dieser Position der »Unabhängigkeit« die Autorität schöpfte, zu vermitteln. In der sich rapide wandelnden Welt fungierte die Monarchie als »rocher de bronze«, an dem alle gegenläufigen Interessen wirkungslos abprallten. Gelang es der Monarchie, sich im raschen Wandel der Zeit ihre funktionelle Rechtfertigung zu bewahren, den industriell-kapitalistischen Fortschritt nicht zu behindern und gleichzeitig ein Minimum an sozialer Stabilität und politischer Kontinuität zu sichern, dann war ihre Situation unangreifbar. Ihre bloße Existenz schien im Interesse aller. Diese Funktion der Krone, allen die sichere Gewähr ihres gegenwärtigen wie zukünftigen Auskommens garantieren zu können, war eine der wichtigsten inneren Voraussetzungen für den verhältnismäßig lang anhaltenden Erfolg der bismarckschen Politik. Das liberale Mißverständnis der »Neuen Ära« und die daraus resultierende Krise des Verfassungskonflikts stehen insofern nicht für ein politisches »Versagen« des »Bürgerums«, sondern sind vielmehr Symptome für die Anpassung der Krone an neue Aufgaben.

14. KAPITEL

Blut und Eisen

Auf dem Höhepunkt des preußischen Verfassungskonflikts berief Wilhelm I. den bisherigen preußischen Gesandten in Paris, Otto von Bismarck-Schönhausen, zum preußischen Ministerpräsidenten.[1] Das war am 24. September 1862. Nicht einmal zehn Jahre später, im Januar 1871, wurde derselbe Wilhelm I. im Spiegelsaal des Schlosses von Versailles zum »Deutschen Kaiser« proklamiert. Das Deutsche Reich, von dem wenigstens zwei Generationen geträumt hatten, war Wirklichkeit geworden. Der deutsche Nationalstaat schien Zeitgenossen wie Nachgeborenen stets das Werk jenes titanischen Mannes zu sein, den Wilhelm I. im September 1862 gleichsam als ein letztes Aufgebot der schon schwankenden, dem völligen Verzagen und der Abdankung nahen Krone in die Schlacht mit dem Landtag warf.

Am 22. September 1862 hatten der König und Bismarck im Schloßpark von Babelsberg jene berühmte Unterredung, über deren Inhalt wir durch Bismarcks Lebenserinnerungen unterrichtet sind. Danach soll der König Bismarck mit den Worten empfangen haben: »Ich will nicht regieren, wenn ich es nicht vermag, wie ich es vor Gott, meinem Gewissen und meinen Untertanen verantworten kann. Das kann ich aber nicht, wenn ich nach dem Willen der heutigen Majorität des Landtags regieren soll, und ich finde keine Minister mehr, die bereit wären, meine Regierung zu führen, ohne sich und mich der parlamentarischen Mehrheit zu unterwerfen. Ich habe mich deshalb entschlossen, die Regierung niederzulegen, und meine Abdikationsurkunde, durch die angeführten Gründe motiviert, bereits entworfen.« Bismarck antwortete auf diese Eröffnung mit der Beteuerung, er sei schon seit dem für die Regierung katastrophalen Ausgang der Wahlen vom 6. Mai 1862 bereit gewesen, in das Ministerium einzutreten, und er sei auch jetzt noch davon überzeugt, eine handlungsfähige Regierung zustande zu bringen. Nach einigem Hin und Her stellte ihm der König die Gretchenfrage, ob er denn auch gewillt sei, sich als leitender Minister rückhaltlos für die geplante Heeresreorganisation einzusetzen. Bismarck antwortete mit Ja. Ob er dies auch gegen die Mehrheit der Kammer und deren Beschlüsse tun werde? Als Bismarck auch dies versprach, erklärte der König:

»Dann ist es meine Pflicht, mit Ihnen die Weiterführung des Kampfes zu versuchen, und ich abdiziere nicht.« Bismarck entwickelte daraufhin dem König seine Auffassung vom Wesen des Verfassungskonflikts, bei dem es sich nicht, wie er ausführte, um eine Auseinandersetzung zwischen Liberalen und Konservativen handele, sondern allein darum, ob das monarchische oder das parlamentarische Prinzip Gültigkeit besitze. Es gelte, so Bismarck weiter, die Parlamentsherrschaft unter allen Umständen, und sei es durch eine »Periode der Diktatur«, zu verhindern. An diese Versicherung knüpfte Bismarck die Aussage, welche die informelle, aber gleichwohl entscheidende »Geschäftsgrundlage« seiner 26 Jahre dauernden preußischen Ministerpräsidentschaft respektive (ab 1871) Reichskanzlerschaft sein sollte:[2] »In dieser Lage werde ich, selbst wenn Eure Majestät mir Dinge befehlen sollten, die ich nicht für richtig hielte, Ihnen zwar diese meine Meinung offen entwickeln, aber wenn Sie auf der Ihrigen schließlich beharren, lieber mit dem Könige untergehn, als Eure Majestät im Kampfe mit der Parlamentsherrschaft im Stiche lassen.«[3]

Wenn auch kein Zweifel daran bestehen kann, daß sich diese Unterredung so oder ähnlich zugetragen hat, so läßt sich gleichwohl nicht die stilisierende Absicht übersehen, die mit ihrer ausführlichen Mitteilung in Bismarcks Lebenserinnerungen verfolgt wurde. Bismarck entwirft sich selbst als eine Figur des Schicksals. Er war es, der durch seinen kühnen Entschluß in der damaligen, schier ausweglosen Situation des Verfassungskonflikts den Thron der Hohenzollern und Preußen rettete und damit gleichzeitig die Grundlagen für die Schaffung des Deutschen Reichs unter der Führung Preußens legte! Die Audienz im Babelsberger Schloß vom 22. September 1862 ist der Dreh- und Angelpunkt der gesamten späteren Bismarcklegende, der Überschätzung des bismarckschen Einflusses auf die weitere Gestaltung der deutschen Dinge: Der Erfolg schien in diesem Fall nur einen Vater gehabt zu haben. Nach so vielen Propheten war den Deutschen mit Bismarck endlich ihr Messias gesandt worden, der mit eisernem Willen aus ihnen eine Nation schmiedete.

Das, was man einst ganz selbstverständlich als »das Werk Bismarcks« bezeichnete, ist heute nur noch verblaßte Erinnerung und »alte Geschichte«, von der lediglich in der »Zeitform der tiefsten Vergangenheit« geredet werden kann. Dies verführt andererseits häufig dazu, den Anteil Bismarcks an dieser Entwicklung zu verkleinern und statt dessen die Wirksamkeit der »überpersonalen«, objektiven Bewegungskräfte zu betonen. Daß die Wahrheit auch hier wie stets in der Mitte liegt, ist allerdings eine Banalität. Bismarck wußte um diese »überpersonalen« Bewegungskräfte. Er hat wiederholt beteuert, daß man nicht Geschichte machen könne. Dennoch hat er Geschichte gemacht, indem er bestrebt war, diese Bewegungskräfte für sein eigenes politisches Wollen nutzbar zu machen, sie seinen politischen Absichten und Zielen unterzuordnen. Wenn man also dem Mann und seiner Bedeutung für die deutsche Geschichte irdische Gerechtigkeit zuteil werden lassen will, dann muß man die jeweilige Situation beschreiben, in der er handelte. Aber was heißt handeln, wenn nicht aus einer Fülle von Möglichkeiten, die jede Situation birgt, sich für eine zu entscheiden? Und sich entscheiden bedeutet für einen Staatsmann, die eigenen politischen Einschätzungen vorgegebenen »objektiven« Zielen, seien diese nun nationale, klassenspezifische oder herrschaftliche, zuzuordnen. Welchem »objektiven« Ziel Bismarck bei seinem politischen Handeln stets verpflichtet war, hat er schon in der Babelsberger Unterredung mit dem König ausgesprochen: der Verteidigung und Erhaltung der unbedingten Handlungsfreiheit des preußischen Königs. Oder allgemein: der Wahrung der preußischen Interessen.

Für politisches Handeln gab es früher einen Ausdruck, der schon zu Zeiten Bismarcks außer Gebrauch gekommen war. Politisches Handeln wurde als »Staatskunst« bezeichnet, ein für heutiges Verständnis durchaus altfränkischer, aber nichtsdestoweniger glücklicher Begriff. Denn Voraussetzung jeder »Kunst« ist das Beherrschen gewisser handwerklicher Fertigkeiten. Damit aber aus einer handwerklichen Fertigkeit so etwas wie »Kunst« werden kann, ist noch etwas anderes, Unwägbares, nicht zu Kalkulierendes notwendig: Nennen wir es Genie oder Fortüne. Bismarck jedenfalls hat bei seinem politischen Handeln häufig Fortüne gehabt. – Was aber ist Fortüne? Der blinde Zufall, der dem entschlossen Handelnden hilft, gemäß der lateinischen Schulbuchweisheit, daß das Glück dem Wagemutigen, dem Tapferen zur Seite steht? Genie, Zufall oder Glück spielen schon eine Rolle. Und Zufälle lassen sich bisweilen provozieren. – Eine entscheidende Voraussetzung dafür, daß einer bei seinem Handeln Fortüne hat, ist, daß er mit Phantasie begabt ist, die es ihm gestattet, in seinem Denken und Planen das zu überwinden, was scheinbar unverrückbar die Realität beherrscht, und statt dessen das zu erwägen, was sich dahinter an Möglichem verbirgt. Phantasie ist nichts anderes als der »Möglichkeitssinn«, der erst den »Wirklichkeitssinn« schärft.

Der »Realpolitiker« Bismarck verfügte über einen vorzüglich ausgebildeten »Möglichkeitssinn«. Diese Eigenschaft war die Grundlage seines politischen Erfolgs. Ob er selbst sich dessen bewußt war, ist Nebensache. In seinen Lebenserinnerungen jedenfalls hat er sein politisches Handeln in einer denkbar banalen, mit der ihm eigenen Instinktsicherheit auf Dauer und Wirkung seines Nachruhms abstellenden Weise geschildert. Nicht nur, daß er dem Leser suggeriert, er habe schon während seiner Tätigkeit als preußischer Gesandter beim Deutschen Bundestag in Frankfurt am Main das Konzept seiner späteren Politik in ihren Umrissen entwickelt,[4] sondern sein ganzes Handeln wird von ihm auch so geschildert, als wäre er im Besitz des Steins der Weisen gewesen, als hätte er das Geheimnis der naturgesetzlichen Gültigkeit von Ursache und Wirkung im Bereich der Politik entdeckt und konsequent beachtet. Diejenigen, die nach ihm im Deutschen Reich als Kaiser oder als Kanzler die Politik bestimmten, scheiterten, weil sie, wie der Alte gelegentlich höhnisch durchblicken ließ, gegen ihn bloße Zwerge waren, die es noch nicht einmal vermochten, seine Pläne zu kopieren, geschweige denn seinen Weg fortzusetzen. Seine Anhänger und Bewunderer haben diese Kritik gläubig nachgebetet, und nicht wenige Historiker unterwarfen sich freudig der mühseligen Kärrnerarbeit, das von Bismarck selbst verkündete Dogma von der über jeden Zweifel erhabenen Richtigkeit seines politischen Handelns durch immer waghalsigere potemkinsche Architekturlandschaften aus Thesen und Hypothesen bis in die kleinsten Einzelheiten auf streng »aktenmäßiger« Grundlage zu untermauern. Die historiographische Auseinandersetzung mit Bismarck nahm insbesondere in der Zeit während des Ersten Weltkriegs und in der Weimarer Republik Züge einer gleichsam säkularisierten Theologie an. Sie war weniger Historio- als Hagiographie. Hinter dem Bismarck der Historiker verschwand der historische Bismarck, und das nationalpolitische Genie Bismarck verschluckte den preußischen Politiker gleichen Namens.

Von Bismarcks ausgeprägtem »Möglichkeitssinn« ist die Rede gewesen. Dieser Begriff mag nicht ganz glücklich gewählt sein, er charakterisiert aber doch eine Eigenschaft der bismarckschen Persönlichkeit, die ihn von den meisten seiner Standesgenossen und damit von all jenen Männern unterscheidet, die im Preußen Wilhelms I. die Chance hatten, an die Regierung zu gelangen. Otto von Bismarck war nicht ein Junker jenes Schlags, wie ihn Ludwig von Gerlach einmal charakterisiert hat: mit der Front zum Mist und den Rücken gegen den Ansprüche machenden Staat gekehrt. Die Zukunft seiner Klasse sah Bismarck nicht in einer Fronde *gegen* den Staat, sondern einzig und allein darin, daß man Staat und Gesellschaft zur Durchsetzung der eigenen Interessen in die Pflicht nahm.

Während der Jahre seiner Tätigkeit als preußischer Gesandter am Deutschen Bundestag gelangte Bismarck zu der Einsicht, daß nur der wahrhaft erfolgreich Politik treiben könne, der beherzt genug ist, längst überständige Positionen aufzugeben und der gleichzeitig um so fester jene Interessen ins Auge faßt, denen er sich verpflichtet weiß. Die unbedingte Treue zu diesen Interessen – und eben das unterschied und entfremdete Bismarck von seinen politischen Freunden, den Hochkonservativen – dürfe aber nicht verwechselt werden mit Treue zu irgendwelchen Prinzipien. Bismarck hat dies in einer Reihe von Briefen formuliert, die er im Mai und Juni 1857 mit Leopold von Gerlach wechselte, dem geistigen Haupt der hochkonservativen Kamarilla.[5] Tenor wie Inhalt dieser Korrespondenz sind häufig so verstanden worden, als habe Bismarck damit das Konzept einer »im Prinzip prinzipienlosen Realpolitik« (Lothar Gall) entwickelt, den Grundsatz einer Machtpolitik also, die rücksichtslos alle sich ihr bietenden Möglichkeiten ausnutzt. Diese Auffassung ist falsch, wenn man, wie Lothar Gall zutreffend bemerkt, in Bismarcks Briefwechsel mit Gerlach einen Streit um *Grundsätze* zu erkennen glaubt; sie ist richtig, wenn man diesen Streit als eine Auseinandersetzung um *Einschätzungen* und *Methoden* interpretiert.[6] Eine Politik, die sich allein darin erschöpft, sich in jedem Fall auf die vermeintliche Identität der legitimistischen Interessen der Monarchien zu stützen, so lautete das entscheidende Argument Bismarcks in dieser schriftlich geführten Diskussion mit Gerlach, ist eine Nichtpolitik. Das aber bedeutet nicht, daß Bismarck diese Interessenidentität der Monarchien in jedem Falle verneinte, sondern er äußerte damit lediglich die Ansicht, daß diese Interessenidentität in Zeiten, da der monarchische Legitimismus durch die Revolution nicht akut bedroht ist, bei der Formulierung der Politik hinter anderen Interessen und Zielen zurücktreten kann und muß. In seiner Denkschrift vom April 1856, dem »Prachtbericht« – so genannt von den Bismarckverehrern, welche die in diesem Dokument enthaltene Analyse der politischen Situation Europas und Preußens in jeder Hinsicht »prächtig« fanden –, bemerkte Bismarck zur angeblichen Notwendigkeit eines konservativen Interessenbündnisses zwischen Österreich und Preußen, die nach Olmütz als *die* Doktrin der preußischen Außenpolitik angesehen werden muß: »Im Jahre 1851, besonders zu Anfang, lagen die Gefahren eines Debordierens der Revolution aus Frankreich und Italien noch näher, und es war eine Solidarität der Monarchien gegen diese Gefahr vorhanden ...; eine ähnliche Situation würde erst wieder da sein, wenn das französische Kaisertum gestürzt wäre. So lange es steht, handelt es sich nicht um Abwehr der Demokraten, sondern um Kabinettspolitik, bei der die Interessen Österreichs eben nicht mit den unsrigen zusammenfallen.«[7] Das heißt: Solange der Bestand der eigenen sozialen und politischen Ordnung nicht ernsthaft gefährdet sei, habe sich die Politik Preußens gegenüber anderen Staaten ausschließlich an konkreten politischen und wirtschaftlichen Interessen zu orientieren. Bismarck hat diese Auffassung verschiedentlich variiert.[8] Man kann sie geradezu als die Maxime seines politischen Handelns, seiner »Realpolitik« bezeichnen, mit der Bismarck die preußische Außenpolitik aus der babylonischen Gefangenschaft ihrer unbedingten monarchisch-konservativen Prinzipientreue befreite.

Bismarck wollte keineswegs die Revolution, wie dies seine einstigen hochkonservativen Freunde und Mentoren befürchteten. Er bediente sich nur der in ihren Augen revolutionären Mittel wie Parlamente, Presse und öffentlicher Meinung, um seiner »Realpolitik« den Erfolg zu sichern. Das Ziel dieser mit revolutionären Mitteln verfolgten Politik war aber kein anderes, als in der Bewahrung und Stärkung des monarchischen Prinzips in einer sich rapide wandelnden Welt die Interessen jener Klasse zu verteidigen, der er selbst angehörte. Bismarck ging es nie um etwas anderes als um Preußen, um das Preußen der feudalen Militärmonarchie. Aber dieses Preußen, und Bismarck wußte das wie kein zweiter, verdankte seine gesamte Existenz einer bloßen Laune der Geschichte und einigen fähigen Herrscherpersönlichkeiten, die aus dem schieren Nichts mit Umsicht und Sparsamkeit diesen durch und durch künstlichen Staat geschaffen hatten. Preußen hat sich tatsächlich zu einer europäischen Macht »emporgehungert«. Seit seinen Anfängen wurde dieser Staat von nichts anderem zusammengehalten als von dem Machtwillen seiner Herrscher, die sich auf die unbedingte Loyalität des von ihnen mit mannigfachen Vorrechten ausgestatteten Adels stützen konnten. Und nur, was der Steigerung der Macht frommte, war gut für den Staat.

Preußens heutzutage wieder vielgerühmte »Staatlichkeit« war nichts anderem verpflichtet als der nackten Macht, welche die wahrhaft einfallslose Voraussetzung für noch mehr Macht war. Daß Preußen nur nach Macht gestrebt habe, um ideale Ziele zu erreichen, daß es, wie häufig behauptet wurde, eine »deutsche Mission« gehabt und sich ganz in deren Dienst gestellt habe, ist purer Unsinn. Bismarck war die ganze Zufälligkeit des Umstands, daß Preußen in Deutschland Eroberungen machen mußte, um Preußen zu bleiben, nur zu sehr bewußt. Der deutsche Nationalismus, dessen er sich dabei bediente, war ihm lediglich ein willkommenes Mittel, aber eben nicht zu dem Zweck, einen deutschen Nationalstaat zu schaffen, sondern um Preußens Macht in und durch Deutschland zu konsolidieren. In einem Gespräch im Kreise seiner Mitarbeiter im Quartier von Versailles bemerkte er im Oktober 1870, daß der Große Kurfürst zeitweilig ganz gute Aussichten besessen habe, seine Macht weit nach Polen hinein auszudehnen. Auf den Einwand, daß Preußen dann kein deutscher Staat mehr geblieben wäre, antwortete Bismarck: »Nun, so schlimm wäre es doch nicht geworden. Übrigens hätte es nicht so viel geschadet, es hätte dann etwas im Norden gegeben wie Österreich im Süden. Was dort Ungarn ist, das wäre für uns Polen geworden.«[9]

Bismarck wurde preußischer Ministerpräsident in einer Zeit, als die Macht Preußens aufs höchste bedroht war. Ja, es hatte fast den Anschein, als würde der mit dem Tod Friedrichs II. einsetzende Niedergang der Hohenzollerndynastie nun in deren endgültigen Bankrott einmünden. Bismarck war das letzte Aufgebot. Im Herbst 1849, als der preußische Staatsstreich mit der Bildung des Kabinetts Brandenburg eingeleitet wurde, war Bismarck schon einmal als leitender Minister ins Gespräch gebracht worden. Der Vorschlag scheiterte damals am Widerspruch Friedrich Wilhelms IV., der über Bismarcks Befähigung für diese Stellung urteilte: »Als Minister nur zu gebrauchen, wenn das Bajonett schrankenlos waltet.«[10] Der Ruf politischer Draufgängerei, den sich Bismarck während der Revolution erworben hatte, als er zu einem unerbittlichen Vorgehen gegen den Umsturz riet, hing ihm auch jetzt noch an. Wilhelm I. war deshalb entschlossen, diesen gefährlichen Mann, den er weniger durch eigene Überzeugung als den Umständen gehorchend in äußerst schwieriger Situation zum ersten Minister berufen wollte, durch ein selbst entworfenes achtseitiges Regierungsprogramm zu zügeln. Mit seinem Versprechen, sich stets und unbedingt dem Willen des Königs zu unterwerfen, gelang es Bismarck, Wilhelm I. von diesem Vorhaben abzubringen. Dadurch aber, daß Bismarck seine Stellung zum König auf das Verhältnis eines »kurbrandenburgischen Vasallen« zu seinem Herrn gründete,[11] vergab er sich nichts, sondern er gewann im Gegenteil eine Handlungsfreiheit und eine Macht, wie sie vor ihm noch kein Minister besessen hatte.

Als Bismarck auf dem Höhepunkt der preußischen Verfassungskrise Ministerpräsident wurde, ließ er sich auf ein äußerst gewagtes Spiel ein. Er mußte eine Regierung ohne Etat führen und gleichzeitig einen Ausweg aus dem Verfassungskonflikt finden, bei dem es für ihn nicht nur um die Frage Herrschaft des Königs oder Herrschaft des Parlaments ging, sondern vor allem auch darum, zu verhindern, daß der preußische Staat um der liberalen Vorstellung eines national geeinten Deutschland willen »mediatisiert« und das heißt entmachtet und zerstört werden würde. Die nationale Bewegung war aber bereits zu stark, als daß man ihr frontal hätte entgegentreten können. Bismarck wollte sich deshalb die nationalen Aspirationen der Liberalen für die Machtinteressen Preußens in der Auseinandersetzung mit Österreich um Deutschland dienstbar machen, ohne aber dabei den Liberalen mit innen- oder verfassungspolitischen Zugeständnissen entgegenkommen. Mit diesem Programm erlitt Bismarck indes zunächst kläglich Schiffbruch.

Die Führer der Liberalen, mit denen Bismarck sofort nach seiner Ernennung zum preußischen Ministerpräsidenten Gespräche führte, um die Möglichkeiten zu einer Beilegung des Verfassungskonflikts auszuloten, zeigten ihm die kalte Schulter. Außer vagen Versprechungen, den König hinsichtlich der Dauer des Wehrdienstes noch umstimmen zu wollen, konnte er ihnen auch nichts bieten. Ohne Gegenleistung aber waren die Liberalen nicht bereit, den Etat zu bewilligen. Sie hatten endlich die Lehren aus ihren Erfahrungen gezogen und fühlten sich völlig zu Recht als die in dieser Frage schon zweimal Geprellten. Ein drittes Mal sollte ihnen dies nicht passieren – und schon gar nicht mit einem Herrn von Bismarck.

Am 29. September 1862 zog Bismarck die bereits in die Kammer eingebrachte Haushaltsvorlage zurück, um »die Hindernisse der Verständigung nicht höher anschwellen zu lassen, als sie ohnehin sind«.[12] Das war für das Abgeordnetenhaus ein völlig überraschender Schachzug der Regierung. Denn allgemein hatte man damit gerechnet, Bismarck werde versuchen, den Konflikt mit aller Gewalt und im Sinne des Königs zu lösen, zumal er sich gegenüber dem liberalen Abgeordneten Twesten hatte vernehmen lassen, daß er sich keineswegs als »konstitutioneller Minister« verstehe, sondern daß er lediglich die Befehle seines Herrn, des Königs, ausführen wolle.[13] Sollte dieser Schritt nun die Phase der entscheidenden Kämpfe einleiten, oder war er ein letztes Angebot zur Verständigung? War die Regierung am Ende gar bereit, nachzugeben? Am 29. und 30. September versuchte die Budgetkommission, Klarheit zu gewinnen. Bismarck war bei diesen Sitzungen zugegen und griff auch gelegentlich in die Erörterung ein. Die Rücknahme des Haushaltsentwurfs sei, so sagte er, »eine Art von Waffenstillstand«. In dieser Zeit wolle die Regierung prüfen, »ob sich der Konflikt in einer für das Land weniger ernsten Weise ausgleichen lasse«.[14] War das nun eine Verheißung oder eine Drohung? Oder beides in einem? Aus den anderen Einlassungen Bismarcks konnten die Abgeordneten jedenfalls entnehmen, daß das Ministerium gewillt sei, die Regierung ohne einen ordentlich verabschiedeten Haushalt zu führen. Bismarck verwies in diesem Zusammenhang auf das »Notrecht«, auf das sich die Regierung nach seiner höchst eigenwilligen Interpretation der Verfassung berufen könne. Die Verfassung bestimmte aber in Artikel 99 klipp und klar, daß die Regierung nur aufgrund eines bewilligten Etats, ausnahmsweise auf der Grundlage besonderer Gesetze Ausgaben machen könne. Bismarck verlegte sich aufs Taktieren und verwirrte damit die um Klarheit bemühten Abgeordneten vollends. Ihre Irritation war komplett, als der Ministerpräsident in der Nachmittagssitzung des 30. September 1862 sein zukünftiges Programm verkündete und damit seine wahren politischen

Absichten offenbarte: »Wir haben zu heißes Blut, wir haben die Vorliebe, eine zu große Rüstung für unsren schmalen Leib zu tragen; nur sollen wir sie auch utilisieren. Nicht auf Preußens Liberalismus sieht Deutschland, sondern auf seine Macht; Bayern, Württemberg, Baden mögen den Liberalismus indulgieren, darum wird ihnen doch keiner Preußens Rolle anweisen; Preußen muß seine Kraft zusammenfassen und zusammenhalten auf den günstigen Augenblick, der schon einige Male verpaßt ist; Preußens Grenzen nach den Wiener Verträgen sind zu einem gesunden Staatsleben nicht günstig; nicht durch Reden und Majoritätsbeschlüsse werden die großen Fragen der Zeit entschieden – das ist der große Fehler von 1848 und 1849 gewesen – sondern durch Eisen und Blut.«[15] – Das war das berühmte Wort, das seither als Phrase unsterblich geworden ist.

Es ist immer wieder gesagt worden, Bismarck habe damit den kleindeutsch gesinnten Liberalen ein politisches Bündnisangebot unterbreitet in der Hoffnung, sie würden seine zu allem entschlossene Deutschlandpolitik mit ihrem Verzicht auf die verfassungsmäßig verankerte Prärogative des Landtags in Haushaltsfragen honorieren.[16] Diese Ansicht läßt sich nicht halten. Von Deutschland, von der Vision eines kleindeutschen Nationalstaates, wie er den Liberalen vorschwebte, ist in der ganzen Passage keine Rede, sondern nur von Preußen, dessen ureigenste Interessen es ihm gebieten, daß es seine Macht nach Deutschland hinein ausdehnt.

Bismarcks »Eisen und Blut«-Rede stieß bei den Zeitgenossen allgemein auf Unverständnis, Befremden oder gar Empörung. Roon sprach tadelnd von »geistreichen Exkursionen«, die der Sache keineswegs angemessen seien. Und Heinrich von Treitschke, der einmal einer der wortgewaltigsten Bewunderer Bismarcks werden sollte, empörte sich damals über die Gemeinheit und Lächerlichkeit dieses »flachen Junkers«, der mit »Eisen und Blut« prahle, um sich Deutschland zu unterwerfen.[17] Auch in der Presse fanden diese Auslassungen Bismarcks ein lebhaftes Echo. Einen Eindruck davon vermittelt die Schilderung eines Abgeordneten, die die »Kölnische Zeitung« am 2. Oktober 1862 veröffentlichte. Bismarck, so heißt es hier, sei der eigentliche staatsrechtliche Standpunkt offenbar »zu positiv, zu trocken«. Statt sich mit diesem weiter zu befassen, »erhob er sich zu höherem Fluge – Verfassungsleben überhaupt, preußisches und französisches Volkstum, kleinstaatlicher Liberalismus und großstaatliche Machtentfaltung, ›catilinarische Existenzen‹ und Lösung der Zeitfragen durch ›Eisen und Blut‹ – das alles ging in kaleidoskopischer Verschmelzung an unserem Blick vorüber, rascher wechselnd zumeist, als das Auge fassen konnte. Zunächst tat das überraschende Wirkung, wir sind von preußischen Ministern lange nicht mehr an viel Geist gewöhnt. Hier nun sprudelte etwas davon. Aber als man dazu kam, mit ruhiger Überlegung zu kosten, da wars kein Wein, höchstens Soda.«[18] Daß sich Bismarck mit seinen kühnen Reden von Blut und Eisen zu weit vorgewagt, ja daß er damit den Verdacht bestärkt hatte, er wolle eine nach außen aggressive Machtpolitik treiben, um so von den inneren Konflikten abzulenken, zeigte ihm nicht nur die Reaktion der Öffentlichkeit. Auch in der Budgetkommission gab es entschiedenen Widerspruch. Rudolf Virchow, der berühmte Pathologe der Berliner Universität und einer der Wortführer der liberalen Kammermehrheit, faßte jenen Verdacht wirkungsvoll zusammen. Der Absicht einer aggressiven Außenpolitik, die er Bismarck unterstellte, hielt er das liberale Credo entgegen, daß nur die unbedingte Respektierung der Verfassung eine solide Grundlage sei, um die großen Fragen der Zeit zu lösen. Bismarck sah die Gefahr, als politischer Abenteurer, als Hasardeur abgestempelt zu werden. In seiner verwirrten Replik auf diesen Vorwurf Virchows spiegelt sich wider, für wie groß er die Gefährdung einschätzte, in die er das Ministerium mit seinen von ihm als »vertraulich« deklarierten Ausführungen gebracht hatte. »Auswärtige Konflikte zu suchen«, so beteuerte Bismarck wenig überzeugend, »um über innere Schwierigkeiten hinwegzukommen, dagegen müsse er sich verwahren; das würde frivol sein; er wolle nicht Händel suchen; er spreche von Konflikten, denen wir nicht entgehen würden, ohne daß wir sie suchten.«[19] Diese Beteuerungen nützten Bismarck wenig, weil die Liberalen nun eine Chance gekommen sahen, ihn wirksam zu diskreditieren. »Der Mann und das System muß schonungslos angegriffen werden«, forderte der liberale badische Außenminister Franz von Roggenbach am 3. Oktober 1862.[20] Die Liberalen waren entschlossen, dieser Parole zu folgen.

Was Bismarck stärker noch als diese feindselige Reaktion der Kammer und der Öffentlichkeit verunsicherte, war die Frage nach der Wirkung seiner Worte auf den König, der im Moment fern von Berlin in Baden-Baden weilte und der dort, wie Bismarck fürchtete, schutzlos allen möglichen Einflüsterungen von Personen ausgesetzt war, die ihm alles andere als gewogen waren. Der Termin für des Königs Rückkehr war der 4. Oktober. Bismarck reiste seinem Herrscher bis zur Bahnstation in Jüterbog entgegen, um ihn noch vor der Ankunft in Berlin erneut auf seine Person einzuschwören. Daß dies keineswegs notwendig war, weil der König in der gegebenen Situation gar keine andere Wahl hatte, als an Bismarck festzuhalten, das übersah Bismarck nicht vollständig, oder aber er zweifelte an seiner eigenen Unentbehrlichkeit.

In seinen Lebenserinnerungen hat Bismarck Umstände und Verlauf dieser Unterredung mit dem König anschaulich beschrieben: »In den ersten Tagen des Oktobers fuhr ich dem Könige, ... bis Jüterbog entgegen und erwartete ihn in dem noch unfertigen, von Reisenden dritter Klasse und Handwerkern gefüllten Bahnhofe, im Dunkeln, auf einer umgestürzten Schiebkarre sitzend ... Ich hatte einige Mühe, durch Erkundigungen bei kurz angebundnen Schaffnern [!] des fahrplanmäßigen Zuges den Wagen zu ermitteln, in dem der König allein in einem gewöhnlichen Coupé erster Klasse saß. Er war unter der Nachwirkung des Verkehrs mit seiner Gemahlin sichtlich in gedrückter Stimmung, und als ich um die Erlaubnis bat, die Vorgänge während seiner Abwesenheit darzulegen, unterbrach er mich mit den Worten: ›Ich sehe ganz genau voraus, wie das Alles endigen wird. Da vor dem Opernplatz, unter meinen Fenstern, wird man Ihnen den Kopf abschlagen und etwas später mir.‹ «

Darauf Bismarck: »Et après, Sire?«

König: »Ja, après, dann sind wir tot.«

Bismarck: »Ja, dann sind wir tot, aber sterben müssen wir früher oder später doch und können wir anständiger umkommen? Ich selbst im Kampfe für die Sache meines Königs, und Eure Majestät, indem Sie Ihre königlichen Rechte von Gottes Gnaden mit dem eignen Blute besiegeln, ob auf dem Schafott oder auf dem Schlachtfelde, ändert nichts an dem rühmlichen Einsetzen von Leib und Leben für die von Gottes Gnaden verliehenen Rechte. Eure Majestät müssen nicht an Ludwig XVI. denken; der lebte und starb in einer schwächlichen Gemütsverfassung und macht kein gutes Bild in der Geschichte. Karl I. dagegen, wird er nicht immer eine vornehme historische Erscheinung bleiben, wie er, nachdem er für sein Recht das Schwert gezogen, die Schlacht verloren hatte, ungebeugt seine königliche Gesinnung mit seinem Blute bekräftigte? Eure Majestät sind in der Notwendigkeit zu fechten, Sie können nicht kapitulieren, Sie müssen, und wenn es mit körperlicher Gefahr wäre, der Vergewaltigung entgegentreten.«[21]

Die Schilderung dieser Begegnung in Bismarcks *Gedanken und Erinnerungen* ist ein literarisch-psychologisches Kabinettstück. Die Szenerie – Bismarck am Abend in einem halbfertigen, von Reisenden dritter Klasse bevölkerten Bahnhof auf einer umgestürzten Schubkarre sitzend – reflektiert nicht nur die Stimmung des Helden, sondern evoziert auch beim Leser ein vertrautes patriotisches Bild: Friedrich II., nach einer Schlacht in trübes Brüten versunken, auf einer hölzernen Brunnenröhre sitzend. Es folgt eine knappe Andeutung der Schwierigkeiten, die der preußische Ministerpräsident angeblich hatte, um von subalternen Beamten das Coupé zu erfahren, in dem der König in aller Bescheidenheit

353

reiste! Dann das Gespräch, eingeleitet mit einer düsteren Vorahnung, die, wie Bismarck dem Leser suggerieren will, den König schon während der ganzen Reise gequält und in eine gedrückte Stimmung versetzt hatte. Darauf die Antwort Bismarcks: Mit wenigen Sätzen und einigen historischen Anspielungen gelingt es ihm, den König völlig umzustimmen.

Daß der Dialog, wie von Bismarck überliefert, so nie stattgefunden hat, dürfte feststehen. Der Text illustriert Bismarcks Begabung, genau den Ton zu treffen und damit den König auch in Zweifelsfällen für sich zu gewinnen. Bismarck war der haushoch Überlegene, weil er die einfache soldatische Psychologie dieses gekrönten Hauptes durchschaute: »Je länger ich in diesem Sinne sprach«, fährt Bismarck mit seiner Schilderung dieser Unterredung fort, »desto mehr belebte sich der König und fühlte sich in die Rolle des für Königtum und Vaterland kämpfenden Offiziers hinein. Er war äußern und persönlichen Gefahren gegenüber von einer seltnen und ihm absolut natürlichen Furchtlosigkeit ... Der ideale Typus des preußischen Offiziers, der dem sichern Tode im Dienste mit dem einfachen Worte ›Zu Befehl‹ selbstlos und furchtlos entgegengeht, der aber, wenn er auf eigne Verantwortung handeln soll, die Kritik des Vorgesetzten oder der Welt mehr als den Tod und dergestalt fürchtet, daß die Energie und Richtigkeit seiner Entschließung durch die Furcht vor Verweis und Tadel beeinträchtigt wird, dieser Typus war in ihm im höchsten Grade ausgebildet. Er hatte sich bis dahin auf seiner Fahrt nur gefragt, ob er vor der überlegenen Kritik seiner Frau Gemahlin und vor der öffentlichen Meinung in Preußen mit dem Wege, den er mit mir einschlug, würde bestehen können. Demgegenüber war die Wirkung unsrer Unterredung in dem dunklen Coupé, daß er die ihm nach der Situation zufallende Rolle mehr vom Standpunkte des Offiziers auffaßte. Er fühlte sich beim Portepee gefaßt und in der Lage eines Offiziers, der die Aufgabe hat, einen bestimmten Posten auf Tod und Leben zu behaupten, gleichviel, ob er darauf umkommt oder nicht. Damit war er auf einen seinem ganzen Gedankengange vertrauten Weg gestellt und fand in wenigen Minuten die Sicherheit wieder, um die er in Baden gebracht worden war, und selbst seine Heiterkeit.«[22]

Dem König, ein Mann von schlichter Denkungsart, mangelte es vor allem an Zivilcourage. Er fürchtete eine schlechte »Manöverkritik« mehr als den Tod auf dem Schlachtfeld! Bismarck achtete in den Jahren seiner aktiven politischen Tätigkeit stets darauf, den König auf diesen »seinem ganzen Gedankengange vertrauten Weg« zu stellen. Seine Politik formulierte er immer so, daß seinem Herrn, dem König, nichts anderes übrigblieb, als »Zu Befehl!« zu sagen. Bismarcks Vermögen, den König stets richtig anzufassen, sich ihm gegenüber stets durchsetzen zu können, war eine wichtige Voraussetzung für seine späteren Erfolge. Zunächst aber war es die entscheidende Voraussetzung dafür, daß Bismarck trotz seiner eklatanten Mißerfolge das Ruder weiter in Händen behielt.

Bismarck war an die Spitze des Ministeriums berufen worden, um die Heeresvorlage im Sinne des Königs durchzupauken und gleichzeitig aber auch zu versuchen, den Verfassungkonflikt beizulegen. Und nun tat er alles, um es gerade über dieser schwierigen und wichtigen Frage zu einem völligen Bruch mit dem Abgeordnetenhaus kommen zu lassen. Nachdem er in der Zweiten Kammer des preußischen Landtags unverhüllt den Standpunkt der Stärke verfochten hatte, war ihm innenpolitisch jeder Ausweg abgeschnitten, weil die Mehrheit energisch auf der Respektierung der Verfassung beharrte.

In der sogenannten «Adreßdebatte» der Zweiten Kammer des preußischen Landtags erklärte Bismarck den Abgeordneten unmißverständlich: Er sei keineswegs gewillt, den Verfassungskonflikt zu ihren Bedingungen beizulegen, also durch Rückkehr seiner Regierung auf den Boden der Verfassung. Denn dies hieße, so Bismarck in seinem Debattenbeitrag vom 27. Januar 1863, daß »dem königlichen Hause der Hohenzollern seine verfassungsmäßigen Regierungsrechte abgefordert [werden], um sie der Majorität dieses Hauses zu übertragen«. Die preußische Verfassung aber gründe auf der Idee des Gleichgewichts zwischen den drei gleichermaßen am Gesetzgebungsprozeß beteiligten Gewalten, der allein vom Willen der Krone abhängigen Regierung, dem Herrenhaus und dem Abgeordnetenhaus des Landtags. Und »keine dieser Gewalten kann die andere zum Nachgeben zwingen; die Verfassung verweist daher auf den Weg der Kompromisse zur Verständigung ... Wird der Kompromiß dadurch vereitelt, daß eine der beteiligten Gewalten ihre eigne Ansicht mit doktrinärem Absolutismus durchführen will, so wird die Reihe der Kompromisse unterbrochen, und an ihre Stelle treten Konflikte, und Konflikte, da das Staatsleben nicht stillzustehen vermag, werden zu Machtfragen; wer die Macht in Händen hat, geht dann in seinem Sinne vor, weil das Staatsleben auch nicht einen Augenblick stillstehen kann.«[23]

Damit war es heraus: Bismarck war entschlossen, auch ohne ein ordentlich verabschiedetes Budget zu regieren. Dabei berief er sich auf die berühmte »Lücke« in der Verfassung, die keine Bestimmung enthalte, wie zu verfahren sei, wenn die drei an der Gesetzgebung gleichmäßig beteiligten Gewalten nicht zu einem Kompromiß finden könnten. Eine solche Lücke in der Verfassung aber werde automatisch vom »alten Recht« geschlossen, »so daß also bei uns die Machtvollkommenheit des absoluten Regiments wieder einzutreten habe, wo das Staatshaushalts-gesetz fehlt«.[24] Die Anwendung dieser »Lückentheorie« kam praktisch einem verkappten Staatsstreich gleich.

Es ist keine Übertreibung, wenn man das innenpolitische Regime Bismarcks in der bis 1866 andauernden sogenannten Konfliktzeit als reine Willkürherrschaft charakterisiert. An die tausend Beamte wurden in dieser Zeit aus politischen Gründen strafversetzt oder aus dem Dienst entfernt. Liberalen Magistratsmitgliedern wurde die Bestätigung ihrer Wahl verweigert; die Gehaltszulagen der Richter sollten fortan nicht mehr nach Dienstalter, sondern nach ihrer politischen Gesinnung bemessen werden. Politisch mißliebige Personen wurden wieder wie in den Jahren der finstersten Reaktion aus Berlin ausgewiesen – ein eindeutiger Verstoß gegen Recht und Gesetz. Auch wurde das staatliche Telegraphenmonopol rücksichtslos für Zensur- und Spitzelzwecke mißbraucht. Nach der Vertagung des Abgeordnetenhauses im Mai 1863 wurde ferner unter eindeutiger Verletzung der einschlägigen Verfassungsartikel die Pressefreiheit in Preußen aufgehoben. Gustav Freytags Ahnungen haben nicht getrogen, als er 1867 sagte: »Wir werden noch lange und schwer daran zu leiden haben, daß Preußen seit 1848 bis 1866 so schlecht, gesetzlos und junkerhaft regiert wurde.«[25]
Bismarcks Repressionspolitik in der Konfliktzeit war Ausdruck der völligen politischen Ratlosigkeit seiner Regierung, die es sich dank der im Zuge des Wirtschaftsaufschwungs reichlich fließenden Steuereinnahmen leisten konnte, auch ohne gesetzlich genehmigten Haushalt weiterzuregieren. Darüber hinaus versäumte Bismarck so gut wie keine Gelegenheit, die liberale Kammeropposition zu verhöhnen. Die Regierung unterließ es geflissentlich, das schadhafte Dach des Abgeordnetenhauses auszubessern, so daß im Plenarsaal bei Regenwetter einige Plätze nicht benutzt werden konnten. Und auch im Umgang mit den Abgeordneten ließ er diese die ganze Verachtung, die ein preußischer Landjunker für das fortschrittlich gesinnte und besserwisserische »Bürgerpack« hatte, verspüren. Er kanzelte sie als »unzünftige Politiker« ab, die von den Dingen, bei denen sie Mitsprache beanspruchten, nichts verstünden. Dieser Zustand, so Bismarck in der Zweiten Kammer des preußischen Landtags am 18. Dezember 1863, sei auch in den Vertretungsorganen anderer Länder zu beklagen; »aber es findet sich in anderen Parlamenten doch selten dieser Grad von Entschlossenheit im Bilden und Aussprechen von Ansichten gepaart mit demselben Maße von Unkenntnis der Dinge wie bei uns«.[26] Wenige Tage später kam er noch einmal auf dieses Thema zurück. Für die Ausübung einer jeden amtlichen Funktion seien, so Bismarck bei dieser Gelegenheit, eine prakti-

sche Vorbildung und Examen Voraussetzung, »aber die hohe Politik – die kann jeder betreiben, zu der fühlt sich jeder berufen, und es ist nicht leichter, als auf diesem jeder Konjunktur offenen Felde mit einiger Sicherheit im Auftreten alles mögliche mit großer Scheinbarkeit zu behaupten; ... Es ist ein gefährlicher Irrtum, aber heute weit verbreitet, daß in der Politik dasjenige, was kein Verstand der Verständigen sieht, dem politischen Dilettanten durch naive Intuition offenbar wird.«[27] Mit diesen und anderen Einwürfen, denen eine geschliffene Sprache und ein in vielen Facetten funkelnder Sarkasmus gewiß nicht abzusprechen ist, hatte Bismarck die Lacher stets auf seiner Seite. Der Schaden, den er damit anrichtete, traf weniger die liberale Kammeropposition, in der nicht wenige Männer vertreten waren, die Bismarcks Spott durchaus parieren konnten, sondern die Institution des Parlamentarismus in Deutschland. Denn, daß die Politik im wesentlichen eine Sache für Fachleute sei, wie dies Bismarck nicht müde wurde, zu behaupten, von der naseweise »Kammerzelebritäten« besser ihre Finger ließen, ist eine Anschauung, die sich trotz des vielfachen Bankrotts gerade dieser »politischen Fachleute« bis heute mit Zähigkeit bei Regierenden wie Regierten erhalten hat.

Es waren nicht nur schiere Spottlust oder das Dünkelhafte des Junkers, der sich qua Geburt allen überlegen fühlte, die Bismarcks Verhalten gegenüber dem Parlament bestimmte. Bismarck hatte vielmehr ein ausgeprägtes Empfinden dafür, daß in einer Gesellschaft mit sich auflösenden, althergebrachten Herrschaftsstrukturen die Politik personalisiert werden mußte, um bei den Massen Erfolg zu haben. Bismarck war das Beispiel Napoleons III. aus eigener Anschauung nur zu geläufig, der erfolgreich vorgeführt hatte, wie man durch die Mobilisierung der Massen und des staatlichen Machtapparats die parlamentarisch ausgeübte Klassenherrschaft einer schmalen, aber durchaus renitenten Bourgeoisie einfach hinwegfegte. Karl Marx hat den Vorgang kommentiert. Die französische Nationalversammlung, schreibt er, habe sich selber aufgehoben, als sie den französischen Präsidenten durch ein allgemeines und direktes Stimmrecht wählen ließ. »Während die Stimmen Frankreichs sich auf die 750 Mitglieder der Nationalversammlung zersplittern, konzentrieren sie sich dagegen hier auf *ein* Individuum. Während jeder einzelne Volksrepräsentant nur diese oder jene Partei, diese oder jene Stadt, diesen oder jenen Brückenkopf oder auch nur die Notwendigkeit vertritt, einen beliebigen Siebenhundertfünfzigsten zu wählen, bei dem man sich weder die Sache noch den Mann so genau ansieht, ist *er* der Erwählte der Nation, und der Akt seiner Wahl ist der große Trumpf, den das souveräne Volk alle vier Jahre einmal ausspielt. Die erwählte Nationalversammlung steht in einem metaphysischen, aber der erwählte Präsident in einem persönlichen Verhältnis zur Nation. Die Nationalversammlung stellt wohl in ihren einzelnen Repräsentanten die mannigfaltigen Seiten des Nationalgeistes dar, aber in dem Präsidenten inkarniert er sich. Er besitzt ihr gegenüber eine Art von göttlichem Recht, er ist von Volkes Gnaden.«[28]

Die Kammer, die Bismarck so erbittert Widerstand leistete, war aus dem Dreiklassenwahlrecht hervorgegangen, das man eingeführt hatte, um auf der Regierung gefügige Mehrheiten zählen zu können. Diese Rechnung ging während der Reaktionsjahre auch auf, als das politische Selbstbewußtsein der Bourgeoisie noch unterentwickelt und sie außerdem noch vom Schock ihres politischen Scheiterns in den Jahren 1848/1849 gelähmt war. Dies alles änderte sich mit Beginn der »Neuen Ära«. Auch die massivsten Wahlbeeinflussungen, zu denen vor allem Bismarck gerne Zuflucht suchte, konnten nicht mehr verhindern, daß gerade durch das Dreiklassenwahlrecht immer mehr Vertreter jener schmalen Schicht des Besitz- und Bildungsbürgertums in die Zweite Kammer entsandt wurden. In der Konfliktzeit war Bismarck deshalb immer wieder versucht, sich durch eine Wahlrechtsänderung der lästigen Opposition der bürgerlichen Eliten zu entledigen. Die Einführung eines allgemeinen und gleichen Wahlrechts hätte es ihm gestattet, im Bündnis mit den Massen die politisch-parlamentarischen Prätentionen des Bürgertums zu vernichten. Daß Bismarck dieser Versuchung nicht nachgab, hängt allein damit zusammen, daß er auf den König und die einflußreichen Kreise der Hochkonservativen Rücksicht nehmen mußte, für welche das allgemeine und gleiche Wahlrecht ein Synonym für die Revolution schlechthin war.

Bismarck war also gezwungen, nach einem anderen Ausweg aus der verfahrenen Situation zu suchen. Bezeichnend für die Ausgeprägtheit seines »Möglichkeitssinns«, für das schier unerschöpfliche Potential seiner politischen Phantasie ist es, daß sein Auge bei dieser Suche auf einen Mann fiel, der just im Jahre des preußischen Verfassungskonflikts einer neuen politischen Bewegung programmatische Gestalt zu geben suchte: Ferdinand Lassalle, neben Karl Marx der andere große Führer der deutschen Arbeiterbewegung. Lassalle war ein unbedingter Anhänger des allgemeinen Wahlrechts und ein strikter Gegner der liberalen Fortschrittspartei. Im Mai und Juni 1863 trafen sich Bismarck und Lassalle mehrmals zu von beiden geheimgehaltenen Gesprächen. Über den Inhalt dieser Unterredungen gibt auch der schmale Briefwechsel zwischen den beiden keinen Aufschluß, der erst in den zwanziger Jahren dieses Jahrhunderts entdeckt wurde, als im preußischen Geheimen Staatsarchiv ein Aktenschrank zusammenbrach.[29] Der Präsident des Allgemeinen Deutschen Arbeitervereins war damals für Bismarck, wie dieser rasch erkannte, lediglich ein durchaus begabter Heerführer, der aber keine Streitmacht hinter sich hatte. In der Auseinandersetzung mit den Liberalen konnte Lassalle deshalb keine wirkliche Hilfe sein. Ausgerechnet in seiner Reichstagsrede vom 17. September 1878, mit der er die Wiedervorlage des Gesetzes gegen »die gemeingefährlichen Bestrebungen der Sozialdemokratie« motivierte, hat Bismarck dies bekannt: »Unsere Beziehung konnte gar nicht die Natur einer politischen Verhandlung haben. Was hätte mir Lassalle bieten und geben können? Er hatte nichts hinter sich. In allen politischen Verhandlungen ist das Do-ut des eine Sache, die im Hintergrund steht, auch wenn man anstandshalber nicht davon spricht.«[30]

Nein, die noch junge, in den ersten Anfängen ihrer politischen Organisation und Wirksamkeit steckende Sozialdemokratie stellte 1863 für Bismarck keinen Bündnispartner dar, auf den er sich in seinem Kampf mit dem liberalen Abgeordnetenhaus hätte ernsthaft stützen können. Die Tatsache aber, daß Bismarck sich damals mit Lassalle unterredete, ist ein Beweis dafür, von welch verzweifelter Aussichtslosigkeit die innenpolitische Situation des Ministeriums Bismarck Ende Mai 1863 war. Zwar konnte sich Bismarck mit bloßer Repression, die er erbarmungslos ausübte, an der Macht und im Amt behaupten, aber ohne eine funktionierende Gesetzgebung, ohne Unterstützung der Öffentlichkeit war diese Macht zumindest auf dem Felde der Innenpolitik nichts anderes als eine lärmende Ohnmacht, ließ sich mit dieser »Nur-Macht« keine konstruktive Politik treiben. Der Gedanke ist deshalb damals schon häufig geäußert, aber von Bismarck stets als »frivol« zurückgewiesen worden, daß sein Ministerium versuchen werde, durch Erfolge in der auswärtigen Politik, die innenpolitische Frontstellung zu überwinden. Bismarck mußte diese Vermutungen, so zutreffend sie in der Sache auch waren, schon einfach deshalb zurückweisen, weil er auch auf dem Gebiet der Außenpolitik bis zum deutsch-dänischen Krieg von 1864 kein wirklich positives Ergebnis vorweisen konnte. Insbesondere der Bismarck-Forschung hat diese Tatsache nie so recht einleuchten mögen, daß ihrem Helden ausgerechnet dort, wo sich sein »politisches Genie« am strahlendsten entfaltete, nämlich in der Außenpolitik, in den Anfangsjahren seines Regimes kein Erfolg beschieden gewesen sein sollte. Als ein Beweis für das Gegenteil wird deshalb immer wieder die preußisch-russische Zusammenarbeit bei der Niederschlagung eines polnischen Aufstandes vom Februar 1863, die sogenannte Alvenslebensche Konvention, angeführt, deren Abschluß aber für Preußen alles andere als ein außenpolitischer Erfolg war, sondern vielmehr einer außenpolitischen Katastrophe verzweifelt ähnlich sah.

Preußen, und das war schon immer der Kern der preußischen Polenpolitik gewesen, konnte ein völlig unabhängiges Polen, einen souveränen polnischen Staat, nicht dulden, da ein solcher Staat stets eine unmittelbare Bedrohung für die östlichen, von starken polnischen Minderheiten bevölkerten Gebiete der Monarchie darstellen mußte. Als nun im Januar in dem zum russischen Einflußbereich zählenden Kongreßpolen Aufstände ausbrachen, fürchtete Bismarck sofort, daß diese Unruhen auch auf die preußischen Gebiete Polens übergreifen würden. Um dies zu verhindern, ließ er den Russen durch den schleunigst nach St. Petersburg entsandten General Alvensleben den Abschluß einer Konvention vorschlagen, mit der ein gemeinsames Vorgehen beider Mächte gegen die Aufständischen verabredet werden sollte. Das Erscheinen Alvenslebens in Petersburg war aber der Regierung des Zaren im höchsten Maße unwillkommen, denn alle anderen Mächte einschließlich Rußlands waren aus unterschiedlichen Motiven daran interessiert, dem polnischen Aufstand nicht allzu große und schon gar nicht eine internationale Bedeutung zukommen zu lassen. Österreich, obwohl durch die Aufstände auch in seinem polnischen Besitz bedroht, hielt sich völlig zurück, da es mit anderen ethnischen Minderheiten im Vielvölkerstaat schon genug Ärger hatte und sich deshalb nicht auch noch eine Verwicklung in den polnischen Aufstand leisten mochte. Napoleon III. wollte sich durch eine Einmischung in den polnischen Aufstand nicht seine Annäherungspolitik gegenüber Rußland, deren tiefere Absicht die Isolierung Österreichs war, gefährden lassen. Denn alles, was mit Polen zu tun hatte, wurde in der traditionell polenfreundlichen französischen Öffentlichkeit mit erhöhter Aufmerksamkeit registriert, und Napoleons plebiszitäre Herrschaft mußte diesem Faktor stets geschmeidig Rechnung tragen. Ganz ähnlich war die Interessenlage Rußlands. Hier hatte man das Verlangen, die antirussische Koalition des Krimkriegs endgültig aufzubrechen. Das beste Mittel dazu war eine dauerhafte Verständigung mit Frankreich. Deshalb war man in St. Petersburg gewillt, den polnischen Aufstand als ein lediglich innenpolitisches Problem zu behandeln, das durch Zugeständnisse an polnische Selbstverwaltungswünsche beigelegt werden sollte. Die Entsendung Alvenslebens nach Petersburg und der Abschluß der russisch-preußischen Konvention über eine Zusammenarbeit der in den Grenzdistrikten stationierten Truppen bei der Verfolgung von Aufständischen machten diesen Vorsatz zunichte.

Bismarck hat sich in seinen Lebenserinnerungen damit gebrüstet, der Abschluß dieser Konvention sei »ein gelungener Schachzug« gewesen, »der die Partie entschied, die innerhalb des russischen Kabinetts der antipolnische monarchische und der polonisierende panslawistische Einfluß gegeneinander spielten«.[31] Die Existenz einer »propolnischen« Partei am Zarenhof oder in der russischen Regierung, die, was hier insinuiert wird, willens gewesen wäre, ein freies und unabhängiges Polen zu schaffen oder zuzulassen, ist eine den wahren Sachverhalt verzerrende Vergröberung Bismarcks. Die russische Regierung war allenfalls mit Rücksicht auf ihr Verhältnis zu Frankreich zu einigen liberalen Konzessionen bereit, um die polnischen Aufständischen zu friedlichem Einlenken zu bewegen. Diese Absicht mißlang völlig, und die Aufstände brachen mit einer solchen Wucht aus, daß man sich in St. Petersburg dazu entschließen mußte, sie mit brutaler Waffengewalt niederzuschlagen. Bei der Niederwerfung des polnischen Aufstands spielte die preußisch-russische Konvention jedoch überhaupt keine Rolle; die russischen Truppen genügten, um die Ruhe im Lande wiederherzustellen. Die blutige Niederschlagung des polnischen Aufstands durch Rußland rief in der französischen Öffentlichkeit eine gewaltige Empörung hervor. Napoleon III. mußte diese Reaktion um so ernster nehmen, als auch die unterschiedlichen Fraktionen am Kaiserhof von Versailles über dem propolnischen Enthusiasmus ihre ansonsten erheblichen Differenzen vergaßen. An eine Fortsetzung der französisch-russischen Entente war unter diesen Umständen nicht mehr zu denken. Als dann der Abschluß der preußisch-russischen Konvention vom 8. Februar 1863 bekannt wurde, bewirkte das eine sofortige Veränderung der bis dahin wohlwollenden Haltung Frankreichs gegenüber Preußen. Bismarck zeigte sich darüber zutiefst überrascht und erschreckt, wie seine merkwürdige Reaktion auf einen entsprechenden Bericht des preußischen Botschafters in Paris beweist.[32]

Bismarck hatte also keinerlei Vorstellungen davon, welche Folgen der Abschluß der Alvenslebenschen Konvention für Preußen haben könnte. Nicht Rußland, sondern Preußen stand nun am Pranger der europäischen Öffentlichkeit. Die aber »indulgierte« noch immer im Liberalismus, wie Bismarck gesagt haben würde, und wollte nicht an das Rezept von Blut und Eisen zur Lösung aller Probleme glauben. Bismarck versuchte zwar, den König davon zu überzeugen, daß die ganze Konvention den geheimen Hintersinn habe, »uns für die Zukunft die Dankbarkeit des Kaisers Alexander, und die russische Sympathie wohlfeil zu sichern«.[33] Abgesehen davon aber, daß dies für ihn eine ganz untypische Argumentation war, denn Bismarck wußte sehr wohl, daß die Politik der Staaten nicht von Gefühlen der Dankbarkeit, sondern von ihren Interessen geleitet wird, entsprach diese Behauptung auch nicht den Tatsachen. Der König war durchaus darüber unterrichtet, daß die politischen Konsequenzen der Alvenslebenschen Konvention in Rußland alles andere als Begeisterung ausgelöst hatten. Kurz, der »Erfolg« dieses außenpolitischen Manövers war der, daß Preußen, weit davon entfernt, sich die Freundschaft Rußlands erworben zu haben, sich die Gegnerschaft Frankreichs eingehandelt hatte, das sich nun von Rußland und Preußen ab- und Österreich zuwandte.

Unbeschadet dieses Sachverhalts hat Bismarck in seinen Lebenserinnerungen, in denen er der Alvenslebenschen Konvention ein ganzes Kapitel widmet, den Dingen eine ganz andere, eine geradezu phantastische Deutung gegeben. Sie sollte beim Leser den Eindruck erwecken, er habe damals bereits die Weichen für die künftige Entwicklung des preußisch-russischen Verhältnisses gestellt und damit den späteren Erfolg der preußischen Außenpolitik entscheidend vorbereitet. Die Bismarck-Forschung hat es sich angelegen sein lassen, in diese durchaus märchenhaften Andeutungen gleichwohl einen historisch unanfechtbaren Sinn hineinzulesen, obwohl Bismarck ganz offensichtlich tagespolitische Absichten verfolgte, als er sie dem Schreiber in die Feder diktierte. Insbesondere, so wird immer wieder behauptet, habe die Konvention »den Zaren den politischen Wert des dynastischen Rückhalts an Preußen im vollen Umfang erkennen« lassen, und außerdem sei mit ihr »die für das Jahrzehnt der Reichsgründung so bedeutungsvolle preußisch-russische Freundschaft« gefestigt worden.[34]

Die Alvenslebensche Konvention hatte ferner zur Folge, daß Preußen erneut seinen politischen Kredit in Deutschland völlig verspielte. Die liberale, kleindeutsch gesinnte Öffentlichkeit, die trotz der antiliberalen preußischen Innenpolitik noch immer auf Preußen als die deutsche Führungsmacht bei der nationalen Einigung baute, begann jetzt, an ihren Erwartungen irre zu werden. Bismarck mußte erfahren, daß er zwar in Preußen die Macht besaß, die öffentliche Meinung zu mißachten, aber daß diese Macht auch an den Grenzen Preußens endete.

Die österreichische Diplomatie erkannte nun ihre Chance, mit einem großen diplomatischen Coup die innere Stabilität des Vielvölkerstaats wiederherzustellen und der Monarchie ihre außenpolitische Manövrierfreiheit zurückzugewinnen, die beide seit dem Ausgang des italienischen Einigungskriegs verlorengegangen waren. Der diplomatische Vorstoß Österreichs wurde auf einem Felde gewagt, auf dem bislang so gut wie ausschließlich Preußen die Initiative behauptet hatte: Anfang des Sommers 1863 trat die österreichische Regierung mit einem schon seit längerem insgeheim vorbereiteten Vorschlag für eine umfassende Reform des Deutschen Bundes an die deutschen Staaten heran. Kern dieses Planes, über den ein Deutscher Fürstentag in Frankfurt am Main beraten sollte, war die Straffung der Bundesorganisation unter konservativ-legitimistischen Vorzeichen. Sowohl die einzelstaatlichen Gewalten sollten dabei erhalten bleiben wie auch der territoriale Umfang des Bundes. Der österreichische Vorschlag war also allein auf die Fürsten gegründet, deren «Souveränitätsschwindel» nur soweit beschnitten werden sollte, wie das zu einer notdürftigen Befriedigung der nationalen Bestrebungen und vor allem zur Schaffung einer handlungsfähigen Bundesorganisation unbedingt notwendig war. Im Grunde wollte dieser Plan das Unmögliche möglich machen. Besonders deutlich wird dies bei der geplanten Gestaltung des »Direktoriums«, das »die vollziehende Gewalt am Bunde« ausüben sollte. Welcher arithmetische Scharfsinn ist darauf verwendet worden, bis dieses Direktorium endlich so organisiert war, daß aller Fürstenehrgeiz befriedigt schien! Je einen Sitz sollten Österreich, Preußen und Bayern innehaben, während zwei weitere Sitze von den einzelnen Bundesfürsten durch Wahl besetzt werden sollten. Österreich erhielt den Vorsitz zugesprochen. Preußen wurde dagegen mit dem Amt einer permanenten Stellvertreterschaft abgefunden. – Es ist müßig, alle Einzelheiten dieses österreichischen Vorschlags zur Bundesreform erörtern zu wollen, stand und fiel seine Verwirklichung doch mit der Zustimmung Preußens. Daß Preußen diesen Reformvorschlag ablehnen mußte, weil ihm die Parität in Bundesangelegenheiten verweigert wurde, das galt in Kreisen der österreichischen Regierung als ausgemacht. Gleichwohl hegte man die leise Hoffnung, daß man den preußischen König durch einen Appell an die monarchischen Solidaritätsgefühle für das Projekt gewinnen könne. Die Operette, die in Österreich inszeniert wurde, um den preußischen König »einzufangen«, die Unterredung, die Kaiser Franz Joseph und König Wilhelm I. in Bad Gastein am 3. August 1863 führten und bei der der österreichische Kaiser den preußischen König zur Teilnahme an dem geplanten Fürstentag in Frankfurt einlud, der nur zwei Wochen später stattfinden sollte – all dies ist schon häufig in allen Details geschildert worden,[35] so daß hier auf eine neuerliche Beschreibung getrost verzichtet werden kann. Bismarck mußte in Gastein alle seine Kräfte aufbieten, ja, mit seinem Rücktritt drohen, um seinen König, der der österreichischen Einladung folgen wollte, von einer Teilnahme am Frankfurter Fürstenkongreß abzuhalten.[36] Der Fürstentag fand dennoch unter großer Prachtentfaltung Mitte August in Frankfurt statt. Da Preußen nicht teilnahm, mußte er von vornherein ergebnislos bleiben, obwohl am 1. September 1863 eine »Reformakte« verabschiedet wurde, die auf den österreichischen Vorschlägen basierte.

Bismarck konnte und wollte aber nicht nur in der Rolle des Neinsagers verharren. Also mußte das Fernbleiben des preußischen Königs durch ein preußisches Gegenprogramm zu den österreichischen Bundesreformvorschlägen motiviert werden. Dieses preußische Gegenprogramm wurde in Form eines Immediatberichts dem König am 15. September 1863 zugestellt. Es gipfelte in drei Forderungen: Völlige Parität Preußens mit Österreich bei der Leitung des Bundes; ein Vetorecht für beide Mächte »zum mindesten gegen Kriegserklärungen, solange nicht das Bundesgebiet angegriffen ist«. – Handelte es sich dabei um altbekannte preußische Forderungen, so erregte das dritte Verlangen wegen seiner schieren revolutionären Radikalität das größte Aufsehen in der deutschen Öffentlichkeit: Preußen bestand auf einer aus allgemeinen Wahlen hervorgegangenen Vertretung der Nation beim Deutschen Bund! Bismarck begründete diese Forderung gegenüber seinem König damit, daß »nur eine solche Vertretung für Preußen die Sicherheit gewähren [wird], daß es nichts zu opfern hat, was nicht dem ganzen Deutschland zu Gute komme. Kein noch so künstlich ausgedachter Organismus von Bundesbehörden kann das Spiel und Widerspiel dynastischer und partikularistischer Interessen ausschließen, welcher sein Gegengewicht und sein Korrektiv in der Nationalvertretung finden muß. In einer Versammlung, die aus dem ganzen Deutschland nach dem Maßstab der Bevölkerung durch direkte Wahlen hervorgeht, wird der Schwerpunkt, so wenig wie außer Deutschland, so auch nie in einem einzelnen, von dem ganzen sich innerlich loslösenden Teil fallen; darum kann Preußen mit Vertrauen in sie eintreten. Die Interessen und Bedürfnisse des preußischen Volkes sind wesentlich und unzertrennlich identisch mit denen des deutschen Volkes; wo dies Element zu seiner wahren Bedeutung und Geltung kommt, wird Preußen niemals befürchten dürfen, in eine seinen eigenen Interessen widerstrebende Politik hineingezogen zu werden.«[37]

Die Wirkung dieses Vorschlags war die eines großen Feuerwerkskörpers: Es tat einen lauten Knall, der ein vielfältiges Echo hervorrief, aber nichts veränderte. Bei den Zeitgenossen jedenfalls stieß der Vorschlag des als reaktionär bekannten leitenden preußischen Ministers, eine künftige deutsche Einheit auf die zwei Säulen der preußischen Macht und des nationalen Willens zu gründen, auf völligen Unglauben. Viele erblickten in Bismarcks Vorstoß lediglich eine taktische Finte. Diese Einschätzung ist sicherlich zutreffend, erhellt aber nicht völlig Bismarcks Intentionen. Denn er trug sich schon seit längerem mit dem Gedanken, mit Hilfe einer deutschen Nationalvertretung den »ganz unhistorischen gott- und rechtlosen Souveränitätsschwindel der deutschen Fürsten« zu liquidieren. In einem Brief an seinen Parteifreund von Below-Hohendorf vom 18. September 1861 heißt es: »Ich sehe außerdem nicht ein, warum wir von der Idee einer Volksvertretung, sei es im Bunde, sei es in einem Zoll- und Vereinsparlament, so zimperlich zurückschrecken. Eine Institution, die in jedem deutschen Staate legitime Geltung hat, die wir Konservative selbst in Preußen nicht entbehren möchten, können wir doch nicht als revolutionär bekämpfen! Auf dem nationalen Gebiet würden bisher sehr mäßige Konzessionen immer noch als wertvoll anerkannt werden. Man könnte eine recht konservative Nationalvertretung schaffen und doch selbst bei den Liberalen Dank dafür ernten.«[38]

Es hieße aber einen häufig begangenen Irrtum nachzuvollziehen, wollte man aus diesen und anderen Äußerungen Bismarcks schließen, er habe seit je die Schaffung eines deutschen Nationalstaats unter preußischer Führung als letztes Ziel seines politischen Wollens angestrebt. Eine solche Absicht lag Bismarck fern, sehr fern. Die Verheißung eines deutschen Nationalstaats so gut wie sein Konzept eines deutschen Nationalparlaments waren lediglich eine Lockspeise, die er auslegte, um die liberalen und nationalen Bewegungskräfte zu ködern, um sie dann, als sie schließlich angebissen hatten, ganz in den Dienst der preußischen Machtansprüche und -interessen zu nehmen. Dies aber steht noch in weitem Feld und muß gehörigenorts erörtert werden. Dennoch ist hier schon einem weiteren sich gleichfalls hartnäckig behauptenden Eindruck energisch zu widersprechen, dem Eindruck nämlich, daß Bismarcks politisches Genie es ihm ermöglicht habe, die ganze Fülle von disparaten Faktoren und Bewegungskräften mit dem Adlerblick des Realpolitikers zu überschauen und alle diese Faktoren und Bewegungskräfte in die Richtung zu zwingen, die seinem politischen Wollen entsprach. Bismarck war hier nicht so sehr der »Führer« als in einem weit stärkeren Maße der »Geführte«; und eine ganze Reihe entscheidender Faktoren und Bewegungskräfte wies, auch ohne daß sie von Bismarcks politischem Wollen mittelbar oder unmittelbar in diese Bahn gezwungen worden wären, auf das Ziel eines deutschen Nationalstaats. Die Gefahr, Bismarcks politischen Weitblick zu überschätzen, ist besonders groß auf einem Gebiet, das bislang eher stiefmütterlich behandelt worden ist: die preußische Handels-, Zoll- und Wirtschaftspolitik.[39]

Preußen hatte sich mit dem im Jahre 1834 gegründeten Zollverein ein Instrument geschaffen, das im Laufe der Zeit nicht nur für es selbst, sondern auch für die übrigen Mitgliedsstaaten immer mehr an wirtschaftlicher Bedeutung gewann. Ursprünglich vor allem zur Befriedigung der Exportinteressen der preußischen Landwirtschaft dienend, beanspruchten mit dem Fortschreiten der »industriellen Revolution« und dem rapiden Ausbau des Transportwesens die industriell oder gewerblich hergestellten Produkte einen immer größeren Anteil am Wert der innerhalb des Zollvereins zirkulierenden Warenströme. Im gleichen Maße, in dem die wirtschaftliche Bedeutung des Zollvereins wuchs, nahm auch sein politisches Gewicht zu. Die immer größer werdende Bedeutung des Zollvereins als eines politischen Faktors innerhalb Deutschlands konnte nach Lage der Dinge indes nur von Preußen aktiv genutzt werden, aber nicht so sehr deshalb, weil Preußen innerhalb der Mitgliedsstaaten des Zollvereins die größte politische und wirtschaftliche Potenz aufwies, sondern weil alle anderen Staaten wirtschaftlich immer abhängiger vom Zollverein wurden, aber gleichzeitig mit Rücksicht auf ihre souveräne Eigenständigkeit ein vitales Interesse daran haben mußten, sich vor den preußischen Hegemonialansprüchen zu schützen. Diesen Schutz konnte letztlich nur das »saturierte« Österreich bieten, das auch von sich aus keinerlei Interesse daran hatte, daß Preußen in Deutschland eine Vormachtstellung einnahm, und das deshalb mit Zähigkeit den machtpolitischen Status quo in Deutschland zu erhalten suchte. Die Folgen, die sich aus dieser Situation für die Staaten des »dritten Deutschland« ergaben, wurden immer paradoxer. Denn während sie wirtschaftlich vor allem nach 1848 immer stärker auf den von Preußen geführten Zollverein angewiesen waren, mußten sie sich politisch mehr oder minder offen auf die Seite Österreichs stellen. Diese völlig unnatürliche Spaltung ihrer Interessen in wirtschaftliche und politische machte es ihnen unmöglich, den Zollverein ihrerseits als ein machtpolitisches Instrument zu verwenden.

Die politische Schizophrenie des klein- und mittelstaatlichen »Souveränitätsschwindels«, die hier offenbar wird, gestattete es Preußen andererseits aber auch nicht, in seiner Auseinandersetzung mit Österreich um die Führung in Deutschland das Instrument des Zollvereins rücksichtslos zu benützen. Für Preußen war der Zollverein deshalb mehr ein Wechsel auf die Zukunft, der erst dann fällig werden würde, wenn die wirtschaftlichen Interessen der Klein- und Mittelstaaten ihre politischen Ängste vor Preußen überwogen. Dieser Moment aber kam erst, als die preußisch-österreichische Rivalität militärisch in der Schlacht von Königgrätz und politisch mit dem Prager Frieden bereits zugunsten Preußens entschieden worden war. In der Zeit davor war alles offen, und das Schicksal des Zollvereins stand verschiedentlich auf des Messers Schneide, zumal Österreich wiederholt Anstrengungen machte, aufgenommen zu werden, was von Preußen jeweils erfolgreich verhindert werden konnte. Eine Mitgliedschaft Österreichs im Zollverein hätte diesen nämlich mit Sicherheit gesprengt.[40]

Letztlich war es ein Zufall, der Ende des Jahres 1863 das innen- wie außenpolitisch eher glücklos agierende Ministerium Bismarck davor bewahrte, wie seine Vorgänger von den unvermindert anhaltenden Stürmen des preußischen Verfassungskonflikts weggefegt zu werden. Am 15. November 1863 starb der dänische König Friedrich VII. Sein Tod ließ das alte Schleswig-Holstein-Problem erneut aufbrechen. Es kam wie schon 1848 zu einem Erbrechtsstreit, da in Dänemark auch die weibliche Thronfolge anerkannt war, nicht aber in den in Personalunion zur dänischen Krone gehörenden Herzogtümern Schleswig und Holstein. Diese lediglich dynastisch-erbrechtliche Frage hätte längst nicht so viel Brisanz enthalten, wäre sie nicht eng mit der Nationalitätenfrage verknüpft gewesen. Zwei Tage vor dem Tod Friedrichs VII. hatten die dänischen Nationalisten, die schon seit langem die Personalunion Schleswig-Holsteins in eine Realunion umwandeln wollten, ihre Absicht in einer neuen Verfassung durchgesetzt; sie proklamierte die vollgültige staatsrechtliche Zugehörigkeit der beiden Elbherzogtümer zu Dänemark. Das war eine eklatante Verletzung der Bestimmungen des Londoner Protokolls, mit dem 1852 der Streit um Schleswig-Holstein vorläufig beigelegt werden konnte. Durch den dänischen Vorstoß wurde das deutsche Nationalgefühl erneut entflammt. Und rasch fand sich eine Figur, auf die sich fortan der nationale Enthusiasmus konzentrieren konnte. Bereits am 16. November 1863 hatte der Herzog von Augustenburg den Deutschen Bund davon unterrichtet, daß er als Herzog Friedrich VIII. den Thron des zukünftig selbständigen Herzogtums Schleswig-Holstein bestiegen habe. Das war nun auch eine Verletzung des Londoner Protokolls, in dem ja die dynastische Zugehörigkeit der beiden Herzogtümer zur Krone Dänemarks unmißverständlich festgestellt worden war. Aber in Deutschland scherte dieser Rechtsbruch so gut wie niemanden. Die Mehrheit der deutschen Klein- und Mittelstaaten wie auch die liberal und national gesinnte deutsche Öffentlichkeit sprachen sich für den »Augustenburger« und damit für die Anerkennung eines selbständigen Herzogtums Schleswig-Holstein aus. In der Kammer von Hessen-Darmstadt wurde damals ein entsprechender Antrag derart begründet: »Es gilt unsere Ehre. Der deutsche Stamm, der deutsch ist und deutsch bleiben will und wegen seines deutschen Sinnes schon so unsäglich viel gelitten hat, wird, wenn nicht jetzt, so niemals gewonnen werden. Er geht uns verloren und mit ihm unsere nationale Ehre. Schleswig-Holstein ist die erste Stufe, die zur deutschen Einheit führt. Hier wird es sich zeigen, ob wir ein Volk sind, . . ., das auch zu handeln weiß. Wenn wir diese erste Stufe nicht erreichen, dann lassen Sie uns unsere Hoffnungen begraben, die wir noch hatten auf Deutschlands Einheit, auf Deutschlands Macht und Größe.«[41] Auch das preußische Abgeordnetenhaus beschloß eine Erklärung, in der davon die Rede war, daß es »die Ehre und das Interesse Deutschlands« verlangten, den »Augustenburger« als Herzog eines unabhängigen Schleswig-Holstein anzuerkennen.[42]

Die Ehre Deutschlands, diese Monstranz der Nation, war schon einmal für Schleswig-Holstein verpfändet worden. Und jetzt geboten Ehre und Interesse der Nation, einem weiteren Duodezfürsten zu seinen angeblichen Rechten zu verhelfen, ein souveränes Haupt zu kreieren, dessen Beruf es sein würde, »sich vor Preußen zu fürchten«, wie Bismarck höhnte.[43] Alle Welt, die deutschen Liberalen, die deutschen Konservativen, die deutschen Fürsten, Österreich und die übrigen Großmächte erwarteten nun, Bismarck werde die Sache des »Augustenburgers« mit beiden Händen ergreifen und zu seiner eigenen machen, um so endlich jenen Erfolg vorweisen zu können, der seiner Politik bislang so hartnäckig versagt gewesen war. Aber alle sahen sich in dieser Erwartung getrogen. Während Österreich und die übrigen Mächte erleichtert waren, herrschte in der liberal und national gesinnten deutschen Öffentlichkeit helle Empörung. Bismarck, so schien es nicht nur dem »Nationalverein«, gab sich damit endgültig als ein Reaktionär reinsten Wassers zu erkennen, der unbedingt an der Erhaltung des Status quo in der deutschen Frage festhalten wollte. Nur dem preußischen Botschafter in Paris, dem Grafen Robert von der Goltz, gewährte Bismarck Einblick in die Motive, die ihn bestimmt hatten, so zu handeln. Von der Goltz hatte Bismarck in einem Brief vorgeworfen, er habe durch sein Verhalten in der Schleswig-Holstein-Angelegenheit eine gute Chance der preußischen Politik vertan. »Unsere Stärkung«, so antwortete Bismarck auf diese Vorwürfe, »kann nicht aus Kammern- und Preßpolitik, sondern nur aus waffenmäßiger Großmachtpolitik hervorgehn, und wir haben nicht nachhaltiger Kraft genug, um sie in falscher Front und für Phrasen und Augustenburg zu verpuffen. Sie überschätzen die ganze dänische Frage und lassen sich dadurch blenden, daß dieselbe das allgemeine Feldgeschrei der Demokratie geworden ist, die über das Sprachrohr von Presse und Vereinen disponiert und diese an sich mittelmäßige Frage zum Moussieren bringt.«[44]

Aber für all diejenigen, die fest mit einem entschlossenen Handeln Preußens gerechnet hatten, war, was jetzt kam, noch überraschender: Preußen gab Österreich nämlich zu verstehen, daß es nur gemeinsam mit der Präsidialmacht des Deutschen Bundes bereit sei, wegen Schleswig-Holsteins aktiv zu werden. Dieser Vorschlag wurde in Wien mit Genugtuung akzeptiert, da man völlig irrigerweise glaubte, hierin den Beweis dafür zu erkennen, daß Bismarck über seinen innenpolitischen Verlegenheiten nunmehr auch außenpolitisch zur Vernunft gekommen sei und nichts sehnlicher erstrebe als die Bewahrung des Status quo in der deutschen Frage. Das war aber nur eine taktische Finte Bismarcks, mit der es ihm gelang, alle über seine wahren Absichten zu täuschen. Denn unstreitig steht fest, daß er von Anfang an eine preußische Anne-

xion der beiden Elbherzogtümer plante. Nur hielt er es aus außen- wie innenpolitischen Rücksichten nicht für opportun, auf dieses Ziel direkt zuzugehen. In jenem Brief an von der Goltz begründete Bismarck sein Zusammengehen mit Österreich damit, daß Preußen es sich nicht leisten könne, die Großmächte zu brüskieren, »um uns der im Netze der Vereinsdemokratie gefangenen Politik der Kleinstaaten in die Arme zu werfen«. Dies wäre, so Bismarck weiter, »die elendste Lage, in die man die Monarchie nach Innen und Außen bringen könnte, wir würden uns auf Elemente stützen, die wir nicht beherrschen und die uns notwendig feindlich sind, denen wir uns aber auf Gnade oder Ungnade zu ergeben hätten«. In dieser ganzen »deutschen öffentlichen Meinung« stecke nichts, was Preußen bei seiner Unions- oder Hegemoniepolitik helfen könnte. Solches anzunehmen wäre ein »radikaler Irrtum«, »ein Phantasiegebilde«. Der ganze »Bierhaus-Enthusiasmus« imponiere zwar London oder Paris, liefere aber für den dann einsetzenden Kampf noch »keinen Schuß und wenig Groschen«.[45] Rückblickend hat Bismarck später sein Zusammengehen mit Österreich mit der knappen Formel begründet: »Sobald . . . Österreich mit uns war, schwand die Wahrscheinlichkeit einer Koalition der anderen Mächte gegen uns.«[46]
Neben diesen durchaus einsichtigen politisch-taktischen Erwägungen und der aufrichtig empfundenen Verachtung Bismarcks für die nationale Phrase veranlaßte ihn ein dritter Gesichtspunkt, die schleswig-holsteinische Frage scheinbar ganz im Stil einer für alle Mächte kalkulierbaren Kabinettspolitik alter Schule und gemeinsam mit Österreich zu lösen. Bismarck sah die Lösung jenes Problems, das mit dem Streit um die Elbherzogtümer aufgeworfen worden war, nämlich noch in einer ganz anderen Dimension, einer Dimension, die *sein politisches Wollen* überhaupt betrifft. Diese weitere Dimension wurde von Bismarck gleich zu Beginn seines bereits genannten Schreibens an von der Goltz abgesteckt. Bismarck schrieb hier, »daß eine ›an sich höchst einfache Frage preußischer Politik‹ durch den Staub, den die dänische Sache aufrührt, durch die Nebelbilder, welche sich an dieselben knüpfen, verdunkelt wird. Die Frage ist, *ob wir eine Großmacht sind oder ein deutscher Bundesstaat, und ob wir, der ersteren Eigenschaft entsprechend, monarchisch* oder, wie es in der zweiten Eigenschaft allerdings zulässig ist, durch Professoren, Kreisrichter und kleinstädtischer Schwätzer zu regieren sind.« Für Preußen komme es zunächst darauf an, »fest auf eignen Füßen [zu] stehn und zuerst Großmacht, dann Bundesstaat« zu sein.[47] Dies war die Rechtfertigung für »Blut und Eisen«. Preußen konnte nur Preußen bleiben, und das heißt eine Monarchie mit dem Adel als Funktionselite, wenn es seine Stellung als Großmacht nicht durch liberale Zugeständnisse, sondern ausschließlich mit den Mitteln Blut und Eisen behaup-

tete. Die bismarcksche Lösung der schleswig-holsteinischen Frage war gleichsam die Probe, für die der preußisch-österreichische Krieg von 1866 und der Deutsch-Französische Krieg von 1870/1871 das Exempel lieferten.

Anfang Dezember 1863 kam es auf Initiative Bismarcks zu einer zunächst formlosen Verständigung zwischen Preußen und Österreich über die weitere Gültigkeit der Londoner Protokolle von 1852. Damit waren die im Deutschen Bund vertretenen Klein- und Mittelstaaten, die die Ansprüche des »Augustenburgers« unterstützten, völlig isoliert. Die Regelung des schleswig-holsteinischen Problems ging damit den Deutschen Bund nichts mehr an, sondern war ausschließlich Sache der beiden deutschen Flügelmächte. Am 16. Januar 1864 stellten Preußen und Österreich der dänischen Regierung ein Ultimatum, in dem sie forderten, die Verfassung vom 13. November 1863 zurückzuziehen und den in den Londoner Protokollen beschriebenen Status der Elbherzogtümer zu respektieren. Da aber ein Zurückweichen Dänemarks als äußerst unwahrscheinlich gelten konnte, enthielt das Ultimatum bereits den folgenden Passus: »Für den Fall, daß es zu Feindseligkeiten in Schleswig käme und also die zwischen den Deutschen Mächten und Dänemark bestehenden Vertragsverhältnisse hinfällig würden, behalten die Höfe von Preußen und Österreich sich vor, die künftigen Verhältnisse der Herzogtümer nur in gegenseitigem Einverständnis festzustellen.«[48] Entscheidend ist dieser letzte Satz. Denn mit ihm hatte sich Österreich verpflichtet, nur einer Konfliktlösung zuzustimmen, mit der auch Preußen einverstanden war.[49]

Nun ging alles Schlag auf Schlag. Nachdem Dänemark erwartungsgemäß das Ultimatum zurückgewiesen hatte, rückten preußische und österreichische Truppen in Schleswig ein. Die deutsche Öffentlichkeit quittierte diesen Schritt mit großer Empörung, und im preußischen Abgeordnetenhaus erlebte der Verfassungkonflikt einen neuen Höhepunkt. Eine Anleihe, die das Ministerium Bismarck beantragt hatte, um die Kosten der Intervention in Schleswig zu decken, wurde von den Abgeordneten mit großer Mehrheit am 22. Januar 1864 abgelehnt. Außerdem faßte die Zweite Kammer eine Resolution, in der sie das Vorgehen der Regierung als »offenen Verfassungsbruch« bezeichnete,[50] weil diese sich sowohl den vom Abgeordnetenhaus abgelehnten Haushalt wie die beantragte Anleihe einfach vom Herrenhaus, der Ersten Kammer, hatte bewilligen lassen. Bismarck antwortete darauf mit der Schließung des Landtags am 25. Januar 1864.

Die schärfste Verurteilung des preußisch-österreichischen Vorgehens gegen Dänemark formulierte der »Zentralausschuß des deutschen Abgeordnetentags«, der sich am 24. Januar 1864 mit einem Aufruf an das deutsche Volk wandte. Darin wurden Österreich und Preußen nicht nur der Auflehnung gegen den Willen der Nation bezichtigt, sondern ihnen wurde geradezu das Recht abgesprochen, fürderhin Großmächte Deutschlands zu heißen, da sie mit ihrer Intervention offen die Feinde Deutschlands unterstützten! Die bundestreuen Regierungen wurden aufgefordert, der preußisch-österreichischen Politik offenen Widerstand entgegenzusetzen.[51] Weitaus gefährlicher als diese bloß bramarbasierenden Reden und Resolutionen machtloser Parlamentarier war für Bismarcks Absichten aber die Sympathie, die der Anspruch des Augustenburgers beim Berliner Hof und beim König fand. Bereits Anfang Dezember 1863 hatte Bismarck zu dem Druckmittel der Rücktrittsdrohung greifen müssen, um den König bei der Stange zu halten. Auch die Schärfe, mit der Bismarck in die Debatte eingriff, die anläßlich der von der Regierung beantragten Anleihe am 21. und 22. Januar 1864 im preußischen Abgeordnetenhaus geführt wurde, hatte nur das eine Ziel, dem König in aller Deutlichkeit zu zeigen, welche ernsten innenpolitischen Gefahren seine Herrschaft bedrohten und daß allein er, Bismarck, furchtlos genug sei, diesen Gefahren trotzig die Stirne zu bieten. »Flectere si nequeo superos, Acheronta movebo« – kann ich die Götter nicht beugen, so will ich die Hölle bewegen –, dieses Zitat aus Vergils »Aeneis«, das Bismarck in jener Debatte der liberalen Opposition entgegenschleuderte, kennzeichnet vorzüglich seine damalige Situation.[52] Bismarck stand wieder einmal mit dem Rücken an der Wand, und um sich und seine Politik zu retten, blieb ihm wirklich nichts anderes mehr übrig, als die Hölle zu mobilisieren. Die Höllenkräfte, mit deren Entfesselung Bismarck die liberale Fortschrittspartei bedrohte, waren das allgemeine und direkte Wahlrecht, das, wie in Berlin Anfang Januar 1864 umlaufende Gerüchte wissen wollten, er nach einem Staatsstreich zu oktroyieren beabsichtigte.[53]

Zwei Umstände befreiten Bismarck aus seiner damaligen Verlegenheit: die siegreiche Erstürmung der Düppeler Schanzen durch preußische Truppen am 18. April 1864 und die fast gleichzeitig deutlich erkennbare Unlust der europäischen Großmächte, sich wegen Schleswig-Holsteins in einen großen Konflikt einzulassen. Bismarck war damit in der glänzenden Situation, den preußischen Waffensieg diplomatisch ausschlachten zu können. In einer vom 21. Mai 1864 datierten Instruktion für den preußischen Botschafter in Wien, den Freiherrn von Werther, entwikkelte er die Alternativen, die sich nun den beiden Interventionsmächten als Lösung des schleswig-holsteinischen Problems anboten: entweder die Anerkennung des augustenburgischen oder des inzwischen ebenfalls erhobenen Erbanspruchs der oldenburgischen Linie des Hauses

Gottorp oder die Annexion der Elbherzogtümer durch Preußen.[54] Bismarck enthüllte damit zum erstenmal seine wirklichen Absichten. Eine preußische Annexion der Elbherzogtümer wurde zwar nur als eine denkbare Alternative vorgestellt, aber in Wien brauchte man lediglich einen Blick auf die Landkarte zu werfen, um zu erkennen, daß dieses Ziel unbedingte Priorität in der preußischen Politik haben mußte. Der sofort eingeleitete Versuch, dieser Gefahr dadurch zu begegnen, daß man die Ansprüche des Augustenburgers auf die Elbherzogtümer unterstützte, scheiterte rasch an den Bedingungen, die Bismarck diesem stellte.

Nach einer Reihe weiterer militärischer Erfolge Preußens sah sich Dänemark gezwungen, in einen Frieden einzuwilligen, in dem der dänische König auf alle seine Rechte in den Herzogtümern zugunsten des österreichischen Kaisers und des preußischen Königs verzichten mußte. Damit war eigentlich alles entschieden. Österreich hatte Preußen die Kastanien aus dem Feuer geholt und war nun der Düpierte. Denn daß man auf Dauer seinen Anteil an den Herzogtümern, die zunächst durch einen von den beiden Mächten gebildeten »Kontrollrat« verwaltet wurden, nicht würde behaupten können, das ahnte man auch in Wien. Ende August 1864 trafen sich die Herrscher Österreichs und Preußens, begleitet von ihren Ministerpräsidenten, in Schönbrunn, um alles weitere zu beraten. Bismarck, so erzählte er es jedenfalls 1890 dem Historiker Heinrich Friedjung, meinte damals zu Franz Joseph I., der Bund der beiden Mächte stelle keine Erwerbsgenossenschaft dar, welche den Ertrag nach Prozenten verteile; er lasse sich vielmehr mit einer Jagdgesellschaft vergleichen, bei welcher jeder Teil seine Beute nach Hause trage.[55] Das Bild ist prägnant und durchaus zutreffend: Preußen war entschlossen, die ganze Beute nach Hause zu schaffen, während Österreich nur das fragwürdige Vergnügen blieb, an einer Jagdgesellschaft teilgenommen zu haben.

Einen solchen Ausgang der gemeinsamen Intervention in Schleswig-Holstein konnte Österreich natürlich nicht akzeptieren. Rechberg und Bismarck verständigten sich deshalb in ihren Schönbrunner Beratungen auf ein Programm, das die Grundlage für die Fortsetzung der gemeinsamen Politik der beiden Mächte darstellen sollte. Diese sogenannte Schönbrunner Konvention war nichts anderes als ein Moratorium in Sachen Schleswig-Holstein. Beide Regierungen sollten sich verpflichten, eine »übereilte Lösung« der Souveränitätsfrage zu vermeiden. Sollte das Provisorium sich nicht länger halten lassen, dann wollten die beiden Mächte mit einem gemeinsamen Antrag beim Deutschen Bund vorstellig werden. Für den Fall aber, daß vor einer endgültigen Entscheidung der Souveränitätsfrage der Elbherzogtümer »anderweite, die Besitzverhältnisse der Großmächte berührende Verwicklungen« entstünden, sagte Preußen Österreich seine Unterstützung bei der Wiedergewinnung der Lombardei zu, die Österreich im Krieg von 1859 an das Königreich Italien hatte abtreten müssen. Als Gegenleistung sollte Preußen dann die Herzogtümer annektieren können.[56]

Diese Vereinbarung mutet recht phantastisch an, und sie hat deshalb auch nicht wenig die spekulative Phantasie der Historiker beflügelt, die in diesem Programmentwurf völlig neue politische Perspektiven zu erkennen glaubten, die den weiteren Gang der deutschen Geschichte in ganz andere Bahnen gelenkt hätten. Allein, alle diese Gedankenspielereien sind müßig, denn die beiden Monarchen weigerten sich, ihre Unterschriften unter diesen Konventionsentwurf zu setzen. Bismarck, und dies ist das Wahrscheinlichste, wird mit einem solchen Ausgang gerechnet haben. Denn letztlich war es ihm nur darum zu tun, Zeit zu gewinnen, bis sich eine günstigere Gelegenheit bot, die Herzogtümer zu annektieren, ohne dafür Österreich einen Preis zahlen zu müssen – und schon gar nicht den der Unterstützung seiner Rückeroberungsgelüste in Italien. Preußen hatte von einer solchen »Bruderhilfe« für sich nichts zu erhoffen, und es hätte sich im Gegenteil noch die Feindschaft Napoleons III. eingehandelt, dessen politischer Lebenstraum es ja war, ganz Italien zu befreien.

Das Scheitern der Schönbrunner Konvention erhellt schlaglichtartig die verzweifelte machtpolitische Lage Österreichs: Wien stand nämlich vor der Wahl, entweder seine Stellung in Italien (Venedig) aufzugeben, um damit seine Führungsrolle in Deutschland gegenüber Preußen behaupten zu können, oder es mußte Preußen in Deutschland gewähren lassen, um Venedig zu behalten. Dadurch, daß Franz Joseph I. sich weigerte, seine Unterschrift unter die Schönbrunner Vereinbarungen zu setzen, gab er zu verstehen, daß er Österreich noch für stark genug hielt, eine solche Entscheidung vermeiden zu können. Wie sich noch zeigen sollte, war dies eine fatale Illusion. Für Bismarck andererseits war aber nun die Bahn, der seine weitere Politik folgen mußte, zumindestens in groben Umrissen vorgezeichnet: Venedig würde der Hebel für die preußische Annexion der Herzogtümer sein.

Mit dem Scheitern der Schönbrunner Konvention wurde das Provisorium in den Herzogtümern einfach beibehalten, was Österreich sehr schnell immer weniger behagte. Im Herbst 1864 begann Wien deshalb mehr oder minder offen, im Bundestag Stimmung für das Erbfolgerecht des Augustenburgers zu machen, um so in letzter Minute den preußischen Annexionsgelüsten doch noch einen Riegel vorschieben zu können. Preußen reagierte darauf damit, daß es am 22. Februar 1865 seine

Position noch einmal verdeutlichte.[57] In diesem sogenannten Februar-programm versprach es, sich seinerseits für die Ansprüche des Augu-stenburgers zu verwenden, allerdings nur unter der Bedingung der völli-gen militärischen und wirtschaftlichen Abhängigkeit der beiden Elb-herzogtümer von Preußen. Es war dies genau dieselbe Taktik, die Bismarck schon einmal angewandt hatte: Preußen gab sich konziliant, stellte aber gleichzeitig Forderungen, an denen alles scheitern mußte. Am Fortbestand der provisorischen österreichisch-preußischen Verwal-tung der Elbherzogtümer änderte sich dadurch zwar nichts, aber der Riß in der Allianz der beiden Mächte ließ sich jetzt kaum mehr kitten.

In einem Kronrat am 29. Mai 1865 äußerte nun auch Wilhelm I. die Ansicht, es sei für Preußen das beste, das Februarprogramm fallenzulas-sen und die Herzogtümer zu annektieren, auch wenn es dann zu einem Krieg mit Österreich komme. Bismarck, den es zuvor schon viel Mühe gekostet hatte, den preußischen König von seiner Unterstützung des Augustenburgers abzubringen, mußte jetzt seine ganze Überredungs-kunst aufbieten, um zu verhindern, daß Österreich ein entsprechendes Ultimatum gestellt wurde.

Sein Rat war, zunächst noch abzuwarten, wie sich die Dinge weiter entwickelten. Und wie nicht anders zu erwarten, verschärften sich die Spannungen zwischen Preußen und Österreich und erreichten im Au-gust 1865 ihren vorläufigen Höhepunkt. Zu dieser Zeit hielten sich Wil-helm I. und Bismarck in Bad Gastein zur Kur auf, ein Umstand, der uns heute angesichts des unterdessen eingetretenen rapiden Zerfalls zivili-satorischer Gesittung im Umgang der Staaten und Völker miteinander nur noch mit ungläubigem Staunen erfüllen kann. Damals jedenfalls war es noch möglich, daß ein Herrscher und sein leitender Minister in einem Land zu Gast waren, mit dem man sich schon bald im Kriegszu-stand befinden konnte. Denn ein preußisch-österreichischer Waffen-gang schien in jenen Augusttagen in der Luft zu liegen. Daß sich die Spannungen nicht schon damals entluden, hing vor allem damit zusam-men, daß man in Wien angesichts der finanziellen Misere des Landes und der Schwierigkeiten in Ungarn die Nerven verlor. Nun war es Österreich, das Zeit gewinnen wollte. Und der Preis für diesen Zeitge-winn war ein Kompromiß in der schleswig-holsteinischen Sache, den Preußen sofort akzeptierte. Dieser Kompromiß sah die »provisorische« Aufteilung der beiden Herzogtümer vor. Schleswig sollte an Preußen, Holstein an Österreich fallen. Am 14. August 1865 wurde diese Lösung in Gastein vertraglich besiegelt.[58]

Im Kern war diese Gasteiner Konvention eine Niederlage Österreichs und ein Sieg Preußens. Denn dieser Kompromiß konnte nicht von

Dauer sein. Gastein war die letzte Station auf dem Weg nach Königgrätz. Mit der Konvention von Gastein hatte sich Österreich vor der deutschen Öffentlichkeit, die über diesen neuerlichen Verrat, der an den »legitimen Ansprüchen« des Augustenburgers verübt worden war, vor Empörung schäumte, ins Unrecht gesetzt. Bismarck aber konnte nun in aller Stille die Fäden zu jenem Netz knüpfen, in dem er Österreich endgültig fangen wollte.

Aber auch Bismarck brauchte kaum weniger dringend jene Atempause, die Österreich sich so teuer erkauft hatte. Vor allem mußte er die Haltung erkunden, die Frankreich und Rußland gegenüber einem preußisch-österreichischen Konflikt einnehmen würden, ehe er sich auf dieses Wagnis einlassen konnte, in dem sich das Schicksal der Elbherzogtümer entscheiden mußte. Anfang Oktober 1865 reiste Bismarck nach Biarritz zu Napoleon III., um bei diesem jeden Verdacht zu zerstreuen, daß die für Preußen so sehr günstige Konvention von Gastein mit geheimen Zusicherungen erkauft worden sei, die österreichische Position in Italien zu verteidigen. Und Napoleon III. versicherte dem preußischen Ministerpräsidenten, daß auch er keine Absicht habe, ein Bündnis mit Österreich zu schließen. Das waren Auskünfte, die für beide Seiten nicht neu waren. Bismarck wußte indes, daß auf die Zusicherung Napoleons nur so lange Verlaß war, wie Österreich an Venedig festhielt. In der Gewißheit der wohlwollenden Neutralität Frankreichs im Falle eines preußisch-österreichischen Kriegs mußte sich Bismarck deshalb nur noch der Zurückhaltung Rußlands versichern. Das war nicht weiter schwierig, da unüberbrückbare Interessengegensätze auf dem Balkan Österreich und Rußland trennten. Den letzten Knoten für das Netz, in dem Österreich gefangen werden sollte, schürzte Bismarck, indem er mit Italien in Verhandlungen über den Abschluß eines gegen Österreich gerichteten Bündnisses eintrat. Diese Verhandlungen kamen im Februar 1866 in Gang. Gleichzeitig verschärfte Preußen durch einen permanenten Verwaltungskleinkrieg in den Elbherzogtümern die latenten Spannungen mit Österreich. Wien reagierte darauf mit dem Versuch, sich durch offene oder versteckte Begünstigungen der immer noch in der deutschen Öffentlichkeit weitverbreiteten Sympathie für die Ansprüche des Augustenburgers den deutschen Klein- und Mittelstaaten wieder anzunähern, die den Affront der Gasteiner Konvention noch nicht verwunden hatten. Preußen beantwortete dies mit der unmißverständlichen Drohung, man werde für seine »ganze Politik volle Freiheit gewinnen und von derselben den Gebrauch machen«, der den Interessen des Landes entspreche.[59] Das war deutlich, aber in Wien wollte man vor dieser Kriegsdrohung nicht zurückweichen. Die Antwort Österreichs vom 7. Februar 1866 war deshalb von nicht geringerer Schärfe.[60]

Unterdessen verschlechterte sich die Ausgangssituation für Österreich aber beträchtlich. Am 8. April 1866 wurde in Berlin ein auf drei Monate befristetes italienisch-preußisches Kriegsbündnis unterzeichnet, mit dem sich Italien verpflichtete, gegen Österreich militärisch vorzugehen, wenn es innerhalb dieser Dreimonatsfrist zum Ausbruch eines Krieges zwischen Preußen und Österreich kommen sollte.[61] Das Bündnis mit Italien ließ Preußen völlig freie Hand, loszuschlagen, wann immer es ihm in der vereinbarten Frist günstig erschien. In Österreich und Preußen wurde seit März zum Krieg gerüstet, und alle Versuche, ihn doch noch zu verhindern, waren vergeblich, weil Österreich Venedig nicht preisgeben wollte, um seine Stellung in Deutschland zu behaupten; und sie scheiterten auch an der unerbittlichen Eigengesetzlichkeit, die der Automatik der Bündnisse und der Aufmarschpläne innewohnt. Im Grunde aber war auch keine der beiden Seiten an einer erfolgreichen Friedensvermittlung ernsthaft interessiert, denn die Gegensätze hatten sich längst viel zu tief eingefressen, als daß sie auf eine andere Weise als durch einen Krieg noch hätten ausgeglichen werden können. Daß dennoch Österreich wie auch Preußen stets bereitwillig diese Initiativen aufgriffen, ihren Friedenswillen beteuerten, hing nur damit zusammen, daß keine der beiden Mächte als der Angreifer dastehen wollte. Schließlich lieferte Österreich gleichsam den technischen Vorwand für den Beginn der Auseinandersetzungen. Am 1. Juni 1866 übertrug die Wiener Regierung dem Deutschen Bund die Aufgabe, für die Zukunft der Elbherzogtümer eine Regelung zu finden. Damit verstieß Österreich gegen die Gasteiner Konvention. Prompt ließ Bismarck am 9. Juni in das von Österreich okkupierte Holstein preußische Truppen einrücken. Zu seinem Bedauern zogen sich die dort stationierten österreichischen Verbände aber so rechtzeitig hinter die Elbe zurück, daß es nicht zum Kampf kam.

Am 12. Juni brach Österreich die diplomatischen Beziehungen zu Berlin ab. Zwei Tage später beantragte Wien beim Deutschen Bund die Mobilmachung der gesamten Bundesstreitmacht. Preußen erklärte daraufhin den Deutschen Bund für null und nichtig, und am 15. Juni marschierten preußische Truppen in das Königreich Sachsen ein. Am 21. Juni überschritt die preußische Armee die Grenze nach Böhmen. Italien eröffnete vereinbarungsgemäß die Offensive gegen Österreich. Am 24. Juni kam es zu der für Österreich mit einem Sieg endenden Schlacht bei Custozza, ein Erfolg, der Österreich aber nicht mehr retten konnte. Bereits am 3. Juli 1866 wurde die österreichische Hauptarmee bei Königgrätz (Sadowa) von Preußen vernichtend geschlagen.

Mit dieser einen Schlacht war der preußisch-österreichische Krieg zwar militärisch zugunsten Preußens entschieden, aber noch längst nicht politisch. Bismarck jedenfalls wußte sehr genau, daß der Krieg nun rasch beendet werden mußte, wollte man nicht Gefahr laufen, daß sich die militärische Überlegenheit Preußens langfristig in eine politische Niederlage dadurch verwandelte, daß man anderen europäischen Mächten durch eine Fortsetzung der Kampfhandlungen eine Gelegenheit zur Intervention bot. Am 9. Juli 1866 schrieb Bismarck an seine Frau: »Wenn wir nicht übertrieben in unseren Ansprüchen sind und nicht glauben, die Welt erobert zu haben, so werden wir auch einen Frieden erlangen, der der Mühe wert ist. Aber wir sind ebenso schnell berauscht wie verzagt, und ich habe die undankbare Aufgabe, Wasser in den brausenden Wein zu gießen und geltend zu machen, daß wir nicht allein in Europa leben, sondern mit noch drei Mächten, die uns hassen und neiden.«[62]

Es war in der Tat eine undankbare Aufgabe, der sich Bismarck in den Tagen nach Königgrätz widmen mußte. Wiederholt war er damals dem »Nervenbankrott« nahe, wie er später bekannte. König Wilhelm I. wollte Österreich »bestrafen«; seine Absicht war, ganz im Stile absolutistischer Politik Österreich zu umfangreichen Landabtretungen an Preußen zu zwingen. Und die Generäle wollten, was sie immer wollen: Weiterkriegen, in Wien einmarschieren, »Rache für Olmütz« nehmen, um sich dann, wie Bismarck später spottete, in den Weiten der ungarischen Ebene totzusiegen. Bismarck gelang es schließlich, sich beim König durchzusetzen. Am 26. Juli 1866 kam es in Nikolsburg zu einem Vorfrieden zwischen Preußen und Österreich, dessen Bestimmungen in den späteren Frieden von Prag übernommen wurden. Preußen verpflichtete sich, den gesamten territorialen Bestand Österreichs mit Ausnahme Venetiens zu garantieren. Österreich willigte dagegen in die Auflösung des Deutschen Bundes ein und stimmte einer politischen Neugestaltung Deutschlands ohne eigene Beteiligung zu. Der Kaiserstaat war jetzt aus Deutschland ausgeschieden; der Prozeß, der mit der Auflösung des alten Reichs eingeleitet worden war, näherte sich seiner Vollendung.

Im einzelnen versprach Österreich, das engere Bundesverhältnis, das Preußen mit der Staatengruppe nördlich des Mains schaffen wollte, ebenso anzuerkennen wie eine engere Vereinsbildung der süddeutschen Staaten. Österreich mußte alle seine Rechte an den Herzogtümern Schleswig und Holstein entschädigungslos an Preußen abtreten. Außerdem verpflichtete es sich, eine Kriegskostenentschädigung von 20 Millionen Talern zu zahlen. Überdies erkannte Österreich alle von Preußen künftig in Norddeutschland geschaffenen Einrichtungen einschließlich aller Annexionen an. Preußen verpflichtete sich dagegen, bei den von ihm geplanten territorialen Veränderungen die staatliche Integrität Sachsens respektieren zu wollen und auch die künftige Stellung dieses Staates innerhalb des von ihm geplanten engeren Staatenzusammenschlusses in Norddeutschland durch einen besonderen Friedensvertrag mit dem sächsischen König zu regeln.[63]

Die von Bismarck erkämpfte Mäßigung Preußens bei der Formulierung der Friedensbedingungen mit Österreich ist im Lichte der späteren Entwicklung stets als ein besonders eindrücklicher Beweis für seine weit vorausschauende politische Klugheit gewertet worden. Bismarck selbst hat in seinen *Gedanken und Erinnerungen* die entscheidende Unterredung mit dem König am 24. Juli 1866 in aller Breite geschildert und damit seinen Teil zu dieser Legende beigetragen. Sein Hauptargument in der Auseinandersetzung mit dem König sei damals gewesen, so berichtet er, daß Preußen alles vermeiden müsse, was dazu beitragen könnte, in Österreich Gefühle dauernder Bitterkeit und Rache entstehen zu lassen. Denn es gelte, sich unter allen Umständen die Möglichkeit zu erhalten, »uns mit dem heutigen Gegner wieder zu befreunden, ... und jedenfalls den österreichischen Staat als einen Stein im europäischen Schachbrett und die Erneuerung guter Beziehungen mit demselben als einen für uns offenzuhaltenden Schachzug« anzusehen. Ein tiefgekränktes Österreich aber würde der Bundesgenosse Frankreichs und jedes anderen Gegners werden, ja selbst seine antirussischen Interessen der Revanche gegen Preußen opfern. Eine weitere Fortsetzung des Krieges würde unabhängig davon, daß der militärische Nutzen weiterer Siege fragwürdig sei, einer französischen Einmischung den Weg ebnen.[64]

Ob dies aber wirklich die Motive waren, die Bismarck damals bewogen, so rasch mit Österreich Frieden zu schließen, kann bezweifelt werden. Entscheidend dürfte für ihn vielmehr gewesen sein, daß eine weitere Fortsetzung des Krieges politisch sinnlos war. Bismarck hatte mit Königgrätz alles erreicht, was er wollte. Und für den Fall, daß die österreichische Regierung noch nicht bereit sein sollte, auf Bismarcks Friedensbedingungen einzugehen, traf er umsichtige Vorbereitungen für die Entfesselung eines Aufstands der Tschechen und der Ungarn. Außerdem waren seine Friedensbedingungen schon von jenen beiden Mächten gebilligt worden, auf deren Stillhalten er in diesem Konflikt angewiesen war. Frankreich, das unmittelbar nach Königgrätz Bismarck alarmiert hatte, weil sich Napoleon III. anbot, den Frieden zwischen Österreich und Preußen zu vermitteln, stimmte am 14. Juli endgültig den preußischen Friedensbedingungen zu. Rußland signalisierte durch sein Stillschweigen Einverständnis. Weitaus schwieriger war für Bismarck indes die Aufgabe, seinen eigenen König, der Pulver gerochen und Spaß an der Kriegführung gewonnen hatte, davon zu überzeugen!

Damit ihm dies gelang, mußte die Gefahr einer möglichen französischen Intervention, die Bismarck selbst zwischen dem 4. und 10. Juli beunruhigt hatte, dem König möglichst eindringlich geschildert werden, obwohl diese Gefahr unterdessen längst gebannt war, ohne daß Frankreich territoriale Zugeständnisse an der Rheingrenze hätten gemacht werden müssen. Bismarck hatte zwar solche französischen Kompensationsforderungen gefürchtet und entsprechende preußische Konzessionen gegenüber dem französischen Kaiser als immerhin möglich angedeutet. Von Napoleon III. aber waren sie im Ernst und mit Nachdruck nie gefordert worden. Die Annexion notwendigerweise irredentistischer Gebiete war seiner ganzen Politik und ihren Prinzipien des nationalen Selbstbestimmungsrechts der Völker völlig fremd. Was also hätte Frankreich mit eindeutig deutschem Gebiet an der Rheingrenze beginnen sollen? Die einzigen konkreten Bedingungen, die Napoleon III. für eine Nichtintervention Frankreichs nach Königgrätz stellte, waren, daß Preußen die souveräne und international unabhängige Situation der süddeutschen Staaten respektierte. Eine weitere Bedingung war, daß nach dem Friedensschluß mit Österreich in Nordschleswig eine Volksabstimmung stattfand, in der die Bevölkerung selbst über ihre Zugehörigkeit zu Preußen oder zu Dänemark entscheiden sollte. Beides konnte Bismarck um so leichter zusagen, als es ihm weder auf den überwiegend dänischen Bevölkerungsteil Nordschleswigs ankam, noch er schon damals je daran gedacht hatte, auch die süddeutschen Staaten mit ihrer überwiegend katholischen Bevölkerung dem preußischen Einflußbereich einzugliedern.

Mit Zustimmung Napoleons III. gelang es Bismarck damit, den alten, seit den Tagen des Sonderfriedens von Basel gehegten Plan zu verwirklichen und die preußische Hegemonie bis zur Mainlinie auszudehnen. Drei Dynastien, die in Hannover herrschenden Welfen, der Kurfürst von Hessen und der Herzog von Nassau, wurden ihrer Throne beraubt, ihre Länder und Ländchen von Preußen annektiert. Dasselbe Schicksal teilten Schleswig-Holstein und die freie Reichsstadt Frankfurt. Alle anderen norddeutschen Staaten, das Königreich Sachsen eingeschlossen, wurden in dem von Preußen beherrschten »Norddeutschen Bund« zusammengefaßt. Bismarck hatte damit alles erreicht, was ihm weniger mit Rücksicht auf Frankreich, wiewohl er gerade dies immer besonders betonte, als vielmehr mit Rücksicht auf Preußen erreichbar schien. Denn Preußen konnte einfach nicht mehr »verdauen« als jene norddeutschen Annexionen. Es mußte schon jetzt seine ganze Kraft aufbieten, um den von ihm beherrschten Norddeutschen Bund so zu gestalten, daß die alten feudalen und absolutistischen Herrschaftsgrundlagen bewahrt werden konnten, auf denen Preußens Macht und Geltung ruhte.

Bereits am 9. Juli 1866 entwickelte Bismarck in einem Schreiben an den preußischen Botschafter in Paris, Graf von der Goltz, seine Vorstellungen von der künftigen Ordnung in Norddeutschland: »Ich spreche das Wort *Norddeutscher Bund* unbedenklich aus, weil ich es, wenn die uns nötige Konsolidierung des Bundes gewonnen werden soll, für unmöglich halte, das süddeutsch-katholisch-bayerische Element hineinzuziehen. Letzteres wird sich von Berlin aus noch für lange Zeit nicht gutwillig regieren lassen; und der Versuch, es gewaltsam zu unterwerfen, würde uns dasselbe Element der Schwäche schaffen, wie Süditalien dem dortigen Gesamtstaate.«[65]

Daß Bismarck immer mehr gewollt habe als diese preußische Hegemonie über Norddeutschland, daß von Anfang an das große Ziel der deutschen Einigung unter preußischer Führung stets seine Politik bestimmt habe, das ist der Kern einer bis heute zählebigen kleindeutsch-nationalen Legende, die in der Gründung des Deutschen Reichs von 1871 die mehr oder minder gelungene Erfüllung der deutschen Geschichte erkennt. Bismarck selbst hat an dem Entstehen dieser Legende keinen geringen Anteil gehabt. Als unbestritten kann aber gelten, daß er immer wieder damit geliebäugelt hat, den deutschen Nationalismus instrumentell zur Verwirklichung seiner großpreußischen Ziele zu verwenden. Doch das waren mehr bismarcksche Gedankenspielereien, hinter denen sich kein ernsthafter Wille verbarg. So ist auch der von ihm formulierte Antrag Preußens beim Bundestag vom 9. April 1866, also unmittelbar vor Ausbruch des preußisch-österreichischen Krieges, zu sehen, mit dem er die wahrhaft revolutionäre Forderung erhob, ein aus allgemeinen und direkten Wahlen hervorgehendes deutsches Nationalparlament einzuberufen. Aber man deutete diese und andere ähnlich gelagerte Initiativen und auch Äußerungen Bismarcks falsch, wollte man sie so verstehen, daß er bereits vor 1866 ein Zusammengehen der preußischen Politik mit der deutschen Nationalbewegung als Notwendigkeit erkannt und daran trotz zahlreicher Rückschläge und Enttäuschungen unbeirrt festgehalten habe.[66] Eine solche Sicht, die damit unwillkürlich verrät, daß sie noch immer dem Bann der kleindeutschen Geschichtslegende verhaftet ist, mißversteht den ganzen Charakter der bismarckschen Politik bis einschließlich Nikolsburg völlig. Denn diese Politik war nicht nur in ihren einzelnen taktischen Winkelzügen, sondern von ihrem ganzen programmatischen Ansatz her rein *destruktiv*, beurteilt man sie vor dem Hintergrund der seit 1848 für Preußen unmittelbar akuten deutschen Frage.

Die Politik, die Bismarck gegenüber der deutschen Frage einschlug, wandelte noch ganz auf den traditionellen Bahnen, die ihr von Preußens Staatsräson seit der Revolution gewiesen worden waren. Neu an Bismarcks Politik war lediglich, daß sie erfolgreich war. Aber sie war nur insofern erfolgreich, als es ihr gelang, das politische Programm Österreichs, das Programm Schwarzenbergs, das auf die Schaffung des von Österreich beherrschten »70-Millionen-Reichs« abzielte, endgültig zu vereiteln. Die konstruktiven Ziele der preußischen Politik waren verglichen damit stets bescheidener gewesen. Preußen hatte vor allem nur ein Interesse daran, sein Herrschaftsgebiet auf ganz Norddeutschland bis zur Mainlinie auszudehnen. Diesem traditionellen Ziel war auch Bismarcks gesamte Politik bis Nikolsburg verpflichtet, und alles, was darüber hinausging, eine durch Preußen herbeigeführte kleindeutsche Einigung etwa, lag für ihn, den preußischen Realpolitiker, zunächst nicht im Horizont seines politischen Wollens.

Nicht einkalkuliert hatte Bismarck aber, daß mit der erfolgreichen Verdrängung Österreichs aus Deutschland und mit der Errichtung der preußischen Hegemonie nördlich des Mains Preußen nicht einfach nur Preußen geblieben war, sondern daß Preußen damit zu *der* deutschen Macht geworden war. Die Kriege von 1864 und 1866 hatte Bismarck nur im Interesse Preußens und unter völliger Mißachtung der national gesinnten öffentlichen Meinung in Preußen und in den übrigen deutschen Staaten geführt; es waren die letzten »Kabinettskriege«, die in Europa ausgefochten wurden. Der für Preußen erfolgreiche Ausgang beider Kriege hatte indes, wie sich rasch zeigte, die paradoxe Folge, daß man sich zwar der lästigen Vormundschaft Österreichs entledigen konnte, daß man damit aber gleichzeitig in den Sog jener nationalen Bewegung geraten war, die man zuvor geflissentlich ignoriert hatte. Erst nach 1866 stellte sich die deutsche Frage für Preußen als ein politisches Problem, das Bismarck lösen mußte, ob er nun wollte oder nicht, wurde die Lösung der deutschen Frage zur Schicksalsfrage Preußens, wenn Preußen sich treu, wenn es auch in Zukunft Preußen bleiben wollte.

15. KAPITEL

»Setzen wir Deutschland
in den Sattel . . .«

Am 1. August 1866 schrieb Bismarck an seinen Sohn Wilhelm: »Was wir brauchen, ist Norddeutschland, und da wollen wir uns breit machen.«[1] Das war in lakonischer Kürze das Programm der preußischen Politik, das Bismarck sich nach Nikolsburg vorgenommen hatte. Ganz Norddeutschland war bis zum Main mit Ausnahme jener kleinen Territorien, die von Anfang an auf der Seite Preußens gestanden hatten, von preußischen Truppen besetzt. Mitte Juli 1866 hatte Napoleon III. dem preußischen Botschafter in Paris explizit versichert, daß er keinerlei Einwände erhebe, wenn Preußen nicht nur eine durch Bündnisverträge gesicherte Hegemonie in Norddeutschland ausübe, sondern daß Frankreich durchaus damit einverstanden sei, wenn Preußen, ohne französische Kompensationsforderungen fürchten zu müssen, Territorien bis zu vier Millionen Einwohnern annektiere.[2] Mit dieser Zusicherung in der Hinterhand konnte Bismarck in Ruhe darangehen, die Macht Preußens in dem neuen Gebäude zu etablieren.

Eine entscheidende Voraussetzung für die Konsolidierung der preußischen Macht in Norddeutschland war aber, daß zuvor der preußische Verfassungskonflikt beigelegt wurde, da ohne eine Aussöhnung von Regierung und Landtag nicht daran zu denken war, das umfangreiche Gesetzgebungsverfahren durchzubringen, das durch die Annexion von Hannover, Schleswig-Holstein, Kurhessen und der Stadt Frankfurt am Main ebenso notwendig geworden war wie die staatliche Neuorganisation ganz Norddeutschlands, für die ein Verfassungsrahmen entworfen werden mußte. Bei der Lösung des Verfassungskonflikts legte Bismarck einen neuerlichen Beweis für seine Fähigkeit ab, sich auf der Höhe eines Triumphs mäßigen zu können; denn der Sieg bei Königgrätz war auch ein Sieg des aristokratisch-militärischen Establishments und eine vernichtende Niederlage der bürgerlich-liberalen Kammeropposition gewesen. Der militärische Erfolg über Österreich hätte sich leicht innenpolitisch nutzen lassen. Bismarck widerstand dieser Versuchung, weil er nur zu deutlich erkannte, daß ihm langfristig eine Fortsetzung der Konfrontationspolitik mit dem Landtag Verdruß bringen würde, zumal er befürchten mußte, daß die liberale Kammeropposition durch die antipreußische Opposition in den annektierten neuen Provinzen erheblichen Auftrieb erhalten würde. Angesichts der unbestreitbaren Erfolge der bismarckschen Politik schienen überdies auch die Liberalen gewillt zu sein, ihre politisch unfruchtbare Konfrontation gegen die Regierung aufzugeben. Mit ihrem Anspruch, den politischen Willen des Volkes zu artikulieren, hingen sie stark von der »öffentlichen Meinung« ab, ohne jedoch über die gleiche Fülle von Instrumenten wie die Regierung zu verfügen, diese »öffentliche Meinung« in ihrem Sinne zu beeinflussen. Geradezu verheerend für ihre Geltungsansprüche war es deshalb, daß die Regierung mit ihrer gegen den erbitterten Widerstand der liberalen Kammermehrheit verfolgten Politik einen so eklatanten Erfolg hatte, dem auch die Liberalen ihre Anerkennung kaum versagen konnten.

Als Signal für einen tiefgreifenden Sinneswandel der öffentlichen Meinung kann der Ausgang der Wahlen zum preußischen Abgeordnetenhaus gewertet werden, die am 3. Juli 1866, dem Tag der Schlacht bei Königgrätz, stattfanden. Obwohl die Stimmabgabe schon abgeschlossen war, bevor die Nachrichten von der für Preußen siegreichen Schlacht bekannt wurden, bescherten diese Wahlen den Konservativen einen überwältigenden Erfolg, während die Fortschrittspartei, die seit 1860 den Kern der Landtagsfronde gebildet hatte, fast die Hälfte ihrer Mandate einbüßte. Beide Seiten, Regierung wie liberale Opposition, waren also nach Königgrätz aus durchaus unterschiedlichen Motiven dazu bereit, ihre Gegnerschaft beizulegen. Dennoch rechnete alle Welt – die sieggeschwellten Konservativen wie die Liberalen, denen der Boden unter den Füßen zu entgleiten drohte – damit, daß die Regierung nun ihren außenpolitischen Erfolg mit aller Rücksichtslosigkeit auch innenpolitisch ausnutzen würde. Um so überraschter waren deshalb die Liberalen, während die Konservativen vor Empörung schäumten, als der König am 5. April 1866 in seiner von Bismarck formulierten Thronrede zur Eröffnung des neugewählten Landtags der liberalen Opposition eine Beilegung des Verfassungskonflikts zu Bedingungen anbot, die von dieser nicht gut abgelehnt werden konnten. Der König gestand ein, daß die seit 1862 budgetlose Regierung nicht in Übereinstimmung mit der Verfassung gehandelt habe, daß aber gleichwohl »jenes Verfahren eine der unabweisbaren Notwendigkeiten wurde, denen sich eine Regierung im Interesse des Landes nicht entziehen kann und darf«.[3]

Im wesentlichen war dies nichts anderes als eine geschickte Rechtfertigung der »Lückentheorie«, auf die sich Bismarck stets berufen hatte, die nun aber auf den großen Erfolg der preußischen Politik verweisen konnte. Die Liberalen vermochten das Friedensangebot schon deshalb nicht abzulehnen, weil der König stillschweigend ihren Rechtsstandpunkt im Verfassungskonflikt anerkannte, indem er sie um die »Indemnität« ersuchte, also um die nachträgliche Bewilligung der von der Regierung ohne ordentlich verabschiedeten Etat ausgegebenen Gelder. Den Liberalen stellte sich damit die Schicksalsfrage. Verweigerten sie der Regierung die nachträgliche Sanktionierung ihres die Verfassung mißachtenden, aber überaus erfolgreichen Handelns, dann liefen sie Gefahr, isoliert zu werden. Gewährten sie aber die nachgesuchte »Indemnität«, dann verrieten sie ihre Prinzipien, ohne dafür die Garantie zu erlangen, daß die Regierung künftig die Verfassung respektieren und darüber hinaus den Liberalen, sprich der Kammer, jenen Einfluß auf die Formulierung ihrer Politik gestatten würde, den sie sich im Verfassungskonflikt vergebens zu erkämpfen versucht hatten.

Bismarck wußte um dieses Dilemma der Liberalen und bot den Abgeordneten für die Zukunft eine enge politische Zusammenarbeit als Preis für ihre Zustimmung zu dieser Gesetzesvorlage an.[4] Dieses äußerst vage gehaltene Versprechen tat seine Wirkung. In der dreitägigen Debatte Anfang September, in der der preußische Landtag die von der Regierung eingebrachte Indemnitätsvorlage erörterte, kündigte sich bereits die Spaltung der Liberalen an, die im folgenden Jahr mit der Bildung der Nationalliberalen Partei unter der Führung des bisherigen Vorsitzenden des »Deutschen Nationalvereins«, Rudolf von Bennigsen, besiegelt wurde.[5] Bei der Abstimmung über das Indemnitätsgesetz am 3. September 1866 votierten 230 Abgeordnete für die Annahme der Regierungsvorlage, 75 waren dagegen. Der preußische Verfassungskonflikt wurde durch die Kapitulation der Liberalen vor dem Erfolg der bismarckschen »Blut-und-Eisen«-Politik beigelegt.

Dies war ein bedeutender innenpolitischer Erfolg Bismarcks; seine Person beherrschte fortan unangefochten die politische Szene Preußens. Gestützt auf den Mehrheitsflügel der Liberalen und der Konservativen, von denen sich die Ultras abspalteten, die stets mit Mißtrauen und Ablehnung Bismarcks »revolutionäre Politik« beobachtet hatten, konnte er nun in Ruhe darangehen, sein politisches Programm zu verwirklichen: die Ausdehnung und Stabilisierung der preußischen Macht in Norddeutschland. Ein erster Schritt dazu war die Ratifizierung der preußischen Annexionen. Der entsprechende Antrag wurde mit der überwältigenden Mehrheit von 273 gegen 14 Stimmen am 7. September 1866 angenommen. Dieses Abstimmungsergebnis macht deutlich, daß Bismarcks Politik auch von einer übergroßen Mehrheit jener Abgeordneten gebilligt wurde, die gegen die Indemnität gestimmt hatten. Die sich hier offenbarende politische Inkonsequenz der Liberalen sollte Bismarck später nach Kräften ausnutzen.

Bismarck war sich der Tatsache nur zu sehr bewußt, daß er mit dem aus innen- wie außenpolitischen Rücksichten erzwungenen Stillstand der preußischen Expansion an der Mainlinie die weitergehenden nationalen Aspirationen seiner preußischen Parteigänger enttäuschte. Andererseits machte er sich aber auch keine Illusionen darüber, daß in den annektierten Ländern, insbesondere in Schleswig-Holstein und Hannover, die Sympathien für Preußen gering waren. In einer bedeutenden Rede, die er am 23. August 1866 im Abgeordnetenhaus hielt, versuchte er, den nationalen wie den diesen genau entgegengesetzten dynastisch-partikularistischen Veilletäten, die beide seiner künftigen Politik zwar nicht gefährlich werden, aber ihm dennoch manche unvorhersehbaren Unannehmlichkeiten bereiten konnten, von vorneherein zu begegnen.

Den in ihren nationalen Sehnsüchten Enttäuschten versicherte Bismarck, Preußen habe »sich die Grenze des Möglichen stellen müssen, d. h. dessen, was sich erringen läßt, ohne zu große, unverhältnismäßige Opfer und ohne die Zukunft zu kompromittieren. Das hätten wir aber getan, wenn wir über die unserer Politik jetzt gestellte Linie hinausgegangen wären.« Preußen müsse sich außerdem an seine in Nikolsburg gegebene Zusage halten und die Selbständigkeit der süddeutschen Staaten respektieren. Im übrigen glaube er nicht, und damit deutete er das innenpolitische Motiv der preußischen Mäßigung an, »daß es nützlich gewesen wäre, jetzt weiter zu gehen«. »Wir haben«, fuhr Bismarck dann mit einem Seitenhieb auf das militärische Establishment fort, »auch in der preußischen Regierung so viel Ehrgeiz, daß er eher der Mäßigung als der Stimulierung bedarf. Nach den Friedenspräliminarien ist die Regelung der nationalen Beziehungen des Süddeutschen Bundes zu dem Norddeutschen vorbehalten. Sie ist also nicht ausgeschlossen, und die Art derselben wird wesentlich davon abhängen, ob das Bedürfnis dazu von Süddeutschland sowohl in seinen Völkerschaften lebhafter empfunden wird, als wie dieses gegenwärtig der Fall ist ... Zunächst kam es uns darauf an, dem neuen Bunde feste Grundlagen zu geben. Ich glaube, daß sie um so weniger fest ausfallen würden, je ausgedehnter derselbe wäre; wir könnten unmöglich einem Staate wie Bayern solche Zumutungen stellen, wie wir sie im Norden jetzt erheben müssen. Die erste dieser festen Grundlagen suchen wir in einem starken Preußen, sozusagen in einer starken Hausmacht des leitenden Staates, den wir deshalb in seinem direkten Besitz erheblich verstärkt haben. Das Band des engeren Bundes, durch das wir außerdem Norddeutschland verknüpfen wollen, wird dagegen so fest wie die Einverleibung nicht ausfallen.«[6]

Ohne also die Verwirklichung der kleindeutschen Lösung unter der Führung Preußens völlig in Abrede zu stellen, betonte Bismarck dennoch unmißverständlich, daß oberste Priorität seiner Politik der Ausbau und die Befestigung der preußischen »Hausmacht« in Norddeutschland sei. Alles andere hielte er für Zukunftsmusik, und eine Verwirklichung der kleindeutschen Lösung hinge im übrigen mehr von der Haltung der süddeutschen Staaten als von Preußen ab.

Damit ist eben jene Frage angeschnitten, die schon viele Gelehrte bewegt hat und zu deren Beantwortung noch viel mehr Tinte vergossen worden ist: War es stets das eigentliche Ziel Bismarcks, die nationale Frage im kleindeutschen Sinne zu lösen? Diese Frage ist zumeist positiv beantwortet worden. In diesem Zusammenhang wird insbesondere darauf verwiesen, daß Preußen mit den süddeutschen Staaten im August 1866 neben den Friedensverträgen auch zunächst strikt geheimgehaltene defensive Militärbündnisse vereinbarte, die im Falle eines Angriffs auf einen der Bündnispartner wirksam werden sollten.[7] Die Absicht, die Bismarck mit diesen rein defensiven Militärbündnissen verfolgte, wird auch noch in der neueren Forschung mit der metaphorischen Wendung beschrieben, Preußen habe damit »Brücken über den Main« geschlagen.[8] Das in dieser Metapher enthaltene Argument lautet, Bismarck habe spätestens damals die kleindeutsche Lösung der nationalen Frage beabsichtigt, mit der Verwirklichung seines Plans aber einen günstigeren Zeitpunkt abgewartet. Diese immer wieder vorgetragene These überschätzt nicht nur bei weitem den politischen Wert solcher Bündnisse – Bayern beispielsweise fand sich erst nach massiven Drohungen Preußens dazu bereit, einer solchen Allianz beizutreten –, sondern sie verkennt zum anderen auch völlig den ausschließlich defensiven Charakter dieser Abkommen. Mit diesen Militärbündnissen wollte Bismarck vor allem die Integrität und Souveränität der süddeutschen Staaten gegen ihm immerhin möglich erscheinende österreichische Expansionsgelüste absichern. Das ist aber etwas entschieden anderes als jene nationalpolitische Option, wie sie von der Metapher des preußischen Brückenschlags über den Main suggeriert wird: Durch den defensiven Charakter der Bündnisse garantierte Preußen ja ausdrücklich die Eigenständigkeit der süddeutschen Staaten und hielt sie sich damit auch vom Leibe![9]
Eine solche Behauptung mag angesichts der nur zu bekannten Perspektive, in der die weitere Entwicklung der deutschen Dinge zwischen 1866 und 1871 häufig gesehen wird, geradezu als paradox, wenn nicht sogar als durch die Umstände völlig widerlegt erscheinen. Denn in dieser Sicht stellen sich die Jahre zwischen 1866 und 1871 lediglich als ein Intermezzo, als eine notwendige Atempause dar, in der der Hauptakteur neue Kräfte zur Vollendung seines schon seit langem konzipierten

Werks sammeln mußte. Eine solche Auffassung ist von durchaus verführerischer, weil großer Anschaulichkeit. Aber sie ist falsch, verkennt sie doch völlig die Prämissen, auf die Bismarcks Politik gegründet war und denen er bei allem Opportunismus in der Wahl seiner politischen Mittel stets die Treue hielt. Diese Prämissen der bismarckschen Politik waren jeweils die Mehrung und Sicherung der preußischen Macht, seiner persönlichen ebenso wie die seiner Klasse, sowie die Stärkung der Institutionen und gesellschaftlichen Einrichtungen, in denen diese Macht wurzelte. Von daher war eine nationale Lösung im kleindeutschen Sinne für Bismarck nicht von vornherein ein politisches Ziel an sich, sondern lediglich eine Eventualität, die er in seinem Sinne zu nutzen und zu gestalten wußte, als es für ihn keine andere, das heißt politisch tragfähige Möglichkeit mehr gab, die preußische Macht zu mehren und zu festigen. Die deutsche Einheit, wie sie Bismarck schuf, war demnach lediglich das Mittel, die preußische Macht zu behaupten. Daß er aber schon 1866 auf dieses Ziel so unbeirrbar zusteuerte, wie immer wieder behauptet wurde, davon kann nicht die Rede sein. Trotz aller nationalen Untertöne, die bei ihm gelegentlich herauszuhören waren, war sein politisches Planen und Wollen darauf gerichtet, die preußische Macht in Norddeutschland sich breitmachen lassen. Dieses Motiv seiner Politik wird in seiner bereits angeführten Rede vom 17. August 1866 gerade dort besonders deutlich, wo er die »Notwendigkeit« der preußischen Annexionen, den preußischen »Kronenraub«, der den Ultrakonservativen als eine unerhört revolutionäre Tat erschien, begründet: ». . . wir haben das Interesse der Regierten über das der Dynastien gestellt. Es ist wahr, es macht dieses vielleicht den Eindruck der Ungerechtigkeit, aber die Politik hat nicht die Aufgabe der Nemesis, die Rache ist nicht unser, sondern wir haben zu tun, was für den preußischen Staat eine Notwendigkeit ist, und deshalb haben wir uns durch kein dynastisches Mitgefühl leiten lassen.«[10]

Daß Preußen, wie Bismarck hier behauptet, bei den Annexionen das Interesse der Regierten über das der Dynastien gestellt habe, ist zumindest im Falle Hannovers und auch Schleswig-Holsteins der blanke Zynismus. Vor allem in Hannover war bis zum Ende Preußens in diesem Jahrhundert eine starke und sehr populäre politische Bewegung aktiv, die für die Rechte der entthronten Welfendynastie eintrat und die in unbedingter Opposition zu Preußen stand. Die Annexionen waren einzig und allein in den preußischen Machtinteressen begründet. Preußen umfaßte nach 1866 rund vier Fünftel der gesamten Bevölkerung und den bei weitem größten Teil deutschen Gebiets nördlich des Mains.

Nach Beendigung des preußischen Verfassungskonflikts und der Annexion der genannten norddeutschen Staaten wandte sich Bismarck seiner nächsten Aufgabe zu, der Ausarbeitung einer Verfassung für den gesamten preußischen Herrschaftsbereich nördlich des Mains. Bereits am 18. August 1866 wurden zwischen Preußen und den in ihrer staatlichen Existenz verbliebenen norddeutschen Staaten Bündnisverträge abgeschlossen, welche die vertragliche Grundlage für die Schaffung des Norddeutschen Bundes bildeten. Wichtigste Bestimmung dieser Verträge war, daß die Verfassung des geplanten Norddeutschen Bundes gemeinsam von den einzelnen Regierungen der an diesem Bund beteiligten Staaten wie auch von einem aus allgemeinen und direkten Wahlen hervorgegangenen Parlament beschlossen werden sollte.

Daß Bismarck für den Reichstag des Norddeutschen Bundes trotz eigener Bedenken auf einem »demokratischen« Wahlrecht bestand, hat damals wie später zu zahlreichen Mutmaßungen und Diskussionen Anlaß gegeben. In seinen *Gedanken und Erinnerungen* hat Bismarck dafür ein Motiv genannt, das erneut sein ungeheures Geschick beweist, selbst der beste Arrangeur seines Nachruhms gewesen zu sein. »Im Hinblick auf die Notwendigkeit«, schreibt Bismarck hier – und zahlreiche Historiker haben sich von der Kühnheit dieser Gedanken dazu verleiten lassen, in ihnen tatsächlich die vermeintlich wahren Motive Bismarcks zu erkennen –, »im Kampfe gegen eine Übermacht des Auslands im äußersten Notfall auch zu revolutionären Mitteln greifen zu können, hatte ich auch kein Bedenken getragen, die damals stärkste der freiheitlichen Künste, das allgemeine Wahlrecht, . . . mit in die Pfanne zu werfen, um das monarchische Ausland abzuschrecken von Versuchen, die Finger in unsre nationale Omelette zu stecken . . . Die Annahme des allgemeinen Wahlrechts war eine Waffe im Kampfe gegen Österreich und weiteres Ausland, im Kampfe für die deutsche Einheit, zugleich eine Drohung mit letzten Mitteln im Kampfe gegen Koalitionen. In einem Kampfe derart, wenn er auf Leben und Tod geht, sieht man die Waffen, zu denen man greift, und die Werte, die man durch ihre Benutzung zerstört, nicht an: Der einzige Ratgeber ist zunächst der Erfolg des Kampfes, die Rettung der Unabhängigkeit nach Außen; die Liquidation und Ausbesserung der dadurch angerichteten Schäden hat nach dem Frieden stattzufinden.«[11]

Das ist in maximenhafter Prägnanz vortrefflich formuliert, und diese Sätze fügen sich auch nahtlos ein in das Bild des letztlich prinzipienlosen, machiavellistischen Politikers, das Zeitgenossen und Nachgeborene vom »eisernen Kanzler« hatten. – Doch so schön sich auch diese Begründung seines Handelns anhören mag, seine wahren Motive werden damit nicht wiedergegeben. Diesen kommen vielmehr Vermutungen wesentlich näher, die damals insbesondere von liberalen Abgeordneten geäußert wurden. Sie hatten Bismarck in Verdacht, er wolle mit dem allgemeinen und direkten Stimmrecht »einen Gegendruck ausüben gegen die Mittelklassen, gegen das Bürgertum, den wahren Träger der freiheitlichen Ideen und den wahren Grundstein aller europäischen Staaten«. Bismarck werden solche Überlegungen nicht ferngelegen haben, auch wenn er sie in einer Sitzung des norddeutschen Reichstags mit den Worten dementierte, daß mit den allgemeinen und direkten Wahlen »keineswegs ein tief angelegtes Komplott gegen die Freiheit der Bourgeoisie in Verbindung mit den Massen zur Errichtung eines cäsarischen Regiments beabsichtigt« sei. Und den Kritikern des allgemeinen Wahlrechts stellte er die rhetorische Frage, welchen anderen Wahlmodus sie statt dessen haben wollten: »Etwa das preußische Dreiklassensystem? Ja, meine Herren, wer dessen Wirkung und die Konstellationen, die es im Lande schafft, etwas in der Nähe beobachtet hat, muß sagen, ein widersinnigeres, elenderes Wahlgesetz ist nicht in irgendeinem Staate ausgedacht worden, . . .«[12]

Tatsache aber ist, daß ein allgemeines Wahlrecht, und dies war Bismarcks Kalkül, sich ganz gut dazu eignete, die bürgerlichen Kräfte zu schrecken und sich gefügig zu machen. Und der Umstand, daß gerade die Liberalen sich nach 1848 immer wieder gegen ein allgemeines und direktes Wahlrecht ausgesprochen hatten, mußte ihn in dieser Gewißheit noch bestärken. Hinzu kam, daß Bismarck mit den liberalen Kammermehrheiten, die ein Produkt des preußischen Dreiklassenwahlrechts waren, während der Zeit des Verfassungskonflikts die denkbar schlechtesten Erfahrungen gesammelt hatte. Preußen war zwar kein parlamentarischer Staat, und die Minister waren in ihren politischen Entscheidungen nicht dem Landtag verantwortlich, aber dennoch war es für seine eigene Stellung und vor allem auch für seine Politik höchst mißlich gewesen, gegen eine renitent oppositionelle Kammermehrheit anregieren und sich dabei stärker, als ihm dies lieb war, auf den Rückhalt der Krone und der diese umgebenden hochkonservativen Kreise stützen zu müssen. Was Bismarck für sich anstrebte, war eine Stellung relativer politischer Unabhängigkeit sowohl gegenüber der Krone als auch gegenüber der preußischen Kammer oder dem norddeutschen Reichstag. Eine wichtige, gleichsam technische Voraussetzung für eine solche unabhängige Mittlerposition zwischen der Vielfalt gesellschaftlicher Geltungsansprüche und dem durch die Krone repräsentierten Staat war für ihn eben jenes allgemeine und direkte Wahlrecht für den Reichstag des Norddeutschen Bundes. Doch Bismarck war Realist genug, die Sicherung seiner unabhängigen Stellung nicht allein den kaum kalkulierbaren politischen Mehrheiten eines allgemeinen und direkten Wahlrechts anzuvertrauen. In Preußen behielt er deshalb das von ihm häufig geschmähte hochmanipulative Dreiklassenwahlrecht für den Landtag bei. Daß die politischen Mehrheiten in den beiden aus unterschiedlichen Wahlverfahren hervorgegangenen Vertretungsorganen jemals übereinstimmen würden, war wenig wahrscheinlich. Bismarck konnte also in seiner Doppelfunktion als preußischer Ministerpräsident und als Kanzler des Norddeutschen Bundes – später des Deutschen Reichs – beide Vertretungsorgane um so leichter gegeneinander ausspielen, als Preußen innerhalb des Norddeutschen Bundes wie auch im Reich von 1871 stets unangefochten die Stellung einer Hegemonialmacht innehatte.

Auch der gesamte Verfassungsbau des Norddeutschen Bundes war der Idee verpflichtet, die preußische Machtposition zu garantieren und gleichzeitig dem, der diese Macht politisch ausübte, deren Gebrauch in jeder denkbaren Weise zu erleichtern und ihn möglicher gegenteiliger Geltungsansprüche institutionell weitgehend zu entheben. In den sogenannten Putbuser Diktaten entwarf Bismarck selbst die Grundlinien dieses Verfassungswerks.[13] Dabei legte er auf zweierlei besonderen Wert: Einmal sollte die Verfassung nicht allzu zentralistisch-bundesstaatlich ausfallen, andererseits aber mußte die Hegemonialstellung des preußischen Staates abgesichert sein. Als oberste Behörde des Norddeutschen Bundes und damit als das souveräne Organ der »Verbündeten Regierungen« war der Bundesrat vorgesehen. Im Bundesrat verfügte Preußen über 17 der insgesamt 43 Stimmen. Für Entscheidungen in diesem Organ genügte die einfache Stimmenmehrheit, während für Verfassungsänderungen eine Zweidrittelmehrheit erforderlich war. Der Bundesrat, in dessen Zusammensetzung der föderale Charakter des Norddeutschen Bundes zum Ausdruck gebracht werden sollte, übte neben seiner in der Praxis allerdings nur sehr formellen Aufgabe einer Bundesexekutive auch legislative Funktionen aus. Mit dem aus allgemeinen und direkten Wahlen hervorgegangenen norddeutschen Reichstag teilte er sich in die Gesetzgebungsarbeit. Das eigentliche politische Entscheidungszentrum des Norddeutschen Bundes war das Bundespräsidium, das Preußen exklusiv innehatte. Die Befugnisse des Bundespräsidiums umfaßten die völkerrechtliche Vertretung des gesamten Bundes sowie das Recht, im Namen des Bundes Krieg zu erklären und Frieden zu schließen. Außerdem kontrollierte es die Ausführung der Bundesgesetze in allen Mitgliedstaaten. Ferner hatte das Bundespräsidium den Oberbefehl über alle Streitkräfte des Bundes in Kriegs- und Friedenszeiten. Die ohnehin nur sehr formalen Einflußmöglichkeiten des föderalistisch gestalteten Bundesrats wurden durch die Schaffung eines obersten und unmittelbaren Bundesorgans noch weiter geschmälert. Dieses Organ war der Bundeskanzler.[14]

Die Stellung des Bundeskanzlers innerhalb der Verfassung des Norddeutschen Bundes war hinsichtlich seiner politischen Unabhängigkeit und Machtfülle ganz auf die Person und die politischen Ambitionen Bismarcks zugeschnitten. Sie garantierte eben jene von allen Gewalten gleichermaßen unabhängige Machtposition, für die sich Bismarck mit der Einführung des allgemeinen und direkten Wahlrechts die Grundlagen hatte schaffen wollen.[15] Gegenüber dem norddeutschen Reichstag war der Bundeskanzler verantwortlich. Erst durch seine Gegenzeichnung wurden Anordnungen und Verfügungen des Bundespräsidiums verbindlich. Diese Verantwortlichkeit des Bundeskanzlers gegenüber dem Reichstag stiftete jedoch keine Abhängigkeit vom Mehrheitswillen dieses Organs, da einzig und allein das Bundespräsidium die Befugnis hatte, den Bundeskanzler zu ernennen und zu entlassen. Umgekehrt konnte sich der Bundeskanzler gegenüber den Weisungen des Bundespräsidiums auf seine Verantwortlichkeit berufen, die er dem Reichstag gegenüber hatte. Mit anderen Worten: Diese doppelte Abhängigkeit des Bundeskanzlers von Bundespräsidium und Reichstag verschaffte dem Amtsinhaber sehr große politische Unabhängigkeit und Entscheidungsfreiheit, was Bismarck stets zu nutzen wußte.

Gewichtet man die einzelnen Organe der Verfassung des Norddeutschen Bundes nach der tatsächlichen Bedeutung ihrer politischen Funktionen für das Ganze, so wird man konstatieren müssen, daß sowohl dem Bundesrat wie dem Reichstag, verglichen mit der Kompetenzfülle von Bundespräsidium und vor allem Bundeskanzler, fast nur noch rein dekorative Aufgaben blieben. Preußen konnte sich im Bundesrat, dem bloß formal höchsten Organ des Bundes, mit seiner starken Minderheit von siebzehn Stimmen durchaus zufriedengeben, war es doch sehr unwahrscheinlich, daß die übrigen Mitglieder des Bundes in einer konkreten Entscheidungssituation gegen ein von Preußen unterstütztes Vorhaben votierten. Zumindest die kleinen thüringischen Staaten waren völlig von Preußen abhängig und folgten bedingungslos seiner Stimmführerschaft. Nach außen, insbesondere gegenüber dem Reichstag aber war das vermeintliche föderale Organ des Bundesrats ein Paravent, in dessen Schutz Preußen ungestört agieren konnte.[16]

Während also der Bundesrat lediglich mit einer Fassade föderaler Buntheit ausgestattet wurde, in Wirklichkeit aber Preußen die Dinge unter Kontrolle hatte, erhielt der Reichstag nach längeren Kämpfen um den von Bismarck vorgelegten Verfassungsentwurf doch ein gewisses Maß an Entscheidungsbefugnis zugebilligt, namentlich das Recht, ein jährliches Budget zu beschließen, in dem sämtliche Einnahmen und

Ausgaben verzeichnet waren. Lediglich die Festlegung des Heeresetats, des bei weitem größten Haushaltspostens, wurde für eine Interimszeit, die zum Jahresende 1871 auslaufen sollte, der Budgetkompetenz des Reichstags entzogen.

Daß Bismarck entgegen seinem Verfassungsentwurf und trotz seiner mit dem Verfassungskonflikt gemachten Erfahrungen dem norddeutschen Reichstag das Budgetrecht zugestand, erklärt sich wohl aus der Einsicht, daß ihm ein ohnmächtiges Parlament, mit dem er zwar nach Belieben umspringen konnte, als ein Instrument, seine Politik durchzusetzen, völlig unnütz sein würde. »Ein Reichstag ohne liberalen Zusatz«, schrieb Bismarck im Januar 1867 an den preußischen Innenminister Graf von Eulenburg, »würde keine ausreichende Pression auf die widerstrebenden Regierungen ausüben.«[17] Erst dieser »liberale Zusatz«, zu dem Bismarck nicht nur das Budgetrecht, sondern auch alle anderen »liberalen« Zugeständnisse zählte, die er sich erst nach hartnäckigen Auseinandersetzungen über seinen Verfassungsentwurf von dem konstituierenden Reichstag abringen ließ,[18] gewährleistete, daß der Reichstag zu jener »parlamentarischen Hochdruckmaschine« wurde, die der Kanzler Bismarck zur Verwirklichung seiner innen- wie außenpolitischen Absichten brauchte. Das Bundeskanzleramt diente Bismarck dabei als der »unentbehrlichste Teil, um die ganze Maschine, wie sie augenblicklich konstruiert ist, in Gang zu halten«. Der Obermaschinist Bismarck konnte die »parlamentarische Hochdruckmaschine« stets dazu benutzen, den politischen Geltungsansprüchen des »gott- und rechtlosen Souveränitätsschwindels« die Stirn zu bieten, wie er umgekehrt auch diesen »Souveränitätsschwindel«, der im Bundesrat sein Vertretungsorgan hatte, gegebenenfalls dazu gebrauchen konnte, um ihm allzu weitgehende Ansprüche des Reichstags zu paralysieren.[19]

Am 10. Juni 1866 hatte Preußen Österreich mit seinem Antrag auf Reform des Deutschen Bundes, der vorsah, das Bundesgebiet unter Ausschluß der österreichischen Landesteile neu zu konstituieren, den Fehdehandschuh hingeworfen. Ein Jahr später, am 1. Juli 1867, trat die Verfassung des Norddeutschen Bundes in Kraft. Was die preußische Regierung damals, 1866, als Ziel ihrer Politik verkündet hatte, unterschied sich erheblich von dem, was ein Jahr später Wirklichkeit geworden war. Deutsch-Österreich war in der Tat aus Deutschland verdrängt worden. Der Deutsche Bund existierte nicht mehr. Auch sonst hatte eine neue Flurbereinigung die politische Landkarte Deutschlands verändert. Doch eine Antwort auf die Frage, was Deutschland denn eigentlich sei, war 1866 ungewisser denn je. In Süddeutschland, das im Bündnis mit Österreich den Krieg gegen Preußen verloren hatte, erkannte man zwar, daß aus jener neuen revolutionären Machtzusammenballung nördlich des Mains die deutsche Einheit hervorgehen könnte. Aber diese Aussicht erschreckte zutiefst, und vor allem in Bayern und Württemberg stand man Preußen mit erbitterter Gegnerschaft wie selten gegenüber. In Süddeutschland war das Empfinden viel zu lebhaft, daß das, was sich Norddeutscher Bund nannte, lediglich ein geschickt gewähltes Pseudonym für ein durch Kronenraub geschaffenes Großpreußen war! Wie sollte man auch einem Staat vertrauen, der die Rechte anderer mißachtete, wenn es galt, seine eigene Macht zu mehren!

Preußen hatte eine »Revolution von oben« gemacht und sich damit gegen jenes Prinzip monarchischer Legitimität versündigt, auf das es selbst gegründet war. Wilhelm Liebknecht, der erste parlamentarische Führer der deutschen Sozialdemokratie, hat Jahre später in einer Reichstagsrede diese revolutionäre Erbsünde des neuen Deutschen Reichs gegeißelt: »Unter Konservatismus verstehe ich – und zwar nach Ihrer eigenen Theorie –, daß man die monarchischen Institutionen wahrt, daß man das Legitimitätsprinzip aufrechterhält, daß man für die Rechtskontinuität kämpft. Nun, meine Herren, Sie haben sich 1866 auf den Boden der Annexionspolitik gestellt, das heißt auf den Boden der Revolution von oben. Damit ist Ihnen der konservative Boden unrettbar unter den Füßen weggerissen worden. Sie haben von dem Moment an, wo Sie sich für die Vernichtung des Legitimitätsprinzips, für das revolutionäre Prinzip der Annexionen, für das allgemeine Stimmrecht, für die Volkssouveränität erklärt haben, aufgehört, eine konservative Partei zu sein. Man hat auf dieser Seite des Hauses [gemeint ist das Zentrum] gesagt: Qui mange du Pape en meurt – wer vom Papste ißt, der stirbt; nun, meine Herren, wir sagen Ihnen: Qui mange de la Révolution en meurt. Sie, meine Herren, haben von der Revolution gekostet, und als konservative Partei sind Sie zugrunde gegangen.«[20] Bismarcks »Revolution von oben« war aber nur eine halbe Sache. Konsequent wäre es gewesen, die Kräfte des Liberalismus und des Nationalismus zu entfesseln, die einige, freie und unteilbare deutsche Republik auszurufen und mit den anderen Kronen auch die preußische zum Schrott der Geschichte zu werfen.

Auf die preußische Machtausdehnung im Norden reagierte der Süden mit einem Erstarken des politischen Partikularismus. Niemand wurde hier von den preußischen Waffenerfolgen geblendet. Die Niederlage, die der Süden erlitten hatte, schärfte manch einem den Blick. Und die dem zivilisatorischen Standard des 19. Jahrhunderts hohnsprechende rüde Behandlung, welche sich die wehrlose Stadt Frankfurt am Main durch die preußische Besatzung 1866 hatte gefallen lassen müssen, frischte bei vielen das Bild vom »häßlichen Preußen« wieder auf.

Die Antipathie gegen Preußen, die nach 1866 in Süddeutschland erneut aufkam, blieb aber nur Episode. Sie war, wie sich rasch zeigen sollte, weder stark genug, die Gegensätze zwischen den süddeutschen Staaten zu überbrücken und sie zu einer antipreußischen Front zu versammeln, noch war man in den einzelnen süddeutschen Staaten gewillt, bloß wegen dieser Antipathie auf die zahlreichen handfesten wirtschaftlichen Vorteile, welche die Mitgliedschaft im von Preußen geführten Zollverein mit sich brachte, zu verzichten. Die »Triasidee«, der Gedanke eines »dritten«, von Preußen wie Österreich gleichermaßen unabhängigen Deutschland, war eben nur eine publizistische Grille.

Aber auch Bismarck sah zunächst nicht in eine von Preußen gestaltete nationale Zukunft. Was er fürs erste wollte, beschrieb er ziemlich präzise, als er dem preußischen Botschafter in Paris, von der Goltz, am 15. März 1867 in einem »ganz vertraulichen« Erlaß mitteilte: »Man hat die Mainlinie als eine Mauer zwischen uns und Süddeutschland aufrichten wollen, und wir haben sie akzeptiert, weil sie unserm Bedürfnis und unserm realen Interesse entsprach; aber sollte man sich darüber getäuscht haben, daß sie nicht eine wirkliche Mauer, sondern eine ideale Grenze – um im Gleichnis zu bleiben, gewissermaßen ein Gitter ist, durch welches der nationale Strom – dessen Unaufhaltsamkeit man in dem Vorbehalt der *liens nationaux* anerkennen mußte – seinen Weg findet.«[21]

Bismarck stellte damit zunächst einmal fest, daß er im Augenblick keinerlei Interesse daran habe, die preußische Hegemonie über die Mainlinie auszudehnen. Dieses Desinteresse war vor allem innenpolitisch begründet: Erst mußte die preußische Macht innerhalb des Norddeutschen Bundes wirklich konsolidiert sein. Die Annexionen mußten verdaut werden, ehe man an eine neuerliche Erweiterung der preußischen Macht denken konnte. Die preußischen Grenzpfähle waren dort eingerammt worden, wo das protestantische Bekenntnis aufhörte vorzuherrschen. Dieses von Bismarck einst formulierte Programm galt es zunächst zu erfüllen. Daß er den preußischen Botschafter in Paris über seine innenpolitischen Pläne und Motive insoweit informierte, als diese auch eine außenpolitische Relevanz besaßen, entsprach völlig den Usancen. Daraus jedoch ableiten zu wollen, Bismarck habe 1866 nur deshalb dem preußischen Vormarsch am Main Einhalt geboten, um eine französische Intervention zu vermeiden, ist ebenso falsch wie die andere Vermutung, er habe seither nur auf eine günstige Gelegenheit gelauert, Frankreich unschädlich zu machen, um das längst von ihm geplante Werk der deutschen Einigung unter Preußens Führung zu vollenden. Eine der politischen Maximen Bismarcks war, keine unreifen Früchte abzuschlagen. Süddeutschland aber war noch eine solche unreife Frucht. Außerdem wußte Bismarck, daß in jedem Fall die Zeit für Preußen arbeitete. Das von Preußen beherrschte Norddeutschland, war es erst einmal politisch, wirtschaftlich und militärisch geeint und gefestigt, konnte sehr gut ohne die süddeutschen Staaten existieren, während diese immer zu schwach sein würden, um sich allein auf Dauer behaupten zu können. In ihren Wirtschafts- und Sicherheitsinteressen würden sie zunehmend auf Preußen angewiesen sein, und alles, was eine kluge preußische Politik tun konnte, war, diese Abhängigkeit in aller Stille zu fördern und zu festigen.

Die Gewißheit, alle Trümpfe in der Hand zu haben, war die Voraussetzung für den Kurs einer liberalen Innenpolitik, den Bismarck in den nächsten Jahren im Norddeutschen Bund steuerte. Die diplomatisch-politische Schonung der süddeutschen Staaten hatte denselben Grund. In enger und weitgehend reibungsloser Zusammenarbeit mit dem norddeutschen Reichstag, in dem Bismarck sich auf eine solide Mehrheit aus Freikonservativen, Altliberalen und Nationalliberalen stützen konnte, bewältigte man bis 1870 ein beachtliches Gesetzgebungsprogramm, mit dem vor allem die wirtschaftliche und rechtliche Einheit des Norddeutschen Bundes vollendet wurde. Mit dieser Gesetzgebung trug Bismarck den realen gesellschaftlichen Interessen, deren Bedeutung er für die Gestaltung seiner Politik stets betont hatte, genau in jenem Umfang Rechnung, daß die Sicherung und Mehrung seiner eigenen Macht wie der der monarchisch-feudalen Institutionen, auf die sich jene letztlich gründeten, gewährleistet blieben. Es war dies insgesamt eine Politik, welche die damalige Phase wirtschaftlicher Hochkonjunktur geschickt ausnutzte, indem sie alle Möglichkeiten eines Ausgleichs zwischen den dynamischen Kräften der »bürgerlichen« Gesellschaft und den konservativen Elementen und Institutionen des preußischen Staates zur Zufriedenheit beider Seiten ausschöpfte. In jenen Jahren wurden die Grundlagen für den Zwittercharakter des späteren Deutschen Reichs gelegt: Die Reformen auf wirtschaftlichem Gebiet, die damals begonnen oder fortgesetzt wurden, schufen die Voraussetzungen für die Entfaltung der modernen Industriegesellschaft in Mitteleuropa, während andererseits alles getan wurde, um ein qualitatives Umschlagen dieser wirtschaftlichen Dynamik, die einen tiefgreifenden sozialen Wandel der Gesellschaft provozierte, in politischen Fortschritt zu verhindern. Daß Bismarck dies gelang, daß er auch später im Deutschen Reich den scheinbar kausalen Zusammenhang zwischen wirtschaftlich-sozialem Wandel und gesellschaftlich-politischem Fortschritt mehr oder minder erfolgreich ignorieren konnte, hängt entscheidend damit zusammen, daß er es stets verstand, die tiefen gesellschaftlichen Widersprüche, die dieser rapide wirtschaftlich-soziale Wandel offenbarte, für die Erhaltung

und Stärkung der hoffnungslos antiquierten und abbröckelnden Machtgrundlagen des preußischen Staates auszunutzen.

Aber auch für einen Politiker vom Range Bismarcks war dieses Spiel
äußerst gewagt. Es kam einem Hochseilakt über einem tiefen Abgrund
gleich. Keineswegs konnte er sich nämlich sicher sein, daß es ihm jeweils gelingen würde, die Kräfte des wirtschaftlichen und sozialen
Wandels, die er mobilisiert hatte, auch in seinem Sinne politisch zu zügeln. Die »parlamentarische Hochdruckmaschine« konnte ihm, obwohl
er als Obermaschinist alle Sicherheitsventile zur alleinigen Verfügung
hatte, eines Tages doch einmal um die Ohren fliegen. Lange vor dem
»cauchemar des coalitions«, dem Alpdruck der außenpolitischen Isolierung und Einkreisung des Deutschen Reichs, der ihn in späteren Jahren
als Kanzler dieses Reichs plagen sollte, wurde Bismarck von der Furcht
vor der Zerstörung jenes im höchsten Maße künstlichen Gleichgewichts geplagt, das er innenpolitisch zwischen den Kräften wirtschaftlich-sozialer Dynamik und politisch-gesellschaftlicher Statik geschaffen
hatte.

In einem Brief an Karl Marx vom 13. April 1866 wagte Friedrich Engels
bereits die Prognose: »Es wird mir immer klarer, daß die Bourgeoisie
nicht das Zeug hat, selbst direkt zu herrschen, und daß daher, wo nicht
eine Oligarchie wie hier in England es übernehmen kann, Staat und Gesellschaft gegen gute Bezahlung im Interesse der Bourgeoisie zu leiten,
eine bonapartistische Halbdiktatur die normale Form ist; die großen materiellen Interessen der Bourgeoisie führt sie durch selbst gegen die
Bourgeoisie, läßt ihr aber keinen Teil an der Herrschaft selbst. Andererseits ist diese Diktatur selbst wieder gezwungen, diese materiellen Interessen der Bourgeoisie widerwillig zu adoptieren.«[22] Und in einem anderen Brief an Marx, datiert vom 25. Juni 1866, bemerkte Engels: »Die
Geschichte in Deutschland scheint mir jetzt ziemlich einfach ... Was
die nationale Seite der Sache angeht, so wird B[ismarck] jedenfalls das
kleindeutsche Kaisertum in dem von den Bourgeois beabsichtigten Umfang, d.h. incl. Südwestdeutschland, herstellen, denn die Redensarten
von der Mainlinie und von der Optional South German Separate
Confederacy sind jedenfalls für die Franzosen berechnet, und inzwischen marschieren die Preußen auf Stuttgart ... Politice wird Bismarck
genötigt sein, sich auf die Bourgeoisie zu stützen, die er gegen die
Reichsfürsten braucht. Vielleicht nicht in diesem Augenblick, da jetzt
noch das Prestige und die Armee hinreichen. Aber schon um sich vom
Parlament die nötigen Bedingnisse für die Zentralgewalt zu sichern,
muß er den Bürgern etwas geben, und der natürliche Verlauf der Sache
wird ihn oder seine Nachfolger immer zwingen, wieder an die Bürger

zu appellieren; so daß, wenn Bismarck auch möglicherweise jetzt den Bürgern nicht mehr gibt, als er eben *muß*, er doch in das Bürgerliche mehr und mehr hineingetrieben wird.«[23]

Was von Engels in diesen beiden Briefen an Marx noch vor Königgrätz für die weitere Entwicklung der deutschen Dinge prognostiziert wurde, ging zwar nicht ganz so schnell und in einigen entscheidenden Punkten auch gar nicht so wie analysiert in Erfüllung. Aber entscheidend ist doch, daß Bismarck – wie Engels prophezeite –, sich just jener zwei Instrumente tatsächlich bediente, um die preußische Herrschaft auf ganz Deutschland auszudehnen: Bismarck befriedigte einerseits die materiellen Interessen der Kräfte wirtschaftlich-sozialer Dynamik, während er ihnen gleichzeitig die Möglichkeit einer effektiven Partizipation im politisch-gesellschaftlichen Entscheidungsbereich versagte. Und er bediente sich andererseits der Sehnsüchte des deutschen Nationalismus, die er derart erfüllte, daß er den Nationalismus von seinem politischen Zwillingsbruder, dem Liberalismus, trennte. Die deutsche Einheit wurde von Bismarck verwirklicht, aber diese Einheit gründete im Innern nicht auf dem liberalen Konzept der Gesellschaft, sondern auf einem Bündnis der Dynasten, in dem Preußen den Ton angab.

Die Benutzung des einen Instruments wurde Bismarck durch die inneren Widersprüchlichkeiten der sich entwickelnden bürgerlichen Klassengesellschaft wesentlich erleichtert, da die grundsätzliche Interessenidentität der Bourgeoisie im Bereich des materiellen und gesellschaftlichen Lebens sich nicht in einer entsprechenden Identität ihrer politischen Geltungsansprüche materialisierte; dagegen war die erfolgreiche Verwendung des anderen Instruments, eines seiner liberalen Inhalte völlig entkleideten Nationalismus, der sich willig vor den Karren der preußischen Machtinteressen spannen ließ, davon abhängig, daß der Liberalismus seiner politischen Unfähigkeit überführt wurde, die deutsche Einheit zu schaffen. Mit anderen Worten: Bismarck mußte beweisen, daß nur mit Blut und Eisen und nicht mit Parlamentsbeschlüssen die deutsche Einheit zu erreichen war, aber nicht deshalb, weil es keinen anderen Weg gegeben hätte, um dieses Ziel zu erreichen, sondern weil nur so sich die feudal-absolutistische Machtgrundlage Preußens auch in einem deutschen Nationalstaat ungeschmälert erhalten ließ.

Die Entwicklung zwischen 1866 und 1870 zeigt, daß Bismarck erst im Verlauf der in diesen Jahren gewonnenen Erfahrungen zu der Einsicht gelangte, daß nur eine Kombination beider Instrumente die Wahrung der preußischen Machtinteressen langfristig gewährleisten konnte. Daß die erfolgreiche Befriedigung der bloß materiellen Interessen nicht ausreichte, die politische Hegemonie Preußens über ganz Deutschland in absehbarer Zeit zu sichern, wurde 1868 offenbar. Eine entscheidende Folge des von Preußen 1866 errungenen politischen und militärischen Sieges über Österreich war es nämlich, daß die trotz des Zollvereins immer noch bedeutende Stellung Österreichs auf dem deutschen Kapitalmarkt in den Grundfesten erschüttert wurde. Königgrätz kann auch als ein »Sieg« des preußischen Talers über den österreichischen Gulden bezeichnet werden: Berlin löste Frankfurt am Main als wichtigstes Bankenzentrum in Deutschland ab, und die im Krieg gegen Preußen ebenfalls unterlegenen deutschen Staaten waren gezwungen, auf dem Berliner Kapitalmarkt Anleihen zu zeichnen, um die preußischen Kriegsschuldenforderungen begleichen zu können.[24] Preußen hatte damit nach 1866 in Wirtschaft und Handel seine Hegemonialstellung innerhalb Deutschlands bereits verwirklicht. Deshalb lag der Gedanke nahe, diese Situation auch für eine politische Lösung der deutschen Frage im Sinne Preußens auszunützen.

Eine außenpolitische Krise im Frühjahr 1867 schien diesen Absichten durchaus förderlich zu sein. Napoleon III. war von Kreisen des Hofs und der Regierung wie auch von der Öffentlichkeit immer wieder gedrängt worden, im Gegenzug zu den mit Frankreichs Einverständnis erfolgten preußischen Annexionen in Norddeutschland Kompensationen zu fordern. Er hatte sich diesem Druck schließlich gebeugt und war im März 1867 mit dem holländischen Königshaus in geheime Verhandlungen eingetreten, um das von diesem in Personalunion verwaltete Großherzogtum Luxemburg durch Kauf für Frankreich zu erwerben. Ursprünglich hatte Bismarck Napoleon III. diesen Gedanken eingeflüstert, um so die von ihm stets gefürchteten französischen Annexions- und Kompensationsgelüste von deutschen Gebieten am Rhein auf Luxemburg und Belgien abzulenken. Bismarcks Bedingung war aber stets gewesen, daß bei dem ganzen Handel die Rolle Preußens, und das hieß vor allem seine stillschweigende Zustimmung zu diesem Schacher, völlig im dunkeln bleiben müsse, zumal Luxemburg, das Mitglied des Deutschen Bundes und des Zollvereins war, von der deutschen Öffentlichkeit als deutsches Land angesehen wurde. Eine offene Zustimmung Bismarcks zum Erwerb Luxemburgs durch Frankreich hätte Preußen dem »nationalen Fluch« überantwortet – eine Aussicht, die Bismarck unter allen Umständen vermeiden mußte, wenn er sich die Option offenhalten wollte, die preußische Hegemonialstellung in Deutschland ohne einen Bürgerkrieg mit ungewissem Ausgang zu verwirklichen.

König Wilhelm III. der Niederlande, der mit Napoleon III. über Luxemburg längst handelseinig geworden war, beging nun den »Fehler«, Preußens Haltung zu diesem Geschäft offiziell zu erkunden. Die Gefahr vor Augen, seine geheime Vermittlerrolle bei diesem Schacher könnte publik werden, riß Bismarck das Steuer herum. Sofort brach er die geheimen Verhandlungen mit Frankreich ab und schürte statt dessen im norddeutschen Reichstag nach Kräften das Feuer nationaler Empörung über die von Frankreich geplante Annexion eines deutschen Landes.[25] Daraufhin verlor Wilhelm III. der Niederlande die Nerven. Ohne eine preußische Einwilligung in den Verkauf von Luxemburg an Frankreich wollte er den Handel nicht unterschreiben. Frankreich drohte nun mit Krieg, der nur durch das Eingreifen der übrigen europäischen Mächte verhindert werden konnte. Auf einer internationalen Konferenz, die im Mai 1867 in London zusammentrat, wurde das Großherzogtum Luxemburg als neutraler und entmilitarisierter Staat – bis zu diesem Zeitpunkt war eine preußische Garnison in Luxemburg stationiert gewesen – unter den Schutz einer kollektiven Garantie der europäischen Mächte gestellt.

Die Luxemburger Krise hatte einen Gewinner und einen Verlierer, ein Umstand, der aber nicht sofort, sondern erst drei Jahre später deutlich werden sollte. Der Gewinner hieß Bismarck; denn für eine Verwirklichung der kleindeutschen Lösung unter preußischem Vorzeichen war Luxemburg kein geringeres Problem als Schleswig-Holstein. Durch die internationale Garantie der Neutralität Luxemburgs wurde Bismarck der Lösung dieses Problems enthoben, ohne daß der geringste Makel an ihm haftenblieb. Gegenüber den europäischen Mächten hatte er sich überdies durch seine rasche und bereitwillige Zustimmung zu dieser Neutralisierung als ein verständiger und verantwortungsbewußter Politiker gezeigt, während Napoleon III. einmal mehr als der von Ehrgeiz zerfressene Störenfried dastand, der sich außerdem für innenpolitische Zwecke als ein Buhmann vortrefflich eignete.

Verlierer der Luxemburger Krise war Napoleon III., denn er mußte sich von seiner Vorstellung verabschieden, daß sich ein unter der Führung Preußens geeintes Deutschland zu ewiger Dankbarkeit gegenüber Frankreich verpflichtet wußte. Ganz das Gegenteil würde, wie die Luxemburger Krise zeigte, der Fall sein. Der Gegensatz zwischen Preußen-Deutschland und Frankreich datierte insofern nicht erst seit 1871, sondern schon seit dem Mai 1867. Bismarck trachtete danach, die anläßlich der Luxemburger Krise in Deutschland wild aufschäumenden nationalen Gefühle zu nutzen, um die zu erwartenden Widerstände vor allem der süddeutschen Regierungen gegen die Pläne einer grundsätzlichen Neuordnung des Zollvereins zu überwinden, mit denen vor allem die preußischen Interessen noch stärker als bisher berücksichtigt werden sollten. Dies gelang ihm, und auf den sogenannten Berliner Zollkonferenzen Anfang Juni 1867 wurden von allen Mitgliedern des Zollvereins die preußischen Vorschläge gebilligt. Sie sahen vor allem vor, daß an die Stelle des bisherigen losen Zusammenschlusses aller Zollvereinsmitglieder, der auf freien Verträgen der einzelnen Mitgliedsstaaten und dem Prinzip ihrer Einstimmigkeit bei der Beschlußfassung beruhte, ein »Zollbundesrat« und ein »Zollparlament« traten, denen bestimmte Befugnisse der Wirtschaftsgesetzgebung zugewiesen wurden, eine Kompetenz, die durch Mehrheitsbeschlüsse verbindlich ausgeübt werden sollte. Der Zollbundesrat war als Repräsentativorgan gedacht. Die einzelnen Regierungen sollten in ihm nach einem bestimmten Proportionalschlüssel vertreten sein: Bei insgesamt achtundfünfzig Stimmen entfielen auf Preußen siebzehn, auf Bayern sechs. Das Zollparlament dagegen war ein Vertretungsorgan sämtlicher Mitglieder des norddeutschen Reichstags sowie Abgeordneter der süddeutschen Staaten, die nach den Regeln des allgemeinen und direkten Wahlrechts entsandt wurden.[26]

Mit der Billigung dieser Neuorganisation des Zollvereins durch die süddeutschen Staaten war die wirtschaftspolitische Vormachtstellung Preußens innerhalb Deutschlands gesichert. Das Prinzip der Mehrheitsbeschlußfassung in Zollbundesrat und Zollparlament garantierte dem von Preußen dominierten volkreicheren Norden Deutschlands die unanfechtbare Beherrschung des Südens. Dennoch war der Ausgang der Zollparlamentswahlen Anfang des Jahres 1868 in Süddeutschland für Bismarcks weitere Absichten durchaus enttäuschend: Sowohl in Bayern wie in Württemberg, den beiden größten und wichtigsten der süddeutschen Staaten, errangen die partikularistischen und klerikalen Gegner Preußens klare Mehrheiten. In Baden siegten nur knapp die Nationalliberalen, und lediglich in Hessen-Darmstadt gewann die »nationale«, propreußische Partei alle sechs Mandate. Aber auch dies vermochte nichts daran zu ändern, daß sich im April 1868 im Zollparlament die Mehrheit aller süddeutschen Abgeordneten zu einer insgesamt 57 Mitglieder zählenden »süddeutschen Fraktion« aus »Klerikalen«, »Partikularisten« und »Großdeutschen« zusammenfand, die sich untereinander aber lediglich in dem Ziel einig waren, »jede Ausdehnung der Kompetenz des Zollparlaments und überhaupt jede weitere Ausdehnung des Einflusses Preußens und des Norddeutschen Bundes auf die süddeutschen Staaten abzuwehren«.[27]

Das Ergebnis der Zollparlamentswahlen in Süddeutschland zeigt noch einmal in aller Deutlichkeit, wie virulent hier noch immer die Kräfte des ständischen Beharrens und des städtischen Sondertums waren. Denn vor allem in den Handwerkerkreisen Süddeutschlands war Preußen ein Synonym für die Entfesselung jener wirtschaftlich-industriellen Dynamik, die ihre Existenzgrundlagen bedrohte und die deshalb bekämpft werden mußte. Diese rein materiellen Interessen artikulierten sich im Süden politisch in einem partikularistisch-dynastischen Patriotismus, der sich dem preußisch-norddeutschen Nationalismus entgegenstellte. Und dieser Patriotismus gewann, wie der Ausgang der jeweiligen Kammerwahlen in den süddeutschen Staaten nach 1866 zeigt, kontinuierlich an Einfluß.

Dieser für Bismarcks weitere Schritte enttäuschende Ausgang der Zollparlamentswahlen in den süddeutschen Staaten hatte zur Folge, daß die süddeutschen Gegner Preußens im Zollparlament gemeinsam mit den altkonservativen, »bundesstaatlich-konstitutionellen« »Welfischen« und katholischen Abgeordneten des Norddeutschen Reichstags alle nationalpolitischen Initiativen, wenn nicht zu Fall zu bringen, so doch empfindlich zu stören vermochten. Bismarck wurde nun klar, daß eine Lösung der deutschen Frage im preußischen Sinne auf evolutionär-parlamentarischem Wege ein in höchstem Maße gefährliches Unternehmen war. Gegenüber dem württembergischen Generalstabschef Albert von Suckow bemerkte er im Mai 1868, Preußen habe keinerlei Bedürfnis, sich »mit den heterogenen Elementen im Süden zu verschmelzen, wo man nicht weiß, ob die Partikularisten oder die Demokraten die ärgeren Feinde Preußens sind. Wir tragen alle die nationale Einigung im Herzen, aber für den rechnenden Politiker kommt zuerst das Notwendige und dann das Wünschenswerte, also zuerst der Ausbau des Hauses und dann dessen Erweiterung. Erreicht Deutschland sein nationales Ziel noch im 19. Jahrhundert, so erscheint mir das als etwas Großes, und wäre es in 10 oder gar 5 Jahren, so wäre das etwas Außerordentliches, ein unerhofftes Gnadengeschenk von Gott.«[28]

Das waren sibyllinische Worte, die Bismarcks wahre Absichten eher verbargen als enthüllen. Spätestens ab Mai 1868 wußte er, daß die »liberale Karte« ausgereizt war, daß aber im Interesse der Sicherung der preußischen Machtgrundlagen die deutsche Frage beschleunigt gelöst werden mußte. Ihm war aber auch klar, daß dies nicht mit Hilfe des erklärten Willens der Nation, sondern gerade gegen diesen zu geschehen habe, wollte er nicht Gefahr laufen, daß sich im Zollparlament eine mächtige Fronde heterogener politischer Kräfte versammelte, deren einziger Zusammenhalt ihre erbitterte Gegnerschaft gegen seine Politik darstellte. Diese Gefahr war um so ernster zu nehmen, als sich die tröstliche Annahme sehr schnell als Illusion herausstellen konnte, daß die Wirksamkeit dieser Fronde lediglich auf das Zollparlament beschränkt bliebe und nicht auch auf den norddeutschen Reichstag übergriffe. Hinter der häufig konstatierten ostentativen »Zurückhaltung«, die Bismarck nach 1868 hinsichtlich einer Lösung der deutschen Frage an den Tag legte und die stets mit außenpolitischen Rücksichten gegenüber Frankreich und den partikularistischen Veilletäten der süddeutschen Staaten erklärt wird,[29] verbirgt sich in Wirklichkeit ein vollständiger Kurswechsel der bismarckschen Politik. Bismarck wurde am Ergebnis der Zollparlamentswahlen in den süddeutschen Staaten bewußt, welche Grenzen seinen politischen Absichten durch das taktische Zusammengehen mit den nationalen und liberalen Kräften gezogen waren, und vor allem auch, welche Probleme auf ihn zukamen, wenn er den »Grenznutzen« dieses taktischen Bündnisses außer acht ließ. Denn je größer die Erfolge waren, die Bismarck mit Hilfe dieses taktischen Bündnisses zwischen den feudalen und militaristischen Kräften, deren Ziel die Schaffung einer preußischen Großmacht war, und jenen Kräften wirtschaftlich-industrieller Expansion, die auf die Gründung eines nach außen mächtigen Nationalstaats aus waren, auf »friedlichem Wege« im Innern erreichte, desto drängender und unabweisbarer wurden die Forderungen dieser Kräfte, die nun auch eine Erfüllung ihrer liberalen Vorstellungen verlangten, und desto mächtiger wurden andererseits aber auch die Widerstände, welche von den vielfältigen Kräften des Beharrens mobilisiert wurden. Wenn Bismarck weiter jenen Kurs steuerte, den er mit der Gründung des Norddeutschen Bundes und der Reorganisation des Zollvereins eingeschlagen hatte, dann, so erkannte er jetzt, lief er Gefahr, zwischen mehrere Feuer zu geraten, konnte er sehr schnell nicht mehr jenes Bündnis, das er sich als ein Instrument zur Durchsetzung seiner Politik geschaffen hatte, frei handhaben. Als drohendes Debakel seiner Politik zeichnet sich ab, daß er selbst ein Werkzeug dieses taktischen Bündnisses werden würde, ein leitender Angestellter jener »Revolution«, die er heraufbeschworen hatte, die aber nun seiner Beherrschung entglitt, und dies alles mit kaum absehbaren Folgen für seine ursprünglichen politischen Absichten.

Bismarck sah sich in dieser Situation entgegen allen seinen Ankündigungen und ursprünglichen Intentionen deshalb vor die Notwendigkeit gestellt, eine schnelle und endgültige Antwort auf die »nationale Frage« zu finden, ohne sich dabei aber der aktiven Unterstützung der nationalen und liberalen Kräfte zu bedienen. Bismarck mußte, wollte er die preußische Hegemonie in Mitteleuropa erhalten, einen deutschen Nationalstaat ohne Beteiligung der Nation schaffen. Er mußte die heraufziehende nationale Revolution mit »Blut und Eisen« gleichsam von »oben« abschneiden und den deutschen Nationalstaat auf die Identität der fürstlichen Interessen gründen und nicht auf den Willen der politischen Nation. Dies war der tiefere Sinn der vermeintlichen Zurückhaltung, die Bismarck gegenüber der »nationalen Frage« nach 1868 übte: Den regierenden deutschen Dynasten mußte die Gewißheit vermittelt werden, daß Preußen einerseits nicht noch einmal das Prinzip des fürstlichen Legitimismus mit Füßen treten werde und daß andererseits eine Lösung der deutschen Frage im Sinne Preußens durchaus auch in ihrem ureigensten Interesse sei, weil sich nur so ihre Kronen retten ließen. Nach 1868 mobilisierte Bismarck den »Souveränitätsschwindel« der deutschen Fürsten gegen den »nationalen Schwindel« der Liberalen. Deshalb auch reagierte er mit so heftiger Ablehnung auf den im Februar 1870 eingebrachten Antrag des liberalen Abgeordneten Eduard Lasker auf »möglichst ungesäumten Anschluß« Badens an den Norddeutschen Bund.[30] Sollte das von Bismarck angestrebte Bündnis mit den deutschen Fürsten gegen den »nationalen Schwindel« der Liberalen wirklich zustande kommen, dann mußte er deren Empfindlichkeiten und Wünschen stärker als bisher Rechnung tragen. Das aber hieß vor allem, daß er allen popularen Bestrebungen, die deutsche Einheit »von unten« zu schaffen, entgegentreten mußte, und es bedeutete außerdem, daß er dem »Souveränitätsschwindel« der deutschen Fürsten auch im künftigen deutschen Nationalstaat gewisse Bestandsgarantien in Aussicht zu stellen hatte. Gerade in dieser Hinsicht aber wirkte die Verfassung des Norddeutschen Bundes besonders abschreckend, denn zu offensichtlich war hier die Präponderanz Preußens ausgebildet, zu eindeutig waren in ihr die zentralistisch-unitarischen Tendenzen ausgeprägt. Bismarcks erstes Ziel mußte es also sein, diesen für das angestrebte Bündnis fatalen Eindruck zu zerstreuen.

Eine glänzende Gelegenheit dazu bot sich Bismarck, als die Liberalen im norddeutschen Reichstag einen Antrag einbrachten, mit dem sie die Schaffung verantwortlicher Ressortministerien innerhalb des Norddeutschen Bundes forderten. Ein solches Verlangen war für Bismarcks singuläre Stellung als Kanzler des Norddeutschen Bundes im höchsten Maße bedrohlich, und allein schon deshalb mußte er ihm mit Entschiedenheit begegnen. Interessant aber ist, welcher Argumente sich Bismarck bediente, um diese Initiative abzuwehren. In seiner großen Rede vom 16. April 1869 operierte Bismarck zunächst mit dem Argument, daß sich die von den Liberalen geforderte Schaffung von verantwortlichen Ressortministerien für Finanzen, Handel, Verkehr, Marine und Krieg aufgrund der Verfassung des Norddeutschen Bundes geradezu verbiete, da ihre Funktionen von den einschlägigen Ausschüssen des Bundesrats längst ausgeübt würden. Das war natürlich ein ganz blauäugiger Einwand. Jedermann wußte, daß in der Verfassungswirklichkeit des Norddeutschen Bundes diese Ausschüsse des Bundesrats, denen Bismarck die Funktion von verantwortlichen Fachministerien andichtete, bloße »staatsrechtliche Attrappen« (Erich Eyck) waren. Für Bismarck mußte aber in dieser Situation der Popanz Bundesrat dazu herhalten, den föderalen Charakter des Norddeutschen Bundes zu beweisen, von dem er rabulistisch behauptete, dieser werde durch die Schaffung verantwortlicher Bundesministerien zentralistisch-unitarisch verfälscht. Das war natürlich blühender Unsinn, aber Bismarck konnte mit dieser Behauptung in eine Richtung marschieren, die er aus Gründen anstrebte, die gar nichts mit der Abwehr dieses Antrags zu tun hatten. Die von ihm als Gefahr beschworene zentralistisch-unitarische Verfälschung des angeblich so föderal strukturierten Norddeutschen Bundes lieferte ihm das Stichwort für eine Belehrung über die nachteiligen Effekte dieses Vorhabens »für die Entwicklung der deutschen Bewegung«. Nach längeren Ausführungen, unter anderem über den »Partikularismus« als »die Basis der Blüte Deutschlands«, resümierte Bismarck: »Ich glaube, man soll sich ... nicht fragen, wenn man es der Bevölkerung recht machen will: was kann gemeinsam sein? wie weit kann das große Maul des Gemeinwesens hineinbeißen in den Apfel? – sondern man muß sich fragen: was muß absolut gemeinsam sein? Und dasjenige, was nicht gemeinsam zu sein braucht, das soll man der speziellen Entwicklung überlassen. Damit dient man der Freiheit, damit dient man der Wohlfahrt.« In Preußen, so Bismarck weiter, sei man im Augenblick dabei, zu dezentralisieren. Man versuche, »provinzielle und lokale Selbständigkeiten zu schaffen«. Es sei deshalb unsinnig, innerhalb des Norddeutschen Bundes eine völlig gegensätzliche Tendenz einzuschlagen. Von Sachsen und Hannover habe man beispielsweise viel für die eigene Verwaltung gelernt. Besonders freue er sich dabei »über einen Fortschritt in Preußen, ..., daß der Fluch der hohen Meinung, womit der Mensch sich selbst betrügt, bei unserer näheren Bekanntschaft mit der Verwaltung der kleineren Staaten allmählich von uns abgenommen wird, und ich hoffe, wir werden ihn mit der Zeit ganz verlieren. Aber das sind Vorteile, die eben aus dem selbständigen Leben der kleinen Staaten hervorgehen, und uns um so weniger berechtigen, diesen selbständig gewachsenen Staatswesen den ihnen verfassungsmäßig zugesicherten Einfluß auf die Allgemeinheit gegen das Recht und gegen unser Interesse zu verkümmern. Ich gebe gern zu, daß die Bundesverfassung eine sehr unvollkommene ist; sie ist nicht bloß in der Eile zu Stande gekommen, sondern sie ist auch unter Verhältnissen zu Stande gekommen, in denen der Baugrund ein sehr schwieriger war, wegen der Unebenheiten des Terrains, aber der doch absolut benutzt werden mußte. Wir können die Geschichte der Vergangenheit weder ignorieren, noch können wir, meine Herren, die Zukunft machen; und das ist ein Mißverständnis, vor dem ich auch hier warnen möchte, daß wir uns nicht einbilden, wir können den Lauf der Zeit dadurch beschleunigen, daß wir unsere Uhren vorstellen. Mein Einfluß auf die Ereignisse, die mich getragen haben, wird zwar wesentlich überschätzt, aber doch wird mir gewiß keiner zumuten, Geschichte zu machen; das, meine Herren, könnte ich selbst in Gemeinschaft mit Ihnen nicht, eine Gemeinschaft, in der wir doch so stark sind, daß wir einer Welt in Waffen trotzen könnten, aber die Geschichte können wir nicht machen, sondern nur abwarten, daß sie sich vollzieht. Wir können das Reifen der Früchte nicht dadurch beschleunigen, daß wir eine Lampe darunter halten, und wenn wir nach unreifen Früchten schlagen, so werden wir nur ihr Wachstum hindern und sie verderben. Ich möchte deshalb Ihnen doch mehr Geduld empfehlen, der Entwicklung Deutschlands Zeit zu lassen.«[31]

Mit dieser Rede signalisierte Bismarck allen innerhalb wie außerhalb des Norddeutschen Bundes virulenten partikularistischen oder schlicht antipreußischen Kräften, daß er weder gewillt sei, mit Hilfe des Parlaments, das heißt mit Hilfe der popularen Nationalbewegung, »Geschichte zu machen« und die deutsche Landkarte zu revolutionieren, noch daß es seine Absicht wäre, wie vor allem in Süddeutschland befürchtet wurde, ein politisch geeintes Deutschland ohne Rücksicht auf dynastische, konfessionelle oder historische Eigenarten einfach zu »verpreußen«. Süddeutschland ließ sich nur gewinnen, und das war die Überzeugung Bismarcks seit den Erfahrungen der Zollparlamentswahlen von 1868, wenn man der hier vorherrschenden Abneigung gegen Preußen nicht weiter Nahrung gab. Und dies konnte man am besten dadurch verhindern, daß man den mannigfachen süddeutsch-partikularistischen Veilletäten soweit als irgend möglich entgegenkam. Die Grenze, bis zu der man dabei gehen durfte, verlief zwischen dem Schein des Ganzen und seiner Substanz. Diese Erkenntnis hat Bismarck gegenüber Roon einmal sehr genau beschrieben: »Die Form, in welcher der König die Herrschaft in Deutschland ausübt, hat mir niemals eine besondere Wichtigkeit gehabt; an die Tatsache, daß er sie übt, habe ich alle Kraft des Strebens gesetzt, die mir Gott gegeben.«[32]

Auf welche Weise Bismarck dieses oberste Ziel seiner Politik letztlich erreichen wollte, war aber auch ihm damals noch unklar. Er wußte lediglich um die Parametergrößen, um die »Imponderabilien«, die es zu respektieren galt, wollte er nichts aufs Spiel setzen. Es war keineswegs Bismarcks Problem, die süddeutschen Staaten in einen deutschen, von Preußen geführten Nationalstaat zu integrieren. Dies war nur eine Frage der Zeit. Er hatte vielmehr die Sorge, daß diese Integration nicht unkontrolliert vonstatten ging, und das hieß durch die popularen nationalen Strömungen getragen und durch die wirtschaftlichen Sachzwänge vollendet wurde, sondern daß diese nationale Einigung einzig und allein auf der Grundlage der unbedingten Loyalität der einzelnen deutschen Fürsten und ihrer Regierungen zur preußischen Krone erfolgte. Nicht auf den Willen der Nation, sondern auf die Identität und die Loyalität der dynastischen Interessen mußte die staatliche Einheit Deutschlands gegründet werden, sollte der preußische König die Macht in und über Deutschland ausüben.

Die ganze Logik dieser vielfältigen Zwänge verwies Bismarck darauf, eine Lösung der deutschen Frage im Sinne der preußischen Interessen in einem großen außenpolitischen Konflikt zu suchen, bei dem aber nicht allein Preußen, sondern mit ihm auch die vorgeblich gemeinsame deutsche Sache in der Situation des Angegriffenen dastünden. In einer Unterredung mit Carl Schurz soll Bismarck bereits im Januar 1868 geäußert haben: »Jetzt ist die Reihe an Frankreich ... Ja, wir werden Krieg bekommen und der Kaiser der Franzosen wird ihn selbst anfangen. Ich weiß, daß Napoleon III. persönlich friedliebend ist und uns nicht aus eigenem Antriebe angreifen wird. Aber er wird dazu durch die Notwendigkeit, das kaiserliche Prestige aufrecht zu erhalten, gezwungen werden. Unsere Siege haben es in den Augen der Franzosen sehr herabgesetzt. Er weiß das, und er weiß auch, daß das Kaiserreich verloren ist, wenn es sein Prestige nicht schnell zurückgewinnt. Unserer Berechnung nach wird der Krieg in zwei Jahren ausbrechen. Wir müssen uns darauf vorbereiten und das tun wir auch. Wir werden siegen und das Ergebnis wird gerade das Gegenteil von dem sein, was Napoleon anstrebt. Deutschland wird seine Einigung vollziehen, außerhalb Österreichs, und er selbst wird am Boden liegen.«[33]

Ob Bismarck sich tatsächlich mit dieser Bestimmtheit gegenüber Carl Schurz geäußert hat, der damals für einige Tage in Berlin weilte und bei dieser Gelegenheit mit dem Kanzler zusammentraf, läßt sich natürlich nicht mehr verifizieren. Als unbestritten aber kann gelten, daß Bismarck zu keiner Zeit nach 1866 die Möglichkeit einer kriegerischen Verwicklung mit Frankreich ausschloß. Wichtig war für ihn nur, daß Preußen in einem solchen Konflikt vor aller Welt als der Angegriffene dastand. Und daß sich eine solche Situation verhältnismäßig leicht herstellen ließ, daran konnte es für ihn angesichts der extremen Abhängigkeit des kaiserlichen Regimes von außenpolitischen Erfolgen keinen Zweifel geben. Deshalb interessierte sich Bismarck von allem Anfang an für jenen Vorgang, der dann mittelbar zum Ausbruch des Deutsch-Französischen Krieges von 1870/1871 führte: die Kandidatur eines Prinzen aus der katholischen Linie des Hauses Hohenzollern für den seit September 1868 verwaisten spanischen Thron.

Bereits Anfang Oktober 1868 wies Bismarck das Auswärtige Amt an: »In unserem Interesse liegt es, daß die spanische Frage als Friedens-

Fontanelle offenbleibe, und eine Napoleon angenehme Lösung ist schwerlich die für uns nützliche.«[34] Wie dieser Vorgang zeigt, witterte Bismarck sehr früh schon in der spanischen Thronfrage eine Chance, dem Prestige des französischen Kaiserreichs Schaden zuzufügen, stand doch außer Frage, daß die Thronkandidatur eines katholischen Hohenzollernprinzen die unter allen denkbaren Möglichkeiten unangenehmste für Frankreich sein würde. Deshalb trachtete Bismarck danach, unter Beachtung strengster Diskretion eine hohenzollernsche Thronkandidatur bei der spanischen Regierung zu fördern.[35] Diese Diskretion war ein Gebot staatsmännischer Klugheit, denn zu viele Unbekannte waren mit im Spiel. Und auch die Möglichkeit, daß das ganze Unternehmen mit einer politisch-diplomatischen Blamage für Preußen enden könnte, war durchaus gegeben. Aus diesem Grund bemühte sich Bismarck bis zum Frühjahr 1870, nach allen Seiten hin den Anschein seines völligen Desinteresses an der spanischen Thronkandidatur eines Hohenzollernprinzen zu demonstrieren. Daß er diese Maske im Frühjahr 1870 plötzlich fallen ließ und er seine ganze Überredungskunst aufbot, um die widerstrebenden Hohenzollern von den Vorteilen und den glänzenden Perspektiven der spanischen Thronkandidatur zu überzeugen, hat ihre tiefere Ursache in Bismarcks pessimistischer Beurteilung der gesamten politischen Lage: Bismarck, so schien es, drohte den Wettlauf gegen die Zeit und die ihr innewohnenden Kräfte zu verlieren, in den er sich mit seiner Politik eingelassen hatte.

Auf außenpolitischem Gebiet verdüsterten sich die Horizonte. Zwischen Österreich und Frankreich begann sich eine Annäherung abzuzeichnen, welche die Gefahr in sich barg, daß sich beide Mächte auf Dauer verständigten – und zwar gegen Preußen, den Sieger von Königgrätz (Sadowa). Weitaus gefährlicher als diese erst zukünftige Bedrohung war für die preußische Politik aber die sprunghaft an Einfluß und Umfang gewinnende antipreußische Strömung innerhalb der süddeutschen Staaten, die ersichtlich auch innerhalb des Norddeutschen Bundes von katholischer, welfischer und polnischer Seite Zulauf erhielt. Der Sturz der propreußischen liberalen Regierung Hohenlohe-Schillingsfürst in Bayern durch eine antipreußische Koalition partikularistischer Parteien und Kräfte im März 1870 markierte den Höhepunkt einer Entwicklung, die mit dem für Bismarck enttäuschenden Ausgang der Zollparlamentswahlen von 1868 in Süddeutschland eingesetzt hatte. 1869 war in Baden die großdeutsche katholische Volkspartei entstanden, die als ein Sammelbecken aller antipreußischen Elemente, die rasch Zulauf erhielten, fungierte. Eine ganz ähnliche Funktion erfüllte die im gleichen Jahr in Bayern entstandene Patriotenpartei, und auch in Württemberg und in Hessen-Darmstadt gewannen die großdeutsch-partikularistischen Interessen erheblich an Einfluß. Kurz, Bismarck sah sich einer Situation gegenüber, die ihm nur einen Ausweg wies, sollte wenigstens das bislang für Preußen Erreichte von Dauer sein. Er erkannte, daß nur eine schnelle und mit Gewalt erzwungene Lösung der kleindeutschen Frage sowohl die Stellung Preußens in Deutschland dauerhaft sichern wie auch die andernfalls drohende Erosion der preußischen Stellung in Norddeutschland verhindern könne. In Bismarcks *Gedanken und Erinnerungen* findet sich in dem Kapitel, das der Zeit unmittelbar vor Ausbruch des Deutsch-Französischen Kriegs von 1870/1871 gewidmet ist, ein Satz, in dem Bismarck die ganze Verfahrenheit der damaligen Lage offen eingesteht: »Ich war sehr niedergeschlagen, denn ich sah kein Mittel, den fressenden Schaden, den ich von einer schüchternen Politik für unsre nationale Stellung befürchtete, wieder gut zu machen, ohne Händel ungeschickt vom Zaume zu brechen und künstlich zu suchen.«[36]

Weit und breit bot sich aber für Bismarck damals keine andere Chance, die kleindeutsche Lösung im preußischen Sinne zügig zu vollenden, als eben eine geschickte Ausnutzung jener mit einer Vielzahl von Unwägbarkeiten behafteten Kandidatur eines Hohenzollernprinzen für den spanischen Thron. Daß Bismarck im Frühjahr 1870 alles auf diese eine Karte setzte, er die nach wie vor widerstrebenden Hohenzollern zu einer Annahme der Kandidatur überredete, um einen Konflikt mit Frankreich zu provozieren, war nur noch Hasard und hatte mit Politik im Sinne einer »Kunst des Möglichen« nichts mehr zu tun. Zunächst jedoch hatte es den Anschein, als würde sich nichts nach den Absichten Bismarcks entwickeln: Die Hohenzollern sträubten sich mit ungeahnter Hartnäckigkeit dagegen, die ihnen von Bismarck zugewiesene Rolle zu übernehmen. Erst nach längerem Hin und Her, das, wie Bismarck seinem Vertrauten Delbrück bekannte, zu einer »Verstimmung« führte, die »seit Wochen schwer auf meinen Nerven« lastet,[37] entschloß sich der Erbprinz Leopold aus der katholischen Linie des Hauses Hohenzollern endlich am 19. Juni 1870, die spanische Thronkandidatur anzunehmen. Zwei Tage später erteilte auch der preußische König in seiner Eigenschaft als Chef des Hauses Hohenzollern seine Zustimmung.

Als am 2. Juli 1870 die spanische Thronkandidatur des Hohenzollernprinzen Leopold publik wurde, ließ die von Bismarck kalkulierte französische Reaktion nicht lange auf sich warten. Am 6. Juli erklärte der französische Außenminister Gramont in einer mit stürmischem Beifall bedachten Rede vor der Kammer, die spanische Thronkandidatur eines Hohenzollernprinzen sei geeignet, das Mächtegleichgewicht in Europa zuungunsten Frankreichs zu verschieben; die Ehre und die Interessen Frankreichs seien aufs ärgste gefährdet. Zwar hoffe er noch auf Einsicht bei dem deutschen und dem spanischen Volk, aber man werde nicht zaudern, das zu tun, was man im Interesse Frankreichs tun müsse, wenn es anders kommen sollte.[38]

Diese kaum verhüllte Kriegsdrohung fand ein enthusiastisches Echo in der französischen Öffentlichkeit.[39] Die Regierung, die von ihr abhängige Presse und die Kammermehrheit waren entschlossen, es wegen der hohenzollernschen Kandidatur für den spanischen Thron zum Krieg mit Preußen kommen zu lassen. Diese Krisenentwicklung war durchaus im Sinne Bismarcks. Aber noch fehlte eine für seine Absichten ganz entscheidende Voraussetzung: Preußen durfte nicht als Angreifer, sondern mußte als der Angegriffene dastehen. Stellte es sich aber offiziell hinter die Thronkandidatur des Prinzen Leopold, dann war es der Angreifer, denn sowohl England wie Rußland gaben unmißverständlich zu verstehen, daß sie die französischen Befürchtungen teilten. Deshalb trat Bismarck nun, wie Lothar Gall treffend schrieb, »hinter der Nebelwand, es handele sich um eine reine Familienangelegenheit des Hauses Hohenzollern, und zwar seiner süddeutsch-katholischen Nebenlinie, scheinbar den Rückzug an«.[40] Bismarck schlüpfte erneut in die Maske demonstrativer Desinteressiertheit, die er offiziell nie abgelegt hatte. Um die Glaubwürdigkeit dieses Desinteresses noch zu unterstreichen, hielt er sich in den entscheidenden Julitagen des Jahres 1870 auch fernab von Berlin auf seinem Gut in Varzin auf und war damit auch für den französischen Botschafter in Berlin, Benedetti, unerreichbar. Die französische Regierung mußte sich, wollte sie eine offizielle Antwort auf ihre Forderung nach einer Rücknahme der Hohenzollernkandidatur erhalten, durch ihren Botschafter an den preußischen König wenden, der in dieser von Bismarck als »Familienangelegenheit« verharmlosten Sache auch als Chef des Hauses Hohenzollern allein kompetent war, Auskunft zu geben. Über die Haltung Wilhelms I. gegenüber den französischen Forderungen konnte sich Bismarck ziemlich sicher sein. Denn nur mit Mühe hatte er dem König im Juni die Zustimmung zur Kandidatur des Prinzen Leopold abringen können. Für Bismarck gab es deshalb keinen Zweifel, daß der dreiundsiebzigjährige Monarch, von dem er auch wußte, daß er keinen weiteren Krieg während seiner Regierungszeit führen wollte, den französischen Forderungen soweit wie irgend möglich entgegenkommen würde.

Am 9. Juli 1870 suchte der französische Botschafter in Berlin den in Bad Ems zur Kur weilenden preußischen König auf, um von diesem zu verlangen, er solle dem Erbprinzen Leopold verbieten, die spanische Krone anzunehmen. König Wilhelm I. beging nun den, wie sich zeigen sollte, entscheidenden Fehler, gegenüber Benedetti einzugestehen, daß er gemeinsam mit Bismarck über die spanische Thronkandidatur Leopolds beraten hatte. Damit gab er den von Bismarck nach außen stets sorgfältig gewahrten Anschein auf, daß weder er noch die preußische Regierung mit der ganzen Angelegenheit etwas zu tun hätten. Gleichzeitig erklärte sich der König außerstande, den Prinzen zu einem Verzicht auf die Kandidatur zwingen zu können. Er versprach lediglich, die französische Forderung mit seinen Verwandten erörtern zu wollen.[41]

Diese Auskünfte des preußischen Königs steigerten auf seiten der französischen Regierung und der von ihr beeinflußten öffentlichen Meinung das Mißtrauen und das Verlangen, Preußen eine nachhaltige diplomatische Lektion zu erteilen. Als drei Tage später, am 12. Juli 1870, in Paris bekannt wurde, daß Prinz Karl Anton von Hohenzollern-Sigmaringen, »Papa Anton«, den Verzicht seines Sohnes Leopold auf die spanische Thronkandidatur ausgesprochen hatte, wäre dies ein großer Erfolg Frankreichs gewesen – nur in Paris wollte man sich damit nicht zufriedengeben. Gegenüber der französischen Öffentlichkeit jedenfalls hätte sich das Ganze unschwer als ein Zurückweichen Preußens vor der französischen Kriegsdrohung darstellen und als ein enormer Prestigegewinn für das französische Kaiserhaus ausmünzen lassen. Gleichzeitig aber wäre das Kalkül der bismarckschen Politik, von dem man in Paris, wie der weitere Gang der Ereignisse zeigt, nicht die geringste Vorstellung hatte, unterlaufen worden. Doch in Paris waren die Gemüter viel zu sehr erhitzt, als daß es auch nur einen kühlen Kopf gegeben hätte, der diese Chance erkannt und entschlossen wahrgenommen hätte. Der britische Botschafter in Paris war der einzige, der an die Vernunft appellierte und immer wieder vergebens darauf hinwies, daß die Vermutung doch mehr als phantastisch sei, Preußen könne nach diesem blamablen Ausgang der spanischen Thronkandidatur noch einmal auf die Angelegenheit zurückkommen. Das Eingeständnis Wilhelms I., er und Bismarck hätten Kenntnis von der spanischen Thronkandidatur Leopolds gehabt, hatte bei der französischen Regierung das heftige Verlangen geweckt, Preußen restlos zu demütigen. Napoleon III. war es, der seinem Außenminister Gramont Weisung erteilte, daß der Verzicht auf die spanische Thronkandidatur, die »Papa Anton« namens seines Sohnes gegenüber der spanischen Regierung ausgesprochen hatte, für Frankreich ohne jede Bedeutung sei. Frankreich müsse vielmehr darauf bestehen, daß der König von Preußen seine ausdrückliche Garantie gebe, daß die Annahme der spanischen Krone für einen Hohenzollernprinzen für alle Zeiten ausgeschlossen sei. Entsprechende Instruktionen, eine solche Garantieerklärung von König Wilhelm I. zu verlangen, wurden sofort an Benedetti nach Bad Ems gesandt. Dieser trug am 13. Juli 1870 bei jener berühmten Unterredung, die auf der Kurpromenade von Bad Ems stattfand,[42] dem preußischen König die neuerlichen Forderungen seiner Regierung vor. Dieses Ansinnen wurde von König Wilhelm I. ebenso höflich und bestimmt abgelehnt wie der Wunsch, sich außerdem noch schriftlich gegenüber der französischen Regierung für die durch die Kandidatur ausgelöste Krise zu entschuldigen. Danach wies der König den ihn begleitenden Legationsrat Heinrich Abeken an, Bismarck telegraphisch von Benedettis Ansinnen und seiner Antwort zu unterrichten, und stellte ihm gleichzeitig anheim, den Inhalt dieser Depesche zu veröffentlichen.

Die Maßlosigkeit der französischen Regierung, die den ihr sicheren diplomatischen Sieg über Preußen noch mit einer offenkundigen Demütigung krönen wollte, gab Bismarck nun alle Trümpfe in die Hand. Die französische Garantieforderung war nach dem damaligen Ehrenkodex nicht mehr mit dem Selbstbewußtsein einer Großmacht und ihres Herrschers vereinbar. Das französische Verlangen nach einer Entschuldigung in aller Form mußte als direkter Angriff auf die Ehre Preußens und Deutschlands ausgelegt werden und kam damit einer kaum verhüllten Kriegserklärung Frankreichs an Preußen gleich.

Bismarck rühmt sich in seinen *Gedanken und Erinnerungen,* er habe Frankreich durch seine Redaktion der »Emser Depesche« – ihr Inhalt wurde verkürzt, aber dennoch korrekt wiedergegeben – und vor allem durch deren sofortige Veröffentlichung zum Krieg gegen Preußen provoziert. Diese Darstellung hält einer kritischen Prüfung nicht stand; denn in Frankreich war man, wie die Maßlosigkeit der französischen Garantieforderung hinlänglich dokumentiert, zu einem Krieg entschlossen, zumal man sich in Paris der trügerischen Zuversicht hingab, die französische Armee sei auch einer kombinierten preußisch-süddeutschen Streitmacht überlegen. Was man in Paris jetzt noch benötigte, war nach dem offiziellen Verzicht auf die hohenzollernsche Thronkandidatur ein neuer Vorwand, um losschlagen zu können. Den unmittelbaren Anlaß bot dann weniger die höfliche, wenn auch bestimmte Ablehnung der Garantieforderungen durch König Wilhelm I. als die Veröffentlichung der »Emser Depesche«. Dabei ist es völlig nebensächlich, ob die »Emser Depesche« in der von Bismarck redigierten Fassung den letzten Anstoß zum Krieg geliefert hat, wie immer behauptet wird. Frankreich wollte den Krieg, und die »Emser Depesche« wäre auch in der Version Abekens der Auslöser dafür gewesen.[43]

Tatsächlich veränderte die Veröffentlichung der »Emser Depesche« die Situation grundlegend. Solange es sich nämlich nur um die Frage der Thronkandidatur eines Hohenzollernprinzen in Spanien gehandelt hatte, der Konflikt also lediglich dynastischer Natur war, war Preußen sowohl unter den europäischen Mächten wie auch unter den deutschen Staaten isoliert. Ja, mehr noch: England, Österreich und Rußland unterstützten mehr oder minder offen die Haltung Frankreichs, während die süddeutschen Staaten sich in der Zuversicht wiegen konnten, daß das ihnen verhaßte Preußen angesichts einer so mächtigen Opposition, die sich seinen expansiven dynastischen Plänen entgegenstellte, eine sichere diplomatische, wenn nicht gar militärische Niederlage einstecken würde, die seinen Führungsanspruch in Deutschland für längere Zeit wirksam kompromittierte. Diese Zuversicht schien sich mit dem schließlichen Verzicht Leopolds auf die spanische Thronkandidatur auch zu erfüllen, wurde dann aber durch die Maßlosigkeit der weiteren französischen Forderungen rasch zunichte gemacht, insofern damit die ursprünglich bloß familiär-dynastische Angelegenheit zu einer Sache der Ehre Preußens und Deutschlands wurde. Die Veröffentlichung der »Emser Depesche« bewirkte nicht nur in Deutschland, sondern auch in Europa einen völligen Stimmungsumschwung. Frankreich, das sich als der Angegriffene hatte fühlen können, dessen Forderungen aber in der Sache vollauf befriedigt worden waren, wurde jetzt zum Angreifer. Dieser Umstand war in Paris so nicht bedacht worden. Hier rechnete man immer noch auf die wohlwollende Neutralität Englands und Rußlands, während von Österreich und Italien ein aktives Eingreifen erwartet wurde, sollte es zu dem jetzt unvermeidlichen Waffengang mit Preußen kommen. Neutral, so dachte man sich das in Paris, blieben in einem solchen Konflikt auch die süddeutschen Staaten. Tatsächlich kam es dann ganz anders: Nicht Preußen war bei Ausbruch des Deutsch-Französischen Krieges isoliert, sondern das französische Kaiserreich. Die süddeutschen Staaten, deren Regierungen alle erkannten, daß ihre Stunde geschlagen hatte, versuchten zwar noch verzweifelt, sich aus dem Konflikt herauszuhalten, jedoch ohne Erfolg. Die hochgehenden Wogen der durch die französischen Forderungen provozierten deutschen Kriegsbegeisterung erzwangen das Wirksamwerden der preußisch-süddeutschen Defensivbündnisse. Die süddeutschen Staaten zogen gemeinsam mit Preußen in einen Krieg gegen Frankreich, der zwei Verlierer haben sollte: das französische Kaisertum und den Partikularismus der süddeutschen Staaten. Außer jedem Zweifel steht, daß der Krieg von 1870/1871 die deutsche Einigung stiftete. Der Preis dafür war nicht nur die militärisch-politische Niederlage Frankreichs, sondern vor allem der Verlust der staatlichen Eigenständigkeit Süddeutschlands, war die »Verpreußung« Deutschlands.

Die Tatsache, daß sich die gesamte Situation binnen weniger Tage, genauer zwischen dem 13. Juli, dem Tag der Veröffentlichung der »Emser Depesche«, und dem 19. Juli 1870, als Frankreich Preußen den Krieg erklärte, schlagartig zugunsten Preußens veränderte, ist immer wieder, auch von Bismarcks jüngstem Biographen Lothar Gall, dem politischen Genie Bismarcks zugute gehalten worden.[44] Realistischerweise wird man diesen plötzlichen Situationswechsel aber kaum als eine ursächliche politische Leistung Bismarcks bezeichnen können, sondern als eine Folge der Fehler, welche die französische Regierung durch die Maßlosigkeit ihrer Forderungen beging. Denn an der politischen Einschätzung der deutsch-französischen Auseinandersetzung durch die europäischen Mächte hatte sich während der ganzen Zeit nichts geändert: Weder in seiner ursprünglich dynastischen noch in seiner späteren nationalen Variante berührte der deutsch-französische Konflikt mittel- oder unmittelbar vitale Interessen der europäischen Großmächte.[45]

Bismarck hat in späteren Jahren wiederholt den Deutsch-Französischen Krieg von 1870/1871 als eine Notwendigkeit bezeichnet, um die nationale Einigung Deutschlands zu vollenden. In einer Ansprache, die er Ende Juli 1892 vor einer Abordnung der Universität Jena hielt, die ihn als »reformator Germaniae« gefeiert hatte, sagte er: »Notwendig war . . . der französische Krieg; ohne Frankreich geschlagen zu haben, konnten wir nie ein Deutsches Reich mitten in Europa errichten und zu der Macht, die es heute besitzt, erheben.«[46] Diese Ansicht ist seither Gemeingut geworden. War es nicht seit den Tagen Richelieus das stete Interesse der französischen Politik gewesen, die machtpolitische Zersplitterung Deutschlands zu verewigen? Tatsächlich war dies eine Konstante, die der französischen Politik bis in die Rheinbundzeit zugrunde gelegen hatte. Aber danach trat sie in den Hintergrund, um dann völlig zu verschwinden. Napoleon III. stand, völlig im Gegensatz zu dieser politischen Tradition, den deutschen Einigungsbestrebungen mit einiger Sympathie gegenüber. Das Grand design, das ihm seit dem Krimkrieg vorschwebte, war ein Europa der Nationalstaaten, unter denen Frankreich ganz natürlich die Stellung der Hegemonialmacht einnehmen würde. Napoleon III. wollte ein europäisches Staatssystem, das sich allein auf den nationalen Willen seiner Völker gründete. Ein Europa, das der Idee der Volkssouveränität verpflichtet war, schien ihm die beste Gewähr für eine dauerhafte Beschränkung des russischen wie des englischen Einflusses auf den westeuropäischen Kontinent und für die französische Hegemonialstellung zu bieten. Paris hatte deshalb nichts gegen eine deutsche Einigung einzuwenden, wie dies der französische Ministerpräsident Ollivier noch in einem Interview mit der »Kölnischen Zeitung« am 13. März 1870 versicherte, sofern diese, und das war die entscheidende Voraussetzung für Frankreich, aus einer großen popularen und nicht künstlich arrangierten Bewegung hervorgehe.[47]

Es war also nicht Frankreich – und dies muß noch einmal mit allem Nachdruck betont werden –, das den Prozeß der kleindeutschen Lösung mit allen Mitteln an der Mainlinie aufhalten wollte. Gegen den freien Willen der deutschen Nation, sich in einem Staat politisch zu organisieren, erhob Napoleon III. keinerlei Einwände. Wogegen er sich allerdings mit allen Mitteln zur Wehr setzen mußte, war eine deutsche Einigung, der die preußischen Machtinteressen ihren Stempel aufdrückten. Eben dies aber war es, was Bismarck anstreben mußte. Preußen hatte sich 1848 gegen die nationale Einheit der Deutschen gestemmt, weil es völlig zu Recht befürchtete, innerhalb dieses deutschen Nationalstaats mediatisiert zu werden. Deutschland oder Preußen, das war damals wie jetzt die Frage. Und damals hatte sich Preußen gegen Deutschland entschieden und damit für Preußen, den Staat der Junker und der feudalen Militärmonarchie, optiert. Dieselbe Entscheidung stand nun wieder an mit dem einen Unterschied, daß die Ausgangslage eine ganz andere war als 1848. Preußen hatte inzwischen ganz Norddeutschland und damit den nach Bevölkerung wie Fläche weitaus größeren Teil der »kleindeutschen Lösung« von 1848 seiner Herrschaft unterworfen. Daß auch der kleinere Rest, die drei süddeutschen Staaten, die spätestens seit 1866 in den Sog der preußischen Gravitationskräfte geraten waren, nachfolgen würde, war für Preußen weniger eine Frage der Zeit als der Modalitäten.

In der preußischen Staatsräson hatte Deutschland als ein ideales Ziel keinen Platz. Für Preußen war die deutsche Einheit nicht Zweck, sondern lediglich ein Mittel, das der preußischen Machtentfaltung die breitest denkbare Grundlage gewährleistete. Daß die Wahl auf Deutschland fiel und nicht beispielsweise auf Polen, das war, wie Bismarck einmal gesprächsweise zugestand, einer der Zufälle der geschichtlichen Entwicklung. Auch wenn es übertrieben sein sollte, so hat es dennoch ein Gran Wahrheit. Unverrückbar aber galt nach wie vor, was Radowitz bereits im Juni 1849 in seiner Denkschrift formuliert hatte, daß es die große Aufgabe insbesondere der preußischen Regierung sei, die Revolution zu beenden. Diese Gefahr sei aber so lange nicht gebannt, so Radowitz damals, »bis neben dem Siege über die Demokratie auch die Verfassungsfrage für Deutschland abgeschlossen, bis eine politische Ordnung festgestellt ist, welche die Einheit der Nation innerhalb der möglichen und berechtigten Bedingungen verbürgt«.[48] Was Radowitz damals als Programm aufstellte, wurde von Bismarck 1866 und 1870/1871 erfolgreich exekutiert. Die preußische Regierung und Armee machten 1866, wie der Zeitgenosse Jacob Burckhardt dies hellsichtig anmerkte, »die große deutsche Revolution«, die er als eine »abgeschnittene Crisis ersten Ranges« bezeichnete. »Ohne dieselbe wäre in Preußen«, so Burckhardt weiter, »das bisherige Staatswesen mit seinen starken Wurzeln wohl noch vorhanden, aber eingeengt und beängstigt durch die constitutionellen und negativen Kräfte des Innern; jetzt überwog die nationale Frage die constitutionelle bei Weitem.«[49]

Das eben war der springende Punkt. Bismarck nutzte den deutschen Nationalismus instrumentell für die Erhaltung und Ausweitung der alten preußischen Machtgrundlagen. Ihre Infragestellung durch konstitutionell-partizipatorische Geltungsansprüche konnte er deshalb erfolgreich »abschneiden«, weil es ihm gelang, die deutsche Einheit letztlich nicht mit Hilfe der nationalen Bewegung auf friedlichem Wege zu erreichen, sondern durch »Blut und Eisen«. Und nur in diesem Sinne, im Interesse der preußischen Staatsräson, deren oberstes Ziel es sein mußte, die Handlungsfähigkeit der preußischen Militärmonarchie und der noch weitgehend feudalen Gesellschaft, auf die sie sich gründete, ungeschmälert zu erhalten und womöglich zu erweitern, war der Krieg gegen Frankreich eine *Notwendigkeit*, um das Deutsche Reich mitten in Europa zu errichten. Preußen ging 1871 nicht, wie dies auch heute noch immer wieder von den Apologeten einer neoborussischen Legende behauptet wird, in Deutschland auf, sondern Preußen schluckte Deutschland. Es war dies aber ein Brocken, der viel zu groß für Preußen war und an dem es schließlich erstickte.

Der Krieg gegen Frankreich war kaum mehr als einen Monat nach Eröffnung der Feindseligkeiten militärisch bereits entschieden, aber damit noch nicht zu Ende. Nach einer Reihe blutiger und vor allem für die preußischen Armeen und ihre süddeutschen Verbündeten verlustreicher Schlachten wurde die französische Hauptarmee, bei der sich auch Kaiser Napoleon III. befand, bei Sedan eingekesselt. Am 2. September 1870 kapitulierte der Kaiser und übergab seinen Degen dem preußischen König. In Paris wurde am 4. September die Republik ausgerufen. Die neue Regierung aber war entschlossen, den Kampf fortzusetzen, um die territoriale Integrität Frankreichs zu verteidigen. In einem Erlaß vom 6. September 1870 verkündete der neue französische Außenminister Favre das Programm der Republik: »Wir werden nicht einen Fußbreit unseres Landes, nicht einen Stein unserer Festungen hergeben.«[50] Jules Favre antwortete damit auf die Bedingungen, die Bismarck für einen Friedensschluß mit Frankreich formuliert hatte und mit denen er die Abtretung von Elsaß und Lothringen einschließlich der Stadt und Festung Metz forderte. Mit diesem Annexionsvorhaben wandelte sich der Charakter des Krieges schlagartig: Bis Sedan war es ein von Preußen und seinen süddeutschen Verbündeten offensiv geführter Verteidigungskrieg gegen Frankreich gewesen. Jetzt wurde daraus ein Angriffskrieg mit expansiven Zielsetzungen, der sich zu einem Nationalkrieg auswuchs und in dem sich nicht mehr nur zwei Gegner mit ihrer militärischen Macht gegenüberstanden, sondern zwei Völker, zwei Kulturen einander mit Haß bekämpften.

Der von Bismarck bereits nach den ersten Siegen der preußisch-deutschen Armeen im August 1870 erhobene Anspruch auf Elsaß und Lothringen – eine Forderung, die zuvor schon insbesondere in der süddeutschen Öffentlichkeit laut geworden war – hat angesichts der fatalen Folgen dieser Annexionspolitik für das weitere Schicksal des bismarckschen Reiches zu immer neuen und immer komplexeren Deutungen Anlaß gegeben.[51] Wie so oft ist auch hier die naheliegende und plausible Erklärung fast völlig übersehen worden. Dies erscheint um so erstaunlicher, als man sich stets darauf einigen konnte, daß Bismarcks Annexionsforderung die entscheidende Ursache dafür war, daß der Krieg mit beträchtlichen Verlusten auf beiden Seiten nach Sedan noch fast ein halbes Jahr fortgesetzt wurde. Einig war man sich auch immer darüber, daß die nach dem Friedensschluß mit Frankreich tatsächlich erfolgte Einverleibung von Elsaß-Lothringen in das Deutsche Reich einen dauerhaften friedlichen Ausgleich zwischen Frankreich und Deutschland vereitelt hat. Das genau aber war es, was Bismarck wollte und was er aus innenpolitischen Gründen brauchte.

Die entscheidende militärische Niederlage Frankreichs bei Sedan bedeutete das Ende des napoleonischen Regimes, das zu beseitigen gar nicht Bismarcks Absicht gewesen war. Zu vermuten ist vielmehr, daß der rasche Erfolg der preußisch-deutschen Waffen Bismarck in größte Verlegenheit stürzte. Denn die innerdeutsche Situation war zu diesem Zeitpunkt noch völlig ungeklärt. Die drei süddeutschen Staaten nahmen zwar als Verbündete Preußens am Krieg teil, aber daraus ableiten zu wollen, daß durch die gemeinsam errungenen Schlachtenerfolge die deutsche Einheit mit Blut und Eisen bereits besiegelt worden sei, wäre weit gefehlt. Diese Siege hatten zwar die nationale Bewegung erheblich gestärkt, und in der öffentlichen Meinung Deutschlands war die Überzeugung fest verankert, daß man nach dem Krieg nicht mehr zu den politischen Verhältnissen der Vorkriegszeit zurückkehren könne. Aber gerade auf diese beiden »Bundesgenossen«, so nützlich sie ihm auch als Druckmittel gewesen sein mochten und noch waren, wollte und konnte sich Bismarck nicht stützen, um die deutsche Einheit unter der Vorherrschaft Preußens, die ja der letzte Zweck des Krieges gegen Frankreich war, zu vollenden. Die Dominanz Preußens, die Herrschaft des preußischen Königs über ein kleindeutsches Reich, ließ sich nur verwirklichen, wenn dieses Deutsche Reich nicht auf die liberalen Aspirationen der nationalen Bewegung und der politischen Öffentlichkeit, sondern auf die Loyalität der süddeutschen Herrscher zur Krone Preußens gegründet wurde. Dieser Loyalität mußte sich Bismarck aber erst noch versichern, eine gewiß nicht leichte Aufgabe, die nach Sedan sein ganzes diplomatisches Geschick verlangte. Insbesondere an den Höfen von Stuttgart und München grassierte die Furcht, Bismarck werde im Bündnis mit den Kräften der nationalen Bewegung kurzen Prozeß machen und Bayern und Württemberg einfach mediatisieren. Für Bismarck galt es deshalb zunächst, Zeit zu gewinnen und gleichzeitig zu verhindern, daß die Regierungen dieser beiden Staaten, die ja nur widerwillig in den Krieg gezogen waren, aus Furcht vor der ihnen vermeintlich drohenden Mediatisierung durch Preußen rasch einen Separatfrieden mit Frankreich schlossen, um auf diese Weise ihre staatliche Eigenständigkeit zu retten. Deshalb hatte Bismarck ein lebhaftes Interesse daran, den Krieg gegen Frankreich so lange fortzusetzen, bis das Bündnis zwischen dem Norddeutschen Bund und den süddeutschen Staaten zustande gekommen war, das die staatsrechtliche Grundlage des Deutschen Reichs darstellen sollte und das ja ausdrücklich als eine Vereinigung von »Fürsten und Freien Städten« firmierte. Das entscheidende Mittel aber, die an sich nach Sedan zum Friedensschluß bereite republikanische Regierung zur Fortsetzung des Krieges zu zwingen und gleichzeitig einen Separatfrieden der süddeutschen Staaten mit Frankreich zu verhindern, war die Forderung nach Abtretung von Elsaß-Lothringen, da es sich die Regierungen der süddeutschen Staaten gegenüber der eigenen Öffentlichkeit nicht gut leisten konnten, dagegen Front zu machen.

Die durch Bismarcks Annexionsforderungen erzwungene Fortsetzung des Krieges über Sedan hinaus machte die süddeutschen Staaten rasch zu Gefangenen ihrer eigenen machtpolitischen Ohnmacht. Schon wenige Tage nach Sedan zogen die Regierungen von Hessen-Darmstadt und Baden aus dieser Einsicht die Konsequenzen, indem sie ihre Bereitschaft erklärten, dem Norddeutschen Bund beitreten zu wollen. Damit waren die beiden süddeutschen Königreiche Württemberg und Bayern noch weiter isoliert, und Bismarck konnte sich nun ganz darauf verlassen, daß die schiere Macht der Tatsachen binnen kurzem auch in Stuttgart und München einen Sinneswandel herbeiführen würde. In zähen Verhandlungen zwischen Vertretern der einzelnen süddeutschen Regierungen und Preußen im Oktober und November 1870 in Versailles wurde schließlich der Anschluß aller süddeutschen Staaten an den Norddeutschen Bund vereinbart. Bayern und Württemberg, die sich bis zuletzt am hartnäckigsten gewehrt hatten, erhielten eine Reihe von politisch letztlich belanglosen »Reservatrechten« zugestanden, die jedoch geeignet waren, die Eitelkeit ihrer beiden Herrscher zu befriedigen.[52]

Eine besondere Leistung Bismarcks war es, den bayerischen König Ludwig II. durch die Zahlung beträchtlicher Geldsummen dazu zu »bewegen«, König Wilhelm I. von Preußen namens der übrigen deutschen Fürsten schriftlich die deutsche Kaiserkrone anzubieten. Der »Kaiserbrief«, wie dieses Schriftstück genannt wurde, das der bayerische Prinz Luitpold dem preußischen König am 3. Dezember 1870 in Versailles überreichte, war von Bismarck vorsorglich selbst formuliert worden . . .[53]

So entstand aus Krieg und Schacher das Deutsche Reich. Bei der Schaffung des deutschen Kaisertums hatten sich das deutsche Volk und die deutsche Volksvertretung, wie Erich Eyck schrieb, »mit der Rolle des Chores in der griechischen Tragödie begnügen müssen«, während die Rolle des Protagonisten dem fast schwachsinnigen bayerischen König zufiel.[54] Diese Rollenverteilung entsprach ganz und gar den Absichten Bismarcks. Wilhelm I., dem der Kaisertitel widerstrebte, hätte nie und nimmer diese Würde angenommen, wenn sie ihm von einer Vertretung des deutschen Volkes angetragen worden wäre. Dabei war diese Titelfrage, waren Kaiser und Reich nur klingendes Brimborium, bunter Flitter, an dem sich fürstliche Eitelkeit so gut wie das romantische Sehnen der Nation erbauen konnten.

Dieses Deutsche Reich, jenes »Bündnis von Fürsten und Freien Städten«, das auf der durch die Anschlußverträge mit den süddeutschen Staaten nur geringfügig veränderten staatsrechtlichen Grundlage des Norddeutschen Bundes errichtet wurde, stellte einen in allen Teilen durchaus heiklen Kompromiß dar zwischen gegensätzlichen Kräften und Prinzipien: Zwischen Zentralismus und Partikularismus, zwischen dem Prinzip der Volkssouveränität, für das der Reichstag stand, und dem monarchischen, das der deutsche Kaiser und seine Mitfürsten verkörperten, zwischen dem preußischen Machtinteresse mit all seinen heterogenen Geltungsansprüchen und dem Interesse des Reichs. Entsprechend diesen vielfältigen Erfordernissen waren auch die Kräfteverhältnisse im Innern: Das bedeutete vor allem, daß dem liberalen, dem parlamentarischen und demokratischen Element, kurz, der Nation, die durch das Organ des Reichstags repräsentiert wurde, sowohl bei der Gründung des Reichs wie innerhalb des gesamten politischen Systems nur eine bestenfalls akzessorische Funktion zugebilligt wurde. Wohl verschoben sich die Gewichte im Laufe der Zeit, obsiegte der Zentralismus bald über den Partikularismus, entwickelte das Reich rasch eine eigene Dynamik, und auch der Reichstag brachte sich stärker, als dies ursprünglich von Bismarck beabsichtigt gewesen war, gegenüber dem monarchischen Prinzip zur Geltung.[55] Zur Ausbildung eines wirklich parlamentarischen Systems aber kam es nicht.

In einem blieb auch im neuen Reich zeit seiner Dauer jedoch alles beim alten und schlechten. Der Charakter, den Preußen seit je aufwies, wurde nun, nachdem ihn der Erfolg noch vergröbert hatte, auch dem Reich übergestülpt. Das deutsche Kaiserreich wurde ein halbfeudaler Militärstaat, dessen Geschicke fast zwei Jahrzehnte von einem Zivilisten in Uniform, von Otto von Bismarck, gelenkt wurden. Einige wenige Zeitgenossen, die sich durch den Begeisterungsrausch, den die Reichsgründung auslöste, nicht täuschen ließen, haben diesen Charakter des neuen Reichs, das aus einem Krieg hervorgegangen und in einem eroberten, durch den Sieger tief gedemütigten Land proklamiert worden war, durchschaut. Der Basler Geschichtsprofessor Jacob Burckhardt schrieb beispielsweise am 27. September 1870: »O wie wird sich die arme deutsche Nation irren, wenn sie daheim das Gewehr in den Winkel stellen und den Künsten und dem Glück des Friedens obliegen will! da wird es heißen: vor Allem weiter exerciert! und nach einiger Zeit wird Niemand mehr sagen können, wozu eigentlich das Leben noch vorhanden.«[56]

Daß sich an diesem Charakter eines halbfeudalen und monarchischen Militärstaats des Deutschen Reichs von 1871 auch in Zukunft nichts ändern würde, dafür hatte Bismarck gesorgt. Denn dieser Charakter des neuen Reichs war nicht einfach nur der geglückte Versuch, die historische Kontinuität des alten Preußen innerhalb des neuen Reichs pietätvoll zu bewahren, sondern er hatte auch eine eminent praktische Funktion: Die Militarisierung des öffentlichen Lebens im Kaiserreich, die im Hauptmann von Köpenick und dem Monokel tragenden Reserveoffizier Symbolgestalten ewiger Lächerlichkeit besitzt, diente vor allem dazu, das bismarcksche Herrschaftssystem erfolgreich gegen parlamentarische und liberale Geltungsansprüche abzusichern. Und damit dies auf Dauer auch funktionierte, mußte die Öffentlichkeit durch einen äußeren Feind dauernd geschreckt werden, der das Reich, das ihren Wohlstand garantierte, vermeintlich oder tatsächlich bedrohte. Diesen Part wies Bismarck Frankreich zu, von dem er wohl wußte, daß es den Verlust von Elsaß-Lothringen nie verwinden, sondern seine Politik darauf ausrichten würde, diese Gebiete zurückzuerobern. In einem Schreiben an seinen badischen Freund Friedrich von Preen vom 26. April 1872 hat Jacob Burckhardt eben dies konstatiert: »Mit der ›Sicherung von Elsaß-Lothringen‹ hat man auch ohne Krieg wenigstens jeden Moment Kriegslärm, Mobilmachungen u. degl. disponibel, d.h. einen leisen Belagerungszustand in Deutschland selbst, wobei Constitutionalismus u.a. Antiquitäten plötzlich verstummen müssen.«[57]

Die Ideologie der deutsch-französischen Erbfeindschaft, die nach 1870/1871 entstand und in deren Perspektive die ganze bisherige deutsche Geschichte bis zur Gründung des zweiten Kaiserreichs als das große, von Frankreichs Herrschsucht verursachte nationalpolitische Unglück der Deutschen interpretiert wurde, diente dann als Negativfolie für den bramarbasierenden deutschen Nationalismus, dessen völlige innere Leere und Ideenarmut durch blinden Haß und wilden Lärm übertönt wurde. Wie innerlich hohl dieser Nationalismus des Kaiserreichs war, zeigt sich nicht zuletzt daran, daß der »Sedanstag« nie zu einem wirklichen »Nationalfeiertag« wurde.

Die Annexion Elsaß-Lothringens erwies sich als der große außenpolitische Fehler und als eine der Ursachen für den Untergang des bismarckschen Werks. Frankreich würde sich – dessen war sich Bismarck gewiß – bei jeder großen Krise des Reichs zu den Gegnern Deutschlands gesellen. Die Feinde Deutschlands würden die Freunde Frankreichs sein. Nicht mehr allein, sondern im Bündnis mit anderen würde Frankreich versuchen, seine Niederlage von 1870/1871 und den Verlust von Elsaß-Lothringen ungeschehen zu machen.

Nach 1871 aber stellte Frankreich zunächst keine wirkliche Bedrohung des Deutschen Reichs dar. Bismarck mußte Frankreich nicht, wie häufig gesagt wird, isolieren. Das besorgte schon das »Konzert der europäischen Mächte«, in dem das Bismarckreich nun die erste Geige spielte: Frankreich war nach 1871 viel zu schwach, und keine europäische Macht hatte ein Interesse daran, sich mit Frankreich gegen das Deutsche Reich zu verbünden. Was Frankreich betraf, war Bismarck vor allem daran interessiert, dessen republikanische Staatsform zu erhalten, aber nicht deshalb, weil er davon überzeugt gewesen wäre, daß ein republikanisches Frankreich unter all den Monarchien in den übrigen europäischen Staaten keinen Bündnispartner gefunden hätte – solche Reden waren nur für das Ohr des Kaisers bestimmt –, sondern weil er der Annahme war, daß ein napoleonisches oder bourbonisches Frankreich aus Prestigegründen eine waghalsigere und damit unberechenbarere Außenpolitik treiben würde als ein republikanisches Frankreich. Erst in den achtziger Jahren des 19. Jahrhunderts tauchte Frankreich am außenpolitischen Horizont des Kanzlers als ein Faktor auf, dem er eine gewisse Aufmerksamkeit schenkte. Er ermutigte und unterstützte dann zunächst dessen koloniale Bestrebungen mit dem Hintersinn, die Franzosen in Übersee den Verlust von Elsaß und Lothringen vergessen zu machen und um Frankreich außerdem in einen Dauerkonflikt mit England, der anderen großen Kolonialmacht, zu verwickeln. Diese Politik der Ablenkung wurde in der Mitte der achtziger Jahre des 19. Jahrhunderts durch den von beiden Seiten nur sehr halbherzig begonnenen Versuch einer Verständigung ergänzt.[58] Erst als beide Strategien scheiterten, entschied sich Bismarck für jenes komplizierte System von

Bündnissen, dessen einer Zweck auch die wirksame Isolierung Frankreichs, die Verhinderung einer russisch-französischen Entente war. Die dunkle Ahnung, daß ein solches Bündnis zwischen dem republikanischen Frankreich und dem zaristischen Rußland sich eines Tages anbahnen könnte, begann Bismarck heimzusuchen, seit er erkennen mußte, daß die gegensätzlichen Interessen Österreichs und Rußlands auf dem Balkan sich auf die Dauer nicht mehr friedlich ausgleichen lassen würden. Bismarck, so spottete damals der russische Botschafter Schuwalow in Berlin, leide am »cauchemar des coalitions«, am »Alpdruck der Bündnisse«, der ihm nächtens den Schlaf raube. Im August 1892 war es dann soweit: Das zaristische Rußland und das republikanische Frankreich schlossen ein Bündnis. Die Einkreisung des Bismarckreichs begann sich abzuzeichnen, und in den Köpfen der preußischen Generalstäbler setzte sich die Obsession fest, daß nur durch einen vernichtenden Präventivschlag, durch einen überraschenden und schnell geführten Angriffskrieg gegen Frankreich diese Gefahr gebannt werden könne.

Die Gründung des Deutschen Reichs durch Bismarck war alles andere als die nationalpolitische Erfüllung des deutschen Traums. Die Gründung dieses Reichs war vielmehr der letzte verzweifelte Versuch, das politisch längst bankrotte Preußentum zu retten. Dieser Versuch scheiterte, er mußte scheitern. In seinem 1915 entstandenen großen Zola-Essay hat Heinrich Mann die Gründe für dieses Scheitern des Deutschen Reichs an Preußen dargelegt. Sich nur scheinbar auf das Frankreich Napoleons III. beziehend, in Wirklichkeit aber das preußisch-deutsche Kaiserreich meinend, schrieb er: »Ein Reich, das einzig auf Gewalt bestanden und nicht auf Freiheit, Gerechtigkeit und Wahrheit, ein Reich, in dem nur befohlen und gehorcht, verdient und ausgebeutet, des Menschen aber nie geachtet ward, kann nicht siegen, und zöge es aus mit übermenschlicher Macht. Nicht so verteilt die Geschichte ihre Preise. Die Macht ist unnütz und hinfällig, wenn nur für sie gelebt worden ist und nicht für den Geist, der über ihr ist. Wo nur noch an die Macht geglaubt wird, eben dort hat sie aufgehört zu sein.«[59]

16. KAPITEL
Bismarcks Reich

Bis heute gilt gemeinhin neben der Gründung des Deutschen Reichs von 1871 die Art und Weise, in der es Bismarck gelang, den in der Mitte Europas gleichsam aus dem Nichts aufgetauchten Machtfaktor Deutschland in das »Konzert der europäischen Mächte« eingefügt zu haben, als seine bedeutendste politische Leistung. Daß diesen beiden Errungenschaften aber nur eine vergleichsweise kurze Dauer beschieden war, das Reich schließlich im Chaos eines Weltkrieges versank, diese Tatsache wird häufig übersehen oder die Verantwortung dafür allein seinen Nachfolgern im Amt angelastet. Die Unfehlbarkeit, die dem politischen Genie Bismarcks auch heute noch weithin attestiert wird, trübte den Blick dafür, welchen Anteil er selbst am Untergang seiner Schöpfung hatte. Als fatal erwies sich dabei vor allem, daß Bismarck selbst, sobald das Reich in der kalten Pracht seiner mächtigen und vermeintlich unüberwindlichen Rüstung erstanden war, vom Glauben an seine eigene politische Unfehlbarkeit durchdrungen war. Man wird dies menschlich verständlich finden. Denn es war in der Tat Außerordentliches, was er bis 1871 geleistet hatte und was danach noch zu tun war, die Sicherung und Konsolidierung des Ganzen nach innen und außen – und so erschien es nicht nur ihm bisweilen, sondern auch vielen seiner Zeitgenossen – war verglichen damit nur noch von eher untergeordneter Bedeutung.

In einer Reichstagsrede vom 24. Februar 1881, in der er auf Angriffe des liberalen Abgeordneten Eugen Richter antwortete, der nicht nur Bismarcks gesamte Innenpolitik, sondern auch sein Regierungssystem der »Kanzlerdiktatur« hart attackiert hatte, sagte Bismarck von sich: »Ich habe von Anfang meiner Tätigkeit an vielleicht rasch und unbesonnen gehandelt, aber wenn ich Zeit hatte, darüber nachzudenken, mich immer der Frage untergeordnet: Was ist für mein Vaterland, was ist – so lange ich allein für Preußen war – für meine Dynastie, und heut zu Tage, was ist für die deutsche Nation das Nützliche, das Zweckmäßige, das Richtige? Doktrinär bin ich in meinem Leben nicht gewesen; alle Systeme, durch die die Parteien sich getrennt und verbunden fühlen, kommen für mich in zweiter Linie, in erster Linie kommt die Nation, ihre Stellung nach außen, ihre Selbständigkeit, unsere Organisation in der Weise, daß wir als freie Nation in der Welt frei atmen können.

Alles, was nachher folgen mag, liberale, reaktionäre, konservative Verfassung, – meine Herren, ich gestehe es ganz offen, das kommt mir in zweiter Linie, das ist ein Luxus der Einrichtung, der an der Zeit ist, nachdem das Haus fest gebaut dasteht. In diesen Parteifragen kann ich zum Nutzen des Landes dem einen oder anderen näher treten, die Doktrin gebe ich außerordentlich wohlfeil. Schaffen wir zuerst einen festen, nach außen gesicherten, im Innern festgefügten, durch das nationale Band verbundenen Bau, und dann fragen Sie mich um meine Meinung, in welcher Weise mit mehr oder weniger liberalen Verfassungseinrichtungen das Haus zu möblieren sei, und Sie werden vielleicht finden, daß ich antworte: Ja, ich habe darin keine vorgefaßte Meinung, machen Sie mir Vorschläge, und wenn der Landesherr, dem ich diene, bestimmt, so werden Sie bei mir prinzipielle Schwierigkeiten wesentlich nicht finden. Man kann es so machen oder so, es gibt viele Wege, die nach Rom führen. Es gibt Zeiten, wo man diktatorisch regieren muß, es wechselt alles, hier gibt es keine Ewigkeit. Aber von dem Bau des Deutschen Reichs, von der Einigkeit der deutschen Nation verlange ich, daß sie fest und sturmfrei dastehe – und nicht bloß eine passagere Feldbefestigung nach einigen Seiten hin habe; seiner Schöpfung und Konsolidation habe ich meine ganze politische Tätigkeit vom ersten Augenblicke, wo sie begann, untergeordnet, und wenn Sie mir einen einzigen Moment zeigen, wo ich nicht nach dieser Richtung der Magnetnadel gesteuert habe, so können Sie mir vielleicht nachweisen, daß ich geirrt habe, aber nicht nachweisen, daß ich das nationale Ziel einen Augenblick aus den Augen verloren habe.«[1] So, als einen Politiker, dem ausschließlich die Interessen der Nation als Richtmaß für sein Handeln dienten, hat man Bismarck immer wieder gesehen und beurteilt. Es ist dies eine zählebige Legende. Gegenüber Wilhelm II. bemerkte derselbe Bismarck einmal: »Mit dem Deutschen Reich ist es soso, lala. Suchen Sie nur Preußen stark zu machen. Es ist egal, was aus den anderen wird.«[2]

Ohne den Ausgang des Krimkrieges, dessen wichtigstes Resultat es war, daß die russische Hegemonie über Mitteleuropa beendet wurde und die beiden Ostmächte Österreich und Rußland in einen tiefen Gegensatz zueinander traten, wäre es Preußen, dem dritten und kleinsten im Bunde der polnischen Teilungsmächte, nicht gelungen, jene selbstbewußte Großmachtpolitik zu treiben, die dann zur Gründung des Deutschen Reichs von 1871 führte. Nach der erfolgreichen Reichsgründung hat Bismarck immer wieder behauptet, daß eben dies von Anfang an das Ziel seines politischen Handelns gewesen sei. Die Geschichtsschreibung hat diese Aussage weitgehend übernommen. Und in der Tat stellt sich auch der Verlauf, den die deutsche Geschichte zwischen 1862, als Bismarck preußischer Ministerpräsident wurde, und 1871, als die Fürsten Deutschlands im Spiegelsaal von Versailles das neue deutsche Kaiserreich proklamierten, im flüchtigen Rückblick als eine von einem festen planenden Willen beherrschte konsequente Entwicklung dar. Nach und nach, Schlag auf Schlag und notfalls mit Gewalt und Krieg, aber vor allem auch mit diplomatischer List und überlegenem politischem Können hat Bismarck die Schwierigkeiten und Hindernisse beseitigt, die dem Deutschen Reich, das ihm vorschwebte, im Wege standen. Die Crux ist nur, daß diese Sicht zwar den augenfälligen Tatsachen der Entwicklung, welche die deutsche Geschichte nahm, zu entsprechen scheint, nicht aber den Motiven, die Bismarcks politischem Handeln zugrunde lagen. Denn daß die Reichseinigung von allem Anfang an das Ziel seines politischen Handelns gewesen sei, ist eine spätere Sinngebung, die nichts mit den ursprünglichen Intentionen Bismarcks gemein hat. Bismarcks Absicht war es vielmehr, Preußen aus der mißlichen Situation der fünften und kleinsten europäischen Großmacht herauszuführen, es von seinen vielfältigen Abhängigkeiten und Rücksichtnahmen zu befreien, die es in seiner deutschen wie europäischen Politik zu einem Satelliten Rußlands und Österreichs machten. Dies ist ihm auch gelungen. Und die deutsche Einigung in Gestalt des deutschen Kaiserreichs von 1871 war gleichsam nur ein Nebenprodukt seines politischen Erfolgs: Preußen wurde eine wirkliche europäische Großmacht um den Preis, daß es zur Führungsmacht innerhalb des Deutschen Reichs aufstieg.

Das Reich von 1871 war eine einzige Verlegenheit, mit der die Großmacht Preußen, so gut oder so schlecht es eben ging, fertig werden mußte. Das Dokument dieser Verlegenheit ist die Verfassungsurkunde des Deutschen Reichs, deren Vorbild die staatsrechtliche Organisation des Norddeutschen Bundes war, die Bismarck nach seinen Vorstellungen gestaltet hatte. Diese Verfassung des Reichs war eine Monstrosität, weil sie Vergangenes und Zukünftiges, Fortschritt und Rückschritt gewaltsam zusammenfügte. Ihr beherrschender Gedanke war, die Macht des führenden Staates, die Macht Preußens, zu garantieren und zu mehren: Dem Partikularismus Preußens wurden die Partikularismen der übrigen deutschen Staaten geopfert, und das Ergebnis dieser Unterordnung firmierte dann nicht als Großpreußen, sondern als Deutsches Reich.

Mit der Verfassung des Deutschen Reichs wurde ein Staat beschrieben, der es erlaubte, daß sich die wirtschaftlichen Interessen seiner Bürger weitgehend ungehindert entfalteten, der es aber gleichzeitig vereitelte, daß diese wirtschaftlichen Interessen sich in politischen Geltungsansprüchen materialisieren konnten, welche die feudale Militärmonarchie Preußens und deren soziale Grundlagen ernsthaft in Frage zu stellen vermochten. Das heißt, der deutsche Nationalstaat, der das Reich vermeintlich war, wurde nicht um seiner selbst willen, um die allgemeinen politischen Interessen der Nation zu befriedigen, geschaffen, sondern er wurde nur insoweit zugelassen, wie er der historisch bankrotten preußischen Monarchie neue Lebenskräfte zuführte.[3] Aus dieser durchaus widersinnigen Aufgabenstellung ergab sich in der Verfassungswirklichkeit des Reichs eine Fülle von Komplikationen, die in einem immer stärkeren Maße dann die innere wie äußere Politik des Reichs beeinflußten und schließlich ursächlich zu seinem Untergang beitrugen.

Bismarcks innere wie äußere Politik nach 1871 gründete auf einer Tatsachenbehauptung, deren Gültigkeit zu erweisen ihm immer schwerer fallen sollte und die schließlich von seinen Nachfolgern im Amt des Reichskanzlers nicht aus purer Frivolität, sondern gezwungenermaßen vollends über Bord geworfen wurde. Deutschland, so diese Behauptung, habe sich nun endgültig als Nationalstaat konstituiert und weise damit keine unerfüllten Forderungen mehr auf. Das kleindeutsche Kaiserreich von 1871, so wurde Bismarck nie müde zu postulieren, sei saturiert. Diese Behauptung war eine Mischung aus bismarckschem Wunschdenken, Realitätssinn und dem Versuch, die übrigen europäischen Großmächte davon zu überzeugen, daß Deutschland nunmehr ein Faktor der Stabilität in Europa sei.

Die Determinanten von Bismarcks Realitätssinn blitzen in einem Gespräch auf, das er im Mai 1870 mit dem preußischen Gesandten in Wien, dem General von Schweinitz, führte. Schweinitz bemerkte damals: »Unsere Macht findet dort ihre Begrenzung, wo unser Junkermaterial zur Besetzung der Offiziersstellen aufhört.« Darauf Bismarck: »Das darf ich nicht sagen, aber ich habe danach gehandelt.«[4] Preußen dürfe nicht, das war Bismarcks feste Überzeugung seit den Tagen der 48er Revolution, in der »faulen Gärung süddeutscher Gemütlichkeit« untergehen. Bismarcks tiefgefühlte Abneigung gegen alles Süddeutsche, das für ihn aus den zwar völlig gegensätzlichen, ihm aber gleichermaßen widerwärtigen Elementen des Katholizismus und dem Gedankengut des französischen Liberalismus bestand, hatte seine deutsche Politik bis 1866 wesentlich mitbestimmt. Und mit der danach gewonnenen Einsicht, daß die preußische Großmachtstellung in Europa sich erst dann erfolgreich konsolidieren ließe, wenn zuvor die kleindeutschen Aspirationen befriedigt worden waren, mochte ihn auch die Überlegung versöhnt haben, daß im neuen Reich das protestantische Glaubensbekenntnis und die preußische Macht bei weitem das Übergewicht hatten. Ironischerweise ist es gerade diese, unterdessen auch nur noch historische Gestalt Deutschlands, die Bismarck mit dem kleindeutschen Reich schuf, in der sich bis heute die geschichtliche Idee des deutschen Nationalstaats erfüllt; es ist dies das einzige, das von Bismarcks Werk noch übriggeblieben ist. Damals aber, 1871, war das kleindeutsche Reich Bismarcks nur sehr bedingt deckungsgleich mit dem, was man unter Deutschland verstand, was den Zeitgenossen als der deutsche Nationalstaat vorschwebte. Das Programm der »Kleindeutschen« von 1848 war lediglich ein von der Einsicht in die Umstände erzwungener Kompromiß. Es war nie als eine wirkliche Alternative, sondern lediglich als ein erster, praktischer Schritt zur Schaffung eines Deutschland, das die staatliche Heimat aller Deutschen sein sollte, gedacht. Das kleindeutsche Reich von 1871 unter Einschluß der Reichslande Elsaß-Lothringen war aber der äußerste Rahmen, den Bismarck dem ihm weitgehend fremden politischen Willen der Nation zugestehen, den das vorhandene »Junkermaterial« gerade noch so eben ausfüllen konnte. In der Wirklichkeit des kleindeutschen Reichs überschnitt sich Bismarcks Realitätssinn mit seinem Wunschdenken.

Die Deutschen waren 1871 ebensowenig eine Nation im politischen Sinne wie 1848, und das Reich, das man ihnen beschert hatte, war weit davon entfernt, ihnen eine gemeinsame nationale Identität zu geben oder für sie auch nur als ein Rahmen zu fungieren, auf den sie in ihrer Mehrheit ihr politisches Wollen und Handeln bezogen. Es ist eine Legende, daß es die Nation gewesen sei, die einen siegreichen Krieg gegen das als »Erbfeind« etikettierte Frankreich geführt habe, um sich ihren Traum von staatlich-politischer Einheit und nationaler Größe, der im Deutschen Reich Wirklichkeit geworden sei, zu erfüllen. Man war als Badener, Württemberger, Bayer, Sachse, Hesse oder Preuße in diesen Krieg gezogen und kehrte aus ihm auch als ein solcher und nicht als Deutscher, nicht als ein national selbstbewußter Bürger des neuen Reichs zurück. Die Kriegerdenkmäler, die noch heute auf den Schlachtfeldern des Krieges von 1870/1871 im Elsaß zu besichtigen sind und die zumeist erst in den 1880er Jahren errichtet wurden, bezeugen dies: Eine eindeutig nationale Symbolik kommt bei ihnen so gut wie gar nicht vor. Es sind vielmehr Denkmäler, deren symbolische Aussage das Andenken an den Sieg in der Schlacht nicht der kollektiven Erinnerung der Nation, sondern jener der einzelnen »Vaterländer« wie Sachsen, Bayern usw. überantwortet.

Aber auch sonst blieb das Reich lange Zeit für die meisten seiner Bürger eine ferne, eine abstrakte Größe, und dies einfach deshalb, weil seine schiere Existenz kaum im Leben des einzelnen fühlbar wurde. Die direkten Steuern wurden von den einzelnen deutschen Staaten oder gar den einzelnen Städten und Gemeinden erhoben; jene behielten auch ihre Regierungen und Kammern, von denen die politischen Entscheidungen gefällt wurden, welche sich unmittelbar auf die Lebensumstände der Bürger auswirkten. Und auch die Landesherren genügten weiterhin mit väterlicher Milde ihren erlauchten Pflichten, verliehen Orden und hielten sich einen Hofstaat. Die meisten Bürger aber nahmen selbst das, was sich auf der politischen Bühne des jeweiligen Staates, in dem sie lebten, abspielte, nur in Ausnahmefällen als etwas zur Kenntnis, das für ihre eigene Existenz von Belang sein konnte. Sie klebten an ihrer Scholle oder lebten in der Beschränktheit ihrer kleinstädtischen Winkelidylle. Ihnen war die Kirchturmspitze die höchste Erhebung, die sie sich überhaupt vorzustellen vermochten, und die eigenen täglichen Sorgen und Nöte bildeten für sie einen in sich geschlossenen Kosmos, der seinen eigenen Gesetzen gehorchte. Das Reich, die Nation waren ihnen so fremd und fern wie die Rückseite des Mondes. Kurz, auch nach 1871 herrschten im neuen Reich noch weithin seit Jahrhunderten eingelebte partikularistische oder lokal fixierte Loyalitäten mit Zähigkeit vor, Bindungen, die durch Geschichte, gemeinsame Traditionen und einen seit Urvätertagen in den nämlichen Bahnen verlaufenden Handel und Wandel geprägt und gehärtet waren und die erst im Zuge der dynamisch sich entwickelnden Industriegesellschaft ganz allmählich eingeebnet wurden. Das aber war ein Prozeß, der über das Ende des Reichs in seiner ihm von Bismarck verliehenen Gestalt andauern sollte.

Das Bismarckreich entsprach lediglich in seinen alleräußerlichsten Formen den politischen Aspirationen einer Minderheit, die durch das nationale und liberale Bürgertum vorgestellt wurde. Und es waren die politischen Parteien, welche die Erwartungen und Hoffnungen dieses Bürgertums repräsentierten, die bei den ersten Reichstagswahlen nach Gründung des Reichs, die auf der Grundlage des allgemeinen Männerstimmrechts am 3. März 1871 stattfanden, fast zwei Drittel der abgegebenen Stimmen errangen. Allerdings betrug die Wahlbeteiligung nicht mehr als rund 51 Prozent,[5] ein Ergebnis, das Mitteilung davon macht, daß fast die Hälfte aller Wahlberechtigten trotz des siegreichen Kriegs, der die nationalen Leidenschaften in Wallung gebracht hatte, dem Reich, das ein Ergebnis dieses Kriegs war, mit völliger Indifferenz gegenüberstand. Parteien, die wie das katholische Zentrum oder die parteipolitischen Formationen der Polen, Dänen und Elsässer das Bismarck-Reich ablehnten, erhielten immerhin noch fast 38 Prozent der Stimmen.

Während Bismarck diese Parteien, die sich mit den durch ihn geschaffenen politischen Tatsachen erklärtermaßen nicht abfinden mochten, weitgehend vernachlässigen konnte, weil sie stets nur Minderheiten repräsentieren würden, konnte er sich andererseits auf eine komfortable Reichstagsmehrheit stützen, welche die liberalen und nationalen Parteien erobert hatten. Obwohl Bismarcks System alles andere als ein parlamentarisches war, brauchte er dennoch diese Reichstagsmehrheit, um die im neuen Reich anfallenden umfangreichen gesetzgeberischen Maßnahmen in seinem Sinne möglichst reibungslos in Angriff nehmen zu können. Die Lektion hatte Bismarck aus dem preußischen Verfassungskonflikt gelernt, daß ein auf die nackte Staatsgewalt sich stützendes bloßes Anregieren gegen eine opponierende Mehrheit in den Vertretungsorganen der konstitutionellen Herrschaftsordnung auf die Dauer keine Gewähr für eine erfolgreiche Politik bieten konnte, und die hier gemachten Erfahrungen hatten ihn dann auch veranlaßt, das »revolutionäre« Mittel des allgemeinen Männerstimmrechts in der Verfassung des Deutschen Reichs zu verankern. Ein allgemeines Wahlrecht, das war sein machiavellistisches Konzept gewesen, würde ihm immer die Zustimmung einer Mehrheit für seine Politik verschaffen und damit seine Stellung weitgehender politischer Unabhängigkeit von der Krone festigen, ohne daß er aber andererseits in dem von ihm ausgeklügelten System Gefahr lief, den Wünschen und Erwartungen dieser Mehrheit weiter entgegenkommen zu müssen, als dies sich mit seinen eigenen Plänen und Absichten vertrug. Kam es aber dennoch einmal hart auf hart, dann würde Preußen, wo das dort beibehaltene Dreiklassenwahlrecht den Konservativen stets solide Mehrheiten verschaffte, ein unüberwindliches Bollwerk sein.

Die politische Basis, auf die sich das bismarcksche System gründete und die durch die informelle Parteien- und Interessenkoalition jener national und liberal gesinnten Reichstagsmehrheit repräsentiert wurde, war alles in allem sehr schmal. Sie umfaßte aber gleichwohl den größeren Teil der tonangebenden Schichten der damaligen politischen Gesellschaft. Gleichzeitig aber, und dies sollte für die innenpolitische Entwicklung des Reichs in den späten 1880er Jahren ganz entscheidend werden, war diese klassenmäßig stark eingeschränkte politische Basis eine existentielle Voraussetzung für das Funktionieren von Bismarcks System; denn nur innerhalb dieser engen gesellschaftlichen Bandbreite ließen sich die an und für sich widersprüchlichen Interessen von liberaler Bourgeoisie und feudalen Agrariern zu jenem oligarchisch-politischen Beziehungsgeflecht verknüpfen, welches das Wesen dieses neuen Reichs kennzeichnete. Die relativ große politische Stabilität und Elastizität dieses Klassenkompromisses, mit dem, vereinfacht gesprochen, die Bourgeoisie als Preis für die weitgehend ungehinderte Entfaltung ihrer ökonomischen Interessen die Ausübung der politischen Herrschaft den alten feudalen Eliten überließ, wurde entscheidend begünstigt durch den großen wirtschaftlichen Aufschwung, den das Reich in seinen Anfangsjahren, die ganz im Zeichen der wirtschaftsliberalen Prinzipien standen, nahm und von dem beide Partner dieses Klassenkompromisses, Bourgeoisie wie Agrarier, gleichermaßen profitierten.

Um diesen Klassenkompromiß zu festigen, ließ Bismarck den liberalen Kräften im Rahmen der von ihm vorgegebenen Verfassungsordnung mit ihren starken institutionellen Absicherungen der preußischen Hegemonialstellung und seiner eigenen Position politischer Unabhängigkeit relativ freie Hand, wichtige Einzelheiten des Reichsbaus wie die Schaffung einer einheitlichen Rechts-, Sozial- und Wirtschaftsordnung, die essentielle Bestandteile nicht nur der neuen Legitimation des Reichs, sondern auch für dessen kapitalistische Entwicklung waren, zu vollenden. Bismarcks Devise für diese liberale Phase seiner Politik war: »Setzen wir Deutschland, sozusagen, in den Sattel! Reiten wird es schon können.«[6] Diese liberale Politik mußte ihn zwangsläufig zwar seinen einstigen konservativen Gönnern politisch noch weiter entfremden, ein Umstand, den Bismarck leicht verschmerzen konnte, denn in Wirklichkeit behielt er gerade dadurch, daß er so hoch am liberalen Wind segelte, alle Trümpfe in der Hand. Bismarck war sich nämlich dessen nur zu sehr bewußt, daß die liberalen Kräfte, deren er sich politisch bediente, eine Fülle von Aspirationen hegten, die weit über das hinausgingen, was er ihnen zuzugestehen bereit war, sollte sein Herrschaftssystem nicht Schaden nehmen. Hier mußte eine Grenze gezogen werden, und Bismarck zog diese Grenze dergestalt, daß er diese liberalen Ansprüche sich auf solchen Feldern dosiert und kontrolliert verwirklichen ließ, die wie die liberale Ausgestaltung der Rechts, Sozial- und Wirtschaftsordnung letztlich nur sein System stabilisierten. Diese Grenze bestimmte Bismarck andererseits aber auch dadurch, daß er all jene Geltungsansprüche als »reichsfeindlich« brandmarkte, deren auch nur teilweise Erfüllung eine Gefährdung der uneingeschränkten Hegemonialstellung Preußens innerhalb des Reichs darstellen würde. Um diese Grenze vor allem gegenüber den partikularistisch-konservativen Geltungsansprüchen zu ziehen, die das Reich überhaupt oder in der Form, die ihm Bismarck gegeben hatte, ablehnten, bediente sich Bismarck eines Mittels, das im höchsten Maße charakteristisch für sein Politikverständnis ist, das vor allem von der Vorstellung eines dauernden, nicht auf friedlichem Wege vermittelbaren Konflikts wechselnder Interessen beherrscht war. Für den Zusammenhalt des Reichs und das reibungslose Funktionieren der ihm verliehenen Verfassungsordnung, das war die Voraussetzung, von der Bismarck ausging und deren scheinbare Richtigkeit auch mehr und mehr durch die von seiner Politik beeinflußten Entwicklungen »objektiv« bestätigt wurde, war ein innen- wie außenpolitischer Gegner, ein »Reichsfeind«, unabdingbar, weil nur eine von einem solchen Gegner ausgehende permanente wirkliche oder vermeintliche Bedrohung die ganze Künstlichkeit der bismarckschen Schöpfung auf Dauer rechtfertigen und damit erhalten konnte. Deshalb, kaum daß das Reich in seiner äußeren Gestalt in der Feueresse der »Einigungskriege« von 1866 und 1870/1871 geschmiedet worden war, entfesselte Bismarck einen weiteren Krieg, einen »kalten Bürgerkrieg«, um auch den inneren Organismus des Reichs, für den die Reichsverfassung ja gleichsam nur die Blaupause darstellte, nach seinen Wünschen und Vorstellungen zu formen.

Bereits in einem Erlaß an den preußischen Botschafter in Rom, den Grafen Harry Arnim, vom 12. April 1868, mit dem Bismarck den für seine damals gehegten politischen Absichten ungünstigen Ausgang der Zollparlamentswahlen in Süddeutschland resümierte, heißt es: »Wir können, wie die Dinge sich eben in Süddeutschland gestaltet haben, denjenigen nicht Unrecht geben, welche in der katholischen Kirche, wie sie dort ist, eine Gefahr für Preußen und Norddeutschland erblicken und gegen jede Begünstigung und Förderung der Kirche, gegen alles was ihren Einfluß vermehren könnte, dringend warnen.«[7] Diese Feststellung stellt nichts anderes dar als eine Konkretion seiner alten Befürchtungen von der »faulen Gärung der süddeutschen Staaten«, und diese Befürchtungen wurden ihm durch den Ausgang der ersten Reichstagswahlen vom März 1871 erneut bestätigt. Aus diesen Wahlen ging die katholische Zentrumspartei einschließlich ihrer Hospitanten mit 65 Sitzen im Reichstag als die nach den Nationalliberalen zweitstärkste Fraktion hervor. Der Erfolg dieser erst im Spätjahr 1870 gegründeten Partei des politischen Katholizismus, in der sich durchaus unterschiedliche soziale Kräfte und Interessen zusammengefunden hatten, war zwar überraschend, machte diese Partei deshalb aber noch nicht zu einem politischen Faktor, der Bismarcks besondere Aufmerksamkeit verdient hätte. Die besondere Gefährlichkeit dieser neuen politischen Formation, von der Bismarck sehr schnell erkannte, daß sie sich für die Stabilisierung seines Systems im Innern ausnutzen ließe, ergab sich für ihn vielmehr aus zwei Umständen.

Das Zentrum war nämlich zum einen das politische Sammelbecken all jener, die in irgendeiner Hinsicht zu den Verlierern und damit zu den Gegnern der bismarckschen Reichseinigung zählten. Und das waren neben den Polen in Preußen, den Elsaß-Lothringern, den hannoverschen »Welfen« und anderen, die Bismarck noch immer nicht den »Kronenraub« von 1866 verziehen hatten, vor allem auch die zahlreichen partikularistisch-katholischen Elemente in Süd- und Westdeutschland, die sich einerseits durch die protestantische Mehrheit des preußisch-deutschen Reichs in die Rolle einer starken Minderheit gedrängt sahen und die sich andererseits aber auch durch die liberale Wirtschaftspolitik Preußens in ihrer wirtschaftlichen und sozialen Existenz bedroht fühlten: die Landbevölkerung so gut wie das städtische Kleingewerbe und Handwerk, kurz, die Substrate des alten städtischen »Sondertums«, die sich vor der Reichsgründung nur noch als partikularistische Protestpotentiale behauptet hatten und die nun nach der Reichsgründung im Zentrum eine gemeinsame politische Heimat suchten und fanden, das ihre Geltungsansprüche den neuen Umständen entsprechend auf nationaler Ebene vertreten konnte.

Der zweite Umstand, der in Bismarcks Augen das Zentrum als besonders gefährlich erscheinen ließ, war die Tatsache, daß die neue Partei durchaus konservativ gesinnt war. Der Konservatismus des Zentrums fußte aber auf entschieden anderen Grundlagen als jenen, auf die sich der Konservatismus Bismarcks gründete. Bismarcks Konservatismus wußte sich einem essentiell preußischen Partikularismus verpflichtet, der neben sich keine anderen partikularistischen Ansprüche dulden konnte, während der Konservatismus des Zentrums die prinzipielle politische Gleichberechtigung aller anderen Partikularismen anerkannte und forderte. Dies hatte zur Folge, daß das konservative Staatsverständnis Bismarcks vor allem preußisch-unitarisch beherrscht, während das des Zentrum föderalistisch geprägt war.

Wäre es wirklich das ausschließliche Ziel und Streben des Politikers Bismarck gewesen, wie er stets beteuerte und was ihm auch heute noch weithin als das tragende Motiv seines gesamten politischen Handelns unterstellt wird, den deutschen Nationalstaat zu schaffen und zu erhalten, dann hätte ihm von Anfang an eine Partei wie das Zentrum nicht als Gegner, sondern als Partner im höchsten Maße willkommen sein müssen. Denn diese Partei, dieses Sammelbecken der meisten dem bismarckschen Reich aus den unterschiedlichsten Motiven heraus ablehnend gegenüberstehenden Elementen, wäre, geschickt gehandhabt, ein vorzügliches Instrument gewesen, all diese Kräfte erfolgreich in das politische System des neuen Reichs zu integrieren. Da die Schaffung des deutschen Nationalstaats innerhalb der Grenzen des Reichs aber keineswegs das seinem Handeln übergeordnete Ziel war, es ihm vielmehr nur darum zu tun war, die Macht Preußens zu erhalten und auszubauen, und das Reich ihm dazu als ein Mittel diente, mußte Bismarck konsequenterweise mit aller Härte gegen eine Partei vorgehen, die durch ihre bloße, seiner auch nur indirekten Beeinflussung sich hartnäckig entziehenden Existenz eine latente Gefährdung seiner Absichten darstellte.

Die Motive, die Bismarck bewogen, mit einer förmlichen Kriegserklärung, die er mit seiner am 30. Januar 1872 im Reichstag gehaltenen Rede abgab, den Kampf mit dem Zentrum zu beginnen, sind deshalb keineswegs so komplex oder verworren, wie immer wieder behauptet wird. Verwirrung tritt nur dann ein, wenn man sich von Bismarck dazu verlocken läßt, all jenen Motiven, die er selbst in unterschiedlichen Stadien seiner Auseinandersetzung mit dem Zentrum und der katholischen Kirche anführte, nachzuspüren und diese auf ihre Stichhaltigkeit zu überprüfen; Bismarck war gerade im »Kulturkampf«, wie dieser »kalte Bürgerkrieg«, den er im Verein mit den Nationalliberalen gegen den politischen Katholizismus und die katholische Kirche führte, genannt wurde, nie um neue Motive verlegen. Denn in vieler Hinsicht war die damalige Zeit reif für eine Auseinandersetzung mit der katholischen Kirche und der von ihr verkündeten Glaubenslehre, und die allermeisten, die das Reich Bismarcks als die Erfüllung ihrer nationalen Sehnsüchte begrüßten, empfanden den »Kulturkampf« als den letzten und entscheidenden Kampf zwischen Reformation und Gegenreformation, zwischen Luther und dem Papst, zwischen Licht und Finsternis, Moderne und Mittelalter.

Der »Kulturkampf« läßt sich als ein Komplementärphänomen der liberalen Hochflut, die das Europa jener Jahre überschwemmte, deuten. Die katholische Kirche wurde endgültig aus den weltlichen Positionen verdrängt, die sie seit Jahrhunderten innegehabt hatte. Die italienische Nationalbewegung drohte den Kirchenstaat auszulöschen, ja, selbst die Institution des Papsttums geriet durch sie in Gefahr. Auch in anderen katholischen Staaten, in Österreich und im Frankreich der Dritten Republik kam es zu heftigem Streit zwischen staatlicher und kirchlicher Gewalt. Und nicht wenige liberale Publizisten in Deutschland verherrlichten die preußischen Waffenerfolge von Königgrätz und Sedan als Siege des protestantischen Glaubensbekenntnisses über den römischen Katholizismus. Gegen diese mannigfachen Bedrängnisse einer neuen Zeit setzte sich die katholische Kirche, die in Papst Pius IX. eine ihrer großen Führerpersönlichkeiten besaß, mit der ganzen Macht ihrer reichen spirituellen Tradition zur Wehr. 1864 verkündete Pius IX. in der Enzyklika »Quanta Cura« das »Syllabus«, einen Katalog aller modernen, mit der katholischen Glaubenslehre und dem kanonischen Recht nicht zu vereinbarenden »Irrlehren«. Das Verzeichnis umfaßte alle bislang von der katholischen Kirche verdammten »Irrtümer« und reichte vom »Pantheismus« bis zum gemäßigten »Liberalismus«. Diese Kampfansage der katholischen Kirche an den Geist der Moderne wurde durch das im Sommer 1870 vom Vatikanischen Konzil verkündete »Unfehlbarkeitsdogma« des Papstes, das sich auf die ex cathedra gegebenen Definitionen und Entscheidungen in Fragen der Glaubens- und Sittenlehre bezog, ergänzt.

Die katholische Kirche, so schien es, war trotzig entschlossen, dem Siegeslauf der Moderne und des säkularen Nationalstaats ihr Konzept eines christlich-katholischen Universalismus entgegenzustellen. Den Liberalen, die sich so ganz mit den durch Bismarck geschaffenen Tatsachen identifizierten, war diese vermeintliche Kampfansage der katholischen Kirche eine unerträgliche Beleidigung, mehr noch, eine Gefährdung der eigenen Zukunftserwartungen und Absichten. Die Liberalen waren die eigentlichen Autoren der sogenannten »Mai-Gesetze« des Jahres 1873, die dem Kulturkampf in Preußen und im Reich sein Gepräge gaben. Diese »Mai-Gesetze« waren nichts weniger als eine massive Einmischung des Staates in rein kirchliche Belange. Die »Vorbildung und Anstellung von Geistlichen« wurde mit diesen Gesetzen ebenso geregelt wie die »kirchliche Disziplinargewalt« und die Errichtung des »Königlichen Gerichtshofes für Kirchliche Angelegenheiten«. Diesen ersten Schikanen folgten im Jahre 1875 die Verhängung einer Geldsperre über die katholische Kirche sowie die Aufhebung aller Klöster mit Ausnahme jener geistlichen Orden, die in der Krankenpflege tätig waren. Auch der berühmt-berüchtigte »Kanzelparagraph«, der erst 1953 wieder aufgehoben wurde und mit dem politische Predigtäußerungen verfolgt werden sollten, gehörte ebenso zu den gesetzlichen Repressivmaßnahmen des »Kulturkampfes« wie das Verbot des Jesuitenordens im Reich. Alle diese Gesetze und die mannigfachen Verfolgungen, die sie sanktionierten, wurzelten in der aufgeklärten Weltanschauung der liberalen »Kulturkämpfer«, die zutiefst von der Überzeugung durchdrungen waren, der finstere Aberglauben, den die katholische Kirche verkünde, müsse beseitigt werden, damit sich der Siegeszug der Moderne und des Menschheitsfortschritts ungehindert vollenden könne.

Bismarck lagen solche weltanschaulichen Motive, zu denen sich insbesondere die Liberalen bekannten, durchaus fern. Für ihn war das Zentrum nicht mehr und nicht weniger als, wie er in seiner Reichstagsrede vom 30. Januar 1872 sagte, eine »Mobilmachung der Partei gegen den Staat«.[8] Um sein Werk, das preußisch-deutsche Reich, zu konsolidieren und die »innere Reichseinigung« zu vollenden, brach Bismarck eine heftige, über Jahre sich hinziehende Auseinandersetzung mit der katholischen Kirche vom Zaun. Dabei kam ihm durchaus zustatten, daß ihn insbesondere die Nationalliberalen bei diesem Kampf gegen angebliche römische Herrschaftsgelüste begeistert unterstützten. Denn durch diese

Unterstützung machten sich die Nationalliberalen selbst zu Gefangenen der Politik des Kanzlers, den sie bald in einem immer größeren Umfange auch bei Entscheidungen unterstützen mußten, die einerseits nichts mit dem Kampf gegen die römisch-katholische Kirche zu tun hatten und die andererseits aber auch den liberalen Prinzipien, die sie verkündeten, hohnsprachen.

Die immer deutlicher werdende Abkehr der Liberalen von einstigen ihnen teuren Prinzipien steht in einem kausalen Zusammenhang mit dem Wandel des politischen Liberalismus von einer gegen den traditionellen, autoritären und bürokratischen Staat gerichteten Oppositionsbewegung zu einer staatstragenden quasi offiziellen Ideologie nach 1871. Mit der bismarckschen Reichseinigung von 1871 war nämlich den Liberalen ohne nennenswertes eigenes Zutun ihr Ziel einer nationalstaatlichen Einigung Deutschlands zumindestens pro forma erfüllt worden. Außerdem bot sich ihnen die verlockende Aussicht, daß sich nicht wenige ihrer weitergehenden wirtschafts- und verfassungspolitischen Vorstellungen in enger Zusammenarbeit mit der Regierung verwirklichen ließen. Aus beidem ergab sich aber eine tiefreichende Krise ihrer politischen Identität. Denn obwohl das Reich von 1871 keineswegs in allen Stücken ihren Vorstellungen entsprach, wollten die Liberalen andererseits aber auch nicht das Risiko auf sich nehmen, die vorteilhafte Stellung, die sie als »Regierungspartei« innerhalb dieses Reichs einnahmen, für eine Fortsetzung des Kampfes um die politische Macht aufs Spiel zu setzen. Nach 1871 sahen sich die Liberalen dem für sie unüberwindlichen Dilemma gegenüber, daß die weitgehende Erfüllung ihrer materiellen Interessen durch Bismarck, die sie bereitwillig akzeptiert hatten, sie in einen politisch nicht mehr zu vermittelnden Widerspruch zu ihren eigenen Prinzipien gestürzt hatte. Die preußische Kreisverwaltungsreform von 1872 ist dafür ein Beispiel.
Absicht dieser Reform war es, die traditionelle adelsständische Schotte auf dem platten Land endgültig zu durchbrechen, die junkerliche Verwaltung zu beschneiden und diese durch gewählte Vertretungskörperschaften zu ersetzen, kurz, den Kreis zum Träger einer Selbstverwaltung seiner Angelegenheiten zu machen. Obwohl dieses Reformvorhaben, so wie es von der Regierung projektiert war, sich noch extrem junkerfreundlich ausnahm – vor allem die für die Kreistage vorgesehenen Wahlrechtsbestimmungen begünstigten die Gutsherrschaften überproportional –, entblödeten sich die Liberalen, die Fortschrittspartei so gut wie die Nationalliberalen, nicht, der Vorlage ohne jeden Versuch, die Reform im Sinne der liberalen Prinzipien zu verbessern, zuzustimmen. Damit aber nicht genug waren sie es, die verhinderten, daß diese

Kreisreform in den westlichen Provinzen Preußens, im Rheinland und in Westfalen eingeführt wurde. Auch die Provinz Posen blieb ausgespart. Der Grund war in jedem Fall derselbe: Die Liberalen fürchteten nämlich, daß dank der »liberalisierten« Kreisordnung der politische Katholizismus in diesen preußischen Provinzen mit katholischer Bevölkerungsmehrheit zur Ausübung der politischen Macht auf regionaler Ebene gelangte! Angesichts dieser Gefahr erschien ihnen die alte und erwiesenermaßen schlechte Junkerherrschaft als das kleinere Übel![9]

Es ist häufig gesagt worden, daß der deutsche Liberalismus zugunsten der bismarckschen Herrschaft seine Prinzipien aufgegeben habe, um den Katholizismus wirksam bekämpfen zu können. Kehrt man diese Einsicht um, dann ist sie genauso zutreffend: Um ihre Prinzipien zugunsten von Bismarcks Herrschaft aufgeben zu können, mußten die Liberalen den Katholizismus mit eben jener Unerbittlichkeit bekämpfen, der dieser Auseinandersetzung ihr ganzes widerwärtiges Gepräge lieh. In ihrem Kampf gegen den Katholizismus wurde der bodenlose Opportunismus der Liberalen offenbar, die nun bereitwillig und angeblich im Namen der Freiheit ihre Zustimmung zu Gesetzen erteilten, die die Freiheit mit Füßen traten. Daran ändert auch nichts, daß sie ihren politischen Opportunismus weltanschaulich zu kaschieren suchten, indem sie die Auseinandersetzung mit dem Katholizismus zu einem Kampf stilisierten, »der«, wie es in dem berühmten, von Virchow entworfenen Wahlaufruf der Fortschrittspartei vom 23. März 1873 hieß, »mit jedem Tag mehr den Charakter eines großen Kulturkampfes der Menschheit annimmt«.[10]

Bismarck lag derlei, wie schon gesagt, völlig fern. Ihm war es keineswegs darum zu tun, die Idee des nationalen Staates schlechthin gegen vermeintlich universalistische Geltungsansprüche des Papsttums zu verteidigen. Und es war auch keineswegs seine Absicht, den politischen Katholizismus zu vernichten. Was er wollte, war vielmehr, den Staat, den er repräsentierte, der seinen eigenen und damit auch den spezifisch preußischen Machtinteressen entsprach, rasch und wirksam zu konsolidieren. Und der »kalte Bürgerkrieg«, den er im Bündnis mit den Liberalen gegen die katholische Minderheit im neuen Reich und deren politische Interessenvertretung entfesselte, die er als »Reichsfeinde« klassifizierte,[11] schien ihm dafür eine ganz brauchbare Strategie zu sein. Der »Kulturkampf« war für Bismarck lediglich ein ebenso brutales wie wirksames Mittel, die Bedingungen für die politisch-kulturelle Identität in dem von ihm geschaffenen Reich zu formulieren. Und wer wollte ihm den Erfolg, den er damit hatte, im Ernst bestreiten? Es war dies aber ein Erfolg, der sich in der weiteren Geschichte der Deutschen als ein schrecklicher Pyrrhussieg erweisen sollte.

Daß Bismarck statt des immerhin denkbaren Wegs der »positiven Integration« all dieser aus unterschiedlichen Gründen in Distanz zum neuen Reich stehenden Gruppen, deren Geltungsansprüche der politische Katholizismus weitgehend repräsentierte, den der »negativen Integration«, den ihrer Isolierung und Ausschließung, einschlug, sie zu Parias und »Reichsfeinden« abstempelte, steht, es ist dies schon angedeutet worden, in einem unmittelbaren und kausalen Zusammenhang damit, daß das Reich, das er geschaffen hatte, lediglich ein Nebenprodukt jenes Prozesses war, der Preußen eine wirkliche, das heißt eine von österreichischer wie russischer Bevormundung unabhängige Großmachtstellung in Europa verschafft hatte. Die Hegemonialstellung Preußens im Reich war dafür die Conditio sine qua non, und diese war aber nur so lange gewährleistet, wie *das Reich kein Nationalstaat war*, wie Preußen sich seine ihm spezifische politisch-kulturelle Identität bewahrte, die sich aber mit der einzigen Ausnahme der gemeinsamen Sprache sonst in allem von der »faulen Gärung« der anderen deutschen Staaten unterschied.

Deutschland hatte nach 1871 allenfalls die Chance, ein Nationalstaat zu werden. Daß diese Chance bewußt vertan wurde, daß die prinzipiell offene Situation nach 1871 nicht dazu genutzt wurde, die zahlreichen Trägergruppen unterschiedlicher politischer und kultureller Traditionen, die das Reich umschloß, zu einer Nation zusammenzuschweißen – die Vereinigten Staaten sind ein Beispiel dafür, daß eine solche Integration unter ungleich schwierigeren Bedingungen erfolgreich sein kann –, entsprach zwar durchaus dem preußischen, nicht aber dem deutschen Interesse. Deutscher Nationalstaat und großpreußischer Partikularstaat waren zwei politisch-kulturelle Entitäten, die nicht miteinander koexistieren konnten. Sollte der eine Bestand haben, mußte der andere verschwinden. Wenn Preußen auch nach den Ereignissen von 1871 Preußen bleiben sollte, dann mußte die letzte Konsequenz der Entwicklung, die zur Reichsgründung den entscheidenden historischen Beitrag geleistet hatte, vereitelt werden. Die »von oben abgeschnittene Revolution« war nichts anderes als die Verhinderung der deutschen Nation durch Preußen, durch Bismarck.

Bismarcks liberaler innenpolitischer Kurs nach 1871, der das Wohl des Reichs stets mit den preußischen Partikularinteressen in eins setzte und damit letztlich die »Verpreußung« des Reichs zu seinem Ziel hatte, zeitigte damit aber vor allem die Wirkung, daß Deutschland in zwei Nationen gespalten wurde, die einander in latenter Feindschaft gegenüberstanden. Bismarck hat diese Entwicklung mehr oder minder bewußt provoziert, weil die Spaltung der Nation zunächst in zwei, dann in drei und schließlich in vier große Gruppen, die jeweils unterschiedliche soziale und kulturelle Milieus politisch reflektierten, ihm nicht zuletzt auch die Garantie dafür zu bieten schien, daß parlamentarisch-repräsentative Geltungsansprüche niemals seine Machtstellung als Kanzler des Reichs gefährdeten und er deshalb auch stets in der Lage sein würde, seine Politik ganz in den Dienst der preußischen Großmachtinteressen zu stellen. Denn unstreitig war Bismarcks Kulturkampfpolitik mit ursächlich dafür, daß die zunächst zwei großen politischen Bewegungen, die Konservativen und die Liberalen, welche die unterschiedlichen politischen und kulturellen Attitüden und Erwartungen agrarischer und bürgerlicher Gruppen einer noch überwiegend vorindustriellen Gesellschaft reflektierten, um eine dritte Bewegung, den politischen Katholizismus, ergänzt wurden. Verstärkt und beschleunigt wurde diese Entwicklung aber auch durch das Unvermögen von Konservativen und Liberalen, die je besonderen sozialen, kulturellen und politischen Geltungsansprüche, die dann vom Zentrum gebündelt wurden, in die eigene politische Programmatik zu integrieren.[12] Dieses Unvermögen von Liberalen und Konservativen gab dann erst dem Zentrum die Möglichkeit, unbeschadet seiner konfessionellen Prägung und seines Charakters einer bäuerlich-kleinbürgerlichen Massenpartei, die politische Formation all jener zu werden, die dem Reich gegenüber aus den verschiedensten Gründen in Opposition verharrten.

In einer Rede vor dem preußischen Abgeordnetenhaus vom 18. März 1875 hat Bismarck aus dieser Konstellation das Fazit für seine eigene Situation völliger politischer Unabhängigkeit gezogen: »Die Überzeugung von der Notwendigkeit, daß der Staat einige Hilfsmittel zur Verteidigung haben muß, daß ein starker Staat vorhanden sein muß, daß alle Parteien ein Interesse daran haben, daß der Staat nicht in seiner Existenz, in seinen Grundfesten erschüttert werde, hat sich in diesem Kampfe [d. h. Kulturkampf] wesentlich gekräftigt. Die Folge davon wird sein, daß wir mit der Zeit zwei große Parteien haben werden, eine, die den Staat negiert und ihn bekämpft, und eine andere große Majorität der dem Staat anhänglichen, achtbaren, patriotisch gesinnten Leute ...«[13] Die Vorstellung, daß sich letztlich die unterschiedlichen politischen Geltungsansprüche, die die gesellschaftlichen Gruppen an den Staat stellten, sich immer so säuberlich ordneten wie die Eisenspäne auf den beiden Polen eines Magneten, beschreibt die einfachste und wirkungsvollste Sicherung von Bismarcks Machtstellung. Diese Vorstellung wurde zur fixen Idee Bismarcks, und seine ganze Innenpolitik läßt sich als ein immer wieder unternommener Versuch deuten, sie zu verwirklichen. Daran ist er schließlich gescheitert, denn die banale Einfachheit dieses Rezepts paralysierte bald seine Wirkung.

Der weitverbreitete Antiklerikalismus und Antikatholizismus, den sich Bismarck für seine Zwecke, die er mit dem »Kulturkampf« verfolgte, dienstbar machte, war ein charakteristisches Merkmal des damaligen Zeitgeistes, der dem goldenen Kalb eines platten Materialismus und einer scheinbar ungebrochen fortdauernden Prosperität seine Reverenz erwies. Die großen Erfolge der bismarckschen Politik von 1866 und 1871 wurden getragen von der Hochflut der liberalen Bewegung. Der politische Liberalismus hatte diese Zukunft, die sich nun als Gegenwart erfüllte, angestrebt. Die prinzipielle Richtigkeit seines Wollens schien sich nun in der schönsten nur denkbaren Weise zu bestätigen. Die Jahre der Reichsgründung waren begleitet von einem in diesem Umfang und dieser Intensität bislang nie gekannten wirtschaftlichen Aufschwung. Dieser Aufschwung vollzog sich unter den Auspizien der wirtschaftsliberalen Prämissen und Prinzipien. Liberale Wirtschaftsgesetzgebung im Innern des neuen Reichs, freihändlerische Wirtschaftsbeziehungen mit anderen Staaten, die Überschwemmung des deutschen Kapitalmarkts mit den fünf Milliarden Goldfranc, die Frankreich als Kriegskostenentschädigung an das Deutsche Reich zahlen mußte – das alles wirkte zusammen, um jenen Boom der »Gründerjahre« zu Beginn des neuen Reichs zu erzeugen.

Die »Gründerjahre«, die von der Reichsgründung bis zum Einbruch der »Großen Depression« von 1873 währten, waren eine Zeit der »Umwertung aller Werte«. Das Verlangen, schnell reich zu werden, ergriff alle Schichten und Klassen der Gesellschaft. Riesige Schwindelunternehmen, die als Aktiengesellschaften gegründet wurden und damit auch das Sparkapital der kleinen Leute in den Taumel des Spekulationsfiebers hineinrissen, wurden auf dem Papier gegründet. Klangvolle Adelsnamen zierten die Vorstandslisten dieser Gesellschaften und sicherten ihnen so in den Augen der breiten Öffentlichkeit den Anschein der Solidität. »Gründerzeit«: Zwischen 1871 und 1873 wurden im Deutschen Reich 726 Aktiengesellschaften und 41 Banken gegründet. Kapital, Profit, Reichtum – die Spirale schien kein Ende zu nehmen, und jeder, der entschlossen seine Ersparnisse riskierte und investierte, wähnte, binnen kurzem als Millionär dazustehen. Und in der Tat waren die Gewinne, die in dieser Phase erzielt wurden, märchenhaft.

Natürlich waren aber auch in dieser Zeit die Chancen, reich zu werden, nicht gleich verteilt. Hauptprofiteure dieser überhitzten Hochkonjunkturphase waren vor allem diejenigen, die schon etwas hatten, und sei es auch nur einen klingenden Namen, den sie für schweres Geld einem Schwindelunternehmen leihen konnten. Die »Stunde Null«, der Beginn mit völlig gleich verteilten Startchancen, war auch damals lediglich ein sozialer Mythos. Die märchenhaften Gewinne, die einzelne in dieser Zeit erzielten, verliehen dem Reichtum den Hautgout des Unsittlichen. Die demonstrative Verschwendung des »Gründerprunks«, die teure Geschmacklosigkeit der »Markart-Interieurs« mit ihrer stickigen »Tote-Tante-Atmosphäre« standen in einem schreienden Gegensatz zu dem Elend jener, die vom Land in die Städte zu strömen begannen, um sich hier in den neu entstandenen Fabriken unter unsäglichen Arbeitsbedingungen ihren Lebensunterhalt zu verdienen.

Die Phase ungezügelten industriellen Aufschwungs in jenen Jahren verschärfte aber nicht nur die Klassengegensätze oder brachte diese recht eigentlich erst zum Bewußtsein der Zeitgenossen, sondern sie legte auch den bislang eher latenten Gegensatz von Stadt und Land, von Industriekapitalismus und Landwirtschaft, von Liberalismus und Konservatismus bloß. Der politische Gewinner der »Gründerzeit«, der Liberalismus, war schließlich, als die überhitzte Hochkonjunktur im Frühjahr 1873 zusammenbrach, auch langfristig der große politische Verlierer. Im Mai 1873 kam es zum Wiener Börsenkrach, der sich wegen der engen Verzahnung der internationalen Kapital- und Kreditmärkte auf alle Bereiche der europäischen und amerikanischen Volkswirtschaften auswirkte. Spekulation, Überproduktion und industrielle Großexpansion brachen mit einemmal zusammen. Es gab keinen Kredit mehr, der Absatz stockte, die Nachfrage stagnierte oder ging zurück.[14] Mit dem Wiener Börsenkrach wurde eine wirtschaftliche Baisseperiode eingeleitet, die bis etwa 1879 andauerte. Diese Phase wirtschaftlich-industrieller Depression führte zu einem raschen Ende der wirtschaftsliberalen Blütezeit. Allenthalben suchten die Regierungen in den 1870er Jahren wieder Zuflucht zu protektionistischen Maßnahmen, wurden wieder Außenzollmauern errichtet, um die nationalen Volkswirtschaften vor importierten Konkurrenzprodukten zu schützen.[15]

Im Deutschen Reich wich der optimistische Wirtschaftsgeist der Gründerjahre einer tiefen Niedergeschlagenheit und Ratlosigkeit. Tausende, die ihre Ersparnisse und Vermögen in Schwindelunternehmen investiert hatten, standen vor dem völligen Ruin. Wie häufig bei plötzlichen wirtschaftlichen Kriseneinbrüchen, zumal solchen, die durch eine Überhitzung der Konjunktur geradezu funktionell bedingt sind, die aber für den einzelnen am Wirtschaftsprozeß Beteiligten aus heiterem Himmel hereinzubrechen scheinen, waren die objektiven ökonomischen Folgen der Wirtschaftskrise von 1873 weitaus glimpflicher, als sie sich das Bewußtsein der Zeitgenossen ausmalte. Nüchtern betrachtet bedeutete das, was »Große Depression« genannt wird, lediglich eine Konjunkturabkühlung und keineswegs einen krisenhaften Einbruch, der die wirtschaftliche Entwicklung zurückgeworfen oder auch nur wesentlich verzögert hätte. Um den objektiven Auswirkungen der »Großen Depression« gerecht zu werden, darf man nicht vergessen, daß trotz der gewiß beträchtlichen Fortschritte der deutschen Volkswirtschaft deren kapitalistische Entwicklung noch in den Kinderschuhen steckte. Industrielle Großbetriebe gab es praktisch nur bei der Eisen- und Stahlveredelung, so daß der sekundäre Sektor der Volkswirtschaft noch weithin von kleineren und mittleren Betriebsgrößen beherrscht war, die überwiegend für lokale und regionale Märkte produzierten. Insofern hatte auch der Kriseneinbruch in den unterschiedlichen Wirtschaftssektoren und Branchen höchst unterschiedliche Auswirkungen. Allgemein läßt sich sagen, daß Industrieunternehmungen, die zu rasch expandiert hatten oder auf unzureichenden Kapitalgrundlagen errichtet worden waren, entweder bankrott gingen oder nur dadurch gerettet werden konnten, daß sie mit anderen Unternehmen fusionierten. Wie stets waren deshalb die Konjunktureinbrüche auch dort am größten, wo zuvor in der Zeit der hochkonjunkturellen Überhitzung am heftigsten expandiert worden war. Dies galt insbesondere für die deutsche Eisen- und Stahlindustrie,[16] während beispielsweise die Landwirtschaft, die allerdings auch nur sehr mittelbar von der Boomphase der »Gründerjahre« profitiert hatte, zunächst nur sehr geringfügige Einbußen zu verzeichnen hatte. Alles in allem hat die Konjunkturabkühlung der »Großen Depression« die industrielle und kapitalistische Entwicklung der deutschen Volkswirtschaft nicht nachhaltig beeinträchtigt. Diese Entwicklung, die während der »Gründerjahre« in einzelnen Sektoren stürmisch vorangeschritten war, erfolgte nun in einem stetigeren und ausgeglicheneren Rhythmus.

Von erheblich größerer Bedeutung, und eben darin liegt seine eigentliche Signifikanz, war der Konjunktureinbruch von 1873 für die Mentalität und damit auch für das politische Verhalten und die politischen und sozialen Erwartungen der Zeitgenossen. Alle Welt und nicht nur diejenigen, die sich an der Spekulation die Finger verbrannt hatten, stellten nun die Frage nach den Ursachen dieser Wende. Die Jagd nach den Schuldigen, denen man die Verantwortung anlasten konnte, begann. So unbegrenzt der Optimismus und so rasend das Spekulationsfieber der »Gründerzeit« gewesen war, so groß waren nun der Katzenjammer, der Pessimismus und die allgemeine Verzagtheit. Alles und jeder wurde verdächtigt, die Schuld an dem plötzlichen Umschwung zu tragen. Die schöne Gewißheit des wirtschaftsliberalen Credos war dahin, und niemand wußte, wie es nun weitergehen sollte. Diese zehrende Ungewißheit, die man mit quacksalberischen und unsinnigen Erklärungen zu kurieren suchte, die allen möglichen Heilsaposteln Zulauf bescherte, die die Selbstmordrate wie den Kirchenbesuch steigen ließ, diese kollektive Sinnkrise einer Gesellschaft, die ihre Seele an den nackten Mammon und an den materiellen Erfolg, der nicht nach den moralischen oder sozialen Folgekosten fragte, verschachert hatte, fraß sich über Jahre hinweg in die Gemüter ein.

Die Reaktionen auf den wirtschaftlichen Kriseneinbruch von 1873 geben einen ersten Einblick, wie innerlich hohl und zerrissen trotz aller äußeren Stärke und allen äußeren Glanzes dieses aus Blut und Eisen und in den Preßwehen der liberalen Hochkonjunktur geborene preußisch-deutsche Reich doch war. Jetzt kam die schmutzige Nachgeburt zum Vorschein. Aus der Kakophonie der Anschuldigungen und Verdächtigungen, die in der Öffentlichkeit laut wurden, kristallisierten sich bald zwei Gruppen heraus, die als die Hauptschuldigen für den wirtschaftlichen Kriseneinbruch benannt wurden: die Verfechter des ökonomischen und dann auch des politischen Liberalismus und die gleichsam traditionellen Sündenböcke in Zeiten wirtschaftlicher Misere, die Juden. Vor allem in den sehr populären Polemiken wie in Otto Glagaus berühmt-berüchtigter Artikelserie *Der Börsen- und Gründungsschwindel in Berlin und in Deutschland,* die in den Jahren 1874 bis 1876 in der »Gartenlaube« erschienen und die später, in Buchform publiziert, mehrere Auflagen erlebten,[17] wurde das wirtschaftsliberale Prinzip des Laissez-faire kurzerhand als eine jüdische Konspiration ausgegeben. Aus diesem zunächst nur wirtschaftlich begründeten Antisemitismus, der damals in so gut wie allen popularisierenden Deutungsversuchen der wirtschaftlichen Krise eine prominente Rolle spielte, ging dann der politisch und schließlich auch der rassistisch begründete Antisemitismus der damaligen Zeit hervor. Dieser alle Schichten der Gesellschaft gleichermaßen infizierende Antisemitismus ebbte zwar mit dem Einsetzen des wirtschaftlichen Aufschwungs wieder ab, verschwand aber doch niemals völlig.[18] Er blieb ebenso wie der Antikatholizismus, der auch den »Kulturkampf« überdauern sollte, eine bezeichnende Signatur des preußisch-deutschen Reichs.

Unter den unterschiedlichen Aversionen und Motiven, die im damaligen Antisemitismus zusammenflossen und die von einer bloß antiliberalen politischen Animosität in konservativen Kreisen – viele der liberalen Wortführer im Reichstag wie Lasker, Bamberger und andere mehr waren Juden – bis hin zu primitiven Regungen sozialen Neids auf den wirtschaftlichen Erfolg einer Reihe jüdischer Kaufleute und reicher Bankiers sich erstreckten, beansprucht das Motiv der »antimodernen Wirtschaftsgesinnung«, in der sich die noch unausgebildete Transparenz des Marktes reflektiert, einen ganz besonderen Rang.[19] Der Jude wurde mit dem modernen Wirtschaftsgeist schlechthin identifiziert, für den die Institute von Börse und Aktiengesellschaft, die durch den Kriseneinbruch mit am ärgsten in ihrer öffentlichen Schätzung diskreditiert worden waren, als Symbole standen. Wilhelm Buschs Verse aus dem Prolog zur *Frommen Helene* geben dieser Zeitstimmung Ausdruck:

>   »Und der Jud' mit krummer Ferse
>   Krummer Nas' und krummer Hos'
>   Schlängelt sich zur hohen Börse
>   Tiefverderbt und seelenlos.«

Innerhalb der antisemitischen Strömung der Zeit nimmt dieses Motiv einer »antimodernen Wirtschaftsgesinnung« deshalb einen so bedeutsamen Rang ein, weil in ihm die Ressentiments der unterschiedlichsten sozialen Schichten verschmolzen. Dadurch erhielt der Antisemitismus, obwohl er eine Massenbewegung war, eine verhältnismäßig große Kohärenz: Alle diejenigen, die sich durch die Auswirkungen der »industriellen Revolution« übertölpelt und benachteiligt fühlten, Handwerker und Gesellen, die keine selbständige Existenz mehr gründen konnten, die Bauern, welche wie stets den Ausbruch neuer Zeiten für alte Übel verantwortlich machten, die Geprellten und Enttäuschten, die in der Spekulation ihr Erspartes verloren hatten, religiöse Fanatiker und biedere Kirchenmänner aller Konfessionen, die in dem platten Materialismus, dem die Zeit huldigte, eine ernste Gefährdung des christlichen Glaubens sahen, alle, die unzufrieden waren, sich betrogen, übergangen, mißachtet fühlten, erkannten als die eine Ursache für das Übel, an dem ihrer einhelligen Meinung nach die ganze Gesellschaft krankte, die mit wirtschaftsliberalen Maximen getarnte jüdische Verschwörung, welche den modernen Wirtschaftsgeist, das Credo der Herrschaft von Kapital und Profit, als Rammbock gegen die alten sozialen, in Jahrhunderten bewährten Fundamente der gesellschaftlichen Ordnung einsetzte. Die antisemitische Grundwelle, die nach 1873 im Reich hochschwappte, war gleichsam eine andere Spielart des »Kulturkampfs«: Sie war ein »Kulturkampf« mit umgekehrten Vorzeichen. Denn war die weltanschauliche Rechtfertigung für die Verfolgung des Katholizismus das kompromißlose Eintreten für die Moderne gewesen, so bestand die soziale Legitimation des Antisemitismus nun in einer nicht minder kompromißlosen Verdammung und Ablehnung eben dieser Moderne.

Im Antisemitismus materialisierte sich eine in ihrem Wesen antiliberale Sozialkritik, hinter der sich je materielle, wirtschaftliche und allgemein innenpolitische Sonderwünsche unterschiedlichster gesellschaftlicher Gruppen verbargen. Kaum war der Zauber der liberalen Verheißung von der naturgesetzlichen Harmonie der Wirtschaftsinteressen und der automatischen Selbstregulierung der Marktmechanismen verflogen, ein Zauber, der dem neuen Reich den Anschein seiner inneren Stabilität verliehen hatte, begann die Drachensaat unterschiedlicher Wirtschaftsinteressen aufzugehen, die sich in Verbänden organisierten und ihre je besonderen Ansprüche direkt bei der Regierung geltend zu machen suchten.

Diese antiliberalen Tendenzen innerhalb der Gesellschaft des Deutschen Reichs entfalteten ihre Wirkung zunächst nur subkutan, so daß das politische Klima, das noch überwiegend liberal geprägt war, erst ganz allmählich zersetzt wurde. Ein breitflächiger Gesinnungswandel, der zunächst in der Publizistik offenbar wurde, begann sich erst ab der Mitte der 1870er Jahre auch in den Parteiprogrammen vor allem der konservativen Parteien zu manifestieren. Das Zentrum, dessen vorrangig mittelständisch-kleinbürgerliche Wählerschaft seit je dem Wirtschaftsliberalismus mit feindseligem Mißtrauen gegenübergestanden hatte, witterte in dem antiliberalen Gesinnungsumschlag eine Chance, aus seiner politischen Isolation auszubrechen. Im Parteiprogramm des Zentrums von 1876 wurde beispielsweise die folgende Forderung erhoben: »Infolge einer falschen Wirtschaftspolitik und deren Gesetzgebung liegen Handel und Gewerbe darnieder, und ist das nationale und Privatvermögen unheilvollen Schwankungen ausgesetzt ... An eine Besserung der wirtschaftlichen Lage [ist] nicht zu denken, bis vorab dem Schwindel und der Ausbeutung Schranken gesetzt und dem Mittelstande die Bedingungen gesunder Entwicklung zurückgegeben sind ... Die Umkehr von den Wegen des falschen Liberalismus auf allen Gebieten des öffentlichen Lebens muß mit Vorsicht, aber stetig, unter dem Grundsatz erfolgen, die verfassungsmäßigen Rechte des Volkes zu wahren und überall das Recht zur Geltung zu bringen.«[20]

Wie alle Krisen, so beschleunigte auch der Einbruch der Wirtschaftskrise von 1873 die Politisierung des im Grunde unpolitischen »kleinen Mannes«. Auf den ersten Blick nur scheint es paradox zu sein, daß sich die etablierten politischen Parteien diese Politisierung der Massen nur sehr zögerlich, wie Hans Rosenberg feststellte, dienstbar machten.[21] Eine Erklärung für dieses Paradoxon ist die nur sehr langsam verlaufende Modernisierung aller Reichstagsparteien, die erst gegen Ende der 1870er Jahre ganz allmählich damit begannen, sich unter dem Druck der durch die fortschreitende gesellschaftliche Dynamik frei werdenden Widersprüche und materiellen Interessengegensätze von Honoratiorenparteien mit einer klassenmäßig stark eingeschränkten Klientel zu Massenparteien, wie sie für die Vermittlung eben dieser Widersprüche in der industriellen Massengesellschaft notwendig wurden, zu entwickeln. Vor diesem Hintergrund wird auch die an sich erstaunliche Phasenverschiebung verständlich, die zwischen der durch die wirtschaftliche Krise heraufbeschworenen antiliberalen Sozialkritik und dem Antisemitismus sowie der Verschärfung materieller Interessenkonflikte und des Klassenkampfs einerseits und der Resonanz, die diese Kritik und Konfliktverschärfung innerhalb der politischen Parteien und des politischen Systems selbst fand, bestand. Eine solche Resonanz läßt sich erst 1878/1879 feststellen. Sie fand dann ihren Niederschlag in der Umorientierung der bismarckschen Außen- wie Innenpolitik, die in dieser Zeit erfolgte.

Kaum weniger bedeutsam für diese Phasenverschiebung als die verknöcherte Honoratiorenstruktur der Reichstagsparteien war aber auch die beschränkte Funktion, die Parteien wie Reichstag innerhalb des bismarckschen Systems zugewiesen bekommen hatten. Denn die Aufgabe beider hatte lediglich eine akzessorische Bedeutung, die sich darin erfüllte, die Politik des Kanzlers rückhaltlos zu unterstützen oder ihm in frustrierender Opposition gegenüberzustehen. Diese systembedingte politische Ohnmacht der Reichstagsparteien blieb nicht ohne entsprechende Rückwirkungen auf ihre Stellung im öffentlichen Leben: Ihr Organisationsgrad war äußerst gering, und von einem eigentlichen Parteiapparat konnte keine Rede sein. Dies hatte dann wiederum zur Folge, daß die Parteien außer durch die ihnen gehörenden oder ihnen jeweils politisch nahestehenden Presseorgane, die aber nur von einer verschwindend kleinen Minderheit der Wählerschaft gelesen wurden, kaum eine Chance hatten, von sich aus aktiv die Politisierung breiterer Schichten in ihrem Sinne programmatisch zu beeinflussen.

Obwohl Bismarck die Hauptverantwortung für die Gestaltung des politischen Systems im preußisch-deutschen Reich und damit auch die Verantwortlichkeit für die strukturell bedingte Unfähigkeit dieses Systems trägt, die gesellschaftlichen Konflikte, an denen das Reich schließlich zerbrechen sollte, beizeiten rational zu vermitteln und politisch beizulegen, kann ihm doch andererseits nicht die Alleinschuld an diesem Ausgang zugesprochen werden. Dies zu tun hieße den Täter Bismarck in seinen Möglichkeiten, zwischen Heil und Unheil zu wählen, weit zu überschätzen. Bismarck konnte nur Faktoren und Gegebenheiten für sein politisches Spiel ausnutzen, die sowieso vorhanden waren. Seine Fähigkeit, diese Gegebenheiten von sich aus zu schaffen, waren wie die eines jeden, der politisch handelt, und unbeschadet des Systems, in dem er agiert, sehr beschränkt. Insofern muß auch den Parteien, den politischen Mit- und Gegenspielern Bismarcks ein gerüttelt Maß an Verantwortung für die weitere Entwicklung des Reichs zugemessen werden. Vor allem den Liberalen, die ja die historischen Kräfte, welche die deutsche Einheit erstrebt hatten, politisch repräsentierten und welche in den Anfangsjahren des Reichs die wichtigste politische Bewegung darstellten, muß man das Versäumnis anlasten, daß sie die Möglichkeiten, die mit dem allgemeinen Männerstimmrecht für eine politische Partizipation der Massen eröffnet worden waren, nicht für sich ausnutzten. Denn gerade dieses allgemeine und demokratische Wahlrecht hätte, entschlossen genutzt, innerhalb des bismarckschen Systems die Chance geboten, die zentrale Problematik des preußisch-deutschen Reichs früher aufzuwerfen und dafür eine womöglich ganz andere Lösung zu finden, als es dann geschah; für die Problematik nämlich, wie sich die wechselnden Anforderungen einer modernen und dynamischen Industriegesellschaft mit dem fortdauernden Machtmonopol einer seit langem etablierten überwiegend feudal-agrarischen Elite vermitteln ließen.[22]

Die, wenn man so will, historische Tragik der Liberalen war es aber, daß sie diese zentrale Problematik des Reichs erst zu einem Zeitpunkt zu erkennen begannen, an dem sie politisch bereits verspielt hatten: Die ganze Komplexität und Dynamik der modernen Industriegesellschaft, die heraufzuführen ja der Wirtschaftsliberalismus entscheidend beigetragen hatte, begann ihnen erst zu dämmern, als die Bewältigung der sich stetig verschärfenden sozialen Widersprüche, welche von dieser Gesellschaft im Zuge ihrer weiteren Entwicklung freigesetzt wurden, ihren politischen Führungsanspruch qualitativ längst überfordert hatte. Die Unfähigkeit der Liberalen, die Komplexität und Dynamik der modernen Massengesellschaft rechtzeitig wahrzunehmen und die mannigfachen sozialen Geltungsansprüche und Konfliktmuster, die für eine solche gesellschaftliche Entwicklung charakteristisch sind, programmatisch-politisch zu vermitteln, war wesentlich in ihrer traditionellen Einstellung zum Staat begründet; denn das traditionelle Kennzeichen der Liberalen als einer Oppositionsbewegung im 19. Jahrhundert war seit je ihre Halbherzigkeit gewesen: Einerseits war es stets ihr politischer Ehrgeiz, die Wünsche des »Volkes« politisch zu repräsentieren und diese innerhalb des politischen Systems zur Geltung zu bringen. Andererseits aber, und der Verlauf der 1848er Revolution zeigte dies mit aller Deutlichkeit, war es auch stets ihr Bestreben, den Staat, die Regierung, als einen mächtigen Verbündeten in der Auseinandersetzung mit jenen Kräften in der Gesellschaft zu gewinnen, von denen sie sich in ihrem Anspruch, die Wünsche des »Volks« politisch zu repräsentieren, bedroht fühlten.[23] Die Liberalen standen damit dem Staat gleichsam in einer Beziehungsfalle gegenüber. Zunächst aber konnten sich die Liberalen für einige Zeit noch in der trügerischen Illusion wiegen, daß es ihnen gelungen sei, eben dieser Beziehungsfalle entschlüpft zu sein. Der Erfinder dieser Illusion war Bismarck: Er hatte das Gebäude erstellt,

445

für das die Liberalen in Anspruch nahmen, die Entwürfe geliefert zu haben. Ihrer Identifikation mit der von Bismarck mit Hilfe von Blut und Eisen geschaffenen deutschen Einheit war nämlich auch ihre Anerkennung dieses preußisch-deutschen Staates als jenes »Nationalstaats«, dem ihr politisches Wollen seit je gegolten hatte, implizit. Diese uneingeschränkte Identifikation war der Preis dafür, daß die Liberalen den Staat als einen Bündnispartner gewannen, um ein liberalen Prinzipien entsprechendes Gesetzgebungsprogramm verwirklichen zu können. Ein weiterer, viel höherer Preis aber war, daß sie auf einen Ausbau der Verfassung nach freiheitlichen Kriterien völlig verzichteten.

Die Unfähigkeit vor allem der liberalen Parteien, die Dynamik und Komplexität der sich entwickelnden Industriegesellschaft, die durch den Einbruch der Wirtschaftskrise von 1873 jäh enthüllt worden war, rechtzeitig wahrzunehmen und angemessen darauf zu reagieren, provozierte das Hervortreten eines Phänomens, das für die weitere Entwicklung des Reichs eine erstrangige Bedeutung erlangen sollte: die Herausbildung wirtschaftlicher Interessenverbände, die unabhängig von den politischen Parteien bestimmte wirtschafts- und sozialpolitische Ansprüche an das politische System stellten.

Zunächst waren es Unternehmen der Eisen und Stahl verarbeitenden Industrien, die den Konjunktureinbruch von 1873 am ärgsten verspürten und die sich deshalb auch als erste von den wirtschaftsliberalen Prinzipien abzuwenden begannen. Auf die Absatzkrise ihrer Produkte auf dem Binnenmarkt reagierten sie mit einer immer heftiger werdenden Agitation, die noch bestehenden Außenzölle für Eisen- und Stahlhalbfertigprodukte, die am 1. Januar 1877 auslaufen sollten, über dieses Datum hinaus beizubehalten. Bereits Ende des Jahres 1873 wurde der »Verein Deutscher Eisen- und Stahl-Industrieller« gegründet, in dem sich die antifreihändlerischen Interessen dieser Branche organisierten. Wichtiger und einflußreicher als dieser Zusammenschluß wurde dann aber der Verband der Schwerindustrie, der »Centralverband deutscher Industrieller« (CVdI), der im Januar 1876 gegründet wurde.[24]

Recht bezeichnend für die durchaus unterschiedlichen Chancen der einzelnen Wirtschaftsbereiche, ihre spezifischen Interessen innerhalb des politischen Systems zur Geltung zu bringen, ist die Tatsache, daß die Agitation der Schwerindustrie für Schutzzölle so lange bei der Regierung auf taube Ohren stieß, wie die Koalition von freihändlerisch gesinnten politischen Gruppierungen im Reichstag und den noch von der praktischen Anwendung der wirtschaftsliberalen Prinzipien profitierenden Sektoren des Handels und der Landwirtschaft bestand. Vor allem dem erbitterten Widerstand der politisch zwar konservativen, wirtschaftlich aber traditionell liberal eingestellten ostelbischen Großagrarier war es zuzuschreiben, daß eine Reihe von mäßigen Protektionsmaßnahmen für die Schwerindustrie, die 1877 erwogen wurden, schließlich doch nicht zustande kam. Und erst als die ostelbischen Großagrarier durch die im Verlauf der 1870er Jahre immer spürbarer werdenden Folgen der landwirtschaftlichen Strukturkrise einen wirtschaftspolitischen Sinneswandel durchmachten und nun ihrerseits einen Zollschutz für Agrarerzeugnisse verlangten, entschloß sich Bismarck zu einer Aufkündigung des bisher gültigen wirtschaftsliberalen Konsensus. Daran zeigt sich einmal mehr, welch großen Einfluß die »kleine, aber mächtige Partei« der ostelbischen Junker, die durch vielfältige familiäre, soziale und politische Bande mit dem politischen Establishment des preußisch-deutschen Reichs verbunden waren, auszuüben vermochte, ein Einfluß, der weder »parlamentarisch« kontrolliert, geschweige »pluralistisch« derart legitimiert gewesen wäre, daß auch andere Gruppen der Gesellschaft vergleichbare Einwirkungschancen besessen hätten.

Die politisch konservative Junkerklasse Ostelbiens begann sich in den 1870er Jahren in dem Maße von den seit Beginn des Jahrhunderts von ihr hochgehaltenen Prinzipien des wirtschaftlichen Liberalismus abzuwenden, wie ihre Exportchancen abnahmen und gleichzeitig der Konkurrenzdruck billigen Importgetreides auf den Inlandsmärkten ihnen zunehmend zu schaffen machte. Diese Entwicklung, die sich bereits Ende des Jahres 1875 in einem rapiden Verfall der Getreidepreise manifestierte, stand in einem unmittelbaren Zusammenhang mit der globalen Umstrukturierung der Märkte für landwirtschaftliche Produkte. Die Revolution im Transportwesen – größere und schnellere Schiffe befuhren nun die Ozeane, und die russischen Eisenbahnlinien wurden an das deutsche Eisenbahnnetz angeschlossen – schwemmten die wesentlich billigeren Getreideüberschußproduktionen, die von den großwirtschaftlich organisierten Farmen auf den jungfräulichen Böden des amerikanischen Mittleren Westens und in den russischen Kornkammern in der Ukraine erzielt wurden, auf den deutschen Markt. Zuvor schon war der wichtigste Exportmarkt der ostelbischen Großagrarier, England, an die amerikanische Konkurrenz verlorengegangen. Getreide wurde durch diese Entwicklung binnen kürzester Zeit zu einer Welthandelsware, deren Preis nicht mehr durch regionale Märkte oder Ernteerträge bestimmt wurde, ein Umstand, dem die nach wie vor strukturell gebundene deutsche Landwirtschaft nicht gewachsen war.[25] Da es den Junkern wegen ihrer nur äußerst mangelhaft ausgebildeten unternehmerischen Fähigkeiten und auch wegen ihres chronischen Kapitalmangels, der nicht zuletzt eine Folge ihres »standesgemäßen« Lebenswandels war, nicht gelang, einen immerhin denkbaren marktwirtschaftlichen Ausweg einzuschlagen, indem sie entweder zu »industriell«-kooperativen Produktionsformen oder zur Erzeugung höherwertiger Produkte – statt Getreide Viehzucht – übergingen, wandten sie sich an die Regierung, von der die allermeisten der nur etwa 25 000 Großagrarier und Junker ganz selbstverständlich überzeugt waren, daß es deren Aufgabe sei, ihren in »unverschuldete« Not geratenen »ersten Dienern des Staates« unverzüglich Hilfe zu leisten. Und diese Hilfe, so verlangten es die Agrarier, sollte in nichts anderem bestehen als in der Errichtung von Außenzollmauern, welche die inländischen Getreideerzeuger wirksam gegen den ruinösen Konkurrenzdruck billigen Importgetreides abschirmten. Der deutsche Verbraucher, das war der Gedanke, auf den dieses Verlangen hinauslief, sollte über den Brotpreis das extensiv wirtschaftende Junkertum subventionieren!

Auf den ersten Blick will es plausibel erscheinen, daß sich die schutzzöllnerischen Bestrebungen der Landwirtschaft mit denen der Eisen und Stahl verarbeitenden Industrie zusammenschlossen, um auf diese Weise die Durchschlagskraft ihrer gruppenegoistischen Interessen gegenüber dem politischen System noch zu verstärken. Einer solchen »natürlichen« Koalition von »Roggen und Stahl« stand aber zunächst jedenfalls noch eine Reihe von Hindernissen im Weg, die dem wirtschaftsliberalen Kurs der Regierung noch eine letzte Galgenfrist verschafften. Neben einem aus bloßem Standesdünkel genährten grundsätzlichen Mißtrauen, das die Großagrarier gegenüber der Industrie hegten, sprachen aus ihrer Sicht zunächst auch gewichtige wirtschaftliche Interessen dagegen, die Protektionsforderungen der Eisen- und Stahlindustrie zu unterstützen. Vor allem hatte die Landwirtschaft ein Interesse am Import billiger Maschinen, um den Aderlaß billiger Arbeitskräfte, welche die Industrialisierung verursacht hatte, durch eine Mechanisierung der landwirtschaftlichen Produktionsmethoden auszugleichen. Als die Agrarier aber dann allmählich zu der Einsicht gelangten, daß die Preise für Eisen- und Stahlwaren trotz der Beseitigung der letzten Außenzölle für diese Produkte verglichen mit den Getreideerlösen unverändert hoch blieben und gleichzeitig der Mechanisierungsdruck nachließ, weil die durch den Konjunktureinbruch verursachte Arbeitslosigkeit im industriellen Sektor zu einem größeren Angebot von Arbeitskräften in der Landwirtschaft führte, begannen sie, an einer schutzzöllnerischen Interessenkoalition mit der Industrie Geschmack zu finden.[26]

Ein erster organisatorischer Ausdruck dieser schutzzöllnerischen Interessenidentität von Landwirtschaft und Industrie war die Ende 1876 gegründete »Vereinigung der Steuer-Wirtschaftsreformer«. Wesentlich bedeutsamer aber als diese Vereinigung, die sich erst nach längeren Auseinandersetzungen zu einem unmißverständlich schutzzöllneri- schen Anliegen bekannte, war der Zusammenschluß von landwirt- schaftlichen und industriellen Interessen, die sich unter dem Banner der schutzzöllnerischen Forderung in der »Freien Wirtschaftlichen Vereini- gung« in dem Reichstag, der aus den Wahlen von 1878 hervorgegangen war, zusammenfanden. Dieser Vereinigung gehörten 204 von insgesamt 397 Abgeordneten an. 75 waren Mitglieder der Konservativen ein- schließlich der Reichspartei, 87 gehörten zum Zentrum und 25 zum rechten Flügel der Nationalliberalen.[27]

Die Koalition von schutzzöllnerischen Agrariern und Industriellen war zu diesem Zeitpunkt aber längst noch nicht so fest geknüpft, wie dies den Anschein haben mag. Auf beiden Seiten standen noch große und einflußreiche Gruppen einer solchen Interessenverbindung ableh- nend gegenüber. Auf seiten der Agrarier gab es insbesondere unter den ostelbischen Junkern nicht wenige, die meinten, daß die Industrie zum Schaden der Landwirtschaft die größeren Vorteile davontragen würde, sollte die gemeinsame Agitation für Schutzzölle Erfolg haben, während auf der anderen Seite zahlreiche Industrielle die Befürchtung hegten, daß der höhere Brotpreis infolge der Einführung von Getreidezöllen sie zu Lohnerhöhungen zwingen werde, welche ihre ohnehin schon schwierige wirtschaftliche Situation noch weiter verschlechtern würden. Was diese mithin noch sehr fragile schutzzöllnerische Interessenkoali- tion von Landwirtschaft und Industrie, die außerdem noch mit dem Wi- derstand von starken freihändlerisch gesinnten Kräften im Reichstag wie im preußischen Staatsministerium rechnen mußte, schließlich fe- stigte und ihren Erfolg sicherte, war, daß Bismarck die Einführung von Schutzzöllen zum Dreh- und Angelpunkt seiner innen- wie außenpoliti- schen Umorientierung machte, mit der er sich von dem liberalen Kurs, den er seit 1867 erfolgreich gesteuert hatte, endgültig abwandte.

Es wäre allerdings völlig verfehlt, wollte man allein in der Abkehr vom Liberalismus eine spezifische Eigenart des preußisch-deutschen Reichs erkennen, sozusagen das Sichtbarwerden des Kainsmals seiner politischen Unfertigkeit und Unreife. Der Liberalismus als politisches Prinzip hatte allenthalben in Europa in den 1870er Jahren ausgespielt. Mit der einzigen Ausnahme Englands, dessen Wirtschaft am weitesten entwickelt war, wichen alle anderen Regierungen vom Freihandel ab und wandten sich erneut dem Protektionismus zu. Dieser wirtschafts- politische Kurswechsel ging Hand in Hand mit einem politischen Kli- maumschwung: Auf den Frühling des europäischen Liberalismus folgte nach einem kurzen Sommer des Hochliberalismus, dessen freundlicher Witterung das Deutsche Reich seine Entstehung und erste rasche Blüte zu verdanken hatte, der doch recht kühle Herbst eines nationalstaatlichen Konservatismus. Die Abkehr Bismarcks vom Liberalismus Ende der 1870er Jahre stand folglich durchaus im Einklang mit einer politischen Trendwende, die in allen europäischen Staaten festzustellen war. Im Unterschied aber zu den übrigen europäischen Staaten, in denen der mehr konservative Kurs, den deren Regierungen nun steuerten, lediglich die Bedeutung eines politischen Konjunkturumschlags hatte, wie er immer wieder vorkommt, markierte die Umorientierung der bismarckschen Politik, wie sie im Jahre 1879 deutlich wurde, etwas Grundsätzliches und Endgültiges.

Bismarcks innen- wie außenpolitische Bündnisse gründeten sich nicht auf vorbestimmte Überzeugungen, sondern lediglich auf taktische Rücksichten, die allesamt seiner einzigen Überzeugung, die Macht und die Herrlichkeit Preußens zu mehren und zu erhalten, untergeordnet waren. Bismarck war nur so lange ein politischer Überzeugungstäter, wie es um seine Person, die Unabhängigkeit seiner politischen Stellung und um Preußen ging. Diese politischen Prioritäten Bismarcks muß man sich erneut und immer wieder vergegenwärtigen, will man die Absichten und Ziele, die er mit der Kursänderung seiner Politik von 1879 verfolgte, verstehen. Das konstitutionelle System des Reichs, das Bismarck ganz auf die Erfordernisse seiner Person hin zugeschnitten hatte, konnte nur dann reibungslos funktionieren, wenn seine Politik die Unterstützung einer Mehrheit der Regierten hatte. Das war das Konzept der »parlamentarischen Hochdruckmaschine«. Solange die Liberalen die ihm blind ergebene Reichstagsmehrheit beherrschten und ihm im übrigen nicht mit Einreden lästig wurden, konnte man mit ihnen auskommen. Im Laufe der 1870er Jahre trat hier aber ein entscheidender Wandel ein.

Der Gegensatz zwischen unbedingten Freihändlern und Schutzzöllnern, der sich in dem Maße, wie die wirtschaftliche Krise andauerte, immer mehr verschärfte, ging bald quer durch alle Reichstagsparteien. Die nachdrücklichsten Auswirkungen hatte dieser Gegensatz aber auf den Bestand der Nationalliberalen Partei, die die meisten Abgeordneten innerhalb der liberalen Reichstagsmehrheit stellte. Die Nationalliberalen hatten sich nämlich mit ihrem politischen Programm eindeutig auf die Prinzipien des Wirtschaftsliberalismus festgelegt; andererseits aber rekrutierte sich ihre Wählerschaft neben den protestantischen bildungsbürgerlichen Schichten vor allem aus der mittelständischen gewerblichen Wirtschaft, aus Industrie und Landwirtschaft und damit aus Schichten und Gruppen, die von der Wirtschaftskrise in höchst unterschiedlicher Weise betroffen waren. Nun erwies sich auf einmal als

Schwäche, was bislang immer als die Stärke dieser Partei gegolten hatte: Als die »Reichsgründungspartei« schlechthin hatten die Nationalliberalen die Stimmen all jener auf sich vereinigen können, die mit den durch Bismarck geschaffenen Tatsachen voll und ganz übereinstimmten. Hinter dieser Übereinstimmung war die Heterogenität ihrer Wählerschaft völlig zurückgetreten. Das Andauern der wirtschaftlichen Krise brachte aber nun diese Heterogenität zum Vorschein, und die sich verschärfenden Gegensätze in wirtschafts- und sozialpolitischen Grundsatzfragen markierten deutlich die Sollbruchstelle der Nationalliberalen. Vor allem deren linker Flügel war es, der nun das drohende Menetekel einer Spaltung der Nationalliberalen durch die Doppelstrategie abzuwenden suchte, daß man einerseits die Gültigkeit der Prinzipien des politischen Liberalismus gegenüber Bismarck wieder stärker betonte und daß man andererseits auf Distanz zur Regierung ging, der man im übrigen die alleinige Verantwortung für all jene Entwicklungen zuzuschieben suchte, die nachteilige Folgen für große Teile der nationalliberalen Anhängerschaft gezeitigt hatten. Von vornherein ließ sich aber auch absehen, daß dieser Strategie nur ein sehr begrenzter Erfolg beschieden sein würde. Denn zu sehr hing der politische Erfolg der Nationalliberalen und damit auch ihr Zusammenhalt als Partei davon ab, daß sie »Regierungspartei« blieben. Das heißt, daß ihre Distanzierung von der Regierung nur ein relativ sparsam verwendetes taktisches Mittel sein durfte, mit dem nicht eine grundsätzlich andere Politik anvisiert werden konnte, sondern das lediglich dem Zweck dienen sollte, die wirtschaftspolitische Sollbruchstelle der Partei zu übertünchen.

Bismarck durchschaute dieses Spiel, mit dem ihm insbesondere die Nationalliberalen lästig fielen, völlig. Gegenüber Moritz Busch bemerkte er einmal: »Sie [d. h. die Liberalen] haben nur ihre Aktiengesellschaften, die Fraktionen vor Augen und sehen nicht über die Frage hinaus, ob deren Aktien steigen oder fallen, wenn dies oder das geschieht oder unterbleibt.«[28] Sein sich zuspitzendes Dilemma war nur, daß er sich auch weiterhin auf die von den Liberalen beherrschte Reichstagsmehrheit stützen mußte, obwohl diese es mehr und mehr an jener blinden Gefolgschaftstreue fehlen ließen, die er brauchte und verlangte. Die Möglichkeiten, sich dieser unbedingten Gefolgschaftstreue wieder dadurch zu versichern, daß Bismarck den Liberalen gewisse Zugeständnisse machte, waren aber nicht nur aus rein systemimmanenten Gründen begrenzt, sondern vor allem auch durch die Hoffnungen der Liberalen eingeschränkt, die glaubten, daß ein weiteres Zuwarten ihnen einen noch wesentlich größeren politischen Gewinn bescherte. Hinzu trat bei diesen aber auch noch die Überlegung, daß sich die Regierung gegenüber dem Reichstag stets auf ihre politische Alleinverantwortung berufen und damit immer wieder den liberalen Vorstellungen von einer konstitutionellen Regierung mit parlamentarischer Ministerverantwortlichkeit eine nachdrückliche Absage erteilt hatte. Diesen Umstand trachteten nun vor allem die Nationalliberalen sich zunutze zu machen. Durch die aus zwingend taktischen Erwägungen errichtete Distanz zur Regierung schien es ihnen zu gelingen, den Erwartungsdruck der sich widersprechenden Forderungen ihrer heterogenen Klientel, die die Integrationsfähigkeit der Partei zu überfordern und damit deren Einheit zu zerreißen drohten, auf die Regierung abzulenken, die damit noch stärker unter Druck geraten mußte und der sich dadurch dann vielleicht sogar die Bereitschaft zu substantiellen konstitutionellen Zugeständnissen abtrotzen ließ. Die Aussicht auf einen so schönen Erfolg würde man aber gefährden, so die Überlegung der Nationalliberalen, wenn man auf Bismarcks Avancen zu früh einging oder wenn man sich lediglich für den Preis einiger marginaler Zugeständnisse den Fluch auflud, durch eine Unterstützung der Regierung im Reichstag die politische Mitverantwortung bei Entscheidungen zu teilen, die, egal wie sie ausfielen, diesen oder jenen Teil der eigenen Anhängerschaft verprellen mußten.

Vor dem Hintergrund dieser Überlegungen ist jenes berühmte Angebot zu sehen, das Bismarck im Spätjahr 1877 dem Fraktionsführer der nationalliberalen Reichstagspartei, Rudolf von Bennigsen, unterbreitete. Bennigsen, so Bismarcks Angebot, sollte als Minister in die preußische Regierung eintreten und in dieser Eigenschaft aber nicht nur als Ressortminister fungieren und beispielsweise das Amt des Finanzministers bekleiden, sondern er sollte auch gleichzeitig der Stellvertreter Bismarcks in Preußen und im Reich sein. Dieses Anerbieten war für die Nationalliberalen zwar im höchsten Maße verlockend, bot sich ihnen doch bei seiner Annahme die Chance, die Politik der Regierung unmittelbar zu beeinflussen, ja, langfristig ihren Vorstellungen einer konstitutionellen Regierung anpassen zu können; andererseits aber barg dieses Angebot auch eine Reihe von Gefahren, die den Zusammenhalt der Partei direkt bedrohten. Denn die Nationalliberalen machten sich keinerlei Illusionen über die Absichten, die Bismarck mit diesem Angebot verband. Was er dringend brauchte und was er durch die Annahme dieses Angebots seitens der Nationalliberalen zu erlangen suchte, war eine solide Reichstagsmehrheit, die ihm ein reibungsloses Passieren jenes umfangreichen Gesetzgebungsvorhabens garantierte, das er spätestens seit 1875 plante, um die finanzielle Ausstattung des Reichs auf eine stabilere Grundlage zu stellen.

Das Reich war finanziell vor allem von den Finanzzuweisungen der einzelnen deutschen Staaten, den sogenannten Matrikularbeiträgen, abhängig. Dieses System der Matrikularbeiträge wurde Bismarck nicht nur aus politischen Gründen immer lästiger, sondern es erwies sich auch angesichts der ständig steigenden Ausgaben des Reichs einerseits wie auch bei den zunehmenden Schwierigkeiten der einzelnen Bundesstaaten, in den Zeiten wirtschaftlicher Krise diese Beträge aufzubringen, andererseits als immer ungenügender. Außerdem hatten die direkten Einnahmen des Reichs sich dadurch erheblich verringert, daß eine Reihe von Steuern und Zöllen im Zuge der an wirtschaftsliberalen Vorstellungen orientierten Reichsgesetzgebung abgeschafft worden war. Bismarcks Absicht war es deshalb, dieses für seinen Geschmack ohnehin den föderalistischen Charakter des Reichs allzusehr betonende System weitgehend durch die Schaffung neuer oder die Erhöhung bereits bestehender indirekter Steuern und Monopole zu ersetzen.

Über Art und Umfang seiner Steuerreformpläne hatte Bismarck die Öffentlichkeit erstmals in einer großen Rede unterrichtet, die er gelegentlich der Einbringung eines Gesetzes zur Erhöhung der Brausteuer am 22. November 1875 im Reichstag hielt. Diese Rede kann als ein Meisterstück bismarckscher Rhetorik und Demagogie gelten. Denn weit davon entfernt, dem Reichstag Einblick in die wahren Absichten zu geben, die er mit seinen Steuerreformplänen verfolgte, die er im übrigen bemüht war, als bloße Gedankenspielereien zu verharmlosen, ließ er sie in einem Licht erscheinen, das sie dem »Reichspatriotismus« der Nationalliberalen unwiderstehlich machen sollte: »Wenn ich zuerst vom Standpunkt lediglich des Reiches spreche, so habe ich das Bedürfnis einer möglichsten Verminderung, wenn nicht vollständigen Beseitigung der matrikularen Umlagen. Es ist das wohl kaum bestritten, daß die Form der Matrikularumlage eine solche ist, die den kontribuablen Staat nicht gerecht nach dem Verhältnis seiner Leistungsfähigkeit trifft. Ich möchte sagen, es ist eine rohe Form, die zur Aushilfe dienen kann, so lange man in dem ersten Jugendalter des Reiches demselben eigene Einnahmen zu verschaffen nicht vollständig in der Lage war. Ist es aber anerkannt, daß es eine Steuer ist, die nicht gerecht trifft, so gehört sie von meinem politischen Standpunkt als Reichskanzler nicht zu den Mitteln, die das Reich konsolidieren. Das Gefühl, zu ungerechten Leistungen herangezogen zu werden, entwickelt das Betreben, einer solchen Ungerechtigkeit sich zu entziehen, und verstimmt. Also aus dem Gesichtspunkt der Befestigung des Reiches – das Reich ist jung im Vergleich zu den einzelnen Staaten – ich möchte sagen, bei all den Knochenbrüchen, denen Deutschland im Laufe der Jahrhunderte ausgesetzt worden ist, und deren Heilung jetzt versucht ist, da ist der callus* noch nicht wieder so fest verwachsen, daß nicht Verstimmungen oder ein Druck parla-

* callus = junges Knochengewebe.

mentarischer Machtprobe und dergleichen das Reich empfindlicher treffen sollten, als den Partikularstaat. Denn dem uns eingeborenen Stammessondergefühl entsprechend ist ja bei uns die Existenz des Partikularstaats bisher viel mehr in succum et sanguinem* gedrungen, viel naturwüchsiger, ich möchte sagen, noch heut zu Tage lebenskräftiger zum Überdauern von Stürmen, als das neue Reich. Je mehr gemeinsame Reichseinrichtungen wir schaffen, je mehr gemeinsames Reichsvermögen, desto mehr befestigen wir das Reich. Wenn das Reich zu Grunde geht, was Gott verhüte und verhüten wird, so würde ja die Sache sich nicht in Nichts auflösen, wie bei anderen Staaten, sondern es würde der Status quo ante eintreten. Der preußische Partikularismus, der mächtigste und bei Weitem gefährlichste, mit dem wir zu tun haben, würde aufschnellen in einer ungemein lebenskräftigen Weise.« Außerdem, so teilte Bismarck den Abgeordneten weiter mit, erkläre er sich »von Hause aus wesentlich für Aufbringung aller Mittel nach Möglichkeit durch indirekte Steuern«, denn er halte »die direkten Steuern für einen harten und plumpen Notbehelf, nach Ähnlichkeit der Matrikularbeiträge«. Im übrigen sei es das Ideal, nach dem er strebe, »möglichst ausschließlich durch indirekte Steuern den Staatsbedarf aufzubringen«. Im weiteren Teil seiner Rede stellte Bismarck dann die angeblichen Vorteile vor, die der einzelne davon habe, wenn sich dieses Ideal, den Finanzbedarf des Staates fast völlig aus indirekten Steuern zu decken, verwirklichen ließe, denn ein jeder könne dann ja durch den Umfang seines Konsums die Höhe seiner steuerlichen Belastung selbst regulieren! In diesem Zusammenhang kam Bismarck dann ziemlich unvermittelt darauf zu sprechen, »daß wir in unseren Zöllen, ganz unabhängig von der Frage, wie hoch jedes Einzelne besteuert werden soll, uns doch frei machen von dieser zu großen Masse von zollpflichtigen Gegenständen, daß wir uns auf das Gebiet eines reinen einfachen Finanzzollsystems zurückziehen und all diejenigen Artikel, die nicht wirklich Finanzartikel sind, d.h. nicht hinreichenden Ertrag geben, über Bord werfen, – die zehn oder fünfzehn Artikel, die die größte Einnahme gewähren, so viel abgeben lassen, wie wir überhaupt aus den Zollquellen für unsere Finanzen nehmen wollen. Als solche Gegenstände der Verzollung und zugleich einer entsprechenden Besteuerung im Inlande sehe ich im Ganzen an diejenigen Verzehrungsgegenstände, deren man sich, ohne das Leben zu schädigen, in gewissem Maße wenigstens zu enthalten vermag . . .«[29]

Damit war es heraus, und die lebhaften »Hört!, Hört!«-Rufe, die bei diesem Passus seiner Rede im Protokoll vermerkt sind, belegen, daß es

---

* in succum et sanguinem = In Fleisch (eigentlich: Saft) und Blut.

auch so verstanden worden war: Bismarck würde im Rahmen der von ihm beabsichtigten Steuerreform, die vor allem ja in einer Ersetzung der direkten durch indirekte Steuern bestehen sollte, die Zölle als eine sehr wichtige Einnahmequelle betrachten. Gleichwohl vermied es Bismarck damals und auch später geflissentlich, zu den von Industrie und Landwirtschaft erhobenen Schutzzollforderungen Stellung zu nehmen. Jede Stellungnahme pro oder contra dieser Forderungen hätte zur Spaltung der liberalen Reichstagsmehrheit führen können, auf die Bismarck sich stützen mußte, solange er keine andere zuverlässige Mehrheit hinter sich wußte.

Die Situation war zu dem Zeitpunkt, als Bismarck Bennigsen die Übernahme des Ministeramts anbot, dieses Angebot aber mit der Bedingung verknüpfte, daß man sich zuvor über die Grundsätze einer »Zoll- und Steuerreform« geeinigt habe, noch völlig offen. Die Liberalen hätten, so scheint es, wenn sie damals wirklich auf dieses Angebot eingegangen wären, die Chance gehabt, die von Bismarck beabsichtigte Zoll- und Steuerreform in ihrem Sinne mitzugestalten. Die Liberalen haben sich aber schließlich dazu entschlossen, diese Chance nicht wahrzunehmen. Sie taten dies in der Weise, daß sie Bismarck gegenüber nun von sich aus eine Reihe von Forderungen erhoben, von denen sie wissen mußten, daß ihnen der Kanzler nicht stattgeben würde. Ihre wichtigste Gegenforderung war, daß außer Bennigsen noch zwei weitere prominente nationalliberale Abgeordnete, die dem linken Flügel der Partei zuzurechnen waren, in die Kabinettsliste aufgenommen wurden. Mit dieser durch ihre überhöhten Forderungen getarnten Absage an die Avancen Bismarcks glaubten die Nationalliberalen die Einheit und den Zusammenhalt ihrer Partei gewahrt zu haben. Denn abzusehen war, daß, egal wie die Entscheidungen der Regierung auch ausfielen, wenn ihr Führer Bennigsen Minister war, sie in jedem Falle die politische Mitverantwortung zu tragen hatten und daß dies dann die Erosion der Partei, wenn nicht gar ihre Spaltung beschleunigte. Blieb man statt dessen weiter auf Distanz zur Regierung, dann mußte deren Situation angesichts der anhaltenden Notlage und des ständig lauter werdenden Wehgeschreis der Wirtschaftsinteressen immer schwieriger werden, und die Regierung würde deshalb über kurz oder lang bereit sein, einen wesentlich höheren Preis für die parlamentarische Unterstützung der Liberalen zu offerieren, als sie dies mit dem Angebot eines Ministeramtes bislang getan hatte.

In dieser Erwartung sollten sich die Nationalliberalen aber arg täuschen, denn spätestens durch die Ablehnung des Angebots an Bennigsen war es Bismarck klargeworden, daß eine weitere Zusammenarbeit mit den Nationalliberalen in der früheren Weise nur noch zu Bedingungen zu erhalten sein würde, die er im Interesse seines Werks nicht konzedieren konnte. Eine klare und verläßliche Mehrheit im Reichstag, das erkannte er jetzt, müßte sich aber aus all jenen Kräften bilden lassen, die von der Regierung eine klare Antwort auf die durch die andauernde wirtschaftliche Misere aufgeworfenen Fragen erwarteten. Mit großem Interesse wird Bismarck deshalb registriert haben, daß die Agrarier nicht nur begannen, ihre einstige Opposition gegen die von der Schwerindustrie geforderten Schutzzölle aufzugeben, sondern daß sie diese jetzt auch für sich zu fordern anfingen! Verstärkte sich diese Entwicklung, womit Bismarck, der ja selbst zum Kreis der Großagrarier gehörte, angesichts der fallenden Preise für landwirtschaftliche Produkte fest rechnen konnte, dann konnten sich daraus völlig neue und verlockende Perspektiven ergeben. Abgesehen davon, daß die politisch überwiegend konservativ gesinnten Großagrarier seinesgleichen waren und ein enges Bündnis mit ihnen allein schon deshalb als die natürlichste Sache der Welt erscheinen mußte, konnte eine solche Allianz auch als das sicherste Bollwerk gegen die sozialen und politischen Auswirkungen der »industriellen Revolution« gelten.

Die Auspizien für das Zustandekommen dieses Bündnisses hatten sich seit der Mitte der 1870er Jahre kaum merklich, aber gleichwohl stetig verbessert: Beide Seiten begannen, sich einander anzunähern, und die agrarischen Konservativen fingen an, ihren Groll, den sie seit Einleitung von Bismarcks »revolutionärer« Politik gegen den Kanzler gehegt hatten, zu vergessen und auch an den inzwischen geschaffenen Tatsachen Gefallen zu finden. Die Reorganisation der Deutsch-Konservativen Partei, die 1876 unter tätiger Mitwirkung Bismarcks unternommen wurde, war das äußere Zeichen einer sich anbahnenden Versöhnung zwischen den konservativen Großagrariern Ostelbiens und dem Kanzler. Diese Aussöhnung war aber lediglich die Voraussetzung für einen für die weitere Geschichte des Kaiserreichs viel folgenreicheren Gesinnungswandel der Agrarkonservativen. Denn aufgrund ihrer schließlich gewonnenen Einsicht, daß eine ständisch geordnete Gesellschaft nach dem Muster des alten Preußen, in der sie ganz selbstverständlich den ersten Platz behauptet hatten, unter den gewandelten sozialen, politischen und wirtschaftlichen Bedingungen im Kaiserreich ein illusionäres Ideal war, begannen sich die Junker ganz allmählich den Wertvorstellungen und den »Spielregeln« der bürgerlich-liberalen Gesellschaft anzupassen. Unter dem Druck der immer fühlbarer werdenden ökonomischen Strukturkrise in der Landwirtschaft bildeten sie sich endgültig vom »Stand« zur »Klasse« um. Im Zusammenhang mit diesem Wandlungsprozeß schworen sie auch dem alten aristokratischen Konzept der

Gesellschaft als einer in sich harmonischen und unabhängigen Ordnung ab und übernahmen statt dessen die bürgerlich-liberale Vorstellung der Gesellschaft als eines Systems miteinander um die politische Macht konkurrierender wirtschaftlicher Interessen. Im Rahmen ihrer Auseinandersetzung mit anderen Interessen gelang es ihnen dann, ihre spezifischen Klasseninteressen erfolgreich ideologisch dadurch zu immunisieren, daß sie einen neuen Mythos kreierten, den Mythos nämlich, daß Landbesitz die einzige Form von Eigentum sei, auf die eine stabile Gesellschaft gegründet werden könne.[30] Mit dieser antiindustriellen Ideologie, die sich dann vorzüglich in das politische Muster des von den dynamischen sozialen und politischen Auswirkungen der sich entwickelnden industriellen Massengesellschaft hart bedrängten preußisch-deutschen Konstitutionalismus fügte, hatten die Junker jene Zauberformel gefunden, mit der es ihnen gelang, ihre beherrschende gesellschaftliche und politische Rolle trotz ihres unaufhaltsamen ökonomischen Niedergangs über das Ende des Kaiserreichs hinaus zu behaupten.

Entsprachen die oben skizzierte Situation und die in ihr schlummernden denkbaren Möglichkeiten tatsächlich der politischen Wirklichkeit des Reichs um die Jahreswende 1877/1878, dann war der Reichstag mit seinen parteipolitischen Frontverläufen und vor allem seiner übergewichtigen liberalen Mehrheit keineswegs mehr ein getreuliches Spiegelbild der in der Gesellschaft lebendigen Interessen und Kräfte, sondern er war lediglich erstarrter Ausdruck eines längst überholten, nur noch historischen gesellschaftlichen Wollens. Wenn das der Fall war, müßte das Spiel zu gewinnen sein, wenn man alles auf eine Karte setzte und deutlich in einer Frage Stellung bezöge, die wie keine andere die Gemüter bewegte, der Frage nämlich, ob die Regierung unbeeindruckt von der anhaltenden Wirtschaftskrise, die vor allem der Landwirtschaft zusetzte, weiterhin das Banner des Wirtschaftsliberalismus hochhielte oder nicht.

Diese oder ähnliche Überlegungen muß Bismarck jedenfalls angestellt haben, bevor er am 22. Februar 1878 im Reichstag seine bisher peinlich genau beobachtete Zurückhaltung aufgab und gelegentlich der zur Debatte stehenden Tabaksteuererhöhung grundsätzlich zu Wirtschafts- und Steuerfragen Stellung nahm. Zunächst betonte er hier noch einmal, daß sein Ideal nicht ein Reich sei, »was vor den Türen der Einzelstaaten seine Matrikularbeiträge einsammeln muß, sondern ein Reich, welches, da es die Hauptquelle guter Finanzen, die indirekten Steuern, unter Verschluß hält, an alle Partikularstaaten im Stande wäre, herauszuzahlen; und ich bin überzeugt, daß wir auf dem Wege der Reform dahin gelangen können. In dem Streben nach dieser Reform habe ich mich mit meinem preußischen Kollegen ... dahin geeinigt, daß diese Vorlage als ein Durchgangspunkt zu den höheren Einnahmen aus dem Tabak, die ich erstrebe, dienen soll.« Was mit diesem »Durchgangspunkt zu höheren Einnahmen« gemeint war, machte Bismarck deutlich, als er in einem geradezu beschwörenden Appell gegen Ende seiner Rede die finanzpolitischen Grundsätze, von denen er sich bei der von ihm angestrebten umfassenden Steuerreform leiten lassen wollte, offenlegte: »Ich habe es für eine Pflicht der Offenheit gehalten, meine Herren, Ihnen geradezu zu sagen, daß ich dem Monopol zustrebe, daß ich die Schädigung des Fiskus, die durch die frühzeitige Veröffentlichung eines solchen Bestrebens vielleicht möglich ist, meinerseits nicht fürchte, denn meine Stimme ist eine vereinzelte, und es ist sehr fraglich, ob je dieses mein Steuerideal sich realisieren wird ... ich hoffe, daß es den Herren gefallen wird, eine feste Stellung zu dieser Frage zu nehmen, die den Regierungen in Zukunft als ein Leuchtturm dient, dem sie nachzufahren haben, oder den sie zu vermeiden haben, wenn sie nicht Schiffbruch leiden wollen. Ich hoffe, daß, wenn Sie die Vorlage an eine Kommission verweisen – ich kann Ihren Entschließungen nicht vorgreifen – dort vielleicht Gelegenheit wird, in besseren Geschäfts- und Gesundheitsverhältnissen als heute mich des Breiteren auszusprechen, auch die Belehrung, für die ich heute nicht zugänglich bin, dort entgegen zu nehmen über die Ziele, die die Mehrheit des Reichstages ins Auge faßt; dann können wir uns sehr leicht darüber verständigen, ob ich das, ich fürchte leider nach meinem Zustande, letzte ideale Ziel, welches ich für das Reich in meinem Leben noch erreichen möchte, zu erreichen Hoffnung habe oder nicht.«[31]

Das war geradezu tollkühn. Denn dadurch, daß Bismarck offen für die Errichtung eines staatlichen Tabakmonopols eintrat, beging er eine unverzeihliche Sünde wider das wirtschaftsliberale Glaubensbekenntnis, zu dem sich die liberalen Reichstagsfraktionen noch immer ohne Einschränkung bekannten. Und wer, so konnten, ja, mußten diese mutmaßen, in einem Punkt von der reinen Lehre abgewichen war, würde auch bereit sein, die übrigen Glaubensartikel zu verraten, und beispielsweise für die Einführung eines Schutzzolls eintreten, der als ein Finanzzoll die Einnahmen des Reichs ebenfalls verbessern würde. Diese eindeutige Stellungnahme Bismarcks in wirtschafts- und finanzpolitischen Grundsatzfragen zeitigte zunächst aber noch eine ganz andere Wirkung: Die Regierung gab damit die sie stützende liberale Mehrheit im Reichstag preis. Daß dieser Schritt in der gegebenen Situation aber nur dann eine Logik haben konnte, wenn er der Anfang einer in ihren ganzen Auswirkungen kaum überschaubaren Entwicklung war, die auf eine völlige Umstrukturierung des Parteienwesens hinauslaufen mußte, war zumindest erahnbar. Bismarck jedenfalls dachte daran, das von ihm geforderte Tabakmonopol in diesem Sinne zu nutzen. In einer Sitzung des preußischen Staatsministeriums, die am 10. März 1878 stattfand, ließ sich Bismarck dahingehend vernehmen, daß bei einer energischen Vertretung dieser Regierungsvorlage, mit deren Ablehnung durch die liberale Reichstagsmehrheit er natürlich rechnete, man mit der Hoffnung in den Wahlkampf eintreten könne, »die jetzigen Fraktionsbildungen durch wirtschaftliche Interessen gekreuzt, die übergroße Zahl der Doctrinairs in den parlamentarischen Körperschaften verringert zu sehen«.[32]

Das aber waren weiträumige Perspektiven, die sich nicht unmittelbar verwirklichen ließen.[33] Dennoch war ein Anfang gemacht, bei dem länger zu verweilen angesichts des Verlusts der liberalen Parlamentsmehrheit für die Regierung nicht ratsam war. Da jedoch eine neue, solide Mehrheit, welche die Regierung rückhaltlos stützte, sich nur an fernen Horizonten abzeichnete, Bismarck aber in einer konkreten Situation, die nichts weniger als verfahren war, weiterkommen mußte, da jeder Stillstand, jeder Anschein von Handlungsunfähigkeit auf seiten der Regierung fatalste Folgen für das gesamte politische System haben konnte, galt es für ihn, ein zunächst bloß negatives Ziel zu erreichen und die obstruktive Mehrheit der Liberalen im Reichstag zu zerschlagen. Gelang dies zunächst, dann wäre auch der weiteren Entwicklung die Bahn gebrochen, dann würde einer völligen Umstrukturierung des Parteienwesens in dem von Bismarck anvisierten Sinne nichts mehr im Wege stehen.

Bei alldem kam Bismarck die traditionelle Halbherzigkeit insbesondere der Nationalliberalen sehr zustatten. Ein neuer Beweis dafür war, daß sich die liberale Reichstagsmehrheit auch jetzt noch nicht dazu aufzuraffen vermochte, mit aller Entschlossenheit und Konsequenz der Regierung gegenüber in Opposition zu treten. Das zeigte sich besonders nachdrücklich bei den Reichstagsdebatten im Frühjahr 1878, in denen es um eine von Bismarck vorgeschlagene umfassende Reform der obersten Reichsverwaltung ging. Viele Liberale wollten nach wie vor eine Änderung der Verfassung und vor allem die Installierung politisch verantwortlicher Reichsminister. Diese Vorstellungen liefen natürlich den Absichten Bismarcks völlig zuwider, dem es bei seinem Reformvorhaben ausschließlich darum zu tun war, den politischen Vorrang des Reichs gegenüber den Bundesstaaten personell zu verstärken, denn der Reichskanzler war ja der einzige Reichsminister, den es gab. Diesem sollte nach den Vorstellungen Bismarcks ein Stellvertreter zur Seite gegeben werden, und außerdem sah sein Entwurf die Schaffung mehrerer Reichszentralbehörden vor, über deren Verantwortlichkeit Bismarck aber keinen Zweifel aufkommen ließ: Die jeweiligen Chefs dieser Behörden sollten entgegen den Vorstellungen der Liberalen in jedem Falle dem Reichskanzler unterstellt sein, da jene ihn in ihrem jeweiligen Geschäftsbereich nur vertraten. Konkret bedeutete dies, daß, wie es Bismarcks Entwurf ausdrücklich vorsah, der Reichskanzler jederzeit innerhalb des jeweiligen Geschäftsbereichs auch weiterhin jede Amtshandlung selbst vornehmen konnte. Diese Pläne des Kanzlers zur Reform der Reichsverwaltung stießen im Reichstag natürlich auf den erbitterten Widerstand der Fortschrittspartei und des linken Flügels der Nationalliberalen. Insbesondere Eduard Lasker, der diesem Flügel angehörte, zog sich mit seinen Debattenbeiträgen den ganzen Zorn des Kanzlers zu. In einer Sitzung des Staatsministeriums ließ dieser sich dann vernehmen, daß es fürs erste zwar nicht seine Absicht sei, den Reichstag aufzulösen, daß er aber gleichwohl plane, »für die nächsten Wahlen das Terrain so vorzubereiten, daß der dumme Judenjunge Lasker und sein Anhang durch gemäßigte Konservative ersetzt würden, welche das Volk zur Erlangung materieller Besserung an die Stelle derer setze, welche nur für formalistische Garantien Sinn haben«.[34]

Das war also das Nahziel Bismarcks: den linken Flügel der Nationalliberalen wie auch die noch weiter links stehende Fortschrittspartei zunächst zu vernichten, um dann den größeren Rest der Nationalliberalen, deren Mitte um Bennigsen sowie deren rechten Flügel wieder ganz auf die blinde Gefolgschaft seiner politischen Führung zu verpflichten. Gelang dies, dann würden sich auch die gemäßigten Konservativen für eine Zusammenarbeit mit der Regierung gewinnen lassen. Zwar würde eine solche Kombination der politischen Kräfte auch bei einem günstigen Wahlausgang noch nicht ausreichen, um der Regierung eine neue, tragfähige Reichstagsmehrheit zu verschaffen, aber ein Anfang wäre gemacht. Außerdem, und Bismarck registrierte dies mit Aufmerksamkeit, gab es zwischen den Konservativen und dem noch immer als »reichsfeindlich« gebrandmarkten Zentrum große Übereinstimmungen in wirtschafts- und finanzpolitischen Grundsatzfragen. Beschnitt man etwas die Auswüchse des Kulturkampfs, der ja unvermindert andauerte, dämpfte man nicht nur den Unwillen der Konservativen, die den Formen, die diese Auseinandersetzung mit dem Katholizismus angenommen hatten, mit immer größerer Ablehnung gegenüberstanden, sondern man konnte möglicherweise auch vom Zentrum in einzelnen wichtigen Fragen unterstützt werden, so daß wenigstens fallweise eine breite Mehrheit der Regierung im Reichstag sicher wäre.

Es war ein schierer Zufall, der Bismarck die Möglichkeit in die Hände spielte, die von ihm zunächst angestrebte Spaltung der Nationalliberalen nicht durch eine Verstärkung des gouvernementalen Drucks auf ihre sozioökonomische Sollbruchstelle zu erzwingen. Am 11. Mai 1878 verübte der Klempnergeselle Max Hödel ein Attentat auf den greisen Kaiser Wilhelm, als dieser mit seiner Tochter, der Großherzogin von Baden, im offenen Wagen die Straße Unter den Linden entlangfuhr. Beide Schüsse, die Hödel abfeuerte, verfehlten ihr Ziel. Trotzdem kam dieser Attentatsversuch Bismarck wie gerufen, gab er ihm doch die Gelegenheit, sofort energische gesetzliche Maßnahmen gegen die Sozialdemokraten einzuleiten – denn wer sonst hätte den Attentäter zu dieser ruchlosen Tat anstiften können?! Daß man dem halbverwirrten Klempnergesellen Hödel noch nicht einmal die Absicht, den alten Kaiser töten zu wollen, nachweisen konnte, fiel dabei nicht ins Gewicht. Weder der Kaiser noch die Großherzogin hatten den Eindruck, daß sie das Ziel der Schüsse gewesen seien. Auch für die Behauptung, Hödel habe aus politischen Motiven heraus gehandelt, waren keinerlei Beweise beizubringen. Der Klempnergeselle hatte zwar einmal mit den Sozialdemokraten sympathisiert, aber gleichzeitig auch mit den Nationalliberalen anzubandeln versucht. All das waren für den Kanzler nur Petitessen, die er selbstherrlich ignorierte. Das Attentat lieferte ihm lediglich den willkommenen Vorwand, um vom Reichstag ein scharfes Gesetz gegen die Sozialdemokratie bewilligt zu bekommen. Ein solches Gesetz aber, und dessen konnte sich Bismarck ganz sicher sein, mußte die Liberalen und vor allem die Nationalliberalen zwingen, sich ihm wieder völlig zu unterwerfen, oder aber die liberale Reichstagsmehrheit spalten. Denn ebenso spaltkräftig wie deren nur noch mühsam verdeckter Dissens in Grundsatzfragen der Wirtschafts- und Steuerpolitik waren die Meinungsverschiedenheiten innerhalb des liberalen Lagers über das wirkliche Ausmaß der sozialen Gefahr und der daraus erwachsenden Revolutionsdrohung, für welche die stetig an politischem Einfluß in der Arbeiterschaft gewinnende Sozialdemokratie stand.[35] Doch die hastig zusammengeschusterte und von der Regierung im Reichstag nur äußerst unzulänglich vertretene Gesetzesvorlage gegen die Sozialdemokratie wurde von einer überwältigenden Reichstagsmehrheit Ende Mai 1878 abgelehnt.[36] Die Nationalliberalen hatten gemeinsam mit der Fortschrittspartei geschlossen gegen diese Gesetzesvorlage gestimmt, eine Tatsache, die vor allem dem rechten Flügel der Nationalliberalen zu schaffen machte, auf dem die drei Professoren Gneist, Beseler und Treitschke als Scharfmacher hervorgetreten waren, die sich für eine Annahme des Gesetzes ausgesprochen hatten. Diese Vorgänge machten aber auch deutlich, und Bismarck wird dies mit Genugtuung registriert haben, daß die Nationalliberalen bei der nächsten größeren Belastungsprobe, der sie ausgesetzt sein würden, auseinanderfallen mußten. Die Gelegenheit zu dieser Belastungsprobe kam schneller als erwartet.

Gerade eine Woche, nachdem der Reichstag dem Sozialistengesetz seine Zustimmung verweigert hatte, wurde am 2. Juni 1878 auf Kaiser Wilhelm ein weiteres Attentat verübt. Diesmal wurde der Kaiser erheblich verletzt. Bismarck, der zu dieser Zeit auf seinem Gut Friedrichsruh im Sachsenwald bei Hamburg weilte, erhielt am Nachmittag dieses Tages durch Telegramme aus Berlin Kenntnis von diesem neuerlichen Attentat. Seine erste Reaktion auf diese Nachrichten war, wie der Chef des Kanzleramts, Christoph von Tiedemann, in seinen Lebenserinnerungen schreibt, daß Bismarck ausrief: »Dann lösen wir den Reichstag auf!« Welche Absicht er damit verfolgte, enthüllte der Kanzler wenig später, als ihm im Freundeskreis das Wort entfuhr: »Jetzt haben wir die Kerle!« – Und als jemand der Anwesenden fragte: »Durchlaucht meinen die Sozialdemokraten?«, antwortete Bismarck: »Nein, die Nationalliberalen!«[37]

Die Taktik, die nun von Bismarck mit aller Energie und Umsicht entfaltet wurde, war bereits erprobt. Obwohl auch dem Attentäter vom 2. Juni 1878, einem Dr. Karl Eduard Nobiling, keinerlei Beziehungen zur Sozialdemokratie nachgewiesen werden konnten, bezichtigten Bismarck und die ihm hörige Presse trotzdem die Sozialdemokraten der geistigen Urheberschaft an diesem Mordanschlag. Daß die von Bismarck geforderte Reichstagsauflösung, die Ausschreibung von Neuwahlen wie auch die ganze von ihm in der Öffentlichkeit entfesselte Kampagne gegen die Sozialdemokratie nicht so sehr deren Vernichtung zum unmittelbaren Ziel hatte, sondern vielmehr die der nationalliberalen Fraktion im Reichstag, wurde von den besonneneren Zeitgenossen bereits durchschaut. Der »Europäische Geschichtskalender« vermerkte unter dem 7. Juni 1878: »Die offiziösen und die konservativen Blätter beginnen einen wahren Sturmlauf gegen den Liberalismus und namentlich auch gegen die Nationalliberale Partei.«[38] Waren die Sozialdemokraten auch die eigentlichen Drahtzieher beider Anschläge gewesen, so lautete der Tenor der regierungsamtlichen Propaganda, dann hatten sich aber auch die Liberalen der Beihilfe schuldig gemacht, weil an ihrer Ablehnung das Sozialistengesetz gescheitert war.

Trotz einiger Widerstände seitens einzelner Mitglieder des Staatsministeriums, die sich gegen eine Auflösung des Reichstags aussprachen, zumal da sich abzeichnete, daß eine erneute Einbringung des Sozialistengesetzes nunmehr auch im alten Reichstag eine große Mehrheit bekommen würde, setzte Bismarck seinen Willen durch, da es den Nationalliberalen, wie er gelegentlich voller Hohn bemerkte, nach einer Neuwahl doch leichter sein werde, umzufallen.[39] Im Bundesrat widersetzte sich lediglich die badische Regierung einer Auflösung des Reichstags. Obwohl Bismarck auch in diesem Vertretungsorgan der deutschen Staaten beim Reich durch einen Mehrheitsbeschluß rasch seinen Willen hätte durchsetzen können, kam es ihm in dieser Frage aber gerade darauf an, die demonstrative Einmütigkeit aller Regierungen angesichts der roten Gefahr und des durch sie beschworenen Umsturzes zu beweisen. Der Widerstand Badens wurde mit massiven Drohungen, in denen sogar von der möglichen Verhängung des Kriegszustandes die Rede war, gebrochen.[40]

Als Termin für die Reichstagswahlen wurde der 30. Juli 1878 festgesetzt. In dem Wahlkampf, der sofort nach der Auflösung des alten Reichstags, die vom Bundesrat dann einstimmig am 11. Juni beschlossen wurde, begann, tat die Regierung alles, um mit Hilfe der Beamtenschaft und der ihr nahestehenden Presse die Krisenstimmung in der Öffentlichkeit zu schüren. Da die öffentliche Meinung aber ohnedies schon gegenüber der Sozialdemokratie feindlich gesinnt war und deshalb nur zu bereitwillig die offizielle Version ihrer geistigen Urheberschaft bei beiden Attentaten akzeptiert hatte, konnte sich die Stimmungsmache der Regierung ganz auf die Nationalliberalen und vor allem deren linken Flügel um Eduard Lasker konzentrieren.[41] Bismarck war aber ein viel zu gewiefter Politiker, als daß er sich allein mit dieser rein negativen Vorgabe einer Verteufelung des Lasker-Flügels der Nationalliberalen und der Fortschrittspartei, die als »Reichsfeinde« gebrandmarkt wurden, hätte zufriedengeben können. Durch den Wahlkampf sollte die Öffentlichkeit gleichzeitig auch für den von ihm geplanten Kurswechsel in der Wirtschafts- und Finanzpolitik des Reichs gewonnen werden. Die Hoffnungen, die Bismarck mit dem Ausgang der Wahlen verknüpfte, waren deshalb nicht nur darauf gerichtet, daß die Nationalliberalen sich spalteten, sondern daß ihm diese Wahlen auch eine neue, konservative Mehrheit bescherten. Bismarck war aber Realist genug, um abzusehen, daß die Fraktion der rechten und gemäßigten Nationalliberalen auch in einer Koalition mit den gemäßigten Konservativen nicht eine Reichstagsmehrheit bilden könnte. Damit diese Mehrheit ausreichte, mußte Bismarck mit dem Zentrum zum Abschluß eines innenpolitischen Burgfriedens gelangen, der ihm wenigstens die gelegentliche parlamentarische Unterstützung dieser Partei sicherte! Sofort nach Beendigung des Berliner Kongresses am 13. Juli 1878, auf dem Bismarck sich bei der Ausgleichung der Interessendivergenzen der europäischen Mächte auf dem Balkan als »ehrlicher Makler« bewährt hatte, reiste der Kanzler deshalb nach Bad Kissingen, um hier unter dem Deckmantel einer seiner üblichen Kuraufenthalte mit dem päpstlichen Nuntius Masella zu diskreten Verhandlungen über einen »Friedensschluß« des preußischen Staates mit der Römischen Kirche zusammenzutreffen.[42]

Der Ausgang der Reichstagswahlen entsprach indes nur tendenziell den Erwartungen Bismarcks. Nationalliberale und Fortschrittspartei hatten zwar große Stimmenverluste erlitten, sich aber trotz der Kampagne, die gegen sie entfesselt worden war, noch gut behauptet. Die Nationalliberalen hatten ein schlechteres Abschneiden wohl vor allem dadurch verhindern können, daß ihre Kandidaten jeweils das Versprechen abgaben, bei einer Wiedervorlage des Sozialistengesetzes diesmal dafür stimmen zu wollen. Zu den Verlierern der Wahl gehörten auch die Sozialdemokraten, die aber nur drei Sitze einbüßten und damit keineswegs schon durch das Votum der Wähler vernichtet worden waren. Eindeutige Gewinner der Reichstagswahlen waren dagegen jene Parteien, mit deren Hilfe sich Bismarck seine künftige Reichstagsmehrheit schaffen wollte: die Deutsch-Konservativen und die Reichspartei. Auch das Zentrum verzeichnete weitere Stimmengewinne und wurde damit, ging man von der mit Gewißheit zu erwartenden Abspaltung des Lasker-Flügels von der Nationalliberalen Partei aus, die stärkste Fraktion innerhalb des Reichstags, eine Situation, die angesichts des offiziell noch andauernden »Kulturkampfs« als paradox gelten konnte.

Bismarck wurde durch diesen Ausgang der Wahlen vor das Problem gestellt, daß er, um eine Mehrheit für das Sozialistengesetz zu bekommen, noch einmal auf die einmütige Unterstützung jener Partei angewiesen war, die er hatte spalten wollen: die Nationalliberalen. Denn das Zentrum hatte aufgrund der Erfahrungen, die es noch tagtäglich mit der Anwendung der antikatholischen Kulturkampfgesetze in Preußen machen mußte, sich bereits energisch dagegen ausgesprochen, der Verfolgung einer angeblich für Staat und Gesellschaft gefährlichen Minderheit seine Zustimmung zu geben.[43]

Die erste Gesetzesvorlage, mit der sich der neue Reichstag zu befassen hatte, war natürlich ein verbesserter Entwurf des »Gesetzes gegen die gemeingefährlichen Bestrebungen der Sozialdemokratie«, wie dessen offizieller Titel lautete und über den Erich Eyck urteilte: »Diesmal hatten sich die Verfasser mehr Mühe gegeben, als bei dem ersten Entwurf, und besonders die gesetzlichen Tatbestände etwas klarer resumiert. Aber der Geist war selbstverständlich derselbe geblieben, vielleicht sogar noch schärfer geworden: Es war der Geist der Unterdrückung und des Verbots jeder sozialdemokratischen Betätigung und Äußerung mit den Mitteln des Polizeistaats. Mit Ausnahme des Rechts, zu wählen und gewählt zu werden, waren den Sozialdemokraten fast alle staatsbürgerlichen Rechte genommen worden.«[44]

Die Fraktion der Nationalliberalen stand diesem neuen Entwurf des Sozialistengesetzes, der am 9. September 1878 in den Reichstag eingebracht wurde, mit geradezu klassisch-liberaler Zwiespältigkeit gegenüber: Einerseits war die gesamte Fraktion einschließlich des linken Flügels gewillt, der Vorlage zuzustimmen, damit es nicht zu einem erneuten Bruch mit Bismarck und damit zu einer weiteren Entfremdung zwischen den Liberalen und dem Staat käme, während man sich andererseits gegenseitig beschwor, das Gesetz möglichst liberal auszugestalten! Der gerade Weg in den politisch-moralischen Bankrott einer Partei ist mit solchen Zwiespältigkeiten gepflastert, aber die Nationalliberalen hatten ja schon einige Fertigkeit darin erworben, ihn ohne Stolpern und vor allem erhobenen Hauptes und zutiefst überzeugt von der Richtigkeit ihres Handelns zu beschreiten. Am 19. Oktober 1878 nahm der Deutsche Reichstag das Sozialistengesetz, nachdem eine Reihe geringfügiger Änderungen wie eine zeitliche Befristung seiner Geltungsdauer vorgenommen worden war,[45] mit 221 gegen 149 Stimmen an. Die Nationalliberalen hatten gemeinsam mit den beiden konservativen Parteien für die Annahme des Gesetzes gestimmt, dessen Geltungsdauer auf den 31. März 1881 befristet war, während alle anderen Parteien es abgelehnt hatten.

Warum sich die Regierung nicht des an sich konsequenten Mittels eines Parteiverbots der Sozialdemokraten bediente, sondern sich lediglich mit einer Illegalisierung ihrer Parteiaktivitäten außerhalb des Reichstags zufriedengab, scheint auf den ersten Blick rätselhaft. Die Reichstagsparteien waren nämlich lediglich Vereine des privaten Rechts, die durch eine Polizeiverordnung verboten werden konnten. Für ein solches Verbot aber hätte die Schwere der Vorwürfe, mit der die Regierung die Illegalisierung der sozialdemokratischen Parteiaktivitäten rechtfertigte, ohne weiteres auch ausgereicht. Auch ein Widerstand der Regierungen der einzelnen Bundesstaaten, die dieses Verbot jeweils hätten exekutieren müssen, war wenig wahrscheinlich und schon gar nicht aussichtsreich, denn der Grundsatz der Reichstreue hätte sie zur Konformität gezwungen. Rechtsstaatliche Skrupel, die dem Wunsch entsprochen hätten, die bürgerlichen Freiheiten nicht allzusehr einzuschränken, können aber auch kaum zur Begründung solcher Zurückhaltung herangezogen werden. Solche Hemmungen mochten Teile der Liberalen bei ihrer Zustimmung zu diesem Gesetz empfinden, der Regierung, Bismarck waren sie völlig fremd. Nein, wenn diese teilweise Illegalisierung der Sozialdemokraten einen Sinn hatte, dann den, daß man mit Hilfe eines Sondergesetzes, durch das man den Reichstag zum Mittäter machte, gleichsam den Kopf der Partei, ihre Reichstagsfraktion, vom Rumpfe, von der Parteiorganisation im Lande, abtrennte, den Kopf aber künstlich am Leben erhielt, während man die Reflexe des Rumpfes mit aller Schärfe bekämpfte, ja diesen derart zu zerstückeln suchte, daß dessen Glieder sich nie wieder zu einem neuen Körper zusammenfügen ließen, der mit dem Kopf wieder verwüchse. Dieses Vorgehen entsprang aber keineswegs den von Haß gesteigerten Gefühlen eines legalisierten Sadismus Bismarcks, sondern dessen ganz nüchternem politischem Kalkül: Der abgeschlagene Kopf der Sozialdemokratie sollte ihm als Medusenhaupt dienen, dessen schrecklicher Anblick nicht nur den Reichstag seinen Wünschen gefügig machte, sondern der auch die breite Öffentlichkeit in einem dauernden Angstzustand vor einem drohenden Umsturz hielt, zu dessen präventiver Abwehr sich die Regierung aller Mittel bedienen konnte und mußte.

Für den eigenwilligen preußisch-deutschen Konstitutionalismus bismarckscher Prägung war nun, da die Träume der liberalen Ära zerstoben und die Aussicht auf die natürliche Harmonie aller Interessen als bloße Ideologie entlarvt war, die Fortdauer eines »kalten Bürgerkriegs« zu Zwecken innenpolitischer Disziplinierung notwendiger denn je. Der »Kulturkampf« war dafür das geeignete Mittel während der liberalen Phase des Reichs gewesen. In der konservativen Phase, die Bismarck nun einzuleiten gewillt war, mußte ein anderer, innerer »Reichsfeind« gefunden werden. Denn abgesehen davon, daß die Regierung auf die zumindest fallweise parlamentarische Unterstützung des Zentrums angewiesen sein würde und allein schon deswegen den »Kulturkampf« allmählich beilegen mußte, waren auch die Sozialdemokraten einfach die geeigneteren »Reichsfeinde«, weil ihre Gemeingefährlichkeit eine viel breitere Akzeptanz in der Öffentlichkeit fand, als dies je bei den »staatsgefährdenden Umtrieben« des Katholizismus der Fall gewesen war. Außerdem versprach die sozialdemokratische Drohung auch, eine Integration all jener Interessen der besitzenden Schichten zu erzwingen, die durch ihre Zerstrittenheit in wirtschaftspolitischen Grundsatzfragen die parlamentarische Absicherung von Bismarcks System gefährdeten. Das Funktionieren dieses Systems aber war weiterhin davon abhängig, daß ihm die Unterstützung breiter Schichten des Bürgertums gesichert blieb, die ein Korrektiv für die je partikularistischen und interessenspezifischen Geltungsansprüche der agrarischen Konservativen wie des Zentrums waren. Und überdies würde Bismarck durch die befristete Geltungsdauer des Sozialistengesetzes, die ironischerweise ein Zugeständnis an die Linksliberalen war, stets ein hervorragendes Thema zur Hand haben, mit dem sich der Wahlkampf für den künftigen Reichstag im Sinne der Regierung lenken ließ. Einfacher konnte man es nicht mehr haben!

Zwei Tage, bevor der Reichstag das Sozialistengesetz annahm, hatte sich die bereits erwähnte »Freie Wirtschaftliche Vereinigung«, der 204 schutzzöllnerisch gesinnte Reichstagsabgeordnete der konservativen

Parteien, des rechten Flügels der Nationalliberalen sowie des Zentrums angehörten, gebildet, die in einer Adresse an die Regierung die Einrichtung von Schutzzöllen für Industriewaren und landwirtschaftliche Produkte forderte. Diese Adresse fügte sich vorzüglich in die Pläne Bismarcks, für den die Verabschiedung des Sozialistengesetzes ja lediglich die Ouvertüre für das Hauptstück, die völlige Umorientierung des bisher gesteuerten außen- wie innenpolitischen Kurses, die er mittels der von ihm geplanten Zoll- und Steuerpolitik zu orchestrieren gedachte, war. Allerdings hatte die parlamentarische Mehrheit, die sich für seinen zoll- und steuerpolitischen Glaubenswechsel herauskristallisierte, in seinen Augen den gravierenden Schönheitsfehler, daß in ihr die konservativen Kräfte, die mit Ausnahme der Reichspartei ihm gegenüber noch immer in mißtrauischer Distanz verharrten und die ganz allgemein die Tendenz verfolgten, ihn für ihre je besonderen Zwecke zu benutzen statt sich von ihm für seine Absichten einspannen zu lassen, bei weitem überwogen. Deshalb mußte es Bismarck sehr daran gelegen sein, daß die übergroße Mehrheit der nationalliberalen Fraktion im Reichstag bei der Stange blieb und daß sich wirklich nur die relativ kleine Gruppe von Abgeordneten um Eduard Lasker auf dem linken Flügel der Fraktion abspaltete. Um dies zu erreichen, wandte Bismarck in den Monaten, die auf die Verabschiedung des Sozialistengesetzes folgten, in Verhandlungen, die hinter den Kulissen des Reichstags stattfanden, alle seine Überredungskünste auf. Vor dem Hintergrund dieser Bemühungen ist auch jene Rede zu sehen, mit der Bismarck am 2. Mai 1879 den »Gesetzentwurf, betreffend den Zolltarif des deutschen Zollgebiets«, der die gesetzliche Grundlegung des neuen wirtschaftspolitischen Kurses der Regierung darstellte, im Reichstag darlegte.[46] Die Strategie, die Bismarck mit dieser Rede verfolgte, war genau darauf berechnet, die Mehrheit der nationalliberalen Fraktion zur Unterstützung dieses Wechsels seiner wirtschaftspolitischen Grundsätze zu gewinnen.

Die sorgfältig aufgebaute Argumentation, die auf einer breiten Erörterung der Steuergerechtigkeit, die es zu verwirklichen gelte, basierte, schritt dann rasch zu nationalpolitischen, ja nationalistischen Begründungen fort, die die Annahme dieses Gesetzesvorhabens den Nationalliberalen schmackhaft machen sollten. Die Einführung eines »mäßigen Schutzzolls«, so Bismarck, gewähre die Aussicht, daß sich die Rolle des Reichs, »ein lästiger Kostgänger bei den Einzelstaaten zu sein«, abschaffen ließe. Außerdem wäre durch eine Vermehrung der indirekten Steuern ein höheres Maß an Steuergerechtigkeit zu erzielen, weil dadurch die hohe direkte Besteuerung durch Grundsteuer, Einkommensteuer usw., unter der vor allem die Landwirtschaft zu leiden habe, gesenkt werden könne. Die Einführung von Schutzzöllen sei aber vor allem auch deswegen ein Gebot der politischen Vernunft, weil »die jetzige Veranlagung unserer indirekten Steuern der einheimischen, vaterländischen Arbeit und Produktion nicht das Maß von Schutz gewährt, was ihr gewährt werden kann, ohne die allgemeinen Interessen zu gefährden«. Die Freihandelsbewegung, die, so Bismarck weiter, in den 1860er Jahren »unter Führung des damals leitenden Staates in Europa, unter Führung Frankreichs«, in Gang gekommen sei und mit der man seinerzeit auch die Erwartung verknüpft habe, »sie werde sich konsolidieren und werde außer England und Frankreich noch andere Staaten in ihren Strom ziehen«, sei unterdessen enttäuscht worden. Denn bis auf England seien alle Staaten wieder zu einem System von Schutzzöllen zurückgekehrt. Das Deutsche Reich müsse dieser allgemeinen handelspolitischen Trendwende schleunigst Rechnung tragen, denn: »Wir sind bisher durch die weit geöffneten Tore unserer Einfuhr die Ablagerungsstätte aller Überproduktion des Auslands geworden.« Die Überschwemmung des Reichs »mit der Überproduktion anderer Länder ist es, was unsere Preise und den Entwicklungsgang unserer Industrie, die Belebung unserer wirtschaftlichen Verhältnisse am allermeisten drückt. Schließen wir unsere Türen einmal, errichten wir die etwas höhere Barriere, die wir Ihnen hier vorschlagen, und sehen wir zu, daß wir mindestens den deutschen Markt, das Absatzgebiet, auf dem die deutsche Gutmütigkeit vom Auslande jetzt ausgebeutet wird, der deutschen Industrie erhalten!« Alle jene Staaten dagegen, die ihre Volkswirtschaften durch hohe Außenzollmauern schützten – Bismarck führte als Beispiele unter anderen Rußland und Polen (!) an –, erfreuten sich blühender wirtschaftlicher Verhältnisse, und dies vor allem »auf Kosten der deutschen Produzenten und in Wirkung unserer Gesetzgebung. Deshalb«, und mit diesem Appell an die Nationalliberalen schloß er seine Rede, »möchte ich bitten, jede persönliche Empfindlichkeit in diesen Fragen aus dem Spiel zu lassen, und ebenso die politische Seite; die Frage, die vorliegt, ist keine politische, sondern eine rein wirtschaftliche Frage. Wir wollen sehen, wie wir dem deutschen Körper wieder Blut, wie wir ihm die Kraft der regelmäßigen Zirkulation des Blutes wieder zuführen können, aber meine dringende Bitte geht dahin, alle Fragen der politischen Parteien, alle Fragen der Fraktionsstatistik von dieser allgemein deutschen reinen Interessenfrage fern zu halten.«

In die mit dieser Rede des Kanzlers eröffnete Plenardebatte über die Zollvorlage griff auch der Führer des linken Flügels der nationalliberalen Reichstagsfraktion, Eduard Lasker, ein. Lasker, der völlig unbeeindruckt von den nationalen Phrasen war, mit denen Bismarck seine viel weiterführenden Absichten, die er mit seinem wirtschaftspolitischen Glaubenswechsel verband, zu verschleiern gesucht hatte, enthüllte diese Absichten schonungslos. Bismarck, so Laskers Kritik, gebe vor, für die Volkswirtschaft als Ganzes und damit für das Wohl aller einzutreten; in Wahrheit aber vertrete er in ganz einseitiger Weise nur die sozialen und wirtschaftlichen Interessen der Rittergutsbesitzerklasse. Wörtlich sagte Lasker, die neue Wirtschaftspolitik der Regierung »ist die einfache unbedingte Übernahme des Agrarierprogramms, und zwar nicht etwa des landwirtschaftlichen Interesses in seiner berechtigten Bedeutung, sondern des Agrarierprogramms in seiner agitatorischen Bedeutung«. Laskers Anschuldigungen gipfelten dann in der für den Erfolg der weiterführenden Absichten Bismarcks politisch höchst gefährlichen Feststellung: »Sehen Sie denn nicht, daß Sie einen Krieg eröffnen, von dem wir geglaubt haben, daß wir glücklicherweise in Preußen ihn schon geschlossen haben, und zwar einen prinzipiellen Krieg zwischen der Landwirtschaft auf der einen Seite und der Industrie und den Städten auf der anderen Seite?«[47] Damit traf Lasker exakt den neuralgischen Punkt, denn seine Anklage behauptete nichts weniger, als daß Bismarck nunmehr entschlossen sei, die nationalliberale Lebenslüge, welche für das national gesinnte deutsche Bürgertum die Geschäftsgrundlage des preußisch-deutschen Reichs darstellte, einseitig aufzukündigen. Diese Lebenslüge bestand ja in jenem stillen Klassenkompromiß, den das liberale und nationale Bürgertum 1866 mit Bismarck eingegangen war und aufgrund dessen man die Erfüllung seiner national- und wirtschaftspolitischen Aspirationen damit bezahlt hatte, daß man den dauernden politischen Primat Preußens im Reich anerkannte.

Bismarck, der nach eigenem Bekunden gar nicht mehr in diese Debatte hatte eingreifen wollen, erkannte sofort die ganze Brisanz dieser Anklage, die, würde ihr nicht mit aller Entschiedenheit entgegengetreten, sich vorzüglich zum Sammlungs- und Schlachtruf einer mächtigen, oppositionellen Fronde eignete. Die Methode, der sich Bismarck bei seiner Entgegnung auf Laskers Rede vom 8. Mai 1879 im Reichstag bediente, war bewährt und erprobt: Auf die Anklage Laskers, die geplante Zoll- und Steuerpolitik der Regierung würde die alten Gegensätze zwischen Landwirtschaft und Industrie, zwischen Junker und Bürger, Land und Stadt, politischer Reaktion und Fortschritt wieder aufbrechen lassen, weil sie in völlig einseitiger Weise die Interessen der einen zum Schaden der anderen befriedige, antwortete Bismarck mit der Behauptung, der Abgeordnete Lasker sei in wirtschaftlichen Fragen völlig inkompetent, denn er gehöre zu »denjenigen Herren, die ja bei der Herstellung unserer Gesetze in allen Stadien der Gesetzmachung die Majorität bilden, von denen die Schrift sagt: sie säen nicht, sie ernten nicht, sie weben nicht, sie spinnen nicht, und doch sind sie gekleidet ... Die Her-

ren, die unsere Sonne nicht wärmt, die unser Regen nicht naß macht ...
die die Mehrheit bei uns in der Gesetzgebung bilden, die weder Industrie, noch Landwirtschaft, noch ein Gewerbe treiben ... die verlieren
leicht den Blick und das Mitgefühl für diejenigen Interessen, die ein
Minister, der auch Besitz hat, also auch zu der misera contribuens plebs
gehört, der auch regiert wird und fühlt, wie die Gesetze dem Regierten
tun ...«[48]

Das war das alte Lieblingsthema Bismarcks, daß die Mehrheit aller
Volksvertreter von den wahren Nöten des Volkes keinerlei Vorstellung
habe, daß aber er als leitender Minister auch darin umfassende Einsichten und Kenntnisse besitze und er überdies auch über den nötigen
Sachverstand gebiete, hier die richtigen Abhilfen zu schaffen. Diese Behauptung war weder originell, noch eignete ihr eine besondere Plausibilität. Aber das tat auch weiter nichts zur Sache, denn einer Reichstagsmehrheit, die dem Paket der Zoll- und Steuergesetzgebung zustimmen
würde, konnte sich Bismarck in jedem Falle sicher sein. Zwar stellte das
Zentrum, dessen Zustimmung unverzichtbar war, eine Bedingung, die,
würde ihr von der Regierung stattgegeben, die gesamte Reform der
Reichsfinanzen, die Bismarck stets als das Hauptziel der von ihm angestrebten Zoll- und Finanzgesetzgebung genannt hatte, ad absurdum
führte. Denn als Preis für seine Zustimmung verlangte das Zentrum,
daß die Einnahmen aus Zöllen und indirekten Steuern nur bis zu einem
Betrag von 130 Millionen Mark direkt in die Kasse des Reichs flössen,
während alle weiteren Einnahmen, die über dieser Summe lägen, den
einzelnen Bundesstaaten entsprechend der Kopfzahl ihrer Einwohner
zugute kommen sollten. Mit der Summe von 130 Millionen Mark ließ
sich aber noch nicht einmal der augenblickliche Finanzbedarf des Reichs
bestreiten, geschweige, daß dieser Betrag ausreichen würde, die ins-
künftig weiter steigenden Ausgaben des Reichs zu decken. Dennoch
entschloß sich Bismarck, diese Bedingung zu akzeptieren, eine Tatsache, die deutlich macht, daß es ihm in Wirklichkeit gar nicht so sehr um
die Reichsfinanzreform zu tun war als vielmehr darum, die ihm immer
lästiger werdenden und auf eine Erfüllung ihrer konstitutionellen Ideale
drängenden Liberalen endgültig loszuwerden und deren Reichstagsmehrheit durch eine der konservativen Besitzinteressen zu ersetzen.

Daß dieser Hintergedanke in Wirklichkeit den Ausschlag gegeben
hat, als Bismarck die Bedingung des Zentrums akzeptierte, ist natürlich
sofort gemutmaßt worden. Bismarck suchte diesen Verdacht in einer
Rede, die er am 9. Juli 1879 im Reichstag hielt, zu entkräften. Andererseits wird ihm aber gerade dieser Verdacht nicht ungelegen gewesen
sein, denn dadurch wurde die öffentliche Meinung zwar nicht auf eine
ganz falsche Fährte gelockt, aber doch immerhin auf eine, die sie noch

weiter von den in ihrem Gehalt wesentlich gefährlicheren Verdächtigungen und Anschuldigungen ablenkte, die von Eduard Lasker erhoben worden waren. Sieht man es so, dann wird erst die Art und Weise, mit der Bismarck in seiner Rede vom 9. Juli argumentierte und reagierte, wirklich verständlich. Denn seine eher lahme und linkische Beteuerung, er verbinde mit dem Zollgesetz keinerlei Hintergedanken, sondern es handele sich dabei lediglich um »rein praktische, materiell hausbackene, lange erwogene Vorschläge ... wie wir unsere Finanzeinrichtungen auf einen besseren Fuß bringen können«, war wenig geeignet, Zweifler zu überzeugen. Den Hauptteil dieser Rede widmete Bismarck deshalb einer Generalabrechnung mit den Liberalen, denen er vorwarf, daß »alle Unruhe im Reiche und alle Schwierigkeiten, zu gedeihlichen ruhigen Zuständen zu kommen ... von der Fortschrittspartei und denen, die mit ihr sympathisieren in den anderen Fraktionen«, herrührten. Er habe sich deshalb entschlossen, jene Bedingung, von der das Zentrum seine Zustimmung zur Gesetzesvorlage abhängig mache, zu akzeptieren, »nachdem ich in einer Gesamtprüfung der Wege, welche die Herren, die heute in der Opposition sind, gehen, mich überzeugt habe, daß sie Wege eingeschlagen haben, die ich niemals gehen kann, ... Mit Bestrebungen, die sich dergestalt kennzeichnen ... kann das Reich nicht bestehen, sie sind Untergrabungen des Reichsbestandes gerade so gut wie die sozialdemokratischen Untergrabungen, die wir durch das Gesetz vom Herbst bekämpfen wollen ...«[49] Diese Anschuldigung war nun der gewiß dickste Knüppel, mit dem Bismarck auf die renitenten Liberalen einschlagen konnte, und er tat auch seine Wirkung. Wie nun nicht mehr anders zu erwarten, wurden das Zolltarifgesetz und der Zolltarif am 12. Juli 1879 mit großer Mehrheit vom Reichstag verabschiedet. Dafür stimmten das Zentrum, die beiden konservativen Parteien sowie der rechte Flügel der Nationalliberalen, während deren linker Flügel, der sich nun endgültig von der Partei abspaltete, sowie die linksliberale Fortschrittspartei dagegen votierten.

Das große Ziel einer umfassenden Reform der Reichsfinanzen, das Bismarck vorgeblich mit seiner Zoll- und Steuergesetzgebung verfolgte, war – es ist darauf schon hingewiesen worden – durch sein Einschwenken auf die Bedingung des Zentrums ad absurdum geführt worden: Das Reich blieb weiterhin »ein lästiger Kostgänger bei den Einzelstaaten«. Ganz ähnlich verhielt es sich auch mit der in seiner Grundsatzrede vom 2. Mai 1879 verkündeten Überzeugung, daß ein »mäßiger Schutzzoll« vor allem der deutschen Industrie zugute käme, deren einheimisches Absatzgebiet sich dadurch erhalten ließe. Tatsächlich aber waren die Auswirkungen der Schutzzölle für die weitere Entwicklung der deutschen Wirtschaft eher negativ, denn der Industriesektor hatte 1879 längst die Folgen des Konjunktureinbruchs von 1873 überwunden. Ein untrügliches Merkmal für die Konjunkturbelebung bei Handel und Industrie war die erhebliche Steigerung der Exportquote, die bereits 1878 eine Rekordhöhe erreichte.[50] Die Konjunkturlage des Jahres 1879, in der sich diese Aufschwungtendenzen nicht nur bei der deutschen Volkswirtschaft, sondern weltweit verstärkten, rechtfertigte, von einem rein konjunkturpolitischen Standpunkt aus betrachtet, also keineswegs den »wirtschaftspolitischen Glaubenswechsel« (Hans Rosenberg) Bismarcks und der konservativen Reichstagsmehrheit. Auch mit der inzwischen gewonnenen Erfahrung, daß die Lehre des reinen Wirtschaftsliberalismus nicht der ökonomischen Weisheit letzter Schluß war, ließ sich kaum ein systematischer Zollschutz der einheimischen Warenproduktion auf Dauer plausibel begründen, über dessen Auswirkungen Hans Rosenberg urteilte, daß er »als Instrument der Preisregulierung und erst recht als Mittelpunkt staatlicher Wirtschaftskonjunkturpolitik alles andere als eine sachliche Notwendigkeit [war], die dem berechtigten Lebens- und Expansionsinteresse des deutschen Volkes entsprochen hätte und das Wachstum seiner Wirtschaftskräfte hätte sicherstellen, geschweige denn beschleunigen können«.[51]

Hauptnutznießer der Schutzzollpolitik waren langfristig ohne jeden Zweifel die Großagrarier und die bäuerliche Landwirtschaft. Vor allem den ostelbischen Junkern verschaffte Bismarcks handelspolitische Wende von 1879 veritable wirtschaftliche Reservate. Die Getreidezölle, die im Rahmen der allgemeinen Schutzzollgesetzgebung eingeführt wurden, waren nichts anderes als eine Subventionierung der Landwirtschaft, für welche die Gesamtheit der Verbraucher aufkommen mußte und die nachweislich aber noch nicht einmal, was sie allenfalls hätte rechtfertigen können, der landwirtschaftlichen Entwicklung zugute gekommen ist. Vor allem bei den landwirtschaftlichen Großbetrieben verhinderten die Getreidezölle die dringend notwendige Modernisierung, weil sie den wirtschaftlichen Druck, der zu einer Steigerung der Rentabilität dieser Betriebe durch Erweiterung, Diversifizierung und Mechanisierung der Produktion hätte führen müssen, weitgehend fernhielten. Mit den Getreidezöllen wurde der gutswirtschaftliche Schlendrian geradezu prämiert; die Anbauflächen für Getreide stagnierten ebenso wie die durchschnittlichen Ernteerträge pro Hektar.

Daß der rasch hochschnellende Zollschutz für Agrarerzeugnisse keinesfalls mit wirtschaftspolitischen Überlegungen zu rechtfertigen war – im Unterschied zu dem recht niedrigen Zollschutz für Industrieerzeugnisse verfünffachten sich die Getreidezölle allein in der Zeit von 1879 bis 1887 –, wird auch daran deutlich, daß durch diese Zölle die von der landwirtschaftlichen Krise erzwungene und wirtschaftlich durchaus sinnvolle Vernichtung der überschuldeten und wenig leistungsfähigen Agrarbetriebe ebenso vereitelt wurde wie eine umfassende Anpassung der Boden- und Pachtpreise an die veränderte Marktlage. Damit wurde gleichzeitig aber auch eine umfassende soziale Umstrukturierung der gesamten Rittergutsbesitzerklasse, wie sie ein massenhafter Besitzwechsel notwendigerweise mit sich gebracht hätte, vermieden. Die altfeudalen oder inzwischen feudalisierten Besitzschichten in Ostelbien blieben so weitgehend erhalten; ihre wirtschaftliche Situation verbesserte sich durch den Zollschutz erheblich, weil sich mit diesem die Nominalhöhe der Preise für Agrarprodukte bis zu einem gewissen Grad regulieren ließ. Wesentlich bedeutsamer für den einzelnen Gutsbesitzer aber war die Steigerung der Grundwerte, die sich in einer Erweiterung der hypothekarischen Verschuldungsbasis materialisierte, eine Chance, die, wie die rasche Zunahme der Hypothekenverschuldung zeigt, in einem großen Umfang genutzt wurde, dies aber weniger für investive Zwecke, sondern häufiger, um die standesgemäße Lebensführung der Junker zu bestreiten, die eben, weil sie standesgemäß war, die verfügbaren Realeinkommen stets überstieg.[52]

So gewiß man der von Hans Rosenberg getroffenen Feststellung beipflichten kann, daß historisch bedeutsamer als die Maßnahmen zur Bekämpfung der wirtschaftlichen Krise, für welche die neue Handels- und Steuerpolitik nach Bismarcks eigenem Bekunden die Instrumente bereitstellen sollte, die dauernde Strukturveränderung war, die langfristig aus der Verwendung dieser Instrumente resultierte, sosehr muß man andererseits aber darauf achthaben, diese langfristigen Folgen nicht mit den Absichten, die Bismarck mit seinem »wirtschaftspolitischen Glaubenswechsel« verband, zu identifizieren. Daß Bismarck mit seiner wirtschaftspolitischen Wende von 1879 vor allem die Interessen seiner Standesgenossen, der ostelbischen Junker, befriedigte, war ihm nicht nur bewußt, sondern entsprach auch völlig den weitergehenden Absichten, die er mit diesem Kurswechsel verfolgte. Der Umstand, daß dieses Tun sich völlig in eine Tradition der preußischen Politik einfügte, die ja nie die »ersten Diener des Staates« in Not und Elend verkommen ließ, ein Handeln, das innerhalb des preußischen Herrschaftssystems durchaus seine Logik hatte, darf aber nicht darüber hinwegtäuschen, daß es sich dabei im Falle Bismarcks lediglich um ein Mittel zum Zweck und nicht um diesen selbst handelte. Der Zweck, den Bismarck mit seiner wirtschaftspolitischen Wende vielmehr anstrebte, war, seine gesamte Politik auf eine neue, auf eine konservative Mehrheit zu basieren, die von all jenen Kräften und Interessen in der Gesellschaft gebildet werden sollte, die etwas zu verlieren hatten: die Besitzenden. Bismarcks

473

fixe Idee, daß seine eigene Stellung völliger politischer Unabhängigkeit sich am besten dadurch gewährleisten ließe, daß sich die bunte Fülle gesellschaftlicher Kräfte und Ansprüche in zwei große Lager oder Parteien polarisierte, in die Partei der »Reichsfeinde« und in jene andere, größere, die das Reich, so wie es war und von ihm gelenkt wurde, rückhaltlos unterstützte, erscheint hier in einem neuen Gewande. Die Besitzenden, so Bismarcks Überlegung, ließen sich leicht durch einen sorgfältig dosierten staatlichen Schutz ihrer Profitinteressen an die Regierung binden, während man die Habenichtse mit ihren gegenteiligen Geltungsansprüchen durch Repressionsmaßnahmen in Schach hielt. Andererseits konnte man sich dieser aber auch als einer Drohung bedienen, die man für alle Fälle in Reserve hatte. Vor allem der Sozialdemokratie eignete vorzüglich die Funktion des bösen Wolfs, der die Lämmerherde der unterschiedlichen Besitzinteressen in Furcht und Schrecken hielt und diese damit zwingen würde, sich immer wieder eng um ihren Hirten zu scharen.

Das politische Konzept Bismarcks, das er mit seiner wirtschaftspolitischen Wende von 1879 zu realisieren trachtete, ist von geradezu bestechender Einfachheit und Klarheit. Es hatte lediglich einen Fehler: Es funktionierte nicht. Die erfolgreiche Manipulation unterschiedlicher gesellschaftlicher Geltungsansprüche war, und dies zeigte sich in den folgenden Jahren immer deutlicher, der ständig sich steigernden gesellschaftlichen Dynamik nicht gewachsen. Die manipulativen Anstrengungen, die Bismarck anstellen mußte, wurden zunehmend größer und waghalsiger, während die politischen Entscheidungsfreiräume, die er sich damit verschaffen konnte, immer kleiner wurden. Letztlich wurde Bismarck ein Opfer seiner Déformation habituelle: Die Interessenidentität der Besitzenden an der Wahrung und Mehrung ihrer Besitzstände erwies sich als Illusion, insofern sich die Profitinteressen von Industrie, »Mittelstand«, Großagrariern und bäuerlichen Landwirten unter jeweils völlig disparaten Voraussetzungen erfüllten. Spätestens Ende der 1880er Jahre zeigte es sich, daß die politische Basis seines Systems zu schmal war, um den breiten Strom gegenläufiger gesellschaftlicher Interessen so zu kanalisieren, daß er sich auf die Mühlen seiner Politik lenken ließ. Bismarck stand dann vor der Wahl, abzutreten oder das ganze Gebäude durch einen Staatsstreich zu zerschlagen.

17. KAPITEL
Alpdruck der Bündnisse

Das Reich von 1871 war ein Instrument, dessen Beherrschung die Kräfte Preußens bis zum äußersten beanspruchte, ohne daß es die nationalen Aspirationen wirklich befriedigen konnte. Hierin liegt das Geheimnis der verzweifelten Künstlichkeit und Widersprüchlichkeit der ganzen Konstruktion verborgen. Bismarcks auswärtige Politik muß auch unter diesem Blickwinkel betrachtet werden: Die europäischen Mächte sollten das Reich als einen saturierten Nationalstaat anerkennen und damit die äußeren Bedingungen für seine Konsolidierung im Innern gewährleisten. Bismarck hatte mit seiner Politik bis 1871 die europäische Ordnung des Wiener Kongresses endgültig zerstört. Insofern war seine Außenpolitik revolutionär. Nachdem die Deutschen nun zu einem großen Teil im Gehäuse eines Nationalstaats politisch geeint waren, wurde seine Außenpolitik konservativ. Ihr Ziel war es jetzt, das Erreichte zu bewahren; dazu mußte man den Frieden in Europa dauerhaft sichern. Eine ernstliche Gefährdung des europäischen Friedens nach 1871 wurde nur am südöstlichen Horizont des Kontinents sichtbar. Die latenten Interessengegensätze, die Österreich und Rußland auf dem von der Türkei beherrschten Balkan hatten, konnten jederzeit in einen offenen Konflikt einmünden. Bismarck strebte deshalb nicht nur freundschaftliche Beziehungen mit diesen beiden Großmächten an, sondern tat alles, um mögliche Konflikte zwischen beiden von vornherein zu vereiteln. Bismarck hatte beide Mächte davon zu überzeugen – und dies lag auch im machtpolitischen Interesse Preußens –, daß das Reich saturiert und nicht darauf aus sei, die Deutschen in den baltischen Provinzen Rußlands oder das zisleithanische Österreich dem Reich anzugliedern. Er wurde deshalb nicht müde, den Deutschen Österreichs zu empfehlen, ihre Zukunft gefälligst im österreichischen Vielvölkerstaat zu sehen, während ihn das Schicksal der Baltendeutschen wenig interessierte. Diese seien, so bemerkte er einmal, in den Bärenzwinger geraten, und auch er könne ihnen da nicht heraushelfen. Eine wichtige Klammer für das Freundschaftsverhältnis des Deutschen Reichs zu Rußland war im übrigen das gemeinsam begangene Unrecht der polnischen Teilungen; denn im Unterschied zu den nationalen Idealisten von 1848, die meinten, daß ein künftiger deutscher Nationalstaat sich nicht mit der Schmach besudeln dürfe, eine andere Nation zu unterdrücken, teilte eine Mehrheit der Deutschen, die das Reich von 1871 bejahten, die Abneigung der preußischen Junker gegenüber dem polnischen Nationalismus.

Unter diesen Voraussetzungen entwickelte Bismarck nach 1871 seine Politik der freundschaftlichen Unverbindlichkeit gegenüber den beiden Ostmächten. Er scheute sich dabei auch nicht, das Prinzip der monarchischen Solidarität hochzuhalten, obwohl er von dessen Untauglichkeit zutiefst überzeugt war. Ja, Bismarck schien allen Ernstes entschlossen, die »Heilige Allianz« unseligen Angedenkens wiederzubeleben. Das Bekenntnis zum Prinzip monarchischer Solidarität, das Bismarck nach 1871 wider die eigene Überzeugung verschiedentlich ablegte, war jedoch vor allem darauf berechnet, seine auf die Unterstützung der nationalliberalen Reichstagsmehrheit gründende liberale Innenpolitik gegen mögliche Einreden seines kaiserlichen Herrn abzusichern.

Während es Bismarck also ein leichtes war, mangels möglicher Konfliktstoffe ein freundschaftliches Verhältnis zwischen dem Reich und seinen beiden östlichen Nachbarn herzustellen, erforderte der friedliche Ausgleich der Interessengegensätze dieser beiden Mächte auf dem Balkan größere Umsicht. Bismarck bewies diese Umsicht einfach dadurch, daß er es vermied, dieses Freundschaftsverhältnis durch ein förmliches Bündnis verbindlich zu machen, wie dies vor allem von Österreich gefordert wurde, das damit natürlich ein engeres Zusammengehen von Deutschland und Rußland verhindern wollte. Andrassy, der österreichische Regierungschef, meinte zwar schon im Juli 1872, Deutschland habe wegen der dauernden Feindschaft Frankreichs keine andere Wahl, als mit Österreich ein Bündnis abzuschließen.[1] Doch mit dieser Prognose lag er falsch; denn nicht die Feindschaft Frankreichs würde das Reich dermaleinst vor die Entscheidung stellen, zwischen Österreich oder Rußland zu wählen, sondern der latente Interessenkonflikt beider Mächte auf dem Balkan.

Im September 1872 kam es zu der äußerlich glanzvollen Zusammenkunft der drei Kaiser in Berlin. Alle Welt hatte damals den Eindruck, die »Heilige Allianz« sei wieder auferstanden. Tatsächlich wurde bei diesem Treffen der gekrönten und gesalbten Häupter Österreichs, Rußlands und Deutschlands nichts Konkretes vereinbart. Man trennte sich, nachdem man sich gegenseitig feierlich der monarchischen Solidarität versichert hatte, die es angesichts der von Bismarck beschworenen »sozialen Gefahr« zu wahren gelte. Als Kaiser Wilhelm I. im Mai des folgenden Jahres zu einem Gegenbesuch in St. Petersburg weilte, kam es zwar zum Abschluß einer deutsch-russischen Militärkonvention. Beide Mächte verpflichteten sich gegenseitig zum militärischen Beistand im Falle eines Angriffs einer dritten Macht. Bismarck aber weigerte sich, dieses Abkommen gegenzuzeichnen. Er knüpfte seine Zustimmung an die Bedingung, daß auch Österreich dieser Konvention beitrete. Diese Voraussetzung machte das Abkommen für Rußland ziemlich wertlos, weil das Ganze für das Zarenreich nur dann einen Sinn hatte, wenn Deutschland gezwungen werden konnte, die russischen Interessen gegen Österreich zu unterstützen. Eben das aber wollte Bismarck vermeiden.

Jene Militärkonvention war ebensowenig von praktischem politischem Nutzen wie die Vereinbarung, die Zar Alexander II. bei seinem Besuch in Wien im Juni 1873 mit Kaiser Franz Joseph I. traf; beide Mächte versprachen sich, alle Streitfragen auf friedlichem Wege lösen zu wollen. Diesem Freundschaftsvertrag zwischen Österreich-Ungarn und Rußland trat auch das Deutsche Reich bei. Das Dreikaiserbündnis, wie dieser auf den monarchischen Prinzipien gründende Freundschaftsvertrag hochtönend genannt wurde, war jedoch ein politischer Wechselbalg, dem jede der drei Parteien einen anderen Sinn unterlegte: Rußland wollte seine Balkanpolitik absichern, während Österreich damit gerade diese russische Politik zu vereiteln suchte. Das Reich schließlich hatte lediglich das Interesse, das offene Ausbrechen der latenten russisch-österreichischen Gegensätze auf dem Balkan zu verhindern. Das Dreikaiserbündnis, das dazu bestimmt war, den Frieden in Europa zu sichern, würde mithin nur so lange halten, wie dieser Frieden tatsächlich andauerte.

Es wäre ein Irrtum, anzunehmen, Bismarck hätte sich über Nutzen und Stabilität dieses Bündnisses irgendwelchen Illusionen hingegeben. In einer Rede vor dem Reichstag charakterisierte er am 19. Februar 1878 den Wert des Paktes sehr genau: »Das Dreikaiserverhältnis, . . ., beruht überhaupt nicht auf geschriebenen Verpflichtungen, und keiner der drei Kaiser ist verpflichtet, sich von den anderen zwei Kaisern überstimmen zu lassen. Es beruht auf der persönlichen Sympathie zwischen den drei Monarchen, auf dem persönlichen Vertrauen, welches diese hohen Herren zueinander haben, und auf dem auf langjährige persönliche Beziehungen basierten Verhältnis der leitenden Minister in allen drei Reichen. Wir haben stets vermieden, wenn Meinungsverschiedenheiten zwischen Österreich und Rußland waren, eine Majorität von Zweien gegen Eins zu bilden, indem wir bestimmt für einen Partei nahmen, auch wenn unsere Wünsche etwa in der Beziehung nach der einen Seite mehr als nach der anderen uns hingezogen hätten. Wir haben uns dessen enthalten, weil wir besorgten, daß das Band doch nicht stark genug sein möchte, und gewiß kann es so stark nicht sein, daß es eine dieser Großmächte veranlassen könnte, aus Gefälligkeit für eine andere die eigenen unbestreitbaren staatlichen und nationalen Interessen darüber hintanzustellen. Das ist ein Opfer, was keine Großmacht pour les beaux yeux der anderen bringt.«[2]

Sollte sich Bismarck aber dennoch Illusionen über den wahren Charakter dieses Pakts gemacht haben, so dürften diese durch den Ausgang der Krieg-in-Sicht-Krise im Frühjahr 1875 endgültig zerstört worden sein. Vielleicht war es sogar seine Absicht, den politischen Wert dieses Bündnisses zu testen, die ihn damals dazu veranlaßte, diese Krise durch die Drohung eines deutschen Präventivkrieges gegen das militärisch überraschend schnell wiedererstarkte Frankreich zu provozieren.

Neben dieser Überlegung müssen alle anderen Motive verblassen, die sonst immer genannt werden, um Bismarcks durchaus rätselvolle Handlungsweise zu erklären; denn daß Bismarck diese Krise nur deshalb heraufbeschworen habe, um dem Reichstag noch nachträglich zu beweisen, in welch kluger Vorausschau künftiger Entwicklungen die Regierung handelte, als sie das durch scheinbar nichts gerechtfertigte und obendrein kostspielige Reichsmilitärgesetz vorlegte, macht keinen rechten Sinn, auch wenn eine ganze Reihe von Zeitgenossen eben dies vermutete. Bismarck war sich damals der Reichstagsmehrheiten sicher. Er mußte nicht zu solchen manipulativen Manövern Zuflucht nehmen, wie dies dann in späteren Jahren für ihn immer öfter notwendig werden sollte.

Der Ausgang der Krise macht deutlich, daß es sich bei der angeblichen Gefahr eines Präventivkrieges gegen Frankreich nur um einen sorgfältig inszenierten Bluff des Kanzlers gehandelt haben kann, mit dem dieser zu eruieren suchte, welche Haltung die europäischen Mächte für den Fall eines Falles einnehmen würden. Sowohl London wie St. Petersburg gaben Berlin jedenfalls unmißverständlich zu verstehen, daß sie sich bei einem neuen deutsch-französischen Krieg keineswegs wie 1870/1871 mit wohlwollender Neutralität gegenüber dem Reich begnügen würden. Ausgerechnet der Besuch des russischen Zaren in Berlin im Mai 1875 beendete diese rätselhafte Krieg-in-Sicht-Krise. Dem russischen Außenminister Gortschakow gelang es damals in einer Unterredung mit Bismarck, diesem das Bekenntnis zu entlocken, ihm liege jeder Gedanke an einen Angriff auf Frankreich jetzt und in Zukunft fern. Gortschakow wird es wenig Mühe gekostet haben, diese Auskunft zu erlangen, denn ohne die wohlwollende Neutralität Rußlands, das wußte Bismarck nur zu gut, wäre ein neuerlicher Krieg Deutschlands gegen Frankreich ein reines Glücksspiel gewesen. Das pompöse Dreikaiserbündnis, diese

Einsicht mußte Bismarck spätestens jetzt gewinnen, würde keiner ernsthaften Belastung standhalten. Klar war auch, daß Rußland fortan seine
schützende Hand über Frankreich halten werde. Bismarcks Bluff mit der
Krieg-in-Sicht-Krise zeigte ihm die engen Grenzen auf, die einer Fortsetzung der gewalttätigen deutschen Außenpolitik im Stil der »Einigungskriege« gezogen waren. Für die Konsolidierung des Deutschen
Reichs in der europäischen Mächtekonstellation war das Rasseln mit
dem Säbel ein untaugliches Mittel. Diese Konsolidierung mußte auf anderem, auf diplomatischem Wege erstrebt werden. Eine Gelegenheit
dazu bot der Berliner Kongreß, zu dem sich im Frühsommer des Jahres
1878 die europäischen Staatsmänner versammelten, um eine Klärung
der seit langem schwelenden »orientalischen Frage« zu erzielen.

Der Balkan war *der* Krisenherd des 19. Jahrhunderts. Der scheinbar
unaufhaltsame Zerfall des Osmanischen Reichs rief mit Ausnahme
Deutschlands alle europäischen Großmächte auf den Plan, um das sich
hier abzeichnende Machtvakuum zu füllen. Rußland ging es darum,
den Flaschenhals der Meerengen, die Dardanellen, die es in das
Schwarze Meer einsperrten, zu gewinnem, während England und
Frankreich dies verhindern wollten. Insbesondere England war zusätzlich daran interessiert, die Türkei als neutralen Pufferstaat zu erhalten,
da sich so am besten der Suezkanal schützen ließ. Außerdem waren
Frankreich wie England bestrebt, den nahöstlichen Kuchen unter sich
zu verteilen. Österreich schließlich hatte ein vitales Interesse daran, daß
die Donaumündung nicht von Rußland kontrolliert würde. Hinzu kamen noch weitreichende Pläne Wiener Finanziers, die gemeinsam mit
Berliner Bankiers den gesamten Balkan verkehrstechnisch erschließen
wollten, um diesen Raum als einen von Österreich beherrschten Markt
zu sichern. Wenn auch das Deutsche Reich als einzige europäische
Großmacht keine unmittelbar politischen, wohl aber wirtschaftliche Interessen auf der Balkanhalbinsel hatte,[3] so war ihm dennoch sehr daran
gelegen, daß sich die anderen europäischen Mächte nicht wegen »balka-
nischer Hammeldiebe« (Bismarck) in die Haare gerieten; denn in einen
solchen Konflikt, bei dem nichts zu gewinnen, aber alles zu verlieren
war, würde das Deutsche Reich unweigerlich mit hineingezogen werden. Für Bismarck galt deshalb nach wie vor, was er bereits in einem Erlaß vom 29. November 1862 formuliert hatte: »Die Orientalische Frage
ist ein Gebiet, auf welchem wir unseren Freunden nützlich und unseren
Gegnern schädlich sein können, ohne durch direkte eigene Interessen
wesentlich gehemmt zu werden.«[4] Diese Maxime, die für seine ganze
Balkanpolitik bestimmend blieb, hat Bismarck dann in einer Reichstagsrede am 5. Dezember 1876 in die berühmt-drastischen Worte gekleidet:
»Ich werde zu irgendwelcher aktiver Beteiligung Deutschlands an die-

sen Dingen [d. h. Regelung der »orientalischen Frage«] nicht raten, so-lange ich in dem Ganzen für Deutschland kein Interesse sehe, welches auch nur – ...– die gesunden Knochen eines einzigen pommerschen Musketiers wert wäre.«[5]

Das stimmte – aber nur zum Teil, denn das Reich mußte, auch wenn es an den balkanischen Angelegenheiten völlig desinteressiert war, dennoch darauf achten, daß Österreich und Rußland sich in diesem Raum auf eine Lösung verständigten, die jedem das gab, was er begehrte. Tatsächlich aber war die Situation des vorgeblich unbeteiligten Deutschen Reichs noch viel komplizierter. Bismarck hat dies später in seinen *Gedanken und Erinnerungen* elegant umschrieben, als er den Inhalt seiner Instruktion an den deutschen Botschafter in St. Petersburg, von Schweinitz, vom Oktober 1876 wiedergab: »Der Sinn meiner Instruktion für Herrn von Schweinitz war, unser erstes Bedürfnis sei, die Freundschaft zwischen den großen Monarchien zu erhalten, welche der Revolution gegenüber mehr zu verlieren als im Kampfe untereinander zu gewinnen hätten. Wenn dies zu unserem Schmerz zwischen Rußland und Österreich nicht möglich sei, so könnten wir zwar ertragen, daß unsere Freunde gegeneinander Schlachten verlören oder gewönnen, aber nicht, daß einer von beiden so schwer verwundet und geschädigt werde, daß seine Stellung als unabhängige und in Europa mitredende Großmacht gefährdet würde.«[6]

Die Erhaltung des Mächtegleichgewichts in Europa, so die Kernaussage dieser Instruktion, war für Bismarck die entscheidende Voraussetzung für die Sicherung des Friedens in Europa und damit die beste Gewähr für die weitere Konsolidierung des Reichs. Eine zweite, nicht minder bedeutsame Voraussetzung, die direkt zu nennen Bismarck aber stets vermied, war, daß Österreich-Ungarn als Ganzes erhalten blieb: Ein um seine nationalen Minderheiten amputiertes, rein deutsches Habsburgerreich wäre nämlich eine unmittelbare Bedrohung für den Bestand des von Preußen beherrschten kleindeutschen Reichs gewesen. Deutsch-Österreich hätte – wie dies nach 1918 versucht wurde, jedoch am Veto der Siegermächte scheiterte – in das Reich eintreten wollen und eben dadurch jene prekäre Balance vernichtet, die Preußen innerhalb dieses Reiches die Hegemonialstellung sicherte. Bismarck wußte, sollte es trotz aller diplomatischen Sicherungen dennoch einmal zu einem Konflikt zwischen Österreich und Rußland kommen, daß dem Reich keine andere Wahl blieb, als sich auf die Seite Österreichs und damit gegen Rußland zu stellen. Der Zweibund, den Österreich und das Reich im Herbst 1879 schlossen, bedeutete die stillschweigende Anerkennung dieser Zwangslage.

Die »orientalische Frage« wurde akut, als im Sommer 1875 eine Reihe von Aufständen gegen die türkische Herrschaft in Bosnien und Bulgarien ausbrach.[7] Ein aktives Eingreifen Rußlands in diese Wirren konnte zunächst durch die drohende Haltung Österreichs und Englands verhindert werden. Zwischen Österreich und Rußland kam es 1876 sogar zu einer Konvention, mit der beide Mächte sich auf eine Aufteilung des balkanischen Besitzes der Türkei für den Fall einigten, daß der »kranke Mann am Bosporus« endgültig das Zeitliche segnete. Doch der »kranke Mann« erwies sich als zäher, als seine Erben dies erwarteten. Die Türken schlugen die Aufstände blutig nieder. Die Greuel, die dabei begangen wurden, waren für Rußland ein willkommener Vorwand, um im April 1877 der Türkei den Krieg zu erklären. Damit schien das eingetreten zu sein, was Bismarck stets befürchtet hatte. Aber Österreich und England beließen es bei Drohgesten gegenüber Rußland, zumal der russische Vormarsch im Juni 1877 vor Konstantinopel zum Stehen kam. Dies war entscheidend. Ohne die Intervention der anderen Mächte gelang es der Türkei, sich gegen den russischen Ansturm zu behaupten. Aber beide Seiten waren zu schwach, ihren jeweiligen Gegner niederzuringen. Im März 1878 schlossen Rußland und die Türkei deshalb den Frieden von San Stefano, der den Anlaß für eine neue Krise bot, denn die in diesem Friedensschluß vorgesehene Schaffung eines unabhängigen Großbulgariens, das den russischen Einfluß auf der Balkanhalbinsel zementierte, stieß auf den Widerstand Englands. Auch Österreich, das sich die Westhälfte des Balkans als sein Einflußgebiet ausersehen hatte, weigerte sich, dieses Fait accompli anzuerkennen. Eine von Rußland angebotene Kompromißlösung einer Teilung Bulgariens fand ebenfalls nicht die Zustimmung Wiens. An diesen Gegensätzen zerbrach schließlich das freundschaftliche Einverständnis, das trotz aller Differenzen zwischen Österreich und Rußland geherrscht hatte.

Durch die Weigerung Bismarcks, auf Wien Druck auszuüben, wurde das Dreikaiserbündnis endgültig zur Chimäre, da angesichts der von Rußland befürchteten englisch-österreichischen Allianz die betonte Neutralität des Reichs in St. Petersburg nur als feindlicher Akt gewertet werden konnte. Aufgrund des mehr oder minder offenen Widerstands der übrigen europäischen Großmächte gegen die Bestimmungen des Friedens von San Stefano war es Rußland aber auf absehbare Zeit unmöglich, die eingeheimste Beute zu behalten. Wohl oder übel mußte man sich deshalb in St. Petersburg zu einem Kongreß der europäischen Mächte zur Regelung der »orientalischen Frage« bereitfinden. Der Ort dieser Konferenz sollte, wie bereits Ende Januar 1878 vorgeschlagen worden war, Berlin sein, die Hauptstadt jener Macht also, die selbst keine unmittelbaren Interessen auf dem Balkan verfolgte. Bismarck, der dieser Konferenz europäischer Staatsmänner präsidierte, mußte dabei vor allem darauf bedacht sein, daß die österreichisch-russischen Gegensätze nicht noch weiter vertieft wurden. In diesem Zusammenhang ist jene berühmte Definition zu sehen, mit der er seine Rolle auf dem Berliner Kongreß in einer Reichstagsrede vom 19. Februar 1878 als die »eines ehrlichen Maklers, der das Geschäft wirklich zustande bringen will«, beschrieb.[8] Die Selbstlosigkeit, die Bismarck mit diesem Diktum demonstrieren wollte, täuscht. Denn tatsächlich hatte er eine »Maklercourtage« im Sinn, deren Art und Umfang er bereits in einem Diktat vom 14. Oktober 1876 umrissen hatte: »Je schwieriger die Situation sich zuspitzt, um so deutlicher müssen wir meines Erachtens uns gegenwärtig halten und in unserer diplomatischen Tätigkeit zum Ausdruck bringen, daß unser Hauptinteresse nicht in dieser oder jener Gestaltung der Verhältnisse des türkischen Reiches liegt, sondern in der Stellung, in welche die uns befreundeten Mächte zu uns und untereinander gebracht werden. Die Frage, ob wir über die orientalischen Wirren mit England, mehr noch mit Österreich, am meisten aber mit Rußland in dauernde Verstimmung geraten, ist für Deutschlands Zukunft unendlich viel wichtiger als alle Verhältnisse der Türkei zu ihren Untertanen und zu den europäischen Mächten.«[9]

Von allen Ergebnissen des Berliner Kongresses, der am 13. Juni 1878 begann und einen Monat später endete, kann allein ein einziges Anspruch auf Dauer erheben: Der Kongreß war einer der größten persönlichen Erfolge Bismarcks. Inmitten der von ihm heraufbeschworenen innenpolitischen Krise mußte ihm dieser Erfolg geradezu wie ein Geschenk des Himmels erschienen sein. Mehr noch: Der Kongreß sicherte Bismarck eine staatsmännische Reputation, welche Zeitgenossen wie Nachgeborene in ihren Bann schlug. Hinter diesem alles überwältigenden persönlichen Erfolg Bismarcks traten die praktischen Ergebnisse des Kongresses zurück. Unstreitig erreicht wurde eine zeitweilige Klärung der »orientalischen Frage«, ohne daß aber die fundamentalen Interessengegensätze der europäischen Mächte auf dem Balkan wirklich hätten ausgeglichen werden können. Auch die für Bismarck alles entscheidende Frage nach dem Verhältnis der mit dem Deutschen Reich befreundeten Mächte untereinander wurde höchstens negativ beantwortet: Das pompöse Dreikaiserbündnis war von den gegenläufigen Interessen der Bündnispartner zerrieben worden. Dies zu vermeiden, half kein noch so genialer Kompromiß, den Bismarck im einzelnen auszuhandeln vermochte. Und obwohl Rußland im Endergebnis dieses Kongresses keineswegs schlecht abschnitt, fühlte man sich in St. Petersburg dennoch düpiert; denn Rußland hatte so gut wie ganz jene Beute fahren lassen müssen, die es den Türken mit Waffengewalt entrissen hatte.

Daß diese Beute gegen den Willen der übrigen Großmächte so oder so nicht zu halten gewesen wäre, spielte in diesem Zusammenhang keine Rolle. Was die Verärgerung des Zaren noch vergrößerte, war der Umstand, daß die Mächte, die nicht gegen die Türkei gekämpft hatten, trotzdem vom Kongreß Beutestücke zugeschanzt bekamen: Österreich erhielt die Kontrolle über Bosnien, England erwarb Zypern. Für den Zaren jedenfalls galt seither als ausgemacht, daß Bismarck eine europäische Koalition gegen Rußland organisiert habe, ein Eindruck, den auch die Allianzverträge, die Bismarck in den folgenden Jahren unter Einschluß Rußlands aushandelte, nicht mehr verwischen konnten.

Der Ausgang des Berliner Kongresses ließ die äußerst gefährdete und letztlich unhaltbare Position des Deutschen Reiches im »Konzert der europäischen Mächte« bereits in ihren Umrissen deutlich hervortreten. Es war aber nicht seine »schicksalhafte« geographische Situation in der Mitte des europäischen Kontinents, die das Reich zwang, das Unmögliche möglich zu machen, wie immer wieder behauptet wurde und noch immer wird. Für Bismarck war dieses Unmögliche die schiere Existenznotwendigkeit des Reichs, mit Österreich *und* Rußland gleichermaßen in Freundschaft zu leben. Angesichts der sich immer mehr verschärfenden Spannungen zwischen diesen beiden östlichen Reichen blieb Deutschland dann in letzter Konsequenz nichts anderes übrig, als, umstellt von einer Welt von Feinden, in unbedingter Nibelungentreue zu Österreich seine Zuflucht zu suchen. Spätestens beim Abgang Bismarcks von der politischen Bühne war das Reich in jenes fahle Licht seiner Götterdämmerung getaucht, die dann von den Strategen illuminiert wurde, die den Wahnsinn der Materialschlachten des Ersten Weltkriegs inszenierten. Aber Bismarck ist gleichwohl der Regisseur dieses Schauspiels gewesen, dem tragische Größe zu attestieren seine das Parkett der deutschen Geschichte beherrschende Claque seither nicht müde geworden ist. Aber nichts wäre falscher als gerade dieser mit so viel Sorgfalt gepflegte und wider bessere Einsicht immer noch aufrechterhaltene Eindruck; denn der Zwang, das Unmögliche möglich zu machen, der die äußere wie die innere Politik des Reichs immer stärker bestimmte, entsprang nichts anderem als der Notwendigkeit, unter den durch Bismarck vorgegebenen Bedingungen jene Konsequenzen zu vermeiden, welche sich aus der Unmöglichkeit, der schieren Monstrosität des Reichs von 1871 ergaben. Dieses Reich erwies sich nämlich sehr schnell als eine viel dynamischere Kraft, als dies Bismarck je erwartet und wofür er sein System zugeschnitten hatte. Der Kanzler konnte diesem Reich nur so lange seinen Willen diktieren, wie es ihm einerseits gelang, dessen Eigendynamik im Sinne der Machtinteressen Preußens zu kontrollieren, und wie es ihm andererseits möglich war, dieses Reich erfolgreich in das System der europäischen Mächte einzubinden. Wie schon für Metternich, so war auch für Bismarck die Stabilisierung des europäischen Mächtegleichgewichts eine unabdingbare Voraussetzung dafür, daß auch seine Schöpfung sich behaupten konnte.

Daß Bismarck Rußland bei der Beilegung der »orientalischen Krise« verprellte und durch die Neutralität des Reichs in dieser Frage zumindest indirekt für Österreich-Ungarn optierte, zeigt, daß die Faszination des Spiels mit den »fünf Kugeln« nur so lange anhalten konnte, wie die Mitspieler verwirrt waren. Hatten sie erst einmal die Regeln durchschaut, war das Spiel, das Bismarck mit ihnen zu spielen suchte, auch schon aus. Dem tiefen Frieden, der in Europa bis zum August 1914 herrschte, tat dies keinerlei Abbruch. Und dies macht deutlich, daß das ebenso kunstvolle wie künstliche, aber gleichwohl vielbewunderte Netz von Allianzen, das Bismarck nach 1879 zu knüpfen begann, nicht viel mehr war als eine in Verträgen und Geheimklauseln Gestalt gewordene Gedankenspielerei, von der Bismarck selbst nur zu gut wußte, daß sie nicht im mindesten geeignet sein würde, die unausweichlichen Konsequenzen zu verhindern, die sich mit Notwendigkeit daraus ergaben, daß das Reich daran scheitern mußte, das Unmögliche möglich zu machen.

Das Bündnissystem, das Bismarck nach 1879 schuf, war der außenpolitische Abklatsch seiner bereits eingeleiteten innenpolitischen Kurskorrektur: Die Revolution hatte für Bismarck ihre Schuldigkeit getan; was er mit ihrer Hilfe hatte erreichen wollen, war erreicht worden. Nicht Veränderung, sondern Bewahrung des Status quo war von jetzt an das Ziel, dem Bismarcks gesamte Politik untergeordnet wurde. Der Ausgang des Berliner Kongresses hatte gezeigt, daß Rußland auf keine der europäischen Mächte als einen möglichen Bündnispartner zählen konnte. Vielmehr schien alles darauf hinzudeuten, als würde die antirussische Koalition des Krimkriegs unter Einschluß von Österreich-Ungarn erneuert werden. Trotz der enttäuschenden Erfahrungen, die man mit Bismarck auf dem Berliner Kongreß gemacht zu haben glaubte, verfiel man deshalb in St. Petersburg auf den Gedanken, allein im preußisch-deutschen Reich sei ein verläßlicher Alliierter zu finden. Auf den ersten Blick mochte eine solche Überlegung durchaus plausibel erscheinen, denn ein unbestrittener Vorzug des Reichs war, daß es keine eigenen Machtinteressen auf dem Balkan verfolgte. Außerdem versprach die gemeinsame polnische Leiche im Keller beider Staaten, die Gewähr dafür zu bieten, daß sich auch in Zukunft nichts an der traditionellen Freundschaft zwischen Preußen und Rußland ändern werde. In St. Petersburg ging man einfach davon aus, daß das Deutsche Reich in eben derselben Abhängigkeit von Rußland stehe wie zuvor Preußen. Das aber war ein fataler Irrtum der russischen Diplomatie, wie ihr Bismarck nur zu bald demonstrieren sollte; denn das Reich war nicht Preußen, sondern das Produkt jenes Kompromisses, den Preußen mit den Kräften geschlossen hatte, die den deutschen Nationalstaat hatten errichten wollen. Die Sicherung dieses Kompromisses, der die Voraussetzung der preußischen Großmachtrolle war, verlangte aber andere Rücksichten, als jene es waren, die Preußen so lange an Rußland gekettet hatten. Für das Reich war ein friedlicher Ausgleich der österreichisch-russischen Gegensätze auf dem Balkan eine Existenzbedingung. Und dieser Ausgleich ließ sich am besten dadurch bewerkstelligen, daß diese beiden Mächte durch ein Bündnis aneinandergekettet wurden, in dem das Reich den dritten Partner abgab, der, weil er an den möglichen Interessengegensätzen der beiden anderen desinteressiert war, diesem Bündnis durch sein eigenes Gewicht die notwendige Stabilität verschaffte. Ein Bündnis mit Rußland wäre für Bismarck leicht zu haben gewesen, aber dann hätte sich sofort die Gefahr ergeben, daß in Reaktion darauf Österreich, das ja in der Orientfrage mit Frankreich und England an demselben Strang gezogen hatte, sich enger an diese beiden Weltmächte anschloß. Das Zustandekommen einer Allianz mit Rußland erschien Bismarck dagegen als so sicher, daß er zunächst den scheinbar paradoxen Schritt tat und ein enges Bündnis mit Österreich-Ungarn einging, das ausdrücklich gegen Rußland gerichtet war!

Die vermeintliche Paradoxie dieses Vorgehens ist seither immer wieder mit Erklärungen gedeutet worden, die Bismarck dem Kaiser gegenüber als die tragenden Motive seines Handelns geltend machte, die aber deshalb noch lange nicht als seine eigentlichen Beweggründe angesehen werden können. Dem Kaiser widerstrebte ein solches Bündnis mit Österreich heftig, sah er doch so das traditionell gute Verhältnis Preußens zu Rußland unnötig gefährdet. Deshalb suchte Bismarck ihm weiszumachen, er habe schon 1866 »der tausendjährigen Gemeinsamkeit der gesamtdeutschen Geschichte gegenüber das Gefühl gehabt, daß für die Verbindung, welche damals zur Reform der deutschen Verfassung zerstört werden mußte, früher oder später ein Ersatz von uns zu beschaffen sein werde«. Nunmehr aber sei die Stunde gekommen, ein »ähnliches Assekuranzbündnis« zu schließen, wie es »zwischen Preußen und Österreich in Gestalt des früheren Deutschen Bundes fünfzig Jahre lang in völkerrechtlicher Wirksamkeit war«.[10] Bismarck war Realist genug, um absehen zu können, daß sich die österreichische Regierung nie und nimmer auf ein solch enges Bündnis einlassen konnte, wollte sie nicht ihre Bemühungen, zu einem staatspolitischen Ausgleich mit den Tschechen zu kommen, preisgeben. Man geht also nicht fehl in der Annahme, daß mit diesen Argumenten nur die Zustimmung des deutschen Kaisers gewonnen werden sollte, der auch sein Sträuben schließlich aufgeben mußte, als Bismarck ihn mit seiner Rücktrittsdrohung unter Druck setzte. Am 7. Oktober 1879 unterschrieb der Kaiser diese deutsch-österreichische Defensivallianz, mit der Bismarck vermutlich nur rein negative Absichten verband: Österreich sollte durch das Versprechen einer deutschen Sicherheitsgarantie aus dem Lager der Westmächte herausgelockt werden. War dies erst einmal gelungen, dann, so die weitere Überlegung Bismarcks, konnte man das Habsburgerreich um so eher dazu zwingen, seine balkanischen Interessendivergenzen mit Rußland auf friedlichem Wege auszugleichen. Bismarck plagte nämlich, wie der englische Historiker A.J.P. Taylor treffend feststellte, nicht die Furcht vor einer russischen Bedrohung oder gar der Alpdruck einer russisch-französischen Einkreisungsdrohung, sondern allein die Angst vor unberechenbaren Aktionen Österreich-Ungarns auf dem Balkan.[11]

Bismarcks politisches Kalkül ging wieder einmal auf. Am 18. Juni 1881 wurde der Zweibund durch den Beitritt Rußlands zum Dreikaiserbündnis erweitert. Österreich hatte alles Widerstreben nichts genutzt: Es mußte Rußland als Partner in einer Allianz akzeptieren, die dadurch für das Habsburgerreich erheblich an Wert verlor, während in St. Petersburg der durchaus falsche Eindruck herrschte, der Rußland bedrohende Zweibund sei damit vom Tisch. Nüchtern betrachtet, war das Dreikaiserbündnis nicht mehr als die Verpflichtung aller drei vertragschließenden Parteien zu strikter Neutralität, falls eine von ihnen von einer vierten Macht angegriffen werden würde. Da ein deutsch-französischer Krieg langfristig nicht zu gewärtigen war, stellte dieses Bündnis vor allem einen Gewinn für Rußland dar, insofern es das Versprechen enthielt, daß sich weder Deutschland noch Österreich mit England gegen Rußland verbünden würden. Eine weitere wichtige Bestimmung des Dreikaiserbündnisses sah vor, daß die drei Vertragspartner ihre Balkanpolitik miteinander abstimmten. Und eben darauf war es ja Bismarck vor allem angekommen. Für Österreich-Ungarn bot das Dreikaiserbündnis dagegen keinerlei praktischen Vorteil, aber Bismarck war findig genug, sich auch für das Habsburgerreich einen Vorteil auszudenken. Das Bündnis, so Bismarck, vereitelte nämlich durch seine bloße Existenz eine Allianz zwischen Rußland und Italien! Von einer solchen Allianz war noch nie die Rede gewesen, aber was störte das, wenn man die österreichischen Generalstäbler von dem Vorteil zu überzeugen vermochte, daß sie im Fall eines Krieges mit Rußland die Grenze nach Italien ganz von Truppen entblößen konnten, um auch diese gegen Rußland zu werfen!

Alles in allem war das Dreikaiserbündnis eine Allianz, die auf den völlig gegensätzlichen Erwartungen ihrer Unterzeichner beruhte. Rußland huldigte der Ansicht, daß sich das Reich im Falle einer kriegerischen Auseinandersetzung mit Österreich wohlwollend neutral verhalten werde; Österreich dagegen war fest davon überzeugt, für das Reich sei in einem solchen Fall der Casus foederis des geheimen Zweibundes gegeben und man Wien sofort zu Hilfe kommen werde. Bismarck schließlich wiegte sich in der Illusion, daß es ihm mit Hilfe des Dreikaiserbündnisses gelingen würde, das europäische Mächtegleichgewicht jeweils neu austarieren zu können. Und dieses Gleichgewicht schien ihm auf absehbare Zeit stärker durch die Bestrebungen des russischen Panslawismus und durch den österreichischen Expansionsdrang auf dem Balkan bedroht als beispielsweise von französischen Revanchegelüsten gegenüber dem Reich; denn eine französisch-italienische oder gar französisch-englische Entente, welche die Voraussetzung für eine französische Revanchepolitik sein mußte, zeichnete sich auch nicht am fernsten Horizont ab. Mit beiden Mächten war Frankreich in Kolonialstreitigkeiten verwickelt, die Bismarck nach Kräften zu schüren trachtete. Der italienisch-französische Interessengegensatz in Nordafrika – 1881 hatte Frankreich, nicht zuletzt durch Bismarck auf dem Berliner Kongreß dazu ermuntert, Tunesien erworben, auf das Italien schon seit längerem ein Auge geworfen hatte – ließ Italien sogar seine alte Feindschaft gegenüber Österreich vergessen: Es suchte eine Allianz mit dem Reich, um so stärkeren Rückhalt gegenüber den französischen Expansionsgelüsten in Nordafrika zu erhalten. Bismarcks Bedingung für eine solche Allianz war, daß Österreich der Dritte im Bunde sein sollte. Italien stimmte dem zu und verzichtete damit fürs erste auf seine Ansprüche auf den Trentino und Triest, die immer noch zu Österreich gehörten. Am 20. Mai 1882 schlossen Italien, Österreich und Deutschland den Dreibund, mit dem Italien die Unterstützung der beiden anderen Mächte im Falle eines französischen Angriffs zugesagt wurde, während Italien dem Reich zu Hilfe eilen sollte, wenn entweder Deutschland oder Österreich von Frankreich oder zwei oder mehr Mächten angegriffen werden würde. Für Italien war der politische Gewinn aus diesem Bündnis weitgehend illusorisch, da mit einem französischen Angriff kaum zu rechnen war. Für Bismarck dagegen bot es gleich die doppelte Gewähr, daß Italien im Falle eines russisch-österreichischen Krieges wirklich stillhielt und zugleich als ein potentieller Verbündeter Frankreichs ausfiele. Aber das sind möglicherweise erst spätere Sinngebungen für ein Bündnis, mit dem Bismarck keine andere Absicht verfolgte, als die österreichische Unzufriedenheit über das Dreikaiserbündnis zu dämpfen. Für Österreich hatte dieser Dreibund nämlich nur insofern einen Sinn, wenn mit ihm die Sicherheit der österreichischen Südflanke für den Eintritt einer Eventualität gewährleistet wurde, die durch das Dreikaiserbündnis eigentlich ausgeschlossen sein sollte: ein russisch-österreichischer Krieg. Der Dreibund war gewissermaßen eine allein vom Deutschen Reich garantierte Rückversicherung Österreichs für den Fall dieser Eventualität. Damit wurde jedoch die Bedeutung des Dreikaiserbündnisses erheblich entwertet, ein Prozeß, der durch zwei weitere Bündnisse noch beschleunigt wurde: Im Juni 1883 schloß Österreich-Ungarn mit Serbien einen Geheimvertrag, mit dem sich Serbien praktisch als ein wirtschaftliches und politisches Protektoratsgebiet an Wien auslieferte, und im Oktober 1883 vereinbarten Deutschland, Österreich und Rumänien eine Defensivallianz, die bestimmte, daß die beiden Großmächte im Kriegsfalle die territoriale Integrität Rumäniens verteidigten, während Rumänien seinerseits Österreich zu Hilfe zu eilen versprach, wenn dessen Rumänien benachbarte Gebiete angegriffen werden würden. Von welcher Macht dieser Angriff ausgehen könnte, darüber herrschte kein Zweifel. Diese Macht war Rußland. Bismarck brach damit sein wiederholt Rußland gegenüber gegebenes Versprechen, Deutschland werde sich *allein* zur Verteidigung des Habsburgerreiches im Falle eines Angriffs bereitfinden.

Der Umstand ist nicht zu übersehen, daß dieses System einander nach Geist und Buchstaben widersprechender Defensivallianzen nur so lange Bestand haben konnte, wie es dem Reich auch gelang, die einander widersprechenden Interessen der einzelnen Bündnispartner im Zaum zu halten.[12] Dies zu gewährleisten fiel Bismarck bald immer schwerer und zwang ihn zu immer neuen Schachzügen und politischen Konfigurationen, die ihn aber nie von dem »cauchemar des coalitions« befreiten, der ihn seit dem politischen Kurswechsel von 1879 zunehmend bedrückte. Das Funktionieren seines innen- wie außenpolitischen Systems wurde immer stärker abhängig von Bedingungen, die sich mehr und mehr seiner Kontrolle entzogen. Bismarck mußte auch die andere Erfahrung Metternichs machen: Die Dynamik der gesellschaftlichen Entwicklung läßt sich auf die Dauer nicht bändigen und in bestimmte, vorgezeichnete Bahnen lenken. Wer es dennoch versucht, wird von ihr mitgerissen oder jener unsterblichen Lächerlichkeit überantwortet, für die der Ritter aus der Mancha mit seinem Kampf gegen Windmühlenflügel als Symbol steht.

Den Absichten, die Bismarck mit seinem innenpolitischen Kurswechsel von 1879 verfolgte und die außenpolitisch abzusichern er jenes Dikkicht von Bündnissen und Allianzen schuf, war kein rechter Erfolg beschieden. Bismarck gelang es vor allem nicht, das eigenwillige konstitutionelle Regime, das ihm die Beherrschung des Deutschen Reichs ermöglichte, so flexibel zu handhaben, daß es wechselnden Anforderungen hätte gerecht werden können. Er erreichte nur – und das macht die ganze Schwere der Hypothek aus, mit der er die weitere deutsche Geschichte belastete –, daß er damit den sich ankündigenden Bankrott Preußens um eine entscheidende Frist hinauszuschieben vermochte. In den letzten zehn Jahren seiner Amtszeit hatte Bismarck alle Hände voll zu tun, ständig neue Fristverlängerungen und Stundungen zu erwirken, um diesen Bankrott ein ums andere Mal vertagen zu können. Seine Politik eines Grand design in den Jahren 1866 bis 1879/1880 wurde nun abgelöst von dauernd wechselnden Kombinationen, denen es ersichtlich an einer großen Vision mangelte. Bismarcks Innen- wie Außenpolitik in den achtziger Jahren ist von einer geradezu asthmatischen Kurzatmigkeit. Immer häufiger sah er sich gezwungen, außenpolitische Manöver zu inszenieren, um innenpolitische Wirkungen zu erzielen – die unbestritten schlechteste Voraussetzung für eine erfolgreiche Politik. Aber in der Logik seines Herrschaftssystems blieb ihm keine andere Wahl. In der Innenpolitik konnte er so gut wie nichts mehr bewegen. Es ist deshalb reiner Hohn, auch wenn ganz das Gegenteil beabsichtigt ist, wenn Karl Erich Born die Feststellung trifft: »Die großen Leistungen in der deutschen Innenpolitik der achtziger Jahre waren die Beilegung des Kulturkampfes und die Einführung der Arbeiterversicherung.«[13] Der Kulturkampf war Bismarcks eigene Erfindung gewesen, und dessen schrittweise Beendigung verschaffte ihm keineswegs die erhoffte parlamentarische Unterstützung des Zentrums, das im Reichstag zwischen der Rechten und der Linken die Schlüsselstellung behauptete und ohne dessen Mitwirkung eine Mehrheitsbildung nicht mehr möglich war. Im Gegenteil: Das Zentrum war immun gegen den Zauber Bismarcks. Statt sich als willfähriges Werkzeug wie einst die Nationalliberalen von ihm benutzen zu lassen, versuchte es, den Kanzler für seine politischen Bestrebungen einzuspannen. Und mit der Sozialversicherung, die Bismarck in den achtziger Jahren ratenweise durch den Reichstag brachte, gelang es ihm andererseits auch nicht, den »vierten Stand«, die Arbeiter, als Bundesgenossen seines sich patriarchalisch gerierenden Regimes zu gewinnen. Bismarck benötigte für seine unterschiedlichen Gesetzgebungsvorhaben stets unterschiedlich zusammengesetzte Mehrheiten, die zusammenzubekommen einen immer größeren Aufwand erforderte. Unter diesen Umständen fiel Bismarck die Handhabung der »parlamentarischen Hochdruckmaschine« immer schwerer, so daß er schließlich ganz ernsthaft mit dem Gedanken umging, das einst nach seinen Wünschen und Vorstellungen geschaffene komplexe Herrschaftssystem in die Luft zu sprengen, da es ihn nun zu übermannen drohte. Lediglich seine Entlassung aus dem Amt verhinderte, daß er diese Pläne, die er in seinen letzten Kanzlerjahren mit geradezu monomanischer Umsicht verfolgte, in die Tat umsetzte.

Wie wenig alle jene Hoffnungen Bismarcks auf eine solide konservative Mehrheit der Besitzinteressen der Wirklichkeit entsprachen, zeigte sich sehr bald. Zwar gelang es ihm im Herbst 1880, die Zustimmung des Reichstags für ein neues Septennat zu erhalten; auch die erste Verlängerung des Sozialistengesetzes um weitere dreieinhalb Jahre passierte anstandslos den Reichstag. Aber alle finanzpolitischen Vorlagen der Regierung, die wie die Einrichtung eines Tabakmonopols und die Erhöhung weiterer indirekter Steuern das Reich von den Finanzzuweisungen der einzelnen Bundesstaaten und vom Haushaltsbewilligungsrecht des Reichstags unabhängiger gemacht hätten, scheiterten vor allem am Widerstand des »partikularistisch« gesinnten Zentrums. Die umfassende Reichsfinanzreform blieb ein Torso, weil der Reichstag doch im letzten Moment davor zurückschreckte, sich selbst weitgehend überflüssig zu machen. Und auch der Ausgang der Reichstagswahlen vom Herbst 1881, die Bismarck zu einem Plebiszit für seine Steuerpolitik hatte machen wollen, erwies sich als schwerer Fehlschlag. Die beiden konservativen Parteien verzeichneten erhebliche Stimmenverluste, ihre Vertretung im Reichstag schrumpfte von 116 auf 78 Mandate. Dagegen verbesserte sich das Zentrum auf 100 Mandate, und die Zahl der in der Regel seiner Stimmführerschaft folgenden polnischen, welfischen, elsässischen und dänischen Abgeordneten stieg auf insgesamt 45. Die Sozialdemokraten hatten zwar Stimmen verloren, gleichwohl aber drei Mandate hinzugewonnen, so daß sie nun über eine zwölfköpfige Reichstagsfraktion verfügten. Überragender Gewinner der Wahlen waren die beiden linksliberalen Parteien: Die Fortschrittspartei verbesserte sich von 26 auf 60 Mandate, und die Liberale Vereinigung, der abgespaltene linke Flügel der Nationalliberalen, schaffte auf Anhieb 46 Sitze. Die alte Nationalliberale Partei war der Hauptverlierer: Von 99 Sitzen im alten Reichstag konnte sie gerade 47 halten.

Dieser Wahlausgang hatte alle Erwartungen Bismarcks auf eine solide Mehrheit völlig zerschlagen. Durch die gefestigte parlamentarische Schlüsselstellung des Zentrums war er statt dessen auf wechselnde Mehrheiten angewiesen. Angesichts dieses oppositionellen Reichstags verfiel Bismarck, nachdem sein Plan, das Parlament durch einen »Volkswirtschaftsrat« auszuschalten, am Widerstand des Reichstags gescheitert war,[14] auf einen höchst charakteristischen Ausweg: Preußen, der Kern- und Machtstaat des Reichs, wurde von ihm nun entschlossen zum Bollwerk der politischen Reaktion ausgebaut. Die Zusammensetzung des preußischen Landtags, der im Gegensatz zum Reichstag nach wie vor von einer soliden konservativen Mehrheit beherrscht war, welche die schleichende absolutistische Aushöhlung des konstitutionellen Regimes in Preußen nur zu bereitwillig billigte, war dafür die entscheidende Voraussetzung. Bismarck erntete jetzt, was er schon bei der Gründung des Norddeutschen Bundes in kluger Voraussicht gesät hatte, als er das Dreiklassenwahlrecht für die Zweite Kammer des preußischen Landtags trotz seiner damaligen Kritik an diesem Wahlsystem beibehielt.

Für den konsequenten Ausbau Preußens zu einem Hort der politischen Reaktion nach 1881 steht der Name Robert von Puttkammer, der nach Ablösung des preußischen Kulturkampfministers Falk im Jahre 1879 zunächst Kulturminister und 1881 dann preußischer Innenminister wurde, als Symbol. Puttkammer war es, der im Auftrage Bismarcks die Religion, wie Eckart Kehr schrieb, zu einem »innerweltlichen Kampfmittel der herrschenden Ordnung des Kaiserreichs gegen Demokratie und Sozialismus« machte.[15] Dieser Mißbrauch der Religion zu politischen Zwecken sollte der Obrigkeitshörigkeit den Boden bereiten, die idealistische Weltanschauung ausmerzen, von der nicht wenige Angehörige der preußischen Bürokratie durchdrungen waren, und durch den Machtstaatsgedanken ersetzen, der in der damals gängigen Formel »Goethe und Bismarck« seinen wahrhaft grotesken Ausdruck fand. Noch entscheidender aber war die soziale Umschichtung des gesamten Justiz-, Militär- und Verwaltungsbehördenapparats unter reaktionären Vorzeichen, die durch eine unerbittliche politische Kontrolle und Disziplinierung ergänzt wurde. Diese Hinwendung zu einer kompromißlosen Reaktion in Preußen versuchte Bismarck, gegenüber dem Reich gleichsam charismatisch abzusichern. Immer häufiger bediente er sich nun des Kaisers für die Zwecke seiner Politik. Die sogenannten »kaiserlichen Botschaften«, die dem Reichstag mitgeteilt wurden und deren Redakteur allemal Bismarck war, waren dabei ein wichtiges Mittel. Vor allem der kaiserliche Erlaß vom 4. Januar 1882, mit dem die Pflicht der Beamten disziplinarrechtlich verankert wurde, die Politik der Regierung bei den Wahlen zu vertreten, enthielt auch die Betonung eines Grundsatzes, mit welchem dem Konstitutionalismus des preußisch-deutschen Reichs von allerhöchster Stelle die Maske seiner bloßen Scheinhaftigkeit abgerissen wurde: Der Erlaß proklamierte nämlich, der Kaiser und König sei höchstpersönlich zur Leitung der Politik seiner Regierung berufen.[16] Bereits am 30. November 1880 hatte die »Vossische Zeitung« die übergreifenden Tendenzen und Absichten hinter Bismarcks politischem Kurswechsel scharfsichtig kommentiert: Es sei deren Ziel, »unser junges Verfassungsleben im Einzelstaate wie im Reiche in jenen

491

Scheinkonstitutionalismus aufzulösen«, über dessen »Wesen« der preußische Staatsrechtler Ludwig von Rönne geschrieben habe, »daß ›die Formen der Verfassung nur dazu dienen, um unter der Maske der Freisinnigkeit absolutistische und selbstsüchtige Tendenzen zu verbergen‹«.[17] Die Betonung des monarchischen Prinzips war nichts anderes als eine Kriegserklärung an den Konstitutionalismus des Reichs. Sie war eine unmittelbare Reaktion auf jene sofort nach dem Zusammentritt des neuen Reichstags im Oktober 1881 entbrennende heftige Kontroverse zwischen den Linksliberalen und Bismarck, in deren Mittelpunkt die völlig unterschiedlichen Auffassungen beider Seiten vom Wesen des Konstitutionalismus standen,[18] eine Kontroverse, die Bismarck zu der wohl schärfsten Abrechnung mit den Liberalen nutzte. In einer Rede am 24. Januar 1882 im Reichstag rechtfertigte Bismarck den kaiserlichen Erlaß vom 4. Januar unter anderem mit der abstrusen Behauptung: »Der wirkliche, faktische Ministerpräsident in Preußen ist und bleibt Seine Majestät der König.«[19]

Es ist seither immer wieder gesagt worden, Bismarck habe sich mit dieser Herausstellung des monarchischen Prinzips letztlich sein eigenes politisches Grab geschaufelt, indem er dadurch dem persönlichen Regiment Wilhelms II. den Weg bereitet habe. Eine solche Feststellung klingt zwar plausibel, verkürzt aber den Sachverhalt erheblich und verfälscht ihn, denn die Voraussetzung für das persönliche Regiment Wilhelms II. war, daß das von Bismarck aufgebaute und auf seine Person in einem bestimmten historisch-gesellschaftlichen Augenblick zugeschnittene Herrschaftssystem schon vor seinem Abgang von der politischen Bühne völlig abgewirtschaftet hatte. Seine Nachfolger im Amt des Reichskanzlers »versagten« nicht etwa deswegen, weil es ihnen an Format gefehlt hätte, wie eine hartnäckige Bismarck-Legende dies behauptet, sondern weil sie an der völlig verfahrenen politischen Hinterlassenschaft Bismarcks notwendig scheitern mußten. Damit versagten sie aber lediglich an einer Aufgabenstellung, an der zuvor schon der Architekt dieses Chaos, Bismarck, politisch zugrunde gegangen war. Das Amt des Reichskanzlers verkam mit dem Zerfall der »parlamentarischen Hochdruckmaschine« des Reichstags, der sich dem Willen des Herrn und Meisters nicht mehr widerspruchslos fügen wollte, mehr und mehr zu einer Art Clearingstelle, zu einem politischen Relais zwischen den unterschiedlichen gesellschaftlichen Ansprüchen und Interessen einerseits und dem persönlichen Regiment des Kaisers andererseits.

Neben dem Beamtenapparat und dem Königtum ruhte die Macht Preußens im Reich vor allem auf einer dritten Säule, dem Militär. Es war deshalb nur folgerichtig, daß auch das Heer wieder verstärkt für die reaktionäre Sache in die Pflicht genommen wurde. Längst aber reichte das »Junkermaterial« nicht mehr aus, um alle Offizierstellen des nach der Reichseinigung erheblich vergrößerten stehenden Heeres mit politisch zuverlässigen Kandidaten zu besetzen. Die soziale Zusammensetzung des Offizierskorps war infolge dieser Entwicklung schon längst keine homogen-aristokratische mehr. Bereits während des Krieges von 1870/1871 waren Angehörige des Bürgertums Offiziere geworden. Da man diese Entwicklung weder rückgängig machen noch zukünftig bei der Besetzung frei werdender Offizierstellen auf bürgerliche Elemente verzichten konnte, verfiel man auf den Ausweg, das Offizierskorps mit einem Standesbewußtsein zu erfüllen, das sich über die Gesellschaft und die in ihr gültige »zivilistische« Werteordnung erhaben dünkte und das sich allein gegenüber dem Herrscher und »obersten Kriegsherrn« zur unbedingten Loyalität verpflichtet wußte.

Ein wichtiges Element dieser schleichenden Feudalisierung des Bürgertums war der zumeist bürgerliche Reserveoffizier, der auch im Zivilleben das Standesbewußtsein des Offiziers herauskehrte.[20] Er trug erheblich dazu bei, die politische und sittliche Kapitulation des Bürgertums vor dem feudalen Militarismus zu beschleunigen, und sollte eines der widerlichsten Merkmale des wilhelminischen Deutschland werden. Die Bedeutung der Armee innerhalb von Staat und Gesellschaft als eines sicheren Horts der politischen Reaktion wurde 1883 durch eine von Bismarck veranlaßte Beschneidung der Zuständigkeiten des Kriegsministeriums zugunsten des Militärkabinetts und des Generalstabs institutionell verstärkt. Der Chef des Generalstabs erhielt unter Ausschaltung des Kriegsministers, der zuvor seine Einwilligung hatte geben müssen, das Recht auf unmittelbaren Zutritt und Vortrag beim Kaiser. Außerdem wurde das gesamte Personalwesen der Armee aus dem Kriegsministerium ausgegliedert und dem Militärkabinett unterstellt. Durch beide Maßnahmen wurde die Armee immer mehr der Kontrolle durch den Reichstag und den preußischen Landtag entzogen. Aber auch die Position des Reichskanzlers wurde durch diese Reorganisation erheblich geschwächt, denn in Ausnutzung seines unmittelbaren Vortragsrecht beim Kaiser entwickelte sich der Generalstab bald zu einer unverantwortlichen Nebenregierung vor allem in außenpolitischen Fragen.[21]

Der Ausbau Preußens zu einem Bollwerk der politischen Reaktion war auf relativ langfristige und lediglich präventive Wirkung abgestellt: Bismarcks innenpolitischer Handlungsspielraum wurde dadurch weder mittel- noch unmittelbar vergrößert. Im Gegenteil: Die Situation blieb hier weiterhin völlig verfahren. Angesichts dieser Konstellation mußte Bismarck weniger die anhaltende Opposition des Reichstags fürchten als die Möglichkeit, daß insbesondere den liberalen Oppositionsparteien in der Gestalt des Kronprinzen Friedrich Wilhelm über kurz oder lang ein kaum zu überwindender Bundesgenosse erwachsen würde. Ein Thronwechsel konnte jederzeit notwendig werden, denn Kaiser Wilhelm I. war über achtzig Jahre alt, ein Ende seiner Regierungszeit damit absehbar. Der Kronprinz aber galt als ein ausgesprochen liberal gesinnter Mann, von dem die Fama behauptete, er habe sich Großbritannien als das Vorbild eines modernen, konstitutionellen Staates auserkoren. Als sich dann im Frühjahr 1884 die Fortschrittspartei mit den nationalliberalen Sezessionisten zur »Deutschfreisinnigen Partei« zusammenschloß und damit im Reichstag über hundert Abgeordnete verfügte, galt diese neue Partei sofort als die politisch-parlamentarische Kraft des Kronprinzen. Bismarck konnte diese Entwicklung nur mit größtem Unbehagen verfolgen und alles daransetzen, bei den für den Herbst 1884 geplanten Reichstagswahlen jene Kräfte zu dezimieren, die seine politische Selbstherrlichkeit bedrohten. Wie stets, so glaubte Bismarck auch diesmal, ein Wahlkampfthema zur Hand zu haben, das es ihm gestattete, den Ausgang der Wahlen in seinem Sinne zu beinflussen. Dieses Thema war nicht neu, aber unter der gegebenen politischen Zusammensetzung des Reichstags von unveränderter Brisanz; denn lehnte der noch amtierende Reichstag den Antrag der Regierung auf eine zweite Verlängerung des Sozialistengesetzes um weitere zwei Jahre ab – eine für Bismarcks Absichten verräterisch milde Forderung –, dann, so kalkulierte Bismarck, konnte man den renitenten Reichstag sofort auflösen und Neuwahlen mit der noch immer weitverbreiteten Angst des Bürgertums vor »Umsturz« und »roter Gefahr« bestreiten. Als die Regierungsvorlage dem Reichstag am 8. März 1884 zugeleitet wurde, geschah dies merkwürdigerweise ohne den sonst üblichen Lärm der regierungsnahen Blätter.[22] Allein diesmal sollte Bismarck sich täuschen. Sowohl das Zentrum wie der Freisinn stimmten wider Erwarten für die Verlängerung des Sozialistengesetzes. Neben den Abgeordneten der beiden konservativen Parteien und den Nationalliberalen hatten auch 39 Zentrumsabgeordnete und 26 Freisinnige dem Gesetz ihre Stimme gegeben und es damit durch den Reichstag gebracht. Dennoch war dieser Ausgang ein halber Erfolg für Bismarck, weil sich sein gefährlichster innenpolitischer Gegner, die Linksliberalen, in einer entscheidenden politischen Frage erneut uneins gezeigt hatte. Diese andauernde Zwiespältigkeit der Linksliberalen würde auf die Wähler schon Eindruck machen, mochte Bismarck spekulieren, und er sollte damit recht behalten, wie der Ausgang der Reichstagswahlen vom Herbst 1884 zeigte. Mit der Annahme der zweiten Verlängerung des Sozialistengesetzes durch den Reichstag mußte Bismarck jedoch nach einem neuen Wahlschlager Ausschau halten. Aber diesen hatte er schon in Reserve: die deutsche Kolonialpolitik.

494

Bismarck selbst war, wie er immer wieder beteuerte, kein »Kolonial-mensch«. Bereits sehr früh schon, im Februar 1871 während der Frie-densverhandlungen mit der französischen Regierung, dementierte Bis-marck kategorisch Gerüchte, daß das Deutsche Reich die Abtretung der französischen Besitzung Pondichèry in Indien verlange: »Ich will . . . gar keine Kolonien. Die sind bloß zu Versorgungsposten gut. In England sind sie jetzt nichts andres, in Spanien auch nicht. Und für uns in Deutschland – diese Koloniegeschichte wäre für uns genau so wie der seidne Zobelpelz in polnischen Adelsfamilien, die keine Hemden ha-ben.«[23] Und gegenüber dem deutschen Afrikaforscher und engagierten Kolonialpolitiker Eugen Wolf sagte er im Dezember 1888: »Ihre Karte von Afrika ist ja sehr schön, aber meine Karte von Afrika liegt in Eu-ropa. Hier liegt Rußland und hier liegt Frankreich, und wir sind in der Mitte; das ist meine Karte von Afrika.«[24]

In dieser Aussage ist wie in keiner anderen der nicht wenigen Äuße-rungen Bismarcks zur Kolonialpolitik jene eigentliche politische Ab-sicht enthalten, die ihn jenseits des bloß sekundären innenpolitischen Motivs einer Beeinflussung der Reichstagswahlen dazu bestimmte, in den Jahren 1884 und 1885 die ersten Kolonialgebiete für das Deutsche Reich zu erwerben: Die überseeische Expansion Deutschlands, deren zweifelhaften volkswirtschaftlichen Nutzen für das Reich er sehr reali-stisch einschätzte, sollte allein dazu dienen, das europäische Mächte-gleichgewicht zusätzlich zu stabilisieren, insofern dieses Gleichgewicht nicht mehr ausschließlich durch das Verhältnis der Mächte innerhalb des politisch-geographischen Raums Europa einschließlich des Balkans und der Türkei bestimmt war, sondern immer stärker auch durch deren überseeische Expansionsinteressen beeinflußt wurde. Wer wie Bis-marck europäische Gleichgewichtspolitik erfolgreich treiben wollte, mußte wohl oder übel seine Maßstäbe erweitern und sich auf »Weltpo-litik« einlassen. Damit wurde aber das ohnehin schon komplizierte di-plomatische Spiel Bismarcks noch schwieriger.

Das europäische Mächtegleichgewicht drohte zu Beginn der achtziger Jahre dadurch aus seiner prekären Balance zu geraten, daß der Status quo Ägyptens, der für Frankreich wie für England seit Fertigstellung des Suezkanals von gleichrangig vitalem Interesse war, 1882 von England zu seinen Gunsten verändert wurde: England besetzte handstreichartig diese dem Osmanischen Reich nur noch sehr lose verbundene Provinz. Für Frankreich war dies ein empfindlicher Schlag nicht zuletzt deshalb, weil man in Paris mit Plänen schwanger ging, den ganzen nordafrikani-schen Küstensaum von Marokko bis Ägypten unter der Trikolore zu vereinen. Ein solches Imperium hätte dem Römischen Reich zum Ver-wechseln ähnlich gesehen. Das Mittelmeer wäre das »mare nostrum«

der Franzosen geworden. Bismarck hatte ja seinerseits schon während des Berliner Kongresses Frankreich dazu ermuntert, sich Tunis einzuverleiben. Sein Hintergedanke war natürlich gewesen, die Franzosen in den Weiten Nordafrikas den Verlust von Elsaß-Lothringen vergessen zu lassen, wie der französische Staatsmann Georges Clemenceau zutreffend argwöhnte. Der englisch-französische Streit um Ägypten kam Bismarck deshalb alles andere als gelegen, denn er mußte befürchten, daß nun die latente Balkankrise wieder offen ausbrechen werde. Österreich, dessen balkanische Ambitionen durch das Dreikaiserbündnis nur mühsam in Schach gehalten wurden, könnte in England wieder einen möglichen Bundesgenossen finden, während Frankreich versucht sein könnte, in einem Bündnis mit Rußland aus seiner außenpolitischen Isolierung auszubrechen. Eine solche Konstellation aber hätte für das Reich fatale Konsequenzen gehabt, insofern es über kurz oder lang in den Strudel eines großen europäischen Konflikts hineingerissen worden wäre. Die Aussicht, daß sich die europäischen Mächte derart polarisierten, wurde im Sommer 1883 noch erheblich verstärkt: Bulgarien, das als russisches Einflußgebiet galt, machte sich unter der energischen Führung des 1879 zum bulgarischen König gewählten Alexander I. von dieser Bevormundung frei und suchte statt dessen Anlehnung an Österreich. Sollte Rußland versuchen, mit Waffengewalt den Status quo ante in Bulgarien wiederherzustellen, woran in den europäischen Hauptstädten kaum jemand zweifelte, dann – und dies war nicht minder gewiß – würden England und Österreich gemeinsam intervenieren. Nicht Bismarcks ingeniöses Bündnissystem verhinderte damals ein Ausbrechen des Konflikts, sondern allein die Tatsache, daß sich Rußland einer größeren Auseinandersetzung im Augenblick nicht gewachsen fühlte. Die bulgarische Krise wurde deshalb vertagt, um zwei Jahre später erneut auszubrechen. Bismarck aber war ein gehöriger Schreck in die Glieder gefahren; er war deshalb, als sich die bulgarischen Krisenwolken vom europäischen Himmel verzogen hatten, emsig darum bemüht, allen Eventualitäten vorzubeugen, die durch diese Krise heraufbeschworen worden waren. Ein geeignetes Mittel dazu schien ihm die Entspannung des deutsch-französischen Verhältnisses zu sein: Frankreich mußte der Hof gemacht werden, damit es einer dritten Macht, die ebenfalls als Freier auftrat, eine Absage erteilte.

Die Voraussetzungen für eine deutsch-französische »Détente« waren zum damaligen Zeitpunkt nicht schlecht. Auch in Frankreich war man nicht gewillt, wegen Elsaß und Lothringen einen Krieg mit dem Reich zu riskieren. Aber eine dauerhafte deutsch-französische Entspannung, mit der sich das für Frankreich zumindestens theoretisch viel aussichtsreichere Bündnis mit Rußland verhindern ließ, verlangte vom Reich einen Preis, der aus offensichtlichen Gründen aber gerade nicht in der Rückgabe von Elsaß-Lothringen bestehen durfte. Also mußte es ein Dritter sein, der diesen Preis zahlen sollte, und dieser Dritte war England. Bismarck konnte Frankreich die Unterstützung des Reichs gegen England zusagen und so Frankreich an sich binden – wahrlich kein solider Handel unter Kaufleuten, die auf ihre Reputation bedacht sind! Bismarck war sich bei alldem im klaren, daß auch die französische Herrschaft über Ägypten kaum die gesunden Knochen eines pommerschen Musketiers wert wäre, und außerdem war Frankreich nicht Österreich. Gleichwohl wurde die deutsch-französische Entspannungspolitik 1884 und 1885 von beiden Seiten mit einem gewissen spielerischen Ernst betrieben. Und ein Motiv der bismarckschen gegen England gerichteten Kolonialpolitik war tatsächlich, wie A.J.P. Taylor bemerkte, gegenüber Frankreich den Beweis dafür zu liefern, wie ernst er es mit seiner Politik einer deutsch-französischen Verständigung auf Kosten Englands meinte.[25]

Neben diesen außenpolitischen Optionen seiner Kolonialpolitik hatte Bismarck die Veränderung und Beeinflussung der innenpolitischen Konstellationen und Kräfte im Blick. In der Tat war die Kolonialpolitik des Reichs *der* Schlager der Reichstagswahlen vom Herbst 1884. Bismarck konnte über alle Parteigrenzen hinweg auf die stürmische Zustimmung all jener rechnen, die im Erwerb von Kolonien die Bestätigung nationaler Größe sahen. Die Kolonialpolitik war von exotischer Faszination für ein vom nationalstaatlichen Charakter des Kaiserreichs vielfach enttäuschtes Bürgertum, das, wie Ludwig Bamberger, ein Gegner jeglicher kolonialer Expansion Deutschlands, einmal kritisch anmerkte, in einer »Schützenfeststimmung« schwelgte. Der in seiner Wirkung häufig völlig überschätzte Einfluß, den einige organisierte Wirtschaftsinteressen auf die Formulierung der kolonialpolitischen Ziele des Reichs zu nehmen suchten, trat angesichts dessen völlig in den Hintergrund. Der verallgemeinernden Feststellung Helmut Böhmes, »die Träger der Schutzzollpolitik waren identisch mit denen der Kolonialpolitik«,[26] eignet deshalb lediglich die Prägnanz der Platitüde, mehr nicht. Was Bismarck dringend brauchte, das war die Unterstützung einer politischen Mehrheit, die durch den politischen Mehrheitswillen der Bevölkerung des Reichs abgesichert war, und nicht den Beifall eigener Wirtschaftsinteressen, deren Befriedigung nur unnötig Geld kosten würde, ohne daß diese ihm irgendeinen Nutzen geschweige denn die politische Mehrheit verschaffen konnten. In dem Sinne verstand Bismarck allemal mehr von Politik, als mancher ihm heute auf Grundlage genauester Aktenkenntnis zuzugestehen geneigt ist. In einem Erlaß vom 25. Januar 1885 an den deutschen Botschafter in London, den Grafen Münster, schrieb Bismarck: »Die öffentliche Meinung legt gegenwärtig in Deutschland ein so starkes Gewicht auf die Kolonialpolitik, daß die Stellung der Regierung im Innern von dem Gelingen derselben wesentlich abhängt... Der kleinste Zipfel von Neu-Guinea oder Westafrika, wenn derselbe auch ganz wertlos sein mag, ist gegenwärtig für unsere Politik wichtiger als das gesamte Ägypten und seine Zukunft...«[27]

Der antienglische Nationalismus, der mit dem deutschen Kolonialenthusiasmus Hand in Hand ging, fügte sich aber nicht nur vortrefflich in die außenpolitischen Absichten Bismarcks, sondern kam ihm auch dabei zustatten, jenes innenpolitische Gespenst zu bannen, das ihn seit einiger Zeit schreckte: Der Ausgang der mit dem kolonialpolitischen Thema bestrittenen Reichstagswahlen mußte, wenn alles in seinem Sinne ging, den liberalen und anglophilen Thronfolger isolieren und »dessen Partei«, die Freisinnigen, dezimieren.[28] Bismarck mußte diese als sehr wahrscheinlich erscheinende innenpolitische Konstellation zerschlagen, weil er sich völlig zu Recht als deren erstes Opfer wähnte. Innerhalb des von ihm geschaffenen politischen Systems konnte der Kanzler seine Machtstellung nur so lange behaupten, wie er entweder den Kaiser oder den Reichstag auf seiner Seite hatte. An der Person wie den politischen Neigungen des Thronfolgers konnte Bismarck indes nichts ändern, wohl aber an der politischen Zusammensetzung des Reichstags. Eben dies mußte er versuchen.

Das Ergebnis der Reichstagswahlen entsprach weitgehend den Hoffnungen des Kanzlers. Die Freisinnigen, die sich im Wahlkampf eindeutig gegen die bismarcksche Kolonialpolitik ausgesprochen hatten, waren die großen Verlierer. Ihre Fraktion ging von 106 auf 67 Abgeordnete zurück. Dagegen verbesserten sich die Nationalliberalen, die im Frühjahr 1884 unter der Führung Johannes Miquels einen eindeutigen Rechtsschwenk vollzogen und sich auch hinter Bismarcks Kolonialpolitik gestellt hatten, um vier Sitze. Gewinner waren auch die Konservativen, die 28 Sitze hinzueroberten und damit 78 Abgeordnete in den Reichstag entsandten, während die Deutsche Reichspartei ihre Mandatszahl von 28 behaupten konnte. Auch das Zentrum blieb mit 99 Sitzen (1881 = 100 Sitze) stabil. Gewinner der Wahl waren aber auch die Sozialdemokraten, die ihre Abgeordnetenzahl von zwölf auf 24 verdoppeln konnten. Dennoch war dieser Ausgang der Reichstagswahlen für Bismarck ein negativer Erfolg. Noch immer hatte er keine Mehrheit, auf die er sich bei seinen Gesetzgebungsvorhaben hätte verlassen können. Das kolonialpolitische Thema hatte sich wie erwartet als brisant genug erwiesen, um die Freisinnigen erheblich zu schwächen; aber einmal mehr zeigte es sich auch, daß die Stammwählerschaft des Zentrums, das neben Freisinn und Sozialdemokraten jede koloniale Expansion des Reichs strikt ablehnte, mit solchen Mätzchen nicht zu beirren war. Gegen das Zentrum, das war die Lehre für die Zukunft, war kein Kraut gewachsen, und ohne das Zentrum würde sich auch in Zukunft nichts bewegen lassen. Daß sowohl die konservativen Parteien wie die Nationalliberalen ihr Tief langsam zu überwinden schienen, war daneben nur ein schwacher Trost.

Die praktischen Ergebnisse der Kolonialpolitik in den Jahren 1884 und 1885 – danach wurde sie von ihm so jäh fallengelassen, wie er sie begonnen hatte – entsprachen in ihrer relativen Bescheidenheit ganz den mit ihnen verfolgten außen- wie innenpolitischen Zielsetzungen. In Afrika und im Pazifik wurden einige Fetzen Landes und Inseln zu deutschen »Schutzgebieten« erklärt, was den deutschen Steuerzahler bis zum Ausbruch des Ersten Weltkriegs, als diese Gebiete alle verlorengingen, eine Menge Geld kosten sollte. Lediglich die Briefmarkensammler hatten an diesen deutschen Kolonien ihre ungeteilte Freude. Das dauerhafteste Ergebnis der bismarckschen Kolonialpolitik war ironischerweise die Übereinkunft der Berliner Kongokonferenz vom Winter 1884/1885, die Leopold III. von Belgien zum souveränen Herrscher über das Kongogebiet einsetzte, das als Freihandelszone deklariert wurde . . .

Die von Bismarck eingeleitete deutsch-französische Entspannung, die deutsche Kolonialpolitik wie auch der Kurs dauernder, aber begrenzter Konfrontationen mit England, dieses ganze kunstvoll gehäkelte Muster einer Außenpolitik wurde von Bismarck selbst im Laufe des Jahres 1885 wieder aufgetrennt und durch ein völlig neues System außenpolitischer Optionen, Absprachen, diplomatisch-politischer Hinterausgänge und Fluchtwege ersetzt. Im wesentlichen waren es zwei Ereignisse von durchaus unterschiedlicher Tragweite, die durch ihr Zusammentreffen die ganze Künstlichkeit der bismarckschen Außenpolitik bloßlegten und damit diese insgesamt in Frage stellten.

Im März 1885 brachten die Chinesen einem französischen Expeditionskorps bei Lang-Son eine Niederlage bei. Damit wurde nicht nur den französischen Plänen zum weiteren Ausbau ihres Kolonialimperiums in Südostasien vorläufig Einhalt geboten, sondern auch die Regierung von Jules Ferry in Paris gestürzt. Lang-Son und der Sturz Ferrys bedeuteten aber auch eine Abkühlung des französischen Kolonialenthusiasmus. Und dies war auch der Anfang vom Ende der deutsch-französischen Entspannungspolitik. Die französische Öffentlichkeit begann, sich nach dem Debakel von Lang-Son wieder auf das Nächstliegende zu besinnen, auf Elsaß-Lothringen. Das Ergebnis der Wahlen zur französischen Nationalversammlung vom Oktober 1885 war trotz der hochgehenden Wogen nationaler Emotionen während des Wahlkampfs nicht sonderlich dramatisch. Der bisherige Außenminister Freycinet wurde neuer Ministerpräsident. Zum Kriegsminister suchte Freycinet einen Mann aus, der aufgrund seines Herkommens die Gewähr für die politische Unterstützung auch der parlamentarischen Linken zu bieten schien: General Georges Boulanger, ein Mann, der später zu einer gewissen tragikomischen Berühmtheit gelangen sollte. Mit Boulanger aber trat, wie sich rasch zeigen sollte, wieder etwas in den Vordergrund der französischen Politik, das zwischenzeitlich nur von einigen relativ bedeutungslosen patriotischen Grüppchen gehegt und gepflegt worden war: das Verlangen nach Revanche gegenüber dem Deutschen Reich.

Noch bevor Boulanger als Anwalt einer französischen Revanchepolitik seine Wirkung entfalten konnte, beschworen neue Verwicklungen auf dem Balkan eine ernste europäische Krise herauf. In der türkischen Provinz Ostrumelien waren Aufstände ausgebrochen, die dazu führten, daß dieses Gebiet Bulgarien angegliedert wurde. Damit wurde eine Regelung außer Kraft gesetzt, die auf dem Berliner Kongreß gegen den Widerstand Rußlands getroffen worden war. Unterdessen hatten sich aber die Fronten völlig verkehrt. Rußland konnte nicht verwinden, daß sich Zar Alexander I. von Bulgarien seiner Schirmherrschaft entzogen hatte; es protestierte energisch gegen die Vereinigung von Ostrumelien mit Bulgarien. England dagegen, das auf dem Berliner Kongreß erfolgreich auf der Abtrennung dieser Provinz bestanden hatte, schickte sich nun bereitwillig in die durch den Anschluß vollzogenen Tatsachen. In St. Petersburg wuchsen angesichts dieser Entwicklung die Befürchtungen, Bulgarien werde endgültig der russischen Kontrolle entgleiten. Alles deutete zu Beginn des Jahres 1886 darauf hin, als wollte sich Rußland die undankbaren und unbotmäßigen Bulgaren mit Waffengewalt gefügig machen. Ein solches Vorgehen hätte von Österreich nicht geduldet werden können, das dabei auf die Bundesgenossenschaft Englands zählte. Diese Zuspitzung der Situation mußte Bismarck verhindern, koste es, was es wolle. Bismarck stellte deshalb sofort seine Konfrontationspolitik gegenüber England ein und bemühte sich statt dessen um eine Verständigung mit dem Inselreich.

Mit dem Ausbruch der zweiten Bulgarienkrise schien für Bismarcks Außenpolitik die Stunde der Wahrheit zu schlagen. Daß dies dann doch nicht geschah, daß der Friede in Europa trotz der großen Interessengegensätze der europäischen Mächte auf dem Balkan noch 28 Jahre andauerte, wird man kaum den verzweifelten und überaus komplizierten diplomatischen Schachzügen Bismarcks zugute halten können. Denn Bismarck hatte auch 1886, sollte es hart auf hart kommen, keine andere Wahl als die, für die er sich bereits 1879 mit dem Abschluß des Zweibundes mit Österreich gezwungenermaßen entschieden hatte: Die Erhaltung von Österreich-Ungarn war *die* existentielle Voraussetzung für den Fortbestand des preußisch-deutschen Reichs. Das strukturelle Dilemma der bismarckschen Außenpolitik bestand aber genau darin, zu vermeiden, daß Österreich-Ungarn seine Bedeutung für den Bestand des Reichs dazu ausnutzte, um dessen Unterstützung bei der Verwirklichung seiner balkanischen Expansionsgelüste zu erzwingen. Bismarck mußte deshalb versuchen, England ins Spiel zu bringen. Dieses sollte Österreich bei seiner Balkanpolitik helfen und sich damit die Feindschaft Rußlands zuziehen, während das Reich die Rolle einer neutralen Macht spielen konnte. England war aber aus Rücksicht auf seine kolonialen Interessen in Asien zunächst nicht dazu bereit, in diese ihm von Bismarck zugewiesene Rolle zu schlüpfen und sich wegen einer Regelung der balkanischen Streitfragen, die vor allem die österreichischen und auch die deutschen Interessen tangierten, die Feindschaft Rußlands einzuhandeln, aus der dann unabsehbare Konflikte in Afghanistan erwachsen konnten, das England als neutrale Pufferzone zwischen der russischen Südgrenze und seinem indischen Besitz erhalten wollte. Statt dessen versuchte die englische Regierung, den Spieß einfach umzudrehen: Sie bot dem Reich die Unterstützung Englands gegen Frankreich unter der Bedingung an, daß Deutschland gemeinsam mit Österreich alle russischen Versuche vereitele, den Status quo ante in Bulgarien wiederherzustellen.[29] Jeder wollte dem anderen die Lösung der Bulgarienkrise und damit die Hypothek einer russischen Feindschaft auf den Hals laden. Parallel zu diesem Diplomatenpoker versicherte Bismarck die russische Regierung seiner Unterstützung bei der Durchsetzung ihrer Ansprüche in Bulgarien. Und gegenüber Österreich machte er wiederholt geltend, daß das deutsch-österreichische Defensivbündnis keinerlei Gültigkeit besitze, falls die österreichischen Expansionsgelüste einen Krieg mit Rußland auslösten. All das waren natürlich nur diplomatische Verlegenheiten, die ein Umschlagen der Krise in einen offenen Konflikt nur so lange verhindern konnten, wie sie allen Beteiligten als ein Vorwand dienten, es nicht zu einem Krieg kommen zu lassen.

Auch wenn es wegen der zweiten bulgarischen Krise nicht zum offenen Ausbruch eines Konflikts zwischen Rußland und Österreich kam, so erwiesen sich die Gegensätze der beiden Mächte als immerhin so heftig, daß das Dreikaiserbündnis, dessen Vertragsdauer im Sommer 1887 ablief, nicht mehr erneuert wurde.

Das Zerbrechen des Dreikaiserbündnisses im Jahre 1886 fiel zeitlich zusammen mit dem Überschwappen des französischen Nationalismus, der in Kriegsminister Georges Boulanger seine Symbolfigur hatte. Eine französisch-russische Entente, die Bismarck nun in seine außenpolitischen Überlegungen einbeziehen mußte, war zu diesem Zeitpunkt aber nur eine äußerst hypothetische Angelegenheit. Denn noch überwogen, was häufig übersehen wird, die Interessengegensätze beider Mächte ihre Gemeinsamkeiten. Überhaupt ist in diesem Zusammenhang die Gefahr sehr groß, die Ereignisse und Konstellationen dieser Zeit im Lichte der Erfahrungen einer späteren Epoche zu interpretieren. So repräsentierte Boulanger mit seinem Ruf nach Revanche sicherlich ein besonders lautstarkes Spektrum der französischen Öffentlichkeit, aber keineswegs deren »schweigende Mehrheit«. Auch innerhalb der Regierung Freycinet isolierte er sich mit dieser Forderung. Andererseits aber waren die Kräfte, die Boulanger unterstützten, vor allem die nationalistische französische Presse, ein immerhin so gewichtiger innenpolitischer Faktor, daß die französische Regierung die begonnene Entspannungspolitik gegenüber dem Deutschen Reich keinesfalls fortsetzen konnte. Zwischen dieser vornehmlich aus innenpolitischen Gründen erzwungenen Abkehr von der »Détente«-Politik gegenüber Deutschland und dem Einschwenken auf eine zu allem entschlossene Politik, die auch einen bewaffneten Konflikt nicht ausschloß, bestand indes ein gewaltiger Unterschied, den Bismarck aber, wovon noch zu reden sein wird, aus innenpolitischen Gründen nach Kräften zu vertuschen trachtete, indem er den Boulangismus und die von diesem ausgehende französische Kriegsdrohung aufs ärgste übertrieb.

An dieser nüchternen Einschätzung der Situation änderte auch wenig, daß der französische Kriegsminister Boulanger seinen kriegerischen Tönen mit einem entsprechenden Rüstungsprogramm Nachdruck zu verleihen suchte, dessen wichtigste Maßnahme die dauernde Stationierung größerer Truppeneinheiten in den östlichen Teilen Frankreichs war. Bismarck reagierte darauf noch angemessen, insofern er vom Reichstag bereits im Herbst 1886, also gut ein Jahr vor Ablauf des zweiten Septennats, die Mittelbewilligung für eine Erhöhung der Mannschaftsstärke des Heeres um 40 000 Mann verlangte. Dagegen wäre von niemandem angesichts der gesteigerten französischen Rüstungsanstrengungen etwas einzuwenden gewesen. Innenpolitisch brisant aber war, daß Bismarck dieses Verlangen mit der weitergehenden Forderung verband, daß die gesetzliche Festlegung der neuen Heeresstärke wiederum für sieben Jahre, also bis zum 31. März 1894, gelten sollte. Das war aber eine Zeitspanne, von der Bismarck wohl wissen konnte, daß sie im bestehenden Reichstag keine Mehrheit erhalten würde, zumal sich die Freisinnigen in ihrem Gründungsprogramm von 1884 ausdrücklich auf die »Feststellung der Friedenspräsenzstärke innerhalb jeder Legislaturperiode«, also auf eine Frist von maximal drei Jahren, festgelegt hatten.[30] Zu erwarten stand aber auch, daß ein drittes Septennat vom Zentrum abgelehnt werden würde.

Die sichere Ablehnung des dritten Septennats durch den Reichstag, und eben das war jenseits aller außenpolitischen Besorgnisse das entscheidende innenpolitische Kalkül Bismarcks, würde ihm die Möglichkeit geben, den Reichstag aufzulösen und Neuwahlen auszuschreiben; die französische Kriegsdrohung als Hauptwahlkampfthema würde ihm dann aller Voraussicht nach eine seinen Wünschen entsprechende gefügige konservative Mehrheit bescheren und die »Kronprinzenpartei«, die Freisinnigen, weiter zernieren. Bismarck taktierte entsprechend. Während der Beratungen des Gesetzentwurfs im Reichstag hielt er sich fern von Berlin auf seinem Gut Friedrichsruh auf und überließ die Vertretung der Vorlage ganz dem Kriegsminister Bronsart von Schellendorf, der, über die eigentlichen Motive des Kanzlers nicht unterrichtet, diesem nichts recht machen konnte.[31] Erst als am 3. Januar 1887 die Septennatsvorlage von einer Reichstagskommission abgelehnt wurde, kehrte Bismarck nach Berlin zurück und griff am 11., 12. und 13. Januar mit einer Reihe großer Reden in die Plenardebatte über die Heeresvorlage ein, von der er nun fast sicher sein konnte, daß sie den Reichstag nicht passieren würde.

Vor allem seine Rede vom 11. Januar 1887 mit einem großangelegten Überblick über die außenpolitische Situation des Reichs und die daraus abzuleitenden Optionen verdient es, ausführlich referiert zu werden: Das Reich sei saturiert, so begann Bismarck, es habe keinerlei Bedürfnisse mehr, »die wir durch das Schwert erkämpfen könnten«. Das Reich verfolge keinerlei eigene Interessen auf dem Balkan, und dann: »Die ganze orientalische Frage ist für uns keine Kriegsfrage. Wir werden uns wegen dieser Frage von niemand das Leitseil um den Hals werfen lassen, um uns mit Rußland zu brouillieren. Die Freundschaft von Rußland ist uns viel wichtiger als die von Bulgarien ... Ich kann also wohl sagen, die Hoffnung, die ich an das Gelingen des Bestrebens knüpfte, die drei Kaisermächte wieder zu einigen, ... hat sich insoweit verwirklicht, daß wir weit entfernt sind von der Wahrscheinlichkeit, mit Österreich oder mit Rußland in Händel zu kommen; es liegen gar keine direkten Motive vor, die unseren Frieden mit diesen beiden gefährden könnten. ... und die Schwierigkeit der Aufgabe liegt nicht darin, unseren Frieden mit Österreich oder Rußland zu erhalten, sondern den Frieden zwischen Österreich und Rußland.« An die Adresse Frankreichs gewandt, versicherte Bismarck: »Wir werden Frankreich nicht angreifen, unter gar keinen Umständen. Es gibt viele Franzosen, die darauf warten, weil sie lieber einen Verteidigungskrieg als einen Angriffskrieg führen wollen, weil es viele gibt, bei denen der französische Angriff auf Deutschland nicht populär ist.« Das entsprach den Einschätzungen in den Berichten der Deutschen Botschaft in Paris, die stets Bismarcks Unwillen erregt hatten,[32] brauchte er doch das Gespenst der französischen Kriegsdrohung, um die Septennatsvorlage halbwegs überzeugend rechtfertigen zu können. An die Abgeordneten gewandt, fuhr Bismarck deshalb in seiner Rede mit dem Hinweis fort: »Sie werden, wer von Ihnen die französische Geschichte kennt, mir recht geben, daß die Entschließungen Frankreichs in schweren Momenten immer durch energische Minoritäten und nicht durch die Majoritäten und das ganze Volk bewirkt worden sind. Diejenigen, die den Krieg mit uns wollen, die suchen einstweilen nur die Möglichkeit, ihn mit möglichster Kraft zu beginnen.« Mit diesen dunklen Worten malte Bismarck den Abgeordneten das Schreckensbild eines unberechenbaren, revolutionären Frankreichs, dessen durchaus friedliebende Mehrheit durch eine zu allem entschlossene Minderheit mitgerissen werde, die den »feu sacré de la revanche« zum Feuerbrand eines großen Krieges gegen das Deutsche Reich entfachen wollte. Aber auch diese Befürchtungen des Kanzlers entbehrten jeglicher Grundlage – und Bismarck wußte dies. Er brauchte den Popanz einer möglichen französischen Kriegsdrohung, um die Heeresvorlage motivieren zu können. Und je dunkler und unberechenbarer diese Drohung war, desto besser. Allzu konkret durfte die Gefahr eines französischen Angriffs auf Deutschland allerdings nicht geschildert werden, sollte den Abgeordneten die Furcht doch nicht derart in die Glieder fahren, daß sie wider Erwarten dem dritten Septennat zustimmten! Um dies zu vermeiden, machte Bismarck die Reichstagsabgeordneten mit höhnenden Worten auf eine Eigenart des preußisch-deutschen Konstitutionalismus aufmerksam, die diesen ohnehin bewußt war: »Das deutsche Heer ist eine Einrichtung, die von den wechselnden Majoritäten des Reichstags nicht abhängig sein kann. Wer bürgt uns denn dafür, daß eine Majorität, die sich auf so heterogene Weise zusammensetzt wie die jetzige, eine dauernde sein werde? Daß die Fixierung der Präsenzstärke von der jedesmaligen Konstellation und Stimmung des Reichstags abhängen sollte, das ist eine absolute Unmöglichkeit. Streben Sie doch nicht nach solchen Phantasiegebilden, meine Herren! Ohne unser deutsches Heer, eine der fundamentalsten Haupteinrichtungen und Grundlagen, ohne das Bedürfnis der gemeinsamen Verteidigung gegen auswärtige Angriffe, wäre der ganze Bund, auf dem das Deutsche Reich beruht, gar nicht zustande gekommen [!]. Vergegenwärtigen Sie sich das immer, wenn Sie diese Hauptbedingung seiner Existenz ihm unter den Füßen wegziehen und es gefährden; denn geschützt sein wollen wir alle, auch Ihre Wähler – rechnen Sie darauf!

Der Versuch, der mit diesen Anträgen [d.h. Festlegung des Heeres-etats auf die Dauer der Legislaturperiode] gemacht worden ist, den Stand des Heeres von den wechselnden Majoritäten und den Beschlüssen des Parlaments abhängig zu machen, also mit anderen Worten – aus dem kaiserlichen Heer, das wir bisher in Deutschland haben, ein Parlamentsheer zu machen, ein Heer, für dessen Bestand nicht Seine Majestät der Kaiser und die verbündeten Regierungen, sondern die Herren Windthorst und Richter zu sorgen haben, wird nicht gelingen. Mit anderen Worten: Dieses Streben, wenn Sie es haben, liegt ganz außerhalb aller Möglichkeiten, und die Tatsache, die bei diesen Verhandlungen zur Kenntnis gekommen, daß es bei uns Leute gibt, die danach streben, die das für möglich halten, verpflichtet uns allein schon, über diese Frage an das Volk, an die Wähler zu appellieren, ob das wirklich die Meinung der Wähler ist.«[33]

Damit hatte Bismarck die Katze aus dem Sack gelassen: Eine Ablehnung des Septennats, die er zu einer Entscheidung über die von ihm aufgeworfene Alternative Parlamentsheer oder kaiserliches Heer emporstilisierte, mußte die sofortige Auflösung des Reichstags und die Ausschreibung von Neuwahlen zur Folge haben. Eben das wollte Bismarck. Und es gelang ihm. Unmittelbar nach der definitiven Ablehnung der Heeresvorlage durch die Reichstagsmehrheit von Freisinnigen und Zentrum am 13. Januar 1887 wurde der Reichstag aufgelöst. Der sofort einsetzende Wahlkampf zeigte Bismarck noch einmal auf der Höhe seiner politisch-demagogischen Fähigkeiten, die ihn allen seinen Gegnern überlegen machten. Zunächst gelang Bismarck ein entscheidender wahltaktischer Schachzug. Er konnte die Konservativen, die Reichspartei und die Nationalliberalen, die alle drei für die Annahme der Heeresvorlage eingetreten waren, zu einem Wahlkartell zusammenschweißen, das den Zweck hatte, bei Stichwahlen in den einzelnen Wahlkreisen nur einen einzigen Kandidaten für diese drei Parteien zu präsentieren, der dann die Stimmen der regierungsfreundlichen Wähler auf sich vereinigen sollte. Bei dem reinen Mehrheitswahlrecht bedeutete diese Vereinbarung schon im voraus die sichere Gewähr für einen großen konservativen Wahlerfolg. Darüber hinaus tat Bismarck alles, um durch den Einsatz der ihm zur Verfügung stehenden Agitations- und Propagandamittel den für die Regierung ohnehin schon sicheren Wahlausgang in einen wahren Erdrutschsieg für die konservativen Kartellparteien zu verwandeln. Sein Standardthema war dabei die angebliche französische Kriegsdrohung. War diese Gefahr wie in seiner Reichstagsrede vom 11. Januar 1887 noch als bloße Eventualität geschildert worden, so wurde nun so getan, als stehe ein französischer Angriffskrieg unmittelbar bevor. Das Schönste aber war, daß im Unterschied zu den Januartagen vor

Auflösung des Reichstags diese Gefahr jetzt durch einen ganz offensichtlichen Umschwung in der französischen Innenpolitik auch bei nüchterner Betrachtung durchaus im Bereich des Möglichen zu liegen schien. Es war aber kein anderer als Bismarck selbst gewesen, der ganz entscheidend dazu beigetragen hatte, dieser Gefahr den Anstrich von Glaubwürdigkeit zu geben; denn ebenfalls an jenem 11. Januar 1887 hatte Bismarck in einer kurzen, ergänzenden Rede zu seinen längeren Ausführungen am selben Tag lauthals die Einschätzung geäußert: »Wenn Napoleon III. den Feldzug 1870 gegen uns, ..., unternahm, lediglich, weil er glaubte, daß das seine Regierung im Inland befestigen würde, warum sollte dann nicht zum Beispiel der General Boulanger, wenn er ans Ruder käme, dasselbe versuchen?«[34]

Wenn der größte, bei Freund und Feind gleichermaßen geachtete Staatsmann Europas in öffentlicher Rede den ziemlich unbedeutenden und nur wegen seiner gelegentlichen nationalistischen Schaumschlägereien überhaupt bekannten französischen Kriegsminister als eine potentielle Gefahr für den europäischen Frieden einstufte, dann mußte er diesen weit über seine wirkliche Bedeutung hinaus aufwerten. In der Tat: Erst Bismarcks Angriff verschaffte Boulanger innerhalb Frankreichs die Reputation als Symbol des nationalen Widerstands und der Revanche. Boulangers Popularität wuchs gleichsam über Nacht ins Unermeßliche. Er wurde zur Bezugsperson des durch Bismarcks Ausfälle aufgestachelten französischen Nationalgefühls. Der damalige französische Ministerpräsident Charles Louis Freycinet urteilte später in seinen Memoiren: »Durch Bismarck wurde der General der geheiligte Mann der Revanche.«[35]

Die von Bismarck so sorgfältig inszenierte französische Kriegsdrohung, deren Glaubwürdigkeit er noch durch eine Reihe weiterer Maßnahmen effektvoll unterstrich – namentlich das Gerücht, er wolle sich vom preußischen Landtag eine Kriegsanleihe von 300 Millionen Mark bewilligen lassen, wie auch die Tatsache, daß über 70 000 Reservisten am 7. Februar 1887 zu Manövern im Elsaß einberufen wurden –, hatte genau den innenpolitischen Erfolg, auf den es Bismarck einzig und allein angekommen war: Die Kartellparteien errangen einen großen Sieg, während vor allem die »Partei des Kronprinzen«, die Freisinnigen, über die Hälfte ihrer Reichstagsmandate einbüßte. Schaut man sich aber das Wahlergebnis genauer an, dann muß man feststellen, daß die Oppositionsparteien einschließlich des Zentrums fast ebenso viele Stimmen erhielten wie die Kartellparteien. Dieses Paradox erklärt sich daraus, daß durch die längst überholte Wahlkreiseinteilung vor allem die bevölkerungsschwachen ländlichen Gebiete des Reichs, in denen die konservativen Parteien ihre Klientel hatten, überproportional bevorzugt wurden. Darüber hinaus bestätigte dieses Wahlergebnis eine Einsicht, die schon bei anderen Reichstagswahlen zu gewinnen gewesen war und die sich Bismarck stets zunutze gemacht hatte: Wann immer der Kampf gegen die vermeintliche sozialistische Gefahr oder die Sicherheitsinteressen des Reichs zum Wahlkampfthema gemacht wurden, verzeichneten die linksliberalen Parteien wie auch die Sozialdemokraten einen erheblichen Stimmenschwund, der den konservativen Parteien einschließlich der Nationalliberalen zugute kam.[36]

Der überwältigende Wahlsieg der Kartellparteien forderte seinen Preis: Das Mißtrauen Frankreichs gegenüber dem Reich war nicht mehr auszurotten. Von der weiteren deutschen Politik genährt, ließ es den Revanchegedanken in breiten Schichten des französischen Volkes wieder lebendig werden, dem jede dem Parlament gegenüber verantwortliche französische Regierung politisch Rechnung tragen mußte. Die Vorgänge, die zum Ergebnis der »Kartellwahlen« von 1887 führten und bei denen Bismarck allein die Regie führte, sind deshalb wie nichts sonst geeignet, begründete Zweifel an der dem deutschen Kanzler häufig unterstellten staatsmännischen Klugheit zu wecken. Denn es war einzig und allein Bismarck, der für das schäbige Linsengericht einer konservativen Reichstagsmehrheit von zweifelhaftem innenpolitischem Wert seiner Schöpfung, dem Deutschen Reich, willentlich und wissentlich die schwere Hypothek auflud, zukünftig zwischen zwei Fronten zu stehen. Für jeden war es abzusehen, daß sich die österreichisch-russischen Gegensätze auf dem Balkan nie mit friedlichen Mitteln ausgleichen lassen würden; jede neue Krise konnte den offenen Konflikt provozieren, und das Reich mußte dann für Östereich und gegen Rußland Stellung beziehen. Dieses Problem direkt anzugehen und mit äußerster Entschlossenheit zu lösen war – und dessen war sich Bismarck nur zu sehr bewußt – ein Ding der Unmöglichkeit. In einem Erlaß an den deutschen Botschafter in Wien, den Prinzen Reuß, vom 17. Januar 1881 schrieb Bismarck: ». . . daß ein Krieg mit Rußland, auch wenn er siegreich geführt würde, für keinen der beiden Bundesgenossen [d.h. Deutschland und Österreich] ein erwünschtes Ereignis sein würde, weil es immerhin ein gefährlicher Krieg und ein Krieg bleibt, der für uns kein annehmbares Kampfziel hat . . .«[37]

Es ist möglich, ja sogar wahrscheinlich, daß Bismarck die Gefahren gar nicht wahrnahm, die er damit für das Deutsche Reich heraufbeschwor. Den Nationalismus, den deutschen so gut wie den französischen, hatte er zu unterschiedlichen Zeiten und Gelegenheiten für seine Zwecke benutzt. Er war ein Instrument gewesen, dessen man sich mit Gewinn bediente, um die Unruhe im Räderwerk der europäischen Staatenordnung neu zu justieren. Das war alles. Und die Massenemotionen, die der Nationalismus freisetzte und die die Politik der Staaten und der Regierungen beeinflussen konnten, waren Bismarck völlig fremd und unkalkulierbar. Im Grunde seines Herzens war er zutiefst davon überzeugt, daß sich die planetarische Ordnung der europäischen Staatenwelt durch Kongresse und Absprachen der leitenden Staatsmänner für alle Zeiten fixieren ließ. Er allein hielt die Fäden in der Hand, trennte sie auf und knüpfte sie neu. Das Spiel war kompliziert, doch er überschaute es, und er traute sich vor allem zu, es auch in Zukunft noch nach seinem Willen lenken zu können. Daß diese Zuversicht aber nur eine einzige große Selbsttäuschung war, das begann Bismarck nun ganz allmählich zu dämmern. Aber dies wirklich zu erkennen und sich dies vor allem auch einzugestehen, das hat er bis ans Ende seiner Tage nicht vermocht.

18. KAPITEL

»Wenn ich nicht staatsstreichere, setze ich nichts durch«[1]

Bismarcks politische Agonie, der Zerfall seines so kunstvoll konstruierten politischen Systems, begann paradoxerweise mit einem seiner größten innenpolitischen Erfolge. Die Kartellparteien errangen 1887 mit 220 Sitzen eine überwältigende Mehrheit im neuen Reichstag. Gestützt auf diese Mehrheit, gelang es Bismarck, das dritte Septennat als Gesetz zu verankern. Auch das Landwehrgesetz, mit dem im Mobilmachungsfall die Kriegsstärke des Feldheeres um rund 700 000 Mann erhöht wurde, passierte im Februar 1888 mühelos den Reichstag. Der Kartellreichstag bewilligte ferner eine ganze Reihe von Steuererhöhungen und stimmte außerdem einer Verlängerung der Legislaturperiode auf fünf Jahre zu. Bismarck, so schien es, hatte endlich einen Reichstag, der alle seine gesetzgeberischen Vorhaben bereitwillig unterstützte. Doch schon bei dem Gesetzentwurf, der eine weitere Erhöhung der Getreidezölle vorsah, versagte ihm die Kartellmehrheit die Gefolgschaft. Daß die Getreidezölle dennoch den Reichstag passierten, war einer rein zweckgebundenen Koalition von Zentrum und Konservativen zu verdanken. Darüber hinaus hielt die Regierung von sich aus eine ganze Reihe von Gesetzesinitiativen zurück, von denen abzusehen war, daß ihnen auch die Kartellparteien ihre Zustimmung verweigern würden.[2] Kurz, die Kartellwahlen von 1887 hatten zwar die strikt oppositionellen Reichstage beseitigt, aber bei weitem noch nicht wieder jene Voraussetzungen geschaffen, die es Bismarck in den Jahren von 1871 bis 1879 erlaubt hatten, den innenpolitischen Kurs des Reichs weitgehend nach eigenem Gutdünken zu bestimmen. Der wichtigste Grund dafür war, daß die seither weiter gestiegene soziale und wirtschaftliche Komplexität der Gesellschaft, die sich nicht nur entsprechend ihren wirtschaftlichen Interessen immer stärker auch politisch polarisierte, dem eigenwilligen konstitutionellen System bismarckscher Prägung immer mehr zusetzte. Das Zersplittern der Kartellmehrheit bei der Erhöhung der Getreidezölle war ein Indiz dafür, daß die alten Mittel und Methoden politischer Steuerung nicht mehr funktionierten. Der Anfang vom Ende des innenpolitischen Systems Bismarcks kündigte sich damit an.

In gleichem, wenn nicht noch stärkerem Maße geriet auch die Außenpolitik des Reichs ins Schlingern. Bismarck hatte sich wiederholt erfolgreich dem Drängen der österreichischen Regierung widersetzt, die von ihm die Zusicherung verlangte, daß sich das Reich im Falle einer bewaffneten Intervention Rußlands in Bulgarien dem Expansionsdrang des Zaren an der Seite Österreichs entgegenstellte. Diese Vorstellungen der Wiener Regierung, die im Sommer und Herbst 1886 an Bismarck herangetragen wurden, suchte er dadurch zu parieren, daß er England in die balkanischen Händel hineinzog: England, nicht das Reich, sollte gemeinsam mit Österreich Rußland auf dem Balkan die Stirn bieten. Diese diplomatischen Schachzüge hatten auch einen gewissen Erfolg, insofern es Bismarck unter geschickter Ausnutzung italienischer Balkanprätentionen gelang, zwischen England und Italien im Februar 1887 eine Verständigung über eine gemeinsame Haltung beider Länder in der Balkanfrage herbeizuführen. Dieser sogenannten Mittelmeerentente schloß sich Ende März 1887 Österreich an.

Mit dieser Entente, die kein förmliches Bündnis war, sondern lediglich auf einem Notenaustausch der beteiligten Regierungen basierte, verpflichteten sich Italien, Österreich und England, den Status quo im Mittelmeer, in der Adria, in der Ägäis und im Schwarzen Meer »autant que possible« zu garantieren. Jede Annexion, Okkupation oder Errichtung eines Protektorats sollte verhindert werden. Falls dennoch eine Änderung dieses Status quo einträte, sollte diese nur nach vorheriger Absprache der drei Regierungen anerkannt werden. Im Prinzip hatte Bismarck damit erreicht, was er wollte: Österreich bekam durch die Mittelmeerentente den trügerischen Eindruck vermittelt, England unterstütze seine Balkanpolitik, während Deutschland dagegen, das als Mitglied des Dreibunds gleichsam nur stiller Teilhaber dieser streng geheimen Entente war, gegenüber Rußland außen vor blieb. Warum es Bismarck nicht bei dieser für das Reich überraschend günstigen Konstellation beließ und sich im übrigen darauf beschränkte, Rußland gegenüber ein Verhältnis mehr oder minder unverbindlicher Freundschaft zu wahren und gleichzeitig positiv auf jene Initiativen zu reagieren, die von der französischen Regierung ausgingen, ist rätselhaft. Paris hatte nämlich nach dem Sturz Boulangers im Mai 1887 deutlich signalisiert, daß es trotz allem von Bismarck provozierten Kriegsgeschrei an einer friedlichen und freundschaftlichen Zusammenarbeit mit Deutschland auf bestimmten Feldern der Außenpolitik interessiert sei. Der Hinweis, daß sich Bismarck deshalb nicht auf diese französischen Ouvertüren einließ, weil damit das Reich vor allem für eine Unterstützung der französischen Ansprüche in Ägypten gewonnen werden sollte und er sich damit England entfremdet hätte, das ihm als Partner der Mittelmeerentente so sehr wichtig war, vermag nicht zu überzeugen. Gegenüber

Rußland fand sich Bismarck zum Abschluß des sogenannten Rückversicherungsvertrages bereit, der am 18. Juni 1887 unterzeichnet wurde und der seinem ganzen Inhalt nach das genaue Gegenteil dessen war, was mit der Mittelmeerentente verabredet worden war! In dem »ganz geheimen« Zusatzprotokoll zu dem defensiven und lediglich geheimen Hauptvertrag verpflichtete sich das Reich, Rußland nicht nur in Bulgarien, sondern auch in der Frage der Meerengen zu unterstützen, sollte es der Zar für notwendig erachten, wie hier blumig formuliert wurde, den »Schlüssel seines Reichs« in Verwahrung zu nehmen und selbst den Eingang zum Schwarzen Meer zu verteidigen.[3] Das Reich machte damit dem Zaren Zusicherungen, die in eklatantem Gegensatz zu jener Politik standen, die es gegenüber den Mächten der Mittelmeerentente zu vertreten behauptete, und das alles, ohne vom Zaren eine entsprechende diplomatisch-politische Gegenleistung zu fordern, geschweige denn eine solche zu erhalten! Der »geheime« Hauptvertrag verpflichtete zwar beide Partner zur Neutralität, aber dies sollte nur für den Fall gelten, daß einer von ihnen mit einer dritten Macht Krieg führe. Die Neutralitätsklausel würde aber automatisch hinfällig, sollte Deutschland Frankreich oder Rußland Österreich angreifen![4]

In den Rückversicherungsvertrag sind bis heute Eigenschaften hineingeheimnist worden, die ihm bei nüchterner Betrachtung gerade abgehen. Kern dieser auf Bismarck zurückgehenden Legende ist die Behauptung, daß es dem Reich mit Hilfe des Rückversicherungsvertrags gelungen wäre, eine russisch-französische Entente zu vereiteln. Das ist eine Verdrehung der Tatsachen, denn die Bestimmungen des Rückversicherungsvertrags stipulierten ja das genaue Gegenteil: Die Neutralitätsverpflichtung Rußlands sollte dann nicht gelten, wenn Deutschland Frankreich angriffe. Das aber war entschieden mehr als die bloß schützende Hand, die der Zar schon bei der Krieg-in-Sicht-Krise von 1875 über Frankreich gehalten hatte. Das ganze Gewicht dieses Vertragspassus ergibt sich aus der umgekehrten Bestimmung, daß diese Neutralitätsverpflichtung auch nicht für Deutschland gelte, wenn Rußland Österreich angriffe!

Es war Bismarck gewesen, der während der Vertragsverhandlungen dem russischen Unterhändler Paul Schuwalow den Text des bislang geheimen Zweibundvertrags von 1879 vorlas, mit dem sich Deutschland zur Unterstützung Österreichs im Falle eines russischen Angriffs verpflichtet hatte![5] Weit davon entfernt also, eine mögliche französisch-russische Entente zu verhindern, legten die Bestimmungen des Rückversicherungsvertrags eine solche Verständigung geradezu nahe, um russischerseits den österreichisch-deutschen Zweibund wirksam zu konterkarieren! Nach dem Vorbild des deutsch-österreichischen Zweibundes, dem mit den Bestimmungen des Rückversicherungsvertrags Rechnung getragen wurde, wäre eine russisch-französische Entente durchaus vereinbar gewesen. Daß diese aber erst nach dem Auslaufen und der Nichtverlängerung des Rückversicherungsvertrags durch Caprivi nach 1890 zustande kam, hatte damit nicht das mindeste zu tun. Die russisch-französische Entente wurde in dem Moment eingeleitet, als Frankreich seine Bereitschaft zu erkennen gab, Rußland auf dem Balkan völlig freie Hand zu lassen.

Der Abschluß des Rückversicherungsvertrags war alles andere als eine »diplomatische Meisterleistung« Bismarcks.[6] Der Vertrag war vielmehr eine Bankrotterklärung der gesamten bismarckschen Außenpolitik, zeigte sich bei seinem Abschluß doch, wie sehr Bismarck noch in politischen Größen und Kategorien dachte, die längst von der Entwicklung überholt waren.[7] Überdies gewann mit dem Rückversicherungsvertrag eben jene Gefahr konkrete Gestalt, von der die Legende bis heute behauptet, sie sei durch diesen Vertrag noch einmal gebannt worden: die Gefahr nämlich, daß das Reich eines Tages einen Krieg an zwei Fronten werde führen müssen, es sei denn, es löste seine enge Bindung an Österreich. Das aber war eine Bedingung, die das Reich nur dann hätte erfüllen können, wenn es wesensmäßig ein anderes gewesen wäre, als es durch Bismarck geworden war: Das Reich hätte ein Nationalstaat sein müssen, der vom freien politischen Willen der Nation und nicht durch die Mächte von »Blut und Eisen« und gemäß den Interessen einer engstirnigen Feudalklasse und eines bankrotten Königtums gestaltet wurde.

Die Gewitterwolken, die sich über der Zukunft des Reichs in Europa zusammenballten und die Ursache waren für Bismarcks »cauchemar des coalitions«, den »Alpdruck der Bündnisse«, an dem er einem Bonmot des russischen Botschafters in Berlin, des Grafen Schuwalow, zufolge nächtens litte,[8] kontrastierten kaum mit einer freundlicheren Wetterlage im Reich. Auch hier war die absehbare Zukunft düster. Trotz der Kartellmehrheit sah sich Bismarck zunehmend dem Zwang ausgesetzt, gerade solche Entscheidungen auf sozial- und wirtschaftspolitischem Gebiet zu vermeiden, die allenfalls noch geeignet gewesen wären, seine Herrschaft in bewährter Manier zu stabilisieren. An diesem politischen Immobilismus erwies es sich immer deutlicher, daß das bismarcksche System keine andere Alternative bieten konnte als Reaktion oder Revolution. Die Hochflut gesellschaftlicher Geltungsansprüche und materieller Interessen, die sich in einer immer bunter werdenden Vielfalt von Interessengruppen artikulierten und organisierten, zersetzte die noch überwiegend weltanschaulich geprägten »Honoratiorenparteien« des Reichstags von innen her. Und diese Hochflut gesellschaftlicher Geltungsansprüche ließ sich auch nicht mehr mit den bislang so erfolgreich geübten Methoden einer hochmanipulativen politischen Steuerung beeinflussen, geschweige denn wirksam eingrenzen. Unmerklich, aber stetig hatten sich die Voraussetzungen, auf die Bismarcks System einst gegründet worden war, verändert. Die schmale Basis der politisch Bewußten und Aktiven, mit der Bismarck zu rechnen gewohnt war, hatte sich längst verbreitert. Das Bewußtsein, in einem Reich zu leben, hatte unterdessen die Massen erreicht. Der größere Verbreitungsgrad von Zeitungen, die Zunahme des Verkehrs, die riesige Binnenwanderung vom Land in die Städte, die Verbesserung der schulischen Bildung, die zwar langsame, aber doch kontinuierliche Anhebung des Lebensstandards in allen Schichten der Bevölkerung, auch der »Kulturkampf« und die Sozialistenverfolgungen – all dies half mit, das politische Bewußtsein der breiten Schichten zu wecken, aus dem heraus immer mehr Gruppen ihre Ansprüche, Hoffnungen und Wünsche gegenüber dem Reich geltend machten. Mit den Wirtschaftsinteressen, zunächst sektoral und regional begrenzt und deshalb leicht zu befriedigen, hatte es begonnen. Jetzt, gegen Ende der achtziger Jahre, wurden es immer mehr Gruppen, die ihre Interessen auf *nationaler Ebene* organisierten und gegenüber der Reichsregierung ihre Ansprüche anmeldeten. Es war dies eine Entwicklung, der Bismarck mit völligem Unverständnis begegnete und der auch sein System nicht gewachsen war. Durch die eigenen, längst einer fernen Vergangenheit angehörenden Erfolge uneinsichtig gegenüber diesen neuen Entwicklungen geworden, versuchte es Bismarck immer wieder mit den alten Rezepten. Doch weder die von ihm beschworene Bedrohung durch »Reichsfeinde« im Innern noch die Gefahr, die vom französischen »Erbfeind« von draußen ausging, taten wie früher ihre Wirkung. Das System Bismarcks blieb in dieser Situation lediglich aus dem schieren Mangel an einer brauchbaren, einer besseren Alternative bestehen. Die unterschiedlichen gesellschaftlichen Interessen und Geltungsansprüche paralysierten sich nicht selten gegenseitig, und keine Gruppierung oder Partei dachte ernsthaft daran, der immer weiter um sich greifenden innenpolitischen Stagnation durch den entschlossenen Versuch, das politische System zu parlamentarisieren, ein Ende zu setzen. Aber auch Bismarck tat nichts. Der Alte verstand die Welt nicht mehr. Mit Blut und Eisen, darum kreisten seine Gedanken immer öfter, mit Blut und Eisen müßte sich das alles wieder in Ordnung bringen lassen, was so offensichtlich in Unordnung geraten war, weil er es nicht mehr verstand. Letztlich aber schreckte er immer wieder davor zurück, einen Staatsstreich zu wagen, das Reich, das seiner Kontrolle zusehends entglitt, wieder mit den Methoden einer unverhüllten Reaktionspolitik fest in den Griff zu bekommen. Bismarck scheute diesen Schritt aber keineswegs deshalb, weil ihn Skrupel geplagt hätten, sondern weil er mit guten Gründen an einem Erfolg zweifeln mußte. Denn eine gewaltsame Umgestaltung des Reichs nach reaktionären Gesichtspunkten hätte sehr wohl seine Auflösung zur Folge haben können, hätte womöglich die Rekonstruktion eines um die süddeutschen Reichsteile amputierten großpreußischen Staates im territorialen Gehäuse des alten Norddeutschen Bundes gezeitigt, ein Ergebnis, das sich unweigerlich auf das Gleichgewicht der europäischen Mächte ausgewirkt und damit die mühsam und mit Glück errungene Großmachtstellung Preußens in der Hülle des Reichs wieder vernichtet hätte.

Ein weiterer Grund für Bismarcks Zaudern war die Ungewißheit der Thronfolge. Im November 1887 war »amtlich« festgestellt worden, daß Kronprinz Friedrich Wilhelm Krebs hatte. Damit waren alle Befürchtungen Bismarcks, aber auch die Erwartungen all jener, die mit der Thronbesteigung des Kronprinzen die Hoffnung auf ein liberales und wahrhaft konstitutionelles Regime verbunden hatten, hinfällig geworden. Als Wilhelm I. am 9. März 1888 fast einundneunzigjährig starb, besaß der todkranke Kronprinz, der nun als Friedrich III. den Thron des deutschen Kaisers bestieg, längst schon nicht mehr genügend Lebenskraft, um die Geschicke des Reichs in jene Bahnen zu lenken, wie dies nicht wenige von ihm erhofften. Die Entlassung des ultrakonservativen preußischen Innenministers Robert von Puttkammer war die einzige Entscheidung von einiger Bedeutung, die der neue Kaiser in den 99 Tagen seiner Regierung durchzusetzen vermochte. Von den Zeitgenossen, aber auch von den Nachgeborenen ist dies immer als ein Hinweis dafür gewertet worden, welche politische Richtung Friedrich III. eingeschlagen hätte, wäre er nur länger am Leben geblieben. Aber das sind müßige Spekulationen.

Als am 15. Juni 1888 Friedrich III. starb, gelangte der gerade achtundzwanzigjährige Enkel Wilhelms I. auf den deutschen Kaiserthron. Allein die bloße Jugend Kaiser Wilhelms II. schien vielen Zeitgenossen schon die Gewähr dafür zu bieten, daß nun endlich die seit dem Herbst 1887 während und durch den dreifachen Thronwechsel im Jahre 1888 noch verstärkte innenpolitische Lähmung überwunden würde. Mit der Person des jungen Herrschers wurden vielfältige, bisweilen geradezu messianische Hoffnungen verknüpft. Er werde, und diese Erwartung war in allen politischen Lagern verbreitet, einen neuen Anfang wagen, dem Reich eine neue Dynamik einflößen und dadurch dazu beitragen, dessen innere Gespaltenheit und politische Zerrissenheit zu überwinden.

Der junge Herrscher würde die Nationwerdung der Deutschen vollenden.

In diesen vielfältigen Erwartungen, die sich auf die Person des jungen Herrschers konzentrierten, war der Untergang Bismarcks bereits angelegt. Denn längst war der Nimbus des Erfolgs, der seine Person wie eine eherne Rüstung gegen alle Attacken geschützt hatte, vom Zweifel an der Weisheit seines innenpolitischen Kurses, ja seines ganzen Systems zerfressen worden. Neben dem jungen Kaiser, der ein Symbol für die strahlende Zukunft des Reichs zu sein schien, wirkte der alte Kanzler wie eine Gestalt aus grauer, trostloser Vorzeit, die sich nur noch mit skrupelloser List in ihrer Machtstellung behauptete, aber eben dadurch den Anbruch jener besseren Zukunft, für die der junge Kaiser einstand, verzögerte.

Alle Gründe, die im einzelnen und besonderen ausschlaggebend dafür waren, daß Bismarck im Frühjahr 1890 endgültig von der Macht verdrängt wurde, haben ihren Ursprung darin, daß der Kanzler im Bewußtsein der Zeitgenossen eine Vergangenheit repräsentierte, die keine Zukunft mehr hatte. Dieses Gefühl einer fatalen Zukunftslosigkeit Bismarcks, das über alle Parteigrenzen hinweg empfunden wurde, drücken jene Zeilen aus, die der von politischem Ehrgeiz geplagte umtriebige Hofprediger und konservative Abgeordnete Adolf Stöcker am 14. August 1888 an den Chefredakteur der erzkonservativen »Kreuzzeitung«, den Freiherrn von Hammerstein, richtete: »Man muß rings um das politische Zentrum respektive Kartell Scheiterhaufen anzünden und sie hell auflodern lassen, den herrschenden Opportunismus in die Flammen werfen und dadurch die Lage beleuchten. Merkt der Kaiser, daß man zwischen ihm und Bismarck Zwietracht säen will, so stößt man ihn zurück. Nährt man in Dingen, wo er instinktiv auf unserer Seite steht, seine Unzufriedenheit, so stärkt man ihn prinzipiell, ohne persönlich zu reizen. Er hat kürzlich gesagt: ›Sechs Monate will ich den Alten verschnaufen lassen, dann regiere ich selbst.‹«[9] Ton wie Inhalt dieses berühmten »Scheiterhaufen-Briefes« sind symptomatisch: Von rechts bis links war man der Person Bismarcks überdrüssig.

Bismarck erkannte sehr rasch den ganzen Umfang und die Brisanz jener Bedrohung für seine eigene Machtstellung, die sich aus jenem hochexplosiven Gemisch von Unzufriedenheit mit dem, was war, und den ungeduldigen, in ihren Zielen und Wünschen aber durchaus unterschiedlichen, ja geradezu gegensätzlichen Erwartungen an die Zukunft zusammensetzte. Die liberalen Aspirationen des als Kaiser kaum zur Wirksamkeit gelangten Kronprinzen waren für ihn vertraute politische Ansichten gewesen, gegen die er rechtzeitig umsichtige Vorsorge getroffen hatte. Gegen die Faszination der schieren Jugend Kaiser Wilhelms II. aber, die vor dem Hintergrund der allgemeinen politischen Lähmung nur noch an Strahlkraft gewann, hatte er kein probates Mittel zur Hand. Was aber Bismarck als besonders gefährlich ansehen mußte, war der Umstand, daß die Faszination des Kaisers die Hoffnungen und Erwartungen aller politischen Parteien beflügelte, die unbeschadet ihrer sonstigen Divergenzen in dem einen Punkt übereinstimmten, daß es galt, sich seiner Person zu entledigen, sollten nun bessere Zeiten anbrechen.

Allen Versuchen Bismarcks, dem Unvermeidlichen zu trotzen und sich dennoch an der Macht zu halten – von nichts anderem war seine Politik in den letzten anderthalb Jahren seiner Kanzlerschaft bestimmt –, mangelt deshalb alle Größe, aller Glanz und auch jeglicher Erfolg. Bismarck suchte in Winkelzügen seine Zuflucht, deren ganze Erbärmlichkeit, ja deren menschliche Unzulänglichkeit Aufschluß darüber geben, wie sehr er bereits das Amt, das er innehatte, mit seiner Person identifizierte, wie wichtig ihm der Besitz der Macht um ihrer selbst willen geworden war. Dies alles blieb den Zeitgenossen nicht verborgen. Vor allem die häßliche Auseinandersetzung, die von Bismarck anläßlich der Veröffentlichung von Auszügen aus dem Kriegstagebuch Friedrichs III. von 1870/1871 angezettelt wurde, öffnete manchem die Augen dafür, wie rücksichtslos und entschlossen er seine Position verteidigen wollte.[10] Die ganze Auseinandersetzung endete mit einer Niederlage des Kanzlers, und Bismarck erkannte jetzt, daß er seine Stellung nur würde behaupten können, wenn es ihm gelang, die politische Unerfahrenheit des jungen Kaisers auszunutzen und gleichzeitig damit seine eigene Unentbehrlichkeit zu beweisen.

Die ungelöste und mit Hilfe des Sozialistengesetzes immer wieder nur verdrängte soziale Frage, der Klassengegensatz zwischen den Besitzenden und der wachsenden Zahl der Habenichtse, enthielt für Bismarck jenen Zündstoff, der zur Explosion gebracht werden mußte, damit er sich als Retter in der Not unentbehrlich machen konnte. Ihm kam dabei zustatten, daß nicht nur der junge Kaiser und die ihm ergebenen Hofkreise, sondern auch Teile des Zentrums und der Fortschrittspartei wiederholt ihr Unbehagen über die bismarcksche Politik unbedingter Unterdrückung der Sozialdemokratie geäußert hatten. Dieser ganzen Politik war es ja nicht gelungen, den Einfluß der Sozialdemokraten auf die Arbeiterschaft einzudämmen. Aus dieser Einsicht wurde deshalb vielfach der Schluß gezogen, daß ein gewisser politischer Ausgleich mit der Arbeiterschaft rechtzeitig versucht werden müsse, wolle man die Dinge nicht auf die Spitze treiben und den politischen und sozialen Umsturz durch die eigene Starrheit provozieren. Bismarck lauerte nur darauf, daß all diejenigen, die zu einem begrenzten Kompromiß in der sozialen Frage rieten, durch die Gewalt der Tatsachen diskreditiert werden würden. Durch Reden und Andeutungen suchte er ein innenpolitisches Chaos heraufzubeschwören, das dann bemeistern zu können er allein sich zutraute. Ließ sich seine Unentbehrlichkeit besser beweisen, als wenn er das Reich in letzter Minute vor dem »roten Umsturz« bewahrte?

Wie schon so oft, schien auch diesmal ein Zufall Bismarck in die Hände zu spielen. Während im Berliner Reichstag über die Alters- und Invaliditätsversicherung debattiert wurde, brach Anfang Mai 1889 im Ruhrgebiet ein Streik der Bergarbeiter aus, der bald auf die übrigen deutschen Grubendistrikte im Saarland, in Oberschlesien und in Sachsen übergriff. Hauptforderungen der Bergleute waren neben Lohnerhöhungen die Achtstundenschicht unter Tage, die Abschaffung von Überschichten sowie das Recht zur Wahl von Arbeiterausschüssen, die mit den Arbeitgebern bei künftigen Konflikten verhandeln sollten. Vor allem die Begrenzung der Arbeitszeit war Teil jenes Arbeiterschutzprogramms, dessen Verabschiedung wiederholt vom Reichstag mit großer Mehrheit gefordert, das von Bismarck aber regelmäßig mit der Absicht abgeblockt worden war, die Dinge auf die Spitze zu treiben. Deshalb setzte er sich auch dafür ein, daß der Arbeitskampf in den Zechen von den Beteiligten selbst beigelegt werden sollte. Laut Protokoll begründete er seinen Standpunkt in einer Sitzung des Staatsministeriums unter Vorsitz des Kaisers am 12. Mai 1889 mit folgenden Argumenten: »Angesichts der bevorstehenden Beratung über gegen die Sozialdemokratie gerichtete Gesetze möchte er es als politisch nützlich ansehen, wenn die Beilegung dieses Streiks und seiner traurigen Folgen nicht zu glatt und rasch erfolge, letztere sich vielmehr der liberalen Bourgeoisie fühlbarer machten. Dieselbe gehe immer von der Voraussetzung aus, unter der Sozialdemokratie leide die Regierung mehr als der Bürger, und wenn die Bewegung ernsthaft werde, unterdrücke die Regierung sie doch nötigenfalls mit Gewalt, vorbeugende Gesetze seien also gar nicht so nötig.«[11] Der Kaiser dagegen trat vehement für die Sache der streikenden Bergarbeiter ein und unterstützte deren Forderungen nach Lohnerhöhungen mit der Warnung an die Adresse der Arbeitgeber, er werde die Truppen aus dem Streikgebiet zurückbeordern. Zwar schien, als die Arbeitskämpfe andauerten, der Kaiser zur kaum verhohlenen Befriedigung Bismarcks in seiner Parteinahme für die Bergleute schwankend zu werden und nun seinerseits ein gewaltsames Eingreifen zu erwägen.[12] Aber unter dem Einfluß seiner Berater, die ihm vor Augen führten, daß sein »Umfallen« in dieser Frage seinem öffentlichen Ansehen erheblichen Schaden zufügen würde, hielt der Kaiser dann doch an seiner zuerst eingenommenen Haltung fest und erzielte dadurch, daß die Arbeitgeber in einer Reihe von Punkten den Forderungen der streikenden Arbeiter nachgaben und der Streik damit beendet wurde, einen erheblichen Prestigegewinn für seine Person wie für die von ihm vertretene Politik des sozialen Ausgleichs.

Dieser Triumph des Kaisers war die entscheidende politische Schlappe Bismarcks. Von diesem Erfolg angefeuert, warf sich der Kaiser in den folgenden Monaten auf die Ausarbeitung eines sozialpolitischen Programms, als dessen wichtigste Maßnahme die Arbeiterschutzgesetzgebung zunächst in Angriff genommen werden sollte. Bismarck beging nun den – wie sich bald zeigen sollte – für ihn verhängnisvollen Fehler, daß er das durch die Beilegung des Bergarbeiterstreiks enorm gesteigerte Selbstwertgefühl des jungen Herrschers nicht richtig einschätzte. Statt ständig in der Nähe des Kaisers zu sein, um diesen vor anderen Einflüssen abzuschirmen, zog er sich bereits Anfang Juni auf seine Landgüter zurück. Damit aber war der Kaiser völlig den Einflüsterungen jener Kreise unverantwortlicher Ratgeber ausgesetzt, welche die Auszeichnung, sich zum intimen Umgang Wilhelms II. rechnen zu dürfen, mit übertriebenen Schmeicheleien vergalten, für die der Souverän höchst empfänglich war. Kein Zweifel, daß in diesem Kreis auch gegen Bismarck gestichelt und intrigiert wurde, den man verachtete, weil man seine zynische, auftrumpfende Überlegenheit fürchtete. Bismarck müsse verschwinden, so mag man hier gedacht und geredet haben, damit der Stern des Kaisers noch heller strahle. Das aber waren Gedanken und Überlegungen, die Wilhelm II. insgeheim schon selbst gehegt haben mochte, Gedanken, die nun durch den Erfolg seiner Politik, die so ganz den Ratschlägen und Absichten des Kanzlers zuwidergelaufen war, ihre scheinbare Rechtfertigung erhalten hatten.

Von dem, was sich am Hofe in Berlin gegen ihn zusammenbraute, hat Bismarck wohl keine Ahnung gehabt. Der alte Fuchs, so scheint es, hatte völlig die ihm früher eigene feine Witterung für heraufziehende klimatische Veränderungen verloren. Denn wie sonst ließe sich erklären, daß Bismarck im Oktober 1889, noch immer auf seinem Gut Friedrichsruh weilend, den Reichstag mit einer Gesetzesvorlage überraschte, von der er hätte wissen müssen und können, daß sie kaum den politischen Intentionen des Kaisers entsprach und daß sie außerdem auch noch den Zusammenhalt jener immer fragwürdiger werdenden, aber gleichwohl noch existierenden Kartellmehrheit unweigerlich sprengen würde? Im Herbst 1890 lief das Sozialistengesetz aus. Im Februar 1890 fanden turnusgemäß Reichstagswahlen statt, bei denen mit großer Wahrscheinlichkeit die Kartellparteien nicht zu den Gewinnern zählen würden. Bismarck hatte es nun sehr eilig, wußte er doch, daß nur der noch tagende Kartellreichstag jenem Entwurf eines Sozialistengesetzes zustimmen würde, den er dem Reichstag am 25. Oktober 1889 zuleitete und mit dem er statt der bislang üblichen befristeten Verlängerung dieses Ausnahmegesetzes dessen unbeschränkte Dauer forderte! Der Kartellreichstag wäre diesem Verlangen sicherlich nachgekommen, wenn sich Bismarck nicht in einem Punkt zu weit vorgewagt hätte. Sein Gesetzentwurf sah nämlich vor, daß die bei ihrer Einführung schon heißumstrittene Befugnis der Polizei, Sozialdemokraten aus ihrem Wohnort auszuweisen, ebenfalls unbefristet in Kraft bleiben sollte. Diese Ausnahmeregel, die häufig mit rücksichtsloser Härte angewandt wurde, war jedoch auch bei vielen Gegnern der Sozialdemokratie auf Ablehnung gestoßen. Außerdem hatte sich gezeigt, daß diese Auswirkungen in der Praxis den Absichten, die mit dem Sozialistengesetz verfolgt wurden, äußerst abträglich waren; denn abgesehen davon, daß die Art und Weise, in der Sozialdemokraten von der Polizei behandelt wurden, der verfolgten Partei Märtyrer bescherte, deren Beispiel für den Zusammenhalt der illegalisierten Parteiorganisation von großer Bedeutung war, hatten sich diese extremen Schikanen auch als völlig unsinnig erwiesen: Die aus ihren angestammten Wohnorten Verbannten entfalteten nun ihre agitatorische Wirksamkeit in Gebieten, in denen die Sozialdemokratie bislang als politische Kraft noch nicht in Erscheinung getreten war. Vor allem deswegen erklärten die Nationalliberalen kategorisch, sie würden dem Sozialistengesetz nur unter der Bedingung zustimmen, daß die Ausweisungsbefugnis gestrichen werde. Genau das Gegenteil forderten die Konservativen für ihre Zustimmung zu diesem Gesetz. Da Bismarck aber seinerseits nicht bereit war, den Konservativen, die wohl erkannten, daß die Nationalliberalen nicht von ihrer Forderung abrücken würden, goldene Brücken zu bauen, damit sie einerseits ihr Gesicht wahren, andererseits aber das Gesetz zu den Bedingungen der Nationalliberalen passieren lassen konnten, scheiterte die gesamte Gesetzesvorlage im Reichstag. Die Kartellmehrheit, die zu erhalten sich Bismarck hätte angelegen sein lassen müssen, um seine Stellung gegenüber dem Kaiser zu behaupten, zerbrach darüber.

Aus den Motiven, die Bismarck letztlich bewogen haben, den Konservativen den Weg zur Zustimmung zu seiner Vorlage nicht zu ebnen, geht unmißverständlich hervor, wie falsch der in Friedrichsruh weilende Kanzler die Lage beurteilte. In Bismarcks Kalkül sollte das erheblich verschärfte Sozialistengesetz jener Hebel sein, der es ihm ermöglichte, seine Machtstellung auch gegenüber dem jungen Kaiser zu behaupten: Ließ der Kartellreichstag die Gesetzesvorlage der Regierung passieren, dann war die Politik eines vorsichtigen sozialen Ausgleichs, die der Kaiser eingeleitet hatte, diskreditiert und deren Fortsetzung unmöglich. Der Bismarcksche Staat wäre durch einen »kalten Staatsstreich« unter Assistenz des Reichstags in einen unverhüllt repressiven Klassenstaat umgewandelt worden. Verweigerte der Reichstag aber seine Zustimmung, mußte die Kartellmehrheit auseinanderbrechen. Trat dieser Fall ein, war wenig wahrscheinlich, daß es der Regierung jemals wieder gelänge, sich auf eine ihr blind ergebene Reichstagsmehrheit stützen zu können. Deshalb würde der Regierung, so Bismarcks Überlegung, nichts anderes übrigbleiben, als wie zu zeiten des preußischen Verfassungskonflikts Reichstag und Verfassung zu mißachten und den Kurs des »reinen« Staatsinteresses zu steuern. Egal, welcher Fall nun einträte, so malte es sich Bismarck aus, würde er als Kanzler dem Kaiser unersetzlich sein.

Bismarck muß spätestens im Winter 1889/1890 fest entschlossen gewesen sein, einen »kalten Staatsstreich« zu wagen, um gegenüber dem jungen Kaiser seine Machtstellung behaupten zu können. Es ist nicht ohne Ironie, daß die Pläne Bismarcks damals zum Segen des Reichs an eben jenem Ehrgeiz Wilhelms II. scheiterten, der später so häufig die Ursache dafür sein sollte, daß das Reich nicht wiedergutzumachenden Schaden an seinem Ansehen in der Welt nahm. Dem Kanzler dürfte der Ehrgeiz des Kaisers nicht entgangen sein, nur über die Richtung, in die ihn dieser trieb, war er in völliger Unkenntnis. Ja, es scheint sogar, daß er völlig irrigerweise davon überzeugt war, der Kaiser werde den insgeheim geplanten »kalten Staatsstreich« in jugendlichem Übereifer unterstützen. Gegenüber dem Prinzen Reuß, der in Friedrichsruh zu Besuch war, bemerkte Bismarck am 7. Dezember 1889: »Mit der Eventualität einer feindlichen Mehrheit muß man ja immer rechnen; man kann drei-, viermal auflösen, zuletzt muß man doch die Töpfe zerschlagen. Diese Fragen, wie die der Sozialdemokratie, wie die des Verhältnisses zwischen Parlamenten und Einzelstaaten, werden nicht gelöst ohne Blutstaufe, wie die deutsche Einheit auch. Und da dem jüngeren Herrn Gewaltmaßnahmen lose im Nacken sitzen . . .«[13] Gegenüber seinem Gesprächspartner führte Bismarck diesen Gedanken nicht weiter aus, doch ist es offensichtlich, worauf er hinauswollte . . .

Daß er hinsichtlich der Haltung des Kaisers in einem Irrtum befangen war, wird Bismarck erst gedämmert haben, als ihn am 9. Januar 1890 der Staatssekretär im preußischen Innenministerium, Heinrich von Bötticher, in Friedrichsruh aufsuchte, um ihn zum Einlenken in der Frage der polizeilichen Ausweisungsbefugnis zu bewegen, da dies auch der Kaiser wünsche, der es begrüßen würde, wenn das Sozialistengesetz in der abgemilderten Fassung mit der Mehrheit der Kartellparteien den

Reichstag passierte; der Kaiser trüge sich aber gleichzeitig mit der Absicht, die soziale Frage nicht allein durch repressive Maßnahmen lösen zu wollen, sondern auch durch Reformen, insbesondere auf dem Gebiet des Arbeiterschutzes. Die Graue Eminenz des Außenministeriums, der Geheime Rat Friedrich von Holstein, hatte Bötticher vor dessen Abreise nach Friedrichsruh ausdrücklich aufgetragen, dem Kanzler zu sagen, er laufe Gefahr, isoliert zu werden, wenn er sich öffentlich gegen die sozialpolitischen Pläne des Kaisers ausspräche, ja, er würde diesem dadurch geradezu die Möglichkeit eröffnen, sich von ihm zu trennen. Trotzdem beharrte Bismarck auf seinem Standpunkt. Er war weder bereit, die Ausweisungsbefugnis abzuschwächen, noch willens, das Arbeiterschutzprogramm des Kaisers gutzuheißen. Vor allem gegen letzteres verwahrte sich Bismarck mit Argumenten nach Gutsherrenart: Man dürfe, so der Kanzler damals zu Bötticher, doch dem hungernden Arbeiter und der notleidenden Arbeiterwitwe nicht die Gelegenheit zum Verdienst beschneiden![14] Das waren seine Einwände gegen ein Programm, das eine gesetzliche Begrenzung der Arbeitszeit, ein generelles Verbot der Sonntagsarbeit sowie eine Beschränkung der Frauen- und Kinderarbeit vorsah.

Aus all dem wird deutlich, wie völlig falsch Bismarck die Situation einschätzte und wie sehr er sich in der Psyche des Kaisers täuschte. Gegenüber Bötticher rühmte er sich, es werde ihm schon mit Leichtigkeit gelingen, Wilhelm II. im persönlichen Gespräch von der Verfehltheit seiner sozialpolitischen Ideen zu überzeugen. Statt nun aber schleunigst nach Berlin zurückzukehren, um mit dem Kaiser zu reden, wozu Bötticher den Kanzler drängte, zog er es vor, dem Rat seines Sohnes Herbert zu folgen, der sich während der Abwesenheit des Vaters von Berlin dort in der Rolle eines Stellvertreters gefiel. Bismarck blieb in Friedrichsruh. Für den 23. Januar 1890 war die zweite Lesung des Sozialistengesetzes im Reichstag angesetzt. Und just an diesem Tag erhielt Bismarck in Friedrichsruh die ihn überraschende Mitteilung, daß für den kommenden Tag, den 24. Januar, eine Sitzung des Staatsministeriums unter Vorsitz des Kaisers anberaumt worden sei, der sich über diesen Termin vorher mit Bismarck nicht verständigt hatte. Dieses Signal war deutlich. Nun mußte die Entscheidung fallen, und die Sache, um die es dabei ging, das sozialpolitische Programm des Kaisers, würde nur der Vorwand sein, um eine ganz andere Entscheidung herbeizuführen, die Entscheidung nämlich, wer Sieger in diesem Machtkampf bleiben würde, der Kaiser oder der Kanzler. Noch am Abend des 23. Januar äußerte Friedrich von Holstein Bismarcks Sohn Herbert gegenüber erneut seine schwerwiegenden Bedenken, sollte sich sein Vater in der Sitzung des

Staatsministeriums gegen des Kaisers Programm aussprechen. Diese Warnungen faßte Holstein am Morgen des 24. Januar noch einmal in einem Brief an Herbert von Bismarck zusammen.[15] Aber auch diese wiederholte Warnung durch seinen politisch wohl erfahrensten Mitarbeiter machte auf den Kanzler keinerlei Eindruck, wie der Verlauf der Sitzung am 24. Januar zeigt.[16] Noch vor Beginn der Zusammenkunft, die auf sechs Uhr nachmittags angesetzt war, versammelte Bismarck seine Minister um sich, um sie auf eine gemeinsame Linie in jenen Fragen einzuschwören, die aller Voraussicht nach vom Kaiser aufgeworfen werden würden. Sollte die Arbeiterschutzfrage erörtert werden, so verpflichtete der Kanzler seine Minister vorab, dann solle die Runde den Vorschlägen des Kaisers weder zustimmen noch diese ablehnen, sondern sich vielmehr Zeit für eine sorgfältige Beratung erbitten. Käme aber das Sozialistengesetz zur Sprache, dann dürfe man sich keinesfalls für die Annahme desselben ohne den Ausweisungsparagraphen aussprechen. Und, so fügte Bismarck hinzu, »man dürfe auch nicht durch Erklärungen im Reichstag das Zustandekommen ohne diesen Paragraphen erleichtern«.[17] Bismarck war also weiterhin fest entschlossen, an seiner bislang verfolgten Strategie festzuhalten, die in einen »kalten Staatsstreich« einmünden mußte. Mit der dilatorischen Behandlung des Arbeiterschutzes wollte er lediglich eine Verzögerung erreichen, bis es ihm gelungen wäre, den Kaiser unter vier Augen von seinen Vorstellungen abzubringen und für die eigenen Pläne zu gewinnen. Bei der Streichung des Ausweisungsparagraphen mußte Bismarck – wollte er Erfolg haben – Härte zeigen, denn am 25. Januar stand die entscheidende dritte Lesung dieses Gesetzentwurfs im Reichstag an.

Der Kaiser eröffnete die Sitzung des Staatsministeriums mit einem längeren Vortrag über die »ungesunde Entwicklung« der deutschen Industrie im Vergleich zur englischen. »Die Deutschen«, so der Kaiser, »hätten sich – mit wenig lobenswerten Ausnahmen – nicht um ihre Arbeiter gekümmert, sie ausgepreßt wie Zitronen und auf dem Mist verfaulen lassen ... Es fehle alle Fühlung zwischen Arbeitgeber und -nehmer, wie es die letzten Streiks bewiesen. Die Frucht dieser Unterlassungen sei das Entstehen und Wachsen der Sozialdemokratie, welche wohl zu unterscheiden sei von den Anarchisten ... Die Revolutionen seien überall dadurch entwickelt worden, daß man nicht rechtzeitig die nötigen, billigen und vernünftigen Konzessionen gemacht habe. So sei es bei uns auch zu befürchten. Er wolle der Roi des gueux sein, die Leute müßten wissen, daß sich ihr König um ihr Wohl kümmere. Er müsse in diesen Fragen das Prävenire spielen und täte das am liebsten bald in der Form eines feierlichen Manifests – noch vor den Wahlen. Man erwarte so etwas von ihm.«[18] Wie diese Ausführungen des Kaisers auf die versammelten Minister wirkten, faßte der preußische Landwirtschaftsminister Robert Freiherr Lucius von Ballhausen in seinem *Tagebuch* in dem Satz zusammen: »Wir saßen mit steigendem Erstaunen dabei, wer ihm diese Ideen eingeblasen habe.«[19]

In der Sache wollte der Kaiser nicht mehr als jene zentralen Punkte des Arbeiterschutzprogramms feierlich proklamieren, die schon wiederholt von einer großen Mehrheit des Reichstags gefordert worden waren, nämlich ein generelles Verbot der Sonntagsarbeit sowie eine weitgehende Einschränkung der Frauen- und Kinderarbeit. In der folgenden Diskussion dieser kaiserlichen Vorschläge zum Arbeiterschutz hielt sich Bismarck streng an die zuvor abgestimmte Marschroute. Einer sofortigen Veröffentlichung des vorgeschlagenen Manifests widersprach er mit dem Argument, daß der Kaiser bereits in früheren Proklamationen und Thronreden zu Fragen des Arbeiterschutzes und der Sozialgesetzgebung ausführlich Stellung bezogen habe. Ein solches Manifest sei überdies die Ankündigung von Gesetzen und müsse deshalb ebenso sorgfältig wie diese vorbereitet werden. Gegen eine solche Verzögerung setzte sich nun der Kaiser seinerseits mit dem Hinweis zur Wehr, daß an diesem Tag der Geburtstag Friedrichs des Großen sei, der ja auch auf »friedlichem Gebiet« so viel für sein Land getan habe. Nach einigen erregten Wortwechseln zwischen Kaiser und Kanzler einigte man sich schließlich darauf, die entsprechenden Gesetzesvorlagen vorzubereiten.

Völlig unvermittelt aber prallten die Gegensätze beider bei der Erörterung des zweiten Tagesordnungspunkts aufeinander. Der Kaiser erklärte nämlich, daß es sein Wunsch sei, daß das Sozialistengesetz den Reichstag passiere. Deshalb müsse man den Ausweisungsparagraphen fallenlassen, weil dieser weniger wichtig sei als der Fortbestand der Kartellmehrheit. »Bismarck widersprach«, so der Bericht von Lucius, »immer erregter, zuletzt sagend: Er könne nicht beweisen, daß diese Nachgiebigkeit Sr. Majestät verhängnisvolle Folgen haben werde, glaube es aber nach seiner langjährigen Erfahrung. Wenn Se. Majestät in einer so wichtigen Frage anderer Meinung sei, so sei er wohl nicht mehr recht an seinem Platz. Bleibe das Gesetz unerledigt, so müsse man sich ohne dasselbe behelfen und die Wogen höher gehen lassen. Dann möge es zu einem Zusammenstoß kommen.«[20]

Der Kaiser erkannte sofort die Zwickmühle, in die ihn Bismarck damit bringen wollte. Träte der Kanzler zu diesem Zeitpunkt zurück, wäre dies, wie seine Berater den Kaiser stets gewarnt hatten, seinem Ansehen äußerst abträglich, obwohl niemand mehr mit Bismarck zufrieden sei. Der Kaiser würde dann, wie es der deutsche Botschafter in Bukarest, Bernhard von Bülow, in einem Brief an den Vertrauten des Kaisers, Philipp von Eulenburg, formulierte, »im verleumderischen Licht des jungen Lord von Edenhall« dastehen, »der das Schicksal versuchen wolle trotz der Warnungen, die der greise Schenk erhebe – ›des Hauses ältester Vasall‹«.[21]

Gab er aber nach, dann würden sich die Dinge über kurz oder lang so entwickeln, wie es von Bismarck skizziert worden war. Der Kanzler wünschte geradezu ein Scheitern des Sozialistengesetzes im Reichstag, weil er ein noch schärfer gefaßtes Gesetz verabschiedet wissen wollte! Der Ausweisungsparagraph biete der jetzigen Regierung, wie er argumentierte, lediglich das unentbehrliche Maß an Machtmitteln. Nach seiner Einschätzung sähe man sich aber bald schon genötigt, vom nächsten Reichstag eine gesetzliche Handhabe zu fordern, die es erlaubte, die sozialdemokratischen Agitatoren nicht nur aus ihrem Wohnort und Wirkungskreis zu verbannen, sondern sie vielmehr über die Grenzen des Reichs auszuweisen! »Ohne Blut«, so fügte der Kanzler drohend hinzu, »würde es schwerlich abgehen, wenn wir nicht mehr, als ohne Gefahr zulässig, nachgeben und irgendwo standhalten wollten. Je später der Widerstand der Regierung eintrete, desto gewaltsamer werde er sein müssen.«[22] Daß in einem solchen Fall es zum Ausbruch eines Bürgerkriegs kommen könnte, daß Blut fließen würde, war wenig zweifelhaft. Wenn schon die Kartellmehrheit an der derzeitigen Gesetzesvorlage zerbrach, dann war auch eine Mehrheit für ein noch erheblich verschärftes Gesetz gar nicht erst denkbar. Die Regierung hätte sich dann für den Staatsstreich entscheiden müssen. Damit wäre die Situation dagewesen, in der Bismarck als »eiserner Kanzler« unentbehrlich gewesen wäre.

Der Kaiser reagierte auf Bismarcks Ausführungen äußerst erregt: »Er wolle ohne den äußersten Notfall solchen Katastrophen soweit möglich durch Präventivmaßregeln vorbeugen, nicht seine ersten Regierungsjahre mit dem Blut seiner Untertanen färben.«[23] Da es dem Kaiser aber nicht gelang, die Minister zu einer Änderung ihrer abwartenden Haltung zu bewegen, um so Bismarck zu isolieren, konnte sich der Kanzler noch einmal behaupten. Damit war aber auch das Schicksal des Sozialistengesetzes endgültig besiegelt: Am folgenden Tag scheiterte das Gesetz in dritter Lesung, und die Kartellmehrheit des Reichstags zerbrach daran. Nun stand man eben jenem innerpolitischen Scherbenhaufen gegenüber, der die erste Voraussetzung für das Gelingen von Bismarcks Staatsstreichplänen war. Für die bevorstehenden Reichstagswahlen hatte die Regierung überdies keine Parole, welche die Aussicht versprach, daß der neue Reichstag von einer Mehrheit beherrscht sein würde, die in ihrer politischen Couleur der zerbrochenen Kartellmehrheit entsprochen hätte. Das Sozialistengesetz, mit dem man soeben gescheitert war, schied von vornherein aus. Und auch die Sozialgesetzgebung mit ihren begrenzten Zugeständnissen an die Wünsche und Forderungen der Arbeiter war alles andere als geeignet, den Rechtsparteien, die wie die Reichspartei und die Nationalliberalen einen reinen Unternehmerstandpunkt vertraten, eine Mehrheit zu verschaffen.

Bereits zwei Tage nach dieser Sitzung des Staatsministeriums vom 24. Januar 1890, von der, wie Lucius notierte, alle Anwesenden das Gefühl mitnahmen, »daß ein irreparabler Bruch zwischen Kanzler und Souverän« eingetreten sei, trachtete Bismarck, eben diesen Eindruck zu verwischen, um das weitere planmäßige Gelingen seiner Absichten nicht zu gefährden. Er erweckte nämlich den Anschein, als sei er inzwischen völlig anderen Sinnes geworden und nun bereit, die sozialpolitischen Ziele des Kaisers zu unterstützen! Zugunsten des wichtigsten Beraters des Kaisers in sozialpolitischen Fragen, des Freiherrn von Berlepsch, verzichtete der Kanzler auf das von ihm bislang innegehabte Ressort des preußischen Handelsministers. Als aber Bismarck am 28. Januar erfuhr, daß der Kaiser mit dem König von Sachsen eine Verabredung getroffen habe, daß die Dresdner Regierung beim Bundesrat in allernächster Zeit einen Antrag zur Arbeiterschutzgesetzgebung im Sinne der sozialpolitischen Absichten Wilhelms II. stellen sollte, bestellte Bismarck für den nächsten Tag den sächsischen Gesandten zu sich und versuchte, diesen mit der Drohung einzuschüchtern, daß er, Bismarck, an dem Tage, an dem die sächsische Regierung diesen Antrag im Bundesrat stelle, von allen seinen Ämtern zurücktreten werde. Außerdem, so fügte er hinzu, sei »die soziale Frage nicht mit Rosenwasser zu lösen; hierzu gehöre Blut und Eisen«.[24] Bei einer weiteren Unterredung Bismarcks nur einen Tag später mit dem bayerischen Gesandten, dem Grafen Lerchenfeld, dem er »sein Verhältnis zum Kaiser und die Krisis« schilderte, hat das alles schon wieder eine ganz andere Färbung. Dem Gesandten sagte er, da diese Sache zwischen dem Kaiser und dem König von Sachsen verabredet worden sei, »könne er nicht im Bundesrat widersprechen. Er sei aber zu alt und habe keine Lust, seinen Namen für Maßregeln hinzugeben, welche seiner Überzeugung zuwiderlaufen . . . Seine Lage sei unhaltbar und er sei darum fest entschlossen, den übermäßig aufgebauschten Reichskanzler einer Schweningerkur* zu unterziehen. Der Anfang sei gemacht, indem er dem Kaiser den Oberpräsidenten von Berlepsch, . . ., als Handelsminister vorgeschlagen habe, und der Kaiser sei sehr bereitwillig darauf eingegangen. So wolle er

* Schweningerkur = Ernst Schweninger war der Leibarzt Bismarcks, der dem vor allem im Alter wegen seiner unmäßigen Eßgewohnheiten zu starker Leibesfülle neigenden Kanzler Abmagerungskuren verordnete.

nach und nach den Reichskanzler gliederweise ablegen und nur den Rumpf, die Leitung der auswärtigen Politik, behalten.«[25] Das war nun etwas entschieden anderes als das, was er noch am Tag zuvor dem sächsischen Gesandten, Graf Hohenthal, gesagt hatte! Aber Bismarcks chamäleongleiche Wandlungsfähigkeit war damit noch längst nicht erschöpft. Wiederum einen Tag später, am 31. Januar 1890, beriet das Staatsministerium erneut über den Entwurf des kaiserlichen Erlasses zum Arbeiterschutz. Bismarck, der die Sitzung leitete, setzte durch, daß zwei Erlasse beschlossen wurden: Der eine betraf die Reichsgesetzgebung und wurde an die Fachminister gerichtet und der andere, der eine internationale Konferenz für Fragen des Arbeitsschutzes, eine Lieblingsidee des Kaisers, vorsah, wurde an Bismarck als Kanzler des Reichs adressiert. An der Ausarbeitung beider Erlasse beteiligte sich Bismarck auch mit großem Eifer, verweigerte dann aber unter fadenscheinigen Vorwänden die Gegenzeichnung, die von der Verfassung verlangt wurde. Beide Erlasse konnten deshalb lediglich mit der Unterschrift des Kaisers versehen am 4. Februar 1890 im Reichsanzeiger veröffentlicht werden. Die Wirkung, welche die Publikation beider Erlasse kaum zwei Wochen vor den Reichstagswahlen hatte, war enorm und, man muß dies vermuten, entsprach damit auch ganz den Erwartungen Bismarcks.

Die Oppositionsparteien und ihre Anhänger deuteten diese Erlasse als ein Signal dafür, daß der Kaiser sich nunmehr entschlossen habe, auf ihre Vorstellungen einzugehen. Diese optimistische Einschätzung gründete sich wesentlich auf die Tatsache, daß die Unterschrift des Kanzlers fehlte. Bismarcks Spekulation ging aber genau in diese Richtung. Die Veröffentlichung beider Erlasse kurz vor den Reichstagswahlen mußte den Kartellparteien schaden und den Oppositionsparteien große Stimmengewinne bringen. Ein Reichstag aber, in dem die »Reichsfeinde«, sprich das Zentrum, die Fortschrittspartei und die Sozialdemokraten eine bloß negative Mehrheit bildeten, mußte das Land ins Chaos der Unregierbarkeit stürzen. Damit aber wäre nicht nur die Unsinnigkeit der kaiserlichen Politik bewiesen worden, die der Kanzler trotz heftiger Bedenken schließlich scheinbar loyal unterstützt hatte, sondern es hätte sich dann auch gezeigt, daß der einzige Ausweg aus der völlig verfahrenen Situation nur der gewesen wäre, den Bismarck von Anfang an angestrebt hatte: die offene Konfrontation mit dem Reichstag und schließlich, wenn dies nicht weiterführte, der Staatsstreich.

In diese letzte Absicht Bismarcks fügt sich auch ganz logisch sein nächster Zug ein. Wie er bereits dem bayerischen Gesandten angedeutet hatte, eröffnete er auch dem Kaiser am 8. Februar seine Absicht, das Amt des preußischen Ministerpräsidenten abgeben zu wollen, um sich künftig allein mit der Stellung des Reichskanzlers und damit mit der ausschließlichen Leitung der auswärtigen Politik des Reichs zu bescheiden. Ein solcher Vorschlag hätte den Kaiser sofort mißtrauisch machen müssen, denn war nicht die höchst komplexe Reichsverfassung von Bismarck entworfen und auf seine Person zugeschnitten worden? Und war sie nicht in zwanzigjähriger Praxis der bismarckschen Kanzlerdiktatur entsprechend eingespielt? Mußte nicht eine personelle Trennung beider Ämter im Interesse einer entschlossenen Leitung der politischen Geschäfte des Reichs und Preußens als geradezu schädlich erscheinen? Wollte man all dies vermeiden, dann blieb nur, daß man die oberste politische Entscheidungskompetenz, die bisher de facto der Kanzler des Reichs hatte, der dann aber gleichzeitig preußischer Ministerpräsident sein mußte, auf den Kaiser übertrug. Diese Perspektive mag Wilhelm II. ebensosehr verlockt haben wie die andere, daß er mit einem Rücktritt Bismarcks vom Amt des preußischen Ministerpräsidenten innenpolitisch freie Hand bekam, während es gleichzeitig Klugheit und Respekt geboten, Bismarck wenigstens noch auf außenpolitischem Gebiet in alter Weise agieren zu lassen. Die Vorteile, die der Kaiser von einer solchen »Schweningerkur« Bismarcks hatte, liegen auf der Hand: Bismarck, der am 1. April 1890 75 Jahre alt wurde, würde sich auf Raten, aber in allen Ehren ganz allmählich auf sein verdientes Altenteil zurückziehen. Der Kaiser nahm deshalb Bismarcks Rücktrittsgesuch vom Posten des preußischen Ministerpräsidenten an. Als Datum vereinbarte man den Tag der Reichstagswahlen, den 20. Februar 1890. In dieser Unterredung schlug der Kanzler dem Kaiser auch einen General als Nachfolger auf dem Stuhl des preußischen Ministerpräsidenten vor, »weil ich fürchtete«, wie Bismarck später schrieb, »daß in etwaigen Kämpfen mit sozialistischen Bewegungen und bei wiederholter Auflösung des Reichstags liberale Minister den Kaiser widerwillig vertreten würden ... Nur eine militärische Spitze könne im Notfalle die civilistischen Schwächen decken. Als einen geeigneten General bezeichnete ich Caprivi, der zwar in der Politik fremd sei, aber doch ein für den König zuverlässiger Soldat.«[26] Auf ausdrückliche Bitten des Kaisers erklärte sich Bismarck auch dazu bereit, bei der Einbringung der vom Kriegsminister, dem General Verdy du Vernois, im kaiserlichen Auftrag entwickelten Heeresvorlage im Reichstag, die eine Erhöhung des Militäretats binnen weniger Jahre um über 100 Millionen Goldmark vorsah, innenpolitische Schützenhilfe zu leisten. Daß eine solch massive Erhöhung des Militäretats, deren Sinn und Nutzen Bismarck in Abrede gestellt hatte, am Widerstand des Reichstags scheitern würde, dürfte die Bereitwilligkeit des Kanzlers, die Vorlage zu unterstützen, nur noch gesteigert haben nach der Methode: Je mehr Widerstand, desto besser. Eben darin dürfte auch Bismarcks rätselhafter Sinneswandel eine plausible Erklärung finden: Nur wenige Tage nach dieser Unterredung gelegentlich eines Routinevortrags beim Kaiser am 12. Februar 1890 bat Bismarck diesen, seinen für den 20. Februar geplanten Rücktritt von allen seinen preußischen Ämtern »bis nach den ersten gewonnenen oder verlorenen Abstimmungen des neuen Reichstags über die Militärforderung und Erneuerung des Sozialistengesetzes, voraussichtlich bis Mai oder Juni« zu verschieben. Bismarck begründete diesen Schritt später in seinen *Gedanken und Erinnerungen* mit der Überlegung, daß eine Vertretung der Militärvorlage »mit wenig Gewicht und weniger Aussicht auf Erfolg geschehen würde, wenn ich zu der Zeit nicht mehr in demselben Maße wie bisher als Träger des kaiserlichen Vertrauens erschiene, nicht mehr als Leiter der preußischen Politik im Bundesrate auftreten könnte, sondern die Instruktionen meiner preußischen Kollegen und Nachfolger auszuführen hätte«.[27]

Diese Deutung vermag nicht zu überzeugen. Wahrscheinlich ist dagegen, daß sich Bismarck zwischen dem 8. und dem 12. Februar 1890 restlose Klarheit darüber zu verschaffen suchte, wie wichtig dem Kaiser diese Militärvorlage war. Und als er sicher sein konnte, daß der Kaiser die Annahme dieser Vorlage mit aller Energie betreiben wollte, sah er darin eine Chance, den Konflikt mit dem Reichstag zu beschleunigen. Kombinierte man die Militärvorlage mit dem erheblich verschärften Sozialistengesetz, dann hatte man, so dachte sich Bismarck, schneller als erhofft jene Situation, aus der nur noch der Staatsstreich einen Ausweg böte. Damit aber dieser von ihm vorhergesehene Verlauf, den die ganze Sache nehmen mußte, nicht unversehens dadurch vermasselt werden würde, daß, wie sich ein anderer deutscher Reichskanzler einmal bei ähnlicher Gelegenheit ausdrückte, ». . . noch im letzten Moment irgendein Schweinehund einen Vermittlungsvorschlag vorlegt«,[28] war es für das Gelingen seines Planes unerläßlich, daß er noch so lange das Amt des preußischen Ministerpräsidenten behielt, bis dieser Konflikt tatsächlich ausgebrochen war. War dies erst einmal geschehen, konnte man auf ihn nicht mehr verzichten. – Der Kaiser fügte sich jedenfalls mit den Worten »Dann bleibt also einstweilen alles beim alten« den Vorstellungen seines Kanzlers.

Die Reichstagswahlen am 20. Februar endeten wie erwartet in einem Desaster für die Kartellparteien. Im Vergleich zum Ergebnis der Reichstagswahlen von 1887 verloren die Konservativen 22 Prozent an Stimmen – ihre Reichstagsfraktion schrumpfte von 80 auf 73 Abgeordnete. Die Nationalliberalen büßten 29,8 Prozent ihrer Wähler ein und errangen nur noch 42 Sitze statt wie bisher 99. Die relativ größten Verluste unter den drei Kartellparteien erlitt die Reichspartei, die 34,5 Prozent einbüßte. Sie verlor von 41 Sitzen 21. Trotz eines Stimmenrückgangs von 11,5 Prozent gegenüber 1887 gewann das Zentrum 8 Sitze hinzu und verfügte damit über eine Fraktion von 106 Abgeordneten. Die Linksliberalen erhöhten ihren Stimmenanteil um 19,2 Prozent und damit die Zahl ihrer Abgeordneten von 32 auf 66. Die wählerstärkste Partei überhaupt waren jetzt die Sozialdemokraten, für die 19,7 Prozent aller Wähler votiert hatten und die damit im neuen Reichstag mit 35 Mandaten vertreten waren.[29] Lediglich die längst überholte Wahlkreiseinteilung verhinderte, daß sich die großen Stimmengewinne der Linksparteien (Linksliberale und SPD) nicht in noch mehr Mandaten materialisierten, wie umgekehrt dadurch die Niederlage der Kartellparteien abgemildert wurde. Die Paradoxie, daß das vor allem in ländlichen Gebieten starke Zentrum 1890 trotz eines realen Verlustes von 174 000 Stimmen gegenüber 1887 ganze acht Mandate hinzugewinnen konnte, gibt einen ungefähren Eindruck davon, wie willkürlich die Wahlkreiseinteilung war und wie wenig sie der demographischen Struktur des Reichsgebiets entsprach.

Dieser Ausgang der Reichstagswahlen von 1890 wird ganz Bismarcks Erwartungen entsprochen haben. Die Kartellparteien waren vernichtet. Aber noch schöner als dies war für Bismarck, daß sich alle Hoffnungen des Kaisers, die Wähler würden wegen der von ihm angekündigten Sozialpolitik in Scharen der Sozialdemokratie weglaufen, als völlig unbegründet herausgestellt hatten. Und ebenso gewiß war andererseits aber auch, daß sich die »reichsfeindlichen« Parteien, gestärkt durch die hohen Stimmengewinne, als renitenter denn je erweisen würden. Ihre bloß negative Mehrheit würde, das war Bismarcks Hoffnung, nun keine andere Wahl mehr lassen als den Staatsstreich.

Wie es nun weitergehen würde, sah nicht nur Bismarck, sondern auch einer seiner erbittertsten politischen Gegner, der badische Politiker Franz von Roggenbach, voraus. Mit Datum vom 4. März 1890 schrieb dieser an seinen Freund, den von Bismarck geschaßten Admiral Albrecht von Stosch: »Nun haben sich die Verfemten [d. h. die »reichsfeindlichen« Parteien] zusammengetan – in der Tat das einzige, was ihnen übrigblieb – und haben vor aller Welt den Wahnsinn bewiesen, als Regierungssystem die seit 20 Jahren gebrauchte Verhetzung der Nation zu statuieren. Regierungsfähiger ist diese gemischte Gesellschaft, die nur das eine gemeinsame Merkmal trägt, nicht blind dem Kanzler zu Willen zu sein, nicht geworden. Zudem ist nicht die leiseste Aussicht vorhanden, daß künftige Wahlen jemals wieder eine Mehrheit zur Stelle bringen, die die Gefügigkeit der Kartellmajorität hat. Die Berufung auf die Verdienste der Reichsgründung – die Erweckung der finstern Leidenschaften des Kulturkampfs – der Interessenhandel der Schutzzoll-phase – und endlich die Gänsehaut ob angeblicher Kriegsgefahr tut es nicht mehr. Bleibt somit nur die soziale Gefahr als letztes Mittel für die Gepflogenheiten Bismarckscher Regierungsmethode, sich Majoritäten und Wahlen nach seinem Sinne zu schaffen. Wird ein Versuch damit dem allgemeinen Wahlrecht gegenüber glücken? Ich glaube, nur dann, wenn das diabolische Mittel angewendet wird, durch angelegte Putsche die kleinbürgerlichen und bäuerlichen Kreise zu erschrecken. Das führt nun freilich direkt auf den entgegengesetzten Weg als auf den, welchen die sozialen Reformationsideen des Kaisers gehen wollen.«[30]

Selbst Franz von Roggenbach vermochte aber nicht, die ganze Diabolik der bismarckschen Pläne zu durchschauen. Was dieser wirklich vorhatte, enthüllte er während eines Vortrags beim Kaiser am 25. Februar, mit dem Bismarck seinen Bericht zur Lage, wie er sie nach den Reichstagswahlen einschätzte, erstattete. Zunächst versicherte der Kanzler, die sozialpolitischen Vorstellungen seines Kaisers mit aller Energie im neuen Reichstag vertreten zu wollen, eine Zusage, die aus seinem Munde der reinste Hohn war. Gleichzeitig aber, so Bismarck, müsse vom Reichstag auch die Zustimmung zu der geplanten Erhöhung des Heeresetats und zum verschärften Sozialistengesetz, das vor allem eine Ausweisung sozialdemokratischer Agitatoren aus dem Reich vorsehen müsse, erlangt werden. Zu erwarten sei aber, daß beide Vorlagen im Reichstag scheiterten. Danach und nachdem mehrere Reichstagsauflösungen keine Änderung bewirkt hätten, sollten die Bundesfürsten, die nach Bismarcks eigenwilliger Verfassungsinterpretation das Reich begründet und ihm seine Verfassung verliehen hatten, dieselbe abändern. Mit anderen Worten: Die Bundesfürsten sollten gemeinsam einen Staatsstreich unternehmen, der so, billigte man Bismarcks Verfassungsinterpretation, den Anstrich der Legalität erhielt. Wesentliches Ziel dieser »Verfassungsabänderung« sollte es nach Bismarck sein, den Sozialisten das passive Wahlrecht zu entziehen. Außerdem wäre daran zu denken, die geheime Stimmabgabe durch eine öffentliche zu ersetzen, damit man diejenigen, die es gleichwohl noch wagten, für die SPD zu votieren, sofort sistieren könne. Lehnten sich aber die Massen gegen diese Verfassungsänderung auf, dann sollte der Kaiser den Ausnahmezustand proklamieren und die Unruhen mit militärischer Gewalt bekämpfen. »Jetzt«, so schloß Bismarck seine Ausführungen, »ist so etwas noch möglich, später wird es unmöglich sein. Aber wenn die Sache in die Hand genommen wird, muß sie auch unter allen Umständen durchgefochten werden. Dann darf es nur heißen: No surrender! Keine Übergabe!«[31]

Bismarck wähnte, eine alte, erfolgreiche Rolle zu spielen, die er zum erstenmal vor 28 Jahren im Schloßpark von Babelsberg gegeben hatte. Damals hatte er seinem Souverän Vasallentreue mit den Worten: ». . . lieber mit dem Könige untergehn, als Eure Majestät im Kampfe mit der Parlamentsherrschaft im Stiche lassen« geschworen. Dieser Schwur war in all den 28 Jahren die »Geschäftsgrundlage« zwischen Kaiser und Kanzler gewesen. Natürlich war bei alldem ein kleiner, ein bismarckscher Trick gewesen, den der alte Herr stillschweigend akzeptiert hatte, denn es war nicht so sehr die Frage, daß Bismarck mit dem König unterging, sondern umgekehrt, daß der König mit Bismarck unterging, eine Einsicht, die der alte Kaiser einmal in dem scherzhaften Seufzer aussprach, es sei bisweilen schon schwer, unter Bismarck Kaiser zu sein . . . Allein, jetzt waren die Verhältnisse genau umgekehrt. Vor 28 Jahren war es der König gewesen, der sich einer ausweglosen Situation gegenübersah, jetzt aber war es Bismarck, der eine ausweglose Situation des Staates brauchte, um noch eine Zukunft für sich zu sehen. Und außerdem: Wilhelm II. war aus anderem Holz als sein Großvater, den man nur bei seiner Soldatenehre zu packen brauchte, um zu erreichen, was man wollte.

Es ist müßig, all jene Anlässe und Gründe anzuführen, die dann als Vorwände dienten, um Bismarcks Entlassung zu rechtfertigen. Es sind dies Lappalien jener Art, wie sie bei Konventionalscheidungen üblicherweise angeführt werden. Nein, der Entschluß des Kaisers, Bismarck zu entlassen, gründete einzig und allein in seiner jähen Einsicht, daß der Weg, den Bismarck einzuschlagen entschlossen war, der Weg von Gewalt und Staatsstreich, nur der Absicht diente, sich als Kanzler unentbehrlich zu machen.[32] Als der Kaiser Bismarck am 4. März 1890 befahl, auf die Vorlage eines verschärften Sozialistengesetzes zu verzichten, da diese nur geeignet sei, den Erfolg der Arbeiterschutzgesetzgebung zu vereiteln, und überdies eine »ganz nutzlose Provokation der Wähler« darstelle,[33] da wußte Bismarck, daß sein Spiel verloren war. Nach diesem 4. März 1890 gingen noch zwei Wochen der Ungewißheit ins Land, ehe der Kanzler sich in das Unvermeidliche schickte. Am 18. März 1890 um 20 Uhr sandte er dem Kaiser das letzte seiner meisterlich formulierten Schriftstücke: sein Rücktrittsgesuch,[34] das sofort angenommen wurde. Dieses sorgfältig formulierte Dokument sollte vor allem einem Zwecke genügen, dem von nun an der ganze Lebenssinn Bismarcks untergeordnet wurde: den eigenen Nachruhm zu sichern. Gleichzeitig stellt dieses Schriftstück auch eine einzige große Abrechnung mit der Politik des Kaisers dar, die gerade dadurch, daß in ihm alle Formen und Formeln höfischer Devotion streng beachtet wurden, um so nachdrücklicher wirkt. In dem ganzen Schreiben findet sich lediglich ein Satz, in dem sich Bismarcks Gefühle und Empfindungen ausdrücken, die ihm angesichts des Moments seines Ausscheidens aus einer seit 28 Jahren so überaus erfolgreich ausgeübten politischen Stellung bewegt haben mögen. Dieser Satz lautet: »Es ist mir bei meiner Anhänglichkeit an den Dienst des königlichen Hauses und an Eure Majestät und bei der langjährigen Einlebung in Verhältnisse, welche ich für dauernd gehalten hatte, sehr schmerzlich, aus den gewohnten Beziehungen zu Allerhöchst demselben und zu der Gesamtpolitik des Reichs und Preußens auszuscheiden.«

Es ist gerade dieser Satz, der den Verdacht erhärtet, daß der Kanzler den Kampf während der letzten anderthalb Jahre nur führte, um seine persönliche Machtstellung, in der sich seine ganze Persönlichkeit entfaltet hatte und mit der diese schier untrennbar verwachsen war, zu verteidigen, und sei dies um den Preis, daß dabei sein eigenes Werk, das Deutsche Reich, in Trümmer ging. Trotz dieser weitgehenden Identität von Person und Werk läßt sich Bismarcks Handeln nicht allein daraus erklären, denn auch sein Egoismus hatte Grenzen, und diese wurden durch den Politiker Bismarck bestimmt. Sosehr er jeweils als handelnder Politiker bereit war, neue Wege zu beschreiten, die so offensichtlich von den altgewohnten Bahnen preußischer Politik abwichen, sosehr blieb er doch andererseits auch ein Handlanger und Ministrant dieser preußischen Kontinuitäten und Traditionen. Dieser tiefe Widerspruch zwischen neuen Mitteln und Methoden, deren er sich skrupellos bediente, um alte Ziele zu verfolgen, ist der eigentliche Grund für die Zerrissenheit seines Werks, die eben nicht – und das war sein Irrtum, in dem sein Scheitern begründet ist – durch seine unbestreitbaren Erfolge vermählt und aufgehoben wurde.

Diese Zerrissenheit dauerte fort, vertiefte sich und verschlang schließlich ihren Verursacher. Bismarck mußte erleben, daß die neuen Mittel und Methoden, die er instrumentell benutzte wie beispielsweise den Nationalismus oder die diversen wirtschaftlichen Interessen, bald sich von ihrer bloßen Mittelhaftigkeit emanzipierten und eine autonome Dynamik entfalteten. Und je länger dieser Prozeß andauerte, desto weniger ließen sich diese Mittel noch für die Erfüllung jener Zwecke einspannen, für die er sie einst aufgerufen hatte. Bismarcks Politik der letzten Jahre seiner Kanzlerschaft war deshalb nicht nur von seinen egoistischen Machtinteressen bestimmt, sondern vor allem auch von der Sorge um jene preußischen Zwecke und Ziele, denen seine Schöpfung, das Reich, zugeordnet war.

Bismarcks aussichtsloser Kampf mit dem Drachen der modernen Industriegesellschaft, der aus dem Kokon des Reichs entschlüpft war und der nun sein System zu verschlingen drohte, macht deutlich, wie engbrüstig traditional und auf Preußen fixiert trotz der Modernität jener Mittel, deren er sich als politischer Täter bediente, die Kategorien seines politischen Denkens und Handelns geblieben waren. Und nichts wäre in der Tat unzutreffender, als aus der Modernität seiner Mittel auf die Modernität seines Willens und Wollens, auf seine vermeintlich in die Zukunft gerichteten Absichten schließen zu wollen.

Bismarck war keine cäsarische, keine bonapartistische Führergestalt, auch wenn dies bisweilen so scheinen mochte. Symptomatisch dafür ist sein Unverständnis, mit dem er der »sozialen Frage« begegnete. Hierin offenbarte sich nicht sosehr ein wahrhaft altmodisches Manchestertum, dem er zynisch gehuldigt hätte, sondern vielmehr, und dies ist weitaus erschreckender, die beschränkte Weltsicht des Junkers. Denn wie anders könnte einer auf den absurden Gedanken verfallen, die in seinen Augen sich als »staatsfeindlich« qualifizierende Komplexität der modernen Industriegesellschaft, die sich in immer vielfältiger und auch widersprüchlicher werdenden sozialen und politischen Geltungsansprüchen an den Staat materialisierte, letzten Endes mit Pulver und Blei, mit Blut und Eisen, zur Räson bringen zu wollen?! Der Staat, der Bismarck als das Allheilmittel aller sozialen und politischen Probleme vorschwebte, war der durch keinen konstitutionellen Firlefanz mehr verbrämte repressive »Klassenstaat«, in dem die »Besitzenden«, die »Produzenten« gewisse Mitbestimmungsrechte haben sollten. Das Vorbild dieses Staates aber war das feudal-agrarische Preußen von einst, das zu überwinden ausgerechnet er den größten Beitrag geleistet hatte!

Bismarck hat den Zusammenbruch dieses Reichs, dem er die äußere Gestalt und sein inneres Gepräge gegeben hat, nicht mehr erlebt. All jene aber, die ihm nach seinem Ausscheiden aus dem Amt des Reichskanzlers im Frühjahr 1890 als junge Männer in Fackelzügen ihre Verehrung bezeugten und die später in die Politik mit dem Anspruch eintraten, sein Erbe sachwalterisch fortzusetzen, haben damit nur die Abläufe der Logik seines Verfalls noch beschleunigt. Die Diskussionen über die Kontinuitäten oder Diskontinuitäten im weiteren Verlauf der jüngeren und jüngsten deutschen Geschichte werden so lange nichts von ihrer Sterilität und ihrer die einstige Lebendigkeit alles historisch Gewordenen verleugnende Weltfremdheit verlieren, solange sie sich weiterhin allein mit dem Aufspüren und dem gegeneinander Aufrechnen von vermeintlich »objektiven« Trends und Entwicklungen befassen. Die Kontinuität der deutschen Geschichte von Bismarck über Wilhelm II. bis Hitler wird von jenen Millionen von Deutschen erfüllt, die im Reich und im Schatten Bismarcks, im Schatten seiner Legende groß wurden und die als Erwachsene dieses Reich 1933 einem Mann überantworteten, der es endgültig liquidieren sollte. Zwischen 1870 und 1933 liegen nicht Jahrhunderte und Generationen, sondern nur 63 Jahre; das ist weniger Zeit, als die durchschnittliche statistische Lebenserwartung eines Menschen beträgt ... Bismarck hatte im Unterschied zu den meisten seiner Zeitgenossen und zur Vielzahl all jener Nachgeborenen, die in seinem Sinne zu handeln meinten, sehr wohl ein Gespür dafür, wie fragil und gefährdet seine Schöpfung war. In einem Brief an den preußischen Kriegsminister Bronsart von Schellendorf vom 24. Dezember 1886 gab Bismarck eine düstere Prophezeiung, die den weiteren Gang der deutschen Geschichte vorwegnahm: ».. ., wenn wir nach Gottes Willen im nächsten Kriege unterliegen sollten, so halte ich das für zweifellos, daß unsere siegreichen Gegner jedes Mittel anwenden würden, um zu verhindern, daß wir jemals oder doch im nächsten Menschenalter wieder auf eigene Beine kommen, ähnlich wie im Jahre 1807. Die Aussicht, uns aus unserer damaligen Ohnmacht bis zur Lage von 1814 wieder emporzuarbeiten, wäre eine sehr geringe gewesen ohne die unberechenbare und von uns unabhängige Vernichtung der großen französischen Armee durch den russischen Winter und ohne den Beistand Rußlands, Österreichs und Englands. Daß wir auf letzteren wiederum rechnen können, nachdem diese Mächte gesehen haben, wie stark ein einiges Deutschland ist, hat wenig Wahrscheinlichkeit. Nicht einmal auf das einige Zusammenhalten des jetzigen Deutschen Reichs würden wir nach einem unglücklichen Feldzuge rechnen können: Der Reichstag und seine Wahlen beweisen zu Genüge, wie gering das Nationalgefühl und wie bereitwillig der Parteihaß ist, das eigene Vaterland im Stich zu lassen, sobald das Parteiinteresse ausländische Anlehnungen nützlich erscheinen läßt. Das siegreiche Frankreich würde in unseren heutigen Oppositionsparteien nicht weniger dienstbarer Gefälligkeit begegnen als Napoleon seinerzeit im Rheinbunde.«[35]

Nichts zeigt deutlicher als diese düstere Prognose, eine wie beschränkte Einsicht der vielgepriesene »Realpolitiker« Bismarck in die Folgen seines eigenen Handelns hatte. Wer sonst als er war es denn gewesen, der gerade das erfolgreich verhindert hatte, dessen Mangel er nun als Ursache für das von ihm so hellsichtig vorhergesehene Unglück beklagt? Wer sonst als Bismarck selbst hat es vereitelt, daß das Reich nicht bloß ein »unvollendeter Nationalstaat« war, wie ein gängiger Euphemismus behauptet, sondern mit aller Konsequenz das Gegenteil eines »Nationalstaats«? Wer sonst als Bismarck hat die Möglichkeiten der deutschen Nation, zu sich selbst zu finden, so bereitwillig auf dem Altar der bankrotten preußischen Feudalmonarchie geopfert? Aber zerrte man Bismarck vor das Tribunal einer »deutschen Nationalgeschichte« und strengte man vor diesem gegen ihn eine Anklage wegen Hochverrats an, die sich auf eben jene Vorwürfe stützte, dann sähe man sich bald einer riesigen Beweisnot gegenüber, die dieses Tribunal zwänge, ginge alles dabei mit rechten Dingen zu, Bismarck in allen Punkten der Anklage freizusprechen. Denn Bismarck war eben nicht, wovon eine solche Anklage auszugehen hätte, ein deutscher Staatsmann und Politiker, der im Auftrage der Nation handelte, sondern ein preußischer. Preußen aber war nicht Deutschland, sondern nur ein Teil eines vielleicht möglichen Deutschland, dessen Zukunft heute mit Gewißheit aber in einer brunnentiefen Vergangenheit begraben liegt.

Vom deutschen Volk ist in all den Kapiteln, in denen die Figur Bismarcks im Mittelpunkt unserer Darstellung stand, kaum die Rede gewesen. Dies hat seinen guten Grund. Nicht weil es Männer sind, welche die Geschichte machen, sondern weil vom deutschen Volk wenig zu vermelden war, so wenig, daß man sich fast die Frage vorlegen könnte, ob es dieses deutsche Volk überhaupt gab. Bismarcks Schöpfung eines Nationalstaats ohne Nation konnte nur gelingen, solange Volk und Nation eine parlamentarische Phrase waren. Denn auch die Bamberger, Lasker, Miquel, Windthorst, Bebel et tutti quanti, jene gleichsam politischen Synkopen, die bisweilen die gewaltsamen Harmonien des bismarckschen Werks mit ihren Einreden störten, waren nicht das »Volk«, die »Nation«, und sie waren auch nicht wirklich deren Vertreter und Sachwalter.

Das Volk, die »Nation« kam nun, Ende der achtziger und zu Beginn der neunziger Jahre, langsam zum Vorschein, betrat die Bühne des Reichs. Aber es war dies ein ganz anderes Volk, eine andere »Nation« als jene, von der die Politiker immer gesprochen hatten. Das Hervortreten der »Nation« verursachte einen tiefgreifenden Wandel der Politik. Und das erste und augenfälligste Merkmal dieses Wandels war der Abgang Bismarcks von der Macht.

19. KAPITEL
Das chaotische Erbe

Mit dem Abgang Bismarcks von der Macht ging es auch mit seiner Schöpfung, dem Reich, langsam, aber stetig bergab. Die häufig geäußerte Vermutung, das eine sei ursächlich für das andere, ist indes völlig unsinnig. Um das Reich stand es schon schlecht, als Bismarck das Ruder noch in den Händen hielt. Seine massige Gestalt vermochte lediglich manche Ungereimtheit zu verdecken, in der sich kommendes Unheil bereits ankündigte. Bismarcks Fall war nicht das Menetekel des Reichs; sein Abgang von der Macht gab nur den Blick frei auf die Flammenschrift an der Wand.

Vielerlei wirkte zusammen, den Untergang des Reichs herbeizuführen. Alte Versäumnisse, Sünden, Konstruktionsfehler, die sich aus der Logik des allein von preußischen Interessen beherrschten Bauplans des Reiches ergaben, zeitigten späte Folgen. Das wilhelminische Reich bietet dem heutigen Betrachter ein verwirrendes Bild unterschiedlichster Tendenzen und Entwicklungen. Unstreitig Modernes, in die Zukunft Weisendes ist auf widrige Weise verwoben mit Altem, längst Überholtem, das gleichwohl zäh seinen Anspruch behauptet. Exemplarisch wird diese Zeit in ihren Banknoten, von denen Walter Benjamin einmal forderte, daß deren beschreibende Analyse zu liefern wäre, »ein Buch, dessen grenzenlose Kraft der Satire ihresgleichen nur in der Kraft seiner Sachlichkeit hätte. Denn nirgends mehr als in diesen Dokumenten gebärdet der Kapitalismus sich naiv in seinem heiligen Ernst. Was hier an unschuldigen Kleinen um Ziffern spielt, als Göttinen Gesetzestafeln hält und an gereiften Helden vor Münzeinheiten sein Schwert in die Scheide steckt, das ist eine Welt für sich: Fassadenarchitektur der Hölle.«[1]

Kein Zweifel, es war der Historismus, den sich die wilhelminische Gesellschaft als weiten, weichen Mantel umlegte, um ihre innere Leere, ihre tiefe Ratlosigkeit und Zerfahrenheit zu bedecken. Der Historismus, dessen Wurzeln bis in die Spätromantik hinabreichen, verkam im wilhelminischen Reich zum Historizismus, zur Plattheit von Epigonen der Epigonen und damit zur Karikatur seiner selbst. Die verehrende Bewahrung der Traditionen oder auch nur all dessen, was man dafür hielt, bei gleichzeitiger völliger Revolutionierung der wirklichen Welt, diente einem schöpferisch und geistig resignierten Bürgertum dazu, sich aus der Verantwortung für Staat und Gesellschaft zu stehlen, um sich um so ungestörter den eigenen Geschäften widmen zu können. Der Geist jener Zeit hat sich in ihren Denkmälern materialisiert, die Orgien eines leeren Kulissenprunks sind. Bismarck hatte sich stets ein nüchternes Verhältnis zum Borussentum bewahrt. Nun wurde dieses romantisiert, wurde ihm eine Bedeutung zugeschrieben, die erst recht seine gewaltigen Mängel offenbarte. In der »Siegesallee«, die Wilhelm II. gegen Ende des 19. Jahrhunderts in Berlin anlegen und mit Bildwerken bedeutender Gestalten der brandenburgisch-preußischen Geschichte ausstaffieren ließ, wurden diese Mängel in Marmor gehauen. Der Berliner Volkswitz hat das sofort gespürt: Die »Siegesallee«, die von der großen historischen Sendung der Hohenzollern künden sollte, war für ihn nur die »Puppenallee«. Nietzsche, der hellsichtige Kritiker seiner Zeit, hat dazu schon im zweiten Stück seiner *Unzeitgemäßen Betrachtungen*, das der Erörterung der Frage *Vom Nutzen und Nachteil der Historie für das Leben* gewidmet ist, die Prognose gestellt: »Es gibt einen Grad von Schlaflosigkeit, von Wiederkäuen, von historischem Sinne, bei dem das Lebendige zu Schaden kommt und zuletzt zu Grunde geht, sei es nun ein Mensch oder ein Volk oder eine Kultur.«[2]

Die wilhelminische Epoche war eine Zeit tiefen Widerspruchs. Während an ihrer Oberfläche Stagnation zu herrschen schien, war darunter alles in einem stetigen und immer reißender werdenden Fluß. Die Solidität dieser »guten alten Zeit«, zu der sie später flugs befördert wurde, war Trug. Die weitverbreitete Resignation und Ratlosigkeit wurde mit starken Worten übertrumpft. Entschlußkraft und fester Wille werden markiert, wo doch nur Verzagtheit herrschte. Wilhelm II., der der Epoche ihren Namen gab, hat diese Zeit nicht geprägt, aber er hat sie bis zum Grad jener Vollkommenheit verkörpert, die ihn fraglos zum Vorbild für viele seiner Zeitgenossen werden ließ.

Nachfolger Bismarcks im Amt des Reichskanzlers und des preußischen Ministerpräsidenten wurde eben jener General, den dieser selbst noch dem Kaiser empfohlen hatte: Leo von Caprivi. Caprivi wird häufig als ein Mann geschildert, der das alte Preußen vom Scheitel bis zur Sohle verkörpert habe. Das ist zweifellos richtig. Und unter all den Reichskanzlern, welche die Geschäfte des Reichs nach Bismarck bis 1918 zu besorgen hatten, war er ohne Frage der Bedeutendste – und ist heute der Vergessenste. Für dieses Paradox gibt es viele Erklärungen. In seiner menschlichen Geradheit, in der Lauterkeit seines Charakters, in seinem ganzen Handeln, das er ausschließlich dem Ethos der Pflichterfüllung unterordnete, war er für all jene eitlen Schwätzer und Ehrgeizlinge, die Dünkel und Standeshochmut mit Würde und Können verwechselten und die zunehmend das Sagen hatten, ein ärgerliches Fossil, das zu ihrer eigenen Erbärmlichkeit und Unzulänglichkeit kontrastierte. Eine weitere Ursache war der Altkanzler. Bismarck, der so lange die Politik Preußens und des Reichs bestimmt hatte, konnte sich bis zu seinem Tod nicht damit abfinden, daß er nicht in den Sielen der Reichskanzlerschaft gestorben war. Von seinem Gut Friedrichsruh im Sachsenwald polemisierte er in zahlreichen Zeitungsartikeln gegen die in seinen Augen völlig verfehlte Politik seines Nachfolgers und des Kaisers. Bismarcks Kritik gewann rasch an Einfluß: Immer zahlreicher und größer wurden jene Gruppen, die sich von dem Kurs Caprivis enttäuscht und benachteiligt fühlten. Denn sehr schnell schon war eine seltsame Wende eingetreten. Bismarcks war man zuletzt weithin überdrüssig geworden. Mit eisigem Schweigen hatte der Reichstag die Mitteilung seiner Entlassung entgegengenommen. Bismarck, so schien es, war ein abgehalfterter Politiker; der »eherne Kanzler« gehörte zum alten Eisen. Das änderte sich, als sich herausstellte, daß weder der Kaiser noch der neue Kanzler die Wunder zu vollbringen vermochten, die alle von ihnen erwarteten. Je größer die Enttäuschung, um so schneller wuchs Bismarcks Ansehen zu schrecklicher Größe. Er wurde das Gewissen des Reichs. Mit größtem Erfolg spielte der Alte aus dem Sachsenwald den fluchenden Propheten, vor dessen Ausbrüchen die eitlen, pflichtvergessenen Epigonen der Macht in Berlin zitterten, die ihn einst von der Macht vertrieben hatten. Ganze Pilgerzüge bewegten sich in den Sachsenwald. Und Bismarck, der während der Zeit seines aktiven Politikerlebens nie an einem anderen Ort als im Reichstag oder im preußischen Landtag das Wort zu einer politischen Rede ergriffen hatte, nutzte diese Gelegenheiten. Unter dem brausenden Beifall seiner Bewunderer geißelte er in zahlreichen Ansprachen die Regierung und pries politische Patentrezepte als Wundermittel an, mit denen er selbst gescheitert war. Die, die seinen Worten jetzt zujubelten, hatten dies längst vergessen. Die Bismarck-Türme, die nach dem Tod des Altkanzlers allenthalben im Deutschen Reich aus Spendenmitteln auf Bergeshöhen errichtet wurden, sind bis heute steinerne Zeugen einer politischen Unkultur, an der bislang noch jede historische Erfahrung zerschellt ist.

Der wichtigste Grund aber dafür, daß Gestalt und Leistung Caprivis so vergessen sind, ist in den Widerständen zu sehen, auf die seine Politik bald bei den mächtigen Interessengruppen stieß. Sie erzwangen seinen Sturz. Caprivi wurde damit von eben jenen Mächten verschlungen, an denen schon Bismarck gescheitert war: von den Mächten der auf breiter Front entfesselten gesellschaftlichen Geltungsansprüche, die mit ihren unterschiedlichen Forderungen das politische System bedrängten.

Caprivi machte sich keine Illusionen darüber, was ihn als Reichskanzler erwartete. Gegenüber einem Freund bemerkte er bei Antritt seiner Kanzlerschaft: »Ich weiß, daß ich in eine Bresche trete, in der ich untergehen werde, und hoffe nur, daß ich mit Ehren untergehe.«[3] Ein General, der mit der sicheren Erwartung einer Niederlage in die Schlacht geht, wird kaum von Fortüne begleitet sein. Und dennoch: Caprivi hat sich nicht schlecht geschlagen, und er ist mit Ehren untergegangen.

Caprivi hatte ein in doppelter Hinsicht schweres Erbe anzutreten; denn er mußte sich nicht allein gegenüber der bedeutenden Gestalt und Leistung seines Vorgängers behaupten, sondern in einer Situation handeln, in der all jene Voraussetzungen nicht mehr gegeben waren, auf die sich Bismarcks Erfolge gegründet hatten. Die Jahre 1887 bis 1893 markierten das Ende der Bismarckzeit – und dies eben nicht nur in dem banalen Sinne, daß Bismarck in der Mitte dieses Zeitabschnitts das Ruder aus den Händen genommen wurde, sondern vor allem in dem Sinne, daß zu dieser Zeit die Periode der Reichsgründung mit ihren äußeren wie inneren Kämpfen endgültig abgeschlossen war. Das Reich war unterdessen zu einem Faktum geworden, das ganz selbstverständlich vom politischen Bewußtsein der Zeitgenossen akzeptiert wurde. Die Verdichtung der Kommunikationsstränge (Eisenbahn und Telegraph) wie die Vereinheitlichung der Gesetzgebung vor allem auf wirtschaftlichem Gebiet bewirkten allmählich, daß das Reich nicht mehr als eine ferne, abstrakte Größe, sondern als eine durchaus lebendige Wirklichkeit erlebt und begriffen wurde. Dies äußerte sich auf mannigfache Weise. Die Reichsgesetzgebung verschaffte der in der Person des Reichskanzlers verkörperten Reichsregierung eine ständig wachsende Entscheidungskompetenz auf wirtschaftlichem, sozialem und fiskalischem Gebiet, ein Umstand, der sich unmittelbar so auswirkte, daß die zentralisierenden Tendenzen innerhalb der Verfassungswirklichkeit des Reichs beschleunigt wurden. Hand in Hand mit dieser Entwicklung gewann der Reichstag trotz seiner konstitutionell bedingten Ohnmacht als Repräsentativorgan der politischen Nation das politische Übergewicht über den Bundesrat, das Vertretungsorgan der Bundesfürsten beim Reich. Dieser Zugewinn an politischer Bedeutung des Reichstags äußerte sich nicht zuletzt darin, daß die Reichsregierung, sprich der Reichskanzler und die ihm untergeordneten Organe, immer stärker darauf bedacht sein mußten, mit den wichtigsten politischen Führungspersönlichkeiten der Reichstagsparteien in einem stetigen, wenngleich informellen Meinungsaustausch zu stehen. Tendenziell bedeutete dies eine von der Verfassungsordnung des Reichs so keineswegs vorgesehene verfassungspolitische Aufwertung des Reichstags, die in der Errichtung eines neuen, repräsentativen Reichstagsgebäudes, das Mitte der neunziger Jahre fertiggestellt wurde, seinen sinnfälligen Ausdruck fand. An der wirklichen Verteilung der politischen Macht im Reich änderte sich damit unmittelbar zwar nichts, wohl aber an den formalisierten Strukturen des politischen Systems.

Man würde jedoch Umfang wie Tendenz des schleichenden Bedeutungsverlusts des Bundesrats wie der einzelnen Bundesstaaten und das gleichzeitig wachsende Gewicht des Reichstages innerhalb der Prozeßverläufe politischer Entscheidung auf Reichsebene völlig verkennen, wollte man diesen Wandel lediglich als ein Komplementärphänomen der politischen und gesellschaftlichen Konsolidierung des Reichs erklären. Dieser Wandel war vielmehr auch eine Funktion der für die weitere Geschichte des Kaiserreichs eminent bedeutsamen *Gleichzeitigkeit* einer *Nationalisierung und Pluralisierung* der Gesellschaft, die ihrerseits eine Folgeerscheinung jener Widersprüche waren, die von der *Ungleichzeitigkeit* der sozioökonomischen Entwicklung provoziert worden waren. Konkret heißt dies: Durch die sektoral wie regional sich unterschiedlich rasch ausbildende rationale Marktökonomie mit den für sie charakteristischen Konkurrenzzwängen diversifizierten sich die gesellschaftlichen Geltungsansprüche innerhalb des politischen Systems (Pluralisierung); und gleichzeitig wurden diese Geltungsansprüche national organisiert und direkt an die Reichsregierung durch die Reichstagsparteien oder durch einschlägige Interessenverbände gerichtet.

In der Gleichzeitigkeit der Nationalisierung und Pluralisierung ihrer Geltungsansprüche konstituierte sich die politische Nation »von unten«, die nun das Gehäuse des durch die Revolution »von oben« geschaffenen »Nationalstaats« mit der bunten Vielfalt ihres politischen Wollens und Wünschens zu erfüllen begann. Je mehr dieser Prozeß einer umfassenden Politisierung der Gesellschaft fortschritt, desto weniger aber verfingen jene Methoden politischer Steuerung und Manipulation, wie sie für Bismarcks Regime charakteristisch gewesen waren. Der Kulturkampf wie die politische Repression der Sozialdemokratie mußten aufgegeben werden, weil sich mit ihrer Hilfe weder die Politisierung der Gesellschaft aufhalten noch manipulativ steuern ließ. Ganz das Gegenteil war der Fall: Gerade der politische Katholizismus und die Sozialdemokratie erwiesen sich als die beiden wichtigsten und stabilsten politischen Faktoren. Dies heißt keineswegs, daß deren Benachteiligung völlig aufhörte. Nur wurde ihre staatlich-administrative Repression ersetzt durch subtilere Formen einer wirtschaftlichen, sozialen und politischen Diskriminierung, ein Wandel, der indes weniger das Produkt einer Manipulation »von oben« war als eine Folge der Politisierung der Gesellschaft »von unten«.

Die Verbreiterung der politischen Basis als Ergebnis dieser alle Lebensbereiche der Gesellschaft erfassenden Politisierung bewirkte aber nicht nur eine Veränderung der formalen Bedingungen, unter denen die politischen Entscheidungsprozesse abliefen, sondern sie verursachte auch einen erheblichen Wandel der politischen Inhalte. An die Stelle der für die *Honoratiorenpolitik* der Bismarckzeit gängigen politischen Themen und Kontroversen, welche die großen Schicksalsfragen *Groß-deutschland* oder *Kleindeutschland* sowie der *Kulturkampf* eingenommen hatten, traten nun so prosaische Probleme wie *Industrie-* und *Agrarpolitik, Mittelstandspolitik, Zollpolitik, Steuerpolitik, Schulpolitik* usw.[4] Diese thematische Differenzierung der politischen Inhalte war einerseits eine Folge der unterschiedlichen Auswirkungen, welche die konjunkturellen Widersprüche auf die einzelnen Wirtschaftssubjekte, auf Arbeiter, Handwerker und Bauern, hatten. Andererseits war sie ein Produkt jenes stetig wachsenden *Interventionismus,* mit dem die Regierung die Gestaltung des wirtschaftlichen und sozialen Lebens zu beeinflussen suchte. Insbesondere dadurch wurde das Feld politischer Auseinandersetzung, auf dem sich die einzelnen Schichten und Klassen der Gesellschaft um die Zuteilung der Ressourcen und Privilegierungen stritten, nicht nur ausgeweitet, sondern diese Auseinandersetzung erhielt gleichzeitig auch einen grundsätzlich anderen Charakter. Denn nun ging es nicht mehr um unterschiedliche *Weltanschauungen,* sondern um klassen- oder schichtenspezifische *Interessen.*

Die Ersetzung der *Weltanschauungspolitik* der Bismarckzeit durch die *Interessenpolitik* der nachbismarckschen Ära konfrontierte die Parteien mit völlig neuen Erfordernissen, auf die angemessen zu reagieren diese völlig unterschiedlich disponiert waren. Am leichtesten fiel die Anpassung den Sozialdemokraten, die als die politische Organisation der Arbeiterschaft schon immer deren soziale, wirtschaftliche und kulturelle Emanzipation programmatisch vertreten hatten. Auch der Zentrumspartei gelang diese Umstellung erstaunlich rasch dadurch, daß sie sich eine Anzahl von Filialorganisationen auf nationaler wie vor allem auch auf regionaler Ebene schuf, deren wichtigste der »Volksverein für das katholische Deutschland« war. Diese Organisationen hatten den Zweck, die jeweils besonderen wirtschaftlichen, sozialen und kulturellen Interessen ihrer breitgefächerten Klientel zu bündeln und mit der politischen Programmatik der Zentrumspartei zu verzahnen. Wesentlich langsamer und mit zunächst erheblichen Reibungsverlusten gelang auch den überwiegend protestantisch-preußischen Deutschkonservativen dieser Anpassungsprozeß, den sie allerdings nur um den Preis zu vollziehen vermochten, daß sie ihre bisherige Haltung unbedingter Loyalität gegenüber der preußischen Krone aufgaben und sich ganz einer Vertretung der radikalen agrarischen Forderungen verschrieben. Bezeichnenderweise am schlechtesten schafften die Parteien des liberalen Bürgertums diese Anpassung; die ehemaligen Weltanschauungs- und Honoratiorenparteien par excellence erlitten einen rapiden Bedeutungsverlust. Lediglich die Linksliberalen konnten diesen Schwund in der Wählergunst nach der Jahrhundertwende etwas auffangen, als es ihnen gelang, sich im wachsenden Heer der Angestellten eine neue politische Basis aufzubauen. Hauptverlierer dieser Entwicklung waren die Nationalliberalen. Weder schafften sie es, den Antiliberalismus und Antikapitalismus des Zentrums und der Konservativen wirksam zu bekämpfen, noch konnten sie die neuen nationalen Aspirationen und Strömungen integrieren, die von den unterschiedlichen *nationalen Verbänden* repräsentiert wurden. Die Nationalliberalen, die einstige Partei des vornehmlich protestantischen Bürgertums, wurden in der Folge von dieser »neuen Rechten« zerrieben.

Die umfassende Politisierung der Gesellschaft vertiefte die innere Gespaltenheit des Reichs. Der Eintritt der Massen in die Politik bedingte eine Radikalisierung der von den einzelnen Gruppen und Parteien erhobenen Geltungsansprüche. Die Parteien wurden nun zu Sprachrohren der besonderen Interessen ihrer jeweiligen Klientel. Zuvor hatten die vier großen politischen Formationen – die Konservativen, das Zentrum, die Liberalen und die Sozialdemokraten – lediglich unterschiedliche kulturelle und soziale Milieus reflektiert, die zwar weltanschaulich differierten, sich aber gerade deshalb zu dauerhaften politischen Koalitionen zusammenschweißen ließen. Ein Beispiel dafür ist die schmale politische Basis von nationalem und liberalem Bürgertum und preußischen Junkern gewesen, deren Zusammenhalt durch die als »Reichsfeinde« weltanschaulich gebrandmarkten anderen Milieus der Katholiken oder der sozialdemokratischen Arbeiterschaft gefestigt wurde. Dies änderte sich nun; denn in dem Maße, wie das Reich sich als eine politische und wirtschaftliche Einheit konsolidierte, verloren die bloß weltanschaulichen Geltungsansprüche, die gegen seine Existenz vorgebracht werden konnten, an Bedeutung. Die alten Frontverläufe der unterschiedlichen weltanschaulichen Ansichten und Meinungen wurden von den neuen, klassenspezifischen Interessengegensätzen durchkreuzt. Diesem Prozeß einer umfassenden Nationalisierung und Pluralisierung der gesellschaftlichen Geltungsansprüche war das politische System des Reichs, so wie es Bismarck entworfen und durch seine zwei Jahrzehnte währende Herrschaft erfolgreich gefestigt hatte, nicht mehr gewachsen. Die Folge von all dem war die bereits mit dem Kartellreichstag von 1887 einsetzende, nach dem Abgang Bismarcks von der Macht und dem für die Kartellparteien fatalen Ausgang der Reichstagswahlen von 1890 offen ausbrechende innere Dauerkrise des Reichs, die schließlich ursächlich seinen Untergang im Ersten Weltkrieg mit heraufbeschwor.

Dieses ungeliebte und *so* auch nie beabsichtigte, gewollte und vorhergesehene Faktum, zu dem sich das Reich allen Sicherungen und raffinierten Kontrollen zum Trotz entwickelt hatte, konfrontierte selbst die große, aber letztlich doch in alten preußischen Loyalitäten und Interessen befangene politische Imagination eines Bismarck mit einem auch für sie unüberwindbaren Problem: Die Ansprüche des Reichs wuchsen über das Maß dessen hinaus, was sich allenfalls noch mit der Erhaltung der tragenden Elemente der preußischen Vormachtstellung hätte vereinbaren lassen. Die ständig steigenden »Kosten«, welche die Vermittlung dieser Ansprüche des Reichs mit den spezifischen preußischen Interessen verursachten, wurden dem deutschen Volk als Wechsel auf seine politische Zukunft ausgestellt. Im November 1918 gingen diese Wechsel zu Protest.

Der General Leo von Caprivi hatte von allen Nachfolgern Bismarcks im Amt des Reichskanzlers das vielleicht beste Gespür für die Gefahren, die das Reich in seinem Innern bedrohten. Zugleich war er der einzige, der eine in sich konsistente politische Vision davon hatte, wie dieser Bedrohung langfristig zu begegnen sei. Mit seinem Scheitern war das Schicksal des Reichs so gut wie besiegelt; denn nach seinem Sturz gelangten all jene Kräfte und Interessen zu Macht und Einfluß, die nichts anderes vermochten, als mit selbstzerstörerischer Konsequenz auszuführen, was ihnen als Epigonen Bismarcks aufgetragen war.

Man täte Caprivi, wie gleichwohl häufig geschehen, jedoch bitter unrecht, führte man sein Scheitern auf die ihm hartnäckig nachgesagte Unfähigkeit zurück, das Amt des Reichskanzlers wirklich auszuüben. Unbestreitbar hatte Caprivi wenig politische Erfahrung; und sicherlich hat er die fürchterliche Komplexität, die in seiner Doppelfunktion als Reichskanzler und preußischer Ministerpräsident angelegt war, nie völlig durchschaut und deshalb auch nie wirklich zu beherrschen vermocht. Aber er war andererseits pragmatischen Sinnes genug, um diesen Mangel weitgehend ausgleichen zu können.

Die Einsicht in die Unmöglichkeit, Bismarcks politischen Kurs weiter zu verfolgen, ergab sich für ihn nicht nur aus der Tatsache, daß der »eherne Kanzler« selbst ein Opfer seiner Politik geworden war, sondern auch aus dem Umstand, daß bei den Reichstagswahlen vom 20. Februar 1890 die Kartellparteien, auf die sich Bismarck gestützt hatte, eine vernichtende Niederlage hatten einstecken müssen. Sie verloren 85 Mandate, während alle Oppositionsparteien einschließlich des Zentrums und der Sozialdemokraten 76 Sitze hinzugewannen. Noch entscheidender war, daß durch den Wahlausgang die parlamentarische Schlüsselstellung des Zentrums erheblich gestärkt wurde. Ohne die Unterstützung des Zentrums ließ sich keine Reichstagsmehrheit mehr bilden, war innenpolitisch nichts mehr zu bewegen.

Dem großen Dilemma, das sich mit diesem Ausgang der Reichstagswahlen abzeichnete, suchte Caprivi dadurch zu entgehen, daß er seine Innenpolitik im Gegensatz zur bismarckschen Regierungspraxis auf einer völligen parteipolitischen Ungebundenheit seiner Regierung in Preußen wie im Reich aufbauen wollte. In seiner ersten Rede als preußischer Ministerpräsident am 15. April 1890 vor dem preußischen Abgeordnetenhaus stellte er diese Maxime einer »Politik der freien Hand« als die programmatische Grundlage seiner Regierung mit den Worten dar: »Wir werden das Gute nehmen, von wo und durch wen es auch kommt, und wir werden ihm Folge geben, wenn unserer Überzeugung nach eine solche Folge mit dem Staatswohl vereinbar ist.«[5]

In dieser Programmatik Caprivis sind politische Naivität und staatsmännische Weisheit in völlig widriger Weise miteinander vermischt. Denn sollte es wirklich seine Absicht sein, seine Politik auf den »common sense« der Parteien zu gründen, wie er in dieser Rede verkündete, dann war sein Scheitern abzusehen. Jener »common sense« der politischen Parteien nämlich, ihre grundsätzliche Übereinstimmung in den wichtigen nationalen Fragen und Belangen, war in den ersten Stadien seiner Entwicklung schon durch die bismarcksche Regierungspraxis erdrosselt worden. Und überdies lag dem Ganzen ein fatales Mißverständnis zugrunde: Es war ein Unding, das von Bismarck gestaltete und durch Gebrauch geschmeidige politische System im wesentlichen beibehalten, sich seiner aber anders bedienen zu wollen, als der alte Meister dies getan hatte. Caprivi mußte mit jenem »Neuen Kurs« innen- wie außenpolitischer Geradlinigkeit und Berechenbarkeit, dem allein das Wohl des Reichs als Orientierung diente, zwangsläufig Schiffbruch erleiden, war doch das Wohl des Reichs nur bedingt identisch mit dem Wohl Preußens. Und daß Preußen die unbedingte Priorität besaß, war eine Erfahrung, die Caprivi mit seinem politischen Scheitern bezahlen mußte.

Der »Neue Kurs« erwies sich bald als eine ebenso kurzlebige Sinnestäuschung wie die »Neue Ära«. Wie damals, so konnte es auch Preußen jetzt nicht gelingen, über seinen eigenen Schatten zu springen. Genau das aber wurde mit der Politik des »Neuen Kurses« anvisiert. Caprivis Innenpolitik sollte auf eine breitere politische Grundlage gestellt werden, die mit Ausnahme der Sozialdemokraten all jene politischen Kräfte einschloß, die von Bismarck als »Reichsfeinde« verketzert worden waren. Das große Ziel der caprivischen Innenpolitik war genau das, was von Bismarck stets bewußt verhindert worden war: eine umfassende Integration aller nichtsozialistischen gesellschaftlichen Kräfte des Reichs bei gleichzeitiger politischer Tolerierung der Sozialdemokraten. Voraussetzung dafür war, daß die Entfaltung der dynamischen Kräfte der Gesellschaft Vorrang vor jenen des Beharrens erhielt. Konkret bedeutete dies, daß eine Politik, die das künftige Wohl des Reichs vor Augen hatte, nicht die sozialen Reservate der stagnierenden Landwirtschaft ausbaute, sondern vor allem die Expansion der industriell-kapitalistischen Wirtschaftsinteressen förderte. Es ist die besondere Tragik Caprivis, daß er das Richtige wollte, aber gerade deshalb scheiterte.

Äußerst fatal für den Erfolg seiner Innenpolitik war Caprivis erster Schritt. Im Gegensatz zu Bismarck, der die Leitung der preußischen und deutschen Politik stets fest in seinen Händen gehalten und der seine Ministerkollegen im preußischen Staatsministerium immer an der kurzen Leine seiner politischen Direktiven geführt hatte, bekannte sich Caprivi zum Prinzip völliger Kollegialität. Jeder Fachminister sollte für die Politik seines Ressorts voll verantwortlich sein. Die jeweilige Ressortpolitik sollte von allen Ministern gemeinsam mit den allgemeinen Zielsetzungen der vom preußischen Ministerpräsidenten formulierten Richtlinien der Politik in Übereinstimmung gebracht werden. Alle politischen Entscheidungen sollten ähnlich wie in einer modernen Kabinettsregierung von allen Ministern gemeinsam vorbereitet und formuliert werden. Davon versprach sich Caprivi, wie er gegenüber einem Freund nach seinem Sturz äußerte, vor allem, daß sich durch das Prinzip der Kollegialität bei politischen Entscheidungen am besten die persönliche Autorität Bismarcks ersetzen ließe; und zugleich sollte dies auch ein wirksamer Schutz gegen politische Einreden des Kaisers sein.[6] Tatsächlich erreichte Caprivi damit aber das genaue Gegenteil: Die Ersetzung der zentralen politischen Autorität eines Bismarck durch das Prinzip der Kollegialität führte dazu, daß die Minister eine weitgehend unabhängige Ressortpolitik trieben, die mehr und mehr jegliche Koordination verhinderte und damit die Formulierung und Durchsetzung einer einheitlichen Politik unmöglich machte. Nicht mehr der preußische Ministerpräsident, der ja in Personalunion auch Kanzler des Reichs war, bestimmte die Richtlinien der Politik allein, sondern in immer größerem Umfang der preußische König.

Dieser in allen seinen Einzelheiten äußerst verwickelte Prozeß des politischen Machttransfers von der Person des Kanzlers und preußischen Ministerpräsidenten auf den preußischen König und deutschen Kaiser wurde durch die verzwickte innenpolitische Konstellation, die ein Ergebnis der Reichstagswahlen von 1890 war, noch erheblich beschleunigt. Denn während die Kartellparteien im Reichstag seither nur noch in der Minderheit waren, behaupteten sie im Preußen des Dreiklassenwahlrechts bis zum Untergang des Kaiserreichs eine solide Mehrheit. Der preußische Ministerpräsident hatte es also mit einer ganz anders zusammengesetzten Mehrheit zu tun als in seiner Eigenschaft als Kanzler im Reichstag. Damit war eine Schlüsselfunktion des bismarckschen Regierungssystems weitgehend außer Kraft gesetzt, insofern die politische Machtstellung des Kanzlers gegenüber dem Reichstag ja im wesentlichen darauf beruhte, daß er in seiner Eigenschaft als preußischer Ministerpräsident über die »Hausmacht« des preußischen Staatsministeriums und des preußischen Landtags gebot.[7] Und da es keine Reichsregierung mit einem dem Reichstag gegenüber verantwortlichen Kabinett und Reichsministern gab, sondern lediglich den vom Kaiser berufenen, dem Reichstag gegenüber aber *politisch nicht* verantwortlichen Reichskanzler, fungierte das preußische Staatsministerium in der Verfassungswirklichkeit des Bismarckreichs als das eigentliche Machtzentrum.

Bismarck war es zeit seiner Kanzlerschaft immer gelungen, das preußische Staatsministerium mit dem stillschweigenden Einverständnis Wilhelms I. völlig seinem politischen Willen zu unterwerfen, so daß dessen Bedeutung als dem eigentlichen Machtzentrum des Reichs ganz in seiner Person konzentriert war. Und nur so war es ihm auf die Dauer auch möglich gewesen, die divergierenden Großmachtinteressen Preußens mit den »Reichsinteressen« in Einklang zu bringen und jeweils neu auszutarieren. Vor diesem Hintergrund bedeutete die Einführung des kollegialischen Prinzips im preußischen Staatsministerium eo ipso eine beträchtliche Schwächung der politischen Autorität Caprivis als Reichskanzler, die durch die genau gegenteiligen politischen Mehrheitsverhältnisse im Reichstag und im preußischen Landtag noch verstärkt wurden. Denn die Belange des Reichs rangierten für die Mitglieder des preußischen Staatsministeriums in ihrer Funktion als verantwortliche Ressortminister bestenfalls in zweiter Linie. Ihr Hauptaugenmerk mußte vielmehr darauf gerichtet sein, daß ihre politischen Pläne und Absichten von der Mehrheit des preußischen Landtags gebilligt wurden. Der politische Dualismus zwischen Preußen und Reich, von Bismarck stets meisterhaft überspielt, mußte nun über kurz oder lang offen ausbrechen. Dann aber würden das Reich und seine Institutionen endgültig als das entlarvt werden, was sie in Wirklichkeit seit eh und je waren: als ein Paravent, der die politische Hegemonie Preußens über das Reich nur notdürftig verhüllte.[8]

Den politischen Kurs, den Caprivi unter diesen Umständen steuern wollte, umriß er in einer Reichstagsrede am 13. November 1890 so: »Ich bin der Meinung, daß in einer Zeit, in der die soziale Frage eine so hervorragende Stellung einnimmt, in der wir vor so schwierigen Aufgaben nach der sozialen Richtung stehen, alle Schritte der Regierung und der gesetzgeberischen Körperschaften auch nach der Richtung hin geprüft werden müssen: wie werden sie wirken in Bezug auf die sozialen Reformen? . . . Die Staatsregierung hat keinen Anlaß gehabt, auf eine Verstärkung ihrer Macht in irgendeiner Richtung auszugehen; . . . wir wissen ganz genau, was unsere Schuldigkeit ist, . . .; wir sind aber nicht gesonnen, vorher aus Besorgnis Maßregeln zu ergreifen, wenn nicht reale Motive zur Zeit vorliegen. Diese Gesetze stärken also nicht die Staatsregierung, sondern den Staat direkt. Man darf sich aber der Hoffnung hingeben, daß sie auch indirekt zur Stärkung des Staates beitragen werden; denn es will mir scheinen, wie wenn der Staat nur gewinnen kann in dem Kampf, vor den er gestellt ist, wenn es ihm gelingt, die Zahl seiner Gegner zu verringern. Die Regierung kann niederhalten, niederschlagen, damit ist die Sache aber nicht gemacht; die Schäden, vor denen wir stehen, müssen von innen heraus geheilt werden, und dazu gehört nach dem Dafürhalten der Regierung, daß die Liebe zum Staat, das Wohlbefinden im Staat, das Sichheimischfühlen, die Teilnahme mit Kopf und Herz an den Aufgaben des Staates in weitere Kreise getragen wird.«[9]

Ein schärferer Gegensatz als zwischen diesem idealistischen Konzept einer umfassenden innenpolitischen Integration zur Stärkung des Reiches und der von Bismarck jahrelang geübten Praxis eines »kalten Bürgerkriegs«, der allein der Stellung der Regierung zugute kommen sollte, läßt sich nicht denken. Caprivis stillschweigende Schlußfolgerung aber, allein der offenkundige Bankrott der bismarckschen Politik reiche aus, um den Erfolg seines genau entgegengesetzten Konzepts zu sichern, mußte notwendig scheitern, solange Bismarcks politisches System in seinen beherrschenden Grundlinien beibehalten wurde. Es mußte auch scheitern am Widerstand jener Kräfte und Interessen, die von Bismarcks Politik stets profitiert hatten: an den preußischen Junkern. Und es mußte schließlich scheitern an der Politisierung der breiten kleinbürgerlichen und bäuerlichen Schichten, deren Geltungsansprüche völlig konträr waren zu dem konservativ-progressiven Konzept der gesellschaftlichen Entwicklung, wie es Caprivi vorschwebte.

Zunächst aber schien sich Caprivis innenpolitisches Programm vorzüglich anzulassen. Schon nach einem Jahr war im Reichstag wie im preußischen Landtag eine ganze Reihe wichtiger Gesetze mit großen Mehrheiten angenommen worden. Vor allem auf dem Gebiet der Sozialpolitik wurden mit der Verabschiedung der Gewerbeordnungsnovelle, welche die Arbeitszeit gesetzlich regelte, und der Schaffung von besonderen Gewerbegerichten, die bei Arbeitskonflikten entscheiden sollten, zwei wichtige Maßnahmen verwirklicht, die, verbunden mit dem Auslaufen des Sozialistengesetzes im Herbst 1890, die Chance einer Annäherung von Arbeiterbewegung und Staat entscheidend verbesserten. Zu diesem Programm innenpolitischer Versöhnung gehörte auch die preußische Steuerreform des neuen preußischen Finanzministers Johannes von Miquel. Ziel dieser Steuerreform war eine Verbesserung der Steuergerechtigkeit. Die bisher gültige Klassensteuer, bei der die Steuerzahler in einigen Steuerklassen zusammengefaßt waren und innerhalb jeder Klasse einen bestimmten Steuersatz bezahlen mußten, wurde abgeschafft und ersetzt durch eine progressive Einkommensteuer, die mit einem Satz von 0,62 Prozent für Jahreseinkommen von 900 bis 1050 Mark begann und bis zu einem Steuersatz von 4 Prozent (!) für Jahreseinkommen von über 100 000 Mark stieg.

Caprivis Gesetzgebung war ganz darauf abgestellt, vor allem das Zentrum, aber auch die Linksliberalen und die alten Kartellparteien hinter seinem Programm einer nationalen Integration zur Stärkung des Staates im allgemeinen und zur Abwehr der Sozialdemokratie und des »roten Umsturzes« im besonderen zu vereinigen. Von ausschlaggebender Bedeutung für das Gelingen dieses Konzepts war jedoch die Haltung des Zentrums, das im Reichstag die Schlüsselstellung innehatte. Caprivi mußte sich deshalb des Wohlwollens des Zentrums und der für gewöhnlich seiner Stimmführerschaft folgenden partikularistischen Parteien der Polen und Welfen versichern. Sowohl die Polen, welche die rigorose Unterdrückungspolitik in der Bismarckzeit noch in allzu frischer Erinnerung hatten, wie auch das Zentrum, dessen Wunden aus dem Kulturkampf noch längst nicht verheilt waren, standen aber den Ouvertüren Caprivis zunächst mit verständlichem Mißtrauen gegenüber. Sie waren sich ihrer parlamentarischen Stärke nur zu sehr bewußt und schon deshalb nicht bereit, die Regierung ohne substantielle Gegenleistungen zu unterstützen; bei den linksbürgerlichen Parteien verzeichnete Caprivi zunächst Erfolge, da es ihm gelang, diese zumindest teilweise aus ihrer Haltung einer unbedingten Opposition herauszulocken und sie bei einzelnen Gesetzgebungsvorhaben für eine Unterstützung der Regierung zu gewinnen.

Die schrittweise Annäherung der bisherigen Oppositionsparteien an die Regierung mußte Caprivi andererseits aber mit einer ebenso schrittweisen Entfremdung der Kartellparteien bezahlen. Vor allem die neue Sozialpolitik, die Nichtverlängerung des Sozialistengesetzes wie überhaupt die betont milde Haltung der Regierung gegenüber den »sozialdemokratischen Umtrieben« riefen auf seiten der Kartellparteien ein immer heftigeres Mißtrauen hervor, das durch die sich stetig deutlicher abzeichnende Zusammenarbeit zwischen Caprivi und den »reichsfeindlichen« Oppositionsparteien der Bismarckzeit weitere Nahrung fand. Zunächst artikulierte man nur Unzufriedenheit über die vermeintliche politische Unklarheit und Richtungslosigkeit der neuen Regierung. Bezeichnend für diese Stimmung ist, was Alfred Graf von Waldersee, eines der profiliertesten Häupter der preußischen Konservativen, unter dem 18. November 1890 in seinem Tagebuch notierte: »Hätte Caprivi den entschiedenen Willen, aus Zentrum und Konservativen eine große Partei zu bilden und mit ihrer Hilfe dem Liberalismus aufs Dach zu steigen, so ließe ich mir die Sache gefallen, obwohl sie mir nicht sympathisch ist. Ich bin aber überzeugt, er denkt an so etwas gar nicht, sondern will nur eine bequeme Mittelstraße finden. Eine solche gibt es nicht, Caprivi muß dabei verunglücken; wer sich mit allen Parteien gut stellen will, verliert schließlich bei allen das Vertrauen!«[10]

Das war ganz folgerichtig in der Logik des politischen Systems Bismarcks gedacht, das zu überwinden in der Perspektive von Caprivis Konzept einer innenpolitischen Versöhnung lag. Die Gefahren, die er damit lief, hat Caprivi entweder nicht richtig eingeschätzt oder völlig übersehen. Sie ergaben sich ganz einfach aus dem Umstand, daß er mit seinem Regierungsprogramm die Oppositionshaltung des Zentrums und der linksliberalen Parteien noch nicht völlig überwunden hatte, aber eben bereits mit diesem Versuch den Widerspruch der Kartellparteien, auf deren Unterstützung er nicht minder angewiesen war, geweckt hatte.[11]

Caprivi machte sich sehr rasch gerade jene Klasse zum erbitterten Feind, deren Unterstützung eine der wichtigsten Voraussetzungen für das Funktionieren des bismarckschen Systems war: die preußischen Agrarkonservativen. Wenige Monate nach Übernahme der Regierungsgeschäfte in Preußen und im Reich wurde Caprivi mit dem Problem einer beträchtlichen Preissteigerung bei Brotgetreide konfrontiert, die sich unmittelbar auf die Konsumentenpreise auswirkte. Eine solche durch eine ungewöhnlich schlechte Ernte im Inland und durch spekulative Vorhersagen von nicht minder schlechten Ernteerträgen bei den amerikanischen Farmern ausgelöste Entwicklung mußte seiner Regierung, die eine Milderung der sozialen Gegensätze zum Ziel hatte, äußerst ungelegen kommen. Die von Bismarck 1879 eingeführten und im Laufe der Jahre immer stärker erhöhten Zölle auf importiertes Getreide hatten bislang weitgehend verhindert, daß die Verkaufserlöse der inländischen Getreideerzeuger allzu rasch verfielen; jetzt hatten sie die genau gegenteilige Wirkung: Die Getreidepreise auf dem deutschen Binnenmarkt lagen nun noch erheblich über den ohnedies schon hohen Weltmarktpreisen. Dieses Preisgefälle machte offenkundig, daß die Getreideproduzenten auf Kosten der Allgemeinheit und gedeckt durch die Zollpolitik der Regierung übersteigerte Profite erzielten. In Berlin kam es vor Bäckereien zu ersten Tumulten, denn Brot war neben Kartoffeln das wichtigste Grundnahrungsmittel der proletarischen Massen. Die Regierung mußte handeln, wollte sie Schlimmeres verhüten. Eine zeitweilige völlige Aussetzung der Getreidezölle war im Gespräch. Caprivi jedoch lehnte ab, weil er völlig zu Recht fürchtete, eine anschließende Wiedereinführung der alten Zölle für Importgetreide, von der die Agrarier ihre Zustimmung zu dieser zeitweiligen Zollaussetzung abhängig machten, werde auf den geschlossenen Widerstand der Öffentlichkeit stoßen.[12] Außerdem war das bloße Herumlaborieren an den Symptomen nicht Caprivis Absicht. Die Maßnahmen, die er einleiten wollte, um die drohende soziale Krise zu bannen, sollten Teil seines umfassenden ordnungspolitischen Konzepts sein, das die Gewähr für eine langfristige Stabilisierung der Gesellschaft und ihrer Ordnung bot. In der pragmatischen Sicht Caprivis war die wichtigste Voraussetzung dafür, daß die Gewichte der beiden bedeutendsten Sektoren gesellschaftlicher Aneignung – Landwirtschaft und Industrie – ihrer wirklichen und vor allem auch ihrer prognostizierbaren, künftigen volkswirtschaftlichen Proportion entsprechend austariert werden mußten. Konkret bedeutete dies, daß Caprivi entschlossen war, vorrangig den Sektor mit dem größten wirtschaftlichen Wachstum, die Industrie, zu fördern. Das eben war der unmittelbare innenpolitische Zweck, dem das System der Handelsverträge, in das Caprivi das Deutsche Reich einbinden wollte, dienen sollte.

Die häufig verkannte staatsmännische Größe, die Caprivi alle seine Nachfolger im Amt des Reichskanzlers weit überragen läßt, erfährt durch jene Vision, die er mit dieser Handelsvertragspolitik verband, ihre Rechtfertigung. Endziel dieser Politik war nichts Geringeres als die Schaffung der »Vereinigten Staaten von Europa« mit der Absicht, wie Alfred Graf von Waldersee in seinem Tagebuch notierte, »den Erdteil wirtschaftlich unabhängig von Amerika zu machen«.[13]

Einen ersten Anfang zur Verwirklichung seiner politischen Vision machte Caprivi, als er dem Reichstag am 10. Dezember 1891 die Bestimmungen von Handelsverträgen zwischen dem Reich und Österreich-Ungarn, Italien und Belgien vorlegte. Die Aussichten, daß diese Verträge durch den Reichstag ratifiziert werden würden, waren günstig, da die Getreidepreise unvermindert hoch standen, und überdies war keines der drei Länder, auch nicht Österreich-Ungarn, ein bedeutender Getreideexporteur, so daß auch die preußischen Großagrarier keine Preiseinbußen auf dem deutschen Binnenmarkt fürchten mußten. Der seinem Volumen nach mit großem Abstand bedeutendste Handelsvertrag war der mit Österreich-Ungarn. Die wirtschaftlichen Beziehungen zwischen dem Reich und der Donaumonarchie hatten sich seit 1879 ständig verschlechtert. Beide Seiten hatten kontinuierlich ihre Außenzölle erhöht, wodurch den Volkswirtschaften beider Staaten nicht unbeträchtlicher Schaden entstanden war. Während die deutsche Industrie erhebliche Einbußen ihrer Exporte nach Österreich hinnehmen mußte, sah sich die österreichische Landwirtschaft in ihren Absatzmöglichkeiten vor allem auf den süddeutschen Märkten zunehmend eingeschränkt. Um diesem Mißstand abzuhelfen, so wurde in dem Handelsvertrag vereinbart, sollten beide Staaten ihre Importzölle verringern; eine entsprechende Regelung wurde auch in den beiden anderen Handelsverträgen vereinbart. Alle hatten eine Laufzeit von zwölf Jahren.

Die Argumente, mit denen Caprivi den Abschluß dieser Handelsverträge vor dem Reichstag begründete, sind eine glänzende Rechtfertigung seiner Handelsvertragspolitik. Sie geben Aufschluß über seine politische Vision: Zu Beginn seiner Rede betonte Caprivi, die Einführung der Zölle habe der sich erst noch entwickelnden deutschen Industrie zunächst Vorteile gebracht, die sich bei deren weiterer Entwicklung aber immer mehr in einen Nachteil verkehrt hätten. Der Markt sei überfüllt, es gäbe Überproduktion, und allenthalben verringere sich infolgedessen der Absatz von Industrieerzeugnissen. Diese ungünstige Entwicklung auf dem Binnenmarkt sei durch das Sinken der Absatzchancen für deutsche Industrieprodukte auf den ausländischen Märkten noch weiter verschärft worden, die sich ebenfalls durch Zollmauern vor einer importierten Konkurrenz schützten. Das sei für das Deutsche Reich äußerst nachteilig, da die deutsche Volkswirtschaft in einem ganz besonderen Maße vom Import an Nahrungsmitteln, Rohstoffen aller Art und Halbfabrikaten abhängig sei, die sich aber nur durch einen stetig sich steigernden Export deutscher Industrieerzeugnisse in jene Länder, aus denen diese Produkte und Rohstoffe vornehmlich bezogen würden, bezahlen ließen. Die Handelsbilanz des Reichs sei chronisch defizitär. Es sei deshalb absehbar, daß das Reich auf Dauer nicht mehr in der Lage sei, »das zu bezahlen, was wir brauchen, um zu leben und um unsere Industrie in schwunghaftem Betriebe zu erhalten. Das ist ein Übelstand, der sich voraussichtlich von Jahr zu Jahr mehr geltend machen wird, weil unsere Bevölkerung steigt; wir haben mehr Menschen im Inlande zu ernähren, und wir müssen für mehr Hände Arbeit schaffen. Es ist also die Abnahme oder die nicht mehr hinreichende Zunahme, die nicht mehr im Verhältnis zur Bevölkerung stehende Zunahme des Exports, eine Kalamität, der vorzubeugen wir bestrebt sein müssen.«

Die Alternative, die sich angesichts dieser Perspektiven stelle, laute aber nicht: Freihandel oder Schutzzoll. Es handele sich vielmehr darum, »die Mittel zu finden, die für das Land zur gegenwärtigen Zeit die geeignetsten sind, um seine Landwirtschaft lohnend zu erhalten, seine Industrie im Betriebe zu wissen und seinen Arbeitern Arbeit zu geben«. Auf dem bisherigen Wege aber könne nicht weitergegangen werden, denn dies hätte unweigerlich zur Konsequenz, daß sich alle europäischen Staaten gegeneinander abschlössen – eine Entwicklung, die insbesondere für das Deutsche Reich schlimme Folgen zeitigen würde. Denn das Reich wäre am allerwenigsten von allen europäischen Staaten imstande, sich selbst zu versorgen. »Wir sind auf den Austausch von Produkten und Waren mit anderen Staaten durch die Naturgesetze, durch unsere Ausdehnung, unser Klima, unseren Boden unweigerlich angewiesen.« Deshalb bleibe dem Reich nur der eine Ausweg, Handelsverträge mit anderen Staaten zu schließen, um der einheimischen Industrie auf diese Weise neue Märkte und Absatzgebiete zu gewinnen.

Im weiteren Teil seiner Rede setzte sich Caprivi dann mit der Situation der Landwirtschaft auseinander. Gegen die Einwände der Agrarier, deren Widerstände gegen eine Ermäßigung des Zollschutzes vorhersehbar waren, gebrauchte er das durchaus zutreffende Argument, »daß die Schutzzölle im allgemeinen das für die Landwirtschaft nicht gewirkt haben, was man voraussetzte; sie haben vielleicht vor allem einem allzu plötzlichen Schwanken nach unten, vor einem jähen Niedergang bewahrt – aber befriedigt haben sie wohl erst im letzten Jahre, wo sehr hohe Zölle mit Kalamitäten in anderen Ländern und einer mäßigen Ernte im eigenen Lande zusammenfallen«. Im übrigen werde die Landwirtschaft durch eine Ermäßigung des Zollschutzes keinerlei Schaden nehmen. Und außerdem sei es nicht die Landwirtschaft, die Opfer bringen müsse, sondern dieses Opfer werde nach wie vor noch immer von der Allgemeinheit für die Landwirtschaft erbracht, denn jede Verzollung des eingeführten Getreides bedeute eine Steigerung des Getreidepreises im Inland.

Die letztlich sehr zweifelhaften Vorteile, welche die Landwirtschaft aus hohen Schutzzöllen ziehe, reichten aber bei weitem nicht hin, den Schaden auszugleichen, den die Entwicklung der Industrie dadurch nehme; deren Bedeutung für den Staat und die Allgemeinheit wachse von Jahr zu Jahr. »Es ist ein charakteristischer Zug zwischen der Industrie und der Landwirtschaft, daß die Landwirtschaft eines Staates nur bis zu einem gewissen Grade steigerungsfähig ist, weil sie vom Grund und Boden abhängig bleibt ... Die Industrie dagegen ist abhängig von den Absatzmärkten. Erweitert man dieselben, wie wir das durch diese Verträge wollen, so kann sich auch die Industrie erweitern, und es ist fürs erste kein Ende in dieser Beziehung abzusehen, sofern nur die Möglichkeit eines lohnenden Verkaufs ihrer Fabrikate für die Industrie da ist. Handel und Industrie sind und bleiben die wesentlichsten Quellen des Wohlstandes und damit politischer Macht, kultureller Bedeutung.« Eine weitere beschleunigte Entwicklung der Industrie sei auch deshalb zwingendes Gebot, weil »die Sittlichkeit in den unteren Klassen bis zu einem gewissen Grad einen steigenden Wohlstand zur Voraussetzung hat. Mit der Industrie hängt ja der Arbeiterstand auf das engste zusammen, und wir würden unsere Pflicht vernachlässigt haben, wenn wir beim Abschluß dieser Verträge nicht die Möglichkeit, unseren Arbeiterstand leistungsfähig zu erhalten, ins Auge gefaßt hätten. Es kommen dabei zwei Momente zur Sprache; einmal billigere Lebensmittel zu schaffen. Soweit das, ohne die staatlichen, die höheren staatlichen Interessen zu gefährden, geschehen konnte, haben die verbündeten Regierungen eine Reihe von kleinen Maßregeln eintreten lassen. Sie haben diejenige Herabsetzung der Zölle für Lebensmittel vorgenommen, die sie für zulässig hielten. *Ich erachte aber für viel wesentlicher für die Erhaltung und für das Gedeihen des Arbeiterstandes, daß ihm Arbeit geschaffen werde.* Wenn dies nicht die wesentlichere Frage wäre, so würde der Andrang unserer ländlichen Arbeiter in die Städte und nach dem Westen gar nicht zu erklären sein. Unser Westen hat unausgesetzt höhere Preise für unentbehrliche Lebensmittel, die soviel höher sind als im Osten, daß, wenn man diese Preise miteinander vergleicht und sie absolut nimmt, man meinen sollte, es müßte im Westen eine fortwährende Teuerung da sein. Daß trotzdem die Menschen so gerne nach dem Westen gehen, hat seinen Grund darin, daß sie die lohnendere Arbeit den billigeren Lebensmittelpreisen voranstellen. Lohnende Arbeit wird aber, wenn diese Verträge zur Perfektion kommen, gefunden werden. Wir werden sie finden durch den Export; wir müssen exportieren: *Entweder wir exportieren Waren oder wir exportieren Menschen.* Mit dieser steigenden Bevölkerung ohne eine gleichmäßig zunehmende Industrie sind wir nicht in der Lage, weiter zu leben.«

Mit diesen Worten, denen Klarheit ebenso zu bescheinigen ist wie eine realistische Einschätzung künftiger Entwicklungen und Notwendigkeiten, umriß Caprivi den innenpolitischen Kern jenes umfassenden ordnungspolitischen Konzepts, das er mit den Handelsverträgen zu verwirklichen suchte: Den Belangen der Industrie sollte mit Rücksicht auf das allgemeine Wohl die unbedingte Priorität eingeräumt werden. Man mag dies naiv nennen und Caprivi der Blindheit eines durch und durch unpolitischen Generals für die wirklichen machtpolitischen Verhältnisse zeihen – seine Einschätzung dessen, was richtig war und im Interesse des Reichs lag, kann jedoch durchaus als zutreffend bezeichnet werden.

Der außenpolitischen Dimension dieser Handelsverträge widmete Caprivi dagegen nur wenige Worte, die aber deutlich machen, daß er sich des Umstandes nur zu sehr bewußt war, daß im Zeitalter der Industriestaaten und einer stetig an Umfang und Einfluß gewinnenden öffentlichen Meinung in diesen Staaten das Wesen der Politik einen grundsätzlichen Wandel erfahren hatte. Denn, so führte er aus, den Handelsverträgen mit Österreich-Ungarn und Italien läge auch die Absicht zugrunde, den Dreibund zu festigen. Im Gegensatz zu früheren Zeiten, wo Kabinettsverträge zwischen dem einen und dem anderen Fürsten abgeschlossen worden seien, müsse »heutzutage ... ein Bündnis, wenn es die Garantie geben soll, daß es dermaleinst im gegebenen Augenblicke auch haltbar sei, in die Seele der Völker eingelebt sein. Dieses Einleben zu erleichtern wird, wie ich hoffe, eine Wirkung dieser Handelsverträge sein.«

Mit einem prophetischen Ausblick, dessen Wahrheit nicht beherzigt zu haben das Schicksal des Reichs und auch Europas in unserem Jahrhundert besiegelte, schloß Caprivi seine große programmatische Rede: »Es ist in letzter Zeit eine weltgeschichtliche Erscheinung zum Bewußtsein der Völker gekommen, die ich hoch anschlage: Das ist die Bildung großer Reiche, das Selbstbewußtsein dieser Reiche, das Bestreben, sich gegen andere abzuschließen. Unser östlicher Nachbar verfügt über ein Gebiet, was von der Zone nördlich des Himalaja bis an das Eismeer reicht; er ist imstande, fast alle Produkte, die ein Reich zu seiner Existenz braucht, selbständig hervorzubringen, er hat eine große Expansionskraft für seine Arbeit; große Aufgaben liegen nach dieser Richtung vor dem russischen Reich. Jenseits des atlantischen Ozeans nimmt die Bevölkerungszahl der Vereinigten Staaten von Amerika von Jahr zu Jahr zu: Ihr Kraftbewußtsein, ihre Energie, mit der sie ihre eigenen Interessen verfolgt, nimmt zu. Als im vorigen Jahr diese Erscheinung zum ersten Male auftrat [gemeint sind die Mc-Kinley-Zolltarife, die den amerikanischen Markt vor Importen weitgehend schützten], war man bei uns darüber erstaunt, und ich habe wohl Äußerungen gehört, das wäre völkerrechtlich nicht zulässig. Ja, meine Herren, jeder Staat hat – und darin unterscheidet er sich vom Individuum – als erste Pflicht die der Selbsterhaltung, und in dem Triebe nach Selbsterhaltung werden die Staaten in absehbarer Zeit viel weitergehen als bisher ... Der Schauplatz der Weltgeschichte hat sich erweitert: Damit sind die Proportionen andere geworden, und ein Staat, der als europäische Großmacht eine Rolle in der Geschichte gespielt hat, kann, was seine materielle Kraft angeht, in absehbarer Zeit zu den Kleinstaaten gehören. Wollen nun die europäischen Staaten ihre Weltstellung aufrecht erhalten, so werden sie nach meinem Dafürhalten nicht umhin können, soweit sie wenigstens ihren sonstigen Anlagen nach dazu geeignet sind, eng aneinander sich anzuschließen. Es ist nicht unmöglich, daß die Zeit kommen wird, wo sie einsehen werden, daß sie klügeres zu tun haben werden, als sich gegenseitig das Blut auszusaugen, weil sie im wirtschaftlichen Kampf um das Dasein genötigt sein werden, alle ihre Kräfte einzusetzen.«[14]

Caprivis Wirtschaftspolitik wie überhaupt sein gesamtes politisches Konzept einer konservativ-progressiven Entwicklung war ganz der Tradition jenes pragmatischen Liberalismus verpflichtet, der die alte preußische Bürokratie einst beseelt hatte. Das Hauptziel seiner Wirtschaftspolitik war die Maximierung der Produktion und die Steigerung des Volkseinkommens. Dies sollte erreicht werden durch Spezialisierung auf jene Produkte und Fertigkeiten, für welche die Volkswirtschaft des Reichs in besonderer Weise disponiert war. Zu niedrigen Kosten und Preisen sollten dagegen all jene Produkte eingeführt werden, die anderswo billiger zu haben waren. Kurz, Deutschland sollte sich auf die Industrieproduktion stützen, diese exportieren und den Bedarf an Rohstoffen und Nahrungsmitteln durch Einfuhren decken. Die logische Stringenz dieses wirtschaftspolitischen Konzepts geriet indes sehr bald mit der marktwirtschaftlichen Wirklichkeit und den hier vorherrschenden Interessen insbesondere der landwirtschaftlichen Produzenten in Konflikt. Und nicht nur die Junker, sondern auch die Masse der bäuerlichen Klein- und Mittelbetriebe in den westlichen und südlichen Teilen des Reichs teilten diese Interessen.

Caprivis Handelsvertragspolitik fand zunächst den Beifall aller Seiten des politischen Spektrums. Doch diese breite Zustimmung gründete nicht in einem überparteilichen Konsens darüber, daß diese Wirtschaftspolitik noch am ehesten die Gewähr für eine rasche und solide Entwicklung der gesamten Volkswirtschaft versprach, sondern darin, daß jede Partei jeweils einen anderen Aspekt dieser neuen Handelsvertragspolitik als förderlich für ihre eigenen politischen Absichten erkannte. Sozialdemokraten wie Linksliberale hatten bereits den Reichstagswahlkampf von 1890 damit bestritten, daß sie sich energisch gegen die Beibehaltung der Agrarzölle aussprachen. Wie sehr sie damit einem in weiten Teilen der Öffentlichkeit verbreiteten Verlangen entsprachen, belegten ihre Stimmengewinne bei der Wahl. Außerdem war es für beide Parteien eine schadenfrohe Genugtuung, daß die Regierung sich dazu durchgerungen hatte, die Interessen der Junker zu mißachten.[15] Die Nationalliberalen hingegen nahmen eine eher halbherzige Haltung ein, mit der sie der unterschiedlichen Interessenlage ihrer in Stadt und Land heimischen Wählerschaft Rechnung zu tragen suchten. Einige nationalliberale Reichstagsabgeordnete verlangten deshalb in der Debatte über die Handelsverträge, die Regierung solle Mittel und Wege finden, die vorhersehbaren Einkommenseinbußen der Landwirte auf andere Weise als durch Zölle auszugleichen.[16]

Delikat war die Stellung des Zentrums. Einst hatte diese Partei die bismarcksche Schutzzollpolitik rückhaltlos unterstützt. Jetzt vollzog ihre Führung eine völlige Kehrtwendung und trat für die caprivische Handelspolitik ein. Dieser Schwenk wurde bei der Abstimmung über die Handelsverträge nur von etwa der Hälfte der Zentrumsfraktion mitvollzogen; vornehmlich die Abgeordneten aus ausgeprägt ländlichen Wahlkreisen stimmten dagegen. Dieses Splitting war der Versuch des Zentrums, auf den soziologischen Strukturwandel seiner Wählerschaft zu reagieren. Mit der stetigen industriellen Entwicklung im Laufe der achtziger Jahre war der Stimmenanteil der katholischen Arbeiterschaft immer mehr gewachsen. Wollte das Zentrum diese Stimmen nicht an die Sozialdemokraten verlieren, mußte es den Interessen und Wünschen der Industriearbeiterschaft stärker als bisher entgegenkommen. Gleichzeitig mußte es aber auch darauf bedacht sein, nicht seine bäuerlichen Stammwähler in Süd- und Westdeutschland zu verlieren sowie ein Abdriften der katholischen Aristokraten Schlesiens zu den agrarischen Konservativen zu verhindern.[17]

Widerstand gegen den neuen wirtschaftspolitischen Kurs der Regierung wurde vor allem aus den Reihen der beiden konservativen Parteien laut. Die Freikonservativen, die einstige Partei Bismarcks »sans phrase«, in der Schwerindustrielle und Großagrarier den Ton angaben, hatte sich seit jeher für den »Schutz der nationalen Arbeit« ausgesprochen. Diese Formel war die Grundlage der bismarckschen Kartellpolitik gewesen. Die Deutschkonservativen dagegen waren die eigentliche »Junker-Partei«. Doch selbst innerhalb dieser beiden konservativen Parteien gingen die Ansichten auseinander. Für die überwiegende Mehrheit der zwanzig freikonservativen Reichstagsabgeordneten bedeutete die mit den Handelsverträgen vorgesehene Ermäßigung der Kornzölle keinen eklatanten Widerspruch zu dem von ihnen hochgehaltenen Prinzip eines »Schutzes der nationalen Arbeit«. In ihren Reihen begann sich die Einsicht durchzusetzen, daß ein kompromißloses Festhalten an den bestehenden hohen Kornzöllen angesichts der exorbitanten inländischen Getreidepreise auf die Dauer politisch weitaus nachteiliger für die eigenen Interessen wäre, als wenn man jetzt einer bescheidenen Senkung dieser Zölle zustimmte. Lediglich der Führer des Agrarierflügels in dieser Partei, Wilhelm von Kardorff, sprach sich energisch gegen die Handelsverträge aus. Deutschland, so sein Argument, werde seine Bedeutung als eine unabhängige Großmacht verlieren, wenn es dem englischen Beispiele folge und der industriellen Entwicklung die oberste Priorität einräume.[18]

Auch die Fraktion der Deutschkonservativen war in dieser Frage keineswegs einer Meinung. Der Führer des Mehrheitsflügels dieser Partei, Graf Hans Wilhelm von Kanitz-Podangen, lehnte die Handelsverträge strikt ab. Er stimmte mit von Kardorff darin überein, daß es die Absicht der Regierung Caprivi sei, den industriellen Interessen vor den agrarischen Belangen der Gesellschaft den Vorrang einzuräumen.[19] Daß aber dennoch eine starke Minderheit von immerhin achtzehn Abgeordneten der Deutschkonservativen Partei für die Handelsverträge votierte, macht den Loyalitätskonflikt deutlich, in den sie durch diese Frage gebracht wurden; für die Konservativen war die bedingungslose Unterstützung der Regierung, die für sie Organ des königlichen Willens war, bis dahin ehernes Prinzip gewesen.[20] Dieser große parlamentarische Erfolg der Regierung – für den Vertrag mit Italien stimmten 200 Abgeordnete gegen 66, für den mit Österreich-Ungarn sogar 248 gegen 48 – war aber lediglich ein Pyrrhussieg. Denn keine der Fraktionen oder Parteien, die diesen Verträgen ganz oder auch nur teilweise zugestimmt hatten, war mit ihrem Inhalt wirklich einverstanden. Den Sozialdemokraten wie den Linksliberalen gingen die Bestimmungen der Verträge längst noch nicht weit genug. Und auch die Zustimmung durch Teile des Zentrums, der Nationalliberalen und Freikonservativen zeigte zur Genüge, daß diese Parteien auf die Dauer keine wirklich verläßlichen Stützen der caprivischen Politik sein würden.[21]

Die große Mehrheit für die Handelsverträge im Reichstag markierte deshalb zugleich den Höhepunkt des »Neuen Kurses«. Danach gestalteten sich die Dinge für die Regierung immer schwieriger. Wenige Monate später war die parlamentarische Mehrheit verlorengegangen, schlug der Regierung erbitterte Opposition quer durch alle Parteien entgegen. Eine entscheidende Folge dieser Allparteienopposition gegen den »Neuen Kurs« war das Auseinanderbrechen der gouvernementalen Einheit. Verschiedene Interessengruppen und Cliquen innerhalb der Regierung lähmten ihre Handlungsfähigkeit weitgehend, so daß diese nicht mehr in der Lage war, eine konsistente Politik zu formulieren und durchzusetzen. Damit fiel dem Kaiser und preußischen König aber eine Rolle zu, für die ihn die bismarcksche Verfassung nicht vorgesehen hatte: Die Zerstrittenheit der Regierung ließ den Kaiser in die zentrale Position dessen aufrücken, der bei allen politischen Entscheidungen das letzte Wort hatte. Die persönlichen Ambitionen Wilhelms II. machten alles noch schlimmer. Seine Entscheidung, Bismarck zu entlassen, hatte ihn nolens volens dazu gezwungen, den vorsichtig-liberalen »Neuen Kurs« zu unterstützen. Diese Politik aber lief seinen eigenen politischen Überzeugungen und vor allem seinen Ansichten vom Gottesgnadentum seines kaiserlichen Amtes tendenziell immer stärker entgegen. Außerdem drohte ihn der »Neue Kurs« mehr und mehr der konservativen preußischen Aristokratie zu entfremden, deren loyale Unterstützung nach wie vor die entscheidende Säule seiner Hausmacht war. Da aber die preußischen Konservativen ganz unter dem Einfluß Bismarcks standen, war Wilhelm II. in dem Dilemma gefangen, sich für keine der beiden politischen Alternativen offen entscheiden zu können. Er betrieb deshalb eine Schaukelpolitik, indem er einmal den »Neuen Kurs« favorisierte, ein anderes Mal die Interessen und Wünsche der Konservativen unterstützte. Die schwankende Gunst des Kaisers vereitelte damit aber nicht nur jede Stabilisierung der Regierung Caprivi, sondern sie verschärfte auch die Krise.

Im März 1892 brach diese seit langem schwelende Regierungskrise offen aus. Anlaß war das preußische Volksschulgesetz, mit dem Caprivi dem Zentrum einige Zugeständnisse machen wollte, um sich dessen dauerhafte politische Unterstützung im Reichstag zu sichern. Gegen diese zentrumsfreundliche Tendenz des Volksschulgesetzentwurfs, die in ihren praktischen Auswirkungen weit überschätzt wurde, erhob sich ein wütender Proteststurm der National- und Linksliberalen, mit dem die alten Gespenster des Kulturkampfs wieder geweckt wurden. Weitaus gefährlicher aber schien nicht wenigen, die den politischen Zirkeln Berlins angehörten, daß eine Unterstützung der Regierung Caprivi im Reichstag durch das Zentrum und die Konservativen das ganze prekäre Gefüge des Reichsbaus langfristig beschädigte. Denn eine enge Zusammenarbeit zwischen der Reichsregierung und den beiden »partikularistischen« Parteien müßte, so diese Befürchtung, unmittelbare Auswirkungen auf die parteipolitische Kräftekonstellation in den Landtagen insbesondere der süddeutschen Staaten haben, und dies werde auf die Regierungen in diesen Staaten durchschlagen. Eine bayerische Regierung aber, die sich nicht mehr auf die Mehrheit der Nationalliberalen im bayerischen Landtag, sondern auf das Zentrum stützte, könnte der Anfang einer »katholischen Liga« innerhalb des Reichs werden, die dann die politische Suprematie des protestantischen Preußen in Frage stellte.[22]

Eine politische Nebensache wie das preußische Volksschulgesetz brachte einmal mehr die ganze Künstlichkeit der bismarckschen Schöpfung zum Vorschein; denn dieses Reich war geschaffen worden, um die preußische Großmachtstellung zu sichern. Es hielt nur zusammen, wenn man es auch in Zukunft verstand, eben diese Grundtatsache seiner Existenz zu verheimlichen. Voraussetzung dafür war, daß man stets des Umstands eingedenk blieb, den Philipp von Eulenburg, der Vertraute des Kaisers, in einem Brief an Friedrich von Holstein, die »Graue

Eminenz« der preußischen auswärtigen Politik, am 13. Februar 1892 wie folgt beschrieb: »Je länger das deutsche Reich besteht, je mehr es zusammenwächst . . ., je mehr wird sich die zentrifugale Kraft der preußischen Machtstellung auf allen Gebieten fühlbar machen, und je weniger werden wir in der Lage sein, preußische Gesetze zu machen, ohne auf das Reich Rücksicht zu nehmen. Veränderungen, die sich auf dem Sonnenkörper vollziehen, werden immer mit elementarer Gewalt auf der Erdkugel wirken.«[23]

Mit dem von Caprivi geplanten preußischen Volksschulgesetz sollte genau dieser Devise zuwidergehandelt werden; sein Inhalt war dabei völlig sekundär. Von Bedeutung war allein die parteipolitische Kräftekonstellation von Zentrum und Deutschkonservativen im preußischen Landtag, mit deren Hilfe dieses Gesetz gegen den erbitterten Widerstand der Freikonservativen, der Nationalliberalen und der Linksliberalen verabschiedet werden sollte. Denn diese Mehrheit im preußischen Landtag hätte dann, wie nicht wenige fürchteten, das Vorbild für eine identisch zusammengesetzte Reichstagsmajorität abgegeben, mit der die Gefahr heraufbeschworen worden wäre, daß, wie der Großherzog Friedrich I. von Baden meinte, »alle Traditionen der Preußisch-Deutschen Politik auf den Kopf« gestellt werden würden. »Das Zentrum will Regierungspartei werden, um Regierung und Dynastie zu stürzen, wohl wissend, daß die Regierung bei keiner anderen Partei, ja überhaupt keine Unterstützung mehr zu erwarten hat, wenn sie sich dem Zentrum einmal hingegeben hat.«[24]

Ähnlich hatte sich schon Bismarck vernehmen lassen. In einer Glosse zum preußischen Volksschulgesetzentwurf, die in den »Hamburger Nachrichten« vom 28. Februar 1892 erschien, machte der Altkanzler warnend darauf aufmerksam, »daß es politisch nicht geschickt war, ohne Not mit der Vorlage einen Zankapfel zwischen die Parteien zu werfen, den Modus vivendi, der mit der katholischen Kirche hergestellt war, zu stören und die erloschenen Kohlen des Kulturkampfs durch Anblasen aufs neue in Brand zu versetzen. Wir erblicken den Grund hiervon nicht in wirklich vorliegenden Bedürfnissen, sondern in Versprechungen, die dem Zentrum, um seine Unterstützung zu gewinnen, gemacht worden sind, und die zu halten man sich nicht imstande sehen wird. Der Grundfehler besteht darin, daß die Regierung glaubte, unversöhnliche Gegner wie Zentrum, Polen und Welfen durch Konzessionen versöhnen und die Staatspolitik auf den Beistand von Elementen basieren zu können, die früher durch Jahrzehnte hindurch sich als Todfeinde Preußens respektive des Reichs erwiesen haben und deren Bekämpfung demgemäß unausgesetzt eine der Hauptaufgaben der früheren Regierung war.«[25]

Der preußische Volksschulgesetzentwurf brachte Kaiser und Reich in eine äußerst delikate Situation. In den heftigen Kontroversen in der Öffentlichkeit und zwischen den Parteien begann sich eine Frontstellung herauszukristallisieren, bei der sich die Regierung, unterstützt vom Zentrum und den Konservativen auf der einen, und eine Koalition von Freikonservativen, Nationalliberalen und Linksliberalen auf der anderen Seite gegenüberstanden. Und wenn nicht alle Anzeichen trogen, würde Bismarck an die Spitze dieser Koalition treten. Eine solche innenpolitische Frontstellung aber barg die Gefahr, daß sich die Regierung stärker, als dies je von ihr beabsichtigt gewesen war, dem Zentrum auslieferte. Und viele fürchteten, dann werde ein neuer »Kulturkampf« ausbrechen, nur daß diesmal die Regierung gemeinsam mit den »Reichsfeinden« sich gegen die Opposition der »reichstreuen« politischen Kräfte erwehren mußte![26] Eine solche Konstellation galt es unter allen Umständen zu verhindern. Aber wie? Ein preußisches Volksschulgesetz, das nur die Zustimmung von Zentrum und Konservativen erhielt, mußte entweder zurückgezogen oder so abgeändert werden, daß ihm wenigstens die Nationalliberalen und womöglich auch die Linksliberalen zustimmen konnten. Abzusehen aber war, daß ein solches Gesetz nie und nimmer die Zustimmung des Zentrums erhalten würde. Angesichts der Mehrheitsverhältnisse im preußischen Landtag wäre dies zu verschmerzen gewesen, aber gleichzeitig begab man sich damit auch aller Aussichten auf eine parlamentarische Unterstützung der Regierung durch die Reichstagsfraktion des Zentrums. Und eben darum war es ja Caprivi zu tun gewesen. Die Stimmen des Zentrums waren notwendig, um den von ihm geplanten Heeresetat durchzubringen. Zwang der Kaiser Caprivi, wozu nicht wenige rieten, den Volksschulgesetzentwurf nach den Wünschen der Liberalen zu ändern, dann war der Heeresetat gefährdet. Scheiterte dieser, blieb Caprivi nur der Rücktritt, zumal eine wiederholte Reichstagsauflösung und Neuwahlen keine grundsätzlich geänderten Mehrheitsverhältnisse herbeiführen, sondern lediglich latente Staatsstreichgelüste wecken würden.

Ein Rücktritt Caprivis schien der Kamarilla um Wilhelm II. aber nicht minder verderblich, denn ein solcher Schritt zu diesem Zeitpunkt und in dieser Situation hätte sofort Bismarck auf den Plan gerufen, der als Retter in der Not triumphierend in seine alte Stellung eingerückt wäre und diese mit noch größerer Macht und Autorität denn je ausgefüllt hätte.[27]

In einer Sitzung des preußischen Staatsministeriums, die in Anwesenheit Wilhelms II. am 17. März 1892 stattfand, verlangte dieser, daß das preußische Volksschulgesetz nur mit der Unterstützung der alten Kartellparteien im preußischen Landtag verabschiedet werden dürfe. Einen Tag später, am 18. März 1892, auf den Tag genau zwei Jahre nach Bismarcks Sturz, reichte Caprivi seinen Rücktritt ein. Die Krise des »Neuen Kurses« war damit offensichtlich geworden. Beendet wurde diese »Komödie der Irrungen«, wie sie der sächsische Gesandte in Berlin, Wilhelm Graf von Hohenthal, treffend charakterisierte, durch einen faulen Kompromiß. Caprivi trat nur von seinem Amt als preußischer Ministerpräsident zurück, blieb aber Reichskanzler und preußischer Außenminister.

Dieser Ausgang der »Kanzlerkrisis« fügte sich zwar ganz in die Absichten Caprivis, die Angelegenheiten des Reichs strikt von denen Preußens zu trennen, aber eben in dieser Absicht bestand sein fundamentaler Irrtum. Die innenpolitische Stellung des Reichskanzlers hing ja ganz entscheidend von der Unterstützung ab, die ihm die preußischen Minister gewährten. Gab man diesen die Freiheit völliger Ressortkompetenz zurück und verzichtete man nun noch darauf, das Amt des preußischen Ministerpräsidenten in Personalunion mit dem des Reichskanzlers auszuüben, um so wenigstens ein Minimum an politischer Koordination zwischen diesen beiden wichtigsten Entscheidungszentren des Reichs zu gewährleisten, dann mußte der Reichskanzler zu einem Spielball von Kräften werden, die seiner Kontrolle völlig entzogen waren. Und das waren zum einen die Reichstagsparteien, denen der Kanzler ohne den Rückhalt der preußischen Hausmacht ausgeliefert war. Und das waren zum anderen die einzelstaatlichen Regierungen, die entgegen den Erwartungen Caprivis, daß sich ihr Vertrauen um so eher gewinnen ließe, wenn er sich von seiner Rücksichtnahme auf die Interessen Preußens befreite, diese offensichtliche Schwächung seiner Stellung für sich auszunutzen trachteten.[28]

Der Verzicht auf die preußische Ministerpräsidentschaft war Caprivis Eingeständnis, daß die Einheitlichkeit der Führung von Preußen und Reich unter den obwaltenden Umständen nicht herzustellen war. Der Vorteil, den er sich davon versprach, sich jenes unauflöslichen Dilemmas entwinden zu können, im Reich und in Preußen eine einheitliche Politik jeweils mit der Unterstützung völlig unterschiedlich zusammengesetzter Mehrheiten in den politischen Vertretungskörperschaften durchsetzen zu müssen, wäre nur dann wirklich von Dauer gewesen, wenn sich seine Hoffnung erfüllt hätte, mit Hilfe des Reichs die Präponderanz Preußens zu vernichten. Diese Hoffnung basierte aber auf einer geradezu idealistischen Verkennung der wirklich vorhandenen politischen Gegebenheiten. Denn es war mit und durch Preußen, daß das Reich regiert wurde. Ohne Preußen war das Reich eine gestaltlose Masse. So hatte es Bismarck gewollt, und so war es geschehen. Es hätte einer Revolution bedurft, um dies zu ändern.

Nachfolger Caprivis im Amt des preußischen Ministerpräsidenten wurde Botho Graf zu Eulenburg, der unter Bismarck zeitweilig preußischer Innenminister gewesen war und der politisch den Konservativen nahestand. Mit der vorläufigen Beilegung der Regierungskrise wurde die bislang immer erfolgreich verborgene Tatsache gleichsam amtlich und öffentlich festgestellt: Die Interessen des Reichs und die Preußens waren völlig unterschiedlich. Man kann dies mit Fug und Recht als eine Ironie der Geschichte bezeichnen, daß ausgerechnet die Politik Caprivis, die sich an den übergeordneten Interessen der Nation orientierte, die innere Zerrissenheit dieser Nation hervortreten ließ und so den negativen Beweis dafür lieferte, daß diese Nation in Wirklichkeit nur eine patriotische Phrase, eine Fiktion, ja die Lebenslüge des längst maroden Preußentums vor dem Urteil der Geschichte war.

Caprivi hatte sich nun alle Parteien zu Gegnern gemacht. Die Aussichten, daß die große Heeresvorlage, die Caprivi am 23. November 1893 in den Reichstag einbrachte, eine Mehrheit finden würde, waren deshalb von Anfang an äußerst gering. Zwar gelang es ihm nach langen schweren Auseinandersetzungen mit dem Kaiser, diesem das Zugeständnis abzuringen, die Militärdienstzeit von drei auf zwei Jahre zu verkürzen,[29] was einer seit langem erhobenen Forderung der Liberalen entsprach. Dennoch stieß die Heeresvorlage im Reichstag auf den erbitterten Widerstand von großen Teilen des Zentrums und vor allem der Linksliberalen. Ein Kompromißvorschlag des Zentrumführers Huene, statt der geforderten 84 000 Mann lediglich rund 60 000 Mann pro Jahr mehr einzuziehen, dem Caprivi zustimmte, wurde von der Zentrumsfraktion verworfen. Damit hing das parlamentarische Schicksal der Heeresvorlage ganz vom Votum der 66 Abgeordneten des Freisinns ab. Doch diese hatten sich zu tief in ihre dogmatische Opposition verrannt. Eugen Richter, ihr parlamentarischer Führer, schwor zu Beginn der Debatte die Fraktion auf die von ihm ausgegebene Parole »keinen Mann über die gegenwärtige Friedensstärke« ein, und Caprivi äußerte deshalb schon im Februar 1893 gegenüber seinem Mitarbeiter Otto Hammann: »Die Freisinnigen könnten jetzt zeigen, daß sie regierungsfähig sind. Wahrscheinlich werden sie es nicht tun. Das System des halben Parlamentarismus hat den Nachteil, daß Führer wie Richter immer nein sagen können, ohne die Gefahr zu laufen, sich in kurzer Zeit als Regierung abzuwirtschaften.«[30]

Caprivi sollte recht behalten. Bei der Abstimmung über den Heeresetat am 6. Mai 1893 stimmten 162 Abgeordnete dafür und 210 dagegen. Neben den Sozialdemokraten hatten alle Zentrumsabgeordneten bis auf zwölf und alle Freisinnigen bis auf sechs die Vorlage abgelehnt. Nach dieser Abstimmungsniederlage wurde der Reichstag sofort aufgelöst.

Der neue Reichstag, der im Juni gewählt wurde, billigte dann am 15. Juli 1893 die Heeresvorlage im Umfang des von Huene gemachten Kompromisses mit einer Mehrheit von 201 zu 185 Stimmen. Das war ein Erfolg für Caprivi, aber auch ein Triumph für den Reichstag. Denn noch nie zuvor war eine Regierung des Zweiten Kaiserreichs von ihren einmal eingebrachten Militärforderungen in derart substantieller Weise abgewichen.

Caprivi hatte einen politischen Sieg errungen. Doch die Schlacht, die über das Schicksal des »Neuen Kurses« entscheiden mußte, würde auf einem anderen Feld ausgetragen werden, das von den einschlägigen Interessenten bereits um die Jahreswende 1892/1893 abgesteckt wurde. Im Dezember 1892 gaben sich die Konservativen ein neues Programm, das sogenannte Tivoli-Programm, in dem sich ein umfassender programmatischer Sinneswandel dieser Partei offenbarte: In all jenen Fragen, welche die Interessen ihrer Klientel, der ostelbischen Junker, betrafen, nahm die Partei nun eine ausgeprägt militante Haltung ein. Die Konservativen mauserten sich damit zu unerbittlichen Gegnern der caprivischen Handelsvertragspolitik. Diese neue Militanz der Konservativen wurde noch durch den im Februar 1893 gegründeten »Bund der Landwirte«, mit dem sie sofort eng zusammenarbeiteten, verstärkt. Welche Gefahren seiner Politik von dieser Seite drohten, merkte Caprivi erstmals, als im Februar 1893 der Führer der Freikonservativen, Wilhelm von Kardorff, die Wirtschaftspolitik der Regierung mit einer bis dahin im Reichstag nicht gekannten Schärfe attackierte. Kardorff beschimpfte den Kanzler als einen unbedingten Anhänger des Manchesterliberalismus und warf ihm vor, die notleidende Landwirtschaft zugunsten der Industrie völlig vernachlässigen zu wollen. Diesem Angriff schlossen sich weitere Agrarier an, die vor allem die von Kardorff bereits erhobene Forderung nach Einführung des Zweiwährungsstandards unterstützten, da sie in der weltweit spürbaren Verknappung und Verteuerung des Goldes die entscheidende Ursache für den Verfall der Getreidepreise zu erkennen glaubten. Eine Einführung der billigeren Silberwährung für Agrarprodukte sollte hier Abhilfe schaffen. Außerdem, so verlangten sie weiter, solle die Regierung gesetzliche Maßnahmen ergreifen, um die Landflucht aus Ostelbien zu stoppen, die das Reservoir billiger landwirtschaftlicher Arbeitskräfte auszutrocknen drohte.
Auf diese Anschuldigungen und Forderungen der Agrarier antwortete Caprivi am 17. Februar 1893 mit einer ebenso besonnenen wie bedeutenden Reichstagsrede. Zunächst beteuerte er, daß er die große Bedeutung der Landwirtschaft für Staat und Gesellschaft durchaus anerkenne; ja, der Erhaltung der Landwirtschaft gebühre die ganze Auf-

merksamkeit des Staates. Daß dies nicht, wie von den agrarischen Interessen immer wieder behauptet werde, bloß leere Worte seien, ergebe sich allein schon daraus, daß die von Miquel in Gang gesetzte Steuerreform vor allem der Landwirtschaft zugute komme. Die Regierung sei stets bestrebt, die Landwirtschaft tätig zu fördern. Ihre Bereitschaft dazu fände aber ihre »Grenzen in den Umständen«. Denn, so fragte Caprivi, »welche Mittel habe ich, um die englische Regierung zu zwingen, daß sie auf den Bimetallismus [Zweiwährungsstandard] eingeht? Alle, auch die Herren, die für den Bimetallismus gesprochen haben, geben zu, daß die Zustimmung Englands Voraussetzung ist. Bei alledem kehrt der Vorwurf wieder: warum führt ihr nicht den Bimetallismus ein? Ja, die Macht, den Weltmarkt zu zwingen, den Weltmarkt wegzuschaffen, habe ich nicht. Er ist da und wirkt mit elementarer Gewalt auf die Verhältnisse unserer Landwirtschaft ein. – Kann ich unsere arbeitende Klasse zwingen, daß sie da arbeitet, wo sie nicht arbeiten will, und daß sie da Arbeit nicht sucht, wo ihr die Arbeit lohnender und angenehmer erscheint? Auch dazu hat die Regierung kein Recht.«

Das war nur zu wahr, aber der enge Interessenstandpunkt der Agrarier wollte und konnte dies nicht wahrhaben, denn bei den Agrariern bildeten die militante Vertretung ihrer Interessen und das Bekenntnis zum Konservatismus eine untrennbare Einheit. Von daher ihr Vorwurf gegen Caprivi, er sei kein Konservativer, das Ziel seines Handelns sei nicht am Wohl des Staates orientiert, das die Agrarier ganz selbstverständlich mit ihrem eigenen Wohlergehen gleichsetzten. Caprivi entgegnete auf solche Anschuldigungen, er empfinde sich sehr wohl als ein Konservativer in dem Sinne, daß es sein Bestreben sei, den christlich-monarchischen Staat zu erhalten. Außerdem sei er von der Überzeugung durchdrungen, daß überhaupt »das historisch Gewordene eine gewisse Berechtigung im Dasein hat, die ihm nur genommen werden soll, wenn zwingende Gründe zu einer Änderung vorliegen«. Das eben war genau der Standpunkt der alten preußischen Konservativen, zu dem sich Caprivi hier bekannte, ein Bekenntnis, dessen Unterschied zu jenem interessengeleiteten »Neokonservatismus« der Agrarier er mit den folgenden Worten in aller Schärfe herausarbeitete: »Ich muß gestehen, daß ich kein Agrarier bin; ich besitze kein Ar und keinen Strohhalm und weiß auch sonst nicht, wie ich dazu kommen sollte, Agrarier zu werden. Ich weiß sehr wohl, daß in der konservativen Richtung und in den konservativen Menschen die Erhaltung der verschiedenen Erwerbszweige einen großen Platz einnehmen muß. Aber mir scheint, dieser Platz darf nicht so groß werden, daß eben das auf das Dasein des Staates gerichtete Element im Konservatismus dadurch untergeht ... Ich muß aber meinen, daß es wünschenswert ist, wenn der Reichskanzler nicht Agrarier ist; denn je mehr unser Parteileben von wirtschaftlichen Interessen bedingt wird, um so mehr muß die Regierung sich einen freien Blick über weite Verhältnisse, über den Staat und das Reich zu erhalten suchen, um diesen zu ihren Rechten zu verhelfen. Wenn wir den Staat agrarisch regieren wollten, dann würde das eine Weile ganz gut gehen, wir würden aber in absehbarer Zeit am Ende sein, vielleicht vor sehr schweren Katastrophen stehen. Wirtschaftliche Interessen basieren immer mehr oder weniger auf Egoismus, . . ., während der Staat Anforderungen an die Opferfähigkeit und den Idealismus seiner Bürger stellt. Je weiter die Parteien in das Wirtschaftsleben und dessen Interessen verflochten werden, um so mehr muß es Pflicht der Staatsregierung sein, die mehr idealen Interessen zu vertreten. Wir werden jeden Besitz schützen, das ist die Pflicht der Regierung, den agrarischen wie den industriellen und den kapitalistischen, wir werden ihm sein Recht geben lassen und mit allen Mitteln danach trachten, daß er geschützt bleibt. Aber wir haben auch die Pflicht der Fürsorge für die Besitzlosen.«[31]

Caprivi machte sich, und diese Rede zeigt es, keinerlei Illusionen darüber, daß er vor der Ratifizierung der zweiten Staffel von Handelsverträgen mit Rumänien, Serbien und Spanien mit einem wesentlich heftigeren Widerstand der Agrarinteressen im Reichstag zu rechnen hatte. Seine schlimmsten Befürchtungen aber dürften noch vom Ergebnis der Reichstagswahlen vom Juni 1893 übertroffen worden sein: Allein rund 140 Abgeordnete dieses neuen Reichstags hatten sich zuvor förmlich auf die wirtschaftspolitischen Forderungen des »Bundes der Landwirte« verpflichtet, dessen Gründung ganz im Zeichen des agrarischen Protests gegen die caprivische Handelspolitik erfolgt war. Daß aber dennoch der Handelsvertrag mit Rumänien, der wegen der Größe der agrarischen Überschußproduktion dieses Balkanlandes das wichtigste Einzelabkommen dieser zweiten Staffel war, mit einer schmalen Mehrheit von 24 Stimmen den Reichstag passierte, war vor allem der polnischen Fraktion zu verdanken, die geschlossen dafür votierte. Caprivi erntete so die Früchte seiner umsichtigen Toleranzpolitik gegenüber der polnischen Minderheit.

Die Umstände, unter denen der rumänische Handelsvertrag angenommen wurde, beleuchteten schlaglichtartig die Situation der Regierung des »Neuen Kurses«. Von den Konservativen und Freikonservativen hatten lediglich sechs Abgeordnete für eine Annahme votiert; fast die Hälfte der Fraktion der Nationalliberalen und mehr als die Hälfte der Reichstagsabgeordneten des Zentrums – von den neunzehn Antisemiten im Reichstag ganz zu schweigen – gaben mit ihrem Abstimmungsverhalten zu erkennen, daß sie den extremen Interessenstandpunkt der Agrarier teilten.[32] Unterstützt wurde die Regierung dagegen lediglich von einer äußerst instabilen Mehrheit aus Polen, Sozialdemokraten, Linksliberalen und Teilen des Zentrums. Der rumänische Handelsvertrag aber war nur die Generalprobe für ein entsprechendes Abkommen mit Rußland, das den krönenden Abschluß der caprivischen Handelsvertragspolitik bilden sollte.

Der deutsch-russische Handelsvertrag war nicht nur aus politischen Gründen, sondern vor allem auch aus wirtschaftlichen Überlegungen das bei weitem bedeutendste Abkommen im Rahmen dieser Politik. Der riesige russische Markt für Industriegüter war seit mehr als hundert Jahren durch hohe Außenzollmauern abgeschottet, welche die Rückständigkeit der russischen Volkswirtschaft gegenüber den sich rasch industrialisierenden westeuropäischen Staaten noch weiter vergrößerten. Zu Beginn der neunziger Jahre waren erste Anzeichen für einen Sinneswandel in der russischen Wirtschafts- und Handelspolitik zu erkennen. Die russische Regierung signalisierte ihre Bereitschaft, die Einfuhrzölle für Industriegüter – sie waren durch einen im Januar 1893 ausgebrochenen Zollkrieg zwischen dem Reich und Rußland prohibitiv hoch – im Durchschnitt um etwa zwei Drittel zu senken, wenn das Reich seinerseits zu einer Senkung der Getreidezölle bereit sei. Entsprechende Verhandlungen zwischen beiden Regierungen führten am 10. Februar 1894 zum Vertragsabschluß.

Die Vorteile dieses Handelsvertrags für die deutsche Industrie, die Gefahr lief, den russischen Markt an die französische und englische Konkurrenz zu verlieren, waren enorm; die Landwirtschaft dagegen glaubte, mit erheblichen Einnahmeminderungen rechnen zu müssen, sobald russisches Getreide den deutschen Markt überschwemmte. Diese Befürchtungen waren indessen völlig aus der Luft gegriffen, denn trotz der hohen Zölle lag der Getreidepreis auf dem deutschen Binnenmarkt jetzt nicht mehr wesentlich über dem Weltmarktpreisniveau. Daran zeigte sich, daß auch ein hoher Zollschutz für deutsche Agrarprodukte auf die Einkommenssituation der Landwirte kaum Einfluß ausübte. Deshalb, so das Argument der Regierung, sei auch nicht damit zu rechnen, daß die Landwirtschaft von einer Senkung der Einfuhrzölle auf russisches Getreide Schaden erleide.[33]

Diese nüchterne Überlegung konnte die Agrarier jedoch kaum überzeugen. Ihnen ging es auch gar nicht mehr so sehr um das künstliche Hochhalten der inländischen Getreidepreise durch hohe Zölle, um so ihre Einkommen zu Lasten der Verbraucher zu verbessern; ihnen ging es längst um etwas ganz anderes. Insbesondere die Junker, die leitenden Funktionäre im »Bund der Landwirte«, fürchteten nämlich den Verlust ihrer privilegierten sozialen und politischen Stellung in Preußen und im Reich als langfristige Folge der caprivischen Handelspolitik.[34]

Dagegen setzten sie sich mit allen Mitteln zur Wehr. Wenig verwunderlich ist es deshalb, daß die agrarische Agitation gegen den deutsch-russischen Handelsvertrag alles bislang Dagewesene in den Schatten stellte. Caprivi wollte diesen deutsch-russischen Handelsvertrag aus allgemein politischen wie speziell wirtschaftspolitischen Überlegungen unbedingt durchbringen und war deshalb zu umfangreichen Zugeständnissen bereit. Anfang Januar 1894 kündigte er an, die Regierung erwäge, das System der Identitätsnachweise fallenzulassen. Diese von Bismarck im Zusammenhang mit seiner handelspolitischen Wende von 1879 eingeführte Regelung sah vor, daß bei dem Export von zuvor in das Reichsgebiet importiertem Getreide der Einfuhrzoll zurückerstattet wurde, wenn der Exporteur nachwies, daß das früher importierte und jetzt exportierte Getreide wirklich das gleiche war.

Die Bestimmung des Identitätsnachweises wurde im April 1894 aufgehoben. Die neue, für die Großagrarier extrem vorteilhafte Regelung, die statt dessen eingeführt wurde, bestimmte, daß der, der künftig eine bestimmte Menge von Getreide oder Hülsenfrüchten ausführte, die Erlaubnis hatte, binnen sechs Monaten die gleiche Menge des gleichen Agrarprodukts zollfrei nach Deutschland einzuführen.[35] Den ungeheuren Gewinn, den die in großen Mengen Überschüsse produzierenden ostelbischen Junker aus dieser Neuregelung zogen, hat Johannes Ziekursch beschrieben: »Ostdeutschland verkaufte infolgedessen, um gleich nach der Ernte Bargeld zu erhalten, seinen Getreideüberschuß über See nach den skandinavischen Ländern, nach England und anderen Nachbarstaaten, für die dadurch gewonnenen und nach Westdeutschland verhandelten Einfuhrscheine bezog man hier im Laufe der nächsten Monate vom Weltmarkt zollfrei einen Teil seines Bedarfs. Erst durch dieses Verfahren trat für den Osten der Getreidezoll in volle Wirksamkeit, während bisher die eigenen Überschüsse des Ostens den Inlandspreis gedrückt hatten; so gewährte unter diesen Umständen der 3,50-Mark-Zoll dem Osten einen besseren Schutz als der frühere 5-Mark-Zoll in guten Erntejahren.

Das Zolltarifgesetz von 1902 beseitigte dann die Beschränkung der Einfuhrscheine auf die Einfuhr von Getreide der gleichen Gattung, wie man sie ausgeführt hatte; jene Scheine konnten zur Zollzahlung bei der Einfuhr jeder anderen Getreideart verwandt werden. Ferner setzte der 1906 in Kraft tretende Tarif von 1902 den Zoll für Futtergerste auf 1,30 Mark fest, für Roggen und Hafer auf 5 Mark. Da Hafer und Futtergerste weder im Preis noch im Futterwert erheblich voneinander abwichen, lag nunmehr ein starker Anreiz vor, allen irgendwie entbehrlichen Hafer auszuführen und als Ersatz dafür Futtergerste aus dem Ausland zu beziehen, da man bei diesem Verfahren die Zolldifferenz zwischen

Hafer und Futtergerste auf Kosten des Reichs verdiente, also etwa 37 Mark auf die Tonne ausgeführten Hafers. So wuchs die Ausfuhr aus dem Osten gleich nach der Ernte immer stärker. In den Jahren 1894 bis Ende 1899 wurden Einfuhrscheine über 68 Millionen Mark ausgestellt, in den nächsten sechs Jahren für 143 Millionen, von 1906 bis Ende 1911 für 525 Millionen Mark.«[36]

Doch trotz der von der Regierung in Aussicht gestellten Abschaffung des Identitätsnachweises – eine Maßnahme, deren Vorteil für die Landwirtschaft wesentlich größer war als der Nachteil der Zollsenkungen für russisches Getreide, wie selbst ein so engagierter Agrarier wie Wilhelm von Kardorff eingestand[37] – ging die agrarische Agitation gegen den deutsch-russischen Handelsvertrag mit unverminderter Schärfe weiter.

Einmal mehr wird daran deutlich, daß es den Agrariern um mehr ging als um die bloße Sicherung und den Ausbau ihrer Einkommen auf Kosten der Allgemeinheit: Nach ihrem Willen sollte Deutschland Agrarstaat bleiben und nicht Industriestaat werden. Und die Regierung Caprivi, die so ganz offensichtlich von einer völlig anderen Zukunftsvorstellung geleitet wurde, mußte deshalb mit aller Energie bekämpft werden. Ihr baldiger Sturz hatte oberste Priorität. Dazu würde sich allerdings die Abstimmung über den deutsch-russischen Handelsvertrag kaum eignen. Denn zum einen verfügten die militanten Agrarier nicht über eine ausreichende Mehrheit, wie beim rumänischen Handelsvertrag offenbar geworden war; aber selbst wenn der Vertrag an einer Zufallsmehrheit scheitern sollte, dann war zum zweiten damit zu rechnen, daß der Reichstag sofort aufgelöst und Neuwahlen ausgeschrieben werden würden, zumal sich der Kaiser wiederholt und öffentlich für die Annahme des Vertrags ausgesprochen hatte. Bei Neuwahlen mit dem Thema der Handelsvertragspolitik aber hatten die Agrarier mit Stimmeneinbußen in erheblichem Umfang zu rechnen. Und dann wäre für sie alles verloren: Eine neue Reichstagsmehrheit würde den deutsch-russischen Handelsvertrag ratifizieren, ohne daß die Regierung dafür mit der Aufhebung des Identitätsnachweises noch wenigstens einen Preis zu entrichten hätte. So kam es, daß der deutsch-russische Handelsvertrag am 10. März 1894 trotz der erbitterten Agitation der Agrarier mit einer soliden Mehrheit von 200 gegen 146 Stimmen vom Reichstag angenommen wurde.[38]

Damit hatte Caprivi eine Schlacht gewonnen. Es war dies aber ein Sieg, der seinen eigenen Untergang in dem Krieg beschleunigte, den die konservativen Agrarier gegen ihn führten. Unmittelbar nach der Ratifikation des Vertrags gab die konservative »Kreuzzeitung« die Parole aus: »Es gilt nunmehr, den Vernichtungskampf gegen den kapitalistischen

Liberalismus und alles, was sonst noch zu ihm schwört, zum Austrag zu bringen.«[39]

Caprivi wurde schließlich doch vom Kaiser den agrarischen Interessen geopfert. Darüber können auch die Gründe nicht hinwegtäuschen, die im einzelnen den Ausschlag für die Entlassung Caprivis aus dem Amt des Reichskanzlers Ende Oktober 1894 gaben.[40] Sie sind vor allem in seiner standhaften und erfolgreichen Weigerung zu suchen, ein neues Ausnahmegesetz gegen die Sozialdemokratie zu befürworten, wie dies der Kaiser und die Konservativen wünschten, die einmal mehr mit einem Staatsstreich liebäugelten.

In der permanenten Krise der Ära Caprivi, in der Tragik seines Scheiterns als Reichskanzler ist der Untergang der bismarckschen Schöpfung, der Untergang des Reichs von 1871, bereits vorgezeichnet. Die Widersprüche und Paradoxien, mit denen Caprivi zu ringen hatte und an denen er scheiterte, waren ihrem Wesen nach Widersprüche und Paradoxien, mit denen auch andere Gesellschaften, andere Staaten in dieser Zeit zu kämpfen hatten. Überall in der westlichen Welt brachen jene profunden gesellschaftlichen Widersprüche auf, die aus dem rapiden Wachstum der Industrie bei gleichzeitigem Bedeutungsschwund der Landwirtschaft resultierten, überall standen sich die heftigen Klassenantagonismen von Kapital und Arbeit unversöhnlich gegenüber. Aber nirgendwo sonst waren diese strukturellen Verwerfungen und die sich aus ihnen ergebenden konjunkturellen Widersprüche, die der sozioökonomische Wandel heraufbeschwor, derart unentwirrbar mit dem komplexen Prozeß der Nationwerdung verstrickt, mit der Ablösung alter und deren Ersetzung durch neue Loyalitäten wie im Deutschen Reich.

Das Bismarckreich hatte dafür keine Lösung, denn es stellte in Wahrheit nicht den Nationalstaat dar, als der es firmierte. In seiner Freiburger Antrittsvorlesung vom Mai 1895 hat Max Weber diesen Umstand schonungslos offengelegt: »Ein Vierteljahrhundert stand an der Spitze Deutschlands der letzte und größte der Junker, und die Tragik, welche seiner staatsmännischen Laufbahn neben ihrer unvergleichlichen Größe anhaftete und die sich heute noch immer dem Blick vieler entzieht, wird die Zukunft wohl darin finden, daß unter ihm das Werk seiner Hände, die Nation, der er die Einheit gab, langsam und unwiderstehlich ihre ökonomische Struktur veränderte und eine andere wurde, ein Volk, das andere Ordnungen fordern mußte als solche, die er ihm geben und denen seine cäsarische Natur sich einfügen konnte. Im letzten Grund ist eben dies es gewesen, was das teilweise Scheitern seines Lebenswerks herbeigeführt hat. Denn dieses Lebenswerk hätte doch nicht nur zur äußeren, sondern auch zur inneren Einigung der Nation führen sollen, und jeder von uns weiß: das ist nicht erreicht. Es konnte mit seinen

Mitteln nicht erreicht werden.«[41] Der Versuch Caprivis, mit Hilfe seines konservativ-progressiven Konzepts gesellschaftlicher Entwicklung und mit Unterstützung der politischen Parteien, die er im Gegensatz zu Bismarck als Vertreter der öffentlichen Meinung ernst nahm, eine Politik zu treiben, der die Nation als die alleinige Bezugsgröße jeglichen politischen Handelns vorschwebte, mußte notwendig mißlingen. Caprivi mußte mit dieser Politik scheitern, weil eine wahrhaft an den Interessen der Nation ausgerichtete Politik das anachronistische Monstrum des Reichs zersprengt hätte. Das Reich ließ sich nur in Übereinstimmung mit den spezifisch preußischen Interessen regieren. Und das hieß konkret: Die Interessen Preußens und nicht die Interessen des Reichs besaßen unbedingte Priorität.

Bismarck sah das Ende Caprivis voller Hohn voraus, als er im April 1894 gegenüber einer Delegation der nationalliberalen Reichstagsfraktion bemerkte: »Ein Reichskanzler, der nicht auf die Autorität des preußischen Staatsministeriums gestützt ist, schwebt mit der seinigen in der Luft wie ein Seiltänzer. Die Bedeutung des Reichskanzleramts in unserer Politik im Verhältnis zu Preußen ist gedacht wie etwa in jenem Beispiele der griechischen Mythologie von Antäus, der aus der Berührung mit der mütterlichen Erde immer neue Kräfte sog und den Hercules in die Luft heben und isolieren mußte, um ihn zu erwürgen.«[42] Preußen aber, und das machte die ganze Schwere jenes chaotischen Erbes aus, das Bismarck seinen Nachfolgern hinterlassen hatte, Preußen war längst nicht mehr jener Staat, den Bismarck bei der Gründung des Reichs vor Augen gehabt hatte. Denn die Männer, die gesellschaftlichen Schichten und Klassen, die in diesem Preußen das Sagen hatten, waren längst nicht mehr Konservative, welche die Ansicht teilten, »daß das historisch Gewordene eine gewisse Berechtigung im Dasein hat, die ihm nur genommen werden soll, wenn zwingende Gründe zu einer Änderung vorliegen« (Caprivi), sondern solche, deren Konservatismus sich dadurch auswies, daß sie ihre materiellen Interessen mit allen Mitteln zu wahren und zu mehren suchten.

Caprivi war der letzte Kanzler des Zweiten Reichs, der eine klare, wenn auch zutiefst unpolitische Vorstellung davon hatte, wie das Reich zu regieren sei. Und diese Vorstellung war denkbar einfach: Die Politik des Reichs sollte entsprechend den Interessen der Nation gestaltet werden. Die Nation sollte sich hinter die Entscheidungen der Regierung stellen, die ihrerseits versprach, das Gute annehmen zu wollen, von welcher Seite es ihr auch angeboten werden würde. Das war völlig naiv gedacht, denn in seinem innersten Kern war es nichts anderes als der Versuch, die »Entwicklungsdiktatur« der alten, aufgeklärten und liberalen preußischen Bürokratie unter Umständen fortzusetzen, die mit ihrer schieren Komplexität die Steuerungsfähigkeit eben dieser Bürokratie weit überfordern mußten. Caprivis Nachfolger im Amt des Reichskanzlers, der senile Chlodwig zu Hohenlohe-Schillingsfürst, der agile Höfling Bernhard von Bülow und der bieder-buchhalterische Theobald von Bethmann Hollweg, beschieden sich damit, die Reichsregierung als eine Art von permanentem Krisenmanagement aufzufassen. Sie trieben allesamt eine Politik des Durchwurstelns, indem sie die Ansprüche dieser oder jener Interessen befriedigten, ohne daß sich ihr Handeln je an einer umfassenden gesellschaftlichen Vision, wie dies bei Caprivi der Fall gewesen war, orientiert hätte. Alle waren sie nur Nachlaßverwalter des bismarckschen Erbes, das langsam, aber sicher an seinem eigenen Chaos zugrunde ging.

Über dem politischen Scheitern Caprivis ist häufig die große Leistung übersehen worden, die seine Wirtschafts- und Handelsvertragspolitik für die Zukunft des Reichs bedeutete; es war diese Politik, die dem Reich eine Periode unvergleichlicher Prosperität verschaffte. Erst in den Jahren von 1890 bis 1905 wandelte sich Deutschland zu einer Industriemacht, ein Vorgang, der allen am volkswirtschaftlichen Prozeß Beteiligten nur Vorteile brachte. Die deutsche Auswanderung – vor 1890 waren Jahr für Jahr mehr als 100 000 Menschen aus dem Reich nach Übersee gegangen – versiegte fast völlig, weil nun alle in den neu entstehenden und rasch expandierenden Industriebetrieben Arbeit fanden. Auch die Realeinkommen der Arbeiterschaft, die zuvor stetigen Schwankungen unterworfen gewesen waren, stiegen nun kontinuierlich, ohne daß sich die Lebenshaltungskosten im gleichen Umfang verteuerten. Auch die Landwirtschaft profitierte von diesem Boom. Der Konkurrenzdruck der billigen Getreideeinfuhren erzwang die hier längst fälligen Rationalisierungsmaßnahmen und die Einführung intensiverer Anbaumethoden. Durch den Bau von Stich- und Lokalbahnen wurde auch dem kleinen Landwirt die Chance eröffnet, seine Überschußproduktion auf den Märkten anzubieten. Ein Index für die Prosperität der Landwirtschaft in dieser Zeit ist das ständige Steigen der durchschnittlichen Bodenpreise, die sich in den zehn Jahren nach Abschluß des deutsch-russischen Handelsvertrags fast verdoppelten.[43]

Allerdings scheint es so, als habe sich vor allem die bäuerliche Landwirtschaft im Westen und Süden des Reichs wesentlich besser den neuen Erfordernissen angepaßt als die Gutswirtschaft Ostelbiens. Ein entscheidender Grund dafür war, daß entgegen einer landläufigen Anschauung die großlandwirtschaftlichen Betriebe wesentlich unrationeller geführt wurden. Hier hielt man nämlich an einer extensiven Anbauweise fest, so daß nicht die Hektarerträge erzielt wurden, die bei einer

Intensivierung der Bodenbewirtschaftung hätten erreicht werden können. Diese unternehmerische Inflexibilität der Junker, die neben der notorischen Überschuldung der ostelbischen Gutswirtschaft als die wichtigste Ursache für deren chronische wirtschaftliche Misere angesehen werden kann, gründete nicht zuletzt in der ihnen so sicheren Zuversicht, daß der Staat seinen »ersten Dienern« schon zu Hilfe kommen werde, wenn sie in Not und Elend zu geraten drohten. Und in dieser Erwartung sollten sich die Großagrarier Ostelbiens auch nie täuschen.

Neben dem neuen Deutschland, dessen Zukunft in seiner weiteren industriellen Entwicklung lag, behauptete sich das alte Preußen, das Preußen der Junker mit ihren großagrarisch-feudalen Traditionen, die die Gegenwart schon nicht mehr verstanden und die von der Zukunft nichts anderes als ihren eigenen Untergang als privilegierte Klasse erwarten konnten. Deshalb rebellierten sie gegen diese Politik, deshalb nutzten sie ihre bevorzugte Stellung in Staat und Gesellschaft rücksichtslos aus, um diese Gegenwart in das Korsett ihrer Klasseninteressen und ihrer vorsintflutlichen Ehr- und Wertbegriffe zu zwängen.

Das Wissen um ihren sicheren Untergang verlieh dem Widerstand der Junker die Kraft der Verzweiflung. Ihre Zeit war längst abgelaufen. Die Junker waren keine Klasse, wie Max Weber nicht ohne Schärfe festgestellt hat, auf welche die Zukunft des Reichs gegründet werden konnte. Und es war das Unglück dieses Reichs, daß die Junker nicht einzusehen vermochten, daß der ihnen einzig gemäße Ort der Entfaltung das imaginäre Museum der preußischen Geschichte war. Statt dessen setzten sie alles daran, ihren Untergang als Klasse zu verhindern. Und in der Tat gelang es ihnen, diesen Untergang ein wenig hinauszuzögern. Der Preis, der vor der deutschen Geschichte für diesen Aufschub entrichtet werden mußte, war jedoch hoch: Der Untergang der Junkerklasse fiel mit dem Untergang Deutschlands zusammen.

Fürst Philipp zu Eulenburg-Hertefeld, der Freund und Vertraute des Kaisers, durchschaute, was viele seiner Zeitgenossen ähnlich empfunden haben mögen: Der »Rock, der dem Eroberungsstaat Preußen so akkurat gesessen hatte, war am Leibe des modernen Friedensreiches zur Zwangsjacke geworden« (Johannes Haller). In einer Aufzeichnung aus dem Jahre 1903 hat Eulenburg dies sich anbahnende Tragödie Deutschlands beschrieben: »Die Armee ist eine Art Schloßwache geworden und muß Posten stehen, da es uns noch immer nicht gelungen ist, geliebt zu werden. Ist aber das Postenstehen Ziel und Zweck einer Armee, die berechtigt ist, von neuem Ruhme zu träumen? Die Armee wird nur mit immer wachsendem Unwillen auf das ohnedies verachtete ›Zivil‹ blicken, welches die großen Werke für die Entwicklung des sozialen und ökonomischen Staates vollbringen soll, den die Armee durch ihre Erfolge begründete. Handel, Industrie und Landwirtschaft, ..., sollen zum Erstaunen der Welt in werktätige Erscheinung treten. So wünscht es der Kaiser. Aber welche Werke sind zu vollbringen? Wer sind die Männer dazu? Eine Flotte wird gebaut, denn die Zukunft liegt auf dem Wasser. Wie ist diese Zukunft gedacht? Wohl in englischem Stile — doch fehlen die Millionen dazu ebenso wie die Persönlichkeiten. Und doch hätten wir Persönlichkeiten, Begabung und Energie! Aber sie stecken in der Kriegs- und Beamtenkaste, die sie nicht zu verlassen gedenken – auch ihre Söhne nicht. Und wer könnte ihnen das verdenken, so lange Preußen Militärstaat ist und die Tradition lebt?

Es handelt sich also um die Überwindung folgender Schwierigkeiten. Der preußische Ruhm und die preußische Tradition ruhen auf den Schultern der Armee und eines großartigen Beamtenstandes. Wir können diese großen Traditionen nicht verlassen, ohne uns vor dem Ausland zu schwächen; wir können nicht an dem Bestande unserer Armee rütteln. Diese Tradition ist aber das Unüberwindbare, das Schicksal, wenn wir die moderne Zeit als solche zu erfassen oder gar zu beherrschen suchen. Der große Blutegel Armee und der große Tintenfisch Beamtentum saugen aus dem Volk das Herzblut, seine besten, edelsten Söhne auf. Der Schloßwache und dem Schilderhaus bringen sie ihren Genius zum Opfer dar ...

Gegen diese Burg, gegen dieses befestigte Privathaus, das in seine Kreise das Beste bannt, was wir haben, und die Ausbeute des edelsten Metalls verhindert, das wir besitzen, rücken langsam, aber stetig zwei bedenkliche Feinde an: Armut, die dem Stolzen weiter nichts läßt als seinen satisfaktionsfähigen alten Rock, und die Phalanx des vierten Standes, die ihre Massen über Satisfaktionsfähige und Nichtsatisfaktionsfähige nivellierend hinwegwälzen wird. Wie ein eherner Ritter steht das Preußentum auf hohem Postament und sieht die Massen nahen, ohne sich auf seinem Standort zu rühren. Unbekümmert blickt es zu der alten eisernen Fahne und der Inschrift auf: ›Mit Gott für König und Vaterland!‹ Der vierte Stand aber schreit: ›Essen, trinken, herrschen!‹ – und sprengt den Ritter mit Dynamit in die Luft.

Die Tradition *begreift* nicht, was ihr fehlt. Sie vergleicht nicht die fremden Völker und Staaten mit ihrem eigenen Vaterland und würde auch nur hochmütig das Haupt heben, wenn sie es täte. Der Schematismus schnürt dem alten Preußen die Kehle zu. Das alte Preußen bemerkt nicht einmal, daß die Kraft der preußischen Tradition, die glänzende Organisation, auch die Stärke des vierten Standes geworden ist, der aus Preußen besteht wie wir alle – und der uns lehren würde, die neue Zeit zu begreifen, auch wenn verändertes Wahlrecht und andere Palliativmittel als Versuche aufgewendet würden, die Sozialdemokratie zu beseitigen, die nichts anderes ist als der zum Bewußtsein erwachte jüngste, kräftigste Sohn Europas.

So sind wir – und wissen nicht, daß wir so sind! Wer soll es uns sagen? Wir glauben niemand, der das Heiligtum preußischer Tradition als verbraucht darstellen würde, weil wir das stärkste Heer der Erde haben und einen großen Ruhm. Wir sind das disziplinierte, von den Hohenzollernstöcken erzogene Volk, und es fehlt uns das Verständnis für die *furchtbare Unselbständigkeit*, zu der man uns erzogen hat.

Was sollen wir aber tun, um der unausbleiblichen Katastrophe zu begegnen? Abwarten, daß etwa Österreich zusammenbricht und uns vor kriegerische Aufgaben stellt? Abwarten, daß unsere leitenden Staatsmänner einen Krieg anzetteln, um aus der ungeheuren Schuldenlast und sozialen Kalamität herauszukommen und dem Militärstaat Boden unter die Füße zu schaufeln? Abwarten, daß der vierte Stand uns angreift, und alsdann den Versuch machen, ihn zu vernichten? Ihn, der wie ein hackender Phönix aus allen Flammen steigen wird, mit denen wir ihn verbrennen wollen? Abrüsten, den ›Nichtsatisfaktionsfähigen‹ die Hand reichen und alle Kräfte in den Dienst des sozialen Lebens und Staates stellen? Wer wird dieses Unerhörte wagen?

So schütteln wir denn den Kopf, wir armen starken Schwachen, wir schütteln ihn so sehr, daß er uns eines Tages vor die Füße rollen wird.«[44]

20. KAPITEL

Nationalismus ohne Nation

Der Sturz Caprivis markierte das endgültige Scheitern der zweiten großen »politischen Reform«, die das Ziel verfolgte, die Deutschen zu einer selbstbewußt handelnden politischen Nation zu formieren und damit das Werk der »inneren Reichseinigung« zu vollenden. Wie 1848/1849, so scheiterte man auch diesmal wieder am Widerstand Preußens. Denn wie damals, so war auch jetzt von Preußen verlangt worden, sich selbst um des Reiches, der Nation willen preiszugeben, im Reich, in der zu schaffenden Nation aufzugehen. Bismarck hatte das Reich aber nicht mit dieser Maßgabe gegründet. Seine Schöpfung war vielmehr der Versuch gewesen, die deutsche Nation, jenes wahrhaft revolutionäre Gespinst, durch eine beherzte Tat ein für allemal zu vereiteln. Das war der Hintersinn jenes Handelns, dessen Ergebnis als eine »von oben abgeschnittene Revolution« gekennzeichnet worden ist: Die Deutschen bekamen jenes Reich, in dem sie sich wirtschaftlich entfalten konnten und das ihnen auch sonst noch manche Hoffnung und Sehnsucht erfüllte, nur um den Preis ihrer politischen Unterwerfung unter die Großmachtinteressen Preußens zugestanden. Im Verlauf seiner weiteren wirtschaftlichen und politischen Konsolidierung entwickelte das Reich aber bald eine Eigendynamik, die seine Einbindung in die preußischen Großmachtinteressen immer mehr erschwerte; die Folge war eine permanente Krise seines politischen Systems.

Jede Medaille hat bekanntlich zwei Seiten. Und die Feststellung, daß das politische Scheitern Caprivis seine offenkundige Ursache darin hatte, daß es ihm nicht gelang, die Interessen des Reichs gegenüber den Interessen Preußens durchzusetzen, diese vielmehr über jene triumphierten, gibt lediglich die Oberfläche der Dinge wieder. Durchbricht man diese Oberfläche konventioneller historischer Einsicht, dann gelangt man zu der auf den ersten Blick verwirrenden Erkenntnis, daß Caprivis Politik just an jener Komplexität der konjunkturell bedingten Widersprüche in der Gesellschaft scheiterte, die seine Politik *rational* zu vermitteln suchte. Darin offenbart sich erneut das immer wieder zu beobachtende Dilemma von Reformpolitik, daß mit Rücksicht auf das ihr zugrunde liegende langfristige Konzept Prioritäten gesetzt werden müssen, die aber, da sie sich erst im weiteren Verlauf als »sinnvoll« und »richtig« qualifizieren können, im Augenblick ihrer Setzung nicht die Unterstützung einer breiten gesellschaftlichen Mehrheit zu finden vermögen. In Caprivis Scheitern wird dies zum Exempel. Das Schicksal der von ihm initiierten Reformpolitik war bereits durch ihr sich immer deutlicher abzeichnendes Legitimationsdefizit besiegelt.

Vor allem die zweite »industrielle Revolution« nach 1890 hatte zur Folge, daß die wirtschaftliche und soziale Zerrissenheit der wilhelminischen Gesellschaft erheblich akzentuiert wurde. Diese Zerrissenheit, die durch ein ausgeprägtes regionales Entwicklungsgefälle unterstrichen wurde – der Westen des Reichs war weitaus stärker industrialisiert als der Osten mit der charakteristischen Auswirkung, daß dort die sozialen Gegensätze wesentlich heftiger hervortraten als hier –, machte ein an nationalen Prioritäten und Interessen orientiertes politisches Handeln, wie es Caprivi vorgeschwebt hatte, unter den besonderen Voraussetzungen des Bismarckreichs unmöglich. Das politische System dieses Reichs, das mit dem allgemeinen Wahlrecht den Angehörigen aller Schichten und Klassen die Chance politischer Partizipation eröffnete, provozierte es, daß sich die konjunkturell bedingten ökonomischen Widersprüche nicht mehr im vorpolitischen Raum der Gesellschaft, das heißt in der privaten Sphäre des Marktes vermitteln ließen; diese schlugen vielmehr auf die gleichsam als Staatsorgan etablierte und dank des Wahlrechts auch allgemein zugängliche politische Öffentlichkeit durch und entluden sich hier im Kampf der einzelnen Parteien und der organisierten Interessen um die politischen Einflußmöglichkeiten. Dieser Vorgang zwang den Bismarckstaat, der den Parteien eine verantwortliche Mitgestaltung der Politik prinzipiell verweigerte, um des inneren Friedens willen dazu, seine »Nachtwächterrolle« aufzugeben und gleichzeitig immer häufiger und umfassender in die Privatsphäre gesellschaftlicher Reproduktion einzugreifen.[1]

Die Umbildung des klassischen obrigkeitlichen »Nachtwächterstaats«, dessen Funktion sich darin erschöpfte, die Privatsphäre gesellschaftlicher Reproduktion zu schützen, zum modernen Interventionsstaat, als dessen wichtigste Aufgabe die Garantie des Systemgleichgewichts, das sich als sozialer Friede ausweist, angesehen werden muß, verstärkte ihrerseits die Gegensätze innerhalb der Gesellschaft. Denn der Zwang, dem der Interventionsstaat gehorchte, aus vorrangig politischen Motiven den sozialen Frieden durch Eingriffe in den Wirtschaftsablauf zu wahren, brachte es mit sich, daß die scharfe Trennung von privater Marktsphäre und politischer Öffentlichkeit aufgehoben wurde. Damit war es aber nicht nur der Druck der breiten, wirtschaftlich benachteiligten Gruppen und Schichten von »unten«, der eine Umwandlung der ökonomischen Widersprüche in politische Konflikte bewirkte, sondern diese Umwandlung wurde auch von »oben« durch die jeweiligen Interventionsentscheidungen des Staates beschleunigt.

Der Prozeß der Nationalisierung und Pluralisierung der gesellschaftlichen Geltungsansprüche, der durch die Verschärfung der konjunkturell bedingten wirtschaftlichen Widersprüche angestoßen worden war, verstärkte erheblich die »Verwirtschaftlichungstendenzen« der Parteien, die ohnehin schon durch ihre prinzipielle politische Verantwortungslosigkeit vorgegeben gewesen waren. Ihre politische Programmatik orientierte sich immer weniger an den großen ordnungspolitischen Entwürfen konservativer oder liberaler Prägung, geschweige denn an den Interessen der Nation, sondern immer stärker an den schichten- und klassenspezifischen Interessen ihrer jeweiligen Klientel. Hauptleidtragender dieser Entwicklung war der politische Liberalismus, der vor der Aufgabe versagte, sich von einer im wesentlichen von bildungsbürgerlichen Honoratioren getragenen politischen Bewegung zu einer politischen Partei mit einer straff organisierten Massenbasis zu entwickeln. Nun zeigte es sich, daß die Krise des politischen Liberalismus schon immer mit diesem zusammenfiel, was den politischen Liberalismus aber nicht daran hinderte, weiter zu existieren.

Für das weitere Schicksal des Deutschen Reichs sollte sich dieses Versagen der Liberalen als besonders folgenreich erweisen, waren sie doch neben den Sozialdemokraten die einzige politische Kraft, die eine wirklich nationale Basis aufwies, da sich ihre Anhängerschaft vornehmlich aus den protestantischen Mittelschichten in allen Teilen des Reichs rekrutierte. Diese einstige Stärke der liberalen Bewegung schlug immer mehr in Schwäche um, weil vor allem jene Mittelschichten in besonders heftiger Weise den ökonomischen Widersprüchen ausgesetzt waren und sich infolgedessen in eine Vielzahl von politischen Antagonismen aufsplitterten. Dieses Auseinanderfallen ihrer angestammten Klientel politisch zu begrenzen, erwiesen sich die liberalen Parteien aber aus einer Reihe sehr komplexer Gründe als völlig unfähig.

Als Hauptursache für das historisch bedeutsame Versagen des Liberalismus im Deutschen Reich muß man das allgemeine Männerwahlrecht für den Reichstag ansehen. Die politische Bedeutung wie der Erfolg des Liberalismus als einer politischen Bewegung des Bürgertums hatten vor allem auf der Glaubwürdigkeit seines Anspruchs beruht, daß das bürgerliche Klasseninteresse objektiv mit dem Interesse der Allgemeinheit übereinstimmte, daß die aus jenem abgeleiteten speziellen Geltungsansprüche als universale und als vernünftige Forderungen angesehen werden konnten, kurz, daß diese Forderungen als die öffentliche Meinung schlechthin fungierten.² Um die Glaubwürdigkeit dieses Anspruchs zu erhalten, war es entscheidend, daß all jene Kräfte und Interessen, deren Geltungsansprüche »objektiv« nicht im bürgerlichen Klasseninteresse aufgingen, entweder die Chance politischer Partizipation versagt bekamen oder von sich aus diese Chance nicht wahrnahmen. Beide für den Erfolg des Liberalismus als politische Bewegung essentielle Voraussetzungen waren im Bismarckreich nicht gegeben. Der aus dem allgemeinen Männerstimmrecht hervorgehende Reichstag konstituierte sich als eine politische Öffentlichkeit auf nationaler Ebene, mit der die engen sozialen Voraussetzungen »bürgerlicher Öffentlichkeit« weit überschritten wurden: Der politische Hegemonialanspruch des Liberalismus wurde im Reichstag sehr schnell von zwei nichtliberalen Parteien in Frage gestellt, von der Sozialdemokratie und dem Zentrum, die die Wünsche und Ansprüche großer Bevölkerungsschichten politisch vertraten, die vom Liberalismus völlig vernachlässigt worden waren. Zwar gelang es den Liberalen noch eine ganze Weile, ihren politischen Hegemonialanspruch erfolgreich dadurch zu behaupten, daß sie die Interessen jener Allgemeinheit wahrnahmen, die sich mit dem durch Bismarck geschaffenen Reich voll und ganz identifizierte, und diese gegen die »reichsfeindlichen« Geltungsansprüche der Sozialdemokraten wie des politischen Katholizismus energisch verteidigten; doch dieser Anspruch geriet in dem Moment ins Wanken, als mit der fortschreitenden wirtschaftlichen und politischen Konsolidierung des Reichs, an der die Liberalen einen bedeutenden Anteil hatten, offenbar wurde, was seit je schon die bürgerliche Öffentlichkeit in der Sphäre des Politischen kennzeichnete: Die breite Übereinstimmung der »bürgerlichen Öffentlichkeit« in den gesellschaftlichen Grundforderungen wie der Eigentumsordnung oder den Rechten auf Meinungs- und Versammlungsfreiheit löste sich auf in eine Fülle von klasseninternen Antagonismen, sobald sich das politische Räsonnement des bürgerlichen Publikums tagespolitischer Fragen bemächtigte.³

Vor allem die Nationalliberale Partei, deren soziale Basis wesentlich breiter war als die der Linksliberalen, wurde von dem durch die Dynamik des sozioökonomischen Wandels in Gang gesetzten Prozeß einer wirtschaftlichen und politischen Differenzierung der bürgerlichen Schichten in Mitleidenschaft gezogen. Die Nationalliberalen waren ebenso wie die Linksliberalen eine Partei von Besitz und Bildung. Bürgerliche Honoratioren, Beamte, Richter, Anwälte, Kaufleute und Industrielle gaben in ihr den Ton an. Die soziale Zusammensetzung der nationalliberalen Reichstagsfraktion belegt dies unmißverständlich.⁴ Andererseits rekrutierte sich die politische Klientel der Nationalliberalen vor allem aus den breiten gewerbetreibenden und bäuerlichen Mittelschichten, aus jenen Schichten also, die besonders nachdrücklich dem Prozeß einer horizontal verlaufenden sozialen Differenzierung ausgesetzt waren, der beispielsweise die Eigentümer großer Unternehmungen von denen kleinerer Betriebe nach sozialem Status wie Interesse ebenso unterschied wie Universitätsprofessoren von Gymnasiallehrern, leitende Angestellte von Angestellten usw. Diese horizontale Differenzierung der im weitesten Sinne bürgerlichen Schichten wurde gekreuzt und überlagert von einer vertikal verlaufenden ökonomischen Differenzierung, die zwischen Konsumenten und Produzenten, Industrie und Landwirtschaft, Stadt und Land, Schwerindustrie und verarbeitender Industrie, Großhändlern und Detaillisten nicht zu versöhnende Interessengegensätze aufbrechen ließ. Aus diesen gesellschaftlichen Vorgängen zog der Nationalökonom Werner Sombart bereits zu Beginn des 20. Jahrhunderts den Schluß: »Die Entwicklung ist nicht die gewesen, daß sich die Streitkräfte immer mehr in zwei feindliche Armeen zusammengeballt hätten, die nun in geschlossener Schlachtordnung sich gegenüber ständen, sondern sie hat umgekehrt die einzelnen Teile der Gesellschaft in mannigfache Gegnerschaft zueinander gebracht. Gerade in den letzten Jahrzehnten ist der Gegensatz von Kapital und Arbeit längst nicht mehr so deutlich hervorgetreten wie etwa die Feindschaft der vorkapitalistischen Klassen gegen die kapitalistischen. Unausgesetzt verschiebt sich die Frontstellung, neue Gegnerschaften entstehen und vereinigen feindliche Klassen zu vorübergehender Bundesbrüderschaft, die in dem Augenblicke ihr Ende findet, wenn das gemeinsame Interesse hinter dem Interessengegensatz zurücktritt ... Aber was bei allem Wechsel der zeitweisen Gegensätzlichkeit sich doch immer wieder durchsetzt und was recht eigentlich die Eigenart der modernen Gesellschaft ausmacht, ist das immer deutlichere Hinneigen der einzelnen Bevölkerungselemente nach einer bestimmten sozialen Klasse überhaupt. Mit anderen Worten: Die Gesellschaft zerfällt immer mehr in einzelne soziale Klassen, die sich ihrer eigentümlichen Interessen immer deutlicher bewußt werden und diese mit Nachdruck zu vertreten immer mehr die Neigung zeigen. Die soziale Klasse saugt alle übrigen Gegensätze mehr und mehr auf und in diesem Sinne hat man vielleicht das Recht von einer Vereinfachung der gesellschaftlichen Gegensätze überhaupt und sicherlich von einer Verschärfung dieser Gegensätze in unserer Zeit zu sprechen.«[5]

Die klassenmäßige Ausdifferenzierung der wilhelminischen Gesellschaft gab unter den Auspizien des Interventionsstaats und des allgemeinen Wahlrechts den Anstoß dazu, daß sich außerhalb der politischen Parteien diese besonderen sozialen und ökonomischen Interessen

in einschlägigen Verbänden organisierten. Die Funktion dieser Verbände war es, die soziale Identität ihrer Mitglieder in einer sich rapide wandelnden gesellschaftlichen Umwelt zu behaupten und zu festigen, sie über die ihnen gemeinsamen wirtschaftlichen Interessen zu informieren und vor allem ihre sich daraus ableitenden politischen Geltungsansprüche gegenüber dem Interventionsstaat zur Geltung zu bringen. Während es, wie noch zu zeigen sein wird, insbesondere dem Zentrum und den Konservativen gelang, diesen Prozeß einer klassenmäßigen Ausdifferenzierung ihrer Klientel organisatorisch wie politisch-programmatisch weitgehend zu domestizieren und mit ihren parteipolitischen Absichten und Zielen zu verzahnen, waren die Liberalen aus einer Reihe von Gründen mit dieser Aufgabe überfordert. In einer 1897 gehaltenen Rede hat Arthur Hobrecht, ein prominentes Mitglied der Nationalliberalen Partei, dieses strukturelle Dilemma des Liberalismus in der wilhelminischen Ära analysiert: »Die Nationalliberale Partei ist in mancher Beziehung ungünstiger gestellt als andere. Ich will nicht versuchen, heute hier über das Wesen politischer Parteien zu philosophieren, und es würde mir auch nicht gelingen, die Gesetze, nach welchen politische Parteien entstehen und vergehen, in ein brauchbares System zu bringen; nur darauf will ich hinweisen, daß fast alle anderen politischen Parteien neben ihrem politischen Programm und außerhalb des Gebietes der eigentlichen Politik noch ihren besonderen Ursprungs- und Vereinigungspunkt haben, der sie festhält, sei es auf kirchlichem Gebiete, sei es in Vertretung einer Klasse oder eines Standes, sei es in Wahrnehmung von materiellen wirtschaftlichen Sonderinteressen. Das alles fehlt der Nationalliberalen Partei; die Wahrnehmung der wirtschaftlichen Interessen ist uns eher ein Element der Gefahr als der Vereinigung. Wir müssen unseren Ruhm darin suchen, entgegenstehende wirtschaftliche Bestrebungen bei uns nach Möglichkeit zu versöhnen und in Einklang zu bringen. Wir sind auch nicht Vertreter einer Klasse oder eines Standes; es ist nur eine oratorische Wendung, die man wohl oft braucht, daß wir die wahre Vertretung des gebildeten Mittelstandes seien, – ich habe mir dabei nie etwas Bestimmtes denken können. Die sogenannten Mittelklassen sind eine zu unbestimmte verschiedenartige lockere Substanz, als daß man daraus eine feste Klammer machen könnte, und das deutsche Bürgertum ist zu deutsch, um besonders vereinigend und verbindlich zu wirken. Um so wertvoller ist für uns der Kitt der Geschichte, der Kitt, den eine lange Zeit gemeinsamer Arbeit an großen Aufgaben, gemeinsamer Kämpfe um große Fragen notwendig schafft.«[6]
Das eben war das zentrale Problem: Die Pluralisierung und gleichzeitige Nationalisierung der gesellschaftlichen Geltungsansprüche hatte den Anspruch der Liberalen, die universalen und vernünftigen Interes-

sen der Allgemeinheit zu vertreten, paralysiert. Die sich ausdifferenzierende Klassengesellschaft hatte die ganze Widersprüchlichkeit der »bürgerlichen Interessen« zum Vorschein gebracht. Wen aber sollten die Liberalen vertreten, welche Interessen galt es, politisch zu repräsentieren? Alle Pläne und Vorhaben, wie sie etwa von Gustav Stresemann befürwortet wurden, die Nationalliberalen durch ein Netz von ihnen beeinflußter und kontrollierter vorrangig industrieller Interessenorganisationen politisch zu kräftigen,[7] die Neutralität der Partei gegenüber den »im unpolitischen Gewande einherschreitenden«, aber tatsächlich Politik treibenden Verbänden aufzugeben, scheiterten an der nur zu berechtigten Furcht der Parteiführung, daß das Eintreten für bestimmte Interessen notwendigerweise die dauerhafte politische Entfremdung anderer gesellschaftlicher Schichten und Gruppierungen, auf deren Unterstützung die Nationalliberalen nicht minder angewiesen waren, zur Folge haben mußte. In einer Antwort auf Stresemanns Vorschläge betonte Ernst Bassermann, der Führer der Nationalliberalen, deshalb jenen alten, durch die sozioökonomische Entwicklung längst obsolet gewordenen Anspruch des politischen Liberalismus: »Die Betrachtung der gegenwärtigen Lage, die Sie anstellen, ist sicherlich zutreffend. Nur eines, es ist unrichtig, von versäumten Gelegenheiten zu sprechen. Wir sind eine Mittelpartei, alle Berufsschichten umfassend und gezwungen, deshalb die mittlere Linie zu halten. Aus diesem Grunde war es niemals für uns möglich, in irgendeiner Klassenbewegung die Führung zu bekommen, oder die energisch führenden Klassenelemente zu befriedigen.«[8]

Bassermanns Standpunkt, der die Politik der Nationalliberalen bis zum Ausbruch des Ersten Weltkriegs beherrschte, kann man als die zur programmatischen Tugend verklärte Inkonsequenz des Liberalismus in der wilhelminischen Epoche bezeichnen, eine Inkonsequenz, die allerdings mit seltener Konsequenz befolgt wurde. Das nationalliberale Parteiprogramm von 1907 beispielsweise versuchte, die miteinander streitenden wirtschaftlichen und sozialen Interessen innerhalb der Partei mit einer Reihe von Empfehlungen und Maßgaben unter einen Hut zu bringen, die in vielfältiger Weise ausgelegt werden konnten und schon deshalb in sich völlig widersprüchlich oder auch nur nichtssagend waren. Mit solch rhetorischen oder rabulistischen Verrenkungen ließ sich aber die ökonomische Zersplitterung des traditionellen Wählerpotentials der Liberalen, der vornehmlich protestantischen Mittelschichten,[9] politisch nicht überwinden.

Die klassenmäßige Ausdifferenzierung der traditionellen Wählerschaft der Liberalen wurde verschärft durch die beträchtlichen regionalen Entwicklungsunterschiede im Reich. Als eine wirklich nationale Partei, die gleichzeitig aber auch in den einzelnen deutschen Staaten und deren Landtagen eine bedeutende Rolle spielte, traf dies die Nationalliberalen besonders hart; denn im Gegensatz zum Reichstag konnten die Nationalliberalen in zahlreichen Parlamenten der deutschen Einzelstaaten ihre traditionelle politische Führungsrolle behaupten. Dies rührte zum einen daher, daß nicht nur in Preußen, sondern auch in einer Reihe weiterer deutscher Staaten das Wahlrecht nach wie vor durch Zensusbestimmungen eingeschränkt war, was den Liberalen unmittelbar zugute kam. Außerdem half es ihnen nicht wenig, daß in den einzelnen Landtagen jene großen sozial-, wirtschafts- und ordnungspolitischen Fragen kaum eine Rolle spielten, die die politische Arbeit im Reichstag beherrschten und an denen sich der Streit der unterschiedlichen Interessengruppen immer wieder neu entzündete. Deshalb war es den Nationalliberalen in den einzelnen deutschen Staaten auch eher möglich, sich mit bestimmten jeweils dominierenden wirtschaftlichen und sozialen Interessen zu arrangieren, um ihren politischen Einfluß zu erhalten. An Rhein und Ruhr beispielsweise war die Nationalliberale Partei so gut wie ausschließlich ein Sprachrohr industrieller Interessen. In Hessen, Hannover, Thüringen und Schleswig-Holstein dagegen konnte sie ihren politischen Rückhalt bei den klein- und mittelbäuerlichen Schichten nur dadurch behaupten, daß sie ein Bündnis mit dem von den Konservativen beherrschten »Bund der Landwirte« einging. Der Preis, den die Nationalliberalen für die Wahrung ihres politischen Einflusses auf regionaler oder einzelstaatlicher Ebene zu entrichten hatten, war hoch, mußten sie doch auf nationaler Ebene ihr Auseinanderfallen in einen rechten und einen linken Flügel in Kauf nehmen.

Auf eine Faustformel gebracht: Nach rechts tendierten die Nationalliberalen überall dort, wo sie ein funktionales Äquivalent für eine konservative Partei darstellten, wo sie die Interessen der besitzenden Schichten politisch erfolgreich vertreten konnten. Nach links drifteten die Nationalliberalen dagegen in jenen Regionen oder Staaten, in denen sie beispielsweise wie in Ostpreußen gemeinsam mit den Linksliberalen die einzige politische Alternative zu den Konservativen darstellten, oder überall dort, wo sie ihre traditionell antikatholische Einstellung in eine gemeinsame Front gegen das Zentrum einbringen konnten. Besonders ausgeprägt war dieser Linksdrall der Liberalen in Baden, wo es zwischen ihnen und der sich hier allerdings besonders »revisionistisch« gerierenden SPD in den Jahren zwischen 1908 und 1913 zur Bildung des sogenannten »Großblocks« kam, mit dem es gelang, das Zentrum in Schach zu halten.[10]

Das historische Elend des Liberalismus als einer politischen Bewegung in Deutschland rührt daher, daß er über seine Epoche hinaus einem Anspruch die Treue hielt, der sich in der sozialen Wirklichkeit längst nicht mehr politisch einlösen ließ: Indem die Liberalen darauf beharrten, die »bürgerliche Mitte« politisch zu repräsentieren, verurteilten sie sich selbst zur Einflußlosigkeit, weil diese »Mitte« in einer Zeit sich stetig verschärfender klasseninterner Antagonismen innerhalb des bürgerlichen Lagers nur noch eine ideologische Fiktion war, die in keinerlei Beziehung mehr zur Wirklichkeit stand. Letzten Endes wurde der Liberalismus das Opfer seines nicht eingelösten Versprechens, seine Herrschaft verbürge das größtmögliche Glück aller. Die mannigfachen sozialen Konsequenzen der konjunkturell bedingten Widersprüche einer dynamisch verlaufenden Wirtschaftsentwicklung dementierten dieses Versprechen nachdrücklich. Deshalb war die mittelständisch-bäuerliche Protestbewegung, die sich unmittelbar gegen die caprivische Wirtschaftspolitik auflehnte, mittelbar aber den liberalen Wirtschaftsgeist und das Großkapital wie die Börse meinte, notwendigerweise konservativ-reaktionär geprägt. Politische Gewinner dieser Entwicklung waren die agrarfeudalen preußischen Junker. Vor diesem Hintergrund, dem Zerfall des politischen Führungsanspruchs der liberalen Bewegung, erlangt deshalb die schnelle und umfassende Organisation des agrarischen Protests durch den im Februar 1893 gegründeten »Bund der Landwirte« (BdL) eine besondere Bedeutung.

In der Gründung des »Bundes der Landwirte« flossen unterschiedliche Interessen zusammen. Die sich mit politischem Selbstbewußtsein artikulierende agrarische Protestbewegung war zwar wichtig, aber keineswegs ausschlaggebend für die schnelle und erfolgreiche Formierung dieser Organisation. Entscheidend dafür war vielmehr, daß sich eine Mehrheit innerhalb der Führung der von den preußischen Großagrariern beherrschten Deutsch-Konservativen Partei an die Spitze der agrarischen Protestbewegung stellte und die Organisation des Bundes in ihre Hand nahm. In diesem Vorgang spiegelte sich nichts anderes wider als die Umbildung der alten preußisch-konservativen Partei, für die eine unbedingte Loyalität gegenüber der monarchischen Regierung das oberste Prinzip gewesen war, in eine tendenziell oppositionelle Klassenpartei mit einer radikalisierten Massenbasis. Dieser Wandel war durch die Einsicht der konservativen Parteiführung ausgelöst worden, daß angesichts der sich rasch ändernden sozioökonomischen Rahmenbedingungen eine konservative Partei traditioneller Observanz zu Siechtum und politischer Bedeutungslosigkeit verurteilt wäre. Äußere Anlässe für diese radikale Umorientierung der konservativen Parteiführung waren sowohl das schlechte Abschneiden der Konservativen bei den Reichstagswahlen von 1890 wie auch die sich abzeichnende Gefahr, daß die

Sozialdemokraten nach der Nichtverlängerung des Sozialistengesetzes ihre politische Agitation ungehindert auf die mit der allgemeinen Entwicklung unzufriedenen bäuerlichen Massen ausdehnten und diese Absicht auch noch öffentlich verkündeten.[11]

Während der »Bund der Landwirte« in Preußen als Filialorganisation der Konservativen Partei fungierte und dieser die Unterstützung einer agrarischen Massenbewegung um den Preis sicherte, daß die Konservativen die wirtschaftlichen Interessen des BdL politisch vertraten,[12] agierte der Bund auf nationaler Ebene als parteiunabhängige agrarische »pressure-group«. Ausdrücklich wurde in seinen Statuten festgestellt, »alle landwirtschaftlichen Interessenten ohne Rücksicht auf politische Parteistellung und Größe des Besitzes zur Wahrung des der Landwirtschaft gebührenden Einflusses auf die Gesetzgebung zusammenzuschließen, um der Landwirtschaft eine ihrer Bedeutung entsprechende Vertretung in den parlamentarischen Körperschaften zu verschaffen«.[13]

Sowohl seine prinzipielle parteipolitische Ungebundenheit wie sein programmatischer Anspruch, grundsätzlich alle agrarischen Interessen zu vertreten,[14] garantierten dem BdL seinen nicht unerheblichen Erfolg bei der Durchsetzung seiner interessenpolitischen Zielsetzungen: In allen außerpreußischen deutschen Staaten gelang es ihm, jene Parteien direkt oder indirekt auf seine Ziele zu verpflichten, die in mehr oder minder großem Umfang von einer bäuerlichen Wählerschaft abhängig waren. In Hessen, Hannover, Thüringen und Schleswig-Holstein beispielsweise konnte sich die Nationalliberale Partei nur deshalb gegenüber antisemitischen bäuerlichen Protestparteien behaupten, daß sie sich ganz in das Fahrwasser des BdL begab.[15] Lediglich in den süddeutschen Staaten und in ländlichen Gebieten mit überwiegend katholischer Bevölkerung wurde der direkte Erfolg des BdL dadurch begrenzt, daß es dem Zentrum gelang, seine Wählerschaft durch die Gründung eigener agrarischer Filialorganisationen bei der Stange zu halten. Alle anderen Versuche aber, jenseits des BdL und der vom Zentrum politisch kontrollierten agrarischen Interessenverbände unabhängige Organisationen der klein- und mittelbäuerlichen Landwirtschaft zu schaffen, scheiterten.

Die so überaus erfolgreiche Formierung der agrarischen Protestbewegung, die sich durch ihre Geschlossenheit und ihren hohen Organisationsgrad deutlich von der in sich zutiefst antagonistischen »mittelständischen« Protestbewegung unterschied, beruhte im wesentlichen auf einer Voraussetzung: Der durch den »Bund der Landwirte« formulierten agrarischen Agitation gelang es, die prinzipielle Übereinstimmung *aller* landwirtschaftlichen Interessen angesichts einer von gravierenden Ungleichzeitigkeiten und erheblichen konjunkturellen Widersprüchen gekennzeichneten dynamischen Wirtschaftsentwicklung politisch zur Geltung zu bringen. Dies beruhte aber keineswegs darauf, wie häufig behauptet wird, daß es dem BdL gelungen wäre, das Bewußtsein seiner breiten klein- und mittelbäuerlichen Anhängerschaft zu »manipulieren«, während es ihm in Wirklichkeit nur darum zu tun gewesen sei, die Interessen der preußischen Großagrarier wahrzunehmen.[16] Für eine solche Annahme spricht zwar die nicht zu leugnende Tatsache, daß der BdL in Preußen und auch im Reich politisch eng mit der Deutsch-Konservativen Partei zusammenarbeitete und mit besonderer Energie gegen die von den Junkern bekämpfte caprivische Zoll- und Handelsvertragspolitik Front machte; zum anderen stützt sich diese Interpretation auf die immer wieder vorgetragene, aber durch nichts bewiesene Annahme, welche die Existenz von »ökonomischen Widersprüchen zwischen Klein- und Großbesitz« in der Landwirtschaft behauptet.[17]

Dagegen läßt sich zunächst einwenden, daß nicht nur der angeblich allein den Junkerinteressen dienende BdL oder die Deutsch-Konservativen gegen die caprivische Wirtschaftspolitik Sturm liefen, sondern daß diese kaum weniger energisch auch von den Nationalliberalen, den Antisemiten sowie Teilen des Zentrums abgelehnt wurde, soweit diese eine überwiegend bäuerliche, aber keineswegs großagrarische Wählerschaft hatten. Darin scheint sich eine interessenpolitische Schizophrenie zu verbergen. Denn hohe Zölle für Importgetreide mit der Maßgabe, die Marktpreise für im Inland erzeugtes Getreide zu stützen, konnten nur im Interesse jener landwirtschaftlichen Unternehmer liegen, die überwiegend von der Getreideerzeugung lebten. Demgegenüber mußte die breite Masse der klein- und mittelbäuerlichen Betriebe mit ihrer Milch- und Schlachtviehproduktion gerade an niedrigen Preisen für Futtergetreide interessiert sein. Getreideerzeuger großen Stils aber waren vor allem die ostelbischen Junker, während ansonsten aus klimatischen wie besitzstrukturellen Gründen die bäuerliche Mischproduktion überwog, bei der Getreideanbau mit Viehhaltung kombiniert war. Unmittelbare Nutznießer hoher Importzölle für Getreide waren also vor allem die Junker, während die klein- und mittelbäuerliche Landwirtschaft davon kaum profitierte, da sie keine nennenswerten Getreideüberschüsse erzeugte. Die bäuerliche Landwirtschaft erlitt andererseits aber auch durch hohe inländische Getreidepreise keinerlei Einbußen bei ihrem betriebswirtschaftlichen Gewinn, weil sie den Umfang ihrer Viehhaltung im wesentlichen von der Eigenproduktion an Futtergetreide abhängig machte. Überdies war Futtergerste als das wichtigste Viehfuttermittel im Verhältnis zu den Brotgetreidesorten stets nur mit einem extrem niedrigen Zollsatz belegt.

Das Eintreten der breiten klein- und mittelbäuerlichen Massen für hohe Schutzzölle auf Importgetreide hatte mithin *ökonomisch* keinerlei Sinn, um so mehr aber *politisch:* In der Verteidigung der besonderen wirtschaftlichen Interessen der getreideerzeugenden Junker Ostelbiens gelang es den klein- und mittelbäuerlichen Schichten überaus erfolgreich, ihren sozialen und ökonomischen Status gegenüber einem zunehmend von industriellen Interessen beeinflußten Interventionsstaat *politisch* zu behaupten! Denn der sozialen wie wirtschaftlichen Logik des Industriestaats entsprechen niedrige Preise für Grundnahrungsmittel, die es der Industrie erlauben, die Lohnkosten auf niedrigem Niveau zu halten, ohne daß die Gefahr sozialer Unruhen heraufbeschworen wird. Diese Logik, die das politische Handeln Caprivis besonders deutlich geprägt hatte, setzte die Landwirtschaft insgesamt unter einen ungeheuren Rentabilitätsdruck, dem diese nur nach umfangreichen betriebswirtschaftlichen Umstrukturierungen und unter großen finanziellen wie sozialen Kosten hätte standhalten können. Die ostelbischen Großagrarier beispielsweise wären, wollten sie diesen Umstrukturierungsprozeß wirtschaftlich überleben, dazu gezwungen gewesen, ihre gesamten Gewinne in eine umfangreiche Mechanisierung und Rationalisierung ihrer Gutsbetriebe zu investieren, statt diese für einen standesgemäßen Lebenswandel bei gleichzeitiger Beibehaltung extensiver Anbaumethoden zu verpulvern. Vor allem aber lieh die Gewißheit, daß sie bei einem umfassenden wirtschaftlichen Anpassungsprozeß als eine sozial und politisch besonders privilegierte Klasse auf der Strecke bleiben würden, dem Widerstand der Junker jene Kraft der Verzweiflung.

Kaum weniger hoch als für die Junkerklasse stellten sich die vorhersehbaren Kosten dieses wirtschaftlichen Anpassungsprozesses für die klein- und mittelbäuerlichen Betriebe dar: Deren Rentabilität würde sich nur durch eine Spezialisierung beispielsweise auf die ertragreiche Schlachtviehproduktion gewährleisten lassen. Einer solchen Spezialisierung aber stand das *Ideal der Selbstversorgung* entgegen, das gerade bei den klein- und mittelbäuerlichen Wirtschaften noch immer die betriebswirtschaftliche Rationalität beherrschte. Das hartnäckige Festhalten an diesem Ideal war jedoch keineswegs irrational. An diesem Festhalten läßt sich vielmehr ein völlig einsichtiger Reflex bäuerlicher Selbstbehauptung auf die noch relativ geringe Ausbildung eines Marktes für landwirtschaftliche Produkte erkennen, der nach wie vor erhebliche wirtschaftliche Risiken für eine Produktspezialisierung barg. Denn solange der gesamte ländliche Raum weder in verkehrs-, finanz- und informationstechnischer Hinsicht durch ein Netz von Lokalbahnen, bäuerlichen Kreditinstituten, Genossenschaften, Bildungs- und Fortbildungseinrichtungen sowie einer Lokalpresse, die den einzelnen Bauern über das Marktgeschehen orientierte, erschlossen war, hatte es aus der Sicht des klein- und mittelbäuerlichen Produzenten auch keinen Sinn, sich durch Spezialisierung seiner Produktion den Zwängen und Erfordernissen eines Marktes anzupassen, den er nicht überschaute und der deshalb das Risiko des eigenen Existenzverlustes nur vergrößerte.[18]

So irrational deshalb, von einem volkswirtschaftlichen Standpunkt aus betrachtet, dem ein *ideales* nichtmonopolistisches Marktmodell, das für alle Anbieter transparent ist und allen auch die gleichen Zugangschancen gewährt, stillschweigend zugrunde gelegt ist, sich dieses bäuerliche Festhalten am Ideal der Selbstversorgung ausnimmt, das ja sowohl der betrieblichen Expansion wie den Chancen der Gewinnmaximierung enge Grenzen setzte, so sinnvoll war dies andererseits in der Sicht des einzelnen Bauern, der es mit den *wirklichen* Marktverhältnissen zu tun hatte. In der Logik dieser bäuerlichen Betrachtungsweise ließen sich deshalb sowohl eine ausreichende Garantie der eigenen Existenz wie die dafür notwendige Stabilisierung der Höhe des betriebswirtschaftlichen Gewinns bei gleichzeitiger Minimalisierung des eigenen unternehmerischen Risikos nur durch das Mittel staatlicher Intervention gewährleisten; Voraussetzung dafür war jedoch eine staatliche Mindestpreisgarantie für landwirtschaftliche Produkte, die volkswirtschaftlich gesehen und damit auch in ihrer Auswirkung für den Verbraucher eine Höchstpreisgarantie darstellte.

Nicht die immer wieder behauptete geschickte »Manipulation« tumber bäuerlicher Massen, sondern die von einer autonomen bäuerlichen Protestbewegung vorgetragenen Geltungsansprüche waren also die entscheidende Voraussetzung für die Formierung jenes mächtigen agrarischen Interessenblocks, als dessen organisatorische und agitatorische Speerspitze der »Bund der Landwirte« fungierte. Angesichts dieser auf breiter Front vorgetragenen agrarischen Geltungsansprüche blieb dem wilhelminischen Interventionsstaat bismarckscher Prägung nichts anderes übrig, als seiner eigenen Logik zu gehorchen. Und diese Logik gebot ihm, eben jene Klassen und Schichten, die von den Ungleichzeitigkeiten und den konjunkturellen Widersprüchen der dynamischen wirtschaftlichen Entwicklung in ihrer überkommenen Existenz massiv bedroht und damit wirtschaftlich zu umfassender Anpassung oder zum Verschwinden gezwungen wurden, vor dieser Alternative zu bewahren. Abzusehen war nämlich, daß eine solchermaßen erzwungene Entscheidung zwischen einer mit hohen sozialen Kosten und Risiken für den einzelnen belasteten Anpassung der Landwirtschaft oder deren ökonomischem Untergang den sozialen Frieden nachhaltig stören würde. Noch entscheidender aber war die Überlegung, daß der preußisch-deutsche Staat, sollte er so weiterbestehen, wie er geschaffen worden war, das

Verschwinden jener Klasse nicht zulassen durfte, die in Bürokratie und Armee des deutschen Hegemonialstaats, in Preußen, nach wie vor das Rückgrat bildete. Letzten Endes war es die Staatsräson jenes preußisch-deutschen Reichs, die der sterbenden Klasse des ostelbischen Junkertums durch umfangreiche Zoll- und Steuerprivilegien zu Lasten der Allgemeinheit weiterhin die wirtschaftlichen Voraussetzungen ihrer ausschweifenden und schmarotzenden Existenz sicherte.[19] Im Gegensatz zu jenem überwiegend in engsten Klasseninteressen begründeten Egoismus der Junker, die mit Klauen und Zähnen sozial längst unwahr gewordene politische, soziale und ökonomische Privilegien verteidigten, entsprang die Verweigerung der klein- und mittelbäuerlichen Schichten, sich den volkswirtschaftlichen Umbrüchen anzupassen, einer wirklichen existentiellen Notlage: Solange nicht alle jene oben angeführten Voraussetzungen wirklich gegeben waren, wäre für sie der Preis dieser Anpassung das Elend gewesen. Die politische wie organisatorische Leistung des »Bundes der Landwirte« war es, diesen durchaus autonomen Protest, in dem sich die existentielle Not der klein- und mittelbäuerlichen Schichten artikulierte, mit den besonderen Interessen und Beschwerden der Junker zu verbinden und daraus eine einheitliche und mächtige agrarische Interessenbewegung zu schaffen, die an der erfolgreichen Durchsetzung landwirtschaftlicher Forderungen gegenüber dem Interventionsstaat wesentlich beteiligt war.

Über der Tatsache jener gewiß spektakulären zoll- und steuerpolitischen Vergünstigungen, für die sich der BdL einsetzte und von denen vor allem die Junkerklasse profitierte, ist deshalb auch häufig völlig übersehen worden, daß sich der »Bund der Landwirte« nicht minder energisch und vielleicht sogar noch erfolgreicher für die speziellen Interessen der klein- und mittelbäuerlichen Schichten verwandte. Ausschlaggebend dafür dürfte vor allem gewesen sein, daß die zahlreichen staatlichen Vergünstigungen für die bäuerliche Landwirtschaft einen weitgehend »unpolitischen« Charakter hatten. Gestützt auf das an sich schon völlig »unpolitische« Tierseuchengesetz vom 23. Juni 1880 konnte die Verwaltung beispielsweise in aller Stille die Importquoten für Schlachtvieh und Frischfleisch regeln und damit unmittelbar die Gestaltung der inländischen Fleischpreise sowie mittelbar die Einkommen der schlachtviehproduzierenden bäuerlichen Betriebe beeinflussen: Nach 1894, dem Ende der Ära Caprivi, gingen die Fleischimporte rapide zurück, zogen die Preise vor allem für Kalb- und Rindfleisch kontinuierlich an.[20] Völlig in Übereinstimmung mit den bäuerlichen Wirtschaftsinteressen war auch, um ein weiteres Beispiel zu nennen, die »Margarine-Gesetzgebung« des Reichs, mit der die Butter gegen die Konkurrenz dieses Surrogatprodukts geschützt wurde, auch wenn der

Gesetzgeber dabei nicht allen absonderlichen Wünschen der einschlägigen bäuerlichen Interessengruppen entsprach.[21]

Neben seiner Formierung auf breiter Front war eine andere wichtige Voraussetzung für den großen politischen Erfolg des agrarischen Protests in der wilhelminischen Ära, der in einem immer größer werdenden Kontrast zum realen volkswirtschaftlichen Bedeutungsverlust der Landwirtschaft stand, jene latente Krisenstimmung, die als ein Komplementärphänomen der durch die sozioökonomische Dynamik angestoßenen und beschleunigten klassenmäßigen Ausdifferenzierung der Gesellschaft angesehen werden muß. Das Erlebnis der mannigfachen sozialen Auswirkungen dieses alle Bereiche der Gesellschaft umfassenden Prozesses, der Verlust alter Geborgenheit, das rapide Anwachsen eines besitzlosen Proletariats, das, angeführt von einer immer mächtiger werdenden sozialistischen Partei, die bürgerliche Eigentumsordnung zu bedrohen schien, die zahllosen Anzeichen einer Zersetzung der alten hierarchischen Gesellschaftsordnung, deren Merkmale Stabilität und patriarchalische Sozialbeziehungen waren, durch immer erbitterter geführte Klassenkämpfe – all dies beunruhigte nicht nur jene, die sich in ihrer materiellen Existenz unmittelbar bedroht sahen. Nicht wenige Zeitgenossen zogen aus diesem Erlebnis den Schluß, daß soziale Zwietracht und Klassenhaß die notwendigen Begleiterscheinungen einer Industriegesellschaft seien, während sich eine Gesellschaft auf überwiegend agrarischer Grundlage durch Einheit und soziale Stabilität auszeichne. Im Grunde war dies der nämliche Alpdruck, unter dem Bismarck einst gelitten hatte und der nun seine Erben heimsuchte: Immer mehr Menschen schien es immer zweifelhafter, ob das Reich und seine Institutionen fest genug gefügt seien, um den immer stärker werdenden Fliehkräften des dynamischen sozioökonomischen Wandels standzuhalten. Die riesigen sozialen Kosten der Industrialisierung, so etwa lautete eine stetig an Boden gewinnende Auffassung, würden nur zu bald den politischen Ruin des Reichs heraufbeschwören. Deutschlands Einheit sei im Innern schon durch die noch längst nicht politisch überwundene konfessionelle Spaltung sowie durch die fundamentalen Gegensätze zwischen Liberalen und Konservativen aufs äußerste gefährdet. Die großen sozialen Umbrüche aber würden die Gesellschaft unweigerlich in eine kleine Zahl von Gewinnern und in eine große Masse von Opfern spalten, ein Vorgang, der mit Gewißheit den völligen Zusammenbruch des Reichs heraufbeschwören würde.

Diese Auffassung von der vermeintlichen prinzipiellen Unvereinbarkeit des Industriekapitalismus mit einer geschlossenen und harmonistischen Gesellschaftsordnung wurde Mitte der neunziger Jahre vor allem von einer Reihe sehr einflußreicher Wirtschaftswissenschaftler wie Karl Oldenberg, Adolf Wagner und Max Sering vertreten, deren Reden und Schriften in einer von der wirtschaftlichen Entwicklung zutiefst verunsicherten Gesellschaft, die nach plausiblen Erklärungen und wirksamen Rezepten verlangte, große Verbreitung fanden.[22] In der Sicht dieser Professoren stellten Landwirtschaft und Industrie zwei voneinander zwar völlig unabhängige, aber gleichwohl miteinander rivalisierende ökonomische und soziale Systeme dar, bei deren Auseinandersetzung nichts weniger als die künftige Gestaltung der Gesellschaft in Deutschland auf dem Spiele stand. Für diese Professoren galt als ausgemacht, daß alle erkennbaren Tendenzen darauf hindeuteten, daß die gesunden Grundlagen einer stabilen und harmonischen Gesellschaftsordnung zugunsten eines Systems preisgegeben werden würden, das in völlige soziale Desintegration einmünden und damit den Untergang des Reichs herbeiführen mußte. Aufgabe einer verantwortlichen Politik sei es deshalb, diesen Tendenzen mit aller Entschlossenheit entgegenzutreten. In den Schlußworten seiner Rede, die Karl Oldenberg am 10. Juni 1897 vor dem Evangelisch-sozialen Kongreß in Leipzig hielt und in der er sich mit dem Thema »Deutschland als Industriestaat« auseinandersetzte, ist dies besonders deutlich ausgesprochen: »Wir finden uns an einen Wendepunkt der Kulturgeschichte gestellt. Nicht wir können mit unserer wirtschaftspolitischen Drahtzieherei die Wendung bewirken; sie kommt auch von selbst. Aber wie überall in politischen Fragen, kommt es auch hier darauf an, *rechtzeitig* die Situation zu erfassen, nicht erst sich schieben zu lassen, nachdem unberechenbarer Schaden geschehen sein wird. Wenn aber die wirtschaftspolitische Frage in einen größeren Zusammenhang gebunden ist, so hängt die Prognose der Zukunft notwendig zugleich vom subjektiven Urteil ab, hängt ab von dem geschichtlichen Schwergewicht, das wir den heterogenen Kulturströmungen zuschätzten – gleichviel, ob wir sie nun lieben oder hassen. Sie hängt davon ab, ob wir nach unserem geschichtlichen Gefühl die individualistische Industrieperiode, in der wir stehen, als einen Abschluß ansehen oder als eine Episode. Kosmopolitische Exportpolitik mit einem gewissen romantischen, kaufmännisch-abenteuerlichen Reiz auf der einen Seite – auf Selbstbeschränkung gegründete nationale Unabhängigkeit auf der anderen Seite. Aber noch mehr: Industrialisierung und extremer Individualismus auf der einen Seite – ländliche Kultur, die uralte konservative Herrscherin auf der anderen Seite. Mag man nun das Eine hassen oder das Andere nicht lieben – ist es denkbar, daß eine Kultur von Jahrtausenden im Wege der Unterbietung plötzlich ausgelöscht wird? Und wieder, wenn wir auf die wirtschaftliche Grundlage sehen: Wie denjenigen Staaten die Vormacht zufallen muß, die über die Nahrungsquellen der

Welt verfügen, so muß auch schließlich innerhalb der einzelnen Nation diejenige Kulturmacht wieder zur Geltung kommen, die sich an die Nahrungsproduktion knüpft, sobald einmal das Interregnum des abnormen Nahrungsüberflusses unter abnormen Verhältnissen, und zugleich des erstmaligen Emporkommens der jungen Industrie abgelaufen sein wird. Mag man nun diese Kultur lieben oder hassen – schon die Herrschernatur ihrer wirtschaftlichen Grundlage scheint ihr eine Zukunft zu versprechen.«[23]

In diesen Worten Oldenbergs sind alle jene düsteren Prognosen summiert, die er und seine gleichgesinnten Kollegen dem Industriestaat stellten. Denn, und dies war ihre feste Grundüberzeugung, die Industriestaaten würden im Zuge ihrer weiteren Entwicklung bei ihrer Nahrungsmittelversorgung in einem immer größeren Umfang von den Agrarländern abhängig werden. Über kurz oder lang, wenn viele Staaten sich industrialisiert hätten, werde dies zwangsläufig zu einer Verknappung der verfügbaren Nahrungsressourcen und damit zu Preissteigerungen führen, durch welche die ganze soziale Instabilität von Industriestaaten offenbar werden würde. Die Industrienationen wären in diesem Stadium der Entwicklung entweder dazu gezwungen, miteinander um die noch vorhandenen agrarwirtschaftlichen Regionen zu kämpfen, oder sie müßten unter enormen sozialen Kosten wieder zu einer landwirtschaftlichen Basis ihrer Volkswirtschaften zurückkehren. Außerdem, so fürchteten sie, sei es auf die Dauer äußerst fraglich, ob sich die Exportmärkte für Industrieprodukte kontinuierlich ausweiten ließen, um die ständig steigenden Nahrungsmittelimporte finanzieren zu können. Denn in dem Umfange, in dem sich andere Staaten industrialisierten, werde sich der Wettbewerb verschärfen, müßten die Absatzchancen sinken.

Als wirksames Gegenmittel gegen diese von ihnen prognostizierten desaströsen Folgen jeder industriekapitalistischen Entwicklung verklärten sie die vermeintliche Harmonie und soziale Stabilität der älteren volkswirtschaftlichen Verhältnisse. Zu ihnen sei unter allen Umständen zurückzukehren. Die Landwirtschaft müsse die wichtigste Grundlage einer gesunden Volkswirtschaft und einer nach außen geschlossenen und mächtigen Nation sein und bleiben. Deutschland sei ein Agrarstaat. Die Landwirtschaft habe den Charakter der Nation im Augenblick ihrer politischen Einigung mehr als alles andere geprägt. Deshalb sei es ein Gebot der Staatsräson, die Junkerklasse unter allen Umständen zu erhalten. Denn diese dürfe man nicht nach den Kriterien ihres volkswirtschaftlichen Nutzens beurteilen, sondern nur nach ihren bedeutenden sozialen und politischen Funktionen, mit denen sie die innere Stabilität

591

des Reichs garantiert hätte. Im gleichen Atemzug und mit den gleichen Argumenten wurde die enorme politische Bedeutung eines breiten und prosperierenden »Mittelstands« gepriesen, den es in seiner sozialen und wirtschaftlichen Unabhängigkeit gegen alle monopolisierenden und zentralisierenden Tendenzen eines ungehemmt sich entfaltenden Kapitalismus zu verteidigen gelte. Die Wiedereinführung des Zunftwesens, die Abschaffung der wirtschaftlichen Freiheit wurden allen Ernstes als wirksame und notwendige Mittel vorgeschlagen. So werde sich auch wieder das alte patriarchalische Verhältnis von Meister und Gesellen, von Arbeitgeber und Arbeitnehmer wiederherstellen lassen, das einen so unendlich wertvollen Beitrag zum sozialen Frieden der Gesellschaft geleistet hätte.

An dem großen Widerhall dieser Prognosen und Befürchtungen in der Öffentlichkeit vermochte auch die Tatsache nichts zu ändern, daß sich so gut wie alle Voraussetzungen empirisch nicht einlösen ließen, auf denen diese düsteren Prophezeiungen basierten. Die Furcht vor einer weltweiten Verknappung der Nahrungsmittelreserven übersah beispielsweise völlig, daß die verkehrstechnische und landwirtschaftliche Erschließung der nordamerikanischen Prärien wie der argentinischen Pampas sowie neue, verbesserte Methoden der Bodendüngung kaum zu überschauende Produktionssteigerungen bei der Nahrungsmittelerzeugung ermöglichten. Auch die Erwartung einer raschen Industrialisierung anderer Staaten wurde durch die schwerfällige Entwicklung der russischen Industrie widerlegt. Und schließlich waren die entwickelten Industrienationen, wie dies jede Statistik auswies, die lukrativsten Absatzgebiete für Industriegüter, und Geschäfte mit diesen waren bei weitem gewinnbringender als der Handel mit Kolonien oder ausgesprochenen Agrarstaaten.

Die mannigfachen Befürchtungen, die jene Professoren mit dem Heraufkommen des Industriestaats für den politischen Bestand des Reichs hegten, blieben ebenso wie ihre Rezepte, die sie empfahlen, um dem drohenden Chaos rechtzeitig zu steuern, nicht auf die öffentlichkeitsfernen Kreise akademischer Erörterung beschränkt. Die Besorgnis um die Zukunft des bismarckschen Werks trieb sie vielmehr dazu, sich an die breite Öffentlichkeit zu wenden. Der »politische Professor« ist so recht ein deutsches Phänomen, das erstmals in den neunziger Jahren in Erscheinung trat. Allerdings wäre es übertrieben, den Reden und Schriften dieser Professoren allzuviel Gewicht für die tatsächliche Entwicklung des Reichs zuzumessen. Die politische Wirkung ihres Treibens bestand vor allem darin, daß ihre mit der Aura wissenschaftlicher Unanfechtbarkeit umkleideten Argumente einen nicht zu unterschätzenden

Beitrag dazu leisteten, die einzelnen gesellschaftlichen Geltungsansprüche, die sich gegen den »Industriestaat« auflehnten, zu systematisieren. Damit trugen sie aber auch dazu bei, diesen Ansprüchen und Interessen einen auf die Nation als Ganzes bezogenen Begründungszusammenhang zu liefern, der eben dadurch, daß er die Einzelansprüche ideologisch transzendierte, deren politische Durchsetzung nicht unwesentlich erleichterte. Die schrille Mittelstandsideologie und -demagogie der jeweiligen Interessengruppen und der sie vertretenden Parteien liefert dafür ebenso zahlreiche Beispiele wie das nicht minder laute Wehgeschrei, das die Agrarier und ihre Parteien anstimmten.

Höchst charakteristisch für diesen Prozeß, die unterschiedlichsten Forderungen der je besonderen Interessen mit ihrer angeblichen Bedeutung für die nationalen Belange zu begründen, war, daß diese aus durchsichtigen funktionalen Erwägungen entstandene nationalistische Ideologie sich in dem Maße radikalisierte, in dem die ökonomische und politische Konkurrenzsituation für die einzelnen Wirtschaftsinteressen durch den weiteren Gang der Entwicklung verschärft wurde. Die letzte Stufe dieser Radikalisierung der nationalistischen Ideologie war erreicht, als sich ein »reiner« Nationalismus ausbildete, der keinerlei funktionale Anbindung an irgendwelche Wirtschaftsinteressen mehr hatte und der sich in der Gründung der parteipolitischen Irredenta der »nationalen Verbände« manifestierte, die sich einzig und allein der Vertretung des »Primats des Nationalen« verschrieben.

Beide Bewegungen, sowohl das Aufkommen der mächtigen, konservativ, antiliberal und antiindustriell geprägten Protestbewegung der breiten bäuerlichen und mittelständischen Schichten und – im Zusammenhang damit – die Umbildung der Deutsch-Konservativen Partei zu einer politischen Klassenpartei der Agrarier wie andererseits der rapide politische Bedeutungsverlust der liberalen Bewegung, waren die Hauptursachen für die Krise im politischen System des Reichs, die bis zu dessen Ende andauern sollte.

Die schwerste Hypothek, die Bismarck seiner Schöpfung aufgeladen hatte und die alle seine Nachfolger im Amt des Reichskanzlers erbten, war die Maßgabe, das Reich nur in Übereinstimmung mit den preußischen Großmachtinteressen zu regieren. Unabdingbare Voraussetzung dafür aber war, daß jenem historischen Klassenkompromiß zwischen Junkertum und Bürgern, unter dessen Auspizien das Reich geschaffen worden war, eine ausreichende Legitimationsgrundlage erhalten werden konnte. Mit anderen Worten: Jeder Reichskanzler sah sich mit gleichsam »staatspolitischer« Notwendigkeit darauf verwiesen, mit der parlamentarischen Unterstützung einer von den »nationalen Parteien«

gebildeten Reichstagsmehrheit zu regieren. Seit dem Ausgang der Reichstagswahlen von 1890 vermochten aber die »nationalen Parteien« des Kartells aus Deutsch-Konservativen, Frei-Konservativen und Nationalliberalen zu keiner Zeit mehr eine Reichstagsmehrheit zu bilden, während sie andererseits von diesen im preußischen Landtag bis 1918 unangefochten behauptet werden konnte. Schon deshalb war es völlig unmöglich, die innere Politik des Reichs nach dem Vorbild Bismarcks zu gestalten. In einer Denkschrift über die innenpolitische Lage notierte der Reichskanzler Hohenlohe 1898: »Die Wahlstatistik liefert den unwiderleglichen Beweis, daß es in absehbarer Zeit nicht möglich sein wird, aus den sogenannten nationalen Parteien eine Mehrheit zu bilden.«[24]

In dieser Feststellung spiegelt sich vor allem die Unfähigkeit der Liberalen wider, den sich rapide wandelnden Anforderungen zu genügen, welche die Politisierung breiter Schichten der Bevölkerung an sie stellte. Zwischen 1871 und 1912, als die letzten Reichstagswahlen im Kaiserreich abgehalten wurden, verdoppelte sich die Anzahl der Wahlberechtigten; und die Zahl derer, die tatsächlich ihre Stimme abgaben, verdreifachte sich.[25] Während es den Konservativen nicht zuletzt dank ihrer engen Beziehungen zum Bund der Landwirte gelang, sich einen relativ stabilen Anteil an ostelbischen Wählerstimmen zu sichern – alle konservativen Reichstagsabgeordneten nach 1890 wurden ausschließlich von ostelbischen Wahlbezirken entsandt –, versagten die Nationalliberalen völlig vor der Aufgabe, sich zu einer politischen Massenpartei zu entwickeln. Alle Versuche, »aus den sogenannten nationalen Parteien eine Mehrheit zu bilden«, um damit an das Vorbild des bismarckschen Machtkartells anzuknüpfen, mußten auch in Zukunft scheitern, weil, wie Hohenlohe dies richtig erkannt hatte, ein solches Kartell nicht durch eine Mehrheit der Wähler sanktioniert werden würde. Auch der vom preußischen Finanzminister Johannes Miquel 1897 propagierte Gedanke einer »Sammlungspolitik«, die, wie Arthur Strecker, dem Leiter des schwerindustriellen Organs »Deutsche Volkswirtschaftliche Correspondenz« vorschwebte, »ein Kartell der gesamten bürgerlichen Gesellschaft« gegen die Sozialdemokratie darstellen sollte,[26] blieb Illusion. Weder der bülowsche Zolltarif von 1902 und die darauf aufbauenden Handelsverträge noch die Flottenrüstung des Reichs, die häufig als die systematischen Komponenten jener vermeintlich erfolgreich praktizierten »Sammlungspolitik« interpretiert werden, vermochten einzulösen, was Eckart Kehr als die grundlegende Absicht dieser Politik bezeichnet hat: »die Stabilisierung und Neubalancierung der durch Bismarcks Reichsgründung legalisierten, aber unterdessen ins Wanken geratenen sozialen Lage.«[27] Diese unterdessen zu einem historiographischen Dogma geronnene Interpretation basiert auf dem Irrtum, daß sich die

594

wirtschaftspolitischen Entscheidungen des wilhelminischen Interventionsstaats eindeutig bestimmten gesellschaftspolitischen Zielen zuordnen ließen. Dies war aber keineswegs der Fall.[28] In ihren praktischen Ergebnissen qualifizierten sich die wirtschaftspolitischen Entscheidungen des wilhelminischen Interventionsstaats als Ausdruck jenes auch auf anderen politischen Entscheidungsfeldern zu beobachtenden Durchwurstelns; sie waren mithin nichts anderes als die mehr oder minder zufälligen Resultate vielfältiger Interessenkonflikte, Resultate, mit denen die einschlägig interessierten Zeitgenossen zwar die Erwartung auf bestimmte gesellschaftspolitische Wirkungen und Ergebnisse verknüpften, die aber nicht erfüllt wurden: Die sozioökonomische Dynamik wurde nicht in ein neues stabiles Gleichgewicht überführt. Es war deshalb auch nicht, wie immer wieder gesagt wird, die zumindest teilweise erfolgreiche »Sammlungspolitik«, welche die trotz der permanenten Krise des politischen Systems unstreitig vorhandene Stabilität der wilhelminischen Gesellschaftsordnung garantierte; diese Garantiefunktion ergab sich vielmehr aus dem höchst komplexen Zusammenspiel einer Fülle lang- und kurzfristig wirksamer politischer und sozialer Faktoren.

Ein für die innere Entwicklung des Reichs während der wilhelminischen Zeit oft übersehener oder verkannter Umstand ist die wichtige Rolle der Zentrumspartei. Dabei ist es eine kaum zu übersehende Ironie der Geschichte, daß das Reich ohne die Unterstützung des von Bismarck einst als »reichsfeindlich« gebrandmarkten Zentrums seit dem Zusammenbruch des bismarckschen Kartells in den Reichstagswahlen von 1890 nicht mehr zu regieren war. Und es war mit ausschlaggebend für das Scheitern Caprivis, daß er diese Bedeutung des Zentrums bereits zu einem Zeitpunkt erkannt hatte, als diese Partei von sich aus noch nicht in der Lage war, ihre herausragende innenpolitische Stellung strategisch zu nutzen. Eine mittelbare Folge der Ära Caprivi war die grundsätzliche Wandlung des Zentrums; die durch die caprivischen Handelsverträge verschärften konjunkturell bedingten Widersprüche, die das Wehgeschrei der Bauern und »Mittelständler« zur Kakophonie anschwellen ließ, blieben nicht ohne Einfluß auf dessen politisch-programmatische Ausrichtung: Das Zentrum, dessen Führung sich noch für die Ratifikation jener Handelsverträge im Reichstag eingesetzt hatte,[29] entwickelte sich unter dem steigenden Druck seiner bäuerlichen und »mittelständischen« Klientel zu einer Partei, die fast exklusiv deren Interessen vertrat.[30] Schon 1897 beispielsweise brachte das Zentrum gemeinsam mit den Konservativen die Abänderung der Reichsgewerbeordnung durch, eine Gesetzesrevision, die für den gewerblichen »Mittelstand« kaum weniger bedeutsam war als die Einführung des bülowschen Zolltarifs von 1902 für die Landwirtschaft.[31]

Eine Konsequenz dieser ausgeprägten Hinwendung der Partei zu den landwirtschaftlichen und »mittelständischen« Interessen ihrer Klientel war der kontinuierliche Verlust an Stimmen katholischer Arbeiter in den Städten, ein Vorgang, den das Zentrum aber wegen der das flache Land überproportional begünstigenden Wahlkreiseinteilung verhältnismäßig leicht verschmerzen konnte.[32] Durch diese Neubestimmung seines politischen Kurses entfernte sich das Zentrum aber auch von der Linken, vor allem von der SPD, während die Liberalen ihm gegenüber sowieso noch ihre alten antiklerikalen Vorurteile pflegten und deshalb gar nicht wahrzunehmen vermochten, welcher tiefgreifende Säkularisierungsprozeß die politische Programmatik des Zentrums veränderte. In gleichem Maße näherte es sich den Konservativen an. Dieser Assimilationsprozeß wurde von seiten der Regierung schließlich mit um so größerem Wohlwollen gesehen und gefördert, als man hier zur Einsicht gelangte, daß man für eine solide Mehrheitsbildung nicht mehr auf die Chimäre der »Sammlungspolitik« setzen konnte, sondern daß man dazu »eine der großen oppositionellen Parteien« gewinnen mußte. Nach Lage der Dinge kam dafür nur das Zentrum in Frage, »welches in seinem überwiegenden Teile unzweifelhaft monarchisch gesinnt ist. So schwer eine solche Politik auch für den Träger der Krone sein mag, dessen Hausgeschichte mit der Entwicklung der protestantischen Kirche auf das engste verbunden ist, so gibt es doch keinen anderen Weg.«[33] Von 1890 bis zum Ende des Kaiserreichs war das Zentrum, wie Friedrich Naumann nicht ohne Zorn feststellte, »das Maß aller Dinge ... weil es keine Mehrheit rechts und keine Mehrheit links vom Zentrum gibt, sondern nur eine mit Zentrum nach rechts oder mit Zentrum nach links hergestellt werden kann«.[34]

Von einigem Einfluß auf die politische Umorientierung des Zentrums war auch, daß Mitte der neunziger Jahre neue Männer an die Spitze der Partei gelangten, die nicht mehr wie ihre Vorgänger vom Kulturkampf geprägt waren. Die zentrale Erfahrung der neuen Führungsgarnitur war das Erlebnis katholischer Rückständigkeit auf so gut wie allen Gebieten der Gesellschaft. Dieses im Verhältnis zur protestantischen Bevölkerungsmehrheit des Reichs deutliche Defizit der Katholiken auf kulturellem, wirtschaftlichem und sozialem Gebiet war ebensosehr eine Spätfolge struktureller Disparitäten wie Ergebnis einer bewußten sozialen Diskriminierung, welche die staatlich-bürokratische Repression der Kulturkampfzeit weitgehend ersetzt hatte.[35] Im Kulturkampf waren all jene Vorurteile aufgerührt worden, die nun dieser sozialen Diskriminierung den Anschein ihrer sachlichen Rechtfertigung liehen. Zu Beginn der neunziger Jahre hatten sich die Katholiken wie andere gesellschaftliche Gruppen auch mit der Existenz des Reichs abgefunden. Ihre Geltungsansprüche, die sie nun vorzutragen begannen, zielten vor allem darauf, den ihnen zustehenden Anteil an den einzelnen gesellschaftlichen Aktivitäten in diesem Reich zu erhalten. Die *Paritätsfrage* wurde in den folgenden Jahren eine der wichtigsten kulturellen und politischen Forderungen der katholischen Minderheit, und die neue Führung des Zentrums beeilte sich, dieses Verlangen zu einem zentralen Programmpunkt ihrer Politik zu machen.[36]

Daß sich das Zentrum unbeschadet des sozioökonomischen Wandels als stabile politische Größe über die Jahre hin behaupten konnte – das Zentrum hatte stets rund ein Viertel aller Reichstagsmandate inne –, gab den Ausschlag für seine Politik bis zum Ende des Kaiserreichs. Ihr Hauptmerkmal war die Vermeidung jeder politischen Radikalisierung, um jene soziale Diskriminierung abzubauen, unter der die Katholiken bis zuletzt zu leiden hatten. Mit dieser Politik der Anpassung und der Kooperation wollte man beweisen, daß die Katholiken nicht minder gute und national gesinnte Deutsche seien. Das Zentrum unterschied sich damit völlig von seinen einstigen Schicksalsgenossen, den Sozialdemokraten, die weiterhin in jener Ghettomentalität verharrten, die sich in den Jahren ihrer Verfolgung ausgeprägt hatte; die SPD hielt zwar ihrer revolutionären Rhetorik die Treue, huldigte aber gleichzeitig in der politischen Praxis einem völlig unrevolutionären Revisionismus. Damit verbaute sie sich selbst die Chance, einen ihrer Bedeutung auch nur annähernd entsprechenden Einfluß auf die Formulierung der Reichspolitik zu erlangen.[37] Die zündenden Reden der SPD-Führer im Reichstag waren an eine Anhängerschaft adressiert, die in Arbeiterbildungsvereinen, in denen Uhland gelesen wurde, den Anbruch der sozialistischen Morgenröte geduldig erwartete.

Es ist müßig, über die Weisheit beider politischer Strategien, der Politik der Anpassung, die das Zentrum verfolgte, oder der Politik einer Verweigerung und des »revolutionären Attentismus« (Dieter Groh), der sich die SPD verschrieben hatte, zu streiten; die Modalform der Geschichte ist nun einmal der Indikativ und nicht der Konjunktiv.

Die Anpassungsstrategie des Zentrums, das bis auf wenige Ausnahmen so gut wie stets die Regierung unterstützte, stieß vor allem bei der Linken auf heftige Kritik. Denn da sich die Regierung fast immer auf die parlamentarische Unterstützung des Zentrums verlassen konnte und damit über eine Reichstagsmehrheit verfügte, war die Protest- und Verweigerungshaltung der Linksparteien von vornherein zur völligen Unwirksamkeit verurteilt.

Die Anpassungsstrategie des Zentrums zeitigte eine für den Verlauf der wilhelminischen Ära bedeutsame Wirkung, indem sie entscheidend dazu beitrug, die latente Krisis des politischen Systems bismarckscher Prägung zu verdecken, die durch die notorische Minderheitenrolle der »Kartellparteien« heraufbeschworen worden war. Kaum weniger wichtig war, *wie* das Zentrum seine parlamentarische Hegemonialstellung politisch zur Geltung brachte und für seine Ziele und die Interessen seiner Klientel nutzte. Das Verhalten seiner politischen Führung entsprach, wie David Blackbourn formuliert hat, eher dem »politischer Makler« als dem »politischer Führer«. Den Parteiführern des Zentrums kam es weniger auf die Erringung der Macht als darauf an, sozialen Einfluß und gesellschaftliche Respektabilität zu gewinnen.[38] Im politischen Alltag führte diese gewiß von wenig Selbstbewußtsein zeugende Strategie der Anpassung zu jenen ewigen interessenpolitischen »Kuhhändeln«, die nicht wenige Zeitgenossen abstießen und die Abneigung gegen Parlamentarismus und Parteipolitik erheblich verstärkten. Das Zentrum allerdings war stets bestrebt, diese Strategie zu einer programmatischen Tugend zu verklären. In einem Aufruf der Partei für die Reichstagswahlen von 1903 hieß es: »Das Zentrum war nie und darf nie sein die Partei eines einzelnen Berufstandes oder einer einzelnen Klasse. Unser Stolz soll bleiben, eine wahre Volkspartei zu sein, welche alle Stände und Klassen umfaßt.«

Friedrich Naumann, der diese Sätze zitierte, knüpfte daran die folgenden bitteren, in ihrem Kern aber durchaus zutreffenden Bemerkungen: »Alle neuen wirtschaftspolitischen Erfindungen entstammen mehr oder weniger einem gewissen Egoismus, der sich nach irgendeiner Seite hin vorwärts drängen und durchsetzen will. Die Zollgedanken sind nicht beim Zentrum geboren worden, sondern innerhalb der konservativen Welt, die sozialpolitischen Gedanken wurden zuerst ausgedacht auf sozialdemokratischer Seite, im Zentrum kommt alles in der Mitte zusammen. Kaum einer der die Zeit erfüllenden, in die Gesetzgebung eingegangenen Gedanken hat Zentrumsursprung, aber bei fast jedem entstammt die letzte Formulierung den Händen des Zentrums. Die anderen, weil sie wirtschaftspolitisch und politisch schärfer arbeiten in ihren Gedanken, bringen die programmatischen Ideen zutage, das Zentrum aber sitzt in seiner Werkstatt und sagt: Unser Stolz soll sein, alle Klassen, alle Stände zu umfassen, und bei jeder Frage diejenigen Abschleifungen vorzunehmen, durch welche die Sache von einer gemischten Mehrheit angenommen werden kann. Meist freilich geschieht dies mit einer gewissen Wendung nach der konservativen Seite hin.

Auf solche Art wurde das Zentrum die Partei, die sich selbst für notwendig hält für die nationale Existenz. Denn so pflegen sie zu sagen: Wohin würden die anderen bei ihrem rohen Gegensatz der Klasseninteressen geraten, wenn wir nicht als die Partei des Friedens und des

Ausgleichs in der Mitte ständen! Diese Überzeugung von seiner taktischen Notwendigkeit wird für das Zentrum der Übergang, um sich in diesem deutschen Staate häuslich einzurichten. Die alten oppositionellen Gefühle der Reichsfeinde der bismarckischen Zeit, der unentwegten Männer aus dem Kulturkampfe, sind längst übergegangen in Gefühle einer gewissen vorsichtigen Zufriedenheit mit dem gegenwärtig erreichten Zustande. Und größer wird die Zufriedenheit, wenn das Zentrum Berichte aus Frankreich, aus Italien und aus anderen katholischen Ländern entgegennimmt. Dann schaut es sich in der deutschen Heimat um, und es entstehen bei der jüngeren Generation Gefühle der stolzen katholischen Führerschaft diesem unserem Volke gegenüber.«[39]

Der Anspruch des Zentrums, »Volkspartei« zu sein, war ein politisch-programmatischer Reflex auf die soziale Zusammensetzung seiner Wählerschaft, deren Schwergewicht zwar die breiten bäuerlichen und gewerblichen Mittelschichten bildeten, die gleichwohl aber auch katholische Magnaten Oberschlesiens wie Bergarbeiter im Ruhrgebiet umfaßte. Diese sozial gesehen durchaus heterogene politische Klientel, ein Erbe der Partei aus der Kulturkampfzeit, wurde aber in dem Maße zu einem Problem, wie die konjunkturell bedingten Widersprüche in der wilhelminischen Gesellschaft, die politischen Gegensätze zwischen Industrie- und Agrarstaat, zwischen Stadt und Land, auftraten und sich verschärften. Der von der Führung des Zentrums immer schriller vorgetragene Anspruch, als Volkspartei die interessen- und klassenbedingten Antagonismen ihrer Klientel und die daraus resultierenden gegensätzlichen politischen Aspirationen harmonisch auszugleichen, war beständig in Gefahr, als pure Demagogie entlarvt zu werden. Das Zentrum mußte, wollte es sich seine Anhängerschaft und die Glaubwürdigkeit seines Anspruchs als »Volkspartei« erhalten, einerseits die Interessen jener befriedigen, die von der dynamischen wirtschaftlichen und sozialen Entwicklung des Kaiserreichs profitierten und deren ganzer Ehrgeiz darauf gerichtet war, die gesellschaftliche *Parität* zu erlangen; andererseits galt es aber auch, darauf zu achten, daß darüber nicht die Klagen der bäuerlichen und gewerblichen Mittelschichten überhört wurden, die die Mehrheit seiner Wählerschaft ausmachten und die sich mit dem Eigensinn von in ihrer Existenz Bedrohten gegen die Dynamik eben jenes sozioökonomischen Wandels stemmten.[40]

Das Zentrum barg in sich mithin eben jene Konfliktpotentiale, die beispielsweise auch den Erfolg der »Sammlungspolitik« von vornherein begrenzten. Nur erwies sich die konfessionelle Loyalität seiner Klientel als eine wesentlich stärkere Klammer als im Falle der »Sammlung« die Beschwörung der gemeinsamen Interessen oder der »roten Gefahr«.

Andererseits zeigte das Abdriften katholischer Aristokraten in das Lager der Konservativen wie das großer Teile der katholischen Arbeiterschaft zur Sozialdemokratie, daß auch die Klammer konfessioneller Loyalität dann nicht hielt, wenn die Partei mit der von ihr unterstützten Politik vitale Interessen dieser Gruppen mißachtete. Die Selbstbehauptung des Zentrums als parlamentarische Hegemonialmacht hing also entscheidend davon ab, daß es seiner Führung gelang, die Zentrumspolitik so flexibel zu gestalten, daß deren Ergebnisse für alle Aspirationen, die in der Partei zur Geltung gebracht wurden, akzeptabel waren. Die Folge war, daß das Zentrum jene janusköpfige Politik der wilhelminischen Ära unterstützte, die ihrerseits ganz von dem Gedanken beherrscht wurde, die politischen Antagonismen und gegensätzlichen Ansprüche nicht miteinander zu vermitteln, sondern säuberlich getrennt zu befriedigen. Der Bau der deutschen Kriegsflotte einerseits und die bülowschen Getreidezölle andererseits können als Exempel dieser in sich zutiefst inkonsistenten Politik gelten. Das Votum des Zentrums aber sicherte beiden Vorhaben die Reichstagsmehrheit.

Die politische Bedeutung des Zentrums für den Verlauf der wilhelminischen Ära kann deshalb gar nicht hoch genug veranschlagt werden. Seine politische Funktion war es, die durch die Pluralisierung und Nationalisierung der einander widersprechenden gesellschaftlichen Geltungsansprüche bedrohte Legitimationsgrundlage des preußisch-deutschen Reichs abzustützen. Das Zentrum vereitelte damit die Chancen einer vorsichtig liberalen Reform des Kaiserreichs, wie sie beispielsweise Caprivi vorgeschwebt hatte. Es stabilisierte durch seine bloße parlamentarische Bedeutung einen immer prekärer werdenden Status quo und prolongierte so die Krise des Bismarckreichs. Der Preis für diese scheinbar erfolgreiche soziale Legitimation des preußisch-deutschen Interventionsstaats bestand aber nicht nur in der perspektivenlosen Politik eines bloßen Durchwurstelns, sondern vor allem darin, daß die politische Legitimation des Reichs als deutscher Nationalstaat wirksam und auf Dauer verhindert wurde.

Diese konkrete politische Funktion des Zentrums, die Konsequenz seiner parlamentarischen Schlüsselstellung wie der politisch-taktischen Ausnützung dieser Position war, darf andererseits jedoch nicht den Sachverhalt verdunkeln, daß neben dem Zentrum eine Fülle anderer Kräfte, Tendenzen und Interessen mitverantwortlich dafür war, daß die Nationwerdung der Deutschen im politischen Sinne vereitelt wurde. Die von Bismarck gestiftete Verfassungsordnung des Reichs hatte die damals schon virulenten ökonomischen und politischen Antagonismen mit der Maßgabe zu vermitteln gesucht, die Unabhängigkeit seiner allein an den Interessen Preußens orientierten Politik zu gewährleisten.

Damit hatte er seiner Schöpfung eine Hypothek aufgeladen, deren Last mit den Jahren immer drückender wurde: Je mehr das Reich zu eigenem politischem Selbstbewußtsein fand, um so ärgerlicher wurde der politische Primat Preußens, der die Zukunft des Reichs mehr und mehr in Frage stellte, insofern eben jener politische Primat Preußens als die Garantie eines, gemessen an der sozialen und politischen Wirklichkeit des Reichs, vorgestrigen Status quo fungierte.

Daß der politische Primat Preußens jene Garantiefunktion bis zum Untergang des Kaiserreichs »erfolgreich« zu erfüllen vermochte, war aber nicht davon abhängig, wie eine weitverbreitete These behauptet, daß es den im exklusiven Besitz der politischen und militärischen Machtmitteln befindlichen Junkern gelungen wäre, ein durch die Angst vor dem »roten Umsturz« sowieso schon gefügig gemachtes Bürgertum durch allerlei Manipulationen zu *feudalisieren*, politisch zu entmündigen und mit dem militaristisch-feudalen Obrigkeitsstaat zu versöhnen; diese These basiert auf einer Verwechslung von Ursache und Wirkung. Entscheidend dafür, daß der von der Bismarckverfassung vorgegebene politische Primat Preußens seine Garantiefunktion beibehielt, war vielmehr, *daß in ihm all jene, deren Existenz mit der Erhaltung jenes Status quo in vielfältiger Weise verknüpft war, ihre Interessen wirksam verteidigen konnten!* Und das waren nicht nur wesentlich breitere Schichten, als sie von den Junkern oder den mit ihnen angeblich verbündeten »schwerindustriellen Interessen« vorgestellt wurden, sondern es waren auch alle außerpreußischen deutschen Einzelstaaten!
Von ganz hervorragender Bedeutung war schließlich, daß es all jenen, die in der erfolgreichen Verteidigung des Status quo ihre sozialen, ökonomischen und politischen Interessen gut aufgehoben sahen, gelang, sich die etablierten »Ordnungsparteien« zu ihren politischen Verbündeten zu machen. Mit Ausnahme der Sozialdemokraten dachte deshalb keine der Parteien des Kaiserreichs vor seinem Zusammenbruch ernsthaft daran, dessen verfassungspolitische Ordnung zu verändern oder grundsätzlich in Frage zu stellen. Alle Parteien genügten vielmehr jener Funktion, die ihnen die unangetastet weiter bestehende bismarcksche Verfassungsordnung in einer grundlegend gewandelten Verfassungswirklichkeit abforderte: Sie blieben im verfassungsrechtlichen Sinne politisch unverantwortlich und erkannten ihre eigentliche Aufgabe lediglich darin, eifersüchtig darüber zu wachen, daß ihrer jeweiligen Klientel durch die politischen Interventionsentscheidungen des Staates kein Schaden zugefügt wurde. Die Folge dieser Entwicklung war, daß der Graben zwischen Reichstag und Reichsregierung immer breiter wurde, daß es den Nachfolgern Bismarcks immer schwerer fiel, aus den wider-

streitenden politischen Geltungsansprüchen Mehrheiten zu schaffen, die ihre Politik unterstützten. Innenpolitisch herrschte im Reich bald nur noch Chaos; der Kanzler, die Reichstagsparteien, die einzelnen wirtschaftlichen und »nationalen« Interessengruppen, die preußischen Ministerien, die deutschen Staaten, der Kaiser, Heer und Marine – sie alle kämpften miteinander darum, ihre je besonderen Interessen und Absichten durchzusetzen. Unter diesen Umständen konnte von der politisch allein verantwortlichen Reichsregierung, sprich dem Reichskanzler, nur noch eine Politik betrieben werden, die dieses Chaos reflektierte.

Hohenlohe, der Nachfolger Caprivis im Amt des Reichskanzlers und preußischen Ministerpräsidenten, hatte sich mit wenig Glück und noch viel weniger Phantasie dieser undankbaren und letztlich unlösbaren Aufgabe gewidmet. Das Reich und Preußen rückten in den fünf Jahren seiner Kanzlerschaft immer weiter auseinander. Mehr ist über ihn in diesem Zusammenhang nicht zu vermelden. Bernhard von Bülow dagegen, der im Herbst 1900 den greisen Hohenlohe ablöste, glaubte, eine umfassende politische Strategie zu besitzen, um das Chaos, dem das Reich unrettbar zuzutreiben schien, in eine neue, stabile Ordnung zu überführen. Bülow visierte den interessenpolitischen Ausgleich der mächtigsten wirtschaftlichen Gruppen des Reichs an, um die Regierung auf eine solide Handlungsgrundlage zu stellen. Diese Handlungsgrundlage sollte dann ihrerseits die innenpolitische Voraussetzung für eine erfolgreiche Außenpolitik mit imperialen Zielsetzungen schaffen, mit der eine weitere Verstärkung der nationalen Integration und eine zusätzliche Ausweitung des politischen Handlungsspielraums der Regierung erreicht werden sollte.

Diese bülowsche Doppelstrategie suchte zwischen den in weiten Kreisen der Bevölkerung immer virulenter werdenden imperialistischen wie nationalistischen Sehnsüchten und den wirtschaftspolitischen Ansprüchen, die von einflußreichen Gruppen immer energischer vorgetragen wurden, zu vermitteln. Erreicht aber wurde das genaue Gegenteil: Statt den Handlungsspielraum der politisch verantwortlichen Regierung zu vergrößern, wurde das »unverantwortliche Regiment« des Kaisers und seiner militärischen Kamarilla gestärkt; statt die nationale Integration hinter dem politischen Primat Preußens zu bewirken, wurden die Fliehkräfte nationaler Desintegration beschleunigt. An diesem Sachverhalt vermögen auch die anfänglichen Teilerfolge, die Bülow auf innenpolitischem Gebiet erzielte, das hier zunächst betrachtet werden soll, wie auch auf dem Felde der Außenpolitik nichts zu ändern. Gerade am vollständigen Scheitern von Bülows Doppelstrategie läßt sich der Nationalismus ohne Nation diagnostizieren.

Wichtigste Voraussetzung für das Zustandekommen einer breiten parlamentarischen Mehrheit und damit für die Ausdehnung des Handlungsspielraums der Regierung war ein wirtschaftspolitischer Kompromiß, dem sowohl die agrarischen als auch die industriellen Interessen zustimmten, der also jene seit dem Abschluß der caprivischen Handelsverträge immer erbitterter geführte Industrie- und Agrarstaatsdebatte und die daraus resultierenden gesellschaftlichen und politischen Frontstellungen überwand. Ein solcher Kompromiß war der Grundgedanke der vom preußischen Finanzminister Miquel 1897 inaugurierten »Sammlungspolitik«: Die umfassende Revision der caprivischen Handelspolitik, mit der man den Wünschen der Agrarier weit entgegenkommen wollte, sollte die Basis einer Politik werden, mit der sich der alte Klassenkompromiß unter den gewandelten sozioökonomischen Rahmenbedingungen wieder restaurieren ließe. Bülow machte sich dieses Konzept der »Sammlungspolitik« zu eigen. In einer Unterredung mit dem Kaiser unmittelbar vor seiner Ernennung zum Reichskanzler erklärte er diesem, wie er in seinen *Denkwürdigkeiten* mitteilt, es sei unabdingbar, »den Weg zwischen den beiden Leuchttürmen [zu] finden: wirksamer Schutz für die Landwirtschaft auf der einen, Handelsverträge, mit denen sich unsere Industrie gedeihlich entwickeln könne, auf der anderen Seite«.[41]

Eben diese von Bülow erkannte Notwendigkeit, »den Weg zwischen den beiden Leuchttürmen zu finden«, verurteilte die »Sammlungspolitik« von vornherein zum Scheitern. Die wirtschaftlichen, sozialen und politischen Auswirkungen der bülowschen Zolltarife, die schließlich 1902 nach langen und erregten Debatten von einer Mehrheit der Konservativen, den Nationalliberalen und dem Zentrum im Reichstag verabschiedet wurden, bewiesen die Unmöglichkeit, jenen historischen Klassenkompromiß unter völlig veränderten Umständen zu restaurieren. Zwar läßt es sich weder bestreiten, daß insbesondere der Agrarsektor von den teilweise beträchtlichen Zollerhöhungen, mit denen die Einfuhr landwirtschaftlicher Erzeugnisse belastet wurde,[42] unmittelbar profitierte noch daß diese Profitsteigerung ausnahmslos zu Lasten der Verbraucher ging und unter diesen vor allem die Schichten mit geringerem Einkommen traf, denen das Brot und das Fleisch verteuert wurden.[43] Doch weder diese neuen Zölle noch die auf ihrer Grundlage abgeschlossenen neuen Handelsverträge zeitigten jene sozialen und wirtschaftlichen Auswirkungen, die mit der »Sammlungspolitik« angestrebt worden waren: An dem immer deutlicher in Erscheinung tretenden wirtschaftlichen Übergewicht der Industrie vermochten sie ebensowenig etwas zu ändern wie an den politischen Machtverhältnissen. Schlimmer noch: Die bülowschen Zolltarife verschlechterten die Aussichten der Regierung auf eine stabile Mehrheit im Reichstag rapide. Insbesondere der »Bund der Landwirte«, der wesentlich höhere Zollsätze für Agrarprodukte gefordert harte, schrie Zeter und Mordio und verharrte gegenüber der Regierung Bülow fortan in einer völlig intransingenten Haltung empörter Opposition. Auch die Konservativen, die die Zolltarife mehrheitlich befürwortet hatten, gaben der Regierung unmißverständlich zu verstehen, daß mit ihrer weiteren politischen Unterstützung nur dann zu rechnen sei, wenn man sich gegenüber ihren wirtschaftlichen Wünschen in Zukunft aufgeschlossener zeige. Die eigentliche politische Quittung für ihre konsumentenfeindliche Zollpolitik erhielt die Regierung Bülow aber durch das Ergebnis der Reichstagswahlen von 1903: So gut wie alle Parteien, die für die Zolltarife gestimmt hatten, erlitten teilweise erhebliche Mandatseinbußen; die Sozialdemokraten, die als einzige gegen die neuen Zölle eingetreten waren, konnten ihre Mandatszahl dagegen um 25 Sitze auf 81 erhöhen.

Die parteipolitische Zusammensetzung des neuen Reichstags war damit alles andere als geeignet, der Regierung einen größeren politischen Handlungsspielraum zu verschaffen. Nichts aber war notwendiger. Die stetig steigenden finanziellen Aufwendungen des Reichs für die von Bülow inaugurierte ehrgeizige »Weltpolitik« mit ihren beiden funktionalen Komponenten des Flottenbaus und der kolonialen Expansion überstiegen längst das Steueraufkommen des Reichs. Die chronischen Deckungslücken im Reichshaushalt waren bislang vor allem durch eine Vermehrung der Reichsschuld geschlossen worden. Zwischen 1900 und 1905 stieg die Nettokreditaufnahme des Reichs auf rund eine Milliarde Goldmark mit einer jährlichen Zinslast von etwa 41 Millionen Mark.[44] Diese politisch gewiß »kostengünstigste« Finanzierungsmethode hatte jedoch den gravierenden Nachteil, daß man sich ihrer nicht in beliebigem Umfang bedienen konnte: Jede Mehrverschuldung des Reichs bedeutete, vereinfacht gesprochen, bei der im Deutschen Reich notorischen Kapitalknappheit eine Einschränkung des für Industrie und Handel verfügbaren Kreditvolumens und mußte deshalb zu einer Kreditverteuerung mit allen weiteren Folgen führen.[45] Angesichts dieser Entwicklung, die der Regierung eine substantielle Vermehrung der Reichsschuldenaufnahme aus allgemein wirtschaftlichen Rücksichten verbot, sah sich Bülow vor die Notwendigkeit gestellt, das intrikate Problem der Reichsfinanzen direkt in Angriff zu nehmen und eine umfassende Reichssteuerreform einzuleiten. Daß eine solche Reichssteuerreform, seit der Jahrhundertwende unvermeidbar, bislang unterblieben war, macht deutlich, wieviel innenpolitischer Sprengstoff in diesem Vorhaben steckte.

Tatsächlich hatte sich schon sehr viel früher die ungenügende finanzielle Ausstattung des Reichs als einer der schwerwiegendsten Konstruktionsfehler des bismarckschen Staates erwiesen. Wie viele der fatalen Ungereimtheiten des Reichs, so war auch diese einst dazu bestimmt gewesen, den politischen Primat Preußens unter allen Umständen zu gewährleisten. Um nämlich zu verhindern, daß das Gewicht des Reichs allen sonstigen Sicherungen zum Trotz doch einmal den preußischen Partikularismus überwältigte, hatte Bismarck größten Wert darauf gelegt, daß die Reichsausgaben nur aus dem Aufkommen der indirekten Steuern sowie aus den Matrikularbeiträgen der einzelnen Staaten bestritten wurden. Demgegenüber flossen alle direkten Steuern, also vor allem die ertragreichen Einkommen- und Vermögenssteuern, in die Kassen der Einzelstaaten. Das Reich war mithin bei der Finanzierung seiner Ausgaben im Verhältnis zu den Einzelstaaten nicht allein materiell schlechter gestellt – das indirekte Steueraufkommen, das den Konsum und damit die ärmeren Schichten belastete, fiel geringer aus als das Steueraufkommen aus den direkten Steuern –, sondern auch finanztechnisch, da die indirekten Steuern viel stärker vom Konjunkturverlauf abhängig waren als die direkten.

Die ungenügende finanzielle Ausstattung des Reichs war schon zu Zeiten Bismarcks spürbar geworden, ließ sich damals aber jeweils durch eine Erhöhung der indirekten Steuern und Zölle bequem ausgleichen. Die entscheidende Voraussetzung dafür war aber eine stabile Reichstagsmehrheit, die sich als Repräsentation mehrheitlich plutokratischer Besitzinteressen qualifizierte. Je stärker indes die Politisierung breiterer Schichten zu einer Demokratisierung der gesellschaftlichen Geltungsansprüche führte, um so schwieriger wurde es, eine solche Steuerpolitik einseitig zu Lasten des »kleinen Mannes« fortzusetzen. Vor allem das Zentrum, aber auch die Liberalen machten von nun an stets energisch Front gegen alle Absichten, die auf eine substantielle Erweiterung der Verbrauchssteuern abzielten, während die Konservativen mit Klauen und Zähnen die steuerpolitischen Reservate der Großagrarier und der Besitzenden verteidigten. Die Einführung einer direkten Reichssteuer stieß zudem stets auf den erbitterten Widerstand vor allem der Einzelstaaten. Unter diesen Umständen eine Steuerreform durchzusetzen, welche die Zustimmung aller Interessen fand, kam der Quadratur des Kreises gleich. Von daher ist es wenig verwunderlich, daß diese so dringende Reform erst sehr spät und dann auch zunächst nur sehr halbherzig angegangen wurde.

Ein erster umfassender Steuerreformentwurf wurde dem Reichstag Ende des Jahres 1905 vorgelegt. Die wichtigsten Komponenten dieses Entwurfs, der vor allem ein gerechteres Verhältnis zwischen direkten

Steuern und Konsumsteuern vorsah, waren eine Erhöhung der Branntwein- und Tabaksteuern sowie die Einführung einer Erbschaftssteuer. Insgesamt wurden mit der Steuervorlage rund 230 Millionen Mark Mehreinnahmen angestrebt, von denen etwa ein Drittel die allgemeine Erbschaftssteuer einbringen sollte, deren Einführung das politische Kernstück der gesamten Reform war. Nach umfangreichen und sehr komplexen »Kuhhändeln« vor und hinter den Kulissen des Reichstags gelang es bei größtmöglicher Schonung der agrarischen Interessen – die landwirtschaftlichen Erbschaften wurden weitgehend von der Erbschaftssteuerregelung befreit –, diese Steuer durchzubringen. Politisch war diese erstmalige Feststellung des Prinzips einer direkten Reichssteuer ein bedeutender Sieg für die Regierung, finanziell aber blieben die Einnahmen aus dieser Steuer weit hinter den Erwartungen zurück. Eine Erhöhung der indirekten Steuern im Umfang der Regierungsvorlage scheiterte am Widerstand der Parteien. Im Endergebnis blieb der schließlich gefundene Kompromiß strukturell weit hinter dem gesteckten Ziel einer Reichsfinanzreform zurück. Die tatsächlich erzielten Mehreinnahmen von 110 Millionen Mark erwiesen sich als viel zu gering, um auch nur die steigenden Rüstungsausgaben des Reichs zu finanzieren.[46]

Spätestens dieses Scheitern der Reichssteuerreform muß Bülow deutlich gemacht haben, wie prekär und wenig belastbar jene heterogen zusammengesetzte Reichstagsmehrheit war, auf die er sich stützte. Neben den klassen- und interessenmäßigen Differenzen, die – dies hatte das Scheitern der Steuerreform unmißverständlich gezeigt – die einzelnen Parteien dieser Mehrheit trennten, war es vor allem die dominierende Stellung des Zentrums innerhalb dieser Mehrheit, die Konservativen wie Nationalliberalen immer lästiger wurde. Hinzu kam, daß man auch in protestantischen Hofkreisen an Bülows vermeintlicher »Katholikenfreundlichkeit« Anstoß zu nehmen begann, wie sie sich etwa in einer den Wünschen des Zentrums weit entgegenkommenden Novellierung des preußischen Volksschulgesetzes widerspiegelte. Da Bülows Position als Reichskanzler überdies wegen einiger empfindlicher außenpolitischer Schlappen geschwächt war – auf der Konferenz von Algeciras waren von England und Frankreich gemeinsam die deutschen Ansprüche auf Marokko zurückgewiesen worden –, reagierte er auf dieses Geschwätz einiger Hofschranzen um so empfindlicher. Den eigentlichen Ausschlag für Bülows Entscheidung, mit dem Zentrum zu brechen, dürfte jedoch die dominierende politische Stellung dieser Partei gegeben haben, die ein Haupthindernis auf dem vom Reichskanzler eingeschlagenen Weg war, über die »Weltpolitik« die innenpolitische Integration der »nationalen Kräfte« zu betreiben. Damit der Bruch mit dem Zentrum unmißverständlich ausfiel, mußte aber eine Streitfrage von »nationalem Belang« gefunden werden, die es erlaubte, den Reichstag aufzulösen und den Wahlkampf dann mit der »nationalen Parole« zu bestreiten. Bei den Beratungen des Kolonialnachtragsetats am 3. Dezember 1906 wurden vom Zentrum schwere Vorwürfe gegen die deutsche Kolonialverwaltung in Südwestafrika erhoben. Und als am 13. Dezember 1906 der von der Regierung beantragte Nachtrag zum Kolonialhaushalt an den Stimmen des Zentrums scheiterte, ließ Bülow den Reichstag sofort auflösen.[47]

Der Wahlkampf, in den die Regierung massiv eingriff,[48] wurde von offiziöser Seite ganz mit nationalen Themen bestritten. Außerdem wurde gegen das Zentrum und die Sozialdemokratie Stimmung gemacht, denen die Schelle nationaler Unzuverlässigkeit umgehängt wurde. Das Ziel, das Bülow mit diesem Wahlkampf verband, war, wie er in einer Rede vor dem einflußreichen »Kolonialpolitischen Aktionskomitee« am 19. Januar 1907 äußerte, eine liberal-konservative Regierungsmehrheit: »Die Kolonien sind nicht nur ein Prüfstein für unsere nationale Tatkraft, sie können auch ein Bindemittel sein für unsere in ein Dutzend Fraktionen gespaltene politische Betätigung im Innern. Zu ihrer Entwicklung brauchen wir die Paarung konservativen Geistes mit liberalem Geiste.«[49]

Diese Erwartungen Bülows schienen durch das Ergebnis der sogenannten »Hottentottenwahlen« von 1907 in glänzender Weise bestätigt zu werden: Die Parteien der liberal-konservativen Mehrheit des »Bülow-Blocks«, Konservative, Antisemiten, Nationalliberale sowie die linksliberalen Parteien, verfügten zusammen mit den acht Abgeordneten des »Bundes der Landwirte« und des Bayerischen Bauernbunds über eine komfortable Reichstagsmehrheit von 216 Stimmen. Trotz der heftigen Wahlkampagne gegen das Zentrum vergrößerte sich dessen Mandatszahl aber um vier Abgeordnete. Verlierer der Wahl waren die Sozialdemokraten, die von 81 Reichstagssitzen 38 einbüßten. Dies erklärt sich vor allem daraus, daß die Sozialdemokraten diesmal bei den Stichwahlen auf die Unterstützung der Linksliberalen verzichten mußten. Und obwohl alle Oppositionsparteien zusammen nur 176 Reichstagssitze hatten, entfielen auf diese doch mit 6 073 000 Stimmen rund eine Million Stimmen mehr als auf die Parteien des »Bülow-Blocks«, die lediglich 5 052 000 Stimmen auf sich vereinigen konnten,[50] eine Paradoxie, die eine Folge der längst überholten Wahlkreiseinteilung und des Stichwahlsystems war.

Die von vornherein erkennbare geringe politische Belastbarkeit des »Bülow-Blocks«, die sich aus seiner großen politischen Spannbreite ergab – hie die Konservativen, da die Linksliberalen –, zwang Bülow dazu, zunächst all jene Entscheidungen auszuklammern und aufzuschieben, die geeignet schienen, den Zusammenhalt dieser neuen Mehrheit zu gefährden. Jenseits der Kolonial- und »Weltpolitik« waren aber in fast allen anderen politischen Fragen und Problemen mehr oder minder gravierende Differenzen der Koalitionspartner abzusehen. Auch die von Bülow nach dem Wahlsieg der Blockparteien noch fortgesetzte, gegen das Zentrum gerichtete Agitation, die bei nicht wenigen Katholiken die Furcht auslöste, ein neuer »Kulturkampf« bahne sich an, konnte nur ein zeitweise wirksamer Behelf sein, um vor allem die Linksliberalen enger an die Blockpolitik zu binden. Letztlich aber waren es die Konservativen und nicht die Linksliberalen, an deren Unversöhnlichkeit der »Bülow-Block« zerbrach. Der Anlaß war die Steuerreform, die jetzt mit größerer Energie als beim erstenmal angegangen wurde.

Wie unzulänglich die Steuereinnahmen des Reichs aus der durch Kompromisse verwässerten Finanzreform von 1906 waren, wurde schon bei der Aufstellung des Reichshaushalts für 1907 offensichtlich.[51] Bülow hatte sich in dieser Frage zunächst völlig zurückgehalten. Nun mußte er erkennen, daß eine gründliche Sanierung der Reichsfinanzen, mit der Mehreinnahmen für das Reich in Höhe von etwa 500 Millionen Mark jährlich – davon 400 Millionen an indirekten Steuern – erzielt werden sollten, unaufschiebbar war. Da der »Bülow-Block« aber wegen seiner sehr unterschiedlichen parteipolitischen Zusammensetzung kaum die Gewähr für eine reibungslose Bewältigung dieses ebenso umfangreichen wie schwierigen Reformwerks bot, verwandte Bülow große Sorgfalt darauf, durch eine gezielte Öffentlichkeitsarbeit von der Notwendigkeit der geplanten Finanzreform zu überzeugen.[52] Allein, all diese Kampagnen und Propagandaaktionen der Regierung hatten nur sehr geringe Wirkung. Auf die Haltung der Konservativen in Steuerfragen machten sie keinerlei Eindruck. Und deren Unnachgiebigkeit war für das Kompromißverhalten der anderen Blockparteien von ausschlaggebender Bedeutung.

Die Konservativen wurden in ihrer kategorischen Ablehnung aller direkten Reichssteuern vor allem auch durch das Verhalten der preußischen Staatsregierung bestärkt. Noch vor den vorbereitenden Erörterungen legte der preußische Finanzminister Georg Freiherr von Rheinbaben nämlich eigene Entwürfe zu einer Novellierung des preußischen Einkommensteuergesetzes sowie ein Gesetz zur Besteuerung von Kapitalgesellschaften und für einen einmaligen Zuschlag zur Einkommensteuer vor. Das preußische Steueraufkommen verbessern zu wollen, das war bei diesen Vorlagen allerdings nur Nebensache. Vorrangig beabsichtigte Rheinbaben, die geplante Reichsfinanzreform wirksam zu präjudizieren. Der Reichstag sollte damit daran gehindert werden, die von den Einzelstaaten erhobenen Einkommen- und Vermögenssteuern für das Reich zu reklamieren.[53] Darüber hinaus verstärkten sich die Anzeichen, daß die Konservativen mit ihrer Ablehnung direkter Reichssteuern auch im Reichstag nicht allein stehen würden und sie damit nicht Gefahr liefen, von einer aus den übrigen Blockparteien sowie dem Zentrum und den Sozialdemokraten zusammengesetzten Mehrheit, die für die Erhebung direkter Reichssteuern eintraten, überstimmt zu werden. Bereits im März 1908 hatte sich nämlich der Führer des rechten Zentrumsflügels, Georg Freiherr von Hertling, energisch gegen jede direkte Reichssteuer ausgesprochen und eine Ausweitung der Erbschaftssteuer als »für die grundbesitzenden Kreise unerträglich« bezeichnet.[54]

Die Ablehnung der erweiterten Reichserbschaftssteuer durch das Zentrum wurde sehr rasch zur Basis einer grundsätzlichen Verständigung mit den Konservativen in der Frage der Reichsfinanzreform. Das Zentrum suchte damit nicht so sehr die Interessen seiner bäuerlichen Klientel zu wahren, sondern es erkannte in dieser mit den Konservativen geteilten Ablehnung der erweiterten Erbschaftssteuer vor allem auch einen vorzüglichen Hebel, den Block sprengen und damit die Position einer fruchtlosen Opposition mit den fetten politischen Pfründen der dominierenden »Regierungspartei« vertauschen zu können. Unter diesen Auspizien, mit denen das politische Schicksal der Reichsfinanzreform, des »Bülow-Blocks« und des Reichskanzlers bereits besiegelt war, der sein Verbleiben im Amt ausdrücklich von der Bewilligung einer erweiterten Reichserbschaftssteuer abhängig gemacht hatte,[55] verständigten sich die Konservativen mit dem »Bund der Landwirte« im sogenannten Kolberger Programm von Anfang September 1908 auf eine gemeinsame Ablehnung der geplanten Reichsfinanzreform.[56]

Die endgültige Sprengung des »Bülow-Blocks« wurde von den Konservativen in dem Moment eingeleitet, als das Zentrum unmißverständlich zu erkennen gab, daß es mit ihnen in der Frage der Reichsfinanzreform an einem Strang ziehen würde.[57] Am 24. März 1909 erklärte der Fraktionschef der Konservativen, Oskar von Normann, dem nationalliberalen Fraktionsführer Ernst Bassermann, seine Partei sei entschlossen, »die Finanzreform zustande zu bringen ohne Rücksicht auf den Block mit der Mehrheit, die sich bietet«. Die wichtigsten Konditionen des konservativen Steuerreformprogramms: 400 Millionen Mark neue Verbrauchssteuern; strikte Ablehnung der Nachlaß- und Erbschaftssteuer; Ablehnung jeglichen Eingriffs in die Finanzhoheit der Einzelstaaten und Deckung des Betrages von 100 Millionen Mark durch Matrikularbeiträge, »falls sich nicht noch ein besonderes Gesetz findet«.[58]

Auf ein solches Programm konnten sich die Liberalen nie und nimmer einlassen, hatten sie doch stets betont, daß sie einer Reichsfinanzreform nur dann zustimmen könnten, wenn neben neuen Konsumsteuern auch eine Reihe von direkten und allgemeinen Reichssteuern verabschiedet werden würden, mit denen auch die Besitzenden ihr Scherflein zu den Lasten beitragen sollten. Die neuen Steuern, die dann nach verwickelten Verhandlungen mit dem Votum des Zentrums gegen die Stimmen der Linksliberalen und der Sozialdemokraten verabschiedet wurden, entsprachen ganz den Wünschen der Konservativen: Weder wurde eine direkte Reichssteuer bewilligt, noch fanden sich die Konservativen dazu bereit, einer Reform des preußischen Dreiklassenwahlrechts zuzustimmen, eine Konzession, auf der vor allem die Linksliberalen als Preis für Zugeständnisse in der Steuerfrage bestanden hatten. Das jetzt geschnürte Steuerpaket löste keines der anstehenden Steuerverfassungsprobleme und ging überdies völlig zu Lasten der Verbraucher: Die ehrgeizige »Weltpolitik« wurde weiterhin allein mit den Geldern der »kleinen Leute« bezahlt. Außerdem erwiesen sich die Schätzungen des aus diesen neuen Steuern zu erzielenden Mehraufkommens sehr rasch als viel zu optimistisch, so daß die miserable Finanzlage des Reichs nicht wesentlich gebessert werden konnte.[59]

Mit dem Zerbrechen des »Bülow-Blocks« verflogen endgültig alle Illusionen, die an die »Sammlungspolitik« geknüpft worden waren, daß es nämlich bei größtmöglicher Schonung der agrarisch-konservativen Interessen auf Dauer gelingen könne, im Zeichen der »Weltpolitik« zu einem tragfähigen und breiten Ausgleich der Interessen zu kommen, der sich in einer soliden »Regierungsmehrheit« materialisierte. Erreicht wurde das genaue Gegenteil. Mit der »Liebesgabenpolitik« ließen sich die Agrarier nie zufriedenstellen. Ihr Appetit wuchs beim Essen, und alles, was man damit erreichte, war, die Konservativen zu einer Hydra zu mästen, deren vielköpfige Begehrlichkeit sich nie stillen ließ.

Den Erfolg, das ihren Interessen feindliche Steuerreformprogramm der Regierung 1909 zu Fall gebracht zu haben, verdankten die Konservativen indes weniger ihrer politischen Quasi-Monopolstellung im preußisch-deutschen Reich, die sich aus ihrer so gut wie exklusiven Beherrschung des preußischen Machtapparates ergab, sondern einer Entwicklung, die dem bismarckschen Verfassungsgedanken wie ihren eigenen Interessen im höchsten Maße zuwider sein mußte. Denn ihr Erfolg gründete zum einen darauf, daß sich im Reich die Gewichte zwischen Regierung und Parlament eindeutig zugunsten des Reichstags verschoben hatten, der gerade in der Frage der Steuerreform seinen stillen Zugewinn an politischer Macht nachdrücklich demonstriert hatte. Zum anderen, und dies war nicht minder entscheidend, verdankten die

Konservativen ihren Erfolg nicht so sehr der Bereitwilligkeit der Regierung, ihre Wünsche stets mit Zugeständnissen zu erfüllen, sondern vor allem der Bündnishilfe des Zentrums, das sich mit seinem durchaus opportunistischen Verhalten wieder die dominierende innenpolitische Stellung zu sichern suchte. Beide Voraussetzungen mußten jedoch absehbar die Dauer jenes konservativen Erfolgs präjudizieren; schon vier Jahre später war er zerronnen, konnte auch der erbitterte Widerstand der Konservativen die Einführung einer direkten Vermögensbesteuerung und die Abschaffung der »Branntweinliebesgabe« nicht mehr verhindern.

Das Scheitern der Reichsfinanzreform am Widerstand der Konservativen und des Zentrums, das Bülow mit seinem Rücktritt quittierte, zeigte aber auch, daß die Regierung nicht bereit war, nachdem ihre Hoffnungen auf einen »fortschrittlichen« Konservatismus im Reich und in Preußen so offenkundig enttäuscht worden waren, den vorhandenen »unwandelbaren« Konservatismus im Interesse des Reichs unnachsichtig zu bekämpfen. Die Auflösung des Reichstags und für den folgenden Wahlkampf die gescheiterte Reichsfinanzreform als Parole anzugeben, verbot sich der Regierung, auch nur in Erwägung zu ziehen. Ein solches Vorgehen wäre nämlich einer zweiten »Revolution von oben« gleichgekommen, nur diesmal mit vertauschten Fronten: mit Liberalen und Sozialdemokraten gegen Konservative und Zentrum. Lediglich ein Linksliberaler wie Friedrich Naumann hegte damals die wirklichkeitsferne Vorstellung, einen »Block von Bassermann bis Bebel«, eine große reformerische Einheitsfront von Liberalen und Sozialdemokraten, zu formieren. Was sich von solchen Träumen realisieren ließ, war bescheiden genug: ein Wahlbündnis von Sozialdemokraten und Linksliberalen bei den Reichstagswahlen von 1912. Die Bildung eines »Blocks von Bassermann bis Bebel« hätte nicht nur in völligem Widerspruch zur Staatsräson des preußisch-deutschen Reichs, sondern auch zur gesamten Praxis seiner Herrschaftsausübung gestanden, insofern damit der Konflikt zwischen Industrie- und Agrargesellschaft geschürt worden wäre, den zu vermeiden bisher alles unternommen worden war. Abgesehen davon wären aber auch die Nationalliberalen trotz ihrer engen Zusammenarbeit mit den Sozialdemokraten in Baden, wo sie zwischen 1906 und 1912 den sogenannten »Großblock« bildeten, um die Herrschaft des Zentrums zu verhindern, nie dazu bereit gewesen, eine ähnliche Allianz mit der SPD auf Reichsebene einzugehen.

Der Rücktritt Bülows entsprach deshalb völlig den systemimmanenten Zwängen des preußisch-deutschen Reichs. Auch eine Politik der großen »nationalen Ziele«, wie sie durch die »Weltpolitik« vorgestellt wurde, vermochte eben nicht wirklich die tiefen Antagonismen zwischen den konservativ-agrarischen und den liberalen Parteien, von den Sozialdemokraten ganz zu schweigen, zu überwinden. Es kann deshalb nicht verwundern, daß das Zerbrechen des liberal-konservativen »Bülow-Blocks« und dessen Ersetzung durch den »schwarz-blauen« Block aus Zentrum und Konservativen die gesellschaftlichen und politischen Widersprüche verschärfte. Die Gründung des von nationalliberaler Seite inspirierten »Deutschen Bauernbunds« im Jahre 1909, der die exklusive Vertretung agrarischer Interessen durch den »Bund der Landwirte« in Frage stellen sollte, kann ebenso als ein Ausdruck dafür gewertet werden wie die des »Hansa-Bundes«.[60] Nach den Worten Gustav Stresemanns sollte der »Hansa-Bund« die Gewähr dafür bieten, daß das »produzierende Bürgertum« eben jene politische Bedeutung erlange, die ihm aufgrund seiner wirtschaftlichen und sozialen Macht zustehe.[61] Doch zur Erfüllung dieser hochgesteckten Erwartungen fehlten von Anfang an alle Voraussetzungen. Zwar gelang es dem »Hansa-Bund« – getragen von der Woge liberaler Empörung über das egoistische Verhalten der Konservativen in der Steuerfrage – sehr rasch, sich zu entfalten und bei der Industrie, in Bankkreisen, bei Handwerkern und Handel eine beeindruckende Zahl von Mitgliedern zu gewinnen. Doch bald zeigte sich, daß diese Empörung nicht ausreichte, um die beispielsweise zwischen Schwer- und Leichtindustrie bestehenden ökonomischen Divergenzen zu überbrücken. Die sehr heterogene Mitgliedsstruktur des »Hansa-Bundes« verhinderte, daß er trotz seiner rund eine Viertelmillion Mitglieder umfassenden Organisation nennenswerten Einfluß auf das politische System ausüben konnte. Das Erstarken einer liberalen Fronde gegenüber dem in keinem vernünftigen Verhältnis zu ihrer gesellschaftlichen Bedeutung stehenden politischen Einfluß der Konservativen blieb insofern nur Episode. Um die Dinge des Reichs zum Besseren wenden zu können, fehlten alle Voraussetzungen.

Zum Nachfolger Bülows im Amt des Reichskanzlers, preußischen Ministerpräsidenten und Außenministers wurde im Juni 1909 der bisherige Staatssekretär des Innern, Theobald von Bethmann Hollweg, ernannt. Bethmann Hollwegs Situation war alles andere als beneidenswert. Er stand vor dem Scherbenhaufen der bülowschen Blockpolitik. Die Bildung einer »Regierungsmehrheit« aus »nationalen Parteien« war nach dem, was vorgefallen war, völlig ausgeschlossen. Zwar unternahmen die Konservativen wiederholt Versuche, die Nationalliberalen zu einem Zusammengehen zu bewegen. Diesen Avancen verweigerten sich diese jedoch, weil sie völlig zu Recht um ihren Zusammenhalt als Partei bangen mußten. Denn durch das Auseinanderfallen des »Bülow-Blocks« waren die Nationalliberalen einmal mehr in eine äußerst delikate Situation geraten: Sowohl der linke Flügel der Partei, der auf eine entschlossen antiagrarische und antikonservative Politik drängte, wie auch ihr rechter Flügel, der trotz der enttäuschenden Erfahrungen das Bündnis mit den Konservativen fortsetzen wollte, gewannen erheblich an Virulenz. Ernst Bassermann suchte die drohende Zerreißprobe dadurch zu vermeiden, daß er dem bülowschen Rezept folgte und die Partei auf den Kurs eines energischen Imperialismus einschwor.

Nichts ist bezeichnender für die damalige Stimmung weiter Kreise der Bevölkerung als der Umstand, daß die Nationalliberalen ihren alten Anspruch, die »Mittelpartei« zu sein, den sie stets besonders betont hatten, wenn die drohenden Folgen ihrer strukturell bedingten politischen Inkonsequenzen zu bannen waren, nun mit einem ausgesprochen imperialistischen Inhalt füllten. Die Flottenbegeisterung und der Traum von einem deutschen Kolonialreich, die in den »unpolitischen« protestantischen Mittelschichten vorherrschten, wurden vor allem von einer Reihe einflußreicher »nationaler Verbände« außerhalb des Parteienspektrums gepflegt.[62] Diese parteipolitische Irredenta der »nationalen Verbände« übte mit dem von ihnen propagierten »Primat des Nationalen« vor allem deshalb eine solche Anziehungskraft auf jene »unpolitischen« Schichten aus, weil sie für Ziele eintraten, die weit über den Niederungen der von unverhüllten wirtschaftlichen Interessen diktierten politischen »Kuhhändel« der Reichstagsparteien standen. Das Zerbrechen des unter der nationalen Parole formierten »Bülow-Blocks« an den Klassenegoismen der agrarischen Konservativen und auch der Pragmatismus Bethmann Hollwegs, der eine aggressive »Weltpolitik« ebenso vermied wie eine Neuauflage der Repressionspolitik gegen die Sozialdemokratie im Innern, verstärkten diesen Kult nationaler Unzufriedenheit, der sich in einer immer schrilleren Agitation der »nationalen Verbände« Luft machte.

Die Einsicht, daß es so nicht weitergehen konnte, begann, sich im Vorfeld der für 1912 fälligen Reichstagswahlen, von denen abzusehen war, daß sie der Regierung kaum eine Mehrheit der nationalen Parteien bescheren würden, immer mehr durchzusetzen. Für die Regierung lag es daher nah, die imperialistische Stimmung auszunutzen und den Versuch zu wagen, durch eine außenpolitische Aktion großen Stils sich aus der immer deutlicher abzeichnenden außenpolitischen Isolierung des Reichs und dem damit drohenden Steckenbleiben der weltpolitischen Aspirationen wie der innenpolitischen Lähmung als Folge der parteipolitischen Blockierung im Reichstag zu befreien. Der gemessen an den planvoll aufgeputschten Erwartungen enttäuschende Ausgang dieser Aktion, der deutschen Intervention in Marokko 1911, bewirkte indes das genaue Gegenteil. Im Rücken der Regierung erhob sich nun die

Drohung einer breiten »nationalen Opposition«, die von den von jeder politischen Verantwortung und Rücksichtnahme freien und deshalb immer rabiater auftretenden »nationalen Verbänden« getragen wurde. Nicht weniger gefährlich war, daß sich die traditionellen »Regierungsparteien«, die Konservativen und Nationalliberalen, in einer rein negativen Koalition zusammenfanden, mit schärfsten Worten die vermeintlich schwächliche Außenpolitik der Regierung angriffen und von ihr einen entschlossen imperialistischen Kurs forderten. Auch wenn sie sich in den konkreten Zielen einer solchen Politik völlig uneins waren, so stimmten sie doch alle in dem einen Punkt überein: Das Reich müsse, wann immer sich in Zukunft eine Gelegenheit böte, neue Einflußsphären zu gewinnen oder Kolonien zu erwerben, mit aller Entschiedenheit handeln und dabei auch das Risiko eines größeren Krieges in Kauf nehmen. Wolfgang J. Mommsen hat damit die Feststellung verknüpft, bereits 1912 habe sich eine politische Konstellation herausgebildet, wie sie dann später für die ersten Kriegsjahre charakteristisch gewesen sei: Auf der einen Seite eine Regierung, die zwar einer expansionistischen Politik keineswegs abgeneigt war, ihre Ziele aber mit Hilfe eines gemäßigten Kurses erreichen wollte; auf der anderen Seite einflußreiche Verbände und für den Bestand des Bismarckreichs per se bedeutsame politische Parteien, die – koste es, was es wolle – eine entschiedene Außenpolitik forderten und dafür auch bereit waren, einen Krieg als unvermeidbares Risiko einzukalkulieren.[63]

Die weitverbreitete Ansicht, letzten Endes könne nur ein Krieg die deutsche »Weltgeltung« wirklich sichern, gewann spätestens nach dem Ausgang der Reichstagswahlen vom Januar 1912 die Bedeutung eines innenpolitischen Allheilmittels: Der Krieg wurde zunehmend als der politische Königsweg akzeptiert, um die gesellschaftliche Zerrissenheit des deutschen Volkes zu überwinden, die immer stärker als das entscheidende Präjudiz für eine erfolgreiche deutsche »Weltpolitik« empfunden wurde.

Beherrschendes Thema des Wahlkampfs für die Reichstagswahlen von 1912 war das Scheitern der Reichsfinanzreform von 1909. Für die Sozialdemokraten und Liberalen war dies die beste Waffe, um den »schwarz-blauen« Block aus Zentrum und Konservativen zu bekämpfen, die sich auf keine gemeinsame Verteidigungsstrategie einigen konnten. Der Wahlausgang kam für die Regierung, die schon Schlimmes befürchtet hatte, einer Katastrophe gleich. Jene Parteien, an denen die Reichsfinanzreform gescheitert war, die Konservativen, die Antisemiten und das Zentrum, verloren zusammen 51 Reichstagssitze und damit die Mehrheit. Auch die Liberalen, die Nationalliberalen und die Fortschrittliche Volkspartei, zu der sich im Frühjahr 1910 die drei linksliberalen Gruppierungen zusammengeschlossen hatten, büßten 15 Mandate ein. Überragende Gewinner der Wahlen waren die Sozialdemokraten, die ihre Mandatszahl um 67 Abgeordnete auf 110 verbessern konnten. Rein rechnerisch stellten Sozialdemokraten und Liberale die Reichstagsmehrheit. Da aber ein solcher parlamentarischer Block »von Bassermann bis Bebel« ausgeschlossen war, fungierten die Nationalliberalen als das Zünglein an der Waage: Nur wenn es der Regierung gelang, diese auf die Seite von Zentrum und Konservativen zu ziehen, konnte sie sich auf eine Mehrheit stützen. Dies war aber ein unmögliches Unterfangen, da im Wahlkampf jene alten Wunden wieder aufgerissen worden waren, welche die Sprengung des »Bülow-Blocks« den Nationalliberalen geschlagen hatte. Die als Ergebnis der Wahlen eingetretene parteipolitische Pattsituation im Reichstag war jedoch in der Logik des bismarckschen Herrschaftssystems nicht vorgesehen gewesen. Bethmann Hollweg mußte, wollte er unter diesen Umständen politisch überleben, entweder den Reichstag übergehen und über die politischen Parteien hinweg direkt um Unterstützung für seine Politik bei den breiten parteipolitisch nicht gebundenen Schichten eines nationalistisch gesinnten Bürgertums werben oder aber versuchen, von Fall zu Fall im Reichstag eine Mehrheit zu bekommen.[64]

Das Spiel, auf das sich Bethmann Hollweg damit notgedrungen einlassen mußte, war in höchstem Maße gefährlich; denn mit dem Ausfall der »parlamentarischen Hochdruckmaschine« gewannen endgültig die »politisch unverantwortlichen« Kräfte wie die Bürokratie, die Leitung von Heer und Marine, die parteipolitische Irredenta der »nationalen Verbände« und nicht zuletzt der Kaiser immer mehr Einfluß auf die politischen Entscheidungsprozesse. Der von Bethmann Hollweg angestrebte Kurs eines innen- wie außenpolitischen Ausgleichs ließ sich unter diesen Umständen immer weniger halten. Vor allem die Militärs, welche die inneren wie äußeren Gefahren für den Bestand des Reichs immer nur unter dem Blickwinkel des militärisch Zweckmäßigen gesehen und ihre Planungen für den Ernstfall stets ohne jede politische Rücksichtnahme betrieben hatten – der strategisch brillante, aber politisch desaströse Schlieffenplan ist das Paradebeispiel –, forderten jetzt eine erhebliche Verstärkung von Heer und Flotte. Mit diesem Verlangen stießen sie auch in der Öffentlichkeit auf ein von den »nationalen Verbänden« orchestriertes großes Echo; hier hatte sich unterdessen nämlich die Ansicht festgesetzt, der ungünstige Ausgang der Marokkokrise sei im wesentlichen der militärischen Schwäche des Reichs zuzuschreiben gewesen. Diesem Sog einer aufgeputschten öffentlichen Meinung konnten sich auch die Parteien nicht entziehen, zumal sie unter immer stärkeren

Konkurrenzdruck durch die außerparlamentarische Opposition der »nationalen Verbände« gerieten. In dieser Situation flüchtete die Regierung, die sich auch heftigen Pressionen durch das militärische Establishment und den Kaiser ausgesetzt sah, in die Beschwörung des »nationalen Interesses«, um so mit Hilfe des Reichstags die Wünsche des Militärs zu befriedigen. Ein Beispiel dafür ist der sogenannte »Wehrbeitrag« von 1913, den der damalige bayerische Finanzminister Georg Ritter von Breunig treffend als »eine antizipierte Kriegskontribution« bezeichnete.[65]

Durch eine Mobilisierung der nationalistisch gesinnten Öffentlichkeit gelang es Bethmann Hollweg damals, den Reichstag zur Zustimmung für die größte Aufstockung des Heeresetats zu bewegen, die jemals im Kaiserreich bewilligt worden ist. Das Kriegsministerium hatte die Erhöhung der Friedenspräsenzstärke des deutschen Heeres um 117 000 Mannschaften und 19 000 Offiziere und Unteroffiziere gefordert; der Reichstag stimmte mit Enthusiasmus zu. In der leidigen Frage der Kostendeckung dieser Heeresaufstockung ergaben sich zunächst Schwierigkeiten. Zur Begleichung der laufenden Kosten hatte die Regierung im Haushalt 1914 allein für das Heer eine Summe von 871,8 Millionen Mark und für einmalige Rüstungsausgaben 623,2 Millionen Mark angesetzt. Angesichts dieser Beträge war die Einführung einer direkten Reichssteuer sowohl materiell wie politisch unabdingbar. Während die Konservativen nach wie vor direkte Reichssteuern kategorisch ablehnten, zeigte sich das Zentrum flexibel: Der nationalistische Taumel hatte das ansonsten gerade in Steuerfragen so vorsichtig taktierende Zentrum mitgerissen. Recht bezeichnend ist, wie beispielsweise Matthias Erzberger vom linken Flügel des Zentrums auf die Ankündigung der Regierung reagierte, einen Teil der notwendigen Mehrausgaben durch die Erhebung des einmaligen »Wehrbeitrags« finanzieren zu wollen. Diesen »Wehrbeitrag«, den Vermögensbesitzer mit über 50 000 Mark und Bezieher eines Jahreseinkommens von mehr als 10 000 Mark leisten sollten, begrüßte Erzberger mit den Worten: »Der Aufruf ›An mein Volk‹ findet sein Gegenstück im Wehrbeitrag; damals, um Preußen vom korsischen Eroberer zu befreien – heute: um Deutschland nicht in die Hände der Franzosen und Russen fallen zu lassen und der Zertrümmerung des Reichs für den Fall eines unglücklichen Kriegs vorzubeugen. Haben unsere Väter vor 43 Jahren das Blutopfer zur Errichtung des Reichs bringen müssen, so soll die heutige Generation die Milliarde für die kraftvolle Erhaltung der Schöpfung der Väter opfern.«[66]
Trotz der Woge nationaler Begeisterung kam es jedoch zu Auseinandersetzungen. Die Reichsregierung forderte zur Deckung der laufenden

Kosten dieser Heeresvermehrung auch eine Erweiterung der Reichserbschaftssteuer; einzelne Reichstagsparteien sowie die Regierungen vor allem der süddeutschen Staaten dagegen bestanden auf einer säuberlichen Trennung der Steuerhoheit des Reichs und der Einzelstaaten. Ende Juni 1913 einigte man sich auf einen Kompromiß, der die Einführung einer progressiv angelegten Reichsvermögenszuwachssteuer vorsah.[67] Alle Parteien mit Ausnahme der Konservativen und der Antisemiten stimmten zu. Erstmals in der Geschichte des Reichs war damit ein wichtiges Steuergesetz vom Reichstag gegen die Stimmen der Konservativen verabschiedet worden, die darauf mit großer Erbitterung reagierten. In ihrem Parteiblatt schrieb der Fraktionsvorsitzende Ernst von der Heydebrand und der Lasa nach dieser Abstimmung, die Regierung habe mit ihrer »schwächlichen Haltung« die Rechte der Einzelstaaten »zugunsten der demokratischen Konventsherrschaft des Reichstags« dauernd »untergraben«.[68] Außerdem hatte erstmals ein Reichstag einem Steuergesetzpaket zugestimmt, das ausschließlich dazu bestimmt war, den Heeresetat zu finanzieren; und auch die Sozialdemokraten hatten trotz ihrer traditionell antimilitaristischen Einstellung für dieses Steuerpaket votiert! Ein Parteisprecher suchte dies damit zu erklären, daß es der SPD wichtiger gewesen sei, das Prinzip einer direkten Reichssteuer von einer Reichstagsmehrheit feststellen zu lassen als eine Militärvorlage der Regierung zu Fall zu bringen. Das stand gewiß im Einklang mit der gesamten sozialdemokratischen Politik, die immer wieder betont hatte, die Kosten für den militärischen Schutz des Reichs dürften nicht allein zu Lasten der Arbeiter gehen, sondern daß auch die begüterten Klassen ihren Anteil dazu beitragen sollten.[69] Gleichwohl verrät sich mit dem Abstimmungsverhalten der SPD aber auch, daß sich die Parteiführung des Umstands nur zu sehr bewußt war, daß eine Ablehnung des Heeresetats von großen Teilen ihrer Anhängerschaft nicht verstanden worden wäre. Seit dem Auslaufen des Sozialistengesetzes im Jahre 1890 und mit der sich danach frei entfaltenden Gewerkschaftsbewegung hatte die SPD nämlich einen umfassenden Prozeß gesellschaftlicher Integration erlebt, infolgedessen sich ihre Anhängerschaft auch mit dem in der Öffentlichkeit grassierenden Nationalismus und Hurrapatriotismus infizierte.[70]

Spätestens im Juli 1913 war der wilhelminische Staat in das letzte Stadium seiner inneren Krise eingetreten. Unter den obwaltenden politischen und konstitutionellen Rahmenbedingungen die Situation zu meistern war unmöglich. Die Konservativen verharrten seit der Sprengung des »Bülow-Blocks« in der Selbstgewißheit ihrer institutionell und politisch verankerten Stärke in einer Haltung uneinsichtiger Intransigenz.

Im deutschen Hegemonialstaat, in Preußen, konnten sie ihre durch zahlreiche Privilegien geschützten politischen Machtbastionen völlig unangefochten behaupten – das preußische Staatsministerium, die Erste Kammer des preußischen Landtags und, dank des Dreiklassenwahlrechts, die Mehrheit in der Zweiten Kammer sowie die sich aus ihren Reihen rekrutierende zivile und militärische Bürokratie und die Monarchie, kurz all das, was von der Heydebrand und der Lasa einmal als das »Pentagramm in Preußen« bezeichnete. Im Reich dagegen hatte sich spätestens mit dem Ausgang der Reichstagswahlen von 1912 gezeigt, daß sich diese politische Dominanz in Preußen nicht einfach mehr in den so völlig andersgearteten Verhältnissen im Reich reproduzieren ließ.[71] Mit dem Auseinanderbrechen des »schwarz-blauen« Blocks im Juni 1913 trat der seit je latent vorhandene Dualismus zwischen Preußen und dem Reich offen zutage. Bethmann Hollweg drohte damit in eben jene Situation zu geraten, an der vor ihm bereits Caprivi gescheitert war, eine Aussicht, der er mit ebenso verzweifelten wie vergeblichen Anstrengungen zu begegnen suchte. Der grundsätzliche Widerspruch zwischen der Organisation des politischen Systems, das noch immer die mannigfachen sozialen und politischen Privilegien der Junker garantierte, einerseits und der parteipolitischen Zusammensetzung des Reichstags andererseits, in dem die Junker politisch isoliert waren und in Opposition zur Regierung standen, war nicht mehr zu vermitteln. Das stürzte sowohl die Rgierung wie die Konservativen in eine völlig unmögliche Situation. Beide waren in der Logik des bismarckschen Systems aufeinander angewiesen, zumal sich die Regierung aus systemimmanenten Gründen nicht auf eine antikonservative Reichstagsmehrheit stützen konnte. Bethmann Hollwegs Versuch, über die Parteien und den Reichstag hinweg zu regieren, offerierte nicht den Schimmer einer Lösung, sondern machte alles nur noch schlimmer: Denn dadurch geriet er als Kanzler immer mehr in die Abhängigkeit der »politisch unverantwortlichen« Kräfte, in die Abhängigkeit des Kaisers und dessen militärischer Kamarilla.

Kaum geringer war die Verlegenheit der Konservativen, die sich zur Verteidigung ihrer gesellschaftlichen Machtpositionen nicht mehr auf ihre alten und engen Beziehungen zur Reichsregierung, zum Staat, verlassen konnten. Durch die innere Logik dieser für sie völlig neuen Situation wurden sie, wie Geoff Eley eindrucksvoll dargestellt hat, dazu gezwungen, Zuflucht bei der vom parteipolitischen System unabhängigen populären Massenbewegung der »nationalen Opposition« *gegen* die Regierung zu suchen.[72] Die politische und ideologische Verschmelzung der Konservativen mit der parteipolitischen Irredenta der »nationalen Verbände« nach 1912 bewirkte sowohl eine Verbreiterung wie eine verstärkte Radikalisierung der politischen Rechten, zwei parallele Vorgänge, die in dem 1913 gebildeten »Kartell der Schaffenden Stände« ihren organisatorischen Ausdruck fanden. Unter dem Banner des »Nationalen« formierten sich all jene Kräfte, die zur Wahrung ihrer Interessen und Privilegien alles daransetzten, die politische Nation zu verhindern.

Die Zusammenfassung der schwerindustriellen und großagrarischen Interessen mit Teilen der diffusen mittelständischen Protestbewegung und der parteipolitischen Irredenta der »nationalen Verbände« im »Kartell der Schaffenden Stände«, das eine radikal-nationalistische Opposition gegen die Regierung betrieb, war der konsequente Abschluß einer Entwicklung, die mit dem Zusammengehen der Konservativen mit dem »Bund der Landwirte« zu Beginn der neunziger Jahre eingeleitet worden war.

Auf diese Entwicklung, die man als Prozeß einer umfassenden *Demokratisierung* beschreiben kann und durch die sich unter sozialem Blickwinkel die politische Nation von »unten« her zu konstituieren begann, hatten die »bürgerlichen« Parteien unterschiedlich schnell reagiert. Während das Zentrum in diesem Prozeß sehr früh eine Chance erkannte, sein politisches Gewicht zu wahren und auszubauen, wurden die Liberalen davon völlig überrascht und reagierten entsprechend hilflos. Während die Linksliberalen sich spalteten, suchten die Nationalliberalen ihr Heil in der Illusion, die Konservativen seien ebenso wie sie in der Gesamtheit ihrer politischen Zielsetzungen dem »Reichsgedanken« verpflichtet. Die politische Strategie, die sich auf diese Illusion gründete, erwies sich für die Nationalliberalen als Irrtum. Weder durch ihr Mitwirken in der »Sammlungspolitik«, bei der Zolltarifmehrheit von 1902 noch im »Bülow-Block« gelang es ihnen, den Klassenegoismus der Konservativen zu dämpfen oder das Zentrum aus seiner hegemonialen innenpolitischen Position zu vertreiben, welche diese Partei seit dem Ende des Kartellreichstags 1890 immer unanfechtbarer behauptete. Vielmehr bekamen die Nationalliberalen bei allen Reichstagswahlen mit Ausnahme der von 1907 stets Prügel für eine Politik, die sie zwar mitgetragen hatten, für die aber Zentrum und Konservative vor allem verantwortlich waren.

Mit dem Zerfall des »Bülow-Blocks« und dessen Ersetzung durch den »schwarz-blauen« Block aus Zentrum und Konservativen hingen die Nationalliberalen völlig in der Luft. Unter diesen Umständen hätte die Fortsetzung ihrer alten Strategie einer weitgehenden Anlehnung an die Konservativen nichts anderes bedeutet als politischen Selbstmord. In dieser Situation das Vernünftigste zu tun, den Bruch mit den Konservativen in der Frage der Reichsfinanzreform zum programmatischen Ausgangspunkt einer grundsätzlichen politischen Wende zu machen und gegen den »schwarz-blauen« Block einen »Block von Bassermann bis Bebel« zu bilden, dazu fehlten der Partei alle Voraussetzungen.

Auf dem Parteitag der Nationalliberalen nach dem Zerbrechen des »Bülow-Blocks« am 4. Juli 1909 in Berlin entwickelte Ernst Bassermann ein programmatisches Konzept, das ungefähr in jene Richtung zielte: »Eine mächtige Bewegung geht durch unser Volk. Ich sprach von dem Hansa-Bund, ich sprach von dem neuen Deutschen Bauernbund. Gegen ungerechte, antisoziale Reformen bäumt sich das gesunde Volksbewußtsein auf, gegen verkehrsfeindliche und mittelstandsfeindliche Politik sehen wir Handel und Industrie protestieren, wir sehen den Bauernstand auftreten gegen die einseitige Großgrundbesitzerpolitik. Diese neue Zeit, die anbricht, findet uns einig im Kampf. Treten wir auf die Schanzen zur Verteidigung unserer Position, vernehmen wir die Richtlinien zum Angriff, organisieren wir durch das ganze Land. Eine bessere und breitere Plattform, als die Nationalliberale Partei sie hat angesichts der Haltung in der Finanzreform, finden wir so leicht nicht wieder.«[73]

Das alles war einsichtig und richtig, aber »die bürgerliche Partei der Nationalliberalen war«, wie Theodor Eschenburg bitter kommentiert hat, »viel zu sehr starre Organisation, als daß von ihr eine neue Bewegung hätte ausgehen können«.[74] Die Nationalliberalen standen noch ganz im Bann jenes alten, längst verblichenen Zaubers, die Regierungspartei Bismarcks im Reich zu sein. Als eine Rechtspartei des protestantischen Bürgertums mußte es ihnen deshalb geradezu als Sünde wider den Heiligen Geist erscheinen, in Opposition zur Reichsregierung zu treten, wie dies die logische Konsequenz gewesen wäre. Da die Brücken zur Rechten fürs erste völlig abgebrochen waren, zumal die Nationalliberalen ihrer ganzen politischen Tradition nach in einer Koalition von Zentrum und Konservativen nicht den Juniorpartner spielen konnten, vermieden sie es, ihre prinzipielle Loyalität gegenüber der Regierung mit einer entschiedenen Oppositionshaltung zu vertauschen, die einen Linksschwenk der Partei impliziert hätte. Die tiefe politische Inkonsequenz dieser Entscheidung, sich nicht zu entscheiden, suchten die Nationalliberalen charakteristischerweise mit der zu einer programmatischen Tugend verklärten Behauptung zu überspielen, sie seien die bürgerliche und nationale »Mittelpartei«. Konkret bedeutete dieser Anspruch eine scharfe Abgrenzung gegenüber dem Zentrum und den Sozialdemokraten, eine Absage an die »Konservativen heydebrandscher Richtung« sowie vorsichtige Zurückhaltung gegenüber den Linksliberalen.[75] Diese politische Programmatik der Nationalliberalen war, zieht man die gegebenen parteipolitischen Machtverhältnisse in Betracht, völlig illusionär. Sie bot deshalb auch kein offensives Konzept, um der Nationalliberalen Partei ihre traditionelle Stellung als »Regierungspartei« zurückzuerobern, sondern es offenbart sich darin allein die rein defensive Absicht, den bloßen Zusammenhalt der Partei unter für sie extrem widrigen Bedingungen zu gewährleisten. Dies gelang auch unter großen Anstrengungen. Der Preis, den die Partei aber dafür entrichten mußte, war ihre politische Impotenz. Denn die entscheidende Voraussetzung für den Zusammenhalt der Nationalliberalen war, daß sie es sich völlig versagten, dem Prozeß einer Nationalisierung und Pluralisierung der gesellschaftlichen Geltungsansprüche in irgendeiner Weise Rechnung zu tragen. Sie blieben damit unter völlig veränderten Umständen das, als was sie einst angetreten waren: eine Honoratiorenpartei, eine »Partei der Offiziere ohne Soldaten« (Theodor Eschenburg).

Der »Ausfall« der Nationalliberalen beschleunigte das Hereinbrechen der Katastrophe entscheidend. Es ist dies ein Vorgang von ebenso großer wie tragischer Ironie. Denn es war ja das Bismarckreich gewesen, welches die Voraussetzungen für die von »unten« heraufdrängende Nation geschaffen hatte, die sich nun in der lärmenden Vielfalt ihrer unterschiedlichen gesellschaftlichen Geltungsansprüche konstituierte und der es jetzt zum Opfer zu fallen drohte. Was diesem Reich aber trotz aller Krisen seine Stabilität lieh, war, daß diese Geltungsansprüche, in denen sich die Nation artikulierte, gerade wegen der Geschwindigkeit, mit der dieser Prozeß ablief, im wesentlichen wirtschaftlicher und sozialer Natur blieben und sich nicht zu wirklich politischen Geltungsansprüchen ausbildeten, die das politische System des Reichs grundsätzlich in Frage zu stellen vermocht hätten. Otto Hintze hat dies in seinem schon 1911 erschienenen Aufsatz zutreffend diagnostiziert: »Bei uns sind die Parteien eigentlich keine politischen, sondern mehr wirtschaftlich-soziale oder religiös-konfessionelle Bildungen. Das hängt damit zusammen, daß es eigentlich nur das Leben der bürgerlichen Gesellschaft ist im Gegensatz zum eigentlichen politischen Betrieb, was in unseren Volksvertretungen zu Worte kommt. Was Bismarck vom Standpunkt einer monarchischen Staatsleitung aus wünschte, daß die Parteien als scharf charakterisierte wirtschaftlich-soziale Interessengemeinschaft auftreten möchten, mit denen man rechnen und Politik treiben kann nach dem Do-ut-des-Prinzip, das realisiert sich in der Gegenwart in ungeahntem Maße: Ich verweise nur auf den Bund der Landwirte und den Hansa-Bund! Das ist aber eine Gestaltung des Parteiwesens, die mehr zu monarchischer Staatsleitung als zu parlamentarischem Einfluß führt.«[76]

Die Vorteile dieser Politik nach dem Do-ut-des-Prinzip waren begrenzt. Je größer die politischen Aufgaben des Reichs wurden, desto schwieriger gestaltete es sich für die Reichsleitung, die daraus resultierenden Ansprüche des Staates mit den je besonderen wirtschaftlichen Interessen und sozialen Geltungsansprüchen der Parteien zu vermitteln. Die gescheiterten Reichsfinanzreformen liefern das beste Anschauungsmaterial dafür, wie gering die politische Kohärenz der Parteien gerade in nationalen Fragen ausgeprägt war. Der sich radikalisierende Nationalismus der wilhelminischen Ära, der vor allem die protestantischen bürgerlichen Kreise erfaßte und der sich in dem wachsenden Erfolg der parteipolitischen Irredenta der »nationalen Verbände« niederschlug, läßt sich als ein Komplementärphänomen der in der Wirklichkeit nicht vorhandenen politischen Nation deuten. Der radikale Nationalismus war nicht der Schaffung der wirklichen, der politischen Nation verpflichtet, sondern einem Mythos der Nation. Dieser wurde für den »unpolitischen« Deutschen, den die parlamentarischen Kuhhändel immer stärker abstießen, eben weil sie ein sehr realer Ausdruck jener Differenzen und Antagonismen waren, welche die wirkliche Gesellschaft prägten, gleichsam zur »Staatsreligion«. Der zutiefst unpolitische und deshalb auch so radikale Nationalismus erstrebte die Verwirklichung des Mythos einer alle Interessengegensätze transzendierenden und damit notwendig jeglichen politischen Gehalts entleerten »nationalen Gemeinschaft«. Der nationale Rausch vom August 1914 wurzelte in dem Glauben, in den »Stahlgewittern« des Krieges werde dieser Mythos Wirklichkeit.

In Gerhart Hauptmanns 1895 uraufgeführtem Bauernkriegsdrama *Florian Geyer* äußert gegen Schluß einer mit Wehmut: »Wie fing sich der Handel so glücklich an und wie fast gewaltig, und wie gehet er gar so kläglich aus!« Das wurde die Erfahrung der Deutschen und ihrer Nation.

21. KAPITEL
Von der »Weltpolitik« zum Weltkrieg

In der Gestaltung der auswärtigen Politik des Deutschen Reichs in den Jahren 1890 bis 1914 reflektiert sich getreulich der Zerfall des politischen Systems Bismarcks. War die innere Politik in dieser Zeit von einem immer deutlicher erkennbaren Mangel an Systemrationalität gekennzeichnet, der sich notwendigerweise daraus ergab, daß der politische Primat Preußens trotz der gewandelten Umstände unbedingt erhalten bleiben mußte, so läßt sich Gleiches auch für die deutsche Außenpolitik feststellen, der es nicht nur an innerer Konsistenz, sondern zunehmend auch an einheitlicher Führung gebrach. Bismarcks Außenpolitik war von dem Gedanken beherrscht gewesen, die preußische Großmacht in das »Konzert der europäischen Mächte« zu integrieren. Diesem Gedanken war das komplexe Bündnissystem untergeordnet, an dem direkt oder indirekt alle europäischen Großmächte mit Ausnahme Frankreichs, das er so wirksam isoliert zu haben glaubte, beteiligt waren. Der Erfolg dieses Bündnissystems, seine politische Stabilität gründete sich – und dessen war sich Bismarck stets bewußt – auf äußerst prekäre Voraussetzungen. Bismarcks »Spiel mit den fünf Kugeln« war große Kabinettspolitik in einer Zeit, in der die Formulierung der Politik nicht allein mehr von der Einsicht und dem Wollen einer Handvoll leitender europäischer Staatsmänner bestimmt wurde. Nicht nur in Deutschland, sondern auch in den anderen europäischen Staaten und sogar in dem autokratischen Rußland begann jenes Gewirr unterschiedlicher Interessen und Stimmen, das als »öffentliche Meinung« bezeichnet wird, einen immer stärkeren Einfluß auf die Entscheidungen des politischen Systems zu nehmen, wirkten sich innenpolitische Rücksichten auf außenpolitische Entschlüsse und Optionen aus. Bismarck mußte schließlich zu immer verzweifelteren und zweifelhafteren Mitteln greifen, um jenes Geflecht europäischer Bündnisse zu erhalten, das noch völlig dem Geist der Kabinettspolitik verhaftet war und das eben deshalb nach Charakter und Methode dem spezifisch preußisch-deutschen Konstitutionalismus entsprach. Der geheime »Rückversicherungsvertrag« mit dem Zarenreich von 1887 liefert dafür das Exempel. Gleichwohl behauptet sich bis heute hartnäckig die Ansicht, der Abschluß dieses auf drei Jahre befristeten »Rückversicherungsvertrags« sei ein Beleg für die überlegene politische Weitsicht Bismarcks und seine Nichtverlängerung durch Caprivi konsequenterweise einer der gröbsten Fehler der deutschen Politik in der wilhelminischen Ära. Die Kündigung des »Rückversicherungsvertrags«, so kann man beispielsweise bei Gordon A. Craig lesen, sei die Entscheidung von größter Tragweite gewesen, die zwischen 1890 und dem Ausbruch des Ersten Weltkriegs in der deutschen Außenpolitik getroffen wurde; sie habe am Anfang jener unglückseligen Verkettung von Umständen gestanden, welche in die Katastrophe vom August 1914 einmündeten.[1] Die Folge der Nichterneuerung dieses Vertrags sei gewesen, daß das Reich seine vorteilhafte Stellung relativer Unabhängigkeit, die ihm Bismarck durch sein ingeniöses Bündnissystem im »Konzert der europäischen Mächte« verschafft hatte, aufgegeben habe; dadurch, daß das Reich sein weiteres Geschick unrettbar an Österreich-Ungarn gebunden habe, habe es sich nicht nur den balkanischen Interessen dieses schwächeren Bündnispartners ausgeliefert, sondern auch Frankreich aus seiner Isolation befreit. Frankreich sei in die Arme Rußlands getrieben worden, das sich, von Deutschland verlassen, seinerseits nach einem neuen Bündnispartner umschaute.[2]

Die Annahme, diese Entwicklung, die dann im Laufe der Jahre tatsächlich zu einer immer spürbareren Verschlechterung der außenpolitischen Stellung des Deutschen Reichs führte, hätte sich allein durch das Papier des »Rückversicherungsvertrags«, der »wie ein gefälschter Wechsel versteckt wurde« (Michael Freund), abwenden lassen, ist kaum plausibel zu begründen. Denn schon während der Gültigkeit jenes angeblich Wunder wirkenden »Rückversicherungsvertrags« kam es zu einer russisch-französischen Annäherung. Rußland benötigte nämlich für den Aufbau seiner Industrie riesige Kapitalmengen, die es sich durch Anleihen auf den ausländischen Kapitalmärkten zu beschaffen suchte. Das Reich, dessen relativ bescheidene Kapitalressourcen bereits durch die eigene stürmische Industrieentwicklung stark beansprucht wurden, war jedoch kaum in der Lage, auch noch russische Kapitalwünsche zu befriedigen. Rußland wandte sich deshalb nach Frankreich, wo im Oktober 1888 eine erste größere russische Anleihe plaziert werden konnte. Dieser finanziellen Transaktion folgte im Januar 1889 ein Waffengeschäft bedeutenden Umfangs. Das Zarenreich erwarb französische Armeegewehre, nachdem es das förmliche Versprechen abgegeben hatte, diese Waffen niemals gegen Frankreich einzusetzen. Bereits mit diesem russisch-französischen Flirt waren die ersten Grundlagen für eine Annäherung beider Mächte gelegt.

Es ist die persönliche Tragik Caprivis, daß sein politisches Wollen und seine Leistung ganz im Schatten der bismarckschen Erfolge standen. Dabei wurde und wird so gut wie stets übersehen, wie brüchig und auf die Dauer unhaltbar diese vielbewunderte bismarcksche Leistung war. Der Zauber der vermeintlichen Unfehlbarkeit Bismarcks in politicis schlug seine Bewunderer mit Blindheit. Dies wird nirgendwo so deutlich wie bei der Beurteilung der Außenpolitik des »Neuen Kurses«. Daß Caprivi mit der von ihm eingeleiteten Abkehr von Bismarcks kompliziertem »Spiel mit den fünf Kugeln« eine gänzlich neue, solidere und den Möglichkeiten des Reichs gemäßere Außenpolitik in enger Abstimmung mit seinem nicht minder realistischen innenpolitischen Konzept einer vorsichtig liberal-konservativen Reform anstrebte, ist zumeist völlig verkannt worden. Sein politisches Wollen ist einfach mit der a priori gegebenen, völligen Politikferne eines Kommandierenden preußischen Generals erklärt worden.

Die leitenden Männer des »Neuen Kurses« politischer Unerfahrenheit zu zeihen hat lange Tradition. Sie geht natürlich auf Bismarck zurück, der diese Männer in giftigen Zeitungsartikeln aus seinem »Exil« im Sachsenwald mit jenem Vorwurf zu diskreditieren suchte. Der neue Staatssekretär im Außenministerium, Marschall von Bieberstein, galt ihm stets nur als der »Staatsanwalt«, was dieser tatsächlich einige Zeit in Mannheim gewesen war, bei Bismarck aber nichts anderes besagen sollte, als daß dieser ein Einfaltspinsel von seltenen Graden sei, ein »ministre étranger aux affaires«, wie er spottete. Bei anderen wie dem Geheimrat Friedrich von Holstein, der »Grauen Eminenz« des Auswärtigen Amts, dem man kaum den Vorwurf politischer Unerfahrenheit machen konnte, war er doch mit der politischen Denkschule Bismarcks wie kein anderer vertraut, wurden kleinliche persönliche Motive bemüht, die diesen dazu veranlaßt hätten, die Außenpolitik des »Neuen Kurses« zu unterstützen. Caprivis Außenpolitik ist wie sein liberal-konservatives Konzept der Innenpolitik nur Stückwerk geblieben. Man wird ihm dies kaum zum Vorwurf machen können. Caprivi scheiterte außen- und innenpolitisch nicht an der Inkonsistenz dessen, was er wollte, sondern an der politischen Hinterlassenschaft Bismarcks. Er scheiterte, weil die politische Systemrationalität seines Wollens und Handelns nicht wie die Bismarcks in erster Linie auf den politischen Primat Preußens ausgerichtet war, sondern sich vorsichtig jenem Primat zuzuwenden begann, der sich aus den Interessen des Deutschen Reichs als Nationalstaat ergab.

Es läßt sich gewiß nicht leugnen, daß die caprivische Außenpolitik aber auch von dem Dogma des preußischen Generalstabs beeinflußt war, das von einer Bedrohung des Reichs auf zwei Seiten ausging.[3]

Diese zunächst nur sehr hypothetische Annahme, die schon den militär-strategischen Planungen des älteren Moltke nach 1871 zugrunde lag, gewann im Laufe der Jahre trotz des bismarckschen Bündnissystems immer mehr realen Gehalt. Während die permanente Feindschaft Frank-reichs gegenüber Deutschland im politischen Kalkül Bismarcks ihren fe-sten Platz behauptete, machte sich der nüchtern rechnende preußische Generalstab keine Illusionen darüber, daß es auf Dauer gelingen könne, die österreichisch-russischen Balkangegensätze politisch zu vermitteln. Mit dem Abschluß des deutsch-österreichischen Zweibundes von 1879, der Balkankrisen der achtziger Jahre und dem sich in diesem Zeitraum stetig verschlechternden deutsch-russischen Verhältnis wurde ein Zwei-frontenkrieg für die militärischen Planer eine immer wahrscheinlicher werdende Eventualität, für die es galt, gewappnet zu sein.

Die Militärstrategen konnten in jener Zeit, in der das politische Sy-stem des Reichs noch sehr weitgehend vom Willen Bismarcks be-herrscht war, indes längst nicht den Einfluß auf die Entscheidungen der deutschen Staatsleitung nehmen, wie dies dann in den Jahren vor und vor allem während des Ersten Weltkriegs der Fall war. Doch auch Bis-marck konnte seine Politik nicht in einem gleichsam »interessenfreien« Raum formulieren. Die kontinuierliche Verschlechterung des deutsch-russischen Verhältnisses war die notwendige Konsequenz innenpoliti-scher Rücksichten, welche der Primat Preußens ihm auferlegte. Der schon Mitte der achtziger Jahre spürbare Verfall der Getreidepreise, die Erhöhung der Einfuhrzölle für landwirtschaftliche Produkte, die allge-meine Kreditverteuerung im Zuge der wiederbelebten Konjunktur, rus-sische Versuche, die hohen Zinsen der damals vornehmlich auf dem deutschen Kapitalmarkt aufgenommenen Anleihen durch Konversionen der Papiere zu drücken, und gleichzeitig die immer deutlicher werdende Tendenz, den russischen Markt gegen deutsche Industriewaren zu ver-schließen – dies alles führte dazu, daß noch zu Zeiten Bismarcks zwi-schen Rußland und dem Reich ein »Wirtschaftskrieg« ausbrach. Mit Rücksicht auf das Wehgeschrei der preußischen Großagrarier, die sich wegen der sinkenden Getreidepreise und der hohen Kreditzinsen ein-mal mehr dem sicheren Ruin nahe glaubten und die für ihr Unglück vor allem die russische Konkurrenz verantwortlich machten, wurde von der Reichsleitung am 9. November 1887 ein Verbot der Lombardierung rus-sischer Werte auf den Finanzmärkten des Reichs erlassen. Die Folge dieses Verbots war, daß binnen weniger Jahre die russischen Werte fast völlig aus Deutschland abgezogen wurden und das wesentlich kapital-kräftigere Frankreich zum wichtigsten Geldgeber Rußlands avancierte.[4]

Mit der Existenz des deutsch-russischen »Rückversicherungsvertrags« ist Caprivi erst nach seiner Ernennung zum Reichskanzler konfrontiert worden. Unmittelbar nach dem Rücktritt Bismarcks bekundete das Zarenreich den Wunsch, den im Juni 1890 auslaufenden Vertrag um weitere sechs Jahre und ohne die »ganz geheime« Zusatzklausel zu verlängern. Der Kaiser, der diesem Ansinnen durchaus positiv gegenüberstand, überließ die Entscheidung seinem Reichskanzler. Caprivi tat, was zu tun war: Von den drei wichtigsten mit den russischen Angelegenheiten vertrauten Beamten der Politischen Abteilung des Auswärtigen Amts, dem Unterstaatssekretär Maximilian Sigismund Graf von Berchem, den Vortragenden Räten Friedrich von Holstein und Ludwig Raschdau, alle drei Diplomaten der Bismarck-Schule, ließ er ein Gutachten erstellen. Am 25. März 1890 trug Berchem die gemeinsam erarbeitete Denkschrift vor, die sich kategorisch gegen eine Verlängerung des »Rückversicherungsvertrags« aussprach, da dieser Vertrag dem Geist des Dreibundes widerspreche. Er zwinge das Deutsche Reich zu einer stetigen Schaukelpolitik zwischen Österreich und Rußland. Außerdem lasse der Vertrag Rußland freie Hand, den Zeitpunkt für den Ausbruch eines großen europäischen Konflikts selbst zu bestimmen. Und schließlich sei dieser Vertrag in russischen Händen ein vorzügliches Druckmittel, da eine beabsichtigte oder fahrlässige Bekanntgabe seiner Bestimmungen in gefährlichster Weise die Beziehungen des Deutschen Reichs zu seinen Partnern im Dreibund und auch zu England und der Türkei trüben könnte.[5] Als sich auch der deutsche Botschafter in St. Petersburg, Hans Lothar von Schweinitz, den Caprivi ebenfalls um seinen Rat angegangen hatte, gegen eine Verlängerung des Vertrags aussprach, empfahl Caprivi am 27. März 1890 dem Kaiser, den »Rückversicherungsvertrag« mit Rußland nicht zu erneuern. Einen Tag später wurde diese Entscheidung dem russischen Botschafter in Berlin mitgeteilt, verbunden mit der Versicherung, der Kurs der deutschen Politik gegenüber seinem Land habe sich nicht geändert. Trotz weiterer Vorstöße der russischen Regierung, die zu neuen Konzessionen bereit war, blieb die Reichsregierung bei ihrer einmal getroffenen Entscheidung. Die Tatsache der bloßen Existenz eines deutsch-russischen Vertrages genüge schon, das war Caprivis Ansicht, um die politische Glaubwürdigkeit des Reichs gegenüber seinen anderen Bündnispartnern aufs schwerste zu erschüttern. Außerdem müsse auf die öffentliche Meinung, die diesen Vertrag ablehne, viel stärker als zu Bismarcks Zeiten Rücksicht genommen werden.[6]

Diese erste außenpolitische Entscheidung der Männer des »Neuen Kurses« ist später zumeist als unverzeihlicher Fehler getadelt worden. Alle jene aber, die mit Bismarck die Nichtverlängerung des »Rückversicherungsvertrags« als eine folgenreiche Fehlentscheidung anprangerten[7] – vor allem die ganz im Banne Bismarcks stehenden Historiker haben diesen Vertrag zum tragenden Schlußstein jenes komplizierten Gefüges europäischer Allianzen nach 1879 emporstilisiert –, vermochten nie zu sagen, wie denn die bloße Existenz dieses Vertrages das deutsch-russische Verhältnis zum Besseren hätte wenden können. Tatsächlich verrät sich in der Annahme, allein die Erneuerung des Rückversicherungsvertrags hätte die Situation des Reichs in Europa für eine längere Zeit konsolidieren können, der Köhlerglaube politisierender Oberlehrer, die im Bismarckreich den Nabel der Welt sahen und im Reichskanzleramt den archimedischen Punkt vermuteten, von dem aus man die Verhältnisse und Interessen der übrigen Mächte ganz nach Belieben bestimmen konnte. Die Hinterlassenschaft dieser Illusion war das fatalste Vermächtnis Bismarcks an jene, die sich als seine Erben fühlten. Weithin völlig unbeachtet ist geblieben, daß Caprivis Entscheidung ein wichtiges Element seines umfassenden außenpolitischen Konzepts darstellte, das erheblich vom bismarckschen Gleichgewichtssystem der europäischen Mächte abwich. Aus seiner Einsicht in die Unmöglichkeit, den Dreibund zu festigen und gleichzeitig ein gutes Verhältnis zu Rußland auf der fragwürdigen Grundlage eines Geheimabkommens zu bewahren, zog Caprivi die durchaus logische Konsequenz, der Erhaltung des Dreibunds müsse oberste Priorität eingeräumt werden. Alles, was wie beispielsweise der »Rückversicherungsvertrag« diese Absicht kompromittieren könne, müsse deshalb beseitigt werden. Statt dessen gelte es, England stärker an den Dreibund zu binden und diesen nach Möglichkeit zu einer Viereralianz auszubauen.

Caprivis außenpolitisches Konzept unterschied sich von dem Bismarcks vor allem in zweierlei Hinsicht: Bismarcks Allianzsystem war auf eine politisch-militärische Hegemonie des Reichs über Kontinentaleuropa abgestellt. Caprivi dachte hier nicht nur »moderner«, sondern auch realistischer. Die politisch-militärische Beherrschung des Kontinents durch Preußen-Deutschland erschien ihm wegen der Inkonsistenz und Instabilität des bismarckschen Allianzsystems auf die Dauer nicht haltbar zu sein; zudem war die militärische Machtbasis des Deutschen Reichs für die Größe einer solchen Aufgabe doch zu schmal.

Sein Ziel war es deshalb, die militärisch-politische Hegemonie durch eine wirtschaftliche zu ersetzen, für die das Reich in der Tat alle Voraussetzungen aufwies. Zu diesem Zweck mußte die lediglich politische Allianz des Dreibunds zu einem mitteleuropäischen Wirtschaftsverband ausgeweitet werden. Dieser Wirtschaftsverband würde aber nicht nur eine Festigung des Dreibunds bewirken, dessen Zusammenhalt durch andauernde Zollkriege erschüttert war, wie Caprivi in einer großen Rede am 10. Dezember 1891 formulierte,[8] sondern es würden dadurch auch der deutschen Industrie Absatzmärkte gesichert, die diese dringend für die weitere Entfaltung ihrer wirtschaftlichen Kraft benötigte.

Von Bismarcks außenpolitischem Konzept unterschied sich das Caprivis zum anderen dadurch, daß es wesentlich stärker auf innenpolitische Interessen und Rücksichten zugeschnitten war. In der Debatte über die caprivischen Handelsverträge trat, wie gezeigt, dieses Moment unübersehbar in Erscheinung. Caprivi mußte im Gegensatz zu Bismarck, der noch damit auskommen konnte, daß die Erfolge seines Handelns seine Politik *nachträglich* legitimierten, von vornherein darauf bedacht sein, eine möglichst breite Zustimmung der politischen Öffentlichkeit für seine Entscheidungen zu erhalten. Das entsprach den im Vergleich zu Bismarcks Glanzzeiten wesentlich schwierigeren Mehrheitsverhältnissen im Reichstag. Außerdem war dessen politisches Selbstbewußtsein als Organ der verfaßten Öffentlichkeit längst zu einem Faktor geworden, den kein leitender Staatsmann des Reichs wie noch Bismarck derart instrumentell als »parlamentarische Hochdruckmaschine« für die eigenen Absichten nutzen konnte.

Der ständig wachsende Einfluß der politischen Öffentlichkeit auf Entscheidungen des politischen Systems begann nicht nur das Wesen des preußisch-deutschen Konstitutionalismus zu verändern. Auch in den übrigen europäischen Staaten und selbst in jenen Verfassungsordnungen, bei denen die parlamentarische Ministerverantwortlichkeit die Grundlage des politischen Systems bildete, läßt sich diese Entwicklung als ein Komplementärphänomen der sozialen und politischen Ausdifferenzierung der Gesellschaften im Zuge der »industriellen Revolution« feststellen: Die Gleichzeitigkeit von sozialer Differenzierung und quantitativer Verbreiterung der politischen Öffentlichkeit erzwang allenthalben eine qualitative Veränderung der politischen Entscheidungsprozesse. Grob gesprochen wurde deshalb nicht nur in parlamentarisch verfaßten Gesellschaftsordnungen, sondern auch in konstitutionellen oder gar autokratischen wie dem Zarenreich die breite Legitimation politischer Entscheidungen durch die politische Öffentlichkeit immer stärker ausschlaggebend. Im Gegensatz zu Bismarck, der sein europäisches Alliansystem noch ganz im Geiste der »sekretiven« Kabinettspolitik des 18. Jahrhunderts aufgezäumt und dabei dem Faktor der öffentlichen Meinung eine bestensfalls passive Rolle zugestanden hatte, registrierte Caprivi diese Entwicklung mit großer Sensibilität. Bündnissse, die nicht im Bewußtsein der Völker verankert seien, das hat er mehrfach betont, taugten für ihn nichts. Caprivi hat dieser Einsicht in seinem außenpolitischen Konzept zu entsprechen versucht. Eine verstärkte Hinwendung des Reichs zu den beiden anderen Partnern des Dreibunds mit der Maßgabe, den seit Einleitung der bismarckschen Protektionspolitik von 1879 zwischen dem Reich und Österreich-Ungarn immer heftiger tobenden »stillen« Handels- und Zollkrieg beizulegen, entsprach zunächst den Exportinteressen der deutschen Industrie, für deren Produkte die Doppelmonarchie ein wichtiger Absatzmarkt war. Eine Vereinbarung des Reichs mit Österreich-Ungarn in Handels- und Zollfragen war aber auch im *politischen* Interesse der preußischen Großagrarier, eben weil diese von einer Zollsenkung für landwirtschaftliche Importe aus Österreich *wirtschaftlich* kaum etwas zu befürchten hatten; die politischen Sympathien der agrarischen Konservativen für die Donaumonarchie waren gleichsam die Kehrseite ihrer von wirtschaftlichen Konkurrenzängsten getragenen Rußlandfeindschaft, die ihre traditionelle Freundschaft mit dem autokratischen Rußland zu überlagern begann. Gleichzeitig konnte sich Caprivi des Beifalls des Zentrums sicher sein, dem eine enge Verzahnung der deutschen und der österreichischen Politik ein »Herzensanliegen« war.

Das im wesentlichen auf einem System von Handelsverträgen basierende außenpolitische Konzept Caprivis verfolgte darüber hinaus die Absicht, die »orientalische Frage« endgültig unter Kontrolle zu bringen. Gelänge dies, dann müßten die periodisch auftretenden Balkankrisen ausbleiben, die schon Bismarcks europäische Gleichgewichtspolitik immer wieder in Gefahr gebracht hatten. Eine sichere Erfolgsgarantie bot indes allein ein Bündnis mit England. Darin ist jedoch nur bedingt eine grundsätzliche Abkehr Caprivis von der Außenpolitik Bismarcks zu erkennen, der selbst lange Zeit bestrebt gewesen war, die prekäre Stabilität seines europäischen Allianzsystems dadurch zu festigen, daß er einen Bruch mit England ebenso vermied wie den Abschluß eines Bündnisses mit dem Inselreich; England war für Bismarck der Joker, den er gegenüber Rußland und Frankreich ausspielen konnte.

Die Annäherung an England in der Ära des »Neuen Kurses« knüpfte an entsprechende diplomatische Vorbereitungen Bismarcks an. Auch dem »eisernen Kanzler« hatte in den späten achtziger Jahren zu dämmern begonnen, daß angesichts des durch Boulanger neu entfachten, auf Revanche sinnenden französischen Nationalismus und der russischen Verägerung über die deutsche Balkanpolitik das Reich zwischen zwei Fronten zu geraten drohte. Insbesondere das deutsche Lombardverbot für russische Werte, mit dem Bismarck neben innenpolitischen Rücksichten vor allem die Absicht verband, das an akutem Geldmangel leidende Zarenreich nachhaltig zu treffen und so von offensiven Manövern auf dem Balkan abzuhalten, hatte diese Gefahr erheblich vergrößert. In dieser Situation suchte Bismarck ein engeres Einvernehmen mit

England.[9] Der Preis, den er dafür zu zahlen gewillt war, bestand in einer Mäßigung der deutschen Kolonialansprüche in Ostafrika und der Südsee (Samoa), die das Reich in den Vorjahren wiederholt in Interessenkonflikte mit England gestürzt hatten. Ein solches Einlenken fiel Bismarck um so leichter, als diese deutschen Kolonialexperimente ihren innenpolitischen Zwecken unterdessen vollauf genügt hatten und ihm seither wesentlich mehr Ärger als Freude oder gar Gewinn für das Reich bescherten.[10] Zu einem endgültigen Ausgleich der deutsch-britischen Interessendivergenzen in Ostafrika, dem bei weitem wichtigsten kolonialen Zankapfel zwischen beiden Mächten, ist es zu Bismarcks Amtszeiten jedoch nicht mehr gekommen.

Wie Bismarck, so war auch Caprivi kein »Kolonialmensch«. In seiner Reichstagsrede vom 12. Mai 1890 verteidigte er zwar die bisherige deutsche Kolonialpolitik mit dem Argument, hier habe der »nationale Geist« ein neues Betätigungsfeld gefunden. Gleichzeitig aber wies er warnend darauf hin, daß die »Machtfrage, die in der Kolonialpolitik lag . . ., mit einem großen Aufwande von Mangel an Sachverständnis . . . behandelt worden [ist]. Denn man glaubte, wenn wir nur Kolonien hätten und kauften einen Atlas und da malten wir Afrika blau an, dann wären wir große Leute geworden. Ja, davon konnte keine Rede sein. Der Beginn einer Kolonialpolitik arbeitet in bezug auf Machtverhältnisse zweifellos mit negativen Vorzeichen. Menschen und Geld werden an einer Stelle ausgegeben, wo sie fürs erste nicht rentieren.« Das bisher auf kolonialpolitischem Gebiet Erreichte solle gleichwohl mit einem Minimum an Aufwand erhalten werden. Doch dem Erwerb von Kolonien maß Caprivi kaum Bedeutung zu: »Läßt man sein Auge nur etwas weiter in die Zukunft gehen, so halte ich es doch nicht für unmöglich, daß die Entwicklung, die die Welt im ganzen nimmt, auch Deutschland dazu nötigen wird, mit transozeanischen Staaten in einen engeren Verkehr – hoffentlich immer nur friedlichen – zu treten als bisher. Das Phäakendasein eines kleinen europäischen Staates hat ein Ende, wir werden mit Mächten jenseits der Meere rechnen müssen, die über ganz andere Schätze an Menschen und Geld verfügen wie wir; und wenn man überhaupt nur zugibt, daß Zeiten kommen werden, wo deutsche Macht und deutscher Geist sich stärker außerhalb Deutschlands dokumentieren müssen als bisher, so folgt weiter, daß wir dann zur See eine gewisse Kraft zu entwickeln imstande sein müssen.« Eine deutsche Marine benötige aber, wolle sie unabhängig operieren können, weltweit eigene Kohlenstationen. Deren Einrichtung sei deshalb von wesentlich größerer Wichtigkeit als die Schaffung von Kolonialreichen. Wie wenig ihm an deutschen Kolonien gelegen war, machte Caprivi am Schluß seiner Rede noch einmal ganz deutlich, indem er seine feste Absicht bekundete, sich »auf keine gewagten Unternehmungen einlassen« zu wollen; vielmehr sei es sein Bestreben, jedes direkte Engagement des Reichs zu vermeiden und den Erwerb und Ausbau überseeischer Handelsplätze ganz der Initiative und dem Geschäftsgeist privater Gesellschaften anheimzustellen.[11]

Diese Einstellung Caprivis zur Kolonialpolitik erleichterte und beschleunigte wesentlich den Abschluß jener umfassenden deutsch-englischen Vereinbarung vom 1. Juli 1890, den »Helgoland-Sansibar-Vertrag«. Kern dieses Abkommens war die vertragliche Abgrenzung kolonialer Interessengebiete in Afrika. Als Gegenleistung für einen schmalen Landstreifen, den »Caprivi-Zipfel«, der der deutschen Kolonie Südwestafrika einen Zugang zum Sambesi sicherte, für die Festlegung einer gemeinsamen Grenze zwischen Deutsch-Ostafrika und dem Kongo-Freistaat sowie die Abtretung Helgolands an Deutschland verzichtete das Reich zugunsten Englands auf alle Ansprüche, die es auf Sansibar und auf das Witu-Schutzgebiet einschließlich der Nilquellen hatte.[12] Der »Helgoland-Sansibar-Vertrag« hatte, wie A.J.P. Taylor bemerkt, die bei Verträgen so seltene Qualität, daß beide Kontrahenten völlig mit dem von ihnen erzielten Ergebnis zufrieden waren.[13] Für die Regierung Salisbury bedeutete dieses Abkommen vor allem eine hochwillkommene Sicherung des englischen Einflusses im Roten Meer und in Ägypten, das nun von der Nilmündung bis zu seiner Quelle britisches Interessengebiet war. Und die Männer des »Neuen Kurses« konnten sich dazu gratulieren, daß sie sich eines fragwürdigen Kolonialabenteuers in Ostafrika elegant entledigt und dafür obendrein jene Insel in der Nordsee erhalten hatten, auf der Hoffmann von Fallersleben am 26. August 1841 *Das Lied der Deutschen* gedichtet hatte.[14] Kaum weniger zählte, daß der »Helgoland-Sansibar-Vertrag« in den Augen Caprivis der erste und gleichsam entscheidende Schritt zum Abschluß eines umfassenden Bündnisses zwischen Deutschland und Großbritannien war. Diese vielversprechenden Aussichten vermochte auch das Geschrei derjenigen nicht zu beeinträchtigen, die Bismarcks Kolonialpolitik einst stürmisch begrüßt hatten und denen der »Helgoland-Sansibar-Vertrag« als Verrat und Ausverkauf deutscher Interessen galt.[15] Als äußerst fatal für das Schicksal des »Neuen Kurses« erwies sich jedoch sehr schnell, daß die Erweiterung des Dreibunds durch den Beitritt Englands zu einer Viererallianz, auf die Caprivi und vor allem Holstein mit großer Zuversicht gerechnet hatten, nicht realisiert werden konnte. Das deutsch-englische Bündnis blieb eine Chimäre, der die Außenpolitik des Reichs noch eine ganze Weile nachrennen sollte, weil Deutschland dieses Bündnis um so mehr brauchte, je deutlicher sich eine französisch-russische Annäherung abzeichnete. Eben darin aber ist einer der wichtigsten Gründe dafür zu erkennen, warum sich Großbritannien damals den deutschen Bündniswünschen versagte. Abgesehen davon, daß sich das Schwergewicht der englischen Interessen bereits unmittelbar zu Beginn der neunziger Jahre vom europäischen Schauplatz ab- und großen imperialistischen Entwürfen in Afrika zugewandt hatte, erkannte man in London die französisch-russische Annäherung als eine Chance, sich aus der lästigen Garantieverpflichtung für den Status quo im Mittelmeer und in der Meerengenfrage zurückzuziehen. Diese Aufgabe konnte jetzt getrost dem Reich überlassen werden, das sich nun stärker als bisher auf seiten Österreichs auf dem Balkan und in der Türkei engagieren mußte. Mit anderen Worten: England drehte den Spieß einfach um, den Bismarck einst auf London gerichtet hatte, um Großbritanniens informellen Beitritt zur Mittelmeerentente zu erzwingen.[16]

Während das deutsch-englische Bündnis nicht über die »Verlobung« des »Helgoland-Sansibar-Vertrags« hinaus gedieh, machte andererseits die französisch-russische Verständigung rasche Fortschritte. Dadurch wurden alle Kalkulationen Caprivis umgestoßen. Statt daß es ihm gelungen wäre, der sich abzeichnenden französisch-russischen Allianz durch ein deutsch-englisches Bündnis zuvorzukommen, wurde im Gegenteil durch dieses bloß deutsches Wunschdenken bleibende Bündnis die französisch-russische Entente gefördert! Deutschland blieb als einzig zuverlässige Stütze nur der Dreibund, über dessen Wert man sich in Berlin realistischerweise keine allzu großen Vorstellungen machte, während England in seiner »splendid isolation« verharrte.

Die französisch-russische Entente läßt sich gleichwohl nicht einfach als mechanische Gegenreaktion auf das Phantom eines deutsch-englischen Bündnisses interpretieren. Die Chimäre jenes Bündnisses beschleunigte allenfalls eine Entwicklung, die schon begonnen hatte. Nachdem das Fieber des Boulangismus wieder abgeklungen war, hatte sich in Frankreich die Einsicht durchgesetzt, es sei auf die Dauer wenig sinnvoll, mit so gut wie allen europäischen Staaten in mehr oder minder gespanntem Verhältnis zu leben. Überprüfte man das Tableau der eigenen Interessen, dann mußte eine Annäherung an Rußland am vielversprechendsten erscheinen. Dafür sprach vor allem, daß der politische Interessengegensatz zwischen Paris und St. Petersburg in der Schwarzmeerfrage, verglichen mit den kolonialen Zwistigkeiten, die man mit England wegen Ägypten hatte, oder gar im Vergleich zur schwärenden Wunde Elsaß-Lothringen eine Quantité négligeable darstellte. Umgekehrt war Rußland nach der Sperrung des deutschen Kapitalmarkts völlig darauf angewiesen, seinen Geldbedarf in Frankreich zu decken. Das einzige Hindernis, das einer französisch-russischen Verständigung, die beiden Seiten nur Vorteile versprach, noch im Wege stand, war die Haltung des Zaren, der als ein von seinem fürstlichen Legitimismus zutiefst durchdrungener Herrscher dem revolutionären, weil republikanischen Frankreich mit großer Abneigung gegenüberstand. Die intransigente Haltung der deutschen Regierung, die, vom Trugbild ihrer englischen Bündnishoffnungen genarrt, den deutschen Kapitalmarkt auch weiterhin den russischen Anleihewünschen versperrte, und die wachsende Geldnot des Zarenreichs,[17] die durch eine Mißernte im Sommer 1891 erheblich verschärft wurde, nötigten den Herrscher aller Reußen schließlich, die häßliche Kröte des republikanischen Frankreich zu schlucken. In der letzten Juliwoche des Jahres 1891 kam es zu jenem berühmten Besuch eines französischen Flottengeschwaders im russischen Ostseekriegshafen Kronstadt. Bei den Klängen der revolutionären Marseillaise, denen er stehend lauschte, entblößte auch der autokratische Zar sein erlauchtes Haupt . . .

Die miserable Finanzsituation zwang das Zarenreich schließlich noch zu einem weiteren Schritt, den man zuvor trotz des französischen Drängens stets verweigert hatte: Am 21. August 1891 wurde Frankreich der russische Entwurf eines Vertrages vorgelegt; beide Mächte sollten sich im Falle eines drohenden Kriegsausbruchs über gemeinsame Maßnahmen verständigen.[18] Das war nicht viel und entsprach wahrlich nicht den französischen Wünschen nach einem Bündnis mit Stoßrichtung gegen Deutschland, aber, so mochte man sich in Paris trösten, es war ein Anfang. Besieht man den Vertragsentwurf jedoch genau, dann zog vor allem Rußland aus dieser »August-Entente« unmittelbaren Nutzen: Der französische Kapitalmarkt, der zuvor den russischen Anlageinteressen durch eine gezielte Baissespekulation vergällt worden war, stand wieder zur Verfügung. Außerdem verpflichtete sich Frankreich, die russischen Interessen auf dem Balkan diplomatisch zu unterstützen; das richtete sich vor allem gegen England und Österreich, während sich Rußland nicht dazu bereit gefunden hatte, Frankreich gegen Deutschland militärisch zu helfen.[19] Sollte die Entente für Frankreich überhaupt einen Sinn haben, dann mußte so rasch wie möglich eine Verständigung über diese Frage erzielt werden.

Der Besuch des französischen Flottengeschwaders in Kronstadt ist in Berlin als Bestätigung längst gehegter Befürchtungen gewertet worden, auch wenn man von den sich daran anschließenden Geheimverhandlungen keine Kenntnis hatte. Der grimmige Fatalismus, mit dem man dies alles registrierte, wurde von neu aufkeimenden Hoffnungen überlagert, dadurch werde England doch noch in das Lager des Dreibunds getrieben. Vor allem Holstein, der als der Spiritus rector der Außenpolitik des »Neuen Kurses« gelten kann, unterschätzte dabei völlig den bedeutenden Einfluß, den die öffentliche Meinung in England auf die Entscheidungen der dem gewählten Parlament gegenüber verantwortlichen Regierung nahm. Und die öffentliche Meinung Englands, die damals in der englischen Spielform des »Hurrapatriotismus«, dem Jingoismus, schwelgte,[20] die sich am Traum des Cecil Rhodes von einer Bahnverbindung vom Kap der Guten Hoffnung bis Kairo berauschte, war in ihrer überwiegenden Mehrheit strikt gegen ein englisches Engagement auf dem Kontinent und schon gar auf seiten der Dreibundmächte eingestellt.[21]

Im Sommer 1892 wurden die deutschen Hoffnungen auf ein Bündnis mit England immer schwächer. Aus den englischen Parlamentswahlen vom Juli waren die als besonders »isolationistisch« geltenden Liberalen als Sieger hervorgegangen, und der schon Bismarck verhaßte Gladstone amtierte wieder als Premierminister. Unterdessen war auch die russisch-französische Verständigung weiter fortgeschritten. Im August 1892 wurde eine geheime Militärkonvention geschlossen. Die Vereinbarung zwischen den Generalstäben beider Mächte sah vor, daß bei Ausbruch eines deutsch-französischen Krieges rund ein Drittel der russischen Armeen das Deutsche Reich im Osten angreifen sollte. Im Gegenzug verpflichtete sich Frankreich, zu mobilisieren, falls, was äußerst unwahrscheinlich war, lediglich Österreich-Ungarn gegen Rußland losschlagen sollte. Diese Militärkonvention, die mit der Unterschrift von Zar Alexander III. erst Ende des Jahres 1893 in Kraft trat, verstärkte die Janusköpfigkeit der französisch-russischen Entente: Denn die eindeutig gegen das Deutsche Reich gerichtete Militärkonvention überlagerte keineswegs die vor allem gegen England zielende politische Entente beider Mächte vom August 1891! Beide Vereinbarungen galten für eine ganze Reihe von Jahren parallel, und jeder Vertragspartner betonte die jeweils eigene Version dieser Entente. Während Frankreich sich stets allen Avancen Rußlands verweigerte, gegen England Front zu machen, gab die russische Regierung das Geld, das sie sich auf dem französischen Kapitalmarkt besorgt hatte, für alle möglichen Zwecke aus, nur nicht für den Bau der für einen Angriff auf das Reich dringend erforderlichen strategischen Eisenbahnlinien durch Russisch-Polen.[22]

Auch wenn die Reichsleitung vom genauen Stand der russisch-französischen Verständigung keine umfassende Kenntnis hatte, so genügten zu einer Urteilsbildung völlig die Hinweise und Andeutungen in der französischen Presse. Den Gefahren, die am westlichen wie am östlichen Horizont des Reichs heraufstiegen, suchte die Regierung des »Neuen Kurses« durch eine Reihe außen- wie innenpolitischer Maßnahmen zu begegnen. Die von Caprivi inaugurierte »polenfreundliche« Politik gehörte ebenso dazu wie die große Militärvorlage von 1893. Von den außenpolitischen Maßnahmen ist in diesem Zusammenhang neben den immer wieder aufgenommenen Versuchen, England doch noch zu einem Beitritt zum Dreibund zu bewegen,[23] vor allem der Abschluß des deutsch-russischen Handelsvertrags von 1894 zu nennen.

Auf den ersten Blick erscheint dieser deutsch-russische Handelsvertrag wie ein Bruch des außenpolitischen Konzepts Caprivis. In Wirklichkeit ist er das Eingeständnis des völligen Scheiterns der Außenpolitik des »Neuen Kurses«: Durch die Gewährung der Vertragszölle an Rußland wurden die Handelsverträge mit den Dreibundpartnern erheblich entwertet, wurde die ursprünglich beabsichtigte handelspolitische Stärkung des Bündnisses stark gemindert. Andererseits brachte diese prorussische Wendung Caprivis keinerlei substantielle Änderung in der außenpolitischen Situation des Reichs. Zwar verbesserten dieser Handelsvertrag und die Aufhebung des Lombardverbots für russische Werte auf den deutschen Kapitalmärkten die Beziehungen zwischen beiden Mächten, aber die Vertiefung der französisch-russischen Entente ließ sich damit nicht mehr aufhalten.

Rückschauend ist man geneigt, die außenpolitische Situation des Reichs nach dem Scheitern des »Neuen Kurses« zu sehr zu dramatisieren, in ihr bereits mit großer Deutlichkeit die Lage Deutschlands unmittelbar vor Ausbruch des Ersten Weltkriegs vorgezeichnet zu sehen. Das wäre indes weit übertrieben. Die französisch-russische Entente war ihrem noch äußerst fragilen Charakter nach noch völlig defensiv. Ihre Absicht war einfach, das Reich neutral zu halten, damit sowohl Frankreich wie Rußland ungestört ihren unterschiedlichen Interessen im ostasiatischen Raum nachgehen konnten. Deutschlands Position unter den Mächten war keineswegs gefährdet. Die klügste Politik für das Reich wäre damals gewesen, still zu bleiben und die Früchte der »unheroischen« Handelsvertragspolitik Caprivis reifen zu lassen. Die gesellschaftliche Zerrissenheit des Reichs vereitelte jedoch eine solche Politik des Abwartens und Zusehens. Schlimmer noch: Caprivis Innenpolitik war Torso geblieben und hatte entscheidend dazu beigetragen, eben jene gesellschaftlichen Antagonismen zu verschärfen, die sie hätte versöhnen wollen. Die Einheitlichkeit des politischen Systems, auf die Bismarck mit diktatorischer Strenge geachtet hatte, zerbarst unter dem steigenden Druck der unterschiedlichen gesellschaftlichen Geltungsansprüche, und in dessen Lücken und Spalten drangen nun ungehindert die politisch unverantwortlichen Interessen und Ansprüche einzelner gesellschaftlicher Gruppen ein und beeinflußten mehr oder minder direkt und unkontrolliert die Prozesse politischer Entscheidung.

Nach dem Scheitern des »Neuen Kurses« wurde die deutsche Außenpolitik immer deutlicher zum Spiegelbild jener Systemkrise, aus der sich das Reich bis zu seinem Untergang nicht mehr befreien sollte. Der »Primat des Nationalen«, hinter dem sich bisweilen handfeste materielle Gruppeninteressen, vor allem aber das irrationale Verlangen nach *Geltung* verbargen, wurde zum einzigen innenpolitisch vertretenen und vertretbaren Leitthema der deutschen Außenpolitik. Je verfahrener und aussichtsloser sich die innenpolitische Situation des Deutschen Reichs gestaltete, desto dringender wurden nationale Prestigeerfolge auf außenpolitischem Gebiet. Die Kluft zwischen machtpolitischem Anspruch und machtpolitischer Wirklichkeit, zwischen Aufwand und Ertrag wurde immer größer, zuletzt so groß, daß das Deutsche Reich im Ornat seiner aufgeplusterten und säbelrasselnden Macht und Herrlichkeit darin versank.

Die Hoffnung auf ein Bündnis mit dem »liberalen« England, welche die Männer des »Neuen Kurses« bis zuletzt gehegt hatten, verschwand mit diesen. An seine Stelle trat die zuversichtliche Erwartung, man könne wieder zu jenem alten Freundschaftsverhältnis mit Rußland zurückkehren, ganz so, als sei nichts geschehen. Vor allem der Kaiser, der während der ersten Jahre der Kanzlerschaft des greisen Hohenlohe die Außenpolitik des Reichs weitgehend selbst bestimmte, hing der trügerischen Überzeugung an, daß sich die russische Freundschaft durch ein ostentatives Desinteresse der deutschen Politik an balkanischen Fragen und an der Sicherung der Meerengen sowie durch einen für das Zarenreich günstigen Handelsvertrag leicht wieder gewinnen lassen werde. Den Protest der preußischen Agrarier gegen den Handelsvertrag mit Rußland soll Wilhelm II., wie Waldersee in seinen *Denkwürdigkeiten* berichtet, mit dem Bemerken weggewischt haben, er habe keine Lust, wegen hundert dummer Junker einen Krieg mit Rußland zu führen.[24] So einfach war das also mit der Politik, wenn man sie nur selbst machte! Sic volo, sic jubeo! Mit England aber war Seine Majestät endgültig fertig. Dem »perfiden Albion« sollte von nun an die kalte Schulter gezeigt werden. Eine Reihe an sich unwichtiger kolonialer Querelen mit England wurde vom Auswärtigen Amt zum Anlaß genommen, einen Streit vom Zaum zu brechen,[25] der mit einem Prestigeerfolg für das Reich endete. Das gab den deutschen Kolonialenthusiasten neuen Auftrieb, die um so energischer auf eine konsequente Kolonialpolitik drängten.

Die alles in allem äußerst einfallslose deutsche Politik kolonialer Nadelstiche, mit der das aberwitzige Kalkül verfolgt wurde, Großbritannien an die Seite des Dreibundes zu zwingen, hatte einen genau gegenteiligen Erfolg: Ende Juli 1895 erklärte der englische Premierminister dem deutschen Botschafter in London ziemlich unverblümt, seine Regierung werde Rußland in der Türkei völlig freie Hand lassen, ungeach-

tet der Folgen, die daraus erwachsen könnten.[26] Die stille Teilhaber-
schaft Englands an der Mittelmeerentente von 1887 und 1888 war damit
aufgekündigt. Deutschland war endgültig dazu verdammt, die österreichischen Balkaninteressen allein gegen Rußland zu verteidigen. Das
Reich saß in der Falle des Dreibunds, und sein künftiges Geschick war
auf Gedeih und Verderb »an das wurmstichige alte Orlogschiff von
Österreich« gekoppelt.[27]

Am 14. November 1895 ließ Reichskanzler Hohenlohe dem deutschen Botschafter in Wien, Philipp Graf zu Eulenburg, die kaiserliche
Versicherung übermitteln, Österreich könne, wann immer es sich in seinen Lebensinteressen bedroht fühle, auf die volle Unterstützung des
Reichs zählen.[28] Das war eine der üblichen kaiserlichen Rodomontaden,
die Wilhelm II. mit einer inspirierten Außenpolitik verwechselte. Tatsächlich verfolgte er zu diesem Zeitpunkt einen ganz anderen, phantastischen Plan. Gegenüber dem englischen Militärattaché in Berlin ließ er
sich am 24. Oktober 1895 vernehmen, er sei nicht mehr länger gewillt,
nach der Pfeife der englischen Politiker zu tanzen. Das englische Verhalten zwinge ihn dazu, mit Frankreich und Rußland gemeinsame Sache
zu machen.[29] Diesen aberwitzigen Gedanken einer gegen Großbritannien gerichteten Liga der drei kontinentalen Großmächte Frankreich,
Deutschland und Rußland hatte Holstein ausgeheckt. Frankreich, so
Holsteins Überlegung, könne dadurch geködert werden, daß man ihm
den Kongo-Freistaat anbot, Rußland sei mit Korea zu belohnen. Italien
ließe sich unschwer mit einer französischen Garantie für seine abessini-
schen Interessen abspeisen; Österreich werde eine russische Zusicherung des Status quo auf dem Balkan genügen; und Deutschland könne
um einige »afrikanische Konzessionen« pokern, sich aber im übrigen
noch bedeckt halten und warten, »bis die Sache ziemlich weit vorge-
schritten ist«, um dann seine Ansprüche zu stellen: »Eine chinesische
Kohlenstation mit Handelsvorteilen, außerhalb der Zone des Gelben
Meeres, zunächst noch nicht zu bezeichnen, weil man noch sucht und
prüft; vielleicht auch eine Bestimmung wegen Transvaal.« Das ganze
Memorandum gipfelt in der Überlegung: »Jedenfalls bleibt *Indien* mit
seinen Zugängen (*Ägypten, Persien*) von der Vereinbarung unberührt.
Denn solange England diese behält, ist es schließlich doch genötigt,
sich, falls es nicht ohne Schwertstreich zurückweichen will, dem Dreibund wieder zu nähern. Es wird diese Notwendigkeit dann erst recht
einsehen, wenn es – wie der gegenwärtige Vorschlag ihm darzutun be-
zweckt – die Erfahrung gemacht haben wird, daß der Dreibund *nicht unter allen Umständen Heeresfolge leistet*.«[30]

Das Memorandum Holsteins ist ein Dokument politischer Traumtänzerei. Gleichwohl hat sich die deutsche Außenpolitik an dieses »Drehbuch« des Geheimrats eine ganze Weile gehalten. England sollte zu einem Bündnis mit dem Reich erpreßt werden. Diesem Ziel diente die Politik kolonialer Nadelstiche, zu denen das Reich wie ein verschmähter Liebhaber seine Zuflucht suchte, um die schnöde Schöne, die man so lange vergebens umworben hatte, zu strafen und doch noch in die eigenen Arme zu zwingen.[31] Als dies nichts fruchtete, verfiel man in Berlin auf jenen Plan einer Kontinentalliga. England sollte jetzt gezeigt werden, wie gefährlich es war, sich nicht mit dem Reich zu arrangieren. Die Bedrohung der Zugangswege nach Indien war als der Hebel gedacht, mit dem England aus seiner Isolation herausgeholt werden sollte. Welch Aberwitz! Indien war durch Gebirge und Wüsten geschützt, die keine Armee der damaligen Zeit hätte durchqueren können. Und die Seewege beherrschte England völlig unangefochten mit seiner Flotte. In Berlin begann den Verantwortlichen bald zu dämmern, daß von einer Kontinentalliga, sollte sie tatsächlich zu schaffen sein, vor allem Frankreich und Rußland profitieren würden, während der Gewinn, den sich das Reich versprach, sehr leicht imaginär bleiben konnte. Deshalb ließ man dieses Konzept bald wieder fallen. Zurück blieben eine wachsende Abneigung gegen England in der deutschen, eine wachsende Abneigung gegen das Reich in der englischen Öffentlichkeit.

Die rapide Verschlechterung des politischen Klimas zwischen beiden Staaten in der zweiten Hälfte der neunziger Jahre ist eine Erscheinung, die jenem übersteigerten Nationalismus eigentümlich war, der die englischen Massen wie das in sich zerrissene deutsche Volk befiel. Die mehr als bescheidenen Erfolge der deutschen Nadelstichpolitik gegen England wurden von der deutschen Presse in einer Weise aufgebauscht, daß bei einer mit den genauen Einzelheiten der Vorgänge nicht vertrauten Öffentlichkeit rasch der Eindruck entstehen konnte, die Reichsregierung habe in ihrer Politik wieder zu jener Größe und zu jenem Erfolg der glanzvollen Bismarckzeit zurückgefunden. Das war Balsam für eine zutiefst verunsicherte, in sich zerstrittene und ratlose Öffentlichkeit. So mußte es weitergehen, das war das Empfinden nicht weniger, damit das deutsche Volk zu sich und damit zu jener Größe finde, die ihm einzig gemäß sei. Dieses geradezu blinde Verlangen nach Geltung, Prestige, Anerkennung und Erfolg, diese ersten Fieberwellen eines nationalen Deliriums waren eine Folgeerscheinung des innenpolitischen Scheiterns des »Neuen Kurses«. Caprivis vorsichtig liberal-konservative Reformpolitik bewirkte, indem sie am Widerstand der mächtigen gesellschaftlichen Interessen auflief, genau das Gegenteil dessen, was mit ihr beabsichtigt worden war: Statt die Nation zu einen, verstärkte sie deren

Zerrissenheit, die der üppige Nährboden jenes *Kultes einer nationalen Un-zufriedenheit* wurde, der dann von den »nationalen Verbänden« mit großem Geschick orchestriert wurde und dem diese ihren enormen Einfluß verdankten. Rasch zeigte es sich – und Wilhelm II., dem an nichts so sehr gelegen war wie an seiner eigenen Popularität, war dafür höchst sensibel –, daß politische Entscheidungen nur dann Aussicht auf breite Unterstützung in der Öffentlichkeit hatten, wenn man jenem Kult nationaler Unzufriedenheit nicht neue Nahrung gab, sondern den überzogenen Wünschen und Vorstellungen seiner politisch unverantwortlichen Wortführer soweit wie irgend möglich entgegenkam. Jenseits aller ökonomischen und politischen Rationalität, die zur Rechtfertigung der deutschen »Weltpolitik« bemüht wurde, ist diese Politik deshalb ihrem Wesen nach zutiefst irrational gewesen. Die große Tat, den Erfolg um des Erfolgs willen, Prestige, Glanz und Gloria suchte man in einer deutschen »Weltpolitik« zu finden. In der Unstetheit ihrer Zielsetzungen war sie so recht ein Ausdruck neureichen Sehnens und Strebens nach Anerkennung, und gleichzeitig verrieten sich in ihr Unsicherheit und ein erschreckender Mangel an Selbstbewußtsein. Die starken Worte, die in den Reden des Kaisers bejubelt wurden, waren nur Worte, Phrasen, und wurden doch für Stärke gehalten.

Was den »Englandhaß« schließlich zur Siedehitze hochkochen ließ, war ein Ereignis in einem Erdteil, der dem bismarckschen Reich noch so fern gelegen hatte wie die Rückseite des Mondes. Seit dem Abgang Bismarcks von der Macht waren fünf Jahre ins Land gegangen, und die Rückseite des Mondes schien den Deutschen unterdessen so nah gerückt zu sein wie der Rock, den sie auf dem Leibe trugen. Nicht anders sind jene Haßtiraden zu erklären, die damals wegen des Überfalls eines Trupps englischer Desperados auf die Burenrepublik Transvaal in Südafrika gegen England geschleudert wurden. Transvaal und der unmittelbar benachbarte Oranjefreistaat waren zwei kleine, von England halb abhängige burische Republiken inmitten jenes riesigen britischen Kolonialgebiets im südlichen Afrika. Ein Blick auf die Karte zeigt, daß diese beiden Republiken nur so lange ihre bescheidene Existenz fristen konnten, wie es dem übermächtigen britischen Nachbarn gefiel. Das scherte die Buren jedoch herzlich wenig. Mit dem Starrsinn gottgläubiger Bauern setzten sie alles daran, sich durch allerlei Quertreibereien gegen die Logik ihrer Situation zur Wehr zu setzen. Das konnte gutgehen, solange Ackerbau und Viehzucht die Haupteinnahmequellen dieser republikanischen Inselchen im britischen Herrschaftsgebiet waren. Als aber im zum Transvaal gehörenden Witwatersrand 1886 riesige Goldvorkommen entdeckt wurden, waren die Tage der ländlich-sittlichen Burenidylle gezählt. Der Transvaal wurde in den Strudel einer rapiden kapitalistischen Entwicklung größten Stils gerissen, die seine eigenstaatliche Existenz rasch untergraben mußte.[32] Gleichwohl vertrauten die Buren auch jetzt noch darauf, es werde ihnen schon gelingen, den Goldrausch und dessen Folgen einzudämmen und sich ihre Unabhängigkeit zu bewahren. Fleißig ersannen sie immer neue Mittel und Schikanen, um vor allem den zahlreich ins Land strömenden Engländern Schwierigkeiten zu machen. Die Dinge schaukelten sich so lange hoch, bis auf englischer Seite Pläne zu reifen begannen, die burischen Republiken durch einen in ihrem Innern inszenierten Aufstand zu vernichten. Den Aufständischen sollte dann von außen ein Dr. Leander Starr Jameson, der im Solde von Cecil Rhodes stand, jener Symbolgestalt des britischen Imperialismus, mit einer Schar von Desperados zu Hilfe eilen. Die ganze Unternehmung war schlecht geplant und völlig unzulänglich vorbereitet. Ohne das Ausbrechen der Aufstände abzuwarten, fiel Jameson mit seiner Bande zum Jahresende 1895 im Transvaal ein. Binnen weniger Tage wurden die Eindringlinge von den Buren umzingelt und gefangengenommen. Die Posse von »Jameson's Raid« hatte kläglich geendet, und es wäre davon im Zusammenhang dieser Darstellung nicht die Rede gewesen, hätte nicht diese Räuberpistole den Anlaß zu einem schweren Zerwürfnis zwischen Berlin und London gegeben, welches das deutsch-englische Verhältnis in den kommenden Jahren überschatten sollte.

Daß das Reich auf »Jameson's Raid« in irgendeiner angemessenen Form reagieren mußte, kann außer Frage stehen, zumal eine Reihe deutscher Wirtschaftsunternehmungen im Transvaal eine rege Tätigkeit entfaltet hatte.[33] Doch wie dies geschah, das wirft ein bezeichnendes Schlaglicht auf die völlig falschen Prämissen der deutschen Außenpolitik. Sofort nach Bekanntwerden des Überfalls am späten Vormittag des 31. Dezember 1895 wurde Botschafter Hatzfeldt in London angewiesen, bei der englischen Regierung zu klären, ob diese den Überfall befürworte; wenn ja, sollte er seine Pässe fordern, wenn nein, sollte er erkunden, welche Schritte die britische Regierung zu tun gedenke, um den Status quo wiederherzustellen. Am Abend des 2. Januar 1896 kamen aus Pretoria, der Hauptstadt Transvaals, wie auch aus London Berichte, Jameson und seine Leute seien nach kurzem Kampf von den Buren überwältigt worden. Damit wäre an und für sich die Angelegenheit erledigt gewesen, zumal Hatzfeldt schon am 1. Januar 1896 aus London gemeldet hatte, auch die britische Regierung mißbillige die Vorkommnisse aufs schärfste. In einem privaten Telegramm an Holstein teilte Hatzfeldt außerdem mit, der englische Premier Salisbury habe ihn dringend ersucht, »ihm in dieser Sache kein Wort zu sagen, welches wie eine Drohung ausgelegt werden könnte, da ich ihm damit alles unmöglich machen würde«.[34] Salisbury machte sich, wie man sieht, keinerlei Illusionen über seine deutschen Gegenüber – und er sollte nur zu sehr recht behalten. Denn in Berlin vermeinte man, in der Affäre, die so schnell, wie sie entstanden, wieder beigelegt war, gleichwohl eine Chance zu erkennen, England erneut deutlich zu machen, wie sehr es in seinem eigenen Interesse sei, dem Dreibund beizutreten![35]

In Berlin war man überzeugt, ganz im Sinne Bismarcks zu handeln: Das europäische Mächtegleichgewicht sollte durch einen Schachzug in Afrika zugunsten des Reichs neu ausbalanciert werden! Dazu erwählte man sich die Transvaal-Affäre, weil sie sich gerade dafür anbot und auch besonders geeignet zu sein schien. Transvaal hatte, wie A.J.P. Taylor treffend feststellt, für das Deutsche Reich nämlich keinerlei Bedeutung. Aber gerade deshalb hielt man diese Affäre in Berlin für so besonders gut geeignet, zumal man hier überdies der irrigen Auffassung anhing, Transvaal sei auch für England nicht von vitalem Interesse![36] Aus solchen und ähnlichen Motiven erklären sich die nächsten Schritte der Berliner Außenpolitiker. Am 1. Januar 1896 wandte sich Marschall von Bieberstein an den französischen Botschafter in Berlin, Jules Herbette, mit dem Vorschlag, beide Mächte sollten zusammenarbeiten, um dem englischen Expansionismus einen Riegel vorzuschieben. Und in einem Telegramm an den deutschen Botschafter in Paris, den er von dieser Unterredung in Kenntnis setzte, äußerte Marschall die Hoffnung, die Briten müßten letzten Endes nachgeben und sich dem Dreibund anschließen, wenn dieser gemeinsame deutsch-französische Druck auf England zustande käme![37] Frankreich aber biß nicht an. Solange die ägyptische Frage, so Herbettes Antwort, nicht ein Gegenstand einer solchen Allianz der kontinentalen Mächte wäre, sei diese für sein Land ohne jedes Interesse. Das war eine elegante Absage. Die Kapkolonie besaß für den Zusammenhalt des britischen Empire große Bedeutung. Auch die Berliner Weltstrategen hätten dies unschwer von sich aus erkennen können. Außerdem war ihnen wiederholt von englischer Seite gesagt worden, daß der Besitz Südafrikas für Großbritannien eine Frage höchster Lebensinteressen sei, bedeutsamer jedenfalls als der Besitz Gibraltars oder Maltas, weil sich von hier aus der Seeweg nach Indien kontrollieren ließ.[38] Diese Wahrheit war vielleicht zu simpel, als daß sie dem flottenbegeisterten Kaiser und seinen Admiralen hätte einleuchten können.

Am 3. Januar 1896, also nachdem das Desaster der Desparados im Transvaal auch in Berlin bekanntgeworden war und Frankreich zu verstehen gegeben hatte, es wolle diesen Vorfall in keiner Weise gemeinsam mit Deutschland diplomatisch gegen England ausschlachten, beriet sich der Kaiser, den drei Admirale begleiteten, mit Marschall und dem Reichskanzler Hohenlohe. Bei dieser stürmisch verlaufenden Sitzung trug Wilhelm II. zunächst seinen grandiosen Einfall vor, ein förmliches deutsches Protektorat über den Transvaal zu errichten, um die Unabhängigkeit der Buren mit der Macht des Reichs zu schützen! Nur mit großer Mühe gelang es Marschall, seinen kaiserlichen Herrn davon abzubringen. Wenigstens ein Expeditionskorps möge man dann aber nach Südafrika entsenden. Als darauf der greise Hohenlohe zu bedenken gab, dies würde unweigerlich Krieg mit England bedeuten, antwortete der Kaiser: »Ja, aber nur zu Lande!«[39] Schließlich gab er sich zur Erleichterung aller Anwesenden damit zufrieden, an den Präsidenten der Republik, »Ohm« Krüger, ein Glückwunschtelegramm zu schicken. Es ist dies die berühmt-berüchtigte »Krüger-Depesche«, über die der englische Historiker Norman H. Rich urteilte, keine andere Handlung in den Jahren vor 1914 habe die britische und die deutsche Öffentlichkeit so sehr gegeneinander aufgebracht wie dieses Telegramm.[40] Die Depesche war in der Tat eine Instinktlosigkeit sondergleichen, aber eine Instinktlosigkeit, die man angesichts der Alternative Krieg (»aber nur zu Lande!«) gerade noch so eben tolerieren mochte. Das Telegramm lautete: »Ich spreche Ihnen Meinen aufrichtigen Glückwunsch aus, daß es Ihnen, ohne an die Hilfe befreundeter Mächte zu appellieren, mit Ihrem Volke gelungen ist, in eigener Tatkraft gegenüber den bewaffneten Scharen, welche als Friedensstörer in Ihr Land eingebrochen sind, den Frieden wiederherzustellen und die Unabhängigkeit des Landes gegen Angriffe von außen zu wahren.«[41]

Man wird heute kaum noch begreifen können, warum gerade dieses Telegramm, dessen Tenor und Inhalt im Vergleich mit anderen öffentlichen Äußerungen des Kaisers durchaus »harmlos« gehalten war, zu seiner Zeit in der englischen und der deutschen Öffentlichkeit solche Erregung auslöste, Empörung dort, Begeisterung hier. Die englische Massenpresse schwelgte in Haßgefühlen gegen den deutschen Kaiser. Gewiß, die Hinweise »ohne an die Hilfe befreundeter Mächte zu appellieren« oder auch »die Unabhängigkeit des Landes gegen Angriffe von außen zu wahren«, die Wilhelm II. höchstselbst in den Depeschenentwurf hineinredigiert hatte, waren diplomatische Provokationen, weil Transvaal kein wirklich souveräner Staat in staatsrechtlichem Sinne war. Aber ob der Verstoß gegen solche diplomatischen Feinheiten wirklich jene hysterischen Reaktionen in der englischen Öffentlichkeit hat provozieren können, ist zumindest fraglich. Das auslösende Moment scheint in der Tat etwas anderes gewesen zu sein. In der englischen Öffentlichkeit war »Jameson's Raid« zunächst überschwenglich als das bravouröse Unternehmen einer Handvoll verwegener, tapferer Männer gefeiert worden, die losgezogen waren, das Leben angeblich vom burischen Haß bedrohter englischer Frauen und Kinder im Transvaal zu schützen.[42] Die Nachrichten vom kläglichen Scheitern dieser Unternehmung *und* das Glückwunschtelegramm des Kaisers an »Ohm« Krüger brachten die englischen Massenblätter am 4. Januar 1896. Dieses zeitliche Zusammentreffen beider Meldungen war es wohl, was die Gemüter so erhitzte. Und natürlich ist davon auszugehen, daß der Kaiser der englischen Regierung mit dieser Depesche einen »Denkzettel« verpassen wollte. Valentine Chirol, der sehr einflußreiche Berliner Korrespondent der Londoner »Times«, der über vorzügliche Kontakte zu deutschen Regierungsstellen verfügte, mutmaßte deshalb in einem Bericht für sein Blatt: »One is driven to the conclusion that in more responsible quarters than the editorial offices of Chauvinist newspapers the occasion has been gladly seized ›to subject England to the well-deserved humiliation of a bitterly severe lesson‹.«[43]

Die wild aufschäumende Empörung in der englischen Öffentlichkeit, die sich mit Ausschreitungen gegen deutsche Einrichtungen und Geschäftsniederlassungen Luft machte, kontrastierte mit dem nicht minder unbändigen Enthusiasmus, den das Telegramm in der deutschen Öffentlichkeit auslöste. Selbst der sonst stets allen Taten und Worten des Kaisers mit so viel bitterer Kritik gegenüberstehende Bismarck äußerte sich zustimmend.[44] Niemals vorher und niemals danach waren Kaiser und Reich so einig wie in den Tagen der Transvaal-Affäre und der »Krüger-Depesche«. Beides, das enorme Ausmaß eines populären Deutschenhasses in England und jener nicht minder überwältigende Englandhaß in der deutschen Öffentlichkeit, verweist auf Ursachen, die jenseits der Ereignisse dieser Januartage des Jahres 1896 liegen. Als ein wichtiger Faktor, der bei der Verschlechterung der deutsch-englischen Beziehungen gegen Ende des 19. Jahrhunderts eine eminente Rolle spielte, wird immer wieder der »Handelsneidkomplex«, das Vorhandensein wirtschaftlicher Konkurrenzängste, genannt. Daß solche Ängste tatsächlich gegeben waren, durchaus ins Gewicht fielen und keineswegs nur irrationaler Natur waren, läßt sich anhand einer Fülle von Zahlen und vergleichenden Statistiken belegen. Daraus ergibt sich zweifelsfrei, daß in England die Industrieproduktion und damit auch der Handel mit Fertigwaren im letzten Drittel des 19. Jahrhunderts bis zum Ausbruch des Ersten Weltkriegs um einen wesentlich geringeren Faktor wuchs, als dies für das Deutsche Reich festzustellen ist.[45] Im Zusammenhang unserer Darstellung erscheint es indes müßig, darauf im einzelnen und besonderen einzugehen, zumal nur eine extrem »vulgäre« Anschauung die Ansicht vertreten kann, daß sich wirtschaftliche Konkurrenz unmittelbar in eine erbitterte politische Rivalität und Feindschaft zwischen zwei Völkern umsetzt.

Die wirtschaftliche und handelspolitische Konkurrenzsituation zwischen England und dem Deutschen Reich mit all ihren zahlreichen Facetten und den aus ihr abgeleiteten politisch-ökonomischen Konsequenzen für die zukünftige Stellung beider Staaten zueinander war jedoch eines der beliebtesten Themen der zeitgenössischen Publizistik. Gemeinsam war allen diesen Erörterungen das »merkantilistische Dogma«, daß wirtschaftliche Macht sich unmittelbar in politische Macht umsetze. Die wirtschaftliche Entwicklung der einzelnen Staaten, die zueinander in Verhältnis gebracht wurden, wurde also so gut wie ausschließlich nicht unter *ökonomisch-rationalen,* sondern unter *machtpolitischen* Gesichtspunkten und Fragestellungen interpretiert. Eben darin lagen Reiz, Brisanz und Massenwirksamkeit dieser Diskussionen!

Seit dem frühen 19. Jahrhundert war England Vorbild und Maßstab der eigenen Entwicklung gewesen. Diese einstige Vorbildrolle wurde zum Kern der deutsch-englischen Rivalität in dem Moment, in dem man sich im Reich von 1871 seiner eigenen Macht und Stärke zunehmend bewußt wurde. England, so glaubten nicht wenige aus den Handelsstatistiken und Produktionsziffern extrapolieren zu können, habe den wirtschaftlichen und industriellen Zenit überschritten, der die Voraussetzung seiner singulären politischen Großmachtstellung war; der Niedergang Englands sei unaufhaltsam. Andere Reiche, im Westen die USA und im Osten Rußland und das ferne Japan, schickten sich an, das Erbe des britischen Weltreichs anzutreten. Bei dieser riesigen Umwälzung von Reichtum und Macht dürften aber die Deutschen, dieses in der Geschichte ewig zu kurz gekommene, von allen anderen Mächten getretene und gedemütigte Volk, nicht wieder träumend beiseite stehen. Deutschland, das Deutsche Reich sei jetzt im Besitz aller Macht und Herrlichkeit. Allein das deutsche Volk sei aufgrund der Leistungen seiner Kultur, seiner Wirtschaft und seiner Waffen der wahrhaft Erbberechtigte der angelsächsischen Vettern. Doch diese blieben völlig uneinsichtig, klammerten sich mit aller Perfidie an ihre dem sicheren Niedergang geweihte Machtstellung, die doch über kurz oder lang ihren kraftlosen Händen entgleiten mußte. Noch schwerer aber wog, daß sie mit allen Mitteln bestrebt waren, die Größe und die »Weltgeltung« Deutschlands zu vereiteln und den Deutschen ihren Platz in der Welt zu verweigern.

Diese Träume und Hoffnungen der Deutschen, die immer populärer wurden und zunehmend an Einfluß gewannen, korrespondierten mit Ängsten und Befürchtungen in England, wo man sich auf die nämlichen

Trends und statistischen Einsichten berief. Die Basis des Inselreichs erschien auf einmal vielen als zu schmal, um den schweren Leib des Empire tragen und jene Angriffe von allen Seiten erfolgreich abwehren zu können. Japan, Rußland, die USA aber waren ferne Größen, zu sehr mit sich selbst beschäftigt, ihre riesigen Landmassen zu organisieren und zu erschließen oder in Räume vorzudringen, die jenseits der britischen Interessensphären lagen. Außerdem, so konnte man in London zuversichtlich hoffen, würden sich Rußland und Japan vor einem Angriff gegen das Empire zunächst einmal untereinander in die Haare kriegen und gegenseitig schwächen. Und die USA lagen jenseits des Ozeans, hatten ihren riesigen lateinamerikanischen »Hinterhof«, den sie mittels der Monroedoktrin umfriedet hatten und den zu beherrschen und wirtschaftlich zu durchdringen es noch mehr als eines Menschenalters bedurfte. Der gefährlichste Rivale für Englands Weltstellung blieb mithin das Deutsche Reich, die stärkste Militär- und Industriemacht des Kontinents, jener unruhige, unzufriedene Koloß, der nicht nur den immer größeren Überschuß an Produkten seiner Industrien exportieren, sondern irgendwo auch seine überschüssigen Kräfte loswerden mußte. Irgendwann, und dieser Tag sei nicht mehr allzu fern, werde das Reich England an die Gurgel springen, werde Deutschland versuchen, den britischen Löwen zu erlegen, um sich sein Fell, das Empire, überzuwerfen. England oder Deutschland, das war hier die Frage. Der eine mußte vernichtet werden, wollte der andere seine Lebenschance behaupten. Der anonyme Autor des Artikels *A Biological View of our Foreign Policy* in der »Saturday Review« vom 1. Februar 1896 sprach diese Alternative offen an: »Deutschland ist England sehr ähnlich. Die Deutschen sind ihrer Rasse, ihrem religiösen und wissenschaftlichen Denken, ihren Gefühlen und Fähigkeiten nach, kurz, ihrer ganzen großen Ähnlichkeit mit den Engländern wegen, unsere natürlichen Rivalen. In allen Weltgegenden, bei jeder Tätigkeit, im Handel, in der Industrie, bei der Ausbeutung anderer Völker, suchen sich Engländer und Deutsche gegenseitig zu verdrängen ... Würde man jeden Deutschen morgen auslöschen, dann gäbe es keinen englischen Handel, kein englisches Vorhaben, das nicht sofort reüssierte. Würde umgekehrt jeder Engländer morgen vernichtet, dann würden die Deutschen einen ganz entsprechenden Gewinn davon haben. Der erste große Rassenkampf der Zukunft liegt hier vor uns: Hier haben wir zwei stetig wachsende Nationen, die sich gegenseitig im Wege stehen und sich bedrängen, Mann gegen Mann, allüberall auf der Welt. Der eine oder der andere muß weichen; einer wird weichen.« Und der Artikel endet mit den ominösen Worten: »Germania est delenda, Deutschland muß vernichtet werden.«[46] Das Echo darauf in Deutschland lautete: »Gott strafe England.« Gemeint war damit aber das gleiche.

Daß es zwangsläufig so kommen müßte, daß sich die Gegensätze zwischen England und Deutschland unvermeidlich weiter auftürmen würden, daß schließlich ein Kampf auf Leben und Tod entscheiden würde, wer der Sieger und wer der Besiegte sei, das war nicht nur die Überzeugung einiger weniger auf beiden Seiten des Kanals; diese Anschauung drang – rasch popularisiert und vulgarisiert – in das Bewußtsein der Massen ein. Nicht die deutsch-französische »Erbfeindschaft«, sondern die Gewißheit des unvermeidlichen deutsch-englischen Gegensatzes war eines der Dogmen, die das politische Bewußtsein der Deutschen in jener Zeit prägten. Die Geschichtsschreibung, die Königin der Wissenschaften in der zweiten Hälfte des 19. Jahrhunderts, lieferte für solche Anschauungen die Grundlagen, deren vermeintlich wissenschaftliche Unanfechtbarkeit auch jenen einleuchtete, die es hätten besser wissen können. Hegel hatte die Teleologie von Geschichte, ihre sinnhafte Zweckgerichtetheit postuliert. Alles, was war, alle Geschichte hatte ihren Sinn in sich, war gerechtfertigt dadurch, daß sich in ihr die göttliche Vorsehung äußerte. Die Historiker ließen es sich dann angelegen sein, die Hegelschen Postulate am Material der Geschichte zu verifizieren. Droysen am Beispiel Alexanders des Großen, Treitschke am Beispiel der deutschen Geschichte im 19. Jahrhundert ... Nicht, daß man damals Hegel gelesen hätte. Man las Treitschke *und* Schiller, den man als den prophetischen Künder deutscher Größe verstand oder besser mißverstand.

Jeder erfolgreichen Popularisierung und Vulgarisierung eignet notwendigerweise ein völliger Mangel an Differenzierung. Die Wirklichkeit ist komplex und nur den wenigsten einsichtig. Lediglich der plakative Holzschnitt, der die Dinge vergröbert, die wirklichen Proportionen verzerrt und verfälscht, die blanke agitatorische Scheidemünze also bietet Gewähr dafür, stets und überall in Zahlung genommen zu werden. Das war damals nicht anders als heute. Die sozialdarwinistische Lehre vom Aufstieg und Niedergang der großen Weltreiche war eine solche Münze, die in Umlauf gesetzt wurde und die überall von den »kleinen Leuten« wie den Politikern bereitwillig akzeptiert wurde.[47] Die Geschichte, so diese Lehre, sei ein stetes Auf und Ab. Mal seien jene oben, mal diese. Die Starken und Hungrigen unter den Völkern und Staaten würden die Schwachen, Fetten und Wehrlosen fressen, wann immer sich ihnen eine Chance dazu biete. Das war das historische Gesetz, nach dem die eigene Politik auszurichten war. Die Deutschen gehörten seit jeher zu denen, die unten gewesen seien. Nun aber sei ihre Stunde gekommen, ginge das Wort Schillers in Erfüllung: »Jedes Volk hat seinen Tag in der Geschichte, doch der Tag der Deutschen ist die Ernte der ganzen Zeit.«[48]

Die deutsche »Weltpolitik« nach 1896 stand ganz im Zeichen dieser historiographisch vermeintlich unumstößlichen Gesetzlichkeit vom Werden und Vergehen der Völker und ihrer Macht. Bernhard von Bülow, der 1897 Nachfolger des glücklosen Marschall von Bieberstein auf dem Posten eines Staatssekretärs im Auswärtigen Amt wurde, war der Herold dieser deutschen »Weltpolitik«, mit der die Deutschen einen »gerechten« Anteil an der Beherrschung der Welt für sich reklamierten. Man kann diese deutsche »Weltpolitik« an sich nicht als unbillig bezeichnen, wurde mit ihr doch nichts anderes erstrebt als das, was den anderen Mächten England, Frankreich oder Rußland schon seit langem recht war. Dennoch war diese deutsche »Weltpolitik« von ihrem ersten Anfang an eine unvernünftige Narrheit. Dies aber nicht so sehr deswegen, weil die anderen Mächte die Welt schon unter sich verteilt hatten und eifersüchtig darüber wachten, daß kein neuer Konkurrent hinzutrete, sondern weil das Reich zu schwach und zu zerstritten war, um das Wagnis einer solchen Politik mit Aussicht auf Erfolg bestehen zu können. Die Inkonsequenz und Inkonsistenz der deutschen »Weltpolitik«, ihre von Anfang an sichtbare Erfolglosigkeit – den Erwerb einiger Korallenatolle in der Südsee und eines chinesischen Hafens wird man bei nüchternem Verstand kaum als Erfolge werten können, die auch nur in einem entfernt vertretbaren Verhältnis zu den politischen und finanziellen Kosten dieser ehrgeizigen Politik standen – sind ein getreues Spiegelbild dieser deutschen Zerrissenheit. Deshalb kann die deutsche »Weltpolitik« in all ihrer Widersprüchlichkeit auch als das in seinem Ausdruck reinste und konsequenteste Komplementärphänomen des Nationalismus ohne Nation in der wilhelminischen Ära gelten.

Es wäre naiv, die tieferen Absichten der deutschen »Weltpolitik« allein aus den zahlreichen öffentlichen Bekundungen des Kaisers oder der Politiker ableiten zu wollen, die sich gern zu diesem rasch sehr populären Thema vernehmen ließen. Bereits die erste Stellungnahme Bülows unmittelbar nach seiner Ernennung zum Staatssekretär in der Debatte über das erste Flottengesetz im Reichstag am 6. Dezember 1897 wurde von ihm dazu benutzt, das Programm der deutschen »Weltpolitik« zu verkünden: »Wir empfinden ... durchaus nicht das Bedürfnis, unsere Finger in jeden Topf zu stecken. Aber allerdings sind wir der Ansicht, daß es sich nicht empfiehlt, Deutschland in zukunftsreichen Ländern von vornherein auszuschließen vom Mitbewerb anderer Völker. Die Zeiten, wo der Deutsche dem einen seiner Nachbarn die Erde überließ, dem anderen das Meer und sich selbst den Himmel reservierte, wo die reine Doktrin thront – diese Zeiten sind vorüber ... Mit einem Worte: Wir wollen niemanden in den Schatten stellen, aber wir verlangen auch unseren Platz an der Sonne.«[49]

Bülows Ausspruch vom »Platz an der Sonne« drückte aus, was damals viele verlangten und mit den politischen Schlagworten von deutscher »Weltgeltung« und »Weltpolitik«, mit Flottenrüstung und dem Erwerb von Kolonien verbanden. So übereinstimmend die Worthülsen waren, so vielfältig und vielschichtig waren jedoch die Interessen und Absichten, die mit dem politischen Konzept eines deutschen Imperialismus verknüpft wurden. Die deutsche »Weltpolitik« wie der Imperialismus als politisches Konzept und als politische Ideologie im allgemeinen basierte im wesentlichen auf der machtpolitischen Interpretation der weltwirtschaftlichen Entwicklung zwischen 1870 und 1914, die durch zwei Trends gekennzeichnet war: durch die absolute, wenn auch in ihrem Verlauf von Rezessionen unterbrochene oder verlangsamte globale Steigerung der Produktion, des Handels und des Wohlstands und durch den relativen Niedergang Englands als der führenden Industrie- und Handelsnation der Welt und den damit korrelierenden Aufstieg Deutschlands und der USA. Beide Entwicklungen, die den Zeitgenossen durchaus bewußt waren, führten, vereinfacht gesprochen, zu zwei völlig gegensätzlichen Interpretationen und Prognosen. Dabei stützten sich die freihändlerisch gesinnten »Liberalen« ausschließlich auf jenen ersten Trend, der ihre Überzeugungen und Interessen spätestens seit dem Ende der »Großen Depression« und dem Übergang zu einer neuen weltweiten Hochkonjunkturperiode nach 1894 glänzend bestätigte, während sich die protektionistischen »Konservativen« ausschließlich auf den zweiten Trend beriefen, der den von ihnen vor allem gehegten sozialdarwinistischen Überzeugungen ebenso entsprach wie ihren wettbewerbsscheuen Wirtschaftsinteressen.

Im Deutschen Reich war schon vor der Inauguration der eigentlichen »Weltpolitik« diese Auseinandersetzung zwischen freihändlerischen »Liberalen« und protektionistischen »Konservativen« *politisch* bereits entschieden worden: Das Scheitern des vorsichtig liberalen Reformkonzepts Caprivis war der politische Sieg der Konservativen. Die die innere Krise des Reichs erheblich verschärfende Ironie dabei war, daß dieser politische Erfolg der protektionistischen »Konservativen« seine Entsprechung in ihrer *wirtschaftspolitischen* Niederlage fand: Die mit zwölfjähriger Laufzeit abgeschlossenen caprivischen Handelsverträge entfalteten ihre ganze Wirkung erst im Zusammenhang mit dem weltweiten Konjunkturaufschwung nach 1894.

Entscheidender als dies ist im vorliegenden Zusammenhang aber zunächst, daß dadurch die »zweite industrielle Revolution«, die vor allem von den in Deutschland rapide expandierenden elektrochemischen Industrien getragen wurde, eine beträchtliche Beschleunigung erfuhr, die dann ihrerseits eine erhebliche Steigerung des »nationalen Selbstbewußtseins« auslöste, das auf »weltpolitische« Taten brannte. Max Webers häufig zitierte Worte aus seiner Freiburger Antrittsvorlesung von 1895 mögen auch hier als Beleg dafür dienen: »Wir müssen begreifen, daß die Einigung Deutschlands ein Jugendstreich war, den die Nation auf ihre alten Tage beging und seiner Kostspieligkeit halber besser unterlassen hätte, wenn sie der Abschluß und nicht der Ausgangspunkt einer deutschen Weltmachtpolitik sein sollte.«[50] Letzten Endes beeinflußten aber weder die Kräfte und Interessen, welche im wesentlichen die materiellen Voraussetzungen für die deutsche »Weltpolitik« bereitstellten, langfristig deren Konzeption und Charakter, noch geschah dies durch jene, die bereits über Caprivi politisch gesiegt hatten: die protektionistischen »Konservativen« und die mit ihnen versippten »nationalen« Gruppen auf der rechten Seite des politischen Spektrums. Nimmt man eine idealtypische Zuordnung vor, dann waren vor allem die protektionistischen »Konservativen« die Verfechter eines »formellen Imperialismus«. Sie waren der Überzeugung, nur die Schaffung und rasche Konsolidierung eines großen deutschen Kolonialimperiums und gesicherter deutscher Einflußzonen in der Welt könnten die deutsche Großmachtstellung auch in Zukunft sichern; lediglich der exklusive Besitz von Rohstoff- und Absatzmärkten könne Deutschland die Gewähr dafür bieten, sich gegenüber der Konkurrenz anderer aufsteigender Mächte zu behaupten. Dieses protektionistisch-merkantilistische Imperialismuskonzept entsprach vor allem den wirtschaftlichen Interessen der deutschen Schwerindustrie, die sich gegen die Konkurrenz anderer Industriestaaten durch Kartellabsprachen und Zölle schützen wollte. Funktionale Komponente dieses Konzepts eines »formellen Imperialismus« war neben dem Erwerb von Kolonien auch die Schaffung einer großen Flotte, die als Instrument der Sicherung und Durchsetzung der deutschen Interessen in aller Welt eingesetzt werden sollte.

Demgegenüber befürworteten Handel, Exportindustrien, das »Finanzkapital« sowie vor allem jene Industriezweige, die wie die chemische oder die Elektroindustrie dank der überragenden deutschen Grundlagenforschung und ihrer schnellen großindustriellen Nutzanwendung eine konkurrenzlose Spitzenstellung in der Welt behaupteten, das Konzept eines »informellen Imperialismus«. Sie traten für eine »friedliche« Eroberung des Weltmarktes und überseeischer Absatzgebiete mit den Mitteln des Freihandels ein. Auch sie befürworteten zunächst eine deutsche Flottenrüstung. In dem Maße aber, in dem der deutsche Export auch ohne die staatliche »Exporthilfe« einer Flotte prächtig gedieh, kam es zu einer raschen Abkühlung des auch hier anfänglich vorhandenen »Flottenenthusiasmus«.[51]

Der begeisterte Widerhall, den die »Weltpolitik« in weiten Kreisen der deutschen Öffentlichkeit fand, ist ein Zeitphänomen, das sich deshalb kaum ideologiekritisch erklären läßt. Weder Krupp und Konsorten, an deren betriebswirtschaftlichen Gewinnen die Produktion von Panzerplatten oder der Bau von Kampfschiffen keineswegs einen solch märchenhaften Anteil hatten,[52] wie immer gemutmaßt wird, noch jene Glasperlenhändler, die beim Abschluß ihrer windigen Geschäfte mit eingeborenen Häuptlingen nicht auf den Schutz deutscher Schiffsgeschütze glaubten verzichten zu können, vermochten nämlich wirklich jene »weltpolitische« Begeisterung der Deutschen »manipulativ« zu provozieren. Diese Begeisterung war wie jedes soziale Phänomen durchaus heterogen zusammengesetzt, nährte sich aus den widersprüchlichsten Ängsten und Hoffnungen. Malthusianische Befürchtungen, die sich aus den verblassenden Erinnerungen an die Zeiten frühkapitalistischer Entwicklung mit ihrem Übervölkerungselend und Hungersnöten speisten und die vergrößert und vergröbert auf den Horizont einer nicht mehr fernen Zukunft projiziert wurden, mischten sich mit kaum weniger undifferenzierten Erwartungen, eine erfolgreiche deutsche »Weltpolitik« werde alles zum Besseren, Schöneren und Größeren wenden. In diesem Enthusiasmus steckte viel von der alten Sage und Sehnsucht, welche die Deutschen in dieser oder jener Gestalt wieder und wieder narrte und lockte: Die Welt sei ihnen, dem »Weltvolk«, als Prüfung bestimmt; bestünden sie die Kämpfe dieser Prüfung siegreich, dann würden sie zur Nation werden – einig, groß und stark. Jenseits der Ozeane, an exotischen Gestaden, auf Koralleninseln in der Südsee, in chinesischen Hafenplätzen, in afrikanischen Savannen und Wüsten glaubten die Deutschen, sich endlich selbst verwirklichen zu können. »Der Imperialismus«, so hat es Manfred Messerschmidt schön ausgedrückt, »war eine Bewußtseinshaltung, in welcher im Verein mit ökonomischen und politischen Interessen das Erlebnis des Einmaligen, das Apodiktische, Irreversible und Irrationale in der Geschichte entscheidend wurden.«[53] Die »Weltpolitik« übte den Zauber eines *kollektiven Mythos* aus, der Herrscher wie Beherrschte gleichermaßen in seinen Bann schlug.

Letztlich verschaffte diese breite Zustimmung zur »Weltpolitik« der Reichsleitung eine politische Entscheidungsfreiheit, wie sie sie auf keinem anderen Gebiet mehr hatte. Zwar lag nach der Verfassung des Deutschen Reichs die Formulierung der Außenpolitik allein in der Kompetenz des nur dem Kaiser politisch verantwortlichen Reichskanzlers, war also der Erörterung und Beschlußfassung des Reichstags entzogen. Aber diese Trennung erwies sich immer mehr als verfassungsrechtliche Fiktion. In dem Maße nämlich, wie gerade im Zeichen der

»Weltpolitik« sich die Außen-, Wirtschafts- und Finanzpolitik des Reichs zwangsläufig immer inniger miteinander verflochten, mußte auch der Reichstag und mit ihm die politische Öffentlichkeit stetig an Einfluß auf die Formulierung der außenpolitischen Zielsetzungen und Entscheidungen gewinnen. Die bülowschen Zolltarife von 1902 und die auf ihrer Grundlage ausgehandelten Handelsverträge sind dafür ein Beispiel.

In Anbetracht der wachsenden politischen Zersplitterung, welche die Aussichten auf eine »regierungsfromme« Mehrheit im Reichstag immer fragwürdiger erscheinen ließ, war deshalb der innenpolitische »Sammlungseffekt«, der dem Zauber der »Weltpolitik« eigentümlich war, der Reichsleitung natürlich hochwillkommen. Sogar der politisch ansonsten völlig phantasielose Reichskanzler Hohenlohe erkannte dies. Gravitätisch verkündete er in seiner ersten Reichstagsrede am 11. Dezember 1894: »Die koloniale Bewegung ist auch eine nationale. Sie ist dem erstarkten Nationalgefühl entsprungen, welches nach Gründung des Reichs ein Feld der Tätigkeit für das gekräftigte nationale Empfinden suchte; sie ist eine wertvolle Stärkung des Einheitsgedankens, und keine Regierung wird dieses neue und feste, die einzelnen Stämme der Nation und die verschiedenen Schichten der Bevölkerung umschließende Band entbehren können und wollen.«[54] Diese Einsicht war schon damals nur eine politische Platitüde, die vor allem dann von Bülow immer wieder variiert wurde, der als Reichskanzler ein politisch nicht viel einfallsreicherer Kopf als sein Vorgänger war, es nur verstand, dies mit großem Geschick zu verbergen. Bei einer Schiffstaufe am 10. Januar 1900 erklärte er beispielsweise: »Wenn ich auch wohl weiß, daß auf dem Gebiet der inneren Politik – um mich diplomatisch auszudrücken – mancherlei Divergenzen obwalten, so glaube ich doch, daß ich hinsichtlich der Ziele unserer auswärtigen Politik und auch der Mittel, um diese Ziele zu erreichen, tiefere Divergenzen in der Nation nicht wohl obwalten können. In dieser Einigkeit unseres Volkes liegt gegenüber der Schärfe der inneren Gegensätze ein Ausgleich und eine Gewähr für die Zukunft unseres Volkes. In dieser Überzeugung von der Übereinstimmung der ungeheuren Mehrheit der Nation hinsichtlich ihrer Daseinsbedingungen habe ich seinerzeit die Geschäfte meines Ressorts [das heißt das Staatssekretariat im Auswärtigen Amt] übernommen . . .«[55]

Solche und ähnliche Äußerungen weckten schon damals auf sozialdemokratischer Seite den Argwohn, die Reichsleitung verfolge mit der von ihr inaugurierten »Weltpolitik« lediglich eine Strategie, um die inneren Spannungen nach außen abzuleiten und so den vielfach gefährdeten sozialen und politischen Status quo zu stabilisieren. In der Debatte über den kolonialen Nachtragshaushalt am 12. Mai 1890 traf der bayerische SPD-Abgeordnete Georg von Vollmar die Feststellung: »Ist es denn nicht genug, daß das Mark des Volkes in ungeheuren europäischen Rüstungen vergeudet wird? Sollen dazu nun noch neue bleibende Aufwendungen anderer militärischer Art, einmal durch die Erweiterung der Aufgaben der Marine, sodann durch die direkten Kosten für die Kolonialpolitik, hinzutreten? Dieser ziffernmäßig nachweisbare Verlust von Geld ist aber keineswegs der einzige noch der größte. Wichtiger ist noch dies: Durch die Kolonialpolitik wird das Interesse und die Aufmerksamkeit von dringenden Bedürfnissen unseres Volkes, von Verfassungs-, Freiheits-, politischen und sozialökonomischen Reformbestrebungen zu einem nicht geringen Teil abgezogen. Erinnern Sie sich nur jener Zeit, als der Kolonialenthusiasmus in seiner eigentlichen Blüte war! Damals hat diese Abziehung von den wahren sozialen und politischen Interessen des Volkes, die Blendung durch die Fata Morgana der Kolonialpolitik in weiten Kreisen eine verderbliche Rolle gespielt. Und dasselbe kann wieder eintreten; namentlich besteht diese Gefahr für die wichtigste Frage, die soziale Frage.«[56]

Als ein Popanz aber, hinter dem sich alle nichtsozialdemokratischen politischen Kräfte versammelten, hat die »Weltpolitik« tatsächlich nur einen äußerst geringen Effekt gehabt. Das Scheitern der Reichsfinanzreform belegt dies hinlänglich. Davon, daß es ihrem Zauber gelungen sei, die tiefen gesellschaftlichen Antagonismen zu überwinden oder gar das kontinuierliche Anwachsen der SPD zu verhindern, kann überhaupt keine Rede sein. Und selbst die Komplexität der gesetzgeberischen Kompromisse ließ sich mit ihrer Hilfe nicht »manipulativ« reduzieren: Ohne die Zustimmung des Zentrums, das sich dafür jeweils einen politischen Preis zahlen ließ, war keine Novelle zum Flottengesetz durch den Reichstag zu bringen, war die gesamte grandiose »Weltpolitik« dazu verdammt, Phrase zu bleiben. Die »Weltpolitik« leistete aber unzweifelhaft einen Beitrag dazu, einen rabiaten Nationalismus groß werden zu lassen, dessen einheitsstiftende Wirkung aber spätestens bei Geldsachen aufhörte.

Tatsächlich lagen innenpolitische, »sammlungspolitische« Motive im Horizont der »Weltpolitik«. Aber es wäre gleichwohl unsinnig, wollte man in ihr lediglich eine »innenpolitische Krisenstrategie« (Volker R. Berghahn) erkennen oder behaupten, das Konzept der »Weltpolitik« sei dem »Primat der Innenpolitik« in allem und jedem untergeordnet gewesen. Ohne Zweifel war die »Weltpolitik« dazu bestimmt, den Bestand des preußisch-deutschen Reichs zu sichern, den sozialen und politischen Status quo zu garantieren, auf dem der Primat Preußens ruhte. Wie dies im einzelnen geschehen sollte, das blieb unbestimmt, sieht man von jener gewiß herzhaften Banalität ab, daß eine erfolgreiche Außenpolitik auch die innenpolitische Legitimation eines bestehenden politischen Systems stärkt. Das Konzept der »Weltpolitik« mitsamt ihrer wichtigsten funktionalen Komponente, der Flottenpolitik, war grobschlächtig genug: Deutschland sollte zur Weltmacht aufsteigen. War dieses Ziel erst einmal erreicht, konnte nichts mehr den politischen Primat Preußens und den sozialen Status quo des Deutschen Reichs gefährden. Das Deutsche Reich habe keine andere Alternative als »Weltmacht oder Niedergang«, wie eine Kapitelüberschrift in dem 1912 erschienenen äußerst einflußreichen Buch mit dem bezeichnenden Titel *Deutschland und der nächste Krieg* lautete, das den preußischen General Friedrich von Bernhardi zum Verfasser hatte. In den letzten Tagen des 19. Jahrhunderts sagte dies der feinsinnige Bernhard von Bülow im Reichstag mit noch viel markigeren Worten: »Wir wollen nicht wieder, ..., die Knechte der Menschheit werden. Wir werden uns aber nur dann auf der Höhe erhalten, wenn wir einsehen, daß es für uns ohne Macht, ohne ein starkes Heer und eine starke Flotte keine Wohlfahrt gibt ... In dem kommenden Jahrhundert wird das deutsche Volk Hammer oder Amboß sein.«[57]

Die starke Flotte, die dem deutschen Volk die Gewähr bieten sollte, Hammer zu sein, ließ es zum Amboß der Welt werden. Den Reichstagsabgeordneten, die die Ausgaben für die Flotte bewilligen mußten, erklärte man stets, die Kriegsschiffe seien notwendig, um die wachsenden deutschen Handelsinteressen in aller Welt zu schützen und die deutsche Flagge dort zu zeigen, wo es noch einen Fetzen Land zu verteilen gebe. Das klang harmlos, überzeugte für eine Weile die Handel treibenden Kreise und begeisterte all jene, die Bülow einmal als Leute charakterisiert hat, die in ihrem »Studierzimmer, die Weltkarte vor sich und die Zigarre im Munde, neue Kohlenstationen, Schutzgebiete und Kolonien ... erwerben«.[58] In Wirklichkeit aber wurde die Flotte geplant und gebaut als ein Instrument zur Veränderung des globalen Mächtegleichgewichts, über das England wachte, zugunsten des Reichs. Die »Risikoflotte« war als militärstrategisches Druckmittel gedacht, um England zu politischen Konzessionen zu zwingen. In den Notizen, die sich Alfred von Tirpitz, der Staatssekretär im Reichsmarineamt, für seinen Immediatvortrag beim Kaiser am 28. September 1899 gemacht hat, ist dieses Motiv unverhüllt ausgesprochen: »Sobald Ziel erreicht ist, haben Euer Majestät eine effektive Macht von 45 Linienschiffen nebst komplettem Zubehör. So gewaltige Macht, daß nur noch England überlegen ... Abgesehen von den für uns durchaus nicht aussichtslosen Kampfverhältnissen wird England aus allgemeinen politischen Gründen und vom rein nüchternen Standpunkt des Geschäftsmannes aus, jede Neigung uns anzugreifen, verloren haben und infolgedessen Euer Majestät ein solches Maß von Seegeltung zugestehen und Euer Majestät ermöglichen, eine große überseeische Politik zu führen.«[59]

In diesem Passus sind zwei für die Befangenheiten des politischen Denkens der deutschen »Weltpolitiker« höchst aufschlußreiche Annahmen enthalten: 1. Unabdingbare Voraussetzung für eine erfolgreiche »Weltpolitik« ist der Besitz einer eigenen, starken Flotte; 2. England wird sich nur dann zu politischen Konzessionen gegenüber dem Reich bereitfinden, wenn man ein militärisches Drohmittel in der Hinterhand hat, das auch das Inselreich fürchten muß. Mit anderen Worten: Eine erfolgreiche »Weltpolitik« kann nichts anderes sein als aggressive Machtpolitik gegenüber England.

Es kann keinen Zweifel geben, daß Tirpitz die deutsche Schlachtflotte plante und baute, um eine Waffe gegen England in der Hand zu haben. Und Bülow und der Kaiser machten sich dieses flottenpolitische Kalkül zu eigen, das im übrigen völlig in der Tradition jener Englandpolitik stand, die zuvor schon auf den Erfolg der kleinen Nadelstiche gesetzt hatte. Nur – eine deutsche »Risikoflotte« war ein viel gefährlicheres Instrument, und dieses Risiko wirkte nicht nur in eine Richtung. Eine große deutsche Flotte mußte die englischen Sicherheitsinteressen unmittelbar berühren. England werde darauf, so kalkulierte Tirpitz, mit politischen Konzessionen reagieren. Tatsächlich aber antwortete England mit einer Steigerung seiner Abwehrkräfte. Durch den Bau seiner in der Nordsee konzentrierten Schlachtflotte zwang das Reich England an die Seite der Gegner Deutschlands. In seinem 1916 veröffentlichten Aufsatz *Deutschland unter den europäischen Weltmächten* schrieb Max Weber: »Nicht die deutsche Konkurrenz war der entscheidende Kriegsgrund [für England], sondern die vermeintliche Bedrohung durch unsere *Flotte*. Der englische Spießbürger fürchtete die Gefahr einer Landung. Der englische Weltpolitiker aber fand den Zwang unerträglich, die ganze englische Flotte in der Nordsee zu konzentrieren; das bedeutete eine Einschränkung der weltpolitischen Handlungsfreiheit und zwang zu Opfern an andere, die England sonst nie gebracht hätte.«[60]

Die Entscheidung für den Bau der Flotte war *der* entscheidende Fehler der deutschen Politik, der das weitere Schicksal des Deutschen Reichs bestimmte. Die Schlachtflotte war *die* Ursache dafür, daß England seine Divergenzen mit Rußland und Frankreich begrub, weil Deutschland in seinen Augen der gefährlichste Gegner wurde. Es war nicht die vielfach beschworene geographische Mittellage des Deutschen Reichs, die ihm seinen Untergang unvermeidbar vorherbestimmte, sondern es war einzig und allein jener größenwahnsinnige Gedanke, eine Kriegsflotte zu bauen, von der man mit den politischen Verstandeskräften eines Oberlehrers annahm, sie sei unabdingbar für den Erfolg der deutschen »Weltpolitik«. Doch der war nicht *gegen*, sondern nur *mit* England zu erringen oder gar nicht. Es waren Tirpitz, Bülow und der Kaiser, die die glänzende außenpolitische Situation des Deutschen Reichs verspielten, verspielen mußten, weil sie von dem Alpdruck geplagt wurden, der politische Primat Preußens im Deutschen Reich ließe sich nur erhalten, wenn sie so handelten. »Wenn man in Deutschland doch nur stillsitzen könnte«, so klagte der deutsche Botschafter in London, Paul Graf von Hatzfeldt, ein Einäugiger unter lauter Blinden, »dann würde die Zeit bald kommen, wo uns die gebratenen Tauben in den Mund fliegen. Aber diese fortgesetzten hysterischen Schwankungen Wilhelms II. sowie auch vor allem die abenteuerliche Flottenpolitik des Herrn von Tirpitz werden uns ins Verderben bringen.«[61]

Aber in Berlin konnte man nicht stillsitzen, auch wenn man so tat. Denn erst mußte die Realisierung des Flottenbauprogramms abgewartet werden, ehe man wirklich zur Einleitung einer erfolgversprechenden »Weltpolitik« schreiten konnte. Bis es soweit war, galt es, sich ruhig zu verhalten. In seinem Buch *Deutsche Politik*, das 1916 erschien, bekannte Bülow: »Lange Zeit stand unsere auswärtige Politik bis zu einem gewissen Grade im Dienst unserer Rüstungsaufgaben, sie mußte unter anomalen Verhältnissen arbeiten. Nach dem Ausbau unserer Flotte war der normale Zustand wieder hergestellt: Die Rüstung stand im Dienste der Politik.«[62] Noch deutlicher äußerte sich Tirpitz in diesem Sinne. Nach einer Unterredung mit dem Staatssekretär im Reichsmarineamt notierte Reichskanzler Hohenlohe unter dem 24. Oktober 1898 in sein Tagebuch: »Tirpitz schließt, alle England feindliche Politik müsse solange beruhen, bis wir eine Flotte hätten, die so stark wäre wie die englische [sic!]. Das Bündnis mit Rußland und Frankreich würde uns nichts nützen. Die Russen könnten nicht über die Berge nach Indien kommen, sie hätten genug zu tun, um ihre ostasiatischen Erwerbungen zu erhalten.«[63]

Das war das Dogma der bülowschen Außenpolitik, das besagte, daß das Reich unter allen Umständen eine »Politik der freien Hand« treiben müsse. Weder sollte ein Bündnis mit England noch mit Rußland geschlossen werden; zu beiden Mächten sollte vielmehr ein Verhältnis freundschaftlicher Unverbindlichkeit gehalten werden. Dahinter verbarg sich die absurde Vorstellung einer »Gefahrenzone«, die das Reich mit seiner erst einsetzenden Flottenrüstung unbehelligt durchschreiten müsse, um dann, das war Tirpitz' fixe Idee, irgendwann einmal an jenem imaginären Ziel anzulangen, an dem Deutschland zu Lande und zu Wasser so mächtig sein würde, um jeder Macht oder jeder Mächtekoalition die Stirn bieten zu können! Auch Bülow glaubte allen Ernstes, die anderen Mächte durch freundliches diplomatisches Mienenspiel über die wahren Absichten des Reichs hinwegtäuschen zu können und damit Deutschland die Möglichkeit zu schaffen, sich die Weltherrschaft gleichsam zu erschleichen! Die Absurdität dieses Kalküls wird restlos deutlich, wenn man jene ungefähren Zeiträume in Betracht zieht, mit denen Tirpitz rechnete, bis das Reich eine der englischen ebenbürtige Flotte zur Verfügung haben würde. 1899 ging Tirpitz davon aus, daß die Flottenstärke Deutschlands zu der Englands im Verhältnis 2 : 3 stehen müsse, wollte das Reich eine realistische Chance haben, den Rivalen von den Meeren zu fegen. Die rechnerische Unterlegenheit an Schiffen sollte durch taktische und technische Vorteile wettgemacht werden. Bis 1920 wollte Tirpitz 60 große Schiffseinheiten in Dienst gestellt haben, was nach der 2 : 3-Formel bedeutete, daß England im gleichen Zeitraum 90 Schiffe vergleichbarer Größe gebaut und ersetzt haben mußte.[64] Damit diese langfristige Zielplanung sich ungestört verwirklichen ließ, mußte die Diplomatie die Gewähr dafür übernehmen, den englischen Gegner so lange auf die von seinem künftigen Schächer ausgegebenen »Spielregeln« zu verpflichten, bis dieser in aller Ruhe das Messer gewetzt hatte, das er jenem an die Kehle setzen wollte!

Das war der ganze famose Plan, dem sich Tirpitz und Bülow verschworen hatten und der der deutschen Außenpolitik seit der Transvaalkrise zugrunde lag: Die deutsche Außenpolitik wurde zur Magd der tirpitzschen Flottenpläne; ihre einzige Aufgabe war es, den diplomatischen Paravent zu liefern, bis die deutsche Flotte jene imaginäre »Gefahrenzone« durchschritten hatte. Die Richtigkeit dieser Politik suchte Bülow noch zu einem Zeitpunkt zu verteidigen, als sie schon längst gescheitert war. In seiner Rechtfertigungsschrift *Deutsche Politik* schreibt er: »In doppelter Hinsicht mußte sich Deutschland international unabhängig stellen. Wir durften uns weder von einer grundsätzlich gegen England gerichteten Politik das Gesetz unseres Entschließens und Handelns vorschreiben lassen, noch durften wir uns um der englischen Freundschaft willen in englische Abhängigkeit begeben. Beide Gefahren waren gegeben und rückten mehr als einmal in bedenkliche Nähe. *In unserer Entwicklung zur Seemacht konnten wir weder als Englands Trabant, noch als Antagonist Englands zum erwünschten Ziele kommen.*« [65]

Bülows Zuversicht, seine Außenpolitik der »freien Hand« werde schon jenen Erfolg garantieren, der mit ihr angestrebt wurde, gründete nicht nur auf der eitlen Selbstüberschätzung seines diplomatischen Geschicks, sondern vor allem auf einem Axiom, dem die deutsche Diplomatie der Nachbismarckzeit mit Zähigkeit anhing. Dieses Axiom besagte, England werde nie der dritte Partner in der französisch-russischen Entente sein. Die anglo-russischen Gegensätze in Ostasien seien so heftig, daß man über kurz oder lang mit dem offenen Ausbruch von Feindseligkeiten rechnen müsse. Dieser Gegensatz von »Walfisch« und »Bär« sei gleichzeitig die beste Garantie dafür, daß England nichts gegen den Aufbau einer deutschen Flotte unternehmen werde, da es in einem solchen Konflikt immer auf das Wohlwollen und die Freundschaft des Reichs angewiesen sei. In zehn Jahren, so kalkulierte Bülow, wäre der Bau der sibirischen Eisenbahn vollendet, wären die russischen Vorbereitungen an der indischen Grenze abgeschlossen, hätte Rußland seine Kräfte gesammelt, um das britische Imperium in Asien zu überrennen.[66] Ein solcher Konflikt, in den Frankreich höchstwahrscheinlich auf der Seite Rußlands eingriffe, würde beide Seiten empfindlich schwächen. Dann würde Deutschland, gestützt auf eine ungeschmälerte Wirtschaftsmacht und die tirpitzsche Flotte, automatisch die Rolle der ersten Weltmacht, die Funktion eines Arbiter mundi zufallen. Sollten aber irgendwelche Kolonialstreitigkeiten oder gar ein plötzlich aufbrechender britischer Argwohn über die deutschen Absichten schon vorher zu einem Konflikt zwischen dem Reich und England führen, dann könne Berlin immer noch eine Allianz mit dem Zarenreich schließen.[67]

Für den Historiker, der weiß, welchen Gang die weitere Entwicklung nahm, ist es leicht, aufzuzeigen, mit welch vielfältigen Schwächen und Inkonsistenzen diese Annahmen und Vorgaben, auf denen Bülows Außenpolitik basierte, behaftet waren. Allein, den damals Handelnden fehlte nicht nur jegliche Prophetengabe, sie waren auch so fest überzeugt von der logischen Stimmigkeit ihres Konzepts, daß ihnen kaum irgendwelche Bedenken kamen. Außerdem schienen ihnen die Ereignisse schneller recht zu geben, als sie selbst erwartet hatten. Das mächtige England schien dem Niedergang geweiht. Der Ausbruch des Burenkriegs im Jahre 1899, in dem die Buren sich anfangs erfolgreich zu behaupten vermochten und den England nach dreijähriger Dauer nur mit großer Brutalität – damals wurden von englischer Seite die ersten Konzentrationslager eingerichtet, in denen man unter unmenschlichen Verhältnissen burische Frauen und Kinder internierte – für sich zu entscheiden vermochte, schien dafür den Beweis zu liefern. Als einen weiteren Beweis, daß es um Englands Macht schlecht bestellt sei, werteten die Staatsmänner in Berlin auch, daß England von sich aus im März 1898 die Möglichkeit eines Bündnisses mit dem Reich zu sondieren begann.[68]

Die Bündnisangebote, mit denen vor allem der englische Kolonialminister Joseph Chamberlain den deutschen Botschafter in London förmlich überschüttete, wurden immer verlockender und phantastischer. Ein großer Weltbund der anglo-amerikanischen Nationen mit dem deutschen Volk, so verkündete er öffentlich, sei das letzte, ideale Ziel einer engen deutsch-englischen Zusammenarbeit. In Berlin zögerte man. Bülow telegraphierte an den deutschen Botschafter Hatzfeldt immer neue Ausflüchte, wie er sich dem englischen Drängen entziehen könne, ohne die Londoner Politiker allzusehr zu brüskieren. Man wird ihm dies nicht als Fehler ankreiden können. Zu berechtigt war der in Berlin vorherrschende Eindruck, das Reich solle nur die englischen Kastanien aus dem Feuer holen. Denn im Hintergrund der englischen Bündnisangebote stand die sehr reale Furcht des Inselreichs, das seine imperialen Interessen in verschiedenen Weltgegenden durch Frankreich und Rußland bedroht sah. Ein Bündnis mit Deutschland hätte notwendigerweise diese beiden Mächte gezwungen, sich wieder stärker der Entwicklung in Mitteleuropa zuzuwenden. Damit wäre gleichzeitig ihr Druck auf die englischen Einflußgebiete in Afrika und Ostasien gemindert worden.

Tatsächlich war es das Deutsche Reich gewesen, das zu dieser Entwicklung den Anstoß gegeben hatte. Der mit großen Worten inaugurierten »Weltpolitik« mußten, die tirpitzsche »Gefahrenzone« hin oder her, Taten folgen, sollte diese Politik nicht jede Glaubwürdigkeit einbüßen. Außerdem galt es, das deutsche Volk durch eine spektakuläre Aktion von der Notwendigkeit einer deutschen Flotte zu überzeugen. Beide Absichten wurden mit der Besetzung des chinesischen Hafens Kiautschou durch ein deutsches Flottengeschwader im November 1897 glänzend erfüllt, die unmittelbar vor Beginn der Reichstagsverhandlungen über das erste Flottengesetz erfolgte. »Unsere Festsetzung an der chinesischen Küste stand in der Tat im innern und unmittelbaren Zusammenhang mit der Flottenvorlage und war ein erster praktischer Schritt auf dem Wege der Weltpolitk«, hat Bülow später selbst bekannt.[69] Mit anderen Worten: Das Reich brauchte einen chinesischen Hafen für seine nicht existierende Flotte, um dann eine Flotte zu bauen, diesen Hafen zu schützen... Den Vorwand für diese alle anderen Mächte überraschende deutsche Aktion lieferte die Ermordung zweier deutscher Missionare, Mitglieder eines katholischen Ordens, was für Bülows flottenpolitische Pläne den willkommenen Nebeneffekt hatte, daß nun auch das Zentrum der Flottenvorlage zustimmte. Dieses deutsche Vorgehen in China durchkreuzte vor allem ausgreifende russische Pläne. Rußland hatte sich in aller Stille darangemacht, das chinesische Riesenreich Stück für Stück seiner ostasiatischen Interessensphäre einzuverleiben und dabei den englischen wie den japanischen Einfluß zurückzudrängen. Auf die deutsche Besetzung Kiautschous reagierte Rußland mit der Besetzung des Hafens Port Arthur, der den Golf von Petschili und damit den Zugang nach Tientsin und Peking beherrschte. Dies rief England und Frankreich auf den Plan, die sich ihrerseits chine-

sische Hafenplätze sicherten. Die Aufteilung Chinas schien eingeleitet.
Um aber das Deutsche Reich auszuschalten, diesen lästigen Mitbewer-
ber um die chinesische Beute, schlug Rußland England ein gemeinsames Vorgehen gegen Deutschland vor.[70] Ein solcher Vorschlag war den
englischen Interessen indes völlig zuwider. Rußland war für England
ein viel zu mächtiger Partner in China, dessen Appetit man auf die
Dauer nicht würde zügeln können. Deshalb wollte England der weiteren russischen Ausdehnung in China durch ein Bündnis mit dem Deutschen Reich einen Riegel vorschieben: Ohne eine nennenswerte Flotte,
das war das Kalkül der englischen Politik, würde das Reich kein ernsthafter Konkurrent in China werden, während es dank seiner starken
Militärmacht eine permanente Bedrohung Rußlands in dessen europäischem Rücken wäre. Aus dieser Kombination zöge England alle Vorteile, ohne selbst einen nennenswerten Preis zahlen zu müssen. So sah
man dies auch in Berlin. Außerdem fügte sich eine Verschärfung des
anglo-russischen Gegensatzes in Ostasien ganz in die eigenen Flottenpläne. Solange die russisch-englischen Spannungen währten, war die
Außenpolitik der »freien Hand« gesichert. Folglich mußte es ganz im Interesse des Reichs sein, diesen Gegensatz zu erhalten. Gleichzeitig galt
es aber, alles zu vermeiden, was England oder Rußland mit dem Deutschen Reich verfeindete. Dieser Absicht entsprach der Brief, den Kaiser
Wilhelm II. am 30. Mai 1898 an Zar Nikolaus II. sandte, um diesen über
das englische Bündnisangebot zu unterrichten. »Was die Tendenz dieses Bündnisses ist, wirst Du gut verstehen, da ich unterrichtet bin, daß
es sich um ein Bündnis mit der Tripel-Allianz und mit Einschluß von Japan und Amerika handelt, mit denen bereits Vorverhandlungen begonnen worden sind! Welche Chancen in der Ablehnung oder Annahme
für uns liegen, magst Du selbst berechnen! Nun bitte ich Dich, als meinen alten und vertrauten Freund, mir zu sagen, was Du mir bieten
kannst und tun willst, wenn ich ablehne?«[71]

Das war ein durchsichtiges Manöver, das der Zar auch mühelos
durchschaute. Vor drei Monaten, so lautete die Antwort Nikolaus' II.,
habe sich England mit verlockenden Vorschlägen an Rußland gewandt.
Man habe diese Vorschläge, ohne zu zögern, abgelehnt. »Wie Du weißt,
sind wir mit Japan zu einer Verständigung über Korea gekommen, und
wir sind seit langer Zeit in den besten Beziehungen mit Nordamerika
gewesen. Ich sehe wirklich keinen Grund, weshalb sich das letztere
plötzlich gegen alte Freunde wenden sollte – nur wegen der ›schönen
Augen‹ Englands? – Es ist schwer für mich, wenn nicht ganz unmöglich,
auf Deine Frage zu antworten, ob *es* für Deutschland nützlich *ist* oder
nicht, diese oft wiederholten englischen Vorschläge anzunehmen, da ich
nicht die geringste Kenntnis ihres Wertes gewonnen habe. – Du mußt

natürlich entscheiden, was für Dein Land das Beste und Notwendigste ist.«[72]

Die Antwort des Zaren war meisterhaft. Ein Bündnis mit Deutschland sei für England doch nur zweite Wahl, nachdem sein Wunsch nach einer Verständigung mit Rußland in St. Petersburg ausgeschlagen worden sei. Daß das die Tatsachen genau auf den Kopf stellte, daß Rußland eine Verständigung mit England gesucht hatte, das spielte in diesem Zusammenhang keine Rolle. Bülow jedenfalls wertete die Antwort des Zaren als neuen Beweis für die Unzuverlässigkeit Englands. Für ein deutsch-englisches Bündnis müßte das Inselreich, wie Bülow dem englischen Botschafter bedeutete, unter anderem zu kolonialen Zugeständnissen bereit sein. Außerdem müsse der Bündnisvertrag in aller Form vom englischen Parlament ratifiziert werden.[73] Das war für die englische Regierung ein zu hoher Preis. Lord Salisbury meinte gegenüber dem deutschen Botschafter Hatzfeldt trocken: »Sie verlangen zuviel für ihre Freundschaft.«[74] Gleichwohl wurden die Bündnisverhandlungen von beiden Seiten noch bis in den Dezember 1899 fortgesetzt. Ihr endgültiger Abbruch stand dann in einem unmittelbaren zeitlichen wie kausalen Zusammenhang mit der zweiten Flottenvorlage.

Diese zweite Flottenvorlage passierte im Juni 1900 den Reichstag. Lediglich die Sozialdemokraten machten kein Hehl aus ihrer wohlbegründeten Abneigung gegen den »Flottenschwindel« (Karl Liebknecht). Der Reichstag ließ sich bewußt auf das Spiel ein, das sich Tirpitz ausgedacht hatte, um seine ehrgeizigen Pläne verwirklichen zu können: Niemals war der Staatssekretär des Reichsmarineamts dazu zu verleiten, den Vertretern des deutschen Volkes Einblick in den ganzen Umfang seiner Planungen zu geben. Stets waren seine Marineforderungen, die durch eine von ihm gesteuerte riesige Propaganda mit großem Geschick vorbereitet wurden, genau auf die innen- und außenpolitische Situation des Reichs berechnet. Happen- und häppchenweise strebte Tirpitz jenem imaginären Ziel zu, das er in seinem Vortrag beim Kaiser Ende September 1899 skizziert hatte. Und der aus dem allgemeinen und gleichen Wahlrecht hervorgegangene Reichstag nahm Flottenvorlage um Flottenvorlage an, ohne je zu wissen, welche Kosten dem deutschen Volk mit jenen Schiffen entstehen würden, die er dem Admiral von Tirpitz bewilligte.[75] Die Volksvertreter knüpften mit an jenem Strick, mit dem sich das Reich strangulieren sollte.[76]

Die Schlinge, die sich das Reich mit seiner ehrgeizigen Flotten- und »Weltpolitik« selbst um den Hals gelegt hatte, begann, sich nach der Jahrhundertwende langsam zuzuziehen. Welchen ferneren Absichten das gesteigerte Tempo und die beträchtliche Erweiterung der deutschen

Flottenrüstungen dienen sollten, vermochte selbst die »pomadige« Diplomatie eines Bülow auf die Dauer nicht mehr zu verbergen. Daß Deutschland eine starke Flotte brauche, um seine Interessen gegen die aufstrebende ostasiatische Großmacht Japan wahren zu können, wie gelegentlich allen scheinheiligen Ernstes von deutschen Regierungsstellen behauptet wurde, war eine so fadenscheinige Ausrede, daß sie das Mißtrauen Englands nur noch steigern mußte. Die Entfremdung zwischen dem Reich und England folgte der Annahme des zweiten Flottengesetzes durch den Reichstag nicht unmittelbar. Sie vollzog sich vielmehr sehr langsam und unter vielen Verbeugungen, die man sich gegenseitig noch machte. Das Reich versicherte England insgeheim seiner Neutralität im Burenkrieg. Und die englische Regierung überließ den Deutschen auf deren Drängen schließlich den Oberbefehl über jene internationale Truppe, die die in China ausgebrochenen »Boxer-Unruhen« niederschlagen sollte. Als der »Weltmarschall« (Wilhelm II.) Waldersee Ende September 1900 an der Spitze eines deutschen Truppenkontingents in China ankam, hatten russische, japanische und englische Truppen Peking längst erreicht und die dort von den Aufständischen als Geiseln gefangengehaltenen europäischen Diplomaten befreit.

Die üble Posse jenes »Kreuzzugs« der europäischen Mächte, die sich aufmachten, die »gelbe Gefahr« zu bannen, war eine Unternehmung so recht nach dem Herzen Wilhelms II., entsprach völlig seinen phantastischen Vorstellungen von »Weltpolitik«.[77] Militärisch waren die Chinesen als Gegner nicht ernst zu nehmen. Einer französisch-englischen Strafexpedition nach Peking waren sie im Jahre 1860 noch mit Papierdrachen und Bronzekanonen entgegengetreten, die Stinkbomben abfeuerten.[78] Um so mehr konnte deshalb Seine Majestät der Kaiser in markigen Worten schwelgen. Aus Anlaß der Einschiffung deutscher Truppen nach China hielt Wilhelm II. am 27. Juni 1900 jene Rede, die der Propaganda der Feindmächte während des Ersten Weltkriegs unendlich nützlich sein sollte: »Pardon wird nicht gegeben«, mahnte der Kaiser damals seine Soldaten, »Gefangene werden nicht gemacht! Wie vor tausend Jahren die Hunnen unter König Etzel sich einen Namen gemacht haben, der sie noch jetzt in Überlieferung und Märchen gewaltig erscheinen läßt, so möge der Name Deutscher in China auf tausend Jahre durch euch in einer Weise bestätigt werden, daß niemals ein Chinese es wagt, einen Deutschen auch nur scheel anzusehen.«[79]

Die »gelbe Gefahr«, der es sich zu erwehren galt, das »Völker Europas, schützt eure heiligsten Güter« – das alles war kaiserliche Phraseologie. In Wirklichkeit ging es um handfeste materielle Interessen: Die Deutschen wollten dabeisein, wenn der chinesische Drache zerteilt wurde, wollten am Chinageschäft mitverdienen, Eisenbahnen bauen,

Bergwerke in Betrieb setzen. Durch die Intervention in China geriet das Reich erneut in Gegensatz zu Rußland, das die innerchinesischen Wirren dazu genutzt hatte, sich in der Mandschurei einzunisten, und jetzt auf das nächste große Stück des chinesischen Kuchens lauerte. Dieser russisch-deutsche Gegensatz erzwang wieder eine deutsch-englische Annäherung, die sich im »Jangtse-Abkommen« vom 16. Oktober 1900 materialisierte. In diesem Vertrag kamen Deutschland und England überein, gemeinschaftlich den freien Handel mit China zu garantieren und eine Aufteilung des Chinesischen Reichs zu verhindern. Sollte dennoch eine dritte Macht versuchen, die innerchinesischen Wirren auszunutzen, um territoriale Vorteile zu erlangen, wollten sich beide Kontrahenten über gemeinsame Schritte konsultieren. Wie immer bei solchen Abkommen verfolgten beide Partner völlig gegensätzliche Absichten. Das Reich wiegte sich in der Illusion, einer weiteren Ausdehnung des britischen Einflusses in China einen Riegel vorgeschoben zu haben, während England glaubte, Deutschland werde sich einem weiteren Vordringen Rußlands in den Weg stellen. Wie sehr diese völlig gegensätzlichen Erwartungen den Wert des »Jangtse-Abkommens« minderten, zeigte sich sehr rasch, als Rußland die gesamte Mandschurei annektierte. Trotz der enttäuschenden Erfahrungen machte England daraufhin einen erneuten Vorstoß, um mit dem Deutschen Reich zu einer grundsätzlichen Absprache über die gegenseitigen Interessen zu kommen. Aber auch diese Verhandlungen scheiterten, da das Reich zuviel verlangte – Deutschland bestand auf einem förmlichen Beitritt Großbritanniens zum Dreibund –, während sich England zwar auf einzelnen Feldern gemeinsamen Interesses mit dem Reich arrangieren, sich im übrigen aber in seiner Politik nicht durch ein solch enges Bündnis binden wollte. Ein Beitritt Englands zum Dreibund war, wie der englische Außenminister, Lord Lansdowne, dem deutschen Botschafter, Paul Graf von Metternich, gegenüber bedeutete, »for the present too big a fence to ride at«. Und er begründete dies mit der »beiderseitigen Volksstimmung« und damit, daß es voraussichtlich sehr schwierig werden würde, »die Zustimmung des englischen Parlaments zu erlangen«.[80]

Mit seinem Beharren auf einem für England unakzeptabel hohen Preis ließ sich das Reich im Jahre 1901 die letzte Chance entgleiten, einer feindlichen Mächtekoalition vorzubeugen. Der Geheime Rat Holstein war damals einer der wenigen, den solche Ahnungen gelegentlich plagten. In einem Brief an Bülow vom 27. August 1900 schrieb er: »Für die weitere Ent- und Verwicklung der chines. Frage sehe auch ich schwarz, denn ich glaube nicht an ein dauerndes ›Glück‹, sondern glaube, daß auf die Dauer der Unterschied von ›vernünftig‹ und ›nicht vernünftig‹

maßgebend bleibt. Der Kaiser erregt jetzt Mißtrauen u. Eifersucht rundherum, Eifersucht beim Zaren u. bei Salisbury, die dadurch näher gerückt werden, als sie sich sonst kommen würden . . . Daß Sie, lieber Bülow, bisher mitgegangen sind und bis an die äußersten Grenzen des Möglichen zugestimmt haben, begreife ich, da ich die Gründe kenne. Aber der Zeitpunkt scheint mir gekommen, wo Sie bei aller fortdauernden Ergebenheit dem Kaiser gegenüber leise Kassandra-Töne hören lassen müssen: Die denkbar mildeste Verdünnung des Gedankens, daß die Regierer und Völker, auf deren Empfindungen S. M. jetzt herumtrampelt, noch unbesiegt sind – darin liegt der Unterschied mit König Etzel – und auch unbesiegt bleiben werden, wenn er fortfährt, sie durch gemeinsamen Haß gegen seine Person zu einigen.«[81] Aber lediglich »leise Kassandratöne« oder kritische Einwände in »mildester Verdünnung« reichten kaum aus, jenen Panzer aus Selbstsicherheit und Vertrauen in die eigene unüberwindliche Stärke und in die Schwäche der anderen zu durchdringen, der den Kaiser und Bülow vor Irritationen und Zweifeln schützte. Zu sehr hatte man das Dogma verinnerlicht, England werde sich wegen seiner imperialen Interessen nie mit Rußland und Frankreich verständigen können. Irgendwann, so war man in Berlin felsenfest überzeugt (und die diplomatischen Akten geben Zeugnis von dieser Zuversicht), würden die Schwierigkeiten des Inselreichs so groß werden, daß es sich zu jeder Bedingung mit dem Deutschen Reich verbünden werde. Insgeheim hatte man aber auch gar kein Interesse an einem Bündnis mit England. England war dem Untergang geweiht. Ein Bündnis hätte dessen Niedergang nur verlangsamt, hätte dem Reich die Hände gebunden, die Erbschaft Englands in der Welt anzutreten. Daß eben dies das wahre Kalkül der bülowschen Außenpolitik war, verraten jene Zeilen seiner während des Krieges erschienenen politischen Rechtfertigungsschrift, in denen er über das deutsch-englische Verhältnis schreibt: »Solange wir zur See nicht verteidigungsfähig waren, konnten wir ein wirklich gutes und vertrauensvolles Verhältnis zur größten Seemacht nur haben, wenn wir auf den Ausbau unserer Flotte verzichteten. Wir hätten die weitere Entwicklung nicht nur unserer Kriegs-, sondern auch unserer Handelsflotte aufgeben und ein für allemal der Hoffnung entsagen müssen, im Überseehandel mit England in Wettbewerb zu treten. Die vorbehaltlose und sichere Freundschaft Englands wäre damals nur zu erkaufen gewesen durch Aufopferung eben der weltpolitischen Pläne, um deretwillen wir die britische Freundschaft gesucht hätten.«[82]

Es ist das Zerrbild vom »perfiden Albion«, vom neidischen »Händlervolk«, das Bülow hier als Folie seiner Argumentation benutzt. Der Nachweis ist müßig, daß alle diese Vorurteile, die der Zeit so geläufig waren und schamlos dazu benutzt wurden, die eigene Politik gegenüber der Öffentlichkeit zu rechtfertigen, in keiner Weise mit der Wirklichkeit übereinstimmten. Auf den Umstand, daß der deutsche Anteil am Welthandel auch ohne die Flotte stetig gewachsen sei, haben schon die Sozialdemokraten immer wieder hingewiesen.[83] Auch der deutsche Handel mit England und den englischen Kolonien war bis zum Kriegsausbruch kräftig expandiert. Die wichtigsten Absatzmärkte für deutsche Produkte waren im Europa des Jahres 1913 Rußland, Großbritannien, Frankreich, Belgien, die Niederlande und Italien, alles Staaten also, mit denen das Reich ein Jahr später Krieg führen sollte. In Zahlen ausgedrückt, nahmen die Ententestaaten insgesamt 60 Prozent des deutschen Warenexports auf, während umgekehrt 68,1 Prozent der deutschen Einfuhren aus diesen Ländern kamen. Lediglich 8,4 Prozent seines Imports bezog das Reich von seinen Bündnispartnern, die ihrerseits nur 12,2 Prozent der deutschen Warenausfuhren aufnahmen.[84] Diese Zahlen beweisen zur Genüge, wie naiv jenes Imperialismusverständnis war, das eine deutsche Flotte und eine deutsche »Weltpolitik« à la Bülow als Lebensnotwendigkeit hinstellte: Der imperialistische Glaubenssatz »Der Handel folgt der Flagge« findet keine Bestätigung.

Es war nicht das Schicksal der »deutschen Mittellage«, wie immer wieder geraunt wird, nicht die Enge seiner geopolitischen Situation, gegen die sich Deutschland auflehnen mußte, um leben zu können. Nein, die »Einkreisung des Reichs« war nicht von Gott vorgegeben, sondern konsequente Folge der Hybris seiner Politiker. Der geniale Bismarck hatte aus kurzsichtigen innenpolitischen Erwägungen Frankreich zum Todfeind Deutschlands gemacht, als er ihm Elsaß-Lothringen entriß. Seither starrten die französischen Staatsmänner auf dieses »Loch in den Vogesen«. Die Franzosen, das ahnte Bismarck dumpf, waren eine wirkliche Nation und würden es auf Dauer nie hinnehmen, daß ein Glied von ihrem Körper abgetrennt blieb. Bismarcks Erben hatten dafür keinerlei Sensibilität mehr, sie waren in jeder Hinsicht Epigonen. Sie glaubten an jenes primitive Credo, daß allein die Macht Tatsachen schaffe und ihnen Dauer verleihe. Deshalb erwarteten sie ihr Heil von einer starken Flotte, die auf das Herz Englands zielen sollte. In Berlin glaubte man allen Ernstes daran, England durch Querelen in anderen Kontinenten, durch hinhaltende Bündnisgespräche, durch Differenzen mit anderen Mächten über die eigenen Absichten täuschen zu können. Das ging eine Weile ganz gut, aber eben nur eine Weile. Denn die Politiker und Diplomaten des Reichs ließen gleichzeitig so gut wie keine Gelegenheit aus, sich Rußland durch Taten und Worte zu entfremden. Das ergab sich zum Teil ganz zwangsläufig aus der Politik der »freien Hand«: Alle sollten so lange gegeneinander ausgespielt werden, bis man Kraft genug zu haben glaubte, das Spielbrett umzustoßen und der Welt den eigenen Willen diktieren zu können. Sollte wider Erwarten doch etwas schiefgehen, dann glaubte man in Berlin, noch eine Karte im Ärmel zu haben, die man ausspielen könnte: Diese Karte war das Axiom der deutschen Außenpolitik, daß man stets ein enges Bündnis mit Rußland haben könne, wenn man nur wolle. Allein, dieses Axiom basierte auf einer völligen Fehlinterpretation der russischen Interessen.

Seit der Mitte der neunziger Jahre gab Rußland auf dem Balkan Ruhe, weil es alle seine Kräfte sammelte, um in Ostasien zu expandieren. Voraussetzung dafür war, daß es seinen Rücken, seine Westgrenze frei hatte. Und die beste Garantie dafür war nicht ein Bündnis mit dem Deutschen Reich, sondern eines mit der Französischen Republik! Außerdem hatte Frankreich Geld und Kapital im Überfluß, das es nur zu bereitwillig in Rußland investierte, während das Reich an chronischer Kapitalknappheit litt und schon mit der Finanzierung der Bagdadbahn überfordert war. Ohne eine massive Beteiligung französischen Kapitals wäre dieses Schauprojekt deutscher »Weltpolitik« nie zu finanzieren gewesen.[85]

Die Aussichten, daß das Reich jenes Spiel gewinnen konnte, das es mit seiner Politik der »freien Hand« scheinbar so mühelos beherrschte, wurden durch einen stillen Schachzug der englischen Diplomatie jäh verschlechtert. Das Arrangement, das Deutschland nicht hatte eingehen wollen, wurde mit Japan getroffen. Am 30. Januar 1902 wurde ein englisch-japanisches Abkommen unterzeichnet. England erkannte die japanischen Ansprüche auf Korea an und verpflichtete sich außerdem dazu, Frankreich zur Neutralität zu zwingen, falls es zum Ausbruch eines japanisch-russischen Krieges kommen sollte. Beide Zugeständnisse kosteten England wenig. An Korea hatte es keinerlei Interesse, und um Frankreich in Schach zu halten, genügte seine Flotte. Außerdem dürfte Frankreich über die englische Drohung sehr erleichtert gewesen sein, da es seinerseits kein Verlangen haben konnte, sich für die ostasiatischen Expansionsgelüste seines russischen Ententepartners zu schlagen. Das französisch-russische Bündnis war für Frankreich nur von Bedeutung, wenn es sich gegen Deutschland richtete.

Der Gewinn, den England aus dem Abkommen mit Japan zog, war indes beträchtlich: Es verhinderte ein japanisch-russisches Bündnis mit dem Ziel einer einvernehmlichen Aufteilung des ostasiatischen Raumes, und noch besser: Japan würde England die Last abnehmen, die russische Expansion in Ostasien einzudämmen.

Als die Nachricht von diesem englisch-japanischen Abkommen in Berlin bekannt wurde, sagte der Kaiser dem englischen Botschafter in der ihm eigenen »humorvollen« Art: »The noodles [damit meinte er die britischen Staatsmänner] seem to have had a lucid interval«, und Bülow telegraphierte an den deutschen Botschafter in London: »Das Abkommen entspricht so sehr den beiden Kontrahenten, daß man sich nur fragen kann, weshalb dasselbe nicht schon früher abgeschlossen wurde.« England werde durch dieses Abkommen im Fernen Osten spürbar entlastet, »denn selbst wenn Japan im Vertrauen auf den eventuellen englischen Rückhalt einer Aktionspolitik mehr als bisher zuneigen sollte, so würde doch der Bündnisfall für England schwerlich eintreten, sondern Japan und Rußland würden ein Duell ausfechten mit England und Frankreich als Sekundanten«.[86] Das war so durchaus richtig gesehen, nur die unüberhörbare Genugtuung, die aus den Worten Bülows und des Kaisers sprach, basierte auf einer völlig falschen Beurteilung der weiteren Konsequenzen. In Berlin gratulierte man sich insgeheim dazu, daß durch dieses englisch-japanische Bündnis die befürchtete russisch-englische Verständigung vermeintlich vereitelt wurde. Außerdem, so kalkulierte Bülow, war Deutschlands Position weiter gefestigt. England und Japan auf der einen, Rußland und Frankreich auf der anderen Seite würden sich gegenseitig belauern, die Gegensätze würden sich vertiefen, und das Reich wäre der lachende Dritte.

In dem festen Glauben, alles werde sich nun ganz nach diesen Vorstellungen entwickeln, übersah man in Berlin völlig, daß Frankreich in einem doppelten Dilemma gefangen saß: Einerseits war es auf seine Entente mit Rußland angewiesen, um seine Stellung gegenüber dem Reich in Europa behaupten zu können; andererseits aber war es für Frankreich völlig sinnlos, mit Großbritannien und unter Umständen sogar mit dem Reich einen Krieg wegen der russischen Interessen in China zu führen. Eine größere Absurdität als »mourir pour Pékin« war in Paris gar nicht vorstellbar. Aus dieser Zwickmühle gab es nur zwei Auswege: Entweder es gelang Paris, Japan und Rußland zu einer Verständigung zu bewegen – das war wenig wahrscheinlich. Oder Frankreich mußte versuchen, mit England rechtzeitig zu einer Entente zu kommen, die eine Verwicklung beider Mächte in einen russisch-japanischen Krieg ausschloß. Und das war der Ausweg.

Die englisch-französische Entente wurde wesentlich dadurch beschleunigt, daß sich die britische Admiralität im Oktober des Jahres 1902 jäh bewußt wurde, welch bedrohliches Potential die deutsche Flotte war, sollte es je zu einer kriegerischen Verwicklung mit Frankreich und Rußland kommen.[87] Dennoch wäre es zuviel gesagt, behauptete man, daß die Erkenntnis dieser potentiellen Bedrohung des Inselreichs den Ausschlag gegeben habe. England war sich seiner Flottenüberlegenheit zu diesem Zeitpunkt noch sehr sicher, zumal die deutsche Flotte lediglich eine »fleet in being« war. Bedeutsamer für ein Arrangement mit Frankreich war der Preis, den Paris dafür zu zahlen gewillt war: Frankreich verpflichtete sich nämlich mit dem Abkommen vom 8. April 1904, die englische Herrschaft in Ägypten anzuerkennen, während England Frankreich freie Hand in Marokko ließ.

Zunächst war diese Entente nicht mehr als eine Verständigung beider Mächte über seit langem schwelende koloniale Streitigkeiten. Das Abkommen aber bewies zugleich, daß die Rückgewinnung Elsaß-Lothringens für Frankreich wichtiger war als Ägypten und die Kontrolle des Suezkanals. Die Überlassung Marokkos an Frankreich wog für England dagegen leicht. Denn recht eigentlich war Marokko eine Erfindung der englischen Diplomatie gewesen, um ein Gegengewicht für die immer wieder vorgetragenen französischen Ansprüche auf Ägypten zu haben. Das zahlte sich jetzt aus. England hatte zwar Ägypten, aber Frankreich noch nicht Marokko. Daß die französisch-englische Entente zu einem gegen Deutschland gerichteten Bündnis wurde, dafür sorgte erst das Geschick der deutschen Politiker. Der Anlaß war Marokko, an dem das Reich auf einmal Interesse zeigte.

Obwohl man in Berlin schon sehr früh Kenntnis von den französisch-englischen Verhandlungen hatte, vertraute man dem Grundsatz, daß nicht sein kann, was nicht sein darf. Für Holstein war eine französisch-englische Entente geradezu »Zukunftsmusik«, denn, so argumentierte er, Frankreich werde so lange an seinem Bündnis mit Rußland festhalten, wie der Revanchegedanke lebendig sei. Ein französisch-englisches Bündnis aber stehe in direktem Widerspruch zur französisch-russischen Entente. Und England werde sich nie dazu hergeben, Frankreich in einem Krieg zur Rückgewinnung von Elsaß-Lothringen zu unterstützen.[88] Das war auch die Auffassung Bülows, der erklärte: »Wir können die Dinge meo voto gar nicht pomadig genug nehmen.«[89] Bülow gab sich sogar der Hoffnung hin, daß eine französisch-englische Verständigung die Beziehungen Frankreichs zu Rußland unerträglich belasten werde. Rußland werde dann in die Arme des Reichs getrieben. Unter den gegebenen Umständen mußte eine solche Entwicklung tunlichst vermieden werden. Ein Bündnis mit Rußland hätte zur Folge, so schrieb Holstein am 16. April 1903, daß dem Reich, »das für seine Ausbreitung auf die Seewege angewiesen ist, ... die konzentrische Eifersucht von England und Amerika entgegentritt«. Da an das Zustandekommen einer Kontinentalliga unter Einschluß Frankreichs gegen England derzeit nicht zu denken sei und da Österreich-Ungarn überdies angedeutet habe, es werde in einem deutsch-englischen Konflikt neutral bleiben, folgerte Holstein: »Bei dem Zusammenstehen Schulter an Schulter mit Rußland würden wir zwei also voraussichtlich allein bleiben, Rußland würde die ihm zusagenden Teile von Asien nach und nach in Besitz nehmen, wir aber nicht froh sein können, wenn wir nicht als Rückwirkung von Rußlands Vorgehen und als dessen Verbündeter in einen Weltkrieg verwickelt würden, bei welchem für Deutschland nichts Begehrenswertes herauskommen könnte ... Die Zeit«, so schloß er sein an Bülow gerichtetes Memorandum, »läuft für uns, und unsere heutige, durch allseitiges Mißtrauen erschwerte Lage wird sich bessern, wenn wir uns nicht vor der Zeit, d.h. bevor ein *deutscher* Vorteil als Zweck mit in Betracht kommt, wirklich oder scheinbar festlegen.«[90]

Das war die große Illusion. Die Zeit arbeitete nicht für, sondern gegen Deutschland. Bülows Politik der »freien Hand« erwies sich als eine Falle, die bald zuschnappen mußte, ohne daß das Reich darauf einen Einfluß nehmen konnte. Deutschland mußte sich die Freundschaft Rußlands erhalten, ohne sich auf dessen Seite gegen England zu engagieren – ein Hochseilakt, der nur mit einem Absturz enden konnte.

»Die Toten reiten schnell«, hatte Wilhelm II. frohgemut notiert, als England anfängliche Rückschläge im Burenkrieg hinnehmen mußte. Das Wort galt auch für das Reich. In der Abenddämmerung des 8. Februar 1904 kulminierte die fernöstliche Krise. Japanische Torpedoboote vernichteten die russische Pazifikflotte, die vor Port Arthur auf Reede lag. Am 21. Januar 1904 hatte Holstein an seine Verwandte Ida von Stülpnagel geschrieben: »Wir könnten aus unserer jetzigen Stellung als Zünglein der Erdwaage mancherlei Vorteil ziehen, ...«[91] Die Vernichtung der russischen Flotte brachte diese »Erdwaage« völlig aus ihrer Balance. Nach nur zwei Tagen war Rußland keine Macht mehr in Fernost. Die russisch-japanischen Kämpfe dauerten noch über ein Jahr weiter, aber der russische Bär war angeschlagen. Mit dem Mut der Verzweiflung suchte das Zarenreich, das im Innern von Revolutionen und Unruhen erschüttert wurde, das Schicksal zu wenden. Die russische Ostseeflotte wurde um die ganze Erde in Marsch gesetzt, um die Japaner in Fernost zu stellen.

Nun, so glaubte man in Berlin zuversichtlich, habe Rußland keine andere Wahl mehr, als beim Reich um Unterstützung zu bitten. Die französisch-russische Entente schien zerstört, nachdem Frankreich erklärt hatte, es werde dem Zarenreich in Ostasien auch dann nicht zu Hilfe eilen, wenn England Japan aktiv unterstütze.[92] Der lang ersehnte russisch-englische Konflikt drohte endlich auszubrechen. Aber das Zarenreich war schon zu sehr erschöpft, als daß England auch nur im Traum daran gedacht hätte, seinem japanischen Verbündeten Waffenhilfe zu leihen. Als die russische Ostseeflotte nach mehrmonatiger Fahrt durch die Weltmeere in der Straße von Korea angelangt war, wurde sie hier am 27. Mai 1905 bei der Insel Tsushima von einer japanischen Flotte besiegt. Nur einem Kreuzer und zwei Torpedobooten gelang es, den russischen Pazifikhafen Wladiwostok zu erreichen. Die russische Seemacht war vernichtet, Rußlands fernöstliche Expansion war gestoppt, und Japan trat damit endgültig in den Kreis der Weltmächte ein. In der Schlacht bei Tsushima wurde auch der Bankrott der bülowschen Politik besiegelt; denn weder war es zu einem russisch-englischen Konflikt gekommen, noch war die andere so gewisse Erwartung der deutschen Diplomatie in Erfüllung gegangen, daß Rußland seine Allianz mit Frankreich aufkündigen und statt dessen ein Bündnis mit dem Deutschen Reich eingehen werde. Sicherlich: Noch war die »Einkreisung« des Reichs nicht vollendet, aber als Menetekel stand sie schon an den Horizont geschrieben. Deutschland, das sich nur auf den in seiner Substanz äußerst fragwürdigen Dreibund stützen konnte, hatte die Wahl, abzuwarten, wie die Dinge sich weiter entwickelten, oder aber durch ein kühnes Auftreten zu versuchen, das Gespenst der »Einkreisung« zu verscheuchen, das seine Politiker und Diplomaten zu schrecken begann. In Berlin entschied man sich für die zweite Möglichkeit.

Die französisch-englische Vereinbarung über Marokko, die Grundlage der »Entente cordiale«, wurde von der deutschen Politik zum Hebel ausersehen. Den Vorwand für eine deutsche Intervention in der Marokkofrage lieferte der längst verstaubte Madrider Marokkovertrag von 1880, mit dem eine internationale Garantie der Unabhängigkeit des Scherifenreichs vereinbart worden war. Ausschlaggebend für das deutsche Eingreifen in Marokko war ein sehr komplexes Kalkül, in dem sich außen- und innenpolitische Motive vermengten, die alle recht geeignet sind, Max Webers Wort zu illustrieren: »Der Deutsche aber muß auch aus der Realpolitik sich eine Phrase machen, an die er dann mit der ganzen Inbrunst eines – ich möchte sagen – femininen Gefühls glaubt.«[93] Das dominierende außenpolitische Motiv für ein Eingreifen des Reichs in Marokko war unzweifelhaft der Wunsch, die »Entente cordiale« zwischen England und Frankreich zu sprengen, ehe diese Verständigung sich vertiefte. Rußland, so kalkulierte man in Berlin, war nach seiner Niederlage im Krieg gegen Japan und durch die Revolutionen im Innern des Zarenreichs fürs erste ausgeschaltet und werde deshalb kaum seinem französischen Verbündeten zu Hilfe eilen wollen. Und auch von seiten Englands könnte Frankreich kaum mehr als freundliche Worte erwarten, trete das Reich nur entschlossen genug auf.

Die Sprengung der französisch-englischen Entente konnte nur ein rein negatives Ziel der deutschen Politik sein und machte überdies auch innenpolitisch wenig Sinn, da man stets bemüht gewesen war, die Bedeutung dieser Verständigung vor der Öffentlichkeit nach Kräften herunterzuspielen. Kurz, es drängt sich der Verdacht auf, als seien alle Manöver des Reichs in der Marokkofrage nur darauf berechnet gewesen, einen leeren politischen Prestigeerfolg zu erzielen, mit dem man sich und der deutschen Öffentlichkeit beweisen konnte, daß die »Entente cordiale« ein Papiertiger und die Stellung des Reichs im »Konzert der Mächte« nach wie vor glänzend sei.[94] Dieser Absicht diente auch der Theatercoup des Kaiserbesuchs in Tanger Ende März 1905.

Mit der für alle Regierungen überraschenden Tangerlandung Wilhelms II., deren Eindruck durch die üblichen Rodomontaden des Kaisers noch verstärkt wurde, sollte vor allem die deutsche Forderung nach Beibehaltung des Status quo in Marokko unterstrichen werden. Zunächst sah es ganz so aus, als würden die deutschen Absichten in Erfüllung gehen: Frankreich, das für einen Krieg nicht gerüstet war und sich keine Illusionen über das Ausmaß des englischen Beistandes im Kriegsfall machte,[95] war sofort bereit, nachzugeben. Der französische Außenminister Delcassé bot dem Reich wiederholt Verhandlungen über den Schutz deutscher Wirtschaftsinteressen an. Das war der deutschen Regierung aber zuwenig. Im übrigen wäre mit einem solchen Arrangement die Krise zu früh beendet worden, aus der man noch mehr herausschlagen wollte. Alle französischen Verhandlungsangebote stießen in Berlin deshalb auf taube Ohren. Das Reich wollte einen größeren Triumph. Und den sollte ihm eine internationale Marokkokonferenz liefern, von der nach den deutschen Vorstellungen alle Ansprüche Frankreichs auf das Scherifenreich als völlig ungerechtfertigt zurückgewiesen werden würden. Die Konferenz war geplant als eine Demonstration deutscher Macht. Bülow spekulierte darauf, die meisten anderen Teilnehmerstaaten dieser Konferenz würden den deutschen Standpunkt unterstützen und die Unabhängigkeit Marokkos sowie die Gleichberechtigung der Interessen aller Staaten in diesem Winkel Nordafrikas erneut bestätigen. Eines entsprechenden Votums der beiden Dreibundpartner Österreich-Ungarn und Italien war er sich ebenso sicher wie des der Vereinigten Staaten. Rußland werde völlig gleichgültig sein, ob ein zwischen England und Frankreich geschlossener Vertrag erfüllt werde. Und die Rücksichtnahme Englands auf die Haltung der USA werde ein britisches Engagement auf seiten Frankreichs vereiteln. Frankreich stehe mithin isoliert da, der Triumph der deutschen Politik wäre vollkommen.[96] Der französische Außenminister Delcassé, der eine solche Demütigung seines Landes vermeiden wollte, sperrte sich deshalb mit allen Kräften gegen diese internationale Marokkokonferenz. Zunehmend sah er sich damit aber auch innerhalb der eigenen Regierung isoliert, die es wegen der Marokkofrage nicht zu einem Krieg mit dem Reich kommen lassen wollte. Am 6. Juni 1905 trat Delcassé zurück. Sein Rücktritt wurde in Deutschland wie ein großer Sieg gefeiert, Bülow vom Kaiser in den Fürstenstand erhoben.

Im Zurückweichen Frankreichs in der Marokkofrage – am 8. Juli 1905 erteilte die Regierung Rouvier ihre Zustimmung zum Zusammentritt der vom Reich gewünschten internationalen Marokkokonferenz – glaubte man in Berlin allen Ernstes, ein untrügliches Anzeichen für eine dauerhafte Schwäche der Französischen Republik erkennen zu können. Gegenüber Iswolski, damals noch russischer Gesandter in Kopenhagen, ließ sich Wilhelm II. im Sommer 1905 vernehmen: »In Marokko habe ich Frankreich meinen Handschuh hingeworfen, und es hat ihn nicht aufgehoben. Durch diese Weigerung, sich mit Deutschland zu schlagen, hat Frankreich seine Ansprüche auf die verlorenen Provinzen [das heißt Elsaß-Lothringen] fallengelassen.«[97]

Im Sommer 1905 schienen all jene Früchte zu reifen, die sich der Kaiser und Bülow seit jeher erträumt hatten. Bei einem kurzfristig arrangierten Zusammentreffen »privater« Natur in den Schären bei Wyborg unterzeichneten Wilhelm II. und Zar Nikolaus II. am 24. Juli 1905 ein deutsch-russisches Defensivbündnis. Der Zar, der sich immer gegen den Abschluß eines solchen Bündnisses ohne die Teilnahme Frankreichs verwahrt hatte, schien nach der Vernichtung seiner Flotte und dem enttäuschenden Verhalten des französischen Bündnispartners zu allem bereit zu sein. Der Vertrag von Björkö verpflichtete beide Kaiserreiche zur gegenseitigen Bündnishilfe im Falle des Angriffs einer europäischen Macht. Diese Abmachung sollte nur für Europa gelten und auch erst nach Unterzeichnung eines japanisch-russischen Friedensvertrags in Kraft treten. Außerdem versprach der Zar, Frankreich nach Wirksamwerden des Vertrags zu unterrichten und zum Beitritt aufzufordern.

Der deutsch-russische Vertrag von Björkö war eine Fata Morgana und nicht der »Wendepunkt in der Geschichte Europas«, als den ihn ein ob seines vermeintlichen Erfolgs überschwenglicher Kaiser in einem Telegramm an Bülow feierte.[98] Die Illusion eines Kontinentalbündnisses gegen England währte auf deutscher Seite nur ein paar Wochen. Am 5. September 1905 wurde der japanisch-russische Frieden unterzeichnet, und am 7. Oktober 1905 teilte der Zar in einem Schreiben Wilhelm II. mit, man müsse das Inkrafttreten des Vertrags von Björkö so lange hinausschieben, bis geklärt sei, wie Frankreich sich dazu stelle.[99] Das war, diplomatisch verbrämt, der völlige Rückzug; denn daß Frankreich diesem gegen England gerichteten Bündnis mit Deutschland beiträte, war ziemlich ausgeschlossen. Der Vertrag von Björkö blieb eine Totgeburt.

Sein Scheitern war kein gutes Omen für den Ausgang der internationalen Marokkokonferenz. Bülow mußte sich eingestehen, daß er einer russischen Unterstützung der deutschen Marokkoprätentionen keineswegs mehr so sicher sein konnte, wie er geglaubt hatte. Dennoch klammerte er sich an diese Hoffnung. Holstein, die »Graue Eminenz«, sah die Dinge realistischer. »Bülows Ziel«, so schrieb er unter dem 23. Dezember 1905, »ist und bleibt Anlehnung, Annäherung an Rußland. Er sträubt sich gegen die Wahrnehmung, daß das alte Rußland, wo wir uns nur um den Zaren und dessen auswärtigen Minister zu kümmern hatten, jetzt und für alle Zeiten in der Versenkung verschwunden ist. – Das neue ›Rußland der Russen‹ ist deutschfeindlich. In den Semstwo- und Volksversammlungen wird der Krieg gegen Deutschland als ›unvermeidlich‹ bezeichnet. Das Programm ›mit Rußland und gegen England‹ ist durch die Ereignisse ad absurdum reduziert.«[100]

Holstein hatte die Zeichen der Zeit richtig gedeutet. Die Revolutionen und Aufstände im Zarenreich hatten dessen despotisches Regime bis in seine Grundfesten erschüttert, aber gleichzeitig die Kraft des russischen Volkes offenbart. Die Regierung hatte dem drohenden Zerfall des Riesenreichs in seine einzelnen Völkerschaften schließlich nur noch dadurch Einhalt gebieten können, daß sie sich bedingungslos dem russischen Nationalismus verschrieb. Die Folge davon war das mächtige Aufblühen eines großrussischen Chauvinismus, der wie jeder übersteigerte Nationalismus ein Feindbild brauchte, um seine Energien und seine Integrationskraft entfalten zu können. Das Deutsche Reich mit seinen Getreidezöllen und jenem dem darniederliegenden Rußland aufgezwungenen Handelsvertrag eignete sich vorzüglich für diese Rolle. Die russische Regierung wurde die Gefangene jener Kräfte, die sie gerufen hatte. Und selbst wenn dies nicht so gewesen wäre, es mußte den vitalen Interessen des Zarenreichs entsprechen, gerade jetzt zu Frankreich zu halten. Der Krieg mit Japan, die Revolution hatten das Land völlig erschöpft, und nur Frankreich hatte das Geld, um den russischen Wiederaufbau zu finanzieren. Ein Bündnis mit dem Reich wäre noch in anderer Hinsicht für Rußland von Nachteil gewesen. Das Zarenreich mußte expandieren; der großrussische panslawistische Chauvinismus machte ihm dies geradezu zum Gebot. In Ostasien war der russische Expansionsdrang fürs erste durch Japan gestoppt. Also wandten sich in St. Petersburg die Blicke wieder dem Balkan und der Türkei zu. Hier versperrten das Reich und der Dreibund den Weg . . . Sehr schnell zeigte sich jetzt, einen wie großen Einfluß die Umorientierung der russischen Politik auf die deutsche Außenpolitik hatte. Eine deutsche »Weltpolitik« gegen England wäre nur in enger Anlehnung an Rußland möglich gewesen. Darin waren exakt die Voraussetzungen reproduziert, die Preußens geduldeter Großmachtrolle einst zugrunde gelegen hatten. Solange der politische Primat Preußens über das Reich aufrechterhalten wurde, blieb der Erfolg der deutschen Politik von der wohlwollenden

Haltung Rußlands abhängig. In der russischen Feindschaft, die mit den Jahren zu einer immer elementareren Größe anwuchs und die durch die Politik des Reichs auf dem Balkan und in der Türkei stetig genährt wurde, war das Schicksal, der Untergang dieses preußisch-deutschen Reichs vorgezeichnet.

Die internationale Marokkokonferenz, die im Januar 1906 in Algeciras begann, wurde zum Scherbengericht über das Deutsche Reich. Bülow, der die ganze marokkanische Frage jetzt am liebsten hätte »versumpfen« lassen, weil er selbst an einem für das Reich günstigen Ausgang der Konferenz zu zweifeln begonnen hatte, erlitt das Schicksal, das er Frankreich zugedacht hatte: Deutschland war völlig isoliert. Lediglich der Vertreter der Donaumonarchie unterstützte halbherzig die Position der deutschen Regierung, während sich Italien auf die Seite Frankreichs schlug. Oberflächlich besehen war das Algecirasabkommen sogar ein halber Erfolg für das Reich. Die Souveränität des Sultans von Marokko, die territoriale Integrität seines Herrschaftsgebiets und die wirtschaftliche Gleichberechtigung aller Mächte wurden erneut bekräftigt. Aber zwei Mächte waren doch »gleicher« als die anderen: Frankreich und Spanien erhielten für fünf Jahre die Polizeigewalt in einer Reihe marokkanischer Häfen zugesprochen. Außerdem sollte nur Frankreich sich an der Errichtung einer marokkanischen Staatsbank beteiligen dürfen. Das war gewiß weitaus weniger, als sich Frankreich einst erhofft hatte, als es die Entente mit England schloß. Aber es war auch entschieden weniger als das, was sich das Deutsche Reich einst von dieser Konferenz versprochen hatte. Nicht Frankreich war vor der Welt isoliert und gedemütigt, sondern Deutschland. Der laue Beistand Österreich-Ungarns wog nicht schwer. Und zur Hinfälligkeit des Dreibunds kontrastierte aller Welt erkennbar die Stabilität der »Entente cordiale«, auf deren Seite Rußland, Italien, Spanien und die Vereinigten Staaten standen. Die Gegner hatten sich versammelt. »Wir betrachten es als Axiom«, hatte Bülow bereits Mitte Mai 1905 geäußert, »daß für Deutschland die Entstehung eines Trusts von Staaten um einen französisch-russisch-englischen Mittelpunkt herum ein Ereignis von unabsehbaren Folgen sein würde. Um die Verwirklichung zu verhindern, gibt es nur ein Mittel, nämlich den zukünftigen Geschäftsgenossen möglichst keine Gelegenheit zu erfolgreicher Betätigung ihrer Gemeinsamkeit zu geben. Das gilt sowohl für die marokkanische wie für die ostasiatische Frage.«[101] Beide Mittel, auf deren Wirksamkeit Bülow so zuversichtlich vertraut hatte, hatten jedoch eklatant versagt, und es trat damit genau das ein, was seine Politik hatte verhindern sollen.

Algeciras markierte die Wende. In England waren die Liberalen mit großer Mehrheit wieder an die Macht gelangt. Der neue englische Außenminister Sir Edward Grey ließ den deutschen Botschafter Anfang Januar 1906 wissen: »Die Entente mit Frankreich und die Beilegung alter Zwistigkeiten werde in England mit großer Befriedigung empfunden, und man wolle an ihr festhalten und sie nicht gefährden. Es sei hier das Gefühl allgemein vorhanden, daß England die französische Regierung nicht in einer Frage im Stiche lassen dürfe, die aus dem englisch-französischen Abkommen resultiere. Diesen Standpunkt nehme auch die englische Regierung ein, ob sie konservativ oder liberal sei.«[102] Mit anderen Worten: England würde nichts unversucht lassen, alle deutschen Pläne, diese Entente zu stören, im Keime zu ersticken.

Die »Entente cordiale« – das war die Linie der englischen Politik in den kommenden Jahren – mußte noch durch eine anglo-russische Verständigung komplettiert werden. Daß ein solches Zusammengehen von »Walfisch« und »Bär«, das man in Berlin immer für unmöglich gehalten hatte, doch im Bereich des Möglichen lag, belegte nicht zuletzt der Ausgang der Algeciras-Konferenz. Bülow war über das russische Verhalten dort derart erbost, daß er dem Berliner Bankier Mendelssohn-Bartholdy untersagte, sich an einer großen internationalen Anleihe für Rußland zu beteiligen.[103] Seine ehrgeizige »Weltpolitik«, das mußte Bülow sich jetzt eingestehen, hatte Deutschland isoliert. Der »cauchemar des coalitions«, der Bismarck in den letzten Jahren seiner Kanzlerschaft immer wieder geschreckt hatte, war seinen Erben zu einer Wirklichkeit geworden, mit der sie rechnen mußten.

Das Bewußtsein von der rapiden Verschlechterung der außenpolitischen Situation des Reichs blieb nicht auf den kleinen Kreis jener beschränkt, welche die Fäden der deutschen Außenpolitik in ihren Händen hielten. Auch in der deutschen Öffentlichkeit las man nun die Flammenschrift. In der Reichstagssitzung vom 14. November 1906 brachte der nationalliberale Fraktionsführer Ernst Bassermann eine Interpellation ein, mit der er den Reichskanzler aufforderte, »Auskunft zu geben über unsere Beziehungen zu den übrigen Mächten und sich über die Besorgnisse zu äußern, welche in vielen Kreisen unseres Volkes wegen der internationalen Lage bestehen«. Bülow nahm diese Gelegenheit wahr, um in einer großen Rede die außenpolitische Lage Deutschlands in durchaus freundlichen Farben zu malen. Gleichwohl schimmerte auch hier seine zentrale Besorgnis durch: »Die ›Entente cordiale‹ ohne gute Beziehungen der Weltmächte zu Deutschland wäre eine Gefahr für den europäischen Frieden. Eine Politik, die darauf ausginge, Deutschland einzukreisen, einen Kreis von Mächten um Deutschland zu bilden, um es zu isolieren und lahmzulegen, wäre eine für den europäischen Frieden bedenkliche Politik. Eine solche Ringbildung ist nicht möglich ohne Ausübung eines gewissen Druckes. Druck erzeugt Gegendruck, aus Druck und Gegendruck können schließlich Explosionen hervorgehen.«[104]

Wie sehr die Reichsleitung damals bereits von einer »Einkreisung« ausging, zeigt die Tatsache, daß seit Dezember 1905 die Aufmarschpläne des Generalstabschefs Alfred Graf von Schlieffen abgeschlossen waren, die von einem Zweifrontenkrieg ausgingen. Frankreich, das war der Kern des Schlieffenplans, sollte binnen kürzester Zeit von den deutschen Truppen niedergeworfen werden, die durch das neutrale Belgien einmarschierten. Die militärischen Operationen sollten mit solcher Schnelligkeit vonstatten gehen, daß weder England noch Rußland Zeit fänden, einzugreifen.[105] Von einem strikt militärischen Standpunkt aus betrachtet, war dieser Plan genial. Politisch aber war er desaströs. Und dies weniger deswegen, weil die Verletzung der belgischen Neutralität die notwendige Voraussetzung seines Gelingens war, sondern weil er keine Frist zwischen Mobilmachung und Eröffnung der Kampfhandlungen vorsah. Der Schlieffenplan wurde mehr und mehr zur Grundlage der politischen Entscheidungen der Reichsleitung. Ein Präventivkrieg gegen Frankreich wurde zwar als ein riskantes Unternehmen eingeschätzt, das aber als Ultima ratio eine kalkulierbare Chance zu bieten schien.[106] War bislang die gesamte Außenpolitik des Reichs den tirpitzschen Flottenplänen untergeordnet gewesen, so begann sich nun ein Schwenk abzuzeichnen, der mit der großen Heeresvorlage von 1913 seinen vorläufigen Höhepunkt fand. Nicht mehr die »Weltgeltung« des Reichs war fortan das primäre Ziel, sondern der Ausbau und die Sicherung seiner kontinentalen Stellung; statt der imaginären »Gefahrenzone«, welche die Flotte unbehelligt passieren mußte, diktierten jetzt die militärischen Erfordernisse des Schlieffenplans die Politik des Deutschen Reichs, traten die Admirale in den Hintergrund und machten den Generalen Platz.

Die Wirklichkeit holte Bülow ein. 1905 reagierte die englische Admiralität in aller Stille auf die Bedrohung des Inselreichs durch die deutsche Flotte. Sie ließ das erste Schlachtschiff der Dreadnought-Klasse auf Kiel legen. Die Dreadnoughts waren stählerne Kolosse, die nur Geschütze schwersten Kalibers trugen und ihre Granaten über weit größere Distanzen als bislang vorstellbar verschießen konnten. Mit ihrer Einführung wurden praktisch alle anderen Überwasserkriegsschiffe völlig entwertet. Das englisch-deutsche Flottenwettrüsten begann von neuem; sämtliche Kalkulationen und Berechnungen von Tirpitz waren Makulatur, Geld und Arbeit vertan. Tirpitz mußte wieder ganz von vorne anfangen. Im Frühjahr 1906 brachte er eine Novelle zum Flottengesetz von 1900 im Reichstag ein, mit der ein umfangreiches Bauprogramm für deutsche Großkampfschiffe der Dreadnought-Klasse vorgesehen war.[107] Das setzte die englische Regierung unter Zugzwang, die für eine Weile gehofft hatte, der »Dreadnought-Sprung« werde die deutsche Admiralität zur Besinnung und zu einer Einschränkung ihrer ehrgeizigen Flottenpläne bringen, zumal auch dieser kostspielige Flottenrüstungswettlauf, den das Reich allein schon wegen seiner miserablen finanziellen Lage nicht gewinnen konnte, seit der Algeciras-Konferenz und der anglo-russischen Entente vom August 1907[108] auch politisch völlig sinnlos geworden war. Daß sich das Reichsmarineamt dennoch durchsetzen konnte und die politische Reichsleitung diesem Wahnsinn nicht Einhalt gebot, sondern im Gegenteil alle englischen Avancen, die Flottenrüstung beider Staaten zu begrenzen, in den Wind schlug, hat entscheidend zur endgültigen deutsch-englischen Entfremdung beigetragen. Die deutsche Intransigenz in der Flottenfrage zerstreute in England die letzten Zweifel darüber, mit welcher Absicht diese Waffe geschmiedet wurde.

Es fällt schwer, für das Verhalten der deutschen Regierung eine plausible Erklärung zu finden. Der Hinweis auf den »Sachzwang«, daß man um jeden Preis fortsetzen müsse, was man einmal begonnen habe, erweist sich als ebensowenig stichhaltig wie jene These, welche die deutsche Flottenrüstung als »innenpolitische Krisenstrategie« (Volker R. Berghahn) zu deuten sucht. Wäre dies die Absicht gewesen, so erreichte man das genaue Gegenteil: Das Scheitern der Reichsfinanzreform, die ja vor allem wegen der rapide steigenden Kosten der Flottenrüstung unabdingbar wurde, verschärfte die innenpolitische Krise erheblich.

Das gesteigerte Tempo der deutschen Flottenrüstung nach 1906 erhärtet vielmehr den Verdacht, daß die deutsche Flotte als Instrument der deutschen Machtpolitik geplant und gebaut wurde und daß an dem Fernziel dieser deutschen Machtpolitik, der Erringung der deutschen Weltmachtstellung, unverändert festgehalten worden ist. Die Ereignisse der Jahre 1905 und 1906, die Niederlage Rußlands gegen Japan, das Scheitern des deutsch-russischen Bündnisses, der Ausgang der Algeciras-Konferenz und die anglo-russische Entente, hatten der Reichsleitung unmißverständlich gezeigt, daß die deutsche Weltmachtstellung nicht allein dadurch zu erlangen sei, daß man als lachender Dritter beiseite stand, während die anderen Mächte sich gegenseitig an die Gurgel fuhren und sich schwächten. Die deutsche Weltmachtstellung ließ sich nicht »erschleichen«, wie man gehofft hatte, sondern man mußte sie sich erkämpfen. Die Voraussetzung dafür aber war, daß man sich zuvor als europäische Hegemonialmacht fest etabliert hatte. Da Rußland völlig daniederlag, kam es deshalb vor allem darauf an, Frankreich auszuschalten, um danach den Kampf mit England aufzunehmen. Der Schlieffenplan war darauf berechnet, während die Drohung der deutschen Flotte England an einem aktiven Eingreifen in den Krieg hindern würde! Nicht die Gefahr einer »Einkreisung« des Reichs, die, wie immer wieder angedeutet wurde, notfalls mit Waffengewalt gebannt werden sollte, bestimmte die Politik des Reichs, sondern der nach wie vor ungebrochene *offensive* Wille zur »Weltgeltung«. Daran ändern auch die immer wieder aufgenommenen deutsch-englischen Verhandlungen über eine beiderseitige Begrenzung der Flottenrüstungen nichts. Deutscherseits stand dahinter nie die wirkliche Absicht, zu einem Erfolg zu kommen, sondern immer nur der Wunsch, Zeit zu gewinnen, um die eigenen Rüstungen so lange fortzusetzen, bis der Zeitpunkt zum Losschlagen gekommen war.

Über das ursprüngliche »Weltmachtkonzept« Bülows hatte man trefflich schwadronieren können. Deutsche Handels- und Wirtschaftsinteressen in fernen Weltgegenden, Bahnbauten nach Bagdad, koloniale Erwerbungen in der Südsee und in Afrika waren so recht Gegenstände, welche die Phantasie der Zeitgenossen fesselten und über die öffentlich zu reden auch völlig ungefährlich war, weil alle Welt in Europa so redete, dachte und handelte. Mit dem »neuen Weltmachtkonzept« war das etwas völlig anderes. Man mußte sich defensiv gerieren, die bösen Absichten anderer beschwören, um nur ja nicht einen Zipfel von dem zum Vorschein kommen zu lassen, was man tatsächlich im Schilde führte. Dem eignete aber kein rechter Glanz und keine Faszination, welche die Massen gefesselt hätten. Kein Wunder, daß nach 1906 die »Reichsverdrossenheit« wuchs, daß ein nörglerischer Geist Einzug hielt und die »nationalen Verbände« mit ihrem Geschrei, ohne die Zustimmung des Deutschen Reichs dürfe in der Welt nichts entschieden werden, der Reichsleitung immer lästiger fielen.

Nach 1906 herrschte in Europa tiefster Friede, und auch nicht an entfernten Horizonten zeigte sich irgendeine Krise, die diesen Zustand jäh hätte beenden können. Nur die deutschen Staatsmänner ergingen sich gelegentlich in dunklen Andeutungen über eine »Einkreisung« des Reichs, gegen die man sich wappnen müsse. Doch weder in Frankreich noch in Rußland war man wirklich dazu entschlossen, dem Reich im Bunde mit England den Garaus zu machen; weder die »Entente cordiale« noch die anglo-russische Verständigung waren gegen Deutschland gerichtet. Sie hatten lediglich die geheimen deutschen Hoffnungen durchkreuzt, daß es zwischen diesen Mächten zu einem Konflikt kommen würde, dessen Gewinner dann das Deutsche Reich wäre. Das aber war etwas ganz anderes.

Im Schutze dieser allgemeinen europäischen Windstille fiel deshalb zunächst gar nicht auf, daß sich Rußland und Österreich-Ungarn zu einem ruchlosen Handel zusammengetan hatten. Der ebenso ehrgeizige wie eitle russische Außenminister Alexander Iswolski brannte auf einen spektakulären Erfolg zu kleinen Preisen. Der marode Zustand des türkischen Reichs sollte ausgenutzt werden, um Rußland endlich die Kontrolle über die Meerengen zu verschaffen. Da Rußland aber noch immer viel zu geschwächt war, um im Alleingang den »kranken Mann am Bosporus« überwältigen zu können, verfiel Iswolski auf den Plan, mit Österreich-Ungarn einen Handel abzuschließen, der Rußland gleichsam durch einen Federstrich die Dardanellen verschaffte. Einen gleichgesinnten und nicht minder ehrgeizigen und eitlen Partner fand Iswolski in dem österreichischen Außenminister Alois von Aehrenthal, der damit liebäugelte, das sinkende Prestige der Donaumonarchie durch ein kühnes Manöver zu heben und zu festigen. Die Isolation des Deutschen Reichs nach der Algeciras-Konferenz und die wachsende deutsch-englische Entfremdung hatte Aehrenthal mit großer Genugtuung wahrgenommen, zog er doch daraus den Schluß, Deutschland sei nun mehr denn je auf seinen österreichischen Bündnispartner angewiesen. Deutschland, so kalkulierte er, werde deshalb Österreich-Ungarn in jedem Fall auf dem Balkan unterstützen müssen. Die Gelegenheit schien günstig, Bosnien und die Herzegowina, die von Österreich-Ungarn seit 1878 verwaltet wurden, endgültig zu annektieren.

Bei einem Treffen am 15. September 1908 auf Schloß Buchlau in Mähren kamen Iswolski und Aehrenthal überein, daß Österreich sich die beiden serbischen Provinzen endgültig einverleiben könne, während sich Rußland mit dem Versprechen einer wohlwollenden Unterstützung Österreich-Ungarns in der Meerengenfrage zufriedengeben wolle. Da diese Lösung beider Fragen eine Änderung der auf dem Berliner Kongreß 1878 getroffenen internationalen Vereinbarungen implizierte, machte Iswolski sich auf, die Haltung der anderen Mächte zu sondieren. Jetzt aber erwies sich Aehrenthal als der überlegenere Gauner. Am 5. Oktober 1908 – Iswolski weilte gerade in Paris und mühte sich vergebens um die Zustimmung der französischen Regierung zu diesem Handel – verkündete Kaiser Franz Joseph die Annexion Bosniens und der Herzegowina. Der russische Außenminister war der Geprellte – und das in doppelter Hinsicht: Denn nun lehnten auch die englische und selbst die russische Regierung mit Rücksicht auf Serbien, wo die Empörung über das österreichische Vorgehen einhellig war, Iswolskis Buchlauer Vereinbarungen ab. Alle Versuche Rußlands und Serbiens, Österreich diesen Raub wieder zu entreißen, scheiterten daran, daß sich Frankreich mit Rücksicht auf seine balkanischen Wirtschaftsinteressen weitgehend zurückhielt. Und Rußland war noch immer nicht stark genug, um Österreich-Ungarn ernsthaft drohen zu können. Diese offensichtliche Schwäche des Zarenreichs nutzte Deutschland, das sich ganz auf die Seite seines ihm einzig noch verbliebenen Verbündeten Österreich-Ungarn gestellt hatte. Durch ein Ultimatum vom 21. März 1909 erzwang Berlin die russische Billigung der österreichischen Annexion. »Das deutsche Schwert«, so tönte Bülow später, »war in die Waagschale der europäischen Entscheidung geworfen, unmittelbar für unseren österreichisch-ungarischen Bundesgenossen, mittelbar für die Erhaltung des europäischen Friedens und vor allem und in *erster* Linie für das deutsche Ansehen und die deutsche Weltstellung.«[109]

Tatsächlich war man in Berlin über die österreichische Annexion Bosniens zunächst aufs äußerste empört gewesen.[110] Das rasche Umschwenken bewirkte ein innenpolitisches Ereignis, das das Deutsche Reich bis in seine Grundfesten erschütterte. Am 28. Oktober 1908 veröffentlichte der Londoner »Daily Telegraph« ein Interview, das Wilhelm II. einem Mitarbeiter dieses Blattes gewährt hatte. Der Wortlaut dieses Interviews, das der politischen Naivität dieses Herrschers ein vernichtendes Zeugnis ausstellt – Wilhelms II. Absicht war es offensichtlich, ein freundlicheres Klima zwischen England und Deutschland herzustellen –, war in mehr als nur einer Hinsicht monströs. Der Kaiser eröffnete das Gespräch mit den Worten: »Ihr Engländer seid verrückt, verrückt, verrückt wie die Märzhasen. Was ist über euch gekommen, daß ihr euch so völlig einem Argwohn überlassen habt, der einer großen Nation ganz unwürdig ist?«[111] – Im ganzen waren es gleich drei »Horrenda«, wie Bülow in seinen *Denkwürdigkeiten* schreibt, die den Skandal dieses Interviews ausmachten. Bülow hat diese »Horrenda« so zusammengefaßt: »1. Der Kaiser habe die Aufforderung der russischen und der französischen Regierung, sich mit ihnen zu vereinigen, um die Burenrepubliken zu retten und England ›bis in den Staub zu demütigen‹, nicht nur mit dem Hinweis darauf abgewiesen, daß Deutschland es niemals auf einen Streit mit einer Seemacht wie England ankommen lassen könne, sondern er habe den genauen Wortlaut der vertraulichen französischen und russischen Noten und seine Antwort auf die besagten Noten der Königin von England sofort mitgeteilt, . . . 2. Er habe im Dezember 1899, in der für England düstersten Periode des südafrikanischen Krieges, nicht allein seiner Großmama [Königin Victoria] seine tiefe und herzliche Teilnahme ausgedrückt, sondern er habe durch einen deutschen Offizier einen ganz genauen Bericht über die Zahl der Kämpfenden auf beiden Seiten und über die Stellung der in Südafrika einander gegenüberstehenden Streitkräfte aufsetzen lassen. Nach diesen Plänen habe der Kaiser den nach seiner Ansicht besten Feldzugsplan für die Engländer ausgearbeitet, diesen seinen Plan von dem deutschen Generalstab revidieren lassen und ihn dann nach England geschickt, . . . Es sei ›ein merkwürdiges Zusammentreffen‹, daß der vom Kaiser ausgearbeitete Plan demjenigen sehr nahe komme, der wirklich von Lord Roberts angenommen und von ihm glücklich ausgeführt worden wäre. Mit anderen Worten: Eigentlich habe nicht Lord Roberts, wie bisher angenommen wurde, sondern Wilhelm II. die Buren besiegt und vernichtet. 3. Deutschland baue seine Flotte gar nicht gegen England, sondern für den Fernen Osten und den Stillen Ozean. Das war natürlich auf die Japaner gemünzt, denen angekündigt wurde, daß Deutschland sie eines schönen Tages Arm in Arm mit England bekriegen könnte.«[112]

Wilhelm II. hatte mit diesem Interview, das seinen geradezu pathologischen Geltungsdrang enthüllte, so gut wie alle Nationen zutiefst brüskiert. Während man in England auf diesen neuerlichen Beweis kaiserlicher »Unverantwortlichkeit« mit »amused contempt«, einer Mischung aus Verachtung und Amüsement, reagierte,[113] brach in der deutschen Öffentlichkeit und im Reichstag ein wahrer Sturm der Entrüstung los. Die ganze »Reichsverdrossenheit« konzentrierte sich nun auf die Person des Kaisers und machte sich in einer bis dahin nie gekannten Empörung Luft. Der Kaiser hatte sich mit seinem »Regiment der unverantwortlichen Rede« zum Herold der imperialistischen Sehnsüchte, der Träume von deutscher »Weltgeltung« gemacht, die von vielen Zeitgenossen gehegt wurden. Im Kaiser verkörperte sich die Epoche mit all ihren Sehnsüchten. Seine Reden – und es ist ja eines der charakteristischsten Merkmale dieses Herrschers, daß er so gut wie keine Gelegenheit ausließ, das Wort zu ergreifen – waren häufig große Demagogie. In ihnen fand das neureiche Kraftbewußtsein des Reichs, das großsprecherische, machtklirrende und säbelrasselnde Protzentum des neuen Deutschlands von Preußens Gnaden seinen sinnfälligen Ausdruck. Was der Kaiser sagte, funkelte stets in scharfen Pointen, und nicht weniges wurde zum geflügelten Wort.

Die von Bülow inaugurierte »Weltpolitik« war – und das ist ihre wichtigste innenpolitische Komponente – ganz darauf zugeschnitten, das Charisma des Kaisers zu steigern. In der Gestalt des Kaisers, in der über jeden Zweifel erhabenen Vorbildlichkeit seines Tuns und Wollens sollte sich die Nation erkennen, sollte sie zu ihrer Größe und Einheit finden. Selbst ein Linksliberaler wie Friedrich Naumann ist diesem Zauber des kaiserlichen Charismas lange Zeit erlegen. Für ihn verkörperte Wilhelm II. die ungeheuren, noch schlummernden Kräfte des deutschen Volkes; er stilisierte den Kaiser zum Inbild der Moderne schlechthin, zur großen Führerpersönlichkeit, verklärte ihn zur »Zentralperson«: »Kein Mann größter Geschäfte«, so schrieb Naumann, »hat die Verkehrsmittel so in der Gewalt als ein Souverän, der es versteht, mit ihnen zu arbeiten. Und daß Wilhelm II. dies versteht, weckt in diesem verkehrsdurstigen Zeitalter ein Gefühl, daß er eine Verkörperung der in uns allen wirksamen elektrischen Tendenzen sei: Wenn man im Eisenbahnzuge sitzt, und auf der Nebenschiene rast der Kaiserwagen vorüber, dann denkt man an Wuotan und sein Heer, nur daß es kein mythischer Spuk ist, sondern eine Wirklichkeit: Es fährt die moderne Zentralperson.«[114]

Um diese blinde Verehrung und Verherrlichung des Kaisers muß man wissen, will man das ganze Ausmaß jener Empörung verstehen, die das »Daily Telegraph-Interview« in der Öffentlichkeit auslöste. Von den lichten Höhen der »Weltpolitik«, zu denen der Kaiser sein ihm gläubig folgendes Volk hatte führen wollen, stürzte man in die dunklen Schächte der Einkreisungsängste. Der Kaiser, dessen Wort man vertraut hatte, hatte sich selbst als Poseur, Schwindler und Schwadroneur übelster Sorte entlarvt. Friedrich Naumanns glühende Begeisterung für die Person Wilhelms II. wich, zu seiner Ehre sei's gesagt, schon wenige Jahre nach der Veröffentlichung seiner Programmschrift *Demokratie und Kaisertum* im Jahre 1900 der Ernüchterung. Er bewahrte sich aber unbeschadet dessen seinen Glauben an die Institution und integrative Funktion des Kaisertums. Eben dies liefert den Schlüssel zum Verständnis des für heutige Augen ebenso kläglichen wie unsinnigen Ausgangs dieser »Staatskrise«: Nur das Ansehen Wilhelms II. war in weiten Kreisen der Öffentlichkeit und bei allen Reichstagsparteien völlig diskreditiert, nicht aber die Institution der Monarchie oder das hohenzollernsche Kaisertum! Daraus erklärt sich, daß vor allem die liberalen Reichstagsparteien die scheinbar so naheliegende Chance nicht ergriffen, die öffentliche Empörung über das »unverantwortliche Regiment« des Kaisers mit der anhängigen Reichsfinanzreform zu kombinieren, um so eine »Parlamentarisierung« des Deutschen Reichs zu erzwingen.[115] Bezeichnenderweise lag den Linksliberalen nichts ferner als eben dies. Ihr Abgeordneter Schrader sprach es am 11. November 1908 im Reichstag mit aller Deutlichkeit aus: »Wir denken nicht daran, irgendwie die Autorität des Kaisers zu schwächen; im Gegenteil, unser lebhafter Wunsch ist, sie in jeglicher Weise zu stärken. Und die Art und Weise, wie wir wünschen, daß künftig unsere Politik geleitet werde, entspricht der Verfassung, der Verfassung, wie sie während der Zeit von 1876 bis 1888 durch Kaiser Wilhelm I. authentisch interpretiert ist. In dieser Zeit gab es keine Doppelregierung; da gab es eine Regierung des Kaisers durch den Reichskanzler, durch den Reichskanzler, der ebensowohl wie Seine Majestät Kaiser Wilhelm I. seinen Willen hatte, der aber seine Pflicht erkannte, und einen Kaiser, der nichts höher stellte als die Pflichterfüllung gegen das Deutsche Reich.«[116]

Ausgerechnet die linksliberale Kritik am Verhalten des Kaisers berief sich also auf das Vorbild der bismarckschen Kanzlerdiktatur! Die vermeintliche Paradoxie dieses Arguments besitzt ihre eigene Logik: In der Verteidigung des verfassungspolitischen Status quo, der durch die Institution des preußisch-deutschen Kaisertums garantiert wurde, vermeinten nicht zuletzt auch die Linksliberalen ihre besonderen politischen, wirtschaftlichen und sozialen Interessen erfolgreich wahren zu können! Die immer wieder ins Feld geführte und angeblich im liberalen Bürgertum besonders tief verwurzelte Angst vor der »roten Gefahr«, vor den als revolutionär perhorreszierten Sozialdemokraten, entlarvt sich vor diesem Hintergrund als die apologetische Verhüllung der eigenen Vorteile und Schwächen – zumal man sich im übrigen nicht scheute, mit eben diesen »Roten« Wahlabsprachen zu treffen oder in den zahlreichen Ausschüssen des Reichstags vertrauensvoll zusammenzuarbeiten. Eine Parlamentarisierung des Deutschen Reichs, das wußten die Liberalen sehr genau, mußte aber ihre völlige politische Bedeutungslosigkeit zur Folge haben. Die Peinlichkeiten, Entgleisungen und gravierenden Fehler Wilhelms II. und seines »persönlichen Regiments« wogen für sie deshalb allemal noch leichter als der Verlust jener handfesten Vorteile, die sie aus dem konstitutionell gedämpften und durch »liberale Zusätze« abgemilderten preußisch-deutschen Absolutismus zogen.

Die durch das »Daily Telegraph-Interview« des Kaisers heraufbeschworene »Staatskrise« überraschte Reichsleitung und Reichstag inmitten der schwierigen Verhandlungen über die Reichsfinanzreform. Sie zwang Bülow dazu, sich entgegen seinen ursprünglichen Absichten in der bosnischen Krise ganz auf die Seite Österreich-Ungarns zu stellen. Die Reichsregierung mußte wider bessere Einsicht einen diplomatisch-politischen Erfolg, um welchen Preis auch immer, erringen, wollte sie einer weiteren Erosion des Prestiges Wilhelms II. Einhalt gebieten. Zwang aber ist die denkbar schlechteste Voraussetzung für eine erfolgreiche Politik. Das Reich hatte sich in der bosnischen Krise das Gesetz des Handelns von seinem schwächeren Partner diktieren lassen. Das sollte sich als äußerst fatal erweisen. In Wien wuchs nun die Zuversicht, man werde das Reich stets dazu zwingen können, seine ganze Macht in die Waagschale der österreichischen Interessen zu werfen. Die bosnische Krise war die Generalprobe der kommenden Katastrophe.

Theobald von Bethmann Hollweg, ein redlicher, aber alles andere als genialer Politiker, der nach dem Scheitern Bülows Reichskanzler wurde, erkannte wohl die Zeichen künftigen Unheils. Dazu bedurfte es auch keines sonderlichen Scharfblicks. Die fortgesetzte Flottenrüstung, die England dem Reich immer weiter entfremdete, der russische Chauvinismus, der durch den österreichischen Schurkenstreich in der bosnischen Krise neu entfacht worden war, und die Revanchegelüste Frankreichs, das unverhohlener denn je auf das »Loch in den Vogesen« starrte – das alles war Sprengstoff genug, den der kleinste Funke zur Explosion bringen konnte.

Der Reichskanzler Bethmann Hollweg unternahm in seiner biederen Redlichkeit alles, um diese Gefahren zu bannen. Seine Redlichkeit wird man ihm schwerlich zum Vorwurf machen können. Sein entscheidender Fehler war vielmehr, daß er wirklich nichts unversucht ließ. Er hörte auf die Generale, die eine Verstärkung der deutschen Heeresmacht für unabdingbar erklärten, damit das Reich für alle Eventualitäten gerüstet sei; er ließ Tirpitz gewähren, dessen ausufernde Flottenpläne die trügerische Garantie zu gewähren schienen, daß das Reich nicht durch eine »Hungerblockade« in die Knie gezwungen werden könnte. Gleichzeitig versuchte er immer wieder, sich mit England zu verständigen, um das Flottenrüsten zu begrenzen, und mit Frankreich und Rußland zu einem erträglichen Verhältnis zu kommen. Bethmann wollte zu viel, zu Gegensätzliches auf einmal. Um mit dem einen Erfolg haben zu können, hätte man das andere lassen müssen. Der Klügere gibt nach, sagt das Sprichwort. Für das Reich wäre es in der Tat das klügste gewesen, hier und da nachzugeben. Aber hätte es dann noch ein Halten gegeben?

Bethmann Hollweg konnte an ein Nachgeben nicht denken. Ohne eine zuverlässige Reichstagsmehrheit und angesichts einer immer lärmender auftretenden Opposition radikaler Nationalisten gegen Kaiser und Kanzler war die politische Handlungsfreiheit des Reichskanzlers eng begrenzt. Jede politische Konzession an eine der Ententemächte wäre von weiten Kreisen der deutschen Öffentlichkeit als nationaler Verrat gebrandmarkt worden. Insbesondere eine Verständigung mit England in der leidigen Flottenfrage wurde so wesentlich erschwert. Während England auf einem »two-power-standard« für seine Flotte beharrte, also darauf bestand, daß seine Kriegsmarine mindestens so groß sein müsse wie die Flotten der beiden nächstfolgenden Seemächte zusammen, schien die Haltung der Reichsleitung zunächst flexibler zu sein. In den deutsch-englischen Verhandlungen, die im August 1909 begannen und sich bis zum Juni 1911 ergebnislos hinzogen, wurde deutscherseits eine Flottenvereinbarung von der Erfüllung der Bedingung abhängig gemacht, daß beide Mächte für den Fall, daß sich ihr Land mit einem oder mehreren anderen Staaten in einem bewaffneten Konflikt befände, gegeneinander »wohlwollende« Neutralität wahrten. Diese Bedingung war für England unerfüllbar. Der englische Außenminister Sir Edward Grey notierte damals, ein solches Neutralitätsabkommen würde nur dazu dienen, die deutsche Hegemonie über Kontinentaleuropa zu etablieren. Sei dies erst einmal geschehen, dann wäre diese Vereinbarung nichts mehr wert, da sie ihren Zweck erfüllt habe.[117] Vor dem Hintergrund der tirpitzschen Flottenpläne wird man dieses Mißtrauen des englischen Außenministers kaum als unbegründet zurückweisen können. Und je länger die deutsch-englischen Verhandlungen andauerten, desto größer wurde das Mißtrauen beider Mächte, desto breiter und tiefer wurde der Graben, der sie trennte, desto unwahrscheinlicher wurden die Aussichten auf eine friedliche Verständigung. Die englische Regierung sah sich mehr und mehr in ihrem Verdacht bestätigt, daß das Deutsche Reich keine andere Absicht verfolge, als die britische Herrschaft auf den Weltmeeren zu beseitigen und sich als die politisch-militärische Hegemonialmacht in Europa zu etablieren.[118]

In Berlin dagegen erhielt die Befürchtung ständig neue Nahrung, Großbritannien plane, Deutschland einzukreisen. England werde sich in einem Krieg mit Rußland und Frankreich gegen Deutschland verbünden. Beide Befürchtungen waren nur zu zutreffend, aber sie bedingten einander. Nur, das Reich hatte keine Chance, die englische Weltherrschaft attackieren zu können, solange noch zwei andere unabhängige Großmächte in Europa bestanden. Sich der englischen Neutralität in einem Krieg gegen Frankreich und Rußland zu versichern wäre das unbedingte Gebot einer die eigenen Möglichkeiten realistisch einschätzenden deutschen Expansionspolitik gewesen. Eine Beschränkung der deutschen Flottenrüstung hätte vielleicht die Möglichkeit eröffnet, die englische Neutralität zu erlangen. Bethmann Hollweg hat diesen Kurs zu steuern versucht. Er scheiterte weniger am Mißtrauen und der Intransigenz Englands, sondern eher am Ehrgeiz des Kaisers, am Flottenwahn des Admirals Tirpitz, an dem Selbstvertrauen des Generalstabs, der im Schlieffenplan eine »Wunderwaffe« zu besitzen glaubte, und an jenem militanten Nationalismus, der Öffentlichkeit und Reichstag beherrschte.[119]

Auch mit Frankreich und Rußland suchte die Reichsleitung zu einer Verständigung zu kommen. Die Absicht war ganz dieselbe: Der Kranz potentieller Gegner sollte auf diplomatischem Wege gesprengt werden. Gegenüber Frankreich waren diese Bemühungen zunächst von einem gewissen Erfolg gekrönt. Am 9. Februar 1909 schlossen Frankreich und Deutschland ein Abkommen über Marokko, in dem Frankreich die unbedingte Gleichberechtigung der deutschen Wirtschaftsinteressen im Scherifenreich zu respektieren versprach, während Deutschland anerkannte, »daß die besonderen politischen Interessen Frankreichs eng mit der Festigung der Ordnung und des inneren Friedens daselbst verbunden sind«.[120] Ein ähnliches Abkommen zur Abgrenzung der wirtschaftlichen Interessensphären in Persien wurde dem Reich von Rußland unterbreitet. Bei dem Besuch von Zar Nikolaus II. in Potsdam im Herbst 1910 machte der russische Außenminister Sasonow den Vorschlag: Wenn das Reich auf den Erwerb von Konzessionen für Eisenbahnen, Wege und Telegraphen in dem von Rußland kontrollierten Nordpersien verzichte, werde das Zarenreich dem Weiterbau der Bagdadbahn bis Bagdad keinerlei Hindernisse in den Weg legen.[121] Ein solches Abkommen machte indes für Deutschland nur wenig Sinn. In Berlin war man fest entschlossen, den Bau der Bagdadbahn mit oder ohne Zustimmung Rußlands zu vollenden. Gleichwohl sah man die Möglichkeit, den durch diesen russischen Vorschlag angeknüpften Faden weiterspinnen und durch eine deutsch-russische Verständigung die anglo-russische Entente nachhaltig stören zu können, wie Kiderlen-Wächter und Bethmann Hollweg spekulierten. Deutschland, so lautete ihr Vorschlag, werde in Zukunft nicht mehr die österreichische Balkanpolitik befürworten. Im Gegenzug solle die russische Regierung die Versicherung abgeben, »daß sie sich nicht verpflichtet noch die Absicht hat, eine etwaige deutschfeindliche Politik Englands zu unterstützen«.[122] Beide Erklärungen sollten auf Wunsch der deutschen Regierung sowohl im Reichstag wie in der Duma bekanntgemacht werden, ein Verlangen, das die wahren Absichten der Reichsleitung enthüllt: »Die auf das Verhältnis zu England bezügliche russische Erklärung«, so schrieb der Staatssekretär im Auswärtigen Amt, Alfred von Kiderlen-Wächter, an den deutschen Botschafter in St. Petersburg am 4. Dezember 1910, »ist für mich das Alpha und Omega der ganzen Abmachung. Sie muß so ausfallen, daß sie am Tage, wo sie zur englischen Kenntnis kommt, für die Russen kompromittierend wirkt.«[123] Diese deutsche Absicht war auch für die Russen allzu offenkundig, die sich deshalb auch weigerten, das »Potsdamer Abkommen« zu unterzeichnen.

Anfang des Jahres 1911 sah sich die Reichsregierung damit genau wieder in jener Situation, die sie auf diplomatischem Wege seit 1909 zu überwinden versucht hatte. Mit jedem der drei Ententepartner hatte man Verhandlungen mit dem Ziel geführt, ihn aus dem Kranz jener dem Reich potentiell feindlich gegenüberstehenden Mächte herauszulösen. Damit war man auf der ganzen Linie gescheitert. Dies bestärkte die Reichsleitung in ihren ärgsten Befürchtungen. Rußland, Frankreich und England hatten sich verschworen, dessen wurde man sich in Berlin immer gewisser, das Reich einzukreisen und zu erdrosseln. Dabei übersah man völlig, daß die Tripelentente längst nicht so fest gefügt war, wie man in Berlin argwöhnte. Sowohl mit England wie mit Rußland hätte man zu einer Verständigung kommen können, wäre man von den eigenen Maximalforderungen abgewichen, mit denen man ja nichts weniger verlangte, als daß England oder Rußland durch ihre Neutralität dem Reich freie Hand zur Verfolgung seiner expansiven Ziele ließen. Eine solche Politik war darauf abgestellt, den jeweiligen Partner für dumm zu verkaufen. Daß man damit nicht würde reüssieren können, war von Anfang an abzusehen gewesen.

Daß der an und für sich recht lose Zusammenhalt der Tripelentente gefestigt wurde, daß die deutsche Furcht vor einer »Einkreisung« reale Gestalt gewann, war vor allem eine Leistung der deutschen Politik. Der Anlaß war die zweite Marokkokrise 1911, die der ehrgeizige Staatssekretär im Auswärtigen Amt, Alfred von Kiderlen-Wächter, als willkommene Gelegenheit begrüßte, die innenpolitische Pattsituation, welche die Reichsleitung in ihrer Entscheidungsfreiheit immer mehr einschränkte, durch einen großen außenpolitischen Prestigeerfolg zu überwinden. In extensiver Auslegung des deutsch-französischen Marokkoabkommens vom Februar 1909 war die französische Regierung zwischenzeitlich planmäßig darangegangen, sich immer mehr politische Kompetenzen im Scherifenreich anzueignen. An Vorwänden wie dem einer Bedrohung europäischer Wirtschaftsinteressen, die es zu schützen gelte, mangelte es dabei nie. Als aber am 21. Mai 1911 französische Truppen die marokkanische Hauptstadt Fes besetzten und Spanien gleichzeitig die ihm in einer geheimen Absprache von Frankreich zugesicherten marokkanischen Gebietsstreifen okkupierte, war abzusehen, daß sich die Souveränität und territoriale Integrität Marokkos gemäß den Bestimmungen des Algeciras-Vertrags nicht länger bewahren ließ. Das alte Kompensationsspiel der Großmächte konnte von neuem beginnen: Nimmst du dir dieses Stück, dann erhebe ich Anspruch auf jenes.

Seit dem Frühjahr 1911 hatte Kiderlen-Wächter zuversichtlich damit gerechnet, Frankreich werde sich Marokkos bemächtigen. Dieses französische Vorgehen wollte er dann ausnutzen, um die Marokkofrage erneut aufzurollen, und dabei eine für das Reich günstigere Lösung herausschlagen als bei der Beilegung der ersten Marokkokrise. Bereits in einer Denkschrift vom 3. Mai 1911 vertrat er die Auffassung, ein militärisches Vorgehen Frankreichs in Marokko werde den Algeciras-Vertrag zu Makulatur machen und sämtlichen Signatarmächten die volle Handlungsfreiheit zurückgeben. Das Reich dürfe sich dann aber nicht mit bloßen Protesten begnügen, da es damit Gefahr liefe, nicht nur nichts zu erreichen, sondern auch noch eine »schwer erträgliche moralische Niederlage« einzustecken. »Wir müssen uns daher für die dann folgenden Verhandlungen ein Objekt sichern, das die Franzosen zu Kompensationen geneigt macht. Wenn sich die Franzosen aus ›Besorgnis‹ für ihre Landsleute in Fes etablieren, haben auch wir das Recht, bedrohte Landsleute zu schützen. Wir haben große Firmen in Mogador und Agadir.[124] Deutsche Schiffe könnten sich zum Schutz dieser Firmen in jene Häfen begeben. Sie könnten dort ganz friedlich stationiert werden – nur um das Zuvorkommen anderer Mächte in diesen wichtigen Häfen Südmarokkos zu hindern.« Wegen der großen Entfernung gerade dieser Häfen zum Mittelmeer seien Schwierigkeiten mit England »wenig wahrscheinlich« (sic!). Außerdem spräche für diese Wahl, daß das Hinterland dieser beiden marokkanischen Häfen sehr fruchtbar sei und dort im übrigen von der Hamburger Firma Warburg und Co. große Kupfervorkommen vermutet würden. »Im Besitz eines solchen Faustpfands«, resümierte Kiderlen, »würden wir die weitere Entwicklung in Marokko in Ruhe mitansehen und abwarten können, ob etwa Frankreich uns in seinem Kolonialbesitz geeignete Kompensationen anbieten wird, für die wir dann die beiden Häfen verlassen könnten ... Auch für die weitere Entwicklung der innenpolitischen Verhältnisse bei uns«, so fügte er am Ende dieses Memorandums hinzu, »würde es von Bedeutung sein, wenn es gelingen sollte, bei der schwerlich noch aufzuhaltenden Liquidation der marokkanischen Frage für Deutschland greifbare Vorteile herauszuschlagen. Unsere öffentliche Meinung würde mit alleiniger Ausnahme der Sozialdemokratischen Partei das einfache Geschehenlassen der Dinge im Scherifenreiche der kaiserlichen Regierung zum schweren Vorwurfe machen, während andererseits mit Sicherheit angenommen werden darf, daß praktische Ergebnisse manchen unzufriedenen Wähler umstimmen und den Ausfall der bevorstehenden Reichstagswahlen vielleicht nicht unwesentlich beeinflussen würden.«[125]

Mit größter Umsicht ging Kiderlen-Wächter nun daran, seinen Plan in die Tat umzusetzen. Bereits im April 1911 war er in Mannheim mit dem Vorsitzenden des »Alldeutschen Verbandes«, Heinrich Claß, zusammengetroffen und hatte diesen in seine marokkanischen Pläne eingeweiht. Wenn Frankreich sich Marokko einzuverleiben trachte, so erklärte er Claß, dann werde sich das Reich mit der Französischen Republik allein auseinandersetzen. Ein internationales Forum werde man diesmal nicht akzeptieren. Frankreich wisse das und werde deshalb klein beigeben. Zu den möglichen Kompensationsbegehren der deutschen Regierung bemerkte Kiderlen damals, das Reichsmarineamt wolle keine Flottenstützpunkte in Marokko erwerben, da man eine Teilung oder Zersplitterung der Flotte zu vermeiden wünsche (sic!). Etwas anderes sei eine Kolonie, wie Claß vorgeschlagen habe. Es wäre deshalb nützlich, in der Presse und in den Vereinen entsprechende Forderungen zu stellen. Eine Arbeitsteilung zwischen dem Auswärtigen Amt und den »nationalen Verbänden« sei sehr erwünscht. »Ich kann dann sagen: Ja, ich bin ja versöhnlich, aber die öffentliche Meinung muß berücksichtigt werden.« Im übrigen sei auch der Reichskanzler von der Bedeutung und dem Einfluß einer starken äußeren Politik auf die innere zutiefst überzeugt: »Er ist begierig auf einen Erfolg und wird ungeduldig.«[126]

Diese Unterredung mit dem Führer des »Alldeutschen Verbandes« trug reiche Früchte. Die Agitation für ein »Deutsch-Marokko«, welche die »Alldeutschen« in der Folge inszenierten, trug wesentlich dazu bei, die imperialistischen Erwartungen zu steigern, die in der deutschen Öffentlichkeit zunehmend mit dem Ausgang der Marokkokrise verknüpft wurden. Der Verfasser der *Lausbubengeschichten,* Ludwig Thoma, gehörte damals zu den wenigen, die sich den Kopf nicht verdrehen ließen. In einem *Deutschlands Demütigung – Gedanken eines Unpolitischen* überschriebenen Aufsatz, den er nach dem angesichts der hochgespannten Erwartungen kläglichen Ausgang der Marokkokrise erscheinen ließ, heißt es: »Ich glaube an die Suggestivwirkung des Plakats. Vor dem Jahre 1905 war kaum etwas zu hören von den Vorzügen Marokkos, das heute jedem Gevatter Handschuhmacher als das Land deutscher Sehnsucht gilt, weil über das Sultanat des Tages zweimal etwas in der Zeitung steht.«[127]

Um der Fabel von den in Marokko angeblich bedrohten deutschen Wirtschaftsinteressen den Anstrich von Glaubwürdigkeit zu geben, erteilte Kiderlen dem Unterstaatssekretär Zimmermann in einem Schreiben vom 16. Juni 1911 die Weisung: »Es wäre gut, sich ein Hilfegesuch von Warburg und Genossen *bald* zu besorgen.«[128] Der so bestellte Hilferuf, der von mehreren Firmen ohne Kenntnis seines Inhalts blanko unterschrieben wurde, ging am 21. Juni 1911 im Auswärtigen Amt ein.[129]

Am 1. Juli 1911 warf das deutsche Kanonenboot »Panther« vor Agadir Anker. Für denselben Tag waren die deutschen Missionschefs in Paris, London und Madrid angewiesen, den jeweiligen Regierungen ein Aide-mémoire zu überreichen, in dem dieser Schritt der Reichsleitung mit den Hilfeersuchen in Südmarokko ansässiger deutscher Firmen begründet wurde.[130] – Das war der berühmte »Panthersprung nach Agadir«, wie das Ereignis in der deutschen Presse gefeiert wurde, die sich im übrigen fast einhellig hinter die von den »Alldeutschen« ausgegebene Parole »West-Marokko deutsch« stellte.[131]

Der »Panthersprung« war von Kiderlen als Bluff gemeint. Frankreich sollten die Zähne gezeigt werden, ohne daß man bis zum Äußersten gehen wollte. Wegen der Wüsten und Felsgebirge Marokkos – selbst wenn sie so mineralreich waren, wie einige vermuteten – war man auch in Berlin nicht gewillt, es auf einen großen europäischen Konflikt ankommen zu lassen. Der »Panthersprung« war als Theatercoup inszeniert, um Frankreich zu erschrecken und zu Zugeständnissen zu bewegen. Das war psychologisch und politisch ein Irrtum. Kiderlen baute darauf, daß eine Regelung der marokkanischen Frage lediglich zwischen Deutschland und Frankreich erfolgen würde. Das war die große Fehleinschätzung. Die englische Regierung nahm den »Panthersprung« sehr ernst, weil man in London dahinter ein Motiv vermutete, das der Reichsleitung erklärtermaßen sehr fern lag. Im Foreign Office fürchtete man, Deutschland wolle Agadir als Flottenstation erwerben. Dadurch würde aber nicht nur die strategische Position Gibraltars erheblich entwertet, sondern dem Reich eröffnete sich auch die Möglichkeit, den gesamten Schiffsverkehr in Richtung Südatlantik zu kontrollieren. Eine solche Entwicklung, und dazu war man in London sofort entschlossen, mußte unter allen Umständen verhindert werden. Bereits am 3. Juli 1911 deutete der englische Außenminister Sir Edward Grey in einem Gespräch mit dem deutschen Botschafter an, England werde sich keineswegs mit der Rolle eines »wohlwollenden Zuschauers« begnügen, wie Deutschland offensichtlich erwarte. England, so Grey vorsichtig, werde die Wahrung seiner eigenen Handelsinteressen in Marokko zu verfolgen haben.[132] Einen Tag später äußerte Grey nach einer Sitzung des englischen Kabinetts gegenüber Metternich die präzise und bestimmte Warnung: »England kann sich an Marokko nicht desinteressieren; wir müssen die *Vertragsverpflichtungen mit Frankreich und die britischen Interessen berücksichtigen.* Wir sind der Meinung, daß durch die Entsendung eines deutschen Schiffes nach Agadir eine neue Lage geschaffen worden ist, daß die künftige Entwicklung die britischen Interessen *unmittelbarer* beeinflussen kann, als dies bisher der Fall war, und daß wir deshalb keinerlei Neugestaltung anzuerkennen vermögen, die *ohne uns* zustande gekommen ist.«[133]

Die durch diese sehr deutliche Warnung der englischen Regierung erzwungene Internationalisierung der Marokkokrise beeindruckte Kiderlen jedoch in keiner Weise. Noch immer glaubte er, sich allein mit Frankreich auf eine Lösung verständigen zu können. Das Reich, so erklärte er dem französischen Botschafter Jules Cambon in Berlin am 9. Juli 1911, sei gar nicht an einem Gebietserwerb in Marokko interessiert. Frankreich könne sich ganz Marokko einverleiben, sofern es Deutschland »reale Kompensationen auf kolonialem Gebiet« gebe. Dafür würde sich beispielsweise der französische Kongo anbieten. Allerdings müsse Deutschland »dann erhebliche Ansprüche machen«. Vielleicht, so Kiderlen weiter, »könnten wir den Franzosen die Sache dadurch erleichtern, daß man einen ›échange de territoire‹ vornähme, bei dem wir aber ›la part du lion‹ haben müßten«. Und wenn sich Deutschland nach gehöriger Sicherung seiner Wirtschaftsinteressen ganz aus Marokko zurückzöge, so Kiderlen weiter, dann müsse sich Frankreich noch mit den anderen Mächten verständigen, zumal England neuerdings eigene Ansprüche zu erheben scheine.[134] Bei einer weiteren Unterredung zwischen Cambon und Kiderlen am 15. Juli 1911 erklärte dieser dem französischen Botschafter unumwunden, für Deutschland komme allein der gesamte französische Kongo als Kompensation für Marokko in Frage. Diesen Anspruch wies Cambon sofort zurück. Gegenüber Bethmann Hollweg äußerte Kiderlen nach diesem Gespräch die Einschätzung, »daß wir, um zu einem günstigen Resultat zu kommen, jedenfalls noch sehr kräftig auftreten« müssen.[135]

Die völlig überzogene Forderung, den gesamten französischen Kongo als Kompensation zu verlangen, war Kiderlens zweiter und entscheidender Fehler. Sein Ziel, mit Frankreich über eine beide Seiten befriedigende Regelung der Marokkofrage zu einer dauernden politischen Verständigung und damit zu einer Entschärfung der potentiellen Bedrohung durch die »Entente cordiale« zu gelangen, war damit in unerreichbare Fernen gerückt. Cambon hatte ihn in der Unterredung vom 15. Juli gewarnt, »daß schon eine teilweise Abtretung vom Kongogebiet von der französischen Regierung vor ihrem Parlament sehr schwer zu verteidigen sein würde«. Das war sicher einer der üblichen Hinweise auf die öffentliche Meinung, um den Handel günstiger zu gestalten. Dennoch wogen solche Rücksichten schwer. Eine Abtretung des gesamten Kongogebiets war von jeder französischen Regierung, wollte sie nicht ihren Sturz riskieren, einfach zuviel verlangt. Doch Kiderlen sah sich dem von ihm mit Hilfe der »Alldeutschen« planvoll provozierten Erwartungsdruck der deutschen Öffentlichkeit schon so sehr ausgesetzt, daß er diesem seine ursprünglichen Überlegungen völlig opferte. Das war fatal. Ein »sehr kräftiges Auftreten« der deutschen Regierung, eine mehr oder minder offene deutsche Kriegsdrohung mußte Frankreich dazu zwingen, Zuflucht bei seinem englischen Bundesgenossen zu suchen. Und in London fand ein entsprechendes Ersuchen offene Ohren. Sir Edward Greys Standpunkt war es sowieso, Frankreich jenes Maß an Unterstützung zu gewähren, mit dem sich verhindern ließ, daß es völlig unter deutschen Einfluß geriet und sich England wieder entfremdete.[136] Außerdem befürchtete man in London, die Begehrlichkeit des Reichs werde sich wieder Marokko zuwenden, nachdem die deutschen Kompensationswünsche im Kongo abschlägig beschieden worden seien. Deutschland wolle sich in Marokko festsetzen und in Agadir eine deutsche Flottenbasis errichten.[137] Sollte das geschehen, dann werde auch England von Frankreich ein Stück des Scherifenreichs fordern, um so der deutschen Bedrohung an Ort und Stelle einen Riegel vorschieben zu können. Daraus ergibt sich zweierlei: Die englische Politik gegenüber Deutschland wurde in einem sehr hohen Maß von dem Mißtrauen beherrscht, das man in London hinsichtlich der Absichten hegte, die mit der deutschen Flottenrüstung verfolgt wurden. Und Frankreich würde, wann immer es sich in irgendeiner Weise vom Reich bedroht fühlte, versuchen, der »Entente cordiale« eine gegen das Deutsche Reich gewendete Stoßrichtung zu geben. Vor diesem Hintergrund muß die berühmte Mansion-House-Rede gesehen werden, die Schatzkanzler David Lloyd George am 21. Juli 1911 hielt. Lloyd George verkündete in dieser Rede unter anderem das liberale Credo des englischen Imperialismus: Es liege nicht nur im Interesse Englands, sondern im Interesse der ganzen Welt, daß Großbritannien unter allen Umständen seinen Platz und sein Prestige unter den Großmächten Europas behaupte. Würde England in eine Lage gedrängt, in welcher der Frieden nur erhalten werden könnte durch Aufopferung der großen und wohltätigen Stellung, die es im Laufe der Jahrhunderte erworben habe, müsse sich England so behandeln lassen, daß seine Stimme im Rate der Völker dort, wo vitale Interessen auf dem Spiele stehen, als unerheblich zur Seite geschoben werde – dann sage er mit Nachdruck, Friede um jeden Preis würde eine Demütigung sein, die ein großes Land nicht ertragen könnte.[138]

Diese Rede Lloyd Georges, die von der englischen, französischen und deutschen Presse übereinstimmend als Warnung an Deutschland verstanden und kommentiert wurde, machte alle Aussichten auf eine rasche Kompromißlösung im deutsch-französischen Streit über Marokko zunichte. Kiderlens gesamtes politisches Kalkül brach zusammen. Statt eine deutsch-französische Verständigung zu erzielen, hatte er mit seinen Drohgebärden nichts anderes erreicht, als daß aus der Marokkokrise nun ein englisch-deutscher Konflikt zu erwachsen drohte: Die englische Flotte wurde in Alarmzustand versetzt, der britische Admiralstab begann, Pläne für größere Truppenlandungen in Frankreich auszuarbeiten. Der drohende Ausbruch eines Krieges zwischen England und Deutschland war die eigentliche zweite Marokkokrise – eine Meisterleistung der kiderlenschen Politik. Ein deutsch-französischer Krieg wegen der Marokkofrage war dagegen nie ernsthaft zu befürchten gewesen.

Die ebenso feste wie drohende Haltung Englands gegenüber dem Reich gab den chauvinistischen Kreisen innerhalb der Französischen Republik neuen Auftrieb. Die auch vom französischen Premierminister Caillaux gewünschte deutsch-französische Verständigung hatte unter diesen Umständen keinerlei Aussichten mehr, verwirklicht zu werden. In hochgeheimen Verhandlungen, die ein Vertrauter Caillaux' hinter dem Rücken des französischen Kabinetts mit Kiderlen führte, gelangte man schließlich zu einem Kompromiß. Gegen Überlassung zweier Gebietsstreifen des französischen Kongo gewährte das Deutsche Reich Frankreich freie Hand in Marokko. Dieser Kompromiß wurde am 4. November 1911 vertraglich verankert.

Dieser Ausgang der zweiten Marokkokrise von 1911 war für die Reichsregierung außen- wie innenpolitisch eine Katastrophe. Eine deutsch-französische wie auch eine deutsch-englische Verständigung waren für absehbare Zeit völlig ausgeschlossen. Noch schlimmer: Die »Entente cordiale« war endgültig gefestigt und in ein Bündnis gegen das Reich umgeschmiedet worden. Daß auch Rußland diese Wendung mit vollziehen würde, sobald es seine Rüstungen abgeschlossen hatte, konnte außer Frage stehen. Gleichzeitig hatte man sich in England dazu entschlossen, in einen deutsch-französischen Krieg sofort auf seiten Frankreichs einzugreifen und englische Truppen über den Kanal zu werfen. Tatsächlich fanden schon seit 1906 ohne Wissen der englischen Regierung regelmäßig geheime Besprechungen auf Generalstabsebene zwischen Frankreich und England statt.[139] Und um das Ausmaß der Katastrophe vollzumachen, wurde im Januar 1912 die gemäßigte und auf einen Ausgleich mit Deutschland bedachte französische Regierung Caillaux gestürzt. An ihre Stelle trat nun eine Regierung, die den »réveil national« zum Programm hatte und die von dem Lothringer Raymond Poincaré geführt wurde.

Nicht geringer war das innenpolitische Desaster, in das die Reichsleitung jetzt hineinschlidderte. Die französischen Zugeständnisse vom 4. November 1911 wurden von weiten Teilen einer nationalistisch aufgeputschten Öffentlichkeit als völlig unzulänglich verworfen und als eine unerträgliche Beleidigung des deutschen Großmachtprestiges gebrandmarkt. Die öffentliche Empörung über die vermeintliche Schwäche der deutschen Regierung gegenüber Frankreich und über das ängstliche Zurückweichen vor England wurde mit dem von Rußland und Österreich erzwungenen Einlenken Preußens in Olmütz verglichen. Die Reichstagsdebatte über die deutsche Marokkopolitik, die sinnigerweise an einem 9. November (1911) begann, wurde zu einem nationalen Scherbengericht der Regierung Bethmann Hollweg. Die Rede des Kanzlers wurde vom Reichstag mit eisigem Schweigen quittiert. Zur Rechtfertigung seiner Politik verwies Bethmann Hollweg auf die Vergrößerung des deutschen Kolonialbesitzes in Westafrika, und er betonte, nie sei an deutschen Landerwerb in Marokko gedacht gewesen, und deshalb könne von einer Demütigung des Reichs auch keine Rede sein. Die buchhalterische Redlichkeit der Ausführungen Bethmanns war denkbar ungeeignet, den Sturm nationaler Emotionen zu beschwichtigen. Bismarck hätte hier einmal als Vorbild nützlich sein können. Der Argumente, mit denen dieser einst am 3. Dezember 1850 die preußische Politik von Olmütz verteidigte, hätte sich auch Bethmann Hollweg bedienen können. »Warum«, so hatte Bismarck damals gefragt, »führen große Staaten heutzutage Kriege? Die einzig gesunde Grundlage eines großen Staates, und dadurch unterscheidet er sich wesentlich von einem kleinen Staate, ist der staatliche Egoismus und nicht die Romantik, und es ist eines großen Staates nicht würdig, für eine Sache zu streiten, die nicht seinem eigenen Interesse angehört. Zeigen Sie mir also, meine Herren, ein des Krieges würdiges Ziel, und ich will Ihnen beistimmen. Es ist leicht für einen Staatsmann, sei es in dem Kabinette oder in der Kammer, mit dem populären Winde in die Kriegstrompete zu stoßen und sich dabei an seinem Kaminfeuer zu wärmen oder von dieser Tribüne donnernde Reden zu halten, und es dem Musketier, der auf dem Schnee verblutet, zu überlassen, ob sein System Sieg und Ruhm erwirbt oder nicht. Es ist nichts leichter als das, aber wehe dem Staatsmann, der sich in dieser Zeit nicht nach einem Grund zum Kriege umsieht, der auch nach dem Krieg noch stichhaltig ist.«[140]

Das wäre die einzige Antwort gewesen, die Bethmann jener Woge nationaler Unzufriedenheit hätte entgegensetzen müssen, die über ihn hereinbrach. Sollte Deutschland wegen der zweifelhaften Geschäftsinteressen der Gebr. Mannesmann AG einen großen Krieg entfesseln, waren auch nur einige tausend Quadratmeilen sumpfigen und fieberverseuchten Urwalds die Knochen jenes berühmten pommerschen Grenadiers wert, von dem Bismarck einmal bei anderer Gelegenheit sprach? Das wäre die richtige Sprache gewesen. Wahrhaft erschreckend an diesem und späteren Abschnitten der deutschen Geschichte ist, daß sich niemand fand, der die Kraft und die Worte hatte, solches laut und deutlich zu sagen, obwohl nicht mehr aus ihm geredet hätte als die schiere Vernunft.

Im Jahre 1912 dachte niemand im Ernst an einen großen Krieg. Aber dennoch hatte sich das Antlitz Europas völlig verändert. Europa wurde zum erstenmal von einer Krise erschüttert, die nicht mehr allein nur diplomatisch-politischer Natur war. Erstmals hatten sich die Völker bis zum Äußersten entschlossen gegenübergestanden.

Wie einem gewaltigen Unwetter heftige Stürme vorauszugehen pflegen, so wurden die Menschen in den einzelnen Staaten Europas in jenen letzten beiden Jahren eines tiefen Friedens von der Fieberwelle eines militanten Nationalismus erfaßt und fortgerissen.[141] Derlei Phänomene lassen sich konstatieren, aber kaum rational erklären. Das Wellenspiel der konjunkturellen Zyklen wird man nicht ernsthaft dafür verantwortlich machen wollen, daß junge Männer und gestandene Familienväter hinter einer Fahne her in den Tod rennen. Auch der Erfolg jener »Manipulation«, durch die angeblich Herrschaft ausgeübt wurde, wird spätestens vor dem sehr realen Grauen der Materialschlacht unwirklich: Im Gaskrieg wird auch eine gegen jeden Zweifel so imprägnierte Schulbuchweisheit wie die, es sei süß und ehrenvoll, fürs Vaterland zu sterben, unweigerlich als Phrase entlarvt.

Es ist unmöglich, die Intensität jenes militanten Nationalismus zu bestimmen, der ohne Ausnahme in allen europäischen Staaten in jenen Jahren grassierte. Man kann nicht sagen, der Nationalismus im Deutschen Reich habe sich, verglichen mit dem in Frankreich, England oder Rußland, durch besondere Militanz ausgezeichnet. Der Monokel tragende Reserveoffizier und dergleichen Spottgestalten mehr, in denen sich der spezifisch preußisch-deutsche Nationalismus inkarnierte, hatten durchaus ihre Ebenbilder in anderer Kostümierung in Frankreich oder England. Auch die jeweilige Ideologie macht, besieht man es genau, keinen rechten Unterschied. »La discipline de la civilisation« bedeutete für den französischen Nationalismus kaum etwas anderes als für den deutschen das Gebot, am deutschen Wesen müsse die Welt genesen. Nein, die Bereitschaft, die nächste politische Krise mit keinen anderen als militärischen Mitteln auszutragen, war in allen europäischen Staaten in gleicher Weise vorhanden. Und dennoch gab es einen Unterschied. Während in Frankreich, England und Rußland der militante Nationalismus den Zusammenhalt der Nation, die Kohärenz von Regierten und Regierenden steigerte, die Antagonismen der Klassen und Landschaften ausglich, verursachte er im preußisch-deutschen Reich zunächst eine Vertiefung der Spaltungen, verstärkte er die Fliehkräfte der nationalen Desintegration.

In der Reichstagsdebatte vom November 1911 über die deutsche Marokkopolitik entschied sich das Schicksal des Deutschen Reichs. Eine Mehrheit der vom deutschen Volk gewählten Abgeordneten kritisierte die Regierung, weil sie sich am »nationalen Interesse« vergangen habe – was immer das sein sollte. Entscheidend war, daß die Konservativen, auf deren loyale Unterstützung der scheinbar so mächtige Bau des preußisch-deutschen Reichs vor allem angewiesen war, sich nun der »nationalen Opposition« annäherten und mit dieser unter dem ostentativen Beifall des Kronprinzen gemeinsame Sache gegen die Regierung zu machen begannen. Tirpitz, der Chef des Reichsmarineamts, konnte sich ob dieser Entwicklung nur die Hände reiben. Bereits am 3. August 1911 schrieb er an seinen Stellvertreter, den Admiral Eduard von Capelle, mit Hinweis auf den damals noch ungewissen Ausgang der Marokkokrise: »Sind wir dabei stärker blamiert, so ergibt das eine gewaltige Entrüstung. Die Möglichkeit einer Novelle rückt damit näher...«[142] Kein Zweifel: Tirpitz bekam, was er wollte. Nach 1911 verstärkte das Reich seine Rüstungen zu Wasser und zu Lande enorm. In der Tatsache, daß nun die Rüstungsausgaben für das Heer bei weitem die für die deutsche Flotte übertrafen, hat man einen Beweis dafür zu erkennen geglaubt, daß sich die Reichsleitung nach 1911 endgültig von dem Konzept der bülowschen »Weltpolitik« ab- und dem Ziel der Etablierung einer militärisch-politischen Hegemonie über Europa zugewandt habe. Das mag zutreffend sein oder auch nicht, für den Ausbruch des Ersten Weltkriegs und den Untergang des Reichs ist dies alles ziemlich unerheblich. Entscheidend dafür war vielmehr, daß in den knapp drei Jahren zwischen der Marokkokrise von 1911 und dem Ausbruch des Krieges im August 1914 sich alle die komplexen Widersprüche des preußisch-deutschen Reichs in nie gekannter Weise verschärften. Alle Voraussetzungen des bismarckschen Systems waren dahin und mit ihnen auch die Einheitlichkeit dieses Systems. Jeder machte seine eigene Politik, dachte und handelte nach eigenem Gutdünken: der Kaiser, der Generalstab, das Reichsmarineamt, das Kolonialamt, das Auswärtige Amt – jede Regierungsstelle, jeder Apparat des politischen Systems suchte sich mit seinen Interessen durchzusetzen. Am erfolgreichsten waren dabei die Militärs, die Generale und Admirale, und dies nicht sosehr deshalb, weil der Kaiser auf sie hörte. Nein, die im nationalen Fieberwahn delirierende Öffentlichkeit und ihre gewählten Vertreter im Reichstag gestanden ihnen alles zu, was sie verlangten. Der politisch allein verantwortliche Reichskanzler war wie ein Kork auf den Wellen. Unda fert, nec regitur. Die tiefe Wahrheit der von Bismarck so gern zitierten Weisheit erfüllte sich an Bethmann Hollweg in schrecklichster Weise. Ohne eine solide und zuverlässige Reichstagsmehrheit war der Reichskanzler ein politisches Nichts, seine Verantwortlichkeit eine verfassungsrechtliche Leerformel. Und eine Reichstagsmehrheit, auf die sich eine preußisch-deutsche Reichsregierung hätte stützen können, war nach dem Ausgang der Reichstagswahlen von 1912 ferner denn je gerückt. Das gesamte Parteienspektrum war nicht einem Prozeß politischer Polarisierung unterworfen, wie die großen sozialdemokratischen Gewinne bei diesen Wahlen glauben machen konnten, sondern dem einer unaufhaltsamen Auflösung. Das Bismarckreich zerfiel von innen heraus. Die klassenmäßig, religiös, ethnisch und regional bedingten gesellschaftlichen und politischen Antagonismen mündeten ein in eine immer dynamischere nationale Desintegration. Der hysterische Nationalismus jener Zeit ist das Symptom dafür. In ihm verraten sich nicht Stärke und Geschlossenheit des deutschen Nationalstaats, sondern seine Schwäche, Instabilität und völlige Unfertigkeit.

Nein, es war letzten Endes nicht der »Griff nach der Weltmacht« (Fritz Fischer), nicht ein kühl kalkulierter Hasard, der die Reichsleitung alles auf eine Karte setzen ließ, als sie sich in einen Krieg stürzte, in dem allein schon das Gesetz der Wahrscheinlichkeit und der Überzahl gegen das Reich stand. Man wird auch nicht sagen können, das Reich sei in diesen Krieg »hineingeschliddert« oder alle an diesem Krieg beteiligten Mächte trügen die gleiche Schuld an seinem Ausbruch. Vielmehr wird man die Konvergenz zweier Faktoren »verantwortlich« machen müssen: die nach 1912 stetig sich verschärfende Krise auf dem Balkan und der nicht minder rapide Zerfall des Deutschen Reichs im Innern. So paradox dies klingen mag, so verwandt waren die Ursachen, die beide Krisen auslösten und in ihrer eruptiven Gewalt steigerten.

Das durch nichts und niemanden mehr aufzuhaltende Sterben des »kranken Mannes am Bosporus« setzte auf dem Balkan die ganze Gärung, die in den hier ansässigen Völkerschaften schon seit längerem rumorte, frei. Serben, Bulgaren, Rumänen und Griechen begannen, kaum daß sie des türkischen Jochs ledig waren, in einem Nationalismus zu schwelgen, dessen blutdürstende Radikalität in einem genau umgekehrten Verhältnis zum Grad ihrer nationalstaatlichen Entwicklung stand. Die russische Diplomatie rührte mit Eifer in diesem balkanischen Hexenkessel und trug stets Sorge dafür, daß das Feuer nicht erlosch, das diesen Kessel am Kochen hielt. Irgendwann aber, und dies vorherzusehen bedurfte es keiner Prophetengabe, würde dieser Kessel überkochen, würden die Serben mit russischer Rückendeckung versuchen, mit Österreich-Ungarn abzurechnen und Bosnien zu befreien. Am 31. Januar 1913 schrieb der britische Botschafter in Wien, Sir Fairfax Cartwright, an den Unterstaatssekretär im Foreign Office, Sir Arthur Nicolson: »Serbien wird noch eines Tages alle Staaten Europas gegeneinander aufhetzen und auf dem Kontinent einen allgemeinen Krieg verursachen. Ich kann Ihnen gar nicht sagen, wie gereizt die Menschen hier über die ewigen Sorgen sind, die dieses kleine Land, von Rußland ermutigt, Österreich bereitet. Es wäre ein Glück, wenn es Europa gelingen würde, einen Krieg zu vermeiden, zu dem die jetzige Krise führen könnte. Kommt es wieder zu einer serbischen Krise, so bin ich überzeugt, Österreich-Ungarn wird keine Einmischung Rußlands mehr dulden und wird die Streitigkeit mit seinem kleinen Nachbar coûte que coûte selbst austragen.«[143]
In der Tat schlug der serbische Nationalismus den Funken, der im August 1914 das Pulver zur Explosion brachte. Dieser Funken löste jene Kettenreaktion aus, die zum Ausbruch der Julikrise von 1914 führte, die ihrerseits den fatalistischen Entschluß der Wiener Regierung bedingte, Serbien den Garaus zu machen, um den sonst zu erwartenden raschen Zerfall des Vielvölkerstaats aufzuhalten. Damit wurde der Mechanismus der Bündnissysteme und Aufmarschpläne in Gang gesetzt, die Katastrophe nahm ihren Lauf.

Dies gibt unstreitig die äußere Oberfläche der Entwicklung wieder; die darunter verborgen liegenden tieferen Ursachen und Verkettungen aber werden nicht genannt. Forscht man diesen nach, so wird man unweigerlich immer wieder auf das Deutsche Reich verwiesen. Ohne den »Blankoscheck« einer bedingungslosen deutschen Bündnistreue, den Bethmann Hollweg am 6. Juli 1914 ausstellte, hätte Österreich-Ungarn von sich aus nie gewagt, allein gegen Serbien loszuschlagen. Daß dies den Ausbruch eines europäischen Krieges mit Notwendigkeit zur Folge haben mußte, war Bethmann Hollweg unzweifelhaft klar.[144] Hinter dieser Entscheidung der Reichsleitung läßt sich nun allerdings nicht eine eindeutige Absicht ausmachen, das Risiko eines großen europäischen Krieges zu wagen, um Deutschland als europäische Hegemonialmacht zu etablieren, ehe die anderen Mächte zu stark geworden waren und das Reich keine Chance mehr gehabt hätte, sich gegen diese durchzusetzen.

Gewiß, es läßt sich nicht leugnen, und die Belege sind zahlreich, daß die politischen Entscheidungsträger im Deutschen Reich einen Krieg als Ultima ratio bei ihren Planungen und Überlegungen ganz selbstverständlich einkalkulierten. Ja, sie stimmten sogar in der fatalistischen Sicht überein, daß über kurz oder lang ein Krieg unvermeidbar sei und daß, wenn sich eine Gelegenheit dazu biete, diese rücksichtslos ergriffen werden müsse, um die militärische Überlegenheit Deutschlands auszunutzen, solange dieser Vorteil nicht durch die Rüstungen der anderen Mächte eingeholt worden sei. Jenseits dieser Übereinstimmung differierten aber die Ansichten der einzelnen Interessengruppen erheblich. Die »nationalen Verbände«, die Schwerindustrie, Generale, Admirale, »liberale Imperialisten« und »Schutzzöllner« begründeten ihre Sicht einer Unvermeidbarkeit des Krieges für Deutschland mit jeweils unterschiedlichen Argumenten. Die einen glaubten, ein rasch erfochtener Sieg im Westen werde das ins Wanken geratene Ansehen der Monarchie wieder festigen; andere sahen in einem großen Krieg eine Radikalkur gegen all jene Übel, an denen das Deutsche Reich in seinem Innern krankte, hielten die »Stahlgewitter« für unerläßlich, um die Nation zu schmieden, die bislang noch ausstehende »innere Reichsgründung« nachzuholen; wieder andere verwiesen auf die rasch wachsende Macht Rußlands, die das Reich in naher Zukunft erdrücken müsse, und rieten deshalb, diese Gefahr so rasch wie möglich zu bannen; und wieder andere waren von malthusianischen Ängsten geplagt und predigten die Erweiterung des »deutschen Lebensraums« nach Osten, um der wachsenden Bevölkerung des Reichs die Ernährungsgrundlage zu garantieren; und schließlich bangten vor allem nach dem Konjunktureinbruch von 1913 nicht wenige Industrielle um ihre Absatzmärkte, sahen sich durch hohe Zollmauern von ihren Exportmärkten abgeschnitten und malten sich jenen Alptraum aus, daß die Welt in einige wenige große und autarke Imperien zerfalle, gegenüber denen sich das Deutsche Reich nicht lange würde behaupten können, da es weder über genügend Rohstoffe noch über einen hinreichend großen Binnenmarkt verfügte, der die einheimische Industrieproduktion hätte aufnehmen können.

All diese unterschiedlichen Ängste, Erwartungen, Wünsche und Hoffnungen lassen sich aber nicht gewaltsam auf eine Strategie reduzieren, können nicht als einheitlicher und fester Wille interpretiert werden, nach der »Weltmacht« zu greifen. In der Heterogenität dieses Wünschens und Wollens einer durch den militanten Nationalismus aufgeputschten Öffentlichkeit reflektiert sich vielmehr getreulich die Heterogenität der wilhelminischen Gesellschaft. Die beschriebene Gleichzeitigkeit einer Nationalisierung und Pluralisierung der gesellschaftlichen Geltungsansprüche sprengte die Einheitlichkeit des politischen Systems und vereitelte eine für alle gesellschaftlichen Gruppen und Interessen verbindliche politische Strategie. Die tiefe Widersprüchlichkeit, Unstetheit und Erfolgslosigkeit der so grandios inaugurierten deutschen »Weltpolitik« ist dafür ebenso ein Beleg wie die dynamische innenpolitische Desintegration, die durch die Umstände, unter denen die Reichsfinanzreform scheiterte, hinlänglich illustriert wird.

Zwei Faktoren bremsten den rapiden inneren Zerfall des Reichs etwas ab: die wirtschaftliche Hochkonjunktur in der Zeit von 1894 bis 1913, von der Industrie, Landwirtschaft, Arbeiter und Konsumenten gleichermaßen profitierten, und die große politische Stabilität des Zentrums. Der Konjunktureinbruch von 1913 ließ einen sich militant gerierenden Fatalismus aufkommen, und das Zentrum, das stets bestrebt war, keinen Zweifel an seinem Patriotismus aufkommen zu lassen, vollzog diesen Schwenk getreulich nach. Damit waren die letzten Sicherungen entfernt, war absehbar geworden, daß die nächste große politische Krise zur Explosion führe mußte, zumal auch in Frankreich und Rußland Kräfte am Ruder waren, die unter keinen Umständen nachgeben und ihrerseits bis zum Äußersten gehen würden. Man wollte den Krieg, weil man weder in Frankreich noch in Rußland noch gar im Deutschen Reich bereit war, den Krieg zu vermeiden. Die innere Bereitschaft zum Krieg war – das macht schon der berühmte »Kriegsrat« deutlich, den Wilhelm II. mit den Spitzen von Heer und Marine am 8. Dezember 1912 abhielt – bei der Reichsleitung unstreitig vorhanden.[145] Spätestens seit diesem Tag war klar, daß es die politische Führung des Reichs zu einem bewaffneten Konflikt kommen lassen würde, sobald sich ein geeigneter Anlaß dazu bot. Allein, diese Kriegsbereitschaft war nicht nur von dem

Verlangen inspiriert, dem deutschen Volk und seiner Industrie »Lebensraum« und sichere Absatzmärkte zu schaffen, wie dies die Formulierung der Kriegsziele nahelegt, sondern sie war in kaum geringerem Ausmaß auch bedingt von *Ratlosigkeit* und *Pessimismus*, die in der Illusion eines begrenzten Krieges ihren Niederschlag fanden. Am 14. Juli 1914 bemerkte Reichskanzler Bethmann Hollweg zu seinem Mitarbeiter Kurt Riezler: »Unsere Lage ist schrecklich. Wenn der Krieg kommen sollte und die Schleier dann fallen, wird das ganze Volk folgen, getrieben von Not und Gefahr. Der Sieg ist die Befreiung. Der Kanzler meint, ich wäre zu jung, um nicht dem Reiz des Ungewissen zu unterliegen, des Neuen, der großen Bewegung. Für ihn ist die Aktion ein Sprung ins Dunkle und dieser schwerste Pflicht.«[146]

Das Reich wagte diesen Sprung ins Dunkle; seine innere Zerrissenheit, sein ganzes widriges Wesen machte ihm dies zur schwersten Pflicht. Es war nicht nur der Schlieffenplan, der zwischen Generalmobilmachung und der Eröffnung der Kriegshandlungen keinen Aufschub duldete, der das Reich dazu zwang, sondern es war mehr noch die schreckliche Logik seiner ganzen unsteten inneren Entwicklung. Seit 1890 hatte das Deutsche Reich durch seine ehrgeizige, unberechenbare und unverantwortliche Machtpolitik das Kunststück vollbracht, daß die übrigen europäischen Mächte ihre alten und tiefen Gegensätze und Feindschaften begruben und sich gegen jene Gefahr zusammenschlossen, die von Deutschland auszugehen schien, von seiner Unruhe, seinem Geltungsdrang, seinem Machthunger. Es liegt darin eine schreckliche Ironie. Bismarck hatte das Reich nur deshalb schaffen und in das »Konzert der europäischen Mächte« integrieren können, weil er deren Gegensätze geschickt ausnutzte und ausspielte. Seine Erben schlugen diese Grundregel aber keineswegs leichtfertig, auch wenn aller Anschein dafür spricht, in den Wind. Indem sie so handelten, wie sie handelten, beugten sie sich lediglich einem Fluch, der auf diesem Reich von allem Anfang an lastete. Und dieser Fluch war der politische Primat Preußens, der sich auf die Voraussetzung gründete, daß die Nation verhindert wurde. Bismarck hatte dafür die ordnungspolitischen Rahmenbedingungen mit der Gründung des Deutschen Reichs von 1871 geschaffen. Was er aber trotz seiner reichen politischen Phantasie nicht vorherzusehen vermochte, war, daß die konjunkturell bedingten gesellschaftlichen Widersprüche, die sich im Zuge der ungeheuren sozioökonomischen Dynamik stetig verschärften, derartige Fliehkräfte freisetzen würden, daß sie nicht mehr von dem politischen System, wie er es entworfen hatte, gebändigt werden konnten. Das Fehlen der politischen Nation als einer moderierenden Instanz schuf dem Deutschen Reich eine Welt von Feinden, machte den »Weltkrieg« unvermeidlich.

Im August 1914 wagten die Deutschen mit Begeisterung diesen »Sprung ins Dunkle«, nahmen sie im Rausch der Opferfreude diese »schwerste Pflicht« auf sich. Stefan Zweig hat in seinem Buch *Die Welt von Gestern* die Stimmung dieser Tage hinreißend beschrieben: »Wie nie fühlten die Tausende und Hunderttausende Menschen, was sie besser im Frieden hätten fühlen sollen: daß sie zusammengehörten. Eine Stadt von zwei Millionen, ein Land von fast fünfzig Millionen empfanden in dieser Stunde, daß sie Weltgeschichte, daß sie einen nie wiederkehrenden Augenblick miterlebten und daß jeder aufgerufen war, sein winziges Ich in diese glühende Masse zu schleudern, um sich dort von aller Eigensucht zu läutern. Alle Unterschiede der Stände, der Sprachen, der Klassen, der Religionen waren überflutet für diesen einen Augenblick von dem strömenden Gefühl der Brüderlichkeit. Fremde sprachen sich an auf der Straße, Menschen, die sich jahrelang auswichen, schüttelten einander die Hände, überall sah man belebte Gesichter. Jeder einzelne erlebte eine Steigerung seines Ichs, er war nicht mehr der isolierte Mensch von früher, er war eingetan in eine Masse, er war Volk, und seine Person, seine sonst unbeachtete Person hatte einen Sinn bekommen. Der kleine Postbeamte, der sonst von früh bis nachts Briefe sortierte, immer wieder sortierte, von Montag bis Samstag ununterbrochen sortierte, der Schreiber, der Schuster hatte plötzlich eine andere, eine romantische Möglichkeit in seinem Leben: Er konnte Held werden, und jeden, der eine Uniform trug, feierten schon die Frauen, grüßten ehrfürchtig die Zurückbleibenden im voraus mit diesem romantischen Namen. Sie anerkannten die unbekannte Macht, die sie aus ihrem Alltag heraushob; selbst die Trauer der Mütter, die Angst der Frauen schämte sich in diesen Stunden des ersten Überschwangs, ihr doch allzu natürliches Gefühl zu bekunden. Vielleicht aber war in diesem Rausch noch eine tiefere, eine geheimnisvollere Macht am Werke. So gewaltig, so plötzlich brach diese Sturzwelle über die Menschheit herein, daß sie, die Oberfläche überschäumend, die dunklen, die unbewußten Urtriebe und Instinkte des Menschentiers nach oben riß – das, was Freud tiefsehend ›die Unlust an der Kultur‹ nannte, das Verlangen, einmal aus der bürgerlichen Welt der Gesetze und Paragraphen auszubrechen und die uralten Blutinstinkte auszutoben. Vielleicht hatten auch diese dunklen Mächte ihren Teil an dem wilden Rausch, in dem alles gemischt war, Opferfreude und Alkohol, Abenteuerlust und reine Gläubigkeit, die alte Magie der Fahnen und der patriotischen Worte – diesem unheimlichen, in Worten kaum zu schildernden Rausch von Millionen, der für einen Augenblick dem größten Verbrechen unserer Zeit einen wilden und fast hinreißenden Schwung gab.«[147]

Im August 1914 hatte der Nationalismus ohne Nation total mobil gemacht. Der Krieg war ein Rausch, eine schreckliche Halluzination. Aus dem Blut und Schlamm der flandrischen Schützengräben, aus den Nebelschwaden des Gaskriegs und den »Stahlgewittern« vor Verdun erstand jedoch nicht die Nation der Deutschen als strahlender Phönix. Aber die Menschen konnten nicht glauben, daß so große Opfer umsonst gebracht worden waren, daß so viel Gläubigkeit vergebens gefühlt wurde. Die schauderhafte Nachgeburt, die auf den Untergang des Bismarckreichs und auf das Zwischenspiel der »ungeliebten Republik« folgte, war das Reich Adolf Hitlers, in dem all die enttäuschten Träume von der Deutschen Nation fratzenhafte Wirklichkeit wurden.

ANMERKUNGEN

1. KAPITEL – HEILIGES RÖMISCHES REICH

1 Mann, Golo: *Deutsche Geschichte des 19. und 20. Jahrhunderts*, S. 26, Frankfurt/M. 1966[2].
2 Eine Ausnahme bildet: Aretin, Karl Otmar Frh. v.: *Heiliges Römisches Reich 1776–1806. Reichsverfassung und Staatssouveränität*, 2 Bde., Wiesbaden 1967.
3 Ranke, Leopold v.: *Zwölf Bücher preußischer Geschichte*, zit. bei Aretin: *Heiliges Römisches Reich* I, S. 2.
4 Schnabel, Franz: *Deutsche Geschichte im Neunzehnten Jahrhundert* I, S. 84, Freiburg i. Br. 1959.
5 Aretin: *Heiliges Römisches Reich* I, S. 69.
6 Aretin: ebd.
7 Hegel, Georg Wilhelm Friedrich: *Die Verfassung Deutschlands*, in: *Werke* in 20 Bänden I, Hrsg. Eva Moldenhauer u. Karl Markus Michel, S. 461, Frankfurt/M. 1971.
8 Hegel: *Die Verfassung Deutschlands*, S. 470.
9 Rousseau, Jean-Jacques: *Extrait du projet de paix perpétuelle de Monsieur l'abbé de Saint Pierre*, in: *Œuvres Complètes* III, Hrsg. Bernard Gagnebin u. a., S. 562 ff., Paris 1964.

2. KAPITEL – PREUSSEN UND DIE VERNICHTUNG POLENS

1 Freund, Michael: *Deutsche Geschichte*, S. 213, Gütersloh 1960. – Gegenüber dem englischen Botschafter bemerkte Maria Theresia im Sommer 1771: »Ich für meinen Teil wünsche mir kein Dorf zu behalten, das mir nicht zukommt. Ich will keine Eingriffe machen und, soweit ich es vermag, auch nicht dulden, daß solche gemacht werden. Kein Teilungsplan, wie vorteilhaft er auch sein möge, wird mich auch nur einen Augenblick in Versuchung führen. Ich werde vielmehr alle Entwürfe solcher Art mit Verachtung verwerfen . . . Ich muß so handeln sowohl aus Gründen der Klugheit als auch aus Beweggründen der Billigkeit und des Rechts.« Zit. Arneth, Alfred v.: *Geschichte Maria Theresias* VIII, S. 550, Anm. 96, Wien 1877; Broszat, Martin: *Zweihundert Jahre deutsche Polenpolitik*, S. 48, Frankfurt/M. 1972. Zur ersten polnischen Teilung vgl. die ausführliche Darstellung von: Madariaga, Isabel de: *Russia in the Age of Catherine the Great*, S. 221–225, London 1981.
2 In diesem Punkte ist die preußische Geschichtsschreibung um Beschönigung bemüht, was an einigen Beispielen verdeutlicht werden soll:
Treitschke rechtfertigt die preußische Initiative, die zur ersten Teilung Polens führte, damit, daß Friedrich II. durch den Erwerb polnischen Gebiets den Vormarsch der russischen Macht an der Düna und am Dnjepr zum Stehen bringen wollte (a). Das ist in sich barer Unsinn, denn wie sollte man sich eben dies vorstellen, erhielt doch Rußland in der ersten polnischen Teilung den Löwenanteil und schob damit seinen Machtbereich wieder ein ganzes Stück weiter nach Westen vor. Außerdem, hätte Preußen tatsächlich die russische Macht in Schranken halten wollen, wäre es das einzig Sinnvolle gewesen, jenen Plan zu akzeptieren, den der österreichische Staatskanzler Kaunitz im

Herbst 1770 beim Besuch Friedrichs II. in Wien vorbrachte und der ein österreichisch-preußisches Bündnis mit Stoßrichtung gegen Rußland vorsah.

Ein weiteres Scheinargument, mit dem versucht wird, das offensichtliche Unrecht, das Preußen mit seiner aktiven Teilnahme an den polnischen Teilungen auf sich lud, zu verkleinern oder wegzuwischen, ist darin zu sehen, daß die innnerpolnischen Zustände derart geschildert werden, daß ein Eingreifen aller ordnungsliebenden Mächte geradezu als ein Gebot der Sittlichkeit erscheint (b). Daß man im späteren Bemühen, hier zu beschönigen, auch vor offensichtlichen Fälschungen nicht zurückscheute, zeigt ein Beispiel, das Martin Broszat anführt. So hat Friedrich II. die für die Annexion Westpreußens offiziell geltend gemachten Rechtsansprüche selbst nicht sonderlich ernst genommen, sondern in seiner Schilderung der ersten polnischen Teilung freimütig bekannt: »Wir wollen für die Gültigkeit unserer Rechte nicht einstehen, auch nicht für die der russischen, noch weniger für die der österreichischen« (c). Dieser freimütige Satz ist den späteren Preußenapologeten derart peinlich gewesen, daß sie ihn einfach »modifizierten«. In der zehnbändigen deutschen Ausgabe der Werke Friedrichs II. die 1913 erschien, lautet eben dieser Satz nur noch: »Wir wollen keine Verantwortung für die Rechtsgültigkeit der russischen und noch weniger der österreichischen Ansprüche übernehmen« (d). Daß solcher Umgang mit historischen Fakten keineswegs nur auf die preußisch-national tingierte Geschichtsschreibung beschränkt ist, macht das vielgelesene Werk »Preußen – Geschichte eines Staates« von Hans-Joachim Schoeps deutlich. Schoeps erwähnt im Fluß seiner Darstellung lediglich die erste polnische Teilung mit einem Satz, an dem aber auch fast nichts mit der historischen Wahrheit übereinstimmt: »Die auf Initiative der Zarin Katharina erfolgte sogenannte erste polnische Teilung – Prinz Heinrich trug zu ihrer diplomatischen Vorbereitung bei – war zumindest für Preußen nichts anderes als eine Rückkehr alten Landesgebiets, das schon zum Deutschen Ritterorden gehört hatte« (e). Tatsächlich weilte Prinz Heinrich im Januar 1771 in Petersburg, um hier im Auftrag Friedrichs II. den preußischen Teilungsplan mit Entschiedenheit vorzutragen. Friedrich II. schrieb ihm am 31. Januar 1771 noch einmal: »Polnisch-Preußen würde die Mühe lohnen, selbst wenn Danzig nicht inbegriffen wäre. Denn wir hätten die Weichsel und die freie Verbindung mit dem Königreiche, was eine wichtige Sache sein würde« (f). Zum weiteren handelte es sich bei dem von Preußen damals annektierten polnischen Gebiet sicherlich um ehemaliges Land des Deutschen Ordens, das aber schon vor mehr als dreihundert Jahren im zweiten Frieden von Thorn von 1466 an Polen gefallen war. Aus diesem Umstand nun aber einen förmlichen Rechtsanspruch des protestantischen Reichsstandes Brandenburg-Preußen auf dieses Gebiet ableiten zu wollen, das einst einem katholischen Ritterorden gehört hatte, ist mehr als verwegen (g).

a) Treitschke, Heinrich v.: *Deutsche Geschichte im Neunzehnten Jahrhundert* I, S. 65, Leipzig 1879.

b) Treitschke: ebd.

c) Koser, Reinhold: *Geschichte Friedrichs des Großen* III, S. 291, Berlin und Stuttgart 1913, und Broszat: *Polenpolitik,* S. 52.

d) Denkwürdigkeiten vom Hubertusburger Frieden bis zum Ende der polnischen Teilungen, in: *Werke Friedrichs des Großen* V, Hrsg. G.B. Volz, S. 36, Berlin 1913, zit. Broszat, ebd.

e) Schoeps, Hans-Joachim: *Preußen – Geschichte eines Staates,* S. 81, Berlin 1981.

f) Broszat: *Polenpolitik,* S. 47.

g) Die weiteren polnischen Teilungen werden von Schoeps in einer Fußnote kurz abgehandelt, die er mit der Bemerkung einleitet: »Es sei betont, daß Rußland die treibende Kraft bei den polnischen Teilungen gewesen ist . . .« Schoeps: *Preußen,* ebd.

3 Aretin: *Heiliges Römisches Reich* I, S. 116.

4 Die polnische Verfassung der Wahlmonarchie stellte einen Katalog von Unmöglichkeiten dar. Hauptursache für die in Polen herrschende Anarchie war das *liberum veto,*

das jedem Mitglied des polnischen Adelsparlaments, von dem auch der König gewählt wurde, das Recht zugestand, ein jedes Gesetz durch sein Veto zu Fall zu bringen.

5 Sybel, Heinrich v.: *Geschichte der Revolutionszeit 1798–1800* I, Stuttgart 1898, zit. Broszat: *Polenpolitik* S. 57.
6 Sybel: *Geschichte der Revolutionszeit* II, S. 190f. – Zur zweiten polnischen Teilung vgl. de Madariaga, *Russia,* S. 427–440.
7 Der Wortlaut dieser Erklärung bei Bussenius, Ingeburg Charlotte: *Urkunden und Akten zur Geschichte der preußischen Verwaltung in Südpreußen und Neuostpreußen 1793–1806,* S. 54f., Frankfurt/M. 1961.
8 Heigel, Karl Theodor: *Deutsche Geschichte vom Tode Friedrichs des Großen bis zur Auflösung des alten Reichs* II, S. 80, Stuttgart und Berlin 1911.
9 Hintze, Otto: *Die Hohenzollern und ihr Werk.* S. 389, Berlin 1916, u. Haffner, Sebastian: *Preußen ohne Legende,* S. 127f., Hamburg 1980⁴.
10 Wie dieses Vorgehen Preußens von österreichischer Seite zunächst beurteilt wurde, gibt ein Brief des Fürsten Arenberg, des österreichischen Vertreters beim Reichstag in Regensburg, an den österreichischen Diplomaten Graf Mercy-Argenteau wieder: »Welch empörende und bemitleidenswerte Inkonsequenz! Die Souveräne sind handelseins, einen harmlosen König auszuplündern und sich in seine Staaten zu teilen, während sie einen anderen König in seine Rechte wieder einsetzen wollen, und dabei rufen sie immer ihr Recht und ihre Mäßigung aus und geben die feierliche Zusage, keine Eroberungen machen zu wollen.« Zit. Heigel: *Deutsche Geschichte* II, S. 82.
11 Heigel: *Deutsche Geschichte* II, S. 81.
12 Heigel: ebd.
13 Heigel: *Deutsche Geschichte* II, S. 108.
14 Heigel: *Deutsche Geschichte* II, S. 109
15 Zur verwickelten Vorgeschichte des Basler Friedens vgl. Real, Willy: *Der Friede von Basel,* in: Basler Zeitschrift für Geschichte und Altertumskunde 50 (1951), S. 27–112.
16 Hintze: *Hohenzollern,* S. 422. Zur Verwaltung Polens vgl. de Madariaga, *Russia,* S. 441–451.

3. KAPITEL – DER UNTERGANG DES ALTEN REICHS

1 Leopold von Ranke bezeichnete die Idee des Rechts geradezu als die Grundlage des alten Reichs und fährt dann fort: »Eben das ist der Unterschied des deutschen Reiches von allen anderen Staaten und Reichen. In allen anderen ist diese Idee des Rechtes an den Inhalt der Gewalt selbst geknüpft gewesen; ... in Deutschland gab es immer über allen den einzelnen Staatsgewalten noch etwas, was nicht wieder Gewalt war, sondern den Einwirkungen derselben soviel als möglich entrückt, auf dem Boden der Reichsgesetze, der Vergangenheit und der Gelehrsamkeit ruhend, die Idee eines rechtlichen, juridisch gesicherten Zustandes an und für sich repräsentierte.« Zit. bei: Aretin: *Heiliges Römisches Reich* I, S. 3
2 Vgl.: Hintze: *Hohenzollern,* S. 395. – Von den bedeutenderen weltlichen Reichsständen nahmen lediglich Württemberg, Hessen-Darmstadt und Oldenburg nicht an diesem Bund teil.
3 Treitschke: *Deutsche Geschichte* I, S. 68.
4 Treitschke: *Deutsche Geschichte* I, S. 69.
5 Vgl. dazu die ausführliche Darstellung bei Tümmler, Hans: *Carl August von Weimar, Goethes Freund,* S. 47f., Stuttgart 1978.
6 Freund: *Deutsche Geschichte,* S. 216.
7 Zur Situation Österreichs in dieser Zeit vgl.: Mitrofanov, P. v.: *Joseph II., seine politische und kulturelle Tätigkeit* I, S. 203f., Wien u. Leipzig 1910.
8 Kaiser Leopold II., der dem bereits mit 49 Jahren gestorbenen Joseph II. 1790 auf den

Kaiserthron gefolgt war, soll über die Konvention von Reichenbach bemerkt haben: »Es ist der am wenigsten schlechte Friede, den wir schließen konnten«, ein Wort, das angesichts der Lage Österreichs zu dieser Zeit durchaus zutreffend ist. Vgl.: Treitschke: *Deutsche Geschichte* I, S. 110 f.

9 Vgl. die ausführliche Erörterung des preußischen Dilemmas in dieser Frage bei: Aretin: *Heiliges Römisches Reich* I, S. 243.

10 Treitschke: *Deutsche Geschichte* I, S. 111.

11 Vgl. zu diesem ganzen Komplex: Wittichen, F. C.: *Zur Vorgeschichte der Revolutionskriege,* in: Forschungen zur brandenburgischen und preußischen Geschichte XVII, 1904, und Aretin: *Heiliges Römisches Reich,* S. 251 f.

12 Hansen, Josef (Hrsg.): *Quellen zur Geschichte des Rheinlandes im Zeitalter der Französischen Revolution 1780 – 1801* I, S. 813, Bonn 1931.

13 Ranke, Leopold v.: *Ursprung der Revolutionskriege,* S. 194, Berlin 1878.

14 Treitschke: *Deutsche Geschichte* I, S. 126.

15 Für den Umstand, daß Österreich durch den Erwerb Bayerns eine ungeheuer starke Stellung im Reich erwerben würde, hatte man zu diesem Zeitpunkt in der preußischen Diplomatie allem Anschein nach keinerlei Gespür. Die Gier, Beute in Polen zu machen, war übermächtig und ließ jedes politische Augenmaß vermissen. So ist es denn auch recht bezeichnend, daß man in Preußen erst auf diese Gefahr aufmerksam wurde, als man nach der zweiten Teilung Polens vom Januar 1793 diese Gier fürs erste befriedigt hatte. Aber noch im preußisch-russischen Teilungsvertrag vom 23. Januar 1793 war der Passus enthalten, man wolle den Kaiser beim Erwerb Bayerns und auch bei anderen Annexionen unterstützen, »die mit dem allgemeinen Gleichgewicht vereinbar wären«. Dieser Zusatz diente dann im Frühjahr dem Berliner Kabinett als Rechtfertigung, die unterdessen aufgrund eines Gutachtens des gebürtigen Italieners, aber im preußischen diplomatischen Dienst stehenden Marchese Girolamo Lucchesini vom 17. März 1793 erkannte existentielle Bedrohung zu vermeiden, die Preußen aus einem Erwerb Bayerns durch Habsburg erwüchse. In Lucchesinis Gutachten hieß es u. a.: »Ich fühle mich aus Liebe und Dankbarkeit für mein Adoptivvaterland verpflichtet, darauf aufmerksam zu machen, wie dadurch Österreich eine ungeheure Übermacht erlangen und das ganze übrige Oberdeutschland [d. h. Süddeutschland] zu kläglicher Bedeutungslosigkeit herabdrücken würde. Diesen weittragenden Plan zu verhindern ist nach meiner Überzeugung unbedingt notwendig, um die Zukunft des preußischen Staates sicherzustellen.« (Zit. Heigel: *Deutsche Geschichte* II, S. 82 f.) Eben dies aber war auch die Absicht der Fürstenbundspolitik, die Friedrich II. initiiert hatte. Daß man nun erst durch das Gutachten Lucchesinis auf die Bedeutung dieser Politik aufmerksam gemacht wurde, zeigt die ganze Kläglichkeit und Einfallslosigkeit der preußischen Politik unter Friedrich Wilhelm II. Der Versuch, den Sebastian Haffner jüngst unternahm, den angeblich von der »preußischen Geschichtsschreibung schlecht behandelten« Friedrich Wilhelm II. gerade im Hinblick auf seine Außenpolitik als einen »der erfolgreichsten Hohenzollernkönige« auszurufen, ist geradezu tollkühn und entbehrt jeder Grundlage. Vgl. Haffner, S.: *Preußen,* S. 125 f.

16 Goethe, Johann Wolfgang v.: *Kampagne in Frankreich 1792,* in: *Gedenkausgabe der Werke, Briefe und Gespräche* XII, S. 289, Hrsg. Ernst Beutler, Zürich 1949.

17 Treitschke: *Deutsche Geschichte* I, S. 129.

18 Zit. Aretin: *Heiliges Römisches Reich* I, S. 334.

19 Zit. Heigel: *Deutsche Geschichte* II, S. 183.

20 Zit. Heigel: *Deutsche Geschichte* II, S. 184.

21 Zit. Heigel: *Deutsche Geschichte* II, S. 248.

22 Zit. Heigel: *Deutsche Geschichte* II, S. 297.

23 Zit. Aretin: *Heiliges Römisches Reich* I, S. 345.

24 Zit. Heigel: *Deutsche Geschichte* II, S. 292.

25 Zit. Bitterauf, Theodor: *Die Gründung des Rheinbunds und der Untergang des alten Reichs,*

S. 33, München 1905. – Görres entwarf auch ein »Testament des Reichs«, in dem u. a.
verfügt wurde: »Der Verstorbene setzt die fränkische Republik als einzige rechtmäßige
Erbin des linken Rheinufers ein und bittet sie, das kleine, aber gutwillig gegebene
Geschenk als Zeichen seiner Hochachtung und Liebe anzunehmen. Seine päpstliche
Heiligkeit soll nicht nur zur Wiederherstellung seiner zertrümmerten Finanzen die
Reichsoperationskasse, sondern auch, um seine eigenen Bullen vergolden und denselben durch solchen äußeren Schimmer den in unserer verderbten Zeit verlorenen Kredit wieder verschaffen zu können, die Goldene Bulle erhalten. Die kaiserlichen Ein-
künfte fallen an das Armenhaus in Regensburg, die Prälaten- und andere Bänke an die
Universität Heidelberg, die Reichsarmee an den Landgrafen von Hessen-Kassel, um
sie nach England, Amerika oder Ostindien zu verhandeln. Testamentsexekutor wird
seine Exzellenz der General Bonaparte.« (Bitterauf, ibid.) – Weniger bekannt als dieser
in der Literatur häufig zitierte »Nachruf« und das »Testament des Reichs« von Görres,
aber für die öffentliche Meinung der Zeit weitaus aufschlußreicher ist dagegen jene
blasphemische Schilderung vom Ende des alten Reichs, die eine zeitgenössische Flugschrift gab:
»Und es geschah, da Bonaparte dies vollendet hatte, da versammelten sich die Hohen-
priester, Schriftgelehrten und Pharisäer in einer Stadt, die da genannt wird Rastatt,
und hielten Rat, wie sie das Reich mit List fangen und töten wollten. Und das Reich
sah, daß seine Stunde gekommen war, und sprach also: ›Meine Seele ist betrübt bis in
den Tod!‹ Und der geistliche Fürstenstaat war sehr bekümmert und sprach: ›Wahrlich,
wahrlich, ich sage euch, einer unter euch ist's, der mich verraten wird!‹
Und siehe, der preußische Hof flüsterte Frankreich ins Ohr: ›Was wollt ihr mir geben,
so will ich ihn euch verraten!‹ Bonaparte spricht dem Reich das Urteil: ›Wir haben ein
Gesetz, und nach dem Gesetz muß es sterben!‹ Pfalz, Bayern und Hessen-Darmstadt
erwidern: ›Was hat es denn getan? Ich finde keine Schuld an ihm!‹ Der Kaiser aber
spricht: ›Es ist besser, daß einer stirbt, als daß das ganze Volk verderbe!‹ Und er ließ
das Reich geißeln und übergab es, daß es gekreuziget werde. Die Reichsarmee aber
schlug an ihre Brust und kehrte wieder um.« (Zit. L. Häusser, *Deutsche Geschichte vom
Tode Friedrichs des Großen bis zur Gründung des deutschen Bundes* II, S. 123, Berlin 1860.)

26 Zit. Hüffer, H.: *Diplomatische Verhandlungen aus der Zeit der Französischen Revolution. Der
Rastatter Congreß und die Zweite Koalition* I, S. 87 f., Berlin 1879.
27 Zit. Heigel: *Deutsche Geschichte* II, S. 304.
28 Lang, Karl Heinrich Ritter v.: *Memoiren* I, S. 334, Braunschweig 1842.
29 Lang, v.: *Memoiren* I, S. 333.
30 Häusser: *Deutsche Geschichte* II, S. 123.
31 Heigel: *Deutsche Geschichte* II, S. 427.
32 Hegel: *Die Verfassung Deutschlands, Werke* I, S. 461 f.

4. KAPITEL – DAS NAPOLEONISCHE DEUTSCHLAND: DER RHEINBUND

1 Goethe: *Werke* XXIV, S. 469.
2 Vgl. Doeberl, M.: *Rheinbundverfassung und bayerische Konstitution*, in: Sitzungsberichte
der Bayr. Ak. d. Wiss. Phil.-hist. Klasse, 1924, 5. Abh., S. 5 f., München 1924.
3 Steiner, G.: *Rheinbund und Königreich Helvetien 1805–1807*, Basler Zeitschrift für Geschichte und Altertumskunde XVIII, Basel 1919.
4 Napoleon, der kurz vor dem entscheidenden Feldzug gegen Preußen stand, hatte kein
Interesse daran, sich mit den Rheinbundfürsten über Verfassungsfragen zu streiten. In
einer Zirkularnote versicherte er ihnen vielmehr ausdrücklich, daß es keineswegs
seine Absicht sei, sich jene Souveränitätsrechte anzueignen, die einst der Kaiser innegehabt habe. Und: »Les affaires intérieures de chaque Etat ne nous regardent pas.«
[Die inneren Angelegenheiten eines jeden Staates interessieren uns nicht.] Les princes

de la Confédération du Rhin sont des souverains qui n'ont point de suzerain.« [Die Rheinbundfürsten sind Souveräne, die keinen Suzerain über sich haben.] *Correspondance de Napoléon Ier*, XIII, S. 168 f. (Brief Napoleons vom 11. September 1806 an seinen Bruder).

5 Darauf machte bereits der bayerische Gesandte in Paris, Cetto, aufmerksam, als er sich gegenüber König Maximilian I. Joseph dafür rechtfertigte, daß er die Rheinbundsakte, ohne ausdrücklich dazu autorisiert worden zu sein, paraphiert hatte. Cetto argumentierte, daß dieser Bund der weiteren Machtentfaltung Bayerns nicht im Wege stehen werde: »Wenn die Schwungfeder, die Frankreich in Schwung hält, eines Tages springen wird, wenn der Kaiser der Franzosen in die Grenzen der Gedankenwelt gewöhnlicher Sterblicher zurückgekehrt sein wird, dann wird der König von Bayern es nicht zu bedauern haben, sich als Glied einer Konföderation zu wissen, die seiner nicht entbehren könnte und die, geschickt verwendet, das Werkzeug zur Größe und wahren Unabhängigkeit der bayerischen Monarchie werden wird.« Zit. Döberl: *Rheinbundverfassung*, S. 8.

6 Vgl. Walker, Mack: *German Home Towns – Community, State, and General Estate 1648–1871*, Kap. IV–VI, Ithaca u. London 1971.

7 Vgl. Rall, Hans: *Kurbayern in der letzten Epoche der alten Reichsverfassung, 1745–1801*, S. 484–490, München 1952.

8 Vgl. Walker: *Home Towns*, Kap. V.

9 Fehrenbach, Elisabeth: *Der Kampf um die Einführung des Code Napoléon in den Rheinbundstaaten*, S. 7, Wiesbaden 1973.

10 Walker: *Home Towns*, S. 186/187.

11 Walker: *Home Towns*, S. 189/190.

12 Vgl. Willms, Johannes: *Die Politik der Officiers Royaux auf den Etats Généraux 1576–1614*, S. 16–36, Heidelberg 1975.

13 Vgl. Rosenzweig, Franz: *Hegel und der Staat* I, S. 188–192, München und Berlin 1920.

14 In diesem Zusammenhang sei daran erinnert, daß die Delegierten des Reichs auf dem Rastatter Kongreß dem Prinzip der Säkularisation mit der Einschränkung zustimmten, »daß dabei mit all denjenigen Maßregeln und beschränkenden Vorsichten eingeschritten werde, welche zur Erhaltung der Konstitution des Deutschen Reiches in jeder Hinsicht wesentlich erforderlich seien«. Dieser Maßgabe folgend, bestimmte beispielsweise der Artikel 27 des Reichsdeputationshauptschlusses von 1803, daß alle jene Freien Reichsstädte, die ihres Status verlustig gingen, »in bezug auf ihre Munizipalverfassung und Eigentum auf dem Fuß der in jedem der verschiedenen Lande am meisten privilegierten Städte« behandelt werden sollten. – Huber, Ernst Rudolf (Hrsg.): *Dokumente zur Deutschen Verfassungsgeschichte* I, S. 13, Stuttgart 1978.

15 Andreas, Willy: *Die Einführung des Code Napoléon in Baden*, Zeitschrift der Savignystiftung für Rechtsgeschichte, Germanistische Abteilung XXXI, S. 184/185, 1910.

16 Vgl. zu dem ganzen Komplex jetzt: Diefendorf, Jeffrey M.: *Businessmen and Politics in the Rhineland 1789–1834*, Princeton 1980.

17 Wohlwill, A.: *Neuere Geschichte der Freien und Hansestadt Hamburg*, 1913.

18 Feuerbach, L. (Hrsg.): *Anselm Ritter von Feuerbachs Leben und Wirken* I, S. 163 f., Leipzig 1852, zit. bei: Fehrenbach: *Der Kampf*, S. 11/12.

19 Huber, *Dokumente* I, S. 32.

20 Eine gute Darstellung all dieser hieraus resultierenden Ungereimtheiten bei: Fehrenbach: *Der Kampf*, S. 18 f.

21 Vgl. Hölzle, Erwin: *Württemberg im Zeitalter Napoleons und der Deutschen Erhebung*, S. 77–98, Stuttgart und Berlin 1937, u. ders.: *Das alte Recht und die Revolution*, S. 301 f., München 1931.

22 Zur bayerischen Verfassung von 1808 und die sich daran anschließenden konstitutionellen Edikte: Doeberl: *Rheinbundverfassung*, S. 46–54.

23 Für den Kampf, den Feuerbach gegen diese Opposition focht, vgl.: Fehrenbach: *Der Kampf*, S. 49.

24 Fehrenbach: *Der Kampf*, S. 41.
25 Walker: *Home Towns*, S. 210 f.
26 Schnabel: *Deutsche Geschichte* I, S. 88.

5. KAPITEL – REFORMZEIT IN PREUSSEN 1795–1815

1 Freund: *Deutsche Geschichte*, S. 135.
2 Hintze: *Hohenzollern*, S. 436.
3 Damit erledigt sich die von Sebastian Haffner erfolgreich propagierte These, daß Preußen »in seiner klassischen Epoche, dem 18. Jahrhundert, ganz einfach nicht nur der neueste, sondern auch der modernste Staat Europas« gewesen sei. Vgl.: Haffner: *Preußen*, S. 21.
4 Koselleck, Reinhart: *Preußen zwischen Reform und Revolution*, S. 23, Stuttgart 1975[2].
5 Haffner: *Preußen*, ebd.
6 Lehmann, Max: *Freiherr vom Stein* II, S. 12, Leipzig 1903.
7 Lehmann: *Stein* II, S. 12, Anm. 1.
8 Hintze: *Hohenzollern*, S. 398 f.
9 Zu diesem Komplex vgl.: Büsch, Otto: *Militärsystem und Sozialleben im alten Preußen 1713–1807. Anfänge der sozialen Militarisierung der preußisch-deutschen Gesellschaft*, Berlin 1962.
10 Hintze: *Hohenzollern*, S. 396.
11 *Allgemeines Landrecht für die Preußischen Staaten* I, S. 93, Berlin 1796[3].
12 Die preußische Gesindeordnung, die erst 1918 abgeschafft wurde, ist eines der finstersten Kapitel der preußischen Sozialordnung. Für die einschlägigen Bestimmungen dieser Gesindeordnung vgl.: Koselleck: *Preußen*, S. 643–652.
13 Hintze: *Hohenzollern*, S. 347.
14 Koselleck: *Preußen*, S. 547.
15 Der Paragraph 179 des Allgemeinen Landrechts bestimmte: »Die Zünfte können in ihren Versammlungen nichts beschließen, was allgemeinen Polizeigesetzen zuwider ist oder dem gemeinen Besten überhaupt nachteilig werden könnte. Auch bleibt dem Staate das Recht, die bisherigen Innungs-Artikel nach den Erfordernissen des gemeinen Besten zu bestimmen und abzuändern.«
16 Zu diesem Komplex vgl.: Ziekursch, Johannes: *Das Ergebnis der friderizianischen Städteverwaltung und die Städteordnung Steins. Am Beispiel der schlesischen Städte dargestellt*, Jena 1908.
17 Lehmann: *Stein* II, S. 31/32.
18 Goethe: *Werke* XVIII, S. 394.
19 Lehmann: *Stein* II, S. 63, Anm. 1.
20 Hintze: *Hohenzollern*, S. 346. – Entsprechend wies das Allgemeine Landrecht dem Adel die Bestimmung zu: »die Verteidigung des Staates, so wie die Unterstützung der äußeren Würde und inneren Verfassung desselben.« Zit. Koselleck: *Preußen*, S. 80.
21 Eine gute Übersicht gibt Lehmann: *Stein* II, S. 62, Anm. 2.
22 Koselleck: *Preußen*, S. 23.
23 Treitschke: *Deutsche Geschichte* I, S. 77.
24 Nach Beendigung des Siebenjährigen Krieges und der Berufung des schlesischen Justizministers von Carmer zum Großkanzler wurde bereits mit der Ausarbeitung des Allgemeinen Landrechts begonnen.
25 Hintze: *Hohenzollern*, S. 397.
26 Koselleck: *Preußen*, S. 38–41.
27 Vgl. die von Friedrich Wilhelm aus der Zeit vor seiner Thronbesteigung eigenhändig verfaßte Denkschrift in: HZ 1889, 61 (Neue Folge 25), S. 441 f.
28 Hintze: *Hohenzollern*, S. 423.

29 Hintze: *Hohenzollern,* S. 427.

30 Dazu insgesamt: Knapp, G. F.: *Die Bauernbefreiung und der Ursprung der Landarbeiter in den älteren Teilen Preußens,* Hrsg. C. F. Fuchs, 2 Bde., München u. Leipzig 1927².

31 Hintze: *Hohenzollern,* ebd. – Vgl. auch Hintze, Otto: *Preußische Reformbestrebungen vor 1806,* HZ 1896, 76 (Neue Folge 40) S. 413–443.

32 Das Scheitern dieser Pläne, die Friedrich Wilhelm III. auf dem traditionellen Weg der Provinzialgesetzgebung durchsetzen wollte, ist besonders aufschlußreich. Mit aller Entschiedenheit erhob zunächst das Generaldirektorium Einwände gegen diese Vorschläge des Königs, die auf Anregungen der Gesetzeskommission beruhten, die überdies zu einem behutsamen Vorgehen bei der Realisierung dieser Reform geraten hatte und auch dazu, dem Gutsherrn für den ihm entstehenden Ausfall des Loskaufgeldes eine entsprechende Entschädigung zu gewähren. Das Generaldirektorium begründete seinen Widerstand gegen diese Pläne mit dem Argument, daß die freigelassenen Untertanen, die durch keinen Eid mehr an den Grundherrn gebunden seien, notwendig zu Aufrührern würden. Außerdem stünde zu befürchten, daß sie minder fruchtbare Gegenden verließen mit der Folge, daß diese Gebiete verarmten, der Wert der dortigen Güter sinke und daß dadurch Besitzer wie Gläubiger geschädigt und viele Familien ruiniert würden. Ferner befand das Generaldirektorium, daß das Allgemeine Landrecht den Untertanen noch viel zu viele Freiheiten belasse. Dieser Übelstand müsse durch die einschlägigen Provinzialgesetzbücher abgestellt werden. Die Landflucht, so das Generaldirektorium weiter, sei schon jetzt besorgniserregend. Bei weiterer Abnahme der Landbevölkerung würde der Staat Schaden nehmen, seien doch die an die Landarbeit gewöhnten Kantonisten die besten Rekruten für die Armee. Daß die Untertanen und ihre Kinder sich der Gutsherrschaft auch als Tagelöhner oder Gesinde verdingten, sei dem allgemeinen Besten durchaus förderlich. Denn dadurch verfielen sie nicht dem Müßiggang und erlangten überdies auch Kenntnisse in der Landwirtschaft. Außerdem werde den Eltern manche Last für den Unterhalt ihrer Kinder abgenommen. Selbstverständlich müßten, falls dennoch die Leibeigenschaft aufgehoben werden sollte, die Gutsherrschaften vom Staat ausreichend entschädigt werden. Dies bedeute aber Aufwendungen, die in keinem Verhältnis zu dem von dieser Reform zu erwartenden Ergebnis stünden. Endlich müsse auch dem Gutsherrn nach der Aufhebung der Leibeigenschaft auch die Armenpflege in seinem Gutsbezirk abgenommen werden, was den Staat weiter belaste. Immediatbericht des General-Directoriums vom 15. März 1800, zit. Lehmann: *Stein* II, S. 60 f.

33 Hintze: *Hohenzollern,* S. 426/427.

34 Um 1800 beispielsweise waren schon 745 adelige Güter in bürgerlichem Besitz. In dieser Zahl ist aber nicht jener Gutsbesitz geadelter Bürger oder jener Gutsbesitz enthalten, der von adeligen Strohmännern für bürgerliche Käufer erworben worden war. Insgesamt kann man davon ausgehen, daß um 1800 bereits rund 10 Prozent der Rittergüter dem »Adel entfremdet« waren. – Koselleck: *Preußen,* S. 83 u. S. 86 f.

35 Koselleck nimmt für Preußen eine Zahl von rund 20000 Adelsfamilien an, die um etwa das Dreifache die ritterlichen Besitzeinheiten überstiegen. – Koselleck: *Preußen,* S. 80 f.

36 Droysen, Johann Gustav: *Das Zeitalter der Freiheitskriege,* S. 248, Berlin 1917.

37 Wortlaut dieser Nassauer Denkschrift Steins vom Juni 1807 bei: Pertz, Georg H.: *Das Leben des Ministers Freiherrn vom Stein* I, S. 415–438, Berlin 1849.

38 Pertz: *Stein* I, S. 425. – Nach 1810 und seiner endgültigen Entlassung aus dem Staatsdienst wütete Stein noch in ganz anderer Weise gegen die Beamtenherrschaft: »Diese vier Wörter: besoldet, buchgelehrt, interesselos, eigentumslos – enthalten den Geist unserer geistlosen Regierungsmaschine. Es regne oder es scheine die Sonne, die Abgaben steigen oder fallen, man zerstöre alte hergebrachte Rechte oder lasse sie bestehen ... alles das kümmert sie nicht. Sie erheben ihr Gehalt aus der Staatskasse und schreiben, schreiben, schreiben in stillen, mit wohlverschlossenen Türen versehenen

Büros und ziehen ihre Kinder wieder zu gleich brauchbaren Schreibmaschinen auf.« –
Zit. bei: Freund: *Deutsche Geschichte*, S. 238.

39 Ranke, Leopold v.: *Denkwürdigkeiten des Staatskanzlers Fürsten von Hardenberg* IV, S. 124, Leipzig 1877.
40 Koselleck: *Preußen,* S. 217–283.
41 Koselleck: *Preußen,* S. 170 u. S. 172 f.
42 Koselleck: *Preußen,* S. 171.
43 »In beide Richtungen zielte die Aufhebung der geburtsrechtlichen Schranken und Bindungen, die bis dahin die Stände in ihren wirtschaftlich-politischen Funktionen trennten und gegenseitig festlegten. Die Freiheit des Güterverkehrs, die freie Wahl der Gewerbe und die Aufhebung der Gutsuntertänigkeit öffneten wirtschaftsrechtlich allen preußischen Staatsangehörigen alle Wege in die drei Stände. Einmal eingetreten, gelangten sie in den Genuß all jener Vor- und Nachteile, die an den Ständen weiter haften blieben.« – Koselleck: *Preußen*, S. 487.
44 Gray, Marion W., *Schroetter, Schoen and Society: Aristocratic Liberalism versus Middle-Class Liberalism in Prussia 1808*, Central European History VI, 1, S. 60–82, 1973.
45 Hintze: *Hohenzollern*, S. 495.
46 Koselleck: *Preußen,* S. 85.
47 Hintze: *Hohenzollern,*, ebd.
48 Koselleck: *Preußen,* S. 488.
49 Koselleck: *Preußen,* S. 503–506.
50 Vgl.: Walker, Mack: *Germany and the Emigration 1816–1885*, Cambridge, Mass., 1964.
51 Broszat, *Polenpolitik,* S. 283 ff.

6. KAPITEL – DER »TEUTSCHE« TRAUM

1 Arndt, Ernst Moritz: *Was bedeutet Landsturm und Landwehr?* In: *Arndts Werke,* Hrsg. W. Steffens, S. 176, Berlin o. J.
2 Treitschke: *Deutsche Geschichte* I, S. 301.
3 Eucken, Rudolf (Hrsg.): *Fichtes Reden an die deutsche Nation,* S. 3, Leipzig 1919.
4 Für diese Deutung ist repräsentativ: Meinecke, Friedrich: *Weltbürgertum und Nationalstaat. Studien zur Genesis des deutschen Nationalstaats,* München u. Berlin 1928[7].
5 Pertz, *Leben Steins* I, S. 432.
6 Mommsen, Wilhelm: *Zur Bedeutung des Reichsgedankens,* in: HZ CLXXIV, 2 (1952), S. 385 f., u. Berney, Arnold: *Reichstradition und Nationalstaatsgedanke 1789–1815,* in: HZ CXL (1929), S. 74 f.
7 Für die unterschiedlichen patriotischen und nationalen Strömungen in Preußen vgl.: Simon, Walter M.: *Variations in Nationalism during the Great Reform Period in Prussia,* in: American Historical Review LIX, 2 (1954), S. 305–321.
8 Sheehan, James J.: *German Liberalism in the Nineteenth Century,* S. 13 f., Chicago u. London 1978.
9 Zit. bei: Gall, Lothar: *Bismarck – Der weiße Revolutionär,* S. 93, Frankfurt/M./Berlin/Wien 1980.
10 Huber: *Dokumente* I, Dok. 30 (29), S. 85.
11 Metternich schlug auch eine gemeinsame österreichisch-preußische Demarche bei Karl August von Weimar vor, um gegen die Vorkommnisse auf der Wartburg energisch zu protestieren. Hardenberg, der auf einer Fahrt in die rheinischen Provinzen Preußens war, machte einen Umweg über Weimar, um hier höchstselbst, begleitet von dem österreichischen Gesandten, vorstellig zu werden. Auf diesen in Weimar durchaus unwillkommenen Besuch bezieht sich Goethe, wenn er unter dem 16. Dezember 1817 an Zelter schreibt: »Auf diese unschuldige Weise [Goethe befaßte sich gerade mit seiner Naturlehre] halte ich mich im stillen und lasse den garstigen Wartburger Feuer-

stank verdunsten, den ganz Deutschland übel empfindet, indes er bei uns schon verraucht wäre, wenn er nicht bei Nord-Ost-Wind wieder zurück schlüge und uns zum zweitenmal beizte.« Goethe: Werke XXI, S. 254.

12 Treitschke: *Deutsche Geschichte* II, S. 526 f.
13 Freund: *Deutsche Geschichte*, S. 267.
14 Treitschke: *Deutsche Geschichte* II, S. 384 f.
15 Meinecke, Friedrich: *Das Zeitalter der deutschen Erhebung 1795–1815*, S. 222 f., Leipzig o. J. – Gneisenau muß von dieser Vorstellung derartig überzeugt gewesen sein, daß er sie in einem Brief an Ernst Moritz Arndt vom 28. August 1814 fast wörtlich wiederholte: »Die Notwendigkeit, Preußen bald, sogleich eine Konstitution zu geben, habe ich mündlich und schriftlich dargetan, und dazu angetrieben. Sogar Motive, die nur der Staatskunst angehören, gebieten dies. Es gibt kein festeres Band um die Einwohner der zu erwerbenden Länder an unsere älteren zu knüpfen, als eine gute Konstitution. Überdies müssen wir dadurch die Meinung in Deutschland für uns gewinnen. So etwas erwirbt uns den Primat über die Geister. Der dreifache Primat der Waffen, der Konstitution, der Wissenschaften ist es allein, der uns aufrecht zwischen den mächtigen Nachbarn erhalten kann. Von einem Montgelas, einem König von Württemberg und den anderen Rheinbündischen Regierungen darf man liberale Einrichtungen nicht erwarten, sie sind feindselig gegen uns gesinnt, wir müssen ihnen daher die Herzen ihrer meist neuen Untertanen dadurch abwendig machen, daß wir den unsrigen eine gute Verfassung und würdige Gesetze geben.« Zit. Delbrück, H.: *Gneisenau*, II, S. 148.
16 Heine, Heinrich: *Französische Zustände, Historisch-kritische Gesamtausgabe der Werke* (Düsseldorfer Ausgabe) XII/1, Hrsg. Manfred Windfuhr, Hamburg 1980.
17 Freund: *Deutsche Geschichte*, S. 271.
18 Huber: *Dokumente* I, Dok. 44 (42), S. 133.
19 Huber: *Dokumente* I, Dok. 45 (43), S. 134 f.
20 Streisand, J., u. a.: *Deutsche Geschichte von 1789–1917* II, S. 180, Berlin (Ost), 1967.
21 Freund: *Deutsche Geschichte*, S. 273.
22 Huber: *Dokumente* I, Dok. 47 (45), S. 137–149.
23 Büchner, Georg: *Sämtliche Werke und Briefe* II, S. 422, Hrsg. Werner E. Lehmann, München 1972.

7. KAPITEL – POLITISCHES BIEDERMEIER

1 Schnabel: *Deutsche Geschichte* II, S. 17.
2 Verfassungstexte bei: Huber: *Dokumente* I, S. 155–219.
3 Sheehan: *German Liberalism*, S. 36. – Für Baden vgl.: Andreas, Willy: *Der Aufbau des Staats im Zusammenhang der allgemeinen Politik*, S. 358–484, Leipzig 1913; für Württemberg: Hölzle, Erwin: *Württemberg im Zeitalter Napoleons und der Deutschen Erhebung*, S. 181–276, Stuttgart 1937.
4 Walker: *Home Towns*, S. 248–306.
5 Eine Ausnahme von dieser Regel stellen in gewisser Hinsicht die Kreistage in Württemberg dar.
6 Rotteck, Karl v.: *Geschichte der badischen Landtage von der Einführung der Verfassung bis 1832*, S. 128, Stuttgart 1836.
7 Verfassungstexte bei: Huber: *Dokumente* I, S. 238–289.
8 Walker: *Home Towns*, S. 310.
9 Sombart, Werner: *Die deutsche Volkswirtschaft im Neunzehnten Jahrhundert*, S. 57 f., Berlin 1909².
10 Walker: *Home Towns*, S. 330 f.; u. Böhmert, Victor: *Beiträge zur Geschichte des Zunftwesens*, Leipzig 1862 (Nachdruck Leipzig 1969).
11 Huber: *Verfassungsgeschichte* I, S. 317.

12 Koselleck: *Preußen*, S. 169.
13 Zit.: Koselleck: *Preußen*, S. 172.
14 Zit.: Koselleck: *Preußen*, S. 197.
15 Schnabel: *Deutsche Geschichte* II, S. 282; u. Huber: *Verfassungsgeschichte* I, S. 296.
16 Zit.: Koselleck: *Preußen*, S. 210.
17 Huber: *Verfassungsgeschichte* I, S. 167. – Eine lebhafte Schilderung der Zustände gibt: Treitschke: *Deutsche Geschichte* II, S. 281 f.
18 Huber: *Verfassungsgeschichte* I, S. 170 f.
19 Koselleck: *Preußen*, S. 244.
20 Wortlaut dieses Dokuments: Huber: *Verfassungsgeschichte* I, S. 61 f.
21 Koselleck: *Preußen*, S. 214.
22 Srbik, Heinrich Ritter v.: *Metternich – Der Staatsmann und der Mensch* I, S. 568 f., München 1925.
23 Schnabel: *Deutsche Geschichte* II, S. 290.
24 Treitschke: *Deutsche Geschichte* II, S. 288.
25 Koselleck: *Preußen*, S. 289 f.
26 Treitschke: *Deutsche Geschichte* II, S. 293. – Einzelheiten bei: Koselleck: *Preußen*, S. 290–297.
27 Koselleck: *Preußen*, S. 346 f.
28 Marx, Karl: *Zur Kritik der Hegelschen Rechtsphilosophie*, in: Karl Marx und Friedrich Engels, *Werke* I, S. 252, Berlin 1972.
29 Marx: *Die Deutsche Ideologie*, in: MEW III, S. 62 (Hervorhebung im Original).
30 Koselleck: *Preußen*, S. 588.
31 Schüttpelz, Elfriede: *Staat und Kinderfürsorge in Preußen in der ersten Hälfte des 19. Jahrhunderts*, Berlin 1936.
32 So u.a. von: Ritter, U. P.: *Preußische Gewerbeförderung in frühindustrieller Zeit*, in: *Moderne Preußische Geschichte* II, O. Büsch u. W. Neugebauer (Hrsg.), S. 1042, Berlin 1981.
33 So Conze, Werner: *Die Wirkungen der liberalen Agrarreformen auf die Volksordnung in Mitteleuropa im 19. Jahrhundert*, in: Vierteljahresschrift für Sozial- und Wirtschaftsgeschichte XXXVIII (1949), S. 42.
34 Zum Besitzwechsel in Ostpreußen vgl.: Stein, Robert: *Die Umwandlung der Agrarverfassung in Ostpreußen durch die Reformen des 19. Jahrhunderts* III, S. 272 f., Königsberg 1934. – Allein in Ostpreußen hatten die Gutsbesitzer bis 1820 über jene Ländereien hinaus, die sie bis dahin für abgelöste Dienste erhalten hatten, bereits 311 Höfe mit zusammen 37 094 Morgen Land zusätzlich eingezogen!
35 Koselleck: *Preußen*, S. 509 f.
36 Bericht Rothers und Alvenslebens an den König, zit. bei: Martin, Paul C.: *Die Entstehung des preußischen Aktiengesetzes von 1843*, in: Vierteljahresschrift für Wirtschafts- u. Sozialgeschichte LVI (1969), S. 507.
37 Koselleck: *Preußen*, S. 512.
38 Stein, Freiherr vom: *Briefwechsel, Denkschriften und Aufzeichnungen* VI, Hrsg. E. Botzenhardt, S. 374, Berlin 1935.
39 Lancizolle, C. W. v.: *Königtum und Landstände in Preußen*, S. 329, Berlin 1846; zit.: Koselleck: *Preußen*, S. 514.
40 Martin: *Aktiengesetz*, S. 518 u. S. 541.
41 Für eine positive Einschätzung von Rothers Arbeit vgl.: Koselleck: *Preußen*, S. 612–615, u. Henderson, William O.: *The Rise of German Industrial Power 1834–1914*, S. 73–76, Berkeley 1975. – Die »Seehandlung«, die 1772 von Friedrich II. als staatliches Handelsunternehmen gegründet worden war, erhielt durch ein königliches Edikt von 1820 den bezeichnenden Auftrag, den Staat mit Krediten zu versorgen, damit dessen politische Handlungsfreiheit nicht durch Geldmangel beeinträchtigt werde.
42 So bei Henderson: *The Rise*, S. 77.
43 Zit. Ritter: *Preußische Gewerbeförderung*, S. 1060.

44 Martin: *Aktiengesetz,* S. 518 u. S. 525 f.

45 1828 machte der preußische Finanzminister Motz, Schöpfer des Zollvereins von 1834, den Vorschlag, durch eine Eisenbahnlinie von Minden nach Lippstadt die Weser mit der schiffbaren Elbe zu verbinden, um damit einen Teil der Warenströme und des Handels zwischen den Hansestädten und Süddeutschland durch preußisches Gebiet zu leiten. – Treitschke: *Deutsche Geschichte* III, S. 465. – Ein identischer Vorschlag wurde 1830 von Harkort auf dem westfälischen Landtag als Antrag eingebracht. Schnabel: *Deutsche Geschichte* III, S. 372.

46 Dieser Entwurf eines deutschen Eisenbahnnetzes ist in der Broschüre Friedrich Lists *Über ein sächsisches Eisenbahnsystem als Grundlage eines allgemeinen deutschen Eisenbahnsystems* enthalten, die 1833 in Leipzig erschien.

47 Treitschke: *Deutsche Geschichte* IV, S. 582.

48 Treitschke: *Deutsche Geschichte* IV, S. 583.

49 Treitschke: *Deutsche Geschichte* V, S. 494.

50 Für diese Forderungen vgl.: Hansemann, David: *Preußen und Frankreich – staatswirtschaftlich und politisch unter vorzüglicher Berücksichtigung der Rheinprovinz,* Leipzig 1834 (Neudruck Leipzig 1975); u. Diefendorf: *Businessmen,* S. 342–347.

51 Treitschke: *Deutsche Geschichte* V, S. 495.

52 Martin: *Aktiengesetz,* S. 526 f.

53 Treitschke: *Deutsche Geschichte* V, S. 496. – In einem Bericht des Koblenzer Oberpräsidenten an den preußischen Innenminister von Bodelschwingh vom 9. Dezember 1846 heißt es: »Es ist ebenso betrübend als beunruhigend, wahrzunehmen, daß die Ursachen der Not unter den arbeitenden Klassen auch in der Rheinprovinz statt allmählich aufzuhören, gerade gegen den Winter sich immer noch gehäuft und gesteigert haben. Auf Handel, Industrie und andere Unternehmungen, die geeignet sind, viele Hände zu beschäftigen und den Wohlstand zu fördern, wirken die fortwährend gedrückten Verhältnisse des Geldmarkts nachteilig zurück«; Hansen, Josef (Hrsg.): *Rheinische Briefe und Akten zur Geschichte der politischen Bewegung 1830–1850* II/1, S. 128, Bonn 1942. – Die Feststellung Paul C. Martins: »Das preußische Aktiengesetz wurde für die industrielle Entwicklung von großer Bedeutung«, *Aktiengesetz,* S. 500, muß angesichts dieser Klagen und der Ausführungsbestimmungen zum Aktiengesetz vom 22. April 1845 erheblich relativiert werden.

54 Schnabel: *Deutsche Geschichte* III, S. 381.

55 Treitschke: *Deutsche Geschichte* V, S. 497 f.

56 MEW IV, S. 502 f.

8. KAPITEL – SOZIALE BEWEGUNG UND POLITISCHE REFORM

1 Insbesondere der Protestantismus hat an der Formation dieses quietistisch-bürgerlichen Ideals der Biedermeierzeit einen erheblichen Anteil. Goethe bemerkte in einer Rezension einer Sammlung von Predigten eben jenes Friedrich Wilhelm Krummacher, die 1830 unter dem beziehungsreichen Titel *Blicke ins Reich der Gnade* erschienen war: ». . . und man sieht wohl ein, wie ein Geistlicher solcher Art willkommen sein mag, da die Bewohner jener Gegenden [gemeint ist der Ort Gemarke bei Wuppertal], . . ., sämtlich operose, in Handarbeit versunkene, materialem Gewinne hingegebene Menschen sind, die man eigentlich über ihre körperlichen und geistigen Unbilden nur in den Schlaf zu lullen braucht. Man könnte deshalb diese Vorträge narkotische Predigten nennen; welche sich denn freilich am klaren Tage, dessen sich das mittlere Deutschland erfreut, höchst wunderlich ausnehmen.« – Goethe: *Werke* XIV, S. 392.

2 Reichensperger, Peter Franz: *Die Agrarfrage aus dem Gesichtspunkt der Nationalökonomie, der Politik und des Rechts und in besonderem Hinblicke auf Preußen und die Rheinprovinz,* S. 291, Trier 1847. – Ganz ähnlich äußerte sich Prinz Friedrich von Preußen, der in

Düsseldorf residierte und deshalb die Verhältnisse in der preußischen Rheinprovinz aus eigenem Augenschein kannte, in den Verhandlungen der Herrenkurie des in Berlin tagenden Vereinigten Landtags »über den herrschenden Notstand und die Mittel zu seiner Abhülfe durch Schutzzölle« am 17. Mai 1847. – Wortlaut bei: Hansen: *Rheinische Briefe* II/1, S. 256.

3 Hansen: *Rheinische Briefe* II/1, S. 141 f. – James J. Sheehan bezeichnet die Tatsache, daß die Revolution von 1848 von so vielen Zeitgenossen vorhergesehen wurde, als eines ihrer herausragenden Merkmale: Sheehan: *German Liberalism,* S. 49. – Vgl. dazu die Rede, die Alexis de Tocqueville am 19. Januar 1848 in der französischen Abgeordnetenkammer hielt: Tocqueville, Alexis de: *Souvenirs*, in: Œuvres Complètes XII, Hrsg. J.-P. Mayer, S. 38, Paris 1964.

4 Wilhelm von Kügelgen äußerte beispielsweise unter dem 19. Februar 1847: »Sehr schlimm ist es, daß jetzt bei uns ein Proletarierstand sich bildet, der von furchtbarer Bedeutung werden und von unruhigen Köpfen leicht zum Äußersten hingerissen werden kann. Mir ist's manchmal, als stünde die ganze Nation an einem schaudervollen Abgrunde. Am Ende wird es Gott leiten, wie er will. Aber schrecklich ist es, wenn eine ganze Gesellschaft wachend und mit offenen Augen an einer jähen Klippe hinfährt, und der Kutscher scheint zu schlafen.« Kügelgen, Wilhelm v.: *Lebenserinnerungen des Alten Mannes in Briefen an seinen Bruder Gerhard 1840–1867* III, S. 103, Leipzig 1923.

5 Vgl.: Conze, Werner: *Vom »Pöbel« zum »Proletariat« – Sozialgeschichtliche Voraussetzungen für den Sozialismus in Deutschland,* in: *Moderne deutsche Sozialgeschichte,* Hrsg. Hans-Ulrich Wehler, S. 111 f., Königstein/Ts. 1981.

6 Nicht ohne Häme diagnostizierte Wilhelm Heinrich Riehl, den man als den »Soziologen des Biedermeier« apostrophieren kann, dieses Dilemma: »Der vielberufene Kammerliberalismus der vormärzlichen Zeit wurzelte im bürgerlichen Geiste. Wohl auch etwas im Geiste des Philistertums ... Er trieb vorwärts, ohne selber von der Stelle zu kommen. Zu reden und zu raten lag ihm näher als zu taten. Als parlamentarischer Heißsporn der formellen Verfassungspolitik unterschätzte er die sozialen Mächte, ja das Interesse der Partei ging ihm wohl gar über die Interessen der Nationalität. Trotzdem bekundete dieser phrasenreiche Liberalismus, ..., den Trieb der sozialen und politischen Bewegung im Bürgertum zu einer Zeit, wo alles öffentliche Leben stagnierte.« – Riehl, Wilhelm Heinrich: *Die bürgerliche Gesellschaft,* S. 254, Stuttgart 1907[10] (1853[1]).

7 Hegel: *Grundlinien der Philosophie des Rechts,* §§ 244, 245.

8 In einem Brief, den David Hansemann im Oktober 1846 an den Appellationsgerichtsrat Friedrich von Ammon in Köln richtete, heißt es u.a.: »Die starke Zunahme der deutschen Auswanderung ist eines der Symptome der deplorablen deutschen Zustände. Diese ändern sich nicht gründlich, bis Preußen ganz konstitutionell geworden ist und eine parlamentarische Regierung errungen hat. Das ist die Frage aller Fragen!« – Hansen: *Rheinische Briefe* II/1, S. 322, Anm. 1.

9 Zit.: Koselleck: *Preußen,* S. 620.

10 Treue, Wilhelm: *Adam Smith in Deutschland,* in: Conze, Werner (Hrsg.): *Deutschland und Europa. Festschrift für Hans Rothfels,* S. 101–133, Düsseldorf 1951.

11 Vgl.: Oncken, August: *Adam Smith und Immanuel Kant,* Leipzig 1877.

12 Rostow, Walt W.: *The Process of Economic Growth,* S. 6, New York 1952.

13 Einen knappen, aber ausgezeichneten Überblick gibt: Rohr, Donald G.: *The Origins of Social Liberalism in Germany,* Chicago 1963.

14 MEW IV, S. 489.

15 Ebd.

16 In Preußen betrug 1849 beispielsweise der Anteil der »Handwerkerbevölkerung« – gerechnet sind die Meister mit ihren Familien sowie die in den Handwerksbetrieben tätigen unverheirateten Gesellen und Gehilfen – an der gesamten Bevölkerung 16,52 Prozent: Schmoller, Gustav: *Zur Geschichte der deutschen Kleingewerbe im 19. Jahrhundert,*

S. 71, Halle 1870. – Alle verwandten Begriffe wie Bürgertum, Mittelstand, Kleinbürgertum, gewerblicher Mittelstand sind notwendig unscharf, da die ganze »bürgerliche« Schicht der Gesellschaft in einem Prozeß der Umbildung begriffen war. Die zeitgenössisch gebrauchten Kategorien, man lese beispielsweise Riehl, sind ebenfalls unscharf. Auch die Verwendung von Termini wie »Bourgeois« und »Bürger« bei Marx und Engels ist uneinheitlich, weshalb eine rein wissenssoziologische Analyse der unterschiedlichen Kräfte der politischen Revolution im Detail nicht zu leisten ist.

17 Vgl.: Stadelmann, Rudolf: *Soziale und politische Geschichte der Revolution von 1848,* Kap. XI, München 1948.
18 Riehl: *Die bürgerliche Gesellschaft,* S. 262.
19 Riehl: *Die bürgerliche Gesellschaft,* S. 256.
20 Boldt, Werner: *Konstitutionelle Monarchie oder Parlamentarische Demokratie* CCXVI (1973), S. 572/573.
21 Hansen: *Rheinische Briefe* II/1, S. 590.
22 Zit. bei: Valentin, Veit: *Geschichte der deutschen Revolution von 1848–1849* I, S. 447, Frankfurt am Main 1977[2].
23 Hansen: *Rheinische Briefe* II/1, S. 614. – Der mehrdeutige Satz »Preußen geht fortan in Deutschland auf« wurde von Friedrich Wilhelm IV. im September 1848 so erklärt, daß er damit lediglich habe ausdrücken wollen, »daß alle preußischen Landesteile dem deutschen Bundesgebiet angehören sollten«. – Hansen: *Rheinische Briefe,* ebd., Anm. 3. – Die beiden preußischen Provinzen Posen sowie Ost- und Westpreußen waren nicht Bestandteile des Deutschen Bundes.
24 Zit.: Boldt: *Konstitutionelle Monarchie,* S. 579, Anm. 108.
25 Hoetzsch, Otto (Hrsg.): *Peter von Meyendorff, Ein russischer Diplomat an den Höfen von Berlin und Wien, Politischer und privater Briefwechsel 1826–1863* II, S. 96, Berlin u. Leipzig 1923.
26 Kügelgen: *Lebenserinnerungen* III, S. 120.
27 Zit.: Freund: *Deutsche Geschichte,* S. 290.
28 Dieses Verfassungsprogramm sah im einzelnen vor: »1. Sicherstellung der persönlichen Freiheit; 2. freies Vereinigungs- und Versammlungsrecht; 3. eine allgemeine Bürgerwehr-Verfassung mit freier Wahl der Führer; 4. Verantwortlichkeit der Minister; 5. Einführung von Schwurgerichten für Strafsachen, namentlich für alle politischen und Preß-Vergehen; 6. die Unabhängigkeit des Richterstandes; 7. Aufhebung des eximierten Gerichtsstandes, der Patrimonial-Gerichtsbarkeit und der Domanial-Polizei-Gewalt.« Außerdem sollte das stehende Heer auf die Verfassung vereidigt werden. – Vgl.: Huber: *Dokumente* I, S. 450, Dok. 153 (143).
29 Kohl, Horst (Hrsg.): *Die politischen Reden des Fürsten Bismarck* I, S. 46, Stuttgart 1892. – Außer Bismarck stimmte noch der Abgeordnete von Thadden-Trieglaff gegen die Annahme der Adresse.
30 Huber: *Verfassungsgeschichte* II, S. 582.
31 Pastor, Ludwig v.: *Leben des Freiherrn Max von Gagern 1810–1889,* S. 232, Kempten u. München 1912.
32 Vgl.: Walker: *Home Towns,* S. 356.
33 Eyck, Frank: *Deutschlands große Hoffnung – Die Frankfurter Nationalversammlung 1848/49,* S. 98/99, München 1973.
34 Walker: *Home Towns,* S. 364.
35 Riehl, Wilhelm Heinrich: *Land und Leute,* S. 21 f., Stuttgart 1856[3].
36 Riehl: *Die bürgerliche Gesellschaft,* S. 273.
37 Vgl.: Noyes, P. H.: *Organization and Revolution: Working-Class Associations in the German Revolutions of 1848–49,* S. 192–220, Princeton 1966.

1 Sheehan: *German Liberalism*, S. 56.
2 Zahlenangaben nach: Schwarz, M.: *Biographisches Handbuch des Reichstags*, zit. nach: Huber: *Verfassungsgeschichte* II, S. 610.
3 Vgl. oben, S. 148/149.
4 E. R. Huber resümiert beispielsweise seine Berufsanalyse der Paulskirchenabgeordneten folgendermaßen: »Die soziale Hierarchie der bürgerlichen Gesellschaft war 1848, wie an der Zusammensetzung des deutschen Nationalparlaments sichtbar wird, trotz der Vorzeichen der sozialen Krise noch nicht erschüttert. Eben dies hat trotz des demokratischen Wahlrechts zu dem großbürgerlichen Charakter des Frankfurter Parlaments geführt.« – Huber: *Verfassungsgeschichte* II, S. 611.
5 Die überwältigende Dominanz von Vertretern der »politischen Klasse« in der Paulskirche war auch eine Folge des gestuften, indirekten Wahlverfahrens, dem für einzelne Wählergruppen eher repräsentative, aber eben deshalb auch weniger bekannte Kandidaten zum Opfer fielen. Vgl.: Walker: *Home Towns*, S. 367 f.
6 »Die überwiegende Mehrzahl der Abgeordneten ... hatte Väter, welche die im Parlament hauptsächlich vertretenen Berufe ausübten.« – Eyck: *Deutschlands große Hoffnung*, S. 122.
7 Droysen: *Briefwechsel* I, S. 430.
8 *Stenographischer Bericht über die Verhandlungen der dt. Constituierenden Nationalversammlung in Frankfurt am Main*, Hrsg. Franz Wigard, Frankfurt am Main 1848–49, abgekürzt als: Stenographischer Bericht, I, S. 700.
9 Wortlaut des Entwurfs in *Stenographischer Bericht* I, S. 682–684.
10 Ausführliche Darstellung dieser Erörterung bei: Huber: *Verfassungsgeschichte* II, S. 778–780, u. Eyck: *Deutschlands große Hoffnung*, S. 271–291.
11 Im Volkswirtschaftlichen Ausschuß überwogen Kaufleute und Industrielle. Vgl. die Mitgliederliste in: *Stenographischer Bericht* I, S. 689; vgl. auch: Eyck: *Deutschlands große Hoffnung*, S. 247–251.
12 *Stenographischer Bericht* I, S. 689 f.
13 *Stenographischer Bericht* I, S. 684.
14 *Stenographischer Bericht* I, S. 690.
15 *Stenographischer Bericht* I, S. 693.
16 *Stenographischer Bericht* I, S. 694.
17 Die Entscheidung, die Grundrechte gesondert von der übrigen Verfassungsarbeit zu behandeln und sich diesen zunächst zuzuwenden, hatte der Verfassungsausschuß schon in seiner zweiten Sitzung am 26. Mai 1848 beschlossen. Frank Eyck bezeichnet diesen Beschluß als »verhängnisvoll«, da die Grundrechte erst dann in Kraft gesetzt werden konnten, wenn die Beziehungen zwischen der Zentralregierung und den einzelnen Landesregierungen durch die gesamte Verfassung geregelt waren. Eyck: *Deutschlands große Hoffnung*, S. 251 f. Ähnlich Huber: *Verfassungsgeschichte* II, S. 775.
18 *Stenographischer Bericht* I, S. 195.
19 Vgl. dazu auch die Rede des Nationalökonomen Bruno Hildebrand, *Stenographischer Bericht* I, S. 756 ff.
20 Vgl. Eyck: *Deutschlands große Hoffnung*, S. 258.
21 *Stenographischer Bericht* I, S. 775.
22 *Stenographischer Bericht* I, S. 756 f.
23 *Stenographischer Bericht* II, S. 857.
24 *Stenographischer Bericht* VII, S. 5101–5103.
25 *Stenographischer Bericht* I, S. 765; vgl. auch: *Stenographischer Bericht* II, S. 862.
26 *Stenographischer Bericht* I, S. 763.
27 Besonders deutlich in den Debattenbeiträgen des Appellationsgerichtsassessors

Trützschler aus Dresden, *Stenographischer Bericht* I, S. 769/770, und des Industriellen Eisenstuck aus Chemnitz, *Stenographischer Bericht* I, S. 759/760.

28 *Stenographischer Bericht* II, S. 1038. – Vgl. auch die Begründung des Amendements des Obergerichtsadvokaten Cropp, *Stenographischer Bericht* II, S. 851/852, und die Rede von Bernhard Eisenstuck, *Stenographischer Bericht* I, S. 759/760.

29 Zit. bei Schulte, Wilhelm: *Volk und Staat – Westfalen im Vormärz und in der Revolution von 1848/49*, S. 319 f., Münster 1954.

30 In Paragraph 133 der Reichsverfassung vom 28. März 1849 heißt es: »Jeder Deutsche hat das Recht, an jedem Ort des Reichsgebiets seinen Aufenthalt und Wohnsitz zu nehmen, Liegenschaften jeder Art zu erwerben und darüber zu verfügen, jeden Nahrungszweig zu betreiben, das Gemeindebürgerrecht zu gewinnen. Die Bedingungen für den Aufenthalt und Wohnsitz werden durch ein Heimatgesetz, jene für den Gewerbebetrieb durch eine Gewerbeordnung für ganz Deutschland von der Reichsgewalt festgesetzt.« – Huber: *Dokumente* I, S. 390, Dok. 108 (102).

31 *Stenographischer Bericht* I, S. 744. – Ähnlich Hofgerichtsdirektor Anton Christ aus Bruchsal, *Stenographischer Bericht* I, S. 744/745.

32 *Stenographischer Bericht* II, S. 871.

33 Weber, Carl Julius: *Deutschland oder Briefe eines in Deutschland reisenden Deutschen* I, S. XXXIII, Stuttgart 1834².

10. KAPITEL – »WAS IST DES DEUTSCHEN VATERLAND?«

1 *Stenographischer Bericht* I, S. 27.

2 Der Gedanke, den deutschen Nationalstaat »von unten«, das heißt durch eine vom Volk gewählte Nationalversammlung zu schaffen, gehörte zum politischen Credo der Liberalen und war schon verschiedentlich öffentlich geäußert worden. Eine Übersicht bei: Huber: *Deutsche Verfassungsgeschichte* II, S. 589 f.

3 Text dieser Erklärung bei: Huber: *Dokumente* I, Dok. 73 (70), S. 327.

4 Wortlaut dieses Einladungsschreibens bei: Huber: *Dokumente* I, Dok. 74 (71), S. 328.

5 Eine übersichtliche Darstellung der Schleswig-Holstein-Problematik bei: Valentin: *Revolution* I, S. 332 f., u. bei: Huber: *Deutsche Verfassungsgeschichte* II, S. 660 f.

6 Huber: *Dokumente* I, Dok. 81 (78), S. 334.

7 Huber: *Dokumente* I, Dok. 97 (91).

8 Wortlaut der Erklärung bei: Huber: *Dokumente* I, Dok. 84 (81), S. 339. – In dieser Erklärung ist auch erstmals von einem »Anschluß« Österreichs an Deutschland die Rede! – Wesentlich deutlicher als diese österreichische Note äußerte sich der Gesandte Habsburgs beim Bundestag über diesen Verfassungsentwurf, der von ihm als »Chimäre« bezeichnet wurde; lieber werde Österreich seinen Schwerpunkt nach Pest verlegen und sich auf die slawischen Völkerschaften stützen als sich einem preußischen Kaiser unterordnen. – Zit. bei: Brandenburg, Erich: *Untersuchungen und Aktenstücke zur Geschichte der Reichsgründung*, S. 77, Leipzig 1916.

Der Verfassungsentwurf der Siebzehner-Kommission sah die Schaffung eines deutschen Bundesstaates unter einem Erbkaiser vor; die Bundesregierung sollte dagegen dem deutschen Parlament verantwortlich sein. Für dieses Parlament war ein Zweikammernsystem vorgesehen: ein Staatenhaus und ein nach dem allgemeinen Wahlrecht gewähltes »Volkshaus«. Die Außen-, Verteidigungs- und Wirtschaftspolitik war ausschließlich Sache des Bundes. Dieser Verfassungsentwurf stieß auch auf den Widerstand anderer deutscher Staaten. Bayern legte sogar einen Gegenentwurf vor, in dem die Funktionen der Reichszentralgewalt einem Direktorium übertragen werden sollten. Dahinter verbarg sich die alte »Trias-Idee«, bei deren Verwirklichung Bayern die alleinige Vertretung des »dritten Deutschland« für sich in Anspruch nahm. Auch die hannoversche Regierung legte einen Gegenentwurf vor, der vor allem eine erhebliche

Einschränkung der Bundeskompetenzen zugunsten der Einzelstaaten vorsah. – Vgl.: Huber: *Deutsche Verfassungsgeschichte* II, S. 772. – Gewichtiger als diese Einwände und Gegenvorschläge war aber die Ablehnung des Entwurfs durch Friedrich Wilhelm IV. von Preußen. In Briefen an Friedrich Christoph Dahlmann, den bedeutendsten Kopf des Siebzehner-Ausschusses, wiederholte er zwar nicht geradezu sein Wort, daß er bei der Krönung eines deutschen Kaisers lediglich das silberne Waschbecken halten wolle, aber in der Sache lief es darauf hinaus. – Vgl. die Briefe Friedrich Wilhelms IV. an Dahlmann vom 24. April, 3., 4. und 15. Mai 1848, bei: Springer, Anton Heinrich: *Friedrich Christoph Dahlmann* II, S. 225 f., S. 240 f., S. 247 f., Leipzig 1872.

9 Zit. bei: Springer, Anton Heinrich: *Geschichte Österreichs seit dem Wiener Frieden 1809* II (Die österreichische Revolution), S. 265, Leipzig 1865.

10 Huber: *Dokumente* I, Dok. 73 (70), S. 327.

11 Vgl. oben, S. 218.

12 Friedrich Engels beispielsweise warnte in einer Rede, die er am 29. November 1847 hielt, vor diesem Widerspruch: »Eine Nation kann nicht frei werden und zugleich fortfahren, andere Nationen zu unterdrücken. Die Befreiung Deutschlands kann also nicht zustande kommen, ohne daß die Befreiung Polens von der Unterdrückung durch Deutsche zustande kommt.« – MEW IV, S. 417, Berlin 1972. – Aber auch Engels sollte bald ganz anderen Sinnes werden. Vgl. seine radikalen Forderungen in der Auseinandersetzung um Schleswig-Holstein, unten, S. 236–238.

13 Pastor: *Max von Gagern*, S. 234.

14 MEW IV, S. 524.

15 Vgl. die Äußerungen des russischen Botschafters in Berlin, Peter Baron von Meyendorff, gegenüber dem englischen Diplomaten Canning und den Brief des russischen Kanzlers Nesselrode an Meyendorff vom 27. April 1848, zit. bei: Taylor, A. J. P.: *The Struggle for Mastery in Europe 1848–1918*, S. 9, Oxford 1957.

16 Zit. bei: Pastor: *Max von Gagern*, S. 236, Anmerkung. – Auch Wilhelm von Kügelgen schrieb bereits unter dem 4. März 1848 aus der biedermeierlichen Idylle seines Wohnortes Ballenstedt an seinen Bruder: »Freilich werden wir Krieg bekommen, aber das schadet nicht so sehr, sondern wird uns fördern in unserem einheitlichen Nationalleben.« – Kügelgen: *Lebenserinnerungen* III, S. 119.

17 *Stenographischer Bericht* II, S. 1141/1142.

18 *Stenographischer Bericht* II, S. 1143–1146.

19 Der englische Historiker A. J. P. Taylor hat diese englische Reserve gegenüber der deutschen Reichseinigung sehr schön auf einen Begriff gebracht. England habe stets, so schreibt Taylor, mit großer Sympathie den liberalen und nationalen Einigungsbestrebungen in Europa gegenübergestanden. Italien sei in dem Vierteljahrhundert nach der 48er Revolution mit britischer Unterstützung ein Nationalstaat geworden, Deutschland aber nicht. Italien, so Taylor, habe es klüger gemacht, indem es seine nationale Einigung durch verlorene Kriege erlangt habe, Deutschland dagegen durch gewonnene Kriege. Aber von Anfang an sei für die englische Haltung gegenüber der deutschen Einigung Schleswig-Holstein der entscheidende Faktor gewesen. »Es war beinahe so«, schreibt Taylor, »als hätten sich die italienischen Nationalisten Malta als ihr erstes wichtiges Ziel erkoren.« – Taylor: *The Struggle*, S. 13. – Zum ganzen Komplex der deutsch-englischen Beziehungen die umfassende Studie von: Kennedy, Paul: *The Rise of the Anglo-German Antagonism 1860–1914*, London 1980.

20 Vgl.: Taylor: *The Struggle*, S. 14.

21 Huber: *Deutsche Verfassungsgeschichte* II, S. 672.

22 Vgl.: Marcks, Erich: *Die Europäischen Mächte und die 48er Revolution*, HZ, CXLII (1930).

23 Die russische Politik bezog schon sehr früh gegenüber der Entwicklung in Deutschland eine bloß abwartende und beobachtende Position. Am 17. März 1848 schrieb der russische Gesandte in Berlin, Meyendorff, an den russischen Kanzler Nesselrode: »En général notre rôle est celui d'une expectation observative. Quand les positions seront plus

nettement prises nous verrons en face de qui et de quoi nous trouverons.« – Hoetzsch, Otto (Hrsg.): *P. von Meyendorff* II, S. 48. – In Petersburg war man lediglich wegen Polen in einiger Besorgnis. Meyendorff drängte wiederholt in Berlin darauf, jeden Aufstand in Preußisch-Polen sofort mit aller Härte zu unterdrücken. In der polnischen Frage, so schrieb Nesselrode am 6. April 1848 an Meyendorff, »ist gleichwohl unsere Sache die seine (d.h. Preußens), denn wenn die Polen triumphieren, wird Preußen Posen, Danzig und Thorn verlieren. Das sollte der gesunde deutsche Menschenverstand doch begreifen, aber der alte bon sens ist dort verschwunden; die Philosophie Hegels hat ihn ersetzt, und ihre Früchte kommen jetzt zum Vorschein.« – *Lettres et Papiers du Chancelier Comte de Nesselrode 1760–1856. Extraits de ses Archives publiés et annotés par le Comte A. de Nesselrode* IX, S. 79, Paris 1904 sequ.; zit. bei: Andreas, Willy: *Die russische Diplomatie und die Politik Friedrich Wilhelms IV. von Preussen,* Abhandl. d. preuß. Ak. d. Wiss., phil.-hist-Klasse, 1926 Nr. 6, S 31, Berlin 1927. – Im übrigen hatte für die russische Politik gegenüber der deutschen Revolution jene Linie Gültigkeit, die Nesselrode bereits am 31. März 1848 Meyendorff als Instruktion mitgeteilt hatte: Rußland hält sich völlig zurück und behauptet die Defensive. Eine russische Intervention sei nur für den Fall zu erwägen, wenn es sich die Deutschen einfallen ließen, sich in russische Angelegenheiten, sprich Polen, einzumischen. – Andreas: *Russische Diplomatie,* S. 32.

24 Die ganze Aufmerksamkeit Frankreichs und Englands wurde im Sommer 1848 vom italienischen Schauplatz absorbiert. Frankreich fürchtete sogar zeitweilig ein Eingreifen Deutschlands auf seiten Österreichs in Italien! Vgl. dazu: Jennings, Lawrence C.: *France and Europe in 1848 – A Study of French Foreign Affairs in Time of Crisis,* S. 161, Oxford 1971.

25 Auch das gelegentlich angeführte Motiv, der dänische Krieg habe dem preußischen Handel und Seehandel empfindlich geschadet und Friedrich Wilhelm IV. habe sich deshalb zu einem Abbruch der Kriegshandlungen entschlossen, kann bestenfalls akzessorische Bedeutung beanspruchen. Das stärkste Motiv war Friedrich Wilhelms IV. Abneigung gegen den Liberalismus schlechthin. – Vgl. dazu: Brandenburg: *Untersuchungen,* S. 57 f.

26 *Stenographischer Bericht* I, S. 274.

27 *Stenographischer Bericht* I, S. 291. – Dieser Antrag Waitz' basierte auf einem anderen, fast gleichlautenden, den zehn schleswig-holsteinische Abgeordnete bereits am 2. Juni 1848 formuliert hatten und der vom Völkerrechtlichen Ausschuß der Nationalversammlung am 3. Juni zur Annahme empfohlen worden war. – Vgl.: *Stenographischer Bericht* I, S. 272/273. – Zu dem gesamten Komplex: Wollstein, Günter: *Das »Großdeutschland« der Paulskirche,* S. 41 f., Düsseldorf 1977.

28 *Stenographischer Bericht* II, S. 817.

29 *Stenographischer Bericht* II, S. 817/818.

30 Vgl.: Meyer, Henry Cord: *Mitteleuropa in German Thought and Action 1815–1945,* Den Haag 1955.

31 *Stenographischer Bericht* II, S. 827.

32 *Stenographischer Bericht* III, S. 1877.

33 *Stenographischer Bericht* III, S. 1883.

34 *Stenographischer Bericht* III, S. 1896.

35 Hübner, R. (Hrsg.): *Johann Gustav Droysen, Briefwechsel* I, S. 460, Stuttgart 1929.

36 Engels, F.: *Der dänisch-preußische Waffenstillstand,* »Neue Rheinische Zeitung« vom 10. September 1848, in: MEW, V, S. 393–397.

37 *Stenographischer Bericht* III, S. 2086.

38 Valentin: *Revolution* II, S. 157.

39 *Stenographischer Bericht* III, S. 2149 u. S. 2154.

40 Zit.: Valentin: *Revolution,* ebd.

41 Valentin: *Revolution* II, S. 160.

42 Laube, Heinrich: *Das erste deutsche Parlament* II, S. 291, Leipzig 1849.

43 Zit.: Valentin: *Revolution* II, S. 165.

44 Zit.: Brandenburg: *Untersuchungen,* S. 123.

45 *Stenographischer Bericht* IV, S. 2717 f.
46 Valentin: *Revolution* II, S. 203.
47 Zit.: Valentin: *Revolution* II, S. 204.
48 Huber: *Dokumente* I, Dok. 98 (92), S. 360.

11. KAPITEL – DAS SCHEITERN DER »POLITISCHEN KLASSE«

1 Eley, Geoff: *Deutscher Sonderweg und englisches Vorbild*, in: Blackbourn, David, u. Eley, Geoff: *Mythen deutscher Geschichtsschreibung – Die gescheiterte bürgerliche Revolution von 1848*, S. 7, Berlin 1980.
2 Bauer, Bruno: *Der Untergang des Frankfurter Parlaments*, S. 279, Berlin 1849 (Hervorhebung im Original).
3 Der preußische Staatsminister August von der Heydt schrieb am 27. Februar 1847 an den rheinischen Industriellen und liberalen Politiker Gustav Mevissen: »Die Umstände in Paris sind sehr beunruhigend. Wir werden alles aufzubieten haben, um auf gemäßigtem, gesetzmäßigem Wege die jetzt nicht mehr zweifelhaften Erfolge zu erringen, und nicht Anlaß zu geben zu einem engen Schutz- und Trutzbündnis der heiligen Allianz ... Jede illegale Demonstration aber würde die Besitzenden gegen sich haben.« – Hansen: *Rheinische Briefe* II/1, S. 471.
4 Zit.: Freund: *Deutsche Geschichte*, S. 308.
5 Zit.: Valentin: *Revolution* II, S. 266.
6 Zit.: Valentin: *Revolution* II, S. 268.
7 Zit.: Valentin: *Revolution* II, S. 474.
8 Gerlach, Leopold v.: *Denkwürdigkeiten* I, S. 254, Berlin 1891.
9 Huber: *Dokumente* I, Dok. 110 (104), S. 402/403. – Am 23. Dezember 1848 schrieb Friedrich Wilhelm IV. an seinen Vertrauten Radowitz: »Jeder teutsche Edelmann der ein Kreuz oder einen Strich im Wappen führt ist 100mal zu gut dazu, um solch Diadem aus Dreck und Letten der Revolution, des Treubruchs und des Hochverrats geknetet, anzunehmen. Die alte, legitime, seit 1806 ruhende Krone teutscher Nation, das Diadem von Gottes Gnaden das den, der es trägt zur höchsten Obrigkeit Teutschlands macht, der man Gehorsam schuldet um des Gewissens Willen, das *kann* man annehmen, *wenn* man sich die Kraft dazu fühlt und die *angebornen* Pflichten es zulassen. Die Krone aber vergibt keiner als Kaiser Franz Joseph, *ich* und unseres Gleichen und Wehe dem! der es ohne uns versucht und Wehe dem! der sie annimmt, wenn ihr Preis: der Verlust eines 3tels von Teutschland und der edelsten Stämme unseres teutschen Volkes ist. Gott helf uns! Amen.« – Zit.: Meinecke, Friedrich: *Radowitz und die deutsche Revolution*, S. 197, Berlin 1913.
10 Die preußische Verfassung vom 5. Dezember 1848 bei: Huber: *Dokumente* I, Dok. 188 (163), S. 484 f. – Vgl. dazu: Hintze: *Die Hohenzollern*, S. 541/542.
11 *Stenographischer Bericht* VI, S. 4233 f. – Auszüge bei: Huber: *Dokumente* I, Dok. 99 (93), S. 360 f.
12 Das war die Gagernsche Idee des »Doppelbundes«, die einen unauflöslichen »weiteren Bund« zwischen dem gesamten österreichischen Kaiserstaat und dem restlichen in einem gleichfalls unauflöslichen »engeren Bund« geeinten Deutschland vorsah. Der »Staatenbund« (weiterer Bund) sollte den »Bundesstaat« (engerer Bund) überwölben – eine phantastische Reißbrettkonstruktion zur Lösung der deutschen Frage.
13 Schon seit Mitte Dezember 1848 standen Wien und Berlin in einem regen Austausch diplomatischer Noten, um eine verfassungspolitische Klärung der deutschen Frage herbeizuführen, ohne daß die Paulskirche davon zunächst Kenntnis erhalten hatte. Vgl.: Brandenburg: *Untersuchungen*, S. 155–169.
14 Wortlaut der Note bei: Huber: *Dokumente* I, Dok. 100 (94), S. 362/363.
15 Wortlaut von Gagerns Interpretation bei: Roth, P. u. Merck, H.: *Quellensammlung zum deutschen öffentlichen Recht* II, S. 79 f., Erlangen 1852.

16 *Stenographischer Bericht* VI, S. 4479.

17 *Stenographischer Bericht* VI, S. 4648.

18 *Stenographischer Bericht* VI, S. 4666 f. – Das Programm Gagerns wurde mit 261 zu 224 Stimmen gebilligt, eine nicht gerade überwältigende Mehrheit.

19 Noch am 4. Januar 1849 hatte Friedrich Wilhelm IV. in einer Denkschrift, die er der österreichischen Regierung übersenden ließ, seine durchaus phantastischen Vorstellungen zur Lösung der deutschen Frage unterbreitet. Deutschland sollte danach in sechs »Wehrherzogtümer« oder Reichskreise eingeteilt werden. An der Spitze eines jeden dieser Kreise, nämlich Österreich, Preußen, Bayern, Sachsen, Württemberg und Hannover, sollte ein »Kreisausschreibender König« stehen; alle anderen Fürsten sollten diesen Königen untergeordnet sein. Über dem Ganzen sollte der österreichische Herrscher als römisch-deutscher Kaiser stehen. – Vgl.: Huber: *Deutsche Verfassungsgeschichte* II, S. 806.

20 Text der Zirkulardepesche bei: Huber: *Dokumente* I, Dok. 101 (95), S. 363 f.

21 Huber: *Dokumente* I, Dok. 102 (96), S. 366/367.

22 Wortlaut der gemeinsamen Erklärung vom 23. Februar und 1. März 1849 bei: Roth u. Merck: *Quellensammlung* II, S. 299 f. u. S. 342 f.

23 Einzelheiten bei: Huber: *Deutsche Verfassungsgeschichte* II, S. 813.

24 So Valentin: *Revolution* II, S. 360. – Ähnlich Huber: »Die preußische Zirkulardepesche bezeichnete die Kaiserwürde zwar als nicht notwendig, doch nicht geradezu als unannehmbar.« – *Deutsche Verfassungsgeschichte* II, S. 811/812.

25 In einer Depesche vom 4. Februar 1849 an den österreichischen Bevollmächtigten in Frankfurt bezeichnete Schwarzenberg »die Gestaltung eines unitarischen Staates« als »nicht ausführbar für Österreich, nicht wünschenswert für Deutschland«. Das Konzept des »engeren Bundesstaats« begründe aber eben jenen »einheitlichen Staat – gleichviel ob der Schwerpunkt in Frankfurt bliebe oder nach einem anderen Teile Deutschlands verlegt würde«. – Huber: *Dokumente* I, Dok. 103 (97), S. 367–370.

26 Einzelheiten zu dieser Paradoxie bei: Huber: *Deutsche Verfassungsgeschichte* II, S. 810.

27 Text der gesamten Verfassung bei: Huber: *Dokumente* I, Dok. 108 (102), S. 375 f.

28 Droysen: *Briefwechsel* I, S. 497.

29 Zit.: Valentin: *Revolution* II, S. 380.

30 Wortlaut dieser Adresse bei: Huber: *Dokumente* I, Dok. 113 (106), S. 404/405.

31 Huber: *Dokumente* I, Dok. 114 (107), S. 405/406.

32 Huber: *Dokumente* I, Dok. 115 (108), S. 407.

33 Walker: *Home Towns,* S. 385.

34 Rohmer, Friedrich: *Deutschlands alte und neue Bureaukratie,* S. 1, München 1848 (Mitte September) (Hervorhebungen im Original).

35 Rohmer: *Bureaukratie,* S. 3 (Hervorhebungen im Original).

36 Rohmer: *Bureaukratie,* S. 33–35 (Hervorhebungen im Original).

37 Zit. bei: Schmoller, Gustav: *Zur Geschichte der deutschen Kleingewerbe im 19. Jahrhundert,* S. 83/84, Halle 1870.

38 Zit. bei: Schmoller: *Kleingewerbe,* S. 84. – Vgl. auch: Noyes: *Organization and Revolution,* S. 161–191.

39 Wortlaut dieses Entwurfs eines Reichsheimatgesetzes bei Hassler, K. D. (Hrsg.): *Verhandlungen der deutschen verfassunggebenden Reichsversammlung zu Frankfurt am Main,* Beilagen II, S. 693–710, Frankfurt am Main 1849, zit. Walker: *Home Towns,* S. 390.

40 Zit.: Walker: *Home Towns,* S. 389.

41 Vgl.: Valentin: *Revolution* II, S. 312.

42 Zit.: Valentin: *Revolution* II, S. 312/313.

43 *Stenographischer Bericht* VII, S. 5121.

44 Beispiele bei: Walker: *Home Towns,* S. 390.

45 Walker: *Home Towns,* S. 390–404.

46 § 43 des Entwurfs der »Grundrechte des deutschen Volkes« bestimmte:

»Jede deutsche Gemeinde hat als Grundrecht ihrer Verfassung:
(a) die Wahl ihrer Vorsteher und Vertreter,
(b) die selbständige Verwaltung ihrer Gemeindeangelegenheiten mit Einschluß der Polizei,
(c) die Veröffentlichung des Gemeindehaushalts,
(d) Öffentlichkeit der Verhandlungen, soweit Rücksichten auf besondere Verhältnisse es gestatten,
(e) allgemeine Bürgerwehr« *Stenographischer Bericht* I, S. 684. – Die endgültige Fassung dieses Paragraphen in der Reichsverfassung (hier § 184) weist eine bemerkenswerte Präzisierung gegenüber diesem Entwurf auf: Unter b) heißt es hier nämlich: »die selbständige Verwaltung ihrer Gemeindeangelegenheiten mit Einschluß der Ortspolizei, unter gesetzlich geordneter Oberaufsicht des Staates« Huber: *Dokumente* I, Dok. 108 (102), S. 394. – Diese Präzisierung ist insofern bemerkenswert, als unter »Ortspolizei« stets auch das Recht der Gemeinden subsumiert war, die Bestimmungen selbst zu definieren, die Handel, Heirats- und Armenrecht sowie Bürgerrecht betrafen. Eine Rechtsautonomie der Gemeinden in diesen wichtigen Fragen hätte aber in der Praxis einen dauernden Konflikt mit den in den Paragraphen 1 bis 3 des Grundrechteentwurfs formulierten individuellen Freiheitsrechten zur Folge gehabt. Daß eine Rechtsautonomie der Gemeinden in diesen wichtigen Fragen im Grundrechteentwurf des Verfassungsausschusses überhaupt vorgesehen war, ist wohl auf die gewiß erstaunliche Unkenntnis der einschlägigen Gemeindeordnungen in den einzelnen deutschen Staaten zurückzuführen! Diese Unkenntnis wurde dann in der abschließenden Beratung dieses Artikels Anfang Februar 1849 beseitigt. – Vgl. die Debattenbeiträge *Stenographischer Bericht* VII, S. 5158–5168.

47 Riehl: *Land und Leute,* S. 103 (Hervorhebungen im Original).
48 Vgl.: Beyme, Klaus v. (Hrsg.): *Empirische Revolutionsforschung,* Opladen 1973.
49 Walker: *Home Towns,* S. 383/384.
50 Bauer: *Der Untergang,* S. 272/273 (Hervorhebungen im Original).
51 Vgl. die eingehende Kritik, die Geoff Eley an dem traditionellen Begriffsverständnis von »bürgerlicher Revolution« übt, in: Eley: *Deutscher Sonderweg,* S. 29.
52 Riehl: *Bürgerliche Gesellschaft,* S. 252.
53 Bismarck, Herbert (Hrsg.): *Fürst Bismarcks Briefe an seine Braut und Gattin,* S. 255, Stuttgart 1916[5].

12. KAPITEL – ERSATZ-DEUTSCHLAND

1 Meinecke: *Radowitz,* S. 86/87.
2 Vgl.: Meinecke: *Radowitz,* S. 88/89, u. Brandenburg: *Untersuchungen,* S. 82/83.
3 Huber: *Dokumente* I, Dok. 116 (109), S. 408.
4 Kohl, Horst (Hrsg.): *Otto von Bismarck, Gedanken und Erinnerungen* I, S. 72/73, Stuttgart 1921.
5 Zit. bei: Meinecke: *Radowitz,* S. 239.
6 Die Revision der Verfassung im reaktionären Sinne wurde dann erst im Dezember 1849 vollendet. – Vgl. dazu: Huber: *Verfassungsgeschichte* III, S. 55–128.
7 Zit. bei: Meinecke: *Radowitz,* S. 246–249.
8 Wortlaut dieser Kollektivnote bei: Huber: *Dokumente* I, Dok. 118 (111), S. 410/411.
9 Brandenburg: *Untersuchungen,* Beilage Nr. 90, S. 388.
10 Diwald, Hellmut (Hrsg.): *Ernst Ludwig von Gerlach, Tagebuch 1848–1866* I, S. 169, Eintragung vom 16. April 1849, Göttingen 1970.
11 Brandenburg: *Untersuchungen,* Beilage Nr. 89, S. 387.
12 Brandenburg: *Untersuchungen,* Beilage Nr. 91, S. 389/390.
13 Kohl, Horst (Hrsg.): *Die politischen Reden des Fürsten Bismarck* I, S. 92–94, Stuttgart 1892. –

Die Linke des preußischen Landtags beschloß in einer Parteiversammlung, diese Rede Bismarcks in einer Auflage von zehntausend Exemplaren zu drucken und unter dem Titel *Enthüllte Absichten der Reaction* im Lande zu verbreiten.

14 Huber: *Dokumente* I, Dok. 201 (171a), S. 534–538, u. Dok. 202 (171b), S. 538–540.

15 Meinecke: *Radowitz*, S. 278.

16 Huber: *Dokumente* I, Dok. 132, S. 427/428.

17 Huber: *Dokumente* I, Dok. 203 (172), S. 540–543.

18 Meinecke: *Radowitz*, S. 298–300.

19 Huber: *Dokumente* I, Dok. 205, S. 544–546.

20 Vgl.: Meinecke: *Radowitz*, S. 243.

21 Zit.: Freund: *Deutsche Geschichte*, S. 318.

22 Huber: *Dokumente* I, Dok. 207 (175), S. 548–550.

23 Huber: *Dokumente* I, Dok. 214 (179), S. 568–570. – Vgl. auch: Huber: *Verfassungsgeschichte* II, S. 893.

24 Huber: *Dokumente* I, Dok. 215 (180), S. 570/571.

25 Vgl.: Meinecke: *Radowitz*, S. 372–384.

26 Huber: *Dokumente* I, Dok. 238 (193), S. 600/601.

27 Bestimmungen dieses Wahlrechts bei: Huber: *Dokumente* I, Dok.193 (167), S. 497–500.

28 Text dieser Verfassung bei: Huber: *Dokumente* I, Dok. 209 (177), S. 551–561.

29 Gothaer Programm bei: Huber: *Dokumente* I, Dok. 206 (174), S. 547/548.

30 Vgl.: Eley: *Deutscher Sonderweg*, S. 29/30.

31 Zum Kreis der »Gothaer« gehörte fast die gesamte politisch-parlamentarische Elite der Paulskirche. – Vgl.: Huber: *Deutsche Verfassungsgeschichte* II, S. 889.

32 Gerlach: *Denkwürdigkeiten*, S. 497.

33 Gerlach: *Tagebuch*, S. 262, Eintragung vom 6. April 1850.

34 Vgl.: Meinecke: *Radowitz*, S. 420/421.

35 Meinecke: *Radowitz*, S. 421/422.

36 Zit. bei: Meinecke: *Radowitz*, S. 423.

37 Diwald (Hrsg.): *Ernst Ludwig von Gerlach, Briefe, Denkschriften, Aufzeichnungen* II, S. 674, Göttingen 1970.

38 Huber: *Deutsche Verfassungsgeschichte* II, S. 901.

39 Taylor: *The Struggle*, S. 37.

40 Text dieses Friedensvertrages bei: Huber: *Dokumente* I, Dok. 239 (194), S. 602. – Der deutsch-dänische Frieden wurde durch das »Erste Londoner Protokoll«, das Rußland, England und Frankreich am 4. Juli unterzeichneten, international garantiert. – Wortlaut dieses Protokolls bei: Huber: *Dokumente* I, Dok. 240 (195), S. 602–604.

41 Huber: *Dokumente* I, Dok. 248 (203), S. 612/613.

42 Zit. bei: Huber: *Deutsche Verfassungsgeschichte* II, S. 909.

43 Zit. bei: Huber: *Deutsche Verfassungsgeschichte* II, S. 912.

44 Text bei: Huber: *Dokumente* I, Dok. 216 (181), S. 571/572.

45 Text bei: Huber: *Dokumente* I, Dok. 221, S. 576/577.

46 In einer Rede vor der Zweiten Kammer des preußischen Landtags, die Bismarck am 6. September 1849 im Anschluß an einen Bericht von Radowitz über den Stand der Erfurter Union hielt, erklärte er zwar seine Zustimmung zu dem am 26. Mai 1849 geschlossenen »Dreikönigsbündnis«, machte aber gleichzeitig gegen den damit verbundenen Entwurf einer Unionsverfassung geltend: »Jedoch kann ich dabei den Wunsch nicht unterdrücken, daß es das letzte Mal sein möge, daß die Errungenschaften des preußischen Schwertes mit freigiebiger Hand weggegeben werden, um die nimmersatten Anforderungen eines Phantoms zu befriedigen, welches unter dem fingierten Namen von Zeitgeist oder öffentlicher Meinung die Vernunft der Fürsten und Völker mit seinem Geschrei betäubt, bis jeder sich vor dem Schatten des anderen fürchtet und alle vergessen, daß unter der Löwenhaut des Gespenstes ein Wesen steckt von zwar lärmender, aber wenig furchtbarer Natur.« – *Reden Bismarcks* I, S. 105/106.

47 Poschinger, Heinrich v. (Hrsg.): *Preußens auswärtige Politik 1850 bis 1858* I, S. 18, Berlin 1902.

48 Meyendorff entwarf sogar eine Inschrift, die am Gasthaus »Zur Krone« in Olmütz angebracht werden sollte:

»In haec aede
Felix P. a Schwarzenberg
Otto The. lib. Baro a Manteuffel
Austriae ac Prussiae consiliar.
Germanicae pacis fundamenta posuerunt
Bello jam imminenti vitato
Petro lib. Barone a Meyendorff
Rossiae Imperatoris legato juvante.«

Hoetzsch: *Meyendorff* II, S. 347. – Leopold von Gerlach dankte Meyendorff zweimal im Namen des preußischen Königs für seine in Olmütz geleisteten Vermittlungsdienste. In dem ersten Schreiben, das aus Potsdam vom 2. Dezember 1850 datiert ist, heißt es: »Eurer Exzellenz sage ich im Namen seiner Majestät des Königs und des ganzen Landes den schönsten Dank für die wirksamen und großen Dienste, die Sie uns in der *eil*ften Stunde unserer Verwi*ckel*ungen mit Ö*stre*ich geleistet haben. Es ist unglaublich, mit welchem Leichtsinn hier viele sonst vernünftige Leute über einen Krieg mit Östreich urteilten. Sie wollten nicht einsehn, wie wir, selbst wenn wir gesiegt hätten, die Folgen dieses Krieges nicht hätten ertragen können. Die unvermeidliche Allianz mit der Revolution hätte uns in unserem Innern völlig ruiniert.« – Hoetzsch: *Meyendorff* II, S. 348.

49 Wortlaut der Punktation bei: Huber: *Dokumente* I, Dok. 223 (182), S. 580–582.

50 Taylor: *The Struggle,* S. 43/44.

51 Böhme, Helmut: *Deutschlands Weg zur Großmacht,* S. 19–50, Köln 1974³.

52 Taylor: *The Struggle,* S. 43.

53 *Reden Bismarcks* I, S. 264/265.

54 Zit. bei: Freund: *Deutsche Geschichte,* S. 324.

13. KAPITEL – POLITISCHE REAKTION, »INDUSTRIELLE REVOLUTION« UND »NEUE ÄRA«

1 Hintze: *Die Hohenzollern,* S. 547. – Wie sehr Friedrich Wilhelm IV. dieser Eid auf die Verfassung reute, macht der Umstand deutlich, daß er in seinem politischen Testament seinen Nachfolger auf dem preußischen Thron beschwor, diese Verfassung zu verwerfen und durch einen königlichen, jederzeit widerrufbaren »Freibrief« zu ersetzen. Doch keiner seiner Nachfolger beherzigte diesen Ratschlag, und es war Kaiser Wilhelm II., der dieses politische Testament Friedrich Wilhelms IV. verbrannte.

2 Vgl.: Huber: *Deutsche Verfassungsgeschichte* III, S. 161.

3 Vgl.: Gillis, John R.: *The Prussian Bureaucracy in Crisis 1840–1860. Origins of an Administrative Ethos,* S. 145 f., Stanford 1971.

4 Vgl.: Walker: *Home Towns,* S. 393–403.

5 Bernstein, A.: *Revolutions- und Reaktionsgeschichte Preußens und Deutschlands von den Märztagen bis zur neuesten Zeit* II, S. 35, Berlin 1882.

6 *Reden Bismarcks* I, S. 327/328. – Bismarck, der wenig später zum preußischen Gesandten beim Bundestag ernannt wurde, änderte dann sehr schnell die hohe Meinung, die er von dieser Einrichtung hatte. Seiner Frau schrieb er am 18. Mai 1851: »Jeder von uns stellt sich, als glaubte er vom anderen, daß er voller Gedanken und Entwürfe stecke, wenn er's nur aussprechen wollte, und dabei wissen wir alle zusammen nicht um ein Haar besser, was aus Deutschland werden wird und soll, ... Kein Mensch, selbst der böswilligste Zweifler von Demokrat, glaubt es, was für Charlatanerie und

Wichtigtuerei in dieser Diplomatie steckt.« *Bismarcks Briefe an seine Braut und Gattin,* S. 253.

7 Vgl.: Taylor: *The Struggle,* S. 62–82.

8 Vgl.: Henderson, William O.: *The Rise of German Industrial Power 1834–1914,* S. 111/112, London 1975, u. Rosenberg, Hans: *Die Weltwirtschaftskrisis von 1857–1859,* S. 15–17, Stuttgart 1934.

9 Mottek, Hans: *Zum Verlauf der industriellen Revolution,* in: Mottek, H., u.a.: *Studien zur Geschichte der industriellen Revolution in Deutschland,* S. 32, Berlin (Ost) 1960.

10 Vgl.: Landes, David S.: *Der entfesselte Prometheus. Technologischer Wandel und industrielle Entwicklung in Westeuropa von 1750 bis zur Gegenwart,* S. 189, Köln 1973.

11 Landes: *Prometheus,* S. 196 und Anmerkung.

12 Vgl.: Henderson: *The Rise,* S. 123–129.

13 Hobsbawn, Eric J.: *Die Blütezeit des Kapitals. Eine Kulturgeschichte der Jahre 1848–1875,* München 1977.

14 Vgl.: Rosenberg: *Weltwirtschaftskrisis,* S. 33–104.

15 Vgl.: Rosenberg: *Weltwirtschaftskrisis,* S. 105–137.

16 Zit. bei: Rosenberg: *Weltwirtschaftskrisis,* S. 136.

17 Rosenberg: *Weltwirtschaftskrisis,* S. 116 u. S. 142/143.

18 Landes: *Prometheus,* S. 201–206.

19 Im Jahre 1907 beschäftigten noch rund 90 Prozent aller Produktionsbetriebe fünf oder weniger Arbeiter. Der Anteil der Arbeitskräfte in diesen Kleinstunternehmungen machte noch 31,2 Prozent des gesamten in der Produktion tätigen Arbeitskräftepotentials aus. 8,9 Prozent aller Produktionsbetriebe beschäftigten zwischen sechs und fünfzig Arbeitern, deren Anteil am Arbeitskräftepotential der Produktion 26,4 Prozent betrug. Angaben nach: Mayer, Arno J.: *The Persistence of the Old Regime. Europe to the Great War,* S. 39, New York 1981.

20 *Manifest der Kommunistischen Partei* (Februar 1848), MEW IV, S. 465–467.

21 Sombart: *Deutsche Volkswirtschaft,* S. 496/497. Vgl. auch die allgemeinen Bemerkungen zum Phänomen des Vorherrschens älterer sozialer und wirtschaftlicher Strukturen bei: Schumpeter, Joseph A.: *Kapitalismus, Sozialismus und Demokratie,* S. 29/30, Bern 1950[2].

22 Um 1907 waren noch rund 40 Prozent der arbeitenden Bevölkerung im landwirtschaftlichen Sektor tätig, die hier rund 20 Prozent des Nationaleinkommens erwirtschafteten. – Mayer: *The Persistence,* S. 23.

23 Sombart: *Deutsche Volkswirtschaft,* S. 503.

24 Zit. bei: Abraham, Konrad: *Der Strukturwandel im Handwerk in der ersten Hälfte des 19. Jahrhunderts und seine Bedeutung für die Berufserziehung,* S. 96, Köln 1955.

25 Noch in den sechziger Jahren hielten sich, wie August Bebel bemerkte, die Handwerksgesellen für die zukünftigen Meister und nicht für Proletarier. – Bebel, August: *Aus meinem Leben,* S. 63, Ost-Berlin 1961[3].

26 Vgl.: Huber: *Deutsche Verfassungsgeschichte* III, S. 60/61.

27 Lasker, Eduard: *Zur Verfassungsgeschichte Preußens,* S. 16, Leipzig 1874.

28 *Reden Bismarcks* I, S. 316.

29 Zit. bei: Zechlin, Egmont: *Bismarck und die Grundlegung der deutschen Großmacht,* S. 168, Stuttgart 1930.

30 Berner, E. (Hrsg.): *Kaiser Wilhelm der Große – Briefe, Reden und Schriften* I, S. 445 f., Berlin 1906.

31 Freund: *Deutsche Geschichte,* S. 335.

32 Wirth, Max: *Die deutsche Nationaleinheit in ihrer volkswirtschaftlichen, geistigen und politischen Entwicklung an der Hand der Geschichte beleuchtet,* S. 475–479, Frankfurt/Main 1859.

33 Vgl.: Bergengrün, Alexander: *David Hansemann,* S. 705/706, Berlin 1901.

34 Vgl.: Sheehan: *German Liberalism,* S. 98. – Speziell für Preußen: vgl.: Anderson, Eugene N.: *The Social and Political Conflict in Prussia 1858–1864,* S. 305–316, Lincoln 1954.

35 Entsprechend unterschiedlich waren auch die Vorstellungen, die mit der nationalen Ei-

nigung verknüpft waren, wie dies von der zeitgenössischen Publizistik getreulich reflektiert wird. – Vgl. dazu: Rosenberg, Hans: *Die nationalpolitische Publizistik Deutschlands. Vom Eintritt der Neuen Ära in Preußen bis zum Ausbruch des deutschen Krieges,* München/Berlin 1935.

36 Der König von Württemberg soll damals erklärt haben, daß er lieber ein Bündnis mit Frankreich schließe, als sich von Preußen mediatisieren zu lassen. – Zit. bei: Zechlin: *Bismarck,* S. 214, Anm. 2.

37 In einem Brief an seinen Parteifreund von Below-Hohendorf, der vom 18. September 1861 datiert ist, kritisierte Bismarck die preußische Bundespolitik mit den Worten: »Wir kommen dahin, den ganzen unhistorisch gott- und rechtlosen Souveränitätsschwindel der deutschen Fürsten, welche unser Bundesverhältnis als Piedestal benutzen, von dem herab sie europäische Macht spielen, zum Schoßkind der konservativen Partei Preußens zu machen.« – Kohl, H. (Hrsg.): *Bismarck-Briefe,* S. 313, Leipzig 1898[7].

38 Bismarck, Otto Fürst v.: *Die Gesammelten Werke* (Friedrichsruher Ausgabe) II, S. 235, Berlin 1924.

39 Das 1861 veröffentlichte politische Programm des Nationalvereins bezeichnete die Einheit Deutschlands als die grundlegende Voraussetzung für die Existenz und die Größe Preußens. Es fehlte also von keiner Seite an Avancen! Zu diesem Programm vgl.: Parisius, Ludolf: *Deutschlands politische Parteien und das Ministerium Bismarck,* S. 33 f., Berlin 1878.

40 In seiner großen politischen Denkschrift für den Prinzregenten vom März 1858 formulierte Bismarck dieses Ziel preußischer Politik mit den Worten: »Die preußischen Interessen fallen mit denen der meisten Bundesländer, außer Österreich, vollständig zusammen, aber nicht mit denen der Bundesregierungen, und es gibt nichts Deutscheres, als gerade die Entwicklung richtig verstandener preußischer Partikularinteressen.« – Bismarck: *G. W.* II, S. 317.

41 Lasker: *Verfassungsgeschichte,* S. 168.

42 Zit. bei: Zechlin: *Bismarck,* S. 176.

43 Wortlaut dieser Denkschrift in: Roon, Albrecht Graf v.: *Denkwürdigkeiten* II, S. 521 f., Berlin 1905[5].

44 Vgl.: Zechlin: *Bismarck,* S. 179–182.

45 Vgl.: Bernhardi, Theodor v.: *Aus dem Leben Theodor von Bernhardis* III, S. 318, Leipzig 1894.

46 Schon zu Beginn des Jahres 1860 und noch bevor der Gesetzentwurf zur Heeresreform in die Kammer eingebracht worden war, hatte der Regent ein Fait accompli geschaffen, indem er die Aufstellung einer Reihe »gemischter Regimenter«, mit denen Einheiten der Landwehr ersetzt werden sollten, befohlen hatte. Nach der Ablehnung des Gesetzentwurfs durch den Landtag entbehrte dieser Befehl jeder gesetzlichen Grundlage und hätte damit zurückgenommen werden müssen, was der Regent aber nicht tat. Für den König und seine militärischen Berater wäre die Widerrufung dieses Befehls der Anerkenntnis gleichgekommen, daß der Landtag in strikt militärischen Fragen die oberste Autorität besäße – für einen preußischen König und Offizier eine schiere Unmöglichkeit. – Vgl.: Craig, Gordon A.: *The Politics of the Prussian Army 1640–1945,* S. 151, Oxford 1978.

47 Bismarck traf den Ton dieser Empörung in einem Brief an Roon sehr genau: »Ich bin doch erstaunt von der politischen Unfähigkeit unserer Kammern, und wir sind doch ein sehr gebildetes Land; ohne Zweifel zu sehr; aber sie sind bestimmt auch nicht klüger als die Blüte unserer Klassenwahlen, aber sie haben nicht dies kindliche Selbstvertraun, mit dem die Unsrigen ihre unfähigen Schamteile in voller Nacktheit als mustergültig an die Öffentlichkeit bringen. Wie sind wir Deutschen doch in den Ruf schüchterner Bescheidenheit gekommen? Es ist keiner unter uns, der nicht vom Kriegführen bis zum Hundeflöhn alles besser verstände als sämtliche gelernte Fachmänner, während es doch in andern Ländern viele gibt, die einräumen, von manchen Dingen

weniger zu verstehn als andre, und deshalb sich bescheiden und schweigen.« – Bismarck: *Gedanken* I, S. 298.

48 Entsprechend äußerte sich beispielsweise der ehemalige Kriegsminister von Stockhausen gegenüber Theodor von Bernhardi. – Bernhardi: *Aus dem Leben* III, S. 279. – Einer der bei Hofe einflußreichsten Anwälte dieser »Revolutionstheorie« war der Chef des Militärkabinetts, der General Edwin von Manteuffel. – Vgl.: Craig, Gordon A.: *Portrait of a Political General: Edwin von Manteuffel and the Constitutional Conflict in Prussia,* in: Political Science Quarterly LXVI (1951), S. 1–36.

49 Einzelheiten bei: Craig: *Politics,* S. 155.

50 Zechlin: *Bismarck,* S. 229–232.

51 Zechlin: *Bismarck,* S. 297. – Es war natürlich nicht allein das Gewissen, das den König plagte. Ihm galt die Armee als die sicherste Stütze des Throns. Deshalb mußte alles getan werden, die Armee vor einem Eindringen liberalen Gedankenguts zu bewahren. In einem vom 30. April 1862 datierten Brief an den altliberalen Gutsbesitzer Saucken-Julienfelde schrieb Wilhelm I.: »Somit ist der Kampf auf Leben und Tod den Monarchen mit ihren stehenden Heeren geschworen, und dies Ziel zu erreichen, verschmähen die Fortschrittsmänner, Demokraten und Ultraliberale kein Mittel, und zwar mit seltener Konsequenz und tiefer Überlegung.« Die Liberalen wollten, so Wilhelm I. weiter, mit ihrer Forderung nach einer zweijährigen Dienstzeit nur die Disziplin der Truppe aushöhlen und mit ihrer weiteren Forderung, daß Unteroffiziere bei Eignung zu Offizieren aufsteigen, sich eine eigene, ihnen ergebene Offizierskaste heranbilden. »›Ein Volksheer hinter dem Parlament.‹ Das ist seit Frankfurt am Main die unverkappte Losung; der ich die Losung: Ein diszipliniertes Heer, das zugleich das Volk in Waffen ist, hinter dem Könige und Kriegsherrn, entgegensetze.« Zit. bei: Parisius, Rudolf: *Leopold Freiherr von Hoverbeck* II, 1, S. 65 f., Berlin 1898.

52 Hess, Adalbert: *Das Parlament, das Bismarck widerstrebte,* S. 27, Köln 1964.

53 Vgl. die Zahlenangaben bei: Hess: *Parlament,* S. 23.

54 Vgl.: Hess: *Parlament,* S. 41–47.

14. KAPITEL – BLUT UND EISEN

1 Bismarck löste das Ministerium des Prinzen Adolf von Hohenlohe-Ingelfingen ab, das erst im März 1862 berufen worden war und das Bismarck in seinen *Gedanken und Erinnerungen* treffend als eine »Art von ministerieller Wechselreiterei, die auf kurze Verfallzeit berechnet war«, bezeichnete. – Bismarck, *Gedanken* I, S. 285.

2 Vgl.: Gall: *Bismarck,* S. 246.

3 Bismarck: *Gedanken* I, S. 304–306.

4 In diese Sicht fügen sich dann trefflich Äußerungen des dreiundzwanzigjährigen Bismarck, der im September 1838 von sich bekannte: »Ich will Musik machen, wie ich sie für gut erkenne, oder gar keine.« – Zit.: Eyck, Erich: *Bismarck, Leben und Werk* I, S. 418, Erlenbach-Zürich 1941.

5 Diesen Briefwechsel mit Gerlach über »Legitimität und Bonapartismus« inserierte Bismarck in seinen Lebenserinnerungen. – Bismarck: *Gedanken* I, S. 178–217. – Zur Bedeutung dieses Briefwechsels vgl.: Gall: *Bismarck,* S. 173–184. – Gall betont hier völlig zu Recht, daß »nichts . . . abwegiger« wäre, »als den berühmten Briefwechsel . . ., was Bismarck angeht, sozusagen als programmatische Bekenntnisschrift zu interpretieren und als Grundsatzdokumentation einer gleichsam im Prinzip prinzipienlosen Realpolitik hinzustellen« (S. 173).

6 Gall: *Bismarck,* S. 174.

7 Zit. bei: Gall: *Bismarck,* S. 179.

8 Vgl. insbesondere Bismarcks Denkschrift für den Prinzen von Preußen von Ende März 1858. – Bismarck: *G. W.* II, S. 317 f.

9 Busch, Moritz: *Tagebuchblätter* I, S. 303, Leipzig 1899.

10 Zit. bei: Hintze: *Die Hohenzollern*, S. 541.

11 In einem Brief an Wilhelm I. vom 1. Dezember 1863 beschrieb Bismarck seine Stellung zum König so: »Euer Majestät habe ich bei meinem Eintritt in das Ministeriums zu erklären mir erlaubt, daß ich meine Stellung nicht als konstitutioneller Minister in der üblichen Bedeutung des Wortes, sondern als Euer Majestät Diener auffasse, und Allerhöchstdero Befehle in letzter Instanz auch dann befolge, wenn dieselben meinen persönlichen Auffassungen nicht entsprechen.« – Zit. bei: Zechlin: *Bismarck,* S. 318 f.

12 *Reden Bismarcks* II, S. 16.

13 Zechlin: *Bismarck,* S. 326.

14 *Reden Bismarcks* II, S. 17.

15 *Reden Bismarcks* II, S. 29/30.

16 So jüngst wieder: Gall, *Bismarck*, S. 257. – Bismarck selbst hat später seinen Äußerungen diese Deutung gegeben. Vgl. seine Rede im Reichstag vom 28. Januar 1886. – *Reden Bismarcks* XI, S. 410.

17 Cornicelius, Max (Hrsg): *Heinrich von Treitschke, Briefe* II, S. 238, Leipzig 1913.

18 Zit. in: *Reden Bismarcks* II, S. 37.

19 *Reden Bismarcks* II, S. 31.

20 Zit. bei: Gall: *Bismarck,* S. 258.

21 Bismarck: *Gedanken* I, S. 323–326.

22 Bismarck: *Gedanken* I, S. 326/327.

23 *Reden Bismarcks* II, S. 79–81.

24 *Reden Bismarcks* II, S. 84/85.

25 Zit. bei: Ziekursch, Johannes: *Politische Geschichte des neuen deutschen Kaiserreichs* I, S. 104, Frankfurt/Main 1925.

26 *Reden Bismarcks* II, S. 232.

27 *Reden Bismarcks* II, S. 242/243.

28 Marx, Karl: *Der 18. Brumaire des Louis Napoleon,* MEW VIII, S. 128.

29 Vgl. Mayer, Gustav (Hrsg.): *Bismarck und Lassalle. Ihr Briefwechsel und ihre Gespräche,* S. 5 (Vorbemerkung), Berlin 1928.

30 *Reden Bismarcks* VII, S. 257.

31 Bismarck: *Gedanken* I, S. 360.

32 Vgl. die ausführliche Schilderung dieser Reaktion Bismarcks bei: Eyck: *Bismarck* I, S. 471.

33 Zit. bei: Eyck: *Bismarck* I, S. 472.

34 Bußmann, Walter: *Das Zeitalter Bismarcks,* In: Just, Leo (Hrsg.): *Handbuch der Deutschen Geschichte* III, 2, S. 71, Frankfurt/Main 1968[4]. – Im übrigen, und dieses Argument taucht ebenfalls häufig auf, war die russisch-französische Entente gar nicht gegen Preußen, sondern gegen Österreich gerichtet. Preußen drohte es damals also nicht, im Gegensatz zum Deutschen Reich nach 1890, von einem russisch-französischen Bündnis eingeklemmt zu werden.

35 Ausführliche Schilderung dieser Vorgänge von Bismarck selbst im 17. Kapitel seiner *Gedanken und Erinnerungen*. – Außerdem bei: Eyck: *Bismarck* I, S. 511–526; u. Gall, *Bismarck*, S. 286–288.

36 In einer siegestrunkenen Tischrunde nach der Schlacht bei Sedan im September 1870 erinnerte sich Bismarck dieser Auseinandersetzung mit Wilhelm I. »Ich habe ihn«, so erzählte er, »mit Not und Mühe geradezu an den Rockschößen festgehalten.« – Busch: *Tagebuchblätter* I, S. 187.

37 Zit. bei: Hahn, Ludwig: *Fürst Bismarck, sein politisches Leben und Wirken* I, S. 153 f., Berlin 1878.

38 Kohl (Hrsg.): *Bismarck Briefe,* S. 313 f., Leipzig 1898[7]. – Vgl. auch: Gall: *Bismarck,* S. 271.

39 Auch Helmut Böhmes bedeutende Studie: *Deutschlands Weg zur Großmacht,* passim,

kann diese Lücke nur sehr bedingt schließen. Eine detaillierte Kritik an Böhmes Werk übte Lothar Gall mit seinem Aufsatz *Staat und Wirtschaft in der Reichsgründungszeit*, HZ CCIX (1969), S. 616–630.

40 Vgl. zu dieser sehr komplexen Auseinandersetzung: Franz, Eugen: *Der Entscheidungskampf um die wirtschaftliche Führung Deutschlands 1856–1867*, München 1933, u. Böhme: *Deutschlands Weg*, S. 19–207.

41 Zit. bei: Ziekursch: *Politische Geschichte* I, S. 129/130.

42 Wortlaut dieser Resolution in: *Reden Bismarcks* II, S. 229/230.

43 Bismarck: *Gedanken* II, S. 13. – Der Historiker Theodor Mommsen war einer der wenigen Liberalen, der damals schon aus »nationalen Gründen« eine preußische Annexion der Elbherzogtümer befürwortete. »Warum soll Preußen in den Elbherzogtümern einen neuen Kleinstaat, das heißt einen neuen Gegner, eine neue Nullität, ein Schwaben des Nordens errichten helfen? Warum nicht Deutschlands Einigung da, wo sie möglich ist, sofort realisieren, d.h. annektieren? ... Ist es uns vergönnt, die praktische Wiederaufnahme des großen Gedankens, der in der Paulskirche waltete, noch selber zu erleben, so wird alsdann für dieses Ziel jedes Mittel, auch das der Gewalt gerechtfertigt sein; denn die Notwendigkeit und die Nation reden beide im Kategorischen Imperativ.« Zit. bei: Wucher, Albert: *Theodor Mommsen, Geschichtsschreibung und Politik*, S. 151, Göttingen 1956. – Diese Einstellung wurde von der überwältigenden Mehrheit der Nationalliberalen erst nach 1866 eingenommen.

44 Bismarck: *Gedanken* II, S. 4.

45 Bismarck: *Gedanken* II, S. 4–6.

46 Bismarck: *Gedanken* II, S. 11.

47 Bismarck: *Gedanken* II, S. 2/3.

48 Wortlaut bei: Huber: *Dokumente* II, Dok. 139.

49 Vgl.: Gall: *Bismarck*, S. 302.

50 Text dieser Resolution in: *Reden Bismarcks* II, S. 283/284.

51 Huber: *Dokumente* II, Dok. 141.

52 *Reden Bismarcks* II, S. 261.

53 Vgl.: Eyck: *Bismarck* I, S. 598/599. – Eine interessante Marginalie ist in diesem Zusammenhang, daß das Vergil-Zitat »Flectere si nequeo superos, Acheronta movebo« als Motto auf der Titelseite von Ferdinand Lassalles 1859 erschienener politischen Kampfschrift *Der italienische Krieg und die Aufgabe Preußens* stand und daß Bismarck und Lassalle in eben jenen Tagen sich erneut zu Gesprächen trafen ...

54 Wortlaut der beiden Erlasse in: Bismarck: *G. W.* IV, Nr. 373 und 374.

55 Zit.: Eyck: *Bismarck* I, S. 637 f.

56 Huber: *Dokumente* II, Dok. 147; vgl. auch: Srbik, Heinrich Ritter v.: *Die Schönbrunner Konferenzen vom August 1864*, HZ CLIII (1935), S. 43–88.

57 Erlaß Bismarcks an den preußischen Gesandten in Wien vom 22. Februar 1865. In: Bismarck: *G. W.* V, Nr. 62.

58 Huber: *Dokumente* II, Dok. 153; vgl. auch Kessel, E.: *Gastein*, HZ CLXXVI (1953), S. 521–544.

59 Bismarck an Werther 26. Januar 1866. In: Huber: *Dokumente* II, Dok. 154.

60 Huber: *Dokumente* II, Dok. 155.

61 Huber: *Dokumente* II, Dok. 157. – Weitaus bedeutsamer als der militärische Nutzen dieses Bündnisses war sein politischer Wert: Frankreich wurde dadurch zum Stillhalten verpflichtet.

62 *Bismarcks Briefe an seine Braut und Gattin*, S. 516.

63 Huber: *Dokumente* II, Dok. 177.

64 Bismarck: *Gedanken* II, S. 51/52.

65 Bismarck: *G. W.* VI, S. 44.

66 So noch: Gall: *Bismarck*, S. 347 und 351.

1 Zit. in: Wandruszka, Adam: *Zwischen Nikolsburg und Ems.* In: Schieder, Theodor, u. Deuerlein, Ernst (Hrsg.): *Reichsgründung 1870/71,* S. 41, Stuttgart 1970.
2 Vgl.: Taylor: *The Struggle,* S. 173, u. Fletcher, Willard Allen: *The Mission of Vincent Benedetti to Berlin 1864–1870,* S. 80–140, Den Haag 1965.
3 Wortlaut der Thronrede in: *Reden Bismarcks* III, S. 48–50.
4 *Reden Bismarcks* III, S. 66–69.
5 Vgl.: Huber: *Verfassungsgeschichte* III, S. 355–358, u. Gall: *Bismarck,* S. 378 f.
6 *Reden Bismarcks* III, S. 56/57.
7 Vgl.: Huber: *Verfassungsgeschichte* III, S. 600–603.
8 Vgl. u. a.: Craig, Gordon A.: *Germany 1866–1945,* S. 7, Oxford 1978, u. Böhme: *Deutschlands Weg,* S. 227–229.
9 Vgl.: Becker: *Zum Problem der Bismarckschen Politik in der spanischen Thronfolge 1870.* In: HZ CCXII (1971), S. 537.
10 *Reden Bismarcks* III, S. 58.
11 Bismarck: *Gedanken* II, S. 65 f.
12 *Reden Bismarcks* III, S. 247/248.
13 Bismarck: *G. W.* VI, Nr. 615 u. Nr. 616.
14 Zur Stellung des Bundeskanzlers vgl.: Huber: *Verfassungsgeschichte* III, S. 658–661, u. Gall: *Bismarck,* S. 387.
15 Das Amt des Bundeskanzlers, so wie es dann in der Verfassung beschrieben wurde, war ironischerweise das Ergebnis eines gescheiterten Versuchs der Liberalen, verantwortliche Bundesministerien in der Verfassung zu verankern. – Vgl.: Oncken, Hermann: *Rudolf von Bennigsen. Ein deutscher Liberaler* II, S. 50–56, Stuttgart 1910.
16 Vgl.: Eyck: *Bismarck* II, S. 328.
17 Bismarck: *G. W.* VI, S. 238.
18 Weitere Zugeständnisse waren unter anderem die Sicherung der regelmäßigen Einberufung des Norddeutschen Reichstags sowie die unbeschränkte Freiheit der parlamentarischen Rede und deren unzensierte Veröffentlichung.
19 Vgl.: Craig: *Germany,* S. 13.
20 Zit. bei: Freund: *Deutsche Geschichte,* S. 358.
21 Bismarck: *G. W.* VI, S. 303.
22 Marx, Karl, u. Engels, Friedrich: *Briefwechsel* III, S. 390, Berlin 1950.
23 Marx u. Engels: *Briefwechsel* III, S. 417 f.
24 Böhme: *Deutschlands Weg,* S. 213–221.
25 Vgl.: *Reden Bismarcks* III, S. 264–267, u. Craig: *Germany,* S. 15–17, sowie Taylor: *The Struggle,* S. 180–182.
26 Vgl.: Böhme: *Deutschlands Weg,* S. 249–251.
27 Zit. bei: Wandruszka: *Nikolsburg,* S. 52.
28 Bismarck: *G. W.* VII, S. 258 f.
29 In diesem Zusammenhang wird immer auf den Bismarckschen Erlaß an den preußischen Gesandten in München vom 26. Februar 1869 hingewiesen, in dem Bismarck die Einschätzung äußert, daß die deutsche Einigung erst von der kommenden Generation vollendet werde. – Bismarck: *G. W.* VIb, S. 1 f.
30 *Reden Bismarcks* IV, S. 305–317.
31 *Reden Bismarcks* IV, S. 176–192.
32 Bismarck: *G. W.,* VIb, S. 134.
33 Andreas, Willy, u. Reinking, Karl Franz (Hrsg.): *Bismarck Gespräche* I, S. 209, Bremen 1964.
34 Bismarck: *G. W.* VIa, Nr. 1186.
35 Vgl.: Eyck: *Bismarck* II, S. 442–444.
36 Bismarck: *Gedanken* II, S. 96.

37 Zit. bei: Gall: *Bismarck,* S. 426.

38 Zit. bei: Gall: *Bismarck,* S. 431.

39 Vgl.: Ridley, Jasper: *Napoleon III. and Eugenie,* S. 558, London 1979.

40 Gall: *Bismarck,* S. 431.

41 Fletcher: *Benedetti,* S. 245.

42 Ausführliche Schilderung bei: Fletcher: *Benedetti,* S. 246–259.

43 Beide Versionen der »Emser Depesche« in: Bismarck: *Gedanken* II, S. 98, Anm. 2, u. S. 102 f.

44 Gall: *Bismarck,* S. 435.

45 Vgl.: Taylor, *The Struggle:* S. 206–210.

46 *Reden Bismarcks* XIII, S. 129–131.

47 Zit.: Eyck: *Bismarck* II, S. 481.

48 Vgl.: unten, S. 276.

49 Ganz, Peter (Hrsg.): *Jacob Burckhardt. Über das Studium der Geschichte,* S. 373, München 1982.

50 Zit.: Eyck: *Bismarck* II, S. 508.

51 Ein zusammenfassender Überblick bei: Gall Lothar: *Das Problem Elsaß-Lothringen.* In: Schieder u. Deuerlein: *Reichsgründung,* S. 366–385.

52 Zu den Einzelheiten vgl.: Huber: *Verfassungsgeschichte* III, S. 727–738.

53 Wortlaut des »Kaiserbriefs« bei: Huber: *Dokumente* II, Dok. 208. – Zur staatsrechtlichen Bedeutung dieses Schreibens vgl.: Huber: *Verfassungsgeschichte* III, S. 740/741. – Zu den Hinter- und Abgründen dieses ganzen Handels vgl. die farbige Schilderung bei: Freund: *Deutsche Geschichte,* S. 373/374, und: Nöll von der Nahmer, Rudolf: *Bismarcks Reptilienfonds. Aus den Geheimakten Preußens und des Deutschen Reichs,* S. 136–165, Mainz 1968. – Allgemein war nach Sedan in den süddeutschen Staaten ein weiteres Anschwellen der Opposition gegen eine von Preußen angeführte deutsche Einigung festzustellen. Vgl. Hamerow, Theodore S.: *The Social Foundations of German Unification 1858–1871, Struggles and Accomplishments,* S. 395 ff., Princeton, New Jersey, 1972.

54 Eyck: *Bismarck* II, S. 552.

55 Stürmer, Michael: *Regierung und Reichstag im Bismarckstaat 1871–1880,* Düsseldorf 1974.

56 Burckhardt, Max (Hrsg.): *Jacob Burckhardt, Briefe* V, S. 111, Basel 1963.

57 Burckhardt: *Briefe* V, S. 160.

58 Vgl.: Poidevin, Raymond, u. Bariéty, Jacques: *Frankreich und Deutschland, Die Geschichte ihrer Beziehungen 1815–1975,* S. 164–189, München 1982.

59 Zit.: Willms, Johannes: *Von Deutscher Republik oder Wozu Preußen heute? Ansichten einer unbewältigten Vergangenheit.* In: Neue Rundschau, 3, 1981, S. 158.

16. KAPITEL – BISMARCKS REICH

1 *Reden Bismarcks* VIII, S. 328/329.

2 Zit. Haller, Johannes: *Aus dem Leben des Fürsten Philipp zu Eulenburg-Hertefeld,* S. 69, Berlin 1929.

3 Zur Reichsverfassung im Detail: Huber: *Verfassungsgeschichte* III S. 766–1074, sowie den maßgeblichen zeitgenössischen Kommentar von: Laband, Paul: *Das Staatsrecht des Deutschen Reiches* I–II, Freiburg i. Br. 1895³.

4 Zit. bei: Eyck: *Bismarck* II, S. 485.

5 Hamerow: *Struggles and Accomplishments,* S. 424/425.

6 *Reden Bismarcks* III, S. 184.

7 Zit. bei: Gall: *Bismarck,* S. 471.

8 *Reden Bismarcks* V, S. 233.

9 Vgl.: Anderson, Margaret Lavinia: *Windthorst. A Political Biography,* S. 191, Oxford 1981.

10 Zit.: Eyck: *Bismarck* III, S. 90.
11 Am 24. April 1873 äußerte Bismarck beispielsweise im preußischen Landtag: »Sie sind die Feinde des Staates, und ich habe Recht, sie als solche zu bezeichnen. Die Zentrumspartei in ihren Wirkungen ist eine Breschbatterie, aufgeführt gegen den Staat.« – *Reden Bismarcks* V, S. 406.
12 Vgl.: Anderson: *Windthorst,* S. 194/195.
13 *Reden Bismarcks* VI, S. 256.
14 Vgl.: Böhme: *Deutschlands Weg,* S. 341 f.
15 Vgl.: Lambi, Ivo N.: *Free Trade and Protection in Germany 1868–1879,* S. 73–75, Wiesbaden 1963.
16 Vgl.: Lambi: *Free Trade,* S. 75–80.
17 Glagau, Otto: *Der Börsen- und Gründungsschwindel in Berlin. Gesammelte und stark vermehrte Artikel der »Gartenlaube«,* Leipzig 1876, u. ders.: *Der Börsen- und Gründungsschwindel in Deutschland,* Leipzig 1877.
18 Vgl.: Rosenberg, Hans: *Große Depression und Bismarckzeit, Gesellschaft und Politik in Mitteleuropa,* S. 88–117, Berlin 1967.
19 Vgl.: Volkov, Shulamit: *The Rise of Popular Antimodernism in Germany. The Urban Master Artisans 1873–1896,* Princeton 1978.
20 Zit.: Rosenberg: *Große Depression,* S. 68.
21 Rosenberg: *Große Depression,* S. 121–127.
22 Eben dies ist die Problematik, auf die Max Weber in seiner berühmten Freiburger Antrittsvorlesung von 1895 bereits aufmerksam machte. Weber, Max: *Der Nationalstaat und die Volkswirtschaftspolitik.* In: *Max Weber, Gesammelte Politische Schriften,* Hrsg. Johannes Winckelmann, S. 1–25, Tübingen 1971³.
23 Vgl.: Sheehan: *German Liberalism,* S. 134.
24 Vgl.: Lambi: *Free Trade,* S. 97–130.
25 Vgl.: Böhme: *Deutschlands Weg,* S. 398/399, u. Lambi: *Free Trade,* S. 131–136.
26 Vgl. Lambi: *Free Trade,* S. 137–149.
27 Vgl.: Puhle, Hans-Jürgen: *Agrarische Interessenpolitik und preußischer Konservatismus im wilhelminischen Reich (1893–1914),* S. 29, Hannover 1966.
28 Busch: *Tagebuchblätter* III, S. 88 (9. Juni 1882).
29 *Reden Bismarcks* VI, S. 296–302.
30 Vgl.: Berdahl, Robert M.: *Conservative Politics and Aristocratic Landholders in Bismarckian Germany.* The Journal of Modern History, 44, 1972, S. 1–20.
31 *Reden Bismarcks* VII, S. 112–117.
32 Zit.: Stürmer, Michael: *Staatsstreichgedanken im Bismarckreich,* Historische Zeitschrift CCIX (1969), S. 591.
33 In einem Brief an den preußischen Finanzminister Arthur Hobrecht vom 25. Mai 1878 schrieb Bismarck: »Die Gelehrten ohne Gewerbe, ohne Besitz, ohne Handel, ohne Industrie, die von Gehalt, Honoraren und Coupons leben, werden sich im Laufe der Jahre den wirtschaftlichen Forderungen des produzierenden Volkes unterwerfen oder ihre parlamentarischen Sitze räumen müssen. Dieser Kampf kann länger dauern als wir leben, aber ich wenigstens bin entschlossen, ihn auch dann nicht aufzugeben, wenn sich die augenblickliche Erfolglosigkeit mit Sicherheit voraussehen läßt.« – Zit.: Böhme: *Deutschlands Weg,* S. 502.
34 Zit.: Eyck: *Bismarck* III, S. 217.
35 Vgl. Bismarcks Rede vom 9. Juli 1879. – *Reden Bismarcks* VIII, S. 144.
36 Vgl.: Pack, Wolfgang: *Das Parlamentarische Ringen um das Sozialistengesetz Bismarcks 1878–1890,* S. 29–52, Düsseldorf 1961.
37 Zit.: Eyck: *Bismarck* III, S. 227/228.
38 Zit.: Eyck: *Bismarck* III, S. 231.
39 Vgl. dazu: Stürmer: *Staatsstreichgedanken,* S. 595–597.
40 Vgl.: Stürmer: *Staatsstreichgedanken,* S. 597–603.

41 Vgl.: Pack: *Sozialistengesetz,* S. 61–63.
42 Vgl.: Mann, Helmut: *Der Beginn der Abkehr Bismarcks vom Kulturkampf 1878–1880,* Diss. phil., S. 64–105, Frankfurt/Main 1953.
43 Das Zentrum revidierte seine ablehnende Haltung gegenüber dem Sozialistengesetz in dem Moment, als durch den Abbau der Kulturkampfgesetzgebung der Weg der Partei zu einer Annäherung an Bismarck frei geworden war. Für die moralisch-politische Integrität des Zentrums spricht nicht gerade, daß die Partei dann nur zu bereitwillig Bismarck bei der »gemeinsamen Bekämpfung der allerdings drohenden politischen und sozialen Revolution« zur Hand ging. Schreiben des Zentrumführers Windthorst an Fehrenbach vom 24. August 1880. – Zit.: Stürmer: *Staatsstreichgedanken,* S. 605.
44 Eyck: *Bismarck* III, S. 232. – Über die Hintergründe der Ausarbeitung dieses neuen Entwurfs vgl.: Pack: *Sozialistengesetz,* S. 76–78.
45 Vgl.: Pack: *Sozialistengesetz,* S. 83–111.
46 *Reden Bismarcks* VIII, S. 11–32.
47 Zit. in: *Reden Bismarcks* VIII, S. 34/35, Anm.
48 *Reden Bismarcks* VIII, S. 36/37.
49 *Reden Bismarcks* VIII, S. 138–141.
50 Vgl.: Rosenberg: *Große Depression,* S. 179.
51 Rosenberg: *Große Depression,* S. 181.
52 Vgl.: Rosenberg: *Große Depression,* S. 182–187.

17. KAPITEL – ALPDRUCK DER BÜNDNISSE

1 Ziekursch: *Politische Geschichte* II, S. 34.
2 *Reden Bismarcks* VII, S. 93/94.
3 Vgl. Waller, Bruce: *Bismarck at the Crossroads. The Reorientation of German Foreign Policy after the Congress of Berlin 1878–1880,* S. 55–65, London 1974.
4 Bismarck: *G. W.* XIV, S. 630.
5 *Reden Bismarcks* VI, S. 461.
6 Bismarck: *Gedanken* II, S. 245/246.
7 Die nach wie vor beste und ausführlichste Darstellung ist die von Taylor: *The Struggle,* S. 228–254.
8 *Reden Bismarcks* VII, S. 92.
9 Zit.: Gall: *Bismarck,* S. 514.
10 Denkschrift Bismarcks an Wilhelm I. vom 31. August 1879, zit. in: Stürmer, Michael: *Bismarck und die preußisch-deutsche Politik 1871–1890,* S. 144–147, München 1970.
11 Taylor: *The Struggle,* S. 259. – Nach dem Abschluß des Zweibundes waren Bismarcks diplomatische Anstrengungen ausnahmslos dem Ziel untergeordnet, wie Taylor an anderer Stelle seines magistralen Werks schreibt, die unvermeidlichen Konsequenzen aus diesem Bündnis zu vermeiden. – *The Struggle,* S. 266.
12 Michael Stürmer hat erst jüngst mit dem wenig stichhaltigen Argument die Weisheit des bismarckschen Bündnissystems zu verteidigen gesucht, daß dessen Beurteilung letzten Endes davon auszugehen habe, daß es »nicht auf seine Funktionsfähigkeit im Kriege, sondern nur auf die diplomatische Sicherung des Friedens hin konzipiert war«. Stürmer: *Bismarck,* S. 229. Letztlich aber war es die innere Widersprüchlichkeit dieses Bündnissystems, die seine friedenssichernde Funktion vereitelte. Denn dieses Gestrüpp von Bündnissen war ja nichts anderes als ein »Schön-Wetter-System, das zwar dazu bestimmt war«, wie es A.J.P. Taylor charakterisierte, »einen österreichisch-russischen Konflikt auf dem Balkan zu vermeiden, das tatsächlich aber nur solange funktionierte, wie dieser Konflikt nicht gegeben war«. Taylor: *The Struggle,* S. 304.
13 Born, Karl Erich: *Von der Reichsgründung bis zum Ersten Weltkrieg,* in: Gebhardt: *Handbuch der deutschen Geschichte* XVI, S. 141, München 1975.

14 Vgl. Eyck: *Bismarck* III, S. 365.
15 Kehr, Eckart: *Das soziale System der Reaktion in Preußen unter dem Ministerium Puttkammer,* in: Kehr: *Der Primat der Innenpolitik,* Hrsg. Hans-Ulrich Wehler, S. 67, Berlin 1970.
16 Wortlaut dieses Erlasses in: *Reden Bismarcks* IX, S. 219/220.
17 Zit. Gall: *Bismarck,* S. 604.
18 *Reden Bismarcks* IX, S. 104–172.
19 *Reden Bismarcks* IX, S. 232.
20 Vgl.: Kehr, Eckart: *Zur Genesis des Königlich Preußischen Reserveoffiziers,* in: Kehr: *Der Primat,* S. 53–63.
21 Craig: *German History,* S. 161–164.
22 Vgl.: Pack: *Sozialistengesetz,* S. 137.
23 Busch: *Tagebuchblätter* II, S. 157 (9. Februar 1871).
24 Bismarck: *G. W.* VIII, S. 646.
25 Taylor: *The Struggle,* S. 294. – Gegen diese Ansicht nahm Hans-Ulrich Wehler vehement Stellung. Vgl. sein *Bismarck und der Imperialismus,* S. 414/415, Köln 1969. Wehlers These von Bismarcks »Sozialimperialismus« ist ihrerseits vielfach kritisiert worden. Vgl. dazu u.a.: Gall: *Bismarck,* S. 614–625, u. Kennedy, Paul M.: *The Rise of the Anglo German Antagonism 1860–1914,* S. 167–183, London 1980.
26 Böhme: *Deutschlands Weg,* S. 539.
27 Zit. in: Stürmer: *Bismarck,* S. 210.
28 Bismarck hat jedenfalls gegenüber Zar Alexander III. die politische Isolierung des Thronfolgers als das wichtigste innenpolitische Ziel bezeichnet; deswegen habe er die Kolonialpolitik begonnen und die wiederholten Auseinandersetzungen mit England provoziert. Vgl.: Rich, Norman H.: *Friedrich von Holstein: Politics and Diplomacy in the Era of Bismarck and William II.* I, S. 145, Cambridge 1965. In ähnlichem Sinne äußerte sich Bismarcks Sohn Herbert 1890 gegenüber Lothar von Schweinitz. Vgl.: Schweinitz, Wilhelm v. (Hrsg.): Hans Lothar von Schweinitz, *Briefwechsel,* S. 193, Berlin 1928.
29 Vgl. Taylor: *The Struggle,* S. 306/307.
30 Zit.: Eyck: *Bismarck* III, S. 448 f.
31 Einzelheiten bei Eyck: *Bismarck* III, S. 448–451.
32 Vgl.: Eyck: *Bismarck* III, S. 455/456.
33 *Reden Bismarcks* XII, S. 177–203.
34 *Reden Bismarcks* XII, S. 207/208.
35 Zit.: Eyck: *Bismarck* III, S. 456.
36 Vgl.: Sheehan: *German Liberalism,* S. 216/217.
37 *Die Große Politik der Europäischen Kabinette 1871–1914. Sammlung der diplomatischen Akten des Auswärtigen Amtes* III, Dok. 524, Berlin 1921 f.

18. KAPITEL – »WENN ICH NICHT STAATSSTREICHERE, SETZE ICH NICHTS DURCH«

1 Bismarck: *G. W.* VIII, S. 261. – Zit.: Craig: *German History,* S. 140.
2 Vgl.: Stürmer: *Bismarck,* S. 230.
3 Zit.: Gall: *Bismarck,* S. 633/634.
4 Die offen zutage liegende Unvereinbarkeit des Rückversicherungsvertrags mit den übrigen Bündnisverpflichtungen und politischen Interessen des Reichs läßt sich auch nicht mit dem zweifelhaften Hinweis aus der Welt schaffen, daß ein russischer Vorstoß auf die Dardanellen England nur um so fester an die doch sehr lose geknüpfte Mittelmeerentente binden würde (vgl. dazu: Born: *Reichsgründung,* S. 154). Die diesem Hinweis zugrunde liegende Hypothese übersieht völlig, daß die Meerengen für England erheblich an strategischer Bedeutung verloren hatten, seit neben Gibraltar und Malta auch Zypern als Basis der englischen Flotte im Mittelmeer genutzt werden

konnte und außerdem der Suezkanal durch die Besetzung Ägyptens ebenfalls fest in englischer Hand war. Außerdem wollte England seines indischen Besitzes wegen nicht in einen Konflikt mit Rußland geraten. Insofern war die englische Zusicherung, den Status quo auf dem Balkan nach Kräften garantieren zu wollen, lediglich eine Geste an Österreich und Italien, von denen erwartet wurde, daß sie den Status Ägyptens gegen Frankreich verteidigten – und das alles aber nur unter dem Vorbehalt der »clausula rebus sic stantibus«.

5 Eyck: *Bismarck* III, S. 480 f.
6 Stürmer: *Bismarck,* S. 228/229.
7 In seinen Memoiren urteilte Ludwig von Raschdau, ein Mitarbeiter des Auswärtigen Amtes unter Bismarck, über den Rückversicherungsvertrag: »So schien als praktischer Erfolg dieses Vertrages für uns nur die Tatsache herauszukommen, daß der Zar durchaus persönlich die Überzeugung gewinnen durfte, von Deutschland drohe ihm keine Gefahr. Der Zar bedeutete aber nicht mehr wie die früheren Selbstherrscher den Willen Rußlands. In dieser Beziehung hat der Kanzler eine Auffassung gehegt, die auf veralteten Erfahrungen beruhte und auch mit dem gewachsenen Einfluß Frankreichs auf Hof, Gesellschaft und öffentliche Meinung in Rußland nicht genügend rechnete. Hier bestand seit Katkows Auftreten eine sich stetig verstärkende, nationalistisch und panslawistisch gerichtete öffentliche Meinung, die über den Willen des Zaren hinwegging. Mit diesem neuen Geist hat Bismarck, der sich immer nur auf den absoluten Zaren und dessen gute Gesinnung berief, nicht genügend gerechnet, der Zar bot keine Sicherheit mehr.« – Raschdau, Ludwig v.: *Unter Bismarck und Caprivi – Erinnerungen eines deutschen Diplomaten aus den Jahren 1885–1894,* S. 146, Berlin 1939[2].
8 Dieses Bonmot, das Bismarck einem französischen Journalisten zuschrieb, stammt vermutlich vom russischen Botschafter in Berlin, Schuwalow. – Vgl.: Raschdau: *Unter Bismarck,* S. 146.
9 Zit.: Eyck: *Bismarck* III, S. 550.
10 Zu dieser Affäre vgl.: Eyck: *Bismarck* III, S. 531–540.
11 Stürmer: *Bismarck,* S. 276.
12 Vgl.: Stürmer: *Bismarck,* S. 278.
13 Zit.: Ziekursch: *Politische Geschichte* II, S. 436.
14 Zu Böttichers Besuch bei Bismarck vgl.: Eyck: *Bismarck* III, S. 564/565.
15 Frauendienst, Werner (Hrsg.): *Die Geheimen Papiere Friedrich von Holsteins* III, S. 289/290. Vgl. auch I, S. 156/157.
16 Amtliches Protokoll dieser Sitzung bei: Eppstein, Georg Frhr. v.: *Fürst Bismarcks Entlassung,* S. 157–165, Berlin 1920.
17 Tagebuch des preußischen Landwirtschaftsministers Robert Freiherr Lucius von Ballhausen. Stürmer: *Bismarck,* S. 290.
18 Tagebuch Lucius. Stürmer: *Bismarck,* S. 291.
19 Eine Charakteristik der wichtigsten »Ohrenbläser« Wilhelms II. in sozialpolitischen Fragen gibt Bismarck in seinen *Gedanken und Erinnerungen* III, S. 54/55.
20 Tagebuch Lucius. In Stürmer: *Bismarck,* S. 292.
21 Röhl, John C. G. (Hrsg.): *Philipp Eulenburgs Politische Korrespondenz* I, S. 468, Boppard 1976.
22 Zit.: Ziekursch: *Politische Geschichte* II, S. 437.
23 Tagebuch Lucius. In Stürmer: *Bismarck,* S. 292
24 Zit.: Ziekursch: *Politische Geschichte* II, S. 439.
25 Zit.: Stürmer: *Bismarck,* S. 293/294.
26 Bismarck: *Gedanken* III, S. 74/75.
27 Bismarck: *Gedanken* III, S. 76.
28 Das vollständige Zitat lautet: »Ich habe nur Angst, daß mir noch im letzten Moment irgendein Schweinehund einen Vermittlungsplan vorlegt.« Hitler gegenüber Kommandierenden Generalen der Wehrmacht auf dem Obersalzberg am 22. August 1939. –

Akten zur Deutschen Auswärtigen Politik 1918–1945 VII, Serie D (1937–1945), Dok. 192, S. 170, Baden-Baden 1956.

29 Angaben nach: Ziekursch: *Politische Geschichte* II, S. 442/443.

30 Heyderhoff, Julius (Hrsg.): *Im Ring der Gegner Bismarcks – Denkschriften und politischer Briefwechsel Franz von Roggenbachs 1865–1896*, S. 346/347, Leipzig 1943.

31 Zit.: Ziekursch: *Politische Geschichte* II, S. 443/444. – Vgl. auch: Bismarck: *Gedanken* III, S. 77.

32 In einem Brief an den Fürsten Philipp zu Eulenburg-Hertefeld vom 12. März 1890 äußerte der badische Gesandte in Berlin, Freiherr Marschall von Bieberstein, die Überzeugung, »daß Fürst Bismarck nach wie vor mit allen Mitteln bestrebt ist, nicht nur einen positiven Erfolg Sr. Majestät auf dem Gebiete des Arbeiterschutzes zu verhindern, sondern ganz allgemein entgegen der Intentionen Sr. Majestät die innere Politik statt in die Bahnen der Reform, auf die Wege des Skandals, der Provokation und der Verwirrung zu leiten . . . Die Arbeiterschutzvorlage soll vernichtet, der Reichstag in die Luft gesprengt werden – dann allerdings kann ein Moment kommen, wo die besitzenden Klassen in dem Reichskanzler den alleinigen Retter in der Not erblicken.« – *Eulenburgs Politische Korrespondenz* I, S. 493–495.

33 Zit.: Gall: *Bismarck*, S. 702.

34 Wortlaut bei Bismarck: *Gedanken* III, S. 95–100.

35 Stürmer: *Bismarck*, S. 216/217.

19. KAPITEL – DAS CHAOTISCHE ERBE

1 Benjamin, Walter: *Einbahnstraße, Gesammelte Schriften* IV, 1, (Hrsg.): Tillmann Rexroth, S. 139, Frankfurt/Main 1972.

2 Nietzsche, Friedrich: *Vom Nutzen und Nachteil der Historie für das Leben, Kritische Gesamtausgabe* III, 1, (Hrsg.): Giorgio Colli u. Mazzino Montinari, S. 246, Berlin 1972.

3 Zit.: Ziekursch: *Politische Geschichte* III, S. 13.

4 Vgl.: Naumann, Friedrich: *Die politischen Parteien*, S. 30, Berlin 1910.

5 Arndt, Rudolf (Hrsg.): *Die Reden des Grafen von Caprivi im Deutschen Reichstage, Preußischen Landtage und bei besonderen Anlässen 1883–1893*, S. 371, Berlin 1894.

6 Zit.: Röhl, John C. G.: *Germany without Bismarck – The Crisis of Government in the Second Reich 1890–1900*, S. 65, Berkeley 1967. ·

7 In einer Ansprache am 20. August 1893 in Bad Kissingen führte Bismarck aus: »Es war rein zufällig, daß ich den Titel Reichskanzler gewohnheitsmäßig führte, meine Kompetenz lag in der Eigenschaft des leitenden preußischen Ministers, dessen Organ ich selbst als Reichskanzler war. Ich möchte nicht, daß meine Titelwahl zum Schaden in der Entwicklung des Reichs durch Übertreibung der Stellung des Reichskanzlers wird; der Reichskanzler mit den wenigen Räten, die er um sich hat, kann die Tätigkeit des preußischen Gesamtministeriums nicht ersetzen mit dessen hundert oder tausend eingeübten Räten, die mit dem Volksleben durch ihren täglichen Dienst in Fühlung stehen und damit sachkundig vertraut sind. Es ist eine verfassungwidrige Künstelei, wenn man den Reichskanzler als den verantwortlichen Träger unserer Gesetzgebung aus seiner preußischen Stellung herauslöst . . .« – *Reden Bismarcks* XIII, S. 225/226.

8 Vgl.: Röhl: *Germany*, S. 20–26.

9 Caprivi, *Reden*, S. 375 f.

10 Meisner, Heinrich Otto (Hrsg.): *Denkwürdigkeiten des General-Feldmarschalls Alfred Grafen von Waldersee* II, S. 161, Stuttgart 1925.

11 Philipp zu Eulenburg, damals preußischer Gesandter in München, beschrieb das Dilemma Caprivis in einem Brief vom 17. April 1891 treffend mit den folgenden Worten: »Der Zustand, in dem wir uns befinden, ist der Übergangszustand von preußischer ministerieller Zentralisation in eine Dezentralisation. Zugleich befinden wir uns in einem Zu-

stand parlamentarischer Umbildung, den wir erst nach dem Tode des deutschen Donnergottes Bismarck glaubten erwarten zu sollen, den wir nun aber jetzt schon erleben mit dem Plus einer Büchse Mixedpickels aus Friedrichsruh, auf die wir gar nicht vorbereitet waren. Für einen solchen Übergangszustand, der seine Zeit von einigen Jahren braucht, hat unsere schnellebige nervöse Generation kein Verständnis. Es ist merkwürdig, daß selbst Weltblätter wie die ›Kölnische Zeitung‹, dafür kein Verständnis haben, sondern wehleidig nach einem festen Kurs wimmern, in den wir nach Überwindung von Übergangsschwierigkeiten doch hoffentlich einmal einlenken werden.

Um ohne Konvulsionen sofort ein Regime beginnen zu können, zu dem alles Ah sagt, dazu war unser Bismarck zu groß. Nachdem eine notwendige Operation unter Schmerzen und ohne Chloroform beendet ist, muß jetzt die große Fleischwunde Zeit zum Heilen haben, in die allerhand Bazillen gekrochen sind.« – Haller, Johannes (Hrsg.): *Aus dem Leben des Fürsten Philipp zu Eulenburg-Hertefeld,* S. 97, Berlin 1924.

12 Barkin, Kenneth D.: *The Controversy over German Industrialization 1890–1902,* S. 45/46, Chicago 1970.

13 Waldersee: *Denkwürdigkeiten,* II, S. 230. – Vgl. auch: Nichols, J. Alden: *Germany after Bismarck. The Caprivi Era 1890–1894,* S. 140, Cambridge, Mass., 1958.

14 Caprivi: *Reden,* S. 166–180.

15 *Verhandlungen des Reichstags,* VIII. Leg.-Per., I. Session, 139. Sitzung, S. 3349 f.

16 *Verhandlungen des Reichstags,* VIII. Leg.-Per., I. Session, 138. Sitzung, S. 3328.

17 Für diese Schwierigkeiten, denen sich die Zentrumsfraktion gegenübersah, ist der Debattenbeitrag des Zentrumsabgeordneten Georg Orterer ein gutes Beispiel. Vgl. *Verhandlungen des Reichstags,* VIII. Leg.-Per., I. Session, 139. Sitzung, S. 3374–3379.

18 *Verhandlungen des Reichstags,* VIII. Leg.-Per., I. Session, 138. Sitzung, S. 3331.

19 Vgl.: Barkin, *The Controversy,* S. 57.

20 Waldersee: *Denkwürdigkeiten,* II, S. 224.

21 Eine ausführliche Erörterung der gesamten Debatte gibt: Tirrell, Sarah Rebecca: *German Agrarian Politics after Bismarck's Fall. The Formation of the Farmer's League,* S. 100–142, New York 1968[2].

22 Vgl. Röhl: *Germany,* S. 80/81. – Vgl. auch: Eulenburg: *Politische Korrespondenz* II, S. 849/850.

23 Eulenburg: *Politische Korrespondenz* II, S. 767.

24 Eulenburg: *Politische Korrespondenz* II, S. 941.

25 Hofmann, Hermann: *Fürst Bismarck 1890–1898* II, S. 27, Stuttgart 1922.

26 In einem Brief vom 17. Februar 1892 schrieb Friedrich von Holstein an Philipp zu Eulenburg: »Malen Sie sich den Kampf aus: Der Kaiser mit Zentrum und Hammerstein [d. h. Wilhelm von Hammerstein, Chefredakteur der »Kreuzzeitung« und Führer der Konservativen Partei]; Bismarck mit dem übrigen Deutschland.« – *Eulenburgs Politische Korrespondenz* II, S. 772.

27 Vgl.: Röhl: *Germany,* S. 83/84.

28 Vgl.: Röhl: *Germany,* S. 98–102.

29 Es war vor allem der vormalige Generalstabschef Waldersee, ein Mitglied der Bismarckfronde, der den Kaiser gegen die zweijährige Dienstzeit einzunehmen suchte. – Vgl.: *Denkwürdigkeiten Waldersees* II, S. 214/215. – Ausführlich: Nichols: *Germany,* S. 204–214.

30 Hammann, Otto: *Der neue Kurs,* S. 75 f., Berlin 1918. – Vgl. auch: Nichols: *Germany,* S. 214–219.

31 Caprivi, *Reden,* S. 305–307.

32 Nichols: *Germany,* S. 294/295.

33 Barkin: *The Controversy,* S. 76/77.

34 Barkin: *The Controversy,* S. 131–185.

35 Vgl. die ausführliche Erörterung bei: Teichmann, Ulrich: *Die Politik der Agrarpreisstützung – Marktbeeinflussung als Teil des Agrarinterventionismus in Deutschland,* S. 193–212, Köln 1955.

36 Ziekursch: *Politische Geschichte* III, S. 61. – Vgl. auch: Nichols: *Germany*, S. 296–298. –
    Eine ausführliche Erörterung der zahlreichen Zoll- und Steuervergünstigungen, derer
    sich insbesondere die ostelbische Gutswirtschaft erfreute, gibt: Witt, Peter-Christian:
    *Die Finanzpolitik des Deutschen Reichs von 1903 bis 1913 – Eine Studie zur Innenpolitik des
    Wilhelminischen Deutschland*, S. 40–54, Lübeck 1970.
37 Kardorff, Siegfried v.: *Wilhelm von Kardorff – Ein nationaler Parlamentarier im Zeitalter Bis-
    marcks und Wilhelms II., 1828–1907*, S. 290, Berlin 1936.
38 Barkin: *The Controversy*, S. 87.
39 Zit.: Frauendienst, Werner: *Das Deutsche Reich von 1890 bis 1914, 1. Teil: Kanzlerschaften
    Caprivi und Hohenlohe*, in: Just, Leo (Hrsg.): *Handbuch der Deutschen Geschichte* IV, 1,
    S. 48.
40 Ausführlich bei: Nichols: *Germany*, S. 308–364.
41 Weber, Max: *Gesammelte Politische Schriften*, hrsg. v. Johannes Winckelmann, S. 19/20,
    Tübingen 1971[3].
42 *Reden Bismarcks* XIII, S. 249.
43 Barkin: *The Controversy*, S. 123/124.
44 Haller: *Eulenburg*, S. 307/308.

20. KAPITEL – NATIONALISMUS OHNE NATION

1 Vgl.: Habermas, Jürgen: *Strukturwandel der Öffentlichkeit. Untersuchungen zu einer Kategorie
   der bürgerlichen Gesellschaft*, S. 175–179, Neuwied und Berlin 1971[5].
2 Habermas: *Strukturwandel*, S. 107–111.
3 Vgl. zu diesem Komplex die anregenden Darlegungen von: Blackbourn, David: *Wie es
   eigentlich nicht gewesen*. In: Blackbourn, D., u. Eley, G.: *Mythen*, S. 106–122.
4 Sheehan: *Liberalism*, S. 240.
5 Sombart: *Deutsche Volkswirtschaft*, S. 510/511.
6 Zit.: Seyffardt, Ludwig Friedrich: *Erinnerungen*, S. 595, Leipzig 1900.
7 Vgl. Gustav Stresemanns Denkschrift vom 5. September 1908. – Eschenburg, Theodor: *Das Kaiserreich am Scheideweg. Bassermann, Bülow und der Block*, S. 114–116, Berlin
   1929.
8 Zit.: Eschenburg: *Kaiserreich*, S. 122.– In einem Aufsatz mit dem Titel *Berufsorganisatio-
   nen und Liberalismus*, der in der »Münchener Allgemeinen« vom 3. Oktober 1908 erschien, hat Bassermann diesen Standpunkt weiter ausgeführt: »Als die wirtschaftlichen und sozialen Kämpfe sich in den Vordergrund schoben, da konnte die Partei ihre
   Aufgabe, eine Vertretung des liberalen Bürgertums aller Schichten zu sein, nicht anders erfüllen, als indem sie den Ausgleich der Interessen, die mittlere Linie für die
   Versöhnung der Streitenden auf ihre Fahne schrieb. Eine solche Politik wird und muß
   Kompromißpolitik sein; eine Politik, die viele nicht befriedigen wird, die den Vorwurf
   der Lauheit hervorruft und die doch für den staatlichen Fortschritt eine Notwendigkeit
   ist, da mit großen Worten nichts erreicht wird . . . Wenn die wirtschaftlichen und sozialen Kämpfe schärfer werden . . . der Kampf ums Dasein allerorts die Organisationen erzeugt und die Berufsgenossen einigt, dann wachsen naturgemäß die Schwierigkeiten einer Mittelpartei. In dieser Lage befinden wir uns heute, und manch neues
   Rezept wird von kundiger und unkundiger Seite empfohlen, und doch wird an dem
   Grundsatz, daß die mittlere Linie im wirtschaftlichen Kampf allein zum Fortschritt und
   zur Einigung führt, festgehalten werden müssen. Eine Klassenpartei kann die Nationalliberale Partei nicht werden, sie kann weder Arbeitgeber- noch Arbeitnehmerpartei
   sein, sie kann sich keinem Berufsstand mit Haut und Haaren verschreiben.« – Zit.:
   Eschenburg: *Kaiserreich*, S. 125.
9 Sheehan: *German Liberalism*, S. 252.

10 Vgl.: Sheehan: *German Liberalism*, S. 258–260, u. White, Dan S.: *The Splintered Party. National Liberalism in Hessen and the Reich 1867–1918*, S. 159–198, Cambridge, Mass., u. London 1976.

11 Saul, Klaus: *Der Kampf um das Landproletariat. Sozialistische Landagitation, Großgrundbesitz und preußische Staatsverwaltung 1890 bis 1903*, Archiv für Sozialgeschichte XV (1975), S. 163.

12 Puhle: *Agrarische Interessenpolitik*, S. 215.

13 Zit.: Puhle: *Agrarische Interessenpolitik*, S. 34.

14 Zum Programm des BdL vgl.: Puhle: *Agrarische Interessenpolitik*, S. 314–316.

15 White: *Splintered Party*, S. 142–152.

16 So beispielsweise: Puhle: *Agrarische Interessenpolitik*, S. 63, und, gestützt auf Puhle, auch: Witt: *Finanzpolitik*, S. 53/54.

17 So Stürmer, Michael: *Machtgefüge und Verbandsentwicklung im Wilhelminischen Deutschland*, Neue Politische Literatur IV (1969), S. 502.

18 Hunt, James C.: *Peasants, Grain Tariffs, and Meat Quotas: Imperial German Protectionism Reexamined*, Central European History VII, 4 (1974), S. 325–327.

19 Elard von Oldenburg-Januschau, das Muster eines preußischen Junkers und konservativer Reichstagsabgeordneter, machte diesen Zusammenhang zwischen preußisch-deutscher Staatsräson und einer staatlichen Existenzgarantie für die Junkerklasse in einer von ihm am 16. April 1904 gehaltenen Reichstagsrede unmißverständlich deutlich: »Arm sein, ist kein Unglück; arm werden, das ist eins. Und mit jeder Hypothek, die auf ein Grundstück aufgenommen wird aus Not ... bröckelt ein Stein ab von dem Fundament, auf dem die Kaiserkrone ruht. Denn diese Sicherheit der Krone beruht in dem Wunsche zahlloser kleiner Kronenträger, ... ihren Nachkommen ... diese ihre Reiche zu hinterlassen.« – Zit.: Witt: *Finanzpolitik*, S. 60, Anm. 18.

20 Hunt: *Peasants*, S. 314–319; vgl. auch die ausführliche Erörterung dieses Komplexes bei: Teichmann: *Agrarpreisstützung*, S. 568–609. – Für die Agitation des BdL, Fleischimporte völlig zu unterbinden: Hohenlohe-Schillingsfürst, Fürst Chlodwig zu: *Denkwürdigkeiten aus der Reichskanzlerzeit*, Hrsg. Karl Alexander von Müller, S. 566–568, Stuttgart 1931.

21 Blackbourn, David: *The Political Alignment of the Centre Party in Wilhelmine Germany: A Study of the Party's Emergence in Nineteenth Century Württemberg*, The Historical Journal XVIII, 4 (1975), S. 840, Anm. 71.

22 Vgl. dazu insgesamt die vorzügliche Darstellung bei Barkin: *Controversy*, S. 131–185, sowie: Lebovics, Herman: *Agrarians versus Industrializers: Social Conservative Resistance to Industrialism and Capitalism in late 19th Century Germany*, International Review of Social History XII (1967), S. 31–65.

23 Oldenberg, Karl: *Deutschland als Industriestaat*, S. 41, Göttingen 1897.

24 Hohenlohe-Schillingsfürst: *Denkwürdigkeiten*, S. 453.

25 Sheehan: *German Liberalism*, S. 221.

26 Zit.: Stegmann, Dirk: *Die Erben Bismarcks. Parteien und Verbände in der Spätphase des Wilhelminischen Deutschlands, Sammlungspolitik 1897–1918*, S. 63, Köln 1970.

27 Kehr, Eckart: *Schlachtflottenbau und Parteipolitik 1894–1901*, S. 264, Berlin 1930.

28 Eine umfassende Kritik dieser Interpretation bei: Eley, Geoff: *Sammlungspolitik, Social Imperialism and the Navy Law of 1898*, Militärgeschichtliche Mitteilungen XV (1974), S. 29–63, u. Hentschel, Volker: *Wirtschaft und Wirtschaftspolitik im wilhelminischen Deutschland – Organisierter Kapitalismus und Interventionsstaat*, S. 174–192, Stuttgart 1978.

29 Vgl.: Blackbourn: *Class, Religion and Local Politics*, S. 44–47.

30 Vgl.: Blackbourn, David G.: *Class and Politics in Wilhelmine Germany: The Center Party and the Social Democrats in Württemberg*, Central European History IX, 3 (1976), S. 227–249.

31 Für die modifizierte Reichsgewerbeordnung vom 26. Juli 1897 vgl.: Wernicke, Johannes: *Kapitalismus und Mittelstandspolitik*, S. 834–837, Jena 1907; für die Gewinne der mittelbäuerlichen Landwirtschaft vgl.: Barkin: *Controversy*, S. 240–242.

32 Zwischen den Reichstagswahlen von 1874 und denen von 1912 fiel der Stimmenanteil des Zentrums von 27,9 Prozent auf 16,4 Prozent, der Zentrumsanteil an den Stimmen der Katholiken von rund 83 Prozent auf 54,6 Prozent. – Angaben nach Blackbourn: *Class, Religion and Local Politics*, S. 52–54.

33 Hohenlohe: *Denkwürdigkeiten*, S. 453 (Denkschrift über die innenpolitische Lage von 1898).

34 Naumann, Friedrich: *Die politischen Parteien*, S. 39, Berlin 1910.

35 Für Einzelheiten vgl. die Untersuchung von Rost, Hans: *Die wirtschaftliche und kulturelle Lage der deutschen Katholiken*, Köln 1911.

36 Blackbourn: *Class, Religion and Local Politics*, S. 31–33.

37 Ritter, Gerhard A.: *Die Arbeiterbewegung im Wilhelminischen Reich. Die Sozialdemokratische Partei und die Freien Gewerkschaften 1890–1900*, S. 105/106, Berlin 1959, u. Groh, Dieter: *Negative Integration und revolutionärer Attentismus. Die deutsche Sozialdemokratie am Vorabend des Ersten Weltkrieges*, Frankfurt/Main, Berlin u. Wien 1973.

38 Blackbourn: *Class, Religion and Local Politics*, S. 36.

39 Naumann, Friedrich: *Die politischen Parteien*, S. 74/75, Berlin 1910. – In seiner bedeutenden Schrift *Demokratie und Kaisertum* hat Friedrich Naumann die politisch-parlamentarische Taktik des Zentrums mit großer Anschaulichkeit geschildert: »Wenn Windthorst oder Lieber bei der ersten Lesung einer großen Vorlage geredet haben, wußte man nie, wie sie bei der dritten Lesung stimmen würden. Alles ist Geschäft! Im politischen Handeln hat die klerikale Aristokratie eine unheimliche Virtuosität. Sie handelt weniger plump, als es die Konservativen tun, wenn sie einmal schwierige politische Geschäfte machen müssen. Sie versteht besser als alle Geheimräte und Staatssekretäre die formale Seite der politischen Methode, ein Vorzug, von dem die Demokratie manches lernen kann, und doch gleicht sie Leuten, die gut reden, um im Grunde ihre Seele zu verbergen. Eine Rede von Miquel über den Kanal und eine Zentrumsrede über die Flotte sind formell und materiell gleichwertig: politische Mystik.
In vielen Fällen teilt sich das Zentrum, teils weil es in sich geschieden ist, teils aus Taktik ... Ihm allein eignet die Methode, Gesetze unter dem Schein der Zustimmung durch Überlastung zum Sinken zu bringen ... Eine solche Methode, virtuos und doch unethisch, kann sich nur eine Partei leisten, die nicht politische Tendenzen allein hat.« – Naumann, Friedrich: *Demokratie und Kaisertum*, S. 126, Berlin 1900.

40 Vgl.: Blackbourn: *Class, Religion and Local Politics*, S. 59/60.

41 Bülow, Bernhard v.: *Denkwürdigkeiten* I, S. 383, Berlin 1930. – Bülow machte sich aber auch von Anfang an keine Illusionen darüber, daß er unter allen Umständen auf die Unterstützung des Zentrums angewiesen sein würde: »Ich war mir von Anfang an klar darüber gewesen, daß, wenn einerseits der Landwirtschaft der notwendige Schutz gewährt, andererseits aber auch die Möglichkeit nicht verbaut werden sollte, zu neuen Handelsverträgen zu gelangen, der künftige Zolltarif aus einer Verständigung zwischen Zentrum, Nationalliberalen und Konservativen hervorgehen mußte. Das Rückgrat einer solchen Koalition konnte nur das Zentrum bilden, das nach seiner ganzen Struktur einen Mikrokosmos der deutschen wirtschaftlichen Verhältnisse darstellte. In seinen Reihen fanden sich Landwirte, Industrielle und Gewerkschaftssekretäre vereinigt. Es wurde durch seine Natur auf die Politik der Diagonale hingewiesen, die ich selbst verfolgte und die dem Interesse des Landes entsprach.« – Bülow: *Denkwürdigkeiten* I, S. 531. – Vgl. auch: Penzler, Johannes (Hrsg.): *Fürst Bülows Reden nebst urkundlichen Beiträgen zu seiner Politik* I, S. 283; II, S. 41 u. S. 108/109, Berlin 1907.

42 Genaue Angaben über Zolltariferhöhungen bei: Hentschel: *Wirtschaft und Wirtschaftspolitik*, S. 186–191.

43 Hentschel: *Wirtschaft und Wirtschaftspolitik*, S. 200–204.

44 Vgl.: Gerloff, Wilhelm: *Die Finanz- und Zollpolitik des Deutschen Reichs nebst ihren Beziehungen zu Landes- und Gemeindefinanzen von der Gründung des Norddeutschen Bundes bis zur Gegenwart*, S. 521, Jena 1913.

45 Zur angespannten Geldmarktsituation im Reich in den Jahren 1905/1906, die insbesondere auch auf das rapide Wachstum der besonders kapitalintensiven Chemie- und Elektroindustrien zurückzuführen ist, vgl.: Witt: *Finanzpolitik*, S. 143–151.

46 Vgl. dazu insgesamt: Witt: *Finanzpolitik*, S. 94–132. – Die Militärausgaben erlebten durch das Heeresquinquennat und vor allem die Flottennovelle von 1905/1906, mit der in Reaktion auf die englische Flottenrüstung eine wesentliche Erweiterung des deutschen Großkampfschiffbaus vorgesehen wurde, eine beträchtliche Steigerung. – Vgl.: Ziekursch: *Politische Geschichte* III, S. 180/181. – Zur finanztechnischen Seite der Flottennovelle vgl.: Witt: *Finanzpolitik*, S. 139–143. – Die Deckungslücke für diese Rüstungsmehraufwendungen wurde durch eine Vermehrung der Reichsschuld um 1,35 Milliarden Mark oder 38 Prozent in den Jahren von 1907 bis 1909 geschlossen. – Vgl.: Hentschel: *Wirtschaft und Wirtschaftspolitik*, S. 167.

47 Vgl.: Eschenburg: *Kaiserreich*, S. 39–45.

48 Vgl.: Fricke, Dieter: *Der deutsche Imperialismus und die Reichstagswahlen von 1907*, Zeitschrift für Geschichtswissenschaft IX (1961), S. 538–576, u. Crothers, George D.: *The German Elections of 1907*, New York 1941.

49 Bülow: *Reden* III, S. 233/234. – Der linksliberale Abgeordnete Albert Träger bezeichnete dies als eine »Paarung aus Karpfen und Kaninchen« und machte damit den ganzen Widersinn dieser liberal-konservativen Mehrheitskoalition deutlich, die Bülow anstrebte. – Zit.: Keil, Wilhelm: *Erlebnisse eines Sozialdemokraten* I, S. 254, Stuttgart 1947.

50 Ziekursch: *Politische Geschichte* III, S. 187.

51 Vgl.: Witt: *Finanzpolitik*, S. 165–172.

52 Vgl.: Witt: *Finanzpolitik*, S. 217–226.

53 Vgl.: Witt: *Finanzpolitik*, S. 226/227.

54 Zit.: Witt: *Finanzpolitik*, S. 230. – Die besondere Gegnerschaft der Konservativen gegenüber direkten Reichssteuern war vor allem, wie Johannes Ziekursch schrieb, darin begründet, »weil durch sie die trotz der Deklarationspflicht der Steuerzahler allenthalben betriebenen gewaltigen Steuerhinterziehungen bei der Einkommen- und Vermögenssteuer aufgedeckt und die besonders große Steuerscheu des Großgrundbesitzes enthüllt werden mußte. Den Konservativen mißfiel auch der Gedanke, dem aus dem allgemeinen und gleichen Wahlrecht hervorgegangenen Reichstage, in dem sie selber nur eine bescheidene Minderheit bildeten, eine Besitzsteuer zu überlassen, die später durch den Reichstag immer weiter ausgebaut werden konnte.« – Ziekursch: *Politische Geschichte* III, S. 214.

55 Hentschel: *Wirtschaft und Wirtschaftspolitik*, S. 170.

56 Wortlaut des »Kolberger Programms« bei: Witt: *Finanzpolitik*, S. 233. – Peter-Christian Witt kennzeichnet dieses Programm zutreffend als eine »klare Absage an die Politik Bülows. Denn«, so fährt er fort, »es zeigte deutlich, daß die Konservativen und ihr Anhang nur solange einer Regierung ihre Unterstützung liehen, als sie sich daraus konkrete materielle Vorteile versprachen.« – Witt: *Finanzpolitik*, S. 234.

57 Witt: *Finanzpolitik*, S. 272.

58 Zit.: Eschenburg: *Kaiserreich*, S. 216.

59 Vgl.: Hentschel: *Wirtschaft und Wirtschaftspolitik*, S. 172.

60 Mielke, Siegfried: *Der Hansa-Bund für Gewerbe, Handel und Industrie 1909–1914. Der gescheiterte Versuch einer antifeudalen Sammlungspolitik*, Göttingen 1976.

61 Stresemann, Gustav: *Wirtschaftspolitische Zeitfragen*, S. 193 f., Dresden 1911.

62 Vgl. die ausgezeichnete Darstellung von: Eley, Geoff: *Reshaping the German Right. Radical Nationalism and Political Change after Bismarck*, New Haven u. London 1980.

63 Mommsen, Wolfgang J.: *Domestic Factors in German Foreign Policy before 1914*, Central European History VI, 1 (1973), S. 24/25.

64 Vgl.: Mommsen: *Domestic Factors*, S. 27, u. ders.: *Die latente Krise des Wilhelminischen Reiches. Staat und Gesellschaft in Deutschland 1890–1914*, Militärgeschichtliche Mitteilungen XV (1974), S. 23 f.

65 Zit.: Witt: *Finanzpolitik,* S. 364.
66 Erzberger, Matthias: *Der Wehrbeitrag 1913,* S. 1, Stuttgart 1913.
67 Vgl.: Witt: *Finanzpolitik,* S. 370.
68 Zit.: Witt: *Finanzpolitik,* S. 371.
69 Vgl.: Witt: *Finanzpolitik,* S. 373–375.
70 Ritter: *Arbeiterbewegung,* S. 170 f.
71 Eley: *German Right,* S. 351.
72 Eley: *German Right,* S. 316–334.
73 Zit.: Eschenburg: *Kaiserreich,* S. 267.
74 Eschenburg: *Kaiserreich,* S. 267.
75 So Bassermann in einem Interview vom August 1910. – Zit.: Eschenburg: *Kaiserreich,* S. 272.
76 Hintze, Otto: *Das monarchische Prinzip und die konstitutionelle Verfassung,* Preußische Jahrbücher XIL (April–Juni 1911), S. 400.

21. KAPITEL – VON DER »WELTPOLITIK« ZUM WELTKRIEG

1 Craig: *German History,* S. 230.
2 Diese These ist vor allem von Otto Becker mit Nachdruck vertreten worden. – Becker, Otto: *Bismarck und die Einkreisung Deutschlands,* Zweiter Teil: *Das französisch-russische Bündnis,* Berlin 1925.
3 Vgl.: Ritter, Gerhard: *Der Schlieffenplan. Kritik eines Mythos,* S. 14 ff., München 1956. – Daß Caprivi fest mit einem »Zweifrontenkrieg« rechnete, bezeugt Tirpitz. – Tirpitz, Alfred v.: *Erinnerungen,* S. 23, Leipzig 1919.
4 Vgl.: Hallgarten, George W. F.: *Imperialismus vor 1914. Die soziologischen Grundlagen der Außenpolitik europäischer Großmächte vor dem Ersten Weltkriege* I, S. 263–266, München 1963².
5 Text dieses Memorandums in: *Große Politik* VII, Dok. 1368.
6 *Große Politik* VII, Dok. 1380 (Caprivi an Schweinitz, 30. Mai 1890). – Im Gegensatz zu dieser von politischem Realismus zeugenden Einsicht Caprivis maß der »Realpolitiker« Bismarck dem guten Einvernehmen der gekrönten Häupter und der leitenden Staatsmänner stets ausschlaggebende Bedeutung für das Verhältnis der Staaten untereinander zu. Vgl. dazu vor allem seinen Artikel in den »Hamburger Nachrichten« vom 22. November 1893 unter der Überschrift *Die Beziehungen zu Rußland im alten und neuen Kurse.* – Hofmann: *Fürst Bismarck* II, S. 230 ff.
7 Es war Bismarck selbst, der in einem Artikel für die »Hamburger Nachrichten« vom 24. Oktober 1896 unter der Überschrift *Fürst Bismarck und Rußland* den bis dahin geheimgehaltenen Rückversicherungsvertrag und die Tatsache seiner Nichtverlängerung durch Caprivi publik machte. – Hofmann: *Fürst Bismarck* II, S. 372.
8 Vgl.: S. 554.
9 Im Januar 1889 machte Bismarck der englischen Regierung sogar ein recht weitgehendes Bündnisangebot. – Vgl.: *Große Politik* IV, Dok. 943 (Schreiben Bismarcks vom 11. Januar 1889 an den deutschen Botschafter in London, Paul Graf von Hatzfeldt).
10 Vgl.: Kennedy: *Anglo-German Antagonism,* S. 198–204.
11 Caprivi: *Reden,* S. 57–60.
12 Über die merkwürdigen Hintergründe dieser deutschen Ansprüche vgl.: Hallgarten: *Imperialismus* I, S. 349–355.
13 Taylor: *The Struggle,* S. 329 f.
14 Alle militärstrategischen Überlegungen, die deutscherseits mit dem Erwerb Helgolands verknüpft worden waren, sind nie realisiert worden. Die Bedeutung des winzigen Eilands war vorrangig sentimentaler Natur.
15 Die Empörung in den imperialistisch gesinnten Kreisen der deutschen Öffentlichkeit

gab damals den Anstoß zur Gründung des »Allgemeinen deutschen Verbandes«, aus dem dann im Jahre 1894 der äußerst einflußreiche »Alldeutsche Verband« hervorging, der ein Sammelbecken aller nationalistischen, rassistischen und imperialistischen Kräfte der wilhelminischen Gesellschaft wurde.

16 Tatsächlich wurde Bismarcks »zurückhaltende« Balkanpolitik bereits im Herbst 1890 aufgegeben. Deutschland und Österreich verabredeten damals, gemeinsam alle russischen Vorstöße auf die Meerengen abwehren zu wollen. Damit begann sich das Reich, was Bismarck stets strikt vermieden hatte, den Zielsetzungen der österreichischen Politik in diesem Raum unterzuordnen. – Ziekursch: *Politische Geschichte* III, S. 31.

17 Vgl.: Hallgarten: *Imperialismus* I, S. 317–324.

18 Becker: *Bismarck und die Einkreisung* II, S. 111.

19 Vgl.: Taylor: *The Struggle,* S. 335.

20 Äußerst einflußreich bei der Verbreitung hochimperialistischen Gedankenguts waren in England die sehr populären Bücher George Alfred Hentys, dessen Bedeutung sich allenfalls mit der Karl Mays hierzulande vergleichen läßt. – Vgl.: Arnold, Guy: *Held Fast for England. G. A. Henty: Imperialist Boys' Writer,* London 1980.

21 Vgl.: Kennedy: *Anglo-German Antagonism,* S. 212.

22 Taylor: *The Struggle,* S. 338 f.

23 In einem Brief an den deutschen Botschafter in London, den Grafen Hatzfeldt, klagte Friedrich von Holstein unter dem 23. September 1893: »Wir nützen England alle Tage – schon im Stillsitzen – dadurch, daß wir da sind. England nützt uns bisher – d. h. das Gladstonsche England – verdammt wenig. Bei jeder Kleinigkeit, von größeren Dingen nicht zu reden, heißt es: Non possumus.« – Ebel, Gerhard (Hrsg.): *Botschafter Paul Graf von Hatzfeldt. Nachgelassene Papiere 1838–1901* II, S. 938, Boppard 1976.

24 Waldersee: *Denkwürdigkeiten* II, S. 306.

25 Vgl.: Kennedy: *Anglo-German Antagonism,* S. 214.

26 Vgl. die Berichte Hatzfeldts an Holstein vom 30. und 31. Juli sowie vom 5. August 1895. – *Große Politik* X, Dok. 2371, 2372, 2381; u. Kennedy: *Anglo-German Antagonism,* S. 217 f.

27 So Bismarck in einem Schreiben an Manteuffel vom 15. Februar 1854 gelegentlich der Vorbereitung des österreichisch-preußischen Schutz- und Trutzbündnisses, das im April 1854 geschlossen wurde. – Bismarck: *Ges. Werke* I, S. 427.

28 *Große Politik* X, Dok. 2542. – Vgl. auch: *Große Politik* X, Dok. 2569 (Marschall von Bieberstein an den deutschen Botschafter in Wien, Philipp Graf zu Eulenburg, 23. Dezember 1895).

29 *Große Politik* XI, Dok. 2579 (Wilhelm II. an Marschall von Bieberstein, 25 Oktober 1895).

30 *Große Politik* XI, Dok. 2640.

31 Graf Hatzfeldt, der deutsche Botschafter in London, machte die Reichsleitung vergebens auf die völlige Inkonsistenz einer solchen Politik aufmerksam: Koloniale Streitigkeiten, so sein Argument, würden nur die Abneigung Englands gegen ein Bündnis mit dem Deutschen Reich fördern, während andererseits das Verlangen des Dreibunds nach englischer Unterstützung in London den naheliegenden Gedanken wecken mußte, daß koloniale Konzessionen unnötig seien. – Vgl.: Sontag, Raymond James: *Germany and England. Background of Conflict 1848–1894,* S. 286, New York 1964[2].

32 Vgl.: Onselen, Charles van: *Studies in the Social and Economic History of the Witwatersrand 1886–1914,* London 1983.

33 Vgl.: Langer, William L.: *The Diplomacy of Imperialism 1890–1902,* S. 219, New York 1951[2]. – Allerdings waren diese deutschen Wirtschaftsinteressen lediglich der Vorwand, nicht aber der Anlaß für die deutsche Intervention. Im übrigen entwickelte sich der deutsche Handel mit den englischen Kolonien absolut wie relativ wesentlich rascher als mit den deutschen Schutzgebieten. – Vgl.: Ziebura, Gilbert: *Sozialökonomische Grundfragen des deutschen Imperialismus vor 1914.* In: *Sozialgeschichte heute – Festschrift für Hans Rosenberg,* Hrsg. Hans-Ulrich Wehler, S. 510, Göttingen 1974.

34 *Große Politik* XI, Dok. 2597.

35 So Holstein ausdrücklich in einem Brief an den Vertrauten des Kaisers, Philipp Graf zu Eulenburg, vom 2. Januar 1896. – Rich, Norman H.: *Friedrich von Holstein. Politics and Diplomacy in the Era of Bismarck and Wilhelm II*. II, S. 467 f., Cambridge 1965.

36 Taylor: *The Struggle*, S. 364.

37 Craig: *German History*, S. 245. – Ausführlich bei: Thimme, Friedrich: *Die Krüger Depesche. Genesis und historische Bedeutung*, Europäische Gespräche, 2. Jg. (1924), S. 201–244.

38 Vgl.: Kennedy: *Anglo-German Antagonism*, S. 220. – Natürlich spielten auch die reichen Bodenschätze Südafrikas dabei eine entscheidende Rolle.

39 Zit.: Thimme: *Krüger Depesche*, S. 212 (Tagebuchnotiz Marschalls). – In Anbetracht dieser Antwort ist man versucht, an den Verstandeskräften des Kaisers zu zweifeln. Daß Wilhelm II. in diesen Tagen tatsächlich einer Hysterie nahe war, zeigt die Auseinandersetzung, die er am Neujahrstag mit dem Kriegsminister Bronsart von Schellendorf hatte. – Vgl.: Hohenlohe: *Denkwürdigkeiten*, S. 151; u. Waldersee: *Denkwürdigkeiten* II, S. 363 f. – Und als er im März 1896 im Gespräch mit dem britischen Botschafter Sir Frank Lascelles noch einmal auf »Jameson's Raid« zu sprechen kam, äußerte Wilhelm II., wie Lascelles berichtete: »The whole matter had been fictitious – the expedition was got up by three German Jews who have bought the *Times*, ›he knows it‹. ›I know the men and the money they gave.‹« – Zit.: Langer: *Diplomacy*, S. 236. – Im Frühling wollte Seine Majestät längst wieder gute Beziehungen mit England. Vielleicht war er wirklich überzeugt davon, mit solchem Geschwätz seinem Ziel näher zu kommen. Wie auch immer: Man tippt sich an die Stirn.

40 Rich: *Holstein* II, S. 469.

41 *Große Politik* XI, Dok. 2610.

42 Vgl.: Langer: *Diplomacy*, S. 240.

43 Zit.: Rich: *Holstein* II, S. 470 (»The Times« vom 4. Januar 1896). – In einem weiteren Artikel, der in der »Times« vom 7. Januar 1896 erschien, deutete Chirol die Motive, die den Ausschlag für die »Krüger Depesche« gegeben hatten, völlig zutreffend so: »The purpose of the telegram was clearly twofold. It was a bid for popularity at home, which in the present international situation was eminently desirable, and it was a warning to England that she could only find salvation in closer contact with Germany and her allies.« – Zit.: Rich: *Holstein* II, S. 471. – Und in einem Leitartikel der »Times« in derselben Ausgabe hieß es: »The paramount necessity of the moment is to bring home to the German mind the fact that England will concede nothing to menaces and will not lie down under insult.« – Zit.: Langer: *Diplomacy*, S. 243. – Daran, daß dies nicht nur die Meinung der »Times«, sondern auch die Einstellung der englischen Regierung war, kann es keinen Zweifel geben. Die »Erpressungsstrategie«, deren Architekten Holstein und Marschall waren, würde nie und nimmer funktionieren. Das aber war eine Einsicht, die sich in Berlin erst durchsetzen sollte, als es zu einer Umkehr bereits zu spät war.

44 Vgl.: Hofmann: *Fürst Bismarck* II, S. 342 f. (*Das Kaiserliche Telegramm und die englische Presse*, »Hamburger Nachrichten« vom 6. Januar 1896).

45 Vgl.: Kennedy: *Anglo-German Antagonism*, S. 291–305. – Für die Ursachen vgl. die Studie von: Edelstein, Michael: *Overseas Investment in the Age of High Imperialism. The United Kingdom 1850–1914*, London 1983.

46 Zit.: Langer: Diplomacy, S. 245/246.

47 Ein vorzügliches Beispiel liefert Bülows Reichstagsrede vom 11. Dezember 1899, die er bei der Einbringung der zweiten Flottenvorlage hielt. Bülow führte u. a. aus: »Über einen Punkt kann freilich ein Zweifel nicht obwalten, nämlich daß die Dinge in der Welt auf eine Weise in Fluß geraten sind, die noch vor zwei Jahren niemand voraussehen konnte [gemeint ist die Einbringung der ersten Flottenvorlage vom Dezember 1897]. Man hat gesagt, meine Herren, daß in jedem Jahrhundert eine Auseinandersetzung, eine große Liquidation stattfinde, um Einfluß, Macht und Besitz auf der Erde

neu zu verteilen: Im sechzehnten Jahrhundert teilten sich die Spanier und Portugiesen in die Neue Welt, im siebzehnten Jahrhundert traten die Holländer, die Franzosen und die Engländer in die Konkurrenz ein, während wir uns untereinander die Köpfe einschlugen, im achtzehnten Jahrhundert verloren die Holländer und Franzosen das meiste, was sie gewonnen hatten, wieder an die Engländer. In unserm neunzehnten Jahrhundert hat England sein Kolonialreich, das größte Reich, das die Welt seit den Tagen der Römer gesehen hat, weiter und immer weiter ausgedehnt, haben die Franzosen in Nordafrika und Ostafrika Fuß gefaßt und sich in Hinterindien ein neues Reich geschaffen, hat Rußland in Asien einen gewaltigen Siegeslauf begonnen, ... Der englische Premierminister [Lord Salisbury] hat schon vor längerer Zeit gesagt, daß die starken Staaten immer stärker und die schwachen immer schwächer werden würden. Alles, was seitdem geschehen ist, beweist die Richtigkeit dieses Wortes. Stehen wir wieder vor einer neuen Teilung der Erde, wie sie vor hundert Jahren dem Dichter vorschwebte? [Gemeint ist Schiller.] Ich glaube das nicht, ich möchte es namentlich noch nicht glauben. Aber jedenfalls können wir nicht dulden, daß irgendeine fremde Macht, daß irgendein fremder Jupiter zu uns sagt: Was tun? die Welt ist weggegeben [a]. Wir wollen keiner fremden Macht zu nahe treten, wir wollen uns aber auch von keiner fremden Macht auf die Füße treten lassen und wir wollen uns von keiner fremden Macht beiseite schieben lassen, weder in politischer, noch in wirtschaftlicher Beziehung.« – Bülow: *Reden* I, S. 89/90.

[a] Anspielung auf das bekannte Schiller-Gedicht, das mit der Strophe beginnt:
»Was tun, spricht Zeus, die Welt ist weggegeben,
Der Herbst, die Jagd, der Markt ist nicht mehr mein,
Willst Du in meinem Himmel mit mir leben,
So oft Du kommst, er soll Dir offen sein.«

48 Zit.: Meinecke: *Weltbürgertum,* S. 58.

49 Bülow: *Reden* I, S. 7/8. – Bülows Ausspruch vom »Platz an der Sonne« wurde rasch zum geflügelten Wort. Es hat seinen Ursprung in Pascals *Pensées,* wo es bezeichnenderweise heißt: »Dieser Hund gehört mir, sagten diese armen Kinder; das ist mein Platz an der Sonne. – Damit habt ihr Beginn und Urbild der widerrechtlichen Besitzergreifung der ganzen Erde.« – Pascal, Blaise: *Gedanken,* Hrsg. Ewald Wasmuth, S. 73, Stuttgart 1970.

50 Weber: *Politische Schriften,* S. 23.

51 Vgl.: Böhm, Ekkehard: *Überseehandel und Flottenbau. Hanseatische Kaufmannschaft und deutsche Seerüstung 1879–1902,* Düsseldorf 1972. – Für die Termini »formeller« und »informeller Imperialismus« vgl.: Ziebura: *Sozialökonomische Grundfragen,* passim.

52 Vgl.: Hentschel: *Wirtschaft und Wirtschaftspolitik,* S. 152–155.

53 Messerschmidt, Manfred: *Reich und Nation im Bewußtsein der Wilhelminischen Gesellschaft.* In: *Marine und Marinepolitik im Kaiserlichen Deutschland 1871–1914,* Hrsg. Herbert Schottelius und Wilhelm Deist, S. 28, Düsseldorf 1972.

54 *Verhandlungen des Reichstags,* IX. Leg.-Per., III. Session, 3. Sitzung, S. 21.

55 Bülow: *Reden* I, S. 101/102.

56 *Verhandlungen des Reichstags,* VIII. Leg.-Per., I. Session, 4. Sitzung, S. 45.

57 Bülow: *Reden* I, S. 96.

58 Bülow: *Reden* I, S. 93.

59 Behnen, Michael (Hrsg.): *Quellen zur deutschen Außenpolitik im Zeitalter des Imperialismus 1890–1911,* S. 223, Darmstadt 1977.

60 Weber: *Politische Schriften,* S. 165.

61 Zit.: Eckardstein, Hermann Frhr. v.: *Lebenserinnerungen und politische Denkwürdigkeiten* II, S. 161, Leipzig 1920.

62 Bülow, Bernhard v.: *Deutsche Politik,* S. 120, Berlin 1916.

63 Hohenlohe: *Denkwürdigkeiten,* S. 464.

64 Berghahn, Volker R.: *Der Tirpitz-Plan. Genesis und Verfall einer innenpolitischen Krisenstrategie unter Wilhelm II.,* S. 192/193, Düsseldorf 1971.

65 Bülow: *Deutsche Politik,* S. 30 (Hervorhebung vom Verfasser).
66 So Bülow in einem Schreiben an Hatzfeldt vom 30. März 1898. – *Große Politik* XIV, Dok. 3783.
67 Vgl.: Winzen, Peter: *Bülows Weltmachtkonzept. Untersuchungen zur Frühphase seiner Außenpolitik 1897–1901,* Boppard 1977.
68 Vgl.: Rich: *Holstein,* S. 567–585; u. Langer: *Diplomacy,* S. 485–516.
69 Bülow: *Deutsche Politik,* S. 123.
70 Taylor: *The Struggle,* S. 375.
71 Behnen: *Quellen zur deutschen Außenpolitik,* S. 183 f.
72 Behnen: *Quellen zur deutschen Außenpolitik,* S. 185.
73 *Große Politik* XIV, Dok. 3804, 3805.
74 Zit.: Langer: *Diplomacy,* S. 514.
75 Vgl.: Berghahn: *Der Tirpitz-Plan,* S. 157–173.
76 Über die den geheimen Wünschen und Absichten der Marineleitung sehr entgegenkommende Haltung des Reichstags bei Verabschiedung des Flottengesetzes von 1900 schrieb Tirpitz in seinen *Erinnerungen:* »Bei den Verhandlungen über das Zweite Flottengesetz spielte eine besondere Rolle der Zentrumsabgeordnete Müller-Fulda, eine etwas ›erratische‹ Persönlichkeit, ... Er regte zu unserer Freude selbst den Fortfall der Geldgrenze an, die er für eine nachteilige Einschränkung des Budgetrechts erklärte [sic!]. Indem wir von einer Geldfestsetzung überhaupt absahen, fielen alle finanziellen Schwierigkeiten fort. Dem jährlichen Bewilligungsrecht des Reichstags wurde in finanzieller Hinsicht freie Bahn gelassen. Der Reichstag bewies aber die Einsicht, daß er sich in moralischer Hinsicht viel stärker band als bei irgendeiner Geldgrenze. Denn er hatte sich auf ein bestimmtes Bauprogramm durch das Gesetz gebunden. Wurden nun die Schiffe größer und teurer, so konnte der Reichstag, der ja die Schiffe als solche kraft Gesetzes bewilligen mußte, unmöglich aus Geldgründen der Technik Vorschriften machen: Er konnte die Verantwortung niemals dafür übernehmen, daß die gesetzlich festgesetzten Schiffe durch ungenügende Geldbewilligungen zu klein und schlecht ausfielen. Durch die Lex imperfecta, die das zweite Flottengesetz mit seiner materiellen Bindung, aber finanzieller Offenlassung darstellte, begab sich der Reichstag tatsächlich der Möglichkeit, das Geld für die sich vergrößernden und verteuernden Typen zu verweigern, wenn er sich nicht den Vorwurf zuziehen wollte, minderwertige Schiffe zu bauen. So hat sich der Reichstag 1900 juristisch festgelegt, den beschlossenen Flottenplan auszuführen, und moralisch gebunden, uns dabei keine Geldschwierigkeiten mehr zu machen, wie sie beim ersten Flottengesetz so bald eingetreten waren.
Die Mitverantwortung, welche der Reichstag durch diese Fassung des zweiten Gesetzes übernahm, hat sich bewährt. Als wir später durch die Engländer genötigt wurden, den Riesensprung zur Dreadnought-Klasse zu machen, hat der Reichstag mir die Vergrößerung selbst entgegengetragen, die eine abermalige Verdoppelung des Kampfwertes, aber auch der Kosten, immer streng im Rahmen des Gesetzes von 1900, mit sich führte.« – Tirpitz: *Erinnerungen,* S. 108/109.
77 Für Hohenlohe war die deutsche China-Expedition der Anlaß, seine Entlassung aus dem Amt des Reichskanzlers einzureichen. In einem nichtdatierten Schriftstück notierte er: »Die ganze chinesische Angelegenheit ist ohne meine Mitwirkung in Szene gesetzt worden; ich habe weder von den Rüstungen noch von den Truppensendungen noch von der Ernennung Waldersees zum Oberfeldherrn vorher Kenntnis erhalten.
Alles, was auf die auswärtige Politik Bezug hat, wird von S. M. und Bülow beraten und beschlossen. Die Fragen der inneren Politik bearbeiten die Ressortchefs ohne meine Mitwirkung, weil sie wissen, daß S. M. meinen Rat nicht hört. Ich werde in der Presse zur Verantwortung gezogen und werde im Reichstag Rede und Antwort stehen müssen, ohne eingeweiht zu sein.« – Hohenlohe: *Denkwürdigkeiten,* S. 582. – Unter dem 20. Januar 1900 notierte Waldersee: »Der Kaiser regiert autokratisch und rechnet

nicht mit einem Staatsministerium, geschweige denn mit einer Ansicht desselben . . .
Hohenlohe zählt nicht mehr . . .« – Waldersee: *Denkwürdigkeiten* II, S. 442.

78 Vgl.: Semjonow, Juri: *Glanz und Elend des französischen Kolonialreichs*, S. 287, Berlin 1942.
79 Zit.: Bülow: *Denkwürdigkeiten* I, S. 359.
80 *Große Politik* XVII, Dok. 5030 (Aufzeichnung Metternichs vom 28. Dezember 1901). – Vgl. auch: Winzen: *Bülows Weltmachtkonzept*, S. 293–351.
81 Holstein: *Die geheimen Papiere* IV, S. 179 f.
82 Bülow: *Deutsche Politik*, S. 30 f.
83 Vgl. den Debattenbeitrag von Karl Liebknecht während der dritten Lesung der Novelle zum Flottengesetz vom 10. März 1898. – *Verhandlungen des Reichstags*, X. Leg.-Per., I. Session, 209. Sitzung, S. 6027.
84 Ziebura: *Grundfragen*, S. 510.
85 Vgl.: Ziebura: *Grundfragen*, S. 506.
86 Zit.: Winzen: *Bülows Weltmachtkonzept*, S. 397.
87 Vgl.: Taylor: *The Struggle*, S. 408.
88 Vgl.: Rich: *Holstein* II, S. 672–675; u. Winzen: *Bülows Weltmachtkonzept*, S. 404–407.
89 *Große Politik* XVIII, 2, Dok. 5911 (Bülow an das Auswärtige Amt, 3. April 1903).
90 *Große Politik* XVIII, 1, Dok. 5421.
91 Rogge, Helmuth (Hrsg.): *Friedrich von Holstein. Lebensbekenntnisse in Briefen an eine Frau*, S. 228, Berlin 1932.
92 Vgl.: Rogge: *Lebensbekenntnisse,* ebd.
93 Weber: *Politische Schriften*, S. 169.
94 Die Motive der deutschen Marokkopolitik von 1905 liegen letzten Endes im dunkeln. Fritz Fischers Ansicht, Deutschland habe allen Ernstes die Absicht verfolgt, »die Entente cordiale mit Hilfe einer Kriegsdrohung oder eines Krieges zu sprengen«, ist weit überzogen. – Vgl.: Fischer: *Krieg der Illusionen*, S. 98 f.
95 Rouvier, der französische Ministerpräsident, soll einem Ondit zufolge geäußert haben, »er wisse, daß die englischen Schiffe keine Räder hätten«. – *Große Politik* XX, Dok. 6635 (Bericht des deutschen Botschafters in Paris an das Auswärtige Amt vom 27. April 1905).
96 *Große Politik* XX, Dok. 6604 (Telegramm Bülows an den deutschen Geschäftsträger in Tanger vom 6. April 1905).
97 Zit.: Ziekursch: *Politische Geschichte* III, S. 162.
98 *Große Politik* XIX, 2, Dok. 6220 (Wilhelm II. an Bülow, 25. Juli 1905).
99 *Große Politik* XIX, 2, Dok. 6247.
100 Holstein: *Die geheimen Papiere* IV, S. 340 (Schreiben Holsteins an Maximilian von Brandt vom 23. Dezember 1905).
101 Zit.: Ziekursch: *Politische Geschichte* III, S. 156.
102 *Große Politik* XXI, 1, Dok. 6923 (Metternich an Bülow, 3. Januar 1906).
103 Winzen: *Bülows Weltmachtkonzept*, S. 421.
104 Bülow: *Reden* II, S. 310 f.
105 Vgl.: Ritter: *Der Schlieffenplan*, passim.
106 Diese Zuversicht blitzte bereits in einer Passage der Bülow-Rede vom 14. November 1906 auf, in der er ausführte: »Deutschland, meine Herren, braucht sich vor Isolierung gar nicht so sehr zu fürchten. Wären wir wirklich isoliert – wir sind es nicht; aber nehmen wir den Fall an –, so brauchen wir auch noch nicht zu flennen wie ein einsames Kind im Walde. Ein Volk von 60 Millionen mit einem Heer wie das deutsche ist niemals isoliert, solange es sich selbst treu bleibt, solange es nicht selbst aufgibt. Wir haben es gar nicht nötig, irgend jemand nachzulaufen, den anderen gegenüber entgegenkommender zu sein als diese uns gegenüber. Das wäre nicht würdig, das wäre nicht einmal klug. Solange wir unser Schwert scharf halten, sind wir auch in der Lage, uns unseren Freunden nützlich und unseren Feinden unangenehm zu ma-

chen. Der Dreibund besteht, und unsere Beziehungen zu anderen Mächten werden auch weiter der Gegenstand unserer ruhigen und besonnenen Aufmerksamkeit bleiben.« – Bülow: *Reden* II, S. 333.

107 Vgl.: Berghahn: *Tirpitz-Plan*, S. 419–504.

108 In dem anglo-russischen Abkommen vom 31. August 1907 verständigten sich London und St. Petersburg über eine Abgrenzung ihrer Interessengebiete in Mittelasien und Persien. – Vgl.: Taylor: *The Struggle*, S. 441–446.

109 Bülow: *Deutsche Politik*, S. 60 (Hervorhebung vom Verfasser). – Zur Bosnienkrise vgl.: Taylor: *The Struggle*, S. 449–455.

110 Vgl.: *Große Politik* XXVI, 1, Dok. 8939 (Schreiben Bülows an den Kaiser vom 5. Oktober 1908 sowie die Randbemerkungen Wilhelms II.).

111 Wortlaut des gesamten Interviews bei: Bülow: *Denkwürdigkeiten* II, nach S. 352.

112 Bülow: *Denkwürdigkeiten* II, S. 352.

113 Cole, Terence F.: *The Daily Telegraph Affair and its Aftermath: The Kaiser, Bülow and the Reichstag*. In: *Kaiser Wilhelm II. New Interpretations. The Corfu Papers*, Hrsg.: John C. G. Röhl und Nicolaus Sombart, S. 253, Cambridge 1982.

114 Naumann: *Demokratie*, S. 165.

115 Friedrich Naumann gelang es damals nicht, sich mit einem entsprechenden Vorschlag bei seinen Parteifreunden durchzusetzen. – Vgl.: Mommsen, Wolfgang J.: *Wandlungen der liberalen Idee im Zeitalter des Imperialismus*. In: *Liberalismus und imperialistischer Staat*, Hrsg.: Karl Holl und Günther List, S. 130, Göttingen 1975.

116 *Verhandlungen des Reichstags*, XII. Leg.-Per., I. Session, 159. Sitzung, S. 5414.

117 Zit.: Taylor: *The Struggle*, S. 459.

118 Vgl.: Kennedy: *Anglo-German Antagonism*, S. 441–447.

119 Sehr aufschlußreich dafür sind beispielsweise das Schreiben des Kaisers an Bülow vom 3. April 1909, *Große Politik* XXVIII, Dok. 10294, sowie das Protokoll der Besprechung im Reichskanzleramt vom 3. Juni 1909, *Große Politik* XXVIII, Dok. 10306.

120 *Große Politik* XXIV, Dok. 8490.

121 *Große Politik* XXVII, Dok. 10155 (Bethmann Hollweg an den deutschen Botschafter in St. Petersburg, Friedrich von Pourtalès, 8. November 1910).

122 *Große Politik* XXVII, Dok. 10159 (Anlage 1).

123 *Große Politik* XXVII, Dok. 10167.

124 Die »großen deutschen Firmen« in Mogador und Agadir, die den Vorwand für das deutsche Eingreifen liefern sollten, existierten nur in der Phantasie des Herrn Staatssekretärs. In Agadir, das nach dem Algeciras-Vertrag ein »geschlossener Hafen« war, lebten überhaupt keine Europäer, von der Existenz deutscher Firmen ganz zu schweigen. In Mogador gab es tatsächlich eine deutsche Firma Marx & Co. (vormals Weiß & Maur). Überhaupt spielten die angeblichen deutschen Wirtschaftsinteressen in Marokko längst nicht die entscheidende Rolle für den Ausbruch der zweiten Marokkokrise, wie immer wieder behauptet wird. – Vgl. die ausgezeichnete Studie von: Poidevin, Raymond: *Les Relations économiques et financières entre la France et l'Allemagne de 1898 a 1914*, S. 613–653, Paris 1969. – Genau besehen kann überdies von einem deutschfranzösischen Interessengegensatz auf wirtschaftlichem Gebiet in Marokko nicht die Rede sein, sondern nur von einem Konkurrenzkampf deutscher Firmen untereinander. Die beiden großen deutschen Stahlerzeuger Krupp und Thyssen waren durch Schachtelbeteiligungen, die sie an der »Union des Mines« hielten, mit dem französischen Konzern Schneider-Creuzot verflochten. Die »Union des Mines« aber besaß das Monopol zur Eisenerzgewinnung in Marokko. Dieses Monopol suchte die Gebr. Mannesmann AG zu brechen, indem sie ihrerseits zweifelhafte Schürfrechte in Marokko geltend machte. Um diesen Ansprüchen politische Unterstützung zu verschaffen, wandte sich Mannesmann an die »Alldeutschen«, die die erbetene agitatorische Hilfestellung gern und reichlich gewährten. Das »nationale Interesse« und das Geschäftsinteresse der Gebr. Mannesmann AG wurden im Bewußtsein der deutschen

Öffentlichkeit bald ein und dasselbe. – Vgl. dazu auch die Dissertation von: Oncken, Emily: *Panthersprung nach Agadir. Die deutsche Politik während der Zweiten Marokkokrise 1911*, S. 91–94, Düsseldorf 1981.

125 *Große Politik XXIX*, Dok. 10549; vgl. auch: *Große Politik XXIX*, Dok. 10572.

126 Zit.: Wernecke, Klaus: *Der Wille zur Weltgeltung. Außenpolitik und Öffentlichkeit im Kaiserreich am Vorabend des Ersten Weltkriegs*, S. 29, Düsseldorf 1970.

127 Thoma, Ludwig: *Gesammelte Werke* VII, S. 506, München 1922.

128 Zit.: Oncken: *Panthersprung*, S. 136f. – Dieser Passus ist bezeichnenderweise nicht enthalten in: *Große Politik XXIX*, S. 142, Anm., wo Auszüge aus Kiderlens Brief abgedruckt sind.

129 Vgl.: *Große Politik XXIX*, S. 153f., Anm.

130 *Große Politik XXIX*, Dok. 10578. – Um die ganze Komödie von den angeblich bedrohten Deutschen perfekt zu machen, deretwegen der »Panthersprung nach Agadir« inszeniert wurde, wurde der Bergbauassessor Hermann Wilberg, der im Hinterland von Mogador Erzlagerstätten prospektierte, in verschlüsselten Telegrammen angewiesen, sich an jenem 1. Juli 1911 in Agadir einzufinden, um sich dort pflichtschuldigst bedroht zu fühlen und von dem »Panther« retten zu lassen. Da Wilberg diese Nachrichten verspätet erhielt, konnte er erst am 4. Juli in Agadir eintreffen. Dort angekommen, vermochte er nicht, sich der Besatzung des »Panther« zu erkennen zu geben, da der Kommandant des Schiffes weisungsgemäß außerhalb des eigentlichen Hafens vor Anker gegangen war, um dadurch einer möglichen Beunruhigung der einheimischen Bevölkerung vorzubeugen. Erst am 5. Juli bemerkte einer der Schiffsoffiziere des Kreuzers »Berlin«, der an diesem Tag den »Panther« abgelöst hatte, daß sich unter den Einheimischen, die sich am Strand eingefunden hatten, eine Person befand, die ihre Hände in die Hüften stützte, und folgerte aus dieser Beobachtung scharf, daß es sich bei dieser Person um einen Europäer handeln müsse! Der »bedrohte« Wilberg wurde daraufhin gerettet! Zu den Hinter- und Abgründen dieser mit so viel deutscher Gründlichkeit in Szene gesetzten Posse vgl.: Pick, F. W. (Hrsg.): *Searchlight on German Africa. The Diaries and Papers of Dr. C. W. Regendanz*, S. 21 ff., London 1939. – Wilhelm Regendanz war geschäftsführender Direktor der von Max M. Warburg gegründeten Hamburg-Marokko-Gesellschaft.

131 Vgl.: Wernecke: *Wille zur Weltgeltung*, S. 32 ff.; u. Fischer: *Krieg der Illusionen*, S. 127 f.

132 *Große Politik XXIX*, Dok. 10588 (Metternich an das Auswärtige Amt, 3. Juli 1911).

133 *Große Politik XXIX*, Dok. 10592 (Metternich an das Auswärtige Amt, 4. Juli 1911) (Hervorhebung vom Verfasser).

134 *Große Politik XXIX*, Dok. 10598 (Aufzeichnung Kiderlens vom 9. Juli 1911).

135 *Große Politik XXIX*, Dok. 10607 (Bethmann Hollweg an den Kaiser, 15. Juli 1911). Vgl. auch die Randbemerkungen des Kaisers, der der ganzen Marokkopolitik von Anfang an mit großem Mißfallen begegnet war.

136 Zit.: Taylor: *The Struggle*, S. 470.

137 In einem Gespräch, das der englische Außenminister Sir Edward Grey am 21. Juli 1911 mit dem deutschen Botschafter Paul Graf von Metternich in London führte, erklärte jener bündig: »Solange begründete Hoffnung auf eine deutsch-französische Verständigung außerhalb Marokkos gewesen sei, habe er sich ferngehalten, da es nicht die englische Politik berühre, wenn Deutschland und Frankreich sich kolonial zu verständigen suchten, etwa durch eine Regelung der Kamerungrenze, wie es zuerst geheißen habe. Da aber Frankreich der Zession des ganzen französischen Kongo ... einschließlich des Vorkaufsrechts auf den belgischen Kongo selbstverständlich nicht zustimmen könne [a], so läge die Wahrscheinlichkeit nahe, daß die Politik sich wieder der eigentlichen Marokkofrage, an der das englische Interesse in hohem Grade beteiligt sei, zuwende und damit auch wieder die Frage akut werde, welches unsere Absichten in bezug auf den geschlossenen Hafen von Agadir und das Hinterland seien.« – *Große Politik XXIX*, Dok. 10617.

[a] Das deutsche Verlangen nach einem Vorkaufsrecht auf den belgischen Kongo war eine französische Erfindung, mit welcher der Eindruck der Maßlosigkeit der deutschen Forderungen in London noch unterstrichen werden sollte. – Vgl.: *Große Politik* XXIX, Dok. 10618 (Kiderlen an Metternich, 23. Juli 1911). – Daran zeigt sich der ganze Dilettantismus Kiderlens, der noch immer in dem Irrglauben lebte, England sei trotz der gegenteiligen und sehr deutlichen Äußerungen Greys an der deutsch-französischen Marokkoauseinandersetzung nicht im mindesten interessiert, und der es deshalb konsequenterweise auch unterließ, den deutschen Botschafter in London über die Verhandlungen zu informieren!

138 *Große Politik* XXIX, Dok. 10621 (Metternich an Bethmann Hollweg, 22. Juli 1911).

139 Vgl.: Kennedy: *Anglo-German Antagonism,* S. 449 f.

140 *Reden Bismarcks* I, S. 264 f.

141 Colonel Edward M. House diagnostizierte den damaligen europäischen Gemütszustand in einem Bericht an US-Präsident Woodrow Wilson mit den Worten: »The situation is extraordinary. It is militarism run stark mad.« – Zit.: Kennedy: *Anglo-German Antagonism,* S. 361.

142 Tirpitz, Alfred v.: *Politische Dokumente. Der Aufbau der deutschen Weltmacht,* S. 200, Stuttgart und Berlin 1924.

143 Zit.: Nicolson, Harold: *Die Verschwörung der Diplomaten. Aus Sir Arthur Nicolsons Leben 1849–1928,* S. 411, Frankfurt (Main) 1930.

144 Vgl.: Fischer: *Krieg der Illusionen,* S. 693 f.

145 Vgl.: Fischer: *Krieg der Illusionen,* S. 232–241.

146 Riezler, Kurt: *Tagebücher, Aufsätze, Dokumente,* Hrsg. Karl Dietrich Erdmann, S. 185, Göttingen 1972.

147 Zweig, Stefan: *Die Welt von Gestern, Erinnerungen eines Europäers,* S. 258 f., Frankfurt (Main) 1981.

VERZEICHNIS
DER ZITIERTEN QUELLEN
UND SCHRIFTEN

ABRAHAM, KARL: *Der Strukturwandel im Handwerk in der ersten Hälfte des 19. Jahrhunderts und seine Bedeutung für die Berufserziehung*, Köln 1955.

Akten zur Deutschen Auswärtigen Politik, Serie D (1937–1945) VII, Baden-Baden 1956.

Allgemeines Landrecht für die Preußischen Staaten, 2 Bde., Berlin 1796³.

ANDERSON, EUGENE N.: *The Social and Political Conflict in Prussia 1858–1864*, Lincoln 1954.

ANDERSON, MARGARET LAVINIA: *Windthorst. A Political Biography*, Oxford 1981.

ANDREAS, WILLY: *Die Einführung des Code Napoléon in Baden*, Zeitschrift der Savignystiftung für Rechtsgeschichte, Germanistische Abteilung XXXI (1910).

ders.: *Der Aufbau des Staats im Zusammenhang der allgemeinen Politik*, Leipzig 1913.

ders.: *Die russische Diplomatie und die Politik Friedrich Wilhelms IV. von Preußen*, Abhandlungen der Preußischen Akademie der Wissenschaften, Phil.-hist. Klasse, Berlin 1927.

ARETIN, KARL OTMAR FREIHERR VON: *Heiliges Römisches Reich 1776–1806. Reichsverfassung und Staatssouveränität*, 2 Bde., Wiesbaden 1967.

ARNDT, ERNST MORITZ: *Werke*, Hrsg.: W. Steffens, 12 Bde., Berlin o. J.

ARNETH, ALFRED RITTER VON: *Geschichte Maria Theresias*, 10 Bde., Wien 1863–1876.

ARNOLD, GUY: *Held Fast for England. G. A. Henty – Imperialist Boys' Writer*, London 1980.

BARKIN, KENNETH D.: *The Controversy over German Industrialization 1890–1902*, Chicago 1970.

BAUER, BRUNO: *Der Untergang des Frankfurter Parlaments*, Berlin 1849.

BEBEL, AUGUST: *Aus meinem Leben*, Berlin 1961³.

BECKER, JOSEF: *Zum Problem der Bismarckschen Politik in der spanischen Thronfrage 1870*, Historische Zeitschrift CCXII (1971).

BECKER, OTTO: *Bismarck und die Einkreisung Deutschlands*, 2 Bde., Berlin 1925.

BEHNEN, MICHAEL (Hrsg.): *Quellen zur deutschen Außenpolitik im Zeitalter des Imperialismus 1890–1911*, Darmstadt 1977.

BENJAMIN, WALTER: *Gesammelte Schriften*, Hrsg.: Rolf Tiedemann u. Hermann Schweppenhäuser, 5 Bde., Frankfurt am Main 1972–1982.

BERDAHL, ROBERT M.: *Conservative Politics and Aristocratic Landholders in Bismarckian Germany*, The Journal of Modern History XLIV (1972).

BERGENGRÜN, ALEXANDER: *David Hansemann*, Berlin 1901.

BERGHAHN, VOLKER R.: *Der Tirpitz-Plan. Genesis und Verfall einer innenpolitischen Krisenstrategie unter Wilhelm II.*, Düsseldorf 1971.

BERNER, ERNST (Hrsg.): *Kaiser Wilhelm der Große – Briefe, Reden und Schriften*, 3 Bde., Berlin 1906.

BERNEY, ARNOLD: *Reichstradition und Nationalstaatsgedanke 1789–1815*, Historische Zeitschrift CXL (1929).

BERNHARDI, THEODOR VON: *Aus dem Leben Theodor von Bernhardis*, 9 Bde., Leipzig 1893–1906.

BERNSTEIN, AARON: *Revolutions- und Reaktionsgeschichte Preußens und Deutschlands von den Märztagen bis zur neuesten Zeit*, 3 Bde., Berlin 1882.

BEYME, KLAUS VON (Hrsg.): *Empirische Revolutionsforschung*, Opladen 1973.

BISMARCK, HERBERT FÜRST VON (Hrsg.): *Fürst Bismarcks Briefe an seine Braut und Gattin*, 2 Bde., Stuttgart u. Berlin 1916⁵.

BISMARCK, OTTO FÜRST VON: *Gedanken und Erinnerungen*, Hrsg.: Horst Kohl, 3 Bde., Stuttgart u. Berlin 1921.

ders.: *Die gesammelten Werke* (Friedrichsruher Ausgabe), 15 Bde., Berlin 1924–1935.

ders.: *Gespräche*, Hrsg.: Willy Andreas unter Mitwirkung von Karl Franz Reinking, 3 Bde., Bremen 1963–1965.

BITTERAUF, THEODOR: *Die Gründung des Rheinbunds und der Untergang des alten Reichs*, München 1905.

BLACKBOURN, DAVID: *The Political Alignment of the Centre Party in Wilhelmine Germany. A Study of the Party's Emergence in Nineteenth Century Württemberg*, The Historical Journal XVIII, 4 (1975).

ders.: *Class and Politics in Wilhelmine Germany – The Center Party and the Social Democrats in Württemberg*, Central European History IX, 3 (1976).

ders.: *Class, Religion and Local Politics in Wilhelmine Germany. The Centre Party in Württemberg before 1914*, New Haven u. London 1980.

BLACKBOURN, DAVID, u. ELEY, GEOFF: *Mythen deutscher Geschichtsschreibung. Die gescheiterte bürgerliche Revolution von 1848*, Frankfurt am Main, Berlin u. Wien 1980.

BÖHM, EKKEHARD: *Überseehandel und Flottenbau. Hanseatische Kaufmannsschaft und deutsche Seerüstung 1879–1902*, Düsseldorf 1972.

BÖHME, HELMUT: *Deutschlands Weg zur Großmacht. Studien zum Verhältnis von Wirtschaft und Staat während der Reichsgründungszeit 1848–1881*, Köln 1974³.

BÖHMERT, VICTOR: *Beiträge zur Geschichte des Zunftwesens*, Leipzig 1862.

BOLDT, WERNER: *Konstitutionelle Monarchie oder Parlamentarische Demokratie. Die Auseinandersetzungen um die deutsche Nationalversammlung in der Revolution von 1848*, Historische Zeitschrift CCXVI (1973).

BORN, KARL ERICH: *Von der Reichsgründung bis zum Ersten Weltkrieg*, In: Gebhardt: *Handbuch der deutschen Geschichte* XVI, München 1975.

BRANDENBURG, ERICH: *Untersuchungen und Aktenstücke zur Geschichte der Reichsgründung*, Leipzig 1916.

BROSZAT, MARTIN: *Zweihundert Jahre deutsche Polenpolitik*, Frankfurt am Main 1972.

BÜCHNER, GEORG: *Sämtliche Werke und Briefe*, Hrsg.: Werner E. Lehmann, 2 Bde., München 1972–1974².

BÜLOW, BERNHARD FÜRST VON: *Deutsche Politik*, Berlin 1916.

ders.: *Denkwürdigkeiten*, 4 Bde., Berlin 1930.

BÜSCH, OTTO: *Militärsystem und Sozialleben im alten Preußen 1713–1807. Die Anfänge der sozialen Militarisierung der preußisch-deutschen Gesellschaft*, Frankfurt am Main, Berlin u. Wien 1981².

BURCKHARDT, JACOB: *Über das Studium der Geschichte. Der Text der »Weltgeschichtlichen Betrachtungen« nach den Handschriften*, Hrsg.: Peter Ganz, München 1982.

BUSCH, MORITZ: *Tagebuchblätter*, 3 Bde., Leipzig 1899.

BUSSENIUS, CHARLOTTE (Hrsg.): *Urkunden und Akten zur Geschichte der preußischen Verwaltung in Südpreußen und Neuostpreußen 1793–1806*, Frankfurt am Main 1961.

BUSSMANN, WALTER: *Das Zeitalter Bismarcks, Handbuch der Deutschen Geschichte*, Hrsg.: Leo Just, III, 2, Frankfurt am Main 1968⁴.

CAPRIVI, LEO GRAF VON: *Die Reden des Grafen von Caprivi im Deutschen Reichstage, Preußischen Landtage und bei besonderen Anlässen 1883–1893*, Hrsg.: Rudolf Arndt, Berlin 1894.

COLE, TERENCE F.: *The Daily Telegraph Affair and its Aftermath: The Kaiser, Bülow and the Reichstag*, in: *Kaiser Wilhelm II. New Interpretations. The Corfu Papers*, Hrsg.: John C. G. Röhl u. Nicolaus Sombart, Cambridge 1982.

CONZE, WERNER: *Die Wirkungen der liberalen Agrarreformen auf die Volksordnung in Mitteleuropa im neunzehnten Jahrhundert*, Vierteljahresschrift für Sozial- und Wirtschaftsgeschichte XXXVIII (1949).

ders.: *Vom »Pöbel« zum »Proletariat«. Sozialgeschichtliche Voraussetzungen für den Sozialismus in Deutschland,* in: *Moderne deutsche Sozialgeschichte,* Hrsg.: Hans-Ulrich Wehler, Königstein/Taunus 1981.

Correspondance de Napoléon Ier., 32 Bde., Paris 1858–1870.

CRAIG, GORDON A.: *Portrait of a Political General: Edwin von Manteuffel and the Constitutional Conflict in Prussia,* Political Science Quarterly LXVI (1951).

ders.: *The Politics of the Prussian Army 1640–1945,* Oxford 1978[3].

ders.: *Germany 1866–1945,* Oxford 1978.

CROTHERS, GEORGE D.: *The German Elections of 1907,* New York 1941.

DELBRÜCK, HANS: *Das Leben des Feldmarschalls Grafen Neithard von Gneisenau,* 2 Bde., Berlin 1887.

DIEFENDORF, JEFFREY M.: *Businessmen and Politics in the Rhineland 1789–1834,* Princeton 1980.

Die große Politik der europäischen Kabinette von 1871–1914. Sammlung der diplomatischen Akten des Auswärtigen Amtes, Hrsg.: Johannes Lepsius, Albrecht Mendelssohn-Bartholdy u. Friedrich Thimme, 40 Bde., Berlin 1922–1927.

DOEBERL, MAX: *Rheinbundverfassung und bayerische Konstitution,* Sitzungsberichte der Bayerischen Akademie der Wissenschaften, Phil.-hist. Klasse, München 1924.

DROYSEN, JOHANN GUSTAV: *Das Zeitalter der Befreiungskriege,* Berlin 1917.

ders.: *Briefwechsel,* Hrsg.: Rudolf Hübner, 2 Bde., Stuttgart 1929.

ECKARDSTEIN, HERMANN FREIHERR VON: *Lebenserinnerungen und politische Denkwürdigkeiten,* 3 Bde., Leipzig 1919–1921.

EDELSTEIN, MICHAEL: *Overseas Investment in the Age of High Imperialism. The United Kingdom 1850–1914,* London 1983.

ELEY, GEOFF: *Sammlungspolitik, Social Imperialism and the Navy Law of 1898,* Militärgeschichtliche Mitteilungen XV (1974).

ders.: *Reshaping the German Right. Radical Nationalism and Political Change after Bismarck,* New Haven u. London 1980.

EPPSTEIN, GEORG FREIHERR VON: *Fürst Bismarcks Entlassung,* Berlin 1920.

ERZBERGER, MATTHIAS: *Der Wehrbeitrag 1913,* Stuttgart 1913.

ESCHENBURG, THEODOR: *Das Kaiserreich am Scheideweg. Bassermann, Bülow und der Block,* Berlin 1929.

EUCKEN, RUDOLF (Hrsg.): *Fichtes Reden an die deutsche Nation,* Leipzig 1909.

EULENBURG-HERTEFELD, PHILIPP FÜRST ZU: *Aus dem Leben des Fürsten Philipp zu Eulenburg-Hertefeld,* Hrsg.: Johannes Haller, Berlin 1924.

ders.: *Philipp Eulenburgs Korrespondenz,* Hrsg.: John C. G. Röhl, 2 Bde., Boppard 1976–1979.

EYCK, ERICH: *Bismarck. Leben und Werk,* 3 Bde., Erlenbach u. Zürich 1941–1944.

EYCK, FRANK: *Deutschlands große Hoffnung. Die Frankfurter Nationalversammlung 1848/49,* München 1973.

FEHRENBACH, ELISABETH: *Der Kampf um die Einführung des Code Napoléon in den Rheinbundstaaten,* Wiesbaden 1973.

FLETCHER, WILLARD ALLEN: *The Mission of Vincent Benedetti to Berlin 1864–1870,* Den Haag 1965.

FEUERBACH, LUDWIG (Hrsg.): *Anselm Ritter von Feuerbachs Leben und Wirken, Gesammelte Werke* XII, Berlin 1976.

FISCHER, FRITZ: *Krieg der Illusionen. Die deutsche Politik von 1911–1914,* Düsseldorf 1969.

FRANZ, EUGEN: *Der Entscheidungskampf um die wirtschaftliche Führung Deutschlands 1856–1867,* München 1933.

FRAUENDIENST, WERNER: *Das Deutsche Reich von 1890 bis 1914,* Handbuch der Deutschen Geschichte, Hrsg.: Leo Just, IV, 1, Frankfurt am Main 1969[4].

FREUND, MICHAEL: *Deutsche Geschichte,* Gütersloh 1960.

FRICKE, DIETER: *Der deutsche Imperialismus und die Reichstagswahlen von 1907,* Zeitschrift für Geschichtswissenschaft IX (1961).

GALL, LOTHAR: *Staat und Wirtschaft in der Reichsgründungszeit*, Historische Zeitschrift CCIX (1969).

ders.: *Das Problem Elsaß-Lothringen*, in: *Reichsgründung 1870/71*, Hrsg: Theodor Schieder u. Ernst Deuerlein, Stuttgart 1970.

ders.: *Bismarck. Der weiße Revolutionär*, Frankfurt am Main, Berlin u. Wien 1980.

GERLACH, ERNST LUDWIG VON: *Tagebuch 1848–1866*, Hrsg.: Hellmut Diwald, 2 Bde., Göttingen 1970 (Bd. 2: *Briefe, Denkschriften, Aufzeichnungen*).

GERLACH, LEOPOLD VON: *Denkwürdigkeiten aus dem Leben Leopold von Gerlachs*, 2 Bde., Berlin 1891/1892.

GERLOFF, WILHELM: *Die Finanz- und Zollpolitik des Deutschen Reichs nebst ihren Beziehungen zu Landes- und Gemeindefinanzen von der Gründung des Norddeutschen Bundes bis zur Gegenwart*, Jena 1913.

GILLIS, JOHN R.: *The Prussian Bureaucracy in Crisis 1840–1860. Origins of an Administrative Ethos*, Stanford 1971.

GLAGAU, OTTO: *Der Börsen- und Gründungsschwindel in Berlin. Gesammelte und stark vermehrte Artikel der »Gartenlaube«*, Leipzig 1876.

ders.: *Der Börsen- und Gründungsschwindel in Deutschland*, Leipzig 1877.

GOETHE, JOHANN WOLFGANG VON: *Gedenkausgabe der Werke, Briefe und Gespräche*, Hrsg.: Ernst Beutler, 24 Bde., Zürich 1961² ff.

GRAY, MARION W.: *Schroetter, Schoen and Society: Aristocratic Liberalism versus Middle-Class Liberalism in Prussia 1808*, Central European History VI, 1 (1973).

GROH, DIETER: *Negative Integration und revolutionärer Attentismus. Die deutsche Sozialdemokratie am Vorabend des Ersten Weltkrieges*, Frankfurt am Main, Berlin u. Wien 1973.

HABERMAS, JÜRGEN: *Strukturwandel der Öffentlichkeit. Untersuchungen zu einer Kategorie der bürgerlichen Gesellschaft*, Neuwied u. Berlin 1971⁵.

HAFFNER, SEBASTIAN: *Preußen ohne Legende*, Hamburg 1980⁴.

HAHN, LUDWIG: *Fürst Bismarck. Sein politisches Leben und Wirken*, 5 Bde., Berlin 1878–1891.

HALLGARTEN, GEORGE W. F.: *Imperialismus vor 1914. Die soziologischen Grundlagen der Außenpolitik europäischer Großmächte vor dem Ersten Weltkriege*, 2 Bde., München 1963².

HAMEROW, THEODORE S.: *Restoration, Revolution, Reaction. Economics and Politics in Germany 1815–1871*, Princeton 1958.

HAMMANN, OTTO: *Der neue Kurs*, Berlin 1918.

HANSEMANN, DAVID: *Preußen und Frankreich – staatswirtschaftlich und politisch unter vorzüglicher Berücksichtigung der Rheinprovinz*, Leipzig 1833.

HANSEN, JOSEPH (Hrsg.): *Quellen zur Geschichte des Rheinlandes im Zeitalter der französischen Revolution 1780–1801*, 4 Bde., Bonn 1931–1938.

HANSEN, JOSEPH (Hrsg.): *Rheinische Briefe und Akten zur Geschichte der politischen Bewegung 1830–1850*, 2 Bde., Bonn 1919–1976.

HATZFELDT, PAUL GRAF VON: *Nachgelassene Papiere 1838–1901*, Hrsg.: Gerhard Ebel u. Michael Behnen, 2 Bde., Boppard 1976.

HÄUSSER, LUDWIG: *Deutsche Geschichte vom Tode Friedrichs des Großen bis zur Gründung des Deutschen Bundes*, 4 Bde., Berlin 1861–1863³.

HEGEL, GEORG WILHELM FRIEDRICH: *Werke*, Hrsg.: Eva Moldenhauer u. Karl Markus Michel, 20 Bde., Frankfurt am Main 1971.

HEIGEL, KARL THEODOR: *Deutsche Geschichte vom Tode Friedrichs des Großen bis zur Auflösung des alten Reichs*, 2 Bde., Stuttgart u. Berlin 1899–1911.

HEINE, HEINRICH: *Historisch-kritische Gesamtausgabe der Werke*, Hrsg.: Manfred Windfuhr, Hamburg 1973 ff.

HENDERSON, WILLIAM O.: *The Rise of German Industrial Power 1834–1914*, London 1975.

HENTSCHEL, VOLKER: *Wirtschaft und Wirtschaftspolitik im Wilhelminischen Deutschland. Organisierter Kapitalismus und Interventionsstaat*, Stuttgart 1978.

HESS, ADALBERT: *Das Parlament, das Bismarck widerstrebte*, Köln 1964.

HINTZE, OTTO: *Das Monarchische Prinzip und die Konstitutionelle Verfassung*, Preußische Jahrbücher XIL (1911).

ders.: *Die Hohenzollern und ihr Werk. Fünfhundert Jahre vaterländische Geschichte*, Berlin 1916.

HOBSBAWN, ERIC J.: *Die Blütezeit des Kapitals. Eine Kulturgeschichte der Jahre 1848–1875*, München 1977.

HÖLZLE, ERWIN: *Das alte Recht und die Revolution*, München 1931.

ders.: *Württemberg im Zeitalter Napoleons und der Deutschen Erhebung*, Stuttgart 1937.

HOETZSCH, OTTO (Hrsg.): *Peter von Meyendorff. Ein russischer Diplomat an den Höfen von Berlin und Wien. Politischer Briefwechsel 1826–1863*, 3 Bde., Berlin 1923.

HOFMANN, HERMANN: *Fürst Bismarck 1890–1898*, 3 Bde., Stuttgart 1922⁹.

HOHENLOHE-SCHILLINGSFÜRST, CHLODWIG FÜRST ZU: *Denkwürdigkeiten aus der Reichskanzlerzeit*, Hrsg.: Karl Alexander von Müller, Stuttgart 1931.

HOLSTEIN, FRIEDRICH VON: *Lebensbekenntnisse in Briefen an eine Frau*, Hrsg.: Helmuth Rogge, Berlin 1932.

ders.: *Die Geheimen Papiere Friedrich von Holsteins*, Hrsg.: Norman H. Rich u. M. H. Fisher, Deutsche Ausgabe: Werner Frauendienst, 4 Bde., Göttingen, Berlin u. Frankfurt am Main 1956–1963.

HUBER, ERNST RUDOLF: *Deutsche Verfassungsgeschichte seit 1789*, 6 Bde., Stuttgart 1975² ff.

ders. (Hrsg.): *Dokumente zur Deutschen Verfassungsgeschichte* I, Stuttgart 1978³.

HÜFFER, HERMANN: *Diplomatische Verhandlungen aus der Zeit der französischen Revolution. Der Rastatter Congreß und die Zweite Koalition*, 2 Bde., Berlin 1879.

HUNT, JAMES C.: *Peasants, Grain Tariffs and Meat Quotas – Imperial German Protectionism Reexamined*, Central European History VII, 4 (1974).

JENNINGS, LAWRENCE C.: *France and Europe in 1848. A Study of French Foreign Affairs in Time of Crisis*, Oxford 1971.

KARDORFF, SIEGFRIED VON: *Wilhelm von Kardorff. Ein nationaler Politiker im Zeitalter Bismarcks und Wilhelms II. 1828–1907*, Berlin 1936.

KEHR, ECKART: *Schlachtflottenbau und Parteipolitik 1894–1901*, Berlin 1930.

ders.: *Zur Genesis des Königlich Preußischen Reserveoffiziers*, in: *Der Primat der Innenpolitik*, Hrsg.: Hans-Ulrich Wehler, Berlin 1970.

ders.: *Das soziale System der Reaktion in Preußen unter dem Ministerium Puttkammer*, in: *Der Primat der Innenpolitik*, Hrsg.: Hans-Ulrich Wehler, Berlin 1970.

KEIL, WILHELM: *Erlebnisse eines Sozialdemokraten*, 2 Bde., Stuttgart 1947/1948.

KELLENBENZ, HERMANN: *Deutsche Wirtschaftsgeschichte*, 2 Bde., München 1981.

KENNEDY, PAUL M.: *The Rise of the Anglo-German Antagonism 1860–1914*, London 1980.

KESSEL, EBERHARD: *Gastein*, Historische Zeitschrift CLXXVI (1953).

KNAPP, GEORG FRIEDRICH: *Die Bauernbefreiung und der Ursprung der Landarbeiter in den älteren Teilen Preußens*, Hrsg.: C. F. Fuchs, 2 Bde., München u. Leipzig 1927².

KOHL, HORST (Hrsg.): *Die politischen Reden des Fürsten Bismarck*, 14 Bde., Stuttgart u. Berlin 1892–1905.

ders. (Hrsg.): *Bismarck-Briefe*, Leipzig 1898⁷.

KOSELLECK, REINHART: *Preußen zwischen Reform und Revolution. Allgemeines Landrecht, Verwaltung und soziale Bewegung von 1791 bis 1848*, Stuttgart 1975².

KOSER, REINHOLD: *Geschichte Friedrichs des Großen*, 4 Bde., Berlin u. Stuttgart 1912⁴.

KÜGELGEN, WILHELM VON: *Lebenserinnerungen des Alten Mannes*, 3 Bde., Leipzig 1924–1925.

LABAND, PAUL: *Das Staatsrecht des Deutschen Reiches*, 2 Bde., Freiburg i. Br. 1895².

LAMBI, IVO N.: *Free Trade and Protection in Germany 1868–1879*, Wiesbaden 1963.

LANCIZOLLE, C. W. VON: *Über Königtum und Landstände in Preußen*, Berlin 1846.

LANDES, DAVID S.: *Der entfesselte Prometheus. Technologischer Wandel und industrielle Entwicklung in Westeuropa von 1750 bis zur Gegenwart*, Köln 1973.

LANG, KARL HEINRICH RITTER VON: *Memoiren*, 2 Bde., Braunschweig 1842.

LANGER, WILLIAM L.: *The Diplomacy of Imperialism 1890–1902*, New York 1951².

LASKER, EDUARD: *Zur Verfassungsgeschichte Preußens*, Leipzig 1874.

LAUBE, HEINRICH: *Das erste deutsche Parlament,* 3 Bde., Leipzig 1849.

LEBOVICS, HERMANN: *Agrarians versus Industrializers. Social Conservative Resistance to Industrialism and Capitalism in late 19th Century Germany,* International Review of Social History XII (1967).

LEHMANN, MAX: *Freiherr vom Stein,* 3 Bde., Leipzig 1902–1905.

MADARIAGA, ISABEL DE: *Russia in the Age of Catherine the Great,* London 1981.

MANN, GOLO: *Deutsche Geschichte des 19. und 20. Jahrhunderts,* Frankfurt am Main 1966.

MANN, HELMUT: *Der Beginn der Abkehr Bismarcks vom Kulturkampf 1878–1880* (Diss. phil.), Frankfurt am Main 1953.

MARCKS, ERICH: *Die Europäischen Mächte und die 48er Revolution,* Historische Zeitschrift CXLII (1930).

MARTIN, PAUL C.: *Die Entstehung des preußischen Aktiengesetzes von 1843,* Vierteljahresschrift für Wirtschafts- und Sozialgeschichte LVI (1969).

MARX, KARL, u. ENGELS, FRIEDRICH: *Werke,* Hrsg.: Institut für Marxismus-Leninismus beim ZK der SED, 38 Bde., Berlin 1958 ff.

ders.: *Briefwechsel,* 4 Bde., Berlin 1950.

MAYER, ARNO J.: *The Persistence of the Old Regime. Europe to the Great War,* New York 1981.

MAYER, GUSTAV (Hrsg.): *Bismarck und Lassalle. Ihr Briefwechsel und ihre Gespräche,* Berlin 1928.

MEINECKE, FRIEDRICH, *Radowitz und die deutsche Revolution,* Berlin 1913.

ders.: *Weltbürgertum und Nationalstaat. Studien zur Genesis des deutschen Nationalstaats,* München 1928[7].

ders.: *Das Zeitalter der deutschen Erhebung 1795–1815,* Leipzig o. J.

MESSERSCHMIDT, MANFRED: *Reich und Nation im Bewußtsein der Wilhelminischen Gesellschaft,* in: *Marine und Marinepolitik im Kaiserlichen Deutschland 1871–1914,* Hrsg.: Herbert Schottelius u. Wilhelm Deist, Düsseldorf 1972.

MEYER, HENRY CORD: *Mitteleuropa in German Thought and Action 1815–1945,* Den Haag 1955.

MIELKE, SIEGFRIED: *Der Hansa-Bund für Gewerbe, Handel und Industrie 1909–1914. Der gescheiterte Versuch einer antifeudalen Sammlungspolitik,* Göttingen 1976.

MITROFANOV, PAVEL PAVLOVICH: *Joseph II. Seine politische und kulturelle Tätigkeit,* Wien 1910.

MOMMSEN, WILHELM: *Zur Bedeutung des Reichsgedankens,* Historische Zeitschrift CLXXIV, 2 (1952).

MOMMSEN, WOLFGANG J.: *Domestic Factors in German Foreign Policy before 1914,* Central European History VI, 1 (1973).

ders.: *Die latente Krise des Wilhelminischen Reichs. Staat und Gesellschaft in Deutschland 1890–1914,* Militärgeschichtliche Mitteilungen XV (1974).

ders.: *Wandlungen der liberalen Idee im Zeitalter des Imperialismus,* in: *Liberalismus und imperialistischer Staat,* Hrsg.: Karl Holl u. Günther List, Göttingen 1975.

MOTTEK, HANS: *Zum Verlauf der industriellen Revolution,* in: *Studien zur Geschichte der industriellen Revolution in Deutschland,* Hrsg.: Hans Mottek u. a., Berlin 1960.

NAUMANN, FRIEDRICH: *Demokratie und Kaisertum,* Berlin 1900.

ders.: *Die politischen Parteien,* Berlin 1910.

NICHOLS, J. ALDEN: *Germany after Bismarck. The Caprivi Era 1890–1894,* Cambridge, Mass., 1958.

NICOLSON, HAROLD: *Die Verschwörung der Diplomaten. Aus Sir Arthur Nicolsons Leben 1849–1928,* Frankfurt am Main 1930.

NIETZSCHE, FRIEDRICH: *Vom Nutzen und Nachteil der Historie für das Leben,* Werke – Kritische Gesamtausgabe III, Hrsg.: Giorgio Colli u. Mazzino Montinari, Berlin 1972.

NOELL VON DER NAHMER, ROBERT: *Bismarcks Reptilienfonds. Aus den Geheimakten Preußens und des Deutschen Reichs,* Mainz 1968.

NOYES, P. H.: *Organizations and Revolution. Working-Class Associations in the German Revolution of 1848–49,* Princeton 1966.

OLDENBERG, KARL: *Deutschland als Industriestaat,* Göttingen 1897.

Oncken, August: *Adam Smith und Immanuel Kant,* Leipzig 1877.

Oncken, Emily: *Panthersprung nach Agadir. Die deutsche Politik während der Zweiten Marokkokrise 1911* (Diss. phil.), Düsseldorf 1981.

Oncken, Hermann: *Rudolf von Bennigsen. Ein deutscher Liberaler,* 2 Bde., Stuttgart u. Leipzig 1910.

Onselen, Charles van: *Studies in the Social and Economic History of the Witwatersrand 1886–1914,* 2 Bde., London 1983.

Pack, Wolfgang: *Das parlamentarische Ringen um das Sozialistengesetz Bismarcks 1878–1890,* Düsseldorf 1961.

Parisius, Ludolf: *Deutschlands politische Parteien und das Ministerium Bismarck,* Berlin 1878.

ders.: *Leopold Freiherr von Hoverbeck,* 2 Bde., Berlin 1897/1898.

Pascal, Blaise: *Gedanken,* Hrsg.: Ewald Wasmuth, Stuttgart 1970.

Pastor, Ludwig von: *Leben des Freiherrn Max von Gagern 1810–1889,* Kempten 1912.

Penzler, Johannes (Hrsg.): *Fürst Bülows Reden nebst urkundlichen Beiträgen zu seiner Politik,* 3 Bde., Berlin 1907–1909.

Pertz, Georg H.: *Das Leben des Ministers Freiherrn vom Stein,* 6 Bde., Berlin 1849–1856.

Pick, F. W. (Hrsg.): *Searchlight on German Africa. The Diaries and Papers of Dr. C. W. Regendanz,* London 1939.

Poidevin, Raymond: *Les Relations économiques et financières entre la France et l'Allemagne de 1898 a 1914,* Paris 1969.

Poidevin, Raymond, u. Bariéty, Jacques: *Frankreich und Deutschland. Die Geschichte ihrer Beziehungen 1815–1975,* München 1982.

Poschinger, Heinrich von (Hrsg.): *Preußens Auswärtige Politik 1850 bis 1858. Unveröffentlichte Dokumente aus dem Nachlasse des Ministerpräsidenten Otto Freiherrn von Manteuffel,* 3 Bde., Berlin 1902.

Puhle, Hans-Jürgen: *Agrarische Interessenpolitik und Preußischer Konservatismus im Wilhelminischen Reich. Ein Beitrag zur Analyse des Nationalismus in Deutschland am Beispiel des Bundes der Landwirte und der Deutsch-Konservativen Partei,* Hannover 1966.

Rall, Hans: *Kurbayern in der letzten Epoche der alten Reichsverfassung 1745–1801,* München 1952.

Ranke, Leopold (Hrsg.): *Aus dem Briefwechsel Friedrich Wilhelms IV. mit Bunsen,* Leipzig 1873.

ders. (Hrsg.): *Denkwürdigkeiten des Staatskanzlers Fürsten von Hardenberg,* 4 Bde., Leipzig 1877.

ders.: *Ursprung der Revolutionskriege,* Berlin 1878.

ders.: *Zwölf Bücher preußischer Geschichte,* 3 Bde., München 1930.

Raschdau, Ludwig von: *Unter Bismarck und Caprivi. Erinnerungen eines deutschen Diplomaten aus den Jahren 1885–1894,* Berlin 1939[3].

Real, Willy: *Der Friede von Basel,* Basler Zeitschrift für Geschichte und Altertumskunde L/LI (1951/1952).

Reichensperger, Peter Franz: *Die Agrarfrage aus dem Gesichtspunkte der Nationalökonomie, der Politik und des Rechts und in besonderem Hinblicke auf Preußen und die Rheinprovinz,* Trier 1847.

Rich, Norman H.: *Friedrich von Holstein. Politics and Diplomacy in the Era of Bismarck and William II,* 2 Bde., Cambridge 1965.

Ridley, Jasper: *Napoleon III and Eugenie,* London 1979.

Riehl, Wilhelm Heinrich: *Land und Leute,* Stuttgart 1856[3].

ders.: *Die bürgerliche Gesellschaft,* Stuttgart 1907[10].

Riezler, Kurt: *Tagebücher, Aufsätze, Dokumente,* Hrsg.: Karl Dietrich Erdmann, Göttingen 1972.

Ritter, Gerhard: *Der Schlieffenplan. Kritik eines Mythos,* München 1956.

Ritter, Gerhard A.: *Die Arbeiterbewegung im Wilhelminischen Reich. Die Sozialdemokratische Partei und die Freien Gewerkschaften 1890–1900,* Berlin 1959.

Ritter, Ulrich Peter: *Preußische Gewerbeförderung in frühindustrieller Zeit,* in: *Moderne Preußische Geschichte* II, Hrsg.: Otto Büsch u. Wolfgang Neugebauer, Berlin 1981.

Röhl, John C. G.: *Germany without Bismarck. The Crisis of Government in the Second Reich 1890–1900*, Berkeley 1967.

Roggenbach, Franz von: *Im Ring der Gegner Bismarcks. Politische Briefe Franz von Roggenbachs 1865–1896*, Hrsg.: Julius Heyderhoff, Leipzig 1943².

Rohmer, Friedrich: *Deutschlands alte und neue Bureaukratie*, München 1848.

Rohr, Donald G.: *The Origins of Social Liberalism in Germany*, Chicago 1963.

Roon, Albrecht Graf von: *Denkwürdigkeiten aus dem Leben des Generalfeldmarschalls Kriegsministers Grafen von Roon*, 2 Bde., Berlin 1905⁵.

Rosenberg, Hans: *Die nationalpolitische Publizistik Deutschlands. Vom Eintritt der Neuen Ära in Preußen bis zum Ausbruch des deutschen Krieges*, 2 Bde., München 1935.

ders.: *Die Weltwirtschaftskrisis von 1857–1859*, Stuttgart 1934.

ders.: *Große Depression und Bismarckzeit. Gesellschaft und Politik in Mitteleuropa*, Berlin 1967.

Rosenzweig, Franz: *Hegel und der Staat*, 2 Bde., München 1920.

Rost, Hans: *Die wirtschaftliche und kulturelle Lage der deutschen Katholiken*, Köln 1911.

Rostow, Walt W.: *The Process of Economic Growth*, New York 1952.

Roth, Paul, u. Merck, Heinrich (Hrsg.): *Quellensammlung zum deutschen öffentlichen Recht seit 1848*, 2 Bde., Erlangen 1850–1852.

Rotteck, Karl von: *Geschichte der badischen Landtage von der Einführung der Verfassung bis 1832*, Stuttgart 1836.

Rousseau, Jean-Jacques: *Œuvres complètes*, Hrsg.: Bernard Gagnebin u. Marcel Raymond, 4 Bde., Paris 1969 f.

Saul, Klaus: *Der Kampf um das Landproletariat. Sozialistische Landagitation, Großgrundbesitz und preußische Staatsverwaltung 1890 bis 1903*, Archiv für Sozialgeschichte XV (1975).

Schmoller, Gustav: *Zur Geschichte der deutschen Kleingewerbe im 19. Jahrhundert*, Halle 1870.

Schnabel, Franz: *Deutsche Geschichte im Neunzehnten Jahrhundert*, 4 Bde., Freiburg i. Br. 1949 ff.

Schneider, Walter: *Wirtschafts- und Sozialpolitik im Frankfurter Parlament 1848/49*, Frankfurt am Main 1923.

Schoeps, Hans-Joachim: *Preußen. Geschichte eines Staates*, Frankfurt am Main u. Berlin 1981.

Schüttpelz, Elfriede: *Staat und Kinderfürsorge in Preußen in der ersten Hälfte des 19. Jahrhunderts*, Berlin 1936.

Schulte, Wilhelm: *Volk und Staat. Westfalen im Vormärz und in der Revolution von 1848/49*, Münster 1954.

Schumpeter, Joseph A.: *Kapitalismus, Sozialismus und Demokratie*, Bern 1950².

Schwarz, Max (M.d.R.): *Biographisches Handbuch der Reichstage*, Hannover 1965.

Schweinitz, Hans Lothar von: *Briefwechsel des Botschafters General von Schweinitz*, Hrsg.: Wilhelm von Schweinitz, Berlin 1928.

Semjonow, Juri: *Glanz und Elend des französischen Kolonialreichs*, Berlin 1942.

Seyffardt, Ludwig Friedrich: *Erinnerungen*, Leipzig 1900.

Simon, Walter H.: *Variations in Nationalism during the Great Reform Period in Prussia*, American Historical Review LIX, 2 (1954).

Sheehan, James J.: *German Liberalism in the Nineteenth Century*, Chicago 1978.

Sombart, Werner: *Die deutsche Volkswirtschaft im Neunzehnten Jahrhundert*, Berlin 1909².

Springer, Anton Heinrich: *Geschichte Österreichs seit dem Wiener Frieden 1809*, 2 Bde., Leipzig 1863–1865.

ders.: *Friedrich Christoph Dahlmann*, 2 Bde., Leipzig 1870–1872.

Srbik, Heinrich Ritter von: *Metternich. Der Staatsmann und der Mensch*, 2 Bde., München 1925.

ders.: *Die Schönbrunner Konferenzen vom August 1864*, Historische Zeitschrift CLIII (1935).

Stegmann, Dirk: *Die Erben Bismarcks. Parteien und Verbände in der Spätphase des Wilhelminischen Deutschlands. Sammlungspolitik 1897–1918*, Köln 1970.

Stein, Karl Freiherr vom: *Briefwechsel, Denkschriften und Aufzeichnungen*, Hrsg.: E. Botzenhart, 7 Bde., Berlin 1931 ff.

759

STEIN, ROBERT: *Die Umwandlung der Agrarverfassung Ostpreußens durch die Reformen des neunzehnten Jahrhunderts,* 3 Bde., Jena 1918 u. Königsberg 1933/1934.

STEINER, GEORG: *Rheinbund und Königreich Helvetien 1805–1807,* Basler Zeitschrift für Geschichte XVIII (1919).

Stenographische Berichte über die Verhandlungen des Reichstags, Berlin 1872 ff.

STREISAND, JOACHIM, u. a. (Hrsg.): *Deutsche Geschichte* II, Berlin 1965.

STRESEMANN, GUSTAV: *Wirtschaftspolitische Zeitfragen,* Dresden 1911.

STÜRMER, MICHAEL: *Staatsstreichgedanken im Bismarckreich,* Historische Zeitschrift CLIX (1969).

ders.: *Machtgefüge und Verbandsentwicklung im Wilhelminischen Deutschland,* Neue Politische Literatur IV (1969).

ders. (Hrsg.): *Bismarck und die preußisch-deutsche Politik 1871–1890,* München 1970.

ders.: *Regierung und Reichstag im Bismarckstaat 1871–1880,* Düsseldorf 1974.

TAYLOR, ALAN JOHN PERCIVAL: *The Struggle for Mastery in Europe 1848–1918,* Oxford 1957.

TEICHMANN, ULRICH: *Die Politik der Agrarpreisstützung. Marktbeeinflussung als Teil des Agrarinterventionismus in Deutschland,* Köln 1955.

THIMME, FRIEDRICH: *Die Krüger Depesche. Genesis und historische Bedeutung,* Europäische Gespräche II (1924).

THOMA, LUDWIG: *Gesammelte Werke* VII, München 1922.

TIRPITZ, ALFRED VON: *Erinnerungen,* Leipzig 1919.

ders.: *Politische Dokumente. Der Aufbau der deutschen Weltmacht,* Stuttgart u. Berlin 1924.

TIRRELL, SARAH REBECCA: *German Agrarian Politics after Bismarck's Fall. The Formation of the Farmer's League,* New York 1968[2].

TOCQUEVILLE, ALEXIS DE: *Œuvres Complètes,* Hrsg.: J. P. Mayer, Paris 1952 ff.

TREITSCHKE, HEINRICH VON: *Deutsche Geschichte im Neunzehnten Jahrhundert,* 5 Bde., Leipzig 1879–1894.

TREUE, WILHELM: *Adam Smith in Deutschland,* in: *Deutschland und Europa. Festschrift für Hans Rothfels,* Hrsg.: Werner Conze, Düsseldorf 1951.

TÜMLER, HANS: *Carl August von Weimar. Goethes Freund,* Stuttgart 1978.

VALENTIN, VEIT: *Geschichte der deutschen Revolution 1848–1849,* 2 Bde., Berlin 1930.

VOLKOV, SHULAMIT: *The Rise of Popular Antimodernism in Germany. The Urban Master Artisans 1873–1896,* Princeton 1978.

WALDERSEE, ALFRED GRAF VON: *Denkwürdigkeiten des Generalfeldmarschalls Alfred Grafen von Waldersee,* Hrsg.: Heinrich Otto Meisner, 3 Bde., Stuttgart u. Berlin 1923–1925.

WALKER, MACK: *Germany and the Emigration 1816–1885,* Cambridge, Mass., 1964.

ders.: *German Home Towns. Community, State and General Estate 1648–1871,* Ithaca u. London 1971.

WALLER, BRUCE: *Bismarck at the Crossroads. The Reorientation of German Foreign Policy after the Congress of Berlin 1878–1880,* London 1974.

WANDRUSZKA, ADAM: *Zwischen Nikolsburg und Ems,* in: *Reichsgründung 1870/71,* Hrsg.: Theodor Schieder u. Ernst Deuerlein, Stuttgart 1970.

WEBER, CARL JULIUS: *Deutschland oder Briefe eines in Deutschland reisenden Deutschen,* 4 Bde., Stuttgart 1834[2].

WEBER, MAX: *Gesammelte Politische Schriften,* Hrsg.: Johannes Winckelmann, Tübingen 1971[3].

WEHLER, HANS-ULRICH: *Bismarck und der Imperialismus,* Köln 1969.

WERNECKE, KLAUS: *Der Wille zur Weltgeltung. Außenpolitik und Öffentlichkeit im Kaiserreich am Vorabend des Ersten Weltkrieges,* Düsseldorf 1970.

WERNICKE, JOHANNES: *Kapitalismus und Mittelstandspolitik,* Jena 1907.

WHITE, DAN S.: *The Splintered Party. National Liberalism in Hessen and the Reich 1867–1918,* Cambridge, Mass., u. London 1976.

WIGARD, FRANZ (Hrsg.): *Stenographischer Bericht über die Verhandlungen der deutschen constituierenden Nationalversammlung zu Frankfurt am Main,* 9 Bde., Frankfurt am Main 1848/1849.

WILLMS, JOHANNES: *Die Politik der Officiers Royaux auf den États Généraux 1576–1614* (Diss. phil.), Heidelberg 1975.

ders.: *Von Deutscher Republik oder Wozu Preußen heute? Ansichten einer unbewältigten Gegenwart,* Neue Rundschau, 3 (1981).

WINZEN, PETER: *Bülows Weltmachtkonzept. Untersuchungen zur Frühphase seiner Außenpolitik 1897–1901,* Boppard 1977.

WIRTH, MAX: *Die deutsche Nationaleinheit in ihrer volkswirtschaftlichen, geistigen und politischen Entwicklung an der Hand der Geschichte beleuchtet,* Frankfurt am Main 1859.

WITT, PETER-CHRISTIAN: *Die Finanzpolitik des Deutschen Reichs von 1903 bis 1913. Eine Studie zur Innenpolitik des Wilhelminischen Deutschland,* Lübeck 1970.

WITTICHEN, FRIEDRICH C.: *Zur Vorgeschichte der Revolutionskriege,* Forschungen zur brandenburgischen und preußischen Geschichte XVII (1904).

WOHLWILL, ADOLF: *Neuere Geschichte der Freien und Hansestadt Hamburg insbesondere von 1789–1815,* Gotha 1914.

WOLLSTEIN, GÜNTER: *Das »Großdeutschland« der Paulskirche. Nationale Ziele in der bürgerlichen Revolution 1848/49,* Düsseldorf 1977.

WUCHER, ALBERT: *Theodor Mommsen. Geschichtsschreibung und Politik.* Göttingen 1956.

ZECHLIN, EGMONT: *Bismarck und die Grundlegung der deutschen Großmacht,* Stuttgart 1930.

ZIEBURA, GILBERT: *Sozialökonomische Grundfragen des deutschen Imperialismus vor 1914,* in: Sozialgeschichte heute. Festschrift für Hans Rosenberg, Hrsg.: Hans-Ulrich Wehler, Göttingen 1974.

ZIEKURSCH, JOHANNES: *Das Ergebnis der friderizianischen Städteverwaltung und die Städteordnung am Beispiel der schlesischen Städte dargestellt,* Jena 1908.

ders.: *Politische Geschichte des neuen deutschen Kaiserreichs,* 3 Bde., Frankfurt am Main 1925.

ZWEIG, STEFAN: *Die Welt von Gestern. Erinnerungen eines Europäers,* Frankfurt am Main 1981.

REGISTER

767

768

773